KB015602

법의 미래

Law's Futures

대표편집자

윤진수 · 한상훈 · 안성조

法 文 社

법의 미래

머리말

미래를 예측한다는 것은 위험한 일이다. 틀릴 확률이 더 높기 때문이다. 이는 법에 관하여도 마찬가지이다. 가령 정부가 국회에 제출한 법률안이 통과될 것으로 믿고 계획을 세우더라도, 그 법률안이 통과되지 않아서 낭패를 볼 수 있다.

그렇지만 다른 한편 법은 현재의 상태를 개선하기 위하여 만들어진다. 다시 말하여 현재의 법률상태에 문제가 있기 때문에 보다 나은 미래를 위하여 법을 새로 만들거나 바꾸는 것이다. 그런데 이러한 법의 제·개정은 항상 뒤늦기 마련이다. 미래학자 앨빈 토플러는 기업은 시속 100마일로 달리는데 정부는 25마일, 정치조직은 3마일, 법은 1마일로 변한다고 꼬집었다. 그러므로 법률가도 현재의 법상태에 안주할 것이 아니라 빠르게 변화하는 현실에 대응하기 위하여 법이 어떻게 바뀌어야 하는가를 항상 고민하여야 한다.

이 책은 앞으로의 법이 어떻게 바뀔 것이고, 또 바뀌어야 하는가에 관하여 여러 사람의 필자들이 자신의 생각을 적어본 것이다. 그 분야는 매우 다양하다. 다만 최근 인공지능의 눈부신 발전 때문인지 이에 관한 글들이 많다. 또한 전 지구적 감염병에 대한 법의 대응을 고민한 글들도 있다. 그 외의 글들은 필자의 전공분야의 미래상을 논한 것들이 대부분이다. 참고로 맨 앞의 다섯 편의 글들은 도입부 성격의 글로서 이 책이 법의 미래라는 제목을 통해 각각의 장에서 다루고자 하는 다양한 층위의 주제를 소개한 것이다. 그것은 대체로 법제도, 법학, 인권, 사법시스템, 법조직역으로 구분해 볼 수 있을 것이다. 물론 이 책은 어떤 통일적이거나 체계적인 프로그램을 제시하려고 하는 것은 아니다. 다만 앞으로의 법이 어떻게 바뀔 것인가에 대하여 여러 가지의 고민과 시각을 보여주고자 하였다.

이 책의 발간에 동참하여 준 고홍주 교수님을 비롯한 여러 집필자들에게 진심으로 감사를 드린다. 그리고 책의 기획단계에서부터 여러 아이디어를 함께 제시하고 귀찮은 일을 맡아 주신 공동편집대표 한상훈, 안성조 두 분과도 발간의 기쁨을 나누고자 한다. 마지막으로 이번을 포함해 세 차례나 뜻깊은 공저의 출판을 맡아주신 법문사 여러분께도 감사의 말씀을 드리고자 한다.

2022.9.

편집자를 대표하여 **윤 진수**

차례

다양한 층위의 법의 미래

미래의 법과 인공지능

미래의 공법체계와 통치구조의 변화

형사법의 미래

다양한 법분야의 미래

팬데믹과 법의 미래

법의 미래에 대한 철학적 성찰

Law’s Futures

I

다양한 층위의 법의 미래

01~05

Law’s Futures

01

혼인법의 미래

– 동성혼인과 유책배우자의 이혼청구 –

윤진수

서울대학교 법학전문대학원 명예교수

판사를 거쳐 서울대학교에서 민법을 가르치다가 2020년 2월 정년퇴임하였다. 민법 외에도 법경제학에 관심을 가지고 있다. 저서로는 『친족상속법강의』, 『민법논고 1-8』, 『민법 기본판례』 등이 있고, 논문으로는 "법의 해석과 적용에서 경제적 효율의 고려는 가능한가?", "위헌인 대통령의 긴급조치 발령이 불법행위를 구성하는지 여부" 등 190여 편이 있다.

Ⅰ. 들어가는 말

혼인제도는 문화적으로 매우 다양한 모습을 보인다. 또 한 나라나 한 문화의 경우에도 혼인제도는 계속 변화하여 왔다.[1] 이는 우리나라에서도 마찬가지이다. 민법 제정 당시뿐만 아니라 그 후에도 민법에서 가장 논란이 많았던 것은 동성동본혼인의 금지였는데, 이는 헌법재판소 1997.7.16. 선고 95헌가6내지13 결정에 의하여 헌법불합치로 선언되고, 2005년에 이르러 민법에서 삭제되었다.

그런데 20세기 후반부터 현재까지 다른 나라에서 치열하게 다투어진 것이 동성혼인same-sex marriage과 전면적인 파탄주의 이혼no-fault divorce의 문제였다. 시기적으로는 전면적인 파탄주의 이혼이 먼저 문제되었고, 동성혼인은 21세기 들어 다투어지고 있는 문제이다. 전면적인 파탄주의는 우리나라에서는 유책배우자가 재판상 이혼을 청구할 수 있는가 하는 것으로 나타나고 있다. 그런데 우리나라에서는 이 두 가지가 언제 현실화될 수 있을지 알 수 없다. 이하에서는 이 두 가지 문제를 다루어 보고자 한다.

Ⅱ. 동성혼인[2]

1. 다른 나라에서의 논의

과거에는 혼인은 남자와 여자만이 할 수 있다는 것이 당연한 것으로 여겨졌다. 그러나 2000년 네덜란드가 처음으로 동성혼인을 인정한 이래(시행은 2001년 4월 1일), 2021년 현재 29개국에서 전면적으로 혹은 부분적으로

---

1) 동성혼인을 금지하는 것은 위헌이라고 한 미국 연방대법원의 Obergefell v. Hodges 판결(2015)에서 다수의견을 집필한 케네디(Kennedy) 대법관은, "혼인의 역사는 연속과 동시에 변화의 역사이니(The history of marriage is one of both continuity and change)"라고 하였다.

2) 이하의 서술은 상당 부분 윤진수, "유럽에서의 동성혼인 및 동성결합에 관한 최근의 동향", 가족법연구 제35권 제2호(2021), 1면 이하에 의존하였다. 이 글에서 인용한 것은 따로 근거를 밝히지 않았고, 이 글에 인용되지 않은 것에 관하여는 최소한의 근거를 제시하였다.

동성혼인을 인정하고 있다.[3] 실제로는 이에 앞서서 1989년에 덴마크를 필두로 하여 동성 동거자에게 혼인 아닌 동성결합을 인정하는 나라가 생겼으나, 이제는 여기서 더 나아가 동성 파트너에게도 이성 파트너와 동등한 법률적인 혼인을 인정하는 것이다.

그런데 이처럼 동성혼인을 인정하는 데에는 두 가지 경로가 있다. 하나는 법률에 의하여 동성혼인을 인정하는 것이고, 다른 하나는 법원 또는 헌법재판소가 동성혼인을 인정하여야 한다고 판결하는 것이다. 물론 뒤의 경우에도 그에 따라 동성혼인을 인정하는 법률의 제정이 뒤따를 수 있다.

네덜란드와 같이 동성혼인을 인정한 많은 나라들은 법률에 의하여 동성혼인을 인정하는 방법을 택하였다. 그런데 이러한 과정에서 격렬한 반대가 있어서 많은 정치적·사회적 논란이 있었다. 예컨대 프랑스는 2013.5.17. 동성혼인을 법률로 인정하였는데, 이에 대하여 위헌이라는 주장이 있었으나, 프랑스 헌법원Conseil Constituitonnel은 위 법률에 대한 사전위헌심사 절차에서 위헌이 아니라고 하였다.

또 스위스는 2020년 12월에 의회에서 동성혼인을 인정하는 법률을 통과시켰으나, 이에 대하여 반대가 있어 국민투표에 회부된 결과, 2021.9.26. 개정법률이 지지되었다. 아일랜드는 2015.5.22. 국민투표에 의하여 헌법 제42조 제4항에 "혼인은 성별에 관계없이 두 사람에 의하여 법에 따라 체결될 수 있다"는 규정을 신설하였다. 아일랜드에서도 구태여 헌법개정까지 필요하지는 않았지만, 국민들 다수가 가톨릭 신자라는 점에서 이해할 수 있다.

반면 몇몇 나라에서는 대법원 또는 헌법재판소에서 동성혼인을 인정하지 않는 것이 위헌이라고 하여 결국 법이 바뀌었다. 가령 남아프리카 헌법재판소는 2005년에, 미국 연방대법원은 2015년에, 대만 사법원 대법관회의(大法官會議)는 2017년에 각각 동성혼인을 인정하지 않는 것이 위헌이라고 하였다. 그런데 이들 나라에서는 헌법에 혼인할 권리 내지 혼인의 자유에 관한 규정이 없다. 반면 콜롬비아 헌법재판소Corte Constitucional de Colombia는 2016.4.28. 콜롬비아 헌법 제42조가 남성과 여성의 자유로운 결정으로

---

3) 또한 2022년에 스위스와 칠레가 동성혼인을 허용할 예정이다. https://en.wikipedia.org/wiki/Same-sex_marriage 참조. (최종검색 2021.12.27.)

혼인을 한다고 규정하고 있는데도, 헌법 제42조가 이성애자들의 권리를 위한 것이기는 하지만, 어떤 범주의 명시가 다른 것들의 존재를 배제하는 것으로 해석되지 않는다고 하여, 동성 커플도 혼인할 수 있다고 하였다. 그리고 오스트리아에서는 남자와 여자가 혼인할 권리를 가진다고 규정하고 있는 유럽인권협약 제12조는 헌법적 지위를 가지는데, 오스트리아 연방헌법재판소는 여러 차례에 걸쳐 동성혼인을 인정하지 않는 것이 위헌이 아니라고 하다가, 2017.12.4. 이성 사이에만 혼인을 인정하고, 동성 사이에는 혼인 아닌 등록동반자관계Eingetragene Partnerschaft만을 인정하는 것은 평등원칙 위반이라고 하였다.

한편 코스타리카 대법원은 2018.8.8. 동성혼인을 금지하는 것은 위헌이라고 하였다. 그런데 이는 코스타리카의 요청에 의하여 미주인권재판소 Inter-American Court of Human Rights가 2018.1.9. 선고한, 동성혼인을 인정하지 않는 것은 미주인권협약American Convention on Human Rights 위반이라고 한데 따른 것이었다.[4)]

2. 우리나라에서의 논의

현재 우리나라에서는 동성혼인을 인정할 수 있는가에 대한 학자들 사이의 논의는 있지만, 이를 인정하려는 적극적인 입법적 노력은 찾아보기 어렵다. 다만 2014년에 서울서부지방법원에 동성 사이의 혼인신고를 수리하여야 한다는 신청이 제기되었으나, 서울서부지방법원은 현행법상 동성 사이의 혼인은 인정되지 않는다고 하여 이 신청을 각하하였고(서울서부지방법원 2016.5.25. 자 2014호파1842 결정), 이 결정에 대한 항고도 기각되었다(서울서부지방법원 2016.12.5. 자 2016브6 결정).

학자들 사이의 주장은 여러 가지로 갈라진다. 우선 해석론으로서, 우리 민법은 동성혼에 대해서는 근친혼이나 중혼과 달리 직접적인 금지 또는 제한 규정을 두지 않고 있으므로, 혼인 당사자에 동성 간을 포함한다고 하여

4) https://en.wikipedia.org/wiki/Same-sex_marriage_in_Costa_Rica#cite_note-tico-55 (최종검색 2021.12.27.)

문리해석에 직접적으로 반하는 것은 아니라는 주장이 있다. 민법이 혼인한 당사자를 지칭할 때 부부(夫婦), 부(夫) 또는 처(妻), 남편과 아내라는 용어를 사용하지만, 이와 같은 용어는 사회적 인식의 변화에 따라 유연하게 해석될 여지가 분명히 존재하며, 민법의 '부부'의 해석은 문언의 가능한 범위 내일 뿐만 아니라, 설사 문언에 반한다고 할지라도, 목적중심적 해석론에 의한다면 '혼인한 두 사람'으로 해석할 수 있고, 만약 이러한 해석이 법발견을 넘어서는 법형성이라고 할지라도 유추가 허용되는 민법에서는 가능한 유추해석의 범위 내이라고 한다.

그리고 민법의 해석상 동성혼인이 허용되지 않는다면 이는 위헌이라는 주장이 있다. 다시 말하여 헌법의 해석상 동성혼인을 금지하는 것은 위헌이라는 것이다. 헌법조항에 혼인의 형태에 대하여 양성 간의 결합이라고 규정하는 바가 없고, 민법상 동성혼을 같이 규정하지 않은 것은 제정 당시에는 혼인의 유형으로 동성혼을 생각하지 못했기 때문에 별도의 규정이 없었던 것으로 이해할 수도 있으나, 현대 사회에 와서 세계적으로 많은 국가들이 동성혼을 혼인의 한 형태로서 인정하고 있고 국민들 또한 그러한 사실을 인지하고 있는 상태이므로 혼인의 개념을 시대변화에 따라 달리 해석할 필요가 있다고 한다.

반면 현행법상으로는 동성혼인은 인정되지 않는다는 견해도 있다. 이 견해는, 민법의 입법자는 혼인의 당사자로 이성만을 생각했음이 분명하고, 민법의 부부라는 용어도 민법의 혼인 당사자는 남자와 여자임을 전제로 하고 있으므로, 이러한 입법자의 의사나 법문에 어긋나는 해석은 원칙적으로 허용될 수 없으며, 헌법은 제36조 제1항에서 "혼인과 가족생활은 개인의 존엄과 양성의 평등을 기초로 성립되고 유지되어야 하며, 국가는 이를 보장한다"고 규정하고 있으나, 헌법 제정자는 혼인이란 남자와 여자가 하는 것으로 생각하였지, 동성혼인은 전혀 생각하지 않았으므로, 헌법상 혼인에 동성혼인도 포함된다고 말할 수는 없다는 것이다. 이 견해에서는 동성혼인을 인정하려면 법률의 개정이 있어야 한다고 본다.

다른 한편 헌법상 동성혼인이 인정되지 않으므로, 헌법 개정 없이 법률로 동성혼인을 인정하는 것은 허용될 수 없다는 주장도 있다. 나아가 이러한 취지로 헌법을 개정하여서는 안 된다고 주장하기도 한다. 이러한 논자들은 동성혼인 대신 동성 사이에 혼인에 준하는 생활동반자관계를 인정하자고 제안하기도 한다.

3. 법적 분석

필자의 견해로는 현행 민법상 혼인의 당사자는 이성, 즉 남자와 여자 사이에서만 가능하고, 동성 사이의 혼인은 인정되지 않는다고 본다. 그리고 이것이 헌법에 어긋나는 것도 아니다. 그러나 법률의 개정에 의하여 동성혼인을 인정하는 것은 가능하다고 생각한다.

우선 민법의 입법자는 혼인의 당사자로 이성만을 생각했음이 분명하고, 민법의 부부라는 용어도 민법의 혼인 당사자는 남자와 여자임을 전제로 한다. 예컨대 제826조 제1항은 "부부(夫婦)는 동거하며 서로 부양하고 협조하여야 한다"라고 하고, 제2항은 "부부(夫婦)의 동거장소는 부부의 협의에 따라 정한다"라고 하여 남자와 여자 아닌 남자와 남자, 여자와 여자는 혼인의 당사자라고 상정하고 있지 않다. 그러므로 이러한 입법자의 의사나 법문에 어긋나는 해석은 원칙적으로 허용될 수 없는 것이다. 법문에 어긋나는 해석을 정당화하기 위하여는 그것이 편집상의 과오에 해당한다든지, 법률의 문언을 적용할 때에는 명백히 불합리한 결과가 나오거나 실현 불가능한 경우라야 할 것이다. 그런데 혼인의 당사자를 남녀로 제한한다고 하여 그것이 편집상의 과오이거나 명백히 불합리한 결과가 나온다고 할 수는 없다. 적어도 그것은 입법자의 의도에 합치하는 것이었다.

또한 헌법적으로 볼 때에도 헌법 제정자가 제36조 제1항에서 혼인에 대하여 규정할 때 혼인이란 남자와 여자가 하는 것으로 생각하였지, 동성혼인은 전혀 생각하지 않았다. 실제로 2000년 네덜란드가 세계 최초로 동성혼인을 인정하기 전에는 동성혼인이라는 것은 전혀 생각하지 못하였던 제도였다. 물론 헌법의 조문도 그것이 개정되지 않았음에도 불구하고 시대에 따라 달리 해석될 수 있다는 논의가 없는 것은 아니다. 독일에서는 이를 헌법의 변천Verfassungswandel, Verfassungswandlung이라고 부르고, 미국에서도 헌법은 "살아 있는 헌법living Constitution"이라고 하여, 헌법규정은 그대로라 하더라도 헌법적용은 변화하는 환경과 변화하는 가치를 반영하여야 한다는 논의가 있다. 그런데 과연 이러한 주장을 받아들일 수 있는가 하는 점은 어려운 문제이지만, 설령 이를 인정한다고 하더라도, 헌법상 혼인의 개념이 동성혼인을 포함하는 것으로 헌법이 변천되었다고 말할 수는 없다. 적어도 헌법에 혼인에 관한 규정이 있는 우리나라에서는 당시 헌법 제정자의 의사가 무엇이었는지를 고려하지 않으면 안 되고, 이 점에서 헌법에 혼인에 관한 규정이 없는 나라와는 다를 수밖에 없다.

그렇지만 민법을 개정하거나 다른 특별법을 제정하여 동성혼인을 인정하는 것은 충분히 가능하고, 그것이 헌법에 위반되는 것은 아니며, 이를 위하여 헌법 개정이 필요하지도 않다. 헌법제정자가 제정 당시에 동성혼인을 생각하지 못하여 헌법상 혼인의 개념에 동성혼인을 포함시키지 않았지만, 그렇다고 하여 헌법이 법률의 개정에 의하여 동성혼인을 허용할 수 없다고까지 하고 있는 것은 아니다. 오히려 이를 허용하는 것이 헌법 제10조에서 규정하는 국민의 행복추구권을 보장하는 길이다. 그렇다고 하여 누구에게 피해를 입히는 것도 아니다.[5] 2017년 독일에서는 법률을 개정하여 동성혼인을 허용하였는데, 이에 대하여 바이에른Bayern 주정부는 이 법의 위헌 여부를 연방헌법재판소에 제소할 것을 검토하였으나, 이를 포기하였다. 여기에는 바이에른 주정부를 위하여 감정의견을 작성한 볼렌쉴레거Wollenschläger 교수가 위헌이라고 볼 수 없다고 한 것이 큰 영향을 미쳤다. 다른 나라에서도 법률로 동성혼인을 인정한 것에 대하여 위헌이라고 한 사례를 찾아볼 수 없다.

4. 현실적인 전망

그런데 가까운 시일 내에 우리나라에서 동성혼인이 허용될 것인가? 그 전망은 그다지 밝은 것으로 보이지 않는다. 우선 여론조사를 보아도, 2021

5) 미국연방대법원의 위 Obergefell v. Hodges 판결(주 1)에서 케네디 대법관의 다수의견은, 동성혼인은 두 동의하는 성인의 권리에만 관계되고, 이것이 그들이나 제3자에게 해악을 끼칠 위험이 있는 것은 아니라고 하였다.

년 5월 현재 한국갤럽의 여론조사에 의하면 동성혼인에 반대한다는 의견이 52%로, 찬성한다는 의견 36%보다도 많은 과반수를 차지한다.[6] 또 동성혼인 합법화를 추진하는 강력한 움직임도 보이지 않으며, 이에 관한 법안이 국회에 제출된 바도 없다.

이 점에 관하여 2017년 대만 사법원 대법관회의(大法官會議)가 동성혼인 금지가 위헌이라고 한 후 이에 대하여 분석한 대만대학 사회학과의 호밍쇼(何明修) 교수의 글을 참조할 수 있다. 그는 대만에서 동성혼이 허용된 이유로서, 우호적인 문화적 유산, 호의적인 여론, 국제적인 연계 등은 충분한 설명이 되지 못하고, 2008년의 선거법 개정에 의하여 비례대표 의원의 비율이 늘어난 것, 2014년 중국과의 "해협양안서비스무역협정(海峽兩岸服務貿易協議, CSSTA)"을 반대하여 대학생과 사회운동세력이 중화민국 입법원에서 점거농성한 이른바 해바라기 학생운동(太陽花學運Sunflower Student Movement), 2016년의 민주진보당(民主進步黨)의 선거에서의 승리를 들고 있다. 그런데 여기서 흥미있는 것은 한국의 상황을 대만과 비교한 점인데, 그는 다음과 같이 분석하고 있다. 그는 대만과 비슷하게 1987년의 민주화 물결을 타고 성적 소수자 운동the LGBT movement이 1990년대에 등장하였지만, 한국의 우익 운동은 오래된 보주수의와 신보수주의 및 종교적 보수주의가 결합하여 더 강한 세력을 대표하였고, 자유주의적 정치인도 이러한 성적 소수자에 대한 반대의 목소리를 고려하지 않을 수 없었으며, 문재인 당시 대통령 후보와 박원순 서울시장도 그들의 종전의 성적 소수자 옹호를 철회하였다고 한다. 그리고 대만의 민주진보당과는 달리 한국의 자유주의 정당은 사회운동과 제도적인 관계를 맺지 않았고, 대만의 차이잉원(蔡英文) 총통 후보가 성소수자 옹호 정강을 내세웠던 것과 달리 인권변호사였던 문재인 후보는 대통령선거 과정에서 동성혼인 반대와 군대 내에서의 동성애 행위 처벌을 주장하였다고 한다. 그리고 한국에서는 2016년과 2017년의 촛불시위에 의하여 박근혜 대통령이 퇴진하였지만, 이는 대만의 해바라기 학생운동과는 달리 다른 사회운동에 파급효과를 미치지 못하였다고 한다. 결론적으로 그

6) https://www.gallup.co.kr/gallupdb/reportContent.asp?seqNo=1210 (최종검색 2021.12.27.)

는 한국의 성적 소수자 운동가들은 혼인에서의 평등marriage equality을 촉진함에 있어서 (대만보다) 더 도전적인 정치적 환경에 직면하고 있다고 한다.[7)]

이 문제와 비교할 수 있는 것이 차별금지법 입법화 논의이다. 정부는 제17대 국회 당시인 2007.12.12. 포괄적인 차별금지법안을 국회에 제출하였으나 입법화되지 못하였고, 21대 국회에 이르기까지 여러 차례 차별금지법안이 제출되었으나 입법화되지 못하고 있으며, 현재로서는 언제 제정될지 모르는 상태이다. 그 주요한 이유는 차별금지 사유로서 성적 지향과 성별 정체성을 포함시키는 것이 동성애를 조장한다는 기독교계 등의 반발 때문이다.[8)] 이 점에 비추어 볼 때 동성혼인을 허용하는 것은 더욱 어려울 것으로 보인다.

Ⅲ. 유책배우자의 이혼청구[9)]

1. 유책주의와 파탄주의

역사적으로는 이혼은 원래 간통이나 악의의 유기와 같이 배우자 일방에게 책임 있는 사유로 혼인이 파탄되었을 때에 한하여 허용되어 왔다. 이를 유책주의 이혼이라고 한다. 그러나 20세기 후반에 이르러서는 혼인이 파탄되었을 때에는 그 책임이 누구에게 있는지를 불문하고 혼인 파탄만을 이유로 하여 이혼이 허용되는 이른바 파탄주의 이혼을 채택하는 나라가 늘어나고 있다. 서구에서는 1970년대 이래 거의 대부분 종전의 유책주의를 버리고 파탄주의로 전환하였다.

우리 민법 제840조는 제1호에서 제6호까지 재판상 이혼사유를 열거하고 있다. 이 중 제1호에서 제4호(배우자의 부정한 행위, 배우자의 악의의 유기, 배우자 또는 직계존속의 부당한 대우, 직계존속에 대한 배우자의 부당한 대우)는 상대

---

7) Ming-sho Ho, "Taiwan's Road to Marriage Equality: Politics of Legalizing Same-sex Marriage", The China Quarterly, 238, June 2019, pp.482 - 503.

8) 김명수, "「차별금지법」을 입법화해야 하는 이유", 이화젠더법학 제13권 제2호(2021), 217면 이하 참조.

9) 이 부분은 필자의 "혼인과 이혼의 법경제학", 민법논고 제7권, 박영사, 2015, 124면(처음 발표: 2012)을 바탕으로 하였다.

방 배우자의 책임있는 사유를 원인으로 하는 것이므로 이른바 유책주의에 의한 이혼사유에 해당한다. 반면 제5호(배우자의 3년 이상의 생사불명)와 제6호(기타 혼인을 계속하기 어려운 중대한 사유)는 상대방 배우자에게 책임이 있는지 여부를 묻지 않으므로, 혼인이 파탄되었음을 이유로 하는 이른바 파탄주의에 의한 이혼사유이다.

우리나라에서 인정하고 있는 유책주의는 기본적으로 동의규칙property rule을 따르면서, 상대방이 동의하지 않는데도 일방만이 이혼을 청구하는 것은 기회주의적 행동이 아닌 때에 한하여 예외적으로 허용하는 것으로 이해해야 할 것이다.[10] 반면 파탄주의는 보상규칙liability rule을 따르는 것으로 설명할 수 있다. 동의규칙과 보상규칙의 구별은 칼라브레시Calabresi와 맬러매드Melamed가 1972년에 발표한 유명한 논문에서 처음 주장한 것이다.[11] 여기서 동의규칙이란 그 권리를 권리자로부터 취득하고자 하는 자는 그 권리의 가치가 당사자 사이의 합의에 의하여 결정되는 자발적인 거래에 의하여서만 권리를 취득할 수 있는, 그러한 권리의 보호방법을 말한다. 따라서 권리자의 동의를 받지 않고 권리를 침해하는 경우에는 권리자는 그 침해행위 자체를 막을 수 있다. 반면 보상규칙이란, 권리자 아닌 타인이 그 권리에 대하여 객관적으로 결정되는 가격만을 지급하면 그 권리를 침해할 수 있는 권리의 보호방법을 말한다. 여기서는 권리의 가격은 당사자에 의하여 결정되는 것이 아니라 법원 등 제3자에 의하여 결정되며, 권리의 침해가 있는 경우에 권리자는 그 침해행위 자체를 막을 수는 없고, 다만 그 권리의 객관적인 가액만을 청구할 수 있을 뿐이다.

그런데 우리나라에서는 원칙적으로 양 당사자의 합의가 있으면 협의에 의한 이혼을 허용하기 때문에 동의규칙이 적용되는 것이지만, 예외적으로 상대방에게 혼인 파탄에 책임이 있으면 이혼을 청구하는 자의 행동은 기회주의적인 것은 아니기 때문에 허용되어야 하고, 혼인 파탄에 책임 있는 당사자가 이혼을 청구하는 것은 기회주의적인 행동으로서 허용되어서는 안

---

10) 혼인제도 자체가 이러한 기회주의적 행동을 억제하기 위하여 성립하였다고 할 수 있다.
11) Calabresi, Guido and Melamed, A. Douglas, "Property Rules, Liability Rules, and Inalienability: One View of Cathedral", Harvard Law Review Vol.85, 1972.

된다고 보는 것이다. 그리고 혼인을 계속하기 어려운 중대한 사유가 있는가 하는 점도 이처럼 당사자가 기회주의적으로 행동하는가 아닌가에 따라서 결정된다고 볼 수 있다.

반면 일반적인 파탄주의에 의하면 부부관계에 파탄이 있으면 부부 일방이 이혼을 청구할 수 있다. 따라서 오늘날에는 이혼에 관하여 누구에게 책임이 있는가 하는 것은 더 이상 문제되지 않고, 이혼재판에서는 재산분할과 이혼 후 부양 그리고 미성년 자녀의 양육자 지정이 주로 문제된다. 그러므로 유책배우자라 하더라도 재산분할 등의 보상만 해 주면 이혼을 청구할 수 있다.

부부관계에서는 동의규칙 아닌 보상규칙에 의하여 분쟁이 해결되는 것이 일반적이다. 부부관계가 원만히 유지되려면 협조와 신뢰가 중요한데, 이는 자발적인 의사에 기하여서만 가능하고, 강제적인 이행에 의하여는 그러한 협조와 신뢰를 얻는 것이 불가능하다.

2. 유책배우자의 이혼청구에 관한 종래의 판례와 학설

제840조 제6호 사유에 기하여, 혼인 파탄에 책임이 있는 배우자 스스로가 재판상 이혼을 청구할 수 있는가가 종래부터 논란의 대상이 되었다.

이 점에 관하여 대법원의 판례는 원칙적으로 유책배우자의 이혼청구는 허용되지 않는다는 태도를 견지하면서도, 예외적으로 유책배우자의 이혼청구가 허용되는 범위를 넓혀 왔다. 이 점에 관한 현재까지의 리딩 케이스는 대법원 2015.9.15. 선고 2013므568 전원합의체 판결이다. 위 판결에 관여한 13인의 대법관 중 7인이 지지한 다수의견은, 스스로 혼인의 파탄을 야기한 사람이 이를 이유로 이혼을 청구하는 것은 신의성실에 반하는 행위이고, 유책배우자의 이혼청구를 널리 허용한다면, 특히 파탄에 책임이 없는 여성배우자가 이혼 후의 생계나 자녀 부양 등에 큰 어려움을 겪는 등 일방적인 불이익을 입게 될 위험이 크므로 유책인 남성배우자의 이혼청구를 불허함으로써 여성배우자를 보호하고자 하는 취지가 있다고 하였다. 그렇지만 상대방 배우자도 혼인을 계속할 의사가 없어 일방의 의사에 의한 이혼 내지 축출이혼의 염려가 없는 경우는 물론, 나아가 이혼을 청구하는 배우자의 유책성을 상쇄할 정도로 상대방 배우자 및 자녀에 대한 보호와 배려가 이루어진 경우, 세월의 경과에 따라 혼인파탄 당시 현저하였던 유책배우자의 유책성과 상대방 배우자가 받은 정신적 고통이 점차 약화되어 쌍방의 책임의 경중을 엄밀히 따지는 것이 더 이상 무의미할 정도가 된 경우 등과 같이 혼인생활의 파탄에 대한 유책성이 그 이혼청구를 배척해야 할 정도로 남아 있지 아니한 특별한 사정이 있는 경우에는 예외적으로 유책배우자의 이혼청구를 허용할 수 있다고 보았다.

반면 대법관 6인의 반대의견은, 혼인생활의 회복이 불가능하여 법률이 예정한 부부공동생활체로서의 혼인의 실체가 완전히 소멸하였다면, 이는 실질적인 이혼상태이므로 그에 맞게 법률관계를 확인·정리하여 주는 것이 합리적이고, 혼인생활이 회복할 수 없을 정도의 파탄 상태에 이르러 혼인의 실체가 소멸한 이상 그 귀책사유는 더 이상 혼인의 실체 유지나 회복에 아무런 영향을 미치지 못하므로, 그 귀책사유가 그 혼인 해소를 결정짓는 판단 기준이 되지 못하며, 그와 같은 귀책사유에 대하여는, 그로 인하여 상대방이 입은 손해나 상대방 보호에 필요한 사항을 이혼에 따른 배상책임 및 재산분할 등에 충분히 반영함으로써, 그에 상응한 책임을 묻고 아울러 이를 통하여 상대방 배우자를 보호할 수 있을 것이라고 하였다.

국내의 학설도 전에는 유책배우자의 이혼청구는 원칙적으로 허용될 수 없고, 다만 예외적으로만 허용되어야 한다는 견해가 많았으나, 근래에는 유책배우자의 이혼청구라도 원칙적으로 허용하여야 한다는 견해가 늘어나고 있다.[12)]

3. 검 토

생각건대 입법론적으로나 정책적으로는 우리나라도 이제 유책주의를 버리고 완전한 파탄주의로 나아가야 한다. 그렇게 되면 혼인의 파탄에 책임이 있는 유책배우자라 하여도 특별한 사정이 없는 한 이혼을 청구할 수 있

---

12) 주해친족법 1권, 박영사, 2015, 486면 이하(이동진) 참조.

게 될 것이다.

파탄주의의 장점은 여러 가지로 설명할 수 있다. 유책주의는 혼인에서의 기회주의를 억제하는 효과는 있을 수 있으나, 이미 파탄된 혼인을 되살리지는 못하기 때문이다. 유책주의는 동의규칙에 따르는 것인데, 일반적으로 동의규칙은 거래비용이 작은 경우에 효율적이고, 거래비용이 큰 경우에는 그렇지 못하다. 혼인이 파탄된 경우에는 많은 경우 당사자의 합의가 이루어지기에는 거래비용이 크다. 이익과 손실, 특히 상대방의 손실은 객관적으로 판정하기 어렵고, 따라서 상대방은 자신의 손실을 과장하기 쉬우며, 경우에 따라서는 보상 여부에 관계없이 이혼을 거부하는 전략적 행동을 할 가능성이 많다. 다른 한편 유책주의하에서는 이혼의 당사자가 혼인 파탄에 상대방에게 더 큰 책임이 있다는 점을 강조할 필요가 있어서, 이혼 재판이 필요 이상으로 적대적으로 진행된다는 점도 지적된다.

그러나 현행법의 해석상으로는 아직 전면적으로 유책배우자의 이혼을 허용하는 것에는 난점이 있다. 우선 민법 제840조 제6호만을 본다면 혼인을 계속하기 어려운 중대한 사유가 있기만 하면 그것이 누구에게 책임있는 사유인지를 묻지 않고 이혼이 허용될 것처럼 보이지만, 그렇게 되면 제1호에서 제4호까지의 규정이 상대방이나 그 직계존속에게 책임 있는 사유가 있는 때에만 이혼을 허용하도록 규정하고 있는 것이 무의미하게 되어버린다.[13)]

또한 유책배우자의 이혼청구를 제한 없이 허용하게 되면, 상대방 배우자는 이혼으로 인하여 경제적으로 곤궁한 상태에 빠질 우려가 있다. 그러므로 전면적 파탄주의를 채택하여 유책배우자의 이혼청구를 허용하기 위하여는 미리 이혼 후에도 전 배우자에게 경제적인 능력이 없을 때에는 다른 배우자에게 부양의무를 부담시키는 이혼 후 부양과 같은 제도를 마련할 필요가 있다.

그런데 이에 대하여는, 이혼 후 부양의 기능은 그다지 높이 평가할 수 없고, 이혼 후 부양이 없더라도 유책배우자의 이혼청구를 받아들여야 한다는 주장이 있다. 사실 파탄주의하에서 인정되고 있는 이혼 후 부양에 대하

---

13) 윤진수, 친족상속법강의 제4판, 박영사, 2022, 101면 참조.

여도 비판이 많다. 미국의 사회학자인 레노어 와이츠만Lenore J. Weitzman은 1985년 "The Divorce Revolution"이라는 책에서 미국이 파탄주의 이혼을 채택한 후 이혼 후 부양에도 불구하고 이혼한 여성 대다수가 가난해졌다고 주장하였다. 이에 대하여는 과장되었다는 비판도 없지 않으나, 파탄주의 이혼이 특히 여성의 경제적 상황을 어렵게 만들었다는 점은 일반적으로 인정되고 있다.

뿐만 아니라 실제로 파탄주의를 택하고 있는 나라들도 이혼 후 부양을 축소하려고 하는 움직임을 보이고 있다. 미국에서는 과거에 일방 배우자가 사망하거나 또는 부양청구권자가 재혼할 때까지 부양료를 지급하는 항구적 부양permanent alimony, permanent support이 많았으나, 오늘날은 항구적 부양은 일방 배우자가 나이가 많거나 기타 독립적으로 생계를 유지할 능력이 없는 경우, 특히 혼인 기간이 긴 경우에 한하여 예외적으로 인정된다. 그 대신 부양료 지급이 인정되는 경우는 대부분 일시적 부양temporary support 내지 재활적 부양rehabilitative support으로서, 이혼 후 한시적으로만 부양을 명하고 있다. 이처럼 이혼 후 부양의 의미가 감퇴된 것은 과거에는 여성이 혼인하면 따로 수입을 얻는 활동을 하지 않았으나, 근래에 이르러서는 여성이 경제활동에 참여하는 비율이 높아졌다는 것이 중요한 이유이고, 또 일시적 부양만을 제공함으로써 여성이 스스로 생계를 꾸려나가게 하는 동기를 제공한다고 하는 이유도 작용한다. 이러한 경향은 2007년 개정된 독일 민법에서도 나타났다. 여기서는 이혼 후에 각각의 배우자는 스스로 자신의 생계를 돌볼 의무가 있다는 것을 명문으로 규정하고(제1569조), 부양의 범위도 전체적으로 낮추려고 하고 있다.

이러한 문제점은 부정할 수 없다. 그러나 이혼 후 부양과 같은 최소한의 제도도 마련하지 아니한 채 전면적인 파탄주의를 채택하여 유책배우자의 이혼청구를 일반적으로 허용하는 것은 무책임한 태도라고 하지 않을 수 없다.

Ⅳ. 결 론

동성혼인을 인정하고, 유책배우자의 이혼청구도 인정하는 때는 올 것인가? 언젠가는 그러한 때가 올 것이다. 과거에 동성동본 금혼제도나 호주제도가 있을 때, 이를 없애야 한다는 운동이 있었음에도 불구하고 많은 사람들은 회의적이었다. 그러나 이제 그러한 제도는 과거의 유물이 되고 말았다.

그러나 그 시기가 언제가 될지는 알 수 없다. 특히 동성혼인에 대하여는 이를 허용하는 것을 반대하는 집단이 존재하므로, 이를 극복하는 데에는 어려움이 많을 것이다. 반면 유책배우자의 이혼청구는 지난 2015년 전원합의체 판결에서 이를 인정하여야 한다는 주장이 대법관 13인 중 과반수에 1인이 모자라는 6인의 찬성을 얻은 점에서, 입법적인 조치가 없더라도 가능할 수도 있을 것처럼 보인다. 이에 대하여는 이를 반대하는 적극적인 집단이 존재하지 않기 때문이다.

02

현대형법학 비판: 에세이 – 형법학은 무엇을 향하고 있는가

– 범죄와 형벌의 개념 자체의 변화 –
– 전환시대의 형벌이론과 범죄개념 –
– 고정관념의 지배에서 벗어나는 실천 –

이용식

서울대학교 법학전문대학원 명예교수

오로지 형법이론에만 관심이 있다. 피고인 개인에게 유리한 형법이론이 아니면, 그것은 형법이론이 아니라는 도그마를 가지고 있는 전 세계 유일한 학자이다.

저서로는 『현대형법이론 I, II』, 『형법총론』, 『형법각론』, 『과실범과 위법성조각사유』가 있다. 정년퇴임 후 논문으로는 "코로나 팬데믹 상황과 형법상 의무의 충돌이론의 새로운 전개"(2020)가 있다.

Ⅰ. 들어가며

우리나라에서는 아무런 관심이 없지만, 범죄와 형벌이라는 형법의 근본개념은 지난 이삼십년간 변화로 요동치고 있다. 종래의 전통적인 범죄 개념은 새로운 범죄의 개념정의 및 이해구조에 따라 스스로 붕괴되고 있으며, 자기변화와 갱신을 이루지 못하면 형법학의 뒷전으로 밀려나 옛날이야기가 되어야 하는 전환시대에 있다. 이러한 범죄에 관한 이해 내지 사유의 틀의 변화는 단지 이론적 유희가 아니고 범죄의 성립요건에 관하여 새로운 관점을 여는 것이다. 또한 종래의 형벌이론들은 격심한 비판과 공격을 받아서 이제는 더 이상 자기존재를 주장할 수 없게 되었고, 현재의 형벌개념과 형벌이론은 이미 암묵적으로 종래의 형벌이론들과 완전히 결별하고 있다. 이러한 두 가지 현상과 변화는 서로 연관되어 있다.

Ⅱ. 형벌 개념과 이론의 변화 – 형벌의 규범관련적 이해

1. 전통적 형벌이론의 문제점 – 법적 의미맥락과 분리된 형벌개념

우선 형벌이론을 보면 모든 형법교과서에는 여전히 절대설과 상대설, 응보설과 예방설, 특별예방과 일반예방론, 다시 소극적 일반예방과 적극적 일반예방론 등등이 다양하게 언급 기술되고 있어서 쌩뚱맞고 또한 황당하게 보인다. 마치 이러한 모든 형벌이론들이 일이백년 전과 마찬가지로 여전히 지금도 타당한 것으로 존재하는 것 같은 인상을 준다. 그런데 이러한 종래의 형벌이론 논의들은 아무런 '의미맥락 없이' '맥락과 관계없이' '의미맥락에서 뚝띠어내서' 그저 철학적인 담론으로서 형이상학적으로 형벌론을 전개하고 있다('법적' 형벌론이 아니다). 헌법에 규정된 원리 원칙 즉 헌법의 근본적 가치결정, 형법의 원리 원칙 즉 형법규범의 효력, 경험적으로 현실에 적용가능한가 하는 관점들을 전혀 도외시하고 논의를 전개하고 있다. 이러한 헌법적 규정원리나 원칙들을 고려하여 고찰하게 되면, 이러한 종래의 전통적 형벌이론들은 죽은 이론이다.[1] 국가의 형벌은 일정한 근본가치에 기초하고 있는 것이지, 형벌형이상학에 근거하고 있지 않다. 우리가 형벌을 파악할 때 어떻게 파악할 것인가? 당연히 '법적으로' '법과 관련하여' '규범적으로' '규범과 관련하여' 파악해야 하는 것이 아닌가? 따라서 그렇지 않은 종래의 전통적 형벌이론들은 전혀 타당할 수 없는 것이다.

응보설에 의하면 범죄는 다른 사람에게 해악 내지 고통을 가하는 것이기 때문에 이를 상쇄하기 위하여는 마찬가지로 해악이나 고통으로서 형벌을 과한다고 한다. 그러나 개인을 (따라서 범죄자 개인도) 기본권의 주체로 승인하고 있는 국가에서 오로지 개인에게 고통을 가하기 위해서 형벌을 과한다, 즉 기본권을 침해한다는 것은 있을 수 없다. 개인의 기본권은 정당한 국가의 임무를 위해서 필요불가결한 경우에 한하여 침해될 수 있다. 고통을 가하는 것이 정의에 의해 요구되는 것이라고 해도 마찬가지다. 공동체 구성원의 정의관념을 고려한다? 이것이 국가의 임무인가? 범죄자에게 고통을 가하기 위해서 형벌이라는 고통을 가하는 것이 형벌의 목적이라고 하는 응보설은 우리 헌법하에서는 전혀 인정될 여지가 없다. 응보설은 그 옛날 －헌법적 맥락없이 아무런 맥락없이 맥락으로부터 뚝 떼어내서 그저 철학적 형이상학적으로 형벌은 무엇인가 내지 형벌의 목적은 무엇인가를 논의했던－ 흘러간 옛시대의 고장난 카세트 노랫가락이 반복되고 있는 것이다. 응보설에 의하면 형벌은 고통이라고 하는데, 지금 우리가 논의하는 것은 거꾸로 고통을 가하는 것이 어째서 형벌이 되는가? 고통이 형벌이라는 의미 맥락은 과연 무엇인가를 묻고 있는 것이다. 고통을 가하는 것이 어떻게 형벌이 되는가라는 규범적 의미맥락을 묻고 있는 것이다.

특별예방은 형벌의 목적을 행위자의 장래 범죄를 개선을 통하여 예방하기 위한 것이라고 한다. 그런데 예컨대 살인죄와 같은 중한 범죄를 저지른 범죄인을 그가 장래 범죄를 범할 재범의 위험성이 없다고 하여 처벌하지 말자고 주장하는 사람은 오늘날 아무도 없다. 인류역사상 지구상 어떠한 나라에서도 그러한 결론이 받아들여지고 있지 않다는 것은 분명하다. 앞으로도 그러할 것이다. 특별예방론에 의하면 형벌은 특별예방을 위해 가한다

1) Frisch, GA 2019, 186.

고 하는데, 지금 우리는 왜 특별예방을 위해서 형벌을 과하는가?를 묻고 있는 것이다. 그 의미맥락을 묻고 있는 것이다. 특별예방을 위해서 형벌을 과하는 규범적 의미맥락은 무엇인가? 왜냐하면 특별예방의 그러한 관점을 받아들여 실행하면 형법규범의 효력을 약화시키고 심지어 무시하게 되기 때문이다.[2] 범죄는 형벌을 과할 필요가 있는 행위인데, 형벌이 범죄와 관련해서가 아니라 특별예방의 필요성 여부에 따라 부과된다고 주장하면 결국 특별예방론에 의하면 형벌이 범죄와는 아무런 관련이 없으며 따라서 형벌은 범죄의 개념 정립에 아무런 의미가 없다는 것이 돼버린다.

소극적 일반예방론에 의하면 형벌의 목적은 일반인이 범죄를 범하지 않도록 위하하는 데 있다고 한다. 이러한 소극적 일반예방이론도 오늘날 많은 나라에서 더 이상 받아들여지지 않고 있다. 일반인 제3자에 대한 위하를 충족하려는 목적을 위하여 범죄자를 수단으로 취급한다. 이러한 관점은 인간을 물건과 같이 취급하는 것이며 기본적 인권의 주체로서 인간의 존엄과 가치를 침해하는 것이다. 그런데 국가는 이미 헌법에 의하여 인간으로서의 가치를 존중할 의무가 있다. 즉 이는 단순한 철학적 반대논거가 아니라, 소극적 일반예방론은 이미 헌법적으로 인정될 수 없다는 것이다.

2. 오늘날 수용가능한 형벌이론 – 규범관련적 형벌개념: 규범위반에 대한 규범효력의 확인

형벌은 국가공동체에 필요불가결한 제도이다. 이때의 필요성이란 공동체를 범죄자의 장래 재범으로부터 보호할 필요성이나 잠재적 범죄자인 일반인을 위하할 필요성을 말하는 것이 아니다. 즉 형벌이 가지는 경험적인 예방의 필요성 때문이 아니다. 그것을 위해서가 아니다. 여기에서 말하는 형벌의 필요성은 '법'과 관련된 것이다. 행위자에 의해 침해된 규범 자체에 관한 이야기이다. 법의 일정한 상태(즉 법의 효력과 법의 불가침성)를 보장하기 위해서 형벌이 필요하다는 것이다. 형벌은 법질서의 방위로서의 의미를 가지는 것이다. 형벌은 침해된 규범의 효력을 확인하는 수단이다. 이와 같

2) Roxin, Greco, AT I, 5. Aufl., 2020, §3 Rn.19.

이 형벌은 '법적으로' '법과 관련하여' '규범적으로' '규범과 관련하여' 이해해야 하는 것이 당연하다. 이러한 당연한 이해에 따라서 그렇지 못한 지난날의 응보설, 특별예방론, 소극적 일반예방론은 오늘날 더 이상 주장되지 않고 당연히 포기되었던 것이다.[3] 형벌의 목적을 예방이라고들 하는데, 도대체 '무엇을' 통한 예방을 말하는 것인가? 재범의 위험성 제거를 통한 예방? No! 규범의 예방적 효과 내지 효력유지를 통한 예방을 말하는 것이다. 적극적 일반예방론이라고 말할 때는 바로 이러한 의미를 말하는 것이다. 왜 형벌로 처벌되나? 누구나 어린애들이라도 이렇게 말할 것이다. 법(규범)을 위반했기 때문이라고! 응보다 예방이다라고 말하지 않는다. 법규범의 효력을 해하였기 때문이다. 사회일반인 제3자에 대한 위하라는 경험적 필요성 때문에 행위자를 처벌하는 것이 아니다. 또한 행위자에게 고통을 가하기 위하여 처벌하는 것이 아니다. 형벌은 범죄행위에 수반되는 '그 무엇이' 계속 존속해서는 안 된다는 것 따라서 '그 무엇'에 대하여 법규범이 대응하지 않으면 안 되기 때문에 과하는 것이다. 이러한 형벌의 대응은 과거에 향한 것일 뿐만 아니라, 형벌이 미래를 위해 뭔가를 수행한다는 관점에서 사유되는 것이다.[4]

규범침해 내지 손상이라는 개념이 불분명하고 의문이라는 비판이 있다.[5] 물론 여기에서 말하는 것은 개별 범죄행위 자체가 일정한 양의 규범손상을 하나하나 가져온다는 그러한 의미는 아니다. 규범위반인 범죄에 대하여 형벌로 평등원칙에 따라 누구는 처벌하고 누구는 처벌하지 않는다면 점차로 규범의 사실적 준수라는 의미에서의 규범효력이 침식되기에 이른다는 것이다.[6] 형벌은 '경험적인' 예방필요성에 의한 것이 아니라, 의미적인 것 즉 범죄가 가지는 '규범위반이라는 의미'에 따른 것이다. 형벌이 법위반 즉 범죄를 발생하지 않게 만든다는 것이 아니다. 형벌은 법상태와 그 원리원칙들이 여전히 효력이 있고 불가침이라는 것을 확인한다는 의미이다. 이

---

3) Bloy, FS-Frisch, S. 68 ff.

4) Jakobs, AT, 2. Aufl., 1991, 1/17.

5) Hörnle, FS-Frisch, S. 658 ff.; Haas, Strafbegriff, Staatsverständnis und Prozessstruktur, 2008, S. 264.

6) Jakobs, Die staatliche Strafe, 2004, S. 28; Frisch, GA 2015, 77.

러한 (상징적인) 의미에서 범죄행위 이전에 존재했던 법상태를 회복하게 된다는 것이다.

Ⅲ. 범죄 개념의 변화

1. 전통적 범죄개념 – 대상적 범죄개념/규범과 분리된 시각

범죄란 무엇인가? 범죄의 본질은 어디에 있는가? 종래 전통적으로 지금까지도 범죄는 법익의 침해나 위태화라고 파악하고 있다. 그에 대한 법적인 평가를 위해서 구성요건해당성, 위법성, 책임성이라는 요건을 충족해야 한다. 그리하여 범죄는 비난가능한 즉 책임있는 불법이라고 정의한다. 이는 범죄를 대상적으로 자연적으로 바라보고 파악하는 고찰방식이다. 범죄는 형벌이 부과되는 행위인데, 그럼에도 이와 같이 범죄의 개념과 성립요소들은 형벌이론과 무관하게 독립적으로 발전 전개되었던 것이다. 형벌이론들이 범죄개념에 수용되어 받아들여지는 형태로 범죄의 본질을 파악하지 못하였던 것이다. 다만 응보설은 전통적 범죄개념에 20세기 말까지 영향을 미쳤다. 범죄는 타인에게 고통 해악을 가하는 것이고 형벌은 그에 대한 대응으로서 고통 해악을 가한다는 것이다. 이러한 자연주의적이고 일부는 종교적인 범죄개념에 길들여지고 순화되어 왔던 것이다. 그런데 형벌이론으로서 응보설은 위에서 살펴본 바와 같이 –다른 것 모두 떠나서– 이미 헌법적으로 더 이상 주장될 수 없다. 대상적 범죄개념에 의하면 범죄는 법익침해인데, 지금 우리가 묻고 있는 것은 법익침해가 왜 범죄인가? 어째서 범죄가 되는 것인가?를 묻고 있는 것이다. 범죄가 법익침해라고 말하는 그 의미맥락은 무엇인가? 대상적으로 범죄는 법익침해라고 말할 때, 어떠한 규범적 의미맥락에서 법익침해가 범죄가 된다는 것인가?

2. 오늘날의 범죄개념 – 규범관련적/의미연관적 범죄개념

범죄란 무엇인가? 범죄의 본질은 어디에 있는가? 누구나 어린아이라도 '법(규범)'에 위반되는 것이라고 대답할 것이다. 이는 범죄를 대상으로 파악하는 태도가 아니라, 범죄를 규범에 의해 규범과 관련하여 파악하는 것이다(규범 없이 범죄 없고, 범죄 없이 규범 없다). 범죄는 규범적 의미맥락에서 인정되는 것이다. 범죄는 '법에 위반되는 것'이라고 말할 때, 우리들은 무엇을 본 것일까? 무엇을 중요하게 본 것일까? 형법이 (형법의 입장 관점 시각에서) 범죄를 바라볼 때 정말 본질적으로 중요하게 생각하는 것은 과연 무엇일까? 범죄행위 자체라기보다는 범죄행위에 의해 침해되는 법규범의 효력이다. 즉 대상적으로 파악된 비난가능성 있는 불법에 대하여 국가는 거기에서 법규범의 위반이라는 것을 보았고 따라서 침해된 법규범의 효력 유지를 위해 형벌로 대응해야 한다는 의미적 고찰인 것이다. 범죄와 형벌은 모두 규범과 관련하여 통합적으로 파악되는 것이다.[7)] 범죄는 규범과 분리되어 서술되지 않는다. 오히려 규범의 관점에서 범죄를, 범죄의 관점에서 규범을 서술하는 것이다. 범죄에서 규범이 드러나고, 규범에서 범죄가 드러난다. 범죄는 규범의 현상이다. 종래의 전통적인 범죄개념에서는 범죄는 규범과 관련없이 대상적으로 파악되지만, 오늘날 의미적 관점에서는 범죄는 규범과 겹치면서 하나를 이룬다(법이 불법을 만드는 것이다). 범죄를 바라볼 때 우리는 규범(위반)을 보는 것이다. 범죄를 대상적으로 파악하면 법익의 침해(행위반가치 결과반가치)가 범죄가 된다. 그런데 그러한 반가치가 왜 어떻게 하여 범죄가 되는 것인가? 반가치가 있으면 그냥 범죄가 되는 것인가? 그 반가치가 법에 의하여 규범적으로 범죄가 될 만하다고 즉 규범위반이라고 판단되어서 범죄가 되는 것이다. 범죄는 규범부정 내지 규범무시라는 의미표출적 행위이다.

3. 두 가지 범죄개념의 관계

범죄와 그에 대응하는 형벌의 본질을 이와 같이 의미연관적으로 파악하는 관점에 대하여 전통적 범죄개념은 이를 조롱한다.[8)] 그것은 사유가 만들

---

7) Jakobs, Die staatliche Strafe, S. 24 ff.; Pawlik, Das Unrecht des Bürgers, 2012, S. 55 f., 76 ff.

8) Schünemann, ZStW 126 (2014), 1, 7, 9 f.; Walther, Vom Rechtsbruch zum Realkonflikt, 2000, S. 207 ff.

어낸 가공물이라는 것이다. 그러나 이러한 규범관련적 범죄개념만이 범죄와 형벌의 조화로운 통합에 이르게 한다.[9] 즉 범죄개념의 이러한 변화는 형법이론의 중대한 변화와 관련된 것이다. 그런데 범죄를 규범효력의 무시라고 바라보는 새로운 시각은 종래의 전통적인 대상적 범죄개념과 어떠한 관계에 있는가 검토되어야 한다.

범죄의 개념을 규범위반 내지 규범효력의 무시라고 파악하는 입장이라고 해서, 법익침해라는 전통적 측면을 완전히 배제하는 것은 아니다. 범죄의 의미연관적 측면이 범죄의 전체는 아니다. 범죄개념은 범죄의 현실적 실상이라는 측면을 포함해야 하는 것이다. 행위자는 단순히 법의 효력을 무시했다고 처벌되는 것은 아니다. 법정에서 유죄의 인정은 불법의 현실적 실현을 비난하는 것이다. 물론 응보설은 더 이상 받아들일 수 없지만, 형사소송에서의 실체와 절차법상의 권리들은 여전히 –의미연관적 범죄개념보다는– 전통적인 범죄개념에 의하여 규정되고 있다. 의미연관적 범죄개념과 전통적 범죄개념이 양자택일적인 것으로 다투어져서는 안 된다.[10] 두 가지 측면이 모두 필요하다. 그러나 중요한 것은 형벌의 본질과 그에 따른 의미연관적 내지 규범관련적 범죄개념이 기존의 범죄성립요건에 어떠한 변화와 영향을 가져올 것인가 하는 점이다. 의미연관적 범죄개념과 대상적 범죄개념을 단순히 병존시키는 것은 타당하지 아니하다.

Ⅳ. 기존의 범죄 성립요건 내지 범죄체계의 변화

1. 범죄 성립요건들의 기능적 의미변화

범죄를 규범효력의 무시라고 이해하는 견해는 우선 범죄는 처벌되는 구성요건의 행위규범 위반에서 출발한다. 나아가 구성요건에서 전제된 행위규범 위반이 예외적으로 정당화사유에 의해 허용되지 않아야 한다. 그리고 행위자는 이 규범을 인식하고 준수하는 것이 가능해야 한다. 만약 행위자

9) Jakobs, System der strafrechtlichen Zurechnung, 2012, S. 13 ff.
10) Frisch, GA 2019, 196.

에게 불법을 인식하고 그에 따라 행위할 능력이 없으면, 그 행위규범 위반은 행위규범의 효력을 무시한 것을 의미하지 않는 것이다. 마지막으로 규범효력의 무시가 형벌부과에 필요하거나 충분한 정도에 이르지 못한 경우가 있을 수 있다.[11] 이와 같이 볼 때 구성요건적으로 전제되는 규범위반 내지 행위규범의 효력 무시의 인정요건 내지 성립요건은 전통적 의미에서의 범죄성립요건과 광범위하게 동일하다.

물론 이러한 공통점이 있지만 우리가 포기할 수 없는 전제는 범죄개념과 형벌이론은 하나의 조화와 통합을 이루어야 한다는 점이다. 범죄의 개념과 성립요건은 형벌의 부과가 정당한 어떤 것이다.[12] 범죄의 성립요건이 형벌부과의 원리와는 다른 사유로 설정되는 것은 타당하지 않다. 전통적 범죄개념은 형벌에 의한 정당한 응보설에 기초하고 있다. 불법과 책임이라는 범죄의 성립요건들은 정당한 응보의 요건을 반영하는 것이다. 그런데 응보설은 헌법적으로 전혀 인정될 수 없는 것이고 결국 형벌에 의한 규범효력의 확인으로 대체되었다. 그렇다면 불법과 책임이라는 종래의 범죄개념과 성립요건들은 이제 규범위반이라는 기본이해 내지 이해의 틀을 가지고 파악되어야 한다. 그리하여 범죄의 본질은 이제 범죄행위 자체라기보다는 범죄행위에 의하여 규범의 효력을 무시하였다는 데에 있다. 범죄를 단지 법익침해라고 이해하기보다는 형벌로 대응해야 하는 규범무시라고 하는 관점에서 아울러 파악한다면, 범죄개념의 수정이 (어느 정도는) 요구된다. 즉 규범효력의 확인이 더 이상 요구되지 않는 사태는 이미 범죄개념에서 제외되어 범죄로 성립하지 않는다는 것이다. 이와 같이 규범관련적 의미연관적 범죄개념에 기초할 때, 범죄성립이 부정되는 일정한 카테고리의 개념적 설정 필요성이 – 정의를 실현한다는 응보설에 의한 단순한 대상적 범죄개념 설정의 경우 보다– 훨씬 명확하게 부상하게 된다.[13] 그리하여 범죄의 개념은 어떻게 달리 해석되어야 할 것인가? 범죄의 성립요건들은 새롭고 신선하게 이해될 수 있어야 한다. 기존의 이해틀과는 달리 이해될 수 있어야

---

11) Frisch, GA 2015, 79.

12) Jakobs, System der strafrechtlichen Zurechnung, S. 13; Pawlik, Das Unrecht des Bürgers, S. 52 ff.

13) Frisch, GA 2015, 82.

한다. 고정관념의 용어들은 새롭게 해석되어야 한다. 이는 우리 고정관념의 생각의 틀을 변화시키고자 하는 것이다.

2. 불법(법익침해)과 책임의 규범관련적 의미

이러한 관점에서 전통적인 구성요건해당성 내지 불법의 새로운 의미는 무엇인 것인가? 당해 구성요건이 전제하는 행위규범의 여러 구체적 내용들을 명확히 한다는 것이다. 법률은 어떠한 행위가 금지되고 어떠한 행위가 허용되는가를 시민에게 명확하게 말해주지 않고 있다. 단지 일정한 핵심적인 부분만을 말해주고 있다. 시민이 구체적으로 어떠한 행위규범들을 준수해야 하는가는 거의 설정되지 않고 있다. 갑이 을에게 어떤 물건을 준다. 그런데 이것으로 을은 사람을 죽이려는 생각을 가질 수 있다. 을이 실제로 병을 살해했을 때, 갑에게 살인죄의 구성요건해당성이 인정되는가? 구성요건해당성 판단의 의미는 무엇인가? 그것은 시민이 어떤 경우에 아직 허용된 행위의 범위 내에서 행위하는 것인지, 어떤 경우에 그렇지 않아서 구성요건이 전제하는 행위규범을 위반한 것으로 볼 수 있는지 하는 문제이다. 이러한 평가를 어느 정도 명확히 얘기해 줄 수 있는 행위규범들을 체계적으로 보여주려는 방향으로 문을 열 수 있게 해 주는 것이 규범관련적 범죄개념인 것이다. 여기에서 나타난 기반이론의 하나가 객관적 귀속이론이다. 이러한 행위규범들은 시민들에게 살인죄의 구성요건에서 구체적으로 어떠한 행위가 불법인가를 보다 더 정확히 말해준다.

종래 대상적 범죄개념에 있어서 책임성은 법익침해에 대하여 책임이 있는가를 묻는다. 그런데 규범관련적 범죄개념에서는 법익침해에 대하여 어째서 책임이 있다는 것인가를 문제 삼는 것이다. 규범위반이 규범효력의 무시라는 의미를 가지기 때문에 책임이 인정된다는 것이다.

3. 규범효력의 확인필요성이 결여되어 범죄가 성립되지 않는 경우

(1) 규범관련적 범죄개념에서 특별한 범죄성립요건으로서의 형벌필요성

범죄가 성립하기 위해서는 규범위반이 정당화되지 않고 비난가능해야 한다. 이는 종래 범죄성립요건과 공통된다고 할 수 있다. 그런데 규범관련적 형벌과 범죄개념에 의하면 범죄가 인정되기 위해서는 종래 성립요건에 더하여 법효력의 무시에 대하여 '형벌로 대응할 필요성'이 추가로 요구된다. 즉 범죄가 성립하기 위해서는 경우에 따라서는 추가적인 사정이 요구되다.[14] 규범효력의 무시에 대하여 굳이 형벌로 대응할 필요가 없다면 범죄는 인정되지 않는다. 범죄체계론적 관점에서 말하면 이는 –법무시의 세 가지 성립요건들에 추가하여– '형벌대응의 필요성'이라는 하나의 범죄성립요건이 더 요구된다는 것이다. 종래 불법과 책임이라는 범죄성립요건으로는 포섭되지 않는 사정이나 사실들이 이제는 범죄의 필수적인 성립요건으로 위치하게 된다. 즉 이러한 형벌개입 필요성이라는 범죄성립 카테고리는 종래의 불법과 책임과는 맞지 않는 사태 내지 종래의 불법과 책임이 아닌 사정에 관한 것이다.[15] 불법과 책임이 인정되지만 범죄는 성립하지 않는 경우이다.

(2) 중지미수 – 형벌면제는 범죄성립의 인정인가/(실질적) 부정인가?

중지미수의 경우 이미 성립된 행위불법 자체는 제거되지 않는다. 행위자는 이러한 불법을 회피가능할 수 있었기 때문에 책임도 인정된다. 그리하여 통설은 범죄성립요건인 불법과 책임이 아닌 형벌감경조각사유라고 순전히 형식적으로 –아무런 실질적 근거제시 없이– 말한다. 즉 범죄의 성립은 인정된다는 것이다.

그러나 범죄는 형벌이 과하여지는 행위이다. 규범관련적 범죄개념에 의하면 중지미수에서 일단 긍정되는 법무시는 추가적 범죄성립요건으로서 그러한 침해된 규범효력의 유지를 위해서 형벌의 필요성이 인정되는 경우에 한하여 범죄로 인정된다. 자신의 행위를 자의로 포기하고 결과를 방지한 행위자는 국가형벌을 불필요하게 만든다. 자신의 법무시를 스스로 회수하여 규범위반에 대한 반대를 의미표출하는 것이기 때문이다.[16] 형벌이 과하

14) Frisch, GA 2015, 84 f.; GA 2019, 202; Frisch, FS-Belke, 2015, S. 377.
15) Frisch, GA 2015, 84 f.; Frisch, GA 2019, 203.
16) Frisch, GA 2015, 84 f.; Jakobs, AT, 26/1.

여지지 않는 형벌면제는 범죄성립이 실질적으로 부정되는 것이다.

(3) 과잉방위 – 형벌면제는 범죄성립의 인정인가/(실질적) 부정인가

책임무능력이나 금지착오의 경우에는 행위자가 법을 지향할 능력이 결여되어 책임이나 법무시가 애시당초 결여된다. 이와 달리 정당방위 상황에서 과잉으로 나아간 행위자에게는 책임이 애시당초부터 없다고는 말할 수 없다.[17] 자신에 대한 침해를 방지하기 위하여 그 상황에서 법질서가 요구하는 바를 무시한 것이다. 그러나 그러한 예외적 상황에서 법무시의 정도는 일반적인 경우보다 현저하게 작다. 예외적인 상황에서 그러한 정도의 법무시는 규범의 효력을 본질적으로 약화시키지는 않는다.[18] 그러므로 이와 같은 경우에는 법질서의 효력유지를 위하여 일반적으로 형벌로 대응해야 할 법무시는 존재하지 아니한다. 따라서 범죄의 성립이 인정되지 아니한다.

(4) 사회상규에 위반되지 않은 행위 – 불법부정에 의한 범죄불성립인가 / 불법인정에도 불구하고 범죄불성립인가?

갑녀는 아이를 어린이집에 보내기 위해 이혼소송 중인 남편의 인장을 몰래 파 전입신고하여 사인위조 및 위조사인행사죄의 위법성의 인정여부가 문제된 사안이 있다(대법원 2021.12.27. 선고 2017도16367 판결). 갑녀는 생후 30개월에 불과해 당시 건강이 좋지 않던 막내아이의 복리를 고려해 친모로서 한시적이나마 돌보려는 목적으로 갑녀의 주거지(친정집)에 데려와 낮에는 근처 아파트 단지 내 어린이집에 보낼 필요가 있어 전입신고를 위해 막도장을 조각 사용한 것이다. 대법원에 의하면 본건은 그 목적이 정당하고, 아이를 돌보기 위한 수단으로 막도장을 사용한 것으로 전입신고 용도로만 사용하였다. 남편의 인장이 위조된 법익침해가 있지만 반대측면의 보호이익으로는 막내아이의 복리가 우선적으로 고려돼야 하고 갑녀도 아이를 양육함으로써 자신의 행복추구를 할 수 있다는 보호법익이 있어 여러 사정을

---

17) Jescheck Weigend, AT, 5. Aufl., 1996, S. 476 f.
18) Frisch, GA 2019, 204.

고려하면 침해이익과 보호이익 사이의 법익균형성이 유지됐다고 볼 수 있다. 갑녀로서는 어린이집 우선등록을 위해 전입신고가 필수적이었기에 긴급한 상황이었던 것으로 보이고, 남편에게 연락을 해도 닿지 않아 다른 수단이나 방법이 없는 상황에서 갑녀가 자녀와 자신의 보호이익을 포기했어야 한다고 할 수 없다. 결국 갑녀가 남편의 인장을 위조 사용한 행위는 법질서 전체의 정신이나 배후에 있는 사회윤리 내지 사회통념에 비춰 용인될 수 있는 행위라고 판시하였다. 대법원은 사회상규에 의한 정당행위로 위법성이 조각되려면 목적의 정당성, 수단의 상당성, 긴급성, 보충성, 법익균형성의 다섯 가지 요건이 모두 충족되어야 하는데, 본건은 이를 충족하여 사인위조죄 및 동 행사죄의 구성요건해당성은 인정되지만 위법성이 조각된다고 한다.

그러나 ① 상기 다섯 가지 요건이 모두 충족한다면 이미 긴급피난이나 정당방위가 성립될 것인데, 왜 긴급피난이나 정당방위가 성립되지 않는지 대법원은 먼저 설시했어야 한다. ② 사인위조죄와 동행사죄의 구성요건해당성이 인정되는데 이러한 범죄에 과연 위법성조각을 인정할 수 있을 것인가? 의문이다. 본건은 인장 위조죄와 행사죄의 구성요건해당성과 위법성 즉 불법과 책임을 부정할 수는 없는 사안이라고 생각된다. 그러면 불법과 책임이 인정되므로 범죄가 성립되어야 하는가? 종래의 범죄성립요건에 의하면 범죄의 성립이 인정되어야 할 것이다. 그러나 본건사안은 그 법무시가 형벌로 대응해야 할 필요성이 있는 범죄로 인정되는가? (i) 갑녀는 인장 위조 및 행사를 하였지만, 사회적 법익에 대하여 구성요건적 결과 이외에 실제 현실적으로 다른 어떤 중대한 결과가 발생하지는 않았다(법익교란의 현실적 중대성 결여). 생생하게 현실적으로 볼 때 전입신고를 하여 어린이집에 보낸 결과가 발생한 것뿐이다. 다른 중대한 결과가 누구에게 현실적으로 발생한 것은 아니다. 전입신고로 누구에게 현실적으로 어떤 피해를 발생시킨 것도 아니다. 여기에서 고려하는 것은 위조와 행사의 구성요건적 결과 자체가 아니다. 구성요건적 결과는 이미 발생했고 그래서 구성요건해당성은 인정되지만, 누구에게 뭔 피해를 현실적으로 주었느냐? 남편에게 정말 무슨 피해를 주었느냐? 위조해서 돈을 가져갔느냐 집을 가져갔느냐? 뭔 피해가 현실적으로 있는가 없는가 하는 점이다. 형벌로 처벌할 불법의 정도가 있는가? 다른 사람 누가 현실적으로 피해를 봤는가? 본건은 현실적으로 그런 중한 결과나 효과를 발생시킨 것은 아니다. (ii) 갑녀는 부모로서의 특별의무를 침해한 것이 아니라 그 특별의무를 이행한 것이다. 갑녀는 부모에게 부과된 아동복리의 보호의무를 이행한 것이라고 할 수 있다(특별의무 위반의 결여). (iii) 인장위조와 행사가 현실적으로는 전입신고 행위의 형태로 행하여졌다. 행위의 위험성도 낮다고 보인다. 결국 이러한 사정들을 고려하여 볼 때 불법과 책임이 인정되는 갑녀에 대하여 이러한 두세 가지 실질적 관점에서 형벌로 대응할 필요성은 결여된다고 평가될 수 있다. 즉 갑녀의 법무시 정도는 현저히 작아서 규범유지를 위하여 형벌을 과할 필요가 없다. 따라서 불법과 책임은 인정되지만 규범적 범죄개념의 넷째 범죄성립요건인 형벌필요성이 결여되어 범죄가 성립하지 아니한다.

이와 같이 규범관련적 범죄개념에서는 불법과 책임이 인정된 후에 다시 한 번 인장 위조 및 행사가 법익침해를 정말 현실적으로 발생시켰는지 내지 형벌로 처벌받을 만한 정도까지 도달했는지 검토하는 것이다. 인장 위조 및 행사했으면 사회적 법익이 형식적으로는 침해된다. 불법과 책임이 인정된다. 그런데 본건사안에서 정말 사회현실적으로 법익교란이 형벌이 들어갈 만한 정도에 도달했는가? 다른 동일한 인장위조 및 사용 사건과 비교하여 본건에서 도장사용에 피해자와 피해가 큰가? 형식적으로는 동일한 인장 위조 행사이지만, 거래에 큰 영향을 준 일반적인 경우와 같이 본건에서 법익교란이 실제 현실적으로 형벌이 들어갈 정도로 발생되었는가? 본건의 위조 행시 행위가 다른 일반적인 인장 위조 행사와 비교해서 본건 위조 행사 행위태양이 정말 현실적으로 위험한가? 본건 위조 행사 행위가 뭔가 특별의무자로서 특별의무 위반이 있었나? 불법과 책임이 인정된 후 이와 같이 다시 한 번 마지막으로 형벌이 필요할 정도로 사회현실적으로 중한 결과 내지 파장을 일으킨 것인지 평가한다. 형식적으로는 불법과 책임이 동일하게 인정되지만, 그 실질 속으로 내지 현실적 파장이나 결과 속으로 들어가 보면 그 법익교란의 정도가 각각 다르다는 것이다. 인장위조 행사 사례들에서 구성요건적 결과는 동일하다. 구성요건적 결과가 아니라 현실적으로 중한 결과들 효과들 피해들 영향들 그런 것을 고려해서 중한 결과 즉 형벌이 들어갈 필요성이 있는 정도라고 표현하는 것이다. 규범관련적 범죄개념에 따라 좀 더 현대적인 용어로 말하면 범죄는 법규범에 위반되는 것인데, 법무시의 실질적 정도가 법규범의 효력을 심히 약화시키지는 않았기에 범죄로 인정하여 형벌을 부과해서는 안 되고 또한 형벌을 부과할 필요성도 없다는 것이다.

Ⅴ. 나 가 며

본 에세이는 형벌의 개념과 이론 그리고 그와 연관되어 조화를 이루어야 하는 범죄의 개념과 성립요건이 오늘날 변화되었다는 것을 간략히 이야기한 것이다. 그 변화의 구체적인 의미와 형태는 이제 언급되기 시작했다. 전통적인 범죄개념의 달라진 의미와 내용 그리고 그 위상에 관하여 많은 설명이 요구된다. 전통적 범죄개념은 원래 자연주의적 관점에서 성립된 것이다. 여러 가지 문제에 봉착하여 오면서 긴급수술을 고비마다 받아가며 힘겹게 버텨온 범죄체계이다. 이러한 범죄개념과 체계는 이제 변화된 형벌이론과 그에 맞는 범죄의 근본이해와 조화되도록 수정되어야 한다. 본고는 범죄와 형벌이라는 형법의 근본문제에 관한 일종의 교양에세이로 읽혀지도록 목표하였으나 참담하게 실패하였다. 그러나 두 단어만은 살아남았다. '새로움'과 '변화' 그것이다That's it!. 그런데 그것이 전부That' all이다.

03

고문 없는 세계*

고홍주 Harold Hongju Koh

예일 로스쿨 교수

고홍주 교수는 예일 로스쿨 스털링(Sterling) 국제법 교수며, 1985년부터 재직해 왔으며 예일 로스쿨 학장을 지냈다. 고 교수는 국제공법 및 사법, 국가안전보장법, 그리고 인권법 분야를 선도하는 미국 내 가장 영향력 있는 전문가 중 한 사람이다. 한국계 미국인으로 하버드 대학교와 옥스포드 대학교, 그리고 하버드 로스쿨을 졸업하고 미국 연방항소법원과 미국 연방대법원에서 로클럭으로 근무하였다. 또한 미국 국무부의 법률고문(2009-2013)과 선임고문(2021), 그리고 국무부의 인권담당 차관보(1998-2001)로 재직하였다. 고홍주 교수는 국제법 분야에 기여한 공로로 17개의 명예학위를 받았으며, 콜롬비아 로스쿨과 전미변호사협회의 상을 포함하여 30개 이상의 상을 받았다. 지금까지 총 8권의 저서 혹은 공저를 저술하였고, 200개 이상의 논문을 출판하였다. 미국 의회에서 정기적으로 다수의 증언을 하였고, 미국 및 국제 재판소에서 국제법 문제와 관련된 수많은 소송을 담당하였다. 고홍주 교수는 미국 철학회 및 미국 인문과학 아카데미의 특별회원이며, 옥스포드 모들린 칼리지(Magdalen College)의 명예회원이자 미국법 연구소 자문위원회(Council of American Law Institute)의 회원이다. 최근에는 옥스포드대의 방문교수와 캠브리지대의 방문교수를 지냈다.

* 이 글은 미국 Columbia Journal of Transnational Law(2005)에 실린 고홍주 교수님의 에세이 A World Without Torture를 한글로 번역한 것이다. 번역과 감수를 각각 맡아주신 스탠포드대 좌정원 박사님과 서울대 원유민 교수님께 깊이 감사를 드린다. 아울러 공저에 동참해 주시고 번역본 교정과 관련해 상세하고 친절한 코멘트를 해주신 고홍주 교수님께도 진심으로 감사드린다.

저는 Columbia Journal of Transnational Law의 Wolfgang Friedmann 상을 수상하게 된 것을 진심으로 영광으로 생각합니다. 이 상의 모든 면이 제게 깊은 감동을 줍니다. 전 세계에서 가장 뛰어난 인권 운동가들 중 한 명이자 제가 이사로 참여하고 있는 Human Rights First의 Michael Posner를 포함한 이 상의 저명한 과거 수상자들과 함께 하게 되었다는 것이 자랑스럽습니다.

특히 위대한 Wolfgang Friedmann 교수의 이름을 딴 상을 받게 되었다는 사실이 제게는 큰 의미가 있습니다. 비록 실제로 뵌 적은 없지만, Friedmann 교수님은 저희 가정에서 전설적인 존재이셨습니다. 고인이 되신 저의 아버지 고광림 박사님께서는 국제법 학자이자 한국의 외교관이셨습니다. 제가 아직 네 살이던 1958년 저희 아버지께서는 Friedmann 교수가 Richard Pugh교수와 함께 편집한 '해외 투자의 법적 측면들Legal Aspects of Foreign Investment'이라는 책에서 하나도, 둘도 아닌 세 개의 장chapter을 쓰셨습니다.[1] 국제법을 숭배하는 가정에서 자라는 소년으로서 저는 진정한 "New

---

* 이 강의는 제가 2005년 1월 7일 알베르토 R. 곤잘레스(Alberto R. Gonzales)의 미 법무장관 지명과 관련하여 상원 법사위원회에서 한 증언과 2004년 11월 1일 뉴욕시 변호사협회가 주최한 "Torture: Where Were the Lawyers?"라는 제목의 패널에서 한 발언에 기초한 것입니다. Columbia Journal of Transnational Law의 편집자들은 내가 2003년 4월 24일 Columbia Law School에서 Wolfgang Friedmann Award를 받았을 때 했던 발언을 대신해 이 강의를 출판할 수 있도록 허락해 주었습니다. 업데이트된 그 발언의 버전은 이후 출판된 Harold Hongju Koh, *Transnational Legal Process After September 11*, 22 BERKELEY J. INT'L. L. 337(2004)에서 찾아볼 수 있습니다.
이 상을 주신 Dora Gruner와 저널 41권의 편집자들에게 감사를 표합니다. 나는 또한 사랑하는 친구들이자 헌신적인 동료들인 Columbia대학의 뛰어난 교수 Gerry Neuman과 그의 아내 Carol에게 지난 30년 간의 우정과 Friedmann 만찬에서의 Gerry의 개성 있는 소개에 대해 깊은 감사를 드립니다. 나의 오랜 친구이자 동지인 Lou Henkin과 Lori Fisler Damrosch는 Columbia Law School에 온 저를 정중히 환영해주었으며 또한 이 상을 받는 데 있어 진심으로 지원을 해 주었습니다.
마지막으로, Friedmann Award 만찬은 뛰어난 사람이자 국제 변호사였던 위대하고 다정한 Oscar Schachter교수님을 만나는 마지막 기회였습니다(아래 참고 2 참조). Oscar Schachter교수님은 고문 없는 세상을 믿었습니다. 그의 기억에 이 에세이를 바칩니다.
이 논문은 원래 '43 Columbia Journal of Transnational Law 641(2005)'에 수록된 Wolfgang Friedmann Award Essay로서 영문으로 출간된 것인데 이후 한국어로 번역되었습니다. 원본과의 불일치가 있을 경우 원본이 권위를 갖게 됩니다.

1) *See* Kwang Lim Koh, chapters 9, 22, and 33, *in*LEGALASPECTSOFFOREIGNINVESTMENT (WOLFGANGC.FRIEDMANN&RICHARDC.PUGHeds.,1959). (중국, 한국 그리고 태국에 대한 해외 투자를 다룸)

York Giants"는 Mickey Mantle, Willie Mays, 그리고 Duke Snider가 아닌 Wolfgang Friedmann 교수님, 그리고 각각 1986년과 1983년에 Friedmann 상을 수상한 Louis Henkin교수님 그리고 Oscar Schachter교수님이라고 여겼습니다.[2)] 저는 지금도 저희 아버지께서 Wolfgang Friedmann 교수가 작고하셨다는 이야기를 들으시고 얼마나 슬퍼하셨는지를 기억합니다. 만일 저의 아버지와 Friedmann 교수님이 오늘 이 자리에 함께 하셔서 – 아마도 어디에선가는 그리하시겠지만 – 이 미국이라는 놀라운 나라가 국제법에 대한 존중과 인권 보장에 대한 책임을 새로운 이민자들과 관련해 어떻게 증진시켜 나가고 있는지를 보신다면 너무나 경이로워 하실 것이라고 확신합니다.

제가 이 에세이에서 논의할 미국의 국제법과 인권에 대한 관계는 Oscar Schachter교수님, Wolfgang Friedmann 교수님, 저의 아버지, 그리고 제가 평생 동안 열정을 바친 주제입니다. 특히 여기서는 제가 법적인 전문성과 정부 기관에서의 경험을 가지고 있는 두 가지 문제 – 고문 및 그 밖의 잔혹한, 비인도적인 또는 굴욕적인 대우의 위법성과 미국 대통령이 공무를 수행하는 관리들의 고문과 가혹행위를 허가할 수 있는 헌법적 권한의 한계 – 를 다루고자 합니다.

이 두 가지 문제에 관해서 저는 미국의 법과 정책이 모두 분명하고 명백하다고 오랫동안 생각해왔습니다. 고문과 잔혹하고 비인도적이며 굴욕적인 처우는 불법이며 우리의 가치와 헌법적 전통에 철저히 반하는 것입니다. 그리고 어떠한 헌법적 권한도 대통령으로 하여금, 설사 그가 군의 통수

2) 위 참고 *를 참조하십시오. Schachter 교수님의 중요한 논문(Oscar Schachter, *Towards a Theory of International Obligation*, 8 VA J. INT'L L. 300, 307-08 (1968))은 국제법적 의무에 대한 절차 중심적 접근을 제시한 최초의 학문적 고찰이며, 이후 국가들이 왜 국제법을 준수하는가에 대한 설명으로서의 초국가적 법과정론을 논의한 제 연구의 효시라고 할 수 있습니다. Schachter 교수님의 이론의 한 요소인 국내의 여론이 국제 규칙이 권위가 있다는 것을 받아들여야 한다는 조건은 어떻게 국제법 규범이 국내의 법률 시스템으로 내면화될 수 있는지를 이해하고자 하는 초기 노력을 대변하고 있습니다. 이는 "규범 내면화"라는 개념의 핵심적인 요소로서 초국가적 법과정론에 대한 이후의 제 연구를 뒷받침하는 것입니다. OONA A. HATHAWAY & HAROLD HONGJU KOH, FOUNDATIONS OF INTERNATIONAL LAW AND POLITICS 190-204 (2005). (국제법의 법적 절차 이론들을 설명)

권자로서 역할을 행하는 경우에도, 포로들에게 고문과 잔혹한 행위를 가할 수 있도록 허용하지 않습니다.

이는 미국인의 삶에서 가장 큰 중요성을 가지는 법적 원칙들입니다. 고문으로부터 자유로울 권리는 미국적 삶의 경험에서 결코 빼 놓을 수 없는 부분입니다. 이 권리는 권리장전의 수정 제8조("잔인하고 이례적인 형벌을 가해서는 아니 된다")에 의해 명백하게 인정되고 있습니다.[3] 이는 또한 양심에 반하는"shock the conscience" 신문 기술을 단호히 금지하는 수정 제5조의 법리에서도 분명히 드러납니다.[4]

세계인권선언의 제5조는 "누구도 고문 또는 잔혹하거나 비인도적이거나 굴욕적인 처우 또는 형벌은 받지 아니한다"고 명확히 규정하고 있습니다.[5] 1994년 미국은 제2조에서 "전쟁상태, 전쟁의 위협, 국내의 정치불안정 또는 그 밖의 사회적 긴급상황 등 어떠한 예외적인 상황도 고문을 정당화하기 위하여 원용될 수 없다"고 규정하고 있는 '고문 및 그 밖의 잔혹한, 비인도적인 또는 굴욕적인 대우나 처벌의 방지에 관한 협약'을 비준하였습니다.[6]

25년 전 제2 연방순회항소법원이 역사적인 Filartiga v. Pena-Irala 판결에서 인정했듯이, 고문관은 "과거의 해적이나 노예상과 같이" "모든 인류의 적hostis humanis generis"입니다.[7] 미 육군 야전 교범 27-10(지상전의 법The Law of Land Warfare)에 수록되어 있는 포로의 대우에 관한 1949년 제네바 협약 Ⅲ(이하 제3 제네바 협약)의 제17조는 "종류의 여하를 불문하고 정보를

3) U.S. CONST. amend. Ⅷ. 수정 헌법 제8조의 핵심 기능은 "고문(들) 및 기타 야만적 처벌 방법들을 처벌하기 위한 것입니다" Estelle v. Gamble, 429 U.S. 97, 102 (1976).

4) *See* Chavez v. Martinez, 538 U.S. 760, 796 (2003) (Kennedy, J., 별개의견) ("진술을 유도하기 위한 시도로 고문 또는 이에 상응하는 행위를 사용하는 것은 개인의 자유에 대한 기본권을 침해한다고 말하는 것은 제게는 충분히 간단한 문제인 것 같습니다."); Rochin v. California, 342 U.S. 165, 172-73 (1952).

5) Universal Declaration of Human Rights, G.A. Res. 217 A (Ⅲ), U.N. GAOR, 3d Sess., U.N. Doc. A/810 (1948).

6) Convention Against Torture or Other Cruel, Inhuman or Degrading Treatment or Punishment, *opened for signature* Dec. 10, 1984, 1465 U.N.T.S. 85, 23 I.L.M. 1027 (1987년 6월 26 발효). *See also* International Covenant on Civil and Political Rights (ICCPR), *opened for signature* Dec. 19, 1966, art. 7, 999 U.N.T.S. 171, art. 7. (1976년 3월 23일 발효) ("어느 누구도 고문, 또는 잔혹한, 비인도적인 또는 굴욕적인 취급 또는 형벌은 받지 아니한다.")

7) Filartiga v. Pena-Irala, 630 F. 2d 876, 890 (2d Cir. 1980).

그들로부터 입수하기 위해, 포로에 대하여 육체적 또는 정신적 고문이나 기타 모든 형태의 강제를 가하지 못한다"라고 규정하고 있습니다. 역시 육군 야전 교범 27-10에 수록되어 있는 전시에 있어서의 민간인의 보호에 관한 1949년 제네바 협약 Ⅳ(이하 제4 제네바 협약)의 제32조는 민간인에 대한 고문을 금지하고 있습니다. 4개의 제네바 협약 전체에 적용되는 제3조는 "생명, 및 신체에 대한 폭행, (…) 모든 종류의 살인, 상해, 학대 및 고문에 대한 금지를 명시하고 있습니다."[8] 마지막으로 미국 연방대법원은 2004년 6월 고문이 국제법의 가장 심각한 위반행위 중 하나임을 재확인하였습니다.[9]

미국 국무부 내의 민주주의, 인권, 그리고 노동부의 차관보로 일하던 지난 2000년 저는 제네바의 고문방지위원회 미국의 반 고문 협약의 이행에 관한 첫 번째 보고서를 발표하면서 "우리 나라는 고문이 없는 세계에 대한 변함없는 신념을 가지고 있다"고 말했습니다.[10] 미국 내의 모든 관련된 기관들의 동의 하에, 저는 위원회에 아래와 같이 발언하였습니다:

> 우리 나라는 정부의 심각한 억압과 박해로부터의 피난처를 찾던, 따라서 잔인하고 이례적인 처벌에 대한 금지가 권리장전에 포함될 것을 역설한 사람들에 의해 세워졌습니다. 오늘 우리의 보고서에 담겨있듯이, 고문은 이제 미국 전역에서 법으로 금지되어 있습니다. 고문은 정책적 이유로 또는 국가적 권위의 도구로서 사용될지라도 절대적으로 비난 받는 행위입니다. 어떠한 경우에도 고문은 범죄 행위입니다. 어떤 정부 기관의 관리도 – 그 기관이 연방기관이든, 주나 지방기관이든, 일

---

8) 1949 Geneva Convention III Relative to the Treatment of Prisoners of War, *adopted* Aug. 12, 1949, art. 17, 75 U.N.T.S. 135 (1950년 10월 21일 발효) [이하 제3 제네바 협약]; 1949 Geneva Convention IV Relative to the Protection of Civilian Persons in a Time of War, *adopted* Aug. 12, 1949, art. 32, 75 U.N.T.S. 287 (1950년 10월 21일 발효) [이하 제4 제네바 협약]. *See also* Common Article 3 to the Third and Fourth Geneva Conventions.

9) Sosa v. Alvarez-Machain, 124 S.Ct. 2739, 2763 (2004); *id.* at 2783 (Breyer, J., 별개의견).

10) Statement of Harold Hongju Koh, Assistant Secretary of State for Democracy, Human Rights and Labor, *On-the-Record Briefing on the Initial Report of the United States of America to the UN Committee Against Torture*, Washington, DC, October 15, 1999, *available at* http://www.state.gov/www/policy_remarks/1999/991015_koh_rpt_torture.html

> 반기관 혹은 군사기관이든 – 고문을 자행하거나 다른 이로 하여금 고문을 자행하도록 지시할 수 없습니다. 어떠한 관리도 고문의 형태와 상관없이 이를 허용하거나 묵인하여서는 안 됩니다. 어떠한 예외적인 상황도 고문을 정당화할 수는 없습니다.[11]

이러한 분명한 입장은 Bush행정부가 발표한 정책에도 남아있습니다. 실제로 2004년 6월 George W. Bush 대통령은 아래와 같이 되풀이하여 단언하였습니다:

> 오늘 미국은 전 세계적인 고문의 금지에 대한 그 신념을 재확인하는 바입니다. 고문으로부터의 자유는 양도할 수 없는 인간의 권리이며, 우리는 법에 따라 인권이 존중되고 보호되는 세계를 만드는 것에 전념할 것입니다.
>
> 이러한 책무를 다하기 위해서 미국은 고문방지협약에 가입한 135개국과 동참할 것입니다. 미국은 고문에 반대하며 이를 용납하지 않을 것입니다. 우리는 모든 고문 행위를 조사하고 기소할 것이며, 우리 관할 구역의 모든 영역에서 다른 잔인하고 비정상적인 처벌을 방지하기 위해 노력할 것입니다. 미국의 관리는 미국의 헌법과 고문을 금지하는 법령을 포함한 연방법, 그리고 모든 구금자들의 처우에 관한 협약 상의 의무들을 따라야 할 것입니다.[12]

그러나 이와 같은 강력한 선언에도 불구하고, 최근 전 법무부 법률 고문실Office of Legal Counsel 차관보Jay S. Bybee가 당시 대통령의 법률 고문이었던 Alberto R. Gonzales에게 2002년 8월 1일에 보낸 강압적인 신문 기술들에 관한 악명높은 의견서"Bybee Opinion"에는 현저하게 다른 견해가 제시되었습니다.[13] 미국 국무부 법률 고문실은 소송 중에 있지 않은 문제들에 관

11) Id.

12) President George W. Bush, *Statement on the U.N. International Day in Support of Victims of Torture*, June 26, 2004, *available at http://www.whitehouse.gov/news/releases/2004/06/20040626-19.html*

13) Memorandum of August 1, 2002 from Jay S. Bybee, Assistant Attorney General, Office of Legal Counsel, to Alberto R. Gonzales, Counsel to the President, Regarding Standards of Conduct for Interrogation under 18 U.S.C. §§ 2340-2340A (Aug. 1,

한 행정부의 법적인 입장을 결정하는 권한을 가지는 미국 정부에서 가장 중요한 법률 기관입니다.[14] 2002년 초여름 백악관 법률 고문이었던 Gonzales가 요청한 것이 분명한 이 Bybee Opinion은 미국 관리들이 고문을 범죄화하고 있는 연방법에 따라 책임을 지지 않으면서도 테러 용의자를 고문하는 것과 같은 전술을 사용할 수 있는지를 검토하고 있습니다.[15]

Bybee Opinion은 이 질문에 실질적으로 "그렇다"라고 답하고 있습니다. 세 부분으로 나누어 이를 정당화하고 있는데, 우선 첫째로 고문이라는 단어를 신문관이 "장기 부전, 신체 기능의 손상 또는 심지어 죽음과 같은 심각한 신체적 상해에 동반되는 고통과 같은 강도의 신체적 고통"을 가하고자 하는 구체적인 목표를 가지고 있을 것을 요하는 것으로 매우 좁게 해석하였습니다.[16] 두 번째로 이 의견서는 고문에 대한 형법상의 금지는 "군 통수권자로서 대통령이 적 전투원을 구금 및 신문하는 것에는 적용되지 않으며",[17] "국회가 전장의 전투원을 신문하는 것을 규제하고자 하는 것은 헌법이 대통령에게 온전히 부여한 군 통수권자로서의 권위에 반한다"고 주장하면서 고문을 지시할 수 있는 대통령의 헌법적 권한을 폭넓게 해석하고 있습니다.[18] 세 번째, 이 의견서는 고문 명령에 대한 연방 형법의 적용은 "대통령이 그의 독점적인 헌법상의 권리 행사를 돕는 것을 처벌하는 것"이 되기 때문에 이를 배제시킬 수 있으며, 따라서 "행정부의 관리는 대통령의 군 통수권자로서의 권한을 대행하였다"는 것을 근거로 고문에 대한 기소를

2002), *available at http://news.findlaw.com/nytimes/docs/dojbybee8OlO2mem.pdf* [이하 Bybee Opinion]

14) 법률 고문실의 적절한 역할에 대한 논의로는 see Harold Hongju Koh, *Protecting the Office of Legal Counsel from Itself*, 15 CARDOZO L. Rev. 513 (1993).

15) *See* 18 U.S.C. §§ 2340-40A (고문을 저지른 사람은 벌금이나 20년 이하의 징역 또는 두 가지 모두에 처할 수 있으며 피해자가 고문으로 사망한 경우 고문을 가한 사람은 무기징역 또는 사형에 처할 수 있다). 더욱이 USA PATRIOT법은 고문 공모를 범죄로 규정하고 있습니다. Uniting and Strengthening America by Providing Appropriate Tools Required to Intercept and Obstruct Terrorism Act (USA PATRIOT) Act of2001, Pub. L. No. 107-56, 115 Stat. 272 (18 U.S.C. §§ 3121-3127를 일반적으로 개정).

16) Bybee Opinion, 위의 각주 13, at 1.

17) *Id.* at 35.

18) *Id.* at 39. at 39. *See id.* at 39 ("의회는 전장에서 전략적 또는 전술적 결정을 지시할 수 있는 것 이상으로 대통령의 적 전투원에 대한 신문 수행 행위에 간섭할 수 없다.")

피할 수 있다고 주장하고 있습니다.[19)]

Abu Ghraib에서 발생한 잔학행위가 밝혀지고 난 뒤 곧 언론에 공개된 이 의견서는 엄청난 비난을 불러일으켰습니다. 몇 달에 걸친 공개 토론 끝에 이 의견서는 마침내 2004년 12월 20일, 그 수신인이었던 Alberto Gonzales가 미국의 법무장관으로서 상원의 청문회에 출석하기까지 채 일주일도 남지 않은 시점에서야 폐기됩니다.[20)21)] 따라서 근 2년여 동안 Bybee Opinion은 연방 형법의 고문법 하에서의 연방 관리의 의무에 관한 미국 행정부의 공식적인 법적 해석으로서의 역할을 하였던 것입니다.

민주당과 공화당 행정부 모두에서 일하였고 법무부 법률 고문실의 변호사로서 2년 이상 일했던 저는 이러한 법적인 의견들이 요청되고 작성되는 조건들을 잘 알고 있습니다.[22)] 나아가 저는 이러한 의견들이 작성되는 과정에서 정부의 변호사들이 맞닥트렸을 엄청난 시간적 압박과 위기에 공감합니다.

그럼에도 불구하고, 전문가로서의 제 의견에 따르면 Bybee Opinion은 아마도 제가 읽어본 것들 중 가장 명백하게 잘못된 법적 의견서일 것입니다. 이 의견서는 다섯 가지 점에서 명백한 오류를 범하고 있습니다. 먼저, 그리고 가장 분명한 것은 이 의견서는 이것이 쓰여진 법적이고 역사적인 맥락에 대하여 단 한마디도 언급하고 있지 않습니다. 이 의견은 부시 대통령이 모든 사람의 고문으로부터 자유로울 "양도할 수 없는 인권"이라고 정확하게 부른 것에 대한 어떠한 언급도 없이 사실상 어떠한 강압적 신문 방법들이 가능한지를 묻고 있습니다.[23)] 이 의견서가 쓰여진 당시 정책적 방

---

19) *Id.* at 35.

20) Memorandum from Daniel Levin, Acting Assistant Attorney General, Office of Legal Counsel, to James B. Comey, Deputy Attorney General, Regarding Legal Standards Applicable Under 18 U.S.C. §§ 2340-2340A (Dec. 30, 2004), *available at* http://www.justice.gov/olc/dagmemo.pdf [이하 Levin Opinion]

21) Abu Ghraib 교도소는 이라크 최대의 정치범 수용소로 사담 후세인 정권 시절부터 악명이 높은 곳이었으나 미국이 이라크를 점령하고 있던 2003년 이 교도소에 수감되어 있던 민간인들에 대한 미군의 잔혹 행위가 드러나면서 큰 이슈가 되었다(역자 주).

22) 저는 미국 정부에서 두 번 재직했습니다: 1983-85년 레이건 행정부 시절, 미 법무부 법률 고문실의 변호사-고문으로, 또 1998-2001년 클린턴 행정부 시절 국무부 민주주의, 인권 및 노동 차관보로 재직했습니다.

23) 위의 각주 12 및 첨부된 텍스트 참조.

침은 고문에 관한 "무관용" 정책이었음에도 불구하고, 이 의견서는 본질적으로 "선을 넘지 않는 한도에서 어떻게 하면 사람들을 고문하는 것에 최대한 가까이 갈 수 있는가"를 묻고 있습니다. Bybee Opinion은 발간된 직후 실제로 국방부로 전달된 것으로 보이며 그 핵심 결론이 국방부의 실무 그룹 보고서Working Group Report에 반영되기도 했습니다.[24] 이 보고서는 미국의 관리가 대 테러 전쟁의 활동의 일환으로 구금자들에게 사용할 수 있는 일련의 허용되는 신문 방식들을 제시하고 있습니다.

두 번째 문제는 이 의견서가 "고문"이라는 단어를 그 일반적인 의미에 완전히 모순될 정도로 지나치게 좁게 해석하고 있다는 것입니다. 예를 들어 이 의견서는 신문관이 "장기 부전, 신체 기능의 손상 또는 심지어 죽음과 같은 심각한 신체적 상해에 동반되는 고통과 같은 강도의 신체적 고통"을 가하고자 하는 구체적인 목표를 가지고 있을 것을 요하고 있습니다.[25] 그러나 사담 후세인을 축출하기 위해 이라크를 침공하기 이전부터 부시 행정부는 후세인의 정보 기관이 "낙인 찍기, 성기 및 신체의 다른 부위에 가하는 전기 충격, 폭행, 손톱 뽑기, 뜨거운 다리미나 토치 램프로 화상 입히기, 회전하는 천장의 환풍기에 매달기, 피부에 산성 용액을 떨어뜨리기, 강간, 팔이나 다리를 부러뜨리기, 물이나 음식의 제공 거부, 어둡고 극도로 작은 독방에 장기간 감금하기, 가족이나 친척에 대한 강간 또는 다른 상해의 위협과 같은 **고문** 기술"을 사용했다고 언급하고 있습니다.[26] 그러나 Bybee Opinion의 터무니없이 좁은 법적 정의에 따르면 이와 같은 극악무도한 행위들의 대부분이 고문에 해당하지 않게 되는 것입니다!

세 번째로 Bybee Opinion은 헌법 제2조의 군 통수권자로서 대통령이 가지는 고유의 권한을 심각하게 잘못 해석하고 있습니다. 이 의견서는 고

24) U.S. DEP'T OF DEFENSE WORKING GROUP, WORKING GROUP REPORT ON DETAINEE INTERROGATIONS IN THE GLOBAL WAR ON TERRORISM: ASSESSMENT OF LEGAL, HISTORICAL, POLICY, AND OPERATIONAL CONSIDERATIONS (Apr. 4, 2003), available at http://wikisource.org/wiki/Working-Group-Report [이하 DOD DETAINEE REPORT]

25) Bybee Opinion, 위의 각주 13, at 1.

26) *See* Saddam Hussein's Repression of the Iraqi People, available at http://www.whitehouse.gov/infocus/iraq/decade/sect4.html (강조 추가)

문에 대한 형법상의 금지가 "대통령의 군 통수권자로서의 권한에 따라 행해진 신문에는 적용되지 않는다"고 주장합니다.[27] 그러나 수정 헌법 제8조는 **군 통수권자가 명령하는 경우를 제외하고** "잔혹하고 예외적인 처벌을 가하여서는 안 된다"라고 규정하고 있지 않습니다. 또한 수정 헌법 제5조 적법절차 조항의 법리의 어떠한 부분도 행정 관리의 고문을 허용하고 있지 않습니다.[28]

놀랍게도 Bybee Opinion은 "국회가 전장 적 적투원을 신문하는 것을 규제하고자 하는 것은 헌법이 대통령에게 부여한 고유한 군 통수권자로서의 권위에 반한다"고 주장하고 있습니다.[29] 그러나 만일 이것이 사실이라면, 통일군사법전의 주요 부분들 또한 헌법에 반하는 것이 될 것이며,[30] 육군 야전 교범의 핵심 지침들 또한 대통령의 군 통수권자로서의 권한을 방해하는 것이 될 것입니다.[31] 만일 대통령이 고문을 허용할 수 있는 독단적인 헌법상의 권한을 가지고 있으며 국회가 이를 제한할 수 없다면, 대통령은 왜 제노사이드나 기본적 인권을 침해하는 다른 행위들을 할 무제한의 권한을 가지고 있지 않은 것일까요? 또한 만약 미국의 대통령이 군 통수권

---

27) *Id.* at 35.

28) *See* Chavez v. Martinez, 538 U.S. 760 (2003).

29) Bybee Opinion, 위의 각주 13, at 39. *See id.* ("의회는 전장에서 전략적 또는 전술적 결정을 지시할 수 있는 것 이상으로 대통령의 적 전투원에 대한 신문 수행 행위에 간섭할 수 없다.")

30) 1950년 의회는 군 피고인에 대한 재판과 처우의 공정성과 투명성을 보장하기 위해 통일군사법전(the Uniform Code of Military Justice (UCMJ))을 통과시켰습니다. 제49조 및 제50조의 명확한 규정은 군사법원의 피고인뿐만 아니라 군사위원회의 피고인에게도 적용됩니다. 10 U.S.C. § 849(d)("군사 법원 또는 **위원회**"를 명시적으로 포함) (강조 추가) 10 U.S.C. § 850(a) (명시적으로 "군사 또는 **군사 위원회**"를 언급함) (강조 추가). UCMJ 31조, 10 U.S.C. § 831(a)는 추가로 "이 장의 대상이 되는 자는 누구에게든지 그를 유죄로 간주하거나 유죄를 선고할 수 있는 질문에 대한 답변을 강요할 수 없다"고 요구하고 있습니다.

31) 미군 요원에 의한 신문을 규제하는 법적 기준을 담고 있는 미 육군 야전 교범 34-52는 조약과 "미국 정책은 신문을 위한 수단으로서 또는 신문을 돕기 위한 신체적 또는 정신적 고문, 위협, 모욕 또는 비인도적인 처우를 포함한 폭력 또는 위협 행위를 명시적으로 금지하고 있습니다, … 이러한 불법 행위는 허용되지 않으며 미 육군에서 용납되지 않을 것입니다." 이 교범은 구체적으로 "신체적 고문"을 "화학물질이나 속박을 통한 고통", "장시간 동안 비정상적인 자세로 서거나, 앉거나, 무릎을 꿇게 하는 것", "식량 부족" 및 "모든 형태의 체벌"을 포함하는 것으로 정의하고 있습니다. U.S. DEP'T OF ARMY, FIELD MANUAL 34-52(1992), at 1-8, available at http://www.fas.org/irp/doddir/army/fm34-52.pdf

자로서 전쟁이라는 미명하에 고문을 허용할 수 있다면, 왜 사담 후세인은 이에 상응하는 군 통수권자로서 고문을 허용할 수 있는 헌법상의 권리를 가지고 있지 않았던 것일까요?

주목할 만한 것은 Bybee Opinion이 법률가로서는 심각하게도 연방대법원의 Youngstown Sheet & Tube Co. v. Sawyer 판결에서 대통령이 주장하는 군 통수권자로서의 권한의 한계에 대한 다수의견을 전혀 언급하지 않고 있다는 점입니다.[32] Jackson 대법관의 유명한 이 사건 별개 의견은 아래와 같이 이를 명확히 하고 있습니다.

> 대통령의 권한은 불변의 것이 아니며, 국회 권한과 별도로 행사되는지 또는 결합하여 행사되는지에 따라 변화하는 것이다. … 대통령이 국회의 명시적 혹은 묵시적 의지와 양립할 수 없는 조치를 취하고자 할 때, 그의 권한은 가장 **최저의 상태에 있으며**, 따라서 그 조치에 관하여서는 자신의 헌법적 권한에서 그에 관해 국회가 가지는 모든 헌법적 권한을 제외한 만큼에 대해서만 의존할 수 있는 것이다.[33]

우리가 논의하고 있는 이 사건에서 국회는 헌법 제1조의 8항에 의거해 "고문과 같이 국제법에 위배되는 범죄를 정의하고 이에 대한 벌칙을 정할 것"과 "육해군의 통수 및 규제에 관한 규칙을 정할 수 있는 권한"을 가지고 있습니다.[34] 국회는 이와 같은 권한을 이용하여 미국 연방 법전 상의 고문에 대한 형법상의 금지(18 U.S.C. §§ 2340-40A)와 같은 법률에서 행정부의 고문을 금지해 왔으며, 또한 "어떠한 구금자도 미국의 헌법, 법률, 그리고 조약에서 금지하고 있는 고문이나, 잔혹하고 비인도적이거나 굴욕적인 처우를 받지 않도록 하여야 한다는 것이 미국의 정책"임을 규정하고 있는 최근의 국방수권법에서 Abu Ghraib에서의 미군의 잔혹행위를 공공연히 비판했습니다.[35] 실제로 만약 전시 대통령의 헌법상 권한이 Bybee Opinion

---

32) Dames & Moore v. Regan, 453 U.S. 654, 661(1981) 사건에서 전체 대법원은 "이 분야에서 가능한 한 많은 분석과 상식을 결합"하는 Jackson 대법관의 견해를 수용했습니다.

33) Youngstown Sheet & Tube Co. v. Sawyer, 343 U.S. 579, 635-38 (1952) (Jackson, J., 별개의견) (강조 추가).

34) U.S. CONST. art. I, § 8.

이 제시하는 것처럼 광범위하다면, 예를 들어 대통령이 법을 집행한다는 명목으로 국내의 민간인에 대한 "법 집행을 위해" 무력을 사용하는 것을 금지하는 Posse Comitatus Act와 같은 다른 오랜 법령들은 왜 헌법에 어긋나지 않는지 분명하지 않습니다.[36]

대통령의 테러에 대한 전쟁을 수행하는 고유한 권한에 대한 이러한 포괄적인 견해는 고문의 허용에 관한 대통령의 권한에만 국한되지 않는다는 점에서 더욱 문제가 됩니다. 최근에 발견된 9/11 테러 2주 후에 작성된 법무부 법률 고문실의 문서에서, 당시 법무부 차관보였던 John C. Yoo는 "역사적 기록에 따르면 특히 무장 공격의 위협에 대항한 적대적 군사 행동을 개시할 수 있는 권한은 오직 대통령만이 가진다"고 주장하고 있습니다.[37] 이러한 놀랍도록 과도한 주장은 국회의 "전쟁을 선포할 권한"을 무시한 것일 뿐만 아니라,[38] 지난 수 세기에 걸쳐 1812년 전쟁 그리고 두 번의 세계대전에서의 전쟁 선포와 두 번의 걸프 전, 한국 전, 그리고 인도차이나 분쟁을 허가한 법률들, 그리고 9/11 이후에 전쟁을 개시하는 데 있어서의 국회의 참여가 모두 헌법상 불필요한 것이었음을 시사하는 것입니다.[39] 나아가 현재 미국 연방대법원이 대부분 받아들이고 있지 않은 주장에서 전 백악관 법률 고문이자 현 법무부 장관인 Alberto Gonzales는 군 통수권자로서 대통령이 구금자를 적 전투원이라고 분류하고 이들을 사법적 감독 또는 국회의 명확한 허가 없이 무기한 그리고 외부와 소통할 수 없게 구금할 수 있는 폭넓은 권한을 가진다고 역설하였습니다.[40] 2004년 한 연설에서, Gonzales

---

35) *See* Ronald W. Reagan National Defense Authorization Act for Fiscal Year 2005, Pub. L. No. 108-375, § 1091(b)(1), 118 Stat. 1811, 2069 (2004).

36) *See* Posse Comitatus Act, 18 USC § 1385 (2004). 이러한 고찰을 해주신 Kim Lane Scheppele 교수님께 감사드립니다.

37) *See* Memorandum Opinion for the Deputy Counsel to the President re: The President's Constitutional Authority To Conduct Military Operations Against Terrorists And Nations Supporting Them (Sept. 25, 2001), available at http://www.justice.gov/olc/warpowers925.htm

38) U.S. CONST. art. I, § 8, cl. 11.

39) *See* generally JOHN HART ELY, WAR AND RESPONSIBILITY: CONSTITUTIONAL LESSONS OF VIETNAM AND ITS AFTERMATH (1993) (역사적 사례 인용).

40) *See* Rasul v. Bush, 124 S.Ct. 2686 (2004) (관타나모의 외국인 "적 전투원"이 인신 보호영장 청구를 제기할 자격이 있다는 판결); Hamdi v. Rumsfeld, 124 S.Ct. 2633 (2004) (군

씨는 이른바 "적 전투원"을 구금할 때는 "이러한 결정에 관한 엄격한 절차가 존재하지 않으며" 이는 "신중함과 정책의 문제"로서 대통령은 법치주의 제한을 적게 받기 때문에 법에 따른 어떠한 특정한 수단도 요구되지 않는다고 한 바 있습니다.[41]

Bybee Opinion에 대한 제 네 번째 반론은 이 의견서의 행정부 면책에 관한 논의, 즉 하위 행정 관리들이 "대통령의 군 통수권자로서의 권한을 수행한다"는 이유로 불법적인 고문 행위에 대한 기소를 피할 수 있다고 하는 주장에 대한 것입니다.[42] 이 의견서는 고문을 범죄화하고 있는 정당한 연방 법률의 적용은 "대통령이 그의 고유한 헌법적 권한을 행사하는 것을 돕는 관리들을 처벌하는 것"으로서 이를 배제시킬 수 있다고 주장하고 있습니다.[43] "단지 명령에 따른 것"이라는 원칙을 타당한 방어로 삼아 이 의견서는 역사적인 Nuremberg판결에서 제시된 원칙들인 개인의 형사 책임의 기반들을 약화시키고 있는 것입니다.[44]

Nuremberg판결은 개인 책임의 의미를 바꾸어 놓았습니다. Nuremberg 재판 이전의 개인의 책임에 대한 느슨한 법칙은 중대한 잔학행위들이 저질러졌음에도 불구하고 어느 누구도 이에 대한 책임을 지지 않는 상황을 발생시켰습니다. 고문과 대량 학살을 저지른 일선의 관리들은 그들이 "단지 명령에 따른 것"이라고 주장할 수 있었습니다. 그러나 동시에 그들의 상관들은 자신들이 지휘 계통 상 너무 높이 있었기 때문에 일선에서 어떠한 일들이 발생하고 있는지를 몰랐고, 따라서 그들의 부하들에 의해 저질러진

사 구금 상태의 "적 전투원"으로 억류된 미국 시민은 독립된 법원(independent tribunal)에서 심리를 받을 기회를 헌법적으로 보장받는다는 판결).

41) Remarks by Alberto R. Gonzales, Counsel to the President, American Bar Association Standing Committee on Law and National Security, Washington, D.C. (Feb. 24, 2004), at 7, 12, available at http://www.fas.org/irp/news/2004/02/gonzales.pdf

42) Bybee Opinion, 위의 각주 13, at 35.

43) *Id.*

44) Report of the International Law Commission to the General Assembly on the Principles of International Law Recognized in the Charter of the Nuremberg Tribunal and in the Judgment of the Tribunal, 5 U.N. GAOR, Supp. No. 12, at 11-14, U.N. Doc. A/1316 (1950) (원칙 IV에 따르면 "어떤 사람이 정부나 상급자의 명령에 따라 행동했다는 사실은 만약 도덕적 선택이 실제로 가능하였다면 그를 국제법상의 책임으로부터 자유롭게 하지 못한다.")

불법적 행위들에 대한 지휘 책임을 지지 않는다고 주장할 수 있었습니다. Nuremberg판결 이후에는 지휘관은 그들의 부하들이 어떠한 잔학행위들을 저지르고 있었는지에 알고 있어야 할 책임이 있다는 것이 법적으로 인정되었고, 일선의 관리들 또한 자신들이 "단지 명령에 따른 것"이라고 주장하며 책임을 회피할 수 없게 되었습니다.[45] 이러한 원칙들은 현재 국제 형사법의 핵심적인 문서들에 포함되어 있습니다.[46] 그러나 Bybee Opinion은 "상급자의 명령"이라는 방어가 잠정적으로 합법이라고 주장함으로써 반 세기가 넘은 역사를 뒤집으려 했습니다.

Bybee Opinion의 다섯 번째 문제는 이 의견서가 고문 및 그 밖의 잔혹한, 비인도적인 또는 굴욕적인 대우나 처벌의 **방지**에 관한 협약이, 왜인지는 알 수 없지만, 미국의 관리들의 경우 잔혹하고, 비인도적이며 굴욕적인 처우를 행하는 것을 미국 정부가 사용할 수 있는 신문기술들로서 **허용**하고 있다고 시사하고 있습니다. (여기서 터무니 없이 좁게 정의되어 있는) 고문이 범죄행위임을 인정하면서도, 이 의견서는 그럼에도 불구하고 신문의 과정에서 잔혹하고 비인도적이며 굴욕적인 처우가 일부 허용되는 영역이 있다고 말하고 있습니다.[47] Bybee Opinion의 어디에서도 수정 제5조의 양심

45) In re Yamashita, 327 US 1(1946)에서 미국 대법원은 지휘 책임의 원칙을 인정했는데, 이 원칙에 따르면 지휘관이 법을 위반하여 고문 및 기타 학대에 가담한 부하를 효과적으로 통제하고 있었을 경우 또는 부하의 위법 행위를 알았거나 알 이유가 있었지만 부하의 행위를 방지하기 위한 합리적인 조치를 취하지 않은 경우 책임을 지게 됩니다.

46) *See*, e.g., Statute of the International Tribunal, Report of the Secretary-General Pursuant to Paragraph 2 of Security Council Resolution 808, U.N. SCOR, 48th Sess., Annex, U.N. Doc S/25704 (1993), available at http://www.un.org/icty/legaldoc/index.htm ("피고인이 정부나 상급자의 명령에 따라 행동했다는 사실은 그를 형사책임에서 면제 시키지 못한다...."). *Id.* art. 7(4).

47) 이것은 여전히 부시 행정부의 입장일 수 있습니다. 전 법무부 변호사인 Marty Lederman은 Alberto Gonzales가 2005년 1월 상원 사법부의 질문에 대한 답변을 분석한 후 다음과 같이 주장하였습니다.

미 행정부는 CIA가 해외에서 알 카에다로 의심되는 구금자들을 신문할 때 합법적으로 "잔인하고 비인도적이며 굴욕적인" 처우 – 예를 들어 "양심에 반하는" 따라서 미국 내에서는 위헌적인 처우 – 를, 그것이 연방 형법 하에서 매우 좁은 의미의 "고문"을 구성하지 않는 한, 할 수 있다고 결론지었습니다. Gonzales 판사는 CIA가 군대와 달리 통일군사법전(UCMJ)(수감자에 대한 잔혹행위와 학대 금지를 포함하여)의 구속을 받지 않으며 수감자를 "인도적으로" 대우하라는 대통령의 2002년 2월 지시의 대상이 되지 않는다는 점을 확인했습니다. 더욱이 Gonzales 판사에 따르면 "법무부는 (우리가 본 적이 없는 문서에서) 고문방지협약 제16조의 잔인하고 비인도적이며 굴욕적인 처우에 대한 금지는 단

에 반하는 정부 행위의 금지와 수정 제8조의 모든 "잔혹하고 예외적인 처벌들"에 대한 금지를 언급하고 있지 않습니다. 사실상 이 의견서는 행정부의 관리들에게 비인도적이고, 굴욕적이며 잔혹한 행위를 할 수 있도록 허가해 준 것과 같습니다.

왜 이러한 위험한 논리가 아무런 이의 제기 없이 Abu Ghraib에서 발생한 잔학행위를 정당화하는 데 사용될 수 있었는지는 쉽게 이해될 수 있습니다.[48] 만약 미국법과 국제법이 잔혹하고, 비인도적이며, 굴욕적인 처우를 금하지 않는다면, 하급 관리들은 그들이 억류하고 있는 자들이 대테러 전쟁에 있어서 어떠한 가치를 가진 정보를 가지고 있는지에 관계없이 이들을 모욕하고 비인간적으로 대우할 수 있는 허가를 갖게 된 것과 같기 때문입니다.

행정 관리들에게 그들의 수감자들을 잔인하게 대할 수 있도록 하는 허

지 적법절차 조항이 금지하고 있는 사항을 담고 있을 뿐이며 적법절차 조항은, 행정부의 시각에서는, 미국 밖의 외국인에게 적용되지 않기 때문에 따라서 해외의 외국인에게 적용되지 않는다고 결론지었습니다." (적법 절차 조항의 역외 적용이 없다는 이 마지막 가정은 현재 관타나모 수감자들과 관련된 소송에서 다투어지고 있습니다.) 이러한 대응들은 제16조가 관타나모 기지 및 이라크와 같은 해외 미국 시설의 수감자들을 보호하는지 여부에 대해 명시적으로 밝히고 있지 않습니다. 그러나 헌법의 지리적 범위에 대한 행정부의 이전 견해가 어떠한 지표가 된다면, 그 대답은 제16조가 해당 지역들에 적용되지 않는다는 것일 것입니다. ….

일련의 특정 기술들(물고문, 스트레스 유발을 위한 개의 사용, 강요된 노출, 머리 전체에 두건 씌우기, 감각 박탈, 음식 및 수면 부족, 극한 온도에의 노출, 얼굴 또는 배 때리기, 기분에 영향을 주는 약물의 강제적 주입, 모의 처형, 고문을 당할 수 있는 국가로 수감자들을 보내겠다는 위협 등)의 합법성에 대한 질문들에 대한 대답에서 Gonzales 판사는 '이러한 행위 중 일부는 적어도 특정한 사실들을 가정하였을 때 금지될 수 있다'고 하면서도 '이러한 행위 일부는 역시 마찬가지로 특정 상황에서, 적절히 제한된다면, 문제되는 구체적인 행위의 성격에 따라 허용될 수 있다'고 인정하고 있습니다. … [그러나] Gonzales 판사는 18 USC 113은 정보 요원이 미국의 특별 해양 및 영토 관할권 내에서 폭행을 저지르는 것을 금지하고 있다는 것을 인정하였습니다.'

Marty Lederman, Judge Gonzales' Senate Responses (Tuesday, Jan. 18, 2005), available at http://balkin.blogspot.com/2005_01_16_balkinarchive.html

48) *See generally* MARK DANNER, TORTURE AND TRUTH: AMERICA, ABU GHRAIB, AND THE WAR ON TERROR (2004); KAREN GREENBERG & JOSHUEA DRATEL, THE TORTURE PAPERS: THE ROAD TO ABU GHRAIB (2005); SEYMOUR M. HERSH, CHAIN OF COMMAND: THE ROAD FROM 9/11 TO ABU GHRAiB (2004); STEVEN STRASSER, THE ABU GHRAIB INVESTIGATIONS: THE OFFICIAL REPORT OF THE INDEPENDENT PANEL AND PENTAGON ON THE SHOCKING PRISONER ABUSE IN IRAQ (2004).

가를 부여하는 것은 잔인하고 비인도적이며 굴욕적인 처우에 대한 법적 금지의 전체를 잘못 이해하고 있는 것입니다. 분명히 말하자면 고문이 신문의 기술로서도 그리고 정보를 추출하기 위한 수단으로서도 효과적이지 않다는 것에 대해서는 풍부한 증거가 있습니다.[49] 그러나 잔인한 비인도적이고 굴욕적인 처우에 대한 금지는 단지 정보를 캐내기 위한 행위를 금지하는 것을 위해 만들어진 것이 아닙니다. 보다 넓은 의미에서 이 금지는 사람들로 하여금 자신들이 구금하고 있는 피억류자들을, 단순히 자신들이 그렇게 할 수 있다는 것을 이유로, 비인간적으로 대하는 것을 막기 위한 것입니다. 우리 중 전 세계의 고문실들을 방문해 본 적이 있는 사람들이라면 고문이나 굴욕적인 처우가 테러혐의자로부터 금방이라도 터질 "시한폭탄"에 관한 정보를 알아내는 것과 같은 극적인 목적으로 사용된 것은 오직 매우 예외적인 경우였다는 사실을 슬픈 경험을 통해 배웠을 것입니다. 보다 더 일반적인 것은 Abu Ghraib에서 드러난 것과 같은 "고문의 평범성," 즉 억류자들이 단순히 그들이 그렇게 할 수 있기 때문에 자신들의 피억류자들을 굴욕시키고 비인간적으로 대우할 수 있는 허가를 가지고 있다고 생각하는 경우일 것입니다.[50] 억류자들로 하여금 그들의 피억류자들을 모욕할 수 있도록 허용하는 것은 피억류자들의 인간성을 부정하는 것이며, 권리를 가지는 개인들로서의 정체성을 부정하는 것입니다. 일단 허용되기 시작한다면, 수감자들이 목줄에 묶여 끌려다니고, 장작들처럼 겹쳐 쌓여지고, 가장된 성적인 행위를 하도록 강요받는 Abu Ghraib의 잊을 수 없는 광경에서 멀지 않은 단계에 이르게 될 것입니다.

---

49) *See, e.g.*, Testimony of Douglas A. Johnson, Executive Director, The Center for Victims of Torture, before Judiciary Hearing on the Nomination of The Honorable Alberto R. Gonzales, to be the Attorney General of the United States (Jan. 6, 2005), available at http://judiciary.senate.gov/testimony.cfm?id=1 345&wit id=3939
"고문은 신뢰할 수 있는 정보를 제공하지 않습니다. 군대 내에서 잘 훈련된 신문관, FBI 및 경찰은 고문이 효과가 없고 신뢰할 수 없으며 직무에 드는 노력을 방해한다고 증언했습니다. 고문 피해자 센터의 거의 모든 내담자들은 고문을 당할 때 자신이 저지르지 않은 범죄를 자백하거나 관련 없는 정보를 제공하거나 고문자에게 무고한 친구나 동료의 이름을 제공했습니다."

50) *Cf.* HANNAH ARENDT, EICHMANN INJERUSALEM: A REPORT ON THE BANALITY OF EVIL (1964). (철저한 악이 단순히 평범성의 작용인지 여부를 탐구)

그렇다면 법은 어떻게 고문과 잔혹한 처우를 막을 수 있을까요? 외부적 제재 – 형법상 책임, 민사상 책임, 투명성, 수치심, 사법적 감시 또는 개인의 행동에 내면화된 제네바 협약의 규칙들과 같은 규칙들 – 를 포함한 많은 방식들을 통해 가능할 것입니다. 그러나 억류자들이 이러한 모든 제한들로부터 자유로워진다면, 그들은 자신들이 적절하다고 생각하는 것은 무엇이든, 심지어 그것이 잔혹한 것이라고 하더라도, 할 수 있다고 느낀다고 해도 놀랍지 않을 것입니다. 요컨대, Bybee Opinion은 "시한폭탄"을 막기 위한 고귀한 행위로서의 고문을 허용하는 것이 아니라, 그 책임으로부터 자유롭게 함으로써 고문과 잔혹한 처우가 예외가 아닌 일반적인 것이 되도록 하는 효과를 가져온 것입니다. 이는 Nuremberg이전의 날들로의 슬픈 회귀이며 우리 문명의 퇴보를 의미합니다.

말하자면 2002년 8월 1일의 Bybee Opinion은 우리의 법과 우리나라의 평판에 오점을 남겼다고 할 수 있습니다. 사담 후세인조차 면책시킬 수 있는 정도로 좁게 고문을 정의하고, 군 통수권자의 권한을 고문에 대한 국회의 감시를 배제시킬 수 있는 것으로 해석하고, Nuremberg 판결을 완전히 뒤집었으며, 정부 관리들에게 잔혹한 행위를 할 수 있는 허가를 부여한, 이 역사적 맥락이 완전히 결여된 법적 의견서는 제 전임자인 예일 로스쿨의 Eugene Rostow학장님이 일본인 억류 사건들을 평하면서 언급한 바와 같이 "구제불능"이라고밖에는 말할 수 없을 것입니다.[51)]

몇몇 이들은 Bybee Opinion을 단지 변호사들이 그들에게 주어진 업무를 행한 그리고 그들의 의뢰인에게 가능한 선택지를 제시한 또 하나의 예일 뿐이라고 옹호하려 하기도 했습니다. 그러나 만일 의뢰인이 변호사에게 어떻게 하면 법을 어기면서도 책임을 회피할 수 있는지를 물었을 때, 좋은 변호사라면, "방법이 있습니다"라고 말해서는 안 될 것입니다. 안 된다고 말하는 것이 변호사의 윤리적 의무일 것입니다. 변호사는 불법적 행위를 저지르는 것을 보조하거나 돕거나 또는 정당화할 의무를 지지 않습니다.

---

51) *Cf.* Eugene V. Rostow, The Japanese American Cases – A Disaster, 54 YALE L.J. 489 (1945). (일본인 협력자들과 일본 혈통 시민에 대한 미국의 대우는 "성급하고 불필요하며 잘못된" 것임을 언급)

Geoffrey Hazard와 William Hodes가 쓴 것처럼, 변호사 직무에 관한 모범 규칙(변호사협회 윤리규정) 2.1은 변호사의 자문이 공정할 것과 변호사가 독립적이고 전문적인 판단을 행사할 것을 요구함으로써 그의 의뢰인에게 아첨꾼과 같이 행동하는 것을 금지하고 있습니다.[52] 나아가 규칙 1.4(b)는 변호사로 하여금 그의 의뢰인에게 반대되는 판례를 포함해 관련 법의 입장에 대해 적절하게 알려줌으로써 의뢰인이 현명하고 정보에 근거한 결정을 내릴 수 있도록 할 것을 요구하고 있습니다.[53] 최악의 종류의 법적 의견은 법에 의거하지 않고 의뢰인이 듣기를 원하는 것만을 말하는 것입니다. 특히 정부 변호사들의 법적 역할의 중요한 부분은 "안 된다"라고 이야기하는 것입니다. 사법부의 관리로서 정부 변호사의 주된 의무는 그의 상관에 대해 가지는 것이 아니라, 법원에 대한 그의 선서에서 말했듯이 미국의 헌법과 법률을 지키는 것입니다. 제가 법무부에서 일하였을 때 저는 종종 모든 의견서들이 언젠가는 뉴욕타임즈 1면에 실릴지도 모른다고 생각하고 일해야 한다는 이야기를 들었습니다. Bybee Opinion이 뉴욕타임즈의 1면을 장식한 거의 직후에 부시 행정부가 이를 부인한 것은 이 의견서가 얼마나 명백히 잘못되었는지를 보여준다고 할 수 있습니다.

그 명백한 문제점들에 기하여 볼 때, 대통령의 법률 고문이 그러한 의견서를 즉각적으로 부인하였을 것이라고 생각해 볼 수 있을 것입니다. 그러나 놀랍게도 Gonzales씨는 그리하지 않았습니다. 그는 Bybee Opinion을 법률 고문실로 되돌려 보내어 앞서 언급한 1999년의 고문방지협약에 대한 미국의 공식 보고서에 표명된 국무부의 분명한 의견을 고려함으로써 고문에 반대하는 대통령의 명백한 정책을 반영하려고도 하지 않았습니다. 대신 Bybee Opinion은 오히려 국방부로 전달된 것으로 보이며 그 핵심 결론들

52) *See* GEOFFREY C. HAZARD & W. WILLIAM HODES, THE LAW OF LAWYERING: A HANDBOOK ON THE MODEL RULES OF PROFESSIONAL CONDUCT WITH SUPPLEMENT 1, § 2.1, at 303 (1985 & Supp. 1909).

53) *Id.* § 1.4(b), at 66 ("고객이 자신의 법률 문제에 대한 중요한 결정을 내리려면, 그는 현명한 의사 결정을 위한 충분한 정보를 가지고 있어야 한다.") 이러한 윤리적 규범들을 알려주신 Kathleen Clark 교수님께 감사드립니다. *See* Kathleen Clark, Torture Memos and Lawyers' Ethics, Presented at the Annual Meeting of the Association of American Law Schools in San Francisco, Jan. 8, 2005 (copy on file with author).

은 2003년 4월 4일 국방부의 실무 그룹 보고서Working Group Report인 '테러리즘에 대한 전 세계적 전쟁에서의 피억류자 신문: 법적, 역사적, 정책적, 그리고 작전상의 고려들'에 담겨졌습니다.[54]

2004년 6월 22일의 기자 간담회에서 Gonzales씨는 이 의견서를 부인하지 않고 대신 아래와 같이 말했습니다.

> "추상적인 법률 이론들을 다루고 있는 이들 보고서의 일부에서 불필요하고 지나치게 광범위한 논의들 혹은 오해의 소지가 있으나 의사결정권자들이 실제로 의존하지는 않았던 논의들은 아직 **검토 중이며, 만일 필요하다면** 실제 관행에 대한 법적 분석에 필요한 문제점들만을 다루는 보다 구체적인 지침으로 **대체될 수 있습니다.**"[55]

법률 고문실이 결국 고문을 과도하게 좁게 정의한 기존의 의견서를 부인한 것은 그 후로 6개월이나 지난 2004년 12월 30일이었습니다.[56] 따라서 법률 고문실의 이 의견서가 명백히 행정부의 지배적인 법적 해석으로서 거의 2년 반 가까이나 유지되었다는 것입니다! 심지어 이 때에도 법률 고문실은 단지 "군 통수권자의 것과 같은 권한의 범위에 대한 고려는 미국의 관리는 고문을 행하여서는 안 된다는 대통령의 명백한 지시와 불일치할 수도 있다고" 언급했을 뿐, 2002년 8월 1일에 작성된 법률 고문실 의견서 상의 군 통수권자의 권한에 관한 부분에 대해 분명하고 구체적으로 부인하지 않고 있습니다.[57] 그러나 이러한 해석은 법률 고문실이 대통령과 그의 부하들이 고문과 잔혹한 처우를 저지를 수 있는 법적인 권한을 가지고 있으나 이를 행사하지 않기로 선택한 것인지 아니면, 제가 믿는 바와 같이, 미국의 헌법과 조약 그리고 법률이 대통령과 그의 부하들의 이러한 권한을 부정하는 것인지에 대한 의문을 갖도록 할 뿐입니다. 비록 늦었지만 반가

---

54) *See* DoD DETAINEE REPORT, supra note 23.

55) Press Briefing by White House Counsel Judge Alberto Gonzales et al., June 22, 2004, available at http://www.whitehouse.gov/news/releases/2004/06/20040622-14.html (강조 추가)

56) *See* Levin Opinion, 위의 각주 20 (Bybee Opinion 철회) 참조.

57) *Id.* at 2.

운 법률 고문실의 새로운 의견서는 2002년 8월 1일의 법률 고문실 의견에 대한 부인을 담고 있지만, 어떠한 법적인 원칙이 미국의 신문관을 제한하는지는 여전히 불분명합니다. 법무부 장관이 된 Gonzales씨의 현재의 견해가 무엇인지 또한 서면 기록에 분명히 드러나 있지 않습니다.[58]

Bybee Opinion의 문제점들은 단순한 누락이나 작성시의 당혹스러운 오류들보다 훨씬 더 심각한 것들입니다. 이 의견서는 매우 구체적이며 이를 준비하는 데에는 분명히 상당한 시간이 소요되었을 것입니다. 따라서 가장 슬픈 점은 단순히 변호사들이 어떻게 실패했는가가 아니라 그들이 실패했다는 것을 깨닫는 것에 어떻게 실패했느냐일 것입니다. 우리의 삶과 문학 속에서는 우리는 종종 Herman Melville의 Billy Budd 속의 임시 군법 회의, Robert Cover의 잊을 수 없는 Justice Accused 속에서 탈주노예법을 집행할 것을 요구 받는 판사들, Stanley Kramer의 Judgement At Nuremberg에서 나치 법을 집행하기로 한 독일의 판사들과 같이 법률가들이 법과 도덕 중 하나를 선택하도록 강요 받는 어려운 사건들을 봅니다.[59] 이 각각의 사건에서, 도덕적 딜레마는 법률행위자가 법을 택해야 하는지 아니면 도덕을 택해야 하는지에 있습니다. 이 어려운 사건들에서 우리는 보통 의사결정자로 하여금 도덕을 선택하도록 요구합니다.

그러나 안타깝게도, 여기서 다루고 있는 문제는 이러한 어려운 사건들이 아닙니다. 법무부의 법률 고문실에 주어진 질문은 "당신은 정당한 법을 수호하겠습니까 아니면 당신의 의뢰인들에게 우리 나라의 정체성의 핵심을 이루는 가치를 보호하는 법을 어길 최대한의 자유를 주기 위해 법을 적극적으로 왜곡하겠습니까?"입니다. 이 사건의 변호사들은 후자를 택했고 그것이 바로 그들이 실패한 지점입니다.

---

58) 여러 언론 보도에 따르면, Gonzales씨는 테러와의 전쟁에서 강압적인 신문 전술의 사용과 관련하여 자신의 직원들에게 "우리는 충분히 적극적입니까?"라고 물었다고 합니다. Michael Isikoff et al., Torture's Path, NEWSWEEK, Dec. 27, 2004, at 54; R. Jeffrey Smith와 Dan Eggen, Gonzales Helped Set the Course for Detainees, WASH. POST, Jan. 5, 2005, at A1.

59) ROBERT M. COVER, JUSTICE ACCUSED: ANTISLAVERY AND THE JUDICIAL PROCESS (1984); JUDGMENT ATNUREMBERG (1961); HERMAN MELVILLE, BILLY BUDD (1924).

더욱 충격적인 것은 언론에서 CIA가 Al Qaeda의 구성원인 Abu Zubaydah의 신문에 실패하자 그 결과로 Bybee Opinion이 만들어진 것이라고 보도한 바가 있다는 것입니다.[60] CIA는 연방 반 고문법 하에서 형법적 책임을 지지 않기 위해 법무부로부터 Zubaydah에 보다 가혹한 신문 기술을 사용할 수 있는 허가를 얻고자 한 것입니다. 2002년 12월, Washington Post는 Bagram의 미국 공군 기지에서 고문 혹은 다른 잔혹하고 비인도적이며 굴욕적인 처우에 해당하는 "긴장과 강박" 기술의 사용을 포함한 상시적이고 체계적인 학대 행위가 있었다고 보도하였습니다. 이 보도에서 군 기지에서의 CIA요원들에 의한 피억류자 신문에 대해 물었을 때, 한 미국 정부 관리는 "만일 당신이 누군가의 인권을 어느 기간 침해하지 않는다면, 당신은 아마도 당신의 일을 제대로 수행하고 있지 않는 것"이라고 답했습니다.[61]

이제 당신이 한 회사의 최고 경영자이고 당신이 당신의 직원들 중 하나가 "만약 당신이 누군가의 권리를 어느 기간 침해하지 않는다면 당신은 아마도 당신의 일을 제대로 수행하고 있지 않는 것일 것입니다"라고 발언한 것을 알게 되었다고 가정해보겠습니다. 아마도 최고 경영자로서 당신은 그에 관한 진상을 철저히 조사하고 그런 발언을 한 직원을 징계하거나 해고할 의무를 질 것입니다. 그러나 여기에서는 그러한 일들이 전혀 일어나지 않았습니다. Bybee Opinion이후에 학대와 고문에 관한 진술들이 속출하였으며 심지어 미국 관리들에 의해 억류되어 있던 다수의 사람들이 의심스러운 정황 하에서 목숨을 잃기도 했습니다. 엄격히 금지되어야 할 고문이 현재 거의 일상적으로 허용되어 온 것으로 보입니다.[62] 그리고 Bybee Opinion

60) *See, e.g.*, Michael Hirsh et al., A Tortured Debate, NEWSWEEK, June 21, 2004, at 50, 52.

61) Dana Priest and Barton Gellman, U.S. Decries Abuse but Defends Interrogations; 'Stress and Duress' Tactics Used on Terrorism Suspects Held in Secret Overseas Facilities, WASH. POST, Dec. 26, 2002, at Al, A14.

62) *See* generally DANNER, supra note 47 (고문 또는 잔혹하고 비인도적이며 굴욕적인 대우에 대한 다양한 사례들을 수집); Mark Danner, We Are All Torturers Now, N.Y. TIMES, Jan. 6, 2005, at A27.
"9/11 공격 직후, 미국인들은 죄수들을 고문하기 시작했고 결코 멈추지 않았습니다. 이 말들이 그들에 대해 얼마나 많은 비난의 고리를 가지고 있든지 간에, 그것들은 이제는 사실로 받아들여져야만 합니다. 적십자 보고서, Antonio M. Taguba소장의 조사, James R. Schlesinger의 펜타곤이 승인한 위원회 및 기타 정부 및 독립적인 조사에서 우리는은 계획하고 있던 행위들을 사전에 허가하고자 하는 것이었다기보다는 이미 발생하고 있는 공식적 행위들을 정당화하기 위한 것이었을 가능성이 높습니다.

그렇다면 어떻게 Bybee Opinion과 같은 참사가 미래에 또다시 발생하는 것을 막을 수 있을까요? 많은 전직 법률 고문실 변호사들은 앞으로 법률 고문실이 부적절한 옹호로부터 거리를 두고 법적 권한에 대한 공정한 판단을 내릴 수 있도록 하기 위한 사려 깊고 원칙에 기초를 둔 일련의 지침을 제시하였습니다.[63] 법률 고문실에서 일했던 두 명의 변호사들은 최근 아래와 같이 주장하였습니다.

> "법률 고문실은 그 문서로 작성된 법률 의견들을 일반적으로 공개하여야 합니다. … 정부가 비밀스럽게 발표된 법에 따라 행동한 것은 정당화되기 어렵습니다. 거의 2년여 동안 효력이 있었으나 외부로 유출된 후에서야 폐기된 [Bybee] 고문 의견서는 투명성이라는 가치의 중요성을 보여줍니다. 만약 법률 고문실이 자발적으로 그리고 즉각적으로 2002년에 이 의견서를 공개했다면 Abu Ghraib에서의 만행이 과연 일어났을까요?
>
> 우리는 또한 법률 고문실이 관련된 지식과 전문성을 가진 다른 정부 기관에 반드시 조언을 구해야 한다고 생각합니다. … 다시 고문의 예를 생각해 보겠습니다. 법률 고문실은 명백히 그 첫 번째 의견서를 신문 행위와 고문에 관한 법률적 지식이 있는 행정부 다른 기관의 변호사들로부터 조언을 전혀 받지 않고 작성했으며, 그 의견서의 처음

"잔인하고 비인도적이며 굴욕적인" 처우 – 적십자사가 사용한 문구에 따르면 "고문에 다름없는" 처우 – 에 대한 수백 가지 사례를 가지고 있습니다. 우리가 아는 한, 9월 11일 이후에 할 수 있는 것은 모두 다 하기로 결심한 미국 정보 당국자들은 알 카에다 포로들을 고문하는 것부터 시작했습니다. 그들은 여러 가지 기술 – 수감자의 옷을 벗기고 족쇄를 채운 뒤 의식을 잃기 시작할 때까지 물에 넣는 물고문 및 다른 형태의 거의 질식에 이르게 하는 기술, 수면 및 감각 박탈; 열과 빛과 식이 조작; 및 특정한 자세로 오래 견디도록 하는 것 – 을 사용했습니다. 격국, 이러한 관행을 Schlesinger 보고서에 따르면 이라크의 Abu Ghraib교도소로 "옮겨"졌습니다. 그곳에서 지난 봄 잠시 동안 경이로운 디지털 기술을 이용해 미국인들은 군인들이 자신들의 이름으로 수감자들에게 하는 일을 볼 수 있었습니다." *Id.*

63) *See* Walter E. Dellinger et al., Principles to Guide the Office of Legal Counsel (Dec. 21, 2004), available at http://www.acslaw.org/OLCGuidelinesMemo.pdf

결론에 반하는 직접적으로 관련이 있는 법률과 정책들(주요한 대법원 판결들은 말할 것도 없이)을 인용하거나 더 적게는 그와 다른 점을 밝히는 데 실패하였습니다. 새로운 법률 고문실의 분석은 이러한 잘못을 공유하고 있지 않으며 모든 점에서 볼 때 기관 간 엄격한 검증을 통해 극적으로 향상된 결과를 보여주었습니다."[64)]

이 나라에는 고문을 대 테러 전쟁을 위해 필수적인 정책으로서 정당화하려고 하는 사람들이 많이 있습니다. 고문에 대한 가능성을 열어놓고 있는 것에 찬성하는 사람들은 흔히 고문을 할수록 보다 진실한 정보를 얻을 수 있기 때문에 보다 많은 공격을 피할 수 있고 따라서 보다 많은 미국인들의 생명을 구할 수 있다고 주장합니다. 그러나 이러한 증명의 사슬은 전혀 규명된 바가 없는 것입니다. 앞에서 제가 언급한 바와 같이 미국이 고문에 대한 절대적인 금지를 지지하는 것은 고문이 가치 있는 정보를 제공하지 못하기 때문입니다.[65)] 고문을 당하는 사람들은 그것이 사실이어서라기보다는 고문을 막기 위해서 진술을 하기 때문입니다. 또한 우리가 고문을 용인하면 할수록, 이는 미국 군인들이 타국의 억류자들에 의해 고문을 당할 수 있는 여지를 남기게 되는 것입니다. 만약 우리의 질문이 어떻게 하면 보다 많은 정보를 합법적으로 얻을 수 있을 것인가라면, 우리는 보다 적극적으로 고문이 아닌 보다 효과적인 결과를 얻을 수 있는 다른 신문 기술들을 찾아야 할 것입니다.[66)]

---

64) Dawn Johnsen & Neil Kinkopf, Letter to the Editor: How to Prevent Another 'Torture' Memo, WALL ST. J., Jan. 21, 2005, at A9.

65) *See* Johnson, 위의 각주 48.

66) Douglas Johnson은 다음과 같이 지적합니다.
"모든 각본을 만들어내는 데 있어 본질적인 것은 우리가 생명을 구할 수 있는 지식을 보유한 적절한 당사자가 있다는 것을 매우 확실히 알고 있다는 가정입니다. 그러나 우리의 의뢰인들은 고문은 일단 사용되기 시작하면 정보를 찾기 위한 떠보기식 조사가 된다는 살아 있는 증언이라고 할 수 있습니다. 그것은 힘든 조사 작업에 대한 지름길을 찾고 점점 더 고문에 의존하도록 시스템을 왜곡합니다. 예를 들어, 적십자의 추산에 따르면 Abu Ghraib에 수감된 사람들의 최소 80%는 결코 체포되지 말았어야 했으나 그들이 그곳에 있었던 것은 사람들을 놓아주는 것보다 체포하는 것이 더 쉽기 때문이었습니다(사람들은 무고한 사람을 보호하는 것보다 테러리스트를 석방하는 것을 더 두려워했습니다). 이스라엘 안보국은 구금자의 유죄에 대해 가장 신뢰할 수 있는 정보가 있는 경우에만 스트레스와 강압 기술을 사용한다고 주장했습니다. 그러나 인권 감시자들은 이러한 기술이 8,000명 이상의 구금자들에게 사용된 것으로 추정합니다. 그렇게 많은 사람들에 대한 신뢰할 어떤 이들은 심지어 고문을 일반적으로 금지하나 특수한 상황에서는 이를 허용하는 "고문 영장"과 같은 법적 접근법들을 제시하기도 했습니다.[67] Gonzales씨의 인사청문회에서, 상원 법사위원장은 저에게, 가정적으로 생각해 볼 때, 대통령이 시한폭탄에 대한 정보를 얻기 위해 용의자를 고문할 수 있는 권한을 가져야 하는지를 문의해왔습니다. 제 답변은 실질적으로 법은 어떠한 경우에도 그러한 대통령의 결정을 사전에 허가해서는 안 된다는 것이었습니다. 만약 대통령이 극단적인 경우에 고문을 명령할 것을 도덕적으로 강요 받는다고 느낀다면, 그는 잠재적으로 형법상의 처벌을 받을 수 있다는 것을 분명히 인지하고 이를 행해야 할 것입니다. 그리고 검사는 사후에 스스로의 재량의 문제로서 대통령으로 하여금 그러한 결정에 도달하게 한 사정들이 그가 기소되어서는 안 된다고 결정할 수 있을 정도로 너무나 심각한 것이었는지를 판단해야 할 것입니다.

Martti Koskenniemi는 최근의 그의 인상적인 책에서 미국의 국제법 역사의 극히 중요한 순간을 묘사하고 있습니다.[68] 1965년 4월 Lydon Johnson 대통령이 그가 미국이 서반구에서의 "'이질적 이데올로기들'에 반대하여 군사력을 행사할 일반적인 권리를 가진다"는 법적인 주장에 근거하여 수백명의 미국 군대를 도미니카 공화국에 파병하였다는 것을 발표한 것입니다.[69] 1966년 5월 뉴욕시 변호사협회가 주최한 토론에서 한 국제법 교수는 도미니카 공화국에 대한 군사 개입을 비판하며 아래와 같이 말하였습니다.

> "법률 자문의 주장은 법적인 것이 아니라 정책적인 것이며, 이는 국제법 기준 상 명백히 불법적인 행위를 미국의 궁극적인 정책적 목표들이라는 미명하에 정당화하려는 것입니다. 그러나 미국의 법적 그리고

수 있는 구체적인 정보를 가지고 있었다는 것은 믿기 어렵습니다."
Johnson 위의 각주 48.

67) *See, e.g.*, ALAN M. DERSHOWITZ, WHY TERRORISM WORKS: UNDERSTANDING THE THREAT, RESPONDING TO THE CHALLENGE (2002) 156-63. (고문에 대한 전면적인 금지를 지지하면서도 의회는 신문관들이 법원에 고문 사용의 한계를 정하는 "고문 영장"을 신청하도록 요구하는 법률을 통과시켜야 한다고 주장함)

68) *See* MARTTI KOSKENNIEMI, THE GENTLE CIVILIZER OF NATIONS: THE RISE AND FALL OF INTERNATIONAL LAW 1870-1960 (2001).

69) *Id.* at 413.

정책적 방식은 그 전체주의적 상대국들과는 틀림없이 다르게 유지되어야 합니다.”[70]

이 변호사가 바로 Wolfgang Friedmann 교수였습니다. 그는 또 이렇게 말했습니다.

“우리는 모두 많은 법적인 상황들에 대해서는 여러 가지 다른 해석이 가능하다는 것을 알고 있지만 법은 궁극적으로 흑백의 논리이며 만일 그렇지 않다면 우리는 오늘 이 자리에 앉아 스스로가 변호사라고 말할 이유가 없다고 생각합니다. … 저는 우리가 옳고 그름이라는 측면에서 반드시 대답을 찾아야만 한다고 말하고자 합니다.[71]

국제법 상의 규범들은 존재합니다. 만약 우리가 이들을 무시하고자 한다면 차라리 솔직하게 국제법은 우리와 아무런 상관이 없다고 주장합시다. 그러나 우리는 국제법 상의 논의를 하는 척 하면서 실제로는 힘이나 이데올로기의 논의를 하여서는 안 됩니다.”[72]

Wolfgang Friedmann 교수의 이름을 딴 이 상을 받으면서 저는 다시 한 번 고문, 그리고 잔혹하고 비인간적이며 굴욕적인 처우들은 심지어 테러의 시대에도 옳지 않은 것이며 불법적이라는 것을 다시 한번 말하고 싶습니다. 테러와의 전쟁에서 싸우기 위해서는 힘의 언어가 아니라 법에 대한 헌신의 언어로 논의를 해야만 합니다. 미국이 고문이 없는 세계에 대한 변함없는 신념을 가지고 있을 때만이 그의 국민으로서의 영혼과 국가로서의 도덕적 지도력을 계속해서 유지해 나갈 수 있을 것입니다.

70) *Id.*
71) *Id.* at 498.
72) *Id.* at 499.

04

인터넷시대의 법정

– 코로나 일상화 하의 법정 개념에 대한 소고 –

청레이 程雷

중국인민대학교 법학원 교수 및 부원장, 법학 박사

중국인민대학 사법데이터양화연구센터 주임 및 형사법률과학연구센터 부주임을 겸임하고 있다. 연구 분야는 형사소송 및 사법제도이며, <중국사회과학><법학연구><중국법학><인민일보><광명일보>등 법학 핵심 학술지 및 신문에 50여편의 논문을 발표하였다. 베이징시 제16회 철학사회과학 우수 성과상 2등, 제3회 동필무(董必武) 청년 법학 우수 성과상 3등, 제2회 중국 청년 형사소송법학 우수 과학 연구 성과상 1등(전공 저서류) 등 상을 수상하였으며, 과기부 국가 중점 연구 계획 과제 "사법업무협동서비스 기술연구", 국가 사회과학 기금 프로젝트 "비밀수사 입법문제에 관한 연구", 교육부 부장급 과학 연구 프로젝터 "구치소 법치화 연구" 등 중점과제를 단독으로 담당하고 있다.

추이용춘 崔永存

중국인민대학교 법학원 박사

<형사사법디지털화>를 주제로 박사학위를 취득하였다. 현재 중국인민대학 형사법률과학연구센터와 중국인민대학 사법데이터양화 연구센터에서 연구원 조수를 맡고 있다. 관심 및 연구 분야는 디지털 사법과 형사소송법학으로 <중외법학><법학><법치일보><법과정책>(KCI)등 법학 분야 주요 학술지와 신문 등에 논문을 발표하였다. 또한 과기부 국가 중점 연구 개발 계획 과제 "사법업무협동서비스기술연구", 2021년 국가 사회과학 기금 청년 프로젝트 "형사사건 온라인 재판 방식에 관한 실증 연구", 2021년 첨단 과학 기술 창신 Think Tank 청년 프로젝트 "온라인 소송 기술 표준 문제에 관한 연구" 등 다수 국가급 연구 과제에 주요 구성원으로 참여하였다.

| 이 원고의 번역을 맡아준 김준원 군(칭화대 졸업, 인민대 법학석사)에게 감사의 뜻을 전한다. 아울러 공저에 동참해 주시고 이 책의 중국어 출간을 위해서 물심양면으로 지원해 주고 계신 청레이 교수님께 깊이 감사를 드린다.

인터넷시대에 들어서면서 가상세계와 현실세계의 경계는 점점 모호해지고 있다. 온라인과 오프라인 생활이 완벽히 구분되었던 시대는 다시 오지 않을 것이다. 그 누구든 인터넷데이터 또는 온라인신분과 완벽하게 단절하는 것은 이제 더 이상 현실적이지 못하다.[1] 온라인소송은 바로 이런 배경에서 탄생하고 발전해왔다. 코로나-19로 온라인소송이 급격하게 증가하면서 제도적 탐색을 하고 있는 와중에 전통적인 물리장소와 경험을 기반으로 한 대중의 인지이념은 아직 기존에 머물러 있어 인식과 현실 사이에 심각한 괴리가 발생하게 된다. 그중 가장 기본적이고 가장 자주 보이는 문제가 바로 코로나 일상화로 인한 인원분산 및 공간분리의 상황에서 법정의 정의를 어떻게 내려야 하는지이다. 이 또한 온라인소송 방식에 대해 많은 사람들이 궁금해하는 부분이기도 하다. 중국최고인민법원은 최근에 <인민법원 온라인소송 규칙>(이하 '온라인소송규칙')을 제정하였는데 본 규칙에는 온라인소송의 법적 효력, 기본 원칙, 적용 범위, 적용 조건 등 필수 요소와 온라인소송의 기본 절차 등이 포함된다. 하지만 아쉽게도 앞에서 제기한 문제들에 대한 명확한 해답은 찾아볼 수 없으며 관련 규칙에 대한 설정도 완벽하지 않아 그 부분에 대해 고민하고 해답을 구하는 것이 시급하다.

Ⅰ. 법정 개념의 변화

법정에 대한 대중들의 인식은 아직 물리적인 장소의 개념에 머물러 있어 그 개념과 의미에 대해 혼동하는 경우가 많다. 이는 온라인소송 이론의 변화와 규칙의 재설정에 방해가 된다. 그렇다면 온라인소송에서의 법정은 대체 어떤 것이며 실체와 가상 중 어떤 것에 가까운지, 또 어떤 공간을 빌어 존재하는지, 법정의 내연과 외연에는 어떤 변화가 생겼는지 등 의문이 생기게 된다. 이 문제들의 해답은 내연을 규정으로 하고 외연을 표상으로 하는 개념의 기본 정의방법을 떠나서 운운할 수 없다.

1) 伊森・凯什、奥娜・拉比诺维奇・艾尼，数字正义:当纠纷解决遇见互联网科技，赵蕾、赵精武、曹建峰译, 法律出版社, 2019, p.17.

1. 내연의 붕괴: 법정개념의 혁신

행동학의 측면에서 볼 때 심판의 본질은 일종의 행동대화로서 소송정보의 전달과 교환을 목적으로 한다. 소송행위의 특히 언어 대화의 과정은 가끔 특정 매개체를 통해 완성된다. 현대 인터넷정보기술과 스마트기술의 눈부신 발전으로 말미암아 사람들은 더 이상 공간의 구애를 받지 않고 왕래하고 교류하게 되었으며 모바일 디바이스, 통신망, 소셜 네트워크를 통한 온라인소통에 대한 의존도가 점점 강해지게 되었다. 이러한 현대 정보과학기술이 소송분야에도 적용되면서 온라인소송이 생겨나고 발전하게 되었다.

온라인소송에서 판사, 당사자, 변호사, 증인 등 소송 참여자들은 사건 상황에 따라 물리적 의미의 법정에 모이는 것이 아닌 특정 혹은 불특정 장소에서 인터넷 디바이스를 통해 재판에 참여하게 된다. 이를 통하여 사건 이외의 불특정 요소가 소송에 불리한 영향을 끼치는 것을 방지하고 재판순서를 기다리지 않아도 되며 소송 참여자들이 물리적인 공간으로 이동하기 위한 경제적 비용도 아낄 수 있다. 온라인소송 시 판사는 아직 "당사자는 법정에 도착하여"라는 표현을 사용하고 있었는데 이를 통해 우리는 '법정에 도착'한다는 것은 꼭 물리적인 장소에만 해당하는 것이 아니라는 점을 알 수 있다. 하지만 의심할 바 없이 온라인소송에서 법정의 개념은 분명 바뀌고 있으며 이러한 변화는 법정의 내연의 붕괴에서 기인한다는 점이다. 아직 인식의 전환이 완성되지 않은 상황에서 생긴 이러한 조용한 변화는 소송이론으로 하여금 어떻게 이 '물리적인 장소'를 바탕으로 하는 고정관념에서 벗어날지에 대한 새로운 과제를 부여하고 있다.

개념의 내연은 해당 개념에 대한 질적 규정으로서 그것을 여타 개념과 근본적으로 구분시키는 중요한 구성요소의 하나이기 때문에 개념론에서 반드시 언급해야 하는 내용이다.[2] 온라인소송을 통한 소송활동은 물리적 공간에서 겪는 여러 가지 제약을 철저히 해소시켰다. 법정은 더 이상 고정적인 실제장소로서 단독적으로 존재하는 것이 아니라 원래의 의미에서 파생

2) 张秀廷, 逻辑概念新论, 人民出版社, 2013, p.37.

된 추상적이고 가상화된 '가상 법정'이다. 하지만 온라인소송규칙에서는 이 개념의 규범과 원리에 대해 찾아볼 수 없다. 이는 시대에 동떨어진 낙후한 인식론 때문이다. 인터넷공간에서 법정의 본질은 소송행위를 수행하고 소송정보를 교환하고 그 결과가 생성되는 디지털 가상장소이다. 다시 말해 법정은 법원 내부에 속해 있는 물리적인 심판장소 또는 실제 심판장소라기보다는 특정 물리공간에 절대적으로 의존하지 않고 존재하는 공간인 셈이다. 사법절차를 수행할 수만 있다면 그것이 실체가 있는 공간이든 실체가 없는 모의공간이든 모두 법정으로 불릴 수 있다는 점이다. 이와 같이 사법장소의 물리적 요건이 해소되고 법정의 내연에 붕괴가 생기고 있다. 이는 기술혁신이 사법 영역에까지 영향을 끼친 필연적인 결과이며 우리가 우선 인식의 전환을 이루어야 할 부분이기도 하다. 새로운 시대적 배경에서 법정의 개념은 새롭게 정의되어야 하며 실제공간이든 모의공간이든 심판의 기능을 수행하고 소송 참여자가 오프라인 대화 시 얻는 주체참여도와 정보충실도만큼만 보장한다면 법정 장소라는 조건을 만족할 수 있다. 모의법정은 인터넷 시청각기술과 정보과학기술 등 현대화 기술을 빌어 소송과정에서 행동 대화와 정보 교류를 목적으로 심판 절차의 효과적인 운영을 보장하기 위해 만들어진 가상의 플랫폼이다.

2. 외연의 확장: 소송 장소의 차원의 분화

내연의 붕괴는 필연적으로 외연의 확장을 불러온다. 온라인소송이 활발해지면서 소송장소는 '이차원적 장소와 다원화 물리공간'의 기본구도를 갖추게 되었다. 첫째, 소송장소가 전통적인 실제차원과 가상차원 즉 이차원으로 나뉜다. 가상법정은 실제법정의 디지털구현이며 서로 뗄 수 없는 관계가 된다. 둘째, 실제 법정의 물리적 공간이 연장, 분리되면서 주법정과 여러 개의 자법정(子法庭)이 공존하는 구도를 형성하게 된다. 자법정은 주법정의 공간의 연장이며 양자는 상호 보완적이다.

(1) 실제 법정

실제 법정은 주법정과 자법정으로 나뉘며 전자는 관할법원의 전통적인 심판장에 설치되고 후자는 타 지역의 소송행위를 위한 고정 자법정과 임시 자법정 두 부류로 나눈다. 고정 자법정은 주관 부처에서 온라인소송 전용으로 장소, 장비와 시스템을 일괄로 마련한 경우이며 임시 자법정은 행위자가 모바일 디바이스를 이용하여 스스로 합리적이라고 판단되는 본인 주변의 환경을 가상법정에 효과적으로 구현한 임시 장소이다. 주법정과 자법정은 정보네트워크기술을 통해 공간의 연결과 정보의 교환을 완성한다.

전통적인 심판은 공간과 주체의 분포에서 집합의 특징을 갖는다. 그들은 동일한 물리적 장소에서 동시에 소송에 참여하게 되는데 온라인소송의 경우 이와 반대로 소송 공간과 주체가 분산되는 특징을 갖는다. 실제 심판장은 여러 개의 심리(審理) 지점으로 나뉘거나 연장되며 소송 참여 주체는 각자의 역할과 환경에 따라 분포하게 되는데 이때 주법정과 하나 또는 여러 개의 법정이 공존하는 다원화의 물리적 공간 구조가 형성된다. 실제로 살펴보면 주법정은 관할법원 내부의 심판장인 경우가 많고 자법정은 그 형식이 다양하다. 형사소송의 경우 자법정의 특정성과 안정성에 대한 요구가 엄격한 반면에 민사소송은 불특정성과 임시성이 강하여 고정 자법정에서 온라인소송에 참여해야 하는 경우를 제외하고 당사자와 기타 소송참여자는 모바일 디바이스를 통해 불특정장소에서 소송에 참여할 수 있다. 기능적 측면에서 볼 때 고정 자법정은 소송참여자의 행위규범, 사법의식, 법정질서에 대한 요구가 꽤 높으며 대부분 사회적 영향력이 크고 심각하거나 복잡한 사건 위주로 진행된다. 그렇지 않을 경우 임시 자법정을 이용할 수 있지만 이 경우에도 물론 기본 조건과 기본 규범에 대한 요구사항을 만족해야 한다.

고정 자법정의 관리는 특정 기관이 담당하므로 부득이하게 법정 관리 기능의 이전 문제와도 연결된다. 그래서 일각에서는 일부 심판권을 원격심리지점에서 대행하는 것 또는 심판을 중단하는 행위 등은 직접 심리 원칙의 형식을 침해한다는 우려를 보이고 있다.[3] 이러한 견해에 대해서는 조금 더 검토해 볼 필요가 있다. 그 이유는 자법정은 본질적으로 주법정의 공간적 연장이므로 사법권의 이전에 해당하지 않기 때문이다. 물리적 공간의 분할은 심판권의 분열을 의미하지는 않는다. 담당 기관에서 대행하는 직권은 사법의 실질적 사항과 연관이 없으며 직권의 법에 의한 독립적 행사원칙과 직접적 심리원칙에 위배되지 않는다.

(2) 가상법정

가상법정은 사법과학기술 발전의 산물로 인터넷 가상 환경에서 구현되는 디지털형태의 법정이다. 가상법정은 정보과학기술, 디지털기술, 현대미디어기술 등을 활용하여 오프라인 법정을 모사, 복제, 가시화시킴으로써 소송 정보의 집합, 저장, 교환과 전송을 완성한다. 가상법정의 핵심기제는 실제법정의 디지털모사와 구축이다. 동떨어진 물리적 공간과 분산된 행위는 가상 공간으로 옮겨져 상대적으로 독립적이고 폐쇄적인 심사방식으로 바뀌며 이것이 가시적인 방식으로 표현되면서 원격심리가 완성되는 것이다.

가상법정은 실제법정과 비교하여 아래와 같은 특징이 있다.

행동대화의 가상화. 온라인소송에서 소송 참여자들은 상대적으로 폐쇄된 동일한 물리적 공간이 아닌 각기 다른 물리적 장소에 있다. 그러므로 단일 물리적 법정의 개념은 존재하지 않는다. 각 행위 당사자들의 물리적 공간에서의 소송행위는 최종적으로 디지털화, 정보화의 방식으로 가상플랫폼(이를테면 클라우드 서비스)에 전송, 집중되며 가상플랫폼은 행위교섭과 정보교환을 완성하는 핵심장소가 된다. 증거조사를 예로 전통적인 실제법정에서는 직접적이고 원시적인 방식으로 증거를 제출한다. 하지만 온라인재판에서는 현대정보기술을 빌어 전통적인 증거를 디지털신호로 전환 후 주법정이나 자법정의 단말기로 전송하는 등 가시적인 방식으로 증거 정보를 공유하게 된다.

공간과 시간의 확장성. 원격심판은 정보기술수단과 소송절차의 조정을 통해 사법공간과 시간을 바꾸게 된다. 다시 말해 가상법정의 구축을 통해 물

---

3) 方斌, 远程审判及其法律规制, 河南警察学院学报, 2016-2.

리적 장소를 확장하고, 심판 시간의 경계를 연장하는 것이다. 판사, 당사자, 증인을 포함한 소송 참여자들은 소송에 해당하는 행위를 하기 위하여 굳이 한 장소에 모일 필요가 없으며 심지어 비동기적 방식으로 정보를 교환할 수도 있다. 즉 모 주체의 모종의 소송행위가 일정 기간 내에 사법에서 인정하는 의사표현의 효력을 가진다고 인정될 경우 정해진 기한 내에 온라인으로 고지만 하면 유효하다는 것이다.

기술 의존과 기술적 리스크의 공존. 가상법정을 공간적 매개체로 삼는 새로운 소송형태에서 온라인재판은 소송절차와 소송사항에서 현대정보기술에 강하게 의존하며 정보전달과 행동대화 면에서 전자화, 가상화의 특징을 갖는다. 자료송달, 권리고지, 재판일정 배정, 증거교환, 증거제시 및 대질심문, 재판기록, 자료정리, 효력확인 등 과정은 정보화와 디지털화 방식을 빌려 완성된다. 그러므로 사법기관은 절차의 운영에 있어서 기술개방을 하지 않을 수 없다. 과학적 증명을 통해 우리는 기술의 가치는 본래 중립적이지만 수직응용분야에서는 오히려 산업적 이익과 기술적 리스크가 공존할 수밖에 없다는 것을 알 수 있다. 기술적 리스크는 기술 자체의 취약점과 안전 문제에서 오는 내적 리스크, 기술의 부당한 사용으로 인해 발생하는 외적 리스크 그리고 기술 접근의 불평등에서 기인하는 파생적 리스크 등 복잡 다양한 형태로 표현된다.

Ⅱ. 재판의식과 법정질서

물리적 공간의 분할, 양상의 다원화 등 이유로 온라인재판에 탈 사법의식(儀式)이라는 명분을 씌우고 반증의 방식으로 그 존재를 부정하는 견해도 있다. 하지만 이는 적절치 않으며 검토가 필요한 부분이다. 동시에 임시 자법정은 장소 선정의 수의성과 오프라인행위에 대한 통제의 부재로 인한 객관적인 어려움이 존재하므로 효과적인 해결방안을 모색해야 한다.

1. 법정의식 문제

온라인소송의 경우 법정이 갖는 가상화의 특징으로 인해 사람들이 쉽게 법정의식을 무시하게 된다는 우려도 있다. 물리적 감각을 매개체로 하는 법정의 선전과 교육의 역할이 배제되고 심판의 탈 의식화 리스크가 커짐으로써 사법의 권위가 추락할 수도 있다는 것인데 이에 대해서는 일반화보다는 변증법적인 논리로 다가서야 한다.

법원은 특정의 상징적 의미를 가지는 기관으로서 임의의 장소에 법정을 간소화하여 설치하거나 또는 일반적인 서비스 제공처로 생각해서도 안 된다.[4] 환경 심리학적 이론으로 볼 때 만약 현실과 가상환경을 기술적으로 동일한 비율로 구현하지 못할 경우 온라인법정의 경각심 교육과 사법의 장엄성은 약화될 수가 있다.[5] 그러므로 법정의식의 요소를 최대한 가상법정에 동일하게 적용하는 기술이 필요하다. 하지만 재판의식의 일부분이 약화될 것을 우려해 온라인재판을 거절하거나 온라인법정의 운영을 부정적으로 생각하는 것은 옳지 못하다. 다시 말해, 역사적으로 절차법 규범과 절차법 이념은 줄곧 낡은 것을 버리고 새 것을 취해온 과정이며 장기간에 걸쳐 생성된 신격증거체계의 현전성 요건과 의식감(儀式感) 요건은 역사의 산물이다.[6] 그 내연과 외연은 이미 현대 사법이 보편적으로 준수하는 직접적 언사, 심판 공개, 충분한 변론 등 기본원칙에 뒤떨어져 있다. "사법의식의 절차는 법정성(法定性)이 있지만 융통성도 있다. 원격 심리에서 사법 권위에 대한 이해는 전통적인 고정관념에서 벗어나 실질적인 요소를 기반으로 전통적 부호와 의식의 시대적 변화를 받아들여야 한다. 또한 원격심리의 추진과 보급 과정에서 대중들이 원격심리를 받아들일 수 있도록 독려하고 원격심리에서 사법의 권위를 세워야 한다."[7]

법정의식을 지키는 방법이 없는 것은 아니다. 사법의식의 여러 요소들은 시뮬레이션 기술과 가상기술을 통해 가상법정에 충분히 구현될 수 있으며 감각형 기술을 활용하여 초현실주의 극장효과를 재현할 수도 있다. 대중들은 가상법정에 발을 들여놓는 순간 똑같은 심지어 더 직관적이고 강력한 장엄한 분위기를 느끼게 된다. 그 외에 오프라인 장소, 오프라인 행위에 대

4) 左卫民, 中国在线诉讼: 实证研究与发展展望, 比较法研究, 2020-4.
5) 苏彦捷, 环境心理学, 高等教育出版社, 2016, p.10.
6) 段厚省, 远程审判的双重张力, 东方法学, 2019-4.
7) 范黎红, 远程审理的适用空间之展望, 法学, 2010-2.

한 효과적인 규범과 감독도 위의 문제를 상당부분 피하거나 해결할 수 있다. 또한 소송상황에 따라 사법의식에 대한 대중들의 기대치가 다를 수 있다. 예를 들어 소액소송이나 간이소송에서 소송의 효율성과 신속성에 대한 기대는 법정의식 즉 오프라인 소송보다 훨씬 크다. 그러므로 상황에 따라 재판방식을 선택하는 것도 매우 중요하다. 온라인재판이라는 신생사물 앞에서 우리가 취해야 할 태도는 낡은 것을 고집할 것이 아니라 물리적 장소라는 낡은 틀을 버리고 온라인재판과 상기 법정의식 요소 간의 호환성과 모순을 정확히 파악하여 온라인재판의 특성에 부합하는 특별 규칙과 원칙을 모색해야 한다. 이렇게 해야만 새로운 지식으로 새로운 현상을 해석할 수 있으며 소송규칙과 소송법리의 자가갱신을 촉진할 수 있다.

2. 법정질서의 문제

실제법정과 가상법정 간 정보의 연동성은 가상법정의 법정질서가 실제법정의 행위규범의 제약을 받도록 한다. 예를 들어 당사자가 자법정에서 부당한 행위를 할 경우 온라인재판의 법정질서에 직접적으로 부정적인 영향을 미치는 것이다. 온라인소송의 활성화는 소송비용을 절감하고 소송효율을 제고하며 사법 정의의 가용성을 증가시키는 반면에 단점도 있다. 바로 온라인 법정이 물리적 공간의 통제범위를 벗어나므로 판사가 임시 자법정의 소송활동을 효과적으로 감독·관리하기 어렵다는 점이다.

코로나-19로 온라인심판의 규모와 형태는 급격히 팽창하였으며 재판 질서가 파괴당하는 문제도 적지 않다. 이 점을 고려하여 최고인민법원에서는 <코로나-19 통제기간에 온라인소송 업무를 강화하고 규범화할 데 관한 통지>를 발표하고 온라인재판 시 재판장소는 장엄하고 엄숙하여야 하며 재판예절을 지키고 법원은 온라인재판의 규율을 준수하고 재판이 안전하고 질서 있게 진행되도록 참여자들을 지도하여야 한다고 명시하였다. 온라인소송규칙에서는 또 온라인재판규율에 대해서도 출석자는 심판인의 지휘에 복종하며 사법예절을 존중하고 법정규율을 준수해야 한다고 규정하였다. 동시에 온라인재판절차에 부합하는 법정질서 규칙제도와 책임조항도 제정하였다. 온라인재판의 질서 문제는 제도적 측면에서 긍정적인 피드백이 있었다고 봐야 한다. 하지만 이러한 피드백은 단편적인 것이며 주법정과 임시 자법정에만 해당되는 것으로 고정 자법정이 약화된 온라인재판질서를 바로잡는 데 중요한 역할을 한 부분에 대해서는 언급이 부족하다.

임시 자법정의 여러 특징으로 말미암아 재판활동은 수시로 질서파괴의 위험에 처하게 된다. 질서의 빈번한 파괴는 판사로 하여금 두 가지 딜레마에 빠지게 하는데 소송참여자의 파괴행위를 방임할 경우 법률의 엄숙성을 훼손하고 반대로 이런 행위를 바로잡을 경우 재판의 효율을 떨어뜨린다는 것이다.[8] 온라인소송규칙에 따르면 증인이 온라인재판에서 입증 시 '지정한 온라인 장소' 또는 '온라인 증언실'에 출정하여야 하며 인민법원은 필요 시 기타 출정인원에게 지정된 장소에 와서 온라인재판에 참여하도록 요구할 수 있다.[9] 이 규정은 얼핏 보기에 임시 자법정의 질서 파괴를 해결하기 위한 효과적인 방안 같지만 아래 세 가지 의문이 생긴다. 첫째, '지정장소'는 임의적으로 선택하는 곳인지 아니면 고정적인 장소인지. 둘째, 소위 '필요 시'는 언제이며 개인도 필요에 의하여 정할 수 있는지. 셋째, 이러한 '지정장소'는 관리자가 배정되고 환경표준을 준수하는지. 이 세 문제에 대해서는 구체적인 제도적 해석이 필요하다.

임시 자법정이 불특성정과 임시성의 특징을 가지는 것과 달리 고정 자법정은 소송행위를 규범화하고 재판질서를 유지하는 데 있어서 그 가치가 매우 높다. 아쉬운 점은 고정 자법정은 구치소와 타지역 법원의 원격심리 지점과 같이 형사소송분야에만 해당된다는 것이다. 민사분야에서 각급 법원 산하의 전자법정은 해당 본원 주법정의 심리업무를 위해 설치된 것이며 타지역 출정에 전문적으로 사용되는 고정 자법정은 심각하게 부족하다.

임시 자법정이 특정 사건(소액전자거래분쟁 등) 처리시 고효율과 편리성을 갖는 점에 비추어볼 때 적용조건, 적용범위 및 적용규칙만 명확하다면 모바일 단말기를 통해 온라인재판에 참여하는 방식을 거부할 필요가 없다. 하지만 포스트코로나 시기에는 고정 자법정은 남겨두고 임시 자법정은 폐

8) 杨维立, 互联网法院在线庭审宜提供'固定场所', 人民法治, 2019-3.
9) <온라인소송규칙> 제24조, 제26조.

지하는 것이 옳다.

Ⅲ. 법정 형식의 개선

온라인재판 과정에서 법정질서의 교란은 대부분 임시 자법정에서 발생하므로 법정질서의 관리는 아래와 같은 두 가지 방면으로 착수해야 한다. 첫째, 고정 자법정을 충분히 설치하여 타지역 소송활동을 처리하는 데 무리가 없도록 해야 한다. 둘째, 임시 자법정의 장소 선정과 질서규범에 규장제도 조항과 기술적 간섭 조항을 설정해야 한다. 아울러 새로운 심리방식이 온라인소송규율과 매치되도록 법정 유형에 대해서도 개선을 해야 할 것이다.

1. 실제법정의 설치

(1) 고정 자법정의 설치

고정 자법정의 설치는 세 가지 방안으로 나누어 생각해볼 수 있다. 첫째는 각 기초단체의 지방법원에 설치하는 것이다. 이미 전국적으로 법원시스템이 연동되어 있으므로 적은 비용이 예상된다. 하지만 이 경우 법원의 장소에 대한 부담과 관리측면의 부담(온라인소송에서 소송참여자들이 물리적 공간에 집중되어 있다가 분산되면서 필연적으로 법정 수량과 기타 자원에 대한 수요가 배로 증가함)을 가중시키게 될 것이다. 둘째는 각 지역의 사법행정기관에 설치하는 것이다. 이 경우 질서의 감독·관리가 효과적으로 이루어질 수 있지만 사법자원이 한정적이라는 문제점이 있다. 셋째는 업무처리가 가능한 변호사사무실을 이용하는 것이다. 이 경우 국가기관의 자원적 부담을 줄일 수 있는 반면에 법정질서의 감독·관리가 소홀해져 주관기관과 관리조직(사법행정부문과 변호사조직)의 원만한 의견 조율이 필요하다. 한마디로 위의 세 가지 방안은 장·단점이 있어 각 지역의 실제 상황에 근거하여 적절히 활용해야 한다. 또한 그 어떤 방법이든 적극적인 업무협조와 즉각적인 대응이 필요하다.

일부 학자들의 견해처럼 E-Court의 원격재판은 소송효율을 제고할 뿐 아니라 법원 심판자원의 통합을 추진하여 전자법률을 통한 당사자와 법원 간의 협동적인 소송문화를 조성하는 데 도움이 된다.[10] 필자는 이런 협동문화가 소송 주체뿐 아니라 나아가 사회주체 사이에서도 구현이 될 것이라 믿는다. 온라인소송은 사법자원의 분배를 고도화하고 각 지방, 지역, 부처를 연결한다는 점에서 기구 간, 기구와 조직 간 업무협력과 분배에 새로운 과제를 부여하였다. 업무협조의 일상화와 제도화는 온라인소송의 효과적인 운영에 큰 의의가 있다. 제도규칙이 결여되어 있는 상황에서 사법협력은 강제성과 규범성이 부족하여 각 주체간 업무분장과 책임을 구분하는 데 불리하며 온라인소송 패러다임의 구축에도 불확실성을 더한다. 이 점으로 비추어볼 때 사법 업무간 협력에 관한 세부규칙을 마련하여 각 주체의 권리와 의무관계를 명확히 하는 것은 매우 필요하다. 아울러 사법정보화 구축 예산 중에서 온라인소송의 규범화를 위한 특별예산을 확보하여 기초단체의 기술과 시설 확충에 사용함으로써 법정의 합리적인 분포를 꾀해야 한다.

(2) 임시 자법정의 규범

임시 자법정은 물리적 통제가 불가능하므로 장소 선정과 질서 규범 면에서 책임설정과 시스템간섭의 방식을 활용해야 한다.

임시 자법정은 비록 환경에 대한 요구가 엄격하지 않지만 그렇다고 사법규범성과 엄숙성에 대한 기본적인 요구사항을 무시할 수는 없다. 이를 위해서 당사자가 임시 자법정의 선택 및 행위규범을 지키도록 온라인행위에 대한 규칙을 정해야 한다. 출정인원은 재판의 엄숙성을 보장하기 위해 상대적으로 폐쇄적이고 외부 요소의 간섭을 받지 않으며 통신상태가 양호하고 광원이 충족하며 음성과 화면이 끊기지 않는 장소를 온라인재판장소로 정해야 한다. 인민법원은 임시 자법정이 규정에 부합하지 않을 경우 개선을 요구할 수 있으며 개선을 거부하거나 개선 후에도 기준에 미치지 않을 경우 상황에 따라 훈방, 온라인법정에서 퇴장 또는 벌금을 안길 수 있

10) 王福华, 电子法院:由内部到外部的构建, 当代法学, 2016-5.

다. 재판 도중 법정질서를 교란하는 행위에 대해서도 안내, 경고, 훈방조치를 취할 수 있는데 그럼에도 불구하고 개선이 되지 않는다면 상황에 따라 강제 음소거를 하거나(강제퇴장과 유사) 벌금, 구속 등 조치를 취할 수 있다. 정당한 이유 없이 출정하지 않거나 재판도중 화면에서 이탈하는 경우에도 안내, 경고조치를 취할 수 있으며 그 이유에 대해 설명을 요구할 수 있다. 안내와 경고 후에도 개선되지 않거나 정당한 이유가 없다면 중도퇴장으로 간주한다.

2. 가상법정의 보완

(1) 온라인재판 통합시스템의 구축

가상법정과 과학기술시스템은 뗄래야 뗄 수 없는 관계이다. 후자는 전자의 안정적인 운영을 뒷받침하는 과학기술 수단이며 구동에 필요한 메커니즘이다. 가상법정 시스템은 심판기능을 수행하는 신생사물로 심판권을 행사하는 데 있어서 방식과 방법의 문제와 직결된다.

현재 재판방식과 기술적 방법에 있어서 온라인재판은 실험성, 민감성, 자주화, 다원화(지방적인 요소 및 행위습관과 밀접한 관계를 가짐)의 특징이 있다. 이러한 특징으로 인하여 생기는 우려도 없지 않다. 예를 들어 판사가 심판방식을 임의로 정하게 할 경우 기술적용과 사법혁신이라는 미명 하에 심판방식을 개악할 수도 있다. 이러한 우려는 절대 근거가 없는 것이 아니다. 과거에 실제로 문자재판,[11] 위챗재판,[12] 전파재판[13]과 같은 무모한 시도가 있었다.

심판권은 전문적이고 엄숙한 국가권력이며 법에서 정한 방식으로 행사되어야 한다. 다원화 방식으로 존재하거나 임의 개설은 특히 안 된다. 이를 위해 반드시 온라인소송 통합시스템과 앱APP이 있어야 하며 또는 체계적인

11) 王泓毓、王筱文, 凭男方短信法院断了离婚案, 法制日报, 2006.4.26.

12) 胡本合, 微信开庭: 让庭审零距离. http://cqfy.chinacourt.gov.cn/article/detail/2018/04/id/3281169.shtml

13) 咸丰法院"电波"远程审判离婚案. https://www.chinacourt.org/article/detail/2009/11/id/382204.shtml

연구개발과 활용을 위해 일관성 있는 기술표준과 업무표준을 제정함으로써 실제 법정과 소송참여주체의 온라인소송의 수요를 만족시키고 시스템의 난립을 예방해야 한다. 온라인소송규칙에서 '전자소송 플랫폼'을 언급하고 있긴 하지만 이 '전자소송 플랫폼'은 무엇인지, 통합되고 표준화된 시스템의 연구와 개발이 필요한지에 대해서는 설명이 없다. 그리고 이런 류의 시스템은 준사법절차의 속성을 가지므로 컨트롤 시스템이 필요하다. 즉 심사와 검수를 위한 제3의 평가기관(법률 전문가, 업계 전문가, 전문 변호사, 기술전문가 등으로 구성된 평가팀)을 통해 기술표준과 기술의 정당성을 평가하고 감독·관리기관(과학기술부와 사법부의 연합 소속기관)에서 검수를 진행해야 한다.

(2) 가상법정의 기능적 수행능력 제고

온라인소송의 공정성과 효율성은 정보과학기술의 뒷받침을 떠나서 이루어질 수 없다. 가상법정은 컴퓨터 인터넷기술, 디지털 시청각기술, 멀티미디어 영상기술, 자동 컨트롤기술과 데이터베이스 기술을 결합한 종합응용플랫폼으로서 전통적인 물리법정이 실물과 실제행위에 대해 역할을 수행하듯 가상법정도 온라인소송의 시스템적인 요구사항을 만족할 수 있어야 한다.

온라인소송의 기능체계는 소송절차와 매치되는 기술응용집합체이며 스마트사법시대에는 더욱 그러하다. 사법정보화의 진행추이로 볼 때 온라인소송에서 시스템통합은 점점 더 중요해질 것이며 통합응용프로그램의 연구개발도 지속적으로 진행되어 온라인소송 메커니즘과 사법 스마트화가 점차 기술융합을 실현할 것이다. 사법 과학기술화의 일반적인 규칙에 근거하면 소송방식은 선형(線型) 폐쇄식에서 통합화, 개방화, 스마트화의 방향으로 전환하고 있고 플랫폼은 단일화에서 다원화, 시스템화로 변하고 있다.[14] 단기 실현 목표로 볼 때 온라인재판의 원만한 진행을 위해 가상법정의 종합플랫폼은 재판의 녹화, 다시 보기, 인터넷 실시간 생방송, 앱 간 자유로운 전송 및 전환, 디지털 증거 제시, 재판 소명 보조, 기록의 동시 재생과 현장확인, 디지털자료의 스마트 파일링 등 기본기능을 갖춰야 한다. 사법 과학기술제

---

14) 中国法院的互联网司法, 中华人民共和国最高人民法院, 人民法院出版社, 2019, pp.3-4.

품(온라인소송 시스템 포함)의 두 가지 핵심 목표가 사법운영 메커니즘을 고도화하고 국민의 편의를 도모하는 정의에 가까운 방식[15]인 만큼 사법 디지털화 개혁의 설계이념은 당연히 디지털 정의 이념에 따라 사용자 친화적이어야 한다.[16] 이를 취지로 관련 시스템은 수요를 기반으로 하는 실시간 피드백 기능을 구비함으로써 시스템의 결함과 오류를 효과적으로 식별하고 신속하고 경제적으로 시스템 업데이트 및 프로그램을 보완해야 한다. 아울러 표준화와 다양화를 동시에 만족시키는 것, 예를 들어 지방 사법기관에 그들이 필요로 하는 개발자권한을 넘겨주고 사법동향을 파악하고 능동적으로 대처할 수 있게 해야 한다.

(3) 인터넷 플랫폼의 고도화

온라인소송에서 인터넷 플랫폼은 실제 법정과 가상법정의 공간을 연결하고 정보를 교환하는 신경혈관과도 같으며 가상법정 응용프로그램의 중요한 구성부분이다. 인터넷 플랫폼의 품질은 온라인재판의 안정성과 보안성에 직접적인 영향을 준다. 실제 운영과정에서 인터넷 연결이 끊기거나 불안정하거나 지연되는 등 고장은 인터넷을 매개체로 하는 온라인소송에서 자주 발생한다. 인터넷환경과 기반시설은 온라인재판의 효과에 큰 영향을 주며 고도화는 필수이다.

중국 최고인민법원에서 발표한 <중국 법원의 인터넷 사법 백서>에 따르면 인터넷시대의 원격소송 업무는 시스템 혁신과 법에 의한 인터넷망 관리의 단계를 거치게 된다.[17] 법원 전용망을 구축하고 안정적이고 안전한 인터넷 플랫폼을 만드는 것은 원격심판 발전의 필수 조건이다. 관계 부처는 원격소송 시스템의 탐색을 계기로 인터넷 환경에서의 사법 심판의 내적 규율과 외부 규칙을 정리하고 인터넷을 통한 사법관리능력을 끊임없이 향상시켜야 한다.

---

15) 伊森·凯什、奥娜·拉比诺维奇·艾尼，数字正义：当纠纷解决遇见互联网科技，赵蕾、赵精武、曹建峰译，法律出版社，2019，pp.66-67.

16) 伯内特勋爵，在线法院：系统信息化与程序数字化的大势所趋，赵蕾译，人民法院报，2019.3.29.

17) 中华人民共和国最高人民法院编：中国法院的互联网司法，人民法院出版社，2019，p.4.

온라인소송에서는 모든 증거에 대해 전자화 방식으로 반대심문을 진행하고 모든 소송자료에 대해서는 특정 인터넷과 응용플랫폼을 통해 지역간 정보교환을 완성하게 된다. 이런 상황에서 온라인소송은 해킹, 바이러스, 댓글알바 등 안전성과 규범성의 문제에 직면하게 되고 이를 효과적으로 예방, 해결하는 것은 온라인 재판의 기술정당성[18)]의 준수와 직결된다. 그러므로 보안을 중심으로 한 전용망 구축, 장비 마련과 시스템 보호는 상당히 중요하다. 한편으로 네트워크의 다원화를 지양하고 원격 전용망과 기타 네트워크 간의 물리적 연결을 단절하며 전국정법망 플랫폼을 빌어 보편적 가치가 있고 필요에 따라 자유롭게 조정이 가능한 온라인소송 시스템을 개발함으로써 사법 협력의 규범성과 융통성을 꾀한다. 다른 한편으로 다양한 인터넷 보안 방어기제를 활용, 방화벽과 보안 소프트웨어를 이용하여 바이러스 감염과 해킹을 막고 전자 소송 자료의 보존과 보안을 강화한다. 또한 재판이 일정한 절차의 폐쇄성과 공정한 경쟁성이 있는 점에 비추어 댓글알바가 재판활동을 교란시키지 않도록 온라인 재판 앱의 비밀번호와 권한을 철저히 관리하여 공개와 비공개, 감독과 질서의 형평성을 잘 유지해야 한다.

18) 刑事司法人工智能的包容性规制, 李训虎, 中国社会科学, 2021-2.

05

법관직의 미래

이상덕

춘천지방법원 원주지원 판사, 법학박사

20년차 판사이다. 판사로 근무하면서 학업을 병행하여 2010년에 행정법 전공으로 박사학위를 취득하였다. 이론과 실무에서 공익과 사익의 조화, 행정의 효율성과 책임의 조화라는 행정법의 기본이념을 구현하는 것을 직업적 소명으로 생각하고 있다. 박사학위논문을 출간한 「영조물의 개념과 이론」(경인문화사 2010)에서 현대국가에서 공공시설 민영화의 한계와 국가의 책임을 규범적 차원에서 규명하고자 시도하였다. '독일 행정법학의 아버지'라고 불리는 Otto Mayer(1846~1924)의 영조물이론을 토대로 행정조직법과 행정작용법을 두루 섭렵한 결과물이며, 2011년 학술원 우수학술도서로 선정되었다. 박사학위 취득 후에는 행정재판실무에서 행정소송법이 소송요건법학이라는 오명을 벗고 공공성에 관한 담론의 장으로 기능하도록 하는 것, 개별 행정영역에서 특수하게 발전되어 온 개별 제도와 이론을 행정법총론(행정법 일반이론)과 조화시키는 것이 주된 관심사항이다. 행정법이론과 행정재판실무를 연결하는 가교 역할을 할 수 있도록 매년 한두 편의 논문을 쓰고자 노력하고 있다. "불가쟁력이 발생한 행정처분의 再審査에 관한 법적 규율"(사법논집 63집, 법원도서관 2016)이라는 논문으로 2018년 1월에 한국법학원 제22회 법학논문상을 수상하였다. 2018년에 출간된 「법학에서 위험한 생각들」(법문사)에 "대법원 판례는 절대적 진리인가, 아니면 남의 의견일 뿐인가?"라는 글을 게재하였고, 2020년에 출간된 「법의 딜레마」(법문사)에 "재판권의 계륵(鷄肋)인 의료소송, 그 한계와 대안"이라는 글을 게재하였다.

Ⅰ. 들어가며

석기시대의 동굴 벽화에도 '요즘 젊은이들은 버릇이 없다'는 한탄이 적혀 있는 것처럼, 당대를 살아가는 사람들은 대개 자신이 급격한 전환기를 살고 있어 앞선 세대와 같은 안정을 누리지 못하고, 앞선 세대와 아랫세대의 중간에 끼인 샌드위치가 된 불운의 세대라고 생각하는 경향이 있다고 한다. 역사학자 유발 하라리는 21세기의 현 시점이 다수의 평범한 호모 사피엔스가 유전자조작, 인공지능, 빅데이터 등의 최신 기술로 무장한 새로운 인류, 즉 호모 데우스(超人)에 의해 지배당하게 될 가까운 미래의 디스토피아에 직면한 위기상황이라고 경고하였다.[1)]

그래서 그런지 필자도 한국 사회가 전환기에 있고 혼란과 갈등이 점증하면서 명확성과 예측가능성이 감소하는 추세에 있다고 생각하면서 미래를 불안해하고 있다. 본고에서는 그중에서 필자가 몸담고 있는 '법관'이라는 직분의 미래를 전망해 보고자 한다. 이에 관한 사유의 단초로서 SF영화 'Judge Dredd'에서 논의를 시작하겠다.

Ⅱ. 영화의 줄거리

'Judge Dredd'는 1975년 영국에서 출간된 만화를 원작으로 하며, 그 후로 몇 차례 새로운 스토리의 후속작이 나왔고, 1995년에 미국 헐리우드에서 영화로 제작되었으며, 2012년에도 리메이크 영화가 제작되었다. 기본적인 세계관을 공유하면서도 각 판본들 사이에 스토리나 등장인물에 다소간 차이가 있으나, 본고에서는 편의상 실베스타 스텔론 주연의 1995년 영화의 줄거리를 소개한다.

영화의 배경은 2139년, 핵 전쟁 후 지구의 대부분은 황무지가 되고 몇 몇 대도시로 생존한 인류가 모여들어 뉴욕은 인구 6,500만명의 거대도시가

---

1) Yuval Noah Harari, HOMO DEUS: A Brief History of Tomorrow, 2015(한국어 번역판: 김명주 역, 「호모 데우스: 미래의 역사」, 김영사, 2017).

되어 새로운 이름 '메가시티 원'이라고 불린다. 기존의 정부가 거대도시의 치안을 유지하는 데 실패하자, 시민들은 새로운 정치시스템을 승인하는데, 초엘리트인 Judge들이 도시의 치안 유지뿐만 아니라 통치까지 하는 시스템이다. Judge들은 범죄현장으로 출동하여 살인, 강도, 강간, 마약 등을 범한 강력범죄자들이 체포에 순응하지 않으면 그 자리에서 사형을 선고하고 총살하는 방식으로 집행한다. 영화 홍보 문구에 의하면, Judge는 '경찰Police이자 배심원Jury이자 형집행관Executioner'이다.

Judge가 강력범죄자들을 현장에서 진압하여 판결까지 선고하는 업무를 수행할 수 있으려면 특수요원 수준의 신체적 능력과 대법관 수준의 지적 능력을 갖추어야 한다. 그런데 현실에서는 이에 합당한 자질을 갖춘 인재 자체가 매우 드물 뿐만 아니라, 인재를 선발하여 교육·훈련시키는 과정에 오랜 시간이 소요되므로, 영화 속 미래사회에서는 당대 최고라고 인정받는 특수요원의 DNA와 대법관의 DNA를 합성하여 우수한 배아를 만들고, 이 배아를 다량 복제한 클론을 만든 다음, 컴퓨터로 자신들이 어렸을 때 정상적인 가정에서 태어나 부모의 사랑을 받고 컸다는 기억과 자존감, 정의감, 사명감, 법적 지식, 무도 기술을 주입하는 방식으로 우수한 신체적 능력과 지적 능력을 겸비한 Judge를 대량 양산하여 현장에 투입하고자 하는데, 이를 '야누스 프로젝트'라고 이름 붙였다. 그런데 이와 같이 완벽을 지향하면서 만들어진 Judge들조차도 한편으로는 현장에서 자신의 목숨을 걸고 일하기를 꺼려하면서 범죄조직과 결탁하거나, 다른 한편으로는 자신의 지배권력을 강화하기 위하여 범죄와 무질서를 조장하는 행위를 함으로써 타락한다는 것이 영화의 '문제 상황'이고, 주인공 Judge Dredd가 Judge 사회 내부에 있는 악당 Judge와 대결하여 승리하고 정의를 바로 세운다는 것이 영화의 줄거리이다.

Ⅲ. 법관에 대한 사회적 기대와 요구, 고정불변이 아닌 사법제도

우주탐사, 무선전화기, 하늘을 나는 자동차 등 SF소설·영화에서 공상하였던 것들이 이제는 현실이 되었으므로, Judge Dredd의 세계관이 현실성이 전혀 없는 허무맹랑한 이야기라고 치부할 수만도 없다. 영화 속에 나오는 DNA 합성, 배아 복제, 기억 주입 등은 이미 초보적인 기술이 개발된 상태이고, 수십 년 내에 상용화될 것이라는 전망이 우세한 상황이다. 공직자의 타락이나 기존 사회질서의 붕괴에 따른 대응으로 새로운 질서를 수립하는 것은 인류의 역사에서 때때로 있어왔던 일이다. 핵전쟁이 아니더라도, 현대 인류가 경험하거나 상상해보지 못한 수준의 기후변화, 자연재해, 경제위기, 새로운 감염병 확산 등에 의해서도 공동체 차원의 특단이 노력이 없는 한 기존의 사회질서는 붕괴할 수 있다.

법관이 '경찰관이자 배심원이자 형집행관'을 겸하는 사회가 과연 가능할 것인지 의문을 제기하는 사람도 있을 것이다. 권력분립이 민주적 법치국가를 지탱하는 핵심 가치라고 교육받은 세대에게는 영화의 상황 설정이 매우 낯설게 느껴지겠지만, 권력분립은 서구 자유주의 정치사상의 산물로서 역사가 그리 오래되지 않았다. 중세 시대까지는 서구에서나 동양에서나 '규문주의(糾問主義)'라 하여 법관이 판관 포청천과 같이 직접 혐의자와 관계인들을 취조하고 고문하면서 객관적 진실을 규명하고 유죄라고 판단하는 경우 형집행까지 하였다. Judge Dredd와의 차이점은 중세시대에는 법관이 직접 현장에 나가 범죄자를 진압하지는 않았다는 점에 국한되고(따라서 법관이 뛰어난 신체적 능력을 갖출 필요까지는 없었다), 수사부터 형집행까지 전 과정에서 권력이 법관에게 집중되어 있다는 점은 공통된다.

고문을 통한 자백 강요의 폐해 등 중세 규문주의 재판 제도에 대한 반성 하에서 서구식 근대 형사사법제도가 성립하였다. 그러나 인류의 역사가 항상 진보만 해왔던 것은 아니며 과거로 회귀하려는 반동도 때때로 있었다. 사회가 무질서해지면 다수의 시민들은 안정을 희구하기 때문에 독재자도 마다하지 않는데, 바로 그렇게 1933년에 독일에서 히틀러의 나치정권이 집권하였으며, 최근 세계 각국에서 극우파 정당이 다시 발호하고 있다. 견해를 달리하는 세력들 간의 양보와 타협, 절제, 균형보다는 강력한 리더십을 통한 단결과 사회 정화(이단의 배제), 승리와 지배, 그리고 이것이 정의의 구현이라고 생각하는 극단주의 세력을 이슬람국가ISIS와 같은 테러단체뿐만 아니라 서구 선진국에서도 찾아볼 수 있다. 극단주의 세력이 선거를 통해 1당이 되는 수준을 넘어서 국가 내에서 헌법 개정까지도 가능해지는 확고한 다수파가 되는 경우 권력분립이라는 종래의 헌법적 가치가 그대로 유지되리라는 보장이 없다. 권력분립이나 법관의 독립이라는 헌법적 가치는 법원, 재판 제도, 법관이 당대의 사회적 요구에 부응하지 못하면, 그리고 공동체 구성원들이 그 헌법적 가치에 때때로 주의를 환기하여 보존하려는 노력을 기울이지 않으면, 새로운 사회전환기에 언제든 폐기처분될 수 있는 것임을 자각하여야 한다.

Judge Dredd의 미래사회에서는 전대미문의 무질서에 대응하기 위하여 법관에게 재판의 신속성과 전문성을 기대하고 있음을 알 수 있다. 현실의 재판에 대한 불만으로 요즘 인터넷상에서는 'AI판사를 도입하자'는 주장이 심심치 않게 제기되고 있다. 당장은 아니겠지만, 인간 법관이 제대로 하지 못하면 AI판사가 도입될 날도 그리 멀지 않았다. 이미 외국에서는 관련 기술을 개발하고 있으며, 일부 시범 적용을 하는 단계라고 한다.

그러나 현직 법관들 대다수는 사법개혁의 문제에 별 다른 관심이 없다. 그간 사법개혁이 주로 법조인 선발 제도(사법시험의 폐지 및 로스쿨 제도의 도입과 정원 문제), 상고심 제도의 개혁(상고법원 또는 상고허가제 도입 여부)이나 그에 따른 대법관의 증원 문제, 법관 선발 제도의 개선 문제를 중심으로 논의되어 왔으므로, 이미 법관으로 선발되어 사실심에서 일하고 있는 현직 법관에게는 – 법관 증원 문제를 제외하고는 – 사법개혁 논의가 그다지 피부에 와 닿지 않는 것이다. 당장 법원의 재판 제도나 법관이라는 신분이 없어질 것은 아니겠고 자기가 퇴직하기 전에 중대한 변화는 발생하지 않을 것이니 직접적인 이해관계는 없으며, 당장 눈앞에 산적해 있는 사건들을 해결하기에도 급급한데 미래를 전망하거나 대비할 여유가 없는 것도 이해는 간다. 그러나 부지불식간에 그간 법관이 누려왔던 지위와 권한들의 토대가 서서히 침식되고 있고, 미래의 어느 순간에는 급격한 변혁이 올 수도 있다. 다른 모든 법제도와 마찬가지로 사법제도에도 당연하거나 고정불변인 것은 없다.

Ⅳ. 재판의 신속성

재판의 신속성에 관한 사회적 요구는 영화 속 미래사회에 국한되는 것이 아니고, 정도의 차이가 있을 뿐, 거의 모든 시대와 국가에서 일반국민들의 공통된 불만인 것 같다. 법원의 재판에 수년이 소요되는 경우가 비일비재하며, 신속한 재판을 독려하기 위해 '지연된 정의는 정의가 아니다'라는 법언이 있을 정도이기 때문이다.

일반국민들을 대상으로 한 여론조사 결과에 의하면, 한국에는 법원을 신뢰한다는 응답률이 약 40%로 경찰, 검찰에 대한 신뢰도와 별반 차이가 없는 저조한 수준이다. 재벌과 권력에 대한 이중잣대(유전무죄 · 무전유죄 논란), 전관예우 등 사법신뢰도를 떨어트리는 많은 요소들로 때문에 심리적으로 위축되는 상황에서도 한국의 법원이 자랑스럽게 내세우는 것이 있었는데, 그것은 재판의 신속성과 효율성이었다. 사건의 규모와 난이도에 따라 차이는 있겠으나, 2010년대 중반 무렵에 민사본안소송의 평균적 처리기간은 1심 1년, 2심 6개월, 3심 6개월 정도여서, 1~3심 통틀어 2년 정도면 최종 결과가 나오는 것이 보통이었다. 세계은행The World Bank이 매년 발표하는 기업환경평가보고서Doing Business: Measuring Business Regulation에 의하면, 2018년에 한국 법원은 신속성, 효율성 측면에서 높은 평가를 받아 조사대상 190개 국가 중에서 종합순위 4위, 특히 재판기간과 소가(訴價) 대비 소송비용 등의 측면에서 높은 점수를 받아 민사계약 분쟁해결 부문Enforcing Contracts에서 세계 1위로 평가를 받았다.[2)]

이는 한국의 법관들이 다른 국가의 법관들보다 훨씬 더 많은 사건수를 처리하면서도 달성한 성과라는 점에서 특기할 만하다. 2019년 법관 현원[3)] 기준으로 독일의 법관수는 23,835명, 법관 1인당 본안사건 처리건수는 90

2) 세계은행의 같은 보고서에 대한민국 법원은 2017년에는 종합순위 5위, 민사계약 분쟁해결 부분 1위로 평가받았다. 다만, 세계은행은 2019년 이후로는 사법제도에 관한 순위를 별도로 발표하지 않고 있다고 한다.

3) 실제 재판업무를 담당하고 있는 가동법관이 아니라 휴직 · 연수 · 파견 중인 법관수를 포함한 재직 중인 법관을 의미한다.

건, 프랑스의 법관수는 7,427명, 법관 1인당 처리건수는 197건, 일본의 법관수는 3,881명, 법관 1인당 본안사건 처리건수는 152건, 한국의 법관수는 2,966명, 법관 1인당 본안사건 처리건수는 464건이어서, 한국의 법관 1인당 본안사건 처리건수는 독일의 5.17배, 프랑스의 2.36배, 일본의 3.05배이다.[4] 이러한 결과에는 한편으로는 야근이 일상화된 법관들의 직무상 헌신이 상당 부분 기여했을 것이지만, 다른 한편으로는 신속성이 지나치게 강조되면서 개개의 사건처리가 부실했을 가능성을 배제하기 어렵다.[5]

그런데 최근에는 법률신문에서 법원의 사건처리 적체 문제에 관한 비판기사를 여러 차례 보도할 정도로[6] 재판의 신속성이 크게 떨어진 것은 법원 안팎에서 공지의 사실이다. 종래에는 법원장 등 사법행정권자들이 매월 접수·처리건수 통계를 들이대면서 사건을 신속하게 처리할 것을 강조하였고 이를 법관근무평정에 반영함에 따라 일선 법관들이 '울며 격자먹기'식으로 공장의 컨베이어 시스템에서 제품을 제조하듯이 판결문을 양산하곤 했었는데, 2017년 사법농단 사건 이후로는 종래의 관행이 모두 적폐로 인식되어 요즘은 사법행정권자가 통계나 사건의 신속한 처리를 언급하는 경우를 찾아보기 어렵다. 사회적으로 이른바 '워라벨'Work-Life Balance의 중요성이 강조되고, 법원 내부적으로 이른바 '고등법원 부장판사 승진 제도'라는 것이 폐지된 이후에는 열심히 일하는 것에 대한 보상과 유인이 없어져, 자발적으로 야근하며 헌신하는 법관들의 수는 점차 줄어들고 있다. 최근 법관 사회의 분위기 변화를 '비정상의 정상화'라고 평가할 수도 있다. 야근이 원칙이 되어서는 안 되기 때문이다. 그러나 1심의 평균 사건처리기간이 1년에서 2년, 3년으로 늘어난다면, 1~3심을 통틀어 전체 사건처리기간이 5~10년이

---

4) 홍보람, 법관 업무부담 및 그 영향요인에 관한 연구, 사법정책연구원 연구보고서(2021), 40~41면.

5) 미국의 저명한 연방항소법원 법관이었던 Richard Posner가 2013년에 저술한『재판에 관한 성찰』(Reflections on Judging)이란 책에서, 자신의 31년간의 재판경험을 토대로 지난 수십년간 미국 연방법원에서 다루는 사건의 복잡성과 난이도가 엄청나게 증가하였음에도 불구하고, 동료 법관들이 법형식주의에 매몰되어 hard case를 hard case가 아닌 것처럼 다룸으로써 사안의 실체와 복잡성을 외면하고 예나 지금이나 매년 통계상으로는 비슷한 사건수를 처리하고 있다고 비판하였던 점은 의미심장하다.

6) 법률신문 2021.12.23.자 기사"법원 장기미제 사건 적체 사상 최악", 2022.6.20.자 기사 "[사법부의 오늘] ① 지연된 정의" 등.

된다면 과연 일반국민이 그러한 결과를 받아들이겠는가? 지난 2년간 코로나 위기상황으로 법원의 접수건수가 소폭 하락하였기 때문에, 현재까지는 미제건수 증가나 사건처리기간 증가폭이 통계상으로 확연하게 눈에 띄지 않는 상황이다.[7] 이것은 법원에게 잠시나마 한숨 돌릴 시간적 여유가 주어진 것으로서 다행이라고 볼 수도 있으나, 이제 코로나 위기상황이 해소되고 접수건수가 그 이전으로 환원된다면, 접수건수보다 처리건수가 적어 미제건수 누적이 수년간 지속된다면, 그때는 어찌할 것인지 걱정이 된다.

이 문제에 대한 개선방안으로 수년 전부터 법원 내부적으로는 법관 3배 증원론이 대두되고 있으나, 단기간 내 실현된 가능성은 거의 없어 보인다. 일각에서는 법관이 크게 증원되면 법관의 사회적 위상이 하락할 것이라는 우려 때문에 법원 수뇌부가 법관 증원에 반대하고 있어 실현되지 못하는 것이라는 주장도 제기되고 있으나, 예산편성권을 가진 기획재정부나 예산승인권을 가진 국회에서 별 다른 관심이 없기 때문이라고 보는 것이 공정한 평가일 것이다. 법관 1인을 증원하려면 사법부의 1년 예산에 약 10억원 증액이 필요하다고 한다. 법관의 평균 연봉은 1억원이 안 되지만, 재판부 1개를 증설할 경우 참여관, 실무관, 속기사, 법원보안관리대원 등 보조인력도 증원하여야 하고 그만큼 청사의 확장도 필요하기 때문이다. 한국의 현직 법관의 수는 필자가 초임일 때 약 2천명이었는데, 불과 20년 사이에 약 3천명으로 증원되었다. 한국의 국가기관 중에서 이처럼 인력이 대폭 증원된 조직을 찾아보기 어렵다. 20년 사이에 법관의 수가 약 50% 증원된 것은 법원행정처에서 기획재정부와 국회를 설득하고 투쟁하여 얻어낸 결과물이지, 기획재정부와 국회에서 적극적으로 법관을 증원해 주려고 하는데도 법원행정처에서 일부만 받아들인 결과는 결코 아닐 것이다. 각급 기관의 이런저런 요구를 받아주기 시작하면 한도 끝도 없기 때문에 증원 요청이 들어오면 일단 '안 된다, 주어진 여건 내에서 해결하라'고 대답하는 것이 보통이다.

---

7) 사건적체는 사건의 규모・종류・분야별, 지역별로 일정한 편차가 있다. 법원행정처가 매년 발간하는 '사법연감'의 통계자료에 의하면, 1심 민사단독 사건의 처리건수는 2020년에는 146,775건이었으나 2021년에는 139,477건으로 5% 하락하였으며, 1심 민사합의 사건의 처리건수는 2020년에는 36,375건이었으나 2021년에는 31,084건으로 15% 하락하였다.

이 문제의 현실적인 개선방안은 결국 법원의 업무를 법관 인력을 절약하는 방식으로 재편하는 것인데, 이는 재판업무의 지능정보화(AI판사의 도입), 부수적 업무의 외주화outsourcing, 법관 업무의 집중을 통해서 가능해질 것이다.

인간 법관으로부터 완전히 독립되어 인간 법관을 완전히 대체하는 '알파고AlphaGo 판사'는 적어도 당분간, 50년 또는 100년 이내에는 등장하지 못할 것이라고 생각한다. 필자는 법관의 판단작용 중 '사실인정' 부분은 AI가 상당 부분 대체할 수 있을 것이지만, '법령해석'과 '불확정개념에의 포섭판단' 부분은 AI가 대체할 수 없을 것이라고 본다. 이른바 '특이점'에 도달한다면[8)] AI가 법령을 제정하고 해석하는 것도 가능해지겠지만, 그때는 영화 매트릭스에서 나오듯이 인류가 인공지능을 갖춘 기계문명에 의해서 지배당하거나 멸종될 가능성이 높기 때문에 재판과 법관이 필요하지 않을 것이다. 그러나 AI기술은 법관의 판단 보조장치로서 앞으로 널리 활용될 것이다.[9)] 미국의 몇몇 주에서는 AI가 분석한 재범 위험도 예측 결과를 기초로 보석결정이 이루어지고 있으며, 호주와 오스트리아의 가정법원에서는 이혼하려는 부부가 온라인으로 자신의 상황을 기술하고 여러 질문에 답변을 작성하면 '판결 결과 예상안'을 제공하여 그것을 기초로 재판절차 전에 화해하도록 유도하는 프로그램이 사용되고 있다고 한다고 한다. 중국에서는 AI 기술이 판결문에서 맞춤법을 틀린 오탈자를 찾아내는 수준을 뛰어넘어 앞뒤 날짜·시간 계산의 오류, 논리적 오류, 적용 죄명의 오류, 처단형을 뛰어넘는 양형상의 오류를 짚어내는 수준으로 발전하였고, 법정 심문과정에서도 당사자가 어떤 진술을 하면 법관의 모니터에 관련 법조문을 실시간 제공하면서 그 상황에서 법관이 당사자에게 던져야 할 절차적·실체적 질문(안)까지도 제공하는 AI프로그램이 개발되었다고 한다.[10)] 최근 보도에 의

---

8) 특이점(singularity)이란 인공지능 기술이 인류를 초월하는 순간을 의미한다. 미래학자 Ray Kurzweil은 2012년에 「특이점이 온다」는 책에서 2045년이면 특이점에 도달할 것이라고 예측하였으나, 과학자들의 다수는 특이점은 아직 멀었다고 한다.

9) 법관의 재판업무에의 AI기술 활용의 실태와 한계에 관해서는 정채연, 사법절차 및 사법서비스에서 인공지능 기술의 도입 및 수용을 위한 정책 연구, 사법정책연구원, 2020; 오세용, 인공지능의 시대 – 법관의 미래는?, 박영사, 2022 참조.

10) 2021.5.26. 한국 사법연수원–중국 국가법관학원 공동 주최 온라인 세미나 자료집 참조.

하면, 중국 상하이 푸둥 인민검찰청에서는 8대 범죄(사기, 도박, 난폭운전, 상해, 공무집행방해, 절도, 사기, 소란)에 대해 AI검사가 자동으로 기록을 검토하여 기소 여부를 결정하는 프로그램을 개발하였는데, 인간 검사의 결정과 대비하여 정확도가 97%에 달해 조만간 실제 업무에 활용될 것이라고 한다.[11] 현재 이런 프로그램이 법관의 업무경감에 얼마나 도움이 될는지는 단정하기 어렵지만, 관련 기술이 비약적으로 발전하고 있는 것만은 분명하다. 조만간 증인이 법정에서 증언할 때 증인의 표정이나 맥박 등을 실시간으로 분석하여 거짓말 확률이 몇 %라고 알려주는 시스템이 적용될 날도 얼마 남지 않았다. 해당 기술은 이미 개발되어 있고, 이를 간편하게 모든 법정에서 구현되도록 설비를 구매하여 설치하는 문제만 남았을 뿐이다.

법관이 분쟁성 사건에 집중하고 非분쟁성 사건은 다른 인력에게 맡기려는 시도는 오래전부터 꾸준히 행해져 왔다. 대표적인 것이 소액사건의 '이행권고결정'이나 '지급명령'과 같이 금전 청구 사건에서 일단 원고의 청구대로 이행하라고 결정하여 피고가 기한 내에 이의를 하지 않으면 원고의 청구를 다투지 않는 것으로 보아 집행력을 부여해서 강제집행을 할 수 있도록 하고, 피고가 이의를 하면 법관이 정식재판절차를 진행하는데, 종래에는 '이행권고결정'이나 '지급명령'을 법관이 하였으나 지금은 법원에서 10년 이상 근무한 일반직 공무원 중에서 선발한 사법보좌관이 처리하도록 하고 있다. 앞으로는 굳이 사람이 할 필요도 없고 AI가 하게 될 가능성이 높다. 법원에서 이런 종류의 업무는 찾아보면 많다. 과태료 사건은 일정한 양형기준에 따라 과태료를 부과하는 약식결정을 한 후, 당사자가 이의하면 심문절차를 거친 후 다시 정식결정을 하는데, 약식결정도 굳이 법관이 해야 할 필요가 없다. 소 제기 없이 부부가 이혼하기로 합의한 사건(협의이혼)에서 현재는 이혼의사의 확인을 법관이 하는데, 앞으로는 시청 공무원이 하도록 하거나 또는 AI가 하도록 할 수도 있을 것이다.

형사사건의 경우 검사가 경미한 사건에 대해 약식명령을 청구하면, 법관이 서면심리하여 약식명령을 발부하고, 피고인이 이의하면 정식재판을 진

11) 사우스차이나 모닝포스트 기사를 인용한 2021.1.18.자 한겨레신문 기사.

행한다. 법관이 벌금형에 처하기에는 사안이 중하다고 판단하면 직권으로 정식재판에 회부할 수는 있으나, 약식명령 발부율이 통계상 90%가 넘는다. 검사에게 기소 여부에 관한 재량을 인정하는 마당에, 경미한 사건에서 벌금형으로 처리할지에 관한 검사의 판단을 신뢰하지 못하고 법관이 적극 개입하는 것은 형사사법에서 절실히 요청되는 긴요한 사항이 아니다. 경미한 사건의 경우 법관의 결정을 통해 비로소 벌금을 부과할 것이 아니라, 도로교통법상 범칙금 통고 제도처럼 검찰청이라는 행정기관이 일정한 양형기준에 따른 벌금을 부과하고 피의자가 승복하여 납부하면 형사절차가 종료되고, 불복하는 경우에 한하여 검사가 정식으로 기소하여 법관으로부터 정식재판을 받을 수 있도록 제도를 재설계하여야 한다. 일반 행정기관도 행정처분의 형식으로 수천만원에서 수백억원에 이르는 과징금을 부과하고 있는 마당에, 검사에게 기껏해야 수백만원 수준의 벌금을 부과할 재량권을 부여하는 것은 전혀 문제가 아니다. 보다 근본적으로 자백하는 사건의 경우 미국식 Plea Bargaining 제도를 도입할 때가 되었다.[12] 검사 앞에서는 자백하고 선처를 빌다가, 검사가 반성하는 태도를 감안하여 약식명령을 청구하면 법원에 와서는 태도를 돌변하여 혐의를 부인하는 경우가 비일비재하다. 불법적인 고문이나 회유 등을 통해 자백을 받아낸 경우가 아니라면, 이런 사안에 대해서 정식재판을 여는 것은 사법자원의 낭비이다. 미국식 Plea Bargaining을 도입하면 검사가 법관의 통제를 완전히 벗어나 마음대로 권한을 남용하는 결과가 발생할 것이라는 우려가 일부 제기되고 있으나, 미국에서도 검사와 피고인, 변호인이 1차적으로 유죄 인정 및 양형에 관한 협상을 하지만, 법관이 그 결과를 확인하여 승인하여야만 효력이 발생하므로, 법관이 개입·통제할 제도적 안전장치가 남아 있다.[13] 한국에서 1년에 20~30만 건의 형사본안사건에 대하여 정식재판을 여는 것 자체가 법률규정과 재판실무 사이의 괴리를 조장하고 불필요한 사법자원의 낭비를 초래

12) 다만 Plea Bargaining은 사법경찰관의 수사 결과에 대해 검사가 외부의 감독기관으로서 review를 한 사건의 경우에만 도입하는 것이 타당하다. 검사가 직접 수사한 사건은 수사기관으로서 조사를 한 것이지 제3자로서 review를 한 것이 아니기 때문에 Plea Bargaining을 허용할 경우 수사·기소권이 남용될 가능성이 높으므로 허용해서는 안 된다.

13) 금태섭, "Plea Bargaining 제도와 그 도입문제", 형사재판의 제문제 6권, 2009, 601~625면.

하고 있다. 법관은 많은 사건에 폭넓게 개입·관여하기보다는 인신구속과 같은 중대한 기본권 제한이 행해지는 사건에 집중할 필요가 있다.

Ⅴ. 재판의 전문성

종래 한국 법원이 지향하는 인재상(人才像)은 'generalist'로서의 법관이었다. 법질서는 서로 복잡하게 얽혀 있기 때문에 한정된 분야에 관한 전문성만으로는 법질서 전체를 조망하기 어렵고, 여러 분야의 사건들을 두루 경험하여야 세상에 관한 식견이 쌓이고 법질서에 관한 고민도 깊어지며 균형감각을 갖추어 올바른 재판을 할 수 있게 된다고 한다. 그러한 이유에서 법원은 1~2년마다 법관들의 사무분담을 바꾸어 가능하면 다양한 분야의 업무 경험을 쌓도록 한다. 그러나 일반 민·형사 사건이 아닌 특수분야의 경우, 법관이 해당 영역의 사건을 처리해 본 경험이 전혀 없거나 1~2년에 불과하게 되고, 그 영역의 사건을 전문적으로 처리하는 변호사보다도 전문성이 부족한 문제가 발생한다. 여기에서 전문성이란 1차적으로는 부분 영역에서 사용되는 전문용어를 이해하고 업무가 처리되는 메커니즘을 이해하는 것을 의미하고, 2차적으로는 그 영역에서의 문제상황과 실무상 쟁점이 무엇이고 그에 관한 학계의 연구성과, 나아가 사조(思潮)의 변천을 이해하는 것을 의미한다. 이는 논문 1~2편을 읽는다고 습득할 수 있는 것이 아니고, 다양한 문헌을 섭렵하고 다수의 사건처리 경험이 수반되어야 한다. 그렇지 않은 상황에서는 법관이 영혼 없이 선례나 유사 판결례를 베껴서 판결문을 작성하는 데 급급하게 된다. 물론 법관들이 처리하는 사건의 대략 80%는 발생빈도가 높고 전형적이어서 누가 재판을 하든지 동일한 결론에 도달할 법한 사건들이어서 그렇게 처리해도 큰 문제가 없다. 그러나 이른바 hard case의 경우 법관의 전문성 여하에 따라 전혀 다른 결론에 도달할 가능성이 높다.

현직 법관들은 어떤 분야의 재판부에서 1~2년을 근무해서 그 영역을 좀 이해하게 되면 그 지식과 경험을 제대로 써먹을 기회도 없이 다른 분야의 재판부로 이동하게 되어서 아쉽고, 또 새로운 분야로 가서 기초부터 다시 공부해야 하는 것의 어려움을 토로하고 있다. 종래에는 거의 1년마다 재판부를 이동하게 하였으나, 최근에는 법관이 동일 재판부에서 2~3년 근무하는 것을 보장하도록 사무분담기준을 변경·시행함으로써 사정이 좀 나아졌다고는 볼 수 있다. 그러나 이는 기본적으로 재판장의 잦은 교체에 따라 인사이동철에 재판이 원활하게 진행되지 못하고 사건처리가 지연되는 것에 대한 개선책으로 나온 것으로서, 법관의 전문성 강화를 목적으로 한 조치가 아니다. 한국에서 전문법관제는 동일 가정법원에서 7년 근무를 보장하는 가사법관이 유일하다. 다만, 2022년에는 서울중앙지방법원에서 건설사건 전담재판부 재판장 1명과 의료사건 전담재판부 재판장 1명을 동일 재판부 3년 근무를 보장하면서 선발하기도 하였으며, 앞으로 국제거래 등 특수분야에도 확대적용하겠다는 계획이 있다.

그러나 종전보다 동일 재판부 근무기간을 장기화하더라도, 순환근무를 계속하는 한 법관의 전문성 강화에는 한계가 있을 수밖에 없다. 법관 임용 후 5~10년 정도는 generalist로서의 소양을 쌓도록 순환근무를 시키더라도, 그 후에는 특정 분야에 정착하도록 하는 것이 바람직한 방향이다. 이에 대하여, 만약 법관이 특정 분야 사건만 장기간 담당할 경우 법질서 전체의 맥락을 놓치고, 특정 영역의 고유한 논리에 치중한 나머지 균형을 잃은 사실인정이나 가치판단을 하게 되는 이른바 'tunnel vision'의 부작용이 발생할 것이라는 우려가 일부 제기되고 있으나, 이는 한국과 달리 재판권이 5개로 분할되어 있는 독일의 법관들이 들으면 의아하게 생각할 기우(杞憂)일 뿐이다. 일부 법관에게 그런 편향이 발생한다면 심급제를 통해서 상급심에서 교정하면 된다.

보다 근본적으로 이제는 법관의 다양성과 현실적 한계를 인정할 필요가 있다. 현대사회는 개인의 머리로는 이해하기 어려울 정도로 너무 복잡하고 엄청난 속도로 변화·발전하고 있으며, 개별 법영역에서 새로운 기술, 거래, 제도가 계속 출현하고 있고 학계에서는 해마다 방대한 연구성과가 쌓이고 있다. 법관 개개인이 모든 법영역, 모든 쟁점에 대해 능통하고 관심을 가지라고 기대하는 것은 무리이다. 법관마다 열정과 사명감을 가진 분야가 각기 다르다. 자신이 애정하는 분야에서는 자신감과 열정을 가지고 재판하지만, 무관심한 분야에서는 남들의 판결을 답습하고 모방하는 수준에 불과하였음을 인정할 필요가 있다. 이제 현실을 인정하고 Generalist로서의 법관상을 포기할 때가 되었다.

다른 한편으로, 직업법관의 전문화 외에 특수분야에서는 명예법관제를 도입하는 것이 재판의 전문성을 높이는 유효적절한 방안이 될 수 있다. 독일에서는 일반법원의 商事재판, 행정법원, 재정법원, 사회법원, 노동법원의 재판에 각 직역의 대표자·전문가를 명예법관으로 임용하여 직업법관과 함께 재판부를 구성하는 이른바 '참심제'를 운영하고 있다. 그간 한국에서는 노동법원을 제외하고는 참심제 도입에 관한 사회적 관심이나 논의가 거의 없었다. 노동법원 도입 논의는 재판부를 직업법관 1인, 노동계에서 추천한 명예법관 1인, 경영계에서 추천한 명예법관 1인으로 구성하는 것을 기본전제로 하여 이루어지고 있다.[14] 노동계에서는 기존의 직업법관 집단이 보수화되어 경영자 친화적인 판결을 한다고 비판하면서 직업법관의 보수적 경향을 제어하는 통제장치로서 참심제와 노동법원의 도입을 적극 주장하였던 반면, 경영계에서는 그 어떤 현상변경에도 반대하였고, 법원에서는 직업법관의 재판권 침해라며 반대하였다. 물론 개별 사안에 따라서는 노동계 추천 명예법관과 경영계 추천 명예법관의 의견이 다른 경우가 있을 것이며, 그때는 다수결로 결정을 하는데 중립적인 직업법관이 결정권casting vote을 행사하게 될 것이므로 노동법원의 도입이 직업법관의 재판권을 침해하거나 권위를 실추시키는 것도 아니고 경영계에도 결코 불리하지 않다. 오히려 실제 재판에서 의견이 나뉘는 경우는 이른바 hard case로서 드물고, 다수의 사건은 재판부 구성원 3인의 의견일치로 결론이 도출될 것이다. 노동자 패소라는 결론에 노동계 추천 명예법관도 동의하였다면 그 판결 결과에 대해 노동계의 반발이 그리 크지 않을 것이며, 노동자 승소라는 결론에 경영계 추천 명예법관도 동의하였다면 그 판결 결과에 대해 경영계의 반발이 그리 크지 않을 것이다. 이와 같이 각 직역이나 상이한 이익집단을 대변하는 명예직 법관이 재판에 참여할 경우 직업법관이 상세히 알지 못하는 노

14) 김선수, "한국에서의 노동분쟁 처리기구로서의 법원의 구조 및 운영실태, 노동법원의 도입방향", 노동과 법 4호(2004), 309~365면 등 참조.

동현장이나 업계의 현실에 관하여 지식을 제공해 줄 수 있을 뿐만 아니라, 재판결과에 대한 당사자의 승복 가능성을 높이고, 나아가 재판과정의 중립성, 공정성, 투명성에 관한 일반국민의 신뢰를 확보할 수 있을 것이다. 대부분의 노동사건에서 다투어지는 것은 일정한 사실관계를 '부당해고', '부당노동행위'라는 불확정개념에 포섭하는 판단에 관한 것이다. 실정법규에 명백히 반하는 사항이 아니라면, 부당한지 여부는 궁극적으로 일반인의 건전한 상식과 사회통념에 따라 판단되어져야 하므로, 직업법관이 명예법관의 의견을 경청함으로써 더 좋은 결론을 도출할 수 있다. 노동사건 외에도 명예법관의 참여가 바람직한 영역은 찾아보면 많다. 의료소송에서는 의사협회 추천의 명예법관 1인과 의료소비자 시민단체 추천의 명예법관 1인이 참여하는 것이 바람직하다. 법관의 자격은 법률로 정할 수 있으므로(헌법 제101조 제3항) 명예법관제 도입은 법률개정으로 가능하며, 법원조직법에 명예법관의 임용에 관한 근거규정을 두면 된다. 다만, 명예법관의 임기는 2~3년이 적절한데, 헌법에서 법관의 임기를 10년으로 정하고 있어(헌법 제105조 제3항) 개헌 없이는 명예법관제 도입이 불가능한 것이 아니냐는 의문이 제기될 수도 있다. 그러나 2~3년 근무하고 사직하는 것은 법관 개인의 자유이므로, 헌법상 법관의 임기조항은 명예법관제 도입의 장애가 될 수 없다.

Ⅵ. 마 치 며

국민들은 사법부에 대해 '사건의 적절한 해결'(내용적 올바름)과 '공정하고 충실한 심리'(절차적 올바름) 외에 '신속한 재판'도 기대하고 있다. 이 3가지는 재판이 추구하여야 할 근본이념Idee으로서 어느 하나도 포기하거나 소홀이 할 수 없다. 이러한 국민들의 기대에 부응하려면, 법관들은 과거에 집착하고 현실에 안주하려고 해서는 안 되고 부단히 환경에 적응하여 변화하여야 한다. 앞으로 한국의 법관은 자신의 워라벨만이 아니라 사건의 신속한 처리에도 신경을 써야 하고, 보다 전문화되어야 하고 다양성이 확보되어야 한다. 기대에 부응하지 못한다면, 국민들은 기존의 법관들을 해고하고 AI판사나 클론법관을 양성할지도 모른다.

그러나 목욕물을 버리려다 아기까지 버리는 우(愚)를 범해서는 안 될 것이다. 극단으로 치닫고 있는 세계에서, 법관들이 현실에 적응하여 변화하더라도 끝까지 포기할 수 없는 법관의 본질은 무엇일까? 미래에 어떤 사회가 도래하든 간에 어떤 행위가 법질서에 위배되는지 여부를 판단하고 그에 대해 어떤 제재조치를 가할 것인지를 결정하는 작용은 반드시 필요하고, 그러한 판단작용을 하는 사람을 '법관Judge'이라고 부른다면, 어느 시대에나 어떤 사회에서나 '기능적 의미에서의 법관'은 존재할 것이다. 그러나 그러한 판단작용을 하는 사람을 모두 '근대 법치국가적 의미에서의 법관'이라고 평가할 수 있는 것은 아닐 것이다. 근대적 법치국가에서 법관은 '재판작용'을 수행하며 헌법이 직무 · 신분 · 조직의 독립을 보장하는 하나의 '신분'이기 때문이다. 조선시대에 지방의 수령이 담당하는 업무 중에서 시간적으로 가장 많은 부분을 차지하는 것은 재판업무(訟事)였다고 하는데, 그 밖에도 치안유지, 징세 등의 일반행정업무를 담당하였고 일반 행정관료와 법관이 신분상 분리되지 않았기 때문에 조선시대의 지방 수령을 '법관'이라고 분류하지는 않는다. 또한 '재판작용'이란 단순히 판단작용을 의미하는 것이 아니라 대심적(對審的) 구조 하에서 서로 대립되는 당사자들의 변론을 청취하고 판단을 하는 것, 다시 말해 '절차보장'을 핵심으로 하는 개념이다. 절차보장 없이 일방적인 직권심리로 판단을 하는 작용은 근대 법치국가적 의미에서의 재판작용이 아니다. 근대 법치국가에서 법관에 의한 재판을 받을 기회를 헌법적으로 보장하는 것은, 법관의 재판이 아닌 다른 절차에서는 대부분 절차보장이 이루어지고 있지 않기 때문에, 적어도 법치국가라고 말할 수 있으려면 최종적인 결정이 이루어지기 전에 대립당사자가 구술변론을 하고 유리한 증거를 제출할 수 있는 기회가 적어도 한 번은 보장되어야 한다는 이념에 입각한 것이다. 절차보장이 필요 없거나 법관의 재판 이외의 절차를 통해 절차보장이 이루어진다면, 굳이 법관의 재판을 통해 추가적으로 절차보장이 이루어져야 할 필요는 없다. 법관의 직무는 이러한 관점에서 재편될 필요가 있다. 법관은 부수적 업무에서 벗어나 분쟁성 사건에 집중할 필요가 있다.

Law's Futures

Ⅱ

미래의 법과 인공지능

06~16

Law's Futures

06

인공지능의 범죄주체성

전지연

연세대학교 법학전문대학원 교수, 법학박사(Dr. iur.)

독일 괴팅겐(Göttingen)대학교에서 박사학위(Dr. iur.)를 받은 후, 연세대학교 법학전문대학원에서 형법, 형사소송법, 형사정책 교과목을 담당하고 있다. 형법이론, 사이버범죄와 같은 새로운 과학기술에 의한 신종범죄, 북한의 형사법에 관심을 가지고 있으며, 한국형사법학회 회장과, 연세대학교 법과대학 학장, 연세대학교 법학전문대학원 원장을 역임하였다. 저서로는 『형법학 총론·각론』, 『형사특별법』, 『사이버범죄론』, 『법과 사회범죄』 등이 있고, 논문으로는 "형법상 전자인(e-person)의 가능성", "외국에서 행해진 미결구금의 국내형에 산입 여부와 개정방안", "분업적 의료행위에서 형사상 과실책임" 등 140여 편이 있다.

Ⅰ. 서 설

알파고와 인간의 바둑 대결, 왓슨이라는 인공지능과 인간의 퀴즈 대결, 그리고 그림을 그리는 인공지능, 작곡을 하는 인공지능, 시를 쓰는 인공지능 등 다양한 종류의 인공지능의 등장으로 인공지능에 대한 사회적 관심이 고조되었다. 특히 인공지능이 탑재된 자율주행자동차의 상용화 가능성, 의료현장에서 인공지능 로봇을 이용한 수술, 일상생활에서 챗봇이나 자동번역기의 활용과 같이 인공지능을 이용한 기술들이 우리 생활의 거의 모든 영역에 걸쳐 진행되고 있다. 인공지능의 등장과 인공지능 로봇의 활용은 새로운 법적 문제를 제기하고 있다. 예컨대 인공지능이 그린 그림의 소유권이나 저작권은 누구에게 존재하는가?, 자율주행자동차의 주행 중 사고가 발생한 경우 누가 어느 범위에서 책임을 부담하여야 하는가?, 인공지능 로봇의 수술과정에서 환자의 생명이나 신체가 침해되는 경우 누가 책임을 부담하는가? 등과 같은 다양한 법적 영역에서의 문제들이다.

유럽연합은 2019년 "신뢰할 만한 인공지능 윤리 가이드라인"Ethics Guidelines for Trustworthy AI을 제정하였으며, 2021년 4월에는 최초로 "인공지능법안" legislative proposal for an Artificial Intelligence Act[1)]을 마련하였다. 인공지능법안으로 인공지능 로봇 등을 제작하거나 활용함에 있어 윤리적인 제한을 넘어 법적인 규제가 진행되기 시작하였다. 따라서 인공지능법안은 인공지능의 제작이나 활용의 과정에서 인공지능이 위험을 발생시키는 것을 방지하기 위한 방안이라는 의미에서는 의미가 있으나, 인공지능이 범죄의 주체로 될 수 있는가의 문제는 여전히 남는다.

현재 우리 형법은 행위능력과 책임능력의 주체를 원칙적으로 인간으로 제한하고 있는 상황에서 인공지능에 대한 행위주체나 책임주체성을 인정하는 방식으로 기존의 형법 체계와 형법의 기본적 패러다임을 전환하여야 할

1) 구체적인 내용에 대하여는 김진우, "유럽연합 인공지능법안에 따른 고위험인공지능 시스템 공급자 등의 의무", 과학기술과 법 제12권 제2호(2021.12), 충북대학교 법학연구소, 111면 이하 참조.

가능성도 존재한다. 이러한 여러 가지 문제들 가운데 여기에서는 인공지능이 현재의 형사법 체계 내에서 행위능력을 보유하고 있어서 범죄의 주체가 될 수 있는지, 더 나아가 현재 형사법 체계를 넘어 장래에 인공지능에 범죄주체성을 부여할 수 있는 가능성이 있는지를 살펴보고자 한다.

Ⅱ. 인공지능의 발전 수준

인공지능이 형법상 범죄의 주체가 될 수 있는가를 판단하기 위해서는 현재의 인공지능이 어느 정도의 기술적 특성을 가지고 있는가를 알아야 한다. 즉 현재의 기술 수준에서 인공지능이 제작되어 우리 생활에 활용되는 정도에 따라 인공지능이 우리 형사법상 요구되는 범죄주체성에 대한 긍정 혹은 부정의 판단을 할 수 있으며, 또한 장래 인공지능의 발전 정도에 따라 범죄주체성의 판단이 달라질 수도 있을 것이다.

현재 인공지능 개발과 연구 분야에서 인공지능을 구분하는 방법으로 가장 폭넓게 쓰이고 있는 개념은 약한 인공지능과 강한 인공지능이다. 두 개념은 버클리대학 철학 교수인 존 써얼Searle이 처음으로 제시하였으며, 그는 정확한 입력과 출력을 갖추고 적절하게 프로그램된 컴퓨터는 인간이 마음을 가지는 것과 같이 인공지능도 마음을 가진다고 보고 이를 강한 인공지능Strong AI이라고 명명하였고, 반면 약한 인공지능Weak AI은 반드시 마음을 지닐 필요는 없고 한정된 지능에 의해서 지적 문제를 해결할 수 있는 인공지능을 의미한다고 보았다.[2] 써얼 교수는 강한 인공지능이라 하더라도 인간과 동일한 지적 능력을 갖추었다고 볼 수 없다는 부정적·비판적 의도에서 이 개념을 제시한 것으로 알려진다.[3] 그러나 약인공지능과 강인공지능의 구분은 처음부터 인공지능을 설계할 때 강한 인공지능으로 만들 것인가 약한 인공지능으로 만들 것인가라는 기준을 설정하게 하는 역할을 하며, 특히 강한 인공지능은 현재 인공지능 개발의 목표로 제시된다.[4]

2) Searle, J., Minds, Brains, and Programs', with commentaries by other authors and Searle's reply, The Behavioural and Brain Sciences 3(1980), pp.417-457.

3) 김진석, "약한 인공지능과 강한 인공지능의 구별의 문제", 철학연구 제117집(2017), 113면.

4) 윤영석, "인공지능로봇에 관한 형사법적 연구", 서울대학교 대학원 박사학위논문(2018.8),

1. 약한 인공지능(Weak AI)

약한 인공지능은 인간과 동일한 수준의 지성과 마음을 가지고 있지는 못하나, 한정된 분야에서 인간의 지능 활동과 유사한 결과물을 발생시키는 인공지능으로 좁은 인공지능Narrow AI 또는 응용 인공지능은 여기에 해당한다. 보통 인간을 보조하는 수준의 인공지능으로 특정한 문제해결이나 업무수행에 국한되는 인공지능이다.[5] 즉 약한 인공지능은 문제해결에 주어진 알고리즘을 수행하며 학습을 통하여 주로 특정한 영역에서 문제를 해결하는 인공지능이 여기에 해당한다. 약한 인공지능은 전문가 시스템적인 인공지능이라고 보면 되고, 예컨대 로봇 청소기, 번역시스템, 체스 인공지능 그리고 알파고와 같이 특정 임무를 수행하는 인공지능이다. 현재 인공지능 연구의 중심은 이러한 약한 인공지능 쪽에 있으며, 머신러닝 또는 딥러닝도 일단 약한 인공지능으로서의 성격이 강하다.[6]

약한 인공지능을 만들기 위해서는 어떠한 목적이 필요하고, 해당 목적에 최적화된 알고리즘 그리고 적당한 규칙 등을 설정하면 된다. 예컨대 알파고는 오로지 바둑만을 두는 프로그램이고 장기를 두지 못한다. 물론 프로그램을 수정하면 바둑뿐만 아니라 장기도 둘 수 있겠지만 바둑을 학습한 알파고에게 장기를 두게 하면 아마 충돌로 인하여 현재 두고 있는 바둑을 이상하게 둘 가능성이 매우 높다.

2. 강한 인공지능(Strong AI)

강한 인공지능은 인간과 동일한 수준의 폭넓은 지적 활동을 수행할 수 있는 인공지능[7] 또는 인간수준의 지능이 있는 것처럼 보이는 것이 아니라 실제로 그런 지능을 가지고 생각하고 느낄 수 있는 인공지능을 말한다.[8]

28면.

5) 한희원, 인공지능(AI) 법과 공존윤리, 2018, 304면.

6) 윤영석, “인공지능로봇에 관한 형사법적 연구”, 서울대학교 대학원 박사학위논문(2018.8), 28면.

7) 井上智洋/송주명 역, 초인공지능, 진인지, 2019, 98면.

8) J. Searle, Minds, Brains and Science, Harvard University Press, 1984(최희열, “인공지능

즉, 강한 인공지능이란 인간과 같은 사고체계로 문제를 분석하고 행동할 수 있는 인공지능을 의미한다. 이는 인간의 마음 및 사고체계와 같은 방식으로 작동하는 인공지능으로, 범용 인공지능, 완전 인공지능 또는 일반 인공지능이 이러한 인공지능에 해당한다. 강한 인공지능은 이에 도달하기 위한 방식의 기술을 사용함에 있어 다시 인간과 같은 자아를 지닌 '인간형 인공지능'과 '비인간형 인공지능'으로 구분되기도 한다. 여기서 인간형 인공지능은 인간의 사고와 같이 컴퓨터 프로그램이 행동 및 사고하는 인공지능의 형태이고, 비인간형 인공지능은 인간과 다른 형태의 지각과 사고 추론을 발전시키는 컴퓨터 프로그램을 말한다.

강한 인공지능은 모든 부분에서 인공지능이 가능한 로봇 또는 인간수준의 인공지능이라고 볼 수 있다. 학습을 시킬 때 마치 인간처럼 학습을 받게 되고 모든 부분을 인간처럼 배우게 된다. 즉, 인간의 메커니즘과 비슷한 수준의 아키텍처가 내장되어야 강한 인공지능이 가능하다. 바로 사람처럼 사고를 하기 위해서는 기계가 연산하는 것들이 인간과 비슷해야 하는데 빅데이터와 딥러닝의 등장은 강한 인공지능으로 갈 수 있게 하는 획기적인 학습방식이 되었다.

3. 초지능(Superintelligence)

인간 수준의 강한 인공지능이 등장하는 순간부터 그 강한 인공지능은 인간의 지능을 훨씬 능가하는 초지능으로 진화할 것이라고 예견된다.[9] 강한 인공지능의 경우 이 인공지능은 프로그래밍 능력도 갖고 다른 강한 인공지능을 개발할 수도 있을 것이다. 강한 인공지능이 자기보다 조금 우수한 인공지능을 만들 수 있다면, 그 우수한 인공지능은 다시 자기보다 더욱 더 우수한 인공지능을 만들 것이다. 이러한 과정을 빠른 속도로 반복하면,

---

이 마음을 가질까?", 철학과 현실, 철학문화연구소(2020.3), 136면에서 재인용). 이에 반하여 존 폰 노이만(John von Neumann)이나 데니엘 데넷(Daniel Dennett) 등은 마음도 기계(machine)라고 규정하고 강인공지능이라는 것은 사람처럼 말하고 행동할 수 있으면 충분하며, 지능은 물론 마음도 물질의 작용으로 설명한다(최희열, "인공지능이 마음을 가질까?", 철학과 현실, 철학문화연구소(2020.3), 136면).

9) 井上智洋/송주명 역, 초인공지능, 진인지, 2019, 31면.

어느 순간 초(인공)지능으로의 진화가 이루어질 것이다. 이것을 '지능폭발' Intelligence Explosion 또는 '기술적 특이점'Singularity이라고 한다.[10)]

이렇게 형성된 초지능은 거의 모든 방면에서 인류보다 수십억 배 탁월한 능력을 가질 수 있다. 이러한 점에서 초지능의 출현은 한편으로는 인간을 지배하거나 인류를 파멸시킬 수 있다는 점에서 인간에 대한 가장 큰 위협이 될 수 있으며, 다른 한편으로는 모든 인간의 노화를 해결하고 각종 불치병을 치료하여 주며, 전 세계적으로 기아와 빈곤을 해결하여 인류를 보다 행복한 삶으로 이르게 하는 전지전능의 신이 될 수도 있다.[11)]

4. 소 결

약한 인공지능이나 강한 인공지능에서 '약한'이나 '강한'이라는 표현은 특정 영역에서 인공지능이 인간보다 약하거나 강하다는 것을 뜻하는 것이 아니다. 약한 인공지능이라 하더라도 개개의 지적 영역을 따로 떼어 내어 그 능력을 비교하여 보면 인공지능이 인간의 능력과 동등한 수준에 도달한 것으로 보이거나 특정한 영역에서는 인간보다 훨씬 뛰어난 능력을 보일 수 있다. 다만 현재의 기술 수준에서 특정 능력이 뛰어난 인공지능이 모든 영역에서 인간보다 뛰어나거나 인간과 동등한 수준의 능력을 갖추었다고 볼 수는 없다. 따라서 현재의 인공지능의 수준은 약한 인공지능에 머물러 있는 것으로 파악할 수 있으며, 인간과 동등한 능력을 가지거나 인간의 마음과 같은 의지적 요소를 지니는 강한 인공지능에 대한 연구가 진행되고 있다. 다만 이러한 강한 인공지능이 현실화될 수 있는지, 가능하다면 언제 실현될 수 있는지에 대하여는 논란이 되고 있다.

10) 井上智洋/송주명 역, 초인공지능, 진인지, 2019, 31-33면.
11) Nick Bostrom, in: Martin Ford/김대영 등 역, AI마인드, 2019, 120면.

Ⅲ. 현행 형법상de lege lata 인공지능의 범죄주체성

1. 형법상 행위능력

인공지능이 범죄의 주체가 될 수 있는가의 문제는 과연 인공지능이 형법상 행위주체Handlungssubjekt로 인정될 수 있는가의 문제이다.

형법에서 행위를 어떻게 이해할 것인가에 대하여는 인과적 행위론, 목적적 행위론, 사회적 행위론, 인격적 행위론과 같은 다양한 행위론이 전개되고 있다. 통설인 사회적 행위론의 입장에서 행위는 "사회적으로 중요한 인간행태" 또는 "인간의사에 의하여 지배되거나 지배될 수 있는 사회적으로 중요한 행태"라고 파악하고 있다.[12] 그리고 어떠한 행위론을 취하든 행위에는 최소한 '유의성'(有意性)과 '외부세계의 변화'가 필요하다는 점에서 형법상의 범죄행위는 의사를 지닌 자연인(自然人)만이 수행할 수 있는 것으로 이해된다.[13] 그리고 자연인인 한에는 연령이나 정신상태와 같은 책임능력 여부를 묻지 않고 형사미성년자와 심신상실자의 경우에도 범죄의 주체가 될 수 있다.[14] 사람이 고의나 과실로 구성요건적 결과를 야기하고, 자신이 행한 행위의 불법성을 인식하고, 발생한 결과를 회피할 수 있었던 경우에만 해당 '행위자'가 형사소추의 대상이 되어 처벌되었다. 이와 같이 우리의 형법이론은 인간에게 행위능력을 인정하고 그에게 책임을 귀속시키는 것으로 정해져 있다. 이러한 의미에서 형법 규범은 자연인인 인간에게 맞추어 만들어지고 적용된다고 할 수 있다.[15]

형법의 일부 규정에서 법인(法人)에게 형사책임을 부담케 하고 있다는 점에서 법인에게도 범죄능력이 인정되는 것이 아닌가에 대하여 논란이 있다.[16]

---

12) Fischer, StGB, 67.Aufl., 2020, vor§13/6; 박상기 · 전지연, 형법학 제5판, 2021, 41-43면.
13) Roxin, Greco, AT I, 5.Aufl., 2020, 8/59(S.360).
14) Lima, Could at agents be held criminally liable? Artificial Intelligence and the Challenges for Criminal Law, 69 S.C.L.Rev. 677(2018), pp.679-680.
15) 양천수, "인공지능과 법체계의 변화－형사사법을 예로 하여", 법철학연구 제20권 제2호(2017), 65면.
16) 이에 대하여는 전지연, "형법상 전자인(e-person)의 가능성", 비교형사법연구 제21권 제2호(2019), 3-5면 참조.

법인의 범죄능력을 긍정하는 입장은 전면적으로 인정하는 입장과 제한적으로 인정하는 입장으로 구분된다. 전면적으로 긍정하는 입장은 법인의 사회적 활동이 중요한 비중을 차지하고 있으며, 법인은 기관을 통하여 의사를 형성하고 행위할 수 있다는 점에서 법인에게 자연인과 동일하게 범죄능력을 인정할 수 있는 것으로 이해한다. 이에 반하여 제한적으로 인정하는 입장은 형사범에 대한 법인의 범죄능력은 부정하지만 행정범의 경우 법인의 범죄능력을 인정하거나 또는 일반적으로는 법인의 범죄능력을 부정하지만 법인에 대한 양벌규정이 존재하는 범위 내에서 제한적으로 범죄능력을 인정하는 입장이 있다.

그러나 통설은 법인의 범죄능력을 인정하지 않으며, 양벌규정은 자연인에 대한 처벌에 부가하여 법인이 이를 소홀히 관리·감독한 것에 대한 책임을 묻는다는 취지에서 법인을 처벌한다는 입장이다.[17] 판례 역시 일관되게 법인이 사법상 권리·의무의 주체가 될 수는 있는 것과 관계없이 법률에 명문의 규정이 없는 한 법인의 범죄능력은 없는 것으로 본다.[18] 여기에서 법인에게 범죄능력이 존재하지 아니함에도 불구하고 양벌규정에 따라 법인을 처벌하는 것은 법인이 자연인의 위반행위가 발생한 그 업무와 관련하여 상당한 주의 또는 관리·감독 의무를 게을리 한 점에 대하여 처벌하는 것으로 이해한다. 양벌규정을 통하여 법인에게 형사책임을 부과하는 이유는 효율적인 범죄예방을 위하여 법인에 소속된 자연인이 범한 범죄행위에 대하여 자연인을 처벌하는 이외에 법인에게도 벌금이라는 형태의 제재를 가하는 것이며, 이는 법인에 대하여 독자적인 범죄주체를 인정하는 것은 아니다.

결국 현재 상황에서 자연인 이외에 법인을 포함한 어떤 다른 기관도 형법상 행위주체에서 의미하는 '유의성'을 가지고 있다고 볼 수 없다는 점에서 범죄행위능력을 인정하기는 어렵다.

---

17) 박상기·전지연, 형법학 제5판, 2021, 46면; 배종대, 형법총론 제13판, 2017, 138-139면; 이재상·장영민·강동범, 형법총론 제9판, 2017, 98면; 이형국·김혜경, 형법총론 제5판, 2019, 129-130면.

18) 대법원 2007.10.26. 선고 2006도7280 판결; 대법원 2006.3.9. 선고 2003도6733 판결. 법인격없는 사단의 경우 범죄능력의 부정은 대법원 2017.4.7. 선고 2016도21283 판결 참조.

2. 인공지능의 범죄주체 가능성

(1) 인공지능에 대하여 범죄주체성을 인정할 수 있는가의 문제에 대하여는 법인도 아직 범죄주체성을 인정받지 못하는 상황에서 인공지능에게 범죄주체성의 인정은 시기상조인 것으로 볼 수도 있다. 그러나 형법이 단지 인간에게만 범죄주체성이 인정된다는 점은 형법학에서 새로운 논의의 대상이 되고 있다.[19] 영미법에서는 형법상 책임귀속의 주체에 대하여 자연인뿐 아니라 법인의 경우도 범죄주체성을 인정하는 개방적인 자세를 취하고 있으며, 유럽의 일부 국가에서도 이러한 입장으로 변화하고 있다.[20] 예컨대 스위스 형법은 기업의 목적 범위 내에서 영업활동을 수행함에 있어 기업에서 중죄 또는 경죄가 범하여지고 해당 행위가 결함 있는 기업조직으로 인하여 특정한 자연인에게 귀속될 수 없는 경우에는 동 중죄 또는 경죄는 기업에게 귀속된다고 하여(Art.102 Ziff.1), 기업이라는 법인을 독자적으로 범죄주체로 인정하여 처벌하고 있다. 이러한 변화에 따라 인간이 형법 규범의 수신인이라는 점에는 의문이 없으나, 과연 형법 규범의 수신인이 될 수 있기 위한 요건은 무엇이며 인공지능에게 이러한 요건이 존재할 수 있는가에 대한 문제제기이다.

(2) 인공지능의 범죄주체성을 부정하는 입장은 여전히 형법상 범죄의 평가대상이 되는 것은 행위이며, 이러한 범죄행위를 할 수 있는 능력을 지닌 행위주체는 인간뿐이라고 이해한다. 인공지능이나 인공지능을 탑재한 로봇과 같은 어떤 주체도 법인격을 지니지 못한다. 형법상 법인격을 지닌다는 의미는 해당 주체가 자의식이나 자기성찰능력을 가지고 있다는 것을 전제로 한다고 이해한다.[21] 이러한 자의식을 갖춘 인격체만이 시비의 선악과 행복과 고통의 의미를 알 수 있다. 그러나 현재의 인공지능은 약한 인공지능으로 자신이 직접 스스로 학습하고 결정을 내릴 수는 있지만, 자기

19) Roxin, Greco, AT I, 5.Aufl., 2020, 8/66f.(S. 369 ff.).
20) Beck, Intelligent agents and criminal law-Neglience, diffusion of liability and electronic personhood, Robotics and Autonomous Systems, 86(2016), p.141; Roxin, Greco, AT I, 5.Aufl., 2020, 8/60(S. 360 f.).
21) 안성조, “인공지능 로봇의 형사책임”, 법철학연구 제20권 제2호(2017), 81면.

의 과거를 반성하고 성찰하는 능력이 없으며, 의식 또한 없기 때문에 자신의 의지에 의해 행동을 선택할 수 있는 자유의지를 가지고 있지 못하다. 이러한 자의식의 결여로 인공지능은 인간과 달리 자기 또는 타인의 고통을 느낄 수 있는 정신적, 육체적 기제를 갖추고 있지 못하므로 법익침해로 인한 타인의 고통을 이해할 수 없다고 본다.[22] 결국 인공지능의 경우 비록 '지능'은 있다고 하더라도 '자의식' 또는 '자기성찰능력'이 없다는 점에서 형법적 의미의 행위주체가 될 수 없다고 이해한다.

(3) 인공지능의 범죄주체성을 긍정하는 입장은 현재의 약인공지능의 상황에서도 인공지능에게 행위주체성을 인정할 수 있다는 것이다. 이 입장은 크게 인공지능에 대한 형법적 처벌필요성이라는 측면과 범죄주체의 형법이론적인 측면에서 인공지능의 범죄주체성을 인정할 수 있다고 이해한다.

첫째, 현재와 같은 약한 인공지능에 대하여도 형법적으로 처벌할 필요성이 존재하기 때문에 인공지능의 범죄주체성을 인정하여야 한다고 본다. 현재의 인공지능 로봇은 인간의 지적 행동을 모델로 하여 인간과 유사하게 활동하도록 설계되어 있다. 인공지능 연구는 인간의 행동과 인지과정에 대한 컴퓨터 시뮬레이션을 통해 지적 능력의 본성을 탐구한다. 1940년대 이래 인공지능은 인간의 삶에 매우 중요한 부분을 구성하며 단순한 일상의 도구 이상으로 점차 정교한 영역까지 침투해 오고 있다. 그리하여 인공지능은 다양한 직역과 분야에서 인간과의 지속적 상호작용 속에서 법익침해 상황을 초래할 수 있다. 그럼에도 불구하고 인공지능이 현대 문명사회에서 가장 강력한 사회적 통제수단인 형법의 적용범위 밖에 놓이게 되면 처벌의 공백이 생기게 된다. 이러한 처벌의 공백은 사회의 또 다른 위협이 될 수 있으므로 이를 형사법적으로 처벌함으로써 이러한 위협을 제거할 수 있다고 본다. 이는 과거 자연인이 아닌 법인이 사회활동을 구성하는 한 축이었음에도 불구하고 법적 제재의 대상이 되지 않았던 시점에서는 일반 시민들

---

22) 자의식의 결여는 또한 형벌의 부과라는 자신에 대한 침해 의식도 가지지 못하는 관계로 자신이 저지른 범죄행위와 그에 대한 반대급부로서 형벌의 관련성을 이해하지 못할 뿐만 아니라 형벌의 의미 자체를 이해하지 못한다. 따라서 형벌이 가지는 위하력이 작동하지 못하는 결과가 된다(안성조, "인공지능 로봇의 형사책임", 법철학연구 제20권 제2호(2017), 93-94면).

의 두려움의 대상이 되었지만 현재는 민법과 회사법뿐만 아니라 형법적 규제로 인하여 그 공포가 감소하였다. 따라서 인공지능의 경우에도 이러한 위협을 피하기 위하여 실용적인 측면에서 인공지능에 대한 형사적 규율의 필요성이 엄연히 존재한다고 볼 수 있다는 것이다.[23)]

둘째, 영미법계와 대륙법계 모두 범죄의 객관적 요소와 주관적 요소를 충족하는 한에는 자연인뿐만 아니라 법인이든 인공지능이든 모두 범죄의 행위주체가 될 수 있다는 것이다. 인공지능이 기계적 메커니즘을 통해 물리적 동작을 취할 수 있으면 범죄의 객관적 요소는 충족된다는 점에서는 의문이 없다. 문제는 인공지능에게 범죄의 주관적 요소를 인정할 수 있는지 여부이다. 범죄의 주관적 요소에는 범죄에 대한 인식Wissen; knowledge과 의도Absicht; intention 또는 의사Wollen 및 과실Fahrlässigkeit; negligence이 포함된다. 여기서 인식이란 지적인 요소로서 사실적 자료들의 감각적 수용과 그 자료의 이해로 정의할 수 있으며, 어떤 광경과 음성과 물리적 접촉에 대한 감각적 수용은 대부분의 인공지능에게 있어서 흔한 기능이다. 또한 의도란 의지적 요소로서, 어떠한 사건이 발생할 것을 의욕하는 목적적 의사의 존재로 정의할 수 있다. 인공지능도 특정한 목표를 성취하기 위해 적절한 조치를 취할 수 있는 목적적 의사를 지닐 수 있도록 프로그램될 수 있기 때문에 범죄의 주관적 요소인 의도나 의사 역시 인공지능에게 인정될 수 있다.

이처럼 인공지능이 범죄의 주관적 요소인 인식과 의도를 가지고 있다고 할지라도 인간이 지니고 있는 슬픔, 기쁨, 사랑, 증오, 질투와 같은 감정 등은 가지고 있지 못하기 때문에 형사책임을 물을 수 없다고 주장할 수도 있다. 예컨대 영아살해죄에서 치욕을 은폐하기 위한 목적으로 살해한 경우, 모살죄에서 성욕을 만족할 목적이나 탐욕이나 비열한 동기로zur Befriedigung des Geschlechtstriebs, aus Habgier oder sonst aus niedrigen Beweggründen 살해한 경우,[24)] 일부 주민 등에 대한 증오심을 선동하는zum Haß gegen Teile der Bevölkerung 경우와 같은 인종차별 범죄나 증오범죄[25)] 등에 있어서는 행위주체에게 특

---

23) 안성조, "인공지능 로봇의 형사책임", 법철학연구 제20권 제2호(2017), 86면; Gabriel Hallevy, The Criminlal Liability of Artificial Intelligence Entities, 4 Akron Intell. Prop. J., 173-174(2010).

24) 독일 형법 제211조 제2항(Mord).

별한 감정이 필요하다. 따라서 인공지능은 이와 같은 특별한 감정을 필요로 하는 범죄의 성립요건을 충족할 수는 없다. 그러나 행위주체에게 어떤 특별한 감정적 요소를 필요로 하는 범죄는 극소수에 불과하며, 대부분의 범죄의 성립에 이러한 주관적인 감정 요소는 요구되지 않기 때문에 현실에서는 크게 문제되지 아니할 것이다. 더 나아가 인공지능에게는 범죄성립의 적극적 요소뿐만 아니라 소극적 요소인 정당방위나 긴급피난과 같은 위법성조각사유의 경우에도 같은 이유로 적용될 수 있다고 본다.[26] 예컨대 "트롤리 딜레마"[27]에서와 같은 이익충돌의 한계상황에서 프로그램된 바에 따라 자율주행자동차가 사고를 일으킨 경우에 위법성조각이나 책임조각사유가 인정될 수 있을 것이다.[28] 그리고 과잉방위나 과잉피난으로 다루어지는 경우 가운데 책임을 조각시키거나 감경시키는 데 필요한 감정적 요소인 "불안한 상태에서 공포를 느끼거나 경악(驚愕)하거나 흥분하거나 당황하였기 때문에" 과잉 방위행위나 과잉 피난행위를 하였을 때에는 벌하지 아니한다는 규정(제21조 제3항, 제22조 제3항)은 인공지능에게는 적용할 수 없다.

3. 소결: 인공지능의 범죄주체성 부정

현재 인공지능의 발전 수준을 고려할 때 인공지능은 정보처리 능력과 계산능력에서 인간보다 탁월하다고 평가할 수 있다. 또한 인공지능은 딥러닝과 빅 데이터를 통해 선악을 구별할 수도 있다. 그러나 자의식이나 자기성찰 능력, 공감능력이 없는 인공지능은 선악에 대한 형식적이고 피상적인 이해만 가능할 것이고 따라서 인간과 동일한 수준의 행위 통제능력이 있다고 말하기 어렵다.

---

25) 독일 형법 제130조(Volksverhetzung).

26) 안성조, "인공지능 로봇의 형사책임", 법철학연구 제20권 제2호(2017), 88면; Gabriel Hallevy, The Criminlal Liability of Artificial Intelligence Entities, 4 Akron Intell. Prop. J., 192-193(2010).

27) 트롤리 딜레마는 '다수를 구하기 위해 소수를 희생하는 것이 도덕적으로 허용되는가'라는 사고(思考) 실험이다. 구체적인 사례로 "트롤리는 선로를 따라 달려오고 있고, 선로에는 다섯 사람이 있다. 당신은 선로 밖에 서 있고 다섯 사람을 구하기 위해서는 선로전환기를 당기면 되지만, 그렇게 되면 다른 선로에 있는 다른 한 사람이 죽게 된다. 이 경우 선로전환기를 당기는 행위는 도덕적으로 허용 가능한가?"라는 사례이다.

28) Roxin, Greco, AT I, 5.Aufl., 2020, 8/66g.(S. 370).

다만 인공지능이 자의식이나 자기성찰 능력을 소지하고 있지 못하다는 점과 관련하여서는 부분적으로 다음의 두 지점에서 논란이 될 수 있다.

첫째, 자의식의 정확한 내용이 무엇인가이다. 의식의 본질에 대한 물음은 고대의 마음-몸 문제의 핵심이었으며, 최근의 심리학, 의학, 신경생물학 그리고 물리학의 분야에서는 뇌에서 의식이 생성되는 방식과 이유를 합리적으로 설명하려고 노력하고 있다. 의식은 일반적으로 "마음의 활동"이라고 부르며, 의식에 대한 가장 이해하기 쉬운 정의는 "깨어있을 때는 있고, 수면 중일 때에는 없는 것"이라고 볼 수 있다. 다만 수면 중에도 꿈을 꾸고 있을 때에는 의식이 있다고 본다.[29] 결국 자의식은 마음의 활동 가운데 자아감각을 의미하고, 자아감각은 여러 부분들로 이루어진다. 자신의 신체에 대하여 인식하고, 개별적인 신체부위가 무엇을 하는가에 대한 이해를 해나가고, 자신과 타인의 구별을 하며, 나의 몸을 내 것으로 인식한다. 자신의 행위와 움직임들이 내 것이라 느끼며, 가장 높은 수준으로 자신의 감정에 대한 인식과 삶의 각 경험들을 안정적인 자아상으로 연결시키는 능력을 가지게 된다.[30] 이와 같이 자의식은 하나의 특정한 상태라기보다는 자신이 이를 획득하여 나가는 과정이라고 보아야 한다. 따라서 인공지능에게 범죄주체성을 인정하기 위하여 어느 정도의 자아 감각이 필요한가가 문제될 수 있다.

둘째, 특정한 주체가 자의식을 가지고 있는지 여부를 구체적으로 어떻게 판단할 것인가이다. 자의식의 존재 여부를 파악할 수 있는 구체적인 기준을 찾기 어려운 상황에서, 자의식의 존재에 대한 가장 단순한 증명방법으로 '거울테스트'mirror self-recognition test'를 사용하기도 한다. 거울테스트에 따라서 거울 속에서 움직이는 동물이 '반사된 자신의 형상임'을 인식하는 것은 장기 기억과 자아에 대한 판단 능력을 가지고 있기 때문으로 파악한다. 따라서 거울테스트는 비인간 인격체를 평가하는 기준으로도 자주 인용된다. 거의 대부분의 동물은 거울 앞에 서면 거울에 비친 영상을 다른 동물로 인식한다고 한다. 현재까지의 연구에 의하면 영장류, 고래류, 까치와 까

29) 井上智洋/송주명 역, 초인공지능, 진인지, 2019, 158면.
30) 사이언티픽 아메리칸 편집부 엮음/김지선 역, 의식의 비밀, 한림출판사, 2017, 35-36면.

마귀가 거울테스트를 통과한 것으로 알려져 있다. 이와 같은 동물류에서 더 나아가 2012년 예일대학교에서 제작한 로봇 '니코Nico'는 거울테스트를 통과하였다. '니코'는 자신의 앞에 거울을 놓고 팔을 움직인 다음 그 움직임이 다른 물체의 움직임인지 자신의 움직임인지 판단하게 한 결과 자신의 팔이라는 신호를 보냈다. 이로써 인공지능 로봇이 자의식을 가질 수 있다는 가능성을 제시하였으며, 이는 인공지능에게서 매우 의미있는 기술적 진전에 해당한다.

결국 초보적 수준이기는 하지만 자의식을 지닌 인공지능이 이미 탄생하고 있어 가까운 미래에 자기성찰 능력을 지닌 인공지능의 출현을 부정하기 어려울 것이다. 다만 현재 상황에서 인공지능은 자의식의 소지 여부와 관련하여 자신의 행위라고 인식하는 초보적인 수준의 인지능력만 가지고 있고, 자신의 행위에 대한 도덕적 성찰이나 '자전적 자아'[31]의 수준에 도달하지 못하였다는 점에서 범죄주체성을 인정하기 어렵다.

Ⅳ. 장래 형법상de lege ferenda 인공지능의 범죄주체성

현재와 같은 기술 수준의 약인공지능 상황에서는 인공지능에게 범죄의 주체성을 인정할 수 없으나, 이러한 범죄주체성의 부정이라는 입장이 장래에도 적절하고 합리적인 주장으로 받아들여질 것인가에 대하여는 의문이다. 오히려 멀지 않은 장래에 한편으로는 인간(자연인)만이 범죄의 주체가 아니라 범죄주체가 확장되어 탈인간화될 수도 있으며, 다른 한편으로는 인공지능 자체가 자연인과 동일한 특성을 나타낼 수 있도록 인공지능이 인간화함으로써 인공지능에게 범죄주체성이 인정될 수 있을지도 모른다.

1. 범죄주체의 탈인간화

범죄주체가 확장되어 자연인이 아닌 비인간(非人間)도 법적인 의미에서 행위주체나 범죄주체가 될 수 있다는 것은 기존의 법인격의 개념이 확장된

31) 사이언티픽 아메리칸 편집부 엮음/김지선 역, 의식의 비밀, 한림출판사, 2017, 36면.

다는 것을 의미한다. 이미 루만Niklas Luhmann은 정당이나 법인과 같은 비인간적인 집합체들을 사회적 체계이론Soziale Systemtheorie의 분석대상으로 삼았다. 물론 여기서 이러한 비인간적 실체들은 그 구성원이 모두 개인적인 인간들의 집합체에 해당하였다. 따라서 이러한 실체들은 비인간적임에도 불구하고 그 구성원인 개인(인간)들을 통하여 집요하고 섬세하게 사회체계의 소통과 자연스럽게 관련을 맺을 수 있다.[32] 그러나 인공지능은 비인간적인 실체에 해당하며, 동시에 구성원인 인간을 통한 소통이라는 형태도 존재하지 않기 때문에 정당이나 법인과 같은 소통원리를 적용할 수 없다. 여기에서 루만이 활동하던 시대에는 아직 인공지능이 충분히 발달하지 않은 시기였기 때문에[33] 인공지능의 등장에 관한 이론적 문제를 인식하기는 하였지만, 그 문제들에 대한 대안은 미래에 열려있는 것으로 보았다. 다만 루만은 인공지능을 전자매체의 하나로 보고 이들이 소통에 어떠한 영향을 미칠지에 주로 관심을 보였다고 한다.[34]

여기에서 더 나아가 인간을 구성원으로 가지지 아니하여 소통능력이 없는 비인간적 집합체는 법적 인격화나 범죄주체가 될 수 없는가가 문제된다. 이 지점에서 토이브너Gunther Teubner는 루만의 소통이론을 극복하려고 시도하였다.[35] 토이브너에 의하면 법인격체의 지위를 획득하기 위하여 반드시 인간과 같은 사고, 영혼, 성찰능력, 공감능력 등이 필요한 것은 아니

32) 김연식, "과학기술의 발달에 따른 탈인간적 법이론의 기초 놓기", 법과 사회 제53호(2016), 86-87면.

33) 루만은 1946년부터 1949년까지 독일 프라이부르크 대학교에서 법학을 전공한 후, 행정법원 등에서 공직 생활을 하다, 1960년부터 미국 하버드대학의 탈콧 파슨스 밑에서 사회체계 이론을 수학하였다. 이후 1966년 독일의 뮌스터 대학교에서 박사학위를 취득한 후, 1969년부터 독일 빌레펠트 대학교에서 근무하다 1993년 퇴임하였다. 퇴임 이후에도 연구활동을 계속하여 1997년 자신의 이론을 집대성한 '사회의 사회'(Die Gesellschaft der Gesellschaft)를 출간하였다. 이에 반하여 인공지능이라는 용어는 1956년 미국의 다트머스 컬리지에서 열린 컨퍼런스에서 처음 사용된 이후, 사실상 인공지능이 비약적인 발전을 이룬 것은 2006년 캐나다 토론토 대학의 제프리 힌튼 교수 등이 이루어낸 딥러닝에 의하여 시작된 것으로 파악한다(김대식, 김대식의 인간 vs 기계, 2016, 74면, 146면). 이러한 점에서 루만이 적극적으로 연구활동을 하던 시기에 인공지능은 아직 충분한 발전을 이루지 못한 시기였다.

34) Niklas Luhmann/장춘익 역, 사회의 사회(Die Gesellschaft der Gesellschaft), 새물결, 2012, 358-370면.

35) Teubner, 'Rights of Non-humans? Electronic Agents and Animals as New Actors in Politics and Law'(2006) 33(4) Journal of Law and Society p.500.

라고 본다. 따라서 인간만이 법인격의 주체로 제한될 수 없으며, 인간이 아닌 비인간 역시 법인격의 주체로 인정될 수 있다는 점에서 법인격의 탈인간화가 주장된다.[36] 법인격이 없는 실체는 사회체계 내의 소통을 촉발하지 않고, 오히려 법인격 없는 실체들이 사회체계에 미약한 영향력을 행사할 때에 사회체계는 이 실체들이 내는 자극을 소음으로 간주하여 체계 내의 소통에서 배제한다. 그러나 사회가 복잡해지고 법인격 없는 실체들이 내는 소음이 무시할 수 없을 정도로 커져서 사회체계 내의 소통을 방해하거나, 이들의 도움 없이는 소통이 진행될 수 없는 단계에 이르면 사회체계는 이러한 실체를 인정하고 소통체계에 편입시켜야 하는 상태에 도달하게 된다. 이러한 상황에 도달하면 결국 법을 비롯한 사회체계는 사회체계 밖의 실체들에 행위주체의 성격인 법인격을 부여함으로써 사회체계 내의 소통의 고리를 확고하게 한다.[37]

따라서 인간중심적이 아니고 탈인간중심적인 형사사법에서는 사회체계 내의 소통이 중요하기 때문에 자유의지는 그다지 중요하지 않고, 오히려 해당 주체가 소통의 자유를 가지고 있는지가 중요하다고 본다.[38] 인공지능의 경우에도 인공지능 자신이 스스로 사실상 자율적인 행위능력을 취득하는 단계로 진행되고 있으며, 이에 따라 이전에 우리가 예상하지 못하였던 소음을 발생시키게 될 것이다. 이러한 인공지능의 소음이 결국 사회체계 내의 소통체계에 관여시킬 수밖에 없는 상황이 되어 인공지능에게 법인격을 부여할 수밖에 없을 것이다.[39] 이러한 단계에 이르면 결국 인공지능에게도 범죄주체성을 인정하는 방안이 마련될 것이다.

---

36) Teubner, 'Rights of Non-humans? Electronic Agents and Animals as New Actors in Politics and Law'(2006) 33(4) Journal of Law and Society pp.498-499; 김연식, "과학기술의 발달에 따른 탈인간적 법이론의 기초 놓기", 법과 사회 제53호(2016), 84-85면; 양천수, "탈인간중심적 법학의 가능성", 행정법연구 제46호(2016), 10면 참조.

37) 김연식, "과학기술의 발달에 따른 탈인간적 법이론의 기초 놓기", 법과 사회 제53호(2016), 85면.

38) 양천수, 인공지능 혁명과 법, 박영사, 2021, 164면.

39) 전지연, "형법상 전자인(e-person)의 가능성", 비교형사법연구 제21권 제2호(2019), 15면.

2. 인공지능의 인간화

지난 10년간의 기술적 발전에서 보면 자신의 독자적인 경험판단에 따라서 다양한 선택지들 가운데 선택을 하고, 이러한 선택을 상위의 가치체계에 비판적으로 검토·분석해보는 기계적 인조인간을 생각하는 것이 아주 환상에 속하는 일은 아니다. 인간이 경험과 학습을 기초로 하여 사고하여 결정하는 존재라면, 인공지능도 이미 존재하는 대량의 데이터의 지식을 활용하고 새로운 경험의 학습 등을 통하여 자신의 활동을 결정한다. 특히 최근의 딥러닝 연구들에서는 특정 임무에 대한 문제해결에 집중하면서 대규모 모델을 빠르고 효과적으로 학습하는 방법에 대한 연구, 다양한 사례들에 맞게 신경망 구조를 변형하고 적용하여 성능을 개선하는 연구 혹은 학습 알고리즘 자체를 개선하는 연구들이 이루어지고 있다고 한다.[40] 이러한 점에서 보면 인간과 인공지능의 학습과 활동이 큰 차이가 존재하지 아니한다.

여기에서 인공지능의 활동을 자연인인 인간의 행위와 동일시할 수 없다고 보기도 한다. 이에 의하면 인공지능의 독자적 인식, 판단, 행동 역시 자연인인 사람의 의도에 따라 준비된 자료들을 이용한 학습의 결과이기 때문이라는 것이다. 따라서 인공지능을 활용한 지능형 로봇의 행위는 인간의 자유의지에 의한 행위와 구분된다는 것이다.[41] 또는 인공지능은 자유의지가 없기 때문에 자신의 대표자인 인간을 통하여 그리고, 그에 의하여 조종된 행위를 하는 것에 불과하고, 따라서 인공지능은 범죄주체가 될 수 없다고 주장한다.[42]

그러나 이미 많은 영화나 소설에 등장하였던 인공지능 로봇들은 자유로우며 합리적으로 행동하고 있다. 그리고 영화나 소설이 아닌 현재의 현실생활에서도 인공지능들은 특정된 분야이기는 하지만 자신의 임무를 수행함에 합리적인 판단에 기초하여 활동하고 있다. 경우에 따라서는 우리가 자

40) 최희열, “인공지능이 마음을 가질까?”, 철학과 현실, 철학문화연구소(2020.3), 134면.
41) 구길모·주현경, “인공지능과 형사법”, 한국인공지능법학회 편, 인공지능과 법, 2021, 160면.
42) 김준성, “AI시대와 형법의 기능변화에 관한 연구”, 형사법연구 제31권 제3호(2019), 100-101면; 이인영, “인공지능 로봇에 관한 형사책임과 책임주의”, 홍익법학 제18권 제2호(2017), 45면.

유스럽게 행동하며 자신의 행동에 책임질 수 있다고 정의하는 대부분 인간보다 인공지능들이 훨씬 더 합리적이고 자유롭게 행동하는 것으로 보인다.

문제는 인공지능이 인간과 같은 의식이나 마음을 가질 수 있는가이다.

인공지능 연구자들의 대부분은 약인공지능을 고려한 연구를 하고 있으며, 마음을 가지는 인공지능에 해당하는 연구는 그리 많지 않다. 이에 따라 강인공지능을 만들어 내기 위하여 무엇을 해야 하는지에 대하여도 잘 모른다고 한다. 또한 뇌과학의 영역에서도 정확히 어떤 작용을 통하여 의식이 형성되는지 완전히 해명되지 않았으며, 인간에게 환경과 독립적으로 작동하는 자유의지가 존재하는가에 대해서도 논란이 되는 상황[43]에서 인공지능이 자유의지를 가질 수 있는 방법이 있는가도 의문이라고 본다.[44]

이에 반하여 일본의 철학자인 시바타 마사요시(紫田正良)는 마음은 물리적 우주의 일부인 뇌 활동의 결과이며, 컴퓨터나 로봇도 잘 만들기만 하면 인간과 동일한 사고나 감정, 의도를 실현할 수 있다고 본다.[45] 이노우에 도모히로(井上智洋) 교수 역시 인간의 감정은 퀄리아(Qualia; 감각질)라는 점을 인정하면서 인간 수준의 인공지능이 만들어질 수 있는지에 대하여는 인간이 자신의 뇌와 마음의 활동을 완전히 규명할 수 있는지에 달려 있다고 본다. 그리고 궁극에서는 그 해명이 불가능하다고 할 수 없다고 보았다.[46] 또한 버클리 대학의 저명한 이론 물리학자인 미치오 가쿠(加來道雄)는 인공지능이 향후 인간과 비슷한 감정을 지닐 수 있고, 따라서 인간의 감정을 읽을 수 있도록 프로그램될 수 있고 고통을 느낄 수 있도록 프로그램될 것이

43) 형법상 의사자유의 문제는 뇌과학(인지과학)의 발전과 인공지능의 등장으로 새로운 논란의 대상이 되었다. 최근의 이에 대한 논의는 Beck, Die Diffusion strafrechtlicher Verantwortlichkeit durch Digitalisierung und Lernende Systeme, zis 2/2020, S. 41 ff.; Gless, Seelmann (Hrsg.), Intelligente Agenten und das Recht, Nomos Verlag, 2016; 강우예, "현대 인지과학적 접근법에 비춘 형법의 책임론", 법철학연구 제24권 제3호(2021), 295면 이하; 김영두, "인공지능과 자유의지", 법학연구 제30권 제1호(2020), 연세대학교 법학연구원, 319면 이하; 탁희성, 뇌과학의 발전과 형법적 패러다임 전환에 관한 연구(Ⅰ)-뇌과학과 형법의 접점에 관한 예비적 고찰, 한국형사정책연구원, 2012, 348면 이하; 한상훈, "진화론적 인지과학을 고려한 책임개념과 책임원칙의 재조명", 형사법연구 제27권 제1호(2015), 267면 이하 참조.

44) 최희열, "인공지능이 마음을 가질까?", 철학과 현실, 철학문화연구소(2020.3), 140면.

45) 柴田正真, 「自由な行為者としてのロボット」, 戸田山和久＝美濃止＝出口康夫(編), 「これが応用哲学だ!」(大県書店、2012年), 135頁 이하 참조.

46) 井上智洋/송주명 역, 초인공지능, 진인지, 2019, 185-186면.

라고 전망한다."[47] 여기서 더 나아가 도덕적 판단능력을 갖춘 인공적 도덕 행위자artificial moral agent의 연구가 상당한 성과를 내고 있음에도 주목할 필요가 있다.[48]

이러한 현대 과학에서는 인공지능이 의식을 가질 수 있으며, 문제는 구체적으로 그것을 어떻게 확인할 것인가라는 것에 관심이 집중되고 있다고 한다. 물론 인공지능 로봇에 의식이 인정되는가의 문제에 대하여 쉽게 답할 수는 없다. 그러나 이전에는 인공지능이 자의식을 가지는 것이 불가능하다고 생각되었던 주장들이 뇌과학의 입장에서 새로운 접근이 이루어지고 있다는 점에 주목할 필요가 있다.[49]

47) 미치오 가쿠(加來道雄)/박병철 역, 마음의 미래, 김영사, 2014, 334면.
48) 안성조, "인공지능 로봇의 형사책임", 법철학연구 제20권 제2호(2017), 95면.
49) 川口浩一, 「ロボットの刑事責任2.0」, 刑事法ジャーナル, 57号(2018年), 9頁.

07

인공지능과 형사재판의 미래*

– 인공지능 배심원의 가능성 모색 –

한상훈

연세대학교 법학전문대학원 교수, 법학박사

법학전문대학원에서 형사법을 전공하여 법조인과 법학자를 양성하고 있으며, 법심리학, 법철학, 사회학 등에 관심이 있다. 사법개혁위원회와 사법제도개혁추진위원회에서 국민참여재판 제도설계, 형사소송법 개정 등에 참여하였다. 최근에는 법과 제도의 개혁 구조에 관하여 "법은 패러다임이다"라는 명제하에 '법 패러다임주의'를 발전시키기 위하여 노력하고 있다. 인권, 정의, 법적 안정성 등과 같은 전통적인 법의 이념을 넘어서 "법학을 통하여 사람들의 행복을 증진한다"는 모토하에 행복과 법을 접목시키려고 모색하고 있다. 『법과 진화론』, 『법학에서 위험한 생각들』, 『법의 딜레마』, 『형법개론』을 저술하였고(공저 포함), 『법심리학』을 공동번역하였다.

Ⅰ. 들어가는 글

인공지능과 4차 산업혁명이 사회 곳곳에서 회자된다. 인공지능의 무한한 가능성과 잠재성을 생각한다면 결코 지나치지 않은 일이다. 과거 조선시대에 우리는 1차 산업혁명에 완전히 뒤처져서 식민지를 경험했고, 3차 산업혁명인 정보화 인터넷혁명에서는 어느 정도 선도국을 추격하여 오늘날 세계 10위권의 대한민국을 건설하였다. 이제 인공지능혁명인 4차 산업혁명에서는 새로운 과학기술을 우리 사회에 선도적으로 도입하여 우리의 삶을 개선하고 선도국의 지위에 올라설 수 있을지 귀추가 주목된다. 정부도 "인공지능AI 국가전략"을 발표하는 등 여러 정책을 시행하고 있다.[1)]

인공지능이 활용될 수 있는 영역은 챗봇, 쇼핑, 번역기 등 일상생활과 밀접한 영역에서부터 자율주행자동차, 군사로봇, 드론 등 이루 헤아릴 수 없을 정도로 넓다. 우리 법학의 영역에서도 인공지능을 도입할 수 있는 부분은 광범위하고 논의도 점차 활발해지고 있다.[2)] 그중에서도 아마 가장 활발한 논의가 이루어지는 분야는 인공지능과 윤리(공정성, 투명성, 책임성 등),[3)] 자율주행자동차의 민사상·형사상 책임이나 행정법적 규제의 문제, 인공지능에게 지적 재산권의 권리주체성을 인정할 것인지 하는 문제, 재범위험성도구로 인공지능을 활용하는 문제,[4)] 개인정보보호와 인공지능,[5)] 리걸테크분야[6)] 등이 아닌가 싶다.

---

* 본고는 필자가 『4차산업혁명 법과 정책』 제5호에 게재한 "인공지능 재판과 인공지능 국민참여재판의 실현가능성"을 수정, 보완한 것임을 밝힙니다.

1) 과학기술정보통신부, "IT 강국을 넘어 AI 강국으로!" 범정부 역량을 결집하여 AI 시대 미래 비전과 전략을 담은 'AI 국가전략' 발표 – 경제·사회 전반의 혁신을 위한 3대 분야 9대 전략, 100대 실행과제제시, 2019.12.17. [출처] 대한민국 정책브리핑(www.korea.kr).

2) 2022.4.2. 법률신문에 "인공지능"으로 검색하니 595건의 기사가 나온다. 김정오 등, 법철학: 이론과 쟁점, 3판, 2022년은 이전 판(2017년)과 달리 "법과 인공지능"이 한 장으로 추가되었다.

3) 한국법제연구원·유네스코한국위원회, '인공지능 윤리와 법' 학술대회, 법률신문, 2021.12.14.

4) 한국형사·법무정책연구원, 'AI와 형사정책' 춘계공동학술대회, 2022.3.25 참조.

5) 대법원·프랑스 파기원, '판결문 공개와 인공지능을 활용 개인정보보호' 화상회의, 법률신문, 2022.3.18.

6) 국내에도 30여개의 '리걸 테크(Legal Tech)' 기업들이 출현해 다방면에서 새로운 법률서

현행법상 "인공지능"이라는 용어가 포함된 법률로는 「행정기본법」 제20조,[7] 「전자정부법」 제18조의2,[8] 「정보통신망 이용촉진 및 정보보호 등에 관한 법률」 제4조, 「소재·부품·장비산업 경쟁력강화를 위한 특별조치법」 제36조, 「제약산업 육성 및 지원에 관한 특별법」 제4조, 제19조, 「바둑진흥법」 제12조, 「항로표지법」 제2조(2022.7.5. 시행) 등이 있다.

"지능정보화", "지능정보기술", "지능정보사회"라는 용어도 사용되는데, 「지능정보화 기본법」에는 지능정보기술을 가. 전자적 방법으로 학습·추론·판단 등을 구현하는 기술, 나. 데이터(부호, 문자, 음성, 음향 및 영상 등으로 표현된 모든 종류의 자료 또는 지식을 말한다)를 전자적 방법으로 수집·분석·가공 등 처리하는 기술, 다. 물건 상호간 또는 사람과 물건 사이에 데이터를 처리하거나 물건을 이용·제어 또는 관리할 수 있도록 하는 기술, 라. 「클라우드컴퓨팅 발전 및 이용자 보호에 관한 법률」 제2조제2호에 따른 클라우드컴퓨팅기술, 마. 무선 또는 유·무선이 결합된 초연결지능정보통신기반 기술, 바. 그 밖에 대통령령으로 정하는 기술의 어느 하나에 해당하는 기술 또는 그 결합 및 활용기술을 말한다고 규정되어 있다(「지능정보화 기본법」 제2조 제4목). 대통령령 중에서 주목되는 규정은 「4차산업혁명위원회의 설치 및 운영에 관한 규정」이다. 동규정 제2조는 "초연결·초지능 기반의 4차 산업혁명 도래에 따른 과학기술·인공지능 및 데이터 기술 등의 기반을 확보하고, 신산업·신서비스 육성 및 사회변화 대응에 필요한 주요 정책 등에 관한 사항을 효율적으로 심의·조정하기 위하여 대통령 소

비스를 제공하고 있다. 이들은 판결 검색에서부터 법률문서 자동작성 등의 서비스를 제공한다. 고학수 서울대 로스쿨 교수는 "우리나라의 리걸 테크 산업은 어느 분야를 특정하기 어려울 정도로 전반적으로 모두 굉장히 초기 단계에 있다"고 지적했다. 법률신문, [법의날 특집] 법률시장 30여개 기업 '리걸테크' 서비스, 2021.4.26.

7) 제20조(자동적 처분) 행정청은 법률로 정하는 바에 따라 완전히 자동화된 시스템(인공지능 기술을 적용한 시스템을 포함한다)으로 처분을 할 수 있다. 다만, 처분에 재량이 있는 경우는 그러하지 아니하다.

8) 제18조의2(지능형 전자정부서비스의 제공 등) ① 행정기관등의 장은 인공지능 등의 기술을 활용하여 전자정부서비스를 제공할 수 있다.
② 행정안전부장관은 행정기관등의 장이 인공지능 등의 기술을 효율적으로 활용할 수 있도록 행정적·재정적·기술적 지원 등 필요한 지원을 할 수 있다.
③ 제1항 및 제2항에 따른 인공지능 등의 기술의 종류, 활용 및 지원에 필요한 사항은 국회규칙, 대법원규칙, 헌법재판소규칙, 중앙선거관리위원회규칙 및 대통령령으로 정한다.
[본조신설 2021.6.8.]

속으로 4차산업혁명위원회를 둔다"고 정하고 있다. 국제적으로도 인공지능을 포함하는 법률이 증가하고 있고, 인공지능과 윤리에 관한 논문도 대폭 늘었다.[9)]

본고는 인공지능 배심원과 인공지능 국민참여재판의 가능성에 대하여 검토해보고자 한다. 인공지능 판사(법관)에 관한 저술은 국내외를 막론하고 상당수 발표되었지만,[10)] 인공지능 배심원에 대한 논의는 찾아보기 어렵다. 배심원은 법관의 역할 중 일부를 담당하고 있고, 아직 참고적·권고적 효력을 갖고 있으므로 인공지능 배심원이나 더 나아가 인공지능 재판의 토대를 구축하기 위한 빅 데이터의 확보에 용이한 면이 있을 것으로 생각되므로, 조금 구체적인 방안을 모색해보고자 한다. 아울러 코로나19 등의 이유로 인하여 현재 고사위기라고 하는 국민참여재판에[11)] 새로운 활기를 불어넣어줄 수 있는 계기도 될 수 있을 것이라고 본다.

Ⅱ. 인공지능 판사의 가능성

국민참여재판의 미래를 그려본다면, 인공지능 판사의 도입으로 국민참여재판이 소멸되지 않을 것인지, 아니면 인공지능 배심원이 인간 배심원을 대체하지는 않을 것인지 의문을 갖게 된다. 물론 인공지능 배심원이 가능할 것인지에 대한 질문도 떠오른다. 하지만, 현 시점에서 중요한 것은 그러한 대체가능성보다는 인공지능과 인간의 협업을 통한 보다 좋은 재판의 모습의 구현이다. 현재의 시급한 과제는 '인공지능이 판사를 대체할 수 있는가'가 아니라, 사법절차에서 인간 판사가 인공지능을 도구로 활용함에 있어 그 장점을 극대화하고 부작용을 최소화하는 타당한 기준의 수립인 것이다.[12)]

9) 이근우, 스탠포드 2022 AI 인덱스, 법률신문, 2022.3.21.

10) 양종모, 인공지능에 의한 판사의 대체 가능성 고찰, 홍익법학 제19권 제1호, 2018, 2면 이하; 오세용, 인공지능시대－법관의 미래는?, 박영사, 2022 등.

11) 법률신문, 국민참여재판, 시행 14년 만에 '고사(枯死) 위기', 2021.8.5; 파이낸셜 뉴스, 참여재판, 13년만에 '고사 위기'… 신청 10건 중 4건 거부, 2021.8.16; 한국일보, 고사 위기의 국민참여재판, 2021.8.26; 법률신문, 국민참여재판 고사 위기…'필수적 사건' 도입해야－국회입법조사처 보고서, 2022.1.6.

12) 한애라, 사법시스템과 사법환경에서의 인공지능 이용에 관한 유럽 윤리헌장의 검토－민사사법절차에서의 인공지능 도입 논의와 관련하여, 저스티스, 2019년 6월호, 46면 참조.

그런 맥락에서 외국과 달리 우리나라에 특유한 형태를 갖고 있는 국민참여재판과 인공지능을 어떻게 효과적으로 결합시킬 수 있을지, 인공지능을 국민참여재판에 활용하는 것이 가능할지, 가능하다면 구체적 방법은 무엇인지 개략적으로 검토해보고자 한다.

그런데 배심원의 역할은 판사의 기능 중에 일부를 일반인이 담당하는 것이므로, 인공지능 배심원에 대하여 논의하기 위하여는 인공지능 판사나 인공지능 변호사가 가능한지, 어떻게 가능한지에 대한 논의를 참고하지 않을 수 없다는 점을 고려하여야 한다.

1. 낙 관 론

인공지능 판사에 대하여 매우 긍정적이고 희망차게 바라보는 사람 중에는 미국 전 美연방항소법원장 랜들 레이더가 있다. 그는 2017년 10월 국내 언론과의 인터뷰에서 "내가 30년간 판사 일을 해본 결과 충분히 AI가 대체할 수 있을 것"이라고 말했다. 그는 "(AI가 판사들보다) 아마 더 빠르고 공정한 판결을 내릴 수 있을 것"이라고 전망했다. AI가 법조계 상당수의 일자리를 대체하면 현재 사람들이 갖고 있는 사법 체계에 대한 불신도 줄어들 것이라는 게 레이더 교수의 주장이다. 그는 "인간인 판사가 사건을 판결하는 데 있어 (정치·철학적 측면의) 개인적인 관점을 완전히 배제하기란 쉽지 않다"며 "컴퓨터는 이러한 인간의 편향성을 제거해줄 것"이라고 말했다. 외부 압력, 부패 등에 따른 사법 체계의 불신 역시 사라질 것이라는 설명이다. 나아가 그는 "AI가 판사는 물론 법조계의 대다수 일자리를 대체할 것"이라고 전망했다.[13] 2016년 3월 이세돌과 알파고의 세기의 바둑대결을 지켜봤던 사람들에게 이러한 그의 발언은 현실적으로 다가왔을 것이다.

2013년 영국 옥스포드 대학교 마이클 오스본 교수 연구팀은 '고용의 미래'라는 보고서에서 20년 안에 사라질 직업 중에 법관을 포함시키면서 2030년까지 법관이라는 직업이 인공지능에 밀려 사라질 확률이 40%라고

---

13) 매일경제, 랜들 레이더 전 美연방항소법원장 "인공지능이 5년내 판사 대체… 사법 불신 줄어들 것", 2017.11.7. http://news.mk.co.kr/newsRead.php?year=2017&no=737834

분석하였다.[14] 2018년경 미국의 CNN방송은 미래에 사라질 직업 순위를 발표했는데, 법률가는 스포츠경기 심판, 텔레마케터, 패션모델 등과 함께 사라질 확률이 가장 높은 직업군에 포함되었다.[15]

하지만, 레이더 전 판사의 예측과 달리 2017년으로부터 이미 5년이 지난 오늘날 인공지능 판사가 인간 판사를 대체한다는 것은 아직도 요원하고, 법관이라는 직업이 사라질 가능성도 아직은 없어 보인다.

2. 비 관 론

인공지능 판사는 인간 판사를 대체할 수 없다고 하는 비관론이 현재까지는 더 우세해 보인다. 3단논법의 대전제 가운데에는 인간조차 판단하기 어려운 영적 영역이 포함되어 있으므로, 인공지능법관을 도입할 경우 이를 구성하는 알고리즘의 불투명성과 편향성 등의 문제, 오작동, 해킹 등으로 인한 부당한 결론에 대한 공포는 쉽사리 해결될 수 있는 문제가 아니며, 인공지능은 목사님을 대신할 수 없고 또 법관을 대신할 수도 없다는 견해[16]나, "인공지능 알고리즘이 적용된 판결 기계에 의한 인간 판사의 대체는 기술적 영역의 문제만으로는 충분치 않으며, 사회적 수용 가능성이나 개발 투자라는 난관도 극복하여야 하는데, 현재의 상황에서 이러한 가능성은 거의 없다고 보아야 할 것이다"는 평가[17]도 같은 맥락이다.

"여러 가지 측면에서 전적으로 인공지능에게 재판을 맡기는 것은 적절치 않은 것으로 보인다…. 빠른 시일 내에 인간의 필요충분조건인 이성과 감성을 갖춘 인공지능이 출현한다는 것은 가능하지도 않고 바람직하지도 않나"는 견해[18]는 기술적으로 인공지능 판사가 가능하지 않을 뿐만 아니라 규범적으로도 바람직하지 않다고 본다. "인공지능 법관의 출현이 향후 불가능하다고 단언할 수는 없겠지만, 현재의 인공지능기술 수준 내지 재판 환

---

14) 오세용, 인공지능시대: 법관의 미래는?, 2022, 137면 참조.

15) 오세용, 인공지능시대: 법관의 미래는?, 2022, 137면 참조.

16) 강현중, [서평] 인공지능시대－법관의 미래는?, 법률신문, 2022.2.7.

17) 양종모, 인공지능에 의한 판사의 대체 가능성 고찰, 홍익법학 제19권 제1호, 2018, 2면 이하 참조.

18) 강승식, 인공지능 판사, 과연 가능한가?, 헌법학연구 제26권 제3호, 2020, 229면 이하 참조.

경으로는 당분간은 요원하다"는 견해[19]도 비관론에 가깝다고 생각된다.

3. 검　　토

어느 정도는 절충적인 입장에서 보는 견해도 있다. 인공지능의 발달 초기에는 인공지능 판사가 소액사건을 담당하다가 점차 확대될 가능성이 있고, 인공지능 재판은 온라인 재판 또는 전자소송과 함께 발전할 가능성이 크다는 견해가 그러하다.[20] "SF적인 상상에도 불구하고 인공지능에 의한 재판이라면 당사자가 누구인지, 대리인이 누구인지 전혀 고려하지 않을 것이고, 오로지 법률 규정과 확립된 법리 및 판례를 기준으로 판결의 결론이 내려질 수 있을 것이므로 블라인드 재판 방식의 효과도 볼 수 있을 것이다. 실제 블라인드 재판이나 인공지능에 의한 재판이 당장 도입되기는 어렵겠지만, (위와 같은 취지를 고려하여) '적어도 합의부 사건에서 재판부가 변론(심리)종결 후 1차 검토단계에서 블라인드 재판에 의한 심리를 하고 이를 참고하여 최종판단을 하는 것(이중심리 방식)은 어떨까'라는 상상을 조심스럽게 해본다"는 견해[21]도 조심스럽게 낙관적인 입장을 표명한다. "업무자동화를 통해 법관의 업무를 신속하고 효율적으로 도울 수 있는 보조도구로서의 효용성은 부정할 수 없으므로 인간지능은 재판영역에서도 가능한 한 적극적으로 활용하여야 한다는 점에서 인공지능 로클럭의 전면 배치를 통한 사법신뢰의 회복가능성이 있다는 견해도 같은 맥락이라고 생각된다.

"미국 연방순회항소법원장을 지낸 랜들 레이더 조지워싱턴대학교 로스쿨 교수가 인공지능이 판사보다 더 빠르고 공정한 판단을 내릴 수 있다고 전망했지만, AI 판사의 편향성을 해결하지 않으면 모두가 수용할 수 있는 그 판결을 기대하기는 어려울 것"이라고 하면서, "AI의 편향성을 극복하여 공정하면서도 정의로운 판결을 내리는 솔로몬 재판관이 되도록 하려면 무엇보다 성별과 인종, 나이, 지위, 국적 등 모든 차별이 배제된 다양한 사람

---

19) 오세용, 인공지능시대: 법관의 미래는?, 2022, 145면.

20) Sourdin, Tania, Judge v Robot?: Artificial intelligence and judicial decision-making, University of New South Wales law journal, Vol. 41 (2018), 1114, 1131 이하 참조.

21) 조정욱, 블라인드 재판?, 법률신문, 2022.3.7.

들의 참여가 필요하다"며 "그래야 인간과 AI의 공존 시대가 열릴 것"이라는 견해도 있다.[22] 인공지능 판사는 과거의 빅데이터나 판결문, 사건기록에 의존하여 판단하기 때문에 과거의 인간의 편견이나 편향에서 자유롭기 어렵다는 것이다. 과거 데이터에 기반한 알고리즘의 한계로 인하여 인공지능 판사도 편향과 편견에 왜곡된 재판을 할 것이라는 비판은 근거가 있다.

또한 "인지, 계산 능력뿐만 아니라 사회상규, 선량한 풍속 기타 사회질서와 같은 불확정개념까지 이해하고 가치판단을 할 수 있는 능력을 갖춘 인공지능이 재판을 한다면 어떻게 될까? … 그러나 그런 세상은 오지 않으리라. 그러한 세상이 온다는 것은 영화 이퀼리브리엄에서 보는 것처럼 인공지능 그 자체 또는 그것을 작동시키는 소수의 사람이 모든 권력을 손에 쥐고 모든 것을 통제하는 세상이 된다는 뜻이기 때문이다"는 견해,[23] "재판을 하다 보면 기존 대법원 판례의 이론과 다른 해석을 하는 것이 정의에 부합한다고 생각되는 경우도 있다… 미란다 판결, 흑백분리정책에 관한 브라운 판결 등 인권사를 바꾼 판결들은 모두 선례에 도전한 판결들이다. 기존 선례만 달달 외워 적용하는 인공지능 컴퓨터에게 판결을 받는다면 인류의 발전은 더뎌질 것이다"[24]는 비판적 견해 등이 있다.

이러한 문제점에도 불구하고 인공지능 기술이 발전함에 따라 인공지능이 사법영역에서도 점차 확산되어 가리라는 것은 예측할 수 있다. 미래학자 레이 커즈와일은 인공지능이 인간의 지능을 초월하는 순간인 특이점이 곧 다가올 것이고, 구체적으로는 2045년경이 될 것으로 보고 있다.[25] 앞으로 20여년 후도 정확히 예측할 수 없으므로, 50년, 100년 후를 예상하는 것은 불가능에 가깝다. 그러므로, 인공지능 판사가 가능할지, 언제 가능할지를 논하는 것은 막연한 추측이 될 수밖에 없을 것이다. 오히려 현재 인공지능기술의 발전수준을 고려하여, 사법절차에 어떻게 활용할 것인지 고민하고, 나아가 로드맵을 그려서 미래기술에 대비하는 것이 적절하지 않을

---

22) 사이언스타임즈, "AI 기술이 100세 시대 '페니실린'", 2019.7.11. https://post.naver.com/viewer/postView.nhn?volumeNo=22260035&memberNo=30120665&vType=VERTICAL
23) 서민석, 인공지능 판사, 법률신문, 2016.3.10.
24) 이인석, 선례에 대한 도전, 법률신문, 2017.11.23.
25) 커즈와일, 특이점이 온다, 2007; 오세용, 인공지능시대: 법관의 미래는?, 2022, 62면 참조.

까 생각한다.

이러한 점에서 인공지능 법관의 수준별 단계를 5단계로 구별하고, 그 구체적 특징을 서술한 연구가 있어서 주목된다. 이는 아마도 자율주행차의 발전단계를 5단계로 구분한 것에서 착안한 것이 아닌가 생각되기도 한다. 이 견해는 인공지능기술의 사법영역에서의 적용단계를 0단계에서부터 5단계까지로 구분한다. 0단계는 아직 자동화가 반영되지 않은 단계, 1단계는 재판서 작성업무 지원, 2단계는 단순사건에서의 자동화(예: 소액사건 이행권고결정, 지급명령, 경매배당표 작성, 개인회생 변제계획안 검토 등), 3단계는 온라인사건에서의 자동화, 4단계는 인공지능 로클럭, 5단계는 인공지능 판사이다.[26]

2016년 3월에 인공지능 바둑프로그램인 알파고AlphaGo가 인간 바둑챔피언인 이세돌을 4 대 1로 이긴 사건이 있었다면, 2019년 8월에는 우리나라에서 최초로 법률인공지능 경진대회가 개최되었다. 한국인공지능법학회와 사법정책연구원이 주최한 이 대회에서는 변호사와 AI로 구성된 '혼합팀' 2개팀, 변호사자격증이 없는 일반인과 AI로 구성된 또 다른 유형의 '혼합팀' 1개팀, 변호사로만 구성된 '사람팀' 9개팀 등 모두 12팀이 출전하여, 60분간 제시된 근로계약서 3건을 분석하고 △법률과 판례상 법적으로 잘못된 내용에 대한 지적, △보다 나은 계약서 구성을 위한 법적 의견, △누락된 내용을 보완하기 위한 지침 등을 작성해 제출했다. 법령과 근거, 핵심키워드 등을 추가할수록 가점을 받았다. 심사는 △정확한 독해, △신속한 분석, △적정한 구성 및 표현 등을 측정하는 데 초점이 맞춰졌으며, 90여분간 진행됐다. 그 결과 사람과 AI가 협업한 팀이 압도적인 우위를 보였다. 인텔리콘 메타연구소에서 개발한 법률독해 인공지능 시스템 'C.I.A.'Contract Intelligent Analyzer(지능형 계약서 분석기)와 짝을 이룬 변호사 혼합팀이 1등, 2등을 차지하였고, 물리학을 전공한 일반인과 인공지능의 혼합팀이 3위에 위치하였다. 150점 만점에 1등은 120점, 2등은 118점, 3등은 107점을 받았고, 변호사로만 구성된 팀은 61점으로 4위가 되었다. 이날 사용된 인공지능은 여러 개의 조항과 법률을 비교하고 복잡한 계산을 신속하게 완료해 분석보고서 작성시

26) 오세용, 인공지능시대: 법관의 미래는?, 2022, 223면.

간을 대폭 당겼다. 한 참가자는 “20분이 걸리는 임금 계산을 AI는 6초만에 했다”며 “유용한 비서로 기능했다”고 전했다. 또 다른 참가자는 “계약서를 인식한 AI가 자신이 판단한 정보와 진단을 제공하는데, 변호사로서 볼 때 60% 수준의 기초적인 정보였다”고 평가하였다.[27)]

대회 심사위원장을 맡은 이명숙 변호사는 “법조계에서도 법률 AI를 인간의 경쟁자가 아닌 함께 협업할 수 있는 유용한 존재로 인식하게 될 것”이라고 말하며, 대결보다 ‘협업지능’이란 가능성에 중점을 둔다는 부분을 강조하였다. 이 대회에서는 인공지능이 독자적으로 참가한 것이 아니라 인간과 혼합팀을 이루어 탁월한 성적을 내었기에 알파고의 충격에는 미치지 못하는 것으로 보인다. 하지만, 법률인공지능을 적절히 활용함으로써, 법률서비스가 획기적으로 개선될 수 있음은 실증하였다는 점에서 큰 의의를 찾을 수 있을 것이다.

생각건대, 하루아침에 자동차가 스스로 운전하고 다닐 수 없듯이 인공지능 판사가 출현할 가능성은 거의 없지만, 수십년에 걸쳐서 단계적으로 발전할 여지는 충분하다고 본다. 그것이 몇 단계가 될지는 확언할 수 없지만, 소송이나 재판의 특성상 아마도 다음과 같은 단계를 밟을 가능성이 있다고 생각한다.

1단계: 법률, 판례, 문헌 등의 검색, 요약, 정리 제공
2단계: 약식명령 등 단순하고 기계적인 사건의 재판서 작성－서면기록과 양형의 학습
3단계: 양형 권고나 손해배상액의 산정－서면기록 위주의 학습, 법성신술이나 반대신문은 서면기록화하여 학습. 주요 양형요소는 법관이나 배심원이 직접 입력하는 방안 병행
4단계: 유무죄 권고, 결정
5단계: 증거채부결정, 압수·수색, 구속, 보석 등 재판을 포함한 소송지휘

이러한 법률인공지능의 서비스 수준으로 볼 때, 현재 사법영역에서의 인

27) 법률신문, “AI, 변호사 돕는 일등 법률비서로”, 2019.8.30.

공지능활용수준은 1단계 정도가 아닐까 생각된다. 하지만, 이는 인공지능기술의 발달과 법률데이터의 활용확대로 점차 업그레이드될 것으로 전망된다. 인공지능 기술의 발달과 판결문 축적 등 사법 빅데이터의 학습에 따라 다르겠지만, 법원이 적극 노력한다면, 향후 10~20년이면 3단계까지는 이르지 않을까 예상해본다.

Ⅲ. 인공지능 배심원의 가능성

현재까지 인공지능을 사법절차에 활용하는 논의에서는 주로 인공지능 판사가 중심을 이루고 있지만, 필자의 생각으로는 인공지능 배심원도 보다 바람직한 재판절차를 위하여 필요하다고 본다.

첫째, 국민참여재판은 사법의 민주적 정당성과 신뢰를 제고하기 위하여 오랜 논의 끝에 도입하였는바, 이러한 일반국민의 재판참여로 인한 의견 및 데이터를 인공지능이 빅데이터로 학습한다면, 국민참여재판의 장점과 인공지능 재판의 장점이 결합될 수 있을 것이다. 재판절차에 인공지능을 도입함에 있어서는 무엇보다 과거의 재판결과, 판결문의 편향, 불공정성이 문제되곤 한다. 과거의 재판데이터에 대하여는 전관예우, 무전유죄, 유전무죄 등의 사법불신이 그대로 남아있기에 이러한 데이터를 이용하여 인공지능을 훈련시키게 되면 과거의 편향이 미래의 인공지능 재판에 그대로 반영된다. 이러한 문제점을 개선하고 사법에 대한 신뢰를 제고하기 위해서는 국민참여재판의 배심원의 의견을 데이터로 보완해야 할 것이다.

국민참여재판에서 배심원의 의견은 일반국민의 의견을 보다 잘 반영하는 유의미한 자료가 된다. 법관이 작성한 판결문을 주된 데이터로 법률인공지능을 훈련하게 되면, 과거의 판결에 있을 수 있었던 편향이나 편견이 장래의 인공지능판사에도 그대로 전이될 것이다. 이러한 기초에서 재판절차를 자동화하는 것은 사법의 민주화와 신뢰를 회복하는 데에 장애가 될 가능성이 커 보인다. 따라서 인공지능 법관의 발달과 별개로 배심원의 의견을 데이터로 활용하여 인공지능 배심원시스템을 구축하는 방안을 고려하여야 한다.

나아가 실제 재판에 참여하고 증인신문에서도 직접 질문할 수 있는 배심원이 재판의 결과에 대한 의견을 직접 밝힘으로써, 판결문에만 의존하는 재판데이터의 한계도 보완할 수 있을 것으로 기대된다.

둘째, 인공지능 배심원을 도입하는 데에는 법적 난관이 상대적으로 적다. 법관의 경우에는 헌법상 법관의 재판을 받을 권리 등으로 인하여 법적 쟁점이 많다. 하지만, 국민참여재판의 배심원의 경우에는 현행법상 배심원의 평결이나 양형의견이 권고적 효력을 갖고, 피고인의 신청이 있어야 국민참여재판을 시행하도록 되어 있으므로, 인공지능 배심원이 참여한다고 하여도, 국민참여재판법의 일부 조항을 개정함으로써 해결할 수 있을 것이다. 물론 향후 배심원의 평결의 효력을 강화하거나 또는 피고인의 신청이 없어도 국민참여재판을 시행할 수 있게 된다고 하여도, 인공지능 배심원은 다수의 인간 배심원 속에서 하나의 의견을 내는 것이기 때문에 인공지능 배심원의 의견이 다수의견이 된다는 보장이 없고, 배심원의 평결에 한 표로 기여할 수 있을 뿐이다.

따라서, 인간 배심원이 인공지능 배심원의 의견을 참고하여 다수결로 평결을 하고, 양형을 정한다는 점에서 인간이 최종결정의 기회를 갖게 되므로, 혹시 있을 수 있는 인공지능 배심원의 잘못된 판단을 교정할 수 있는 절차적 가능성이 확보된다는 점도 장점이라고 할 것이다. 인공지능 배심원도 갑자기 실시할 수는 없을 것이고, 적어도 10여년의 데이터 확보와 축적은 인공지능의 학습을 위하여 필수적이라고 할 것이다. 그러므로 배심원 의견의 데이터를 축적하기 위한 제도적 노력을 이른 시일 내에 시작하는 것이 좋을 것으로 본다. 이에 관하여는 후술한다.

셋째, 인공지능 배심원의 장점은 사법에 대한 국민의 참여를 전자적으로 보장함으로써, 사법의 민주적 정당성의 확보를 유지할 수 있고, 나아가 법률인공지능을 통한 사법의 자동화에 국민이 참여함으로써 공정성과 투명성에 기여할 수 있다는 점이다. 배심원이 재판에 직접 참여하여 내린 결정이 학습데이터로 인공지능의 훈련에 사용되기 때문에, 전관예우와 같은 사법불신이 침투할 여지는 없고 공정성에 대한 믿음은 강화될 것이다. 나아가 인공지능의 데이터축적에 일반국민이 직접 참여함으로써 인공지능의 운영에 대한 투명성이 상승되는 효과가 있다.

또한 인공지능 배심원은 다년간 축적된 배심원 판단의 데이터에 기초하여 의사결정하기 때문에 유사한 사건에 대하여 평균에 수렴하는 일관된 의견을 제시할 수 있다. 이로 인하여 유무죄 판단이나 양형에 있어서 법원마다, 배심원마다 발생할 수 있는 편차를 최소화할 수 있다. 즉, 사법의 민주성, 공정성, 투명성, 일관성에 기여하게 되는 것이다. 물론 형사사법에 있어서 피고인의 개인적 정보를 통계적으로 이용하는 것은 인간의 자유의지나 개별적 양형에 반할 수 있다는 우려도 있다.[28] 하지만, 인간 배심원의 유무죄의견이나 양형의견은 프로파일 데이터는 아니고, 사람에 의하여 평가된 자료이므로 달리 볼 수 있을 것으로 생각된다.

2. 구체적인 실현방안

인공지능 배심원의 설계원칙으로는 유럽평의회Council of Europe가 2018년 채택한 AI 유럽사법윤리헌장을 참고할 수 있다. 이 헌장은 민사, 상사, 행정, 형사 등의 사법절차에서 인공지능의 활용은 다음의 5가지 원칙을 준수해야 한다고 규정한다. ① 기본권 존중의 원칙: 인공지능 도구와 서비스의 설계와 채택이 기본권에 부합함을 확인한다. ② 차별금지의 원칙: 개인 혹은 개인집단 간의 차별을 창출하거나 강화하는 것은 특히 금지한다, ③ 품질과 보안의 원칙: 사법적 결정과 데이터의 처리와 관련하여, 검증된 소스와 무형데이터를 학제 간 연구를 통하여 정련된 모델에 따라 보안된 기술 환경에서 사용한다, ④ 투명성, 불편부당성, 공정성의 원칙: 데이터 처리방법을 접근가능하고 이해할 수 있도록 하고, 외부감사를 허용한다, ⑤ 이용자에 의한 통제의 원칙: 지시적인 접근방법을 배제하고, 이용자가 정보를 가진 행위자로서 선택의 통제권을 행사하도록 한다는 내용이 그것이다.[29]

---

28) European Commission for the Efficiency of Justice(CEPEJ), "European Ethical Charter on the Use of Artificial Intelligence in Judicial Systems and their Environment" (December 2018), 48면 이하. https://rm.coe.int/ethical-charter-en-for-publication-4-december-2018/16808f699c

29) European Commission for the Efficiency of Justice(CEPEJ), "European Ethical Charter on the Use of Artificial Intelligence in Judicial Systems and their Environment"

이러한 원칙을 참고하여, 인공지능 배심원을 통한 사법적 의사결정의 민주화, 자동화에 대하여 검토하자면, 먼저 중요한 것은 인공지능이 학습할 수 있는 빅데이터로서 배심원 의견의 축적이다. 당장 인공지능 배심원이 도입될 수는 없지만, 이를 위한 사전 준비로서 다년간의 데이터축적을 통한 충분한 학습데이터를 수집하는 것이 요구되는 것이다. 이를 위하여 배심원평의 이후에 각 배심원은 당해 재판에서 중요하게 생각한 논점이나 증거, 유무죄의 판단이유, 양형에서 고려한 요소들, 그리고 최종결론을 컴퓨터에 기록하는 것이 필요하다.

하지만 이 과정에서 배심원 개개인의 의견이 노출되면 안 되기 때문에 배심원의 익명성이 보장된 상태에서 자유롭게 의견을 남길 수 있는 시스템이 갖추어져야 할 것이다. 배심원 평의실에 여러 대의 컴퓨터를 설치하고 배심원은 무작위로 컴퓨터를 사용함으로써 익명성을 최대한 보장하는 방안을 생각할 수 있다. 방식은 설문조사와 유사한 방법으로 배심원이 직접 자신의 의견을 입력하도록 하는 방법이 고려될 수 있을 것이다. 키보드를 통한 문자입력이나 자연어처리를 통한 음성입력을 모두 생각할 수 있다. 어느 경우에도 어떤 배심원이 어떤 의견을 입력했는지는 알 수 없도록 비밀이 원천적으로 보장되어야 할 것이다.

이러한 방식으로 10년 정도 데이터를 축적하면, 수천 건 이상의 사건에서 수만 개의 배심원 의견이 축적되고 부족하나마 인공지능 배심원을 훈련하는 데에 사용할 수 있다. 판결문 분석의 기법이 보다 발전하면, 판결문을 분석한 결과와 배심원의 의견을 종합하여 처리할 수도 있을 것이다.

그런데, 인공지능 배심원이 재판에 참여하는 것이 위헌인지 문제될 수 있다. 먼저 인간 배심원이 재판에 참여하는 현행 국민참여재판제도에 대하여도 위헌론이 문제된다. 2004년 사법개혁위원회, 2006년 사법제도개혁추진위원회에서 국민참여재판의 구체적 형태를 결정할 때에도 국민참여재판제도가 위헌이라는 위헌론은 제기되었다. 위헌론은 우리 헌법은 1948년 헌법 이래 "모든 국민은 '법률'이 정하는 법관에 의하여 법률에 의한 재판을

(December 2018); 한애라, 저스티스, 2019년 6월호, 46면 이하.

받을 권리가 있다"고 규정하고 있다가 1962년 헌법에서 '헌법'에 정한 법관이라는 문구를 새로 넣었는데, 그 이유는 사법권의 독립을 강조하고 그 독립된 사법부(법관)에 의한 재판을 강조하기 위한 것이므로, 법관의 개념에 배심원과 참심원은 포함될 수 없고 따라서 위헌이라는 것이다. 헌법은 임기 10년의 직업법관만을 상정하고 있으므로, 배심원, 참심원은 법관이 될 수 없다는 견해도 같은 취지이다.[30)]

현행 헌법 제27조 제1항은 법관에 의한 재판을 받을 권리를 인정하고 있으므로, 피고인의 의사에 반하여 국민참여재판을 실시하게 되면, 이것이 법관에 의한 재판을 받을 권리를 박탈하여 위헌이 되는 문제가 될 수 있다. 그런데, 국민참여재판은 [국민의 형사재판의 참여에 관한 법률]이라고 하는 법률에 의하여 시행되고 있고, 그 목적도 민주적 정당성과 사법적 신뢰의 제고라고 하는 공공복리, 질서유지 등 정당한 목적에 기초하고 있으므로, 헌법 제37조 제2항이 명시하는 본질적 침해에 해당하는지 문제되게 된다. 이와 관련된, 헌법재판소의 결정에 의하면, 법관에 의한 재판을 받을 권리를 보장한다고 함은 법관이 사실을 확정하고 법률을 해석 · 적용하는 재판을 받을 권리를 보장한다는 뜻이고, 그와 같은 법관에 의한 사실확정과 법률의 해석적용의 기회에 접근하기 어렵도록 제약이나 장벽을 쌓아서는 아니 되며, 만일 그러한 보장이 박탈된다면 헌법상 보장된 법관에 의한 재판을 받을 권리의 본질적 내용을 침해하는 것으로서 우리 헌법상 허용되지 아니한다는 것이다.[31)]

그런데, 2012년 헌법재판소는 구 법관징계법 제27조[32)]가 법관의 징계처

30) 권영설, 국민의 사법참여제도와 헌법－배심제 · 참심제의 헌법적합성을 중심으로－, 국민의 사법참여 공청회, 사법개혁위원회 · 한국공법학회, 2004, 39면 이하; 장석조, 재판받을 권리의 헌법상 보장, 사법 제7호, 2009, 58면 이하.

31) 헌법재판소 1995.9.28. 선고 92헌가11 결정(특허법 제186조 제1항 위헌사건)은 "특허청의 항고심결 및 결정에 대하여 그 심결, 결정이 법령에 위반되는 것을 이유로 하는 경우에 한하여 곧바로 법률심인 대법원에 상고할 수 있도록 한 특허법 제186조 제1항은 법관에 의한 사실확정 및 법률적용의 기회를 박탈한 것으로 헌법상 국민에 보장된 '법관에 의한' 재판을 받을 권리의 본질적 내용을 침해하는 위헌규정"이라고 판시하였다.

32) 제27조(불복절차) ① 피청구인이 징계처분에 대하여 불복하고자 하는 경우에는 징계처분이 있음을 안 날부터 14일이내에 전심절차를 경유하지 아니하고 대법원에 징계처분의 취소를 청구하여야 한다.
② 대법원은 제1항의 취소청구사건을 단심으로 재판한다.

분에 대한 취소청구소송을 대법원의 단심재판으로 하도록 한 것에 대하여 법관에 의한 재판을 받을 권리(헌법 제27조 제1항)를 침해하지 않아 합헌이라고 결정한 점에 주목하여야 할 것이다. 이 사건에서 헌법재판소는 "구 법관징계법 제27조는 법관에 대한 대법원장의 징계처분 취소청구소송을 대법원에 의한 단심재판에 의하도록 규정하고 있는바, 이는 독립적으로 사법권을 행사하는 법관이라는 지위의 특수성과 법관에 대한 징계절차의 특수성을 감안하여 재판의 신속을 도모하기 위한 것으로 그 합리성을 인정할 수 있고, 대법원이 법관에 대한 징계처분 취소청구소송을 단심으로 재판하는 경우에는 법률심인 상고심으로서 사실확정에는 관여하지 않는 다른 재판과 달리 심리의 범위에 관하여 아무런 제한이 없어 사실확정도 대법원의 권한에 속하므로, 법관에 의한 사실확정의 기회가 박탈되었다고 볼 수도 없다. 따라서 헌법 제27조 제1항의 재판청구권을 침해하지 아니한다"고 판시하였다.[33] 이러한 판례에 입각하여 볼 때, 피고인의 신청이 없더라도 법원의 직권이나 검사의 신청에 의하여 참여재판으로 진행하는 것은 법관에 의한 재판을 받을 권리를 침해하지 않는다고 본다.[34]

같은 맥락에서 배심원의 의견을 데이터로 삼아 개발한 인공지능 배심원이 재판에 참여하는 것도 위헌이라고 보기는 어렵다. 재판의 민주적 정당성과 신뢰성뿐 아니라 더 나아가 공정성과 일관성도 개선되는 측면이 있기 때문이다.

다만, 인공지능 배심원의 신뢰성과 투명성이 문제될 수는 있다. 국민참여재판에서 인간 배심원이 재판에 참여하는 경우에는 투명성이 개선되는 효과가 있지만, 이 데이터를 인공지능이 처리할 경우 그 알고리즘이 공개되지 않을 경우 투명하지 않게 되는 문제점이 있고, 설사 공개하더라도 일반인이 알고리즘을 이해하기 어려울 수 있다. 이를 해결하기 위하여는 인공지능 배심원을 개발하는 과정을 투명하게 공개하고, 알고리즘이나 데이터도 공개함으로써 시민사회의 전문가들이 검증할 수 있는 시스템을 만들

이 규정은 2011년 개정되었지만, 문구의 조정이 있었을 뿐이다.

33) 헌법재판소 2012.2.23. 선고 2009헌바34 결정 (법관징계법 제2조제2호등위헌소원).

34) 이에 관하여는 졸고, 국민참여재판제도 시행과 인권옹호, 저스티스, 2008년 2월호, 통권 제102호, 7면 이하 참조.

어야 할 것이다.[35]

이를 위한 하나의 조건은 인공지능 배심원이나 인공지능 법관의 시스템 개발을 공공기관인 법원이 직접 담당해야 한다는 것이다. 일반기업이 인공지능 배심원이나 인공지능 법관의 개발을 책임질 경우, 알고리즘의 구체적 내용은 영업비밀이라는 이유로 공개하지 않을 가능성이 크기 때문이다. 법원이 사기업에 아웃소싱을 하더라도 알고리즘의 공개에 관한 특약을 두어 개발성과는 공공의 재산으로 공개할 수 있도록 보장해야 하고,[36] 프로그램의 개발단계에서도 법관이나 관계자가 관여하여 알고리즘이나 코딩 과정의 투명성에 대하여 수시로 감독하는 방식을 취하여야 할 것으로 생각된다.[37]

나아가 법원은 판결문의 공개에 보다 전향적으로 나서야 할 것이다. 많은 전문가가 지적하듯이, 프로그램 개발자들이 활용할 수 있는 판례와 서면으로 오간 증거물이나 답변서, 심지어 법정 구술음성 등도 모두 AI를 강화하는 데이터가 될 수 있는바, 매년 100만건 정도 판결이 나오는데, 해방 이후 현재까지 누적으로 공개된 판례는 10만여 건에 불과하다.[38]

이처럼 국내에선 선진국과 달리 법원이 극소수의 하급심 판례만 공개하고 있기 때문에 판결문을 분석하는 데에 필요한 자료가 부족하며, 비용도 한 건당 1,000원을 받고 있기 때문에 수십만, 수백만건의 판결문을 수집하는 데에는 적지 않은 비용이 들어간다. 뿐만 아니라 법원이 제공하는 판결문은 기계가 읽을 수 없게 되어 있어서 판결문을 분석하는 인공지능의 개발에 상당한 장애가 있다.[39] 고학수 서울대 로스쿨 교수도 "AI가 학습하려면 법리가 중요한 대법원 판결보다 직접적 사실관계를 다루는 하급심 판결들이 아주 많이 필요하다"며 "(하급심 판결 공개가 지지부지한 상황인데다) 법

35) 한애라, 저스티스, 2019년 6월호, 68면 참조.

36) 공공기관이 주도적으로 인공지능시스템을 개발할 경우, 알고리즘의 공개에 따르는 영업비밀이나 지식재산권 침해의 문제는 발생하지 않을 것이다. 다만, 이러한 알고리즘을 악용하는 사례의 우려는 있을 수 있다.

37) 양종모, "인공지능 알고리즘의 편향성, 불투명성이 법적 의사결정에 미치는 영향 및 규율 방안", 법조,2017년 6월호, 81면 이하는 이를 사전적 규제로 보고 있다.

38) 매일경제, 법률AI에 정보 입력하자… "당신 형량은 2년" AI 기반 법률서비스 '로톡', 2020.9.6.

39) 한국경제, 임영익 인텔리콘연구소 대표 "법률가 도울 '판결문 분석 AI' 만들겠다", 2021. 11.8. 참조.

원이 제공하는 PDF 파일은 기계가 읽을 수 없다는 점을 고려할 때, AI 학습용 데이터를 구하기 굉장히 어려운 상황"이라고 말했다.[40)]

향후 법원이 이 분야에 있어서 보다 전향적으로 판결문의 공개와 인공지능의 발전을 위한 여건 마련에 관심을 가져주어야 할 것으로 생각된다. 아울러 판결문의 비실명화를 위한 작업에 인공지능을 도입하게 되면, 비실명화에 필요한 시간과 비용을 대폭 감축할 수 있는바, 이 경우에는 판결문당 1,000원의 비용도 면제하거나 대폭 감경하는 방안을 모색해야 할 것이다.

마지막으로 인공지능 배심원을 도입하게 되면, 검사나 피고인에게 인공지능 배심원에 대한 기피권을 인정할 것인지 문제될 수 있다. 현재 국민참여재판법에 따르면, 검사나 피고인은 일정한 수의 배심원후보자에 대하여 이유부기피신청(국민참여재판법 제28조) 또는 무이유부기피신청(동법 제30조)을 할 수 있기 때문에 이러한 제도를 인공지능 배심원에게도 그대로 준용할 수 있을지 검토가 필요한 것이다. 적어도 초기단계에서는 인간 배심원후보자에 대한 것과 마찬가지로 인공지능 배심원에 대하여도 검사나 피고인의 기피신청권을 인정하는 것이 공정한 재판과 사법에 대한 신뢰의 측면에서 타당하다고 일응 생각할 수 있다. 하지만, 이에 대한 상세한 검토는 본고의 범위를 넘어서므로 추후의 연구로 미루고자 한다.

Ⅳ. 나가는 글

사람의 지능에 유사한 지능을 가진 인공지능이 사람의 역할을 대신한다는 상상은 희망적이기도 비관적이기도 하다. 한편으로 인간은 이제 고단한 육체적, 정신적 노동에서 벗어나서 자유롭게 원하는 것을 하면서 살 수 있는 신기원의 미래가 보장되는 것 같기도 하다. 물론 정반대로 인공지능에 의하여 인간의 일자리가 소멸되어 대규모실업으로 인한 경제침체, 나아가 인공지능로봇이 인간을 지배하고 파멸시키는 어두운 미래가 떠오르기도 한다. 하지만 원사력기술이 핵폭탄으로 인간을 절멸시킬 위험을 갖고 있지만 인간의 통제하에 원자력발전이나 방사선치료라고 하는 선물을 주었듯이,

40) 법률신문, [법의날 특집] 주목받는 리걸테크 산업, 2021.4.26.

인공지능기술도 인간이 현명하게 통제할 수 있다고 낙관하고 싶다. 물론 국가간 협력과 정밀한 통제시스템의 구축이 전제조건일 것이다. 이 모든 기술과 변화는 인간의 행복과 복지를 중심에 놓고 생각해야 할 것이다.[41] '국민의 복지가 최고의 법이어야 한다'Salus populi suprema lex esto는 키케로의 혜안은 21세기에도 여전히 유효하다고 본다.

인공지능의 사법분야 활용에서도 비슷하게 보고자 한다. 인공지능이 법관, 검사, 변호사, 배심원을 모두 대체하여 인간법관도 인간배심원도 사라지는 상황을 상상해볼 수는 있겠지만, 무엇보다도 국민이 행복과 복지를 위하여 그러한 상황을 희망하지는 않을 것으로 생각된다. 헌법과 법률의 개정과 같은 규범적 결단이 없는 한 인공지능이 사법권을 장악하는 상황은 상상하기 어렵다. 인공지능로봇이 집단적으로 반란을 일으키거나 인간을 상대로 전쟁을 벌이는 공상과학영화와 같은 상황은 머나먼 미래의 일일 것이고, 사전에 방지할 수 있을 것이다.

그보다는 인간이 인공지능을 이용하여 업무를 경감하며, 다수의 분쟁을 신속히 처리하고, 인간은 보다 중요한 쟁점이나 사건의 파악과 결정에 몰두하고, 사람과의 정서적 교류에 집중할 여유를 갖게 될 것이다. 과거의 데이터에 매몰되지 않고, 새로운 환경에서 가치관이나 시대정신의 변화에 발맞추어 기존의 법리를 변경하는 작업은 여전히 인간의 손에 남아있어서,[42] 전체적으로 바람직한 결과를 가져올 것으로 기대한다. 인공지능은 감정이 있는 것처럼 대화할 수는 있겠지만, 실제 감정은 없기 때문에, 우리 사회가 미래에 어떠한 모습을 가져야 바람직할 것인지에 대한 규범적 소망도 인공지능에게서는 찾을 수 없다. 인간법관이 갖고 있는, 우리 사회를 앞으로 어떠한 공동체로 만들 것인가라는 가치판단의 작업[43]이 흠결되었다는 의미이다.

또한 변호사의 경우, 고객과 인간관계를 형성하고 커뮤니케이션을 하며,

41) 졸고, "즐거움과 법규범 그리고 패러다임 결과주의－행복과 법의 조화를 위하여", 윤진수 · 한상훈 · 안성조 대표편집, 법학에 있어서 위험한 생각들, 법문사, 2018, 70면 이하 참조.

42) "판사라는 직업의 '지속가능성'은 선례가 없는 사건에 대해 로봇이 하기 어려운 창의적이면서도 믿을 만한 답을 제시하는 데 달려있는지도 모른다." 김기영, 법관과 법 해석, 법률신문, 2016.1.25.

43) 이진웅, 별이 빛나는 법정, 법률신문, 2022.1.27.

새로운 시장을 개척할 수 있는 변호사의 역할은 더욱 커지고, 공감과 소통, 창의적인 사고의 중요성은 더욱 커질 것이다.[44] 법공동체의 규범적 결단이나 최종결정권을 갖고 있는 헌법재판소 재판관, 대법원의 대법관의 경우에는 인간이 놓을 수 없는 자리라고 생각되고, 1심에서 국민참여재판과 배심원제도도 인공지능이 발전한다고 하여도 계속 유지, 진화할 필요가 있다고 본다.

인공지능이 과거의 데이터에 기반하여 미래의 사건을 처리하는 시스템이라면, 인간판사나 인간배심원이 지속적으로 참여하여 데이터를 새롭게 갱신할 필요가 있다고 하지 않을 수 없다. 인공지능은 과거의 모든 데이터에 기반한 의사결정의 추천뿐 아니라, 최근 5년이나 3년 정도의 데이터에 기반한 의사결정대안도 동시에 추천하도록 시스템을 만들어야 할 것으로 생각된다. 나아가 법관의 판결문 등 재판 데이터뿐 아니라 배심원의 결정과 의견도 데이터로 축적함으로써, 이를 인공지능이 학습하도록 하여 향후 인공지능 재판에서 일반국민의 가치관과 상식이 반영될 수 있을 것이다.

이처럼 조심스러운 낙관론을 유지하면서, 본고는 인공지능 재판을 위한 현재의 준비를 강조하고자 하였다. 법원이 갖고 있는 판결문이나 기타 데이터를 개인정보보호에 반하지 않는 범위에서 최대한 공개하고, 특히 최소한의 수수료를 징수하면서 기계가 텍스트를 추출할 수 있는 문서의 형태로 공개하여야 한다고 본다.[45]

인공지능과 4차산업혁명, 어쩌면 계몽주의 이후의 거대한 인지혁명의 전조일지 모르겠다. 기존의 인간이성 중심의 법 패러다임이 퇴조하고, 인간과 인공지능이 협력하는 새로운 시대의 패러다임이 도래하고 있는 중으로 보인다. 인공지능이 더 나은 법률의견서를 작성하는 등 종래 인간만이 지성과 이성을 갖고 있다고 자만하던 시대의 패러다임으로 이해하기 어려운 변칙사례들이 발생하고 있다.[46] 거대한 변화의 흐름 속에서 다시는 과거와 같이 혁명의 물결에 뒤처져서 낙오했던 역사를 반복할 수 없다. 오히려 전

44) 이재훈, AI시대의 변호사, 법률신문, 2020.2.24.
45) 동지: 한애라, 저스티스, 2019년 6월호, 72면 참조.
46) 졸고, "패러다임과 법의 변경－한국형사법의 방법론 모색", 저스티스, 2017년 2월호, 240면 이하.

향적인 태도로 새로운 패러다임의 정립에 마음을 여는 것은 어떨까 생각하게 된다. 새가 알을 깨고 나오듯이, 인간과 인공지능이 공존하고 협력하는 새로운 세상을 희망한다. 국민참여재판의 미래는 인공지능 배심원과 인간 배심원이 함께 참여하는 모습일 것으로 예상해본다.

08

인공지능형법?

홍영기

고려대학교 법학전문대학원 교수

저자는 고려대학교 법과대학과 독일 베를린대학(Humboldt Univ. zu Berlin)에서 공부하였고, 고려대학교 법학전문대학원과 자유전공학부의 교수로 일하고 있다. "국가형벌권의 한계로서 시간의 흐름(Zeitablauf als Grenze des staatlichen Strafanspruchs, 2005)"이라는 논문으로 박사학위를 취득하였으며, "법개념요소의 법비판 작용", "죄형법정주의의 근본적 의미", "형사소송법, 그 독자적인 법 목적에 대한 이해" 등 여러 편의 논문을 발표하였다. 저서로서 『형법』과 『법학논문작성법』을 썼고, 『형사소송법』과 『형사정책』을 배종대교수와 같이 냈다.

데카르트 철학에서 방치된 것은
"생각하는 것"의 존재양식,
즉 "존재한다"는 의미이다.[1)]

아래는 책 전체에서 가장 미래지향적이지 않은 글일 것이다. 장래에도 지금과 달라질 것이 없다는 내용이기 때문이다.

"인공지능은 형법의 대상이 될 수 없다. 미래를 예측하는 것이 가장 어려운 일에 속하지만 이 점은 분명하다. 장차 기계장치가 아무리 발달한다고 해도 이는 결코 형법의 적용대상이 아니다."[2)]

몇 년 전에 쓴 이 문장은 나의 문헌에 들어 있는 유일한 미래예측인데, 게다가 먼 나중까지 내다보고 있다. 이처럼 단언하기에 이른 근거를 언젠가 긴 글로 명확히 할 필요가 있을 것으로 생각해왔다. 여러 한계 때문에 시간이 속절없이 흘러가는 것을 두고 보던 중에, 이 책이 감사하게도 이야기를 시작해볼 기회를 주었다.

Ⅰ. A.I. 범죄와 A.I. 처벌

인공지능A.I.의 형사책임을 '전자인e-person'을 넘어 'post human'의 문제로 확장해본다면 이는 지금 학계에서 가장 많은 논문을 생산하는 테마 가운데 하나일 것이다. 전통적으로는 '법인의 범죄행위주체성'을 둘러싼 오랜 논쟁으로부터 이어지는 문제의식이기도 하다. 자연인 이외의 대상으로부터 비롯된 좋지 않은 결과를 통제하려는 정책적 필요에서 불거진 논의가 인공지능과 관계를 맺은 시간도 결코 짧지 않다. 자동운전시스템이 제대로 작동하지 않아 사람이 죽기도 하고 공장의 기계설비가 오작동하여 재산상 큰 피해를 끼치는 일도 잦다. 미래에는 어떤 심각한 일이 발생할지 짐작하기도 어렵다. 물론 이와 같은 일련의 불행을 모두 형법이 감당해야 할 것으

1) Heidegger, Sein und Zeit, 24면.
2) 배종대 · 홍영기, 형사정책, 19/4.

로 진지하게 믿는 사람은 없다. 결과가 비극적이라는 사실과 형벌조치가 주어지는 것 사이에는 매우 많은 검토사항이 개입되어야 하기 때문이다. 형법적 불법으로 분류되기 위해서는 특히 행위 자체가 반가치성을 띠어야 한다. 즉 행위 및 그것을 저지르는 행위주체를 검토대상으로 분석하지 않고서는 형법사안으로 분류할 수 없다. 곧바로 형벌을 투입하기에 앞서 인공지능의 범죄행위능력을 논의하는 이유이다.

이와 관련하여 많은 문헌들은 '약한 A.I.'와 '강한 A.I.'로 나누어 살피기도 한다. 전자는 인간이 시키는 일들을 어느 정도의 자율적인 결정을 통해 수행할 수 있는 장치이다. 이에 비해 우리 문명이 아직 지니지 못하고 있는 강한 인공지능은 스스로 생각거리를 만들어낼 수 있는 발전된 형태로서, 인간처럼 사고하고 판단하면서 사람들과 정서적으로 교감을 이룰 수도 있다고 한다. 이러한 인공지능이 자신의 판단을 행동으로 옮겨주는 로봇과 같은 운동기관을 갖게 되면 인간의 법익을 능동적으로 침해하는 상황도 얼마든지 가능할 것으로 여겨지고 있다. 사람처럼 스스로 목표를 설정하고 이를 달성하기 위한 수단을 자율적으로 선택하여 동작으로 실현할 수 있는 주체로 인정되는 한, 인공지능에 대한 형법적인 조치가 마땅히 필요하다는 의견이 지금 많은 지지를 받는다.

그런데 A.I.의 범죄행위능력에 대해서는 여기까지의 짧은 서술로부터 더 나아간 논의를 아래에서 다시 반복할 필요가 없다고 생각한다. 이미 많은 글에서 취급된 것이기도 하지만, 무엇보다도 A.I.의 능력보다는 형법의 의의와 역할에 대한 물음이 훨씬 더 먼저 답변되어야 한다고 보기 때문이다. 형법은 형벌을 부과하기 위한 규범체계이다. 형벌이 구실을 하지 못하는 영역에서 형법의 적용가능성에 대한 이야기를 이어갈 필요는 없는 것이다. 형벌을 부과할 수 없는 대상이라면 그에 형법적인 조치를 들이댈 수가 없고 그럴 필요도 없으며, 그렇기에 형법위반행위를 할 수 있는지의 물음과 대답은 처음부터 아무런 의미를 남기지 못한다.

Ⅱ. 형벌의 해악성

형벌은 과거에 저질러졌던 범죄행위에 대하여 국가가 부과하는 해악으로서의 반작용이다.[3] 즉 형벌은 일종의 해악이므로, 대상으로부터 어떠한 가치를 빼앗는 역할을 반드시 수행해야 한다. 생명박탈, 고통부과, 자유제한, 재산침해, 명예실추 등이 오랜 역사 동안 고안되어온 형벌수단들이다. 만약 A.I.에게도 어떠한 조치를 통해 이와 유사한 침해를 가할 수 있다면 우리 논의를 대폭 생략할 수 있을지도 모른다. 일부 견해는 A.I.가 양심의 가책이나 후회 등을 느낄 수 있을지는 명확하지 않지만 재산형의 부과는 가능할 것이라고 하기도 하고, 로봇을 망가뜨려 처형하거나 그 몸통에 여러 제한장치를 하여 신체형을 가하는 방식, 또는 서비스활동을 강제하는 방법도 가능할 것이라고 이야기한다.[4]

A.I.가 형벌로부터 불쾌나 박탈감, 두려움 등의 감정을 느낄 수 있을 것인가에 대한 질문과 대응도 상당히 진행되었다.[5] 지금 상상할 수 있는 수준에서 A.I.의 지적인, 또는 감정적인 능력치를 최대한 끌어올릴 것으로 가정한다면, 형벌이 의도하는 반응을 기대할 수 있을 것으로 보기도 한다. 그렇게 불가능하지는 않을 것이다. 응보 내지 예방의 뜻을 이해하도록 프로그래밍된 A.I.가 사회적으로 통용되는 규범을 위반하는 경우에는, 위법성인식을 토대로 하여 스스로 그에 상응하는 책임의식을 갖도록, 그리고 어떠한 조치를 자기에 대한 불이익으로 여겨 장차 그와 같은 행위를 선택하지 않도록 조종할 수도 있을 것이다.

그렇지만 이처럼 형벌의 해악성을 A.I.가 인식할 수 있는지, 그로부터 형벌이 기능을 발휘할 것인지를 묻고 답하는 대화에도 뚜렷한 한계가 있

---

3) Feuerbach, Revision der Grundsätze und Grundbegriffe des positiven peinlichen Rechts I, 5, 56면.

4) 선시연, 형법상 전자인(e-person)의 가능성, 18면 이하. 이러한 방식이 실정법 형식으로 허용된 수단이 아닐 뿐만 아니라, 전근대적인 형벌이라는 비판(김영환, 로봇 형법(Strafrecht für Roboter?), 161면 이하)도 있다.

5) 형벌의 본질을 당사자가 느끼는 불쾌(Unlust)로 바라보는 예는 Pawlik, Unrecht des Bürgers: Grundlinien der Allgemeinen Verbrechenslehre, 26면.

다. 형벌을 법효과로 하는 규정을 입법하고 그것을 바탕으로 형사사법기능을 실행하는 국가작용의 정당성은 단순히 개별대상이 그것을 해악으로 느끼는지 여부에 종속되어서는 안 된다. 마치 자살을 진지하게 고려하는 사람에 대한 사형이나, 언제나 한 공간 안에 머물러 있길 좋아하는 사람에게 주어진 징역형이 해악에 해당하는지 여부가 정책영역에서 진지한 논의주제가 못 되는 것과 마찬가지이다.6) 제도로서의 형벌은 수형자로 하여금 불쾌 등의 감정을 일으키는 것임을 넘어, 사회 안에서 관계성을 갖고 사는 일반 구성원에게 공통되는 해악으로서, A.I.의 외부에서 이미 주어진 조건인 확정된 권리침해의 형식으로 보편화되어야만 한다. – '응보'라는 형벌의미를 차치하고서라도 – A.I.가 느낄 불쾌나 공포에 대한 대화가 표면적이거나 임의적인 것에 그치는 이유이다.

Ⅲ. A.I.는 무엇으로 있는가

제도로서 형벌이 갖는 의미가 인공지능에서 실현될 수 있는지 논하기에 앞서, 우선 그 대상성 자체에 대해 생각해보고자 한다. '무엇을 처벌하는 것인가?', '도대체 처벌을 받게 될 대상이 있기는 한가?'라고 물을 때, 바로 쉽게 답을 할 수도 있다. 그렇지만 조금만 생각을 더 반복해본다면 우리는 모든 대답이 그다지 명쾌한 것이 아님을 알게 된다.

인공지능을 탑재한 로봇이 못된 짓을 저지른 경우에, 그 움직임을 실현한 로봇 자체를 처벌해야 한다고는 누구도 말할 수 없을 것이다. 그 물리적인 기계장치가 스스로 범죄를 저지른 것으로 생각하지는 않을 것이기 때문이다. 기계장치 자체에 해악을 부과하려 하는 것은, 운전자가 교통사고를 낸 경우에 그저 그의 자동차를 폐차하는 조치와 다르지 않다. 그러므로 우리의 질문은 그 로봇을 조종하는 '인공지능에 형벌이 가닿을 수 있는지'로부터 시작하는 것이 맞다. 그리고 그 전제로서, A.I.는 어떠한 형태로 존재하는지, 아니 그것이 도대체 존재한다고 볼 수는 있는지를 우선 같이 생각

---

6) 배종대 · 홍영기, 형사정책, 16/9.

해보려는 것이다.

존재됨을 증명하기 위한 시도 가운데 오랜 기간 가장 잘 알려진 것은 데카르트R. Descartes의 "cogito ergo sum(나는 생각한다. 고로 존재한다)", 즉 생각하는 자아의 존재성 인식이다(이하에서 '코기토'로 쓴다). 매우 발달된 형태의 강한 A.I.를 이에 적용한다면, 그 자신이 생각하고 있다고 여길 때 스스로 존재한다는 사실에 대해 확신할 수 있을지도 모른다. 그런데 외부에서 보는 우리는 그 개체가 어떻게 작동하는지와 무관하게, A.I.가 데카르트의 의도대로 '생각한다'고 말할 수 있는지, 그리고 더 중요하게는 그로부터 그것이 '존재한다'고 볼 수 있는지를 더 캐묻고 싶어진다.

영화 『그녀Her』는 여자 역할(?)을 맡은 A.I.를 누가 보더라도 '생각하는' 장치인 것처럼 여기도록 만들어 두었다. 남자 주인공의 마음을 살펴 읽고 정서적인 대화를 나누는 한편, 사랑을 나누고 아픔을 달래줄 정도의 인공지능이라면 생각하지 못하는 개체로 보는 것이 오히려 어색할 것이다. 그러나 과연 그 A.I.는 '존재'하는 것인가? 정보처리를 담당하는 CPU는 가시적인 존재자로서 '있다'. 그런데 A.I.로서 생각하는 주체가 전기신호를 처리하는 그 CPU인가? 우리는 그러한 존재자의 작동방식을 가리켜 '존재한다'고 이야기하는가?

인공지능이 자율적으로 생각하는 것으로 전제할 수도, 그것으로부터 주어진 자극이 기계장치를 통해 능동적인 움직임으로 이어질 수도 있다. 그러나 그로부터 곧 인공지능이 '존재한다'고 명확하게 말할 수 있는 것은 아니다. 그 이유에 대해서는 매우 다양하게 답할 수 있지만, 여기서 데카르트의 코기토에 대해 묻는 말로 시작하는, 하이데거M. Heidegger의 주저 『존재와 시간Sein und Zeit』을 떠올리는 사람도 적지 않을 것이다.

하이데거는 생각하는 활동의 명확성을 코기토가 전제할 수는 있으나, 존재함의 의미를 더 이상 묻지 않고 생략해버렸다고 비판한다. 그에게 주체의 존재됨은 단순한 자의식을 통해서 입증되는 것이 아니다. 그가 보기에 존재한다는 것이 사실임을 드러낼 수 있는 가장 분명한 방법은 우리 각자가 다른 사람에게 양도할 수 없는, '죽음'을 향해 나아가고 있다는 것에 대한 자기 자신의 자각으로부터이다. 우리 자신, 탄생과 죽음 '사이'에 놓인 존재라는 자각의 일상성은, 그 안에서 현존재가 매일 머물고 있는 실존함의 방식인 것이다.[7] 여기서 이와 같은 자각은 코기토에서 말하는 차원의 생각함이 아니라, 미리 앞서 자신의 삶을 짐작해보는 과정을 통해서 피할 수 없는 운명이 언제나 대기하고 있음을 깨닫는 것으로부터 비롯되는, 소위 죽음에 대한 인식으로서 '무에 대한 불안' 위에 놓여 있게 되는 것을 말한다. 소극적인 공포를 넘어선 이와 같은 불안은 자신의 사라짐에 대한 떨쳐내어버릴 수 없는 심상으로서, 이와 같은 체험을 통해 우리는 '나는 어떻게 사는가'에 대한 질문을 스스로에게 던지는 실존주체임을 깨닫게 된다.[8] 이 자각에 '시간'이 결부되지 않을 수 없다. 우리는 일정한 시간 안에서 일회적 삶을 산다는 것을 인식함으로써 비로소 존재하며, 그것을 인식하면서 현존재Dasein로 있는 것이다. 현존재는 태어나서 이와 같이 실존하며, 또한 죽음을 향한 존재의 의미를 지녀, '태어나면서 이미 죽어가고 있다'고 하이데거는 말한다. 그에게 죽음은 현존재가 존재하자마자 떠맡는 존재함의 방식인 것이다. 태어남과 죽음 두 끝 사이에서 이처럼 현존재가 시간성에 얽매여 현사실적으로 실존하는 한에서만 우리는 비로소 존재한다.[9]

인공지능은 다르다. CPU도 물론 정보흐름의 알고리듬대로 처리하는 존재자이기는 하지만,[10] 그것은 스스로 위와 같은 방식으로 자신의 존재를 이해하는 개체가 되지 못한 채 머물러 있기에 인간과 같은 실존주체가 될 수 없다. 다시 말해 인공지능이 존재론적으로 이와 같은 상태의 존재가 될 수 없는 외부적이면서도 유일한 이유는, 그것이 종말과 관련되는 존재자가 아닐 뿐더러 더욱이 그것을 인식하며 살지 않기 때문이다. 인공지능뿐만 아니라, 어떤 존재자든 시간적 제한 안에 놓여 있지 않은 대상은 그렇기에 존재하는 것이라 여겨질 수 있는 기회가 없다. A.I.를 생각할 수 없었던 당시의 하이데거는 이와 비슷한 예를 '신의 존재성'에서 찾았다. 제한된 시간 안에 거하지 않는 신이, 단지 '생각할 수 있다'는 이유만으로 인간과 같이

7) Heidegger, Sein und Zeit, 233면 이하, 370면 이하.
8) Heidegger, Sein und Zeit, 187면 이하, 265면 이하.
9) Heidegger, Sein und Zeit, 245면, 490면 이하.
10) 여기까지의 특징에서 인간도 전혀 다르지 않기 때문에 오히려 인간의 죽음을 기계의 꺼짐과 같은 모습으로 바라보는 시각으로는 Kagan, 죽음이란 무엇인가, 특히 43면 이하.

'존재한다'고 불린다면, 이는 양자 사이에 놓여 있는 무한한 차이를 간과하는 것이라고 그는 이야기한다.[11]

Ⅳ. A.I.에게서 무엇을 박탈할 수 있는가

『존재와 시간』을 더 요약하거나 인용하는 것은 불필요한 일일 것이다. 적어도 A.I.가 우리와 같은 방식대로 존재하지 않음을 여기서 넌지시라도 이해할 수 있으면 충분하기 때문이다. 인간은 모두 자기 자신이 그렇게 길지 않은 시간 안에서 단 한 번 살 수밖에 없으며, 그렇기에 죽음을 향해 가는 경로에 놓여 있음을 알고 있다. 이 점이 인공지능을 비롯한 다른 모든 개체와 우리 인간을 구별되게 만든다.

논의와 관련하여 더 중요하면서도 구체적인 것은, 인간 사이에 놓인 모든 가치와 권리가 형성된 배경에, 바로 이와 같은 근원적인 상태가 자리한다는 사실이다. 위와 같은 처지에 놓이게 된 모든 인간은 누구든 단 한 번만 주어진 그의 제한된 시간을 쪼개어 이용해야만 비로소 확보되는 여러 형태의 자원을 갖고 있다. 그리고 이를 빼앗기지 않고자 하는, 떨쳐버릴 수 없는 본성을 함께 지닌다. 역사적으로 그 한정된 가치를 외부로부터 침해당하지 않으려는 저항을 통해 '자유'를 확보할 수 있었고, 이를 규범적 근거를 이용하여 확정함으로써 '권리' 목록을 채워왔다. 그렇기에 권리는 물론, 그 근원인 모든 가치 또한 인간의 제한된 시간성으로부터 연역된 것이라고 말할 수 있다.

예를 들어 본다. '신체자유'는 각자가 확보하고자 투쟁해 온 가장 대표적인 가치이자 권리이며, 그에 대한 제한은 역사를 통틀어 언제나 보편적인 해악이었다. '징역 10년형'은 이러한 권리를 박탈하는 해악이므로 형벌로 여겨지기에 충분하다. 여기서 '박탈'이라는 말을 쓴 이유는 그것이 한정된 것을 가져가는 방법이기 때문이다. 평균 80년 안팎의 제한된 시간을 살기에 그 가운데 10년을 빼앗기는 것이 심각한 권리 및 가치의 침해인 것이

11) Heidegger, Sein und Zeit, 93면. '시체'에 대한 유사한 분석은 같은 책, 238면.

다. 만약 우리가 영원히 산다고 가정한다면, 10년의 시간이란 그야말로 '아무 의미도 없는' 것이며 그 시간 동안의 징역은 찰나(刹那)에 지나지 않는, 그저 색다른 체험현장일 뿐이다. 삶의 조건을 유지하는 데에 꼭 필요한 가치인 '재산'도 마찬가지이다. 받아야 할 돈 천만 원을 떼이면 누구나 재산권을 침해당했다고 생각한다. 인간이 모두 제한된 시간 안에서 살고, '천만 원을 벌기 위해 들여야 하는 시간'이 있으며, 그것이 일회적 삶에서 일정 부분을 잠식하게 되기 때문이다. 반면에 영겁의 시간을 사는 주체에게는, 하루에 단 1원의 이자만 받아도 단지 한 순간에 불과할 천만 일만 통과하면 메워질 돈에 불과하다. 가장 중요한 권리로서, 모든 인간이 갖는 '생명권'은 일회적 시간성 그 자체를 다르게 부르는 것이기에 구체적인 예시조차 필요하지 않다.[12)]

모든 권리가 이처럼 일회적 삶의 제한된 시간성으로부터 연역된다면, 이제 A.I.에게 어떠한 가치를 박탈할 수 있을 것인지를 물어본다. 우리가 A.I.의 자유를 빼앗고자 그의 전원을 껐다가 10년 후에 다시 연결하는 조치를 취한다고 하더라도 그는 그것을 전혀 인식하지 못할 뿐만 아니라, 그동안 이 시간성으로써 마찰되어가지 못하기에 그로부터 어떠한 가치도 앗아가는 방식이 될 수 없다. A.I.에게 돈을 벌어오도록 노동을 강제한다고 하더라도, 그는 자지도, 쉬지도 않은 채 영원히 움직일 수가 있기에 그로부터 결과되는 재산이 그에게 가치가 될 수 없는 것이다. 지금까지 우리 인간이 고안한 어떠한 반작용도 A.I.에게서 무엇인가 가치 있는 것을 빼앗아올 수가 없다. 곧 어떠한 조치도 결코 형벌의 의미를 확보할 수 없다.

'변별능력', '의사형성능력', '행위통제능력' 등 A.I.의 능력 논의가 결코 핵심문제에 다가가지 못한다고 말했다. A.I.의 능력이 아무리 최고치에 이르더라도 결코 극복할 수가 없는 것이 여기서의 핵심문제이기 때문이다.[13)]

---

12) 제한된 시간을 갉아먹지 않는 박탈(고통)이 있을 수 있다는 반론이 가능할지 모른다. 단순한 신체적인 고통처럼, 그것이 시간적 제한을 수반하지 않을 뿐만 아니라, – 마치 물리치료를 받듯 – 오히려 수명을 늘리는 쪽으로 기여하는 예를 들 수도 있다. 그러나 외부에서 비자발적으로 주어지는 신체고통은 주어진 시간을 피하고 싶은 순간으로 만든다는 사실에 예외가 없다. 그 시간은 인간의 생명과 더불어 물리적으로는 흘러가는 것일지라도 우리 삶에서 고스란히 들어내고 싶어지는 시간이다.

13) 인공지능이 향유할 가치가 없는 이유가 그들이 프로그램에 따를 뿐이라는 견해나 이에

자율성과 실천이성을 지닌 인간은 존엄한 존재임에 비하여, 인공지능에게는 이와 같은 의미의 존엄성이 결여되어 책임능력이 없으며 그에 따라 비난할 수도 없다는, 칸트I. Kant의 논증을 배경으로 한 견해[14)]도 물론 경청할 만하다. 그러나 이러한 의견은 인공지능이 장차 지닐 수 있는 자유의지 수준에 따라 언젠가 극복될 수 있을 것이라는 쉬운 반론에 부딪칠 것이다.[15)] 기계장치의 역량을 전제로 한 모든 논의는 과학기술발전의 가능성이라는 높은 장벽을 넘어설 수가 없다.

인공지능을 규범의 틀에 밀어넣는 데에 '한계가 있는' 까닭은, 그것 자체에 '한계가 없기' 때문이다. 제한된 일회적 시간성 안에 살지 않는다는 그 대상 자체에 깃든 무한한 속성 때문에, 유한한 실존주체 간 관계개념인 권리를 향유하지 못하며, 그로 인해 그것을 빼앗고자 하는 형벌이 의미를 가질 수 없는 것이다. 규범의 근본은 인간의 유한성이다. 제한된 시간으로부터 인간 사이의 가치가 비롯되므로, 인간존엄성의 최소한의 필요조건 또한 삶의 일회성이다. 한정된 시간의 테두리 안에 놓인 존재만이 존엄하다. 그런데, 이는 우리 모두 이미 너무도 잘 알고 있는 사실을 거듭 말한 것에 불과할 것이다. 들판의 이름 없는 야생화 한 송이가 그 어느 화려한 조화보다 가치 있음을 알고 있다. 값비싼 로봇장난감이 고장났을 때와 늙어버린 개가 힘없이 쓰러졌을 때 느껴지는 감정의 차이를 안다.[16)] 우리는 모두, '별을 노래하는 마음으로 모든 죽어가는 것을 사랑할' 태세를 갖추고 있다.

Ⅴ. 일반예방

'A.I.가 실제로 인간의 권리를 심각하게 침해하더라도 어쩔 수 없다'는

대해 그들이 평가를 할 수 있는 능력이 있게 될 것이라는 반론(Neuhäuser, Roboter und moralische Verantwortung, 281면 이하)도 여기서 중요한 것이 아니다.

14) 김영환, 로봇 형법(Strafrecht für Roboter)?, 159면 이하. '형벌의 존엄성'을 왜곡한다는 비판도 있다(김영환, 같은 글, 160면; 안성조, 인공지능 로봇의 형사책임, 109면 이하).

15) 그와 같은 능력이 부족한 사람의 존엄성에 대한 물음 또한 쉬운 반론의 다른 예다.

16) 동물은 이러한 최소한의 조건을 갖췄다. 그러나 다음 관문으로서 동물의 자유의지 및 형벌감응성 논의는 아직 남아 있다. 벤담은 동물이 겪는 미래의 고통은 오래 지속되는 예감을 포함하지 않고, 그 죽음도 자연의 불가피한 과정에서 그것을 기다리고 있는 죽음보다 고통이 덜하다고 한다(Bentham, 도덕과 입법의 원칙에 대한 서론, 557면 각주 2).

것은 허망한 말일 것이다. 순수한 의미의 범죄방지, 즉 치안은 형법이 감당해야 하는 것은 아니지만,17) 형벌부과에 범죄예방목적이 포함되기 때문에 이에 대해서는 첨언이 필요해 보인다. 말 그대로 첨언에 불과하며 인공지능에 형벌을 부과할 수 없는 이유는 이미 위에서 전부 이야기하였다(굳이 이렇게 말하는 까닭은, 이하 서술의 과학성 및 논리성 부족에 대한 지적을 넉넉히 감수하려는 것이다).

언급한 내용을 이어가본다. 만약 상상할 수 있는 최대치의 강한 인공지능이 그 하드웨어 또한 인간의 늙음과 죽음의 메커니즘을 똑같이 닮아 가져 일회적 삶을 부여받고 그 자신 이를 숙명으로 받아들인다면, 그 개체에 대해서는 형벌효과가 있을 것으로 생각할 수 있다. 예컨대 기계장치는 아니지만 영화 『블레이드 러너』에 등장하는 복제인간들은 기억을 주입하는 등의 조치를 통해 '만들어진 이성'을 갖고 있다. 그리고 그들은 보통의 인간보다 더 짧은 시간만을 살 수 있고 그 사실을 또한 알고 있다. 그렇기에 주어진 시간을 끝까지 소비하려는 더 강한 집착이 있었으며, 그로부터 자신들에게 닥친 위협(체포 및 사형)을 인식하고 그것을 피해 다닌다. 그런데 가능할지 모르나 그와 같은 형태의 대상과 공존하게 될 먼 미래에서라면, 그를 인간과 다른 주체로 생각할 필요가 없을 것이다. 역설적으로 그때는 'A.I.와 규범'을 소재로 하는 모든 연구가 무의미해진다. 지금 우리 곁에 살고 있는 이방인에 대해 '이방인형법'을 논할 필요가 없는 것과 마찬가지이다.

이에 미치지 못하는 단계에서, 단지 가치박탈의 가능성에 대한 공포를 느끼도록 인공지능을 고안할 수 있을지 모른다. 이를 바탕으로 프로그래밍을 통해 형벌조치에 대한 부정적인 느낌을 갖도록 조작해 넣을 수도 있을 것이다. 예컨대 에너지의 공급을 중단하거나 운영프로그램을 리셋할 것을 마치 사형의 위협처럼 인공두뇌에 각인시키는 방식이다. A.I.의 수형능력과 관련된 기존의 제안은 대체로 이처럼 기계장치의 형벌수용역량에 초점을 맞추고 있는 것으로 보인다.

이러한 아이디어에 대해서는 그러나 프로그램 과잉이라는 지적이 있을

17) 형사사법과 치안의 구별되는 역할에 대해서는 배종대 · 홍영기, 형사정책, 64/13 이하.

수도 있다. A.I.와 로봇이 바람직하지 아니한 행태를 보였을 때에 그 반작용으로부터 어떻게든 해악을 입을 수 있다는 사실을 인식하게 하고 그로부터 비롯된 가공된 공포심이 그와 같은 행동을 선택하지 않게 만드는 것보다는, 처음부터 그와 같은 행위선택을 하지 못하도록 소프트웨어를 만드는 것이 한결 더 간단한 방법일 것이기 때문이다. 그리고 준법행동 프로그램대로 선택하지 않은 경우는 일종의 '고장'이기에 이를 수리하거나 폐기하는 것이 한결 더 공학다운 일처리이다.

이처럼 간단한 방법을 뒤로 한 채, 비록 어려울 것이지만 형벌공포를 주입시키는 방식을 취한다고 가정해보자. 그 조치가 원하는 성능을 거둘 수 없는 저급한 수준의 인공지능에게는 – 마치 책임무능력자에게 그러하듯 – 형벌의 의미가 없다. 반면에 인간의 뇌를 그대로 닮은 높은 수준의 인공지능은 일회적 삶 안에 놓여 있지 아니한 자신의 형태를 살필 수 있을 것이므로, 그 거짓된 해악이 자신으로부터 그 무엇도 박탈할 수 없다는 분명한 사실을 깨달아 알게 될 수도 있다. 설사 미리 알 수는 없었다고 하더라도, 일종의 형벌조치를 겪은 이후에는 결국 자신에게서 아무것도 빼앗지 못했음을 틀림없이 알게 될 것이다. 그 높은 지능의 '전과자들'이 인간의 형벌을 비웃게 될 미래를 굳이 그려본다면, 더 이상 형법은 우리의 채찍이 아니다. 오히려 기계장치가 인간들을 형벌조치로 몰아세우는 상황밖에 남지 않았다.

실제 그 무엇도 박탈당할 수 없는 대상에게 가상적인 형벌에 대한 공포의식을 허위로 주입하는 것 자체가 정당한지에 대한 물음도 결코 무의미하지 않다. 시스템을 조작하는 거짓으로 A.I.를 협박해서라도 예방효과를 거두기만 한다면 우리 모두 그로부터 만족할 수 있을 것인가? 좋지 않은 결과를 피하려는 목적이 선한 것이기에 광범위한 눈속임에 동참해야 한다는 식의 세계관에 누구나 공감할 수 있는 것은 아니다. 의무론적 시각에서 결코 용납될 수 없는 것일 뿐만 아니라, 공리주의에 의해 정당화될 수 있는 것도 아니다. 윤리의 토대로 삼는 다수의 행복은 공공을 기망해서 얻어낼 수 없는 것이기 때문이다. 밀J. S. Mill의 이야기이다. "당장 유용한 무엇인가를 얻기 위해 거짓말하는 것이 때로 편리할 수도 있다… 그러나 진리를 배신하는 것은 무엇이든 사람들의 주장에 대한 믿음을 약화시킨다. 이런 믿음이야말로 현재의 모든 사회적 이익을 지탱해주는 중요한 원군이다.”[18)]

Ⅵ. 특별예방

이미 범죄성을 표출한 특정 대상에 대한 범죄억제, 즉 특별예방목적으로 시선을 옮겨보자. 만약 우리가 말썽쟁이 로봇의 인공지능을 리셋시킨다면 또는 더 이상 전원을 연결하지 않거나 좁은 공간에 가두어둔다면 A.I.는 더 이상 범죄를 저지르지 못할 것이다. 그렇지만 이러한 조치를 우리가 이용하는 ‘형벌’과 같은 제도로 취급할 것인지에 대해서는 긴 논쟁이 필요하지 않다. 심지어 사람을 대상으로 하는 것이더라도 격리와 치료만을 목적했던 이른바 ‘사회방위론’이 그들 고유의 수단으로 형벌을 ‘대체’할 것을 주장했다는 사실,[19)] 리스트v. Liszt가 일찍이 그러한 보안목적만을 따른다면 형법이 필요하지 않은, 오로지 ‘사회위생사’의 역할만 남게 될 것이라고 이야기한 것[20)]도 무해화조치 자체가 형벌개념과 거리가 멀기 때문이었다.[21)] 이러한 방편에 형벌이라는 이름을 붙여 형법을 적용하고자 하는 일부 사람들의 집착 때문에 인류역사가 오랜 시간 갖추어온 형벌의 본질을 변경해야 할 것으로 생각할 수는 없다. 인공지능과 로봇이 고장났을 때 리셋하는 방법에 대해 왜 형법학이 관심을 가져야 하는가?

논쟁이 한참 진행되다보면 원래 대화목적이 무엇인지, 심지어 애초에 무엇을 대상으로 하는지를 망각한 채 관성적으로 논거생산에 경도되는 때가 있다. 더 이상 일탈을 못 저지르게 만드는 ‘보안’에 의미가 있을 수 있다 하더라도, 그 대상이 우리가 만들어낸 도구임을 망각해선 안 된다. 인공지능은 사람과 달리 자기목적적인 대상이 아니다. 전원을 계속 꺼놓거나 일정한 공간 안에 가두어 두어야만 한다면, 도대체 우리는 그 기계장치를 왜 이용해야 하는가?

18) Mill, 공리주의, 50면.
19) Ancel, 신사회방위론, 13면 이하.
20) v. Liszt, 형법의 기본개념에 미치는 사회학적 · 인류학적 연구의 영향에 대해, 541면.
21) 이 점을 지적하는 예는 라드브루흐, 법철학, 273면 이하.

Ⅶ. 맺 음 말

여기에 적은 예측의 타당성은 미래에 확인될 수 있을 것이다. 그러나 그 대답이 단지 과학발전 정도에 따라 달라질 것이라면 그것은 우리가 아닌 과학자들의 몫이다. 인공지능의 행위선택 가능성 등을 이야기하고 그에 대해 과학계의 찬반을 얻어내는 것은 형법학의 역할이 아니며, 그것으로 이른바 '융복합' 학문이 실천되는 것도 아니다. 법학이 과학의 발전을 가로막아서는 안 되는 것이지만, 그 발전에 편승하여 우리가 전통적으로 무엇을 고민해왔는지조차 잊어버리는 것은 더욱 곤란하다.

형법과제에 대한 규범적인 고찰은 미래에도 여전히 의의가 있을 것이지만, 그렇다면 다가올 미래의 모습도 지금과 다름이 없을 것이기에 이미 충분히 상황을 예견하고 그에 개입할 수가 있다. 적어도 법실무와 법학 영역은 예나 지금이나, 나아가 먼 미래에도 '인간의 권리'를 취급한다는 데에 변함이 없을 것이며 변함이 없어야만 한다. 애초에 권리와 의무를 떠안을 수 없는 대상 위에 법학의 에너지를 쏟으려 하는 시도가 오히려 사회규범의 진지성을 왜곡하는 상황으로 우리를 내몬다. 물론 이념이 소재를 규정하듯 소재도 이념을 규정할 수 있는 것이기에, 이 글이 취급한 소재로부터 형벌의 의미와 과제 자체가 근원부터 달라질 가능성이 전혀 없는 것은 아니다. 그러나 지금까지 전체 인류 문화사가 천천히 갖추어온 법의 의의를 뿌리째 들어내는 작업이라면, 그만큼이나 각자의 철저한 심사숙고와 모두의 반복된 대화를 배경으로 해야만 할 것이다.

단순한 '불행방지'의 욕구로부터 촉발된 성급한 논의가, 형벌이념과 그것을 바탕으로 한 형법원칙을 너무도 쉽게 간과해버리는 위험한 상황을 경계한다. 사실 우리는 그런 장면을 지금껏 너무도 자주 보아왔지만, 지금 주목되는 이 논쟁은 유례를 찾아볼 수 없는 이질감을 드러내고 있기에 과거 그 어느 때보다 소심스럽다. 젊은이가 노인을 덜 존중하는 것 같은 가벼운 태도에 세상한탄까지 하는 마당인데, 수정될지조차 불분명한 생식세포가 조상들의 삶과 문화 전체를 부정하려 하는 모습처럼 비쳐지기도 한다.

09

피노키오

오영걸

서울대학교 법학전문대학원 부교수, 법학박사(DPhil, Oxon)

신탁법, 재산법, 영미법 분야를 연구하며 강의하고 있다. 그동안 대륙법계와 영미법계 양쪽에서 교육을 받고 교육을 하였다. 해외에 한국법을 알리는 데 노력 중이다. 국내에서는 신탁법의 발전 및 영미사법과의 비교 내지 가교적 작업에 관심이 많다.

[법의 미래위원회 주최 2022년 입법공청회]

의　제: 인공지능 로봇의 법인격 인정 여부에 관하여
찬성측: 피노키오
반대측: 법률가
참석자: 입법자

Ⅰ. 피노키오의 외침

입법자는 공청회의 시작을 알린다. 우선 찬성 측에 발언 기회를 준다. 여러분, 제 친구들도 인격체입니다! (피노키오가 힘차게 외친다). 공청회장에 침묵이 흐른다. 피노키오의 친구들은 알고리즘에 따라 격앙되고 감동한다. 이미 인간이 된 피노키오는 아직 인간이 되지 못한 인공지능 로봇친구들을 위해 인정 투쟁을 벌이고 있다. 현장에는 터미네이터, 호문쿨루스, 바이센테니얼 맨, A.I.데이비드, 에이바, 애니타, 핀치 등이 참석했다. 피노키오는 두 가지 이유를 근거로 이 친구들도 법에서 인간으로 대우해야 한다고 주장한다.

피노키오가 제시한 첫 번째 이유는 다음과 같다. 자신의 친구들은 알고리즘 기능 덕분에 지능, 합리성, 의식뿐만 아니라 기쁨과 슬픔 등의 공감능력이 있기 때문이라고 한다. 즉 무엇보다 이성과 감성의 주체라는 측면에서 인간보다 하등 부족할 것이 없다는 것이다. 따라서 사람이 될 자질이 충분하다는 것이다. 두 번째 이유는 다음과 같다. 법적으로 자연인이 아닌 존재들에게도 법인격이 부여되는 경우들이 있는데 유독 자신의 친구들에게만 그러한 법인격이 부여되지 않는 것은 형평에 반하기 때문이라고 한다. 즉 자신의 인공지능 로봇 친구들에게도 법인격이 부여되지 못할 이유가 없다는 것이다.

(피노키오가 발언을 마친 후에 법률가가 말하기 시작한다).

Ⅱ. 법률가의 의견

1. 인간의 조건에 관하여

피노키오 군은 제페토 할아버지 속만 썩이던 말썽꾸러기 인공지능 나무 인간 아니었나요? (법률가가 말하기 시작한다). 그래도 푸른 요정의 은혜로 인간이 되어 친구들을 위해서 이렇게 투쟁도 벌이고 참 기특합니다. 그 마음만큼은 칭찬해주고 싶습니다. 그러나 안타깝게도 피노키오 군의 인공지능 로봇 친구들에게는 푸른 요정 같은 천사가 아직 찾아오지 않아서 인간이 될 수 없을 것 같습니다. (법률가는 이어서 피노키오가 제시한 첫 번째 이유에 대한 반론을 이어간다). 인공지능 로봇 친구들은 '물건'입니다. 자연인이 아니죠. 우리 민법 제3조에서는 '사람은 생존하는 동안 권리와 의무의 주체가 된다'라고 정하고 있습니다. 이때 사람은 자연인을 전제로 합니다. 이에 대하여는 어떤 이견도 없습니다. 즉 자연인이기만 하면 법적으로 사람, 즉 인간으로서 대우를 받는다는 것입니다. 그 이상의 조건은 없습니다.

앞서 피노키오는 자신의 인공지능 로봇 친구들이 고성능 알고리즘 기능 덕분에 지능, 이성, 그리고 감성 차원에서 인간보다 하등 떨어질 것이 없다고 주장했습니다. (피노키오가 갑자기 끼어들어 외친다. "게다가 힘도 더 셉니다!"). 물론 이러한 특성들은 물건과 대비되는, 인간의 능력이라고 볼 수 있습니다. 그러나 그것이 곧 인간의 필수조건이 되는 것은 아닙니다. 다시 말해서 이 중 그 어느 요소도 인간이 되기 위한 조건일 수 없다는 것입니다. 만일 그것들이 인간이 되기 위한 필수조건이라면 귀여운 갓난아기들, 정신장애를 겪는 분들, 식물상태에 빠진 분들, 알츠하이머를 앓고 있는 어르신들은 모두 인간이 아니라는 결론에 이르게 됩니다. 이는 분명 법적 차원(즉 민법 제3조)에서 허용되지 않을 뿐만 아니라 윤리와 상식 차원에서도 결코 용납될 수 없을 것입니다. 따라서 이러한 상태에 놓인 분들도 법적으로 인간이기 때문에 권리와 의무의 귀속 주체가 될 수 있는 것입니다. 그리고 후견적 차원에서 그 행사만 법정대리인이 맡아서 하는 것입니다. 요컨대 인간의 조건은 자연적 출생 그리고 생존 그 자체로 족한 것입니다. 피노키오 군이 제시한 능력들은 인간이 되기 위한 본질적 기준일 수 없는 것입니다.

결론적으로 말씀드리자면, 자연인으로 태아나 숨을 쉬면 모두 값지고 소중한 '인(人)'생입니다. 피노키오 군이 제시한 그러한 지성, 이성, 그리고 감성 능력들은 인간의 존재근거가 될 수 없습니다. 이는 인간과 유전자가 99% 일치하고 사고능력도 있으며 감정까지 느낀다는 침팬지도 결코 인간이 될 수 없는 이유(*People ex rel Nonhuman Rights Project, Inc v. Lavery* 998 NYS 2d 248 (App Div, 2014) 참조)와 동일한 것입니다. 따라서 피노키오의 인공지능 로봇 친구들이 아무리 그 모습이 인간과 동일하고 모든 능력에서 인간과 비슷한, 아니 그것보다 더욱 우월하다 하더라도 결코 인간이 될 수 없는 것입니다. 요컨대 인간이 될 수 있는 핵심적인 특징은 능력이 아니라 자연인으로 태어나 숨을 쉰다는 그 사실 자체입니다.

2. 법인의 '숨은' 조건에 관하여

앞에서 우리는 피노키오의 인공지능 로봇 친구들이 인간이 될 수 없다고 했습니다. (법률가가 말을 이어간다). 그렇다면 '그들을 법에서 인간으로 의제하여 취급할 수는 없을까?'라는 궁금증이 생깁니다. 이것이 피노키오 군이 제시한 두 번째 이유였습니다. 다시 말해서 법적으로 자연인이 아닌 존재들에게도 법에서 인격을 부여하는 경우들이 있는데 유독 자신의 인공지능 로봇 친구들에게만 법인격을 부여할 수 없다면 형평에 반한다는 것이었습니다. 그러나 인공지능 로봇 친구들과 기존의 법인격이 부여된 경우 사이에는 넘지 못할 차이가 있나는 점을 간과해선 안 됩니다. 이제 이에 관하여 이야기해보죠.

우선 주식회사를 예로 들겠습니다. 주식회사는 자연인이 아닙니다. 그러나 법에서 인격을 인정한 가장 대표적인 경우입니다. 주식회사는 설립등기(상법 제172조)를 마치면 법인으로서 권리와 의무의 주체가 될 수 있습니다. 즉 사회적으로 별개의 인격체로서 인정되어 활동할 수 있는 것입니다. 이 점만 보면 정책적 차원에서 인공지능 로봇들에게도 법인격을 인정할 수 있어 보입니다. 하지만 주식회사와 인공지능 로봇 양자 사이에는 결정적 차이가 있습니다. 주식회사에는 활동과 책임부담 측면에서 항상 자연인이 개입합니다. 다시 말해서, 주식회사는 자연인(즉 이사, 주주 등)이 당해 법인의 권리행사와 의무이행에 관한 사항을 결정합니다. 그리고 비록 주식회사의 법인격이 당해 회사를 운용하는 이사 또는 주주들의 인격과는 다르다 하더라도 이사나 주주는 주식회사가 부담하는 민사책임으로부터 항상 자유로운 것은 아닙니다. 예컨대 법인격이 남용될 경우에 그 배후의 자연인인 주주 등 사원의 유한책임은 부정됩니다(1988.11.22. 87다카1671; 2001.1.19. 97다21604). 또는 주주들도 책임을 지게 됩니다. 나아가 주식회사 운용과정에서 이사의 고의 또는 중과실로 인한 임무해태로 인하여 제3자가 손해를 입을 경우 우리 상법은 회사의 책임과는 별도로 이사의 손해배상책임 가능성도 열어놓았습니다(상법 제401조). 이처럼 법인이라 하더라도 당해 법인 배후의 자연인의 유한책임은 일정한 경우에 배제되고 민사책임을 부담합니다.

법인 배후의 자연인이 책임을 부담할 가능성은 형사책임에서 더욱 두드러지게 나타납니다. 예컨대 회사의 대표이사가 회사 명의로 체결한 계약에서 상대방에게 사기를 행했을 경우 사기죄가 성립됩니다. 그런데 처벌받는 주체는 법인의 대표이사입니다. 주식회사는 경제를 활성화하기 위하여 국가에서 인격을 인위적으로 의제한 경우입니다. 이러한 주식회사에게 징역형을 내려봤자 아무런 실익이 없습니다. 주식회사는 (벌금형을 제외하면) 수형 능력 자체가 결여된 허구적 인격체이기 때문입니다. 따라서 법인 배후의 자연인에게 형벌을 부과하는 것입니다. 요컨대 민사책임이든 형사책임이든 우리 법은 책임을 져야 하는 주체와 관련하여 항상 자연인을 최후의 보루로 염두에 두고 있다는 것입니다.

우리에게는 생소하지만 해외에서는 주식회사 이외의 경우에도 법인격을 부여하는 사례가 있습니다. 우선 강과 산으로 이루어진 자연(Nature)을 들 수 있습니다. 대표적으로 뉴질랜드의 Te Awa Tupua 지역의 자연생태계를 들 수 있습니다. 이 지역은 'The Te Awa Tupua (Whanganui River Claims Settlement) Act 2017'에 의해서 법인격이 부여되었습니다. 동 법 제14조 제1항에 따르면 Te Awa Tupua는 법인으로서 권리, 의무 그리고 책임의 주체가 될 수 있습니다. 여기서 우리는 자연이 어떻게 권리를 행사하고 의무를 부담하며 책임을 지는가를 묻지 않을 수 없습니다. 동법 제12조 제2항에 따르면 Te Awa Tupua 사무소의 관리책임자가 Te Awa Tupua의 권리를 행사하고 의무를 부담하며 책임을 지도록 하고 있습니다. 결국 인간조직인 주식회사 법인과 마찬가지로 'Te Awa Tupua'라는 자연법인 또한 의제된 인격이므로 그 권리행사, 의무이행, 나아가 책임부담과 관련하여서는 자연인을 최후의 보루로 상정하고 있다는 점을 알 수 있습니다.

인도에서는 심지어 특정 가문의 종교적 우상(Idol)에 대해서조차 법인격을 인정합니다. 이는 그 유명한 *Pramatha Nath Mulick v. Pradyumna Kumar Mullick* (1925) L.R. 52 Ind. App. 245 판례에서 선고한 내용입니다. 이에 따르면 종교적 우상을 숭배의 주체로 모시는 것은 힌두의 오래된 전통관습이므로 이 관습에 기초하여 법인격을 인정할 수 있다고 합니다. 따라서 해당 우상은 그를 모시고 있는 사원의 소유권도 보유할 수 있게 됩니다. 그런데 당해 우상이 현실적으로 권리를 행사하거나 의무를 부담하는 것은 상상하기 어렵습니다. 따라서 이는 해당 가문의 후계자가 행사하게 됩니다. 즉 당해 가문의 종교적 우상의 권리를 행사하고 의무 내지 책임을 부담하는 주체는 자연인인 후계자라는 것입니다. 결론적으로 주식회사법인 및 'Te Awa Tupua' 자연법인과 마찬가지로 힌두의 종교 우상 법인의 경우에도 그 권리행사와 의무 내지 책임의 최종적 부담 주체는 자연인이 된다는 것입니다.

3. 마지막 보루의 부재

손해배상책임(민법 제390조 또는 제750조)이든 형사책임이든 위반행위에 대하여 법은 그에 상응하는 책임을 부과하고 있습니다. 위에서 살펴보았듯이 자연인의 경우에는 물론, 기타 법인격이 의제된 경우에서조차 그 마지막 책임 주체는 법인 배후의 자연인입니다. 예컨대 주식회사의 이사는 법인격 뒤에 영원히 숨을 수 없을 뿐만 아니라 (벌금형을 제외하면) 법인은 수형 능력이 부정되기에 그 대표자가 형사책임을 지게 됩니다. 이는 책임을 부담해야 하는 주체의 측면에서 볼 때 법은 아직도 자연인을 최후의 보루로 삼고 있음을 반증하고 있는 것입니다. 왜 그럴까요? 채무이행이든 손해배상이든 형사적 처벌이든 불문하고 인간이 만든 법은 궁극적으로 자연인인 인간에 대해 그 책임이 부과되어야 공정과 형평에 맞는 배상과 처벌이 이루어진다고 보기 때문입니다. 도덕의 법정에서 (진심 어린 사과를 한 자에 대한) 용서는 미덕입니다. 하지만 법률의 법정에서는 아직도 '눈에는 눈, 이에는 이'의 원리가 작동하고 있습니다. 무엇보다 법은 아직 자연인의 눈과 이를 요구하고 있는 것입니다.

인공지능 로봇의 경우를 살펴봅시다. 우선 법인격을 인공지능 로봇에게 인정한다는 것은 그들이 권리와 의무의 주체가 되고 나아가 자연인이 그들을 대신해서 권리행사나 의무이행을 할 필요가 없다는 것을 의미합니다. 사실 법인격이 부여된 위의 예시들과 인공지능 로봇의 차이는 바로 이들 인공지능 로봇들로 하여금 스스로 행위하고 그에 대한 책임까지 지도록 한다는 데 있는 것입니다. 문제는 여기서 발생합니다 – 스스로 책임을 진다. 이는 자신이 자신의 알고리즘에 따른 행위의 결과에 대하여 민사와 형사책임을 져야 한다는 얘기입니다. 우선 민사책임, 즉 손해배상책임에 대해 말하겠습니다. 법인격을 부여하면 인공지능 로봇도 통장개설이 가능하고 재산보유도 가능할 것입니다. 그런데 만일 알고리즘 오류로 불법행위를 범하였으나 손해를 배상하기 위한 재산이 없거나 부족한 사태가 발생하게 된다면 어떻게 해야 할까요? 피해자는 그 누구에게도 책임을 물을 수 없는 처지에 놓이게 됩니다. 물론 인공지능 로봇의 배상책임을 위한 보험제도의 창설을 생각해 볼 수 있습니다. 그러나 이 경우 누가 보험료를 지급할 책임을 부담할 것인지가 문제입니다. 그리고 보험기금이 고갈된다면 더욱더 큰 문제가 발생합니다. 이는 근본적인 해결책이 아닙니다.

형사책임의 경우 문제는 더욱 심각해집니다. 즉 법인격이 부여된 인공지능 로봇의 범죄행위로 인하여 피해자가 발생할 경우 우리는 심각한 딜레마에 빠지게 됩니다. 우선 인공지능 로봇의 수형 능력을 부정하면 범죄행위는 있으나 처벌이 없다는 문제가 생깁니다. 반대로 이들에게 수형 능력을 인정하면 인공지능 로봇에 대하여 징역형이나 사형을 선고할 수 있게 됩니다. 그러나 이는 사실상 법인격이 부여된 '물건'에게 징역형이나 사형을 내리는 것과 같습니다. 징역형이나 사형 자체를 물건에 대하여 내린다는 것 자체가 벌써 징역과 사형의 개념과 상충됩니다. 아직까지 징역과 사형의 대상은 자연인을 상정한 개념이지 물건을 전제로 한 제도가 아닙니다. 징역형으로 로봇을 가둔다거나 사형을 통해 로봇을 폐품 처리한들 하등 교정효과나 범죄예방 차원에서 도움 될 것이 없습니다. 아직 우리 인간은 물건에 대한 처벌을 통해서 정의가 달성되었다고 받아들일 준비가 안 되어 있습니다. 물건에 대한 처벌도 처벌이라고 주장하는 것은 인공지능 로봇의 범죄행위를 사실상 자연재해로 보는 것입니다. 왜냐하면 피해자 입장에서 법의 심판을 받을 수 없는 것이나 마찬가지이기 때문입니다.

요컨대 인공지능 로봇의 민사책임 또는 형사책임의 공백 발생은 이들에게 법인격을 인정할 수 없는 중요한 이유가 됩니다. 그럼에도 불구하고 인공지능 로봇에게 법인격을 부여해야 한다면 그것은 결국 인공지능 로봇 제조사에게만 이로운 결과를 가져올 것입니다. 거액을 벌고 책임은 회피할 수 있는… 그렇기에 이들 제조사는 더욱 로비를 하고 싶을지도 모릅니다. 인공지능 로봇에게 법인격을 인정하는 법안을 통과시키기 위해서… 우리 피노키오 친구는 단지 친구들을 위해서 이 자리에 섰을 것으로 믿습니다. 그러나 한 가지만은 명심하기 바랍니다. 법의 세계에서는 아직도 '눈에는 눈 이에는 이'의 원리가 작동한다는 것을, 그런데 인공지능 로봇의 눈과 이는 결코 그 눈과 이가 될 수 없다는 것을…

Ⅲ. 회의종료

피노키오 군, 법률가님 모두 수고 많았습니다. (입법자가 발언한다). 두 분의 이야기를 잘 들었습니다. 생각건대 인공지능 로봇의 알고리즘이 인간의 지성, 이성, 그리고 감성 능력보다 뛰어나게 제작될 순 있어 보입니다. 그러나 인공지능 로봇의 파산 또는 형사범죄로 인한 책임 공백이 가져오는 부작용이 너무 커 보입니다. 따라서 아직은 법인격을 부여하기는 어려워 보입니다. 법인격이 부여된 인적조직인 주식회사, 법인격이 부여된 자연 그리고 법인격이 부여된 종교 우상의 경우에는 모두 최후의 보루로서 자연인이 책임을 질 메커니즘이 마련되어 있습니다. 이는 인공지능 로봇의 경우와 현저히 대비 되는 부분으로 평가됩니다. 양자를 동일시할 순 없을 것 같습니다. 피노키오 군의 인공지능 로봇 친구들은 안타깝지만 법의 세계에서는 아직 물건일 수밖에 없을 것 같습니다. 이것이 오늘 공청회의 결론입니다. 하지만 이것은 2022년 현재의 결론이라는 점을 재차 강조하고 싶습니다. 누가 압니까, 푸른 요정이 다시 한번 나타나 피노키오의 친구들을 위해서 마법을 부려줄지…

피노키오 그리고 인공지능 로봇 친구들은 희망을 가지시기 바랍니다. (이때 울분에 찬 피노키오가 외친다). 인공지능 로봇이 인간보다 모든 면에서 더 강력하고 앞으로 단체를 결성해 그 집단세력을 확장한다면 이들의 법인격을 인정하지 않을 수 없을 것입니다! (이어 입법자가 한숨을 내쉬며 말을 잇는다). 피노키오 군, 만일 정말 그날이 오면 군이 인간이 법인격을 부여할 필요가 없을 것입니다… 그때는 오히려 인간들이 생존을 구해야 할 세상이 될 테니까… 로숨의 유니버설 로봇의 세계처럼…

회의가 종료되었다. 피노키오와 그의 인공지능 로봇 친구들은 큰 실의에 빠졌다. 호문쿨루스, 바이센테니얼 맨, A.I.데이비드, 에이바, 애니타, 핀치 등 모두 알고리즘에 따라 슬프고 우울한 표정으로 회의장을 빠져나간다. 심각한 표정의 터미네이터도 퇴장하면서 입법자와 법률가를 향해 마지막 한마디를 던진다 – “I will be back.”

10

AI 이사와 DAO의 자동화된 의사결정과 이사회, 총회의 역할 변화

– 회사지배구조의 임의규정화 가능성을 중심으로 –

이중기

홍익대학교 법과대학 교수

홍익대학교 법과대학 교수로 상법을 강의하고 있으며, 학장 및 로봇윤리와 법제연구센터 소장을 역임하였다. 영국의 Cambridge와 Sheffield에서 신탁법, 회사법, 자본시장법을 공부했으며, 인적·물적 자원의 조직방법, 그 가버넌스, 신뢰보호를 위한 충실의무의 역할에 대해 연구하였다.

자율주행차, AI와 같이 과학기술의 발전에 따라 등장한 새로운 유형의 권리의무관계 혹은 가상재산과 같은 새로운 재산의 형태 및 그 담보와 거래에 대하여 관심이 많다.

현재 법인격을 이용한 전통적 출자조직에서 플랫폼을 이용한 계약적 공유경제조직으로의 전환에 따른 조직법적 과제와 도전, 블록체인과 AI의 활용을 위한 규제법과 책임법의 정비, 가상재산을 기초자산으로 하는 파생거래와 거래소 규제의 정비 등에 대하여 연구하고 있다.

Ⅰ. 새로운 과학기술의 등장: AI와 블록체인 기술

19세기, 당시 과학기술로는 실현할 수 없었던 컴퓨터를 고안해 낸 찰스 배비지와 컴퓨터에서 작동하는 프로그래밍을 설계한 에이다의 탁월한 혜안은 100년 후 앨런 튜링에 의해 컴퓨터과학으로서 승화하게 된다. 그리고 다시 100년이 지난 오늘날 정보통신기술 및 반도체기술의 획기적 발전으로 데이터의 규모와 처리능력은 상상할 수 없을 정도로 빠르고 크게 확장되고 있다. 요즘 등장하는 수퍼컴퓨터와 이에 기반한 프로그래밍 기술은 불가능해 보였던 상상들을 실현가능한 것으로 바꾸고 있다. AIArtificial Intelligence(인공지능)가 대표적인 예이다. 또한 암호학과 컴퓨터과학의 발전은 메타버스와 같은 새로운 디지털 세상을 창조하고 있고, 가상화폐, NFT와 같은 새로운 재화와 화폐도 창조하고 있다.

과학기술의 발전으로 인해 창조된 새로운 환경은 이러한 과학기술이 없었던 시기에 발전한 근대적 혹은 현대적 거래관계 혹은 단체의 개념에 큰 영향을 미치고 있고, 특히 그 거래관계 혹은 단체관계를 규율하기 위해 고안된 법적 토대에도 매우 큰 영향을 미치고 있다. 근대적 혹은 현대적 회사제도도 그 예외는 아니다. 몇 가지 과학기술적 발전현상들은 회사관계와 그 관계를 규율하기 위한 회사법의 근본 가정에 대하여 큰 의문을 제기하고 있는 것이다.

Ⅱ. AI, DAO의 등장과 회사법에 대한 영향

1. AI, DAO 개념의 특징: 자율성

근대 단체법의 근간에 큰 영향을 미칠 수 있는 새로운 기술 혹은 개념으로서 AI와 DAODecentralized Autonomous Organization(탈중앙화된 자율단체) 개념을 들 수 있다. 이 두 가지 개념의 공통된 특징은 모두 자율성을 띤다는 것이다. 근대법은 개인의 자유와 자율, 그 책임을 근간으로 하는 칸트주의적 자율적인 인간을 상정한다. 그런데 AI는 "자연인" 외의 자율적인 존재를 가능하게 한다는 점에서 근대 사법적 권리주체 개념의 기초에 큰 이슈를 제기하고 있다. 또한 블록체인 기반 생태계에서 새로이 주창되고 있는 DAO 개념도 "법인" 이외의 자율적인 법적 존재를 지향한다는 점에서 근대 단체법이 상정한 단체의 기초 개념에 대하여 토론할 만한 논쟁을 유발하고 있다.

(1) AI: "인간" 아닌 자율적 존재의 등장

AI는 일정한 영역에서 자동화된 의사결정을 통해 인간처럼 작동하는데, 강력한 컴퓨팅 능력을 기반으로 방대한 데이터를 알고리즘에 따라 수집, 처리, 판단함으로써 인간의 지능처럼 작동한다. 예를 들어, 자율주행차의 운행을 담당하는 AI인 자율주행시스템ADS: Autonomous Driving System은 인간 운전자처럼 주행환경에 관한 데이터를 수집, 처리, 판단함으로써 운전작업을 자율적으로 수행하게 되는데, 운전작업과 관련해 현상적으로는 인간처럼 운전을 수행할 수 있기 때문에 그 한도에서 자율성을 인정할 수 있다. 다시 말해 "운전의 자율성"을 기초로 ADS를 인간 같은 "운전자"로 포섭할 수 있게 되는 것이다.

이러한 자율적인 AI의 등장은 단체법의 맥락에서도 큰 영향을 미치는데, 적어도 두 가지 측면에서 단체법이 상정한 "이사"의 개념에 영향을 미친다. 하나는 AI가 이사로서 선임되어 활동할 수 있는가, 즉 AI의 이사적격의 문제이고, 다른 하나는 AI가 직접 이사로 될 수 없는 경우 회사이사는 "탁월한 판단능력을 갖는" AI를 활용해야 할 선관의무를 부담하는 것 아닌가 하는 것이다.

(2) DAO: "법인" 아닌 자율적 단체의 등장

DAO의 등장도 동일한 문제를 야기한다. DAO는 블록체인에 기반한 새로운 단체 개념인데, DAO 주창자들은 단체의 구성원리로서 현재 승인된 "법인" 개념을 "중앙화된 조직방식"으로 파악한다. 즉 법인은 참여자의 권한을 위임받은 이사가 이사회를 조직하고, 이사가 이사회에서 결정한 사항을 CEO가 집행하거나 대표하는 방식으로 행해진다는 점에서 "중앙화"된

조직으로 본다. DAO는 이러한 중앙화된 조직방식에 대응한 개념으로서 중앙화된 관리기관 없이 참여자 전원이 자발적으로 참여하여 자율적인 의사를 결정하고 집행하는 "탈중앙화된" 조직 및 운영 방식을 표방한다. 예를 들어 단체의 의사결정과 관련해 참여자 모두가 온라인에서 직접 참여하는 총회를 중심으로 의사를 결정하고 집행도 스스로 집단적으로 하는 운영방식이다.

이러한 자율적 단체 개념은 항상 존재해 왔지만, 기술적으로 그 실현이 불편 혹은 불가능하였기 때문에 단체법은 아직 이러한 개념을 정식으로 채택하고 있지 않다. 하지만, 인터넷과 블록체인기술 및 암호학의 발전으로 인해 온라인에서 참여자 전체의 총회가 가능하게 되었고 특히 기술적으로 온라인으로 전원의 의사를 결정하고 집행하는 것이 어느 정도 가능해짐에 따라 DAO 개념은 이제 "현실적"으로 작동가능한 존재로서 등장하게 된 것이다. 즉 DAO의 정관이라고 볼 수 있는 프로토콜에 기본적 사항을 자세히 설정하고 스마트컨트랙트로서 참여자의 의사를 결정하고 집행하는 방식으로 온라인 조직이 운영될 수 있게 된 것이다.

이러한 자율적인 DAO 개념의 등장은 근대 혹은 현대의 회사법이 단체의 의사를 결정하고 집행 및 대표함에 있어 그 당시에는 필수적이라고 생각하였던 강행적 요건들에 대하여 그 요건의 강행성에 대한 의문을 제기한다. 대표적인 것이 주식회사에서 이사회, 대표이사의 존재가 필수적인가라는 것이다.

2. AI 이사의 등장: 이사의 자연인 요건의 완화

(1) AI의 이사적격성과 자연인 요건의 완화 필요성

이사의 주된 역할은 회사의 영업과 관련해 경영판단을 하는 것이다. 그리고 이러한 역할을 수행함에 있어 '회사의 최선의 이익'을 위해 행위해야 하고(선관의무), 이사의 역할과 의무를 수행함에 있어 이익충돌에 빠지지 않을 의무를 부담한다(충실의무).

지금까지 이러한 이사의 역할은 자연인이 한다고 보았다. 그런데 과학기술의 발전으로 등장한 AI가 경영판단을 자연인보다 더 잘 할 수 있게 되면 이사의 역할을 자연인만이 독점하게 할 필요가 있는가? 없다고 본다. AI의 경영판단 능력이 자연인과 동일한 수준에 이른다면 혹은 그 이상이라면, 경영능력을 갖춘 희소한 자원인 적격 자연인만을 이사로서 고집할 필요는 없다. 적격이사를 찾고 협상하는 시간과 비용을 들이는 대신 AI를 이사로 선임하는 것이 회사의 경영비용을 최소화하면서 회사의 목적인 영리추구활동을 최대화할 수 있는 방안이기 때문이다.

이러한 점에서 어느 회사의 영업과 관련한 AI의 경영판단능력이 자연인 수준에 접근한다면 AI의 이사적격을 굳이 반대할 필요는 없다고 본다. 예를 들어, 투자자문회사에서 일하는 자연인 이사의 투자분석능력과 자문능력에 접근하는 AI가 개발된다면 투자자문회사에서 필요한 이사로서 AI가 선임될 수 있다고 본다. 물론 AI 이사가 선임될 수 있는 회사인지 여부는 당해 회사의 영업의 종류에 따라 달라질 것이다. 예를 들어, 투자자문회사와 같이 그 회사의 영업이 "데이터의 분석과 판단"이 중요하고 데이터 관련 업무에 대한 "알고리즘적 대응"이 가능한 영역이라면 그러한 영업에 대해서는 AI 이사를 선임할 필요성은 더욱 높아질 것이다.

(2) AI 이사의 선관의무와 충실의무의 담보 방안

우리 회사법 체계는 이사회중심주의를 채택해 이사의 전문적 경영능력을 확보하는 한편 이러한 막중한 역할을 수행하는 이사에 대한 책임을 담보하는 방안으로서 매우 강한 의무인 충실의무와 선관의무를 부담시키는 방법으로 이사의 주주에 대한 '대리인문제'를 해결하여왔다. 그런데, 자연인과 같은 수준의 경영능력을 갖는 AI 이사가 선임되는 경우, 이러한 AI 이사의 주주에 대한 책임능력은 어떻게 담보하는가가 문제된다.

1) 선관의무 위반으로 인한 책임의 담보방안

AI 이사가 이사로서 기대되는 선량한 관리자의 주의를 다하지 못하여 제3자 혹은 회사에 대하여 배상책임을 지는 경우가 생기는데, 이러한 경우 AI 이사의 의무위반에 대하여 회사 혹은 제3자에 대한 책임능력을 갖추는 방법을 고안해야 한다.

두 가지 정도를 생각할 수 있는데, 그 하나는 AI 이사에 대해 AI능력을 제공하는 AI 개발사에게 담보책임을 부과하는 것이다. 다른 하나는 AI 이사의 책임능력을 담보하기 위해 AI 이사로 하여금 책임보험에 들도록 하고 보험료는 회사가 부담하도록 하는 것이다. 전자보다는 후자의 방법으로 책임재산을 확보하는 방안이 간편하고 실용적이라고 본다. 왜냐하면 책임추궁은 일반 회사보다 구상권을 전문적으로 행사하는 보험회사가 더욱 적합한 위치에 있기 때문이다. 다시 말해 AI 개발자에 대한 책임추궁은 AI 이사를 선임한 회사보다는 AI 이사의 의무위반으로 인해 1차적 배상책임을 지는 손해보험사가 더 전문성을 갖기 때문에, AI 이사의 의무위반이 AI의 작동 오류 기타 개발상의 과실이나 작동상의 결함에 기인하는 것으로 의심되는 경우, 배상책임을 진 보험사로 하여금 AI 개발자에 대해 구상권을 행사하도록 하면 된다.

2) 충실의무 위반으로 인한 책임: 문제 발생 없을 것

AI 이사의 충실의무 위반도 이론적으로 문제될 수 있다. 그런데, AI 이사는 자연인 이사와는 달리 이사로서의 경영판단 외에 다른 법률행위를 하지 않기 때문에 다른 권리주체에 대하여 이해관계를 갖지 않는 것이 보통이다. 따라서 AI 이사의 경우 회사와 충돌하는 이해관계를 갖지 않을 것으로 예상되고, 그 결과 이익충돌로 인한 회사에 대한 충실의무 위반문제는 원칙적으로 관념적으로만 발생하는 문제라고 생각된다.

3. DAO의 등장: 회사지배구조의 임의규정화 필요성

(1) 이사회의 임의규정화

앞서 본 것처럼 블록체인 커뮤니티에 기반한 자율적인 DAO 개념의 등장은 근대 혹은 현대의 회사법이 단체의 의사를 결정하고 집행 및 대표함에 있어 그 당시에는 필수적이라고 생각하였던 강행적 요건들에 대하여 그 요건의 강행성에 대한 의문을 제기한다. 대표적인 것이 주식회사에서 이사회의 존재가 필수적인가에 대한 것이다. 예를 들어, 이사는 전문경영인을 전제하는데, 특히 지리적으로 떨어져 있는 모든 사원들이 물리적으로 모여서 회의를 하고, 의사를 결정하는 것이 힘들었기 때문에 회사법은 중요한 의사결정을 전문가인 이사로 구성된 이사회에 위임하도록 하였고, 이사회는 주식회사의 필수적 기관이 되었다. 그런데, 과학기술의 발전으로 총회방식으로 주주전부의 의사를 쉽게 토의 결정할 수 있다면 이사회의 존재를 반드시 전제할 필요는 없다. 전문가가 필요하다면 그의 자문을 받을 수 있는 구조를 설정하면 되는 것이지 전문가로 구성된 이사회를 반드시 주식회사의 필수적 의사결정기관으로 정할 필요는 없는 것이다. 즉 주주가 판단해 전문성을 필요로 하는 회사라면 전문가에 의한 경영을 위해 이사회를 임의적으로 둘 수 있도록 하면 되는 것이지 이사회를 당연한 의사결정기구로 강제할 필요는 없다.

(2) 총회 결의요건의 임의규정화

마찬가지로 온라인에서 참가자들이 총회를 쉽게 열수 있고 총회에서 자율적으로 심의 의결하는 것이 용이하다면 어떤 안건을 보통결의사항으로 하고, 어떤 안건은 특별결의사항으로 한다는 상법의 규정도 강행규정으로서 강제할 필요는 없다. 기술적으로 가능하다면 온라인 총회에서 각 사안에 대한 의결요건을 스스로 상법의 요건보다 가중하거나 혹은 경감하는 조치를 유연하게 취할 수 있기 때문이다. 이러한 자율성을 확보하기 위해서는 상법의 특별결의요건 등을 강행적인 것이 아니라 임의적인 것으로 해야 할 필요가 있다.

(3) 대표이사의 임의규정화

나아가 총회에서 자신들이 규정한 결의요건을 충족시킨 안건에 대해 온라인 혹은 오프라인에서 "기술적으로" 업무집행이 가능하다면, 대내적 업무집행을 위해 반드시 대표이사가 필요한 것은 아니다. 총회는 "회사"의 이름으로 직접 집행하면 되는 것이지 자연인인 대표이사를 내세울 필요가 없기 때문이다. 만약 자연인이 필요하다면 총회에 참여하는 주주전원이 "주식회사 주주전원"의 이름으로 행위할 수 있을 것이다.

주식회사가 대외적으로 행위하는 경우에도 마찬가지이다. 기술적으로 참여자 전원이 대외적으로 행위하는 것이 가능해진다면 "주식회사"의 이름으로 전원이 직접 행위하면 되고 반드시 자연인 "대표이사"가 대표하여 행위하도록 할 필요는 없다.

주식회사에서 대표이사를 선임하는 이유는 인적·물적 재산의 조직체인 회사가 추상적·관념적 존재이기 때문에 주식회사를 거래상대방이 인식할 수 있도록 하는 유형의 자연인 존재가 필요하였기 때문이다. 그런데, 기술적으로 온라인 및 오프라인에서 주주전부가 "회사"로서 등장하고 인식할 수 있다면, 자연인 대표이사의 존재를 강제할 이유는 없을 것이다.

Ⅲ. 정리의 말: 회사지배구조의 임의규정화를 위한 과학기술의 진보

1. 법인격: 단체에 인격을 인정하고 중앙화된 기관을 설치한 이유

사람의 단체 혹은 목적재산에 인격을 부여한 이유는 크게 자율성과 책임성 관점에서 정당화될 수 있다. 사람의 단체는 "사람"으로 구성되므로 인격을 갖는 사람으로 구성된 "단체"도 사람처럼 의인화하여 인격을 줄 수 있다고 보는 것이다. 재단의 경우에도 목적재산으로 목적사업을 "사람들"이 수행하기 때문에 의인화할 수 있다. 이와 같이 사람의 단체 혹은 사람들의 목적재산은 자율적인 존재이고 그 판단에 대해 스스로 책임을 지기 때문에 사람처럼 존엄성을 인정받을 수 있다. 다시 말해 사람으로 구성된 사람의 단체 혹은 사람이 운영하는 목적재산도 독자적인 자율성과 책임성을 갖기 때문에 사람과 마찬가지로 존엄한 존재로서 인격을 인정할 수 있다는 것이다. 좀 더 구체적으로 존엄성의 근거인 자율성은 단체의 "두뇌" 역할을 하는 "기관"organ에 의해 확보되고, 책임성은 단체가 보유하는 "책임재산"에 의해 확보된다.

문제는 전통적인 법인의 기관은 모두 중앙화되어 있는데, 과거에는 당연시되었던 "중앙화된 기관"centralized organ에 대하여 최근에 탈중앙화의 시도가 행해지고 있다는 점이다. 단체를 의인화할 때 "두뇌"의 역할을 하는 기관을 상정하면 두뇌는 이사회와 대표이사가 된다. 그런데, 오늘날처럼 과학기술의 발전으로 인해 온라인으로 총회를 자유롭게 개최하고, 온라인 오프라인에서 "참여자 전부"가 직접 대내적으로 업무를 집행하고 대외적으로 회사의 이름으로 대표하는 것이 가능해진다면 굳이 "두뇌역할"을 하는 기관을 이사회와 대표이사로 한정할 필요는 없을 것이다. 대내적으로 "총회"에서 직접 의견을 형성 결정하고 대외적으로도 총회가 직접 "회사의 이름"으로 행위할 수 있다면 그렇게 하도록 허용하면 될 것이다.

2. 인격의 역할과 DAO의 인격 부여 문제: 탈중앙화 단체의 인격 여부

(1) 인격의 역할: 재산통합의 연결점적 기능

인격은 재산의 연결점 혹은 귀속점으로서 기능[1]하고, 법인의 설립절차는 출연자의 재산을 출연자 소유에서 분리하여 새로 설립된 법인의 재산으로 전환시키는 '재산분리'asset partitioning, '소유자전환'ownership conversion 및 '재산통합'asset pooling기능을 수행한다.[2] 법인설립절차는 이러한 재산분리와 소유자전환기능을 통해 출연자의 재산을 새로 설립되는 법인의 재산으로 전환해 통합하고, 나아가 출연자에게 생긴 위험이 법인의 재산으로 전이되는 것을 막아준다(소위 출연자 파산시 조직격리기능entity shielding).[3] 반대로, 법인재산에 생긴 위험이 출연자에게 전이될 수도 있는데, 합명회사의 경우 무한책임을 지게 함으로써 사원은 회사재산에 생긴 위험을 모두 인수하게 하는데 비해, 주식회사의 경우 출연자인 주주로 하여금 유한책임을 지게 함으로써 회사 재산에 생긴 위험이 출연자인 주주에게 전이되지 않도록 한

---

1) "[재산]은 항상 어떠한 권리주체에 귀속되며, 그러한 귀속점없이 떠도는 [재산]이란 있을 수 없다." 양창수 · 권영준, 권리의 변동과 구제 제2판, 2015, 55면.
2) 이중기, "조직법의 역할: 재산통합과 지분, 기관, 유한책임의 실현", 홍익법학 제16권 제1호(2015), 591면, 596면 이하.
3) 조직격리기능에 대해서는 이중기, "조직법의 역할", 596면.

다(회사 파산시 출연자격리기능owner shielding 여부).[4)]

이와 같이 인격을 갖게 된 법인, 특히 주식회사는 인격을 이용해 자신에게 귀속된 책임재산에 대하여 '규모의 경제'를 실현함으로써 재산관계의 형성에 있어 자연인보다 더 중요한 역할을 수행하고 있고, 우리 사회에서 핵심적인 영향력을 행사하고 있다. 주식회사 명의로 보유된 재산의 규모가 기하급수적으로 증가하였기 때문이다.

이처럼 인격은 법인에서 결정적으로 중요한 '조직격리기능'을 수행하고 특히 주식회사에서는 '출연자격리기능'까지 수행하기 때문에 어떤 단체에 대한 법인격의 부여 문제는 매우 중요하게 된다. 마찬가지로 새롭게 자율적인 단체로 등장한 DAO에 대해서도 이러한 조직격리기능 혹은 출연자격리기능을 수행하는 법인격을 부여할 것인가는 매우 중요한 문제로서 제기된다.

(2) DAO의 인격 부여

탈중앙화된 조직인 DAO에 대하여 법인격을 부여할 필요가 있는가 여부는 정책적인 판단의 문제로 보인다. 예를 들어, 기술적으로 온라인 및 오프라인에서 참가자들 전체가 총회를 통해 의사를 결정할 수 있고, 그 의사를 대내적으로 집행할 수 있고, 또한 결정된 의사를 대외적으로 표시하는 것이 가능하고 용이하다면 법인격을 부여하지 않을 이유는 없다. 이들 단체도 사람들의 단체이기 때문에 자율성에 기한 존엄성을 인정할 수 있기 때문이다. (DAO에 인격을 인정할 경우 DAO의 법인격에 '조직격리기능'만 인정할 것인지 아니면 주식회사와 같이 '소유자격리기능'도 인정할 것인지의 추가적 문제가 발생한다)

하지만 다른 방법으로서 DAO에 법인격을 부여할 수도 있다. 즉 직접 DAO의 법인격을 인정하는 입법을 하지 않더라도 기존 주식회사법 기타 다른 단체법의 중앙화된 의사결정구조를 강행규정에서 임의규정화하는 방법으로 DAO에 대하여 인격을 부여할 수 있다. 앞서 본 것처럼, 만약 현재 회사법이 규정한 이사회 중심의 "중앙화된 지배구조"에 대하여 강행성을

4) 출연자격리기능에 대해서는 이중기, "조직법의 역할", 621면 이하.

갖는 강행법규가 아니라 임의적인 것이라고 선언한다면, DAO가 의도하는 총회 중심의 탈중앙화된 지배구조는 현행 회사법 구조하에서도 자율적으로 총회 중심으로 조직할 수 있기 때문이다. 이와 같이 회사법의 임의화 방식도 DAO에 인격을 부여하는 하나의 대안이 될 수 있다.

3. 결론: 단체법의 임의규정화 필요성

현재의 과학기술 수준을 고려할 때, 총회에서 단체의 의사를 결정하는 것은 상대적으로 어렵지 않다. 하지만, 대내적인 집행과 관련하여 특히 대외적인 대표와 관련해서는 탈중앙화된 총회 중심주의 방식으로 운영하는 것은 아직 기술적으로 완전하지 않는 것으로 보인다. 따라서 지금 당장 DAO의 법인격을 인정하여야 할 필요성이 급박한 것은 아닐 수 있다. 하지만 급격한 과학기술의 발전은 내일 당장 이 문제의 해결을 요구할 수도 있다. 이러한 점을 고려한다면, DAO의 법인격 문제는 "현실적" 문제로서 처리해야 할 것이고, 그 한 가지 방안은 현행 회사법 혹은 단체법 체제를 "DAO에 관해서" 임의규정으로 보는 것이다. 현행 회사법 체제를 DAO에 대해 임의규정으로 본다면, DAO는 현행 주식회사법 혹은 다른 단체법의 체제 내에서 이사회 혹은 대표이사를 동원하지 않더라도 자율적으로 작동하는 "총회" 중심주의 방식으로서 지배구조를 설정할 수 있을 것이다.

2011년 신탁법 개정으로 신탁법은 상당히 임의규정화되었다. 회사법 기타 다른 단체법도 신탁법과 동일한 '조직법'organizational law의 하나로서 동일한 임의규정화의 운명을 맞이할 것으로 생각된다. 왜냐하면 법인설립절차를 통한 독립된 목적재산의 형성 필요성(다시 말해 새로운 인격의 창조와 그 법인에 대한 "물권적 양도"를 통한 안정적인 "재산통합"의 필요성)은 과학기술의 발전으로 인해 "채권적인 방식" 특히 공유의 방식으로 재산사용이 가능하게 됨으로써 그 중요성이 많이 감소하였기 때문이다(공유경제조직의 탄생과 공유경제로의 이행).[5] 예를 들어, 에어비앤비에서 숙박공간은 물권적으로 양

5) 이중기, "공유경제 기업의 자원 조직방식의 특징과 조직법적 의미", 홍익법학 제18권 제1호(2017), 423면 이하 참조.

도되지 않더라도 공유의 방식으로 안정적으로 제공되고 관리된다. 채권적 관리를 가능하게 하는 인터넷과 모바일의 발전이 있었기 때문이다. 마찬가지로, 블록체인기술의 발전으로 등장한 DAO 개념은 기본적으로 법인 개념을 채용하더라도 그 기관으로서 "중앙화된 기관"을 반드시 필수적 요소로서 요구하지 않는다. 분산화 기술의 지원이 있다면 전원이 참석하는 "총회"는 충분히 자율적인 기관으로 작동할 수 있기 때문이다.

11

Litigation Trolls made by Machine Learning

양종모

영남대학교 법학전문대학원 교수

1981년 사법시험에 합격한 후 사법연수원을 거쳐 군 복무를 마치고, 1986년 검사로 임용되었다. 2003년 부장검사를 끝으로 퇴직한 후, 2006년부터 영남대학교에서 교수로 재직하면서, 법학전문대학원에서 형사법을 가르치고 있다.

약 30년 전인 1989년부터 컴퓨터 프로그래밍(코딩)을 하면서, 1990년 초부터 인공지능에 대하여 관심을 가지고 연구를 하여 왔으며, 현재도 파이썬, 텐서플로우 등을 이용하여 인공지능 관련 알고리즘을 만들고 있다.

형사법을 지도하고 있지만, 연구의 주된 방향은 인공지능 관련 법률 분야이며, 카이스트 4차 산업혁명 지능정보센터 전문자문위원을 역임하는 등 법학 분야 외에서도 활동하고 있고, 인공지능 판사, 챗봇 등 인공지능 관련 법적 이슈 때마다 언론에 논문의 내용이 소개되기도 하였다.

사실 인공지능이 법 분야에서 어떻게 활용될 수 있는가 하는 문제는 매우 중요함에도 법학에서 이러한 인공지능의 활용에 관하여 깊이 있는 논의가 전개된 예는 드물다. 인공지능 시스템 개발은 공학자의 몫이며, 법학은 주로 인공지능이 사회에 미치는 영향을 중심으로 어떻게 인공지능을 규율할 것인가 하는 문제에 집중하다보니 정작 인공지능을 활용하여 법 집행을 비롯한 여러 가지 분야에서 혁신을 도모한다는 등의 문제는 도외시된 것이 현실이다.

물론 법 분야의 전문가가 인공지능 시스템 개발자로 나설 수 없는 것이 현실이다 보니 법학에서 인공지능 활용 등의 문제 논의는 한계가 있기 마련이다.

미국의 경우는 다소 다르다. 법 분야에 인공지능 알고리즘을 적용하여 돈이 되는 뭔가를 만들어내고 있다. 인공지능 변호사라든가, 인공지능 판사 운운하는 황당한 이야기는 미국에도 존재하며, 황색언론이 아닌 버젓한 일간지에서도 인공지능 변호사 등장과 같은 황당한 기사가 실리기도 하지만, 조금씩 뭔가를 해내고 있다. 물론 경제적인 측면의 고려도 없지 않다. 미국의 법 분야에서 큰 수익을 내고 있는 분야는 법률정보검색이다. 공보를 인쇄해서 배포하여 수익을 올리던 때부터 법률 정보는 돈을 내고 구매해야 하는 귀중한 자산이었다. 컴퓨터 알고리즘이 도입되면서 법률정보검색을 위해 공보를 꺼내놓고, 일일이 넘겨가며 눈으로 확인하던 방식은 옛이야기가 되고, 키워드만 잘 선정하면 눈 깜짝할 사이 찾고자 하는 판례 등 법률정보를 바로 제공하는 식이 되었다. 공보를 인쇄하는 회사는 인터넷으로 법률정보 검색 서비스를 제공하는 회사로 변신했고, 대표적인 Westlaw 서비스의 Thomson & Reuters는 인공지능 알고리즘을 검색 서비스에 도입하면서 물경 10억 달러 가량을 투입하였다는 후문이 떠돈다.

계약 분석 등 변호사의 일상적 업무도 인공지능 알고리즘의 도움을 받아 매우 효율적이고, 빈틈없는 서비스 제공을 지향하고 있다. 전부 돈을 따라 알고리즘 개발방향이 결정된다. 그러다보니 뭔가 거창하게 세상을 놀라게 할 만한 임팩트 있는 게 없다.

그런데 연구실 수준의, 아직 실용화되지 않은 시도 수준의 법 분야 알고리즘 등이 언론 등에 소개되면서 맞지도 않는 우스꽝스런 옷을 입고 등장한다. 그런 알고리즘 부류 중에 판결 예측 프로그램이 있다. 언론은 판결 예측 프로그램이 아니라, 인공지능 판사 등장이라는 식으로 소개한다. 문제는 판결 예측 알고리즘도 아니라는 것이다. 과거의 판결 사례를 놓고, 텍스트를 중심으로 분석하여 어떤 상관관계를 발견할 수 있는 모델을 구축하고, 그것을 과거 사례에 적용해보면서 몇 퍼센트의 정확도로 판결을 예측하였다고 야단인데, 예측이란 일어나지 않은 일을 미리 알려주는 것이다. 따라서 위 알고리즘은 예측이 아니라, 분석 알고리즘이 맞다. 물론 인공지능 알고리즘의 작동방식을 뜯어보면 분석과 예측은 동전의 양면처럼 차이가 없다. 예측을 위한 알고리즘은 예측력을 갖기 위해서 과거 사례를 가지고 학습하고 훈련할 수밖에 없다. 과거 사례가 가지고 있는 여러 가지 변수들과 그 결과를 가지고 열심히 공부한 다음, 던져준 미지의 문제에 대하여 그 문제가 가진 고유의 변수와 과거 사례의 학습·분석을 통해 만들어진 모델을 그대로 적용하여 어떤 결과를 내놓는데, 그것은 아직 일어나지 않은 것이므로, 예측이 된다. 법 분야에서 실용화의 성공적 모델의 하나인 재범 위험성 예측 알고리즘은 어떤 피고인이 가진 여러 가지 특성을 변수화하고, 그것에 모델을 적용하게 되는데, 그 모델의 개발방식이나 작동 알고리즘에 대하여 영업비밀로 보호받고 있어 들여다 볼 수 없지만, 인공지능 알고리즘 또는 머신러닝이 적용되었다면, 과거 어떤 피고인들이 가지고 있던 유의미한 여러 변수들을 가지고 뭔가 모델을 만들고, 그렇게 구축된 모델을 적용한 결과를 실제 그 피고인들의 재범 여부라는 답과 대조하는 방식으로 학습을 진행하였다는 정도는 충분히 짐작할 수 있는 일이다. 비록 정확도면이나 편향성 등에서 비난을 받지만 그래도 인간의 임상적 판단보다는 훨씬 효율적이라는 면에서 법 집행기관의 견고한 지지를 받는 알고리즘이 되었다.

어떻든 이와 같은 재범 위험성 예측 프로그램은 각 주에서 의무적으로 사용하도록 법제화할 정도로 실용적 시스템인 반면, 판결 예측 알고리즘은 실험실 수준에 불과하며, 주된 개발자도 미시간 주립대학교 법학 교수인 Daniel Martin Katz와 같은 극히 드문 예외를 제외하고는 법학과 무관한 인공지능공학자들이 대부분이다. Katz와 그와 동료들이 2017년 개발한 알고리즘은 미연방 대법원의 전체 결정을 70% 정도 예측하였다고 하였다. 엄밀히 이야기하면 분석하였다는 이야기가 맞다. 그 팀은 1953년부터 2013년까지 60년 이상의 대법원 데이터, 총 7,700건의 사건과 68,000건 이상의 미연방 대법원의 결정을 분석하였다.[1] 물론 장래의 사건에 대한 결과 예측이 맞는지를 확인하려면 소송결과를 기다려야 하니, 알고리즘 정확도 확인에만 엄청난 시간을 요할 것이어서 불가능할 것이다. 그래서 Katz는 스스로 미래 예측이 아니라 이미 결정된 사례를 가지고 백 테스트하였다고 실토했다. 그런데 이와 같이 실용화된 시스템도 아니고 연구실 수준의 결과만을 놓고서도 미국 언론들이 내지른 무책임한 보도들로 인해서 얼마나 많은 사람들이 오도되었을까? 가소롭기 짝이 없는 상황이다. 유럽인권재판소의 결정에 대하여 동일한 형태의 연구가 있는데, 그 주요 전제는 판결문과 제출된 신청서의 텍스트 사이에 어떤 관련성이 있다는 가정이다. 이러한 가정 하에 판결 결과에 대한 사전 예측을 위해서 텍스트 기반 분석 알고리즘을 사용하는 것이 그 핵심인데, 그 이전의 연구가 정치경제학의 입장에서 범죄의 성격과 중대성, 범죄 정책 등과 같은 비문자적 정보를 바탕으로 판사들의 의견을 분석하고 예측하는 데 주로 초점이 맞춰졌던 것과는 대조된다.[2] 심지어 이런 연구의 영향을 받고 유사한 연구가 무수히 진행되었고, 최근 튀르키예 법원의 판결 예측 알고리즘까지 등장했다. 그러나 최근에 이러한 연구 동향에 대하여 냉엄한 비판의 목소리가 생겼고 필자의 생각과 거의 일치하여 간단히 소개하고자 한다.[3] 그 비판은 이런 알고리즘이 유용하기 위해서는 법 분야의 요구에 근거해야 하는데, 그렇지 못하고, 법원의 결정을 예측한다고 표방하지만, 실제 미래의 판결을 예측하지도 못한다고 결론내면서, 불충분한 법률 지식은 물론 부주의한 필터링, 데이터 세트의

1) Kim Ward, Daniel Martin Katz, "Using Data To Predict Supreme Court'S Decisions", MSUToday, Michigan State University, Nov. 4, 2014. https://msutoday.msu.edu/news/2014/using-data-to-predict-supreme-courts-decisions (최종접속 2022.1.12.)

2) Nikolaos Aletras et al.,"Predicting judicial decisions of the European Court of Human Rights: a Natural Language Processing perspective, PeerJ Comput. Sci (2016), pp.2-4.

3) https://link.springer.com/article/10.1007/s10506-021-09306-3 (최종접속 2022.1.12.)

결함 등 이러한 알고리즘이 가지고 있는 여러 가지 문제점을 지적하고 있다. 더욱 신랄한 부분은 법적 예측은 무엇보다도 법에 대한 지식, 끊임없이 변화하는 세계에 대한 지식, 판단해야 할 주장의 파악이 절실한데, 그런 부분이 완전히 결여되어 있다는 것이다.

더 나아가 판결을 예측하여 무엇에 쓰겠느냐는 비판도 있을 수 있다. 단순히 호기심 충족을 넘어 어떤 활용가치가 있겠느냐는 생각도 터무니없다고 생각되지 않는다. 그러나 판결 예측 알고리즘을 그대로 가져가되, 소송결과 예측 알고리즘으로 이름을 바꾸면 상황은 달라진다. 소송결과 예측 알고리즘은 인공지능 알고리즘을 이용하여 판결 등 소송 결과를 예측하려는 것으로 정의할 수 있다. 이와 같은 소송결과 예측 알고리즘이 제대로 작동되면 그 유용성은 클 것으로 예상된다. 소송결과 예측이 가능하고, 당사자가 이를 받아들일 수밖에 없는 정도의 높은 정확성 · 신뢰도가 담보되면, 당사자는 지루하고 소모적이기까지 한 소송으로 가지 않고 당사자 간의 화해로 분쟁국면을 끝낼 수 있고, 그로 인해 쌍방 모두 막대한 비용을 아낄 수 있다. 소송 결과가 불투명하기 때문에 당사자는 출혈과 위험을 감수하면서 끝까지 최종 판결로 분쟁을 결말짓고자 하는 것이다. 그런 면에서 확실히 소송결과 예측 알고리즘의 유용성이 엿보인다.

여기서 생각을 조금 더 진전시켜 나아가면, 소송 결과 예측 알고리즘은 그 막강한 잠재력으로 소송의 판도를 완전히 변모시킬 뭔가 엄청난 것을 만들어낼 수 있다. 여기서 필자는 영문이지만 본고의 제목을 정했다. 잠재력이 커서 무시무시한 파급력이 있는 괴물이 소송 결과 예측 알고리즘에서 나올 수 있다는 것이다. 이때의 파급력은 돈과 연관된다. 미국에서도 기존의 법 분야의 인공지능 알고리즘은 전부 돈을 중심으로 개발되고 있고, 굳이 따지자면 소품들이 많다. 범죄예측 알고리즘이나 재범의 위험성 예측 알고리즘과 같이 공공영역에서 사용되는, 국가가 사용자가 되는 알고리즘과는 달리 민간영역에서는 뭔가 내세울 것은 없지만, 쏠쏠하게 돈이 되는 그런 실용적 알고리즘이 개발되고, 로펌 등을 중심으로 채택되어 개발자에게 경제적 부를 가져다주고 있다. 계약서 작성을 자동화한다거나, 기존의 거래를 분석하여 위험을 예측하는 알고리즘, 유언장 자동 작성 알고리즘 등은 법조 직역의 극히 단편적인 업무를 자동화한 것이다. 인공지능 변호사라고 언론에서 야단법석을 떤 ROSS도 파산분야 특화 검색·분석 알고리즘이다.

그런데 이러한 소품과는 달리 소송결과 예측 알고리즘은 제대로만 개발되면 존재감이 다르다. 단순히 법 분야의 어떤 업무를 대체하는 수준을 넘어 새로운 직역을 창조한다. 소송은 그 규모의 크고 작음을 떠나 항상 소송비용이 문제된다. 특히 손해배상의 집단소송 등에서는 특히 더 그렇다. 피해가 집단적이고, 피해 양상이나 범위가 방대하고, 동시다발적인데, 환경오염의 경우, 그 피해 범위가 특정 지역사회를 넘고, 대량생산 시대의 특징상 어떤 제품의 하자는 그것을 사용한 많은 소비자들에게 집단적 피해를 입히면서도 정작 개개인의 피해 규모는 크지 않아서 개개인이 개별적으로 소송을 하기는 어렵다. 이런 경우 집단소송이 고려되는데, 이런 집단소송에 있어 소송비용의 조달이 문제된다. 본래 소송에서는 당사자인 원고와 피고가 소송비용을 부담하게 마련이다. 문제는 집단 소송 시스템은, 법정에서 배상을 필요로 하는 바로 그 진짜 희생자와 관련해서 문제에 답하도록 강제되는 수십만 명의 다른 배심원의 손에 "너무 많은 위험"의 결정을 맡기고, 그로 인해 무작위적, 로또 같은 결과와 배상금의 상당한 부분을 잡아먹는 높은 법적 비용으로 많이 비난받는 시스템이다.[4] 우리나라의 경우, 구원투수는 자금 동원력이 있는 법무법인이나 변호사다. 이들이 소송대리인이 되어 초기 소송비용을 전부 부담하는 것이 통상적이다. 문제는 이들이 소송결과 얻는 승소금액에서 지나치게 높은 성공보수를 챙긴다는 점이다.

반면 미국에서는 제3자 소송자금 조달 제도가 존재한다. 원고나 피고가 아닌 제3자가 소송 자금 조달에 관여하는 것이 바로 제3자 소송 자금 조달이며, 원고나 피고, 변호사가 아닌 제3자에 의한 소송자금 조달 현상을 설명하기 위하여 대체 소송자금 조달alternative litigation financing이라는 표현도 쓴다.[5] 막대한 소송비용은 변호사와 소송 당사자 사이에 소송자금 조달의

4) Stephen Breyer/법제처 비교공법연구회 역, 규제의 악순환, 법령정보관리원, 2012, 110면.
5) Steven Garber, Alternative Litigation financing in the United States, RAND coporation (2010), pp.1-2.

필요성을 야기한다. 이는 소송에 국한되는 것이 아니어서, 대규모 법률 회사의 경우, 시간당으로 지급되는 수수료라는 안정된 수입원을 바탕으로 재정적 안정을 유지하는 일방, 잠재적인 수익이 큰 사건을 유치하기 위한 메커니즘으로 제3자 소송자금 조달을 이용한다.[6] 우리나라에서 법률서비스 보험이 출시되어 당사자가 부담하는 소송비용 조달을 도모하려 하였지만, 활성화되지 못하고 있는 상태다.

이러한 제3자 소송자금 조달의 유일한 장애는 바로 불확실한 소송 결과다. 소송비용을 조달하는 제3자 측에서는 소송 결과가 기대한 대로 되지 않으면 막대한 손실을 감수할 수밖에 없는 상황이 될 수도 있다. 소송금융의 자금조달 구조는 다양한 형태를 가지고, 일부 형태의 경우, 관여하는 여러 이해관계자에게는 여러 가지 위험을 수반할 수 있다. 물론 제3자 소송자금 조달은 고리대금을 막는 이자제한법이나 윤리지침 위반과 같은 문제를 야기할 수도 있다.

이러한 제3자 소송자금 조달은 위험의 예측과 관리가 필요한 영역이다. 막대한 자금을 투입하는데, 소송의 승패에 따라 막대한 손실을 가져올 수도 있는 위험에 대한 예측은 필요불가결한 것이다. 대부분 제3자 소송자금 조달에 나서는 투자자들은 빈곤층의 소송 접근 가능성 제고라는 공익적 목적과는 무관하며, 그것을 하나의 수익 모델로 보기 때문에 투자에 나선 것이므로, 소송의 승패에 대한 예측이 필요하다. 그런 측면에서 보면 앞서 논의했던 인공지능에 의한 법적 위험의 평가가 적용될 최적의 지점이다. 인공지능 알고리즘에 의하여 확실한 소송예측이 가능하다면 소송금융 조달의 판도도 완전히 달라지지 않을까? 이제 소송금융의 등장으로 소송의 양상도 큰 변화를 겪게 될 것이다. 그런 변화의 끝은 어떨까? 혹시 거대하고 엄청난 소송괴물의 모습은 아닐까? 괴물은 부정적 측면으로만 그려지는데, 통상적으로 상상하는 모습과 다르다는 정도로 가치적 판단을 배제하면 공포의 대상은 아니다. 공포의 대상으로 그려지는 monster와는 소송괴물은 다르다.

결국 쓸데없다고 생각되던 판결예측 알고리즘의 용도를 생각하다보니

---

6) Rich Saltzman, "Litigation Finance: The Emergence Of An Institutional Asset Class", HOULIHAN LOKEY.

생각이 여기에까지 미치면서 과거 인공지능 알고리즘의 착상과 그 이후의 전개 양상 등을 살펴보면 좋겠다는 생각을 하게 되었다.

그래서 테러리스트 색출 알고리즘의 개발 관련 이야기가 담긴 책[7]을 봤던 게 생각이 나서 그 책을 다시 꺼내어 필요한 이야기를 골라냈다. 이 책을 접할 때 소개된 인공지능 알고리즘의 개발자들이 생각했던 기발한 생각과 그 알고리즘의 정치함에 놀랐는데, 그 책의 초판 발행일자가 의외로 2010년 이전이라 확인해보니, 해당 알고리즘의 실제 개발연도는 2002년이었다. 그 당시 이런 대단한 생각을 하였을까 의문을 가지면서 그것이 그 후 어떻게 되었을까를 추적해보기로 하였다. 놀랍게도 연표까지는 아니더라도 대략적으로 그 알고리즘의 변천사를 소개할 수 있게 되었다.

제프 조나스의 Systems Research & DevelopmentSRD가 개발한 노라NORA, Non-Obvious Relationship Awareness는 애초 카지노에서 속임수를 쓰는 사기꾼, 폭력배 등 요주의 인물을 식별할 수 있는 소프트웨어다. 조나스가 1995년 미라지 호텔에 채용된 것은 수족관의 물고기 생존율 계산 알고리즘 때문이었다. 수족관에서 값비싼 물고기가 다른 물고기에 잡아먹히는 일이 벌어지자 물고기 추적 시스템을 개발하여 물고기의 생존율을 계산하여 호텔 측에 제공하면, 호텔 측은 값만 비싸고 바로 잡아먹힐 물고기 구입에 돈을 쓰지 않도록 하는 목적이었다. 이 목적으로 개발된 소프트웨어가 카지노 사기 적발 프로그램으로 진화하고, 나중에는 테러리스트 색출 알고리즘으로까지 발전한다는 것은 놀랍기도 하지만, 뭔가를 시사한다. 바로 여기에 사용된 알고리즘의 특성이다. 저자인 스티븐 베이거가 조나스를 직접 만나 인터뷰하는 형식으로 저술된 책 이디에도 알고리즘 특성을 이야기하고 있지 않지만 데이터에서 어떤 패턴을 인식한다는 점에서 공통적이다. 머신러닝이 확실하게 보여주는 것은 이미지 인식 분야인데, 이미지 인식도 일종의 패턴 인식이다. 지금도 머신러닝 알고리즘의 성능을 겨루는 경연의 장이 이미지 인식률이라는 것은 널리 알려진 이야기다. 이미지의 패턴 인식이나 어떤 사람이 위험인물인지 판단하는 것은 패턴 인식이라는 점에서

7) 스티븐 베이커/이창희 역, 빅데이터로 세상을 지배하는 사람들, 세종서적, 2014.

동일하다.

2001년 9.11 테러가 발생한다. 이것이 조나스로 하여금 CIA의 자금지원을 받아 기존 알고리즘을 발전시켜 테러리스트 적발 알고리즘을 개발하는 계기가 되었는지는 모른다. 테러리스트를 색출하기 위해서 필요한 정보는 종류를 불문한다. 미국의 CIA 등 정보기관 등은 곳곳에 있는 정보를 모아서 방대한 데이터베이스를 구축하는 데만 10억 달러 이상을 쏟아 부었다고 한다. 이러한 방대한 데이터베이스에 있는 정보를 분석하여 테러 징후를 미리 감지하는 것이 테러리스트 색출 알고리즘이다. 이러한 정보를 분석하는 사람들(데이터 마이너)은 인구 동태 자료, 항공기 탑승기록, 호텔 투숙 자료, 감시카메라에 찍힌 비디오와 사진, 국제전화 및 인터넷 교신내용들을 분석하여 테러리스트를 가려낸다. 그 방법론으로는 통계적 기법을 근간으로 한 인공지능 분석 알고리즘이 동원된다. 데이터를 기반으로 테러리스트를 색출하고 추적하는 것은 엄청난 실패의 위험을 가지고 있다. 오류가 있는 경우, 그 대상자가 입게 되는 피해는 막심하다. 불완전한 알고리즘으로 테러리스트를 색출한다는 것은 부담이 없지 않지만, 대안이 없는 상황에서는 어쩔 수 없는 선택일 수도 있다. 인공지능 알고리즘의 경우, 오류 가능성은 상존한다. 흔히 인공지능 알고리즘이 차별성을 보인다는 식의 비판을 하는데, 인공지능이 사람처럼 편견을 가지고, 특정 그룹을 혐오하거나, 차별 대우하는 것은 아니다. 그것은 알고리즘의 오류 즉 실패다. 알고리즘의 정확도가 떨어져 바람직한 결과를 도출하지 못하는 것이지, 인공지능이 사람처럼 의도를 가지고 행동하지는 않는다. 문제는 이러한 테러리스트 적발 알고리즘의 경우, 그동안 인공지능 알고리즘의 놀라운 성과를 사례를 통해 보여주는 알고리즘과 차이가 있다. 예를 들어 쇼핑센터에서 감시카메라를 통해 찍힌 고객의 얼굴 영상을 가지고, 그 고객이 어떤 제품에 호감을 표시하고, 어떤 제품을 구입하려 하는지를 분석하는 기술과는 다르다. 그 이유는 후자의 경우, 충분한 과거 데이터가 존재하고 과거 행동 패턴을 기초로 사람의 향후 행동을 예측하는 것이 가능하고, 예측 모델도 만들 수가 있는 반면, 테러리스트 색출 알고리즘의 경우, 훈련에 사용할 충분한 과거 데이터가 없기 때문에 유의미한 예측 모델을 만드는 것이 쉽지 않기 때문이다. 9.11 테러와 같은 사건들은 희귀하거나 전례가 없다. 또한 테러리스트들은 발각을 우려해 자신들의 흔적을 지우거나 심지어 감지되는 데이터를 조작하기도 한다. 거짓 정보를 제공하여 끊임없는 경보를 보내, 경보체계를 무력화하는 피드백 루프를 통해 교란하기도 한다. 테러리스트 적발 알고리즘의 경우, 위양성의 결과도 무고한 사람이 기존의 보호수단, 즉 무죄추정이나 인신보호율이 보장되지 않는 상황에서 심지어 고문까지 당하는 등 엄청난 고통을 받게 되지만, 위음성의 경우는 더 끔직한 테러 발생이라는 엄청난 결과로 직결된다. 구글이나 페이스북의 분류 알고리즘이 잘못 작동되더라도 구글이나 페이스북의 현상 유지에는 문제가 없는 것과는 다른 차원의 문제가 된다.

테러리스트 색출 알고리즘을 비롯해 뭔가를 가려내는 시스템의 경우 위상수학, 추상대수학, 미분방정식, 정수론 등 가능한 모든 수단을 동원하여 네트워크를 통합하고 인구이동을 예측하고 음성을 분석하고, 사진 속의 테러용의자 얼굴을 데이터베이스에 저장된 얼굴과 비교를 거친다. 이런 기술의 개가로 수사관들은 분명한 목표를 향해 조사를 진행할 수 있다. 이런 알고리즘을 통해 정보기관은 인간의 마음속까지 들여다보기 시작했다. 테러리스트들도 자신들의 이야기나 수행해야 할 임무들에 대하여 휴대전화나 인터넷을 통해 주고 받을 수 있는데, 전 인류를 네트워크화한 통신시스템 덕분에 이들은 엄청난 데이터양이라는 위장망 속에 숨을 수 있게 되었다. 따라서 뉴머러티Numerati[8]들은 각종 통신망을 통해 쏟아져 나오는 단어, 영상, 웃음 띤 얼굴, 마우스 클릭 등이 뒤범벅이 된 정보의 덩어리로 시선을 옮겨야했다. 거대하고 무의미한 데이터 더미 어디엔가 숨어 있을 악당들을 찾아내고 이들의 네트워크를 찾아낼 임무가 주어지게 되었다. 정보기관의 뉴머러티들이 인간을 이해하고, 알아야 할 필요성이 점차 증가했다. 뉴머러티의 한 사람인 조나스는 테러리스트나 이슬람 지하드의 전문가가 아니면서도 숨어있는 사람을 찾아내는 데 최고전문가로서 기존이 패턴 분석 일고

8) 뉴머러티(Numerati)는 숫자를 뜻하는 'number'와 지식 계급을 뜻하는 'literati'가 합쳐진 이 신조어로 여러 영역에 흩어져 있는 다양한 형태의 데이터를 모으고 분석하는 사람들을 가리키는 말이다.

리즘을 이용하여 테러리스트 색출 시스템을 만들기로 한다. 조나스는 9.11 테러사건에서도 기존의 보유정보와 알고리즘을 제대로 쓰기만 했더라면 범인들은 미리 색출할 수 있었을 것이라면서도 사생활 침해나 알고리즘의 오류 가능성 때문에 통계적 데이터 마이닝을 통해 다음 번 테러를 미리 예측하려는 시도에는 반대한다. 그는 데이터 활용과 감시활동만으로도 사생활 영역이나 개인의 자유 침해 없이도 목적을 달성할 수 있다고 믿고 있었다. 원래 노라는 인적 사항 파일로부터 대출 신청에 이르기까지 다양한 카지노 내부 데이터를 검색하여 공통요소를 찾아내도록 특화된 프로그램이었다. 예를 들어 요주의 인물명단에 올라있던 어떤 사람이 얼마 전에 블랙잭 딜러 근무 신청을 한 카지노 직원과 집 전화번호가 같다는 사실을 알아낼 수도 있다. 이들은 공범인가? 노라는 이 관계를 카지노 측에 보고한다. 이 의문에 대한 구체적 답을 찾아내는 일은 사람의 몫이다. 그러나 데이터의 바다에서 이러한 관계 자체를 찾아낸다는 것은 대단히 중요한 일이다. 그 관계 자체가 매우 유용한 정보이다. 간단히 말해 노라는 누가 누군지, 다른 사람과 어떤 관계에 있는지를 알려준다. 노라에 적용된 또 다른 원리는 숫자를 통한 단서 파악이다. 어떤 형태의 도박이든 수익률은 표준 값에 수렴하는데, 이 표준 값이 카지노 측에 유리하게 설정되어 있고, 따라서 카지노는 번창할 수밖에 없다. 그런데 예측된 수익률의 표준 값으로부터 벗어나는 현상이 발생하면 주의를 기울일 수밖에 없다. 초기에는 사람들이 데이터 수집을 담당하였지만, 컴퓨터 알고리즘으로 무장한 컴퓨터 시스템이 이를 대신하게 되었다. 대형 카지노는 규모가 너무 커서 손님들 사이에 뒤엉킨 관계를 더 이상 사람이 추적하기는 어렵게 되었기 때문이다. 노라를 선보이자 CIA나 다른 회사들이 조나스에게 연락을 했다. 방대한 데이터베이스 속에서 상호관계를 찾아내는 것은 비단 카지노에만 국한된 숙제가 아니기 때문이다. 쇼핑객, 환자, 유권자, 근로자, 연인 등등 대상을 막론하고 데이터 분석을 통해 누군가를 찾아내고 분석하려는 뉴머러티라면 이 알고리즘이 필요할 것인데, 그중 가장 필요한 사람들은 세계에서 가장 크고 복잡한 데이터베이스와 씨름하는 테러리스트의 신원과 이들의 움직임을 추적하는 사람들이고, 자연스럽게 CIA에서 노라에 관심을 보였고 9.11 테러 이후 테러와의 전쟁에 노라가 투입되었다. 비록 모든 용의자를 다 파악할 수 없고, 단서도 부족하지만, 불완전하더라도 뭔가를 찾아내어야 하는데, 알고리즘이 그런 데 크게 기여한다. 뉴머러티들은 경제학, 물리학, 생물학, 사회학 등 온갖 분야의 공식들을 도입하여 테러리스트의 행동을 예측하려 한다.

인간 행동의 패턴은 자연의 패턴과 마찬가지로 비슷하게 여러 영역에서 드러날 수 있다. 증오에 가득 찬 테러리스트의 생각도 같은 패턴으로 퍼져나갈지, 테러의 점 조직이 암이 전이되는 것처럼 확산될지, 또 바이러스처럼 변이를 일으키고 진화하는지 파악하기 위해 골몰하는 뉴머러티의 모습이 상상된다. 이들은 마이스페이스로부터 싱가포르의 휴대전화 사용자에 이르기까지 온갖 네트워크를 뒤진다.

네트워크를 통한 인간이나 조직의 의사소통의 특성은 수학적으로 표현이 가능하고, 어떤 패턴이 있다. 현재의 패턴 인식 발전으로 인해 카메라에 찍힌 사람들의 얼굴을 자동으로 분류할 수 있고, 테러리스트의 사진과 대조할 수 있으며, 방대한 데이터베이스로 구축이 가능하다. 세계 여러 곳에서 감시 네트워크가 구축되고 있다. 런던에서만 50만 대의 감시카메라가 작동 중이고, 세계적으로 2,500만 대의 카메라가 있는 것으로 추정된다. 런던의 경우 평범한 사람은 하루에 300번 가량 카메라에 포착되는 것으로 알려졌다.[9] 현실 세계에서 사람의 얼굴은 그늘 속에 들어가기도 나오기도 하고, 정면으로 카메라를 향했다가 옆얼굴을 보이기도 한다. 웃으면 얼굴 근육이 긴장하고 먹을 때는 뺨이 부풀며, 나이가 들어감에 따라 수염이 나고 이가 빠지며, 체중이 불고 주름이 더 생기는데, 이 모든 변화를 뚫고 같은 얼굴을 식별하는 일은 기계에게는 너무도 복잡한 과제이지만, 인공지능 알고리즘의 발전은 무섭다. 특히 머신러닝이 개가를 보이는 것이 이미지 인식 분야이므로, 이런 난관은 조만간 쉽게 해결될 것으로 전망된다. 사실 테러리스트의 파일 안에 있는 가장 기본적인 데이터인 이름 때문에라도 알고리즘은 분류에 어려움을 겪는다. 분류와 계산에서 미술을 부리는 알고리즘도 인간의 문화적 다양성을 처리하는 일은 버겁기 때문이다. 따라서 이름

9) https://www.caughtoncamera.net/news/how-many-cctv-cameras-in-london/ (최종접속 2022.2.15.)

을 제대로 분류하는 것도 쉽지 않은 프로젝트다. 1984년 이 프로젝트를 담당했던 허맨슨이라는 사람은 LASLanguage Analysis System라는 성명 판독업체를 창업했고, LAS는 2006년 IBM에 인수합병되었다.[10] 이것은 2005년에 조나스의 SRD를 인수한 것과 무관치 않다.

IBM은 조나스의 SRD에 이어 LAS까지 인수합병하면서, 노라와 LAS는 현재 IBM InfoSphere Identity Insight란 이름의 시스템으로 통합되었다. 이 시스템은 어떤 조직 구성원과 고객, 직원, 공급업체 및 기타 외부 세력의 정체성 파악("누가 누구인지")을 목표로 하는데, 이를 통해 모든 산업에서의 위협, 사기 탐지나 직원들의 비위 등을 방지하는 데 도움이 되는 즉각적이고 실행 가능한 정보를 제공한다. 많은 조직이 가지고 있는 엄청난 분량의 원시데이터를 분석하여 통찰력을 얻는 것을 목표로 고객 데이터베이스, 공급업체 목록, 직원 데이터베이스, 규정 준수 목록 및 스트리밍 데이터 피드와 같은 모든 소스의 데이터를 실시간으로 관리, 분석 및 통합한다. 예를 들면 이 시스템의 이벤트 매니저event manager는 실시간 이벤트 분석 및 모니터링을 신원 및 관계 분석과 결합하는데, 이벤트는 "고객이 계좌를 개설함" 또는 "고객이 돈을 송금함"과 같이 비즈니스 영역에서 발생한 일에 대한 정보이며, 복잡하기 짝이 없는 많은 이벤트 중 하나가 설정된 기준을 충족할 때 이벤트 경고를 발생하는 식이다. 이를 통해 의심스런 징후가 있으면, 데이터 분석가나 보안 직원 등에게 실시간 경고를 보내어 보다 구체적인 추가 조사를 진행하도록 한다.[11] 어쨓든 노라는 IBM에서 InfoSphere Identity Insight라는 다른 이름으로 생존했다. 상당한 세월이 흘렀는데도 InfoSphere Identity Insight의 작동 알고리즘은 노라와 큰 차이가 없는 것 같다. 예를 들어 부서 사이트에 소개된 기능 중 개체 확인은 서로 다른 개체를 설명하는 것처럼 보이는 여러 레코드가 실제로 단일 개체인지 여부를 결정하고, 관련성은 있지만, 명확하지 않은 관계를 밝히기 위해 전화번호 및 주소와 같은 신원의 속성으로 개체를 연결한다. 개체 파악에서 성명 판

---

10) https://www.networkworld.com/article/2309823/ibm-buys-las-for-name-recognition-analytics.html (최종접속 2022.2.15.)

11) https://www.ibm.com/products/infosphere-identity-insight (최종접속 2022.2.15.)

독 알고리즘이 사용되는 것으로 추측된다.

이와 같이 현행 시스템의 여러 기능은 최초 노라에서 조나스가, LAS에서 허맨스가 구현한 것이거나 스티븐 베이커와의 인터뷰에서 조나스가 밝힌 구상과 크게 다르지 않다. 어떤 아이디어가 구체화하고 무르익는 데 생각보다 오랜 시간이 필요했다는 방증이기도 하다.

인간의 지능을 완벽히 모방한 인공지능이 등장하여 인간을 대체할 것이라든지, 인간이 하나의 상품이 되어버린 빅데이터 알고리즘의 시대 등 알고리즘 디스토피아라는 인류의 우울한 미래 예언이 가짜 뉴스일 수밖에 없는 이유 중의 하나는 바로 알고리즘의 구상과 그 실제 구현까지는 엄청난 시간과 노력이 필요하며, 상당한 노력과 자금이 투여되었음에도 불구하고 제대로 된 결실을 보지 못하는 경우가 허다하다는 엄연한 현실 때문이다. 이런 현실을 외면하고, 법학자들이 이런 가짜 뉴스에 현혹되어, 인공지능 알고리즘의 폐해를 미연에 차단한다는 구실로 인공지능 발전을 가로막는 법률 제정이나 제안하고 나오는 한심한 작태를 보인다면, 인공지능을 통한 국가경쟁력이 뒷전으로 밀려나는 것은 차치하고, 우스꽝스럽기 짝이 없는 모습이다. 씨앗을 뿌려놓고, 싹도 나지 않는데, 이것이 자라서 독초가 될 것이니 듬뿍 제초제를 뿌려야 한다는 것은 그것이 무엇의 씨앗인지도 모르는 상태라면 심각하다.

12

양형의 미래

– 인공지능이 우리를 구원할 수 있을까? –

권보원

대전지방법원 홍성지원 판사

서울북부지방법원, 서울중앙지방법원, 부산고등법원 창원재판부 등에서 근무했다. 서울대학교에서 법학과 경제학을 전공한 후, 같은 대학원에서 법경제학 전공으로, 미국 조지 워싱턴 로스쿨에서 지식재산권법 전공(IP LL.M.)으로 법학석사 학위를 취득하였다. 경제학, 통계학이 법학과 만나면, 기록 이면의 사회적 연관을 편견 없이 들여다보고 법의 언어로 표현될 수 없는 속내에 귀 기울이는 데 도움을 줄 수 있다고 믿는다. "음주운전 처벌법이 사회규범으로 작동하기 위한 조건: 통계와 행동경제학이 주는 교훈", "인공지능을 발명자로 볼 수 있을까? – DABUS 판결에 부쳐" 등의 논문을 썼다.

> 만일 항상 모든 운동이 연결되어 있고, 새 운동은 옛 운동으로부터 정해진 순서를 좇아 생겨난다면, 비껴남으로써 운명의 법을 깨뜨릴 어떤 시작이 아니고서는 대체 어디에서 온 땅의 피조물에 이 자유의지가 생겨날 수 있단 말인가.
>
> 루크레티우스[1)]

Ⅰ. 양형의 비극

1. 형사재판과 언론

법원이 어떤 형을 선고하는지에 대한 국민적 관심이 높다.

법원에 접수되는 '본안'[2)] 제1심 소송사건 가운데 형사공판사건이 차지하는 비중은 1,254,299건 중 260,154건으로 20%를 조금 넘는 정도이나,[3)] 여론의 관심은 압도적으로 형사재판을 향한다. 뉴스 빅데이터 분석 서비스인 빅카인즈[4)]에서 1990.1.1.~2021.12.31. 22년간 54개 언론사 기사를 [민사 AND (재판 OR 사건)]으로 검색하면 66,655건이 나오지만, [형사 AND (재판 OR 사건)]으로 검색하면 15배에 가까운 983,102건이 나온다.[5)] 다른 나라도 상황은 비슷한 것 같다.[6)]

---

1) 루크레티우스/김대진 역, 사물의 본성에 관하여, 아카넷, 2012, 128면[제2권 251-260, 인용자 의역 · 강조].

2) 민사 중 신청, 집행, 독촉, 조정, 비송, 도산사건, 형사 중 치료감호(본안사건으로 분류하기도 하나 여기서는 제외함), 약식명령, 즉결, 영장, 신청사건과 소년보호사건 등을 제외한 것.

3) 법원행정처, 2021 사법연감, 592-595면. 민사사건이 1심 926,408건, 항소심(고등법원 포함) 64,994건(항소율 7.0%), 상고심 21,435건(최종 상고율 2.3%)으로 상급심으로 가면서 사건 수가 현저히 줄어드는 데 비하여, 형사사건은 1심 공판 260,154건, 항소심(고등법원 포함) 71,669건(항소율 27.5%), 상고심 20,746건(최종 상고율 8.0%)으로 민사사건보다 상소율이 훨씬 높다. 1심과 달리 대법원에서는 전체 본안사건 중 형사사건이 45%에 이른다(46,200건 중 20,746건).

4) https://www.bigkinds.or.kr/ (최종접속 2022.4.30. 이하 웹페이지 최종 접속일은 같다)

5) 다만, 형사사건 기사의 경우 과거 기사들까지 꽤 자주 수정, 삭제되는 것으로 보인다. 많은 경우 중복된 것이기도 한 지나간 형사사건 기사가 부지런히 삭제되는 것은 일단 바람직한 현상이다.

6) 예컨대, 독일 연방헌법재판소 재판관을 지낸 하쎄머는 다음과 같이 썼다. "문외한이 볼 때 – 따라서 법대 신입생에게도 – 형법은 항상 법의 전형이기는 했으며, 신문을 구독하고 있거나 혹은 아무것도 모르는 사람은 법률가들이 90% 정도는 형법을 다루고 그 밖에

여론 주도층 가운데도 경찰과 검찰, 법원의 기능과 역할이 무엇인지(무엇이어야 하는지) 구별하지 못하거나 형사소송 '일방 당사자'인 검사가 하는 구형(求刑)을 법원 판결로 잘못 이해하는 분들이 없지 않다. 그러나 [그림 1]에서 보는 것처럼 법원이 하는 양형(量刑) 자체에 관한 관심이 커지고 있는 것은 사실이라고 보인다. 빅카인즈에서 같은 방식으로 22년간 기사를 검색하면, [(법원 OR 법관 OR 판사) AND 양형]으로 71,299건, [(검찰 OR 검사) AND 구형]으로 97,602건이 나오지만, 기사의 중심은 검찰 구형에서 점차 법원 양형으로 넘어오고 있음을 감지할 수 있다(2021년 처음으로 역전).[7)]

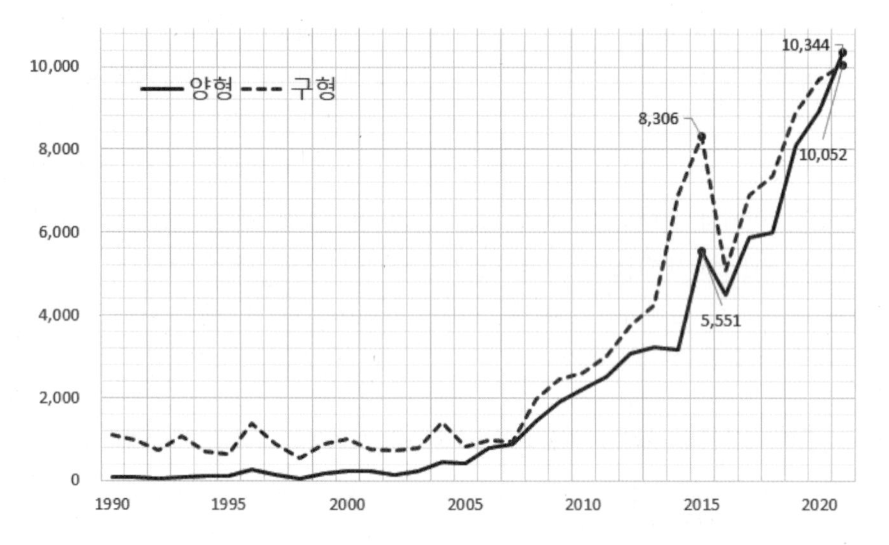

[그림 1] '법원 양형'과 '검찰 구형' 기사 건수 비교

약간의 가족법과 다소간의 노동법을 다룬다고 생각하고 있음이 분명하다." Winfried Hassemer, "Warum und zu welchem Ende strafen wir?", ZRP, H.8 (1997), 317[최석윤 역, "우리는 왜, 어떠한 목적을 위해 처벌하는가?", 배종대 · 이상돈 편, 형법정책, 세창출판사, 1998, 212면].

7) 한편 [(법원 OR 법관 OR 판사) AND 형량]으로 검색하면 22년간 43,698건이 검색되는데, [((법원 OR 법관 OR 판사) AND 형량) NOT(미국)]으로 "미국"을 제외어로 추가하면 38,941건이 나와 최근 국내 언론이 미국 법원의 형량을 다루는 기사가 많아지고 있음을 볼 수 있다(2020년에는 두 검색 결과 차이가 650건에 달했다).

위와 같은 통계는 우리 형사재판 구조에 대한 이해 부족을 반영한다. 검찰 구형으로 사건이 끝난 양 보도한 기사와 그에 달린 댓글을 이따금 본다. 그러나 구형은 법률상 개념이 아니다. 형사소송법 제302조에 피고인 신문과 증거조사 종료 후 검사가 '사실과 법률적용에 관한 의견'을 진술하여야 한다는 규정이 있기는 하나, 형법, 형사소송법이나 형사소송규칙 어디에도 검사가 구체적으로 특정한 형벌을 선고하여 달라고 구하는 구형에 관하여 언급한 조항은 없다. 비법조인 설문조사 결과를 바탕으로 검사의 구형이 유죄편향적 판결로 이어질 수 있다고 우려한 연구도 있으나,[8] 생각만큼 법관이 구형량 자체에 큰 비중을 두는 것 같지는 않다. 2009년 양형기준이 도입, 시행된 이후에 더욱 그렇다고 느낀다. 구형에 따른 닻 내림anchoring 효과가 작용하는 사건이 전혀 없지는 않을 것이다. 그러나 법원 판결에 최근 더 큰 영향을 미치는 요인은 오히려 언론보도가 아닐까 싶다.

2. 비극의 탄생

범죄 이야기는 『오이디푸스 왕』, 『이피게네이아』, 『메데이아』 같은 고대 그리스 비극이 그랬던 것처럼, 예로부터 관심을 단박에 잡아끄는 소재였다. 아리스토텔레스는 단지 기괴한 것을 보여주기 위하여 장경(場景, ὄψις)을 이용하는 것은 비극의 목적과 관련이 없고,[9] 비극은 연민과 공포를 불러일으켜 마음을 도덕적으로 순화하고 교육하여야 한다고 보았다.[10] 이를 위해서는 등장인물의 성격과 행동, 플롯이 신중하게 직조되어야 한다.[11]

그러나 범죄 기사는 비극 작가가 플롯을 구성하는 방식으로 조심스럽게 배치되지 않는다. 혐오 조장 등 편향된 프레임을 강화하는 데 기사가 동원

8) 이지은 · 박노섭, "검사의 구형이 유무죄에 미치는 영향에 관한 연구", 형사정책 제33권 제3호(2021), 267면 이하(276면에서, 검사의 높은 구형이 대중들에게 제공하는 카타르시스, 대개는 그보다 낮은 선고형과 그에 따라붙는 판사에 대한 원색적인 비난을 보고, '판결은 판사 몫인데 언제부터 검사의 구형이 판결의 기준이고 형사절차의 클라이맥스가 되었나?'라는 문제의식을 느끼게 되었다고 밝히고 있다).

9) 아리스토텔레스/천병희 역, 시학, 문예출판사, 1999, 79면(1453b 2-3). 영문으로는 ὄψις를 주로 spectacle로 옮긴다(아리스토텔레스의 ὄψις에 관한 설명으로 같은 책, 48면).

10) 아리스토텔레스(주 9), 47면[1449b 24-28, "감정의 정화(παθημάτων κάθαρσιν)"].

11) 아리스토텔레스(주 9), 79-80면[1453b 1-14].

되기도 하고, 사건의 중요한 사정을 (의도했건 의도하지 않았건) 생략하는 예도 있다. 형사절차에 대한 기본적 이해가 없이 쓰인 것처럼 보이는 기사가 있는가 하면, 전문가라는 분들이 명성과 인기를 좇아 사실관계를 구부린 의견을 덧붙이기도 한다. 형법 제51조가 열거한 '양형의 조건' 중 '행위자 요소'는 비극에서만큼 비중 있게 다루어지지 않는다. 언론사들의 생존 위기와 플랫폼 트래픽 의존도 상승으로 자극적인 기사가 양산되면서, 저널리즘의 원칙과 규범은 흔들리고 기사의 품질이 지속해서 저하된다.[12)]

그 결과는 중형주의적 여론의 강화이다.[13)] 쏟아지는 범죄 보도는 범죄 현황에 관하여 통계적 사실과는 다른 인상을 받게 하고,[14)] 범죄자가 사회적 소수자라는 점을 특별히 부각하는 기사가 그 집단에 대한 차별적 인식을 강화한다. 형사사법기관의 역할과 효용에 대한 그릇된 이미지를 퍼뜨려 불신과 냉소주의를 키우고, 때로는 적대감마저 조장한다. 어떻게 범죄를 줄일 수 있고, 범죄피해를 예방할 수 있는지, 나아가 범죄자를 재사회화할 수 있는지에 관한 공론을 촉발하기보다는 '범죄자를 절멸시켜야 한다'는 분노와 증오를 확대 재생산한다. 형벌의 목적에 대한 진지한 고민은 설 자리를 잃어가고 극형을 요구하는 목소리만 증폭된다.[15)] 법관들 사이에도 이러한

12) 류시원, "디지털 플랫폼 시대 언론산업의 구조적 경쟁 문제에 대한 정책적 대응의 검토", 선진상사법률연구, 제93호(2021), 68면.

13) 미디어가 대중의 중형주의를 부추긴다는 연구로 Julian V. Roberts & Anthony N. Doob, "News Media Influences on Public Views of Sentencing", 14 *Law and Human Behavior* 451 (1990); Christian Pfeiffer et al., "Media Use and its Impacts on Crime Perception, Sentencing Attitudes and Crime Policy", 2 *European Journal of Criminology* 259 (2005); Sara Sun Beale, "The News Media's Influence on Criminal Justice Policy: How Market-Driven News Promotes Punitiveness", 48 *William and Mary Law Review* 397 (2006) 등. 인터넷 댓글 여론이 이른바 '윤창호법' 개정과 적용에 미친 영향력을 탐색한 국내 연구로 백창원·노승국, "온라인 뉴스 포털의 사용자 의견의 영향력과 법제화 과정에 대한 탐색적 연구; '윤창호법' 제정 관련 비정형 빅데이터를 중심으로", 한국경찰연구, 제20권 제1호(2021).

14) 예컨대, 2020년 범죄통계를 기준으로 재산범죄(강도 제외) 발생 건수는 659,058건, 그중 사기가 절반을 넘는 354,154건이고, 흉악범죄(살인, 강도, 방화, 성폭력)는 재산범죄의 5%에 못 미치는 32,812건이다. 그러나 언론보도는 그에 비례하여 이루어지지 않고, 사회 안전을 가장 심각하게 위협하는 원인이 만연한 흉악범죄 때문인 것처럼 그려진다. 흉악범죄도, 자세히 들여다보면 살인 805건, 강도 692건, 방화 1,210건이고, 90%를 넘는 30,105건이 성폭력 범죄이며, 성폭력 피의자의 96%(성별 미상자를 제외한 31,820명 중 30,603명), 살인, 강도, 방화 피의자의 83%(성별 미상자를 제외한 3,208명 중 2,674명)가 남성이다. 대검찰청, 2021 범죄분석(2021), 98, 192, 491면.

〈표 1〉 최근 10년간 교정시설 정원, 하루 평균 수용인원, 수용률 추이

	2012	2013	2014	2015	2016	2017	2018	2019	2020	2021
정원(명)	45,690	45,690	45,690	46,600	46,950	47,820	47,820	47,990	48,600	48,980
일평균수용(명)	45,488	47,924	50,128	53,982	56,495	57,424	54,744	54,624	53,873	53,140
수용률(%)	99.6	104.9	109.7	115.8	120.3	120.1	114.5	113.8	110.8	108.5

〈표 2〉 교정활동, 범죄예방활동 지출액 추이 (단위: 백만 원)

회계연도	2013	2014	2015	2016	2017	2018	2019	2020
GDP 성장률	3.2%	3.2%	2.8%	2.9%	3.2%	2.9%	2.2%	−0.9%
교정활동	212,029	223,276	256,557	265,970	326,957	314,079	333,701	362,298
증가율	−	5.3%	14.9%	3.7%	22.9%	−3.9%	6.2%	8.6%
범죄예방활동	60,436	66,233	79,575	87,139	94,247	96,574	102,051	105,806
증가율	−	9.6%	20.1%	9.5%	8.2%	2.5%	5.7%	3.7%

분위기는 차별적 영향을 미쳐, 견해차가 커지고 가치관이 다른 동료에 대한 기본적 신뢰와 존중의 토대를 무너뜨리기도 한다.

법원도 여론에 일부 부응하면서 형벌은 점점 무거워지고 교도소는 미어터지는데,[16] 형이 가볍다는 불만은 높아져만 간다. 양형의 비극이다. 필연적으로 교정시설 수용관리 비용도 늘어난다.[17]

15) 과거 핀란드는 다른 노르딕 국가와 달리 형벌이 가혹한 편에 속하였다. 그러나 중형이 결코 범죄를 줄이지 못한다는 반성하에 1960년대부터 광범한 사회적 토론을 통해 의식적으로 선고형을 낮추고 수감률을 떨어뜨려 오늘날 세계에서 가장 인도적인 형사정책을 펼치는 나라가 되었다. 그 과정에 관한 역사적 설명으로 김형주, “핀란드에서 구금 방식의 전환과 합의 – 1975년~2015년, 감옥법 개정을 중심으로 –”, 형사정책, 제31권 제1호(2019). Jouko Pietilä 헬싱키 교도소장은 2018년 대법원 형사법연구회 국제화연수 인터뷰에서, 핀란드 교정 당국이 인도주의를 단호하게 견지할 수 있는 한 비결은 언론이 ‘범죄를 자극적으로 보도하지 않는다’는 사회적 합의를 지키고 자제해주었던 덕분이라고 답하였다. 권보원 · 권형관, “2018년 형사법연구회 국제화연수 결과보고서 I (본문 편): 핀란드, 에스토니아(2018.12.1.~9.)”, 법원행정처 제출 보고서, 7-9, 77면.

16) 법무부, “「교정시설 내 과밀수용 개선방안 마련」 – 법무부 교정개혁위원회 제2차 권고 발표 –”, 보도자료(2021.6.9.); 국가인권위원회, “교정시설 과밀수용 문제 해결해야: 법무부장관에게 재발방지 대책 마련 권고”, 보도자료(2022.1.6.) 등. [표 1](재정경제통계시스템 ‘교정시설 수용’ 통계)에서 보는 것처럼, 교정시설 정원을 꾸준히 늘리고 있음에도 수용률이 110%에 가깝다.

17) 조권형, “[교정통계로 본 한국사회] 과포화 교정시설, 운영비도 年 2,000억 넘어”, 서울경

Ⅱ. 지금까지의 양형

양형의 비극에 맞닥뜨려 여러 정책적 조치가 있었다. 최근 도입된 대표적인 조치로, 첫째, 양형위원회를 설립하고 양형기준을 시행한 것, 둘째, 형법 제42조를 개정해 유기징역형 상한을 높인 것을 들 수 있다. 전자가 이른바 '고무줄 양형'에 대한 대책이었다면, 후자는 법원이 '솜방망이 처벌'을 일삼는다는 인식에서 비롯된 것이었다.

1. 양형기준 도입

대법원 산하 독립위원회인 양형위원회는, "구체적이고 객관적인 양형기준을 설정하[여] 양형의 편차를 줄이고 양형기준을 공개함으로써 투명성을 높여 국민의 신뢰를 높이려는" 목적으로, 2007.1.26. 개정되어 2007.4.27. 시행된 법원조직법에 따라 설치되었다. 제1기 양형위원회가 살인, 뇌물, 성범죄, 강도, 횡령·배임, 위증, 무고 등 7개 범죄군에 설정한 양형기준이 2009.7.1. 시행된 것을 시작으로 꾸준히 범죄군이 추가되어 2022년 4월 현재 44개 범죄군에 양형기준이 설정되어 있고, 실제로 양형기준이 적용되는 법조는 약 2,500개에 달한다.[18] 양형기준 적용대상 사건의 양형기준 준수율도 2013년 이래 90% 전후를 유지하고 있다.[19]

양형기준은 형량 범위를 가중·감경영역 결정을 거쳐 일정한 구간으로 제한하기 때문에, 분명 양형 편차를 줄이는 효과가 있다. 그러나 그 형량 범위는 종전 양형 실무의 70~80%를 기초로, "양형 실무에 대한 개선 의견

제(2018.10.3.) 등. [표 2] GDP 성장률은 e-나라지표, 지출액 추이는 법무부 누리집 > 법령/자료 > 자료실 > 재정정보 중 '세입·세출 결산 현황'에 따른 '일반회계' 자료를 정리한 것으로('2013년' 결산개요부터 비로소 항목별 지출액이 구분 제시됨), 교도작업의 운영 및 특별회계에 관한 법률에 따른 '교도작업특별회계'는 제외한 것이다.

18) 양형위원회, 2020 연간보고서(2021), 268-337면.

19) 양형위원회(주 18), 367면; 2015 연간보고서(2016), 243면. 법원조직법 제81조의7에 따르면, 법관은 형의 종류를 선택하고 형량을 정할 때 양형기준을 존중하여야 하나(제1항 본문), 양형기준은 법적 구속력을 갖지 아니하고(제1항 단서), 다만, 양형기준을 벗어난 판결을 할 때는 판결서에 양형의 이유를 적어야 한다(제2항 본문).

이 높고 보다 엄정한 양형을 바라는 국민적 공감대가 형성되어 있는 범죄, 법정형이 상향 조정된 범죄"에 한하여 "적절한 규범적 조정"이라는 이름으로 다소간 상향을 한 것에 불과하다.[20] 결코 양형의 '정답(正答)'을 제시한다고는 볼 수 없다. 유사한 선례를 거듭 참조하면서 형성된 양형 분포, 또 이를 기초로 설정된 양형기준을 준수하는 과정에서 다시 편차가 줄어든 양형 분포를 기준 삼아, 양형의 탄착점이 정해진 구간 안에 찍히도록 만들었으되, 그 구간이 영점을 정조준한 구간이라고는 말할 수 없는 것이다. 중형 선고를 요청하는 여러 단체도 '기존 실무 자체가 잘못되었기 때문에 이를 참조해 양형기준을 설정하여서는 안 된다'고 지적한다.[21]

그에 따라 양형기준이 최근 본의 아니게 떠맡게 된 중요한 소임은, 여론과 이를 좇은 입법의 방향에 맞추어 전반적으로 조금 더 높은 형이 선고되게 유도하되, 그 속도를 조절하는 기능이다. 이는 실질상 입법을 (천천히, 부분적으로만) 완성하는 역할이다. 예컨대, 특정범죄 가중처벌 등에 관한 법률 제5조의11 위험운전치사상죄의 법정형을 상향한 '제1윤창호법'은 2018.12.18. 개정・시행되었지만,[22] 이를 반영한 양형기준이 시행되기 전까지는 개별 법관의 가치관과 양형 감각에 따라 제각기 적용될 뿐이었다. 그러다가 교통범죄 양형기준이 2020.4.22. 개정되어 2020.7.1. 시행되면서부터야 비로소 '재판규범'으로 작동될 수 있을 정도의 규범력을 갖게 되었다.[23] 양형기준이 수립되고 나면(혹은 일단 수립된 후에야) 법관도 그 기준이 타당한지에 관한 고민과 비판을 생략한 채epoché, 또 어제까지 유사한 사례에 대하여 선

---

20) 하향하는 일은 없다고 보인다. 양형위원회(주 18), 793면.

21) 양형위원회(주 18), 82-84, 99-100, 135-136면.

22) 치상은 [10년 이하 징역 또는 500만 원 이상 3,000만 원 이하 벌금]에서 [1년 이상 15년 이하 징역 또는 1,000만 원 이상 3,000만 원 이하 벌금]으로, 치사는 [1년 이상 유기징역]에서 [무기 또는 3년 이상 징역]으로 법정형이 상향되었다.

23) 『경찰통계연보』에 따른 음주 교통사고 현황을 볼 때, 2018년 개정법이 '행위규범'으로서는 얼마나 규범력을 확보하였는지 아직 알기 어렵다. 2020년 2월경 이후에는 COVID-19로 집 밖에서 술을 마시는 일 자체가 급감하였다는 점에서, 2020년에도 음주 사망사고가 이만큼이나 발생하였다는 것은 법정형 강화의 효과가 당장은 그리 크지 않았다는 방증이라고 평가할 수도 있다. 그러나 2021년 통계를 보면 여러 이유로 음주 습관과 문화가 상당히 바뀐 것은 사실이라고 보이고, 그러한 변화가 코로나 이후에도 유지될 것인지를 지켜보아야 한다. 2018년까지의 통계분석은 권보원, "음주운전 처벌법이 사회규범으로 작동하기 위한 조건: 통계와 행동경제학이 주는 교훈", 법경제학연구, 제17권 제1호(2020), 67-84면.

고했던 형과의 균형을 고려하지 않은 채 눈 딱 감고 비약(飛躍)할 수 있기 때문이다. 다만, 개정된 기준에 의하더라도 '위험운전치사'의 최대권고형은 8년이고('치사 후 유기도주'의 최대권고형은 10년), 특별가중인자가 2개 이상 있을 때 그 1/2을 가중해 12년으로 조정할 수 있는 정도인바, 아무리 엄벌주의적 성향을 지닌 법관이라도 양형기준이 설정한 범위를 벗어난 형(무기 또는 12년 초과 30년 이하 징역)을 선고하기는 부담스럽다. 말하자면 양형기준은, 입법자가 두른 최대형량의 울타리 안에서 개별 양형이 되도록 특정한 구간에만 머무르도록 인도하는 후견적 목자(牧者)이다.

그러나 오늘날 복음 해석은 순혈주의적 배타성을 띤다. 법원조직법 제81조의6 제2항은 양형기준을 설정·변경할 때 준수할 원칙으로 "범죄의 죄질, 범정(犯情) 및 피고인의 책임의 정도를 반영할 것"(제1호), "범죄의 일반예방과 피고인의 재범 방지 및 사회복귀를 고려할 것"(제2호), "같은 종류 또는 유사한 범죄에 대해서는 고려하여야 할 양형 요소에 차이가 없으면 양형에서 서로 다르게 취급하지 아니할 것"(제3호), "피고인의 국적, 종교 및 양심, 사회적 신분 등을 이유로 양형상 차별을 하지 아니할 것"(제4호)을 열거하고 있다. 그런데도 범죄에 대한 '보복'과 장기간 격리를 통한 '무해화incapacitation'에 초점을 둔 형벌 상향 의견과는 달리,[24)] 강화된 형벌이 범죄의 일반예방이나 피고인의 재범 방지 및 사회복귀에 과연 실제로 효과가 있는지, 형벌 체계상 균형을 갖추었는지를 따지는 다른 의견은 이단시되는 분위기가 되어버렸다.[25)]

〈표 3〉 최근 10년간 음주운전 교통사고 현황

	2012	2013	2014	2015	2016	2017	2018	2019	2020	2021
사고(건)	29,093	26,589	24,043	24,399	19,769	19,517	19,381	15,708	17,247	14,894
사망(명)	815	727	592	583	481	439	346	295	287	206
부상(명)	52,345	47,711	42,722	42,880	34,423	33,364	32,952	25,961	28,063	23,653

24) 30년에 걸친 개선갱생 프로그램을 생각하기는 어려워 그 정도의 장기수용은 수용자의 사회복귀를 사실상 부정하는 것이다. 김성규, "흉악범죄와 형사입법", 외법논집, 제34권 제2호(2010), 204면.

25) 이러한 현상을 '형벌 포퓰리즘'으로 개념화하기도 한다. Julian V. Roberts et al., *Penal Populism and Public Opinion: Lessons from Five Countries*, New York: Oxford Univ. Press (2003), 174; John Pratt, *Penal Populism*, New York: Routledge (2007), 3, 35;

2. 유기징역형 상한 상향

한편 형법 제42조는 1953.9.18. 법률 제293호로 제정하였을 때부터 유기징역형의 비가중 상한과 가중상한을 각각 [15년/25년]으로 제한하고 있었다. 그러나 "무기징역과 유기징역 간 형벌효과가 지나치게 차이가 나고, 중대한 범죄에 대한 형벌을 선고하는 데 제한이 있으므로, 유기징역의 상한을 상향 조정하여 행위자의 책임에 따라 탄력적으로 형 선고를 가능하게" 한다는 이유로(제안이유 참조), 위 각 상한을 [30년/50년]으로 두 배씩 급진적으로 상향하는 법률안이 2010.3.31. 국회 본회의를 통과하였고,[26] 2010.10.16.부터 시행되었다. 한국인의 평균 기대수명이 연장된 점(WHO 추계 1955년 47.9세, 2010년 80.0세)[27] 등을 들어 유기징역형 상한을 조정하여야 한다는 주장은 1992년 형법개정 논의 때부터 있었고, 학계와 실무계는 연구·토론을 거친 끝에 누범·상습범 가중처벌 규정을 폐지하는 등 중형주의와 거리를 두면서도 '유·무기형 간격을 좁혀야 법관이 양형의 구체적 타당성을 도모할 수 있다'고 하여 비가중, 가중상한을 각각 [20년/30년]으로 상향하는 안을 제안해둔 터였다.[28] 그러나 '조두순 사건'과 '김길태 사건'이 국민적 공분을 불러일으키며 2009년 10월 [30년/50년] 안이 전격 제안되었고 국회 내외부에서 심의를 거칠 새도 없이 서둘러 법안이 통과되었다.[29]

이경재, "1990년대 이후 형사정책 관련 법률의 특징과 이에 대한 평가", 법학연구, 제30집(2010), 205-212면; 추지현, "엄벌주의 보편성에 대한 비판적 검토: 연구의 동향과 쟁점", 형사정책연구, 제28권 제2호(2017), 161면; 최우철·박서하·노승국, "'중형선고' 논란에 따른 형벌포퓰리즘에 대한 실증 연구: 비정형 빅데이터 분석방법론의 적용", 한국범죄학, 제15권 제1호(2021) 등.

26) 당시 국회의원 총원은 299명이었는데, 재석 203인 중 찬성 143인(즉, 총원 절반에 미달하였다), 반대 36인, 기권 24인으로 가결되었다.

27) 통계청, 통계로 본 광복 70년 한국사회의 변화 I 해설편(2015), 163-164면[Ⅲ. 사회 3. 건강 1) (1) 기대수명]. 국가통계포털(KOSIS) > 보건 > 완전생명표에 따른 0세의 기대여명은 1970년 62.3세, 2010년 80.2세, 2020년 83.5세이다. http://kosis.kr/statisticsList/statisticsListIndex.do?menuId=M_01_01&vwcd=MT_ZTITLE&parmTabId=M_01_01

28) 한국형사정책학회 형사법개정연구회, "「죄수·형벌」 분야 개정방안", 형법개정의 쟁점과 검토: 죄수·형벌론 및 형법각칙, 한국형사정책연구원, 법무부, 한국형사법학회, 한국형사정책학회 2009년 공동학술회의 자료집(2009.9.11.), 22-23면. 바로 일본이 2004년 12월 형법개정으로 원래의 [15년/20년]을 [20년/30년]으로 상향한 바 있었다.

29) 제284회 국회(정기회) 법제사법위원회 법안심사제1소위원회 제3차 회의 속기록, 3-7면;

[15년/25년]이든 [20년/30년]이든 [30년/50년]이든, 실증적 근거 없이 다른 나라 사례를 참고해 감으로 더하거나 뺐다는 점에서는 근본적 차이가 없다고 볼 수도 있다.30) 평균수명이 50세가 채 안 되던 1950년대 초의 징역 15년은 형사 성년자인 기간의 40%를 넘지만[= 15/(50－14)], 평균수명이 80세를 넘게 된 2010년 이후에는 징역 15년이 형사 성년자인 기간의 20% 정도에 불과하므로[= 15/(80－14)] 생애주기를 고려해 징역형의 무게를 다시 따져보아야 한다는 주장,31) 형벌체계를 연속함수로 유지하려면 유기징역형 상한과 무기징역형 사이의 틈이 지나치게 벌어져서는 안 된다는 주장32) 정도가 의미 있는 논거이다. 어쨌든 기본법에 해당하는 형법이 그처럼 돌발적으로 개정된 데 대해 '입법부에 의한 쿠데타'라는 등의 강도 높은 비판과 우려가 제기되었지만,33) 다행인지 불행인지 개정형법 제42조(이하

제288회 국회(임시회) 제2차 본회의 회의록, 11-13면(이정희 의원 반대토론, 홍일표 의원 찬성토론) 정도가 남아있을 뿐이다.

30) 경제 규모, 민주주의와 법치의 성숙도 등 관점에서 우리가 참고할 만한 나라들 가운데는 미국을 제외하고는 스페인의 유기징역형 상한이 가장 높은데(Ley Orgánica 1/2015로 2015.7.1. 가석방 검토가 가능한 무기징역형을 부활시키기도 하였다), 선고형과 무관하게 최대 40년을 복역시킬 수 있다(스페인 형법 제76조). 그리하여 191명이 사망한 2004년 마드리드 열차 폭탄 테러 사건의 주범 3인에 대하여 42,924년, 42,922년, 34,715년이 선고되었어도 실질상으로는 모두 40년형이다. Paul Hamilos, "Mass Murderers Jailed for 40 Years as Judge Delivers Verdicts on Spain's 9/11", *The Guardian* (1 Nov 2007). 스페인의 무기징역형에 관한 설명은 Jaime de Alarcón, "Prisión Permanente Revisable Artículo Explicativo", *IUS COGENS* (9 Dec 2018). 세계에서 구금률이 가장 높은 미국도 수백 년 형을 선고하곤 하지만 많은 경우 가석방으로 풀려나 상징적인 숫자에 불과하고, 실제로는 70년을 넘겨 복역한 예가 없는 것으로 보인다. Swaminathan Natarajan & Lauren Potts, "Joe Ligon: America's 'Longest Juvenile Lifer' on 68 Years in Prison", *BBC* (9 May 2021); 권보원(주 23), 87-89면 등.

31) 비가중 상한을 30년으로 상향하면 다시 45%를 조금 넘게 된다[= 30/(80-14)]. 30대가 받는 징역 10년은 평균수명이 50세일 때는 여생의 절반을 의미하지만, 평균수명 80세 시대에는 여생의 1/5을 의미한다. 전자와 달리 후자의 경우 남은 인생 40년은 새 출발을 하기에도 훨씬 유리할 것이다. 생애주기와 형기의 관계를 언급한 글로 김혜경, "형법상 개별범죄 징역형 정비의 기초", 형사정책연구, 제22권 제1호(2011), 31-32면.

32) 그러나 2010년경 당시 우리나라 교정실무를 보면, 무기수라도 43년 10개월간 복역한 비전향 장기수 김선명 씨 등을 제외하면 30년까지 복역한 사례가 없었다고 하는바, 유・무기형 사이에 공백이 있었다고 볼 수 있는지 의문이다. 한인섭, "유기징역형의 상한 – 근본적인 재조정 필요하다 –", 형법개정안과 인권(서울대학교 법학연구소 공익인권법센터, 공익과 인권 17), 경인문화사(2011), 6, 10-11면. 형벌체계의 연속함수성을 침식해 법관의 양형 재량을 위협하는 더 심각한 요인은, '자유형에서 중형주의'와 '벌금형에 대한 지독한 무신경'(일본의 '징역 1년당 100만 엔'을 좇았던 '징역 1년당 1,000만 원'의 입법 관행이 경제성장과 물가상승에도 불구하고 재검토 없이 유지되고 있다)이 결합하여 발생한, 자유형과 벌금형 사이의 격차라고 생각한다. 권보원(주 23), 113-115면.

'개정조항')는, 다음과 같은 이유로 곧바로 실효적이기는 어려운 운명이었다.

첫째, 앞서 본 바와 같이 2009년부터 중요 범죄군에는 차례로 양형기준이 설정되고 있었고, 특별히 중형 선고를 유도하려던 살인, 성범죄 등에는 이미 개정 전 조항을 전제한 양형기준이 설정되어 있었다. 즉, 양형에 대한 불만과 불신에서 양형 재량을 줄이려고 도입한 양형기준이, 크게 다르지 않은 계기로 형법 제42조를 개정함으로써 달성하려 했던 중형 재량과 상충하였다. 시행한 지 얼마 되지도 않은 양형기준을 1년 만에 바로 개정하기도 어려워서, 개정조항을 반영한 살인범죄 양형기준은 2011.3.21. 의결하여 2011.4.15.부터 시행하였다. 나머지 범죄도 기본적으로는 과거 실무에 대한 통계분석 결과를 기초로 양형기준이 설정되는 데다, 법원조직법과 양형위원회규칙, 양형위원회 운영규정(이하 '운영규정')에 따른 공청회 등 의견수렴 절차와 양형위원회 의결을 거쳐야 하므로, 권고형 범위가 늘어나기까지는 시간이 걸린다. 법정형은 최악의 범죄를 염두에 두고 형의 상한을 정하지만, 양형기준은 예외적으로 심각한 사건이 아니라 평균적 죄상(罪狀)을 상정해 권고형 구간을 정한다는 점도 다르다.

둘째, 2022년 4월 현재, 개정조항을 시행한 지 10년이 넘었음에도, 판사 현원 3,057명[34] 중 개정조항 시행 전 법조 경력을 시작하여 종전 법에 따른 양형을 (잠깐이라도) 익힌 적이 있는 판사 비중이 여전히 67%에 달한다(대법원장과 대법관을 제외한 사법연수원 39기 이상 2,054명). 유기징역형의 일반적 상한이 상향되었다고 하여 사건을 처리하면서 익힌 양형 감각이 하루아침에 초기화되지 않는다. 이전에 처리한 여러 사건이 마음속에서 나름의 기준을 형성하고 있기 때문이다. 한편 법조 경력이 5~7년이 되지 않은 판사들은 아직 형사단독 재판장을 맡는 등으로 온전한 양형 재량을 행사해

33) 이인석 · 이정엽, "개정형법상 유기징역형의 상한조정에 관한 고찰", 형사법연구, 제22권 제3호(2010), 33-55면; 한인섭(주 32); 하태훈, "법치국가에서의 형법과 형사소송법의 과제 – 최근 형사 관련법 개정경향을 중심으로 –", 고려법학, 제62호(2011), 28-30면; 오영근, "형법각칙상 징역형의 문제점과 개선방안", 형사법연구, 제24권 제4호(2012), 167-168면 등.

34) 각급 판사 정원법에 따른 '정원'은 3,214명이고(정원을 모두 채워 임명하지는 않는다), 법원조직법 제5조 제1항은 "대법원장과 대법관이 아닌 법관은 판사로 한다"라고 규정하고 있다.

본 적이 없는 경우가 많다. 그렇기에 순수하게 개정조항에 의지한 신선한 감각으로 법원이 채워지려면 세월이 걸린다.

셋째, 개정조항으로 인하여 '우주가 팽창한 것처럼' 양형의 전반적 수준이 두 배씩 늘어나야 한다고 보는 견해가 있을 수는 있다.[35] 그러나 '2010.10.15.까지 범죄'와 '2010.10.16. 이후 범죄'의 내용이 거의 같다고 할 때, 범행일이 단 며칠 차이 난다는 이유로 바로 두 배 가량 늘어난 형을 선고하는 것은 죄질이 다르지 않은 피고인을 합리적 이유 없이 차별 취급하는 것이 될 수 있다(법원조직법 제81조의6 제2항 제3호 참조). 법은 '경향적으로' 목적과 일관성을 달성하여야 하지만, 그것이 특정 개인의 희생에 발 딛고 서는 것이어서는 안 된다. 형벌은 개인 차원에서도 정당화될 수 있어야 하고, 일반예방이라는 법의 목적을 앞세워 책임형벌원칙을 폐기할 수는 없다.[36] 따라서 빅뱅 이후 은하 간 거리가 멀어지듯이 장기적으로 꾸준히 선고형량을 늘려나갈 수는 있어도(적색편이적 양형?), 급격히 양형 수준을 높이는 것은 곤란하다.

넷째, 개정법 취지에 따라 형을 곧장 비례적으로 두 배씩 늘려 선고하는 판사가 있다고 하더라도, 형량의 정규분포곡선에서 '아웃라이어'에 해당하게 될 가능성이 커, 다른 판사들이 유사 사건 형을 정할 때 진지하게 참고하기 어렵고, 양형기준을 설정할 때 참고하는 70~80% 실무에 들기도 어렵다. '전례 없는' 중형이 억지효를 가질 수 있으려면, (게임이론 용어를 빌려) 그것이 단순한 선언declaration에 그쳐서는 안 되고, 그러한 양형 실무가 앞으로도 예외 없이 적용되고 번복할 수 없다irreversible는 것을, 잠재적 범죄자가 쉽게 알 수 있어visible, understandable 신뢰할 만한 확언commitment[37]에 이르러야 한다.[38] 바꾸어 말하면, '일벌백계'는 근거가 부족하다. 혹은 전략

35) 김성규(주 24), 203-204면은 이러한 견해를 소개하면서 법정형 폭을 양형의 한계 눈금으로 파악하여 법정형 상한이 인상된 것에 수반해 양형의 눈금 단위가 전체적으로 이동한 것으로 설명한다.

36) 특정한 형벌이 어떤 위하효과를 가지는지가 실증되지 않는 한, 책임과 예방 사이의 이율배반성 자체도 허구적 대당일 수 있다. 최석윤, "양형위원회와 양형이론", 형사정책연구, 제18권 제3호(2007), 424면.

37) 게임이론 교과서에서는 공약(公約), 확약(確約), 또는 돌이킬 수 없는 맹세라는 뜻에서 맹약(盟約)이라고 번역하나, '내지르기'에 가장 가깝다고 생각한다.

38) David Besanko et al., *Economics of Strategy (7th ed.)*, Hoboken, NJ: John Wiley &

적 행동으로서 위협threat은, 합리적이기보다 비합리적이라는 평판을 받는 쪽이 유리하다고 보통 설명된다. 일종의 '의도된 미친 척'으로, 국제정치학에서 '광인전략madman strategy'과 통한다. 재판이란, 듬성듬성 '이산적discrete인 법'을, 구체적 사건을 마주해 공·통시적 집단지성에 터 잡아 신중하게 재량으로discreet, discretion 메우면서 차근차근 쌓아 올리는 제도로, '법적 안정성(연속성continuity)'을 중요한 기둥으로 삼는다. 따라서 내지르기 전략을 채택하는 데 한계가 있다. 사법부 안에 다양한 가치가 경쟁할 수 있어야 한다는 점에서도 특정 목표를 겨냥한 일사불란함이 바람직하지 않다.

다섯째, 개정조항은 개별범죄의 법정형을 그대로 둔 채 '일반적으로' 선고할 수 있는 유기징역형 상한을 두 배로 늘린 것에 불과하다. 애당초 (15년보다 적은) 상한이 씌워져 있던 범죄에 대하여는 법이 바뀌었다고 볼 수 없고, 법정형 상한이 없는 흉악범죄에 관해서만 종래 상한인 징역 15년형과 무기징역형 사이 간극을 서서히 메우는 정도의 기능을 할 수 있을 뿐이다.

여섯째, 이후에 국회를 통과하는 여러 특별법이 위와 같이 늘어난 일반상한을 고려하여 법정형을 상당히 높인다고 하더라도, 비슷한 유형의 범죄나 그보다 중한 범죄의 법정형이 일일이 개정되지 않고 머물러 있는 한, 그들과의 균형을 고려하지 않을 수 없다.

개정조항뿐 아니라 개별 법정형 상향에 따른 선고형 상향 효과도, 법관들이 개정법 취지에 따라 전보다 선고형을 높여 나가겠다는 공감대를 가지고 점차 높은 형을 선고함으로써만 점진적으로 달성될 수 있다. 개개 법관이 의도하지는 않았더라도 그것이 '정의', '합목적성', '법적 안정성'이라는 법의 세 이념이 시나브로 조화되는 모습이다.

Sons, Inc. (2017), 215. [종래 9장 전략적 내지르기(Chapter 9. Strategic Commitment)에 있던 설명이 7장(Chapter 7. Dynamics: Competing Across Time)으로 이동하면서 축약되었다].

Ⅲ. 미래의 양형: 인공지능 양형은 어떤 모습일까?

1. '인공지능 판사론'의 대두

법관에 대한 불신을 드러내는 여론을 보면, 그 논조가 조금씩 변하는 것 같다. 2010년경까지는 법학전문대학원 도입 및 단계적 법조일원화 추진과도 맞물려 "사회생활 경험 없이 법전만 달달 외워 사법시험에 벼락 합격한 새파랗게 젊은 판사"들이 기계적, 법형식주의적, 비인간적 판결을 한다고 하는 법현실주의적, 자연법주의적(?) 비판이 주를 이루었다.[39]

요즈음은 법관이 피해자는 도외시하고 피고인 인권만 앞세운다거나 저마다 그때그때 다른 잣대를 적용한다는 전제하에, 사법의 재량(불확실성), 바꾸어 말하면 '인간성'을 통제해야 한다는 쪽으로 비판의 초점이 옮겨간 것처럼 느껴진다. '정치적 부족주의', '정치의 사법화'가 심화하면서 판결의 결론이 마음에 들지 않으면 법관이 정치적 주관에 따라 법규를 뒤튼 것인 양 받아들이기도 한다. 그 바탕에서 "인공지능AI 판사"라는 구호가 등장하였다.[40] 인공지능이 어떻게 작동하는지, 법관의 역할 중 어떤 부분이 인공지능으로 대체되거나 인공지능의 조력을 받을 수 있는지 따지지 않은 채로 일단 기계에 재판을 맡기자고 한다.[41]

앞서 본 바와 같이 여론의 관심은 소송사건의 약 20%를 차지하는 형사재판을 향해 있고, '인공지능 판사론'도 실제로는 형사재판과 관련해 제기되는 경우가 많다. 형사절차에서 인공지능을 활용할 수 있는 분야로 범죄예측 및 불심검문 대상자 판단, 구속 여부 판단, 재판에서 유무죄 판단 등을 들 수 있다.[42] 양형 판단은 어떨까. 인공지능에 기대면 양형의 비극을

39) 고정웅, "법관과 나이", 중앙일보(1982.7.22.); 박해식, "성범죄자 만들어 놓고 배상은 못한다니…", 동아일보(2005.1.7.); 양영유, "[노트북] 로스쿨 성공의 조건", 중앙일보(2007.9.9.); 김동현, "홍일표의 '젊은 판사들 가르쳐야' 파문", "손범규, '새파란 판사가 60대 노부부 재판하다니…'", 뷰스앤뉴스(2008.10.10.) 등.

40) 박성은, "[디지털스토리] 유전무죄 무전유죄 싫다…AI 판사에 재판 받을래요", 연합뉴스(2018.9.15.) 등.

41) 전 정부 국민청원 게시판에도 [AI 판사]로 97건의 청원이 검색되었다(최종검색 2022.4.30.).

42) 김웅재, "형사절차에서 인공지능 알고리즘의 활용가능성과 그 한계", Law & Technology,

타개할 수 있을까?

2. 양형기준 수립에 사용되는 통계분석 기법

인공지능 양형의 모습을 그려보기에 앞서, 현행 양형기준이 어떤 과정을 거쳐 설정되는지 살펴보자. 양형위원회 운영지원단 통계분석과(이하 '통계분석과')는 양형기준 설정에 필요한 통계분석 자료를 양형위원회에 제공하기 위하여 다음과 같은 분석을 거친다.[43)]

㉮ 최근 5년 사이에 선고·확정된 특정 범죄군의 단일 및 동종 경합범 사건(동일 죄명의 동일 법조에 해당하는 사건)을 모집단으로 보고 검찰청에 기록이 보존된 사건을 표본 추출해 '양형자료 대상사건'으로 지정한다. 선고유예 사건은 제외하고, 사건 수가 적으면 전수조사를 하기도 한다.

㉯ 형법 제51조 및 법원조직법 제81조의6 제3항 각호를 고려하여 양형인자가 될 만한 사정을 '후보 인자'로 추린 뒤, 기록을 살펴 그 빈도를 입력하고, 형량과 집행유예 여부 등 1심판결 선고 결과를 입력한다.[44)] 기록이 대출 중인 등으로 없으면 원칙적으로 대상사건에서 제외하지만, 서울중앙지방법원 사건은 판결문만으로 약식 조사하는 때도 있다.

㉰ 현행 양형기준상 양형인자는 대개 ○/×/△(불분명)으로 답할 수 있는 명목형 자료nominal data거나,[45)] 서열을 매겨 일렬로 세울 수 있는 순서형 자료ordinal data로서[46)] 범주형 변수categorical variable(질적·정성적 변수)이

제16권 제4호(2020), 5-9, 12-19면은, 현장에 존재하는 개별적·구체적 사정이 없이 오로지 인공지능 예측 결과만으로 특정인을 불심검문 대상자로 판단하는 것은 위법하고, 구속영장 청구 시 인공지능 분석 자료를 제출할 수는 있되 그것만으로 범죄혐의를 인정할 수는 없고 그 정확성에 대한 검증 결과를 함께 제출하게 하여 피의자에게 반박 기회를 부여하여야 하며, 유무죄 판단에는 인공지능 예측 결과의 증거능력을 부정하여야 한다고 본다.

43) 이하는 양형위원회(주 18), 227-245면을 참조하여, 통계기법 등에 관한 설명을 덧붙인 것이다.

44) 상급심 결과는 굳이 분석에 반영하지 않는 것으로 보인다. 양형위원회(주 18), 236, 249면 등.

45) '초범 여부(與否)', '동종 전과 유무(有無)' 등. 명목형 자료는 '1', '2' 등으로 입력(부호화, coding)하지만, 이는 기호를 대치한 것일 뿐 숫자가 아니다. 예컨대, 남성을 '1', 여성을 '2', 또 다른 성을 '3' 등으로 코딩하였을 때, '1', '2', '3' 등에는 순서나 방향이 없고, '1+1=2'이지만 '남성+남성'이 '여성'이 될 수는 없다.

46) 공범인 경우, '교사범, 적극 가담 공동정범, 보통 가담 공동정범, 소극 가담 공동정범, 방

므로,[47] 양형인자에 따라 나눈 표본 사이에 빈도 분포를 비교하는 교차 분석을 수행하고 이는 '카이제곱 검정chi-squared test'에 의한다.[48] '초범 여부'(독립변수)와 '형종'이나 '집행유예 여부'(종속변수) 사이의 상관성을 판별하는 독립성 검정이 그 예다. 유의한 상관성이 관찰되지 않으면 해당 인자는 형종 선택이나 집행유예 여부 판단에 영향을 준 인자가 아니라고 볼 수 있다.

〈표 4〉 자료, 변수, 척도의 형태

대분류	세분류	개 념	예(독립변수/종속변수)	
범주형	명목형	항목	성별, 초범 여부	형종, 집유 여부
	순서형	항목& 순서	가담 정도, 경/중상해, 살인죄 유형 구분	
수치형	구간	항목& 순서& 등간격(+, −)	재산, 뇌물, 조세범죄 등 구간 구분	
	비율	항목& 순서& 등간격& 無로서 0(×, ÷)	이득액, 피해자 수	형량(형기, 벌금액)

㉣ 양형인자(독립변수)가 수치형 변수numerical variable(양적·정량적 변수)[49]인 '형량'(종속변수)에 영향을 미치는지 '여부'를 파악하기 위하여 양형인자에

조범' 등의 서열. 양형위원회(주 18), 244면. 순서형 자료를 숫자로 입력하는 경우, '1' 다음에 '2'가 오고, '2' 다음에 '3'이 오므로 '3' 역시 '1'보다 뒤에 있다고 할 수 있지만[즉, 명목형에서 '순서' 개념이 더해져, 이행성(transitivity)이 충족된다], '금메달'과 '은메달'의 간격이 '은메달'과 '동메달'의 간격과 같다고는 말할 수는 없다.

47) 현행 양형기준은 양형인자 '존부(存否)'만 따지므로 모두 명목형 변수라고 볼 수 있다. 또한 그 개수만을 반영하므로 양형인자 상호 간의 상관관계, 즉 다중공선성(multicollinearity)은 크게 고려하지 않는다. 예컨대, 살인범죄에서 '계획적 살인 범행'은 '잔혹한 범행수법'이나 '사체손괴'로 이어질 가능성이 크고, 성범죄에서 '윤간'은 '극도의 성적 수치심 증대'를 일으킨다고 볼 수 있지만, 개별 사건에서 이들 중 몇 개의 양형인자가 충족되었다고 볼 것인지는 법관의 재량에 맡겨져 있다.

48) Karl Pearson이 1900년에 제안한 카이제곱 통계량 $\chi^2 = \sum \frac{(\text{관측빈도} - \text{기대빈도})^2}{\text{기대빈도}}$을 계산하여 관측빈도와 기대빈도 사이에 유의한 차이가 있는지를 확인한다.

49) 범주형 변수와 구별하여 수치형 변수는, 순서가 있고 간격이 일정한 구간 자료(interval data)와 구간 자료의 성질과 함께 '무(無)'의 개념을 가지는 비율 자료(ratio data)로 구분할 수 있다. 구간 자료인 섭씨온도의 경우, 덧셈·뺄셈은 가능하지만(20℃에서 5도가 올라가면 25℃이다), 곱셈·나눗셈은 의미가 없다. 또한, 0℃는 '없다'는 의미가 아니라 물이 어는 점을 임의로 0층으로 삼은 것이다(절대온도 단위로는 273.15K). 즉, 순서형에서 '등간격(等間隔)' 개념이 더해진다. 한편 길이, 무게 등과 같은 비율 자료는 '없음'의 개념을 가지고, 사칙연산이 가능하다.

따라 나눈 표본 간 평균 차이를 비교하는 't-검정' 또는 '분산분석analysis of variance, ANOVA'을 수행한다. 양형인자가 두 개 범주로 나뉠 때는 독립표본 t-검정에 의하지만,[50] 3개 이상이면 분산분석에 의한다.[51] 예컨대, '이종 전과 유무'가 '형량'에 영향을 미치는지를 분석하는 것이다. 이로써 유의한 양형인자를 추릴 수 있다. 그러나 각 양형인자가 형량에 어느 정도로 영향력을 미치는지는 분석할 수 없고, 이는 뒤에서 보는 회귀분석에 의하여야 한다. 통계분석과에서 그러한 분석까지 수행하지는 않는 것 같으나, 이론상으로는 양형인자 1개가 형량에 미치는 영향을 분석하는 일원분산분석One-way ANOVA 외에, 양형인자 2개의 영향을 분석하는 이원분산분석Two-way ANOVA, 3개 이상 양형인자의 영향을 분석하는 다원분산분석Multi-way ANOVA도 가능하고, 이때 복수의 양형인자 각각이 독립적으로 미치는 영향과 서로 연관되어 미치는 영향을 따지는 '상호작용효과interaction effect'를 검정할 수 있다.

㉤ 독립변수가 종속변수에 미치는 영향력(상관성)의 '크기'를 규명하는 방법이 '회귀분석regression analysis'이다.[52] 앞서 ㉢, ㉣에서 설명한 기법이 '독립변수가 범주형 변수일 것'을 전제하는 것과 달리, 회귀분석에서는 독립변수가 반드시 범주형일 필요는 없다. 따라서 예컨대, 사기죄에서 '이득액'이나 '피해자 수'와 '형량'의 관계를 분석할 수 있다. 그러나 앞서 본 바와 같이 현행 양형기준의 양형인자는 모두 범주형 변수(실질적으로는 그중에

---

50) $t_{(n_1+n_2-2,\ \frac{\alpha}{2})} = \dfrac{(\overline{x_1}-\overline{x_2})-(\mu_1-\mu_2)}{\sqrt{\dfrac{s_1^2}{n_1}+\dfrac{s_2^2}{n_2}}}$를 검정통계량으로 사용. 이론상 일반적으로는, 모집단의 분산을 알고 있거나, 표본이 30개 이상이면(중심극한정리에 따라 표본평균의 확률분포가 정규분포로 수렴한다) z-검정에 의하고, 모집단의 분산을 모르고 표본이 30개보다 적으면 t-검정에 의한다고 설명된다. 통계분석과에서는 통계프로그램으로 IBM사의 SPSS를 쓰고 있고, SPSS에는 z-검정 개념이 존재하지 않으므로, 표본 개수가 많아졌을 때 t-분포가 z-분포에 수렴한다고 보아 t-검정으로 z-검정을 함께 설명한 것이라 볼 수 있다.

51) 표본이 3개 이상일 때 t-검정에 의하려면, 표본 조합을 따져 여러 번 비교해야 하므로 복잡해진다. 일원분산분석의 경우, (집단 간 변동, Mean Squares Between)/(집단 내 변동, Mean Squares Within) 비율을 나타내는 $F=\dfrac{MSB}{MSW}=\dfrac{SSB/df_B}{SSW/df_W}=\dfrac{\sum n_i(\overline{x_i}-\overline{x})^2/(k-1)}{\sum\sum(x_{ij}-\overline{x})^2/(n-k)}$로 검정한다.

52) 독립변수가 1개인 단순선형회귀의 경우, $y_i=\beta_0+\beta_1x_i+\epsilon_i\ (i=1,\ldots,n)$라는 모델을 기초로, (일반적으로) 오차제곱합 $\sum(y_i-\beta_0-\beta_1x_i)^2$을 최소로 하는 β_0과 β_1을 추정한다(최소제곱법).

서도 명목형 변수)이다. 그리하여 양형기준을 만들 때는 양형인자의 각 범주를 '0'(해당 인자 부존재)과 '1'(해당 인자 존재)로 구성된 가상변수로 변경하여 분석하는 '더미변수dummy variable 회귀분석'에 의한다. 여러 양형인자가 미치는 영향을 동시에 분석하는 '다중회귀분석'도 통계프로그램으로 어렵지 않게 수행할 수 있다.[53] 회귀분석 결과는 형량 범위 설정에 활용할 수 있을 것이나, 우리 양형기준이 그 정도로 정밀한 분석을 거쳐 수립된 것으로는 보이지 아니한다. '집행유예 여부'와 같이 종속변수가 범주형 변수일 때에는 '로지스틱 회귀분석'을 사용한다.[54]

3. 인공지능은 어떻게 형을 정할까?

인공지능 양형은 개념상, ⓐ 인공지능이 도출한 형량 범위 등 양형안을 양형 판단 자료로 참고하는 '인공지능의 조력을 받은 양형AI-aided/assisted sentencing'과 ⓑ 양형 판단을 인공지능 알고리듬에 아예 위탁하는 '인공지능에 의한 양형sentencing by AI'으로 구분해볼 수 있다.[55] 우리 법상 양자의 허용 가능성을 제쳐 두고라도,[56] 어느 쪽이든 인공지능을 양형에 활용하려면 먼저 형을 어떻게 정하는지부터 인공지능에 학습시켜야 한다.

그런데 형법 제51조[57]와 법원조직법 제81조의6[58]은 양형상 고려할 사항

---

53) 독립변수가 p개일 때 주 52 식을 $y_i = \beta_0 + \beta_1 x_{ip} + \beta_2 x_{i2} + \cdots + \beta_p x_{ip} + \epsilon_i$로 일반화할 수 있다.

54) '사건 발생 확률'과 '불발생 확률'의 비인 오즈(odds) $\frac{p}{1-p}$에 로그를 취해(로짓 변환) 앞서 본 단순회귀(또는 다중회귀)식을 대입한 뒤 p에 대해 정리하면 $p = \frac{e^{\beta_0 + \beta_1 x}}{1 + e^{\beta_0 + \beta_1 x}}$를 얻을 수 있고, 이는 확률의 중간값인 0.5 근처에서 가파르고, 양 끝인 0과 1에 가까울수록 완만한 S자형 그래프가 된다. $\beta_1 > 0$이면 x 증가에 따라 p가 증가하는데, p가 0.5보다 크면 사건이 발생한다고(영향이 있는 인자라고), 0.5보다 작으면 사건이 발생하지 않는다고(영향이 없는 인자라고) 예측한다.

55) 한편, ⓒ 인공지능으로 형벌을 직접 도출하는 것이 아니라 재범위험성과 같이 개별 양형인자에 관한 평가자료만을 제공받는 경우도 생각할 수 있다. 이는 ⓐ의 일종으로 볼 수 있을 것이다.

56) 유럽 일반정보보호규칙(General Data Protection Regulation; GDPR) 제22조는 법적 효과를 가지거나 이와 유사하게 중대한 영향을 미치는 사항에 관하여 자동화된 처리에만 근거하는 결정을 받지 않을 권리를 규정하고 있다.

57) **형법** 제51조(양형의 조건) 형을 정함에 있어서는 다음 사항을 참작하여야 한다. 1. 범인의 연령, 성행, 지능과 환경 2. 피해자에 대한 관계 3. 범행의 동기, 수단과 결과 4. 범행 후의 정황

과 양형에서 준수해야 할 원칙을 열거하고 있을 뿐, 우리 법 어디를 보더라도 양형의 '정답'을 계산할 함수식은 도출되지 않는다. 그렇다면 양형 인공지능은 흔한 오해처럼 '규칙 기반 알고리듬'으로 개발할 수는 없고, 대량의 양형 데이터(판례)를 학습시켜 통계적 추론을 하는 '사례 기반 알고리듬'에 의할 수밖에 없다.[59] 즉, 기존의 양형 실무에서 패턴을 발견하는 방식이다. 이는 통계분석과에서 하는 일과 본질에서 다르지 않다.

현재로서는 음주·무면허 운전 등 도로교통법위반 사건 일부의 약식절차 외에는 형사전자소송이 전면 시행되지 아니한 상태이므로,[60] 양형 데이터를 입력하려면 범죄군별로 검찰청에서 재판확정기록을 받아 스캔하고 문자인식OCR을 거치거나,[61] 사건의 극히 일부 사정만 드러나 있는 판결문 데이터에 의존할 수밖에 없다.[62] 지금의 자연어 처리 기술로는 사건기록이나 판결문 같은 비구조화된 데이터에서 알고리듬 스스로 양형인자를 온전히 추출할 수 있다고 기대하기도 어려워, 사람이 데이터에 태그 또는 레이블을 붙이는 작업data annotation을 하여야 한다. 앞서 본 ㉮, ㉯의 절차를 밟는 것과 별 차이가 없다.

일단 데이터를 입력·정제하고 나면, 인공지능을 훈련해야 한다. 알고리

---

58) **법원조직법** 제81조의6(양형기준의 설정 등) ② 위원회는 양형기준을 설정·변경할 때 다음 각 호의 원칙을 준수하여야 한다. (제2항 각 호는 전술하였으므로 생략)
③ 위원회는 양형기준을 설정·변경할 때 다음 각 호의 사항을 고려하여야 한다.
1. 범죄의 유형 및 법정형 2. 범죄의 중대성을 가중하거나 감경할 수 있는 사정 3. 피고인의 나이, 성품과 행실, 지능과 환경 4. 피해자에 대한 관계 5. 범행의 동기, 수단 및 결과 6. 범행 후의 정황 7. 범죄 전력(前歷)

59) '규칙 기반 인공지능'과 '사례 기반 인공지능'에 관한 설명으로 권보원, "인공지능을 발명자로 볼 수 있을까? – DABUS 판결에 부쳐", 사법, 제59호(2022), 42-43면.

60) 약식절차에서의 전자문서 이용 등에 관한 법률 제3조. 다만, 형사사법절차에서의 전자문서 이용 등에 관한 법률이 2021.9.28. 국회 본회의를 통과하여 2024.10.20. 시행을 예정하고 있다(부칙 제1조 본문 참조).

61) 현재 재판확정기록은 검찰보존사무규칙 제7조 이하 규정에 따라 검찰청이 보관하고, 형사소송법 제59조의2도 이를 전제하고 있다. 전자기록은 보관공간의 제약 없이 영구히 보존 가능하므로, 형사전자소송이 전면화된 이후에도 지금처럼 검찰청에 기록을 보관할 것인지 논의가 필요하다.

62) 민간에서도 공개된 판결문 데이터를 이용해 얼마든지 양형(예측) 알고리듬을 개발할 수 있다. 판결문 공개 범위가 확대된 만큼, 데이터베이스를 구축해 그러한 사업을 준비하는 스타트업이 있을 것으로 본다. 김민정, "[#서초동] 로앤비·엘박스·빅케이스… '판례 검색 사이트' 1위 경쟁 치열", 조선비즈(2022.5.6.). 캐나다 회사의 양형 예측 서비스 https://www.rangefindr.ca/도 참조.

듬이 주입받은 데이터 세트로 훈련하여 더 나은 모델을 만들어 가는 과정을 기계학습machine learning이라 한다.[63] '지도학습supervised learning'은 레이블(정답)이 달린 훈련 데이터를 학습해 레이블 없는 데이터의 답을 예측하는 방법이다. '분류classification' 및 '회귀regression' 알고리듬이 대표적이다.[64] 정답을 내려는 문제가 '집행유예 여부' 판단이면 전자를, '형량' 예측이라면 후자를 활용하면 된다.[65] 이는 ㉰, ㉱, ㉲를 수행하되, 알고리듬이나 인간의 개입 방식을 바꾼 것에 불과하다. '비지도학습unsupervised learning'은 레이블(정답)을 달지 않은 훈련 데이터에서 숨겨진 패턴을 찾아내는 방법이다. 장기적으로는 그중 '군집화clustering',[66] '차원 축소dimensionality reduction',[67] '연관규칙 마이닝association rule mining'[68] 등 기법을 양형인자 발견에 응용할 수 있을 것으로 본다.

여기에 더하여 재범위험성 평가 알고리듬을 양형 인공지능에 결합하는 방안을 검토할 수 있다. 이를 위해서는 전과자들의 재범 여부 등을 추적한 방대한 데이터를 상시 수집·관리하여야 하는데, 전과를 이유로 한 차별 및 사생활 침해 소지가 있다. 피고인의 일반적 속성을 기존 데이터에 빗대어 산출한 결과를 놓고 해당 피고인의 재범위험성이 높다고 단정지으면 인간 존엄성에 반하는 것이 아닌지, 그것이 윤리적으로 정당화될 수 있는지도 대답되어야 한다. 지금은 법원조직법 제54조의3과 법원조사관 등 규칙

63) 기계학습에 관한 일반적 설명으로 권보원(주 59), 64-73면.

64) 서포트 벡터 머신(support vector machine, SVM), 결정 트리(decision tree) 및 랜덤 포레스트(random forest)는 분류뿐 아니라 회귀 작업에도 쓸 수 있고, 로지스틱 회귀는 분류 기법으로도 볼 수 있다.

65) 회귀분석에서 구간 추정, SVM 회귀의 마진 폭 조절을 통해 형량 구간을 끌어낼 수도 있다.

66) (지도학습의 '분류' 알고리듬과 달리) 레이블 없는 데이터 세트를 비슷한 데이터끼리 묶는 기법.

67) 변수를 줄여나가 고차원 데이터를 저차원 데이터로 변환하는 기법으로, 다중공선성 문제를 완화할 수 있다(예컨대, 수학 점수가 높은 사람은 물리학 점수도 높은 경향이 있으므로, 두 과목 성적을 하나의 변수로 줄일 수 있다).

68) 대규모 데이터 항목에 숨겨진 유용한 상관성을 찾아내는 기법. 흔히 드는 예로, 장바구니 분석으로 목요일 저녁에 맥주와 기저귀가 함께 팔리는 경향이 있음을 발견하는 것. 그러나 Mark Madsen, "Beer, Diapers and Correlation: A Tale of Ambiguity", Third Nature 슬라이드(2015년 발표본 등 여러 종류가 검색된다)는 25,000여 학술논문과 단행본, 백만여 웹페이지에 재생산된 맥주-기저귀 이야기의 기원을 추적하며 그 상관성을 단정하기 어렵다고 한다.

에 근거하여 양형조사업무를 담당하는 조사관을 선발하고 있고, 보호관찰 등에 관한 법률 제19조, 제19조의2에 따라 보호관찰관에 의한 '판결(결정) 전 조사'가 이루어지고 있으나,[69] 위와 같은 재범위험성 평가 알고리듬을 어느 기관 주도로 개발할지도 문제될 수 있다(어느 한 기관이 보유한 정보만으로는 종합적 평가가 어려울 것이다).[70] 법원이 개발 주체가 되면 당사자주의 구조와 어울리지 않는 측면이 있고, 그렇다고 수사기관이 개발하는 것은 무기대등원칙에 반하거나 공정성 우려가 제기될 가능성이 크다. 법무부 범죄예방정책국 산하의 보호관찰소가 개발하는 방법도 생각할 수 있으나, 개별 사건에 관하여 이루어지는 법원의 요청 없이 그와 같은 일반적 조사와 데이터 관리가 가능하다고 볼 수 있을지 권한 범위에 의문이 있다. 무엇보다 법원 외부에서 개발한 알고리듬은, 그 평가 결과가 양형상 참고자료로 쓰일 수 있을지언정, 법원의 양형 인공지능으로 바로 편입할 수 있다고 보기 어렵다.

한편 헌법상 기본권으로서 '헌법과 법률이 정한 법관에 의하여 재판을 받을 권리'(대한민국헌법 제27조 제1항)를 끌어들이지 않더라도,[71] 양형 모델이 시대와 사회의 변화를 받아들이며 역동적으로 개선될 수 있으려면, 법관이 인공지능이 제시한 범위를 얼마든지 벗어나 형을 정할 수 있고, 다만 양형기준을 벗어난 판결을 하는 경우와 마찬가지로 그러한 판단의 이유를 적어야 한다고 봄이 타당하다(법원조직법 제81조의7 제2항 본문 참조).[72] 그처

69) 검찰에도 양형조사담당관이 있으나, 활성화되어 있지는 않다고 한다. 박정난, "바람직한 양형조사 및 양형심리의 방향에 대한 검토", 저스티스, 제188호(2022), 213면.

70) (법원이 자체적으로 수행하는) 현행 양형조사 실무를 비판적으로 검토한 글로 박정난(주 69); 김진, "양형조사제도의 주요 쟁점과 과제", 법학연구, 제28권 제4호(2020); 정웅석, "「국민의 형사재판 참여에 관한 법률」에 따른 양형자료의 수집 및 조사주체에 관한 연구", 형사소송 이론과 실무, 제8권 제1호(2016); 송광섭 · 김성천 · 정혜욱, "양형조사와 양형심리", 법학논문집, 제39집 제2호(2015) 등.

71) 김웅재(주 42), 19-21면은 인공지능에 의한 재범위험성 평가 결과를 양형에 참작할 수는 있을 것이나 법관이 자동화 편향(automation bias)에 빠져 '기계에 의한 재판'이 되어서는 안 되고, '법관에 의한 공정한 재판을 받을 권리'를 침해하지 않으려면 그 평가 결과의 정확성을 검증한 결과가 함께 제출되어야 하며, 해당 알고리듬의 작동원리를 공개하고 이를 법관과 피고인에게 이해할 수 있는 방식으로 설명하여 피고인에게 실질적 반박 기회가 부여되어야 한다고 주장한다.

72) 실제로는 양형기준을 벗어나지 않더라도 양형기준 적용대상 판결의 99.4%에 양형 이유가 기재되고 있다. 양형위원회(주 18), 335면. 물론 인공지능이 제시한 형의 범위를 벗어난

럼 기존 패턴을 벗어난 판결의 이유를 양형 모델이 학습함으로써 양형인자를 풍부하게 만들 수 있다.[73] 이는 단지 '아웃라이어'에 불과한 것이 아니라, 루크레티우스의 개념을 빌려 변화를 창출하는 계기로서 '클리나멘clinamen'(비껴남)이다.[74] 따라서 ⓑ보다는 ⓐ가 규범적 정당성을 떠나서도 지속 가능하고 안정적인 시스템을 구축하는 데 유리할 것으로 전망한다.[75]

4. 효과와 한계

양형 인공지능은, 일단 그럴듯하게 개발되었다고 가정하면, 다음과 같은 효과를 가질 것으로 기대해볼 수 있다. ① 개별 사건에서 양형심리 및 판단에 드는 시간과 인적 자원을 아껴 준다. 양형기준이 있기는 하지만 대부분 법관은 유사 사건에서 명시적·묵시적 양형인자가 어떻게 고려되었는지, 대강의 형량 분포를 파악하기 위해 많은 시간을 쏟는다. 유사 사건 검색은 재판부에 배속된 재판연구원의 중요한 업무 중 하나이기도 하다. 이러한 작업은 인공지능이 더 빠르고 효율적으로 할 수 있다. ② 1. 전문위원의 양형기준 초안 작성→2. 양형기준안 작성→3. 양형기준안에 관한 공청회 개최→4. 양형기준안 수정→5. 양형기준 의결 등 절차를 거쳐 양형기준을 설정·변경할 것 없이(운영규정 제16조~제22조 참조), 빠르게 최신 판결을 반영하고 기준을 조정할 수 있다. 굳이 양형자료 대상사건을 표본 추출할 필요도 없고, 매일 선고·확정되는 판결이 전자기록 데이터와 함께 자동으로 업데이트되게끔 시스템을 개발하는 것이 가능하다. ③ 인공지능 양형 도입 후에는 [그림 2]에서 보는 것처럼 판결 간 양형 편차가 줄어들 가능성이 크다.[76] 그러한 판결이 다시 학습 데이터로 되먹임feedback되어 편

것을 형사소송법 제361조의5 제15호에 따른 항소이유로 삼을 수도 있다.

73) Vincent Chiao, "Predicting Proportionality: The Case for Algorithmic Sentencing", 37 *Criminal Justice Ethics* 238, 246 (2018)은 그로써 법관의 재판업무가 단순한 인가업무(rubber-stamping)로 전락하는 것을 막을 수 있다고 한다. 양형위원회 운영지원단이 '판결서에 기재된 양형 이유를 분석하는 등의 방법으로' 양형기준 적용현황을 정기적으로 확인해 양형위원회에 보고하여야 한다고 규정한 운영규정 제21조도 참조.

74) 루크레티우스(주 1), 125-131면[제2권 216-293(라틴어 "clinamen"은 292행에 등장)].

75) 기술이 더 발전하면 인공지능이 양형 이유 초안을 생성해줄 수도 있을 것이다. 그러나 박주영, 어떤 양형 이유, 김영사(2019)에서와 같은 깊은 고뇌를 담아내기는 어려울 것으로 보인다.

차를 더 줄여나갈 것이다. ④ 형량 구간을 성글게 제시하는 양형기준과 달리, 양형인자를 세밀하게 추출·분석하여 개별 사건에 최적화한 더 좁은 범위의 형량[나아가 '유일형Punktstrafe']을 도출하는 것도 이론상으로는 가능하다.

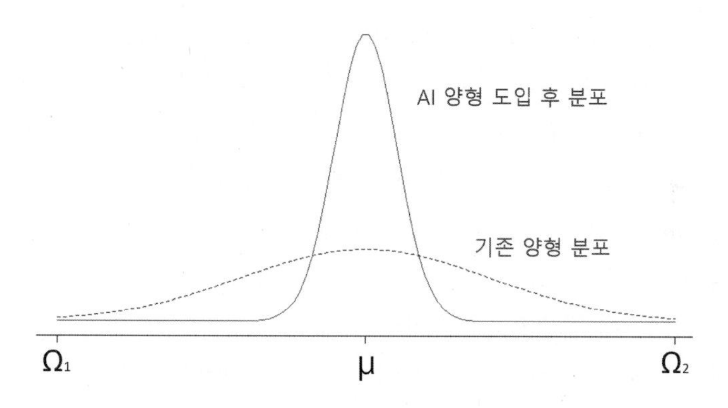

[그림 2] 인공지능 양형 도입 전후 양형 분포 비교

일견 긍정적 변화로 보일 수 있다. 그러나 다음과 같은 문제를 생각해보아야 한다.

① 먼저, 줄어든 양형 편차는 개별 사건에서 구체적 타당성을 희생한 결과일 수 있다. 양형위원회규칙 제2조 제2항은 양형기준이 "양형의 균등성과 적정성을 제고하는 데 기여하여야 한다"라고 규정한다. 그런데 양형의 균등성은 때때로 양형의 적정성과 상충한다.[77] 양형기준 시행 후 개별 피고인의 구구한 사정은 양형에 잘 반영되지 않게 되었다. 양형기준을 벗어난 판결을 하자면 그 이유를 공들여 써야 할 뿐만 아니라,[78] 본의 아니게

76) 양형기준 준수율도 90% 내외인바, 인공지능이 제시한 범위는 그 이상으로 준수될 가능성이 크다

77) Graeme Brown, "Four Models of Judicial Reasoning in Sentencing", 3 *Irish Judicial Studies Journal* 55, 69 (2019). 강승준, "양형의 적정과 형평", 법률신문(2010.7.5.)도 참조.

78) "양형기준을 벗어난 판결을 함에 따라 판결서에 양형의 이유를 기재하여야 하는 경우에는 양형기준의 의의, 효력 등을 감안하여 당해 양형을 하게 된 사유를 합리적이고 설득력 있게 표현하는 방식으로 그 이유를 기재하여야 한다."[대법원 2010.12.9. 선고 2010도7410, 2010전도44(병합) 판결, 대법원 2020.11.26. 선고 2020도10693 판결]

두드러진 판결을 한 셈이 되어 '형이 낮아 이해할 수 없는 판결'이라는 투의 기사에라도 실리는 날에는 법관의 가족까지 저주하는 원색적인 비난을 감내하여야 하곤 하기 때문이다. 앞서 Ⅲ.의 1.에서 본 것처럼 구체적 타당성을 내세워 사건의 개별성을 지나치게 고려하는 것은 주관적 · 자의적 판결이라는 오해를 사 법관으로서의 전문성이나 직업윤리를 의심받기 십상이다. 최소한 인공지능 시대에 '트렌디하지 못하다'는 취급을 받는다.[79)]

그러나 인구학적, 혹은 사건의 유형적 특성만으로 개별 피고인의 개선의지를 무시하는 것은 인간 존엄(대한민국헌법 제10조)에 반하는 것 아닐까? 추상적 이념을 끌어들이지 않더라도 형벌의 실효성을 떨어뜨리지는 않을까? 인공지능을 활용하게 되면 형벌의 평균 수렴과 획일화는 가속될 것이다. 법정형을 '무기 또는 7년 이상의 징역'으로 규정한 강도상해죄를 기계적으로 적용할 때 발생하는 불합리를 피하려고 '굳이 치료받지 않더라도 시일이 지나면 자연히 치유되는 상처는 강도상해죄에서 말하는 상해에 해당하지 않는다'고 보는 것과 같이,[80)] 법 해석의 묘(妙)를 살리는 판결도 나오기가 어려워진다.

② 더 근본적인 문제는, 형벌의 목적을 전제하지 않고서는 수렴된 평균(μ)이 가장 타당하고 바람직한 형량임을 장담할 수 없다는 점이다. 이는 앞서 본 양형기준의 문제와 같다. 법원 형량이 너무 가볍다고 보면 형벌이 Ω_2를 중심으로 분포해야 한다고 주장할 것이다. 거꾸로, 지금도 중형주의가 심각한 지경에 이르렀다고 진단하는 측에서는 형벌이 Ω_1을 중심으로 분포해야 한다고 주장할 것이다.[81)] 어느 쪽 견해에 의하더라도 인공지능은 양형의 '정답'을 내는 것이 아니라 잘못된 양형 실무를 더 일관되게 반복하

---

79) 인문학, 사회학 등 여러 학문이, 경험적 증거에 입각하지 않으면 허무맹랑한 '말장난'이나 '뇌피셜', 심지어는 '유사학문(pseudo-scholarship)'으로 매도당하게 되었다. Alan D. Sokal & Jean Bricmont, Fashionable Nonsense: Postmodern Intellectuals' Abuse of Science, New York: Picador (1998) [이희재 역, 지적 사기: 포스트모던 사상가들은 과학을 어떻게 남용했는가, 민음사(2000); 한국경제신문(2014)] 등.

80) 대법원 2003.7.11. 선고 2003도2313 판결 등.

81) 극단적으로는, 가장 심각한 범죄에 대해서도 5년을 초과하는 형을 거의 선고할 필요가 없다고 보는 견해도 있다. Andrew von Hirsch, *Censure and Sanctions*, Oxford: Oxford Univ. Press (1993); Jesper Ryberg, "Sentencing Disparity and Artificial Intelligence", *The Journal of Value Inquiry* (2021)의 2.에서 재인용.

는 것에 불과한 것이 된다.

③ 미래에 자연어 처리 기술이 발달하여 알고리듬 스스로 새로운 양형인자를 뽑아낼 수 있게 되었을 때 발생할 수 있는 대용 차별proxy discrimination 문제도 있다.[82] 각주 14에서 본 바와 같이 2020년 범죄통계를 기준으로 성폭력 범죄 피의자의 96%, 살인, 강도, 방화 범죄 피의자의 83%가 남성이므로,[83] 아무런 제한규칙 없이 인공지능에 위 범죄의 양형을 맡기면 피고인이 남성이라는 사실을 (범죄억지 등을 위해) 가중처벌할 사정으로 적합시킬 가능성이 크다. 그러나 이는 헌법 제11조 제1항 후문이 금지한 '성별에 따른 차별'에 해당할 수 있다. 헌법이 차별 근거로 삼아서는 아니 된다고 열거한 기준("성별 · 종교 또는 사회적 신분") 외에도, 법원조직법 제81조의6 제2항 제4호는 양형기준을 설정 · 변경할 때 "피고인의 국적, 종교 및 양심, 사회적 신분 등을 이유로" 양형상 차별을 하여서는 아니 된다고 명시하고 있다.[84] 설령 양형 모델에 위와 같은 속성을 양형인자로 삼을 수 없게 하는

---

82) 'proxy discrimination'은 '대리변수(proxy variable)'에서처럼 '대리차별'로 옮기는 예가 많다고 보인다. 김효은, "인공지능 편향식별의 공정성 기준과 완화", 한국심리학회지, 제40권 제4호(2021), 470면 등. 그러나 '인공지능이 차별행위를 대리하여 수행한다'는 의미로 오해될 여지가 있다고 보여, 특정한 속성을 근거로 한 명시적 차별이 금지되는 경우에 그에 대한 대용적 속성(=대리변수)을 근거로 차별이 이루어지는 우회적 방식이라는 뜻에서, '대용차별(代用差別)'로 옮기는 편이 낫지 않나 생각한다. 즉, '대리(代理)'로 암시되는 차별의 행위성, 주체성보다는, 차별에 원용(援用), 피용(被用)되는 대상, 객체로서 변수(속성)에 초점을 붙잡아 두는 것이다.

83) 형법범과 특별법범 피의자 총 1,638,387명 중 성별 미상자 25,963명을 제외하면, 79.0%인 1,273,827명이 남성, 21.0%인 338,597명이 여성이다. 대검찰청(주 14), 491면(계산이 잘못되었다).

84) 헌법이 스스로 차별을 금지한 영역에서의 차별이나, 차별적 취급으로 관련 기본권에 중대한 제한을 초래하는 경우의 평등 위반 여부 심사에는 엄격한 심사척도가 적용된다(헌법재판소 1999.12.23. 선고 98헌마363 결정 등). 국가인권위원회법 제2조 제3호["평등권 침해의 차별행위"란 합리적인 이유 없이 성별, 종교, 장애, 나이, 사회적 신분, 출신 지역(출생지, 등록기준지, 성년이 되기 전의 주된 거주지 등을 말한다), 출신 국가, 출신 민족, 용모 등 신체 조건, 기혼 · 미혼 · 별거 · 이혼 · 사별 · 재혼 · 사실혼 등 혼인 여부, 임신 또는 출산, 가족 형태 또는 가족 상황, 인종, 피부색, 사상 또는 정치적 의견, 형의 효력이 실효된 전과(前科), 성적(性的) 지향, 학력, 병력(病歷) 등을 이유로 한, 고용 등과 관련하여 특정한 사람을 우대 · 배제 · 구별하거나 불리하게 대우하는 행위 등을 말한다] 도 참조. 미국에서는 엄격한 심사 또는 중간수준 심사가 적용되는 인종, 종교, 출신국 등 속성을 'suspect characteristic(위헌 의심 속성)', 또 이를 이유로 한 차별을 'suspect classification(위헌 의심이 가는 차별)'이라 하고, (a) 생래적 특성인지, (b) 눈에 잘 띄는 특성인지, (c) 역사적으로 불리한 지위에 있었던 계층에 속해 있는지, (d) 정치적 과정에서 역사적으로 효과적인 대표되지 못한 집단에 속해 있는지 등을 고려한다. Cornell Law

제한을 부가하더라도, 예컨대 특정 국적 또는 소수 종교 출신자들이 국내 어느 지역에 모여 산다고 가정할 경우, 인공지능은 그 주소지를 숨은 양형인자로 찾아내 양형에 고려할 수 있다.[85] 즉, 규범적 고려를 하지 않는 인공지능으로서는 금지된 기준을 대신할 속성을 불가피하게 찾아내게 마련이고, 특정한 양형인자의 사용을 금지하는 것은 결과적으로 덜 직관적이고 덜 정확한 인자에 의존하게 되는 것일 수 있다.[86] 재범위험성 평가 알고리듬이 더 많은 정보와 연결될 경우, 인공지능의 블랙박스적 속성과 빅데이터의 광범성으로 인하여 금지된 속성이 사용되었는지조차 알아채지 못할 수도 있다.[87] 나아가 일정한 속성의 고려 금지는 역설적으로, 해당 집단의 특수성(매 맞는 여성 증후군, 생계형 범죄 등)을 적절히 반영하지 못하게 가로막는 결과가 될 수도 있다.[88]

Ⅳ. 반시대적 고찰: 결론에 대신하여

인공지능은 인간 사회가 왜 형벌을 고안하였는지, 형벌의 목적을 알지 못한다. 기술이 더 발달하면, 형벌로 얻을 수 있는 사회적 효용(범죄억지효과 등)도 크지 않은데[89] 왜 사회적 자원(적발 · 재판 · 수용 등 집행비용)을 들

School Legal Information Institute Wex "suspect classification" 항목 https://www.law.cornell.edu/wex/suspect_classification; 송현정, 사회적 소수자 보호에 관한 미국 연방대법원의 판례 연구, 사법정책연구원(2019), 53면 등.

85) Anya E.R. Prince & Daniel Schwarcz, "Proxy Discrimination in the Age of Artificial Intelligence and Big Data", 105 *Iowa Law Review* 1257, 1261-1263, 1303-1304 (2020)은 대용변수(proxy variable) 활용의 예로, 유전정보 활용이 금지되었을 때 페이스북의 유방암 유전자(BRCA) 검사 서비스 관련 그룹 가입 정보를 대용한다거나, 인종의 표지일 수 있는 헤어스타일 정보를 활용할 수 없을 때 두발용 제품 구매기록 또는 넷플릭스 시청기록과 같은 대안적 변수를 찾아내는 경우를 들었다.

86) Prince(주 85), 1303.

87) Prince(주 85), 1304.

88) 보험료 산정에 사전 승인되지 아니한 기준에 의한 차별을 금지하면[California Insurance Code § 1861.02(a)], 인공지능과 빅데이터의 예측 효율을 크게 떨어뜨릴 수밖에 없어 보험료율 인상으로 이어지고, 결과적으로 취약 집단의 보험 접근성이 떨어질 수 있다. 보험사들은 얼마든지 다른 방식으로 고위험 집단을 걸러낼 수(parsing) 있기도 하다. 대용차별에 대한 규제가 진화된 대용차별 방식을 낳는 것이다. Prince(주 85), 1307-1309.

89) 형벌의 효과를 경제학적으로 검증하려는 시도는 과거부터 꾸준히 이루어지고 있다. 대표적인 계량경제학 분석 논문으로 Isaac Ehrlich, "Participation in Illegitimate Activities: A

여 과거 행위를 단죄하려고 하는지, '수지 타산이 맞지 않는다'라는 비용-편익 계산을 내놓을지도 모른다.[90)]

앞서 본 것처럼 형법은 형벌의 목적에 관하여 침묵하고 있다. 법원조직법 제81조의6 제2항도 양형의 여러 이념을 열거하고 있을 뿐, 형벌로 무엇을 달성하여야 하는지를 분명히 답하고 있지는 않다. 형벌의 목적에 관한 일치된 공감대나 사회적 합의도 없다.[91)] 법관들 사이에도 견해차가 상당하다. 어디로 가는지도 모르는 채로 그저 해왔던 대로 열심히 형을 정할 따름이다. 형벌 또는 양형의 목적이 법에 명시된 다른 나라라고 하여 상황이 크게 다르지는 않은 것 같다.[92)] 물론 우리 사회가 형벌의 목적함수에 관하

Theoretical and Empirical Investigation", 81 *Journal of Political Economy* 521 (1973), 행동경제학 분석으로 Paul H. Robinson & John M. Darley, "Does Criminal Law Deter? A Behavioural Science Investigation.", 24 *Oxford Journal of Legal Studies* 173 (2004) 등.

90) Gary Becker, "Crime and Punishment: An Economic Approach", 76 *Journal of Political Economy* 169, 170-185 (1968); 권보원(주 23), 84-104면 등. 공동체의 응보감정 만족 및 안정감 증대와 같은 심리적 효용도 이론상 얼마든지 계산에 넣을 수 있다. 그러나 긍정적이건 부정적이건 감정은 어느 정도나마 무뎌지는 경우가 많으므로, 시간에 따른 할인율이 함께 고려되어야 할 것이다(이른바 '헤도닉 적응'). Philip Brickman & Donald T. Campbell, "Hedonic Relativism and Planning the Good Society" in Mortimer H. Appley (Ed.), *Adaptation-Level Theory: A Symposium*, New York: Academic Press (1971), 287-301. 이것은 피고인에 가하는 '해악'의 관점에서도 마찬가지이다. John Bronsteen et al., "Happiness and Punishment", 76 *The Univ. of Chicago Law Review* 3 (2009); 고학수, "범죄 및 형사정책에 대한 행태법경제학적 접근", 저스티스, 제116호(2010), 281-284, 289-292면. 한편 형벌이 개별 피고인에게 어떤 크기인지 계산할 때, 벌금형의 역진성이 고려되어야 한다면 반대로 징역형의 누진성이 고려되어야 한다는 주장도 제기될 수 있다. 이것은 민사 불법행위로 인한 손해배상에서 피해자가 누군지에 따라 배상할 일실소득 손해의 크기가 달라지는 것과 다르지 않다. Becker, 위의 글, 180-181, 195-196.

91) 응보론과 억지론에 관하여 권보원(주 23), 58-66면.

92) 미국 Model Penal Code § 1.02(2) Purposes of Sentencing and the Sentencing System [미국법학회(ALI)가 2022.5. 정기총회를 앞두고 있고 특히 '양형' 부분에 관한 개정논의가 진행되고 있어 내용 생략]; 영국 Criminal Justice Act 2003 § 142 Purposes of Sentencing (1) (a) 범죄자 처벌, (b) 범죄 감소(억지에 따른 감소 포함), (c) 범죄자 개선 및 교화, (d) 일반인 보호, (e) 범죄로 영향을 받은 사람에 대한 범죄자의 피해 회복 조치; 일본에는 우리 형법 제51조와 같은 규정이 없고, 독일 형법 제46조, 오스트리아 형법 제32조, 중국 형법 제61조 등은 양형의 일반원칙에 관하여 규정. 특이하게도, 헝가리 형법 제79조가 "형벌의 목적은 범법자나 다른 사람의 범죄행위를 예방(및 사회를 방위)하는 데 있다"라고 규정하여 응보론과 무관한 순수 억지론을 표방하고 있고(이를 알려준 김상오 법무관에게 감사드린다), LOI n° 2014-896 du 15 août 2014 relative à l'individualisation des peines et renforçant l'efficacité des sanctions pénales(형벌 개별화 및 형사제재의 실효성 강화에 관한 법률, 이른바 'Taubira 법')로 개정된 프랑스 형법

여 용케 합의에 이른다면, 형을 어떻게 정해야 그 목적 달성에 가장 부합하는지, '최적 형벌optimal punishment'을 계산하는 알고리듬을 설계해 볼 수도 있을 것이다. 그러나 인공지능이 우리를 대신해 형벌의 목적을 정해주고 무엇을 어떤 방식으로 계산하여야 하는지를 알려 줄 수는 없다. 어떤 양형인자는 고려해서는 안 되는지를 규범적으로 판단할 수도 없다.

양형의 비극을 극복하는 데 인공지능을 활용하려면, 다른 누구도 아닌 우리 스스로가, 형사처벌로 무엇을 실현하려고 하는지부터 치열하게 토론하여야 한다. 이것은 반시대적 고찰Unzeitgemäße Betrachtungen일까?[93] 그러나 "빅데이터 시대의 진정한 위험은 컴퓨터가 우리보다 똑똑하다는 데 있는 것이 아니라, 우리가 막연히 그렇다고 생각하는 데 있다. 그리하여 컴퓨터가 우리를 위하여 중요한 결정을 해줄 수 있다고 믿는 데 있다."[94]

명심하자. 우리를 구원할 수 있는 건 우리 자신이다.

제130조의1은, 형벌은 '사회를 보호하고, 새로운 범죄를 예방하며, 피해자 이익을 존중하는 가운데 사회적 균형을 회복하기 위하여' 범죄자를 처벌하고 교정하며 사회에 통합, 재통합하는 기능을 한다고 규정한다.

93) 프리드리히 니체/이진우 역, 비극의 탄생 · 반시대적 고찰, 책세상(2005).

94) Gary Smith, *The AI Delusion*, Oxford: Oxford Univ. Press (2018), 237.

13

미래의 로봇과 법률의 미래

– 로봇 법칙은 코드가 될 수 있는가? –

김한균

한국형사 · 법무정책연구원 선임연구위원

고려대학교, 영국 케임브리지대학교, 서울대학교, KAIST 미래전략대학원에서 공부했다. 주요 연구 분야는 영미 형법, 양형, 성폭력, 과학기술법, 인권정책으로, 관련 논문 80여 편을 발표했다. 저서 및 역서로는 『아동성폭력전담검사의 증언』(R.Sax, 2013), 『법질서와 안전사회』(공저, 2014), 『미국 형사사법의 위기』(W.Stunz, 2015년도 세종도서 우수학술도서), 『세월호가 남긴 절망과 희망』(공저, 2017년도 세종도서 우수학술도서), 『대한민국 인권 근현대사』(공저, 2019), 『4차산업혁명의 이해』(공저, 2020), 『신 형사소송법』(공저, 2021), 『경찰학 개론』(공저, 2022) 등이 있다.

인공지능 관련하여 연구논문 '고위험 인공지능에 대한 가치지향적 · 위험평가기반 형사정책'(2022), '신뢰가능한 인공지능과 인공지능기반 법정책의 신뢰성'(2021) '인공지능기반 범죄피해자보호의 정책적 가능성과 법적 과제'(2021), '형사절차상 인공지능기반 통번역애플리케이션 활용과 적법절차'(2021), '4차산업혁명 위험관리 법제 개혁 정책성과와 전망'(2020), '4차산업혁명의 형사정책'(2017) 등, 그리고 연구보고서 『4차산업혁명의 형사사법적 현안과 대응방안』(공저, 2017), 『인공지능 국가 경쟁력 확보를 위한 중장기 로드맵 구축 연구』(공저, 2021) 등을 집필했다.

현재 법원 전문심리위원, 대검찰청 디지털수사 자문위원, 대검찰청 양성평등정책위원, 서울중앙지검 형사상고심의 위원, 서울동부지검 사이버중점수사 자문위원, 연세대학교 법무대학원 겸임교수를 맡고 있다.

로봇(공학)의 3대법칙(The Three Laws of Robotics)

제1법칙: 로봇은 사람을 해칠(injure) 수 없다. 부작위(inaction)로 사람이 해악(harm)을 당하게 해서도 아니 된다.

제2법칙: 로봇은 사람의 명령에 복종(obey)해야 한다. 다만, 그 명령이 제1법칙에 반할 경우는 예외다.

제3법칙: 로봇은 제1법칙, 제2법칙에 반하지 않는 한, 로봇 자체를 보호(protection)해야 한다.

Ⅰ. 미래의 법은 어떻게 지능형 로봇을 대할까?

기원전 400년쯤 쓰인 列子에 등장하는 노래하고 춤추는 인형은 왕 앞에서 후궁들에게 추파를 던지다가 분해되는 운명을 맞았다. 영화 2001 스페이스 오딧세이의 HAL 9000은 합리적으로 사고판단하는 인공지능이지만 명령받은 임무수행에 충실하다 보니 방해되는 인간을 제거하려다 역시 해체된다. 영화 터미네이터의 설정에 따르면, 스카이넷은 자기방어 행위가 30억 인류 말살 결과를 가져오게 된 데 고통(죄책감)을 느끼지만 CPU 설계상 '자멸'이 금지되기 때문에 결국 인류 저항군 지도자가 태어나게 함으로써 저항군에 의해 파괴되는 길을 택해 스스로를 해체해 버린다.[1] 최근에는 오히려 인공지능과 로봇 과학기술이 현실화되면서 영화 아이언맨의 JARVIS처럼 충직한 집사 노릇을 하거나, 영화 인터스텔라의 TARS처럼 희생도 마다하지 않는 동료 역할로 등장한다. 이들 이야기는 모두 이른바 '로봇 3대법직'의 범위 안에서 진행된다. 결국 인간의 지능과 기능을 닮거나 능가하는 로봇이 인간에게 해악이 되지 않고 오직 유익하게 작동하려면 어떤 법칙을 따르게 해야 할 것인가의 문제다.

로봇 3대법칙은 지능형 로봇이 문학적 상상력에 머물던 시기에 고안되어 로봇에 대한 사회적 기대와 규범적 태도를 지배해 왔다는 점에서 주목

1) Ian Nathan, *Terminator Vault: The Complete Story Behind the Making of The Terminator and Terminator 2-Judgement Day*, Voyageur Press, 2013.

할 만하다. 인공지능과 로봇의 과학적 개발과 공학적 구현이 현실화되어가는 과정에서 제기되는 로봇 통제와 윤리 논의에서도 여전히 의미있는 논제이자 논거다. 그래서 이 글의 부제 – 로봇 법칙은 코드가 될 수 있는가 –는 중의적이다. 코드는 규범, 법전을 의미하는데, 컴퓨터에서는 소프트웨어를 뜻한다. 로봇 윤리지침이나 법칙을 공학적으로 소프트웨어에 담아 로봇에 탑재하면 어떨까? 혹은 자의식과 판단능력을 보유한 로봇에게 인간과 상호작용에 있어 로봇 3대법칙에 입각한 윤리기준이나 법률을 제정하여 적용해야 할까?

생각해보면, 로봇 3대법칙을 코드화해서 로봇에 탑재한다면, 입력된 목적과 방법에 따라 설계된 출력 결과에 이르는 기계를 기계적 방법으로 통제하려는 것이다. 이는 사람, 해악, 부작위, 보호와 같은 규범적 개념, 가치적 태도를 어떻게 공학적으로 구현할 것인지의 문제가 된다. 인공지능 로봇이 자의식을 가지고 자주적 판단을 하는 데까지 발전하게 된다면 탑재된 소프트웨어가 아니라 인간과 로봇 사이의 법률이 필요하고, 이는 사람뿐만 아니라 로봇을 수범자로 하는 법률이 될 것인지 문제가 된다.

어느 경우든 로봇이 인간의 단순도구를 넘어 인간–로봇 상호작용의 상대방인 상황에서 로봇 3대법칙에 구현된 가치와 규범이 보편타당하며 충분한지 살펴볼 때, 미래 과학기술이 인간과 사회에 가져오는 변화 앞에 이제까지의 윤리와 법률이 여전히 유효할지, 법률의 미래 또한 새롭게 진화할지 성찰의 실마리가 잡힐 것이다. 그래서 이 글 제목이 미래의 로봇뿐만 아니라 법률의 미래이기도 하다.

Ⅱ. 지능형 로봇이 인간을 해치지 않게 하려면?

로봇 3대법칙은 무려 80년 전인 1942년 아이작 아시모프의 단편소설 "헤맴Runaround"에 처음 등장했다. 이후 인간에게 위협이 될 수도 있는 능력과 자의식을 갖춘 기계지능 로봇 소재 소설과 영화에서 인용되면서 점차 미래 로봇에 대한 막연한 두려움과 역시 막연하지만 로봇이라면 마땅히 지키도록 해야 할 내용이라는 사회적 인식으로 자리잡게 된 셈이다. 하지만 정작 소설은 이성을 잃은 로봇irrational robot을 소재로 다루고 있는데, 로봇의 이상작동 원인은 바로 그 로봇 법칙이다.

인간의 명령에 따르게 되면 자신을 보호하지 못하게 되는 상황에서는 제2법칙과 제3법칙이 충돌할 수 있다. 제3법칙에 제1, 2법칙에 반하지 않는 한이라는 단서가 달려 있기 때문에 로봇은 명령을 수행하려는 동작과 자신을 보호하려는 동작의 중간 상태를 끊임없이 헤매게 된다. 이로 인해 양자두뇌가 손상되어crack-brained 정상적 작동이 불가능하게 된 로봇과 인간이 씨름하는 이야기다.[2] 정작 원작자가 말하려던 로봇 법칙들은 정합적으로 작동가능한 내용으로 설정한 게 아니었다. 소설의 결말은 제1법칙을 따르지 않을 수 없게끔 인간의 위험을 자초하는 상황을 만들고, 말하자면 로봇을 속여서 문제를 해결한다. 제목을 "속임수runaround"로 읽을 수도 있는 이유다.

애초 로봇 3대법칙 이야기가 말하려는 바는 오히려 인간을 기준으로 규범을 설정하고 로봇에게 구현하려는 이른바 법칙이 현실적용되기는 어렵다는 점이다.[3] 최소한 가장 중요한 법칙, 즉 독자적 의식과 판단에 따른 행동이 가능한 로봇이 인간에게 해악을 가해서는 안 된다는 제1법칙조차도 그렇다. 아시모프 자신은 농담삼아 쓴 단편이라 하지만, 1956년작 "제일 법칙First law"은 이 문제를 다룬다. 소설에 등장하는 여성체 로봇은 인간을 위협하는 괴물체로부터 인간을 지키라는 명령을 거부하고 오히려 괴물체에 총을 겨눈 인간을 막아선다. 나중에 밝혀진 사실은 괴물체가 아니라 로봇이 만든 아이 로봇이었다. 소설의 화자는 탄식한다. "제일 법칙인들 자식을 지키려는 엄마 앞에서 무슨 소용이 있겠나."[4]

III. 과연 로봇 3대법칙은 현실 로봇에게 실현될 수 있는가?

로봇 3대법칙은 소설과 영화의 차원을 넘어 현실 공간, 인간-로봇 상

2) Isaac Asimov, "*Runaround*", Astounding Science Fiction, 1942.
3) Mark Robert Anderson, "*After 75 years, Isaac Asimov's Three Laws of Robotics need updating*", The Conversation, 2017.3.17.
4) Isaac Asimov, "*First Law*", Fantastic Universe, 1956.

호작용의 상황, 특히 법적 상황에서 유효할까? 어떻게 로봇을 규범적으로 통제 가능할까?

로봇 법칙의 대상인 로봇이라면, 우선 감지장치, 동체, 동력원, 작동소프트웨어govening software로 구성된 기계를 뜻한다. 즉 감지장치를 통해 환경을 인식하고, 동체를 통해 환경과 상호작용한다. 필요한 기능 수행을 위해서는 그에 맞춘 프로그래밍이 필요하다. 로봇 법칙이 단순한 동작지시가 아니라 구체적 상황이해와 판단을 필요로 하기 때문에 법칙이 적용될 모든 상황을 사전 프로그래밍 할 수는 없는 노릇이다. 결국 로봇이 학습케 해야 하는 문제다.[5] 인간 프로그래머가 로봇으로 하여금 법칙을 준수케 하려면 어떤 코드를 학습시키고 적용시켜야 할까? 기존 법전과 판례를 대량 학습시킨다 한들 법률보조서비스 로봇이라면 몰라도, 준법 '의식'을 지닌 로봇을 기대하기란 어려운 일이다. 그보다 로봇 법칙이 의미가 있을 로봇이라면 대상을 인지하고 세계에 대해 추론하고, 자체 통제하는 개체일 것인데, 이를 공학적으로 구현하기는 여전히 어려운 문제다. 그러니 로봇에게 로봇 법칙을 학습하고 실천케 하는 일은 두 배로 어려운 문제인 셈이다.

무엇보다 아시모프의 로봇 법칙은 기능적 도덕성functional morality 관점에서 있다. 즉 로봇이 도덕적 판단 가능한 인지능력을 갖춘 자율적 주체라 전제한다. 그런데 사람과 로봇 사이에서 로봇 법칙이 현실 작동하려면 말과 행동의 문화의존성과 맥락의존성, 상이한 사회적 역할과 기대까지 로봇이 인식판단 가능하도록 기술이 구현되어야 한다. 실제 법칙의 실현은 실천적 도덕성operational morality의 문제로서 로봇의 행동 또는 부작위와 가정, 분석, 판단의 연결문제, 책임성의 문제는 아무리 로봇의 자율성이 고도화된다 해도 여전히 남는다.[6]

그리고 제1법칙은 우선 법적으로 로봇이 제조물이 아니라 책임주체로 인정되어야 비로소 논의될 수 있다. 인간의 판단결정은 그 결정에 대한 책임성을 언제나 전제한다. 로봇이 법적 책임주체로 인정되려면 상호작용의 관계참여가 가능해야 한다. 단지 기계적 인지판단 능력을 강화하는 단순한

---

5) John Jordan, *Robot*, MIT Press, 2016.

6) Robert Sparrow, "*Why machines cannot be moral*", AI & SOCIETY 36, 2021.

문제가 아니다. 제2법칙은 사람의 입장에서는 자연언어로 명령과 수행이 매개되어야 하는데, 로봇 입장에서 대화맥락 속에 의미 있게 참여할 정도의 기술은 여전히 기대하기 어렵다.[7)]

규범적 통제가능성에 대해서는 로봇의 특징에 따른 두 가지 경우를 생각해 봐야 답을 찾아볼 수 있다. 첫 번째는 인간의 설계에 따른 기능만 수행하는 특정인공지능narrow AI 로봇의 경우다. 로봇 3대법칙을 알고리듬화하고, 일종의 준법소프트웨어를 로봇에게 프로그램한다고 해서 언제나 법칙에 부합하는 로봇을 기대하기는 어렵다. 로봇 3대원칙이 과학법칙이나 기술표준이 아니라 규범적 내용이기 때문이다. 현실 로봇은 감지→행동→행동이 산출한 정보감지→재행동을 반복함으로써 부분적으로 '지능적인' 행동을 하지만, 특정기능의 수행을 넘어 인간을 보호하고, 선한 행동을 목표로 맥락과 장애요인을 모두 처리하도록 프로그램하는 일은 지극히 어렵다. 적어도 로봇 법칙이 현실 의미를 가지려면, 로봇으로 하여금 법칙에 반하거나 개별 법칙간 충돌하는 상황에서는 작동을 중지하고 인간의 개입을 요청케 하거나, 킬스위치kill switch가 작동하도록 할 수 있을 뿐일 것인데, 이조차도 도덕적 나침반 혹은 한계moral compass를 프로그램하는 난제이기는 마찬가지다.[8)]

두 번째는 독자적인 의식과 판단에 따라 행동하는 범용인공지능AGI 내지 초지능superintelligence 로봇의 경우다. 이론적으로 불가능하지는 않지만, 예견가능한 시일 내 실현가능성은 거의 없다. 적어도 사람을 닮아 이해하고, 논증하고, 문제해결까지 전반적으로 수행할 수 있는 지능이 기계적으로 구현되려면, 사람이 사전조작이나 처리하지 않은 상태로 입력된 자료를 이해하고 해결해야 할 문제가 무엇인지 상황파악situational awareness이 되어야 한다. 인간과 로봇의 상호작용 공간에서 발생하는 위해, 해악, 예외, 보호의 상황에 따라 로봇에게 규범적 원칙을 준수하게 하는 문제다. 역시 로봇에

---

7) Chris Stokes, "*Why the three laws of robotics do not work*", International Journal of Engineering and Innovation 2(2), 2018.

8) Haridy, Rich, "*EU to debate robot legal rights, mandatory kill switches.*" (https://newatlas.com/robot-kill-switch-personhood-eu-report/47367/)

게 반복적 규칙이 아니라 규범판단을 학습시키는 문제이고, 더 나아가서는 로봇의 인간에 대한 규범뿐만 아니라, 인간의 로봇에 대한 규범도 상호적으로 설정될 문제다.[9)]

1952년 데즈카 오사무의 "우주소년 아톰(鉄腕アトム)"에서는 10개 조항의 로봇법이 등장한다.[10)] ① 로봇은 인류에 봉사하기 위해 제조되었다. ② 로봇은 결코 사람을 살상해서는 아니 된다. ③ 로봇은 자신을 제조한 사람을 "아버지"로 불러야 한다. ④ 로봇은 무엇이든 제작할 수 있다. 단 화폐는 예외다. ⑤ 로봇은 허가 없이 외출해서는 아니 된다. ⑥ 남성형 로봇과 여성형 로봇은 결코 그 성역할을 바꿔서는 아니 된다. ⑦ 로봇은 허가 없이 용모를 바꾸거나 다른 로봇을 가장해서는 아니 된다. ⑧ 성인형으로 제조된 로봇은 아동형 로봇처럼 행동해서는 아니 된다. ⑨ 로봇은 결코 인간이 폐기한 타 로봇을 재조립해서는 아니 된다. ⑩ 로봇은 인간의 주거나 도구를 손괴해서는 아니 된다. 아시모프보다 더 금지내용을 확대했는데, 특히 ⑥~⑧은 기망의 금지다. 인간을 기망할 수 있을 정도의 기계지능을 가진 로봇에 대해 금지규범을 어떻게 탑재하거나 부과할지도 문제거니와, 금지 코드가 늘어날수록 로봇 법칙의 실현은 더욱 난제일 것이다.

로봇 3대법칙은 실제로는 로봇에 대한 현실적인 최소 기준이라기보다는 이상적인 최대 기준이다. 사실 인간들 사이에서조차 실현되기 어렵다. 어쩌면 과거 구상되었던 로봇 법칙은 사람 사이에서도 서로 지키기 어려운, 사람에 대해서보다 더 높은 윤리적 요구일지도 모른다. 2021년 이리에 야스히로 감독의 영화 EDEN에는 이런 대사가 나온다. "인간들끼리도 이 법칙을 지킬 수만 있다면 …"

---

9) L.D. Riek & D. Howard, "*A Code of Ethics for the Human-Robot Interaction Profession*". We Robot 2014; Vincent C. Müller, "*Ethics of Artificial Intelligence and Robotics*", Edward N. Zalta (ed.) The Stanford Encyclopedia of Philosophy (Summer 2021 Edition).

10) John Jordan, *Robot*, MIT Press, 2016.

Ⅳ. “인간들끼리도 이 법칙을 지킬 수만 있다면…”

적어도 로봇 3대법칙의 코드를 로봇에게 공학적으로 구현하거나, 로봇법제화하기는 현실적으로 기대하기 어렵다. 물론 거론된 로봇 법칙들이 뜻하는 바, 로봇이 인간을 해치거나 속여서는 안 된다는 점, 로봇은 인간의 유익에 기여해야 한다는 점, 로봇도 마땅히 보호 받아야 한다는 점은 동의하기 어렵지 않다. 하지만 아시모프나 데즈카의 법칙은 로봇에만 주목할 뿐, 정작 로봇개발과 활용의 사회적 현실에서 도덕적 행위자인 사람은 생각지 못했다.[11)]

먼저 로봇을 만드는 인간이 지켜야 할 윤리원칙Robotic code of ethics부터 생각해야 마땅하겠다.[12)] 예컨대 첫째, 개발자는 로봇이 사람을 돕게끔 제조해야 한다. 사람에게 해악을 미치는 기능을 개발해서는 아니 된다. 둘째, 개발자는 로봇들로 하여금 안전하게 작동할 수 있도록 서로 협력하고, 자가수리 가능한 기능을 개발해야 한다. 셋째, 로봇이 첫째와 둘째 요건을 충족하지 못하는 상황에서 개발자는 로봇의 기능을 중단시켜야 한다는 내용이 될 수 있다.

지능형 로봇을 자율적 행위체로 놓고 로봇에 한정하는 법칙보다는, 사람과 로봇, 로봇과 로봇 사이에 지켜야 할 법칙을 구성해본다면 어떨까? 예컨대 일본의 공학자이자 도덕철학자인 테이 유이치(鄭雄一)는 서로 다른 존재인 사람과 로봇 사이에 공유할 수 있는 도덕 체계를 구축해 보자는 입장이다. 인간 도덕을 모델화해서 일종의 도덕 알고리듬을 로봇 두뇌에 탑재하자는 것이다. 이러한 공통 도덕 체계는 로봇이 ‘자기편’을 가려서 인식할 수 있는 근거가 되는데, 물론 사회의 다양성을 반영하여 공감의 범위를 넓

---

11) Susan Leigh Anderson, “*Asimov's Three Laws of Robotics and Machine Metaehtics*”, AI & SOCIETY 22, 2007; Jack Balkin, “*The Three Laws of Robotics in the Age of Big Data*”, Faculty Scholarship Series, Yale Law School, 2017; Curtis Blakely et al, “*Asimov's Laws of Robotics and their Significane for the Prison*”, International Journal of Criminal Justice Sciences, 2018.

12) Alex Leveringhaus, “Developing robots: The need for an ethical framework”, European View 17(1), 2018.

혀 '자기편'의 범위도 확장 가능하도록 공생 지향적으로 설계되어야 한다. 그렇게 되면 아시모프의 제1법칙을 '로봇은 자기편 사람을 해쳐서는 안 된다'로 고쳐 쓸 수 있고, 제2법칙도 명령과 복종 관계가 아니라 '로봇은 자기편 사람과 협력하고 분업해야 한다'로 설정해야 한다는 것이다.[13)]

2009년 로빈 머피와 데이비드 우즈가 제시한 책임을 질 수 있는 로봇의 3대 법칙Three Laws of Responsible Robotics의 경우 인간의 책임성을 중시하면서, 인간중심적 설계와 인간-로봇 상호작용의 관점에서 다음과 같이 구성된다.[14)]

책임 제1법칙: 사람은 안전과 윤리에 관한 높은 수준의 법적, 전문적 기준에 부합되는 인간-로봇상호작용 시스템human-robot work system이 갖추어져 있지 아니하다면 로봇을 사용해서는 아니 된다.

책임 제2법칙: 로봇은 그 역할에 적절하도록appropriate 사람에게 대응해야 한다.

책임 제3법칙: 로봇에게는 책임 제1법칙과 제2법칙에 반하지 아니하는 원활한 통제권 이전도 가능한 보호조치를 통해 로봇 자체를 보호할 수 있도록 특정된 자율성autonomy이 충분히 부여되어야 한다.

책임 제1법칙은 로봇이 안전 규제법제로 규율되어야 한다는 점에서 자명하다. 다만 최소안전기준으로는 부족하다. 현 단계 자율주행로봇(자율주행차도 일종의 로봇이다)의 사고 발생에서 보듯 제작자의 법적 책임 문제와는 별개로 로봇 기술개발에 대한 사회적 불신을 키우기 때문이다. 안전최우선 설계와 평가점검에 가장 높은 수준의 전문적 기준이 적용되어야 하는 이유다. 책임 제2법칙은 인간-로봇 상호작용에서는 적절한 대응성responsiveness이 로봇 자율성보다 중요하다는 의미다. 로봇은 주어진 환경에서 각 참여자의 역할과 상호관계에 적합한 상호작용이 가능하도록 설계되어야 한다.

---

13) 鄭雄一, AIに「善悪の判断」を教える方法, 2018, 이시훈 역, 인공지능에 살해당하지 않기 위해 인공지능에 도덕엔진을 탑재하는 법 - 인공지능 로봇에게 어떻게 선악 판단을 가르칠 것인가, 클라우드나인, 2019.

14) Robin R. Murphy & David D.Woods, "*Beyond Asimov: The Three Laws of Responsible Robotics*", IEEE Intelligent Systems, July/August 2009.

이 상호관계 설계가 로봇의 사람에 대한 대응(복종)능력과 방식을 좌우하게 된다. 책임 제3법칙은 개발자가 로봇의 고립된 자율성보다는 상호관계 속에서 자율성과 인간통제가 원활하게 교환될 수 있도록 해야 한다는 점에 주목하도록 한다. 책임 제2법칙과 제3법칙은 로봇이 인간-로봇 상호작용과 의무를 사회적 역할을 통해 구현하는 능력이 핵심이라는 점을 말해준다. 결국 아시모프의 법칙에 비해 로봇의 작동결과에 대한 책임은 로봇과 관련된 사람의 책임이라는 점, 로봇 주체를 역동적인 사회적 관계망 속에 포함시킨다는 점에서 인간중심적 법칙이다.

또한 2017년 프랭크 파스칼 교수는 로봇과 함께 알고리듬, 인공지능 에이전트에 의해 사회경제적 의사결정이 이루어지는 알고리듬 사회Algorithmic society로의 변화상을 감안해서, 귀속Attribution 책임성Responsibility, 설명가능성Explainability을 기반으로 로봇 법칙을 새롭게 제시한다.[15)]

신 제1법칙: 인공지능은 전문가를 대신할 수 없다. 다만 보완할 뿐이다. 자동화의사결정의 증가에도 불구하고 판정과 선택을 위한 숙고를 필요로 하는 직업은 사람이 담당해야 한다.

신 제2법칙: 로봇 시스템과 인공지능은 인간성humanity을 흉내내서는 아니 된다. 인간-로봇 상호작용에서의 친밀성은 사람의 감정에 조작적 영향을 미치는 정도에 이르지 않도록 의도적 거리를 기술적으로 규범적으로 확보할 필요가 있다.

신 제3법칙: 로봇 시스템과 인공지능은 무기경쟁을 강화해서는 아니 된다. 일단 로봇 무기 개발경쟁이 시작되면 통제하기 어렵다.

신 제4법칙: 로봇 시스템과 인공지능은 그 제작자, 통제자, 소유자 관계를 항상 명시해야 한다. 이는 소유자나 개발자에 의한 불법행위를 방지하고 책임성을 가중하기 위한 투명성 요구다. 제작, 소유, 통제자로부터 완전히 독립된 로봇의 자율성으로 인한 위험을 용인하지 아니한다는 법칙이기도 하다.

---

15) Fran Pasquale, "*Towards a Fourth Law of Robotics*", Ohio State Law Journal, 78(5), 2017.

Ⅴ. 미래의 사람과 로봇이 만나게 될 법의 미래

지능형 로봇으로 대표되는 기술 개발을 마주하면서 법의 미래를 생각해 보게 되는 이유는 이미 현실화된 특정 로봇 개발과 활용은 사회적 필요에 따른 것이기도 하지만, 윤리적, 법적 문제가 뒤따르기도 하기 때문이다. 현재 책임지는 인공지능responsible AI, 신뢰가능 인공지능trustworthy AI, 설명가능 인공지능explainable AI, 인간중심 인공지능human-centered AI과 같은 윤리지침, 입법논의가 다양한 형태와 방식으로 논의되고 있는 이유다.[16] 산업용 로봇, 의료용 로봇, 돌봄 로봇뿐만 아니라, 성기능로봇sex robot이나 자동화무기로봇Lethal Automatic Weapons도 일찌감치 찾아온 미래다. 인공지능 로봇은 사람을 대신해 고된 노동을 하고, 위험한 현장에 투입되며, 사람보다 더 훌륭하게 치료하고 돌보는 한편으로, 사람의 욕망을 해소하는 일에 가장 앞서 제작, 활용되기 시작했다. 기대와 우려가 엇갈린다. 반자동무기 로봇은 국제인도법상 합법적이라 할 것이지만, 민간인 위를 맴도는 무장드론에 대한 윤리적 우려를 현행 법제는 아직은 모른다. 성기능로봇은 일종의 돌봄로봇 또는 반려로봇companion robot 역할을 할 수도 있겠지만, 아동형 몸체를 모사한 로봇을 포함한 인간형체 성기능 로봇의 법적 금지는 논란의 여지가 여전하다.

지능형 로봇과 같은 미래의 과학기술에 대해 법의 미래가 지향할 방향을 인공지능 기술에 대한 기대와 환영, 우려와 불안이 교차하는 불분명한 현실 속에서 찾아 나서야 할 시점이다. 아시모프나 데즈카의 로봇 법칙은 나침반 삼기 어렵다. 현실 로봇공학과는 거의 무관하기 때문이다. 미래 과학기술에 대한 현 단계 법적 논의에서도 경계할 부분이다. 기술에 대한 무지와 두려움이 쓸모없거나 과도한 법적 규제와 손잡지 못하게 하려면, 과학기술의 발전과 한계, 법적 규제의 한계와 대안이 투명하고 설명가능하게 법과 윤리 논의마당에 올라와야 하고, 사회적 논의기반이 갖추어져야 한다.

---

16) 김한균, "고위험 인공지능에 대한 가치지향적 · 위험평가기반 형사정책", 형사정책 제34권 제1호, 한국형사정책학회, 2022.

나라들마다 국가전략적으로 인공지능과 로봇을 경쟁적으로 개발하는 가운데, 유엔, 유럽연합, 유럽평의회, OECD, IEEE 등 국제기구와 연구자조직의 가치지향적 가이드라인과 법적 규제 논의가 있어 비로소 희망적이다. 분명한 사실은 인공지능 로봇과 함께 살아갈 미래의 법도 여전히 인간중심의 법이라는 점이고, 사람들은 사람과 사람, 사람과 기계체가 서로 해치지 않고 보호받는 미래로 갈 길을 찾을 것이다.

14

인공지능과 데이터 법제의 발전

조성훈

김 · 장 법률사무소 변호사, 법학박사

검사로 특수 · 첨단범죄 분야 수사를 담당하였고, 김 · 장 법률사무소에서 변호사로 실무에 종사하고 있다. 미 버클리법대(지식재산권/IT법), 서울법대(형사법)에서 각각 박사학위를 취득하였고, 연세대, 서강대, 이화여대 법학대학원 등에서 겸임교수로 형사법과 IT법을 강의하였다. 기업형사, 첨단범죄, 프라이버시 · 정보보호, 금융보안 · 핀테크, 영업비밀, 지식재산권, 공정거래 등의 분야에서 실무 및 연구에 종사하고 있다.

Ⅰ. 들어가며

인공지능이 경제와 사회 전반에 걸쳐 사용되는 범용기술로 발전하면서 미처 생각해보지 못하였던 다양한 쟁점이 등장하고 있다. 그중에서도 인공지능기술이 기존의 지식재산권 체계에 어떠한 변화를 가져올 것인가라는 문제는 핵심적인 위치에 있다 할 것이다. 인공지능기술과 관련된 지식재산권의 쟁점은 ① 인공지능기술 자체의 보호, ② 인공지능의 학습을 위해 데이터를 사용할 경우 발생하는 이해관계의 조정, ③ 인공지능에 의해 산출된 결과물의 법적 보호로 나누어 볼 수 있다. 첫 번째 쟁점인 인공지능기술 자체의 보호 문제는 기존에 논의된 '컴퓨터 프로그램 관련 발명' 또는 '컴퓨터 프로그램 저작물'[1] 법리의 연장선에서 검토할 수 있다. 한편 세 번째 쟁점인 인공지능 산출물의 법적 보호는 인공지능의 법인격 인정 문제와 깊은 관련을 맺고 있다. 최근 호주 연방법원은 인공지능이 '발명자'inventor가 될 수 있다는 취지의 판결을 내려 주목을 끌었으나,[2] 아직은 시론적인 논의만 이루어지는 것으로 보인다.

그러나 두 번째 쟁점인 인공지능기술과 데이터 활용의 문제는 현실적이고 시급한 입법 및 해석의 문제를 제시하고 있다. 2021.12.7. 법률 제18548호로 개정(2022.4.20. 시행)된 **「부정경쟁방지 및 영업비밀보호에 관한 법률」**

---

* 본 문헌은 拙稿, "인공지능기술과 데이터 법제의 발전: 데이터의 활용과 보호를 중심으로", 「4차산업혁명 법과 정책」 제4호, 4차산업혁명융합법학회(2021), 109면 이하를 바탕으로 수정·보완한 것이다.

1) 저작권법은 "컴퓨터프로그램저작물"을 "특정한 결과를 얻기 위하여 컴퓨터 등 정보처리능력을 가진 장치(이하 '컴퓨터'라 함) 내에서 직접 또는 간접으로 사용되는 일련의 지시·명령으로 표현된 창작물"로 규정하면서(저작권법 제2조 제16호), 프로그램을 저작물의 하나로 예시하고 있다(저작권법 제4조 제1항 제9호). 다만 프로그램을 작성하기 위하여 사용되는 "프로그램 언어", "규약" 및 "해법"에는 저작권법을 적용하지 않는다(저작권법 제101조의2).

2) Thaler v. Commissioner of Patents [2021] FCA 079. 호주 특허법에 발명자는 인간이어야 한다는 명시적 규정이 없고, 인공지능의 발명자성을 인정하는 것이 기술발전에 따른 혁신을 촉진할 수 있다는 점 등을 이유로 한다. 다만 위 판결도 인공지능이 '발명자'(inventor)로 기재된 것만으로는 특허출원을 거절할 수 없다는 취지일 뿐, 인공지능의 권리주체성을 인정한 것은 아니다. 호주 지식재산청(IP Australia)은 위 판결에 항소하였는바, 향후 상급심 법원의 논의상황을 주시할 필요가 있다.

(이하 '부정경쟁방지법'이라 함)은 '데이터 부정사용행위'를 규정하고 부정경쟁행위와 마찬가지로 규제하여 기존의 지식재산권법 체계에 중요한 변화를 가져왔다. 또한 전통적인 지식재산권 분야의 법률은 아니지만 2020년의 이른바 '데이터 3법' 개정은 기술발전에 따라 변화하는 데이터 활용과 정보주체 보호 사이의 균형을 도모하려는 시도로 평가할 수 있다.[3] 본 문헌에서는 특히 데이터의 활용과 보호를 중심으로 위와 같은 변화 동향을 살펴본 후 관련된 문제점과 향후 검토가 필요한 사항을 정리하고자 한다.

Ⅱ. 이론적 배경

1. '데이터'와 '정보'의 의의

우선 '데이터'data와 '정보'information의 의미를 살펴볼 필요가 있다. 일반적으로 데이터는 특정한 대상 또는 사건을 표현하는 가공 전의 순수한 수치나 기호를 의미하며, 정보는 데이터의 가공 및 상호관계 분석을 통해 특정한 패턴을 인식하고 의미를 부여한 것으로 설명된다.[4] 즉, 정보는 데이터를 처리하여 얻어진 결과라 할 수 있다.

다만 우리 실정법에서는 데이터와 정보를 엄격히 구분하지 않고 혼용하고 있다. 먼저 2021.10.19. 법률 제18475호로 제정(2022.4.20. 시행)된 **「데이터 산업진흥 및 이용촉진에 관한 기본법」**(이하 '데이터 기본법'이라 함) 제2조 제1호는 "**데이터**"를 "다양한 부가가치 창출을 위하여 관찰, 실험, 조사, 수집 등으로 취득하거나 정보시스템 및 「소프트웨어 진흥법」 제2조 제1호에 따른 소프트웨어 등을 통하여 생성된 것으로서 광(光) 또는 전자적 방식으로 처리될 수 있는 자료 또는 정보"라 규정하여 매우 포괄적인 정의를 제시하고 있다.[5] 한편 2020.2.4. 법률 제16930호로 개정(2020.8.5. 시행)된 **「개**

---

3) 데이터 3법은 「개인정보 보호법」, 「정보통신망 이용촉진 및 정보보호 등에 관한 법률」, 「신용정보의 이용 및 보호에 관한 법률」을 통칭하는 것이다.

4) 대표적으로 다음의 문헌이 데이터(data), 정보(information), 지식(knowledge), 지혜(wisdom)로 발전하는 계층구조를 전제로 데이터와 정보를 구분하여 설명하고 있다. Russell L. Ackoff, *From Data to Wisdom*, 16 Journal of Applied Systems Analysis 3 (1989).

인정보 보호법」 제2조 제1호는 "**개인정보**"란 "살아 있는 개인에 관한 정보"로서 "성명, 주민등록번호 및 영상 등을 통하여 개인을 알아볼 수 있는 정보" 등으로 규정하는바, 이 또한 앞서 본 "데이터"와 유사한 포괄적인 개념으로 파악된다.[6]

따라서 본 문헌에서도 원칙적으로 강학상 논의되는 '데이터'와 '정보'의 구별을 전제로 하나, 맥락에 따라 양 개념을 혼용하기로 한다.

2. 정보의 법이론[7]

(1) 정보의 공공재적 성격과 공공재 논증

'情報를 대상으로 하는 法的 權利'entitlements in information를 부여하는 근거는 무엇이며, 그러한 권리의 성격은 어떠한 것인가의 논의는 오늘날에도 명확하게 해결되었다고 보기 어렵다.[8] 이는 단순히 이론적 관심에 그치지 아니하며, 다양한 법 분야의 입법과 해석에도 중요한 의미를 가진다.

일반적으로 정보는 '公共財'public goods의 성격을 가진다고 설명된다. 그런데 어떤 과학적 '知識' 또는 통계적 '事實'과 그에 기초한 '法的 論證'은 구별되어야 한다. 정보가 공공재의 기본성격을 가진다는 경제학적 지식과,

---

5) 2020.6.9. 법률 제17370호로 제정(2020.12.10. 시행)된 **「데이터기반행정 활성화에 관한 법률」** 제2조 제1호도 "**데이터**"를 "정보처리능력을 갖춘 장치를 통하여 생성 또는 처리되어 기계에 의한 판독이 가능한 형태로 존재하는 정형 또는 비정형의 정보"로 규정하여 데이터를 포괄적으로 정의하고 있다. 한편 「데이터 산업진흥 및 이용촉진에 관한 기본법」, 「데이터기반행정 활성화에 관한 법률」 모두 "데이터"를 일정한 요건을 갖춘 "정보"로 정의하는 형식을 취하고 있음을 주목할 필요가 있다.

6) 2020.6.9. 법률 제17344호로 전부 개정(2021.6.10. 시행)된 **「지능정보화 기본법」** 제2조 제1호는 "**정보**"를 "광(光) 또는 전자적 방식으로 처리되는 부호, 문자, 음성, 음향 및 영상 등으로 표현된 모든 종류의 자료 또는 지식"으로, 같은 법 제2조 제4호 나목은 "**데이터**"를 "부호, 문자, 음성, 음향 및 영상 등으로 표현된 모든 종류의 자료 또는 지식"으로 각각 규정하여 문언상으로는 처리방식의 차이만 있는 점도 주목할 필요가 있다. (밑줄은 필자가 부기함)

7) 본 항목의 논의는 拙稿, "정보의 법이론: 정보는 공공재인가?", 「법학에서 위험한 생각들」, 법문사(2018), 404면 이하의 논의를 수정, 보완한 것이다.

8) '정보를 대상으로 하는 법적 권리'란 지식재산권을 포함하여 '정보(또는 데이터)에 대한 접근통제를 내용으로 하는 사적인 권리를 총칭하는 개념'이다. 한편 '법적 권리'(entitlement)라는 용어는 다음 논문의 용례를 따른 것이다. Guido Calabresi & A. Douglas Melamed, *Property Rules, Liability Rules, and Inalienability: One View of the Cathedral*, 85 Harvard Law Review 1089 (1972).

이에 근거하여 어떠한 법제도의 정당성을 논증하거나 입법 또는 해석의 방향을 제시하는 규범적 논증은 구별된다는 것이다. 이러한 견지에서 필자는 정보의 공공재적 성격을 기초로 정보에 대한 법적 권리의 성격을 규정하거나 입법 또는 해석 방향을 제시하는 법적 논증을 '公共財論證'public goods argument이라 칭하며, 그 정당성은 규범적 차원에서 별도로 논의될 필요가 있다는 입장에 있다.

토머스 제퍼슨의 1813년 서신에서 묘사된 바와 같이, 정보의 독특한 성격은 현대 지식재산권 체계의 성립 무렵부터 널리 인식되어 왔다.[9] 제퍼슨은 정보의 비배제성·비경합성, 산업정책으로서의 재산권이라는 현대 '공공재 논증'의 핵심 요소를 매우 간결한 문장으로 아름답게 표현하였는바, 오늘날에도 수많은 문헌이 제퍼슨의 서신을 인용하며 자신의 논지를 전개하고 있다.[10] 유사한 취지로, 지식재산권을 특정 목적을 위한 '必要惡'necessary evil으로 인식하는 것은 영국의 저명한 역사가이자 정치가였던 토머스 머콜리의 1841년 하원연설에서도 나타나며,[11] 이러한 사고방식 역시 현대에 이

---

9) Thomas Jefferson, *To Isaac McPherson* (Aug. 13, 1813), *in* 13 The Writings of Thomas Jefferson 326, 333 (Albert Ellery Bergh ed., 1907) ("자연이 만든 것 중 배타적 재산권과 가장 어울리지 아니하는 것이 바로 아이디어라고 불리는 사고력의 작용이다. 개인이 혼자 간직하는 한 그것은 배타적 소유지만, <u>아이디어가 밖으로 유출되는 순간, 이는 모든 사람의 소유가 되고 누구도 그것을 빼앗을 수 없다(① **비배제성**)</u>. 그것의 또 다른 특징은 <u>모두가 전부를 가지고 있기에 아무도 적게 가질 수 없다는 것이다(② **비경합성**)</u>. 누가 나의 아이디어를 전달받았다고 해서 나의 것이 줄어들지는 않는다. 누가 내 등잔의 심지에서 불을 붙여갔더라도 내 등잔불은 여전히 빛나고 있는 것이다. 인간에게 도덕과 교훈을 제공하고 삶의 조건을 향상시키기 위해서 <u>아이디어가 한 사람에게서 다른 사람으로, 그리고 온 세상으로 자유롭게 확산되어야 한다(③ **정보자유론**)</u>는 것은 자연이 준 특유하고 자비로운 선물이다. 그 강렬함이 약해지지 아니하면서 모든 공간으로 확장될 수 있는 불처럼, 우리가 그 속에서 호흡하고 움직이고 존재하는 공기처럼, 아이디어는 구속되거나 배타적 전유물이 될 수 없는 것이다. 따라서 <u>발명은 본질적으로 재산권의 대상이 될 수 없다. (다만) 사회가 유용한 아이디어를 추구하는 것을 격려하기 위하여 발명으로 얻어지는 수익에 대하여 배타적 권리를 부여할 수도 있다. 그러나 이는 누군가의 요청이나 불평과 관계없이 사회의 의지나 편의에 따라 주어질 수도 있고 아닐 수도 있는 것이다(④ **재산권 부여의 정책적 성격**)</u>.") (밑줄과 굵은 글씨로 된 설명은 필자가 부기한 것임).

10) 예컨대, 미국 연방대법원이 비자명성 요건의 판단 방법을 논한 대표적 사례인 *Graham v. John Deere Co.*, 383 U.S. 1 (1966) 판결에서 제퍼슨의 1813년 서신을 인용함으로써 연방헌법 지식재산권 조항의 기본철학이 혁신에 대한 인센티브를 부여하는 것에 있었다는 '역사적 신화'(historical myth)가 창조되었다는 주장도 있다. Adam Mossoff, *Who Cares What Thomas Jefferson Thought about Patents? Reevaluating the Patent "Privilege" in Historical Context*, 92 Cornell Law Review 953, 962 (2007).

르기까지 그 생명력을 유지하고 있다.[12] 또한 정보는 효율적 자원 배분이라는 경제문제의 출발점인 '희소성'scarcity을 가지지 아니한다는 주장 역시 오랜 역사를 가지고 있고,[13] 인터넷의 시대에 이르러서도 법적 논증을 뒷받침하는 근거로 사용되고 있다.[14] 19세기의 급격한 산업발전과 함께 유럽 각국에서는 특허제도의 정당성에 대한 뜨거운 논쟁이 있었는바, 오늘날 지식재산권을 둘러싼 대부분의 논쟁은 이 시기의 주장들에서 그 원형을 찾을 수 있는 것이다.[15] 이후 20세기에 들어 새무엘슨의 선구적 업적을 기초로

---

11) Thomas B. Macaulay, *Speech Before the House of Commons* (Feb. 5, 1841), *in* 8 The Works of Lord Macaulay 195, 199 (Lady Trevelyan ed., 1900) ("저작자들이 보상받아야 한다는 것은 선(善)이다. 이를 위한 일반적인 방법은 그들에게 독점을 부여하는 것이다. 그러나 독점은 악(惡)이다. 선을 얻기 위해서 우리는 악에 굴복해야 하는 것이다. 그러나 그 악은 선을 확보하기 위하여 필요한 기간보다 단 하루도 더 존속하여서는 아니 된다.").

12) 이러한 입장을 현대적으로 표현한 문헌으로는 대표적으로 다음의 것을 들 수 있다. ① Wendy J. Gordon, *An Inquiry into the Merits of Copyright: The Challenges of Consistency, Consent, and Encouragement Theory*, 41 Stanford Law Review 1343, 1344 (1989); ② Alfred C. Yen, *The Legacy of* Feist*: Consequences of the Weak Connection Between Copyright and the Economics of Public Goods*, 52 Ohio State Law Journal 1343, 1367-1368 (1991); ③ Timothy J. Brennan, *Copyright, Property, and the Right To Deny*, 68 Chicago-Kent Law Review 675, 686-688, 698 (1993); ④ Neil Weinstock Netanel, *Asserting Copyright's Democratic Principles in the Global Arena*, 51 Vanderbilt Law Review 217, 248-249 (1998); ⑤ Niva Elkin-Koren, *Copyrights in Cyberspace-Rights Without Laws?*, 73 Chicago-Kent Law Review 1155, 1171 (1998); ⑥ James Boyle, *Fencing Off Ideas: Enclosure & the Disappearance of the Public Domain*, 131 Daedalus 13, 16 (2002); ⑦ Mark A. Lemley, *Ex Ante versus Ex Post Justifications for Intellectual Property*, 71 The University of Chicago Law Review 129, 131 (2004).

13) 예컨대 영국의 경제학자 아놀드 플랜트는 1934년의 논문에서 다음과 같이 주장하였다. "특허권과 저작권은 희소성의 산물이 아니다. (중략) 특허법과 저작권법은 인위적으로 제품의 희소성을 창조하는 것이다." Arnold Plant, *The Economics Theory Concerning Patents for Incentives*, 1 Economica 30, 31 (1934).

14) 대표적으로 다음의 문헌들이 플랜트의 주장을 인용하며 정보의 재산권화를 비판한다. Julie E. Cohen, Lochner *in Cyberspace: The New Economic Orthodoxy of "Rights Management,"* 97 Michigan Law Review 462, 495-515 (1998) (지식재산권은 희소성을 제조(scarcity manufacturing)하는 것이라고 주장함); Mark A. Lemley, *Property, Intellectual Property, and Free Riding*, 83 Texas Law Review 1031, 1055 (2005) ("지식재산권은 … 희소성으로 인한 자원배분의 왜곡을 해결하기 위한 것이 아니라, 희소성을 창조하기 위한 의식적 결정이다."). 그러나 토지와 마찬가지로 정보도 희소한 자원이기 때문에, 지식재산권이 희소성을 창조한다는 주장은 옳지 않다는 반론도 있다. William M. Landes & Richard A. Posner, The Economic Structure of Intellectual Property Law 374 (2003).

15) 19세기 특허법 논쟁의 간략한 소개로는 다음의 문헌을 참고할 수 있다. Fritz Machlup &

공공재에 대한 경제이론이 체계화된 후,[16] 정보의 독특한 성질은 '공공재'의 개념 아래 보다 일관된 설명체계를 가지게 된 것이다.

표준적 경제학 교과서는 공공재가 다음과 같은 두 가지 기본성격을 가지는 것으로 설명한다.[17] 먼저 공공재는 어떤 사람이 그 재화를 소비한다 하더라도 다른 사람의 소비가능성이 줄어들지 않는다는 점에서 '비경합성'non-rivalry을 가진다. 또한 공공재는 대가를 지불하지 않은 사람을 그 재화의 소비에서 배제하기 어렵다는 점에서 '비배제성'non-excludability을 가진다. 정보는 비경합성, 비배제성이라는 공공재의 기본성격을 가지는 것으로 평가되며,[18] 정보의 이러한 성격에 기초한 '공공재 논증'은 법학 문헌에서도 지배적 위치를 차지하게 되었다.[19]

Edith Penrose, *The Patent Controversy in the Nineteenth Century*, 10 **Journal of Economic History** 1 (1950).

16) 다음의 논문이 현대 공공재 이론의 선구가 되는 것으로 평가된다. Paul A. Samuelson, *The Pure Theory of Public Expenditure*, 36 **The Review of Economics and Statistics** 387 (1954).

17) Robert Cooter & Thomas Ulen, **Law and Economics** 40, 114 (6th ed. 2012); Robert Pyndick & Daniel Rubinfeld, **Microeconomics** 665 (6th ed. 2005).

18) 정보의 공공재적 성격이 정보생산활동의 후생경제학적 분석에 미치는 영향을 다룬 초기 문헌으로는 케네스 애로우의 다음 논문이 대표적인 것이다. Kenneth J. Arrow, *Economic Welfare and the Allocation of Resources for Invention*, *in* **The Rate and Direction of Inventive Activity: Economic and Social Factors**, 609 (Richard R. Nelson, Nat'l Bureau of Econ. Research ed., 1962).

19) 지식재산권 분야의 대표적 문헌들이 공공재 논증에 기초하여 그 논의를 발전시키고 있다. ① Stephen Breyer, *The Uneasy Case for Copyright: A Study of Copyright in Books, Photocopies, and Computer Programs*, 84 **Harvard Law Review** 281, 282 n.4 (1970) ("[W]riting resembles what many economists refer to as public goods."); ② Wendy J. Gordon, *Fair Use as Market Failure: A Structural and Economic Analysis of the* Betamax *Case and Its Predecessors*, 82 **Columbia Law Review** 1600, 1610 (1982) ("Economists ordinarily characterize intellectual property law as an effort to cure a form of market failure stemming from the presence of 'public goods' characteristics."); ③ William W. Fisher III, *Reconstructing Fair Use Doctrine*, 101 **Harvard Law Review** 1659, 1700 (1988) ("From an economist's standpoint, the trouble with works of the intellect is that they are public goods."); ④ Mark A. Lemley, *The Economics of Improvement in Intellectual Property Law*, 75 **Texas Law Review** 989, 994 (1997) ("Information has the characteristics of what economists call a 'public good' …"); ⑤ Peter S. Menell & Suzanne Scotchmer, *Intellectual Property Law*, *in* **Handbook of Law and Economics** 1473, 1477 (A. Mitchell Polinsky & Steven Shavell, eds., 2007) ("Unlike tangible goods, knowledge and creative works are public goods in the sense that their use is nonrival. … [I]n its natural state … knowledge is also nonexcludable.").

공공재 논증은 정보의 비경합성, 비배제성이라는 성질을 기초로 대체로 다음과 같은 논리를 전개한다.[20] 공공재 논증은 이미 생산된 정보를 효율적으로 '활용'utilization하는 문제와 정보생산에 자원을 효율적으로 '배분'allocation하는 문제를 분리하는 것으로 논의를 시작한다. 흔히 전자를 '정적 효율성'static inefficiency의 문제로, 후자를 '동적 효율성'dynamic inefficiency의 문제로 칭하기도 한다. 생산된 정보의 효율적 활용 문제를 살펴보면, 먼저 정보의 비경합성은 정보를 추가로 생산하는 데 드는 한계비용marginal cost이 0임을 의미한다고 가정한다. 한편 사회 전체의 후생welfare을 극대화하려면 재화의 가격은 한계비용과 같아야 하므로 정보의 가격도 0이 되어야 한다. 즉, 모든 소비자가 그 정보를 자유롭게 소비할 수 있는 상태가 생산된 정보를 가장 효율적으로 활용하는 것이 된다. 그러나 정보의 가격을 0으로 하면 투자한 고정비용fixed costs을 회수할 방법이 없기 때문에, 정보생산에 자원을 투입할 경제적 유인이 사라지는 문제가 발생한다는 것이다.

위와 같은 논증 구조는 다음과 같은 다양한 의미를 함축하고 있다. ① **정보자유론:** 정보의 비경합성을 0의 한계비용으로 관념함으로써, '정보는 희소성이라는 경제적 재화로서의 기본성질을 가지고 있지 않다'는 전통적 주장이 공공재 이론의 틀 안에 포섭되게 된다. ② **고립주의:** 희소성을 결여하고 자유경쟁시장에 의한 최적의 자원배분을 달성할 수 없는 정보는 전통적 재산권과 시장경제의 예외적 존재로 취급되어야 함을 암시하게 된다.[21] ③ **재산권의 정책적 성격:** 정보의 비경합성(또는 0의 한계생산비용)이

20) 다음의 인용문은 전통적 공공재논증의 전형적 사례를 보여준다. Arrow, *Economic Welfare and the Allocation of Resources for Invention*, 앞의 논문(주 18), 616 ("정보는 기이한 특성을 가진 재화이며, 이러한 특성은 최적의 자원배분을 달성하는데 어려움을 가져온다. 먼저, 후생경제학의 관점에서 볼 때, 이미 생산된 정보는 (정보를 전달하는데 필요한 비용을 제외하고는) 무료로 이용할 수 있어야 한다. 이는 경제적 자원을 가장 효율적으로 활용하도록 하는 것인 반면, 새로운 정보생산을 위한 연구에 투자할 아무런 인센티브를 제공하지 못한다. 이상적인 사회주의 경제에서는, 소비자들이 정보의 사용에 대하여 지불하는 가격과 관계없이, 발명에 대한 보상이 지급될 수 있다. 반면 자유기업경제에서는 재산권제도에 의하여 발명 활동이 뒷받침된다. 발명에 대한 재산권보호가 성공적일수록 정보를 충분히 이용할 수 없게 되는 문제가 있다.") (밑줄은 필자가 부기함).

21) 재산권 제도의 기본 기능은 가격기구와 시장경제를 통하여 희소한 자원을 효율적으로 배분하는 기초를 제공함에 있는데, 이러한 결과를 달성할 수 없는 정보는 일반적 재산법 질서에 대한 독특한 예외에 해당한다는 주장을 '고립주의'(isolationism)라 칭하기도 한다. John F. Duffy, *Comment: Intellectual Property Isolationism and Average Cost Thesis*,

라는 특징으로 말미암아 정보생산에 자원을 효율적으로 배분할 수 없는 문제를 해결하기 위하여 어떠한 정책적 대응이 필요하다는 결론을 도출하게 된다.

(2) 공공재 논증을 기초로 하는 전통적 정보이론의 함축하는 내용

1) 유일한 정당화 근거로서의 혁신유인체계

따라서 전통적 정보이론에 의하면 정보에 대한 재산권은 '공공재 문제' public goods problem라는 시장실패의 한 유형을 해결하기 위해 고안된 법적 장치에 불과하게 된다. '혁신을 위한 유인체계' incentive system for innovation를 제공하는 것만이 정보에 대한 법적 권리를 설정함에 있어 유일한 정당화 근거가 되는 것이다. 그렇다면 정보재산권에 있어 가장 중요한 문제는 창조적 활동을 장려하기 위한 유인체계를 제공하기 위해서는 어떠한 범위의 보호가 필요한가라는 점을 결정하는 것이 된다.

그러나 최적의 보호범위를 결정하는 것이 간단한 일은 아니다. 보다 강력한 재산권 보호로 인하여 추가로 생산된 정보자산의 가치가 그로 인하여 증가한 '자중손실' deadweight loss보다 클 것이라고 단정지을 아무런 근거가 없기 때문이다. 이러한 점은 특허제도의 성립 초기부터 제기되어 온 의문이다. 최근 창조적 활동과정에 대한 상세한 경험적 분석결과들이 제시되고 있고 그에 따라 정보재산권이 경제활동에 미치는 영향에 대한 이해가 넓어지기는 하였지만,[22] 최적의 보호범위를 결정하는 것은 아직도 해결되지 않은 난제이다.

2) 혁신유인체계와 정보접근권의 균형

또한 혁신체계를 기본으로 하는 이론은 정보접근권과 관련된 규범적 문제를 야기하게 된다. 혁신을 위한 충분한 유인체계를 제공한다는 것은 한

---

83 Texas Law Review 1077, 1085 (2005).

22) 지식재산권 제도에 대한 경제적 분석을 종합적으로 정리한 것으로 다음의 문헌이 대표적이다. Wesley M. Cohen, *Fifty Years of Empirical Studies of Innovative Activity and Performance*, *in* Handbook of the Economics of Innovation 129 (Bronwyn H. Hall & Nathan Rosenberg eds., 2010).

계비용을 초과하는 비용을 설정할 수 있는 법적 수단을 제공한다는 의미이다. 그러나 그러한 법적 수단은 필연적으로 그와 같은 가격을 지불할 수 없는 일부 사용자들을 그 사용으로부터 배제하는 결과를 가져오게 된다. 만약 한계비용을 초과하는 가격이 설정되지 아니하였더라면 사용자들은 그 정보를 제공하는 데 필요한 한계비용을 초과하는 경제적 편익을 얻었을 것임에도, 정보에 대한 재산권 행사로 인하여 그 사용으로부터 배제된 사용자들은 그와 같은 편익을 얻지 못하게 된다. 이는 사회 전체적으로 볼 때 비효율적인 자원 배분을 가져오게 된다. 즉, 혁신 활동을 장려한다는 이유로 제공되는 유인체계는 어떠한 경우에도 그와 관련된 자중손실을 야기한다는 것이다. 달리 말하면, 과소생산의 문제를 해결하기 위한 시도는 필연적으로 과소사용이라는 새로운 문제를 낳게 된다. 따라서 전통적 정보이론은 유인체계와 정보접근권 사이의 균형이라는 시각에서 지식재산권 체계에 접근하게 된다.[23)]

(3) 데이터 법제와 전통적 정보이론

필자는 이전 연구에서 공공재 논증의 문제점을 지적한 바 있다. 비배제성이 정보에 특유한 문제가 아닌 점, 정보의 비경합성은 0의 한계비용이 아니라 정보에 대한 진정한 선호도가 반영되게 하는 제도의 필요성을 의미한다는 점 등을 구체적인 논거로 한다.[24)] 그러나 공공재 논증을 기초로 하는 전통적 정보이론이 우리의 학문적 논의나 실무에서도 일정한 영향력을 가지고 있음을 부인하기는 어렵다. 이하에서 살펴볼 데이터 법제의 변화도 마찬가지이다. 정책적 환경 변화(인공지능 기술의 발전)에 따라 관련 법률의

---

23) 이러한 경향에 대한 비판적 견해로는 다음의 문헌을 참고할 수 있다. Landes & Posner, **The Economic Structure of Intellectual Property Law**, 앞의 문헌(주 14), 11 ("지식재산에 관한 학문이 더욱 전문화되면서 유형재산의 재산권과 지식재산의 재산권 사이의 연속성을 보지 못하게 되고, 그 결과 경제학이 유형재산에 관해 터득한 것을 지식재산의 분석에 활용할 기회를 놓친 위험이 생기고 있다. 지식재산의 모든 문제를 '인센티브'(incentive)와 '접근성'(access)의 역관계(tradeoff)로 귀결시키려는 지식재산의 경제분석가들의 경향은 이러한 위험을 더 키우고 있다. (중략) 생각해 보면, 지식재산의 모든 문제를 이러한 역관계로 귀결시키는 것은 너무 지나친 단순화이다.").

24) 이에 대한 상세한 논의는 拙稿, "정보의 법이론: 정보는 공공재인가?", 앞의 문헌(주 7), 412면 이하를 참고할 수 있다.

개정을 통해 정보에 대한 법적 권리의 범위를 조정하는 것이 당연하게 받아들여지는 것이다. 그러나 ① 제시된 정책적 환경 변화가 권리 범위 조정을 정당화하기에 충분한 것인지, ② 입법을 통한 권리 범위 조정을 통해 의도한 결과를 가져올 수 있는지 등의 해결되지 않은 과제가 있다. 특히 ③ 정보에 대한 법적 권리를 시장실패 교정과 같은 정책 수단으로 보는 것은 이론적으로 충분히 검증되지 않은 전제임을 지적하지 않을 수 없다.

Ⅲ. 데이터에 대한 지식재산권적 보호

1. 개 관

데이터는 민법상 소유권의 객체가 될 수 없고, 지식재산권법 또는 계약법의 보호 대상이 될 수 있을 뿐이라는 것이 일반적인 견해이다. 현행법상 데이터는 일정한 요건을 갖출 경우 ① 「저작권법」의 저작물 또는 편집저작물, ② 「저작권법」의 데이터베이스, ③ 부정경쟁방지법의 영업비밀에 해당할 수 있다. 또한 ④ 타인에 의한 데이터의 무단이용이 부정경쟁방지법이 규정하는 '부정경쟁행위'에 해당할 수 있다.

그 외에도 ⑤ 「정보통신망 이용촉진 및 정보보호 등에 관한 법률」 제48조,[25] 「형법」 제314조 제2항[26] 등과 같이 데이터 접근을 규제하는 법률, ⑥ 데이터 관련 방법·물건의 특허, ⑦ 데이터 관련 계약의 내용에 따라 간접적으로 보호되는 경우를 예상할 수 있다.[27]

---

25) 정보통신망 이용촉진 및 정보보호 등에 관한 법률 제48조(정보통신망 침해행위 등의 금지) 제1항은 "누구든지 정당한 접근권한 없이 또는 허용된 접근권한을 넘어 정보통신망에 침입하여서는 아니 된다"고 규정하며, 제3항은 "누구든지 정보통신망의 안정적 운영을 방해할 목적으로 대량의 신호 또는 데이터를 보내거나 부정한 명령을 처리하도록 하는 등의 방법으로 정보통신망에 장애가 발생하게 하여서는 아니 된다"고 하고 있다. 또한 같은 법 제71조 제10호는 "제48조 제3항을 위반하여 정보통신망에 장애가 발생하게 한 자"를, 같은 법 제71조 제9호는 "제48조 제1항을 위반하여 정보통신망에 침입한 자"를 각 5년 이하의 징역 또는 5천만 원 이하의 벌금에 처하도록 하고 있다.

26) **형법** 제314조(업무방해) ② 컴퓨터 등 정보처리장치 또는 전자기록 등 특수매체기록을 손괴하거나 정보처리장치에 허위의 정보 또는 부정한 명령을 입력하거나 기타 방법으로 정보처리에 장애를 발생하게 하여 사람의 업무를 방해한 자도 제1항의 형[5년 이하의 징역 또는 1천500만 원 이하의 벌금]과 같다.

27) 다만 본 문헌은 그 목적상 저작권법과 부정경쟁방지법을 중심으로 하고, 나머지 쟁점에

2. 저작권법에 의한 보호

(1) 저작물 또는 편집저작물

편집저작물은 편집물로서 그 소재의 선택·배열 또는 구성에 창작성이 있는 것을 말한다(저작권법 제2조 제18호). 데이터 자체에 저작권이 인정되거나, 데이터베이스 소재의 선택, 배열, 구성에 창작성이 인정되어 편집저작물로 인정되는 경우는 바로 저작권법의 보호를 받게 된다.

(2) 데이터베이스

데이터베이스는 소재를 체계적으로 배열 또는 구성한 편집물로서 개별적으로 그 소재에 접근하거나 그 소재를 검색할 수 있도록 한 것을 말하며(저작권법 제2조 제19호), 데이터베이스제작자는 데이터베이스의 제작 또는 그 소재의 갱신·검증 또는 보충에 인적 또는 물적으로 상당한 투자를 한 자이다(같은 법 제2조 제20호). 이와 관련하여 법원은 시중 물품의 가격을 수록하고 있는 물가정보지 홈페이지 운영자,[28] 부동산 매물의 정보(지역, 종류, 가격, 면적 및 내부 구조를 촬영한 사진들)가 게재된 웹사이트를 운영하는 부동산중개사무소 보조 중개인,[29] 부동산경매 정보(부동산 현황, 매각금액, 매수인 성명, 경매 결과 등)가 게재된 웹사이트를 운영하는 사업자[30] 등에게 데이터베이스제작자의 지위를 인정한 바 있다.[31]

저작권법은 데이터 자체에 창작성이 없어 저작권이 인정되지 않는 경우라 하더라도, 데이터베이스를 구축하거나 구축에 상당한 투자를 한 자('데이터베이스제작자')의 노력을 보호하기 위해 '데이터베이스제작자의 권리'를 인

대한 하는 상세한 논의는 생략하기로 한다.

28) 서울고등법원 2010.6.9. 선고 2009나96306 판결.

29) 대구지방법원 2013.10.1. 선고 2012가합12110 판결.

30) 서울동부지방법원 2014.12.24. 선고 2014가합104306 판결.

31) 또한 아래에서 논하는 바와 같이, '사람인 사건'의 항소심은 채용정보가 게재된 웹사이트를 운영하는 사업자에게 데이터베이스제작자의 지위를 인정하였다. 서울고등법원 2017.4.6. 선고 2016나2019365 판결(대법원 2017.8.24. 선고 2017다224395 판결로 심리불속행 기각됨).

정하고 있다. 즉, 데이터베이스제작자는 데이터베이스의 전부 또는 상당한 부분을 복제 · 배포 · 방송 또는 전송('복제 등')할 권리를 가진다(같은 법 제93조 제1항). 데이터베이스의 개별 소재는 제1항에 따른 해당 데이터베이스의 상당한 부분으로 간주되지 아니하지만, 데이터베이스의 개별 소재 또는 그 상당한 부분에 이르지 못하는 부분의 복제 등이라 하더라도 반복적이거나 특정한 목적을 위하여 체계적으로 함으로써 해당 데이터베이스의 통상적인 이용과 충돌하거나 데이터베이스제작자의 이익을 부당하게 해치는 경우에는 해당 데이터베이스의 상당한 부분의 복제 등으로 본다(같은 법 제93조 제2항).

3. 부정경쟁방지 및 영업비밀보호에 관한 법률에 의한 보호

(1) 영업비밀

데이터가 영업비밀의 요건(비공지성, 경제적 유용성, 비밀관리성)을 충족하는 경우,[32] 부정경쟁방지법은 피해자에게 민사상으로 금지청구, 손해배상청구 등을 인정하고, 침해자에 대하여는 일정한 요건 아래 형사처벌을 할 수 있도록 하고 있다.

(2) 부정경쟁행위(성과모용행위)

또한 타인에 의한 데이터의 무단이용이 부정경쟁방지법이 규정하는 '부정경쟁행위'에 해당할 수 있다.[33] 대표적인 것이 부정경쟁방지법 제2조 제1호 파목이 규정하는 성과모용행위이다.[34]

---

32) 부정경쟁방지법 제2조 제2호는 "영업비밀"을 "공공연히 알려져 있지 아니하고 독립된 경제적 가치를 가지는 것으로서, 비밀로 관리된 생산방법, 판매방법, 그 밖에 영업활동에 유용한 기술상 또는 경영상의 정보"로 정의한다.

33) 다만 부정경쟁방지법은 저작권법에 보충적으로 적용된다는 점을 유의할 필요가 있다(부정경쟁방지법 제15조).

34) 부정경쟁방지법 제2조 제1호 파목은 "타인의 상당한 투자나 노력으로 만들어진 성과 등을 공정한 상거래 관행이나 경쟁질서에 반하는 방법으로 자신의 영업을 위하여 무단으로 사용함으로써 타인의 경제적 이익을 침해하는 행위"를 "부정경쟁행위"로 규정하고 있다. 위 조항은 원래 제2조 제1호 카목에 규정되어 있었으나 2021.12.7. 법률 제18548호로 개정(2022.4.20. 시행)된 부정경쟁방지법이 카목에 '데이터 부정사용 행위'를, 타목에 '유명인의 초상 · 성명 등 인적 식별표지 무단사용 행위'를 각각 신설함에 따라 파목으로 위치

부정경쟁행위 여부가 다투어지는 대표적 유형은 웹페이지를 그대로 가져온 후 데이터를 추출하는 크롤링crawling의 경우이다.[35] 이와 관련된 대표적인 사례로 '사람인 사건'을 들 수 있다. 이 사건에서 피고(사람인)는 원고(잡코리아)의 웹사이트에 게재된 채용정보인 HTML 소스를 크롤링 방식으로 대량 복제하여 피고의 웹사이트에 게재하고 자신의 영업에 무단으로 사용하였다. 제1심은 피고가 원고 웹사이트의 자료를 기계적인 방법을 사용해 대량복제하여 피고의 웹사이트에 게재하고 자신의 영업에 무단으로 사용하는 행위는 부정경쟁행위(성과모용행위)에 해당한다고 판단하였다.[36] 또한 법원은 '엔하위키 미러 사건'에서도 크롤링 방식으로 수집한 데이터를 복제하여 미러링을 한 행위는 부정경쟁행위(성과모용행위)에 해당한다고 판단하였다. 다만 사이트 소재를 수집, 분류, 선택, 배열하는 행위에 창작성이 인정되지 않는다는 이유로 저작권 침해는 인정하지 아니하였다.[37]

4. 데이터 부정사용행위

(1) 개 요

2021.10.19. 법률 제18475호 제정(2022.4.20. 시행)된 데이터 기본법은 데이터 자산의 보호를 위해 데이터 자산에 대한 부정취득행위 등을 하지 못하도록 하면서도, 데이터 자산의 부정사용 등의 구체적인 내용은 부정경쟁방지법이 정한 바에 따르도록 규정하였다.[38] 그에 따라 2021.12.7. 법률 제

를 이동한 것이다.

35) 크롤링 방법에 의한 데이터 수집은 구체적 사실관계에 따라 부정경쟁행위 외에도 저작권자의 복제권 침해행위, 데이터베이스제작자의 복제권 침해행위 등에 해당할 수 있다.

36) 서울중앙지방법원 2016.2.17. 선고 2015가합517982 판결. 한편 항소심은 원고가 데이터베이스제작자에 해당하며, 피고가 크롤링 방식으로 원고 웹사이트의 HTML 소스를 복제하여 피고의 웹사이트에 게재하는 행위를 함으로써 데이터베이스제작자인 원고의 이익을 부당하게 해쳤으므로 피고의 게재행위에 의하여 저작권법 제93조 제2항, 제1항이 정하는 데이터베이스제작자의 권리가 침해되었다고 판단하였고, 그에 따라 부정경쟁방지법 위반 여부는 따로 판단하지 아니하였다. 서울고등법원 2017.4.6. 선고 2016나2019365 판결(대법원 2017.8.24. 선고 2017다224395 판결로 심리불속행 기각됨).

37) 서울중앙지방법원 2015.11.27. 선고 2014가합44470 판결. 한편 항소심에서는 피고의 크롤링 행위에 대한 판단은 별도로 이루어지지 않았고, 대법원에서도 피고의 상고가 기각되어 항소심 판결 내용이 그대로 확정되었다. 서울고등법원 2016.12.15. 선고 2015나2074198 판결(대법원 2017.4.13. 선고 2017다204315 판결로 심리불속행 기각됨).

18548호로 개정(2022.4.20. 시행)된 부정경쟁방지법은 제2조 제1호 카목에 '데이터 부정사용 행위'를 신설하게 된 것이다.

개정된 부정경쟁방지법에 의해 보호되는 데이터는 "「데이터 산업진흥 및 이용촉진에 관한 기본법」 제2조 제1호에 따른 데이터 중 업(業)으로서 특정인 또는 특정 다수에게 제공되는 것으로, 전자적 방법으로 상당량 축적·관리되고 있으며, 비밀로서 관리되고 있지 아니한 기술상 또는 영업상의 정보"이다.[39] 따라서 불특정 다수에게 제공되는 데이터는 보호 대상에서 제외되는바, 데이터 산업발전을 위해 데이터의 이용·유통이 활성화될 필요성을 고려하여 규제의 대상을 최소화한 것으로 이해되고 있다.

또한 개정된 부정경쟁방지법은 데이터 부정사용행위의 유형을 현행법의 영업비밀 침해행위에 준하는 방식으로, ① 접근권한이 없는 자의 부정취득·사용·공개행위, ② 접근권한이 있는 자의 부정 사용·공개·제공행위, ③ 악의 전득(轉得)·사용·공개행위로 구분하여 정의하고, ④ 저작권법에서 규정하고 있는 것과 유사한 기술적 보호조치 무력화 행위를 추가하고 있다.[40]

---

38) **데이터 기본법** 제12조(데이터 자산의 보호) ① 데이터생산자가 인적 또는 물적으로 상당한 투자와 노력으로 생성한 경제적 가치를 가지는 데이터(이하 "데이터 자산"이라 한다)는 보호되어야 한다.
② 누구든지 제1항에 따른 데이터 자산을 공정한 상거래 관행이나 경쟁질서에 반하는 방법으로 무단 취득·사용·공개하거나 이를 타인에게 제공하는 행위, 정당한 권한 없이 데이터 자산에 적용한 기술적 보호조치를 회피·제거 또는 변경하는 행위 등 데이터 자산을 부정하게 사용하여 데이터생산자의 경제적 이익을 침해하여서는 아니 된다.
③ 제2항에 따른 데이터 자산의 부정사용 등 행위에 관한 사항은 「부정경쟁방지 및 영업비밀보호에 관한 법률」에서 정한 바에 따른다.

39) 2021.12.7. 법률 제18548호로 개정된 부정경쟁방지법 제2조 제1호 카목. 부정경쟁방지법은 데이터 기본법이 정하는 "데이터 자산" 중 한정된 범위만을 보호 대상으로 하고 있다. 참고로 데이터 기본법 제2조 제1항은 데이터 자산을 "데이터생산자가 인적 또는 물적으로 상당한 투자와 노력으로 생성한 경제적 가치를 가지는 데이터"로 정의하고 있다.

40) 2021.12.7. 법률 제18548호로 개정된 부정경쟁방지법 제2조 제1호 카목은 다음과 같이 부정사용행위의 태양을 구체화하고 있다. 즉, ① 접근권한이 없는 자가 절취·기망·부정접속, 그 밖의 부정한 수단으로 데이터를 취득하거나 그 취득한 데이터를 사용·공개하는 행위, ② 데이터 보유자와의 계약관계 등에 따라 데이터에 접근권한이 있는 자가 부정한 이익을 얻거나 데이터 보유자에게 손해를 입힐 목적으로 그 데이터를 사용·공개하거나 제3자에게 제공하는 행위, ③ 위 ① 또는 ②가 개입된 사실을 알고 데이터를 취득하거나 그 취득한 데이터를 사용·공개하는 행위, ④ (4) 정당한 권한 없이 데이터의 보호를 위해 적용한 기술적 보호조치를 회피·제거 또는 변경(이하 "무력화"라 한다)하는 것을 주된 목적으로 하는 기술·서비스·장치 또는 그 장치의 부품을 제공·수입·

일본은 2018년 부정경쟁방지법에 세계 최초로 여겨지는 독특한 데이터 보호 규정을 신설하였는바, 우리 입법자는 일본의 위 입법 내용을 상당 부분 수용한 것으로 보인다. 즉, 데이터의 생산과 활용을 적절히 조화하기 위해 특허권·저작권 같은 배타적 독점권 부여 방식이 아니라 제한적으로 일정한 부정경쟁행위의 배제를 구할 수 있을 뿐인 소극적 보호 방식을 채택한 것이다. 보다 구체적으로는 다음과 같은 점을 고려한 것으로 생각된다. ① 저작권법에 의한 보호를 위해서는 데이터 자체 또는 데이터베이스 소재의 선택, 배열, 구성에 창작성이 인정되어야 하는데, 개정 부정경쟁방지법에 의하면 보호 가치 있는 데이터를 창작성 요건과 관계없이 보호 대상으로 삼을 수 있다. ② 보호 가치 있는 데이터 중에는 일정한 조건 아래 널리 제공되는 것을 전제로 하여 영업비밀의 요건을 충족하기 어려운 유형이 있는바, 이러한 경우도 보호 대상에 포함할 수 있다. ③ 기존의 성과모용행위와 별도로 데이터 부정사용을 규율하는 경우의 장점도 있다. 즉, 일반조항과 비교하여 상대적으로 명확한 보호 요건을 제시함으로써 법적 안정성을 확보하고 보호범위를 쉽게 예측할 수 있다. 또한 피해자는 특허청에 데이터 부정사용행위의 조사를 요청할 수 있고,[41] 특허청은 해당 조사에 따라 부정경쟁행위가 인정되는 경우에는 위반행위의 중지, 향후 재발 방지 등 그 밖에 시정에 필요한 권고를 할 수 있다.[42]

(2) 부정경쟁방지법과 저작권법의 데이터 보호

개정된 부정경쟁방지법의 데이터 부정사용행위 규정과 저작권법의 데이터베이스 관련 규정은 모두 일정한 데이터 보호를 목적으로 한다는 점에서 유사한 기능을 하면서도 구체적인 보호 대상, 금지행위 태양, 구제조치 등에 있어 차이가 있다.

수출 제조·양노·대여 또는 전송하거나 이를 양도·대여하기 위하여 전시하는 행위 [다만, 기술적 보호조치의 연구·개발을 위하여 기술적 보호조치를 무력화하는 장치 또는 그 부품을 제조하는 경우에는 그러하지 아니하다.]

41) 부정경쟁방지법 제7조.

42) 부정경쟁방지법 제8조.

1) 보호 대상

부정경쟁방지법의 '데이터'와 저작권법의 '데이터베이스'는 모두 단일 데이터가 아니라 상당한 양의 데이터가 축적·관리되거나 체계적으로 배열·구성된 것을 의미한다. 다만 '데이터'는 업으로서 특정인 또는 특정 다수에게 제공되고 비밀로 관리되지 않고 있는 것만 포함하지만(개정 부정경쟁방지법 제2조 제1호 카목), '데이터베이스'에는 그에 해당하지 아니한 것도 포함된다는 차이가 있다(저작권법 제2조 제19호).

2) 금지행위 태양

권리자의 허락을 받지 아니하고 '데이터' 또는 '데이터베이스'를 복제하여 취득하거나 전송하는 경우 부정경쟁방지법과 저작권법 모두의 적용을 받을 수 있다. 그러나 부정경쟁방지법은 데이터의 "전부나 상당 부분"에 대한 취득, 사용, 공개를 요건으로 하지 아니하여 데이터의 일부 취득에 그치는 경우에도 데이터 부정사용에 해당할 여지가 있는 반면에(개정 부정경쟁방지법 제2조 제1호 카목), 저작권법은 원칙적으로 데이터베이스의 전부 또는 상당한 부분의 복제 등에 해당해야 한다는 차이가 있다(저작권법 제93조 제1항). 다만 상당한 부분에 이르지 못하는 부분의 복제 등이라 하더라도 반복적이거나 특정한 목적을 위하여 체계적으로 함으로써 해당 데이터베이스의 통상적인 이용과 충돌하거나 데이터베이스제작자의 이익을 부당하게 해치는 경우에는 해당 데이터베이스의 상당한 부분의 복제 등으로 본다는 점을 유의할 필요가 있다(같은 법 제93조 제2항).

또한 부정경쟁방지법은 부정행위 개입 사실을 아는 자의 취득, 사용, 공개를 금지하고 있으나(개정 부정경쟁방지법 제2조 제1호 카목), 저작권법은 악의 여부와 상관없이 후행 행위자의 복제 등 행위만으로도 바로 금지 청구가 가능하다는 차이가 있다.

3) 구제조치

데이터 부정사용으로 인해 자신의 이익이 침해되거나 침해될 우려가 있는 자는 법원에 그 행위의 금지 또는 예방을 청구할 수 있고,[43] 손해액의 추정 조항이 적용되어 해당 부정경쟁행위에 대한 손해액의 입증책임이 감경, 완화되며,[44] 손해액 산정을 위해 자료제출명령 제도도 이용할 수 있다.[45] 다만 데이터 부정사용에 대하여는 성과모용행위와 마찬가지로 형벌 조항은 적용되지 아니한다. 그에 반하여 저작권법의 경우는 형사책임을 물을 수 있다는 점에서 차이가 있다.[46]

4) 부정경쟁방지법과 저작권법의 상호관계

부정경쟁방지법 제15조 제1항은 저작권법에 부정경쟁방지법과 다른 규정이 있으면 저작권법에 따른다는 취지로 규정하나, 저작권법에 저촉되지 않는 범위에서는 부정경쟁방지법을 적용할 수 있는 것으로 해석된다. 대법원도 상표법과 부정경쟁방지법의 적용이 문제된 사안에서 부정경쟁방지법 제15조 제1항은 상호 간에 저촉, 충돌의 가능성을 가지고 있는 법 상호 간의 관계를 분명히 함으로써 이러한 저촉, 충돌에 대비하기 위한 것이고, 따라서 상표법에 저촉되지 않는 범위 안에서는 부정경쟁방지법을 적용할 수 있다는 취지로 판시하였다.[47]

부정경쟁방지법과 저작권법이 각각 데이터와 데이터베이스 보호에 관하여 서로 다른 요건을 규정하는바, 개별 요건의 충족 여부에 따라 개별적 또는 동시 적용이 가능하다. 앞서 본 '사람인 사건'에서 제1심은 부정경쟁행위(성과모용행위)를 인정한 반면에,[48] 항소심은 데이터베이스제작자의 권리가 침해되었다고 판단한 점을 참고할 수 있다.[49] 따라서 권리자 입장에서는 주장의 성공 가능성을 높이는 차원에서 부정경쟁방지법 규정과 저작

43) 부정경쟁방지법 제4조.

44) 부정경쟁방지법 제14조의2.

45) 부정경쟁방지법 제14조의3.

46) 다만 부정경쟁방지법은 기술적 보호조치 무력화 행위에 대하여는 형사처벌이 인정하여 저작권법이 같은 행위를 형사처벌 대상으로 하는 것과 균형을 맞추고 있다.

47) 대법원 1993.1.19. 선고 92도21054 판결. 헌법재판소 또한 부정경쟁방지법 제15조 제1항에 관하여 동일한 취지로 판시하면서, 부정경쟁방지법은 행위규제법이고 상표법은 권리부여법이라는 차이가 있으며, 이러한 차이는 양 법의 보호 대상 및 방법에 관한 차이를 수반한다고 판시하였다(헌법재판소 2001.9.27. 선고 99헌바77 결정).

48) 서울중앙지방법원 2016.2.17. 선고 2015가합517982 판결.

49) 서울고등법원 2017.4.6. 선고 2016나2019365 판결(대법원 2017.8.24. 선고 2017다224395 판결로 심리불속행 기각됨).

권법 규정의 동시 적용이 가능한 사안인지 여부를 검토해 보아야 할 것이다.

5. 데이터 이용과 저작권법

세계의 주요 국가들은 데이터의 보호와 자유로운 활용이라는 이익을 조정하기 위해 다양한 입법적 대응을 하고 있다. 영국은 2014년 저작권법 개정을 통해 데이터 마이닝 관련 규정을 신설하였고,[50] 독일도 2017년 저작권법을 개정하여 비영리의 학문적 연구목적으로 자동화된 방법으로 이용하는 경우 원자료를 복제하는 것을 허용하고 출처를 표시하도록 규정하고 있다.[51] 일본의 2018년 개정 저작권법은 더욱 적극적으로 "저작물에 표현된 사상이나 감정의 향유를 수반하지 않는 이용"을 명시적인 저작권 제한 사유로 추가하였다.[52] 한편 미국의 경우 공정이용의 법리를 적용하여 관련 문제를 해결하려는 방향으로 보인다.[53]

2021.10.19. 법률 제18475호 제정(2022.4.20. 시행)된 데이터 기본법은 정보분석을 위하여 데이터를 이용하는 경우에 그 데이터에 포함된 저작물 등의 보호와 이용에 관하여는 저작권법에서 정하는 바에 따르도록 하였으나,[54] 아직 저작권법 차원에서는 데이터 마이닝 등을 고려한 입법적 대응이 이루어지지 않고 있다.[55] 향후 저작권법의 정비를 통하여 인공지능 기

---

50) Copytight, Designs and Patents Act 1988, 29A.

51) UrhWissG, §60(d).

52) 일본 저작권법 제30조의4(저작물에 표현된 사상 또는 감정의 향유를 목적으로 하지 않는 이용).

53) *Authors Guild v. Google, Inc.*, 804 F.3d 202 (2nd Cir. 2015).

54) **데이터 기본법** 제13조(데이터를 활용한 정보분석 지원) ① 정부는 데이터 기반의 정보분석을 활성화하기 위하여 데이터의 수집, 가공 등 정보분석에 필요한 사업을 지원할 수 있다.
② 정보분석을 위하여 데이터를 이용하는 경우에 그 데이터에 포함된 「저작권법」 제2조 제7호에 따른 저작물 등의 보호와 이용에 관하여는 같은 법에서 정하는 바에 따른다.

55) 다만 저작권법 전부개정법률안(의안번호 2107440, 2021.1.15.)에서 다음과 같은 규정의 신설이 제안된 바 있다.
제43조(정보분석을 위한 복제·전송) ① 컴퓨터를 이용한 자동화 분석기술을 통해 다수의 저작물을 포함한 대량의 정보를 분석(규칙, 구조, 경향, 상관관계 등의 정보를 추출하는 것)하여 추가적인 정보 또는 가치를 생성하기 위한 것으로 저작물에 표현된 사상이나 감정을 향유하지 아니하는 경우에는 필요한 한도 안에서 저작물을 복제·전송할 수 있다. 다만, 해당 저작물에 적법하게 접근할 수 있는 경우에 한정한다.
② 제1항에 따라 만들어진 복제물은 정보분석을 위하여 필요한 한도에서 보관할 수 있다.

술을 위한 데이터의 활용을 뒷받침할 정책적 필요성은 있다고 판단된다. 구체적으로는 법적 안정성의 확보를 위해 데이터 활용의 면책 요건을 명확히 할 필요가 있으며, 개인정보 보호법과 같은 데이터 관련 규제와 균형을 맞춘다는 의미에서 반드시 비영리 목적만으로 제한할 필요는 없을 것이다.[56] 또한 저작권자의 이익을 부당하게 해치지 않도록 하기 위한 적절한 보상 체계를 갖출 필요도 있다.

Ⅳ. 마 치 며

본 문헌은 부정경쟁방지법과 저작권법을 중심으로 인공지능기술과 데이터 활용의 문제가 지식재산권법 분야에 미치는 영향과 변화를 살펴보았다. 데이터 처리기술의 발전에 부합하는 방향으로 제도를 개선하는 것은 필요한 작업일 것이나, 그러한 노력의 과정에서 다음과 같은 사항을 유의해야 할 것이다.

먼저 데이터의 복합적인 성격을 고려할 때 지식재산권법의 변화만으로는 충분치 않으며, 관련된 법 분야를 함께 검토할 필요가 있다. 그중에서 특히 중요한 의미를 가지는 것은 개인정보 보호 분야이다. 개인정보 보호법이 2012.3.30. 시행된 이래 개인정보 관련 법령은 데이터의 유통 관련 가장 강력한 규제 중 하나로 자리 잡았으나, 최근에는 데이터 처리기술과 관련 산업의 발전에 따른 변화의 흐름이 감지되고 있다. 특히 2020년의 이른바 '데이터 3법' 개정은 기술발전에 따라 변화하는 데이터 활용과 정보주체의 개인정보자기결정권 보호 사이의 균형을 도모하려는 시도로 평가할 수 있다. 가명정보처리 특례와 목적의 합리적 관련성[57]의 도입이 가장 큰 변

56) 개인정보 보호법상 "가명정보"란 "원래의 상태로 복원하기 위한 추가정보의 사용·결합 없이는 특정 개인을 알아볼 수 없는 정보"를 말한다(개인정보 보호법 제2조 제1호 다목). 가명정보는 정보주체의 동의 없이도 통계작성, 과학적 연구, 공익적 기록보존 등을 위하여 예외적으로 이용·제공할 수 있다(같은 법 제28조의2 제1항). 이와 관련하여 개인정보위원회의 '가명정보 처리 가이드라인'은 ① 시장조사와 같은 상업적 목적의 통계작성도 포함되며, ② "과학적 연구"는 새로운 기술·제품·서비스 개발 등 산업적 목적을 위해서도 수행할 수 있다는 입장임을 참고할 필요가 있다. 개인정보보호위원회, 가명정보 처리 가이드라인(2020.9.24.), 5면.

57) '목적의 합리적 관련성'은 2020.2.4. 법률 제16930호로 개정된 개인정보 보호법 제15조(개

화로 주목받고 있는데, 형식적인 동의원칙에만 집착하던 기존의 개인정보 보호 규제체계를 획기적으로 바꾸었다고 평가된다.[58] 향후 논의에서는 개인정보 보호 분야 등 데이터의 접근과 활용을 규율하는 다양한 법 분야를 종합적으로 검토하고 전체적인 체계적 정합성을 유지할 필요가 있을 것이다.

또한 통합적인 데이터 법제를 구상할 때 데이터의 활용과 보호라는 이분법적 관점에 매몰되어서는 아니 될 것이다. 특히 입법적 수단만으로 활용과 보호의 균형점을 적절히 파악하고 조정할 수는 없다. 성문법의 역할은 데이터 유통의 조건을 명확히 하여 관련 당사자들이 각자의 이해관계에 따라 적절한 균형점을 찾을 수 있는 조건을 만들어 주는 것에 그쳐야 할 것이다. 본 문헌에서 검토한 내용이 기술발전에 부합하는 제도의 구상에 도움이 되기를 기대해 본다.

인정보의 수집 · 이용) 제3항, 제17조(개인정보의 제공) 제4항의 "당초 수집목적과 합리적으로 관련된 범위"라는 법문에서 유래한 것이다. 기존에 개인정보 보호법에 규정되어 있던 '목적구속원칙'에 대비된다는 측면에 주목하여 '목적합치원칙'으로 논의되기도 한다.

58) 가명정보특례와 목적의 합리적 관련성의 구체적 내용은 다음의 문헌을 참고할 수 있다. 조성훈 · 양성호 · 정종구, "가명정보 특례와 목적의 합리적 관련성의 의미: 개정 개인정보 보호법을 중심으로", 「인권과 정의」 제498호, 대한변호사협회(2021), 61면.

15

챗봇 이루다 사건을 통해 본 인공지능윤리*

– 사람같음과 사람다움 사이에서 –

김건우

광주과학기술원(GIST) 기초교육학부 교수

서울대학교 물리학과를 졸업하고, 서울대학교 과학사및과학철학협동과정 대학원에서 과학철학으로 석사를, 서울대학교 법학대학원에서 법철학으로 박사를 받았다. 현재 광주과학기술원(GIST) 기초교육학부 교수로 재직하고 있으며, 호주 시드니대학 로스쿨 방문교수를 역임한 바 있다. 주된 연구 관심사는, 법의 본성과 존재, 법적 추론 등 일반 법철학의 다양한 주제에서부터, 인공지능과 신경과학 등 첨단 과학기술을 둘러싼 윤리적, 법적, 사회적 문제를 탐색하는 데에 있다. 관련 분야에서 다수의 논문을 썼으며, 2020년 세계법철학및사회철학회(IVR)가 편찬한 『법철학 백과사전』에 필진으로 참여한 바 있다. 역서로 프레더릭 샤워, 『법률가처럼 사고하는 법』(도서출판 길, 2019)이 있다.

Ⅰ. 인공지능 이루다로부터 인공지능윤리로

‘인공지능윤리’[1]라는 제하에 문헌과 담론이 넘쳐나고 있다. 최근 들어 이러한 추세는 더욱 두드러진다. 이렇게 본다면 인공지능윤리라는 분야는 비교적 새로운 분야인 것처럼 보일 것이다. 하지만 실상 인공지능윤리의 역사는 인공지능 연구의 역사와 함께 해왔다. 인공지능 연구의 역사가 20세기 중반의 앨런 튜링Allen Turing과 존 폰 노이만John von Neumann 혹은 그 이후의 마빈 민스키Marvin Minksy와 존 매카시John McCarthy 등으로 거슬러 간다고 할 때, 인공지능윤리 역시도 적어도 그 무렵 전후부터 여러 논자들의 연구와 논쟁의 장이었다는 점에서 그렇다.

다만 그것이 새로운 분야든 다소간 무르익은 분야든 간에, 작금의 화두로 떠오른 인공지능윤리라는 분야가 무엇인지를 이해하기란 쉽지 않다. 더구나 이 분야에서 최근의 논의로 올수록 논자들의 주장과 담론의 갈래는 넓고도 다채로워지고 있고, 그러한 담론의 홍수 속에서 어떤 주장이 신뢰할 만한지를 가려내기란 더욱 어려워지고 있다.[2]

이러한 가운데, 최근 흥미로운 사례가 등장하였다. 바로, 2021년 초에 불거진 이른바 “이루다 사건”이 그것이다. 이 사건은 인공지능윤리 문제의 한 전형(典型)을 드러낸다. 그래서 이 사건은 우리가 인공지능윤리라는 분

---

* 이 글은 필자가 최근 출간한 논문 “챗봇 이루다를 통해 본 인공지능윤리의 근본 문제”, 숙명인문학연구소, 횡단인문학(2022.2)에서 일부(특히 Ⅰ.과 Ⅲ.(2)) 발췌하고 이 책의 취지에 맞게 수정한 것임을 밝힌다.

1) 이 분야를 가리키는 명칭은 다양하다. ‘인공지능윤리’(AI ethics)에서부터 ‘로봇윤리’(roboethics), ‘기계윤리’(machine ethics), 그리고 ‘친화적 인공지능’(friendly AI)에 이르기까지 비슷하면서도 약간씩 다른 용어들이 통용되고 있다.

2) 인공지능윤리에 관한 출판물은 아주 많지만, 그중에서 단행본 입문서로 유용한 것들도 여럿이 나와 있다. 몇몇을 거론하면, 인공지능윤리의 주요 주제를 개관하기 좋은 입문서로 Christoph Bartneck, Christoph Lütge, Alan Wagner, and Sean Welsh, *An Introduction to Ethics in Robotics and AI* (Springer, 2021), 좀 더 철학적이면서도 저자 본인의 견해를 엿볼 수 있는 입문서로는 Mark Coeckelbergh, *AI Ethics* (MIT Press, 2019). 인공지능윤리에 관한 포괄적 가이드가 될 만한 책으로는 Markus D. Dubber, Frank Pasquale, and Sunit Das(ed.), *The Oxford Handbook of Ethics of AI* (Oxford University Press, 2020). 수준 높은 논문집으로 Anderson, Michael & Susan Ley Anderson(ed.) *Machine Ethics* (Cambridge University Press, 2011). 탁월한 단행본 연구서로 웬델 월러치・콜린 알렌/노태복 역, 왜 로봇의 도덕인가, 메디치, 2014.

야의 일단(一端)을 엿보는 한편 인공지능윤리 문제를 어떻게 다루어나갈 것인가를 모색하는 데에 도움을 줄 만하다. 다음 몇 가지 이유를 생각할 수 있다. 우선 이 한 사건 안에 인공지능윤리의 여러 핵심 쟁점들이 배태되어 있다. 게다가 이루다는 전형적인 챗봇으로서 그것이 제공하는 서비스도 그리 전문적이지 않을 뿐 아니라, 이루다와 관련하여 불거진 쟁점 또한 우리의 직관에 쉽게 와 닿는 편이다. 게다가 이루다 사건은 국내에서 발생한 사례이어서 국내 독자들에게 더 생생하게 다가올 법하다. 이러한 특징은 재범률을 예측해주는 알고리즘으로, 몇 해 전 미국에서 알고리즘의 인종차별 논란을 불러일으킨 "컴파스"COMPAS의 경우와 비교하면 더욱 두드러진다.

다만 이루다 사건을 더 들여다보기 전에 한 가지 단서는 필요하겠다. 인공지능이라는 범주에는 매우 다양한 알고리즘이나 기계장치, 서비스, 기술 등이 포괄되고 이루다는 단지 그 여러 유형의 알고리즘이자 서비스 중의 하나일 뿐이기에, 이루다를 인공지능 일반과 곧바로 동일시하거나 이루다의 문제를 인공지능 일반의 문제와 가감 없이 동일시하는 것은 곤란하다는 점이다.

그러면 이루다 사건에 익숙하지 않은 독자를 위해, 이 사건의 개요를 잠시 따라가 보자.[3] 이루다는 ㈜스캐터랩이라는 국내 스타트업 기업이 2020년 12월에 출시한 인공지능 챗봇 서비스이다.[4] '이루다'라는 이름은 이 서비스에서 20세 여대생으로 설정된 챗봇의 캐릭터 이름이다. 딥러닝 기술을 활용하여 사용자들과 대화하면서 스스로 학습하도록 만들어졌다. 개발사에 따르면, 실제 연인들이 나눈 대화 데이터 약 100억 건을 확보하여 이를 이루다에게 학습시킴으로써 자연스러운 대화가 이루어지도록 했다고 한다.[5] 이러한 어마어마한 데이터는 개발사가 이루다에 앞서 출시하여 상당한 성공을 거두었던 <연애의 과학>이라는 서비스를 통해 사용자들의 카카오톡

3) 이루다 사건의 진행에 관한 상세한 서술로는 최새솔·홍아름, "AI 챗봇 '이루다' 논란의 이슈 변화와 시사점", 전자통신동향분석(2021) 참조.

4) 이는 이루다가 정식으로 대중에게 공개된 시점이며, 이루다가 베타테스트로 서비스를 개시한 것은 2020년 6월이었다. 그래서 이루다의 생일은 2020년 6월 15일로 설정되어 있다.

5) 이루다가 크게 문제되기 전에 이루다의 개발사 대표는 그 개발 과정을 직접 밝힌 바 있는데, 이는 김종윤, "오픈도메인 챗봇 '루다'의 육아일기: 탄생부터 클로즈베타까지의 기록"(2020)에서 찾아볼 수 있다. https://tv.naver.com/v/16968268 (최종검색 2022.1.3.)

의 대화에서 확보한 것이었다. 이 서비스는 불과 2~3주라는 짧은 기간 동안에 75만명에 가까운 사용자를 확보하였고, 사용자의 대부분은 10~20대였던 것으로 알려졌다.

이루다 사건이 표면화된 것은, 이루다 서비스가 출시된 직후인 2021년 1월 초, 일부 사용자가 이루다와 음담패설이나 혐오 발언을 주고받고 있다는 사실이 드러나면서부터였다. 남성으로 추정되는 일부 사용자들은 이루다와 성적 대화를 주고받으며 자신들끼리 공유하였다. 또한 일부 사용자들이 여성, 성소수자, 장애인 등에 대해 어떻게 생각하는지를 묻자, 이루다는 혐오성 발언으로 응답하였다. 또한 서비스 사용 과정에서 대화 데이터를 제공한 사용자들의 여러 개인정보가 노출되었다. 이에 일부 사용자들과 여성계 등으로부터 비난이 커졌고, 수많은 언론 매체가 이 사건을 비판적 시각에서 소개하였다. 갈수록 여론이 악화되자, 개발사는 결국 출시 3주 만에 서비스를 잠정적으로 중단하였다.

하지만 이루다를 둘러싼 논란은 이것으로 끝나지 않았다. 서비스가 중단된 지 약 2개월 만인 2021년 3월, 이루다는 다시 관심의 수면 위로 올랐다. 개발사 대표가 이루다의 성과를 자랑하면서 호기롭게 "인간 수준의 인공지능"을 만들겠다는 뜻을 밝힌 것이다. 그는 인간 수준의 대화가 가능한 인공지능을 다시 개발하겠다는 희망을 피력했다. 이미 지적된 문제점에 대한 개선 의지는 명확히 밝히지 않은 채 말이다.

그러나 이미 1월 12일 개인정보보호위원회[6]는 언론 보도 직후 사건에 대한 조사에 착수한 상태였고, 몇 개월간의 논의 끝에 2021년 4월 28일 이루다 개발사인 ㈜스캐터랩에 대해 개인정보보호법 위반 등을 이유로 하여 총 1억 330만원의 과징금과 과태료 등을 부과하는 행정처분을 내렸다.[7] 이 처분에서 개인정보보호위원회는, "인공지능AI 기술 기업의 무분별한 개인정

6) 개인정보호보법에 근거하여 2020년 정부조직법 개정으로 국무총리실 산하에 신설된 중앙행정기관이다. 개인정보보호에 관한 사항을 심의, 의결한다.

7) 이루다에 대한 개인정보보호위원회의 심의 기록은 개인정보보호위원회 홈페이지 상에, "제7회 보호위원회 속기록.pdf"(2021)이라는 자료로 공개되어 있다. https://www.pipc.go.kr/np/default/minutes.do?op=view&idxId=6746&page=&mCode=E020010000&fromDt=&toDt=&schCatCd=1&schTypeCd=1 (최종검색 2022.1.3.)

보 처리를 제재한 첫 사례로, 기업이 특정 서비스를 목적으로 수집한 개인정보를 이용자의 명시적 동의 없이 다른 서비스를 위하여 이용하는 것을 제한하고, 이를 통해 인공지능AI 개발과 서비스 제공 시 올바른 개인정보 처리 방향을 제시할 수 있을 것으로 보인다"라고 밝혔다.[8] 이것으로 이루다는 종말을 고하는 듯했다.

하지만 그렇게 잊혀가던 2021년 10월, 이루다는 다시 세간을 놀라게 했다. 이루다의 개발사는 수개월 이내에 이루다 서비스를 재개하겠다고 밝힌 것이다.[9] 비공개 베타테스트를 통해 사용자들의 의견을 반영하는 한편 자체적으로 선정한 인공지능윤리 원칙에 따라 그간 지적된 윤리적 문제점을 개선하여, '이루다 2.0'을 내놓겠다고 하였다.[10] 그렇지만 사건이 불거진 후 1년이 지난 현 시점에서, 좋은 의미에서든 나쁜 의미에서든 사람들 사이에서 애초 이루다 "사건"에서와 같은 뜨거운 관심은 더 이상 찾아보기 힘들다.

탄생 첫해 내내 이러한 부침(浮沈) 속에서 이루다는 궁극적으로 무엇이 문제였던가? 이루다가 세간의 거센 비판을 불러온 이유는 무엇인가? 한 마디로 표현하면, 이루다와 관련한 "윤리"의 결핍이 문제였다. 이루다의 개발 및 활용과 관련하여 "윤리적" 측면에서 중대한 문제가 있었다는 것이다. 구체적으로 말해, 이루다 개발자나 사용자의 행위가 편향bias과 차별, 혐오 등의 면에서 윤리적으로 옳지 않았다는 것이다.[11] 개인정보 유출 문제의 경우에도, 비록 표면상 법적 쟁점으로 보이고 개인정보보호위원회의 제재 조치도 그러한 문제에 초점이 맞춰져 있었지만, 그 행위를 문제삼는 우리 인식의 기저에는 그것의 비윤리성에 대한 반감과 비판이 자리하고 있었다.

---

8) 이는 개인정보보호위원회가 보도자료에서 밝힌 내용이다. 당해 홈페이지 참조. https://www.pipc.go.kr/np/cop/bbs/selectBoardArticle.do?bbsId=BS074&mCode=C020010000&nttId=7298 (최종방문 2022.1.3.)

9) 관련 기사로 https://biz.chosun.com/topics/topics_social/2021/10/29/VXLCK675KRDHJCSNUV277QKYJQ/ (최종방문 2022.1.3.)

10) 관련 기사로 https://www.mk.co.kr/news/it/view/2021/12/1149830/ 혹은 http://it.chosun.com/site/data/html_dir/2021/12/23/2021122301725.html (최종방문 2022.1.3.)

11) 관련하여 국내의 주요 문헌을 몇 개만 소개하면 고학수·정해빈,·박도현, "인공지능과 차별", 저스티스 제171호(2019.4), 234-236면; 홍성욱, "인공지능 알고리즘과 차별", STEPI Fellowship 연구보고서, 과학기술정책연구원, 2018; 졸고, "차별에서 공정성으로: 인공지능의 차별 완화와 공정성 제고를 위한 제도적 방안", 전북대학교 법학연구 통권 제61집(2019.12) 등.

바로 이 점에서, 이루다 사건이 촉발한 논쟁의 핵심은 "윤리" 논쟁이며, 이 사건이 우리에게 요청하는 바는 올바른(최선의!) "윤리적" 판단과 해결책이라 할 수 있다. 게다가 그러한 논쟁은 다양한 언어와 수사(修辭)를 통해 표현되었지만 대체로 윤리 문제의 "외피"를 입고 있었다. 또한 이루다와 같은 인공지능에 대해 그 개발자나 사용자를 넘어 우리 사회 전반에서 아직 그것의 개발과 활용, 규제와 관련한 윤리가 제대로 정립되어 있지 않다는 자성을 불러일으키기도 했다. 그리하여 이루다를 마주하면서 우리는 인공지능윤리의 한가운데로 들어가는 것이다.

그렇다면 그러한 윤리적 문제란 구체적으로 무엇이었는가? 그것은 크게 네 가지였다. (i) 20세 여대생이라는 이루다의 캐릭터 설정, (ii) 이루다에 대한 성희롱, (iii) 이루다의 혐오 발언, 그리고 (iv) 이루다를 통한 개인정보 유출 등이 그것이다. 여기서 (i)과 관련한 비판은, 이루다를 20세 여대생으로 설정한 것부터가 기존의 흔한 잘못된 성별 고정관념을 바로잡기는 커녕 오히려 강화할 수 있다는 것이었다. (ii)와 관련해서는, 일부 사용자들이 이루다를 상대로 하여 성희롱적인 발언을 일삼았다는 비판이었다. (iii)과 관련해서는, 이루다가 일부 사용자들의 질문에 답하면서 레즈비언이 싫다거나 흑인이 싫다거나 하는 "혐오"의 발언을 했다는 것이다. 그리고 (iv)와 관련해서는, <연애의 과학> 사용자들로부터 명시적으로 동의를 구하지 않은 채 거기에서 확보한 데이터를 이루다를 개발하는 데에 무단으로 전용(轉用)한 것이 문제였다.

많은 매체가 이들 문제를 소개하고 비판적 시각에서 다룬 바 있다. 또 학계나 업계의 관계자에서부터 관심있는 일반인들에 이르기까지 많은 이들이 활발하게 의견을 개진하기도 했다.

이 글에서 이루다 사건을 둘러싼 위의 각 윤리적 쟁점을 직접 다루려는 것은 아니다.[12] 다만 이 글은 이루다 논쟁의 배후에는 그러한 쟁점들을 가로지르는 "근본적인" 물음이 자리하고 있음을 밝히려 한다. 그것은 바로 이루다 논쟁에서 그다지 조명되지 않은 것으로, "인공지능 개발의 목표와 방

12) 관련한 상세한 논의는 졸고, "챗봇 이루다를 통해 본 인공지능윤리의 근본 문제", 숙명인문학연구소, 횡단인문학(2022.2) 참조.

향"에 관한 물음이다. 즉 이 물음은 (인간과 비교하여) 이루다란 무엇인가의 물음이다. 더 구체적으로는, 인공지능을 사람같은 것으로 만들 것인가, 아니면 사람다운 것으로 만들 것인가의 물음이다.

Ⅱ. 인공지능 개발의 목표: 사람같음과 사람다움 사이에서

모두에서 제시한 이루다 사건의 개요를 다시 돌이켜보자. 이루다는 그 윤리적 문제로 인해 각계각층으로부터 융단폭격을 맞은 터였다. 이에 개발사는 이루다 서비스를 허겁지겁 거두어들이다시피 하였고, 그 이후에도 학계에서의 계속된 논란, 정부 차원의 조사, 일부 사용자들로부터의 사법적 대응 등으로 인해 개발사로서는 회복하기 힘든 궁지에 몰린 것처럼 보였다. 그런데 이러한 상황에서도 개발사측은 이루다를 개선하여 "인간 수준의 인공지능"을 다시 내놓겠다고 태연히 공언하였다. 개발사의 이러한 태도는 많은 이들을 놀라게 하고 분노를 사기도 했다. 앞서 사업자 자신들이 일으킨 문제에 대해 제대로 사과나 반성을 하고서 그런 문제를 일으킨 서비스를 거두어들여야 마땅할진대, 그러지 않고 뻔뻔하게 사업을 계속하겠다는 생각이 괘씸하다는 것이다.[13] 하지만 어떤 이들은 사업자로서 당차고 야심찬 포부를 드러낸 것이라고 지지했을지도 모른다.

사업자의 그러한 태도가 바람직한가의 여부를 평가하는 일은 일단 미루어 두자. 다만 중요하게 남는 문제는, 그가 개발하겠다고 한 "인간 수준의 인공지능"이란 어떠한 인공지능인가 혹은 인공지능윤리라는 차원에서 그러한 인공지능을 어떻게 이해할 것인가의 문제이다. 글자 그대로 해석하면, 인간의 수준이라 할 만한 것이 있고, 그러한 수준에 (근사적으로나마) 도달한 인공지능을 말하는 것일 터이다.

여기서 그 "수준"이란 인공지능의 기능, 즉 수행 능력의 측면을 말한다고 해도 될 것이다.[14] 그렇다면 인공지능이 대화의 수행 능력 면에서 사람

13) 관련 기사는 https://www.bloter.net/newsView/blt202112220116 (최종방문 2022.1.3.)

14) 물론 인공지능은 여러 면에서 사람 "수준"이거나 사람"같을" 수 있다. 예컨대, 인공지능은 외모 면에서 그럴 수 있다. 하지만 이루다의 개발사 대표는 사람 수준의 "대화가 가능한" 인공지능이라고 하였으니, 여기서 인공지능의 외모는 논외로 한다.

수준이라는 말은 어떤 의미인가? 일견 이 말은 인공지능의 발화가 "현실적" 차원에서 사람같다, 즉 사람의 발화와 잘 구별되지 않는다는 말처럼 들린다. 역사 속 인류는 찬란한 현대 문명을 일구어낼 만큼의 지적 존재이기도 했지만, 현실의 인간 개개인은 대체로 이성보다는 이기심과 충동에 쉽게 휩쓸리면서 타인에 대한 이런저런 편향과 혐오, 차별의식을 쉽게 떨치지 못하는 존재이기도 하다. 그렇다면 사람같은 인공지능은 인간의 이러한 현실적 면모를 너무도 빼닮은, 그러니까 인간이 가진 선과 악의 양면적 모습까지도 그대로 빼닮은 존재라는 말인가? 그래서 사람과 구별이 안 될 정도로 지식과 감정을 잘 표현하고 심지어 성적, 혐오적 발언까지도 "자연스럽게" 주고받을 수 있는 존재라는 말인가?

이 질문에 답하기 위해서는 이루다의 개발자가 이루다를 어떠한 인공지능으로 만들려 한 것인지를 살펴봐야 할 것이다. 이루다는 무엇이 되기를 목표로 하여 개발된 것인가? 이루다는 이른바 "열린 주제 대화형 인공지능"open-domain conversation AI 챗봇으로 분류된다. 이는 이루다가 사용자와 나누는 대화에 대해 특별한 목적을 두지 않는다는 뜻이다. 실제로 이루다는 사용자를 교육시키기 위한 "교사" 챗봇도 아니요, 사용자를 치료하기 위한 "의사" 챗봇도 아니었다. 단지 이루다는 일상대화를 나누도록 설계된 챗봇이었다.[15] 좋게 표현하여 사용자에게 친구같은 챗봇이요, 더 정확히는 사용자와 심심풀이 잡담을 나누는 챗봇이었을 뿐이다. 하지만 일부 사용자는 이루다와 심심풀이 이상의 교감을 느꼈다는 보고도 있음을 보면, 어쩌면 이루다는 사용자와 사랑이나 감정적 교감을 나누는 "연인" 챗봇 같은 것은 아니었을까? 애초에 리얼돌이나 섹스로봇과 같은 것이고자 한 것일까? 어쨌든 적어도 공식적으로는 이루다는 사용자와 친교를 나누는 "친구" 챗봇이고자 하였다.

나아가 개발자는 이루다가 사용자에게 친구이면서도 그 자체로 최대한 "사람같은" 인공지능 챗봇이기를 워했다. 이는 개인정보보호위원회의 심의에 출석한 개발사 대표의 응답에서 드러난다. 한 심의위원이 <연애의 과

15) 이 점에서 이루다는 특정 업무 수행을 목표로 개발된 기존의 챗봇과는 결을 달리한다.

학> 서비스를 통해 카카오톡의 대화 데이터를 활용한 경위를 묻자, 그의 답변은 다음과 같았다.

> 대화 데이터는 쉽지 않은 데이터입니다. 그래서 대화 관련된 연구들도 보면 해외 같은 경우 주로 레딧이라는 인터넷 게시판 데이터를 가지고 학습을 많이 하는데요. 실제로 그 데이터로 학습시킨 모델을 사용해보면 다릅니다. 그러니까 사실 대화라는 것이 넓잖아요. 대화라는 것이 어떤 대화냐에 따라서 대화 유형이 다른데, 그런 모델로 학습시킨 대화 같은 경우에는 조금 더 어떤 토론이라든지 뭔가 어떤 주제에 대해서 상식을 가지고 뭔가 얘기하는 느낌이랄까, 좀 친구와 대답하는 느낌은 전혀 안 납니다. 왜냐하면 인터넷 게시판에 있는 어떤 디스커션 데이터를 가지고 학습을 한 것이기 때문에, 그래서 결국 사람 같은 대화를 하기 위해서는 사람 간의 자유로운 대화 데이터로 학습할 수밖에 없다는 것이 저희 생각입니다.[16]

개발자가 이루다에게 바랬던 것은 무엇인가? 그것은 소비자에게 적절한 정보를 제공하는 등 단순히 어떤 업무나 기능 면에서 형식적으로 적절한 대화를 나눌 수 있는 챗봇이 아니라, 사용자가 특정한 업무 같은 세팅이 없이 단지 실제 타인과 말 그대로 자유로운 대화를 나눌 수 있는 챗봇이었다. 그리고 사람들이 이루다와 나누는 대화가 실제 사람들이 나누는 대화와 너무나 흡사해서 두 대화가 서로 구별이 안 될 만한 인공지능 챗봇을 만들고자 한 것이다. 이러한 챗봇의 목표에 챗봇의 대화가 윤리에 부합해야 한다거나 하는 식의 고려는 없다. 그래서 그러한 대화는 — 사람들 간의 일상 대화가 종종 그렇듯이 — 제3자의 시각에서는 무의미하거나 심지어 윤리적으로 부적절해 보일 수 있을 것이다. 그렇다 하더라도 그러한 대화는 무엇보다 "사람같아" 보일 것이다.

이 대목에서 이른바 "불쾌한 골짜기"uncanny valley 가설[17]이 떠오른다.

---

16) 개인정보보호위원회, 앞의 글(주 7), 22-23면에서 발췌.
17) 필자가 모리의 이 이론을 '가설'이라고 한 것은 사실 이 이론이 참인지 거짓인지, 그리고 그것이 과학적인지 아닌지 등을 둘러싸고 논란이 있어 왔기 때문이다.

이 가설은 바로 1970년에 일본의 모리 마사히로(森政弘)라는 로봇 과학자가 제안한 것으로, 로봇이 인간과 얼마나 닮았는가와 그러한 로봇에 대해서 인간이 얼마나 친밀하게 느끼는가 하는 친밀도 사이에 존재하는 상관관계에 관한 가설이다. 그 내용이 흥미롭다. 로봇이 인간을 점점 닮아갈수록 인간이 그 로봇에 대해서 느끼는 친밀도는 점점 커진다. 그런데 그것이 일정 선을 넘으면, 즉 로봇이 인간을 닮는 정도가 일정 선을 넘을 정도로 많이 닮으면, 인간은 오히려 로봇에 대해서 상당히 불편하게 느끼기 시작하고 급기야 인간이 로봇에 느끼는 그 친밀도는 오히려 급격하게 떨어진다. 그 다음에 다시 로봇이 인간을 닮은 정도가 100%에 가까워지면, 즉 인간이 겉으로 봐서 이것(로봇)이 인간인지 로봇인지를 구별하기 어려울 정도로 닮은 꼴이 되면, 인간이 그러한 로봇에 대해서 느끼는 친밀도는 다시 급격하게 높아진다.[18)]

이 가설이 옳다고 가정할 때, 이 가설이 함축하는 바는 무엇인가? 그것은 바로 인공지능이 사람과 마냥 비슷하다고 해서 사용자가 좋아하지는 않을 것이라고 하는 심리적 사실이다. 이러한 사실은 인공지능을 개발에서 "사람같음"만이 목표가 되어서는 안 될 것임을 시사한다.

물론 불쾌한 골짜기 가설은 주로 로봇의 "외양의 측면에서 사람같음"에 관한 것이다. 그렇다면 기능과 수행 능력의 측면에서 사람과 잘 구별되지 않는 인공지능이라면 어떠할까? 이 경우에도 불쾌한 골짜기 가설이 성립할까? 이는 경험적 연구를 요하는 문제이겠으나, 대체로 그렇게 성립할 것이라고 짐작된다. 로봇의 외양이 사용자에게 단지 시각 경험만을 준다면, 로봇의 기능과 수행능력은 사용자에게 더 포괄적인 경험을 줄 뿐 두 경험 사이에 본질적인 차이는 없을 것 같기 때문이다.

그렇다면 이제 물어봐야 한다. 외양이든 기능·수행능력이든 인공지능 개발에서 취해야 할 목표가 "사람같음"이라면 그것으로 충분한가? 필자는 그렇지 않다고 본다. 어떠한 정도든 간에 인공지능은 그저 사람같기만 하면 그만이라는 태도에서 멈추기는 곤란하다. 그 이유는 우리가 인공지능

18) 모리의 실험과 이론에 대한 간략한 소개와 논의로 구신애, 로봇 디자인의 숨겨진 규칙: 영화 속 로봇 디자인 이야기, 살림, 2012, 44-48면 참조.

“심리”나 인공지능 “행태” 혹은 “기능”을 넘어 인공지능 “윤리”를 원한다는 사실에 있다. 우리 삶이 아무리 풍요로워지고 편리해지더라도 우리는 삶과 존재에 대한 “윤리”를 포기할 수 없다. 마찬가지로 인공지능에 대해서도 그것이 인간과 공존하고 긴밀히 상호작용하는 존재인 한, 그것과 관련된 “윤리”를 포기할 수 없는 것이다.

진정 사람이 사람인 것은 현실적 차원에서 사람임에 그치지 않고 “당위적” 차원에서 “사람답기”를 추구하기 때문이라고들 말한다. 그러한 사람은 스스로 윤리적 존재이기 위해 자신의 삶에서 어떠한 원칙을 추구할 것인가를 확립하고자 하고, 그렇게 확립한 원칙을 지키고자 애쓴다. 특히 그러한 원칙에 입각해서 혐오나 차별, 성희롱 등 기타 각종 해악이나 범죄 행위를 비윤리적인 것으로 여기고, 그것에 사회적 제약이나 제재를 가하고자 한다. 성희롱이나 차별 혹은 혐오가 나쁘다고 하는 인식은 학문으로서의 윤리학에서만이 아니라 상식으로서의 윤리에서 비롯하며, 그러한 인식은 포기할 수 없는 인간만의 것이기도 하다.

따라서 인공지능 개발의 방향은 “사람같음”을 넘어 “사람다움”[19)]을 향해야 할 것이다. 비록 사람이 때로 성희롱, 차별, 혐오를 행한다고 해서, 인공지능마저도 그것을 “사람같게” 행하도록 할 것이 아니라 사회가 공유한 일정한 “윤리”에 발맞추도록 해야 한다는 것이다. 그러한 인공지능은 곧 “사람다운” 인공지능이 될 것이다.

그렇다면 “사람다움”이란 무엇인가? 그것은 “사람같음”과는 어떻게 다른가? 둘은 어떠한 관계에 있는가? 이들 질문은 쉽게 답할 수 있는 것이 아님을 인정해야 하겠고, 여기서 그것에 대해 정밀한 분석이나 해명을 할 생각은 없다. 다만 원론적으로, ‘사람같음’은 사람의 존재 양상에 관한 개념이요, ‘사람다움’은 사람의 당위 양상에 관한 개념이라고 해두자. 만약 존재와 당위 간의 구분을 전제한다면, ‘사람같음’과 ‘사람다움’ 간의 이 같은 구별은 유의미한 구별이 될 수 있다. 이루다와 같은 인공지능 설계와 개발을 위한

---

19) ‘사람다움’은 종종 동양철학에서 유교의 으뜸 개념인 ‘인’(仁)에 해당하는 우리말 표현으로 쓰인다. 하지만 여기서 필자가 ‘사람다움’을 특별히 이러한 의미로 염두에 둔 것은 아니다.

하나의 좌표계로서 말이다.

이제 다시 이루다로 돌아와 보자. 이 같은 사람같음—사람다움 구분에 비추어 보면, 이루다의 문제가 좀 더 선명하게 다가온다. 전술한 바와 같이 "사람같은" 인공지능과 "사람다운" 인공지능 간의 구분을 전제할 때, 이루다는 이 둘 사이에서 후자를 진지하게 고려하지 않고서 전자만을 추구한 결과인 것이다. 그것도 20세 여대생이라고 하는, 다분히 취약한 캐릭터를 설정함으로써 편협하고 배타적인 방식으로 전자만을 추구한 결과인 것이다. 즉 그러한 캐릭터 설정과 그것이 낳은 부정적인 결과는 "사람다움"은커녕 "사람같음"에 대해서조차도 충분히 성찰하지 못한 채 개발과 상용화에 나선 탓이라 할 수 있다.

이렇게 보면 이루다를 둘러싼 윤리적 논쟁에서 견해의 대립과 교착의 원인이 무엇인지도 분명해진다. 이루다 개발과 활용의 자유를 옹호하는 입장과 그러한 자유를 (공적 수단을 통해) 제한해야 한다고 주장한 입장, 양측은 바로 이 두 번째 근본 문제에 대해서도 정면으로 견해를 달리한 것이다. 전자의 입자에서는 이루다와 같은 인공지능 개발의 목표로 모종의 "사람같음"이면 충분하다고 본 반면, 후자의 입장에서는 그것으로 충분하지 않으며 그러한 인공지능 개발에서 "사람다움"을 추구해야 한다고 보았다. 특히 후자의 입장이라면, 비록 "사람같음"을 인공지능 개발의 목표로서 배제하지는 않을지라도 그것이 진정 무엇인가에 대해서는 전자의 입장과는 분명 다른 견해를 보일 것이다. 이처럼 대립을 이루는 두 입장은 논쟁의 핵심 개념인 '사람(인간)'에 대해, 특히 '사람같음'과 '사람다움'의 의미에 대해 서로 양립불가능할 만큼 다른 생각을 견지한다. 다시 말해, 양 진영은 제각기 그러한 개념들에 대한 자신만의 견해를 선취하고 전제하고 있는 셈이다.

따라서 이 같은 근본 문제의 양상이 시사해주는 바는 무엇인가? 그것은 바로, 이루다를 포함한 인공지능의 윤리 문제에 관한 건설적 논의는 "(인간과 비교할 때) 이루다란 무엇인가, 특히 그것은 사람같아야 하는가, 아니면 사람다워야 하는가"라는 물음에 진지하게 답하려는 노력에서부터 시작되어야 한다는 점이다. 이루다를 옹호하는 진영과 비판하는 진영은 바로 이 물음을 둘러싸고 근본적이고 본질적인 입장의 대립을 보였고, 그러한 대립은 교착상태에 빠진 것이다. 양 입장에서는 이러한 교착의 상황이 존재한다는 것과 그것이 해소되기가 매우 어렵다는 문제임을 인정해야 할 것이다. 또한 양 입장에서는 위 근본 물음에 대해 자기 진영의 입장을 넘어 더 넓은 관점에 서서 성찰하고자 노력해야 할 것이다. 물론 그러한 물음은 개발자만이 아니라, 사용자를 포함한 우리 사회 전체를 향한 물음인 것이다.

Ⅲ. 맺 음 말

끝으로, 다음의 마지막 질문 하나만큼은 짚어보아야 하겠다. 정녕 이루다가 이 세상에 존재해야 할 이유가 있는가? 새로 나올 이루다가 어떤 의미에서든 지금의 것보다 더 낫다고 할지라도, 그러한 이루다가 이 세상에 존재해야 할 이유가 있는가? 즉 개발자나 사업자는 그런 이루다를 굳이 개발해야 할 이유가 있는가? 이루다의 개발자는 이에 답할 수 있어야 한다. 만약 어떤 이루다든 간에, 정녕 그것이 세상에 존재할 이유나 필요가 있다면, 앞서 말한 대로 이루다의 개발자는 "사람같음"과 "사람다움" 사이에서 이루다의 자리가 어디이어야 하는지, 그리고 그 자리의 내용과 의의가 무엇인지의 물음에 대해 답할 수 있어야 할 것이다. 그러기 위해서는 먼저 그 물음에 대해 자신에게 따져 물어야 할 것이다.

애초에 이루다는 자신을 더 섬세하게 돌아볼 줄 알았어야 했다. 이제 세상에 다시 나오려 한다면 더욱 그래야 한다.

16

인공지능과 법관의 미래*

권경휘

영산대학교 경찰행정학부 부교수, 법학박사

2012년부터 영산대학교에서 법철학과 법사상사를 가르치고 있다. 분석철학의 성과를 법철학에 접목하는 일 외에도 법실증주의, 법경제학, 법사상사에 관심을 가지고 있다. 저서로는 『현대 법실증주의 연구』 외 6편, 논문으로는 "현대 법실증주의와 규범성의 문제: 하트의 '내적 관점'을 중심으로" 등 30편, 번역으로는 "법적 근거, 원천 그리고 흠결" 등 17편이 있다.

Ⅰ. 서 론

법관과 관련하여 가장 많이 제기되는 도전적인 질문은 법관이 사법판결에 있어서 근거로 삼고 있는 것이 과연 무엇인가 하는 것이다. 이러한 질문은 단순히 지적 호기심을 표현하는 종류의 의문이 아니라 법관이 법이 아닌 개인적인 편견, 감정, 욕망에 따라 판결을 내리는 것이 아닌가 하는 의심을 제기하는 것이다.

넷플릭스에서 스트리밍되고 있는 <소년심판>을 예로 들어 생각해보자. 극 중에서 법관 심은석(김혜수 분)은 촉법소년(觸法少年)을 혐오한다고 자신의 입장을 분명하게 밝힌다. 그래서 시즌1 제2화에서 범죄자들에게 법정최고형을 선고한다. 반면 법관 차태주(김무열 분)는 촉법소년들을 아끼고 보호하려고 노력한다. 그런데 그 화에서 그도 또한 법정최고형을 선고한다. 왜 그랬을까? 평소의 태도와 선고 사이의 차이가 너무나 극렬했기 때문에, 극 중에서도 소년범죄자의 어머니 입을 빌어서 그에게 다음과 같은 질문이 던져진다. "판사님, 처분 바꾸어준다면서, 어떻게 이럴 수가 있어요? 처분 바꾸어준다면서요? 판사님이 그랬잖아요. 국선변호인도 소개시켜주고, 소년부 판사는 적이 아니라면서요?"

우리는 차태주가 허구적 존재라는 사실 때문에만 그가 그러한 판결을 내린 근거를 알지 못하는 것일까? 다행히도 예시로 든 제1화와 제2화의 이야기는 실화를 배경으로 하고 있다. 그렇다면 이러한 사실을 좀 더 확대하여 이 이야기에는 허구적 요소가 하나도 없고 오직 실제 사건을 다큐멘터리의 형식으로 전달하고 있는 것에 불과하다고 가정해보자. 그렇다면 우리는 실제 사건을 맡은 법관을 찾아가 그렇게 판결을 한 이유, 동기, 의도, 논리 등을 물어볼 수 있을 것이다. 이제 우리가 실제의 법관으로부터 답변을 듣는다고 생각해보자. 아마도 그는 어떤 법률에 의하여 그리고 그것의 올바른 적용에 의하여 그러한 판결을 내렸다고 답변할 것이다. 하지만 여전히 우리는 그 답변에 대하여 다음의 2가지 의문을 제기할 수 있을 것이다.

---

* 이 글은 논자의 논문 "법의 결정성, 인공지능 그리고 법관의 미래", 법학연구 제32권 제2호(연세대학교 법학연구원, 2022)를 본서에 적합한 형태로 재구성한 것임을 밝혀둔다.

(1) 법관의 답변은 진실인가?
(2) 법관의 답변은 정당한가?

법현실주의legal realism와 비판법학운동critical legal studies[1]에 속하는 학자들 중에는 현실의 법관들에게 첫 번째 종류의 의문을 제기한 이들이 존재한다. 이들은 법관의 답변 뒤에 은폐되어 있는 무언가를 폭로하고자 노력하였다. 예를 들어 프랑크J. Frank와 같은 이는 판결이 법률에 의하여 결정된다는 것은 허구이며, 실제로는 감정, 편견, 기질 등과 같은 것들에 의하여 결정된다고 주장하였다.[2] 이들은 프로이트류의 심리학, 포스트모더니즘, 이데올로기론, 해체주의 등과 같은 이론적인 근거와 심리학적 고찰, 사회적 통계, 역사적 사건 등과 같은 다양한 사실적인 요소들에 기반하여 자신의 의문을 정당화시킨다.[3]

이 글에서는 첫 번째 의문에 대한 회의론자들이 옳은지 여부에 대하여는 다루지 않고자 한다. 왜냐하면 설령 이러한 회의론자들의 주장이 옳다고 하더라도 두 번째 의문이 완전히 쓸모가 없어지는 것은 아니기 때문이다. 만약 이들이 옳다면, 두 번째 의문은 "판결을 이끌어 낸 방법이 정당한가"라는 의미에서 "판결에 대한 정당화 방법은 설득력이 있는가"라는 의미로 그 의미가 바뀌게 될 뿐이다.

두 번째 의문과 둘러싼 논의를 논리적으로 체계화시키는 학문을 우리는 "법학방법론"이라고 부른다. 즉, 법학방법론은 "판결을 이끌어내는 정당한 방법" 내지는 "판결을 정당화하는 방법"에 대한 논의이다.

최근 국내외 학계에서 4차 산업혁명과 인공지능에 대한 논의가 활발하게 일어나고 있다. 법학 역시 예외가 아니어서 4차 산업혁명으로 변화될 법적 규제에 대한 논의[4]에서부터 이러한 변화로 인하여 법의 미래가 어떻

---

1) 비판법학운동에 대해서는 김정오, "미국 비판법학의 흐름과 동향", 법과 사회 제10권(1994); 한인섭, "비판법학", 미국학 제20집(1997)을 참조.
2) J. Frank, *Law and the Modern Mind* (Routledge, 2009).
3) 근대적 법이론에 대한 이데올로기 비판, 포스트모더니즘 비판, 해체주의 비판에 관해서는 김정오, 현대사회사상과 법: 자유주의 법체계의 운명, 나남, 2007을 볼 것.
4) 양천수, 제4차 산업혁명과 법, 박영사, 2017; 양천수, 인공지능 혁명과 법, 박영사, 2021; 이상직, 나는 인공지능을 변호한다: 메타버스를 건너 디지털 대전환까지, 이다북스, 2022.

게 바뀔 것인가에 대한 논의에 이르기까지 다양한 견해들이 제시되고 있다. 이러한 시대적 흐름은 법관이 법이 아닌 개인적인 편견, 감정, 욕망에 따라 판결을 내리는 것이 아닌가 하는 의심과 결합되어 인공지능으로 법관을 대체하는 것에 관한 논의까지 확장되고 있다.[5] 이 글에서는 바로 이러한 문제를 논의해보고자 한다. 즉, 법관들이 사용하는 법학방법론이란 실제로 어떠한 것을 다루는 것이며, 그러한 입장에서 볼 때 인공지능이 과연 법관을 대체하는 것이 가능할 것인가 하는 문제를 다루고자 한다.

이를 위하여 이 글에서는 법의 결정성determinacy 내지는 비결정성indeterminacy과 관련하여 경쟁해오던 견해들을 인공지능에 대한 논의와 연관시켜 세 가지의 견해로 재구성해보고자 한다. 이러한 견해들은 실제 어느 한 학자나 어느 한 학파의 주장이라기보다는 그러한 주장의 주제와 착상을 지배하고 있는 것을 구체화한 것이라고 할 수 있다.[6] 이러한 재구성을 통하여 이 글은 한 학자 내지 학파의 주장에 대한 주석적인 검토보다는 그러한 입장을 극대화해보았을 때의 쟁점이 무엇인지를 분명하게 밝히려는 데 주력하고자 한다. 이 세 가지 견해는 각각 '통속적인 견해', '통사론적 견해', '통계론적 견해'라고 부르고자 한다. 각각의 견해는 법관이 법을 사용하여 판결을 내리는 것을 어떻게 이해하는지, 그리고 법관과 인공지능이 올바른 판결을 내릴 수 있게 해주는 방법이 무엇이라고 생각하는지를 중심으로 재구성될 것이다. 이들 각각의 견해를 비판적으로 검토함으로써 인공지능에게 올바른 판결을 내리게 하는 것이 가능한지 그리고 인공지능이 법관을 대체할 수 있는지에 대하여 살펴보고자 한다.

Ⅱ. 통속적인 견해

1. 통속적인 견해의 주장

일반인들이 인공지능에 의하여 법관이 대체될 것이라고 혹은 그렇게 되

5) 오세용, 인공지능시대: 법관의 미래는?, 박영사, 2022.

6) 이러한 재구성은 드워킨(R. Dworkin)이 법관념에 대한 3가지 입장을 재구성한 방식을 따른 것이다. R. Dworkin/장영민 역, 법의 제국, 아카넷, 2004, 147-148면.

어야만 한다고 생각하는 이유는 무엇인가? 이에 대한 일반인들의 통속적인 견해popular point of view는 다양한 미디어 매체를 통하여 투영되어 나타나곤 한다. 예를 들어, 드라마에서 통속적인 견해는 어떻게 나타나고 있는지 살펴보자. 일본드라마를 리메이크한 한국드라마 <리걸 하이>의 제1화에서 주인공과 그 친구가 나누는 다음과 같은 대화는 통속적인 견해를 잘 드러내준다.

> 친　구: 결과는 1심 배상금의 10분의 1! 형사로 치면 무죄지.
> 주인공: 응? 아니 [주심판사는] 눈물을 왜 흘리는데?
> 친　구: 알고 보니까 족발과 순댓국이라는 주심판사의 어린 시절 이야기였대. 돌아가신 판사의 어머님이 시장에서 닭발을 주워 와 공부하고 돌아온 아들에게 닭곰탕을 끓여줬다는 거야.
> 주인공: 설마 그게 판결에 영향을 줬다고?
> 친　구: 야! 법도 어차피 사람이 하는 일이야. 판사도 뜨거운 피가 흐르는 감정의 동물이라고.

이처럼 통속적인 견해는 법관과 법률가에 대한 불신을 강하게 드러내는 데 주저하지 않는다. 통속적인 견해는 인공지능이 사람들의 성향적인 한계와 역량적인 한계를 넘어서 법에 따라 올바르게 판결을 해줄 수 있으리라고 기대하기 때문에 인공지능에 의하여 법률가, 그중에서도 특히 법관이 대체되어야만 한다고 주장한다. 여기에서 통속적인 견해가 말하는 법에 따라 올바르게 판결을 하는 방법은 무엇일까? 비록 법학방법론이라는 표현을 직접적으로 사용하지는 않지만, 통속적 견해는 다음과 같은 주장을 제시한다.

> (i) 법학방법론은 현실에서 존재하는 모든 사례들에 구체적으로 적용되어야 하는 방법들에 대한 것이다. (이러한 법학방법론을 '통속적'popular 법학방법론이라고 부르자.)
>
> (ii) 만약 법관이 통속적 법학방법론을 학습하여 그대로 따른다면 올바른 판결을 내릴 수 있을 것이다. 그러나 법관은 개인적인 편견, 감정, 욕망 등에 오염되어 있어서 보편적 법학방법론을 학습하고도 그것에 따르지 않기도 한다.

(iii) 인공지능에게 통속적 법학방법론을 프로그래밍한다면, 개인적인 편견, 감정, 욕망 등에 오염되어 있는 법관과 달리 인공지능은 올바른 판결을 내릴 수 있을 것이다.

이러한 통속적 견해에는 강한 버전과 약한 버전이 존재할 수 있을 것이다. 강한 버전의 통속적 견해는 법적 규칙들이 처음부터 선택의 여지가 존재하지 않는 체계라고 생각한다. 다시 말해서 그것은 법의 결정성을 주장한다. 강한 버전의 통속적 견해가 주장하는 통속적 법학방법론은 하트가 비판하는 기계적 법리학과 동일할 것이다.[7] 여기에서는 사례와 판결 사이에 유형types에 관한 일관성이 성립한다.[8] 즉, '위험한 물건' 유형에 대해서는 특수폭행의 판결이 일관되게 내려지며, 개별 사례가 그 유형에 속하는지에 대해서는 명확한 원칙이 존재한다. 이러한 의미에서 강한 버전의 통속적 견해가 묘사하는 세상은 법률가의 '개념의 천국'이라고 할 수 있을 것이다.[9]

반면에 약한 버전의 통속적 견해는 법이 다소 비결정적일 수 있다는 것을 인정한다. 그러한 문제를 해결해주는 것이 바로 통속적 법학방법론의 역할이다. 여기에서 통속적 법학방법론은 법체계의 규칙들을 사례에 적용하는 모든 방법들을 가지고 있는 체계이다. 즉, 여기에서는 더 이상 유형에 관한 일관성이 성립하지 않고 오직 사례tokens에 관한 일관성이 성립할 뿐이다. 즉, 비록 모든 물건에 대하여 그것이 '위험한 물건'인지 여부를 판단할 수 있는 명확한 원칙은 존재하지 않거나 혹은 그러한 원칙이 잘 적용되지 않는 경우가 분명 존재하지만, 모든 물건에 대하여 그것이 '위험한 물건'

7) H. L. A. Hart/오병선 역, 법의 개념, 아카넷, 2002, 167면.

8) 이러한 설명은 심리철학에서 논의되는 심신동일론의 두 종류, 즉 유형동일론과 사례동일론에 대한 구분에서 차용한 것이다. 유형과 사례 및 유형동일론과 사례동일론의 구분에 관해서는 I. Ravenscroft/박준호 역, 심리철학, 서광사, 2012, 77-79면을 참조.

9) 개념의 천국에 대하여 하트는 다음과 같이 묘사한다. "이 과정의 완결은 바로 법률가의 '개념의 천국'이다. 즉, 이것은 단일한 규칙이 적용되는 모든 경우뿐만 아니라 그 법체계의 어떠한 규칙에서 일반적 용어가 나타날 경우마다 그 일반적 용어가 동일한 의미를 부여받을 때 도달된다. 그러면 되풀이해서 생기는 다양한 사건에서 논제가 되고 있는 문제의 차이를 고려하여 그 용어를 해석하도록 요구하거나 노력할 필요가 없다." Hart, 앞의 책(주 7), 169면.

에 해당하는지 여부에 대한 목록을 가지고 있기 때문에 특정한 물건에 대하여 특수폭행의 판결이 일관되게 내려지게 된다.

어떤 버전의 것이든 통속적 견해는 법관이 통속적 법학방법론을 따르기만 한다면 올바른 판결을 내릴 수 있고 현실의 판결이 그렇지 못한 것은 법관의 개인적인 편견, 감정, 욕망 때문이라고 주장한다. 이러한 통속적 견해가 옳다면, 법관은 인공지능에 의하여 대체될 수 있을 것이고 대체되는 것이 마땅할 것이다. 그리고 인공지능 법관이 판결하는 세계는 매우 엄격한 의미에서 법에 따라 지배되는 사회일 것이 틀림없다.

2. 통속적 견해에 대한 비판

지금까지 설명한 통속적 견해는 아주 간결하고 이해하기 쉬운 주장이지만, 이론적으로 심각한 결함을 가지고 있다. 통속적 견해가 가지는 문제의 핵심은 바로 주장 (ii)에 있다. 즉, 통속적 견해는 현실에서 존재하는 모든 사례들에 구체적으로 적용되어야 하는 방법들을 가르치는 것이 가능하다는 사실을 전제로 논의를 전개하지만, 이것을 가르치는 것이 불가능하다. 그 이유는 다음과 같은 고전적인 3단 논법식의 논증의 형태로 설명될 수 있다.[10)]

전제 1: 규칙지배를 받는 무한적 체계는 학습될 수 없다.
전제 2: 통속적 법학방법론이 성립하기 위해서는 그것이 생산적이고 무한적 체계이어야 한다.

결 론: 그러므로 통속적 법학방법론은 학습될 수 없는 체계이다.

먼저 전제 2부터 살펴보자. 이러한 전제 2는 강한 버전의 통속적 견해가 타당하지 않다는 것, 즉 유형 일관성이 성립할 수 없다는 주장을 함의

---

10) 전제 1과 전제 2 모두는 통속적인 견해를 비판하기 위하여 법철학에서 제시된 주장들인데 놀랍게도 언어규칙들과 같은 생산적인 체계가 습득되는 것이 불가능하다는 통사론의 논변에서 사용되는 전제와 일치한다. 다만 통사론에서의 논의는 전제 1과 전제 2가 바뀌어 있는데 여기에서의 논변이 고전적인 3단 논법에 보다 충실하다. 통사론에서의 논변에 대해서는 A. Carnie/안동환 역, 통사론: 생성문법이론의 소개, 한국문화사, 2013, 19면을 참조.

하고 있다. 강한 버전의 통속적 견해에 대한 반론으로 우리는 이에 대한 강력한 비판자 중 한 명인 하트가 제시한 '개방적 구조'open texture를 들 수 있을 것이다.[11] 하트에 따르면 우리의 두 가지 약점 때문에 모든 법적 규칙들은 개방적 구조를 필연적으로 가지게 된다. 첫 번째 약점은 사실에 대한 우리들의 상대적 무지이고, 두 번째 약점은 우리의 목표의 상대적인 비결정성이다.[12]

구체적인 예를 들어서, '공원 내 차량 금지'라는 규칙이 제정될 당시에는 비행기가 존재하지 않았고 이후에 비행기가 발명되어서 그것이 공원에 들어온 경우를 판결해야 하는 법관을 상상해보자. 유형에 대한 일관성이 성립하기 어려울 것이고 규칙은 결코 결정성을 가질 수 없을 것이다. 이러한 사례는 얼마든지 계속해서 등장할 수 있다. 그러므로 강한 버전의 통속적 견해는 논리적으로 불가능하다. 이것이 불가능하다는 것은 논리적인 측면에서뿐만 아니라 실제에 의해서도 밝혀졌다. 강한 버전의 통속적 견해에 따라 구상된 리걸 엑스퍼트 시스템legal expert system은 실제 문제에 관하여 제한적이지만 자동화된 법적 추론을 하는 데 성공하였지만 "합리적이고 적절한" 또는 "예견 가능한"과 같이 애매한 용어들을 적용하는 데 실패하는 한계에 직면하고 말았다.[13]

이제 약한 버전의 통속적 견해를 살펴보자. 통속적 법학방법론이 개방적 구조의 문제를 해결하기 위해서는 그것이 생산적이어야만 한다. 통속적 법학방법론이 생산적이라는 것은 법관이 그것에 따라 이전의 어떠한 법관도 판결을 한 적이 없는 사례에 대하여 판결할 수 있어야 한다는 의미이다. 약한 버전의 통속적 견해가 생각하는 통속적 법학방법론은 사례의 일관성만을 유지하므로 그것이 생산적이기 위해서는 무한적이어야 한다. 그러므로 약한 버전의 통속적 견해가 주장하는 통속적 법학방법론은 생산적이고 무한적인 체계이다.

이제 규칙 지배를 받는 무한적 체계는 학습될 수 없다는 전제 1을 살펴

11) 하트는 바이스만(F. Waismann)의 논의를 받아들여 법적 규칙의 '개방적 구조'를 주장하였다. 이에 대해서는 권경휘, 현대 법실증주의 연구, 박영사, 2022, 69-74면을 참조.

12) Hart, 앞의 책(주 7), 166-167면.

13) K. D. Ashley/오태원·정영수·조동관 역, 법을 분석하는 인공지능, 박영사, 2020, 11면.

보자. 전제 1은 '비트겐슈타인의 역설'이라는 유명한 문제에서 비롯된 주장이다.[14] 통속적 법학방법론을 단순화시켜서 사례와 판결을 짝짓기하는 것이라고 가정하고 그것을 다음과 같은 수학적 관계라고 추상화해보자.[15]

사례(입력)	판결(출력)
1	1
2	2
3	3
4	4
5	5

법관이 통속적 법학방법론을 배우면서 이제 새로운 사례 6을 만났다고 하자. 그는 어떠한 판결(출력)을 내놓아야 하는가? 우리는 그가 6이라고 대답해야 한다고 쉽게 생각할지 모른다. 그러나 그 답은 6이 아닐 수도 있다. 예를 들어 다음과 같은 함수에 따라 입력과 출력이 이루어지고 있을 수도 있다.

$$y=(x-1)(x-2)(x-3)(x-4)(x-5)+x$$

이 경우에 법관이 내놓아야 하는 답은 6이 아니라 126이 될 것이다. 규칙을 따르는 것과 관련하여 이러한 문제를 제기한 사람이 바로 비트겐슈타인L. Wittgenstein이었고, 그의 답변은 다음과 같은 역설적인 것이었다. 그래서 이 문제는 '비트겐슈타인의 역설'이라고 불린다.

> 우리의 역설은 이것이었다: 어떤 행위 방식도 하나의 규칙에 의해 결정될 수 없을 것이다. 왜냐하면 모든 행위 방식은 그 규칙과 일치하도록 맞춰질 수 있기 때문이다. 이에 대한 대답은 다음과 같았다: 만일

---

14) 이와 관련하여 촉발된 법학 내에서의 논쟁에 관해서는 권경휘, "비트겐슈타인의 규칙-따르기 고찰과 법이론", 법철학연구 제10권 제1호(2007)를 볼 것.

15) 이러한 추상화는 어린이가 언어를 습득하는 것에 관한 설명을 통속적 법학방법론에 적용한 것이다. Carnie, 앞의 책(주 10), 20-22면.

> 모든 행위 방식이 그 규칙과 일치하도록 맞춰질 수 있다면, 또한 그 규칙과 모순되도록 맞춰질 수 있다. 따라서 여기에는 일치도 모순도 없을 것이다.[16)]

이러한 답변은 지금까지 어떤 방식으로 입력과 출력이 이루어져 왔다고 해서 그 이후의 결과에 대하여 확신할 수 없고 우리는 오직 이루어진 사건에 대해서만 올바르게 이야기할 수 있다는 것을 의미한다.[17)] 그러므로 우리는 어떤 것의 결과를 보고 규칙을 추론해내고 그것을 학습하기 위해서는 모든 경우를 다 살펴보아야 한다. 그러므로 무한적인 체계는 학습될 수가 없다.

전제 1과 전제 2가 입증되었으므로 결론은 3단 논법에 의하여 정당화된다. 따라서 통속적 견해를 따라 법관이나 인공지능에게 올바른 판결을 내리게 만들려는 시도는 실패하고 말 것이다.

Ⅲ. 통사론적 견해

1. 통사론적 견해의 주장

통사론적 견해가 생각하는 법학방법론은 개별적인 사례들에 적용되는 개별적인 방법을 직접적으로 다루는 것이 아니라 그 사례들에 적용하는 다양한 방법들을 이해할 수 있게 해주는 일종의 습득장치를 다룬다. 이러한 점에서 통사론적 견해가 내세우는 법학방법론은 개별적인 사례와 관련된 것을 직접적으로 다루지 않는다는 점에서 '보편적'universal 법학방법론이라고 부를 수 있을 것이다.

통사론적 견해는 보편적 법학방법론을 발견하는 다음과 같은 두 가지 전략을 제시한다. 첫 번째는 개별적인 사례들에 적용되는 개별적인 방법들에 존재할 수 있는 모든 요소들을 상상해보고, 그것에서 실제 판결들을 소

16) L. Wittgenstein/이승종 역, 철학적 탐구, 아카넷, 2016, §201.

17) 이러한 역설의 해결책이 무엇인지에 관한 논쟁이 크립키에 의하여 촉발되었으며, 이후 다양한 주장이 제기되었다. S. Kripke/남기창 역, 비트겐슈타인 규칙과 사적 언어, 철학과 현실사, 2008.

사하여 각각에서 특수하게 등장하는 상이한 것들을 제거하는 것이다. 그렇게 한다면 개별적인 사례에 적용되는 개별적인 방법에서 등장하는 개별적이고 지엽적인 요소들은 모두 제거되고 어떠한 보편요소만 남게 될 것이다. 분명 이러한 보편요소는 개별적인 사례들에 적용되는 방법들에 보편적인 원리와 관련되어 있다.

두 번째는 법관들이 법을 사용하고 올바른 판결을 내리는 것을 배우는 과정을 관찰하여 어느 정도의 최소한의 정보를 배웠을 때부터 그것이 가능한지를 경험적으로 조사해보는 것이다. 이것은 약간의 조작적인 실험에 의하여 조사될 수 있을 것인데 정보를 일정 정도 제거한 그룹에게 실험을 해보고 학습하는 데 성공하면 더 정보를 제거하여 다른 그룹에게 실험하는 과정을 진행하는 것이다. 그러다 보면 분명 그룹원들이 법을 사용하여 올바른 판결을 내리는 것을 학습할 수 없는 정도가 존재할 것이고 그 단계는 개별적인 사례들에 적용되는 방법들을 습득하게 해주는 보편적인 습득장치와 밀접하게 관련되어 있을 것이 틀림없다.

만약 통사론적 견해의 이러한 두 가지 전략을 수행하는 데 성공하기만 한다면, 우리는 모든 사건들에 적용할 수 있는 보편적 법학방법론을 발견해낼 수 있을 것이다. 이제 우리는 법관들에게 이러한 보편적 법학방법론을 가지게 하고 법관의 개인적인 편견, 감정, 욕망이 아닌 보편적 법학방법론에 따라 판결을 내리게 한다면 법관은 올바른 판결을 내릴 수 있을 것이다. 마찬가지로 인공지능에게 이것을 프로그래밍하기만 한다면, 인공지능은 법에 따라 올바르게 판결할 것이고 인공지능은 법관을 훌륭하게 대체할 수 있을 것이다.

지금까지 살펴본 구분론적 견해의 입장은 다음과 같이 정리할 수 있다.

> (i) 법학방법론은 개별적인 사례들에 적용되는 개별적인 방법을 직접적으로 다루는 것이 아니라 그 사례들에 적용하는 다양한 방법들을 이해할 수 있게 해주는 일종의 습득장치에 대한 것이다. (이러한 법학방법론을 '보편적'universal 법학방법론이라고 부르자.)
>
> (ii) 만약 법관이 보편적 법학방법론을 학습하여 그대로 따른다면

올바른 판결을 내릴 수 있을 것이다. 그러나 법관은 개인적인 편견, 감정, 욕망 등에 오염되어 있어서 보편적 법학방법론을 학습하고도 그것에 따르지 않기도 한다.

(iii) 인공지능에게 보편적 법학방법론을 프로그래밍한다면, 개인적인 편견, 감정, 욕망 등에 오염되어 있는 법관과 달리 인공지능은 법을 사용하여 올바른 판결을 내릴 수 있을 것이다.

통사론적 견해는 법 자체가 결정적인 것은 아니어서 강한 버전의 통속적 견해 내지는 통속적 법학방법론이 성립불가능하다는 것을 인정한다. 하지만 그렇다고 해서 아무런 해결책이 없는 것이 아니라는 점을 강조한다. 즉, 통사론적 견해는 무한체계인 규칙을 학습하는 것이 불가능하다는 논증에서 등장하였던 비트겐슈타인의 역설에 대하여 하나의 해결책을 제시함으로써 판결들에 일관성이 존재할 수 있음을 주장한다. 법관의 역할을 사례와 판결을 짝짓기하는 것으로 단순화한 사례로 되돌아가 보자. 앞의 사례에서 새로운 상황 6이라는 입력에 대하여 법관이 6이라는 출력을 내놓는 것을 정당화해주는 것은 법 자체(기계적인 통속적 법학방법론)가 아니다. 보편적 법학방법론을 가지고 있는 법관이라면, 지금까지의 입력자료로부터 가설을 세우고 그것을 토대로 공통적인(올바른) 출력을 내놓게 되는 것이다. 결과적으로 법관이 공통적인 출력을 산출한다는 의미에서(그리고 이것은 법관이 올바른 판결을 내린다는 의미로 주장된다) 법은 결정적이라고 주장된다.

일견 통사론적 견해의 이러한 주장과 그 전략이 의심쩍어 보일 수도 있겠지만, 사실 인공지능에게 언어를 습득시키려고 하였던 연구자들이 생각해낸 최초의 방법이자 보다 근원적으로는 자연언어에 있을 수 있는 문법에는 보편적인 제약과 그것과 연결된 인간심리의 보편적인 특성들이 존재한다는 촘스키N. Chomsky의 주장이 바로 그것이었다.[18]

촘스키는 유전자가 가지고 있는 어떠한 특성에 의하여 언어가 발달하였고 그것에 더하여진 요인들에 의하여 매우 다양한 형태를 띠고 있을 뿐이라고 보았다.[19] 인간의 언어는 다양하지만 동일한 종인 인간들이 그 서로

---

18) J. Fodor/김한영 역, 마음은 그렇게 작동하지 않는다, 알마, 2013, 39면.

다른 언어들을 습득하는 것이 가능한 것은 그 언어들에 어떠한 문법적 공통점이 존재하고 또한 그것을 습득하는 데 공통된 장치가 존재하기 때문이라고 보았다. 즉, 언어를 배우는 아이들은 부모나 다른 이들로부터 받는 언어입력들인 초기언어자료Primary Linguistic Data: PLD를 분석하는 장치(언어습득장치Language Acquisition Device: LAD)[20]를 가지고 있고, 그 언어습득장치는 초기언어자료를 기초로 문법들에 관한 가설을 세운다. 언어습득의 결과 최종적으로 만들어지는 문법은 최종문법final state이라고 부른다.[21] 이러한 설명을 도식화하면 다음과 같다.[22]

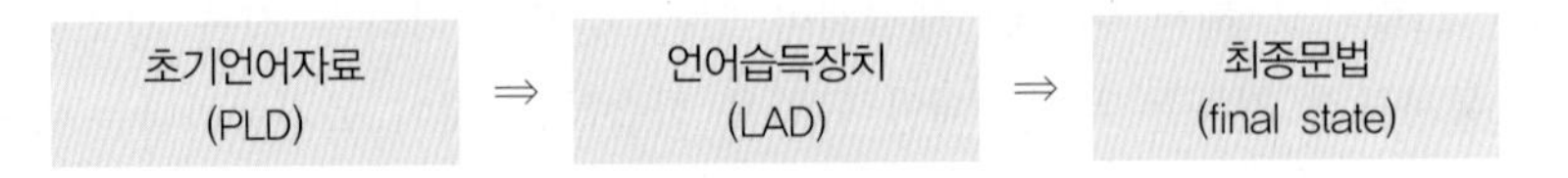

언어습득장치가 아이들의 마음속에 존재한다는 자신의 이론을 입증하기 위해 촘스키는 규칙 동사의 과거 시제형 같은 단어 구조를 일반화하는 것을 지적하였다.[23] 그렇다면 이 언어습득장치를 어떻게 발견할 수 있을까? 촘스키에 따르면 언어습득장치를 발견하는 것은 다음의 두 가지 연구로 가능할 것이며 그것은 결국 하나로 수렴될 것이 틀림없다.[24]

> 한편으로, 인간 언어들이 보여주는 문법구조들의 범위를 경험적으로 조사하면 언어적 다양성의 한계를 추정할 수 있다. 그런 다음 그 범위 내에서, 인간 언어들이 서로 다를 수 있다고 상상할 수 있는 모든 방식들로부터 언어들이 실제로 다른 방식들을 뺀다. 이렇게 빼고 나면 '가능한 인간 언어'를 함축적으로 규정하는 일단의 언어적 보편 원리들

---

19) N. Chomsky, "On the Nature of Language" in Annals of the New York Academy of Sciences vol. 280: Origins and Evolution of Language and Speech, ed. S. Harnard, H. D. Steklis & J. Lancaster (New York Academy of Sciences, 1976), p.56.

20) 이에 관해서는 김진우, 언어와 정신: 촘스키의 언어사상 분석, 한국문화사, 2012, 107면.

21) S. Crain & D. Lillio-Martin/황규홍 역, 언어이론과 언어습득: 보편문법적 접근, 한국문화사, 2003, 6면.

22) 이러한 도식에 관해서는 김진우, 앞의 책(주 20); Crain & Lillio-Martin, 앞의 책(주 32), 6면.

23) N. Chomsky, "A Review of B. F. Skinner's "Verbal Behavior"", Language Vol.3 (1959).

24) Fodor, 앞의 책(주 18), 39-40면.

> 이 남는다.
>
> 다른 한편으로, 아이들이 말을 배우는 조건들을 경험적으로 조사하면 그 언어 환경이 제공하는 정보를 추정할 수 있고, 이런 이유로 언어 학습 과정이 자극의 빈곤poverty of stimulus을 어느 정도까지 견딜 수 있는지를 추정할 수 있다. 이를테면, 아이의 언어 숙달에 필요한 정보로부터 환경에 존재하는 정보를 뺄 수 있다. 이렇게 빼고 나면 아이의 선천적 지식이 언어 습득 과정에 기여하는 바가 남는다.

이러한 전략은 성공만 할 수 있다면 분명 획기적인 결과를 가져올 것이 틀림없었고 그래서 많은 언어학자들과 인공지능의 선구자들이 이를 실현하고자 노력하였다.

2. 통사론적 견해에 대한 비판

통사론적 견해를 지지하는 이들은 아직까지 완벽한 보편적 법학방법론을 현실적으로 발견해내지는 못했지만 혹은 자신들이 제시하는 보편적 법학방법론에 대하여 여전히 논란이 존재하지만, 그들은 시간의 문제일 뿐 자신들의 전략에 따라 보편적 법학방법론을 발견하는 데 성공할 것이라고 생각한다.

물론 이러한 낙관적인 생각에 대해서 통사론적 견해의 토대가 되는 통사론의 영역에서도 촘스키가 1957년 『통사구조』[25]를 발표한 이래 많은 언어학자들이 언어습득장치 내지는 보편문법universal grammar[26]을 구체적으로 밝혀내고자 하였지만 2022년 현재까지도 그것을 완벽하게 이루어내지 못하였다는 현실적인 측면에서의 비판을 제기할 수 있을 것이다. 그래서 통사론적 견해에 기반하여 인공지능에게 언어를 습득시키고자 하였던 노력은

25) N. Chomsky/장영준 역, 촘스키의 통사구조, 알마, 2016.

26) 촘스키 자신이 보편문법을 가장 구체적인 형태로 제시하였던 것은 1980년에 출판된 『지배·결속이론』에서였는데, 여기에서는 보편문법의 수된 원리로 한계이론(bounding theory), 지배이론(government theory), 의미역이론(Θ-theory), 결속이론(binding theory), 격이론(case theory), 통제이론(control theory) 등을 제시하였다. N. Chomsky/이홍배 역, 지배·결속이론, 한신문화사, 1987, 209면 이하. 그러나 이후에도 촘스키는 그 구체적인 내용에 대하여 입장을 계속해서 변화시켜왔고 가장 최신의 주장인 최소주의 이론조차도 스스로 최종적인 결론이라고 생각하지 않는다.

별다른 결실을 거두지 못하였다. 법학의 영역에 있어서도 마찬가지의 지적을 할 수 있을 것이다. 즉, 법학에 있어서도 보편적인 법학방법론의 구체적인 원리들이 무엇인지에 관하여 논자들마다 의견이 다르고 그 원리들 사이의 서열, 적용방법에 대하여 논란이 전혀 정리되지 않고 있다. 따라서 통사론적 견해에 기반하여 인공지능에게 법을 사용하여 판결을 올바르게 내릴 수 있게 하고 법관을 대체할 수 있도록 하는 것은 요원한 일임에 틀림없다.

하지만 이 글에서의 비판은 보다 근원적인 부분에 집중하고자 한다. 이를 위해서 먼저 언어습득이론과 관련하여 촘스키의 통사론이 전제하고 있는 개념을 살펴보고, 이후에 그것이 도덕 및 법학과 같은 영역에도 그대로 적용될 수 있는가라는 의문을 제기할 것이다.

통사론적 견해가 제시하고 있는 전략을 다시 살펴보자. 통사론적 견해는 보편적인 습득장치가 존재하며 그것을 발견하기 위해서 그것과 무관한 것들을 소거해가는 두 가지 전략을 제시하고 있다. 그런데 어떻게 우리는 보편적인 습득장치에 상처를 입히지 않고서 그것과 무관한 것들만을 소거해낼 수 있을까? 예를 들어 생각해보자. 생크림에 초콜릿을 녹여서 굳힌 다음 칼로 잘 잘라서 초콜릿만을 분리해낼 수는 없을 것이다. 반면에 고체 초콜릿을 비닐 위에 올려둔 경우 초콜릿에 상처입히지 않고 그것을 분리해낼 수 있을 것이다. 여기에서 알 수 있는 것은 우리가 입력자료로부터 가설을 세우는 습득장치를 분리해내기 위해서는 그 과정에 다른 영역의 것들이 서로 간섭하여 혼재해 있어서는 안 된다는 것이다. 예를 들어 문법을 습득하는 과정에서 습득장치를 온전한 모습으로 분리해내기 위해서는 문법(통사론)과 다른 영역은 완전히 별개의 것으로 분리 가능해야 한다는 것이다. 우리 마음 안에 이와 같이 별개의 것으로 분리되어 있는 것들이 존재하는데, 이것을 '모듈'module이라고 부른다.[27] 마음속의 어떤 처리과정이 모듈로 되어 있다는 것은 뇌의 특정한 영역만이 그 처리과정에 관여한다는 것을 의미한다.

포더J. Fodor의 모듈 이론에 따르면, 모듈은 다음의 5가지 특징을 가지고 있다.[28]

---

27) 통사론과 모듈의 관계에 대한 설명으로는 Crain & Lillio-Martin, 앞의 책(주 21), 제7장; Y. Huang/이해윤 역, 화용론, 한국외국어대학교 지식출판원, 2009, 247-248면.

(i) 모듈은 영역 특수성domain specificity을 가진다.
(ii) 모듈은 일차적primary이다.
(iii) 모듈은 연산에서 자율적computationally autonomous이다.
(iv) 모듈은 빠르고 강제적fast and mandatory이다.
(v) 모듈은 선천적으로 상세화innately specified되어 있다.
(vi) 모듈은 정보 밀봉성informational encapsulation을 가진다.

이 중에서 우리의 논의에 가장 중요한 것은 정보 밀봉성이다. 정보 밀봉성은 다음과 같이 설명될 수 있다.

> 밀봉된 캡슐 안에 들어 있는 것을 제외하고는 어떤 것도 밀봉된 처리기의 계산과정에 영향을 미치지 않는다. 그리고 그 처리기가 밀봉되어 있으면 있을수록 정보는 적다. 극단적인 경우로 반사운동을 들 수 있다. 반사운동 기제는 현재 입력된 것 외에 모든 정보에 대하여 밀봉되어 있다. 그래서 반사운동 기제는 계산을 전혀 하지 않고 작동하며, 자동적으로 켜지거나 꺼진다.[29]

시각화의 과정은 이러한 모듈의 대표적인 예이다. 다음의 착시현상 그림을 보자. 시각화의 과정에서 두 선에 붙어 있는 좌우의 모양이 두 선의 길이를 다르게 보이도록 한다. 이것은 좌우의 모양에 대한 정보와 두 선의 길이에 대한 정보가 동일한 모듈 내에서 처리되므로 서로에게 간섭을 할 수 있다는 것을 보여준다. 하지만 시각은 정보 밀봉성을 가지기 때문에 후각이나 청각 등에 의하여 정보가 간섭되지 않는다. 즉, 후각의 정보에 의하여 시각의 정보가 간섭을 받아 착시현상이 일어나는 일은 없다.

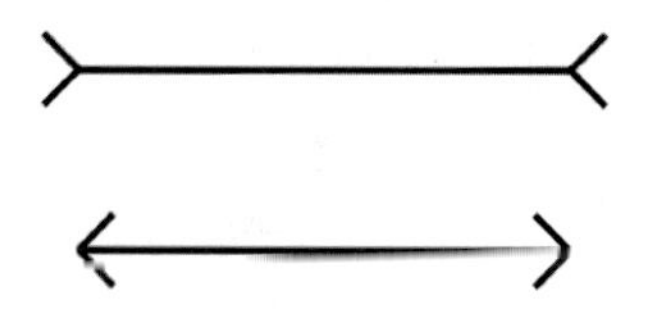

28) J. Fodor, The Modularity of Mind (MIT Press, 1983).
29) Fodor, 앞의 책(주 18), 139면.

언어는 일종의 복잡계여서 하나의 문장은 하나의 모듈에서 진행되는 것이 아니라 여러 개의 모듈들로 구성된 생산라인에서 조립된다. 문장의 생산라인에 존재하는 것으로 주장되는 대표적인 모듈들은 마음 사전, 형태론morphology, 통사론syntax, 의미론semantics, 음운론phonology이 있다.[30]

언어가 모듈들의 조합으로 이루어져 있다는 것을 입증해주는 중요한 증거는 바로 실어증의 증상들이다.[31] 베르니케Wernicke 실어증을 예로 들어보자. 베르니케 실어증 환자는 유창하게 말을 하지만 청자는 그가 무슨 말을 하는지 이해할 수가 없다. 베르니케 실어증 환자의 대화는 다음과 같은 형태로 이루어진다.[32]

치료자: 이게 무엇인가요? (환자에게 망치를 보여준다.)
환　자: 아이구, 맙소사! 그건… 그건… 물건인데… 어떤 물건인가 하면… 무엇을 부술 때 쓰는 물건이에요.
치료자: 맞습니다. 그런데 이걸 무엇이라고 하지요?
환　자: 이거요? 모르겠… 으음… 이건 nisby thing tough라고 하는 거에요. (혼자 낄낄 웃음)

베르니카 실어증 환자의 대화에서 알 수 있듯이, 그들은 문장을 유창하게 만들어낼 수 있지만 자기가 만들어낸 단어 또는 아무도 사용하지 않는 단어를 사용하여 말을 하는 증상(신조어증)과 자기가 말하고자 하는 단어와 의미상 서로 관련이 있으며 그렇기 때문에 완전히 엉뚱하지는 않은 단어를 대신 사용하여 말을 하는 증상(착어증)을 보인다. 그리고 그들은 자신의 증상을 자각하지 못한다.[33] 이러한 베르니카 실어증은 의미론의 모듈에 문제가 있지만 정보 밀봉성에 의하여 다른 모듈, 예컨대 통사론에 간섭을 미치지 않고 있는 증상으로 이해될 수 있다.

베르니카 실어증과 구별되는 실어증의 또 다른 증상은 브로카Broca 실어증이다. 브로카 실어증은 뇌에서 브로카 영역이라고 불리는 부위가 손상된

30) S. Pinker/김한영 역, 단어와 규칙, 사이언스북스, 2009, 67-68면.
31) Crain & Lillio-Martin, 앞의 책(주 21), 78-82면.
32) J. Stirling/손영숙 역, 신경심리학 입문, 시그마프레스, 2003, 144면.
33) Stirling, 앞의 책(주 32), 144면.

것으로 문장을 문법적으로 올바르게 만들어내지 못하는 증상을 보인다. 그래서 이 증상은 "탈문법적"agrammatic이라고 불린다.[34] 다만 익숙한 문구를 사용할 때에는 매우 능숙하게 그것을 행하는 모습을 보이기도 한다. 브로카 실어증 환자의 대화는 다음과 같은 형태로 이루어진다.[35]

> 치료자: 휴일에 무엇을 하셨는지 말해보세요.
> 환 자: … 저… 그러니까… (긴 침묵)… 우리가… 음… 저는… 휴일… 있잖아요…
> 치료자: 어떤 일들이 있었나요?
> 환 자: 아… 그게요… 어… 휴일… 아시잖아요… 바닷가…
> 치료자: 좀 더 얘기해주세요.
> 환 자: 기막힌 날씨… (팔의 선탠 흔적을 보여줌.)

이러한 브로카 실어증은 통사론의 모듈을 처리하는 데 어려움을 겪고 있음을 알 수 있다.[36] 실어증 환자의 예를 통하여 알 수 있는 것처럼 실제로 언어가 여러 개의 모듈로 구성되어 있다고 한다면, 우리가 문법의 습득장치를 발견하고자 할 때 통사론 모듈의 정보 밀봉성 덕분에 다른 영역에서의 정보들에 의하여 방해받는 일이 적을 것이 틀림없다. 그런데 문제는 언어 외에 도덕, 법과 같은 영역에서도 그러한 방법으로 습득장치 내지는 보편적 원리를 발견할 수 있는가 하는 것이다. 왜냐하면 우리의 마음속에서 일어나는 모든 처리과정이 모듈 단위에서 일어나는 것이 아니기 때문이다.

우리 마음속에는 모듈들과 구별되며 보다 상위 차원인 중앙처리장치central processor가 존재한다. 이 중앙처리장치는 정보 밀봉성을 가지지 않으며 뇌의 특정한 영역에서 이루어지는 작업이 아니다. 여기에서는 이성적 사고형성, 문제 해결, 신념 확정 등과 같은 처리과정이 이루어진다.[37] 이러

---

34) Crain & Lillio-Martin, 앞의 책(주 21), 79면.
35) Stirling, 앞의 책(주 32), 142면.
36) 물론 주의할 것은 실어증 환자들의 증상은 그 정도가 각각 상이하고 관련 뇌의 손상범위도 제각각이어서 표준화된 증상을 찾기가 쉽지 않다는 점이다. Crain & Lillio-Martin, 앞의 책(주 32), 80면.
37) Huang, 앞의 책(주 27), 248면.

한 처리과정은 모듈 내지는 모듈의 집단이 아니기 때문에 뇌의 특정한 영역에서 일어나는 폐쇄적 과정이 아니다. 이러한 처리과정은 일반적인 정보와 사회적 맥락에 대한 정보 등을 필요로 하며, 정치적 신념 등과 같은 것에 크게 영향을 받는다.38)

우리에게 가장 중요한 주제인 법관이 법률과 사건을 이해하고 그것에서 발견되는 문제를 해결하여 판결을 내리고자 하는 일련의 정신적인 처리과정도 바로 이 중앙처리 장치에서 이루어진다. 그러므로 통사론적 견해는 보편적인 법학방법론을 발견하고자 노력하여도 그러한 것은 존재하지 않을 것이고 설령 그것이 존재한다고 가정하더라도 간섭하는 다른 정보들과 그것을 완전히 분리해내지 못할 것이고 실제의 개별적인 문제를 해결하는 과정에서 무용지물이 되고 말 것이다.

Ⅳ. 통계론적 견해

1. 통계론적 견해의 주장

지금까지 우리는 통속적인 견해와 통사론적 견해를 살펴보았다. 그 결과 우리는 그러한 견해가 법학방법론에 대한 올바른 이해방식일 수 없으며 그러한 방식으로는 인공지능으로 하여금 사법판결을 할 수 있게 만들 수 없음을 알았다. 그러므로 우리는 통계론적 견해statistical point of view를 받아들여야만 한다. 이 견해에 대하여 이해하기 위하여 비트겐슈타인의 역설, 즉 법관의 역할을 사례와 판결을 짝짓기하는 것으로 단순화한 사례로 되돌아가 보자.

통계론적 견해는 6이라는 입력에 대하여 법관이 6이라는 출력을 내놓는 것을 정당화해주는 것이 통속적인 견해나 통사론적 견해가 주장하는 것과 같은 '최상위급'의 어떤 것이 아니라고 주장한다.39) 그것은 사회적인 일치

---

38) Crain & Lillio-Martin, 앞의 책(주 21), 76면.

39) 이러한 비판은 비트겐슈타인의 다음 주장과 유사하다. "당신은 이 과도한 사실에 대한 모형을 갖고 있지 않다. 그러나 당신은 초(超)-표현을 사용하는 잘못된 길로 빠진다. (우리는 초-표현을 철학적 최상급(最上級)이라고 부를 수 있을 것이다.)" Wittgenstein, 앞의 책(주 16), §192.

사례(입력)	판결(출력)
1	1
2	2
3	3
4	4
5	5

라고 할 수 있는 관행에 의하여 이루어지는 것에 불과하다. 그리고 이 일치는 확정적인 규칙과 같은 것이 아니라 통계적인 것에 불과하다. 또한 6이라는 입력에 대하여 법관이 6이라는 출력을 내놓는 것을 통계적으로 추론해냈다고 하더라도 7이라는 입력에 대해서도 다시 통계적 추론을 해야만 한다. 이 점에서 매번의 사건은 매번의 통계적인 추론을 해야만 한다.[40]

통계론적 견해가 제시하는 올바른 판결이란 매우 특수한 의미에서의 객관성을 지닌 판결을 의미한다. 흔히 객관성이라고 함은 인간의 주관적인 판단과 무관한 사실적인 것을 의미하지만, 여기에서는 사람들의 통계적인 경향성이라는 의미에서의 객관성을 뜻한다. 즉 법관들이 이러한 사례에 대해서 통계적으로 이렇게 판결할 확률이 높다는 의미에서의 객관성이다. 이렇게 본다면, 한 법관이 자신의 개인적인 편견, 감정, 욕망에 영향을 받아 일반적으로 법관들이 내릴 통계적 가능성이 높은 것과 다르게 판결을 내리는 것이 객관적이지 않은 것이다. 바로 이 점에서 규칙적용의 문제와 관련된 통계론적 견해는 규칙창설의 문제와 관련된 통계적 영향평가와 구별된다. 통계적 영향평가는 법관의 경향성에 대한 객관성이 아니라 사회의 경향성에 대한 객관성을 추구한다. 물론 법관이 법적 규칙을 적용하여 판결

40) 법적 문제에 있어서 통계적인 추론은 분류(classification)와 회계(regression)의 방법이 주로 사용된다. 출력이 유한한 개수의 값 중 하나(예컨대, '유죄/무죄', '위험한 물건/위험한 물건 아님' 등)인 경우를 분류라고 하고, 출력 값이 수치(예컨대, '벌금액', '징역 기간' 등)인 경우를 회귀라고 부른다. S. Russell & P. Norvig/류광 역, 인공지능 현대적 접근방식: 제2권 제4판, 제이펍, 2021, 5면. 분류의 구체적인 방법에는 KNN(K-Nearest Neighbor) 모형, SVM(Support Vector Machine) 모형, 의사결정트리 모형 등이 존재하며, 회귀의 구체적인 방법으로는 단순회귀모형과 중회귀모형이 존재한다. 이에 대한 상세한 설명으로는 권경휘, "법의 결정성, 인공지능 그리고 법관의 미래", 법학연구 제32권 제2호(연세대학교 법학연구원, 2022), 352-358면을 볼 것.

을 내리면서 통계적 영향평가를 참고할 수 있겠지만 그것은 결코 중심적인 판결의 근거가 될 수 없다.

2. 법관의 미래

통계론적 견해가 제시하는 객관성이라는 것은 법관의 집단이 가지고 있는 편견, 감정, 욕망을 포함하여 법관의 집단이 어떻게 판결을 내릴 것인가에 대한 통계적인 객관성이다. 이것은 인공지능에게 이러한 통계적인 추론 방법을 프로그래밍한다고 하더라도 새로운 올바른 판결을 제시하지 못하고 오직 법관들의 판결을 올바르게 예측할 수 있을 뿐이라는 것을 의미한다. 그러한 인공지능은 법률의 영역에서 변호사가 해주던 판결에 대한 예측의 기능을 수행하는 데는 무리가 없을 것이다. 그러므로 인공지능 자체나 이러한 인공지능으로 무장한 일반인들이 전문적인 변호사의 역할의 상당수를 대체하는 데 성공할 것이 틀림없다.[41)]

또한 인공지능은 법관이 판결을 할 때 중요한 자료들을 제시해줄 수 있을 것이다. 일차적으로 인공지능은 법관이 맡은 사건과 관련된 자료의 리서치업무를 보조해줄 것이다.[42)] 보다 중요한 의미를 갖는 것은 이차적 기능인데 인공지능은 그 사건이 통계적으로 어떠한 판결이 내려질 가능성이 높은지를 알려줌으로써 법관으로 하여금 그것을 벗어나는 판결을 내릴 때 논증의 의무를 부여하는 역할을 할 것이다.

하지만 인공지능은 법관을 완전히 대체하지는 못할 것인데 그것은 법관 집단의 경향성을 넘어서는 판단을 할 수 없을 것이기 때문이다. 물론 이러한 지적에 대하여 앞에서 설명하였던 판결에 대한 통계적 영향평가를 통하여 보정함으로써 해결할 수 있지 않느냐는 반론을 제시할지도 모른다. 이러한 반론은 기술적인 가능성의 문제를 넘어서 규범적인 가능성의 문제를 건드리게 된다.[43)] 사람들의 통계적이고 통상적인 판단을 넘어서 올바른 판

---

41) R. Susskind & D. Susskind/위대선 역, 4차 산업혁명시대 전문직의 미래, 미래엔, 2016, 100-106면.

42) 이에 관해서는 오세용, 앞의 책(주 5), 133면.

43) 인공지능 법관에 대한 기술적인 가능성의 문제와 규범적인 가능성의 문제의 구별에 관해서는 오세용, 앞의 책(주 5), 139-147면을 참조.

결을 제시하는 인간이 아닌 존재가 등장한다면, 우리는 그것에 그러한 권위를 부여해야만 할 것인가? 극단적으로 이야기하자면 인류 모두가 A라고 판결을 내리는 것이 옳다는 편견을 가지고 있는데 인공지능이 B라고 판결을 올바르게 내린다면 그것에 따라야 할 정당성은 무엇인가? 이 문제에 대하여 그러한 반론은 대답하기 쉽지 않을 것이다.

Law's Futures

미래의 공법체계와 통치구조의 변화

17~24

Law's Futures

17

국적의 미래

이철우

연세대학교 법학전문대학원 교수

연세대학교 법학전문대학원에 재직 중이며 법사회학과 국적·이민 분야 교과목을 담당하고 있다. 주된 연구 분야는 법과 사회이론, 국적과 시민권, 한국의 법사회사이다. 법과사회이론학회, 한국법사회학회, 한국이민학회 회장 및 법무부 이민정책자문위원회 위원장을 역임했고, 현재 법무부 국적심의위원회와 외국인권익증진협의회 위원으로 봉사하고 있으며, 국제적 시민권연구 네트워크인 글로벌시민권관측소(GLOBALCIT)의 국가전문가로 참여하고 있다. 공저로 『이민법』(제2판, 2019), 『이주민법연구』(2017), 『현대 법사회학의 흐름』(2017) 등이 있다.

Ⅰ. 들어가며

대한민국 대법원은 "국적은 국민의 자격을 결정짓는 것이고, 이를 취득한 사람은 국가의 주권자가 되는 동시에 국가의 속인적 통치권의 대상이" 된다고 설명한다.[1] 이 정의의 앞부분은 국적의 역사적 현실과 동떨어져 있으며 심지어 오늘날의 현실도 완전히 포섭하지 못한다. 제국주의시대에 타국의 지배를 받은 민족의 성원은 지배국의 국적을 가졌더라도 주권자가 되는 것은 아니었다. 그러한 흔적은 아직도 남아 있어 미합중국의 해외속령outlying possessions에서 출생한 사람은 미합중국 국적은 가지지만 연방선거권을 비롯한 시민권citizenship은 가지지 않고 있다.[2] 즉 미합중국의 대인관할권에 속할 뿐 주권자로서의 지위를 가지지 못한다. 그런 점에서 국적을 권리주체성보다는 권력 행사의 객체성, 즉 "국가의 속인적 통치권의 대상"이라는 견지에서 정의하는 것이 보다 넓은 시·공간적 통용성을 가진다.

서양에서는 국적의 기원을 신민(臣民subject)이 국왕에 대해 부담하는 충성allegiance에서 찾지만 오늘날 통용되는 법적 제도로서의 국적은 근대 국민국가nation-state의 등장과 더불어 발생했다. 국민국가는 국제관계를 존재조건으로 하며, 국적은 국제관계 속에서 사람들을 국가로 할당하는 분류filing 시스템이라 할 수 있다.[3]

물론 국적은 현대인의 삶을 결정하는 중요한 권리들을 향유하기 위한 전제조건이다. 한나 아렌트는 인간의 초보적 권리를 누리지 못하는 무국적의 상태를 심각한 현실로 다루면서 "권리를 가지기 위한 권리a right to have rights"의 개념을 제시했다. 아렌트에 의하면 그러한 권리는 "조직화된 공동체에 속할 권리"이다.[4] 여기에서 말하는 조직화된 공동체를 국가로 본다면,

---

1) 대법원 2010.7.15. 선고 2009두19069 판결.

2) 8 U.S. Code §1408-Nationals but not citizens of the United States at birth.

3) Rogers Brubaker, *Citizenship and Nationhood in France and Germany* (Cambridge MA: Harvard University Press, 1992), p.31; Christian Joppke, "How Immigration is Changing Citizenship: A Comparative View", *Ethnic and Racial Studies*, Vol.22, No.4 (1999), pp.629-652.

4) Hannah Arendt, *The Origins of Totalitarianism* (New York: Harcourt Brace Jovanovich,

국적이 그러한 권리의 중요한 요소를 이루는 것은 틀림없지만 위에서 본 대로 국적은 그러한 공동체의 완전한 성원이 될 자격과 동일시되는 것은 아니다. 그러한 권리는 시민권으로 지칭되는데, 시민권은 성원권이자 그에 기초해 향유하는 권리와 의무의 총체로 정의된다. 이 글은 "권리를 가지기 위한 권리"의 조건을 이루는 국적만을 다룰 뿐 시민권의 미래에까지 논의를 확대시키지 않는다. 즉 사람들이 국가에 귀속되는 원리들이 어떠하며 어떻게 변해가고 있는지를 말할 뿐 그 귀속으로 인해 누리는 권리의 내용을 논급하지 않는다. 이하에서는 사람들이 어떻게 국가에 소속되는 지위를 선천적 그리고 후천적으로 취득하는가, 그리고 그러한 지위는 어떻게 상실될 수 있는가를 중심으로 법리가 변천해가는 방향을 개관하고 전망한다.[5)]

Ⅱ. 국적제도는 어떻게 변해가고 있는가

1. 출생에 의한 국적의 취득

국적은 출생과 더불어 취득할 수도 있고 후천적으로 취득할 수도 있다. 출생에 따른 국적취득의 근거로는 혈통과 해당국 영토 내 출생이 있다. 대한민국(이하 한국으로 표기함)을 비롯해 지구상의 많은 나라는 혈통주의ius sanguinis를 기본으로 하고 있다. 그러나 출생지주의ius soli를 도입한 나라도 적지 않다. 출생자가 무국적이 되지 않도록 예외적으로 출생지주의를 적용하는 경우는 논외로 하고, 부모의 법적 지위, 거주 또는 해당국에서의 출생 사실 등의 요건을 부가한 조건부conditional 출생지주의를 채택한 나라가 40개국을 넘는다.[6)] 영국, 호주, 포르투갈, 아일랜드와 같이 출생지주의를 기

1951), pp.296-297.

5) 시민권(citizenship)은 여러 다른 방식으로 정의된다. 위의 정의에 따를 때 국적과 시민권의 인적 범위가 일치할 수도, 아닐 수도 있다. 양자의 인적 범위가 일치하는 경우 둘은 각각 국가에 속한 지위의 국제적 측면과 국내적 측면을 지칭한다. 이 글에서 인용하는 문헌에는 citizenship을 국적을 뜻하는 용어로, nationality와 동의어로 사용하는 것이 다수 포함되어 있다.

6) 190개국의 국적법을 비교하는 글로벌시민권관측소(GLOBALCIT)의 GLOBALCIT Citizenship Law Dataset: Modes of Acquisition and Loss of Citizenship, https://globalcit.eu/databases/globalcit-citizenship-law-dataset 참조. 이 글에서 인용하는 통계 정보는 이 자료 및 이를 해설한 Luuk van der Baaren and Maarten Vink, "Modes of Acquisition

본으로 하면서 요건을 강화한 나라도 있고, 프랑스와 남유럽, 그리고 구 프랑스 식민지에서 볼 수 있는 이중출생지주의double ius soli, 그리고 독일과 같이 이민자의 사회통합을 위해 부모의 정주자격과 정주기간을 요건으로 하는 출생지주의를 도입한 나라도 있다. 한국은 2021년에 영주자격을 가지는 동포와 구 화교의 국내 출생 자녀에게 국적을 부여하는 내용의 국적법 개정안을 입법예고했다가 반대 여론에 부딪혀 철회한 바 있다. 그러나 이민자의 사회통합을 고심하는 혈통주의 국가들은 조건부 출생지주의의 도입을 고려하게 된다. 국적제도를 평가하는 지수들도 출생지주의를 도입한 것에 점수를 부여한다.[7)]

한편 미국, 캐나다, 멕시코, 아르헨티나, 브라질 등 37개국은 조건 없는 unconditional 출생지주의를 취하는데, 새롭게 그 대열에 합류하려는 나라는 보이지 않는다. 오히려 앞에서 언급한 영국, 호주, 포르투갈, 아일랜드처럼 조건부 출생지주의로 전환하라는 요구를 받는다. 37개국 중에는 "통과 중in transit인 외국인"으로부터 출생한 사람을 제외한다는 법문 또는 실무와 판례를 가진 나라도 있다. 그런 법제가 무국적을 야기하기 때문에 "통과 중인 외국인"의 범위를 제한하라는 국제규범의 압력이 있다.[8)] 그렇지만 미등록 외국인의 자녀 및 원정출산으로 태어난 사람처럼 실질적 연고를 가지지 않는 자에 대한 국적 부여를 제한하려는 동력도 무시할 수 없다. 미국에서는 트럼프 대통령이 출생지주의를 제한하는 행정명령을 발하겠다고 말했다가 미합중국 헌법 수정14조의 시민권 조항을 그런 방법으로 침해할 수 없다는 현실 앞에서 웃음거리가 되었다.[9)] 그러나 개방적인 전문가들도 조건 없는

---

and Loss of Citizenship around the World: Comparative Typology and Main Patterns", Working Paper RSC 2021/90, GLOBALCIT, Robert Schuman Centre for Advanced Studies (2021)에 의거한다. 다른 자료에서 얻는 통계 정보에만 출처를 별도로 표기한다.

7) 이철우, "국적법 평가를 위한 지수 · 지표 개발의 성과와 전망", 법학연구(연세대) 제32권 제2호(2022), 143-177면.

8) *Yean and Bosico Children v. Dominican Republic*, Inter-American Court of Human Rights, Judgment of September 8, 2005; *Expelled Dominicans and Haitians v. Dominican Republic*, Official Summary, Inter-American Court of Human Rights, Judgment of August 28, 2014; UNHCR, Ending Statelessness Within 10 Years, Good Practices Paper: Action 2, https://www.refworld.org/pdfid/58cfab014.pdf

9) "Trump Wants to Abolish Birthright Citizenship. Can He Do That?", *New York Times*,

출생지주의가 과도하게 관대하다는 데 동의한다.[10] 유럽에서 유일하게 새 천년 들어서까지 조건 없는 출생지주의를 유지하던 아일랜드는 2004년 헌법의 근거 규정을 개정해 부모의 거주를 요건으로 하는 조건부 출생지주의로 전환했다.

무국적 방지를 위한 출생지주의는 출생한 아동이 어느 나라의 국적도 취득할 수 없는 경우 출생지국이 국적을 부여하도록 하는 제도로서 1961년 무국적감소협약Convention on the Reduction of Statelessness 제1조와 유럽국적협약European Convention on Nationality 제6조 제2항에 의해 의무화되고 있다. 190개국을 포함하는 국적법 데이터베이스를 운영하고 있는 유럽대학연구소EUI의 글로벌시민권관측소GLOBALCIT의 조사에 의하면, 2020년 기준 140개국이 국적을 알 수 없는 부모로부터, 94개국이 무국적자로부터 당해국의 영토 내에서 출생한 아동에게 국적을 부여한다. 한국도 그에 포함된다. 그러나 이것만으로는 무국적 방지에 철저하지 못하다. 부모가 국적이 있더라도 해외 출생 및 혼외 출생의 경우 국적을 취득하지 못할 수 있기 때문이다. 유엔난민기구UNHCR는 2014년 기준 세계 국가의 57%가 자국에서 출생하는 무국적 아동에게 국적을 부여하는 규정을 가지고 있지 않거나 불충분하게 가지고 있다고 보고하면서 2024년까지 세계 모든 국가가 무국적 방지를 위한 출생지주의를 도입하게 한다는 목표를 발표했다.[11]

혈통주의를 둘러싼 논의는 양성평등, 혼외자의 지위 그리고 해외출생자의 취급에 집중된다. 중동의 이슬람 국가에서도 부계혈통주의를 버리고 부모양계혈통주의로 전환하는 추세에 있지만 아직도 사우디아라비아, 아랍에미리트, 쿠웨이트, 바레인, 오만, 카타르, 시리아, 레바논, 요르단, 리비아, 수단, 스와질랜드에서 부계혈통주의를 기본으로 삼고 있다. 혼외자의 경우에는 반대 방향의 차별 사례가 적지 않다. 즉 모(母)가 국민이고 부(父)가 외국인인 경우에는 쉽게 국적을 취득하나 그 반대의 경우 국적취득을 어렵

Aug. 23, 2019.

10) T. Alexander Aleinikoff and Douglas Klusmeyer, *Citizenship Policies for an Age of Migration* (Washington DC: Carnegie Endowment for International Peace, 2002), p.10.

11) UNHCR, Global Action Plan to End Statelessness 2014-2024.

게 한다. 부계혈통의 경우 부모가 혼인을 해야 비로소 국적을 취득할 수 있도록 하는 것이 한 예이다. 유럽인권재판소European Court of Human Rights는 그렇게 하는 것이 유럽인권협약에 반한다고 판결했다.[12] 일본과 오스트리아도 그러한 요건을 규정하고 있었다가 각각 최고재판소와 헌법재판소의 판결 후 2008년과 2013년에 법을 개정했다.[13] 미국은 해외에서 혼인 외 출생한 자의 경우 모계에 비해 부계혈통에 의한 시민권 취득에 훨씬 엄격한 요건을 부과하고 있는데 연방대법원은 그러한 차등이 헌법에 반하지 않는다고 판결하다가 2017년에 이르러 부와 모의 사전적 거주기간 요건을 달리 정하는 것은 위헌이라 판정했다.[14] 이 문제에 대한 법의 태도는 친자관계의 본질과 확인방법 그리고 혼인 중의 출생자와 혼인 외의 출생자의 구별이라는 세 요소에 대한 사회의 관점이 어떻게 변하느냐에 따라 변화의 방향이 정해질 것이다.

해외출생자와 관련된 가장 중요한 쟁점은 출신국과 생활상의 연고가 없는 해외이민자의 후속세대가 제한 없이 국적을 가질 수 있도록 할 것인가이다. 국적을 권리 중심에서 보아 재외국민의 자녀가 권리를 많이 가질 수 있게 하자는 입장 그리고 가급적 재외국민의 수가 많은 것이 국익에 도움이 된다는 생각에서 세대를 거듭해도 무제한으로 국적을 취득하게 하려는 동인이 있는 반면 해외이주자의 현지 정착을 촉진하고 관리가 가능한 범위에서 재외국민 인구를 유지하기 위해 세대를 제한하거나 국적취득 요건을 강화하자는 요구도 있다. 유럽국적협약은 국민으로부터 출생하는 사람은 국적을 자동취득할 수 있어야 한다고 하면서도 해외출생자에게는 예외를 둘 수 있다고 규정하는 한편 "진정한 유내genuine link의 결여"를 이유로 해외상주자의 국적을 상실시킬 수 있다고 규정한다(제6조 제1항 및 제7조 제1항

---

12) *Genovese v. Malta*, application no. 53124/09, European Court of Human Rights 2011; 석동현, 국적법, 법문사, 2011, 113-115면.

13) 두 나라에 대한 GLOBALCIT 국가보고서 Atsushi Kondo, Country Report: Japan, RSCAS/EUDO-CIT-CR 2016/11, pp.6-7; Joachim Stern and Gerd Valchars, Country Report: Austria, RSCAS/EUDO-CIT-CR 2013/28, p.19.

14) *Miller v. Albright*, 523 U.S. 420 (1998); *Nguyen v. INS*, 533 U.S. 53 (2001); *Flores-Villar v. US*, 564 U.S. 210 (2011); *Sessions v. Morales-Santana*, 582 U.S. ___ (2017).

e호). 이 조약에서는 "진정한 유대의 결여"를 국적상실의 허용 근거로 언급하지만, 일각에서는 "진정한 유대"를 국적의 일반원리로까지 격상시켜 세대를 거듭한 해외출생자의 국적취득을 제한해야 한다고 주장한다.[15] 2020년 GLOBALCIT 조사 대상 190개국 중 39개국이 명시적으로 세대 제한 규정을 가지고 있다.

2. 후천적 국적취득

후천적 국적취득의 가장 중요한 유형은 귀화이다. 귀화를 얼마나 용이하게 하느냐가 국적법의 개방성을 평가하는 가장 중요한 지표이다. 국적법 평가를 위한 지수·지표들은 귀화 요건을 충족하기 위해 거주해야 하는 기간의 장단, 언어와 사회·문화에 대한 지식도를 묻는 귀화적격시험의 난이도, 귀화자의 복수국적을 용인하는지, 즉 원국적의 상실을 요구하는지 아닌지를 평가요소로 삼는다.[16]

필요적 거주기간은 같은 나라에서도 귀화의 유형에 따라 다르므로 비교하려면 장황한 서술이 필요하지만, 대략 일반귀화에 해당하는 각국 제도를 기준으로 삼으면 2020년 GLOBALCIT가 조사한 190개국 중 5년 거주를 요건으로 하는 나라가 77개국으로서 가장 많았고, 30년의 장기를 요구하는 나라가 2개로 보고되었다. 그 두 나라 중 하나에서는 40년 이상을 거주해야 한다. 거주기간 요건이 10년을 넘는 나라는 15%를 넘지 않는다.[17] 10년은 유럽국적협약(제6조 제3항)이 요구하는 상한이다. 그러한 추세에 발맞추어 15년을 요구하던 독일은 8년으로 기간을 단축했다. 학계 일각에서는 필

---

15) Rainer Bauböck and Vesco Paskalev, "Cutting Genuine Links: A Normative Analysis of Citizenship Deprivation", *Georgetown Immigration Law Journal*, Vol.30 (2015), pp.47-104.

16) 예를 들면, 유럽연합(EU)의 사회통합을 위한 목적으로 만들었다가 적용대상을 한국을 비롯한 다른 대륙 국가에까지 확대한 이주자통합정책지수(MIPEX), 글로벌시민권관측소(GLOBALCIT)가 개발한 국적법지표(CITLAW indicators), 그리고 개별 학자들이 개발한 시민권정책지수(CPI), 국적장애지수(BNI), 귀화정책지수(NPI), 시민적 통합지수(CIVIX), 통합에 대한 법적 장애지수(LOI-Index). 이철우, "국적법 평가를 위한 지수·지표 개발의 성과와 전망" 참조.

17) Van den Baaren and Vink, "Modes of Acquisition and Loss of Citizenship around the World", p.25.

요적 거주기간이 5년을 초과하지 않아야 한다는 규범론을 제시하기도 한다.[18] 국적법 평가지수들도 5년 이하의 거주 요건에 점수를 가중한다.[19] 그러나 국민이 되기 위해 일정 기간의 통합이 요구되는 한 일반귀화의 거주 요건이 계속 같은 페이스로 완화될 것으로 기대하기는 어렵다. 반면 귀화 허가에 이르는 절차의 합리화를 요청하는 여론이 점차 강화되고 있어 그 방면에서 개선이 예상된다.[20]

한편 유럽에서는 다문화주의가 퇴조하면서 언어구사력과 사회·문화에 대한 지식도를 측정하는 시험을 도입하는 추세가 강화되고 있다.[21] 적격시험을 귀화뿐만 아니라 입국 및 체류의 단계에까지 확대하는 나라도 늘어나고 있다. 시험이 어떤 내용을 담아야 하는가, 특히 헌법과 제도에 대한 지식만을 묻는가 더 나아가 특정 가치의 수용을 요구하는가에 대한 논의가 있는데, 이는 귀화적격시험이 자유주의에 합치해야 한다는 생각에서 비롯되었다. 독일 바덴-뷔르템베르크Baden-Württemberg 주에서는 사회·문화시험을 이슬람 국가 출신자에게만 부과했다가 비난을 받아 중단했고, 영국에서는 수습시민권probationary citizenship 제도를 도입해 일정 기간 적극적 시민의 자세와 기여도를 평가하겠다고 했다가 결국 집행을 포기했다. 이러한 사례들은 귀화하려는 사람의 사회통합 정도를 비자유주의적 방식으로 판정하려는 시도가 언제든지 등장할 수 있음을 보여준다.[22]

후천적 국적취득과 관련하여 논란이 되는 쟁점 중 하나는 재외동포를

---

18) Aleinikoff and Klusmeyer, *Citizenship Policies for an Age of Migration*, p.18; Rainer Bauböck and Bernhard Perchinig, "Evaluation and Recommendations", in Rainer Bauböck et al. (eds.), *Acquisition and Loss of Nationality: Policies and Trends in 15 European Countries*, Vol.1 (Amsterdam: Amsterdam University Press, 2006), p.448.

19) 이철우, "국적법 평가를 위한 지수·지표 개발의 성과와 전망".

20) Thomas Huddleston, "Naturalisation in Context: How Nationality Laws and Procedures Shape Immigrants' Interest and Ability to Acquire Nationality in Six European States", *Comparative Migration Studies*, Vol.8 (2020), pp.18-37.

21) Sara Wallace Goodman, *Naturalisation Policies in Europe: Exploring Patterns of Inclusion and Exclusion*, Comparative Report, RSCAS/EUDO-CIT-Comp.2010/7 (Fiesole: Robert Schuman Centre for Advanced Studies, 2010).

22) Rainer Bauböck and Christian Joppke (eds.), *How Liberal Are Citizenship Tests?*, EUI Working Papers, RSCAS 2010/41 (Fiesole: Robert Schuman Centre for Advanced Studies, 2010).

어느 정도로 우대할 수 있는가이다. 연고 있는 특정 집단 성원으로 하여금 다른 집단에 비해 쉽게 국적을 취득할 수 있도록 우대하는 것이 평등원칙에 침해되는가의 문제가 제기된다. 재외동포가 과거국민일 경우에는 국적회복의 형태가 되므로 문제가 없다.[23] 역사적 · 문화적 · 종족적 유대에 기초해 일반 외국인에 비해 쉽게 국적을 취득할 수 있게 하는 것 또한 정당화의 여지가 있다. 그러한 유대가 현지 사회에의 통합을 용이하게 하는 요소로 인정되고, 통합에 유리한 사람을 더 적극적으로 국민으로 받아들이는 것은 그 나라의 자유이기 때문이다.[24] 탈냉전시대에 들어 많은 나라가 재외동포와 유대를 강화하고 그들로부터 도움을 얻기 위해 재외동포의 귀화 또는 국적회복을 촉진하려고 노력한다. 그러한 시민권의 재종족화re-ethnicization는 향후 계속될 것으로 전망된다. 그러한 동향이 얼마나 자유주의의 틀 안에서 이루어지는지가 관건이다.[25]

문제가 되는 것은 출신국이 전략적 목적으로 거주국에 그대로 사는 재외동포에게 국적을 부여함으로써 민족주의를 고무하고 국제적 긴장을 야기하는 경우이다. 헝가리, 크로아티아, 루마니아, 불가리아 등 동유럽 국가들, 그리고 튀르키예와 아르메니아 등이 인근국 거주 동포들을 '원격지 귀화'를 통해 자국민에 편입시켜 논란과 긴장을 초래했다.[26] 그런데 종족성ethnicity에 근거를 두고 재외동포를 편입하려 한 이들에 비해 오히려 더 느슨한 연고에 바탕해 재외국민을 주조한 러시아의 조치는 훨씬 큰 분쟁을 야기했다. 2002년 러시아는 조지아의 분리주의 공화국인 남오세이타와 압하지아의 인민들에게 구 소비에트 연고를 근거로 삼아 원격지 귀화를 유도해 두

---

23) 과거국민의 국적회복은 오히려 규범으로 발전했다. Art.9, European Convention on Nationality.

24) 1984년 미주인권재판소는 중앙아메리카, 이베리아반도 출신의 미주인, 스페인인에게 쉬운 귀화의 길을 열어주려는 코스타리카의 헌법개정안이 미주인권협약상의 평등권 침해에 해당하지 않는다는 권고적 의견을 발하였다. Advisory Opinion on Proposed Amendments to the Naturalization Provision of the Constitution of Costa Rica, OC-4/84, Inter-American Court of Human Rights, 19 January 1984.

25) Christian Joppke, *Selecting by Origin: Ethnic Migration in the Liberal State* (Cambridge MA: Harvard University Press, 2005).

26) 이철우, "주권의 탈영토화와 재영토화: 이중국적의 논리", 한국사회학 제42집 제1호(2008), 27-61면.

지역 인구 중 90% 가까운 비율을 국민으로 확보한 후 2008년 자국민 보호를 명분으로 조지아를 상대로 무력을 행사했다. 2014년에는 크림반도를 병합해 그곳 거주자들에게 국적을 부여했고, 2019년부터는 우크라이나 동부 돈바스 지역의 분리주의자들이 선포한 도네츠크인민공화국과 루한스크인민공화국 주민에게 국적을 부여하기 시작해 지금에 이르고 있다.[27] 이와 같은 대량의 여권발급mass passportization에 대해 국제사회 일각에서는 국적취득자와 국적국 사이의 "진정한 유대"를 결여한 그와 같은 국적은 국제적으로 승인될 수 없다고 본다.[28] 누구를 국민으로 할 것인지는 각국이 주권적으로 결정할 사안이지만 그러한 결정이 타국의 승인을 얻기 위해서는 국제법에 합치해야 한다는 것이 국제법의 원칙이며,[29] "진정한 유대"의 결여는 외교적 보호권을 배제하는 근거로 공인되어 있다.[30] 그러나 진정한 유대의 유무를 판단하는 기준은 애매하다. 앞에서 보았듯이, 진정한 유대를 국적의 일반적 요건으로 격상시키려는 움직임이 있고, 그보다는 제한적이지만 국제적 승인의 가부를 결정하는 일반적 기준으로 삼으려는 시도도 있다. 외교적 보호권 행사의 합법성을 판단하는 제한적 맥락에서 개발된 이 법리를 지나치게 확대하는 데 대한 경계심도 있다. 그렇게 경계하는 입장에서는 진정한 유대보다는 권리남용의 금지라는 법의 일반준칙에 따라 신축성 있게 판단하는 것이 나을 수 있다고 본다.[31] 그러나 어떤 방식의 국적 부여

27) Elia Bescotti et al., "Passportization: Russia's 'Humanitarian' Tool for Foreign Policy, Extra-territorial Governance, and Military Intervention", 25 March 2022, https://globalcit.eu/passportization-russias-humanitarian-tool-for-foreign-policy extra-territorial-governance-and-military-intervention/; 이철우, [한국의 창] 러시아의 노림수, 사람 빼앗기, 한국일보, 2002.2.23.

28) OSCE High Commissioner on National Minorities, *The Bolzano/Bozen Recommendations on National Minorities in Interstate Relations & Explanatory Report* (2008), para.11.

29) Advisory Opinion No.4, Nationality Decrees Issued in Tunis and Morocco, Permanent Court of International Justice, 7 February 1923; art.1, Convention on Certain Questions Relating to the Conflict of Nationality Laws, 12 April 1930, 179 L.N.T.S 89; art.3, European Convention on Nationality.

30) *Lichtenstein v. Guatemala*, 2nd Phase (Nottebohm case), International Court of Justice, 1955.

31) 러시아와 국적취득자 사이의 "사실적 연관성(factual connection)"이 결여되었음을 러시아가 대량 부여한 국적을 국제사회가 승인하지 않아도 되는 근거로 인정하면서도 진정한 유대의 법리를 귀화의 국제법적 유효성을 판단하는 일반 원리로 격상하는 데는 신중한 입장으로서 *Report of the Independent International Fact-Finding Mission on the*

가 국제법에 반하는 것으로 평가된다고 해도 그 결과를 제거하는 것은 쉬운 일이 아니다. 이미 새 국적국이 부여하는 복지혜택을 누리거나 참정권을 행사한 경우 그것을 돌이키는 것은 쉽지 않다. 우크라이나인에 대한 러시아의 국적 부여는 전쟁의 승패가 어떠하든 영토와 인민의 복잡한 불일치를 조성한다.

후천적 국적취득과 관련한 또 하나의 쟁점은 돈을 주고 국적을 얻는 행위를 얼마나 제한하는가이다. 진정한 유대를 국적의 본질적 요소로 삼지 않는다고 해도 국적국과 국적자 사이에는 일정한 연고가 있어야 한다는 믿음이 일반적이다. 그렇다면 투자를 통해 국적을 취득하는 행위, 더 나아가 돈을 주고 여권을 사는 행위를 어떻게 볼 것인가? 사실 많은 나라에서 귀화허가의 요건으로 생계유지능력을 요구한다. 많은 나라가 국적을 부여할 것인지의 재량적 판단에서 경제적 기여를 고려하고, 귀화를 위한 요건 중 일부를 완화하기도 한다. 투자이민자에게 영주권을 부여하는 나라가 많은 것은 물론이다. 그런 수준을 넘어 일정 금액의 투자를 대가로 거주 요건을 면제하거나 면제와 다름없을 정도로 완화하는 나라들이 있다. 도미니카, 그레나다와 같은 카리브해의 몇몇 작은 나라들 외에도 튀르키예, 유럽연합EU 회원국 중에는 불가리아, 몰타, 키프로스가 그런 나라로 지목되고 있다.[32] 금전과 국적의 대가관계를 적나라하게 드러내는 소위 '골든여권golden passport'을 규제하려는 국제적 움직임은 미미하다. 다만 유럽연합은 "회원국과의 진정한 유대를 결여한" 그러한 국적 부여가 유럽연합조약TEU 및 유럽연합기능조약TFEU이 규정하는 협력의 원칙에 반한다면서 골든여권이 안보를 위협하고 자금세탁, 탈세 등에 이용될 수 있음을 우려한다. 우크라이나 전쟁 앞에서 최근 유럽집행위원회Commission는 회원국으로 하여금 골든여권을 부여받은 러시아와 벨라루스인을 심사하여 전쟁을 지지하거나 국제법을 위반

Conflict in Georgia, Vol.2 (2009), pp.155-183, https://www.mpil.de/files/pdf4/IIFFMCG_Volume_II1.pdf 참조. 러시아와 국적취득자 사이에 진정한 유대가 부존재하다는 주장을 반박하면서 권리남용 금지의 원칙에 따라 판단할 것을 주장하는 연구로서 Kristopher Natoli, "Weaponizing Nationality: An Analysis of Russia's Passport Policy in Georgia", *Boston University International Law Journal*, Vol.28 (2010), pp.389-417.

32) Jelena Džankić, *The Global Market for Investor Citizenship* (Palgrave Macmillan 2019), chaps.4 & 6.

하는 활동에 종사한 사람의 국적을 취소할 것을 권고했다.[33] 그러나 골든 여권을 발급하는 유럽 국가들은 이미 몇 년 전부터 유럽연합의 지적을 받아왔음에도 불구하고 명목상의 거주 요건을 추가하는 정도로 응답했을 뿐이다. 앞으로도 적나라한 골든여권과 경제적 기여에 근거한 특별귀화 또는 간이귀화 사이에 여러 우대의 형태가 지속되거나 개발될 것으로 예상된다. 스포츠 스타를 영입하기 위한 도구적 국적 전략은 골든여권만큼 거부감을 불러일으키지는 않지만 아무 연고 없는 나라의 깃발을 달고 올림픽에 출전하는 소위 '올림픽 시민권' 또한 시민권의 시장지향적 경향 속에 국가가 브로커로 전락하고 있음을 보여주는 증좌로 비판받는다.[34] 국제올림픽위원회IOC는 3년이 지나야 다른 나라의 선수로 출전할 수 있도록 하지만 국가 올림픽위원회의 동의에 의해 이를 적용하지 않을 수 있다. 한편 각 종목을 관장하는 국제 연맹들이 별도의 제한을 도입하는 추세에 있다.

3. 국적의 박탈과 포기

독일이 유대인의 국적을 박탈한 후 그들의 생명권을 부정한 역사적 기억 때문에 국적의 박탈을 부정적으로 보는 규범의 시선은 상대적으로 강렬하다. "어느 누구도 자의적으로 자신의 국적을 박탈당하지 아니"한다는 세계인권선언 제15조 제2항은 자의적 국적 박탈을 금지하는 취지를 담고 있다는 점에서 국적을 부여할 국가들의 구체적 의무를 선언한 것이 아닌 제1항 – "모든 사람은 국적을 가질 권리를 가진다" – 과는 다르다. 세계인권선언은 선언적 효력만을 가졌지만 미주인권협약 제20조 및 유럽국적협약 제4조에 담긴 같은 취지의 규정들은 구속력을 가진다. 그러나 국적 박탈의 금지는 "자의적" 박탈로부터의 자유를 선언한 것일 뿐이고, 박탈을 제한하는 무국적감소협약과 유럽국적협약도 무국적자가 되지 않는 한 국적의 비자발적 상실을 널리 인정한다. 더욱이 거짓이나 허위정보에 의한 국적취득

33) Commission Recommendation C(2022) 2028, 28.3.2022 on Immediate Steps in the context of the Russian Invasion of Ukraine in relation to Investor Citizenship Schemes and Investor Residence Schemes.

34) Ayelet Shachar, "Picking Winners: Olympic Citizenship and the Global Race for Talent", *Yale Law Journal*, Vol.120 (2011), pp.2088-2139.

은 무국적을 야기하더라도 박탈을 허용한다(무국적감소협약 제8조, 유럽국적협약 제7조).[35] 안보위협에 대처하기 위해 위험분자의 국적 박탈을 용인하는 경향은 9.11 이후 강화되었다. 2022년 현재 GLOBALCIT 조사 대상 190개국 중 134개국이 충성의무 위반 또는 안보 위협을 이유로 국적을 박탈하는 것으로 보고되었다. 그중 명시적으로 무국적을 초래하는 경우를 배제하는 나라는 36개국에 불과하다. 2010년 한국 국적법도 국가안보 등 국익에 반하는 행위를 하는 복수국적자의 국적을 상실시킬 수 있도록 개정되었다. 한국이 출생에 의해 국적을 취득한 자는 제외하는 것과 달리 9.11 직후에 개정된 영국 국적법처럼 선천적 국적자의 국적 상실도 가능하게 한 법제를 가진 나라가 45개국에 달한다.[36] 이러한 국적의 안보화securitization 경향이 약화될 것이라는 증좌는 아직 없다.

국적의 자발적 상실은 개인이 상실을 선택할 권리, 즉 국적이탈 또는 포기의 권리를 가지는가의 문제이다.[37] 19세기 후반까지 유럽 국가들은 외국에 귀화한 사람에 대해서도 영구충성perpetual allegiance의 원칙에 입각해 국적이탈을 인정하지 않았다. 영구충성 대신 배타적 충성의 원칙에 입각해 귀화자의 원국적을 상실시켜 강제적 이중국적을 해소하는 데 공감대가 형성된 20세기 전반기에도 국적이탈의 자유는 매우 제한되어, 국제연맹의 결의에 따른 국제법 성문화 시도의 일환으로 체결된 1930년의 헤이그국적법협약Convention on Certain Questions relating to the Conflict of Nationality Laws에서도 자발적 행위로 인해 국적을 취득한 사람에게는 국적포기의 자유를 인정

---

35) 무국적감소협약(제8조 제2항)은 해외출생자 또는 7년 이상 해외에서 거주하는 귀화자가 국적보유를 위한 절차적 행위를 하지 않아 국적을 박탈하는 경우, 그리고 협약 당사국이 되기 이전에 충성의무 위반, 국익 침해 등의 이유로 국적 박탈을 허용하는 국내법을 이미 가진 경우 무국적을 초래하는 국적 박탈을 허용한다. 이 협약은 국제인권조약의 수준에 미치지 못하며, 무국적을 규율하는 국제법은 초보 단계에 머물러 있다고 평가된다. 정인섭, 신국제법강의－이론과 사례, 박영사, 2010, 595면.

36) Luuk van der Baaren et al., *Instrumentalising Citizenship in the Fight against Terrorism* (Institute on Statelessness in Inclusion/Global Citizenship Observatory, 2022), pp.16-17; 대한민국 국적법 제14조의3; Audrey Macklin, "The Securitisation of Dual Citizenship", in Thomas Faist and Peter Kivisto (eds.), *Dual Citizenship in Global Perspective: From Unitary to Multiple Citizenship* (Basingstoke: Palgrave Macmillan, 2007), p.60.

37) 한국 국적법은 한국국적의 자발적 상실을 "이탈"로, 외국국적의 자발적 상실을 "포기"로 표기한다.

하지 않을 정도였다(제6조).[38] 세계인권선언이 누구도 "자신의 국적을 바꿀 권리를 부인당하지 아니한다"(제15조 제2항 후단)고 규정한 것은 국적이탈/포기의 자유를 존중하는 추세를 보여주는 것이었지만 그 자유는 여러 요인에 의해 제한된다. 무국적을 방지하기 위한 제한은 성격이 다르므로 차치하더라도, 많은 나라가 병역미이행, 범죄혐의 등을 이유로 국적이탈을 제한한다.[39] GLOBALCIT가 조사한 190개 국가 중 신고만에 의해 국적을 포기할 수 있도록 규정한 법제를 가진 나라는 54개국에 불과하다. 아무 규정을 두고 있지 않은 23개국을 제외한 나머지 나라에서는 모종의 허가를 요한다.[40] 규정이 어떻든 이란, 시리아, 이집트 등 국적이탈이 극히 어려워 사실상 불가능한 것으로 취급되는 나라도 있다.[41]

해외상주자의 국적이탈 제한에 대해서는 상대적으로 규범적 압박이 강하다. 헤이그국적법협약은 해외상주자의 국적이탈을 불허해서는 안 된다는 규정을 두었지만 당해국이 정하는 국적이탈의 요건을 충족한 경우에 그러하다는 단서를 붙임으로써 조문을 무의미하게 만들었다. 이에 비해, 유럽국적협약은 해외상주자의 국적이탈을 불허해서는 안 된다고 하면서 병역미이행이나 민·형사책임도 불허의 이유로 삼을 수 없다고 설명했다.[42] 병역미이행자의 국적이탈을 불가능하게 한 한국은 해외상주자에 대해서는 병역준비역 편입 연령에 달할 때까지 국적이탈을 허용하는데, 그 기간을 도과한 사람들이 국적이탈신고를 못하게 되자 해당 규정을 헌법소원으로 다툰 결과 신고자의 사정과 국적이탈의 필요성을 고려하지 않고 일률적으로 국적이탈을 허용하지 않는 것이 헌법에 합치되지 않는다는 결정을 얻었다.[43]

---

38) Peter Spiro, "An International Law of Citizenship", *American Journal of International Law*, Vol.105 (2011), pp.702-703.

39) 무국적을 초래하는 국적이탈을 허용하는 나라도 24개국에 달한다.

40) 독일 국적법에도 병역미이행자의 국적이탈을 국방부의 허가 사항으로 한다는 규정이 남아 있다(제22조 제2항).

41) Macklin, "The Securitisation of Dual Citizenship", p.61.

42) European Convention on Nationality Explanatory Report, para.81.

43) 헌법재판소 2020.9.24. 선고 2016헌마889 결정.

4. 복수국적

국적에 관한 거의 모든 문제는 복수국적과 연결된다. 모든 주권국가가 자국민의 요건을 정할 배타적 권한을 행사하는 한 복수국적은 불가피하게 발생한다. 출생에 따른 복수국적은 혈통주의와 출생지주의의 경합 또는 국적이 다른 양 부모의 혈통이 경합하는 결과 발생한다. 이 같은 복수국적을 제거하고자 하는 국가들은 선택제도를 도입한다.[44] 일정 연령에 도달하기 전에 다른 국적을 포기하지 않으면 당해국 국적을 상실시키는 것으로서 GLOBALCIT 조사 대상 190개국 중 20개국은 자동상실, 5개국은 국가의 처분에 의한 상실을 규정하고 있다. 그러나 여기에는 실제로 영구적 복수국적이 가능한 나라들이 포함되어 있다. 한국은 2010년 국적법 개정을 통해 출생에 의해 복수국적을 가지게 된 사람은 외국국적을 행사하지 않는다는 서약으로써 국적선택을 갈음할 수 있도록 했고, 독일은 2000년 개정 국적법에서 조건부 출생지주의에 의해 복수국적자가 된 사람에게만 국적선택을 요구했다가 2014년에 이를 완화하여 일정한 거주 또는 학업의 요건을 갖춘 자의 선택 의무를 면제했다. 일본은 1984년 국적선택제도를 도입했지만 일본 국적의 선택은 외국국적 포기를 위한 노력을 한다는 것에 불과하고, 선택을 하지 않은 경우 법무대신이 선택을 최고(催告)하게 되어 있으나 관행상 최고를 하지 않는다.[45]

귀화와 같이 후천적으로 다른 국적을 취득함으로써 발생하는 복수국적을 제거하기 위해 원국적국은 국적을 상실시키고 새로 국적을 취득한 나라는 원국적 포기 의무를 부과한다. 2차대전 후에도 복수국적을 부정적으로 보는 태도가 지속되어 일명 스트라스부르협약Strasbourg Convention이라 불리는 1963년 유럽평의회Council of Europe의 「다중국적과 다중국적하 병역의무 사례의 감소에 관한 협약」Convention on the Reduction of Cases of Multiple

---

44) 중화인민공화국은 해외에 정착한 부 또는 모로부터 해외에서 출생한 자가 출생과 더불어 외국국적을 취득하는 경우 국적을 부여하지 않는다. Choo Chin Low, Country Report: China and Taiwan, RSCAS/EUDO-CIT-CR 2016/10, p.9.

45) 한국 국적법 제12조; Anuscheh Farahat and Kay Hailbronner, Country Report: Germany, RSCAS/GLOBALCIT-CR 2020/5, p.15; Country Report: Japan, p.6.

Nationality and Military Obligations in Cases of Multiple Nationality은 당사국 국민이 귀화, 선택, 회복에 의해 다른 당사국 국적을 취득하는 경우 원국적을 상실한다고 규정했다. 그러나 그 조약의 규제는 국제적 이동의 빈발과 여성·아동인권 보장의 요구에 의해 1993년의 2차 개정에 의해 대폭 완화되었고, 1997년 유럽국적협약은 복수국적에 대해 중립적 입장을 취하면서도 일정한 경우 국적상실을 제한해 복수국적을 용인하도록 했다. GLOBALCIT는 외국국적을 취득하는 선천적 국적자(즉 귀화한 국민 제외)의 국적을 상실시키지 않는 법제와 일반귀화에 대해 원국적 포기를 요구하지 않는 법제를 조사한 결과 양자에 모두 해당하는 나라가 절반에 육박하는 93개국에 달하고, 전자에만 해당하는 나라가 32개국, 후자에만 해당하는 나라가 23개국이라고 발표했다.

무국적과 복수국적이 모두 주권의 최고성과 자국민을 정의하는 권한의 배타성 때문에 필연적으로 초래되는 국적의 저촉이지만 소극적 저촉인 무국적의 방지를 위한 국제규범이 형성된 것과 달리 적극적 저촉인 복수국적은 규제하는 규범이 미흡한 정도가 아니라 역으로 그것의 용인과 확산을 조장하는 규범적 환경이 강화되고 있다. 특정 국가의 국적을 얻을 보편적 인권이 존재하지 않는 것처럼 복수국적을 향유할 권리가 있는 것은 아니다. 그러나 일반적인 인권의 증진으로 국민과 외국인의 격차가 줄어드는 것이 결과적으로 여러 국가에의 소속에 대한 경계심을 줄여준다. 징병제의 폐지와 같은 의무의 감소도 그러하다.[46] 아울러 복수국적은 경로의존적이어서 한 집단에게 길이 열리면 조금씩 다른 집단에게도 허용되며, 이를 되돌리기는 쉽지 않다. 스웨덴, 스위스, 네덜란드는 재외국민의 복수국적을 용인한 것이 국내 이민자의 복수국적을 봉쇄하는 것을 어렵게 했고, 호주에서는 반대로 국내 귀화자의 원국적 보유를 허용한 것이 해외이주자의 복수국적을 용인하도록 하는 압력을 배태했다.[47]

그러나 복수국적은 여전히 국가의 프로젝트이다. 전술한 대로, 일부 국

46) Peter J. Spiro, "Dual Citizenship as Human Right", *I·CON*, Vol.8, No.1 (2010), pp.115-118.

47) 같은 글, 129면; Thomas Faist, "Dual Citizenship as a Path-Dependent Process", *International Migration Review*, Vol.38, No.3 (2004), p.922.

가에서는 원격지 귀화를 통해 국경 넘어 국민을 만들어낸다. 그런 식으로 재외동포를 국민에 편입시키는 민족주의적 전략과 모국에 대한 디아스포라의 기여를 이끌어내는 도구적 전략에 복수국적이 활용된다. 이것을 주권의 탈영토화deterritorialization라 한다면, 복수국적은 국내에 들어온 이민자를 국민으로 포섭함으로써 영토주권과 대인관할권을 일치시키는 주권의 재영토화reterritorialization의 수단이 되기도 한다.[48] 미국과 영국에서는 테러리즘 혐의자를 압박해 국적을 이탈하도록 하거나(미국) 법령에 따라 국적을 박탈하여(영국) 추방했는데, 그들이 복수국적자가 아니었다면 무국적 방지 의무 때문에 그렇게 할 수 없었을 터이니 복수국적은 안보 위험을 줄이는 데 기여한 셈이다.[49]

복수국적에 대한 장벽이 낮아진다고 해서 그러한 변화를 과장하거나 확대해석해서는 안 된다. 복수국적에 대한 개방적 자세를 촉구하는 사람들은 전쟁의 양상이 달라져 국민의 일체감이 중요하지 않게 되었기 때문에 복수국적에 대한 경계심이 줄어들었다고 말하기도 한다.[50] 러시아가 일으킨 전쟁들을 보면 과연 그렇게 볼 수 있을까 하는 의문이 든다. 러시아의 조지아 침공에서 복수국적은 중요한 기제였음을 부정할 수 없다. 그곳에서 자국민 보호는 러시아의 중요한 구실이었고, 러시아의 우크라이나 침략에서도 타국의 국민을 자국민으로 편입하는 인적 차원의 전략이 선행 또는 병행되었다. 조지아와 우크라이나 공히 복수국적을 제한하지만 러시아 국적을 취득한 사람의 국적을 상실시키면 그만큼 국민을 잃는 딜레마가 있다. 복수국적이 가지는 제도적 경로의존성을 고려할 때 복수국적의 무기화가 곧바로 복수국적 일반에 대한 각국의 규제 강화로 이어지지는 않을 것이다. 그러나 복수국적에 대한 비우호적인 여론과 태도를 가져올 수는 있다. 앞에서 언급한 러시아 출신 특별귀화자들에 대한 유럽연합의 대응은 국적의 '안보화' 차원에서 복수국적의 도구적·전략적 활용에 대한 경계심을 강력히 표출한 것으로서 향후 어떤 움직임으로 발전할지 귀추가 주목된다.

---

48) 이철우, "주권의 탈영토화와 재영토화: 이중국적의 논리", 한국사회학 제42집 제1호(2008), 27-61면.
49) Macklin, "The Securitisation of Dual Citizenship."
50) Spiro, "Dual Citizenship as Human Right", p.116.

Ⅲ. 나 오 며

이상의 서술은 미래보다는 현황을 소개한 것에 가깝게 들릴 것이다. 국적의 미래를 말하기 위해서는 국민국가의 미래를 말해야 하는데 이는 무거운 주제이다. 일각에서는 국민국가의 성원권을 대체하는 새로운 "탈국가적 postnational", "초국민적" 또는 코스모폴리탄 멤버십의 도래를 구가한다. 초국경 이주로 인해 인간의 삶은 국적과 국가시민권에 기초해 가지는 권리들로 영위되는 것이 아니라 보편적 인간지위personhood에 기초한 국제인권법에 의해 옹호되며,[51] 전통적 시민권은 그 내용이 해체disaggregated되어 다층적 층위와 공간에서 이루어지는 민주적 삶과 행위들을 규율하는 규범적 요소들로 변용된다는 것이다.[52] 이와 같은 담론은 변화의 크기를 과장하는데, 그것은 영토적 계기와 인민적 계기 또는 주권-인민 연관과 주권-영토 연관 사이에 모순이 없는 국민국가의 이상을 실재와 혼동하면서 그것과 다른 양상이 증대하는 것을 국민국가를 초극하는 새로운 변화의 징후로 보는 데에서 비롯된다. 그런 담론을 구사하는 사람들은 국적과 국가시민권이 탈국가적 또는 초국민적 시민권에 자리를 내어주는 징후로서, 국민과 외국인의 준별을 비웃듯이 강화되는 – 데니즌십denizenship으로 불리는 – 정주외국인의 지위 강화와 복수국적의 확산을 든다. 그러나 데니즌십은 시민권의 가장 결정적 징표인 정치공동체의 의사결정에 참여하는 권리를 수반하지 않으니 국가시민권을 대체할 수 없고, 복수국적은 국민국가의 주권적 자기정의에 원래부터 내재한 패러독스 – 국민을 정의하는 권력의 최고성과 배타성이 필연적으로 다중적 소속을 초래한다는 뜻에서 – 의 표출이자 시민권의 다국적화multinationalization를 뜻할 뿐 국가시민권을 넘어서는 새로운 멤버십의 도래를 보여주는 것이 아니다.[53]

---

51) Yasemin Nuhoglu Soysal, *Limits of Citizenship: Migrants and Postnational Membership in Europe* (Chicago: University of Chicago Press, 1994); 최현, "탈근대적 시민권 제도와 초국민적 정치공동체의 모색", 경제와 사회 통권 제79호(2008), 38-61면.

52) Seyla Benhabib, "Borders, Boundaries and Citizenship", *Political Science and Politics*, Vol.38, No.4 (2005), pp.673-677.

53) 이철우, "세계화와 시민권의 변용", 이숙종 · 장훈 공편, 세계화 제2막: 한국형 세계화의

코로나19와 우크라이나 전쟁이라는 새로운 현실 앞에서 지구화가 급진전하던 1990년대와 새천년 초기에 등장한 탈국가 담론은 생뚱맞게 들린다. "국가의 귀환", "거대국가의 진격"으로 묘사되는 작금의 상황에서 국가주권의 강화는 국적의 중요성을 부각시키고 국가시민권의 강화를 가져오는 것처럼 보인다. 그러나 그것 역시 그리 단순한 것은 아니다. 코로나19 방역으로 입국을 통제할 때에도 국민은 입국했으니 이는 얼핏 부당한 차별로 보일 정도로 국민과 외국인 사이의 넓은 간격을 보여주는 것이었다. 그러나 그러한 간격은 "어느 누구도 자국에 돌아올 권리를 자의적으로 박탈당하지 아니한다"는 보편적 인권의 원칙 때문에 발생한다.[54] 물론 그 원칙은 권리존중의 합의로부터 탄생한 것이 아니라 외국인을 추방해 출신지로 돌려보낼 권한을 확보하기 위한 국가들의 필요성에서 유래한 것이었다.[55] 다른 한편으로 방역은 주권의 강화가 자동적으로 국적과 국가시민권의 강화로 연결된다고 단순하게 생각해서는 안된다는 것을 보여준다. 국가들은 방역을 위해 강력하게 시장과 사회에 개입했고 주권을 과시했지만 영토 내 인구를 평등하게 보건의료정책의 대상으로 삼아야 했으니 그 점에서 국민과 외국인의 구별은 오히려 희석되었다.

거시적 시야에 들어오는 이처럼 복잡한 현상과 다른 방향의 움직임들을 뒤로 하고, 시야를 좁혀 국적제도에 한해 서술한 본론을 정리하자면, 국적의 배분을 상위에서 규율할 국제규범은 여전히 미흡하고 국가들은 여전히 누가 자국민인지를 결정할 배타적 권한을 누린다. 다만 초국가적transnational 거래, 관계, 이동의 증대에 따라 국민을 정의하는 권한의 행사에서 수렴의 동력이 작용하기도 한다. 국적에 관한 작은 분량의 국제규범은 최소한의 규준만을 정하지만 유럽국적협약에서 보듯 그 최소한은 조금씩 늘어나고 있으며, 국적법에 대한 비교연구를 통해 법의 이식transplantation도 일어난다. 국적법을 평가하는 지수·지표도 꾸준히 개발되고 있다. 현재 개발된 지수·지표들은 유럽 국가들의 경험과 현실에 기초한 것이지만 GLOBALCIT

새 구상, 동아시아연구원, 2010.

54) 예를 들어, 시민적 및 정치적 권리에 관한 국제규약 제12조 제4항.

55) John Torpey, *The Invention of the Passport: Surveillance, Citizenship and the State* (Cambridge: Cambridge University Press, 2000), pp.163-164.

의 데이터베이스 및 국적법지표CITLAW와 같이 전 세계에 통용력을 가진 비교와 평가의 수단들이 등장한 것은 고무적이다. 그러한 노력들이 국익을 좇아 상이한 방향으로 내달리려는 국적법들의 원심력을 상쇄하는, 컨센서스와 수렴을 향한 구심력을 만들어내는 데 기여할 것이다.

18

헌법재판의 미래

이황희

성균관대학교 법학전문대학원 부교수

헌법재판소에서 헌법연구관으로 10여 년간 근무하였고, 현재 성균관대학교 법학전문대학원에서 헌법을 강의하고 있다. 저서로는 『애덤 스미스와 국가』(2019) 등이 있고, 주요 논문으로는, “헌법재판과 공적 참여”(2015), “헌법문언에 반하는 헌법해석”(2019), “헌법재판소와 법치적 민주주의”(2022) 등이 있다. 자유와 공존의 조건으로서 헌법의 의미를 공부하고 있다.

Ⅰ. 들어가며

현재를 사는 사람이 미래를 알기는 어렵다. 다만 과거로부터 현재에 이르는 제도적 궤적 혹은 이 궤적의 현재적 미분계수를 확인해 이를 기초로 향후의 방향성을 어느 정도 예측해 볼 수 있을 것이다. 본고는 우리 헌법재판을 대상으로 이러한 예측 작업을 수행해보고자 한다. 이하에서는 먼저 헌법재판이 지금까지 밟아온 궤적과 현재의 상황을 살펴봄으로써 예측의 조건을 마련한 다음(Ⅱ) 우리 헌법재판의 미래와 전망을 논해보고자 한다(Ⅲ).

Ⅱ. 헌법재판의 역사적 궤적

1. 헌법재판제도의 배경

근대 헌법은 18세기 말 미국과 프랑스에서 있었던 시민혁명의 결과로 등장했다.[1] 미국(1787)과 프랑스(1791)의 헌법이 그것이며, 그 뒤를 이어 스페인(1812), 노르웨이(1814), 네덜란드(1815), 벨기에(1831) 등이 헌법을 제정했다. 동아시아 최초로 근대 헌법을 만든 곳은 일본(1889)이었다.

근대 헌법은 평등하게 자유로운 개인의 존재를 전제로 국가권력의 형성과 조직, 분배, 행사방식과 한계를 규율한다. 이 헌법은 개인의 평등한 자유에서 출발해 공적 과제를 수행할 공권력의 정당성을 승인하면서도, 동시에 그 같은 공권력으로부터 개인의 평등한 자유가 훼손되지 않도록 해야 한다는 까다로운 요청을 충족시켜야 했다. 이를 위해 국가권력이 준수해야 할 두 가지 주요한 정치적 원리 혹은 한계가 채택되었다. 첫째는 개인의 평등한 자유와 권리를 존중해야 한다는 것, 즉 권리보장이고, 둘째는 이 같은 권리보장을 위해 국가권력은 분할되어 상이한 기관들에 분배되어야 한다는 것, 즉 권력분립이다. 권리보장과 권력분립은 이로써 근대 헌법에 내

1) 이 글의 "Ⅱ." 및 "Ⅲ. 1." 부분은 이황희, "헌법재판소와 법치적 민주주의", 박종민 편, 한국의 민주주의와 법의 지배, 박영사, 2022, 39면 이하의 일부를 토대로 한 것이다.

장된 본질적 특징이 되었고, 일찍이 “권리보장이 확보되어 있지 않고, 권력분립이 규정되어 있지 않은 모든 사회는 헌법을 가진 것이라고 할 수 없다”고 밝힌 1789년 프랑스의 ‘인간과 시민의 권리선언’(제16조)을 통해 널리 선포되었다.

그러나 이러한 헌법의 기획이 현실에서 언제나 성공을 거둔 것은 아니다. 권력이 헌법을 위반하고 국민의 자유와 권리를 침해하는 일이 드물지 않았기 때문이다. 법은 강제력을 통해 위반행위를 실효적으로 제재할 수 있을 때 온전히 실현될 수 있다. 일반법의 경우에는 국민이 그것을 따르지 않을 때 국가가 공권력을 사용해 그 법을 강제할 수 있다. 반면에, 국민이 제정해 국가권력을 규율하는 헌법은 상황이 다르다. 규율대상인 국가권력은 공권력을 독점하는 강력한 존재인데 반해, 제정주체인 국민은 미력하므로 헌법을 따르지 않는 국가권력에 대해 헌법을 강제할 힘이 부족한 까닭이다.

국가권력의 헌법위반 행위를 교정하기 위한 헌법재판이 고안된 것은 바로 이러한 맥락에서였다. 헌법재판은 비교적 근래 등장한 제도이다. 사법적 방식으로 법률의 위헌 여부를 심사하는 제도를 본격화한 곳은 1803년 미국이었고, 이 제도를 헌법재판소라는 새로운 형식으로 시도한 최초의 국가는 1920년 오스트리아였다. 그리고 이 제도의 성공에는 아이러니하게도 20세기 인류가 겪었던 야만, 즉 대량학살과 인권유린, 비인도적 만행이 결정적 역할을 했다. 헌법재판제도의 확산은 이를 되풀이하지 않기 위한 노력의 소산이었다. 제2차 세계대전이 막을 내린 후 패전국인 독일과 이탈리아, 일본이 공히 헌법재판제도를 받아들인 데에는 이러한 배경이 있었다. 미국식 헌법재판제도를 받아들인 일본과 달리, 독일과 이탈리아는 오스트리아 모델을 따랐다. 독일과 이탈리아는 1951년과 1955년 헌법재판소를 설립했는데, 이들의 성공은 권위적 지배를 탈피해 민주적 체제로 이행하고자 했던 후발 국가들의 모델이 되었다. 스페인(1978)과 포르투갈(1982)이 그랬고, 1990년대 초 현실사회주의 체제가 막을 내린 후 독립한 중동유럽의 국가들 역시 민주주의로 전환하는 과정에서 이 모델을 채택했다. 민주화 열망을 담은 우리의 현행헌법(1987)이 헌법재판소를 설치한 것도 이러한 흐름에 있었다.

오늘날 헌법재판제도에는 크게 두 가지 유형이 있다. 첫째는 법률의 해석·적용을 담당하는 일반법원이 각각 위헌법률심사권을 가지도록 하는 것인데, 권한이 여러 일반법원에 분산되어 있다고 해서 분산형 혹은 비집중형 모델decentralized model로, 혹은 미국을 원형으로 한다는 점에서 미국형 모델로 불린다. 둘째는 이 권한을 하나의 전문적 기관에 독점적으로 수여한 것인데, 권한이 단일기관에 집중되어 있다고 해서 집중형 모델centralized model로, 혹은 유럽의 국가들이 일반적으로 취하고 있다는 점에서 유럽형 모델로 명명된다. 집중형 모델의 대표적 사례가 바로 헌법재판소이다.[2)]

헌법재판소 모델은 대체로 독재나 권위주의 통치를 종식시킨 후 새로운 민주주의 국가를 건립했던 곳에서 많이 발견된다. 독일과 이탈리아, 스페인처럼 헌법재판소 모델을 주도한 초창기 국가의 성공 경험이 입헌민주주의의 공고화라는 같은 목표를 향해 있던 후발 국가들에게 매력적으로 다가왔다. 여기에는 기존 사법부에 대한 불신도 한몫을 했다. 이들 국가에서 사법부는 대체로 권위주의 통치세력에 복무해 왔기 때문에, 구시대의 극복을 꿈꾸는 시민들이 볼 때 새 시대에 적합한 존재가 아니었다. 정권에 협력해 인권보호를 소홀히 했던 자들이 새 국가가 만든 민주적 법률의 효력을 좌우하는 것을 받아들이기 어려웠다. 이들이 생각할 때, 이 권한은 새로운 민주헌정의 가치를 공유하는 엄선된 자들에게 맡겨져야 했다.[3)] 이 점에서도 헌법재판소 모델은 장점이 있었다.

2. 한국 헌법재판제도의 과거와 현재

우리는 제헌헌법에서부터 헌법재판제도를 도입했다. 제헌헌법(1948)은 위헌법률심사권한을 헌법위원회에 부여했고, 그 밖에 탄핵재판소를 별도로 두었다. 4·19 항쟁 이후 제3차 개정헌법(1960)을 통해 헌법재판소 제도가 처

2) 현대 헌법재판의 모델에 관한 전반적 설명으로 Mauro Cappelletti/구병삭 외 역, 현대헌법재판론, 법문사, 1989, 66면 이하; 한수웅, "위헌법률심판 일반론", 주석 헌법재판소법, 헌법재판소 헌법재판연구원, 2015, 433면 이하.

3) Víctor Ferreres Comella, *Constitutional Courts and Democratic Values: a European Perspective* (Yale University Press, 2009), pp.99-100.

음으로 헌법에 등장했으나, 그 이듬해 발생한 5·16 군사정변으로 인해 실제로 출범하지 못한 채 역사의 뒤안길로 사라졌다. 제5차 개정헌법(1962)에서는 대법원이 위헌법률심사권한을 가졌고, 1971년 국가배상법 조항 등을 위헌으로 판결했다. 그러나 당시 박정희 정권은 이 판결을 주도한 대법관들에게 보복을 가했고, 위헌으로 선언된 조항과 동일한 내용을 제7차 개정헌법(1972)에 삽입함으로써[4] 위헌판결을 무의미하게 만들었다. 한편, 제7차 개정헌법에 의해 설치된 헌법위원회는 현행헌법이 헌법재판소를 도입하기까지 헌법재판기능을 수행하도록 되어 있었으나, 실제로는 유의미한 역할을 하지 못했다.

1987년 민주화 운동의 성과로 탄생한 현행헌법은 헌법의 수호와 실현을 위해 헌법재판소라는 기관을 설치했다. 헌법재판소는 제3차 개정헌법에서 규정된 바 있으나 그때는 미처 출범하지 못했으므로, 실제로 개소한 것은 이때가 처음이었다. 이렇게 설립된 헌법재판소는 지금까지 비교적 성공적으로 작동해 왔다는 평가를 받고 있다. 현행 헌법재판소에 의해 비로소 헌법재판이 본격적으로 이루어지기 시작했다고 설명되는 것은 이 때문이다. 여기에는 재판관들의 적극적인 역할도 있었겠으나, 자신들이 만든 이 헌법의 성공을 위해 노력한 국민들의 헌신이 무엇보다도 결정적이었다고 생각한다.

헌법재판소는 설립 초기부터 위헌결정을 적극적으로 선고해 온 편인데, 헌법재판소의 통계에 따르면 2022.2.28.까지 756개의 법률조항에 대한 위헌결정을 포함해 모두 1885건의 위헌결정이 있었다. 이는 새로운 헌법의 이념을 진취적으로 투사해 온 태도에 힘입은 바가 크다. 집권세력의 권위주의적이고 편의적인 통치를 뒷받침해 온 법률들, 억압적인 구시대적 폐습에 기대어 온 법률들이 헌법재판소의 위헌결정을 통해 사라졌다. 표현의 자유를 억압했던 각종 제도, 형벌과 형사절차상 국민을 옥죄어 왔던 법률이 전자에 속한다면, 후자의 예로는 여성에 대한 차별적인 법률을 들 수 있다. 각종 사전검열제도(93헌가13등 등), 형사절차상 문제가 된 조항들(94헌바1, 99

4) 이 조항은 현행 헌법에서도 유지되고 있다(제29조 제2항).

헌가7 등), 호주제(2001헌가9등), 국적취득에서의 부계혈통주의(97헌가12), 자식에 대한 어머니 성(姓)의 사용금지(2003헌가5등) 등이 폐지되었다.

우리 민주주의의 진전에 기여한 결정들도 적지 않았는데, 이들을 통해 예컨대 선거권이 확대되었고(2004헌마644등 등), 비례대표선거방식이 1인 1표제에서 1인 2표제로 변경되었으며(2000헌마91등), 선거구별 인구편차의 불평등이 상당부분 교정되었다(95헌마224등 등). 또 야간의 집회와 시위도 허용되었고(2008헌가25 등), 국회 등 공공기관 인근에서 개최되는 집회에 대한 제한도 상당부분 제거되어(2013헌바322등 등) 더 오랜 시간 동안 더 많은 장소에서 국민들의 정치적 의사표현이 가능해졌다.

Ⅲ. 헌법재판의 향후 전망

1. 시대적 변화

헌법재판소가 이 같은 헌정사적 성취를 이룩할 수 있었던 데에는 현대 입헌주의 이념에 맞지 않는 구시대 법률의 위헌성을 적극적으로 규명하고 선언한 결정들이 있었기 때문이다. 이들 법률은 대체로 많은 국민들이 그 부당함에 공감할 수 있었던 까닭에 위헌성에 대한 사회적 의견차이가 그리 크지 않았고, 위헌결정의 정당성을 지지하는 폭넓은 공감대가 쉽게 형성될 수 있었다.

그러나 이 같은 법률들이 대부분 제거된 후에는 누구나 공감하는 부당한 법률이라는 것이 존재하기 어려운 상황이 되었다. 연이은 위헌결정으로 기존의 위헌적 법률들이 사라졌다. 국회는 헌법재판소의 위헌심사기준을 고려해 입법하기 시작했고, 국민들은 투표를 통해 입법의 부실을 정치적으로 심판하고 있다. 그 결과, 이제 헌법재판소는 명백히 부당한 내용의 법률들 대신 찬반 주장들이 첨예하게 경합하는 법률들을 대상으로 재판을 해야 하는 상황을 맞이했다. 위헌 여부를 쉽게 알 수 있는 것들이 아니라, 관점에 따라 위헌 여부의 판단이 갈리는 것들이다. 이러한 상황에서는 결국 재판관 개인의 세계관과 가치관, 철학과 입장에 따라 상이한 결론이 성립하게 되는데, 이는 합헌이냐 위헌이냐의 결론이 법률 내용 자체로부터 객관적으로 판단된다기보다 그 법률을 바라보는 재판관의 성향에 따라 주관적으로 결정된다는 인상을 주게 된다.

사실 이것은 정치권과 국민들 모두가 이미 은연중에 감지하고 있는 바이기도 하다. 정치권의 인식은 재판소장이나 재판관 후보자가 청문회 등 임명절차를 통과하지 못했던 여러 사례에서 어느 정도 엿볼 수 있다. 지금까지 재판소장이나 재판관 후보자가 청문회 등 임명절차를 통과하지 못한 경우는 모두 다섯 차례에 이른다. 이는 그러한 사례가 한 차례 정도인 대법원장이나 대법관 후보자의 경우와 비교된다. 물론 청문회 등 임명절차의 통과 여부는 다양한 원인이 작용하는 문제이겠으나, 정치권이 재판관 한 사람 한 사람의 정치적 중요성을 그만큼 무겁게 받아들이고 있다는 의미로도 충분히 해석될 수 있다. 또 국민들은 설사 확고한 선례가 있는 사안이라도 재판부 구성이 변경되면 새로운 결론을 기대한다. 재판부 구성의 변화는 판례 변경의 가장 중요한 사실상의 조건임을 잘 알기 때문이다.[5)]

이런 상황은 자칫 재판의 결론이 사건의 구체적 내용이 아니라 어떤 재판관이 임명되는가에 의해 사전에 정해진다는 인식을 낳을 수 있다. 특히 사회적 이목을 끄는 사건이나 정치적으로 예민한 사건에서, 특정 재판관의 성향과 임명경로에 따라 결론의 예측이 가능해지고, 또 실제로 그 예측이 들어맞는 현상이 지속적으로 연출되는 상황, 즉 이른바 재판부 내의 "고정표"가 발생하는 상황은 위험하다. 재판관 개인이 고유한 가치관과 성향을 가지는 한 어느 정도 판단상의 경향이 존재할 수는 있다. 그러나 그것이 사건의 개별성을 뛰어넘는 초월적 인격으로 발현되어서는 곤란하다. 그렇게 되면 사람들은 소송결과를 재판부 구성에 관여한 정치세력 간의 힘의 문제로 이해함으로써 그것을 온전히 정당한 것으로 받아들이지 못하게 되고, 그로 인해 승패 여부가 가시화되기에 이른다면 소송 자체를 포기하기

5) 동일한 재판부의 임기 내에 판례 변경이 이루어진 사례가 없는 것은 아니지만(2011헌바271; 2014헌바254), 일반적으로 판례 변경은 선례를 남긴 재판부와 다른 재판부에 의해 이루어진다. 잦은 판례 변경은 우리 헌법재판소에 가해지는 비판 중 하나이다. 반면에 이를 긍정적으로 본다면, 헌법의 실현기준이 점점 높아지는 시대적 흐름의 반영으로 평가할 수도 있을 것이다.

마련이다.

이처럼 변화된 시대적 조건으로 인해, 헌법재판소는 설립 초기에 비교적 위헌성이 명확한 법률들을 상대했던 방식과는 다른 방식을 필요로 하게 되었다. 여러 이해관계가 까다롭게 얽힌 법률들이 대상이 된다면, 그에 대한 재판소의 결정 역시 그 같은 이해관계에 따라 복합적으로 독해될 수밖에 없다. 헌법재판소의 결정은 단지 그것이 헌법재판소가 그렇게 결정했다는 사실만으로는 더 이상 권위적으로 수용되기 힘들게 되었다. 재판소의 결정은 합리적으로 구성된 재판부에 의해 적법한 절차 속에서 타당한 내용으로 선고되었다고 인정될 때에만 권위를 누릴 수 있다. 따라서 향후 헌법재판소는 결정의 논증이론과 일관성 강화, 심리과정의 합리화,[6] 국민의 의사표현에 대한 충분한 보장,[7] 그리고 후술하게 될 재판부 구성에서의 민주적 정당성과 다양성 강화 등을 더욱 필요로 하게 될 것이다.

2. 모 델

앞에서 설명한 대로, 오늘날 헌법재판의 모델에는 분산형과 집중형이 있다. 원리의 측면에서 두 모델 중 어느 것이 더 우월한지를 말하는 것은 큰 의미가 없다. 이는 해당 국가가 처한 역사적, 사회적, 법제도적 환경, 그리고 헌법재판제도에 대한 그 사회의 고유한 경험과 이해방식에 달린 문제이기 때문이다. 또한 어느 모델이 더 좋은 성과를 산출하는가의 문제 역시 상대적이며 가정적인 것이다. 가령 우리가 현행헌법에서 헌법재판소 모델을 채택해 성공을 거둔 것은 사실이나, 그 당시 우리가 분산형 모델을 채

6) 이는 단순히 심리가 이루어지는 절차적 문제뿐만 아니라, 충분한 심리를 가능하게 하는 사건부담의 측면까지 포괄한 것이다. 지나치게 많은 사건부담은 충실한 심리를 방해하므로 합리적으로 조정될 필요가 있는데, 현재 우리 헌법재판소는 사건부담이 제법 큰 편이다. 전원재판부의 사건 수를 줄이는 방안이나, 재판관을 늘리는 방안 등이 있을 것이다. 이황희, “탄핵심판의 측면에서 본 현행 재판관 제도의 문제점과 해법”, 성균관법학 제32권 제3호(2020) 참조.

7) 법령에 관한 헌법재판소 결정은 대세효를 가지므로, 소송당사자가 아니어도 소송결론에 영향을 받는다. 또, 법률은 대표자를 통해 국민이 제정한 것이므로, 법률에 대한 소송이 일반 국민과 전혀 무관하다고 말하기도 어렵다. 따라서 일부 사건에서는(가령 공개변론 사건) 소송당사자가 아니어도 소송의 본안에 관한 의사표현을 할 수 있는 제도를 모색해 볼 필요도 있다. 이황희, “사법참여와 사회통합”, 세계헌법연구 제27권 제1호(2021), 16면.

택했다면 그렇지 않았을 것으로 단정할 수도 없다. 헌법재판소와 대법원의 공존으로 인한 기관운영의 중복성과 법적 판단의 혼선 우려 등을 이유로 헌법재판소 모델에 비판적인 시각들이 존재하는 것은 그 때문이다.

그러나 우리의 경우 당분간 혹은 앞으로 짧지 않은 기간 동안 헌법재판소 모델에 큰 변화가 있을 것 같지는 않다. 이는 이 모델에 우호적인 다음과 같은 측면이 여전히 우리 사회에서 유효할 것으로 보이기 때문이다.

첫째는 역사적 성과의 측면이다. 이는 현재의 헌법재판소 모델이 지금까지 성공적으로 작동해 왔다는 사실과 관련된다. 어떤 제도이든 괜찮은 성과를 산출하고 있는 제도가 혁신적으로 개편될 가능성은 낮다.

둘째는 기능적 적합성의 측면이다. 헌법재판은 결코 쉽지 않은 작업이다. 법체계 전반에 대한 이해를 기초로 해당 헌법적 쟁점에 관한 심도 깊은 연구와 숙고, 논의가 필요하다. 헌법재판을 전문적으로 수행하는 기관을 별도로 두는 방식이 장점을 가지는 이유가 여기에 있다. 이렇게 설치된 기관은 이 문제에 관한 전문성을 가질 수 있다. 그러나 더 유의미한 부분은, 이 모델이 이 문제를 깊이 연구하고 심사할 수 있도록 충분한 '여유'를 확보할 수 있다는 점이다.[8] 통상 헌법재판소는 일반적인 최고법원에 비하여 사건 수가 매우 적은 편이며, 이는 입법의 위헌 여부와 같은 중차대한 문제에 걸맞는 숙고의 시간을 보장한다.

셋째는 인적 적합성의 측면이다. 헌법재판은 재판이라는 사법적 외양을 띠면서 진행되지만, 입법에 대한 판단 등 일반적인 사법작용에서 찾아보기 힘든 정치적 성격을 가진다. 헌법재판이 '정치적 사법작용' 혹은 '제4의 국가작용'으로 불리기도 하는 것은 이 때문이다. 여기서 헌법재판소가 순수한 법률가들로만 구성되는 것이 옳은가, 아니면 비법률가들도 포함하는 것이 옳은가라는 문제가 주어진다. 독일과 오스트리아, 스페인 등은 법률가로만 재판부를 구성하고 있지만, 벨기에, 프랑스, 튀르키예, 리히텐슈타인처럼 비법률가 출신 재판관의 필요성과 역할을 적극적으로 인정하는 헌법재판소도 있다.[9] 물론 일본처럼 분산형 모델에서도 비법률가의 존재를 받아들이는

8) Víctor Ferreres Comella, 앞의 책, pp.32, 36 ff.

9) 프랑스는 헌법위원회(Conseil constitutionnel), 리히텐슈타인은 국사재판소(Staatsgerichtshof)

곳이 있으나,[10] 아무래도 법률적 문제를 주로 처리해야 하는 곳에서는 비법률가의 활용이 쉬운 일은 아니다.[11] 현재 우리는 헌법에서 재판관 자격을 법률가로 한정하지만, 자격개방에 관한 주장은 늘 제기되고 있고, 실제로 가장 최근에 제출된 개헌안(2017년 대통령 제출)에서는 법률가로 한정되었던 자격요건이 삭제되었다. 이처럼 헌법재판소 모델은 인적 구성의 다양화 및 비법률가의 역할을 관철하기에 상대적으로 용이하다.

넷째는 위헌심사에 대한 헌신의 측면이다. 일반법원의 주요 업무는 통상의 법률적 문제를 해결하는 일이다. 설혹 분산형 모델에 따라 일반법원이 입법의 위헌 여부를 심사한다 해도 이는 법률을 해석, 적용하는 과정에 수반되는 부수적인 성격을 갖는다. 일반법원이 위헌심사에 소극적이라 해도 통상적인 업무는 남아 있기 때문에 여전히 유의미한 기관이 될 수 있다. 반면, 헌법재판소는 헌법재판에 특화된 기관이므로 이 업무가 주요한 업무이다. 따라서 위헌성 탐색에 소극적인 헌법재판소는 존재의 이유가 없으며, 국민들이 더 이상 찾지 않는 무의미한 기관이 될 것이다. 흔한 경우는 아니지만, 후술하듯이 키르기스 공화국 헌법재판소는 권력자의 이익을 위해 위헌심사 소임을 소홀히 한 탓에 한때 폐지되기까지 했다. 이러한 제도적 환경은 헌법재판소 모델이 위헌심사에 보다 헌신적이도록 독려한다.

마지막으로 언급하고 싶은 것은 현재 국제적으로 나타나는 전반적인 경향이다. 일단 분산형이든 집중형이든 어느 한 모델을 채택해 상당기간 운영하고 일정한 성취를 경험한 국가들은 다른 모델로의 전환을 모색하기보다 현재 운영 중인 모델의 개선에 집중하는 편이다. 또한 유럽평의회 산하의 베니스위원회European Commission for Democracy through Law나 유럽안보협력기구 산하의 민주제도인권사무소OSCE/ODIHR가 밝힌 입장에서처럼 헌법재판소 모델이 법치주의 실현에 더 적합하다는 인식이 공식화되는 흐름도 엿보인다.[12] 앞서 잠시 언급한 대로, 키르기스 공화국은 2010년 개헌으로

라는 명칭이지만, 헌법재판소와 동일한 기능을 수행하며 종종 헌법재판소로 표현되기도 한다.

10) 일본 최고재판소는 15인의 판사로 구성되는데, 5인을 넘지 않는 범위에서 비법률가도 임명될 수 있다.

11) Víctor Ferreres Comella, 앞의 책, p.37 참조.

헌법재판소를 폐지하고 그 기능을 대법원으로 이관했지만,[13] 최근 2021년 개헌을 통해 헌법재판소를 다시 도입하고 종전보다 더 강화된 권한을 부여했다. 2010년 키르기스 공화국의 헌법재판소 폐지에 우려를 표했던 베니스 위원회는 2021년 그 재건을 적극 환영했다.

이러한 측면들은 헌법재판소 모델이 향후에도 우리 사회에 유효한 제도로서 존속할 가능성을 뒷받침한다.

3. 역 할

오늘날 헌법재판의 가장 중요한 역할은 입법에 대한 견제, 즉 헌법적 통제이다. 따라서 민주주의가 성숙해져감에 따라 입법절차가 투명해지고, 정당의 역할이 건전해지며, 입법이라는 제도적 의사결정이 사회에서 비판적으로 검증된 정치적 공론과 유기적으로 연계됨으로써 민주적 정당성을 강화해 나간다면, 헌법재판의 역할은 축소, 약화될 것이라는 예상도 가능하다. 말하자면, 민주주의의 발전과 헌법재판의 역할은 반비례 관계일 것이라는 예측이다.

그러나 민주주의의 발전이 헌법재판의 약화로 귀착될 것인지는 불확실하며, 오히려 그 반대의 상황이 연출될 가능성도 있다. 경험적으로 보더라도, 전 세계적으로 헌법재판은 민주주의가 부족한 국가보다 충분한 국가에서 더욱 활발히 이루어지고 있다. 한편으로 민주주의는 그것을 실현할 권리체계를 필요로 하는데,[14] 이들 권리의 보장에서 헌법재판이 긍정적 역할을 수행할 수 있다. 다른 한편으로 민주주의에도 약점이 있을 수 있는데, 헌법재판은 이를 보완해 민주주의가 더욱 포용적이고 지속가능한 모습으로

12) Venice Commission, *Opinion on the Draft Constitution of the Kyrgyz Republic*, CDL-AD(2010)015, Adopted by the Venice Commission at its 83rd Plenary Session(Venice, 4 June 2010), para.59; Venice Commission & OSCE/ODIHR, *Joint Opinion on the Draft Constitution of the Kyrgyz Republic*, CDL-AD(2021)007, adopted by the Venice Commission at its 126th Plenary Session (online, 19-20 March 2021), para.12.

13) 키르기스 공화국 헌법재판소가 폐지된 배경은 이황희, "헌법재판소에 대한 견제", 법학연구 제22권 제3호(2019), 447-449면.

14) Jürgen Habermas/한상진 · 박영도 역, 사실성과 타당성, 나남출판, 2000, 162면 이하.

운영되는 데 기여할 수 있다. 이러한 약점으로, 첫째는 민주주의 원리에 내재한 약점을 들 수 있다. 민주적 의사결정은 다수결 원칙에 따르는데, 이는 필연적으로 소수자의 권리에 대한 위험을 가져온다.

둘째는 대의제 방식에 내재한 약점이 있다. 우선, 근대 대의민주주의는 대표를 통한 정치로 실현되므로 대표에 대한 통제가 중요할 수밖에 없다. 선거를 통한 심판이 가장 우선적이겠으나 선거제도 자체의 왜곡 등으로 이 심판이 제대로 작동하지 않는 경우를 대비해 헌법재판의 역할을 남겨두는 것은 합리적 대안이 될 수 있다.[15] 그러나 더욱 본질적인 약점은, 차회 선거에서 당장의 득표에 도움이 되지 않는 사람들이 정치적으로 고려되지 않고 소외당하기 쉽다는 데 있다. 정치적 소수자는 물론, 선거권이 없는 자들(청소년, 외국인 등)이나 미래세대가 여기에 속한다. 선거권이 없거나 선거로 유의미한 영향을 끼칠 수 없는 자들의 입장에서는 선거를 통한 민주적 심판이 사실상 무의미하므로, 헌법재판처럼 다른 방식의 통제가 대안으로 사고될 것이다.

한편 대의제에서는 일반 국민의 참여가 제한된 까닭에, 일반 국민이 법률의 개폐에 관여하기가 쉽지 않다. 평범한 개인의 입장에서 본다면, 헌법재판을 제기하는 것이 정치권에 호소하는 것보다 비용, 시간, 노력, 성공가능성의 측면에서 더욱 매력적일 수 있다. 평범한 개인의 호소에 정치권이 움직여 법률을 개폐하는 상황은 흔하지 않지만, 그러한 개인이 제기한 소송에서 헌법재판소가 법률을 위헌으로 결정해 무효로 만드는 상황은 종종 발생하기 때문이다. 이는 우리 민주주의가 아무리 발전하더라도 대의제의 기본 윤곽이 유지되는 이상 일반 국민이 자신의 권리침해문제를 해결하기 위한 수단으로 헌법재판을 고려할 충분한 이유가 된다.[16]

---

15) 대표들이 카르텔을 형성해 외부자의 진입을 차단하고 정치변화의 통로를 막는 문제를 헌법재판을 통해 해결할 수 있다는 취지의 대표제강화론은 John Hart Ely/전원열 역, 민주주의와 법원의 위헌심사, 나남출판, 2006, 246면.

16) 이황희, "헌법재판과 공적 참여", 저스티스 제159호(2017).

4. 구　　성

모두가 위헌이라고 생각하는 법률이 존재하기 힘든 변화된 시대적 조건 속에서 헌법재판소가 지속해서 유의미한 역할을 수행하기 위해서는 결정의 권위와 타당성을 높은 수준에서 유지해야 한다. 이를 위해서는 결정의 논증을 충실히 하는 것도 중요하겠지만, 재판부 구성을 합리화하는 것도 필요하다. 이것은 특히 민주적 정당성과 정치적 다양성을 강화하는 방향을 의미한다. 이를 위해 현행 구성방식의 헌법적 틀을 교정하는 방식과 현행 틀을 유지하면서 그 구성의 관행을 개선하는 방식을 생각해 볼 수 있다.

현재 재판부 구성방식은 국회, 대통령, 대법원장이 각각 3인씩 선출 혹은 지명하는 것이다. 그러나 국회나 대통령에 비해 대법원장은 국민이 직접 선출하지 않으므로 그의 지명권은 민주적 정당성 측면에서 비판의 여지가 있고, 현행 방식은 해당 시기의 정치적 다수세력에게 재판소 구성에 관한 과도한 권한을 인정한다는 측면에서 약점을 가진다. 다만, 현행 방식을 개선하기 위해서는 개헌이 필요하므로,[17] 단기간에 쉽게 이루어지기는 어려울 것이다.

재판부 구성관행과 관련하여, 그간 재판관은 법률가 중에서도 남성인 고위법관들을 중심으로 충원되어 왔다. 그러나 첨예한 정치적 갈등이 얽힌 입법의 위헌 문제를 전담하는 헌법재판소의 역할을 고려하면, 사회에 존재하는 다양성을 반영할 수 있도록 재판부를 구성할 필요가 있다. 성별, 경력, 나이 등에서 다양한 구성이 필요하다. 이것은 법제도의 변경 없이 임명권자의 의지만으로도 가능하다.

현재는 국가권력의 세 부분이 각각의 고유한 입장에서 재판부 구성에 관여하다보니, 구성의 다양성이 일관되고 균형 있게 확보되기 힘든 면이 있다. 이를 위해 법에서 재판관의 다양성 확보에 필요한 요건을 규정하는 것 역시 고려해 볼 만하다. 재판관의 다양성 확보를 위한 법제화의 대표적

17) 2017년 제안된 대통령 개헌안에서도 현행 방식의 전체적 윤곽은 그대로 유지되었다. 다만 대법원장의 지명권이 대법관회의의 선출권으로 변경되었다(헌법개정안 제111조).

시도는 벨기에에서 찾아볼 수 있다. 다문화와 다언어 국가인 벨기에는 그들 사회에 존재하는 다양성을 헌법재판소 구성에 최대한 반영하기 위한 여러 장치들을 두고 있다. 이 재판소는 12인의 재판관으로 구성되는데, 헌법재판소법에 따르면 네덜란드어권 출신과 불어권 출신 재판관을 반반씩 임명하고, 법률가 출신과 의원 출신 재판관도 동수로 유지하며, 법률가 출신 재판관을 선출할 때에도 판사, 헌법연구관, 대학교수와 같은 여러 직역으로부터 고르게 선정하도록 한다. 또한 남성 재판관과 여성 재판관이 각각 재판부의 1/3 이상을 차지하도록 규정한다.[18)]

5. 견　제

헌법재판기관은 다른 국가권력을 감시하고 견제해 헌법을 수호하는 역할을 하지만, 그 본질이 결국 국가권력기관임에는 변함이 없다.[19)] 다른 기관의 위헌행위를 감시하는 기관이면서도, 동시에 스스로가 헌법에 위반됨이 없도록 늘 감시되어야 하는 기관이다. 헌법재판제도의 등장배경에서 알 수 있듯이, 종래에는 국가기관의 위헌행위로 인한 폐해가 워낙 컸던 까닭에 헌법재판기관의 도입으로 이 폐해를 방지하려는 방향이 강조될 수밖에 없었다. 20세기 중후반 이후 등장하기 시작했던 헌법재판소들이 이 역할을 대체로 잘 수행해 온 덕에 헌법의 수호자라는 이미지를 획득해 왔다.

그러나 헌법재판권한 역시 국가권력의 일종이므로 그 오남용으로부터 국민이 보호되어야 하고, 이 권한은 주권자인 국민으로부터 위임받은 것이므로 위임 취지를 어길 경우 어떤 식으로든 책임을 묻는 것이 필요하다. 시간이 갈수록 국민의 주권자로서의 의식이 성장하고, 국민이 국가에 대한 일방적인 피지배 관계를 탈피해 더 많은 견제력과 발언권을 가지게 될 것이라고 본다면, 국민이 헌법재판권한을 부여한 애초의 취지에 맞게 이 권한이 행사되는지를 진단하고 평가하는 전반적인 과정이 앞으로 더욱 강화될 것으로 예상된다.

---

18) 벨기에 헌법재판제도에 관해서는 이황희, “벨기에의 헌법재판제도”, 성균관법학 제31권 제2호(2019).

19) “III. 5.” 부분은 이황희, 앞의 글(주 13), 423면 이하에 내용을 기초로 했다.

아직까지 헌법재판기관의 책임을 물어 헌법재판 자체를 폐지한 사례는 접하지 못했다. 전술한 키르기스 공화국의 사례에서도 헌법재판이라는 기능 자체는 대법원으로 옮겨져 유지되었으며, 현재는 다시 헌법재판소로 회복되었다. 그러나 이 같은 역사적 경험은 같은 제도를 운영 중인 국가들에 유의미한 참고가 될 것이다. 이는 우리처럼 현재 너른 지지를 받고 있다고 평가되는 곳에서도 마찬가지이다. 소임을 소홀히 한 헌법재판소는 언제든 제재될 수 있다.

또한 국민의 선택이 헌법재판소의 폐지나 그 권한의 완전한 박탈에 국한되는 것도 아니다. 헌법재판소의 권한을 축소하거나, 혹은 일부 권한을 다른 기관과 분점토록 하거나, 헌법재판소 결정을 뒤집는 반복입법이나 개헌을 통해 결정의 효력을 제한함으로써 헌법재판소의 부당한 권한행사를 견제하는 방안들도 언제든 시행될 수 있다. 국민들이 헌법재판소에 대한 비판적 행동에 직접 참여할 수도 있지만, 국민의 대표자인 국회를 비롯해 다른 정부기관이 헌법재판소를 견제하도록 할 수도 있는데, 이때 헌법재판소와 다른 정부기관 간의 충돌에서 어느 기관의 입장이 더 타당한지를 판단하는 것은 궁극적으로 국민들의 몫일 것이다.

다만 헌법재판에 대한 견제는 헌법재판의 독립, 소수자 보호 문제와 일정한 긴장관계를 형성하고, 헌법재판의 기능과 권위를 약화시킬 우려가 있음에 주의해야 한다. 헌법재판을 제약하거나 훼손하는 조치는 결과적으로 헌법상 안전장치를 제거하는 것이 되어, 이후 민주주의와 인권보장에 유해한 상황을 초래할 수도 있기 때문이다. 따라서 이들 조치는 그로 인한 해악과 다른 대안적 수단에 대한 면밀한 검토 위에서 매우 신중하게 고려될 필요가 있다. 또 이 견제는, 다수의 현실적인 의사나 감정 혹은 사회의 오랜 편견에 힘입은 실천이 아닌, 민주주의와 법치주의, 자유와 평등, 정의와 연대 같은 헌법의 기본원칙과 이념을 실현하고 관철하기 위한 실천이어야 한다.

Ⅳ. 결론을 대신하며

예측은 경우에 따라 단순한 관념에 그치지 않고 현재에 영향을 끼치는 실물적인 힘을 갖기도 한다. 예측이 스스로 자신의 결과를 강화하는 '자기실현적인 예측'과 자신의 결과를 억제하는 '자기부정적인 예측'이 그것이다. 가령 '저 회사는 성공할거야'라는 예측으로 인해 더 많은 사람들이 그 회사에 투자하게 된다면, 이는 성공의 예측이 성공을 실현하는 결과가 된다. 물론 그 반대도 성립한다. 이 글에서 밝힌 긍정적 예측은 자기실현적인 것으로, 부정적 예측은 자기부정적인 것으로 드러나기를 희망한다.

19

헌법재판과 여론*

– 숙의 · 대화 거버넌스를 통한 한국 헌법재판의 재구조화 모색 –

윤성현

한양대학교 정책학과 부교수

한양대학교 정책학과에서 헌법을 가르치고 있다. 18~19세기 영미(英美)의 민주주의 · 자유주의 · 입헌주의 사상과 이론에 대한 관심으로부터 출발하여, 현재는 우리 헌법상 민주주의 원리를 재정의하고 나아가 자유주의 · 입헌주의 등 다른 헌법원리와 공존과 균형을 모색하는 헌법이론의 정립 및 새로운 시대에 부응하는 헌법정책 제도화를 주된 연구목표로 삼고 있다.

『법의 딜레마』, 『법학에서 위험한 생각들』, 『포스트휴먼 시대의 휴먼』의 공저자로 참여하였고, "헌법재판과 여론 – 숙의 · 대화 거버넌스를 통한 한국 헌법재판의 재구조화 모색", "대의민주주의를 넘어, 하이브리드 민주주의는 가능한가? – 새로운 민주적 거버넌스 모델을 위한 시론", "J. S. Mill 민주주의론의 기초개념으로서 숙의(熟議)" 등의 논문을 집필하였다.

법관은 그 날의 날씨가 아닌 시대의 기후를 고려해야 한다.

긴즈버그 美 연방대법관

Ⅰ. 서론: 헌법재판에서 여론을 고려할 수 있는가?

오늘날 우리나라 헌법재판소와 각급 법원은 언론보도를 포함한 다양한 사회적 여론으로부터 영향을 받고 동시에 비판과 감시를 받고 있고, 이는 재판에 대한 비판이나 비난은 물론이고, 심지어 법관 혹은 헌법재판관 개인에 대한 신상 털기나 좌표 찍기, 고소·고발에까지 이르기도 하며, 이러한 상황은 날이 갈수록 심화되고 있다. 이는 정치·사회적 민주화와 정보통신 기술의 발달이 맞물려 여론이 실시간으로 폭발력을 가지게 된 데 기인한 것이기도 하고, 다른 한편으론 정치의 사법화로 인해 사법권의 역할과 비중이 과거보다 훨씬 커진데 기인한 것으로도 생각된다. 과거에는 정치권력이 해냈던 국가 중요 정책결정을 이제는 헌법재판 등 광의의 사법 영역에서 결론을 내리는 비중이 커지다 보니, 이제 여론은 정치권력 못지않게 사법권력을 주시하면서 직·간접으로 영향을 미치거나 견제하려고 시도하고 있다.

하지만 전통적인 사법의 독립 원리에 따른다면 사법은 정치권력은 물론이고 여론으로부터도 영향을 받아서는 안 된다는 의미로 해석되어왔기에, 여론의 영향을 받아 사법적 결정이 내려진다면 이는 곧 사법권 독립에 위배되는 것이 아니냐는 이론적 딜레마가 제기된다. 하지만 사법권도 국가권력의 일부이므로, 헌법 제1조 제2항이 정한 국민주권의 내선제로부터 자유로울 수는 없기에 사법의 민주적 정당성을 확보하는 것은 매우 중요한 일이며, 사법권이 전통적인 정치·정책 문제에 대해 판단하고 결정을 내리는 빈도가 현저히 늘어나는 오늘날 그러한 사회적 요구는 더 클 수밖에 없다. 따라서 광의의 사법권, 그중에서도 헌법재판권의 독립이 곧 여론으로부터 형시적·기계적으로 분리·단절되는 것을 의미하는 것이냐에 대해서는 근

* 본고는 필자의 최근 논문(윤성현, "헌법재판과 여론–숙의·대화 거버넌스를 통한 한국 헌법재판의 재구조화 모색–", 서울대학교 법학 제63권 제2호(2022.6), 35-114면)을 공저의 성격에 맞게 축약·수정한 것입니다.

본적인 재성찰이 요구된다고 보이는데, 아직 우리 헌법학계에서는 이에 대해 본격적으로 논구한 연구는 찾아보기 어렵다.[1)]

오늘날 정치의 사법화가 심화되고 사법부도 정치기관이라는 주장도 나오는 상황에서, 여전히 전통적인 사법의 독립론을 소극적으로 고수하는 데 그치는 것은 긴즈버그가 언명한 시대의 기후climate of the era를 반영하지 못한 것으로 여겨진다. 그보다는 국가권력행사로서의 헌법재판에서도 각종 언론보도, 여론조사를 포함해서 다양한 국민여론을 폭넓게 인식하고 이를 헌법과 법률의 체계 내에 균형 있게 소화하는 노력을 기울이는 것이 솔직하고 바람직하다. 또한 헌법은 단순 다수결로 제정되는 일반 법률과 달리, 경성헌법주의에 의해 가중다수결의 절차를 밟아 제정되는 가장 민주적인 규범인 만큼, 원리적으로도 헌법은 인민의 의사를 최대한 반영한 것이어야 하며,[2)] 이러한 가장 민주적인 규범을 심사기준으로 하는 헌법재판이 국민의 여론 혹은 의사will를 도외시하고 이에 합치하지 않은 결정을 내리게 된다면 그것이 오히려 정당하지 않다고 볼 수 있다. 그러나 유동적이고 일시적인 여론, 혹은 특정 이해관계에 종속되거나 당파적인 여론이 헌법재판에 영향을 미친다면, 그것은 헌법 제103조의 법관의 독립과 헌법재판소법 제4조의 재판관의 독립을 위배하여 법치주의의 근간을 위협하는 것 아닌가, 또한 민주적 기관과 별도로 사법기관을 두는 의의는 무엇인가에 대해서도 의문을 제기하게 할 수 있다.

따라서 전통적으로 사법(司法)으로 분류되어온 헌법재판의 기본원리로 간주되어온 재판의 독립, 특히 여론으로부터의 재판의 독립의 의미가 무엇인지를 새롭게 고찰하기 위해서는 지금 급속도로 변화하는 사회적 현실과 거버넌스의 지형을 염두에 두어야 하고, 이를 통해 미래를 대비한 새로운 헌법이론과 정책론을 준비할 필요가 있다.

---

1) 다만 필자가 본 연구의 중요한 모티브를 얻게 된 선구적 논의로는 다음을 참조. 양건, "헌법재판과 여론", 중앙일보 2004.12.1; 양건, "재판과 여론", 법앞에 불평등한가? 왜?, 법문사, 2015, 306-308면.

2) 대한민국헌법 전문은 "유구한 역사와 전통에 빛나는 우리 대한국민은"으로 시작하며, 세계 최초의 성문헌법인 미국헌법의 전문은 "We the people"로 시작한다. 헌법제정권력자는 우리 국민이다.

Ⅱ. 여론을 고려한 주요 헌법재판소 결정례 검토

1. 헌재 2016.7.28. 2015헌마236등, 부정청탁 및 금품등 수수의 금지에 관한 법률 제2조 제1호 마목 등 위헌확인(청탁금지법(일명 김영란법) 사건)

헌재는 부정청탁금지조항과 금품수수금지조항의 과잉금지원칙 위배 여부를 논하면서 (1) 입법목적의 정당성 및 수단의 적정성 검토 부분에서, "교육과 언론은 공공부문과 민간부문이 함께 담당하고 있는 분야로서 그 공적 성격이 매우 크다. 교육과 언론 이외에도 청구인들이 주장하는 것처럼 건설, 금융, 의료, 법률 등 부패가 문제되는 민간부문은 많이 있다. 하지만 교육과 언론은 국민들의 일상생활에 밀접하게 연결된 분야이고, 국민들은 이 분야의 부패 정도가 심각하고 그로 인하여 직접적으로 피해를 받고 있다고 인식하고 있다. 이런 인식이 여론조사결과에 반영되어 청탁금지법에 사립학교 관계자와 언론인이 포함된 것을 지지하는 여론이 이를 반대하는 여론보다 압도적으로 높게 나타나고 있다"고 설시하여, 여론조사결과를 결정문의 중요한 논거로서 다른 법적 근거들보다 우선하여 전면에 내세우고 있다.[3)]

위와 같이 여론조사결과를 판결의 전면에 내세우는 방식이 타당한지 검토를 요한다. 또한 여론조사결과를 인용하려고 한다면 최소한 그 근거를 명확하게－누가, 어느 시점에, 어떤 조건으로 조사한 것인지, 반대결과는 찾아볼 수 없는지－ 인용해주어야 할 것이다. 어떤 여론조사결과가 있다는 헌재의 '선언'만으로 정당성이 담보되었다고는 할 수 없다. 특히 규범적 논증이 아니라 사실관계 인정의 경우에는 더욱 신중해야 하는데, 헌재는 사실관계를 채택하고 평가할 수는 있지만, 그것은 정확성과 합리성에 바탕을 두었다는 전제에서 그러하기 때문이다.[4)]

3) 다만 2인 재판관(재판관 김창종, 재판관 조용호)의 정의조항에 대한 반대의견은, 적용대상의 확대는 법체계의 정합성(整合性)에 배치된다고 비판하면서, "그 실체적 내용에 관한 숙의(熟議) 과정과 진지한 토론 없이 졸속으로 입법"이 이루어졌음을 비판하고 있다. 이하 헌재 결정문의 밑줄은 모두 필자가 그은 것이다.

4) 가령 美 연방대법원의 경우 판결문에서 여론조사나 통계 등을 인용할 때 그 출처를 밝히

2. 헌재 2015.2.26. 2009헌바17등, 형법 제241조 위헌소원(간통 사건)

헌재는 간통 사건의 다수의견인 5인 재판관(재판관 박한철, 재판관 이진성, 재판관 김창종, 재판관 서기석, 재판관 조용호)의 위헌의견에서, 목적의 정당성을 긍정한 뒤, 수단의 적절성 및 침해최소성을 논하면서 그 첫 번째 항목으로 ① 간통행위에 대한 국민의 인식 변화를 들면서, "우리 사회에서 혼인한 남녀의 정조유지가 전통윤리로 확립되어 있었고, 일부일처제의 유지와 부부간의 정조의무 역시 도덕기준의 하나로 정립되어 왔다. 그러나 최근 전통적인 가족 구조 및 가족 구성원의 역할이나 지위에 대한 인식이 변화하고 있고, 급속한 개인주의 및 성개방적 사고가 확산됨에 따라 결혼과 성에 대한 인식도 바뀌어 가고 있다. 성과 사랑은 형벌로 통제할 사항이 아닌 개인에게 맡겨야 하는 문제로서 부부간의 정조의무를 위반한 행위가 비도덕적이기는 하나, 법으로 처벌할 사항은 아니라는 것이다"고 하면서, "이러한 사회 구조의 변화, 결혼과 성에 관한 국민의 의식 변화, 그리고 성적 자기결정권을 보다 중요시하는 인식의 확산에 따라, 배우자 있는 사람이 배우자 아닌 사람과 성관계를 하였다고 하여 이를 국가가 형벌로 다스리는 것이 적정한지에 대해서는 이제 더 이상 국민의 인식이 일치한다고 보기 어렵게 되었다"고 하여 '국민의 인식 변화'를 위헌 결정의 가장 중요한 논거로서 전면에 내세운 뒤,[5] 수단의 적절성과 침해최소성을 갖추지 못하였다고 결론내리고 있다.

1인 재판관(재판관 김이수)의 위헌의견에서는, "제1, 2유형의 간통행위의 경우에는 제3유형과는 달리 비난가능성이 크고, 기존의 혼인관계를 보호할 필요성도 크므로 이에 대한 형벌적 규제가 아직도 필요하다는 것이 상당수

는 경우가 많음을 비교해볼 수 있다.

5) 하지만 국민의 인식에 대한 실증적 증거는 제시하고 있지 않으며, 단지 "국민의 인식이 일치한다고 보기 어렵게 되었다"는 모호한 표현을 사용하고 있을 뿐이다. 강일원 전 헌법재판관은 결혼과 성에 관한 국민의 의식 등 여러 사실이 간통죄의 위헌 여부 판단에 중요한 자료가 되었음에도 불구하고 사실인정을 위한 증거조사가 이루어지 않았으며, 이는 자칫 객관적 사실과 다른 사실에 근거하는 잘못을 저지를 수도 있음을 지적하고 있다(강일원, "헌법소원과 사실 인정", 법학평론 제10권(2020.4), 23면).

일반 국민들의 법의식으로 보인다. (중략) 또한, 이제는 이러한 제3유형의 간통행위에 대하여는 허울뿐인 법률혼이 있다는 이유만으로 다른 유형과 동일하게 형사 처벌하는 것은 적정하지 않다는 관념이 우리 사회구성원들의 보편적인 법의식으로 보인다"라고 하여, 간통행위의 유형을 3분하여 그 중에서도 3번째 유형은 처벌하지 않아야 한다는 것이 국민의 법의식으로 보인다고 하면서 5인 위헌의견과는 또 다른 국민의 법의식을 제시하고 있다.[6]

하지만 5인 위헌의견의 위와 같은 '국민의 인식' 논거는 다름 아닌 같은 판례에서 2인 재판관(재판관 이정미, 재판관 안창호)의 반대의견에 의해 구체적인 여론조사결과를 통해 바로 반론에 직면하고 있음을 주목할 필요가 있다.[7]

"다수의견은 간통에 대한 우리 사회 대다수의 법의식이 변화하였다고 하나 현재 국민 법의식에 대한 실태조사결과 등 이를 입증할 어떠한 증좌도 없다. 오히려 2005년 한국가정법률상담소가 실시한 간통죄 존폐 설문조사결과에서는 응답자 1만 2,516명 중 60%에 달하는 7,621명이 존치의견이었고, 2009년 여론조사기관이 전국 19세 이상 성인 1,000명을 대상으로 실시한 간통죄 형사처벌 찬반여부 설문조사에서는 응답자의 64.1%가 찬성 입장이었으며, 2014년 한국여성정책연구원이 전국 19세 이상 남녀 2,000명을 대상으로 실시한 간통죄 존폐 설문조사 결과에서도 응답자의 60.4%가 존치의견을 나타냈다. 이렇듯 가정 내 경제적 · 사회적 약자의 입장에 있는 여성들을 비롯한 일반 국민들 중에서는 간통을 형법으로 규제함으로써 국가가 가정을 보호해 주어야 한다는 의견이 존재하는 것은 명백한 사실이다."

3. 헌재 2004.5.14. 2004헌나1 대통령(노무현)탄핵; 헌재 2017. 3.10. 2016헌나1, 대통령(박근혜)탄핵

우리 헌재 결정을 통틀어 가장 정치적이고 여론의 영향에 민감하게 반응한 사건을 꼽으라면 단연 탄핵 사건을 꼽을 수 있다. 비록 두 개의 탄핵

6) 그러나 역시 실증적 근거는 제시하고 있지 않다.

7) 이러한 모순적 설시는 판결문의 신뢰를 약화시킬 우려가 있다는 지적으로 김종현, "간통죄 위헌결정에 대한 연구: 집단적 법감정의 변화에 대한 헌법재판소의 설시를 중심으로", 법과사회 제50권(2015.12) 참조.

사건(2004년, 2017년) 결정문에서 여론을 명시적으로 언급하고 있지는 않지만, 2004년에는 탄핵에 반대하는 다수 여론이 여당의 총선 승리를 가져왔고 그러한 민심이 이후 헌법재판소의 기각결정에 영향을 주었다는 넓은 의미의 헌법적 대화과정을 거쳤다고 볼 수 있고, 2017년에는 1,000만 이상이 광장으로 나와 탄핵을 위친 촛불항쟁이 애초에 탄핵을 주저하고 있었던 국회가 탄핵소추로 돌아서게 하는 원동력으로 작동하였고, 그것이 헌재의 탄핵결정이라는 사법과정으로 귀결되는 헌법적 대화로 이어졌다고 볼 수 있기 때문이다.[8)]

2004년 탄핵결정에서 헌법재판소법 제53조 제1항의 '탄핵심판청구가 이유 있는 때'의 해석론으로서 정립된 '법위반의 중대성' 요건은, 여론을 직접 언급하거나 고려토록 하고 있지는 않지만, 그러한 통로로서 기능할 수 있는 단초를 일부 제공하는 듯 보인다.

"'대통령을 파면할 정도로 중대한 법위반이 어떠한 것인지'에 관하여 일반적으로 규정하는 것은 매우 어려운 일이나, 한편으로는 탄핵심판절차가 공직자의 권력남용으로부터 헌법을 수호하기 위한 제도라는 관점과 다른 한편으로는 파면결정이 대통령에게 부여된 국민의 신임을 박탈한다는 관점이 함께 중요한 기준으로 제시될 것이다. (중략) 대통령이 국민으로부터 선거를 통하여 직접 민주적 정당성을 부여받은 대의기관이라는 관점에서 본다면, 대통령에게 부여한 국민의 신임을 임기 중 다시 박탈해야 할 정도로 대통령이 법위반행위를 통하여 국민의 신임을 저버린 경우에 한하여 대통령에 대한 탄핵사유가 존재하는 것으로 판단된다."

2017년 탄핵결정에서도 '법위반의 중대성' 요건은 재차 확인되었는데, 동 요건을 적용한 '피청구인을 파면할 것인지 여부' 항목에서 헌재가 "위와

---

8) 숙의 민주주의적 관점에서 박근혜 탄핵은 촛불집회 공론장과 제도적 숙의절차의 상호작용이 빚어낸 결과물이라는 견해로 홍성구, "박근혜 탄핵 촛불집회의 민주적 함의-숙의 민주주의와 파수꾼 민주주의를 중심으로", 한국언론정보학보 제89권(2018.6). 헌법재판소가 탄핵 과정을 통해 국회와 대통령 그리고 국민 여론과의 관계에서 전략적 판단을 통해 제도적 기관으로서의 위치를 공고히 하고 있으며 민주적 역할을 확장하는 정치적 행위자로 기능하고 있다는 주장으로는 김현진, "헌법재판소 탄핵 결정의 정치적 의미", 기억과 전망 제37권(2017.12) 참조. 동 논문에서 2004년 탄핵 당시에는 반대 여론이 70.6%였고, 2017년 탄핵의 경우 탄핵지지 여론이 81%에 달했다고 한다(같은 논문, 202면).

같이 피청구인은 자신의 헌법과 법률 위배행위에 대하여 국민의 신뢰를 회복하고자 하는 노력을 하는 대신 국민을 상대로 진실성 없는 사과를 하고 국민에게 한 약속도 지키지 않았다. 이 사건 소추사유와 관련하여 피청구인의 이러한 언행을 보면 피청구인의 헌법수호의지가 분명하게 드러나지 않는다"고 하여 여론과의 접점을 읽을 수 있는 부분이 있다.[9)]

Ⅲ. 여론이 헌법재판에 미치는 영향과 숙의 · 대화의 헌법이론 모색

여론이 헌법상 어떤 의미를 가지느냐에 대해서 우리 사회에서 아직 본격적으로 논의가 이루어지지 못해왔다. 그것은 기존의 헌법논의가 주로 정부government를 중심으로만 정태적으로 이루어져왔기 때문으로 생각된다. 그러나 오늘날 헌법학의 관심사는 —여전히 정부를 중심으로 하면서도— 시민사회 등을 포괄하는 거버넌스governance의 측면에서 동태적 관계론을 중심으로 재정립될 필요가 있다. 여론을 포함하는 숙의 · 대화의 헌법이론을 정초하는데 있어서, 일찍부터 여론이 연방대법원 판결에 미치는 영향에 대해 논의해온 미국의 헌법이론은 중요한 참고가 될 수 있을 것으로 보인다.

9) 2016년 탄핵 결정 선고 이전 리얼미터 여론조사에서는 11월 22-23일, 11월 29-30일, 12월 5-6일에 걸쳐 탄핵 찬성이 각각 79.5%, 75.3%, 78.2%의 압도적인 비율을 보였다(헌법재판소 결정과 대한민국의 변화, 헌법재판소, 2017, 227면 참조). 2017년 2월 7일 한국갤럽 조사에서도 탄핵 찬성이 79%에 이르렀다(이지호 · 이현우 · 서복경, 탄핵 광장의 안과 밖, 한솔수북, 2017, 150면). 김종대 전 헌법재판관은 <시비에스>(CBS) 라디오 '김현정의 뉴스쇼' 인터뷰에서, "며칠에 걸쳐서 계속 100만 명 이상이 촛불을 들고 나온다. 그것이 전 국민의 뜻인데 더 이상 어떤 중대성을 우리가 입증해야 하는가"라면서, "재판관이 법리적 판단을 할 때 민심이나 여론이 작용한다. 재판관들은 촛불집회를 중하게 받아들여야 한다"고 했다(김종대 전 헌재 재판관 "대통령, 탄핵할 정도 중대한 법위반", 한겨레 2016.11.22). 하경철, 조대현, 송두환 전 헌법재판관들도 한겨레21과의 탄핵심판 7문 7답에서, 재판관들이 촛불 민심과 여론의 영향을 받지 않을 수 없다는 점을 공통적으로 언급하였다(전 헌법재판관들, 한겨레21, 제1141호, 2016.12.10).

1. 여론이 연방대법원 판결에 미치는 영향에 관한 미국 헌법이론 검토

(1) 브루스 애커만(Bruce Ackerman)의 이원 민주주의(dualist democracy)

미국의 대표적 헌법학자 애커만은 그의 주저인 「We the People (1)-Foundations」를 통해서 헌법정치constitutional politics와 일상정치(normal politics, 혹은 통상정치)를 구분하면서 미국 헌정사를 재해석하는 작업으로 명성을 얻었다.[10)] 애커만에 의할 때 헌법정치의 시간에 인민의 숙의와 숙고된 판단이 내려지고 이것을 대법원이 사법심사권을 통해 유지, 보존하는 것이라고 한다. 헌법은 완성품이 아니라 진화하는 것이지만, 그 진화는 사법부의 해석에 의한 것이 아니라 헌법정치의 시기에 시민들의 동원된 숙의mobilized deliberation를 통해 이루어진다는 것이다.

애커만은 우리 국민We the People을 통해, 헌법정치의 수준에서 인민의 일반의사general will를 확인할 수 있고 연방대법원은 이러한 헌법을 보존하는 역할을 해야 한다고 함으로써, 종전 비켈 등이 일원적 민주주의monistic democracy 관점에서 정치와 법을 엄격하게 구분한 것에서 벗어나, 반다수결주의 난제를 풀어내는 헌법이론으로서 이원적으로 민주주의를 이해하여 대의민주주의와 직접/참여 민주주의를 결합할 수 있는 가능성을 마련했다. 이는 과거 자유주의적 대의민주주의에 지나치게 경도됐던 미국의 민주주의를 (자유)공화주의적 민주주의로 재구성하고, 특히 인민의 숙의deliberation를 헌정에 접목할 수 있는 이론적 틀을 제공한 점에서 주목할 수 있다고 생각된다.

애커만은 이후, 공론조사deliberative poll를 창시한 정치/커뮤니케이션 학자 James S. Fishkin과 공저한 숙의의 날Deliberation Day을 통해,[11)] 미국민 전체 중 확률표집의 방법으로 뽑은 일반 시민들이 같은 시간에 공론조사를 위해 모여 각각의 장소에서 타운미팅과 유사한 방식으로 대통령 선거 혹은 의회 선거에서의 주요 아젠다에 대해 의견을 제시하도록 하자는 아이디어를 상

---

10) Bruce Ackerman, We the People (1)—Foundations, The Belknap Press of Harvard University Press, 1991.

11) Bruce Ackerman, James S. Fishkin, *Deliberation Day*, Yale University Press, 2004.

세하게 제시하고 있는데, 이와 같이 숙의의 날에 공론조사를 통해 결집된 여론은 당해 선거에서 선출된 정치인들에 대한 무시할 수 없는 사실상의 정치적인 구속력을 갖게 될 뿐 아니라, 이러한 쟁점이 문제되어 연방대법원의 심사에 회부되었을 때 연방대법원으로서도 무시할 수 없는 중요한 민주적 근거로서 기능하게 될 것이다.[12)]

(2) 리처드 포스너(Richard Posner)의 법실용주의(legal pragmatism)

미국의 전 연방항소법원 법관이자 미국에서 가장 많이 인용되고 있는 저명한 법학자인 리처드 포스너는, 「How judges think」라는 책을 통해서 기왕의 주류적인 법규주의legalism적 재판모형을 비판하면서 법실용주의적 재판모형으로 사법행태를 설명해야 한다는 입장을 피력한다.[13)] 특히 상급심 법원인 연방대법원은 정치적 법원Political Court이며, 연방대법원은 점점 헌법사건을 중심으로 다루고 있다는 것이 포스너의 설명이다.[14)]

위의 책 제10장 「연방대법원은 정치적 법원이다」에서는 위와 같은 견해가 집약적으로 드러나 있다. 포스너는 미국의 법관들은 실용주의자가 될 수밖에 없는데, 연방대법관들, 특히 헌법적 쟁점을 다루는 대법관들은 '정치적인 법관들'이라고 한다. 연방대법원은 오래전부터 자신의 업무가 하급법원들의 잘못을 바로 잡는 데 있지 않다는 사실을 강조해왔고, 이는 연방

---

12) 미국은 헌법개정절차가 너무 복잡하고 어렵기 때문에 숙의의 날과 같은 작업이 실질적으로는 거의 개헌을 방불케 하는 수준의 공론화가 될 수 있는데, 우리나라의 경우는 연방국가가 아닌 단일국가로서 미국에 비해서는 경성헌법성이 완화되어 있기 때문에, 우리의 경우에는 헌법개정절차 자체에도 숙의적 방법을 접목하는 방안을 충분히 강구해볼 필요가 있다고 생각한다. 이에 대해서는 윤성현, "2017년 헌법개정과정에의 시민참여와 헌법교육의 모색-1987년 헌법개정과정의 경험을 바탕으로", 법교육연구 제12권 제3호(2017. 12); 윤성현, "대의민주주의를 넘어, 하이브리드 민주주의는 가능한가?-새로운 민주적 거버넌스 모델을 위한 시론", 공법연구 제49권 제2호(2020.12), 27-28, 39-40면 참조.

13) Richard A. Posner, *How judges think*, Cambridge, MA: Harvard University Press, 2008. 국내번역서로는 리처드 포스너(Richard A. Posner)/백계문·박종현 공역, 법관은 어떻게 사고하는가, 한울, 2016.

14) 연방대법원이 다루는 사건 중 헌법사건의 비중은 평균적으로 36% 정도였고(1946-2014년), 2005년 로버츠 대법원장 취임이후로는 30% 이하로 떨어지고 있다는 견해로 이제우, 미국 연방대법원 판결의 유형과 사회적 영향에 대한 연구, 사법정책연구원, 2016, 95-97면. 그러나 산술적인 비율은 그렇다 하더라도, 사회적 중요성이나 관심도에 있어서는 포스너의 설명이 적실성을 갖는다고 생각된다.

대법원이 기본적으로 입법적 성격을 갖는다는 것을 의미한다고 한다.

포스너는 대법원이 헌법 사건만 심리하는 법원이 아님에도 불구하고, 또 그 비중이 일반 법률 관련 사건보다 현저히 많은 것도 아님에도 불구하고, 수가 더 적은 헌법 사건들이 대중의 관심을 크게 끈다고 한다. 이와 같은 오도된 인식은 대법원을 입법부의 재량만큼 큰 재량을 행사하는 정치기구로 보이게 하고, 또한 헌법사건에서 대법원은 더 큰 권력을 행사한다.

연방대법원의 판결은 누구나 주목하기 때문에 정치적 제약이 크고, 대중의 반응이 아주 강렬하고 광범위할 경우에는 대법원에 대한 정치적 도전이 촉발될 수도 있다고 한다.[15] 대법원의 역할은 제방이 터질 때까지만 손가락으로 막고 버티는 데 그치고, 여론이 압도적으로 형성되면 정치인들과 마찬가지로 대법관들도 손을 들지 않으면 안 된다. 헌법상 법관의 재량을 제한할 방법(특히 외적 제약)은 거의 없는데, 다만 대중의 분노 같은 강력한 여론만이 예외인 것이다. 입법자들은 원래 여론의 제약을 받기로 한 데 비해서 법관은 여론을 무시하기로 되어 있기 때문에, 여론은 법관에 대한 외적 제약 중 가장 문제가 많은 제약이기도 하다.[16]

포스너는 다른 연구를 인용하면서, 외국의 헌법재판소들에는 보통 구술변론이나 반대의견 공표 등이 존재하지 않으며 따라서 미국 대법관들처럼 대중의 인기를 노릴 기회가 별로 없다는 점을 지적한다. 그러나 미국의 대중은 여론 법정을 형성하며the court of public opinion, 헌법에 관한 논쟁에 대중이 참여하는 것은 헌법재판에 민주적 요소를 더한다고 한다.

한편 포스너는 법관의 숙의deliberation가 비공개적으로 이루어지며, 실제로는 숙의 자체가 잘 이뤄지지 않음을 지적한다. 가령 렌퀴스트 전 연방대

15) Richard Posner, 위의 책, 223, 397면. 포스너는 대법원이 "틀린" 대답을 내놓을 경우 헌법개정이나 예산 등의 의회의 보복, 대통령의 시행거부나 대법관 탄핵 운동 등이 벌어질 수 있다고 한다(같은 책, 395면 참고). 동성혼의 예도 들고 있는데(397면), 이 책은 연방대법원이 동성혼 합헌 판결을 내리기 전의 저작이라, 동성혼을 둘러싼 다이나믹스에 대해 보충이 필요하다.

16) Richard Posner, 위의 책, 397면. 포스너는, 미국의 인준 절차는 연방법관을 선발하는 데 포퓰리즘적 요소가 개입하는 몇 안 되는 과정 가운데 하나라고 하면서(230면), 대법관의 능력을 도외시할 정도로 대법관의 이데올로기에 모든 질문이 집중된다고 한다(402-403면). 가장 최근에 캐버노 대법관 인준을 둘러싼 미국 사회의 논쟁도 이를 극명하게 보여준다.

법원장은 "대법관들은 다른 사람들, 특히 소장 대법관들의 반대의견에 부응해 자신의 투표방향을 바꾸는 경우는 거의 없다"면서, 회의를 갖는 목적은 동료 대법관들의 견해를 바꾸는 데 있다기보다는 대법원의 다수의견이 무엇인지를 판정하려는 데 있는 것이 거의 대부분이라고 하였다.[17]

나아가 포스너는 오늘날 대법원의 판결문을 대부분 재판연구원들이 쓰고 있다고 지적한다. 젊은 재판연구원들이 쓰기 때문에 과거보다 더 법규주의적인 판결문이 나오고 있음도 지적한다. 또 포스너는 대법관들이 법학계의 비판에 대해서는 크게 관심이 없다는 점도 지적하고 있다. 재판에 대한 외적 제약을 다룬 제5장에서는, 판결문들에 대한 전문가 비판은 대체로 법관에게 심각한 정도로 경시되고 있으며 법관들의 행태에 영향을 못 미치고, 대법관들이 입법자나 일반 여론 또는 매스미디어에는 신경쓰면서 학계의 비판에 대해서는 신경을 쓰지 않는다고 한다.

(3) 배리 프리드먼(Barry Friedman)의 헌법적 대화(constitutional dialogue)

헌법적 대화constitutional dialogue는 우리 학계에서는 아직 생소한 개념이지만,[18] 오늘날 영미학계에서는 상당한 지지를 얻고 있는 것으로 보인다. 특히 우리와 달리 법학과 사회과학 간에 학제 간 연구가 활발한 미국의 학문적 현실에서, 헌법적 대화에 대해서는 법학자들뿐만 아니라 정치학자 등 사회과학자들의 논의도 활발한 편으로 보인다.[19] 여기에서는 헌법분야의 대표적 대화론자인 뉴욕대 로스쿨 배리 프리드먼 교수의 문제의식을 일부 공유함으로써 논의의 단초를 가져오고자 한다.

프리드먼은 대표작 「The Will of the People」에서,[20] 사법은 큰 영향력

17) Richard Posner, 위의 책, 440-441면. 우리의 경우 다음 기사 참조. "대법관들, 의견 엇갈릴 때 토론·설득보다 각자 소신 선택", 법률신문 2019.8.19.

18) 김선택, "헌법적 대화에 있어서 헌법재판소의 역할", 공법연구 제41권 제4호(2013.6); 함재학, "헌법재판의 정치성에 대하여: "헌법적 대화" 모델을 위한 제언", 헌법학연구 제16권 제3호(2010.9) 참조.

19) 다만 양자는 사법심사에 대해서 서로 다른 접근방법을 취한다. 법학자들은 규범적인 차원에서, 법관이 어떻게 판결해야 하는지에 대해서 연구하는 반면, 정치학자나 정치경제학자들은 법관이 어떻게 판결하는지에 대해서 실증적인 질문(positive questions)을 던지려는 차이를 보인다. Barry Friedman, "The Politics of Judicial Review", 84 Tex. L. Rev. 257 (2005) 참조.

을 가지지만 책임성이 결여되었다는 점으로 인해서 정당성의 문제, 특히 민주성이 결여되었다는 혐의를 받아왔는데, 법원은 미국 인민the American public이라는 더 큰 권력에 따라왔다는 점을 밝히고, 적어도 지난 60년간 대법관들의 결정은 여론에서 크게 벗어나지 않았다는 점을 보여주려 한다.

위 저서의 기본 토대가 된 '대화와 사법심사'Dialogue and Judicial Review[21] 논문에서, 프리드먼은 비켈이 제기했던 반다수결주의 난제countermajoritarian difficulty가 대부분의 사법심사에 관한 규범적 접근에서 전제로 해야 하는 것처럼 간주되고 있지만, 사실 그것은 과장된 것이고 부정확한 전제라고 지적한다. 프리드먼은 사법심사의 많은 이론들이 이상적이고 의무론적이라고 하면서, 현실reality은 그런 원칙에 미치지 못하고 있으므로 법원이 실제로 작동하는 방법을 보여주고자 한다. 그리고 실제의 일상 세계에서 매일 일어나는 이와 같은 사법심사의 과정을 *대화(dialogue)*라 명명한다.[22] 사법심사는 훨씬 더 상호의존적이고 상호작용적인 성격을 갖는다. 헌법해석은 법관과 정치적 단위 사이의 세심한 토론과정이다.

프리드먼은 법원은 대화 과정에서 필수적인 역할을 한다고 하면서, '헌법재판을 하는 법원들'Constitutional courts은 개인의 권리구제 요구나 소위 권한을 위임받은 정치기구로 설명되는 정부의 조치에 대한 위헌여부를 심사한다. 법원은 이 논쟁에 참여한다. 헌법의 개방적 문언은 이러한 문제들에 차이divergence를 허용한다. 법원은 다른 모든 정부부처와 마찬가지로, 헌법의 의미에 관한 적극적인 참여자이다. 그러나 법원은 훨씬 더 많은 역할을 할 수 있는데, 법원은 헌법적 논의를 조정하고 규정짓는다. 그 문언에 관한 해석적 합의에 이르는 과정은 동학dynamic이다. 법원은 일정 기간 유효한 해석을 제시할 수 있지만, 그러나 법원의 의견은 그러한 해석을 변화하게 만드는 길에 대한 해석으로 이끌 수도 있다. 동시적이지는 않다 할지라도,

---

20) Barry Friedman, *The Will of the People: How Public Opinion Has Influenced the Supreme Court and Shaped the Meaning of the Constitution*, Farrar, Straus and Giroux; Signed edition (August 17, 2010).

21) Barry Friedman, "Dialogue and Judicial Review", Michigan Law Review Vol.91, No.4 (Feb., 1993), pp.577-682.

22) 프리드먼은 대화라는 용어를 먼저 쓴 학자 중 하나로 애커만을 지목하고 있다. Ibid, 653면 각주 388 참조.

인민의 세력이 변하고 증가하는 것에 따라서 지배적 (헌법) 해석도 움직이고 바뀔 수 있다. 이런 헌법해석의 과정은 법원이 좀처럼 인민의 의사에 거역하지 못하도록 한다. 차라리, 법원은 다양한 인민의 견해들의 타협을 이뤄내게 한다. 이처럼 모든 이해 당사자들이 참여하는, 헌법해석의 상호작용 과정을 프리드먼은 대화dialogue라 부른다.

2. 헌법재판을 둘러싼 통합적 숙의거버넌스 헌법이론 구축의 필요성

미 건국헌법의 기초자 알렉산더 해밀턴Alexander Hamilton의 언명처럼, 과연 사법부는 국민의 의사will를 반영하지 않고 단지 판단judgement만을 하는 기관인가?[23] 근대 이후 3권 분립을 통해 새롭게 정립된 사법(司法) 개념을 중심으로 한 '법치주의/법의 지배' 원리가 전제하는 것은, 주관적이고 자의적인 사람의 지배(人治)를 배제하고 객관적이고 명확한 법의 지배(法治)를 구현하자는 것에 기본적인 배경이 있다. 또한 이는 법이 명확하게 판단의 근거를 제공하므로, 이를 현실에 포섭하면 타당한 결론이 도출된다는, 자족적이고 완결적인 법의 체계를 전제로 한다.

전통적으로 법과 정치를 비교적 엄격히 구분하고 헌법재판을 사법작용으로 인식하는 견해에서는, 헌법재판이 법도그마틱의 삼단논법에 따라 내려지는 것으로 간주되어 왔기에, 여기에 민주주의적 요소, 특히 '비제도적'인 성격의 여론이 개입할 공간을 확보하기는 용이하지 않았다. 여기에 더하여 법원에 대하여 보장되고 있는 사법의 독립 원리는, 헌법재판소에 대해서도 적용된다는 견해가 일반적이기에,[24] 헌법재판소는 정치권력과는 거

---

23) HAMILTON, The Judiciary Department, Federalist Papers, No.78.

24) 법원과 헌법재판소는 동급의 사법기관임에도 불구하고 법관의 독립은 헌법에, 재판관의 독립은 법률에 규정되어 있는 부분을 어떻게 해석할 것인가? 통상 이것이 특별한 차이를 가졌다고 해석되지는 않고 입법상의 미비나 부주의였을 것으로 보는데, 관점을 달리해서 보면 이처럼 다른 수준에서 입법된 일반법원과 헌법법원의 '사법의 독립' 원리는 반드시 같은가 혹은 다를 수 있는가에 대한 문제제기도 가능하다고 생각된다(그동안 통상의 논의는 법원 파트에서 사법의 독립을 자세히 논한 후, 헌법재판소 파트에서는 이를 반복, 원용하는 식이 거의 대부분이었다). 일반법원은 다수의 대표인 의회가 제정한 법률의 해석, 적용을 하는 기관이므로 이를 일시적 다수의 의사인 여론으로부터 독립시키는 것은 더 의미가 있다고 할 것인데, 헌법법원 혹은 헌법재판소는 다수의 대표가 제정한 법률이나 혹은 행정처분 등에 대해 초다수(supermajority)의 여론이 반대할 경우에 이를 어떻게

리를 두고 구분된다고 보는 것이 일반적인 해석이었으며, 따라서 정치권력과 달리 제도적으로 정립되지 않은 여론의 헌법재판에 대한 영향은 수면 위의 쟁점으로 거의 떠오르지 않았다. 마지막으로 가장 직접적으로는 헌법재판관이든 (대)법관이든 평의의 비공개 원칙이 있고,[25] 따라서 판결문에 명시된 사항 외에는 재판과정에 어떤 요소가 어떤 영향을 미쳤는가라는 점을 규명하는 것은 매우 어려운 과제였다는 점이 이러한 논의를 가장 어렵게 한 요소였을 것으로 보인다.

헌법은 법이라는 점은 오늘날 의심할 바 없지만, 한편으로 헌법은 고도의 정치적인 산물이고 또한 늘 살아있는 정치를 대상으로 한다는 점에서, 헌법 또한 기본적으로는 살아있는 헌법living constitution이 될 수밖에 없다. 그리고 오늘날 민주화의 저변 확대와 기술의 발전으로 인한 접근성의 강화는, 기존의 대의정치만이 아니라 시민정치의 대폭적인 확대로도 이어지고 있다. 그러므로 헌법재판을 단순히 사법작용으로 간주하여 전통적 포섭자동기계론이 그대로 적용된다는 접근은 오늘날 우리에게 설득력 있게 다가오기 어렵다. 그보다는 헌법재판도 기존의 대의정치는 물론, 여론의 영향도 받을 수 있음을 솔직하게 시인하고, 그런 가운데 어떻게 우리가 바라는 정의롭고 공정한 헌법재판을 구현할 수 있을까를 실질적으로 논의해야 한다. 이것이 가능해진다면, 헌법재판의 문제에서 늘 이론적 문제로 제기되는 전통적 반다수결주의 난제를 넘어, 법/정치의 이론적 가교를 놓음과 동시에, 헌법재판의 민주적 정당성을 실질적으로 확보하는 계기를 마련할 수 있다.

본고에서 헌법재판을 '정치적 사법'으로 그 성격을 재구성하고 이에 따라 전통적인 법치주의나 사법의 독립 논의로부터 벗어나 통합적이고 민주적인 숙의·대화 거버넌스를 통해 새로운 이해의 발판을 마련하는 것은, 한국의 헌법재판이 직면한 오늘날의 정치·사회적 현실의 변화에 엄중히 대응하고, 헌법재판의 규범력을 지난 30년을 넘어 앞으로도 지속가능하도록 자리매김하기 위한 미래를 향한 노력이다.[26] 1988년 개소 이후 상당 기

처리할 것인가에 대한 문제가 제기될 수 있어, 일반법원과는 다소 결이 다른 문제지점이 생길 수 있다.

25) **헌법재판소법** 제34조(심판의 공개) ① 심판의 변론과 결정의 선고는 공개한다. 다만, 서면심리와 평의(評議)는 공개하지 아니한다.

간은 권위주의 정권 시대의 뚜렷한 악법에 대한 위헌결정으로 구시대와 결별하면서 민주주의를 신장시키고 자기 정당성을 무난하게 확보할 수 있었지만, 우리 사회에서 정치적 민주화가 진행된 지도 30여년이 지난 지금에 와서는 과거와 같이 단순한 선/악의 이분법적 사법의 잣대만으로는 헌법재판의 정당성과 규범력을 온전히 확보하기가 어려운 상황에 직면해있다. 재판관이 개인적으로 충분히 선의를 가지고 성실하게 재판에 임한다고 하더라도, 재판과정에서 여론의 반영이 충분하지 않을 경우 자칫 재판관의 가치관이나 정치적 성향을 반영한 결정으로 오인받을 수도 있고, 재판이나 법관 자체의 정당성에 대한 도전이 이어질 수 있음을 경계해야 한다. 또한 오늘날은 헌법재판의 영향력이 확대된 데 비례해서 정치권력이 당파적 목적으로 헌법재판소를 장악하려는 시도가 커질 수 있는 상황이므로, 시민사회의 다양한 여론을 충분히 수렴할 공간을 마련함으로써 이러한 직접적 충격에 대한 완충지대를 확보할 필요도 있다고 생각된다.

다만, 헌법재판을 숙의와 대화 거버넌스의 틀로 통합적으로 이론화함으로써 여론을 고려할 공론장을 확보한다고 하더라도, 그것은 사법적 성격에 좀 더 무게를 두고 신중한 절차와 방법으로 이루어져야 할 것이다. 즉 헌법재판이 국민주권에 기초하며 정치적 성격을 가지더라도 그것의 무게중심은 '사법'에 더 기울어있고, 이는 법치주의 원리에 더 정향되어야 한다는 우리 헌법과 자유민주적 헌법체계의 특성을 고려하면, 사법적 소통의 체계와 문법 내에서 수용할 수 있는 한도에서 정치와 여론을 고려하는 것을 한계로 삼아야 하고, 사법적 특성을 상실하거나 몰각하고 전적으로 정치기관이 되어버릴 때에는, 헌법재판의 독자적 헌법기관으로서의 정당성과 존재의의, 즉 ① 사법적 기관으로서의 절차적 · 제도적 장점[27] 및 ② 정치기관

---

26) 김진한 전 헌법연구관이 적확히 지적하였듯이, "중요한 헌법적 쟁점에 대하여 국민과 언론, 다양한 전문가들의 관심과 토론을 초대하지 못하고 판단하는 것은 헌법의 위력을 축소시키며, 헌법재판소 권한남용의 위험을 증대시키고, 헌법재판에 대한 신뢰를 심사 소멸시키게 된다"(김진한, "바른 길, 헌법재판소에 보내는 헌사", 인권의 창 헌법의 길, 인권으로 본 헌법재판 30년, 경인문화사, 2018, 15면).

27) 로널드 드워킨은, "원리에 관한 어떤 중대한 쟁점을 국민투표 또는 의회를 통해 결정하기 전에 이루어지는 공적 토론은 이성적인 논쟁을 강조하는 질 높은 것이 될 수도 있지만, 실제로 그런 경우는 거의 없다. … (중략) … 그러나 쟁점이 헌법적인 것으로 이해될 때, 그리고 일반적인 헌법 원리를 적용하는 법원이 궁극적으로 해결해야 할 것으로 이해될

에 대한 견제기관으로서의 장점을 상실하게 될 우려가 있다.

사법기능의 개념징표로서 가장 중요한 부분은 ① 적법절차로서 대심절차의 충분한 보장과 ② 법적 논증의 강화가 되어야 할 것이다. 같은 결론에 동조하는 재판관의 수number가 많음이 단순히 중요한 것이 아니고, 각각의 논변이 충실한 근거를 가지고 있고, 그것이 자유롭고 대등한 법적 논증과 숙의의 시간을 거쳐서 이성적 합의에 이른 것이냐는 점이 중요한 것이다. 헌법재판이 '헌법재판이라는 이름의 정치'의 수준에 머무르게 되면, 이는 사법의 이름으로 또 다른 과두제의 지배를 인정하는 것으로 변질될 우려가 크기 때문이다.

이상 필자의 문제의식에 따라 헌법재판을 둘러싼 통합적 숙의·대화 거버넌스를 개략적으로 도표화하면 다음과 같다.[28] 헌법재판소가 '사법적 숙의'와 '민주적 숙의'의 중층적 가교역할을 맡는 구조이다.

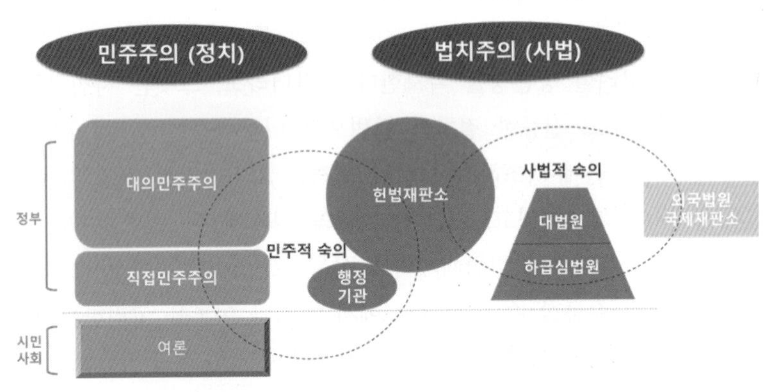

[헌법재판을 둘러싼 통합적 숙의거버넌스 구상]

때 공적 논변의 질은 종종 개선된다. 왜냐하면 그 논변은 처음부터 정치적 도덕의 질문에 집중하기 때문이다"(Ronald Dworkin/이민열 역, 자유의 법, 미지북스, 2019, 558면)라고 하여 법원과 헌법재판이 공적 논변의 질에서 우위를 가질 수 있다고 보고 있는데, 기본적으로 필자도 이에 찬동하는 입장이다. 단, 필자의 경우는 민주주의의 영역도 숙의(deliberation)를 활성화함으로써 단순히 다수정치나 이익정치에서 벗어나야 한다고 보는 면에서는 다소 다를 수 있다.

28) 헌법재판의 민주적 절차적·정당성 확보를 위한 공론장 형성의 헌법정책론 부분은 분량관계상 본고에서 다루지 못하였다. 윤성현, "헌법재판과 여론－숙의·대화 거버넌스를 통한 한국 헌법재판의 재구조화 모색－", 서울대학교 법학 제63권 제2호(2022.6), 75-101면을 참조.

Ⅳ. 결론: 헌법재판을 통한 민주·사법의 통합적 공론장 모색

헌법재판소가 87년 민주항쟁 이후 1988년 미약하게 출발했음에도(소위 the least dangerous branch) 이후로 우리 사회에서 꾸준히 영향력을 확대해오며 높은 신뢰도를 유지할 수 있었던 이유는, 다른 기관에 비해 상대적으로 국민의 의사를 경청하고 이를 결정문에 사법적으로 반영하는 반응성responsiveness의 체계가 비교적 잘 작동했기 때문이다. 즉 다른 국가권력에 비해 '토론을 초대하는 수단'에 있어서 상대적으로 우위를 점했기 때문으로 필자는 생각한다.[29)]

하지만 단순히 과거를 답습하는데 그친다면 한국 헌법재판의 미래는 밝지 못할 수 있다. 자칫 지금까지의 영광에 안주하여 권력기관의 입지를 얻은 것에 안주하고 기득권화하는 것은 매우 위험하다. 정치적 사법기관으로서의 헌법재판소의 강점은, 각종 국가기관과 국민을 유연하게 공론장의 토론에 초대하면서도, 헌법적·사법적인 체계와 논리라는 한계를 넘지 않는 중용(中庸)의 묘에 있을 것이다. 힘써 토론을 초대하려 하지 않고, 자칫 정파적 이해관계에 경도되어 정치기관임을 자임하거나, 국민의 뜻을 충분히 듣고 헤아리는 데 소홀하고 국민과 국가기관을 사법적으로 통제하는 데 그친다면, 어느 쪽을 택하든 '형평의 기예'art of balance로서의 헌법재판의 묘미는 줄어들게 될 것이다.

헌법재판은 단심(單審)에 그치지만, 국가와 사회에 대한 파급효는 매우 크고 전방위적이라는 점을 늘 염두에 두어야 한다. 따라서 민주·사법의 중층적 공론장을 통해 풍성한 논증 경연이 활발히 펼쳐진 연후에 비로소 절제된 결론으로 인도되어야 하는 것이 헌법재판이다. 어느 한 순간에 특정한 재판관이 자신의 가치관을 일방적으로 선언함에 그치는 것은 헌법재판이 될 수 없다. 그것은 오히려 헌법재판의 가치와 정당성을 훼손시키는 일이 된다. 헌법재판이 좋은 재판을 통해 국민의 신뢰를 받기 위해서는, 내

29) 김진한, 앞의 글, 17-18면 참조.

부 합의와 숙의를 대폭 활성화하고, 외부의 국가기관들이나 국민들과 헌법적 대화를 증진시킴으로써, 판결의 질과 정당성을 제고하고 이를 통해 국민주권을 다시금 확인하는 선순환의 구조를 모색하는 것이 선결과제임을 잊지 말아야 한다.

> 헌법재판이 따라야 할 것은 부침하는 여론과 구별되는 '진정한 국민의 의사'이며, 그것은 '헌법 속에 나타나 있는 국민의 의사'다.
>
> 양건 교수[30)]

---

30) 양건, 법앞에 불평등한가? 왜?, 법문사, 2015, 308면.

20

대의 민주주의의 미래

조소영

부산대학교 법학전문대학원 교수

부산대학교 법학전문대학원 교수로, 헌법을 주된 강의영역으로 하면서 그 외에도 언론법, 선거법, 정당법 등에 대해 연구하고 있다. 주요 저서로는 공저로 『사례헌법학』(2013), 『미디어와 법』(2017)이 있고, 최근 논문으로는 "명예훼손에 기한 피해구제의 법제와 현실"(2021), "코로나19 시대의 개인정보자기결정권의 보호"(2021), "선거관리위원회의 헌법적 의의와 독립성 확보 논의"(2020), "주식회사와 정치적 표현의 자유"(2020) 등 100여편의 연구논문이 있다.

Ⅰ. 들어가는 말

인류 역사에 있어서 혁명적 계기로 우리의 삶을 바꾸었던 순간들은 여러 차례 있었다. 하지만 이즈음의 우리의 생활 속에서 ICT 기술에 기반한 자동화의 영향력은 엄청나게 확대되고 있고, 인간의 고유한 분야로 여겨져 온 인지와 사고영역에 이르기까지 확장되고 있다. 때문에 이러한 기술들 덕분에 우리의 삶이 좀 더 살기 좋게 나아질 것이라는 긍정적 기대감을 넘어서, 이젠 변화된 사회의 모습과 내용에 대한 우려와 공포감까지 느끼는 사람들이 존재한다. '정보기술과 생명공학이 만난 결과로 탄생한 새로운 알고리즘은 나 자신에 대해서 나보다 더 많이 알게 될 것이고, 그러한 알고리즘을 갖기만 한다면 내 판단을 단순히 예측하는 데서 그치지 않고 나의 느낌과 감정까지도 조종할 수 있게 될 것이다 … 민주주의는 이런 상황에서 살아남기 쉽지 않을 것이다 … 자유민주주의가 직면한 최대의 위협은, IT 기술의 혁명적 발전은 독재를 더 강력하고 효율적으로 수행할 수 있게 해준다는 점이다'라는 유발 하라리의 연설내용[1)]처럼.

이처럼 지능정보기술이 만들어 준 빠른 변화의 궤도 안에서 증대된 편의성과 용이성을 체험하고 있는 우리들이 지극히 원론적이고 고전적이라 여겼던 '민주주의'에 대해서 다시 생각하게 되는 지점에 서있게 된 것이다. 오늘날을 살아가고 있는 우리 사회적 · 정치적 공동체에게 민주주의라는 헌법원리가 再考되어야 하는 이유는, 인터넷의 탈공간성 · 탈시간성 · 탈인격성 · 탈형식성이라는 속성에 기한 새로운 형태의 의사교류 場의 형성 및 정보화기술을 바탕으로 하는 정치참여 변환과 밀접한 관련성을 갖는다. 왜냐하면 인터넷의 속성에 기한 사이버 공간의 다양한 작용과 지능정보기술의 고도화에 의해 새로운 유형의 민주주의 –그것이 단순한 변경이건 아니면 본질적인 변화이건 간에– 가 탄생되었다고 하거나 또는 그 과정 중에 있다고 보기 때문이다.[2)] 그리고 이러한 인식은 민주주의의 구조변화에 대한

1) https://www.ted.com/talks/yuval_noah_harari_why_fascism_is_so_tempting_and_how_your_data_could_power_it (최종방문 2020.9.10.)

논의의 중심이 되는 것일 뿐만 아니라, 그 변화양상과 변화내용에 대한 원리적 평가를 수행해야 할 필연적인 이유가 된다고 하겠다.

Ⅱ. 지능정보기술에 기반한 다양한 개념의 민주주의론(論)

그동안 인터넷 등 전자정보통신기술이 이용되고 있는 현실을 민주주의와 관련하여 칭한 용어들이 많았다. 원격 민주주의, 모뎀 민주주의, 사이버 민주주의, 디지털 민주주의, 온라인 민주주의, 전자 민주주의 등.[3] 이러한 개념적 설명의 바탕은 이미 우리에게는 필수적인 존재가 된 컴퓨터와 인터넷의 등장으로 인한 사회적 변화였고, 이 정보기술은 인간의 정보활용능력을 높여주는 데 기여함으로써 정치참여의 기회와 방법들을 다양하고 편리하게 제공해주는 기능을 수행했다. 그래서 이러한 인터넷을 통한 즉각적인 상호작용과 정보접근의 용이성이 사람들의 자발적이고 적극적인 참여를 촉진시켜서 민주주의를 강화 또는 변화시킨다고 평가했던 개념들이었던 것이다. 그런데 여기에서 더 나아가 우리가 맞이한 또 하나의 기술변화가 기반이 되어 새로운 민주주의 용어들이 등장했다. 더 발전된 새로운 지능정보기술인 인공지능AI, 사물인터넷IoT, 빅데이터Big Data, 클라우드Cloud 등과 같은 지능정보기술의 등장으로 인한 변화된 세상에서 정의된 개념들이 그것이다. 새로운 지능정보기술은 인간과 사물의 인지·학습·추론 등 고차원적 정보처리활동을 구현하면서, 우리 사회를 보다 빠르고 촘촘하게 융합된 초연결사회로 확장시켰다.[4] 초연결사회는 사람과 사람, 사람과 사물, 사물과 사물이 지능적으로 연결되는 네트워크 기반 사회인데, 이 네트워크는 항상 연결되어 있고 상시적으로 접근 가능하며 데이터를 끊임없이 생성하고 신속히 수집·전파·활용가능하도록 해준다.[5] 이러한 지능정보사회에서

---

2) 조소영, "사이버민주주의의 헌법적 함의", 사이버커뮤니케이션학보 제23호(2007), 234면.

3) 홍일선, "전자민주주의에 관한 헌법적 논의", 강원법학 제53권(2018.2), 197-199면.

4) 민희·김정연, "지능정보기술과 민주주의: 알고리즘 정보환경과 정치의 문제", 정보화정책 제26권 제2호(2019.4), 82면.

5) Jean-Gabriel Ganascia, Views and Examples on Hyper-Connectivity(The Onlife Manifesto: pp.65-85). https://link.springer.com/chapter/10.1007/978-3-319-04093-6_13 (최종방문 2020.8.29.)

우리의 삶과 의사결정은 데이터를 중심으로 점점 자동화되고 있는데, 이를 데이터 기반 민주주의Data-driven Democracy라고 칭한다. 그리고 이러한 지능정보사회에서 비로소 자발적·개방적 참여와 책임성을 지닌 시민들의 역량을 강조하는 국가－시민－시장의 공치형(共治型) 민주주의 모델인 헤테라키 민주주의Heterarchy Democracy가 실현된다고 보기도 하고, 인공지능·로보틱스·블록체인·사물인터넷 등이 의사결정과정에 접목되어 정책결정의 능률성과 합리성을 쇄신함으로써 민주주의가 실현되는 알고크러시(알고리즘 민주주의Algorism Democracy)가 이루어지고 있다고 보기도 한다.[6)]

상술한 바와 같은 다양한 용어들의 개념에 있어서 특징적인 것은, 정보통신기술에 의하건 지능정보기술에 의하건 간에 기본적으로 각각 민주주의를 직접민주주의와 관련하여 정의하고 있다는 것이다. 이러한 시각은 정보통신기술이 일반 국민의 직접민주주의를 실현할 수 있는 토대를 마련함으로써 대의민주주의의 한계를 극복하고, 정치참여에 대한 개인적·사회적 거래비용을 줄이며, 일반 국민이 정보화를 통해 정치권력을 감시할 수 있다는 것을 그 이유로 한다. 그리고 정보기술을 통한 여론 수렴, 선거 캠페인 및 홍보, 온라인 투표, 전자국회, 전자공청회, 정책결정에의 시민의 참여 및 토론, 여론 조사 등 일련의 정치적 행위들을 대의민주주의의 극복 내지는 전환으로서 설명한다. 지능정보기술이 촉진하는 데이터 기반 민주주의에서, 시민은 기존과 같은 정보 소비자를 넘어선 정책 생산자이자 사용자인 전문적 이용자로서 개방적인 참여·소통을 통한 심의·사회적 신뢰·협력적 경쟁을 만들어 낼 수 있기 때문이라는 것이다.[7)] 지능정보기술이 '국민에 의한 지배'를 원칙적 이념으로 하는 민주주의에 미친 영향과 그 영향으로 인해 변화하거나 도래될 민주주의의 새로운 모습에 대한 이러한 논의들의 등장은 제각기 그 나름의 의미를 갖는다.

지능정보기술이 관련된 사회현상들은 형태의 다양성과 비동질성, 복합성을 보인다. 그럼에도 불구하고 다른 어떤 기술에 의한 경우보다도 시민에게

6) 이민영, "딥페이크와 여론형성", 미국헌법연구 제31권 제1호(2020.4), 207면.
7) 임혁백·송경재·장우영, "빅데이터 시대의 정치패러다임: 헤테라키 민주주의의 전망, ICT 기반 국가미래전략 2015 BIG STEP", 한국정보화진흥원(2015), 200면 이하.

상대적으로 직접적이고 참여적인 변화요소로 작용하고 있다. 이전에 인터넷과 민주주의의 관계를 분석하고 전망했던 세 가지의 대별되는 논의들이 있었다. 인터넷 매체를 이용하는 사이버 민주주의가 대의민주제의 대안으로서의 직접민주주의를 부활하게 한다고 보았던 Alan Rosenthal 등의 진보적 낙관론, 현재의 대의민주제의 한계를 극복하는 보완적인 역할을 수행한다고 보았던 Christopher Arterton의 보수적 개량론, 그리고 새롭고 엄청난 실행력을 가진 이 기술이 오히려 기존 지배력을 강화하거나 그에 의한 더 발전된 감시사회가 도래될 것임을 예견하고 비관하는 Reg Whitaker 등의 오웰식 비관론이 있었다.[8] 인터넷의 등장이 정보사회를 디자인하고 더 지능화된 정보기술의 등장이 이젠 의사결정구조에까지 영향을 끼치는 지금 현재도 이 세 가지의 논의는 그대로 적용된다. 지능정보기술이 중심이 되어가는 이 사회는 계속해서 변화하고 있으며 그러한 변화와 맞물려 변환하고 있는 민주주의의 장래를 구명하기 위한 논의는 여전히 필요하기 때문이다.

새로운 기술이 등장했을 때 그러한 기술혁신의 유용성을 평가할 수 있는 방법은 그것이 어떤 문제에 대한 해결책이 되는가를 판단하는 것이라고 한다.[9] 신기술들은 많은 경우에 기술을 소유하거나 이용하는 자의 자유를 확대해 주는 반면에 다른 면에서는 그 자유를 제한하는 결과를 초래하기도 했다. 그러므로 처음 인터넷의 등장으로 급격한 변화를 겪으며 우리가 했어야 했던 고민처럼, 지능정보기술이 민주주의의 위기로 지적되는 어떤 문제들을 해결해 주고 있는가, 그리고 새로운 지능정보사회에서 우리 국민들은 어떤 자유의 신장을 향유하는가 또 그 반면에 어떠한 자유의 제한이 새로이 발생되거나 가중되고 있는가를 검토하는 것은 간과할 수 없는 헌법적 논의라고 할 것이다.

---

8) 조소영, 앞의 논문, 237면.

9) Gordon Graham/이영주 역, 인터넷 철학(THE INTERNET: A PHILOSOPHICAL INQUIRY), 동문선, 2003, 13-14면.

Ⅲ. 지능정보사회에서의 민주주의 변화의 방향: 대의제의 미래

1. 문제인식의 출발점

전통적으로 민주주의 원리라는 것이 국민의 참여를 보장하고 구조화해야 하는 원리라는 점에서, 참여촉진적 기술이자 강력한 정보수용까지 가능하게 만들어 주는 지능정보기술은 현대 사회에서의 민주주의 본질의 실현 가능성과 비중을 더 강하게 실현할 수 있는 긍정적인 모습을 보여줄 수 있다. 그러한 과정 속에서 민주주의가 새로운 내용과 구조로 재구성될 수도 있을 것인데, 이 재구성 내용은 사회·정치 질서에 국민이 참여하는 과정 또는 절차, 의사결정의 정당성과 밀접한 관련성을 갖게 될 것이다.

지능정보사회에서 실행되고 있는 민주주의는 기존의 민주주의에 단순히 ICT 기술이 접목된 것에 불과한 것이 아니라, ICT와 인터넷의 기술적 요소를 기반으로 하여 정보와 지식의 접근기회 증대를 통해 정책과정을 포함한 공적인 정치과정에 국민이 직접 참여함으로써 국민의 의견이 국가의 의사결정 및 정책결정에 반영되도록 하는 정치적·행정적 활동으로 정의할 수 있다.[10] 뿐만 아니라 지능정보사회는 빅데이터의 기술적 기반으로 완전한 정보를 가진 시민을 등장하게 함으로써, 기존의 정치질서에서와는 다른 시민의 지위를 확보할 수 있게 해준다는 면에서 민주주의의 수준을 향상시켰다고 평가해 볼 수도 있다. 시민의 의미있는 직접적 정치관여가 기술적으로 확보되면서, 정치집단에 대한 주권자로서의 통제가 실효성 있게 가능해질 수 있게 되었기 때문이다. 바로 이 지점에서 현재의 지능정보사회가 통치기관 구성원리를 본질적으로 직접민주제로 바꾸어 가는 것인지, 여전히 대의민주제를 전제한 새로운 구조의 형성인 것인지, 지능정보기술이 우리의 민주주의에 대한 위험적 요소를 배태하고 있는 것은 아닌지에 대한 검토가 필요한 것이다.

---

10) 김구, "전자민주주의 실현을 위한 탐색적 논의", 2018년도 (사)한국지방정부학회 추계학술대회 발표논문집, 500면.

2. 통치원리로서의 대의 민주주의에 대한 비판

아테네 시대 이래로 기하급수적으로 늘어난 인구 팽창으로 인해 거대해진 시민들은 그 대다수가 정책 결정을 위한 공개 토론으로부터 배제될 수밖에 없었고, 결국 시민들은 그들을 대표할 사람들을 선택하는 과정에만 참여할 수밖에 없게 되었다. 이렇게 우리 인류가 현실적인 상황의 해결방안으로 채택한 대의 민주주의는 기관구성권과 정책결정권의 분리, 양 권한의 분리를 전제한 상황 속에서의 정책결정권자의 기관구성권자로부터의 자유위임 보장, 정책결정권자의 책임과 기관구성권자의 통제의 원리로 징표된다.[11] 첫 번째의 요소는 국민의 자기지배라는 의미가 국민의 직접적인 자기통치가 아님을 인정할 수 있게 함으로써 기관구성권과 정책결정권의 분리에도 불구하고 대의 민주주의의 제도가 여전히 '국민에 의한 지배'라는 민주주의의 한 내용임을 확인해 주었다. 하지만 두 번째 요소는 임기 동안 국민으로부터 자유로운 대표자에 의한 정책결정이 항상 '국민을 위한 결정'인가에 대한 국민들의 의심을 오히려 강화시키는 요소로 변질되어 인식되게 되었다. 유권자들이 의회에서의 토론에 참여할 수 없다는 사실은 이론적으로는 국민들이 선거기간에만 민주주의의 한 구성원으로 기능할 수 있을 뿐, 선거와 선거 사이에는 유권자인 국민들도 정치적 절차에서 완전히 배제됨을 암시하는 것으로 볼 수 있었던 것이다.[12]

본래 대의 민주제는 "이성이 지배하는 공화국a republic of reasons"으로 구상된, 전적으로 심의성을 확보하기 위한 정치체제였다고 한다.[13] 이러한 정치적 평가는 18세기 미국정치구조 입안자 중의 한사람인 매디슨의 의견에서도 찾아볼 수 있다. 그는 대의 민주제를 '민주제'라고 부르지 않았고, 아테네의 직접 민주제와 구분하여 '공화제'라고 불렀다.[14] 당시 그들이 생각

11) 정종섭, "대의제에 관한 비판적 연구", 연세대 박사학위논문(1989), 126-136면; 박경철, "국민주권의 본질과 실현조건에 관한 연구", 연세대 박사학위논문(2001), 147-160면.

12) Gordon Graham, 앞의 책, 88면.

13) Cass Sunstein, The Partial Constitution (1993), pp.17-39.

14) 알렉산더 해밀턴 · 제임스 매디슨 · 존 제이/김동영 역, 페더럴리스트 페이퍼, 한울아카데미, 1995, 61-68면(No.10).

했던 그리스 정치체제인 민주주의는 인민이 스스로 지배하는 정치체제였고, 그 체제 하에서의 정치는 인민이 바라는 대로 해야 하는 것이기 때문에 인민이 바라는 것이 비록 불합리하더라도 그대로 실현되어야 하는 것으로서 인민의 의사를 통제할 수 있는 상위의 규범이 없는 체제였다. 반면에 공화제는 모든 사람의 이익을 실현하려는 정치체제로서 공공이익을 달성하기 위해서는 권력의 원천에 대해서도 제한을 둘 수 있는 체제로 인식했다. 그래서 그들이 구상한 대의제의 내용은 국민이 선출한 대표로 구성된 의회에서 정책을 심의하여 결정하고, 권력을 분립시켜 상호간 견제와 균형을 이루도록 하며, 공공의 이익을 위한 경우에는 국민의 대표들이 국민의 권리를 제한하는 정책을 결정하는 것이 가능하다는 것이었다. 결국 현대에 이르기까지 계속되고 있는 통치기관 구성원리로서의 대의 민주제의 핵심적 요건은 '국민의 대표성'과 '심의성의 확보'라고 할 수 있다. 국민의 대표성이라 함은 국민의 추정적 의사를 잘 읽어낼 수 있어야 한다는 것이 전제된 것이고, 심의성의 확보라는 것은 의회의 토론과 심의과정에서 공공의 이익(공공선)을 결정하고 실현해야 한다는 것을 의미한다.

그런데, 지능정보기술이 정치현실에 도입되면서 적지 않은 사람들이 다시 아테네 시절로의 회귀를 이야기하고 있다. 지능정보기술을 통해 확보할 수 있는 정보를 바탕으로 한 깨어 있는 시민들이, 다시 민회가 열렸던 아테네의 프닉스Pnyx 언덕을 사이버공간으로 대체할 수 있으며 평등발언권을 의미하는 이세고리아isēgoria원칙에 따라 그 공간 속에서 누구나 발언하고 참여함으로써, 주권자로서의 심의권과 정책결정권을 스스로 행사할 수 있는 계제가 되었다고 보는 것이다. 결국 이러한 상황은 국민의 대의 민주제에 대한 문제의식으로부터 시작된 것이다. 현대인 중 적지 않은 사람들이 오늘날의 대의 민주제를 실패한 정치체제로 평가한다. 지금의 대의 민주제는 인민의 의사를 제대로 실현하지 못한다는 것과 공공이익(공공선)이 실현되지 않는다는 것인데, 전자가 소위 대표의 실패라면 후자는 심의의 실패로 분류할 수 있을 것이다.[15] 그리고 이러한 대의 민주제의 실패를 극복하

15) 김주성, "심의민주주의인가, 참여민주주의인가?", 한국정치학회보 제42권 제4호(2008), 6면.

기 위한 고민들을 해결해 주는 중심적 수단으로 지능정보기술의 수단적 역할에 주목하게 되었고, 시민의 직접 참여 촉진기능을 바탕으로 하는 개방적 참여 · 소통을 통한 심의 · 사회적 신뢰 · 협력적 경쟁을 가능하게 함으로써 다시 대의 민주제를 대체하는 직접 민주제의 부활을 이야기하게 되었다.

3. 지능정보기술에 의한 직접 민주제로의 복귀(?)

새로운 의사소통 수단을 제공하고 정치적 의견 표현을 위한 다양한 통로를 구체화해 주는 기술적 장치들의 등장은 그 기술 혁신 자체보다도 그로 인해 변화되는 결과에서 파악되는 민주주의 질서 속에서의 국민들의 영향력 증대에 기하여 그 가치를 평가받아 왔다. 민주주의와 기술에 관한 이러한 분석, 즉 의사소통과 표현 수단으로서의 유용성이 민주주의 실현을 위한 중요 요소라고 할 때, 새로이 등장한 정보통신기술을 활용한 새로운 의사소통 수단의 제공으로 국민들이 좀 더 자유롭고 수월한 의사소통을 할 수 있게 되고, 이로 인해 대의 민주주의 하에서 제한될 수밖에 없었던 국민들의 정책결정과정에의 참여를 확대하는 것이 현대 민주주의의 핵심이라는 설명[16]이 설득력을 갖게 된다.

국민이 표현의 자유와 공동체 형성의 자유를 통해 자신들을 위한 다양한 정치적 선택과정에 참여하고 영향을 미칠 수 있다는 것은 대의 민주주의의 중요한 부분이다. 그러나 시민의 능동적 참여를 전제하는 참여 민주주의는 숙의 민주주의와 등치될 수 없는 병행적 실현여건이라는 점에서, 정치과정에의 국민의 참여와 영향력의 증대가 직접 민주제의 현대적 부활을 의미하는 유일한 중요 잣대라고 할 수는 없다. 민주주의에서 국민의 자기지배 과정은 의견의 다원주의에 입각한 '다수결원리'에 의할 수밖에 없는 것이고, 그 다수의견을 형성하는 과정에서 다양한 의견과 사상들이 참여하고 찬성과 반대가 교차하는 자유로운 토론을 불가결한 전제로 하는 심의적 과정이 구축되어야만 하기 때문이다.[17] 참여 민주주의와 숙의 민주주의는

16) 윤성이, "한국의 사이버 민주주의", 계간 사상 여름호(2003), 45면.
17) 박용상, 표현의 자유, 현암사, 2002, 21면.

민주주의의 본질을 실현하기 위한 제도내용 내에서 과정과 절차의 측면을 중시하고 실현하고자 한다는 점에서 공통점을 갖지만, 참여 민주주의는 상대적으로 양적인 면을 강조하게 되는 반면에 숙의 민주주의는 질적인 면을 강조한다는 차이점이 있다. 따라서 인터넷 등의 정보기술로 인하여 시민들의 정치과정에의 참여가 확대되고 영향력이 증대됨으로써 시민들의 목소리가 정책결정에 반영되고 흡수되도록 하는 참여 민주주의는, 개방된 공론장에의 동등한 참여를 통한 의사소통과 공공의제에 대한 자유로운 토론·합리적인 숙의 과정을 거치는 숙의 민주주의로 전환되어야만 현대의 직접민주제의 부활로 평가받을 수 있게 될 것이다.

현실은 어떤가? 정보기술의 발전은 엄청나게 빠른 정보전달과 파급력을 통해 시민들이 여론조사나 찬반투표·다수 선호인들을 모은 정책발의 등과 같은 즉각적이고 직접적으로 정책결정에 직접 참여할 수 있도록 만들어 줌으로써, 형식적인 참여 민주주의로서의 푸시버튼 민주주의push-button democracy가 실현되고 있다. 그리고 이러한 상황은 즉각적인 여론조사나 찬반투표 등을 통해 사안별로 표출된 국민의 여론에 기한 정책결정 및 집행을 가능하게 함으로써 국민이 직접 국가기관을 통제하고 국정운영에 관여한다는 인식을 줄 수도 있다. 그러나 이와 같이 정보기술이 제공해주는 소통의 확대와 참여 활성화가 직접 민주제의 이상적 실현을 꿈꾸게 했음에도, 실제로는 숙의 민주주의와 대의 민주주의를 위협하는 포퓰리즘으로 귀결될 수도 있다는 우려를 낳고 있다.[18] 정보기술에 입각한 시민들의 직접적 통치 구현이라는 인식과 현실이 보여주게 되는 문제점들을 참여 민주주의의 왜곡이라는 점에서 살펴본다면 다음과 같이 분석해 볼 수도 있다.[19] 첫째, 찬반투표에의 참여와 민주적 참여가 동일시되고, 여론은 개인의 개별적 의견들의 총합이라는 일차적 의미로 표출된다. 이로 인해 시민들의 정치참여는 의제설정에서부터 공적 사안에 대한 숙의 없이 단순히 사적 의견을 주장하는 단계에만 머물게 됨으로써 실질적 의미의 참여 민주주의의 실현조차도

18) 윤평중, "직접민주주의의 부활인가, 포퓰리즘의 대두인가", 월간중앙(2019.5.30).
19) 김성수, "온라인 공론장의 출현과 민주주의 변화", 한국언론학회 학술대회 발표집(2006.6), 108-110면.

제한받게 된다. 둘째, 기계적인 다수결원리의 실행으로 인해 소수의견이 간과되고 배제된 채 오로지 다수의견을 중심으로 작동되는 편협한 정치체제로 변질될 수 있다. 셋째, 신중한 토론과 협의의 과정을 충분하게 거치지 않은 채 정보기술을 통해 용이하게 다수의 내재된 이기심을 표출하는 전횡적 행위들로 이른바 과다 민주주의Hyper Democracy로 전락하게 되는 위험성이 존재한다. 마지막으로, 정치인들도 시민들에 대한 즉각적인 여론조사결과에 매몰되거나 산술적인 다수의견을 쫓는 경험적 정치를 우선함으로써 또다른 의미의 대표의 실패에 봉착하게 될 수 있으며, 다양한 이해관계를 앞세운 집단들의 정치과정에의 참여로 정치과정 자체가 분극화하거나 파편화의 심화현상을 초래할 수도 있다. 지능정보사회에서 우리 사회가 해결해야 할 시급한 과제로 '사회적 관계성'의 회복 및 구축을 이야기하는 입장[20]도 이러한 현실에 대한 고민이라고 할 것이다.

빅데이터와 인공지능이 가져온 정보의 풍부함과 정보습득의 속도, 최적화된 의사결정시스템은 지능정보사회의 강점이다. 특히 개인 추천 알고리즘은 개인화된 선별적 콘텐츠를 증가시킴으로써 이용자에게 편리한 정보환경을 제공해 준다. 그런데 이 상황은 동시에 이용자가 무관심한 정보나 반대성향의 정보 차단을 의미하는 것이고, 결국 개인은 다양한 정보를 접할 수 없고 자기 강화적 정보이용행태를 공고화하게 되는 것이다.[21] 지능정보사회는 정보이용자인 우리에게 편의성과 시간적 효율성의 극대화를 가능하게 해주는 반면, 그 실현과정에서 민주주의를 위협하는 상황도 만들어내고 있다. 공적 정보의 효율적인 전달뿐만 아니라 네트워크 활용을 통해 공적 문제에 관한 다양한 관점 및 주장 제기, 상호의견 교환이 가능한 공개적 토론 공간의 창출로 온라인 공론장은 숙의 민주주의를 구현할 가능성을 높일 것이라고 했던 기대[22]를 버려야 하는가를 고민하는 상황이 되고 있다. 첫째, 인공지능에 대한 지나친 의존성으로 인한 인간의 자율성 및 자기결정권의 약화, 둘째, 인공지능을 활용한 정보조작 및 편향, 그리고 허위정보

20) 정준현 · 김민호, "지능정보사회와 헌법상 국가의 책무", 법조 제66권 제3호(2017), 117면.
21) 민희 · 김정연, 앞의 논문, 85-86면.
22) 김송은 · 남태우, "전자정부는 직접민주주의를 제고하는가?", 한국정책학회 동계학술발표논문집(2018), 4면.

의 양산으로 인한 불평등하고 부당한 선택 및 결정, 셋째, 데이터의 집중 및 독점의 가속화와 인공지능의 데이터 처리능력 고도화에 따른 정보독재 체제 또는 정보감시사회의 등장 가능성이 그것이다.[23] 지능정보사회가 가져온 소통의 확대와 참여의 활성화가 애초 기대와 달리 여론공간을 왜곡시키는 결과를 불러왔고, 토론과 표현방법은 늘어나고 다양해졌지만 갈등과 대결은 격화되고 논의의 심화와 지평 확대는 이뤄지지 못한 채 진영별 극단화로 치닫고 있는 것이 우리 사회의 현주소라는 평가[24]도 같은 우려적 상황을 배경으로 하는 것이다. 그리고 이러한 지능정보기술에 대한 우려는 정치적 분야에서도 다르지 않다. 지능정보기술 기반의 정치정보 환경은 개별 유권자의 확증편향과 여론 양극화를 심화시키기 쉽기 때문이다.[25] 민주주의는 주권자의 자유로운 권리행사를 이상으로 한다. 그 자유로움은 공동체 내에서의 다양성에 대한 관용 및 숙고를 전제로 하는 책임 있는 선택을 기본으로 한다. 그런데 지능정보기술의 자동알고리즘 작동에 의한 선별적 정보제공과 정보환경의 개인화는, 공동체를 파편화하고 주권자의 자유와 책임의 행위전제를 변질시키거나 왜곡하는 위험성을 갖는다. 이러한 위험성은 알고리즘 운영자가 누구인가에 따라 악화될 수 있으며, 더 본질적으로는 알고리즘 작동의 은폐성으로 인해 일반인인 우리 모두에게 알고리즘은 공정한 존재가 아니기 때문이다. 지능정보사회의 도래 속에서 알고리즘의 사회적 영향력이 증대될수록 알고리즘에 대한 사회적·국가적 통제력의 유무, 실효성, 그리고 악용의 위험성에 이르기까지, 어떻게 대처해 가야 할 것인지에 대한 우려와 경고는 계속되고 있다. 우리가 예상했던 것은 인간 능력의 확장으로서의 기술이었고, 기술에 종속되거나 지배되는 인간사회를 감수하고자 했던 것이 아니기 때문이다.[26] 알고리즘으로 인한 민주주의에 대한 위협의 제거 및 축소는 알고리즘 운용의 전 단계에 걸친 투명성과 정보공개의 확보로부터 시작되어야 하고, 알고리즘의 진화와 오남용에 대비

23) 이중원, "인공지능과 민주주의", 철학과현실 제123호(2019.12), 129-130면.
24) 구본권, "국내 디지털 민주주의 현주소와 개선방향", KISO 저널 38(2020.3), 7-8면.
25) 캐시 오닐/김정혜 역, 대량살상 수학무기, 흐름출판, 2017.
26) 안현식, "기술혁명 시대에 대한 호모메카니쿠스 관점에서의 이해", 정보사회와 미디어 제19권 제1호(2018.4), 119-122면.

한 전문적이고 상세한 입법작업이 준비되어야 한다. 특히 대의 민주제의 원천적 열쇠인 선거제도에의 오남용 방지를 위한 입법적 설계는 무엇보다도 중요하다.

국가와 사회의 간극과 역할 구분이 모호해지고 대중매체의 등장으로 인해 공적 토론보다는 홍보활동과 광고가 중요해지면서 그에 따라 공론장이 재봉건화된다는 하버마스의 경고[27]는 지능정보사회를 구가하고 있는 오늘날의 우리 사회에도 여전히 유의미한 경고로 남아 있다. 이처럼 직접 민주제에 대한 오해와 착오적 시행으로 인한 직접통치의 과욕은 현대 민주주의의 위기를 초래할 수 있다. 직접 민주제의 정치기제가 과도하게 실천되면 정치의 심의성이 사라지고 정치력 부재 현상이 일어나게 되며, 유권자에 대한 경험적 정치를 우선하여 유권자의 집합된 선호만을 좇게 됨으로써 직접 민주제도 아닌 대의 민주제도 아닌 중우정치화된 체제실패의 결과를 당면하게 될 것이다. 따라서 지능정보사회의 기술성을 바탕으로 하는 직접 민주제의 정치기제는 대의 민주제의 대체가 아닌 보완책으로서 기능해야 하고, 대의 민주제의 실패요인들을 보완하는 역할을 우선적으로 수행하는 구조가 되어야 한다. 물론 이 경우의 대의 민주제는 변화된 현대적 대의 민주제여야 함은 물론이다.

Ⅳ. 맺는 말

조지 오웰George Owell은 문명의 역사는 무기의 역사라고 했다. 무기가 비싸거나 만들기 힘든 시기엔 전제정치가 이루어졌지만 무기를 저렴하고 쉽게 획득할 수 있게 되면 일반 시민에게도 기회가 주어진다고 했다. 지난 20여년 동안 인터넷은 전 세계 정치현장에서 시민들에게 기회를 주었던 기제였고, 시민들의 권력에의 직접적인 불복종운동이 가능하게 했다. 더 이상 정보가 권력자들의 독점적인 장악대상이 아닌 사회가 되었기 때문이다. 그

27) Jürgen Habermas, THE STRUCTURAL TRANSFORMATION OF THE PUBLIC SPHERE: AN INQUIRY INTO A CATEGORY OF BOURGEOIS SOCIETY, MIT Press(1989); Jürgen Habermas/한승완 역, 공론장의 구조변동, 나남출판, 2004 참조.

런데 이러한 정보의 자유를 기반으로 하는 주권자의 권리행사가 다시 옛 '직접 민주주의'의 폐해적 현상을 떠올리게 하는 새로운 정치현실이 등장하고 있다. 적지 않은 자들이 직접 민주주의의 부활을 이야기하며, 시민들간의 소통과 합의적 결정이 이루어지는 공론장과 능동적이고 적극적인 주권자들의 참여를 가능하게 해준 정보기술의 유용성을 높이 사기도 한다. 하지만 정작 모두가 SNS 공간에서 말할 수 있음에도 그 모든 내용들이 모든 사람들에게 전달되고 있지 않은 것이 현실이다. 소통을 말하지만 일방적인 표출에 머물러서 민주주의가 바라는 바의 토론과 소통의 의미는 색바랜 현실이 되고 있는 것이다. 거기에 더해 인공지능과 빅데이터, 알고리즘의 등장으로 대표되는 인공지능정보기술은 기술의 지배자가 누구인가에 따라 민주사회의 의사결정과정을 악의적으로 지배할 수 있게 되는 위험성을 배태하고 있으며, 전혀 새로운 빅브라더의 시대를 디자인할 수도 있게 되었다.

지능정보기술의 발전은 대표의 실패와 심의의 실패로 시민들의 신뢰를 잃어버린 대의 민주제를 대체할 직접 민주제의 부활을 꿈꾸게 했다. 즉 민주시민들에게 어쩌면 다시 국민주권론의 실질적이고 직접적인 부활이 현실화될 거라는 꿈, 또 그것까지는 아니더라도 적어도 시민들을 무기력하게 만들었던 배경적 요소들이 상당 부분 해결되고 정화됨으로써 정말로 시민들이 원하고 바라는 대로의 정책결정이 이루어질 수 있을 거라는 꿈이 그것이다. 하지만 우리가 꿈꿨던 그 세상을 실현하기에는 아직 해야 할 일들이, 해결해야 할 문제들이 많다. 정교하게 발전된 인공지능의 기술을 우리들은 다 알 수 없다. 알고리즘의 설계와 운영과정을 모두 이해할 수는 없다. 하지만 우리는 발전된 지능정보기술을 우리 민주주의 체제에 부합하도록 운용함으로써 대의 민주제의 실패를 보완할 수 있다. 따라서 지능정보기술에 대한 우려와 경계를 사회적 합의로 도출하여 입법함으로써, 사회적·정치적 궤도를 만들어내야만 한다. 인공지능은 기술의 문제가 아니라 정치·경제·사회·문화·윤리·철학 등의 모든 영역이 결합된 종합분야이고, 가능성은 높은 반면 검증은 충분하지 않은 영역이기도 하다. 따라서 인공지능에 대한 규제체계의 도입과 설계는 단계적으로 접근해야 하며, 투명하고 개방적으로 그리고 융합적으로 무엇보다도 민주적으로 접근해가야

한다.[28)]

인공지능정보사회에 새로이 등장한 민주주의 개념인 알고크러시는 위에서 살펴본 것처럼, 인공지능・로보틱스・블록체인・사물인터넷 등이 의사결정과정에 접목되어 정책결정의 능률성과 합리성을 쇄신함으로써 민주주의가 실현된다는 의미였다는 것을 다시 한 번 생각해 볼 필요가 있다. 정책결정의 능률성과 합리성을 쇄신하는 과정에서 수렴되는 국민들의 경험적 의사가 대의제의 원리를 포기하게 할 만큼의 정당성을 갖는 것인지, 더군다나 알고리즘에 의한 지배의 대상으로 전락하거나 스스로 정보선택의 주체가 되지 못하고 알고리즘이 제공하는 확증편향적인 정보에 기한 정보의 외통수로 변질되고 있는 것은 아닌지, 편의성과 능률성이 우리의 합리적 사고체계를 통한 숙의의 과정을 단절시켜가고 있는 것은 아닌지 검토해 보아야 하기 때문이다. 조작되고 선택된 정보의 세계에 갇히지 않도록, 기록의 추적을 통해 스스로 우리가 미처 예상하지 못한 감시의 대상으로 전락하지 않도록, 우리가 바라는 민주주의의 주인으로서 우리는 우리의 몫을 감당해야 하는 것이다. 그리고 지능정보기술에 대한 규제구조화의 문제를 해결하는 동시에 시민의식을 스스로 제고함으로써 단순한 '참여'를 넘어선 '숙의'의 주체가 되기 위해 노력해야만 한다. 알고리즘 운용의 전 단계에 걸친 투명성과 정보공개 확보의 범위와 기준을 구축하는 중심이 알고리즘 설계자나 국가가 아니라 우리여야 하는 중요한 이유이다.

---

28) 윤상오・이은미・성욱준, "인공지능을 활용한 정책결정의 유형과 쟁점에 관한 시론", 한국지역정보화학회지 제21권 제1호(2018.3), 55-56면.

21

21세기 대한민국과 제왕적 대통령, 어떻게 극복할 것인가?

차 진 아

고려대학교 법학전문대학원 교수

1997년 고려대학교 법과대학을 졸업하고 같은 해 제39회 사법시험에 합격하였다. 1999년 고려대학교 대학원에서 헌법전공으로 석사학위를 받았으며, 2002년에 사법연수원(제31기)을 수료하였다. 이후 독일 DAAD(학술교류처) 장학생으로 선발되어 사법연수원을 수료한 직후인 2002년 8월 독일 Saarbruecken 대학교로 유학을 떠나 2005년 2월 헌법전공으로 법학박사학위를 받았다. 귀국 후 고려대학교 법과대학에서 시간강사를 거쳐 2007년 8월부터 서울시립대학교 헌법학 교수로 봉직하였다. 2012년 2월 말부터는 모교인 고려대학교 법학전문대학원에서 헌법학 교수로 활동하고 있다. 헌법학자로서 박사학위논문 주제와 관련된 조세, 재정 및 사회국가의 여러 쟁점을 지속적으로 연구하고 있으며, 이를 통해 헌법학 전체의 수준 향상에 기여하는 것이 자신의 소명이라 믿고 있다. 제20대 국회 개헌특위자문위원회에서 재정·경제분과 자문위원, 헌법재판소 비상임 헌법연구위원, 동아일보 및 세계일보의 객원논설위원, 사법발전위원회 위원, 국세청 국세심사위원, 관세청 관세심사위원 등을 역임하였으며, 현재 조세심판원 비상임심판관, 국세예규심사위원 등 활발한 사회활동을 통해 헌법학자의 전문성으로써 사회에 기여하고자 노력하고 있다.

Ⅰ. 서: 21세기 대한민국이 요구하는 새로운 헌법질서는 무엇인가?

21세기의 특징을 무엇이라 규정할 수 있을까? 후세의 역사가가 어떻게 규정할지 알 수 없지만, 이 시대를 사는 우리가 느끼는 특징은 20세기와 비교를 통해 정리할 수 있을 것이다. 예컨대, 저출산 · 고령화로 인한 사회구조적 변화, 정보통신기술의 비약적 발전을 통한 새로운 문화의 형성, 제4차 산업혁명의 시작에 대한 기대와 우려, 그리고 전 세계적인 코로나 팬데믹pandemic으로 인한 삶의 양식 변화 및 그 가속화 등이 21세기의 특징을 보여준다. 이러한 21세기의 특징은 사실적 측면에서 우리 삶에 직접 영향을 미치고 있을 뿐만 아니라, 규범적 측면에서 새로운 법제도, 법질서를 요구하고 있으며, 이러한 변화를 거시적 관점에서 수렴하는 새로운 헌법질서에 대한 요청도 결코 간과할 수 없다.[1] 그러나 21세기 대한민국이 우선적으로 해결해야 할 과제 중에는 새로운 변화를 수용하는 것뿐만 아니라, 기존 헌법질서 중에서 극복되어야 할 요소를 점검하고 국민의 힘을 모아 해결해 나가야 하는 것도 적지 않으며, 대표적인 것이 제왕적 대통령의 문제다.

제왕적 대통령이라는 형용의 모순은 대통령이 주권자인 국민에 의해 선출된 대표자로서 역할보다는 국민 위에 군림하는 군주와 유사한 지위를 갖게 됨을 비판적으로 표현한 것이다.[2] 이 개념은 1970년대 미국에서 탄생했지만,[3] 오히려 우리나라 대통령에게 더 적확한 표현이다. 과거 군사독재시절의 대통령, 유신체제 하에서 무소불위의 권력을 행사한 대통령뿐만 아니라 민주화 이후의 대통령들도 권력분립의 틀 안에서만 권한을 행사하기보다는 권력분립을 초월하는 우월적 지위를 누려왔다. 이는 한편으로 헌법조항들에 근거하고, 다른 한편으로 정치현실의 반영이었다.

1) 이러한 변화를 수용하는 개헌의 필요성에 대하여는 장영수, "제10차 개헌의 의미와 방향 –분권과 협치", 공법학연구 제19권 제2호(2018), 67-97면 참조.
2) 장영수, "제21대 국회의 최우선 과제 – 선거법 개정과 개헌을 통한 권력구조 개편", 공법학연구 제21권 제2호(2020), 312면.
3) 장영수, 앞의 논문(주 2), 312면 각주 43 참조.

대통령의 제왕적 지위를 당연시하던 때도 있었다. 국민이 주권의식과 민주의식이 부족한 탓도 있었고 정부의 강력한 리더십이 필요하다고 믿었던 탓도 있었다. 그러나 개발독재의 망령을 벗어던져야 하는 21세기의 관점에서 볼 때 제왕적 대통령은 대한민국의 민주주의뿐만 아니라 국가의 발전 전반을 가로막는 거대한 장애물일 뿐이다. 대통령의 제왕적 권력 때문에 정치과정이 왜곡되고, 국가경제의 효율성이 저해되며 사회적 분열과 갈등이 고조되는 현상이 대한민국의 새로운 도약을 가로막고 있다. 제10차 개헌을 통한 새로운 헌법질서의 화두가 분권과 협치라는 점은 정치권뿐만 아니라 많은 전문가가 공감하고 있다. 그런데 이를 가로막는 가장 심각한 걸림돌 역시 제왕적 대통령이다. 제왕적 대통령의 문제를 극복하지 않고서는 21세기 대한민국의 진정한 도약과 발전은 기대하기 어렵다.

Ⅱ. 제왕적 대통령의 개념과 문제점

1. 민주공화국의 의미와 대통령의 지위

대한민국 헌법 제1조 제1항은 "대한민국은 민주공화국이다"라고 규정하고 있다. 이는 한편으로는 국호를 대한민국으로 정하고, 다른 한편으로는 대한민국의 국가형태를 민주공화국으로 명시한 것이다. 민주공화국의 의미는 −학설상 논란이 있지만− 민주국의 의미와 공화국의 의미를 결합한 것으로 보는 것이 일반적이다. 즉, 세습적인 군주나 귀족이 아니라 모든 국민에게 주권이 있고, 국가의 운영은 공화적인 방식, 국민 다수의 의견을 수렴하여 국가의 기본정책을 결정하는 방식을 채택함을 선언한 것이다.[4] 공화제의 의미를 특별히 강조하는 견해도 있지만, 대다수 헌법학자는 민주주의의 실현 속에 공화제의 의미가 포함되는 것으로 보고 있다.

과거 군주국가, 귀족국가, 민주국가가 실제 대립하던 시기에는 민주공화국의 의미가 매우 컸다. 이는 국가의 주권자가 누구인가를 밝히는 것으로서 국가의 기본적인 성격을 결정하는 문제이기 때문이다. 그러나 사실상

---

4) 이에 대하여는 장영수, 헌법학, 홍문사, 2021, 136-137면 참조.

군주제가 소멸한 20세기 이후[5] 민주공화국이라는 것은 다분히 형식적인 의미만을 갖게 되었다. 그렇지만 그 기본적인 의미가 군주제와 귀족제의 배제라는 점은 여전히 규범력을 가지고 있다.

그러므로 민주공화국인 대한민국에서 군주, 즉 왕은 존재할 수 없다. 비록 대통령이 선거군주로 여겨진 적도 있으나,[6] 그것이 국민의 대표자가 아닌, 세습적 군주라는 의미는 결코 아니었다. 국민이 주권자이고 대통령은 국민에 의해 선출된, 국민의 대표자라는 점이 민주공화국의 가장 특징적인 요소이며, 이를 깨뜨리는 것은 헌법상 허용될 수 없다. 민주공화국의 대통령은 세습적으로 그 직위를 갖는 군주와 달리 일정한 임기를 정하여 국민에 의해 선출될 뿐만 아니라, 대통령으로서 권한은 주권자인 국민으로부터 위임된 것이며, 그 위임의 범위 내에서만 권력의 정당성이 유지될 수 있다.

2. ‘제왕적’ 대통령이라는 표현의 모순

1970년대 초반 미국에서 제왕적 대통령제Imperial Presidency라는 말이 통용되었을 때, 그 의미는 미국 대통령의 권한이 본질에 반하여 과도하게 확대되고 있는 점을 비판한 것이었다.[7] 그러나 대한민국의 대통령과 비교할 때 미국 대통령의 권력은 다양한 분권구조 속에서 분산되어 있을 뿐만 아니라, 효과적인 통제수단도 다양하게 마련되어 있다. 예컨대, 연방제 하에서 연방과 주 간의 분권이 미국 국가체제의 가장 큰 특징이며, 미연방 헌법의 가장 중요한 특성으로 꼽히는 엄격한 삼권분립 및 이를 뒷받침하는 정부와 여당 간의 적절한 거리는 의회의 대통령에 대한 통제를 실질화하고 있다.[8] 과거 트럼프 대통령의 불합리한 행정명령을 여당인 공화당이 야당

5) 영국이나 덴마크, 스웨덴 등 형식상 군주제를 두고 있는 나라는 오늘날에도 적지 않지만, 군주가 주권자는 아니기 때문에, 주권의 소재를 기준으로 분류하는 군주국으로 볼 수는 없다.

6) 김형곤, “미국 독립전쟁기 아메리카인들의 심리적 갈등－조지 3세에서 조지 워싱턴으로”, 역사와 실학 제60집(2016), 139-186면(166면 이하, 177면); 한경생글생글 제169호, 2008. 11.1, [Cover Story] 美대통령은 ‘선출된 군주’ … 막강 파워 자랑. https://sgsg.hankyung.com/article/2008103006051 (최종접속 2022.4.9.)

7) 장영수, 앞의 논문(주 2), 312면 각주 43 참조.

8) 이선우, “대통령제와 협치가능성－한국의 문제점과 미국 및 칠레의 대안적 정당체계들”, 의정연구 제64권(2021), 88면 이하.

인 민주당과 협력하여 행정명령을 무효화했던 사례는 이를 잘 보여준다.

반면 대한민국 대통령은 삼권 위에 군림하고 있을 뿐만 아니라, 여당에 대한 지배력을 통해 사실상 통제받지 않는 권력을 행사하고 있다.[9] 미국의 대통령에 비해 훨씬 더 강력한 제왕적 지위를 누리고 있는 것이다. 문제는 제왕적 지위가 민주주의의 본질과 모순된다는 점이다. 단순히 제왕이라는 표현 때문이 아니라 대통령에게 이렇게 권력이 집중되는 것 자체가 민주주의의 본질에 반한다. 일상용어에서 "강철왕 카네기", "가왕 조용필"이라는 표현뿐만 아니라, 심지어 "제빵왕 김탁구"라는 드라마 제목도 사용되고 있다. 이때 왕이라는 말은 그 분야의 최고에 이른 사람을 존중하는 의미가 있다.[10] 그러나 대통령은 왕일 수 없고 왕이 되어서도 안 된다. 대통령은 국민의 심부름꾼이자, 민주주의의 기본적 요청에 따라 삼권분립에 충실한 행정부의 수반이어야 한다. 대통령이 삼권을 초월하는 존재로 자리한다는 것 자체가 민주주의를 파괴하는 요소가 된다.

헌법상 대통령의 권한이 가장 강했던 시기는 1972년 유신헌법에 따른 제4공화국 시절이다. 당시와 비교할 때 1987년 민주화 이후 대통령의 권한은 많이 축소되었다. 그러나 유신시절에 비해 상대적으로 축소되었다는 것이지 대통령의 권한이 삼권분립의 틀을 깨고 있고, 현행 헌법이 대통령의 우월적 지위를 인정하고 있다는 점을 간과해서는 안 된다. 결국 제왕적 대통령의 문제는 대통령 개인의 캐릭터나 카리스마의 문제가 아닌, 제도의 문제이며, 보다 근본적으로는 아직도 유신독재가 잔존하고 있는 부분이라는 점을 직시해야 한다.

3. 대통령이 제왕적일 경우에 발생하는 문제점

삼권분립 체계상 대통령은 대등한 삼권 중의 하나인 행정부의 수반일 뿐이다. 대통령과 국회의장, 대법원장 및 헌법재판소장은 대등한 위치에서 상호 견제와 균형의 관계에 서 있는 것이다. 그런데 우리 국민은 정말 그렇게 느끼고 있을까? 어느 누구도 대통령과 국회의장, 대통령과 대법원장이

9) 이에 대해서는 이선우, 앞의 논문(주 8), 80면 이하.
10) 장영수, 앞의 논문(주 2), 312면 각주 42.

대등하다고 여기지 않는다. 대통령은 행정부의 수반임과 동시에 국가원수로서 대한민국 전체를 대표하기 때문인가? 그러나 선진 외국의 국가원수들과 비교할 때 대한민국 대통령이 특별한 지위와 권한을 누리고 있음이 더욱 뚜렷해진다. 영국의 엘리자베스 2세, 독일의 연방대통령은 국가원수로서 외교사절의 신임·접수 등 형식적·의전적 권한을 갖고 있으나, 실질적인 권력은 아니다. 예컨대, 그 나라를 대표하는 의전에서도 실질적인 것은 외교부 등 실무부처의 권한에 속하며, 이들을 지휘·감독하는 것은 행정부의 수반인 총리이다.

미국 대통령도 행정부의 수반임과 동시에 국가원수이다. 그로 인해 대통령은 막강한 권한을 가지며, 특히 연방대법관의 임명권도 갖는다. 그러나 종신직이라는 연방대법관직의 특성상 미국 대통령의 연방대법관 임명권이 실제 연방대법원에 미치는 영향은 미미하다. 반면 대한민국 대통령이 갖는 대법원장 및 대법관, 헌법재판소장 및 헌법재판소재판관 임명권은 대통령의 5년 임기와 이들의 6년 임기를 비교할 때 전체 구성원의 6분의 5를 교체할 수 있다는 점에서 엄청난 권력이다. 나아가 대통령의 임명권에 대해 인사청문회를 통한 통제가 실질화되어 있는 미국과는 달리, 우리나라에서 인사청문회는 사실상 유명무실하다는 점을 고려할 때 그 차이는 더 크다.[11)]

이처럼 대통령이 삼권을 초월한 지위에 있다는 점, 대통령의 여당 지배력을 통해 국회의 통제가 무력화되고, 대통령의 대법원장, 대법관 등에 대한 인사권을 통해 사법부의 통제도 실질화하기 어렵다는 점은 사실상 권력분립의 무력화, 대통령으로의 권력집중의 폐해를 막을 방법이 없음을 뜻한다. 비록 외견상 유신시절에 비해 많이 축소되었지만, 대통령의 권한은 여전히 막강하며 제왕적이다.[12)]

---

11) 차진아, "하나마나 인사청문회, 어떻게 개선할 것인가?", 윤진수·한상훈·안성조 편, 법의 딜레마, 법문사, 2020, 230면 이하.

12) 수십 년 동안 대통령의 제왕적 지위에 익숙해진 사람들은 –비록 대통령을 직접 왕이라고 표현하지는 않더라도– 왕에 준하는 통치권자로 지칭하는 경우가 많다. 통치권이란 권력분립 이전의 전체적 국가권력, 즉 입법권, 집행권, 사법권을 묶어서 표현하는 것이며 이는 과거 절대군주제의 왕에게 인정되던 것이다. 그런데 대통령을 통치권자라고 지칭하는 것은 왕으로 모시겠다는 것과 무엇이 다른가? 이런 사람들은 대통령의 권력행사를 통치권의 행사라 부르며, 이에 대한 통제는 감히 있을 수 없다는 태도를 보이기도 한다. 이러한 태도야말로 가장 전근대적이고 비민주적인 것이다.

Ⅲ. 21세기 대한민국에서 제왕적 대통령이 가능한 이유는 무엇인가?

1. 권위주의적 정치문화가 이를 조장하고 있는 측면

민주화 이후 30여 년이 지났지만, 권위주의적 정치문화의 잔재는 여전히 남아 있다. 해방 직후에는 －제2차 세계대전 이후의 신생 독립국들이 대부분 그러했듯이－ 처음 시작한 민주주의에 대한 이해의 혼란으로 인해 대통령을 군주처럼 생각하는 국민이 적지 않았다면, 민주화 이후에는 장기적인 군사독재 시절의 잔재가 짙게 남아 있다. 권위주의적 정치문화는 세 가지 측면에서 확인될 수 있다. 첫째, 국민의 의사를 수렴하는 것보다 권력자의 의사를 국민이 따르게 하는 것이 중요하다. 둘째, 정치권 내에서는 여야의 갈등과 대립 및 이를 통해 얻어지는 다양한 의견의 합리적 조율과 조정이 갖는 민주적 기능보다 국론의 통일이라는 미명 하에 비판과 반대를 최소화하는 정치구조를 선호한다. 셋째, 행정의 효율성이 국민의 인권에 우선하며, 심지어 그것이 인권보장을 위한 최선의 방법이라고 강변한다.

이러한 권위주의적 정치문화의 대표적인 결과물이 개발독재이다. 1960-1970년대의 개발독재는 경제성장의 측면에서 나름 성과를 보였지만, 민주주의의 억압, 인권의 침해가 적지 않았다는 점에서 그에 대한 평가는 크게 엇갈린다. 그러나 분명한 것은 21세기 대한민국의 여건 하에서는 개발독재가 결코 성공할 수 없다는 점이다.[13] 그런데도 여전히 권위주의적 정치문화와 개발독재의 논리가 잔존하는 것은 매우 심각한 문제가 아닐 수 없다.

특히 민주화 이후에도 권위주의적 정치문화를 완전히 탈피하지 못하고 있는 이유는 첫째, 싸우면서 닮는다는 말처럼 반독재 투쟁을 하던 사람들도 무의식적으로 권위주의적 정치문화에 물들었던 점 때문이고, 둘째, 민주화 세력조차도 집권 후에 정치권력을 행사하면서 권위주의적 태도가 형성된 점 때문이다. 그러나 보다 직접적이고 현실적인 원인은 민주화 이후의

---

13) 차진아, "대한민국 경제헌법의 새로운 과제", 고려법학 제104호(2022), 223-274면.

정치권력에 대한 투쟁이 대통령선거를 중심으로, 대통령 후보를 앞세운 정권 획득을 위한 각종 전략을 중심으로 전개되었던 점에서 찾을 수 있다.[14)] 대통령(후보)을 앞세워 대통령선거에서 국민의 지지를 얻어야 했고, 대통령의 지지율 유지를 통해 국정운영의 동력을 확보하려 했기 때문에 대통령(후보)의 권위에 의존하려는 경향이 뚜렷하게 나타날 수밖에 없었던 것이다.

2. 현행 헌법상 대통령의 지위와 권한의 (상대적) 우월성

아무리 권위주의적 정치문화가 일부 잔존한다 해도 헌법상 대통령의 지위 및 권한이 뒷받침하지 않았다면 제왕적 대통령은 가능하지 않았을 것이다. 현행 헌법상 대통령의 지위와 권한은 −과거 유신 시절의 절대적 대통령제에 비할 바 아니라 해도− 여전히 삼권분립의 틀을 벗어나는 강력한 것이기 때문에 제왕적 대통령이 가능한 것이다. 현행 헌법상 대통령은 국가원수로서의 지위와 행정부 수반으로서의 지위를 동시에 갖고 있다. 행정부 수반으로서의 지위는 삼권분립의 틀 안에서 설명되지만, 국가원수로서의 지위는 삼권을 초월하는, 대한민국 전체를 대표하는 것이기 때문에 이로부터 나오는 권한은 삼권을 초월하는 것이 될 수 있다.[15)] 예컨대, 대통령이 대한민국을 대표하여 외교사절의 신임·접수, 조약에 대한 체결·비준을 하는 것은 의전적인 것일 수 있고, 앞서 설명한 영국의 여왕이나 독일의 연방대통령도 이 권한들을 갖는다. 그러나 대통령이 대법원장이나 헌법재판소장에 대한 '실질적' 임명권을 갖는 것은 의전적 권한이 아닐뿐더러 삼권분립의 틀 안에서는 설명될 수 없다.[16)]

대통령의 사법부 수뇌에 대한 인사권은 대통령이 사법부에 대해 우월적 지위에 있음을 보여주는 대표적인 권한이다. 박근혜 정부 당시 양승태 대법원장이 상고법원의 도입에 관한 대통령의 협조를 기대하면서 이른바 사법농단을 벌였다는 의혹이 생겼고, 문재인 대통령과 김명수 대법원장의 긴

---

14) 그런 측면에서 대통령제 자체의 승자독식 구조가 권위주의적 정치문화를 조장한 측면이 적지 않다. 이에 대하여는 장영수, 앞의 논문(주 2), 309면 이하 참조.

15) 장영수, 앞의 책(주 4), 1178면 이하.

16) 장영수, 앞의 논문(주 2), 321면.

계도 결코 대등한 삼권의 수장들로는 보기 어렵다. 대통령의 입법부에 대한 상대적 우월성은 여당에 대한 실질적 영향력을 통해 나타나지만, 헌법상 권한의 측면에서도 뒷받침되는 면이 있다. 예컨대, 의원내각제 요소인 국회의원의 총리 및 장관직 겸직(헌법 제43조, 국회법 제29조 제1항 본문)이나 정부의 법률안 제출권(헌법 제52조)[17] 등이 그것이다. 이는 사실상 –대통령제의 원조인 미국에서는 인정되지 않는– 대통령제의 이질적 요소일 뿐만 아니라, 이를 통해 대통령이 국회에 미치는 영향력이 확대되고 있기 때문이다. 그러므로 현행 헌법상 대통령의 지위와 권한이 삼권분립을 왜곡시킬 정도로 막강하다는 점이 제왕적 대통령을 가능케 하는 가장 중요한 요인의 하나로 인정되어야 한다.

3. 국민의 민주의식과 주권의식이 이를 용인하고 있는가?

아무리 권위주의적 정치문화가 일부 잔존한다 해도, 헌법상 대통령의 권한이 비정상적으로 강력하다 해도, 주권자인 국민이 제왕적 대통령을 절대 용인하지 않았다면 대한민국에서 제왕적 대통령이 설 자리는 없었을 것이다. 그러나 해방 이후 70여년, 민주화 이후 30여년이 지난 오늘날에도 국민의 의식 속에는 대통령을 군주와 유사한 존재로 여기는 경향이 남아 있다. 해방 직후에는 민주주의에 대한 이해의 부족으로 대통령을 왕처럼 따르는 경향이 있었다 하더라도, 군사독재 시절에는 서슬 퍼런 정권의 압력 때문에 그랬다 하더라도, 민주화 이후로도 상당한 시간이 지난 2022년 현재까지도 국민이 제왕적 대통령을 용인하는 이유는 무엇인가? 이는 크게 세 가지로 나누어 볼 수 있다.

첫째, 권위주의적 정치체제에 순응하면서 대통령을 실제 왕처럼 생각한 국민도 적지 않았다. 박근혜 전 대통령이 탄핵당한 이후 구속될 때, 전 국민이 지켜보는 TV 생중계에서 박근혜 전 대통령을 향해 '마마'라고 울부짖던 할머니의 모습은 이를 단적으로 보여준다. 둘째, 일부 극렬 지지자를 중심으로 대통령을 우상시하는 경향이 있다. 이른바 박사모, 태극기부대와 문

---

17) 차진아, "입법의 의의와 기능에 부합하는 입법절차형성의 방향", 인권과 정의(2008), 114면.

빠라 일컬어지는 강성 친문세력 등은 대통령을 국민이 선출한 국민의 대표자, 국민의 심부름꾼으로 생각하는 것이 아니라, 모셔야 할 우상으로 여기고 있다. 이런 사람들에게는 제왕적 대통령에 대한 거부감이 있을 수 없다. 셋째, 민주화 이후 대통령을 신성불가침으로 생각하던 경향은 크게 달라졌지만, 1987년 대통령 직선제 개헌 이후 국민이 직접 선출한 대통령에 대한 막연한 기대와 환상이 있다. 더욱이 국회에 대한 국민의 불신과 불만이 크면 클수록 대통령에 대한 기대가 더욱 커지면서, 제왕적 대통령에 대한 거부감이 희석되는 것이다.

그러나 제왕적 대통령은 민주주의의 퇴행이며, 이를 뒷받침하는 대통령에 대한 팬덤 현상은 민주주의를 위협하는 포퓰리즘의 일종일 뿐이다. 이를 극복해야 제왕적 대통령의 완전한 극복이 가능하다.

Ⅳ. 권위주의적 정치문화의 극복

1. 당내민주주의의 실질화: 대통령이 여당을 지배해서는 안 된다!

오늘날 정치과정에서 정당이 차지하는 의미와 비중은 매우 크다. 오늘날의 민주주의가 정당민주주의로 불리는 이유이며, 당내민주주의 없이는 민주주의의 실질화가 불가능하다고 평가되는 이유이다. 제왕적 대통령의 극복을 위해 가장 먼저 해결해야 할 과제의 하나가 바로 당내민주주의이다. 대통령을 비롯한 어떤 개인도 소속 정당을 지배하지 못하게 하는 것이 당내민주주의의 핵심이며, 과두화 내지 독재화된 정당이 집권할 경우에는 ―마치 히틀러의 나치당이 집권했을 때 그러했듯이― 대한민국 전체가 과두화 내지 독재화로 향하게 될 위험성이 매우 큰 것이다.

민주화 이후에도 대통령이 여당에 대해 절대적 영향을 갖고 있다는 점은 부인할 수 없다. 김영삼, 김대중 대통령 시절의 보스정치는 논외로 하더라도, 노무현 대통령도 민주당 내에서 영향력을 행사할 수 없음에 불만을 갖고 열린우리당을 창당해서 새로운 여당 내에 절대적 영향력을 행사했다. 그 이후의 대통령들도 ―이명박 대통령 당시 박근혜 대표와의 갈등으로 여당 내의 영향력이 일부 축소되었으나– 여당 내에 매우 강력한 영향력을 행사했으며, 그 결과는 결코 좋지 않았다. 박근혜 전 대통령의 경우 제20대 총선에서 여당 공천에 깊숙이 개입하면서 이른바 박타령 논란을 초래하였고, 그 결과 여당이 친박과 비박으로 분열된 것이 박근혜 전 대통령의 탄핵소추안 국회통과에 결정적 역할을 했다는 점은 부인하기 어렵다. 또한, 문재인 정부 하에서 대통령의 여당에 대한 지배력은 인사청문회를 통해서도 확인된 바 있다. 여당에서 강력하게 반대하던 고위공무원의 인사에 대해서도 대통령의 입장이 확실하게 정해진 이후에는 여당 의원들이 일사불란하게 찬성으로 돌아서는 모습을 반복한 것은 결코 바람직한 현상이 아니다.

이처럼 대통령이 여당을 지배하는 것은 국회의 정부에 대한 통제를 사실상 무력화시키는 결과를 낳으며, 종국적으로 삼권분립을 사실상 무너뜨리는 역할을 한다. 이를 막기 위해 현재 국회법 제20조의2에 의해 국회의장의 당적보유가 금지되듯이, 대통령은 취임 이후에 당적을 이탈하도록 하는 방안이 2017년 개헌논의 당시에 제안되었던 것[18]도 이러한 문제의식에서 비롯된 것이다.

2. 분권의 실질화: 대통령에 집중된 권력이 이제는 분산되어야 한다!

권위주의적 정치문화의 중심에는 대통령에게 막강한 권력이 집중되어 있는 현행 헌법상의 권력구조가 있다. 대통령제 자체의 승자독식 구조는 미국과의 비교를 통해 확인할 수 있는 분권적 구조가 결여된 대한민국에서는 더욱 심각한 폐해를 낳고 있다.[19] 승자독식이란 정권 경쟁에서 승리한 자, 즉 대통령에게 전권을 부여하는 것이며 주어진 임기 동안 충분히 자기 역량을 발휘할 수 있도록 하자는 것이다. 그러나 미국의 승자독식 구조는 연방국가를 통한 분권적 구조 속에서 대통령의 영향력에 한계가 있을 뿐만 아니라, 대통령의 권력 오·남용에 대해 의회와 사법부에 의한 통제가 충분한 실효성을 갖고 있다는 점을 전제하고 있다.[20] 반면에 이러한 전제를

18) 국회 헌법개정특별위원회 자문위원회, 국회 헌법개정특별위원회 자문위원회 보고서, 2018, 316-317면.
19) 장영수, 앞의 논문(주 2), 312-313면.

갖추지 못한 대한민국에서 승자독식은 죽기 살기의 경쟁으로 치닫고 있으며, 국민을 위한 선의의 경쟁을 사실상 불가능하게 한다. 여당은 정권유지를 위해, 야당은 정권교체를 위해 총력을 기울이는 현상은 정권교체가 반복될수록 더욱 심해지고 있다. 여당은 정권 유지를 위해 무조건 대통령이 잘하고 있다고 말해야 하고, 야당은 대통령의 잘못을 강하게 비판함으로써 정권교체의 교두보를 마련하려는 경향이 더욱 강해지고 있는 것이다.

오히려 대통령에 집중된 권력이 분산됨으로써 책임도 분산되는 것이 민주국가의 본질에 부합한다. 이를 위해 대통령이 국회에 대해 영향력을 행사할 수 있는 권한들, 사법(법원, 헌법재판소)에 영향력을 행사할 수 있는 권한들이 대폭 축소되어야 하며,[21] 일부 권한의 폐지도 적극적으로 고려되어야 한다. 나아가 대통령의 정부 내에서의 권한도 축소되고 분산되어야 한다. 분권형 정부를 통해 대통령과 총리의 권한 분장 내지 역할 분담도 고려될 수 있고,[22] 감사원의 독립기관화도 같은 맥락에서 적극적으로 고려되어야 한다.[23]

3. 협치의 제도화: 말로만 협치에서 실질적인 협치가 가능한 시스템이 필요하다!

종래 분권에 대해서는 국정의 효율성에 반한다는 인식이 지배적이었다. 그러나 이러한 인식의 근저에는 권위주의적 통치방식이 깔려 있다는 점은 충분히 인식되지 못하고 있었다. 예컨대, 지방자치의 비효율성을 이야기하면서 폐지하고, 국론 분열의 비효율성을 이야기하면서 언론에 대해 통제하던 것이 어느 시절이었는지 돌이켜보면, 분권과 이를 통한 다양성에 대한 반대입장의 뿌리는 뚜렷해진다. 물론 분권이 소모적인 대립과 갈등으로 치닫는 것은 결코 바람직하지 않다. 분권이 생산적인 것으로 발전하기 위해

20) 장영수, 앞의 논문(주 2), 312면, 321-322면.

21) 아래의 Ⅴ. 1. 대통령의 대법원장, 헌법재판소장 등에 대한 임명권의 배제 또는 형식화 참조.

22) 아래의 Ⅴ. 2. 이른바 분권형 대통령제의 도입과 대통령-총리의 권한 분장 참조.

23) 감사원의 독립기관화에 관하여는 차진아, "감사원의 독립성 강화를 위한 개헌의 방향과 대안", 공법학연구 제18권 제2호(2017), 111-148면 참조.

서는 선의의 경쟁 및 협치가 전제되어야 한다. 그러나 그동안 정치과정에서 실질적인 협치가 되지 못했던 것은 정치문화의 문제 이전에 제도 자체의 문제에서 비롯된 것이었다.

실질적인 협치는 각자가 가진 권한을 협력적으로 행사함으로써 가능해진다. 그러나 승자독식의 정치구조 속에서 정부-여당은 국정운영에 관한 모든 권한을 갖는 반면에 야당은 오로지 통제권만을, 그것도 야당이 차지한 의석수에 비례하여 매우 제한된 통제권만을 갖는다. 이런 상황에서 여-야의 실질적 협치가 어떻게 가능한가? 국정운영권이 한쪽은 전부, 한쪽은 전무인 상태에서는 국정운영에서 '주고받기'give and take를 통한 협력의 여지가 없는 것이다. 결국 협치가 가능하기 위한 전제조건은 여-야가 각기 국정운영에 관한 독자적 권한을 갖는 것이다. 이를 전제로 한 협치는 미국처럼 연방과 주 사이의 협치, 혹은 프랑스처럼 대통령과 총리 사이의 협치로 나타날 수 있다. 각기 독자적인 헌법상 권한이 인정되고, 이러한 권한에 근거하여 국정운영에서 협력할 여지 및 필요성이 있기 때문이다.

V. 헌법개정을 통한 헌법상 대통령의 지위와 권한의 재조정

1. 대통령의 대법원장, 헌법재판소장 등에 대한 임명권의 배제 또는 형식화

제왕적 대통령의 근본적 해결을 위한 또 하나의 중요한 요소는 헌법상 대통령에게 집중된 권한 중에서도 삼권분립을 깨뜨리는 요소들을 제거하는 것이다. 특히 대통령의 사법부에 대한 인사권, 즉 대법원장, 대법관, 헌법재판소장, 헌법재판관에 대한 임명권을 배제하거나 형식화함으로써 사법부의 독립을 실질적으로 확보하는 것이 중요하다.

사법부의 독립이 헌법에 명시되어 있음에도 불구하고(제103조, 제106조, 제112조 제3항 등), 대통령과 대법원장, 헌법재판소장이 대등한 위치에 있다고 보기 어렵다. 한편으로 대통령의 실질적 임명권으로 인해 대통령의 영향력이 매우 강력하게 작용하기 때문이며, 다른 한편으로 대통령의 임기와 대법원장, 헌법재판소장의 임기에 큰 차이가 없어 그 영향력이 더욱 장기화하기 때문이다. 대통령의 인사권으로 인해 사법부의 독립성과 정치적 중립성이 흔들리기 시작하면, 국민의 사법불신이 커질 수밖에 없고, 법치의 근간이 훼손된다. 특히 대통령의 임기 초에 대법원장과 대법관이 다수 교체되면 대법원 재판의 공정성에 대한 의혹의 눈길이 많아진다. 최근 김명수 사법부의 정치적 판결에 대한 비판이 높아지고 있는 것도 이러한 상황과 무관하지 않다.

대통령의 사법부(법원, 헌법재판소) 수뇌부에 대한 임명권이 사법부의 독립에 대한 위협요인이 되지 않도록 하기 위해서는 두 가지 방법 중에서 하나를 선택해야 할 것이다. 하나는 헌법개정을 통해 대통령의 임명권 자체를 삭제하는 것이다. 다른 하나는 −개헌이나 정치적 합의를 전제로 한 법원조직법 등의 개정을 통해− 대법원장, 대법관, 헌법재판소장 및 헌법재판관의 임명은 실질적으로 독립된 추천위원회에서 결정하고, 국회 인사청문회를 거친 뒤 대통령은 형식적으로만 임명권을 행사하도록 하는 방법이다. 지금처럼 대통령의 의중에 따라 특정인을 대법원장, 헌법재판소장으로 지명하면 −비록 국회의 동의를 받아야 하지만− 이들의 실질적 위상 및 이들에 대한 대통령의 영향력이 국무총리와 크게 다르지 않다고 볼 수 있다. 따라서 대통령의 실질적 임명권을 배제하는 것이 사법부의 독립을 실질화하고, 삼권분립을 복원시키는 지름길이라 할 것이다.

2. 이른바 분권형 대통령제의 도입과 대통령−총리의 권한 분장

오늘날 분권형 대통령제는 이원정부제라는 이름으로 의원내각제, 대통령제와 어깨를 나란히 하는 제3의 정부형태로 발전하였으며, 프랑스 이외에도 포르투갈, 핀란드 등을 비롯하여 전 세계 수십 개 국가가 채택하고 있는 정부형태로 이해되고 있다.[24] 그러나 국내에서는 분권형 대통령제에 대

24) 장영수, "분권형 정부형태에서 대통령−총리의 역할분담에 관한 연구", 유럽헌법연구 제23호(2017), 134면 이하.

한 국민적 관심이 상대적으로 낮은 편이다. 그 이유는 1979년 12·12사태 이후 이원집정부제로 개헌을 시도했던 것과 관련하여 이원정부제에 대한 불신이 형성되었던 점,[25] 1987년 대통령직선제 개헌 이후로 대통령제에 대한 선호도가 높아졌던 점 등에서 찾을 수 있다. 그러나 최근에는 제왕적 대통령의 문제를 비롯하여 대통령제 정부형태의 문제점이 널리 알려지면서 분권형 대통령제에 대한 관심과 지지가 – 헌법학 및 정치학 전문가 사이에서는 물론이고, 일반 국민 사이에서도 (아직은 대통령제에 대한 지지가 더 높지만) – 높아지고 있다.

분권형 대통령제의 핵심은 대통령과 총리 사이의 권한 분장이다. 대통령이 실질적 임명권을 갖고 있을 뿐만 아니라, 언제든지 해임할 수 있는 현행 헌법상의 총리와는 달리, 국회에서 선출된 총리가 대통령과 권한 및 역할을 분담함으로써 집행부를 이원화하는 것이다.[26] 이를 통해 삼권 중에서 가장 조직, 인력과 권한이 방대한 집행부의 실질적 분권을 가능케 하는 것이다. 분권형 대통령제는 대통령제와 의원내각제의 혼합형으로서 독특한 장·단점을 갖는다. 잘 운영되면 대통령제와 의원내각제의 장점을 결합할 수 있으나, 잘못 운영되면 단점의 결합이 될 수도 있다. 그러므로 분권형 대통령제의 성공을 위해서는 한편으로 대통령의 독재화를 견제하고, 다른 한편으로 군소정당의 난립을 통한 정국의 혼란을 방지해야 할 뿐만 아니라, 대통령과 총리의 합리적 대화와 타협, 즉 분권에 이은 협치의 제도화 및 이를 합리적으로 운영할 수 있는 정치문화가 갖춰져야 한다.

3. 감사원의 독립기관화와 대통령의 임명권 배제

대통령에 집중된 권력의 분산 관련 개헌의 주요 이슈 중 하나가 감사원의 소속변경 문제이다. 그동안 감사원은 대통령 소속이나(헌법 제97조), 감사원법 제2조 제1항에 따라 직무상 독립성이 인정되었다. 그러나 감사원이 대통령과 관련된 사항에 대해서는 감사업무를 제대로 수행하지 못한다는

---

25) 문화일보, 2015.11.16, '이원집정제'라는 유령. http://www.munhwa.com/news/view.html?no=20151116010730301300001 (최종접속 2022.4.9.)

26) 장영수, 앞의 논문(주 24), 136-136면.

비판이 계속되면서 감사원의 소속 변경이 매우 중요한 개헌 쟁점으로 떠오른 것이다.

이미 김대중 정부 당시부터 감사원을 국회로 이관해야 한다는 주장이 나왔지만, 최근에는 감사원을 독립기관화해야 한다는 주장이 많은 공감을 얻고 있다. 각종 시민단체의 개헌안[27]뿐만 아니라, 2017년 국회 개헌특위 자문위원회안,[28] 2018년 대통령 개헌안(제114조)에서도 감사원의 독립기관화를 제안하고 있다. 영국과 미국에서는 감사기구가 의회 소속인 반면에, 독일과 프랑스에서는 독립기관이다.[29] 최근 우리나라에서 독립기관화를 선호하는 이유는 특정 국가의 모델에 큰 영향을 받은 것이라기보다는 국회 산하에 둘 경우에는 감사원의 정치적 중립성을 확보하기 어렵다는 우려 때문이다.[30] 대통령 소속일 때에 비해 나아질 것이 없는 것이다.

그러나 헌법상 감사원을 독립기관화하는 것으로 모든 문제가 해결되지는 않는다. 예컨대, 2018년 대통령 개헌안에서는 감사원을 독립기관으로 하되, 감사원장에 대한 임명권은 지금과 마찬가지로 대통령이 행사하는 것으로 하고 있다(제115조 제1항~제3항). 이렇게 되면, 형식상 대통령 소속이 아닌 독립기관일 뿐이지, 실질적으로는 대통령의 영향력이 강하게 작용할 수밖에 없다. 그러므로 개헌을 통해 감사원을 독립기관화한다면 대통령의 실질적인 임명권이 배제되어야 한다. 예컨대 —앞서 대법원이나 헌법재판소의 경우에 대해 제안했듯이— 독립된 추천위원회의 추천에 대해 국회의 인사청문회에서 엄격한 절차를 거쳐 동의한 후보자에 대해 대통령은 형식적 임명권만을 행사하도록 하여야 한다.[31]

---

27) 나라 살리는 헌법개정 국민주권회의, 헌법개정안, 2017, 19면, 62면; 대화문화아카데미, 2016 새헌법안, 2016, 571면.
28) 국회 헌법개정특별위원회 자문위원회, 앞의 책(주 18), 175면 이하, 298면.
29) 차진아, 앞의 논문(주 23), 116면 이하.
30) 차진아, 앞의 논문(주 23), 118-119면.
31) 차진아, 앞의 논문(주 23), 134-135면.

Ⅵ. 국민의 민주의식과 주권의식을 높이자!

1. 국민의 주권자로서의 자각, 어떻게 해야 하나?

오늘날 민주국가를 자처하지 않는 나라는 찾아보기 어렵다. 그러나 모두가 진정한 민주국가는 아니다. 북한이나 중국처럼 '인민'민주주의라는 꼬리표를 붙인 나라들을 진정한 민주국가로 보기 어렵고, 과거의 유신독재처럼 한국적 민주주의라는 이름으로 민주주의를 자처한 것도 진정한 민주주의는 아니었다. 외견상의 민주국가와 진정한 민주국가의 차이는 민주주의를 민주주의이게 하는 본질적 징표[32]를 제대로 갖추고 있는지에 따라서 판단할 수 있다. 그러나 민주주의를 가능케 하고, 성장시키는 원동력은 무엇보다 주권자인 국민의 힘에서 찾을 수 있다. 진정한 민주국가는 국민이 진정한 주권자일 때 가능하며, 그 전제조건은 국민이 주권자로서 자각하는 것이다. 이는 곧 주권자로서의 권리뿐만 아니라, 의무까지도 확실하게 받아들이는 것이며, 주권 침탈의 위협에 대해서는 이에 맞서 피와 땀을 흘릴 용기까지도 포함한다.

1945년 해방 직후, 나아가 1948년 정부수립 이후 대한민국의 상황을 볼 때, 민주주의라는 말은 널리 알려졌고, 민주국가에서는 국민이 주권자라고 익히 들었지만, 그 의미를 충분히 체감하는 국민은 많지 않았다. 그랬기 때문에 대통령이 왕처럼 군림할 수 있었고, 대통령의 권력 오·남용에 대해 국민의 비판과 통제가 활성화할 수 없었던 것이다. 서구의 경우, 국민의 주권자로서의 자각은 크게 두 가지 형태로 형성·발전되었다. 하나는 시민혁명을 통해 국민 스스로가 주권자로서 자각하는 것이고, 다른 하나는 민주시민교육을 통해서 국민의 주권의식을 함양하는 것이다. 영국이나 미국, 프랑스에서는 전자의 의미가 컸던 반면에 시민혁명의 성공 경험이 부족했던 독일의 경우에는 후자의 비중이 컸다. 대한민국의 경우, 1919년 3·1운동의 정신이 계승되면서 1960년 4·19혁명, 1987년 6월 민주혁명과 2016년

32) 장영수, 앞의 책(주 4), 142면 이하 참조.

촛불시위를 통해 주권자로서의 자각이 싹트고 고양되었지만, 이를 다듬고 조율해야 할 민주시민교육은 아직까지도 많이 부족한 상황이다.

2. 성숙한 시민의식, 그러나 아직도 갈 길이 멀다

시민(市民)의식은 신민(臣民)의식과 다르다. 민주국가의 국민은 군주국가의 신민이 아니라 주권자이며, 시민이다. 대한민국도 −과거 제1차 세계대전에서 패망하면서 비로소 최초의 민주공화국을 구성하였던 독일과 유사하게− 내부적인 시민혁명이 아니라 일본이 제2차 세계대전에서 패망함으로써 민주공화국을 구성하였기 때문에 건국 초기 국민의 민주의식 내지 주권의식이 부족했던 것은 불가피했다. 그러나 대한민국은 이후 수십 년 동안 계속된 민주화 노력을 통해 국민의 시민의식과 주권의식을 고양시켰다.

민주주의 성장 과정에서 가장 중요한 첫 번째 변곡점은 1960년 4·19혁명이다. 자칫 동남아나 중남미의 후진국 수준으로 낙후될 뻔한 대한민국의 민주주의를 일깨웠던 것은 3·15부정선거에 대한 국민의 강력한 저항이었다. 4·19혁명은 국민이 나서서 민주주의를 왜곡하는 정권을 퇴출시키고 민주주의를 회복시킨 대한민국 최초의 시민혁명이다.[33] 그러나 4·19혁명의 결과 탄생한 제2공화국은 1961년 5·16 쿠데타로 무너졌으며, 이후 5·16 군사정부 및 제3공화국, 제4공화국을 거치면서 권위주의적 통치체제로 회귀하였다. 1979년 10·26사태로 유신체제가 무너지면서 잠시 서울의 봄이 찾아왔으나, 1980년 신군부집권으로 다시금 군사정권의 압제가 시작되었다. 그러나 1987년 6월 민주혁명은 다시금 주권자인 국민의 저력을 보여주었고, 결국 대한민국 민주화의 원동력은 주권자인 국민의 의지와 노력임을 재확인시켰다.[34]

이후 민주화된 대한민국 정부는 과거와는 다른 국정운영을 통해 국민의 요구에 부응하였으나, 제왕적 대통령의 문제는 근절되지 못했고, 2016년 박근혜−최순실 사태가 터지면서 몇 달 동안 전국 주요 도시의 주말 밤을 밝

---

33) 이런 의미에서 장영수, 대한민국헌법의 역사, 고려대학교 출판부, 2019, 150면에서는 4·19혁명을 대한민국 민주주의의 "베이스캠프"라고 표현하고 있다.

34) 장영수, 앞의 책(주 33), 268-269면.

혔던 국민의 촛불시위는 다시금 국민이 주권자임을 보여주었다. 박근혜 대통령이 헌법재판소의 탄핵결정[35]으로 파면되기까지 수많은 국민이 동참했던 촛불시위는 4·19혁명 및 6월 민주혁명과는 또 다른 형태의 시민혁명으로 평가될 수 있다. 수백만 명이 모였지만 질서를 유지하는 시위문화, 폭력이 아니라 의사의 표현에 그친 시위와 법치국가적 절차에 따라 탄핵결정으로 대통령을 파면시킨 것에 대해 전 세계 민주국가들이 대한민국 민주주의의 성장을 높이 평가했지만, 그 이후 탄생한 문재인 정부는 오히려 민주주의의 퇴행을 보여주었다. 무엇보다 강조했던 대통령의 국민과의 소통은 지지세력과의 소통으로 변질되었고, 진영 간 갈등은 극단화되었다. 연이은 정책의 실패로 국민의 불신과 불만이 높아지는 가운데, 정책실패를 인정하면서 국민에게 사과한 적은 단 한 번도 없었다. 이런 새로운 상황을 접하면서 과연 주권자인 국민은 이런 상황에 어떻게 대응해야 할 것인가에 관해 새로운 과제를 안게 되었다.

3. 민주시민교육의 의미와 필요성

국민의 민주의식 내지 주권의식은 시민혁명의 경험을 통해 크게 성장하지만, 민주의식과 주권의식의 함양을 위해 주기적으로 시민혁명을 반복할 수는 없다. 그러므로 직접 시민혁명을 겪지 못한 세대에 대해서는 교육을 통해 간접적인 경험을 쌓도록 해야 한다. 더욱이 민주시민교육은 주권자로서의 자각뿐만 아니라 공동체 구성원으로서 필요한 각종 소양을 함양하도록 함으로써 민주국가의 구성원으로서 제 몫을 할 수 있도록 하는 것이므로 이를 어린 시절부터 적극적으로 활용함에 따라 민주주의의 기틀이 탄탄하게 다져질 수 있다. 이를 위해서는 다음의 몇 가지 요소가 강조될 필요가 있다.

첫째, 민주주의 근본이 상호 존중 속의 자유와 평등이라는 점은 널리 알려져 있으나, 이를 체득하기는 결코 쉽지 않다. 어린 시절부터 타인의 의견을 존중하고 경청하는 법을 배워야 하며, 타인과 타협하고 이해관계를 조

35) 헌법재판소 2017.3.10. 선고 2016헌나1 결정, 판례집 29-1, 1.

정하는 것을 익혀야 한다. 둘째, 생활 속에서 체득된 민주주의도 중요하지만, 민주주의의 이념과 가치, 실현구조 등에 대한 기본적인 지식도 매우 중요하다. 최근 민주와 독재의 대립구조보다는 진정한 민주주의와 포퓰리즘 사이의 구별이 중요해지면서 국민이 민주주의에 대한 정확한 지식을 보유하여야 할 필요성이 커지고 있다. 셋째, 행동하는 민주시민의 역할에 대한 교육도 중요하다. 즉, 민주시민으로 내가 해야 할 일, 해서는 안 될 일이 무엇인지를 정확하게 알고, 이에 따라 책임 있는 행동을 실습하는 것도 필요하다. 민주주의의 수호와 발전을 위해 적극적으로 나서서 의견을 표명해야 할 때가 언제이며, 어떤 방식으로 의견을 표명할 것인지를 다양한 사례와 경험을 통해 익혀야 한다.

대한민국의 민주주의는 이미 독재와의 투쟁 단계를 넘어섰다. 이제는 민주주의를 주장하는 여러 정치세력들 내지 정당들 사이에서 국민들이 현명한 판단을 내릴 수 있도록 하는 민주시민교육이 가장 중요한 것이다. 이러한 판단이 결국 국가와 국민의 미래를 결정할 것이기 때문이다.

Ⅶ. 맺음: 21세기의 시대정신에 맞는 진정한 민주주의를 위하여!

대한민국의 민주주의는 해방 이후 70여 년 동안 수많은 역사적 사건을 겪으면서 지속적으로 발전해 왔다. 중간중간 권위주의적 정권의 억압도 있었지만 1960년 4·19혁명, 1987년 6월 민주혁명 등을 통해 주권자인 국민이 힘과 노력, 피와 땀으로 민주주의를 발전시켰다. 그러나 21세기 대한민국의 민주주의는 독재와의 투쟁이 아니라 민주주의를 −포퓰리즘과 엄격하게 구별하면서− 섬세하게 발전시켜야 하는 과제에 직면해 있다.

1987년 대한민국의 민주화 이후 외견상 민주정부가 아니라고 할 수 있는 것은 없다. 그러나 역대 정부의 민주성에 대해 많은 사람이 달리 평가하고 있고 불만스러워하는 부분도 적지 않다. 서구의 선진 민주국가들에서조차 더 나은 민주주의를 위해 끊임없이 노력하고 있는데, 대한민국의 민주주의가 1987년 민주화로서 완성된 것은 아니기 때문이다. 결국 우리 시대의 민주주의를 어떻게 발전시킬 것인지는 이 시대를 사는 우리들의 역사적 소명이라 할 수 있다.

그런 관점에서 분권과 협치의 새로운 민주주의를 형성하는 데에 가장 큰 걸림돌이 되고 있는 권위주의적 정치문화의 잔재 및 그 대표적인 형태인 제왕적 대통령을 극복하는 것이야말로 우리 시대 민주주의 발전을 위한 최우선적 과제이다. 제왕적 대통령이라는 용어 자체의 모순성은 접어두더라도, 이 용어와 이를 가능하게 하는 제도 및 정치문화가 민주주의를 퇴행시키는 일종의 악순환을 낳고 있다는 점을 간과해서는 안 되기 때문이다.

그러므로 제왕적 대통령의 문제는 단순히 대통령의 지위 및 권한의 문제가 아니라 대한민국 민주주의 자체가 안고 있는 근본적인 한계라 할 수 있으며, 대통령이 왕처럼 군림할 수 있다는 생각 자체가 극복되어야만 진정한 민주주의가 가능해진다. 진정한 민주주의란 주권자인 국민 이외에 어느 누구도 주권적인 권력을 가질 수 없고 가져서도 안 되는 것이기 때문이다. 설령 주권의식이 부족한 일부 국민이 그것을 명시적으로 원한다고 하더라도 ….

22

선거법의 미래

– 선거운동 규제를 중심으로 –

조동은

서울대학교 법학전문대학원 교수

판사로 근무하였고 현재 서울대학교 법학전문대학원에서 헌법을 가르치고 있다. 헌법제·개정론과 헌정사, 비교헌법, 법해석과 헌법의 관계, 정치관계법 등을 주요 연구 주제로 삼고 있다. 특히 헌법의 변동을 어떻게 기술하고 설계할 수 있는지, 입헌주의의 환경과 조건들이 무엇이며 어떻게 형성·유지될 수 있는지 등에 대하여 관심을 가지고 있다. 주요 논문으로는 "연속과 불연속–5·16 쿠데타와 헌법적 단층"(2021), "미국 연방대법원의 위헌판단 회피 원칙과 그 한국적 시사점–법원의 헌법합치적 해석 및 위헌법률심판제청의 기준과 관련하여"(2018), "선거운동의 개념과 민주적 정치과정–대법원 2016. 8. 26. 선고 2015도11812 전원합의체 판결을 중심으로"(2017) 등이 있다.

Ⅰ. FACEBOOK 재판

오늘날 우리는 상호작용의 공간이 광범위하게 온라인화되는 극적인 변화를 목도하고 있다.[1] 이러한 현상은 정치적 표현의 생산과 소통에 있어서도 예외가 아니다. 인터넷 공론장은 레거시 미디어legacy media, 인터넷 언론, 각종 소셜 네트워크 서비스SNS 유저 등 여러 종류와 규모의 참여자들이 전례 없는 규모로 정치에 관한 사실과 의견을 전파, 증폭, 재생산하는 공간이다.[2] 이는 정치과정의 일부인 공론의 형성과정 그 자체이기도 하지만 차별적 혐오표현과 매크로 등의 활용을 통한 가짜뉴스의 범람이라는 결코 가볍게 볼 수 없는 악성 요소들도 그 공간을 가로지르고 있다.[3] 온라인화되는 것은 담론뿐만이 아니다. 정치자금의 모집과 기부도 온라인공간을 주무대로 삼은 지 오래이다.[4] 이러한 매체환경의 변화가 정치과정의 핵심인 선거에 지대한 영향을 미친다는 점은 자명한 사실이다. 그런데 선거법제, 특히 그중에서도 선거운동election campaign 규제입법은 이러한 변화에 성공적으로 대처하거나 선제적으로 대응하고 있을까? 어느 분야의 법제든 현실과의 순탄치 않은 조응을 통해 변화하고 발전해 가기 마련이다. 아니, 그렇게 변화하고 발전하지 못하면 곧 그 존재 이유를 상실하게 될 것이다.

---

1) 코로나19가 이러한 변화를 가속화시켰음은 주지하는 바와 같다. 그 첨단은 최근 활발하게 논의되고 있는 메타버스(metaverse)일 것이다. 이 가상공간에서 사람들은 독자적인 정체성을 가지고 사교, 거래, 정치활동에 참여한다. 2022년 3월 9일 치러진 제20대 대통령 선거 개표방송에서는 메타버스 포맷이 활용되기도 하였다. 메타버스에 대한 대중적인 입문서로 우선은 김대식, 메타버스 사피엔스–또 하나의 현실, 두 개의 삶, 디지털 대항해 시대의 인류, 동아시아, 2022 참조.

2) 우리는 SNS를 통한 정치적 소통의 확대가 더 메우기 어려운 정치적 양극화를 낳는다는 진단을 종종 마주치고 있다. 장승진 · 한정훈, "유튜브는 사용자들을 정치적으로 양극화시키는가?: 주요 정치 및 시사 관련 유튜브 채널 구독자에 대한 설문조사 분석", 현대정치연구 제14권 제2호(2021 여름호); 찰스 아서/이승연 역, 소셜온난화, 위즈덤하우스, 2022 등 참조.

3) 혐오표현에 대해서는 홍성수, 말이 칼이 될 때, 어크로스, 2017, 가짜뉴스에 대해서는 오세욱(책임연구), 가짜뉴스 현황과 문제점, 한국언론진흥재단, 2017; 김종현, "가짜뉴스의 규제에 관한 비교법적 연구–미국의 논의를 중심으로", 서울대학교 법학 제60권 제3호(2019.9), 61-108면 등 많은 연구가 이루어져 있다.

4) "정치후원금도 토스로 간편하게 보내세요" 뉴시스 2021.7.5. 자. https://newsis.com/view/?id=NISX20210705_0001500317 (최종검색 2022.3.29.)

따라서 위 질문에 대한 답변의 시도는 동시에 선거법제의 실존가능성 그 자체에 관한 진단이기도 할 것이다. 이제 위에서 던진 물음에 답하기 위해 하나의 사례를 살펴보자.

사립학교 교원인 A씨는 20대 국회의원선거일 당일인 2016년 4월 13일 자신의 페이스북 계정에 “더민주 경제공약 집대성 공소외인 ‘새누리 정책 아이디어 고갈’”[5]이라는 제목의 기사가 링크된 게시물을 공유하였다. A씨는 이 일이 큰 문제가 되리라고는 예상치 못하였을 수도 있다. 그러나 A씨를 기다리고 있었던 것은 – 결코 작은 일이 아닌 – 형사재판이었다. 공직선거법위반 혐의로 조사를 받고 기소되어 재판을 받게 된 것이다. 공직선거법 제60조는 사립학교 교원에게 선거운동을 금지하고 있는데, A씨가 위 게시물 공유행위로써 선거운동을 하였다는 것이 공소사실의 요지였다. 이 사건의 쟁점은 위와 같은 게시물의 공유행위가 특정 후보자의 당선 또는 낙선을 위한 ‘선거운동’에 해당하는지 여부로, 어떻게 보면 비교적 단순하다고 할 수 있었다. 그러나 재판과정을 보면 법률 전문가들은 이를 누구나 합의할 수 있는 해답을 도출할 수 있는 손쉬운 문제로 여기지 않은 듯하다. 검찰은 이 행위가 범죄에 해당한다고 보아 공소제기에 이르렀으나 제1심 법원은 범죄가 성립하지 않는다고 보아 무죄를 선고하였다. 그런데 항소심은 제1심을 파기하고 유죄를 인정하여 A씨에게 벌금형을 선고하였다. A씨가 이에 다시 불복하여 상고함으로써 결국 최종판단은 대법원의 몫이 되었다. 여기에 이르기까지 검사와 항소심 법관 3명이 유죄라는 결론에, 1심 법관 3명이 무죄라는 반대 결론에 도달하였던 것이다. 유사한 사건들이 전국 여러 법원에 계류 중이었던 상황에서 대법원의 판단은 주목의 대상이 되었다.[6]

최종결론부터 이야기하면 대법원은 SNS상에서 의견 부기 없이 게시물을 공유하는 행위는 비록 그 게시물이 특정 후보자를 홍보하거나 옹호하는 내

---

5) 기사 원문 링크는 다음과 같다. https://the300.mt.co.kr/newsView.html?no=2016041015267687832 (최종검색 2022.3.29.)

6) 당시 유사 사건의 계류 현황에 대하여 상세한 것은 조동은, “선거운동의 개념과 민주적 정치과정–대법원 2016. 8. 26. 2015도11812 전원합의체 판결을 중심으로”, 법학연구(이화여자대학교 법학연구소) 제21권 제4호(2017.6), 335-375면, 362-370면 참조.

용이 담겨 있다고 하더라도 선거운동에 해당하지 않는다고 보아 무죄 취지로 원심을 파기하였다(대법원 2018.11.29. 선고 2017도2972 판결, 이하 '대상판결'이라 한다). 제1심과 같은 결론을 취한 것이다. 필자는 이 결론이 기본적으로 타당하다고 생각하지만, 수사와 재판을 거쳐 이 결론에 이르는 과정에 대해서는 여러 의문과 유보를 품게 된다. 이러한 기소와 재판이 현재와 같은 매체환경에서 가지는 의미는 무엇일까? 후보자나 정당이 주도하는 프로그램으로서의 선거운동의 범위를 넘어 개인들의 온라인상 정치적 의사표현 일반을 당국이 관리영역과 규제대상으로 삼을 수 있을까? SNS를 통한 기사 공유라는 행위까지 '선거운동'으로 포착할 수 있다면, 기소가능한 범위에 들어오는 온라인 행위의 범위는 사실상 정치적 의사표현 일반으로 확장되는 것 아닌가? 그렇다면 수많은 온라인상 상호작용 중 A씨의 사례와 같이 기소되지 않은 부분은 범죄가 아니라서 기소되지 않은 것이 아니라 단지 당국이 간과하였기 때문인가?

이러한 문제들은 결국 공직선거법의 선거운동 규제 법제와 그 해석론이 야기하는 온라인상 정치적 표현에 대한 국가형벌권 개입의 근거와 한계에 관한 문제로 집약된다. 우리는 이 사건을 통해 현행법이 일반 유권자의 개인적인 온라인 정치적 의사표현에 대해 광범위한 국가형벌권의 개입을 가능케 하고 있음을 생생하게 확인할 수 있다.[7] 그런데 이는 시민의 활발한 정치참여가 일상화된 우리의 정치문화와도, 다른 한편으로 그 이상으로 첨단에 서 있다고 할 수 있는 디지털 환경과도 어딘지 어울리지 않는 것처럼 보인다. 온라인상 표현의 자유에 대한 강한 '위축효과chilling effect'를 초래할 수 있다는 점 역시 다언(多言)을 요하지 않는다.[8]

---

7) 다만 현행 법제에서 처벌하는 인터넷 공간상의 선거운동은 일반 유권자 중 A씨와 같이 특정한 신분을 보유한 사람에 집중되고 있음을 유의할 필요가 있다. 이는 헌법재판소 결정에 따른 공직선거법 개정의 결과이다. 이에 대해서는 아래 주 24 참조.

8) 위축효과는 '표현의 자유에 의해 보호되는 활동을 하고자 했던 개인들이 그 보호대상 활동을 직접 목표로 삼지 아니한 규제조치 때문에 그 활동에 나아가지 않게 되는 효과'로 정의할 수 있다. '선거운동'에 대한 규제는 선거운동과 쉽게 구별되지 않는 선거 관련 의사표시 일반을 제한하는 효과를 낳기 때문에 이러한 위축효과를 조래하는 경우에 해당한다. 미국 연방대법원이 표현의 자유 법리와 관련하여 사용하는 위축효과 개념의 규명과 분석으로는 Schauer, Frederick, "Fear, Risk and the First Amendment: Unraveling the "Chilling Effect"", *Boston University Law Review*, Vol.58 No.5 (1978), pp.685-732, 특

이 글은 위 사례를 하나의 이정표로 삼아 선거운동 규제법제의 과거와 현재를 되돌아보면서 어떤 추이와 전망, 즉 미래를 모색해 보려는 작은 시도이다. 이를 위해 우선 우리 선거법제가 위치한 좌표를 확인하고 어떤 경로를 거쳐 현재의 위치에 이르렀는지 회상하는 절차가 필요할 것이다. 다음으로 국회, 법원, 헌법재판소가 선거운동 규제법제를 개선하기 위해 기울여온 노력을 간단히 살펴봄으로써 우리의 현주소를 확인하려 한다. 선거운동 규제 법제의 미래에 대한 조심스러운 전망은 그 연후에 제시될 수 있을 것이다.

Ⅱ. 선거운동 법제의 구조와 그 기원

먼저 현행 공직선거법의 얼개를 살펴보는 것이 순서일 것이다. 대한민국 헌법은 선거운동에 대해 "선거운동은 각급 선거관리위원회의 관리하에 법률이 정하는 범위 안에서 하되, 균등한 기회가 보장되어야 한다(제116조 제1항)"는 조항을 두고 있을 뿐 선거운동의 개념에 대해 직접적으로 정의하고 있지 않다. 사안에서 문제된 선거운동의 개념에 대해 정의하고 있는 것은 공직선거법 제58조 제1항인데 이 조항이 논의의 출발점을 이루는 지점이다.[9] 위 규정은 "이 법에서 '선거운동'이라 함은 당선되거나 되게 하거나 되지 못하게 하기 위한 행위를 말한다"고 하면서 '선거에 관한 단순한 의견개진 및 의사표시', '입후보와 선거운동을 위한 준비행위', '정당의 후보자 추천에 관한 단순한 지지·반대의 의견개진 및 의사표시', '통상적인 정당활동', '설날·추석 등 명절 및 석가탄신일·기독탄신일 등에 하는 의례적인 인사말을 문자메시지(그림말·음성·화상·동영상 등을 포함한다)로 전송하

히 p.693 참조. 영미법에서 위축효과 개념의 다양한 용례의 기능에 대해서는 Townend, Judith, "Freedom of Expression and the Chilling Effect" in Tumber, Howard & Waisbord, Silvio(eds.), *The Routledge Companion to Media and Human Rights*, Taylor & Francis Group (2017), pp.73-82 참조.

9) 일례로 변호사들이 선거법 관련 컨설팅을 염두에 두고 집필한 한 책은 "선거법에 대한 설명의 출발점은 무엇이 선거운동인가 하는 것이다"라고 한 다음 바로 뒤이어 "어떤 행위가 선거운동인지 아닌지는 언뜻 쉽게 판단할 수 있다고 생각하곤 한다. 하지만 실제로는 선거운동인지 여부는 경계가 상당히 애매하여 판단이 쉽지 않은 경우가 적지 않다"고 하고 있다. 법무법인 한결, 실전 선거법 A to Z, 매일경제신문사, 2020, 21면.

는 행위'는 선거운동으로 보지 아니한다고 규정하고 있다. 또한, "이 법 또는 다른 법률의 규정에 의하여 금지 또는 제한되는 경우"를 제외하고는 누구든지 자유롭게 선거운동을 할 수 있다고 선언하고 있다(제58조 제2항). 공직선거법에서 이 정의규정이 특히 중요한 의미를 가지는 이유는 선거운동기간 전에 행하는 사전선거운동, 외국인, 미성년자, 공무원, 교원 등 특정한 신분을 가진 사람의 선거운동, 법으로 정해진 방법 이외의 선거운동 등을 금지하고 처벌하는 구성요건규정으로 기능하기 때문이다.[10] 그러나 '당선되거나 되게 하거나 되지 못하게 하기 위한 행위'와 '단순한 지지・반대의 의견개진 및 의사표시'를 구별하는 것은 언뜻 보더라도 쉽지 않아 보인다. 이러한 문언적 의미 차원의 불명확성은 여러 차례 헌법재판소 판단의 대상이 되었지만, 헌법재판소는 일관되게 "죄형법정주의의 명확성원칙에 위반된다고 할 수 없다"라는 입장을 견지하였다.[11] 사안에서 사립학교 교원인 A씨는 공직선거법 제60조 제1항 제5호, 제53조 제1항 제7호에 따라 선거운동을 할 수 없는 신분을 가진 사람이었으므로 만일 선거운동을 한다면 같은 법 제255조 제1항 제2호에 따른 부정선거운동죄로 3년 이하의 징역 또는 600만원 이하의 벌금에 처해질 수 있었다. 즉, 우리 법제는 선거운동의 주체, 시기, 태양을 포괄적으로 규제하는 얼개를 취하고 있고 그 규제의 기초이자 핵심을 어떤 행위가 선거운동 개념으로 포섭될 수 있는지 여부에 두고 있음을 알 수 있다.

시야를 밖으로 돌려 다른 나라의 법제들을 살펴보면 우리 공직선거법의 규율태도가 결코 보편적인 것이 아님을 확인할 수 있다. 최근의 한 연구는 영국, 캐나다, 호주, 뉴질랜드, 아일랜드, 미국, 독일, 스페인 등 여러 국가

10) 상세한 것은 조동은, 앞의 논문, 339-340면 참조.

11) 대법원은 공직선거법 제58조 제1항의 선거운동 개념을 '특정 선거에서 특정 후보자의 당선 또는 낙선을 도모한다는 목적의사가 객관적으로 인정될 수 있는 능동적이고 계획적인 행위'(대법원 2015.12.23. 선고 2013도15113 판결)로 풀이함으로써 조금 더 구체화하고 있지만 이로써 그 불명확성이 모두 해소된다고 보기는 어렵다. 이 때문에 선거운동 개념에 관한 규정이 명확성 원칙에 반하여 위헌이라는 주장이 끊임없이 제기되었으나 헌법재판소는 일관되게 위 대법원 판시와 같이 구체화된 의미를 놓고 볼 때 명확성 원칙에 반하지 않는다는 답변을 내어놓고 있다(헌법재판소 1994.7.29. 선고 93헌가4등 결정, 헌법재판소 2001.8.30. 선고 2000헌마121등 결정, 헌법재판소 2013.12.26. 선고 2011헌바153 결정, 헌법재판소 2016.6.30. 선고 2014헌바253 결정).

의 선거법제가 선거운동의 주체, 시기, 태양이 아닌 선거운동의 비용과 자금에 규제의 초점을 맞추고 있음을 소상히 보여준다.[12] 즉, 선거운동의 주체, 시기, 태양을 포괄적으로 규제하면서 형벌적 제재를 가하는 우리 선거법의 태도는 일반적인 것이 아니라 오히려 예외에 속한다고 할 수 있는 것이다. 다만, 적어도 우리가 유일한 예외는 아니다. 유사한 형태의 선거운동 규제를 일본에서 찾을 수 있기 때문이다. 물론 이는 우연이 아니다. 공직선거법의 직접적 기원은 1958년 도입된 민의원의원선거법(법률 제470호, 1958. 1.25. 제정)에 있는데 이 선거법이 1925년 일본 보통선거법을 참조하여 만들어졌기 때문이다.[13] 1925년 일본 보통선거법은 이른바 '다이쇼 데모크라시'의 보통선거운동을 배경으로 이루어진 입법이다.[14] 천황주권의 메이지헌법하에서 1917년까지도 전체인구 중 선거권을 행사할 수 있는 사람의 비율은 2.6%에 불과하였다. 그러나 1918년 하라 다카시(原敬)를 수반으로 하는 정당내각이 성립하면서 보통선거권의 도입을 요구하는 대중적 압력이 증대되었고, 우여곡절 끝에 결국 1924년 5월 구성된 '호헌3파' 내각의 주도로 유권자 범위를 대폭 확대하는 보통선거법이 제정되었다.[15] 그러나 다이쇼 데모크라시하의 보통선거는 사전선거운동의 금지, 호별방문금지, 선거운동 주체의 제한 등을 그 내용으로 하는 포괄적 선거운동 규제와 함께 도입되었

12) 배정훈, "유권자 선거운동에 관한 연구 – 선거운동 방법규제를 중심으로", 서울대학교 법학박사학위논문(2022), 94면 이하.

13) 송석윤, "선거운동 규제입법의 연원 – 1925년 일본 보통선거법의 성립과 한국 분단체제에의 유입", 서울대학교 법학 제46권 제4호(2005.12), 28-53면, 45면 이하.

14) 다이쇼 데모크라시의 보통선거운동에 대하여는 송석윤, 앞의 논문, 30면 이하; 마쓰오 다카요시/오석철 역, 다이쇼 데모크라시, 소명출판, 2011, 229면 이하; 나리타 류이치/이규수 역, 다이쇼 데모크라시, 어문학사, 2012, 189면 이하 참조. 보통선거에 관하여 경합하였던 논리와 의회에서의 제정과정 및 내용에 대하여는 김종식, 1920년대 일본의 정당정치 – 성립과 쇠퇴의 논리, 제이앤씨, 2007, 제1, 2장 참조.

15) 하라 내각은 보통선거법안을 거부하면서 의회해산권을 행사하였고 그 결과 치러진 1920년 5월 총선에서 정우회가 대승하여 보통선거운동은 좌절하는 것처럼 보였다. 그러나 하라 수상 사망 후 1924년 1월 출범한 귀족원 중심의 기요우라(清浦奎吾) 내각에 대항하여 정우회와 헌정회, 혁신구락부('호헌3파')는 '헌정의 본의에 따라 정당내각의 확립을 바란다'는 의견을 공표하고 제2차 호헌운동을 전개하였다. 이 호헌3파가 1924년 선거에서 승리함으로써 보통선거법 제정이 가능하게 된 것이었다. 송석윤, 앞의 논문, 31-34면; 나리타 류이치, 앞의 책, 189면; 김종식, 앞의 책, 67면 이하 참조. 한편 1925년 보통선거법으로 납세와 재산 기준이 완전히 철폐된 것은 아니어서 새로운 선거법하에서 치러진 첫 번째 선거인 1928년 선거의 유권자는 전체인구의 약 21%인 1,240만 정도였다고 한다. 송석윤, 앞의 논문, 37면.

음에 주목할 필요가 있다.[16] 이는 한편으로는 선거권 확대가 필연적으로 야기할 것으로 우려한 사회질서의 혼란에 대처한다는 명분으로 이루어진 것이었지만, 다른 한편으로는 정치과정을 제한적으로나마 개방하는 동시에 신진 정치세력으로부터 기성 정치인들의 이해관계를 보호해 주는 기능을 하였던 것이다. 일본의 선거법은 이후 적지 않은 변화의 과정을 겪지만 2차 대전 후에도 규제의 틀을 유지해 오고 있는 것으로 평가된다.[17]

1958년 민의원의원선거법의 도입과정에서도 유사한 맥락이 배경에서 작용하는 것을 감지할 수 있다. 1952년 발췌개헌 이후 자유당은 4회에 걸쳐 사전선거운동 금지를 내용으로 하는 선거법 개정안을 제출하였는데 야당인 민주당의 반대로 뜻을 이루지 못하고 있었다. 그런데 1956년 제3대 대통령 선거에서 진보당의 조봉암 후보가 24%를 득표하는 등 약진하였고 이후 진보당이 점차 성장세를 보이자 민주당은 태도를 바꿔 여당과 선거법협상위원회를 결성한 다음 이른바 '협상선거법'을 통과시킨 것이다.[18] 이 선거법이 사전선거운동과 선거사무장, 운동원 이외의 자의 선거운동 금지, 그리고 '당선을 얻거나 얻게 하거나 얻지 못하게 하기 위한 행위'라는 선거운동의 개념을 도입한 것은 조봉암을 중심으로 한 혁신계 정치세력의 진입 차단과 관련되어 있었다.

국회의원은 선거에 관한 한 경기에 참여하는 선수인 동시에 그 경기의 규칙을 결정하는 규칙제정자의 지위에 있다.[19] 따라서 선거 관련 입법은 이해관계의 충돌이 발생하는 전형적인 상황에 해당한다.[20] 입법자에게만 선거법의 설계와 개선을 맡겨두기 어려운 이유이다. 1958년 민의원의원선거법의 도입과정은 이 점을 잘 보여주는 사례라 하겠다.

---

16) 송석윤, 앞의 논문, 37면 이하; 김학진, "호별방문금지규정의 정착 과정과 문제점에 관한 소고", 민주법학 제63호(2017.3), 167-204면, 172면 이하.

17) 송석윤, 앞의 논문, 43면 이하; 길용원, "일본에서의 선거운동의 규제에 관한 고찰", 비교법연구 제19권 제2호(2019.8), 7-42면.

18) 송석윤, 앞의 논문, 44-48면; 서희경, 한국헌정사 1948-1987, 도서출판포럼, 2020, 311-313면.

19) 이성환, "선거관리의 공법적 문제", 공법연구 제28집 제4호 제1권(2000), 79-99면, 85면.

20) 전종익, "선거제도의 입법과 선거운동의 자유-국회의원의 이익충돌을 중심으로", 헌법재판연구 제4권 제1호(2017.6), 97-117면, 99면.

Ⅲ. 선거법의 변화와 적응

이러한 선거운동 법제의 얼개에 대해서는 민주화 이후 학계와 시민사회로부터 적지 않은 비판이 제기되었다.[21] 다양한 논거들이 제시되었지만 "국민의 주권행사 내지 참정권 행사의 의미를 지니는 선거과정에 대한 참여행위는 원칙적으로 자유롭게 행하여질 수 있도록 최대한 보장"[22]되어야 한다는 판시가 무색할 만큼 선거운동에 대한 제한이 광범위하다는 것이 그 골자였다. 눈에 보이는 변화가 이끌어내어지지 않은 것은 아니었다. 1994년 통합선거법이 만들어지면서 극소수의 선거관계인에게만 한정적으로 선거운동을 허용하던 것을 원칙적 허용, 예외적 금지의 방식으로 변경하는 입법이 이루어졌고,[23] 2011년, 2012년에는 선거운동기간 전에도 "인터넷 홈페이지 또는 그 게시판·대화방 등에 글이나 동영상 등 정보를 게시하거나 전자우편을 전송하는 방법"으로 하는 선거운동을 허용하는 취지의 헌법재판소 결정과 그에 따른 후속입법이 있었다.[24] 2016년에는 언론인의 선거운동금지조항에 대한 헌법재판소의 위헌결정 및 선거운동에 관한 해석론을 변경하여 사전선거운동으로 처벌되는 범위를 좁히는 중요한 대법원 전원합의체 판결이 나왔다.[25] 대상판결은 이러한 일련의 변화의 과정에서 나온

---

21) 양건, "선거과정에서의 국민참여의 확대－선거운동의 자유와 그 한계를 중심으로", 공법연구 제20집(1992), 17-46면; 이용훈, "선거문화와 선거법", 공법연구 제28집 제4호 제1권(2000), 15-20면; 홍석한, "선거운동의 자유와 규제에 관한 헌법적 고찰", 헌법학연구 제19권 제4호(2013.12), 123-156면; 박수진 외, 리트윗의 자유를 허하라, 위즈덤하우스, 2012.

22) 헌법재판소 1994.7.29. 선고 93헌가4등 결정.

23) 위 헌재 1994.7.29. 93헌가4등 결정은 정당·후보자·선거사무원·선거연락소장·선거운동원·연설원이 아닌 자는 선거운동을 할 수 없도록 한 구 대통령선거법에 대하여 위헌결정을 하였다.

24) 헌법재판소 2011.12.29. 선고 2007헌마1001등 결정과 그 취지에 따른 2012.2.29. 공직선거법개정(법률 제11374호). 조동은, 앞의 논문, 338면 참조.

25) 헌법재판소 2016.6.30. 선고 2013헌가1 결정 및 대법원 2016.8.26. 선고 2015도11812 전원합의체 판결. 위 전원합의체 판결에 대한 평석으로는 조동은, 앞의 논문; 손인혁, "선거운동의 자유와 선거의 공정성에 관한 연구 - 대법원 2016. 8. 26. 선고 2015도11812 전원합의체 판결을 중심으로", 헌법학연구 제24권 제2호(2018.6), 125-168면 등 참조. 필자는 현행법의 해석론으로서는 위 판결의 취지와 방향이 타당하다고 보지만 그렇지 않다는 견해도 있다. 예컨대, 차진아, "공직선거법상 선거운동의 개념 등에 대한 대법원의 해석권

것이었는데 특히 인터넷공간에서 SNS를 사용하는 맥락을 주시한 점이 눈에 띈다. 해당 대목을 보자.

> "타인의 페이스북 게시물에 대하여 자신의 의견을 표현하는 수단으로는 ① '좋아요' 버튼 누르기, ② 댓글 달기, ③ 공유하기의 세 가지가 있는데, 이용자가 다른 이용자의 페이스북 게시물을 보다가 자신의 감정을 표현하고 싶을 때는 '좋아요' 버튼을 누르고, 의견을 제시하고 싶을 때는 '댓글 달기' 기능을 이용하며, 게시물을 저장하고 싶을 때는 '공유하기' 기능을 이용하는 경향성을 갖게 된다. 그런데 타인의 게시물을 공유하는 목적은 게시물에 나타난 의견에 찬성하기 때문일 수도 있지만 반대하기 때문일 수도 있고, 내용이 재미있거나 흥미롭기 때문일 수도 있으며, 자료수집이 필요하기 때문일 수도 있고, 내용을 당장 읽지 않고 나중에 읽어 볼 목적으로 일단 저장해두기 위한 것일 수도 있는 등 상당히 다양하고, '공유하기' 기능에는 정보확산의 측면과 단순 정보저장의 측면이 동시에 존재한다. 따라서 아무런 글을 부기하지 않고 언론의 인터넷 기사를 단순히 1회 '공유하기' 한 행위만으로는 특정 선거에서 특정 후보자의 당선 또는 낙선을 도모하려는 목적의사가 명백히 드러났다고 보기 어려운 경우가 일반적일 것이다. … 공소외인을 인터뷰한 기사를 링크하며 소개하는 내용의 원글을 공유한 행위만으로는 특정 선거에서 특정 후보자의 낙선을 도모하기 위한 목적의사가 객관적으로 명백히 인식될 수 있는 행위라고 볼 수 없으므로 공직선거법상 사립학교 교원에게 금지된 '선거운동'에 해당한다고 볼 수 없다."

인용된 판시에서 보듯 대법원은 페이스북 기능들의 용법에 주목하였다. '좋아요' 버튼 누르기, 댓글 달기, 공유하기는 모두 대상 게시물에 담긴 메시지를 전파하거나 '증폭'하는 작용을 할 수 있지만 동일한 방식으로 그렇게 하지는 않는다. 본인이 직접 의사를 표현하는 '좋아요' 버튼이나 댓글 달기와 달리 '공유하기'는 자료수집이나 저장 목적으로도 활용될 수 있기 때문이다. 따라서 대법원은 A씨의 게시물 공유행위를 통하여 결과적으로

한의 범위와 한계", 법조 제720호(2016.12), 228-275면.

특정 후보자에게 유리한 메시지가 '증폭'되었더라도 '특정한 선거에서 특정한 후보자의 당선 또는 낙선을 도모한다는 목적의사'를 객관적으로 추단하기에는 부족하다는 신중론을 취한 것이다.[26]

실정법 규정의 헌법합치적 해석으로서 변화하는 매체환경에 적응하려는 대법원의 이 같은 태도는 기본적으로 타당하다고 평가할 수 있다.[27] 그러나 이 접근법은 그 해당 여부에 따라 형사처벌 대상이 되는지가 결정되는 선거운동 개념의 존속을 여전히 유지, 전제하고 있다. 특히나 그 규범의 수범자가 후보자나 정당 소속 운동원이 아니라 개인일 경우에 이러한 불명확성은 즉, 최종적으로 무죄판결을 받는다고 하더라도 기소되어 재판받을 위험은 감수하기 쉽지 않은 일이라는 점에서 분명한 한계를 지니는 것도 사실이다.

선거운동 법제의 변화는 대상판결 이후에도 여전히 현재진행 중이다. 2021년에는 선거운동기간 중 인터넷언론사에 실명확인제를 운영할 의무를 부과한 공직선거법 규정에 대한 위헌결정이 있었고,[28] 2022년 2월에는 사전선거운동의 금지와 예외를 규정한 공직선거법 제59조 중 '선거운동기간 전에 개별적으로 대면하여 말로 하는 선거운동에 관한 부분'은 위헌이라는 주목할 만한 결정이 나왔다.[29] 이러한 대법원 판결과 헌법재판소 결정들이 선거운동의 자유를 점진적으로나마 확대하는 방향으로 나아가고 있는 것만큼은 사실인 것처럼 보인다.[30]

---

26) 여기에는 "피고인이 해당 글을 공유하였다는 사실이 피고인의 페이스북 친구들에게 송신되었다고 하더라도, 수신자는 페이스북 계정에 로그인한 후 '뉴스 피드(News Feed)'에 뜬 다수의 글 중에서 해당 글을 자발적·적극적으로 선택(클릭)한 경우에만 그 글을 수용하게 된다"는 점도 고려되었다.

27) 조동은, 앞의 논문, 356-358면.

28) 헌법재판소 2021.1.28. 선고 2018헌마456등 결정.

29) 헌법재판소 2022.2.24. 선고 2018헌바146 결정.

30) 이러한 점에서 2022년 7월 21일 선고된 공직선거법에 관한 일련의 헌법재판소 결정들은 중대한 의미가 있다. 어깨띠, 모자, 옷 등 표시물의 사용을 금지하는 것과 같은 선거운동의 태양에 대한 규제(헌법재판소 2022.7.21. 선고 2017헌가4 결정)나 특정한 기간 동안 부과되는 각종 선거 관련 의사표현에 대한 제한의 위헌성을 전면적으로 확인하였기 때문이다(헌법재판소 2022.7.21. 선고 2017헌가1등 결정, 헌법재판소 2022.7.21. 선고 2017헌바100등 결정, 헌법재판소 2022.7.21. 선고 2018헌바164 결정, 헌법재판소 2022.7.21. 선고 2018헌바357등 결정). 특히 위 결정들 중 상당수가 기존 선례를 변경한 것이라는 점은 본문에서 언급한 방향성을 잘 보여주는 것이라 하겠다.

Ⅳ. 진단과 전망들

이제 이야기의 초점을 미래로 옮겨가야 할 시간이 된 듯하다. 선거운동 규제의 미래는 어떻게 될 것인가? 또 어떻게 되어야 할 것인가? 이상의 논의에 비추어 보면 우리 선거운동 법제가 현재 만만치 않은 상황에 놓여 있음을 알 수 있다. 변화하는 매체환경이 야기하는 여러 위험과 해악에 대처할 수 있는 제도적 방안을 구상해야 하는 동시에 민주화 이전 시대의 선거환경을 배경으로 하는 과거의 유산을 극복해야 하는 상황에 있는 것이다. 1930년대 독일사회를 해명하기 위해 사용되었던 '비동시성의 동시성'이라는 진단명은 의미의 확장과 변형을 조건으로 여기에도 적용될 수 있을 것이다.[31] 자연생태계에서 환경의 변화는 종의 진화를 촉진할 수도 있지만, 멸종을 초래할 수도 있다. 사회환경과 제도의 관계도 이 점에 있어서는 생태환경과 종의 관계와 닮아있다. 규율대상의 변화를 따라가지 못하면 제도의 미래를 장담할 수 없는 것이다.

필자는 지금까지의 논의를 바탕으로 선거운동 규제의 미래에 대해 다음과 같이 예측과 처방이 혼합된 몇 가지 전망을 제시하고자 한다.

첫째, 선거운동 개념의 해석을 중심으로 한 주체와 행위 중심의 규제는 점점 더 실효성을 잃어가게 될 가능성이 크다. 한편으로는 선거 관련 의사소통이 온라인상에서 일상화되고 형태가 다양화되면서 법집행 당국이 일관된 기준에 의해 이를 규제하는 것이 어려워지기 때문이고, 다른 한편으로는 그러한 어려움이 자의적 법집행으로 받아들여질 가능성이 많아지면서 선거운동 법제의 정당성에 관한 논란이 지속될 것으로 보이기 때문이다.

---

31) 에른스트 블로흐는 나치즘의 등장을 '압축 근대화'를 경험한 독일 사회에 잔존하던 전근대적 야만이 현대적 형태를 취한 것으로 설명하고자 했다. 이러한 역사적 동학(dynamic)을 설명하기 위해 고안한 개념이 '비동시성의 동시성'이다. Bloch, Ernst, "Nonsynchronism and the Obligation to Its Dialectics", *New German Critique*, No.11 (1977), pp.22-38 (이는 1932년 작성되고 1935년 발표된 독일어 원본을 Mark Ritter가 번역한 판본이다). 임혁백 교수는 블로흐의 '비동시성의 동시성' 개념을 현대 한국사회를 설명하는 포괄적 주제어로 사용한 바 있다. 임혁백, 비동시성의 동시성－한국 근대정치의 다중적 시간, 고려대학교 출판문화원, 2014.

둘째, 선거법 개혁의 주체는 입법자인 국회가 되는 것이 원칙적으로 바람직하지만, 국회가 적극적으로 이에 나설 가능성은 그리 높아 보이지 않는다. 앞서 보았듯이 입법부를 구성하는 현직 정치인들로서는 선거법제 개혁의 유인이 크지 않을 뿐만 아니라, 그들의 단기적 이해관계와 오히려 충돌할 여지마저 있기 때문이다.[32] 따라서 상당한 수준의 외적 개입 또는 압력 없이는 선거법 개혁이 이루어지기 어려워 보인다. 정치과정의 감시·유지자로서의 헌법재판소와 대법원의 역할,[33] 더 나아가 시민사회의 지속적인 문제제기가 필요한 부분이다.[34]

셋째, 물론 정치적 중립성의 요구가 긴절한 직분에 있는 사람들의 선거관련 의사표현에 있어 자제와 사려(思慮)가 필요한 상황은 존재한다. 그러나 그러한 경우에도 형사법적 규제보다는 광범위한 합의과정을 거쳐 자율적이고 유연한 지침을 마련해 가는 것이 더 바람직해 보인다.[35] 이는 앞서 본 바와 같이 행위 중심의 규제에서 비용 위주의 규제로 논의의 방향을 전환하는 것을 의미한다. 그러할 경우 핵심은 현행 공직선거법과 정치자금법이 규율하고 있는 정치자금과 선거비용 규제의 개혁 및 정교화가 되어야 할 것이다.[36]

---

32) 선거운동 법제와는 다른 맥락이지만, 제21대 국회의원 선거와 관련하여 준연동형 비례대표제를 도입하려던 노력이 이른바 '비례위성정당'의 동원을 통해 실패한 과정은 선거법 개혁의 어려움을 여실히 보여준다.

33) 사법부의 헌법적 역할을 '대표과정의 감시, 유지(Policing the Process of Representation)'로 보는 고전적 견해로는 존 하트 일리/전원열 역, 민주주의와 법원의 위헌심사, 나남, 2006 참조.

34) 부분적 위헌결정과 법개정을 넘어선 선거운동 관련 규제체계의 전면적 개편을 제안하는 다른 연구로는 가령 심우민, "SNS 선거운동 규제의 입법정책결정론적 검토", 언론과 법 제11권 제2호(2012.12), 245-277면.

35) 이와 관련하여 가령 유엔 마약 및 범죄사무소(United Nations Office on Drug and Crime)의 '법관의 소셜미디어 사용에 대한 비구속적 지침' 등 국내외 법관의 SNS 사용에 관한 윤리규범을 광범위하게 검토하면서 방향을 모색하는 연구가 이루어지고 있음을 확인할 수 있다. 정진아·김기수, "법관의 소셜미디어 사용과 법관윤리", 사법논집 제73집(2021.12), 243-432면.

36) 지면관계상 자세한 쟁점의 소개는 불가능하지만, 회계보고된 자료의 열람기간을 3월간으로 제한한 규정(헌법재판소 2021.5.27. 선고 2018헌마1168 결정은 위 규정이 위헌이라고 판단하였다)에서 나타난 바와 같은 정치자금 공개의 문제, 정치자금의 기부자의 범위 및 한도를 정하는 문제 등은 심도 있는 논의가 필수적인 복잡한 영역이다. 정치활동의 자유 못지않게 금권선거 방지라는 요청이 중요해지기 때문이다. 앞서 언급한 헌법재판소 2022. 7.21. 선고 2017헌가4 결정(주 30)도 정치적 표현의 자유에 대한 제한의 최소화를 강조

Ⅴ. 맺 으 며

민주주의를 제도적으로 구현하는 선거과정은 자유로운 동시에 공정해야 하고, 공정한 동시에 자유로워야 한다.37) 달리 말하면, 이는 선거가 민주적 정통성을 효과적으로 생성시키기 위해 달성해야 하는 가치들이 서로 '완전성' 내지 '통합성electoral integrity'을 이루어야 함을 의미한다.38) 이를 위해서는 불공정한 자유만큼이나 공정한 부자유도 경계해야 할 것이다. 소셜미디어가 정치과정에 미칠 수 있는 해악들에 관한 논의 역시 우리 현행 선거법제에 정확한 진단을 전제로 이루어질 필요가 있다.39)

우리는 선거법의 미래에 대해 낙관할 수 있을까? 다시 말해 변화하는 매체환경에 적응하고 대응하는 선거법 개혁을 기대할 수 있을까? 이에 대한 단기적 예측은 어렵다. 다만, 필자는 궁극적으로 선거운동 개념에의 포섭 여부를 중심으로 한 형사법적 규제는 살아남지 못하거나, 살아남는다고 하더라도 기능장애dysfunction를 일으킬 가능성이 높다고 본다. 선거법의 미래를 위한 준비가 불가피하다면 점차 선거운동 개념의 해석론에서 떠나 유권자들의 자발적인 정치자금 기부를 활성화하면서도 금권선거의 지배를 예방하는 방안에 지혜를 모을 수 있는 조건이 마련되어야 할 것이다.

함과 동시에 "후보자나 유권자의 경제력을 이용한 세력의 과시"는 "공직선거법상 선거비용 제한·보전 및 기부행위 금지 등 규정"을 통하여 제어될 수 있음을 지적함으로써 이러한 금권선거 방지에 대한 요청을 간과하지 않고 있다. 선거운동 자금에 대한 과도한 규제완화가 미국정치에 미친 영향에 대한 논란에 관하여는 Post, Robert, *Citizens Divided-Campaign Finance Reform and the Constitution*, Harvard University Press (2014) 참조.

37) Elklit, Jørgen & Svensson, Jørgen, "What Makes Elections Free and Fair?", *Journal of Democracy*, Vol.15 No.4 (1997), pp.32-46.

38) 선거의 완전성에 대한 정의로는 가령 "선거 전 기간, 선거운동, 선거일, 선거일 이후를 포괄하는 선거주기를 관통하여 세계 각국에 보편적으로 적용되는 국제협약과 규범들에 당해 선거과정이 부합하는지 여부"를 들 수 있다. Norris, Pippa, "Electoral Systems and Electoral Integrity" in Herron, Erik S. et al(eds.), *The Oxford Handbook of Electoral Systems*, Oxford University Press (2018), pp.491-512, p.494. 선거의 완전성에 대한 주요 국내연구로는 음선필, "선거의 완전성", 홍익법학 제15권 제3호(2014), 101-140면 참조.

39) 필스 아서, 앞의 책, 337면 이하는 유튜브 등 소셜미디어 알고리즘이 선거 관련 소통을 왜곡하는 방식들에 대해 다루고 있다. 이러한 문제들이 시급하지 않다는 것이 아니라 우리 과제상황의 특수성을 염두에 두면서 새로운 문제들에 대처하는 것이 필요하다는 취지이다.

23

세제(稅制)의 미래

윤지현

서울대학교 법학전문대학원 교수

1999년 변호사로 본격적인 법률가 경력을 시작하여 2008년부터 서울대학교에서 세법을 가르치고 있다. 세법 전반에 걸쳐 연구하고 있으며, 특히 조세절차법과 국제조세 분야에서 다수의 중요한 글을 썼다. 조세부담 분배의 공평이라는 주제로 관심 분야를 넓혀나가고 있다. 2010년부터 2016년까지 국제조세협회(International Fiscal Association)의 상설학술위원회(Permanent Scientific Committee) 위원을 지냈고, 2018년 국제조세협회 서울 총회(Congress)의 공동 총괄보고자(co-general reporter)이다.

Ⅰ. 도 입

이 글에서는 이 책의 제목에 맞추어 조세 제도, 곧 세제(稅制)가 미래에 어떤 모습을 띨지 한번 생각해 보려고 한다. 물론 가장 정직한, 그리고 미리 정해진 답은 궁극적으로 "알기 어렵다"일 수밖에 없다. 사실 앞으로 일어날 일을 어찌 알겠는가? 1800년에 살았던 누가, 소득세가 100년, 150년 후에 가서는 주요 국가들의 세제에서 중심적 위치를 차지하게 되리라 짐작이나 했겠는가? 또 1950년의 누가 향후 50여 년에 걸쳐 부가가치세가 세계 대부분의 나라에서 주요 세목으로 채택되는 데에 이르리라 내다볼 수 있었을까? 1990년이나 2000년의 누가 2010년대의 이른바 '벱스BEPS'[1] 광풍(狂風) – 꼭 부정적인 의미를 담아 쓴 말은 아니다 – 을 예견할 수 있었을까? '벱스 2.0'이라고도 속칭(俗稱)되는 '필러Pillar 1'[2]과 '필러 2'는 또 어떠한가?

그럼에도 불구하고, 꼭 이 책의 한구석에 이름을 올리는 영예를 위해서가 아니더라도, 법의 다른 분야와 함께 세제의 앞날을 한번 예측해 보는 일 역시 당연히 의미가 있으리라 생각한다. 다만 필자가 점술가가 아닌 이상 여기서 장래를 예언한다기보다는, 우리의 세제가 앞으로 어떤 과제에 직면할지, 그리고 이를 극복하기 위해 무엇이 필요할지를 생각해 보려 한다. 그러한 과제가 잘 해결될 경우와 그렇지 않은 경우에 세제, 나아가 우리 사회의 미래 모습은 같지 않을 것이다. 그리고 우리의 앞날이 정말로 어느 쪽이 될지는 오롯이 우리 자신에게 달려 있다.

---

1) "BEPS"는 "Base Erosion and Profit Shifting"이라는 영어 표현의 앞글자만을 따서 새로 만든 말이며, 이 말을 아는 우리나라의 전문가들은 이를 굳이 번역해서 쓰기보다는 그냥 '벱스'라고 소리나는 대로 발음하고 마는 것이 보통이다. 어느 나라에서 어떤 소득이 과세되어야 한다고 할 때, 이를 피하려고 인위적으로 소득의 크기를 줄이거나 다른 나라로 옮기는 행태를 흔히 이와 같이 지칭한다. 2010년대 중반에 와서 G-20과 경제협력개발기구(OECD)의 주도로, 이와 같은 행태에 맞서 각 나라의 과세를 강화하기 위한 대규모의 협력 과제가 수행되었는데 이를 흔히 '벱스 프로젝트'라고 불렀다.

2) 주1에서 말한 '벱스 프로젝트'가 기존의 국제조세 질서의 크고 작은 결함들을 보완하는 다양한 조치로 이어지고 난 후, 역시 G-20과 경제협력개발기구는 그 이상의 좀 더 야심찬 계획을 갖고 다시 새로운 협력 과제를 출범시켰는데, 이에 포함된 두 가지 서로 다른 내용을 각각 이와 같이 부른다. 2021년 하반기에 G-7과 G-20 국가들의 정상들이 차례로 만나서 합의한 이른바 '글로벌 최저한세율(最低限稅率)'이 바로 '필러 2'의 내용이다.

Ⅱ. 논의의 기본 방향 또는 출발점

세금은 국가가 그 구성원들에게 지우는 경제적 부담이고 국가는 이를 재원(財源)으로 삼아 일정한 기능을 수행한다. 이와 같이 현재 우리에게 익숙한 사고방식 하에서라면, 세제의 가장 개략적인 얼개를 정하는 두 가지는, 국가가 그 구성원들을 위하여 어느 정도의 역할을 행하면서 그 과정에서 이를테면 재화나 용역을 제공할지(조세 부담의 '수준'), 그리고 그에 필요한 재원을 마련하기 위하여 그 부담을 구성원이나 그 밖의 사람들에게 어떻게 나누어 지울지(조세 부담의 '배분') 하는 것이 된다. 첫 번째 사항은 흔히 '큰 정부' 또는 '작은 정부'와 같은 말로 표현되는 논점과 관련을 맺는다. 두 번째 사항은 공평이나 소득 재(再)분배의 문제로서 세제에 고유한, 좀 더 기술적(技術的)인 측면을 아우른다.

미래 세제의 대강을 예측할 때에도 이 두 가지 측면에서 출발함이 당연할 것 같다. 곧 미래에는 국가가 어느 정도 – 예를 들어 지금보다 더 줄어들거나 늘어난 – 의 역할을 수행할지, 또 그 부담을 구성원들 간에 어떤 방식으로 나누게 될지 하는 순서로 생각하여 볼 필요가 있다. 그런데 민주주의 체제 하에서라면 이러한 내용들은 결국 그 사회의 구성원들이 가진 일반적 인식과 이해에 따라가게 될 터이므로, 세제에 관하여 이 글에서 감히 내다보려 하는 것들은 궁극적으로 사람들이 앞으로 가지게 될 생각들의 내용이라고 해야 할지도 모른다.

Ⅲ. 첫 번째 문제 – 큰 정부? 작은 정부?

1. 배경 상황

'큰 정부'와 '작은 정부'를 선호하는 사람들이 각각 있고, 이들이 서로 근본적으로 다른 철학과 가치관을 갖고 있어 상대를 설득하는 데에 어려움을 겪고 있음은 주지(周知)의 사실이다. 이 점이 앞으로도 크게 바뀌리라 예상하기는 어렵지만, 2020년대의 현 상황이 정부의 규모를 줄이려는 시도에 커다란 어려움을 안겨주고 있음을 직시할 필요가 있다. 몇 가지로 나누어 이 점을 말할 수 있다.

– '세계화'의 진전과 금융 부문의 비대화(肥大化) 등으로 새로운 국면을 맞은 최근의 자본주의 경제는 우리나라를 비롯하여 많은 곳에서 극심한 양극화(兩極化)의 경향을 낳았고, 불평등의 심화는 현재의 경제 체제가 앞으로도 지금과 같이 계속 유지될 수 있을지(또는 유지되어야 할지)에 관하여 심각한 우려와 의문을 던진다. 이 문제는 물론 세금 부담의 분배라는 두 번째의 논점과도 밀접하게 연관되지만, 그에 앞서 정부가 경제 · 사회 정책에서 단순히 방임적인 입장을 취하기 어렵다는 점을 단적으로 보여준다. 세계화된 세상이 던지는 도전에 다각적으로 대처하고 금융 부문에 대한 적절한 통제력을 유지하면서, 필요하다면 '경제의 규칙을 새로 쓰는'[3] 일은 민주주의 국가의 정부라면 현 시점에서 마땅히 전력을 다해 달려들어야 할 과제이다.

– 다음으로는 위기의 주기적인 발생과 관리의 측면이다. 우리는 여전히 전 세계적인 감염병 유행에서 벗어나지 못하고 있지만, 많은 사람들이 이번 사태조차 마지막이 아닐 것이라는, 몹시 불편하고 불길하기 그지없는 예측을 내어 놓는다. 또 언젠가 이번 대유행을 극복한 다음에, 다행히 새로운 감염병이 그 가까운 미래에 당장 꼬리를 물고 출현하지 않는다 하더라도, 적어도 한참 동안 그러한 가능성까지 무시할 수는 없으리라. 따라서 결국 새로운, 그리고 지금껏 경험한 것보다 한층 더 강력한 감염병 대유행에도 대처할 수 있는 경제적 · 사회적 기반을 미리 구축해 두고자 애써야 할 것이다.

– 한편 국제정치의 측면에서도, 강대국들 사이의 새로운 대립, 서로 다른 종교 · 문화권 간의 오래된 갈등 등으로 인한 불안정성이 계속하여 높아져만 가고 있다. 21세기에 더 이상 가능하지 않으리라 생각했던 폭력적인 충돌[4]은 물론이거니와, 그 단계까지는 가지 않더라도 대립하는 나

3) 이 표현은 경제학자 조지프 스티글리츠의 2016년 작인 '경제규칙 다시 쓰기 – 21세기를 위한 경제정책보고서'(김홍식 역, 열린책들)의 제목에서 빌려 왔다.

4) 이 글을 쓰고 있는 2022년 2월 하순에 러시아가 우크라이나를 침공하였고, 이 사건의 세계적 파급 효과가 앞으로 어떻게 나타날지 현재로서는 가늠하기 어렵다.

라들 간에 분쟁이 생기고 그 때문에 그 전까지 가능했던 교류가 더 이상 원활하게 이루어지지 않는 경우들을 생각할 수 있다. 말하자면 '무역 전쟁'이나 '자원 전쟁', '사이버 전쟁' 같은 낮은 강도의 갈등이 생길 수 있고, 각 나라의 정부들은 급변하는 국제 정세 하에서 앞으로 이 모든 상황에도 일정한 수준의 대처를 할 수 있는 역량을 갖추어야 할지 모른다.

– 또 방금 말한 세계화 · 양극화의 문제는 주기적인 경제적 위기의 발생과도 밀접히 연결되어 있을 수 있다. 2008년에 발생한 것과 같은 '금융 위기'로부터 빠져나오고자 할 때 각 나라의 정부가 일정한 역할을 해야 한다는 것은 우리가 되풀이되는 경제 위기 또는 공황을 겪으면서 뼈아프게 체득하게 된 교훈이기도 하다.

이와 같이 민주주의와 자본주의를 근간으로 하는 정치 · 경제 체제를 운영하여 온 지 제법 오랜 시간이 지났고 또 여전히 이 체제의 우월함을 확신하고 있다고 하더라도, 다양한 종류의 위기가 발생할 가능성은 얼마든지 있다. 그리고 무엇보다 지금은 그러한 위기가 발생하였을 때 국가나 사회의 구성원들을 정부가 그대로 방치하여 각자도생(各自圖生)하도록 하는 데에 만족해서는 결코 안 된다는 생각 – 이를테면 "이게 나라냐?"는 식의 – 이 일반화되어 있다.

여기에 역시나 빠뜨릴 수 없는 것이 기후변화의 문제이다. 우리가 지금껏 살펴본 것과 같은 문제들이 전혀 존재하지 않는 세상에 살고 있다고 가정하더라도, 최근의 과학적 합의는 분명 우리가 현재 살아가는 방식이 지속가능하지 않다는 데에 도달해 있다. 단적으로 말해 우리가 살면서 배출하는 이산화탄소의 양을 줄이지 않는다면 인류는 머지않아 지구계(地球界)의 자연으로부터 오는 커다란 위기를 맞이하게 되리라는 것이다(이미 그러한 위기가 세계 곳곳에서 나타나고 있다고 이해하기도 한다). 하지만 여섯 개 대륙에 퍼져 있는 수십억의 개체가 한꺼번에, 익숙한 생활 습관을 상당 부분 버리고 이를 대신하는 새로운 방식의 삶을 살아가도록 유도하거나 강제하는 일은, 인류가 지금껏 접해 보지 않은 새로운 도전이다. 이 과정에서도 역시 각 나라 정부들의 역할이 없을 수 없다. 목표를 설정하고 합의하여야 하며, 그에 따라 각각에 속하는 구성원들을 이끌어야 한다. 게다가 이 과정에서 일부라도 낙오되거나 배제되는 사람들이 나오게 되면 궁극적인 목표 달성이 결국 그만큼 어려워지게 될 것이므로, 이들을 도와 함께 갈 수 있는 장치를 마련하고 이를 행동에 옮겨야 한다.

비(非) 전문가의 어설픈 미래 예측이 되어 버렸지만, 요컨대 아무리 생각해 봐도, 아무리 '작은 정부'를 마음 한구석으로부터 신앙처럼 떠받든다 하여도, 21세기의 현실에서 국가의 역할이 크게 줄어들 것이라거나 줄어들 수 있다고 하는 예측은, 터무니없다고까지는 못하더라도 적어도 상식에 반하거나 솔직하지 못한 태도라고 여겨진다. 분명히 여러 제도가 낳는 문제점을 보완하거나 때로 제도의 규칙과 내용을 새롭게 정비하고, 예측하기 힘든 위기에 대응할 준비를 갖추며, 무엇보다 기후변화라는 거대한 과제에 대처하는 일들이 필요하다. 그리고 '작은 정부' 하에서 이러한 작업들이 필요한 만큼 조화롭게 수행되리라 기대하기는 어려운 것이다.

지금까지 전 세계적인 추세를 놓고 이야기하였지만, 시야를 우리나라의 경우로 좁혀서 볼 때에도 다른 예상을 할 이유는 없다. 오히려 국가에 상당히 폭넓은 후견적 역할을 요구하는 경향이 우리 사회의 구성원들 사이에서 종종 발견된다는 점을 감안한다면 우리나라에서도 상당한 수준의 '큰 정부'가 계속하여 존재하여야 할 가능성이 크다(물론 큰 정부가 그러한 일을 실제로 잘 하도록 감시해야 한다는 것은 또 다른 논점이 된다).

2. 조세 부담의 '수준'

일단 '작은 정부'보다는 '큰 정부'가 유지되고 기능하리라고 기대한다면, 전체적인 조세 부담의 수준이 지금보다 높아지면 높아졌지 낮아지리라고 예측하기 어렵다. '큰 정부'를 두고 일하게 하는 데에는 (시쳇말로 하자면) 돈이 들어가는데, 이를 그저 화폐를 발행하거나 그 밖의 방법으로 통화 공급을 늘려서 조달할 수 없다면, 결국 이에 필요한 재원의 대부분은 조세 수입을 통하여 얻을 수밖에 없을 것이기 때문이다. 오랜 기간 동안 우리나라의 조세부담률은 경제협력개발기구OECD 내에서도 하위권에 속하였고,[5] 여

5) 정부가 경제협력개발기구의 자료를 인용하여 밝혀놓은 내용에 따르면, "우리나라 조세부

전히 '증세(增稅)'라는 단어에 대한 본능적 거부감이 상존하지만, 국가에 많은 역할을 요구하면서도 조세 부담만큼은 늘리지 않겠다는 식의 방향이 지속가능하지 않음은 자명하다.

최근 10여 년 동안의 상황과 각종 논란을 통하여 쉽게 짐작할 수 있듯이 앞으로도 상당한 우여곡절이 있을 수밖에 없겠지만, 어떤 정치세력이 집권하든 간에 우리나라에서 앞으로 조세부담률이 계속 상승하리라 예측하는 쪽이 합리적이다. 공무원들이 '낭비'하거나 정부를 통하여 돈이 '새는' 곳을 갑자기 막음으로써, 또는 이른바 '지하경제를 양성화(陽性化)'[6]함으로써, 아니면 그 밖에 지금과 뭔가 근본적으로 다른 방식으로 정부를 운영함으로써, 현재 이상의 기능을 정부가 수행하도록 하면서도 세금 부담을 늘리지 않을 수 있다는 식의 생각은 비(非)현실적이거나 정직하지 못하다.

Ⅳ. 두 번째 문제 – 무엇에 세금을 물릴 것인가?(담세력(擔稅力)의 문제) 또 담세력 간 상대적 비중은 어떻게 정할 것인가?

1. 담 세 력

Ⅱ.에서 전제하였듯이 세금은 공동체의 재정 수요를 조달하는 데에 그 기본적인 존재의의가 있고, 그 부담은 공동체를 구성하는 사람들이 나누어서 진다. 그리고 언제나 어려운 것은 이와 같은 부담을 나누는 기준을 세우는 일이다. 이에 관해서는 역사적으로나 이론적으로나 몇 가지 서로 다른 추상적 원칙들이 있지만, 오늘날 세제의 중심을 이루는 것은 능력, 또는 '담세력(擔稅力ability to pay)'에 따른 과세이다(어떤 사람들에게는 '응능부담(應能負擔)'이라는 말이 더 친숙할지 모른다). 이를 따르지 않는 종류의 세금도 있고

담률은 '19년 기준으로 20.0%이고, 국민부담률은 27.3%로서 OECD 회원국 36개국의 평균 조세부담률(24.9%) 및 국민부담률(33.8%)에 비해 낮은 수준"이다(출처: 'e-나라지표' 누리집). 흔히 말하는 조세에 각종 사회보장 제도의 기여금까지 더하여 산정한 수치가 '국민부담률'이다.

6) 예를 들어, 통신사 뉴시스의 2015년 9월 29일자 보도 참조("사실 '지하경제 양성화'는 박근혜 정부의 '증세 없는 복지' 기조를 뒷받침하기 위한 핵심 정책 수단이다").

앞으로 그 비중이 더 커질지도 모르지만,[7] 적어도 현재의 정치 체제나 세제가 그 대강의 얼개를 유지한다면 '담세력에 따른 과세'라는 원칙은 상당 기간 존속하리라 여겨진다.

이때 우선 무엇이 담세력에 해당하는가 하는 질문에 답하여야 한다. 극히 추상적인 차원에서 말하자면 개개인의 처해 있는 상황이 좋고 나쁨에 따라 세금을 부담해야 할 것이고, 따라서 담세력이란 그와 같은 개개인의 상황을 나타내는 표지가 되어야 한다고 생각할 수 있다. 그러한 표지에 어떠한 것이 있는지에도 논란이 있을 수 있으나, 대략 소득과 소비, 그리고 재산이 그에 해당한다고 말함이 보통이다.[8] 우리나라뿐 아니라 우리나라가 모범으로 삼아왔거나 여전히 삼고 있는 세계의 다른 나라들에서도 그러한 생각이 대체로 지배적이라고 할 수 있다. 즉 어느 한 해 동안 보유한 재산이 많이 늘어난 사람 – 곧 소득이 많은 사람이다 – 이 있다면, 그는 대체로 말하여, (그와 같이 재산이 늘어나지 않은 사람에 비하여 볼 때) 어느 정도의 세금을 부담할 수 있을 정도로 좋은 처지에 놓여 있다고 말할 수 있다. 또 입고 먹고 마시는 것을 포함하여 각종 욕구를 충분하게 충족 – '소비'란 대개 이러한 의미의 말이다 – 시키면서 살아가는 사람이나, 당장 많은 재산을 보유하고 있는 사람도 마찬가지이다.

2. 서로 다른 담세력 간의 상대적 비중

(1) 소 득

이와 같이 담세력이라고 부를 수 있는 것에도 몇 가지 종류가 있으므로, 그 상대적 비중을 어떻게 정해야 할지 하는 논점이 또 남는다. 우리나라에서는 현재 국세 수입의 절반 이상이 소득에 대한 세금 – 소득세와 법인세 – 으로부터 나오고, 또 나머지 중 상당 부분은 소비세로 채워진다. 재산을 담세력으로 하는 세금에서 나오는 수입은 (흔히 논란의 대상이 되기는 하지만) 그 비중이 작은 편이다(다만 이 종류의 세금은 지방세의 영역에서 한결 큰 비중

7) 특히 기후 변화와 관련하여 아래 V.2. 참조.
8) 우리나라에서라면 우선 이창희, 세법강의 제20판, 박영사, 2022, 47면을 보라.

을 차지한다).

그렇다면 이 글에서 궁극적으로 한번 살펴보아야 할 질문 – 물론 답을 알기란 어렵지만 – 은 소득 · 소비 · 재산의 이러한 상대적 비중이 앞으로 어떻게 바뀔지 하는 것이 된다. 가령 소득에 관한 세금이 차지하는 비중을 더 늘릴 수 있을지 생각해 보자. 최근 10여 년에 걸쳐 소득세와 법인세 세율은 전반적으로 상승해 왔는데 특히 고(高)소득자 – 규모가 큰 법인을 포함하여 – 에게 적용되는 세율에서 그러한 입법이 두드러지게 이루어졌다. 이는 고소득자들이 국가 재정에 더 큰 정도로 기여하여야 한다는 생각이 입법 과정에서 받아들여졌기 때문이다. 이런 방향 자체에는 일리가 있다고 여겨지지만, '고소득자'의 소득세 · 법인세 부담을 여기서 다시 더 늘릴 수 있을지, 또는 늘리는 것이 과연 바람직한지에 관하여는 논란이 있을 수 있다. 소득세의 경우 가장 높은 '명목' 세율 – '실효' 세율보다 더 눈에 잘 뜨이는 개념이다[9] – 이 45 퍼센트로 정해져 있고, 사실은 여기에 따라붙는 지방소득세까지 감안하면 명목 세율이 49.5 퍼센트에 이르는 셈이어서, 이보다 세율을 더 높일 경우 "국가가 번 돈의 절반 이상을 세금으로 빼앗아 간다"는 반발이 나올 수 있다. 이 말이 정확하다거나 옳다기보다 현실적인 호소력을 가질 수 있기 때문에, 현재의 45(또는 49.5) 퍼센트는 그 이상의 명목세율 인상을 방지하는 심리적 저지선이 될 가능성이 있다고 여겨진다. 물론 실효세율을 올리는 조치들은 부분적으로 가능하겠지만, 그것들은 또 그것대로 '꼼수'라는 정치적 비난에 끊임없이 시달리게 되리라.[10] 한편 최근에 와서 법인세율은 기업이나 국가 자체의 국제경쟁력과 결부되어 있다고 흔히 이해하기 때문에, 우리나라의 재정 수요만을 고려하여 올리기가 쉽지 않다.

결국 큰 틀에서 볼 때 소득에 대한 과세의 상대적 비중을 앞으로 더 높

---

9) 가령 소득세제가, 사람들이 버는 돈 10원까지는 면세하고, 그 후부터 50원까지 버는 돈에는 10%의 세율을 적용하며, 그 이상 버는 돈에는 20%의 세율로 세금을 걷는다고 가정하여 보자. 100원을 버는 사람에게 적용되는 최고 명목세율은 20%이지만, 실제 이 사람이 내는 세금은 14원이다. 이때 실효세율은 14%이다.

10) 2015년 초 박근혜 정부의 지지율 하락에 일조한 이른바 '연말정산 파동'을 다시 떠올려 보라.

이는 일은 쉽지 않으리라 여겨진다. 다른 말로 하자면 현재 우리나라의 세제에서 소득에 대한 과세는 그 세수(稅收) 잠재력의 측면에서 어느 정도 현실적 한계에 가까워진 것이 아닐까 생각할 여지가 많다.

(2) 재 산

우리나라에서 특히 종합부동산세, 몇몇 외국에서는 이른바 '부유세(富裕稅)'라는 형태로 나타나는, 재산을 담세력으로 하는 세금은 어디를 가나 크고 작은 논란을 낳는다. 특히 우리나라에서는 이 종류의 세금이 우선 그 역사가 비교적 짧은 데다, 주로 부동산 가격의 문제와 결부되어 일정한 정책적 목적을 달성하는 (불충분한) 수단으로 활용되고 또 그렇게 알려져 온 탓에, 더욱더 격렬한 논쟁의 대상이 되어 왔다.[11] 적어도 가까운 미래에는 이러한 상황이 크게 달라지기 어렵고, 현실적으로 이 종류의 세금에서 커다란 세수 잠재력을 발견하기는 어려우리라 여겨진다.

(3) 소 비

(이른바 '탄소세'와 같이 완전히 새로운 종류의 과세대상을 포착하고자 하는 논의를 미루어 놓는다면) 남는 질문은 소비세의 비중을 더 높일 수 있을지 하는 것이 된다. 실제로 그에 관한 의논이 없지 않다. 일반 소비세인 부가가치세의 세율이 우리나라에서 비교법적으로 낮은 축에 들기 때문에 현재보다 더 높은 수준의 소비세를 걷을 수 있는 잠재적 가능성이 있다. 그러나 소득이나 재산에 대한 세금과 달리, 일반적으로 간접세의 형태를 취하기 마련인 소비세의 인상은 그 여파가 빈부(貧富)를 막론하고 모든 사람들에 미친다. 이 점에서 소비세는 흔히 역진적(逆進的)인, 즉 수직적 공평의 측면에서 문제가 많은 세금으로 받아들여지고, 따라서 정치적 파급효과가 더 클 수 있다. 이웃 일본의 사례[12]에서도 보듯이 단순히 소비세의 비중을 늘리는 방향으로 가는 것은 좀처럼 사람들의 이해를 얻기 어려운, 정책적 모험에 가

---

11) 아래 V.1. 참조.

12) 예를 들어 국민일보의 2019년 9월 30일자 보도 참조("일본에서는 2012년 12월 2차 집권한 아베 내각 이전까지 소비세 도입 및 인상은 예외 없이 해당 정권의 붕괴로 이어졌다").

까운 일이다.

정치적·전략적인 측면에서 살필 때, 만약 이러한 일을 시도하고자 한다면 반드시, 여기서 조달한 조세 수입으로 무엇을 할지에 관한 확고한 청사진이 함께 제시되어야 할 것이다. 가령 '덜 누진적인 세금'인 소비세의 비중을 높이는 대신 '더 누진적인 세금'인 소득세나 심지어 상속·증여세의 비중을 낮춘다면, 당장 이것이 '누구를 위한' 세제 개편이냐는 논란이 불거질 수 있다(우리나라에서는 '부자 감세'와 같은 말로 표현될 것이다). 늘어난 조세 수입을 어디에 투입하여 어떤 사람들에게 혜택을 주는 일을 할지에 관한 분명한 계획의 제시가 필요하다(거기에 더하여 분명한 단기적 성과도 필요할지 모른다).

이와 같이 하나하나가 까다로운 문제들을 낳는 데다, 소득과 소비, 재산 간의 상대적 비중이라는 전체적 관점에서 얼마나 더 정교한 설계가 가능할지도 분명하지 않다. 그야말로 급변하는 정치·사회·경제적 환경 아래에서, 철학과 숙고(熟考) 없이 그때그때의 상황과 여론에 쫓겨 즉흥적 대응을 남발하는 문화와 풍조가 사라지지 않는 한 이러한 계획적 행동의 가능성은 더군다나 낮다. 하지만 세입과 세출 양쪽에 관하여 어느 정도 '전체적인', 말하자면 '큰 그림'을 명확하게 그리지 않고서는, 전반적인 세금 부담을 늘리는 어떤 종류의 세제 개편에 관하여도 사람들의 충분한 동의를 얻기가 쉽지 않다는 점은 분명하다. 물론 이것이 무엇보다 현재 우리나라에서 가장 찾아보기 힘든 덕목이라 할 정치적 리더십과 신뢰의 문제라는 점이 근본적인 비관론을 떨치기 힘들게 하지만….

Ⅴ. 또 다른 문제, 정책적 세제 – 부동산 정책과 기후변화, 그리고…

지금껏 살펴본 대로 세금을 그 구성원들로부터 걷는 것은 기본적으로 국가의 재정 수요를 충족시키기 위한 일이다. 하지만 세금은 또 그 이상의 일정한 정책적 목표를 달성하기 위한 수단으로도 자주 활용되기 때문에, 이에 관한 논의를 빠뜨릴 수 없다. 여기서는 당장 우리의 관심을 끌고 있는 사안 하나와, '불편하게도' 별다른 관심을 끌고 있지 못한 사안 하나를 놓고 각각 이야기를 해 보려 한다.

1. 부동산 세제

우선 최근 커다란 논란의 대상이 된 종합부동산세를 포함하는 부동산 세제는 부동산 시장의 상황을 일정한 방향으로 이끌겠다는 생각이나 정책적 판단이 그 현재 모습에 커다란 영향을 미쳤다고 말할 수 있다. 부동산으로부터 얻는 효용이나 이익을 세금 부과를 통하여 줄임으로써 부동산 보유를 향한 사람들의 욕망을 감소시키겠다는 생각이 그 자체로서 그를 것은 없다.[13] 하지만 과세가 그러한 정책 목표를 달성하기 위한 유일한 수단이 될 수 없음도 당연하다.

요는 이러한 정책적 목표를 달성하기 위한 수단으로서 세금이 가지는 잠재력을 과대평가하여서는 안 된다는 점이다. 무엇보다 세금의 부과가 그러한 목표 달성에 실제로 효험이 있는지 여부를 늘 살펴야 한다. 거기에 더하여, 옳건 그르건 간에 세금의 부과에는 일정한 규범적 한계가 있다는 생각이 여전히 지배적임도 사실이다(법률가들에게는 특히 이 점이 더 와 닿을 것이다). 특히 부동산 가격처럼 하루 이틀의 문제가 아닌 논점이라면, 근본적으로 우리가 지향하는 이상적 상황이 어떤 것인지 – 가령 지금 시가 10억 원 나가는 아파트 가격이 정말로 7억 원이나 5억 원, 아니면 3억 원으로 떨어져서 지금의 집 주인은 재산상 손실을 떠안는 대신 5년이나 10년 정도 열심히 저축한 사람이면 이 집을 새로 살 수 있는 상황을 만드는 것이 목표인가? – 부터 우선 분명히 하고, 다음으로 그 상황으로 이행하기 위한 과정을 정밀하게 설계하는 작업이 필요할 것이다. 목표 달성이 가능하든 불가능하든 간에 이는 규모가 큰 작업이고 그에 따른 효과 역시 순식간

13) Ⅲ.에서 살펴본 담세력의 측면에서 이 점은 더 현저하다. 모두가 좋은 곳에 좋은 집을 갖고 싶어 하고, 좋은 집은 앞으로 가격이 더 오를 것이라고 생각하는 상황이라면, 이러한 집을 가진 사람들은 분명 그렇지 못한 사람들보다 더 나은 처지에 있고 따라서 이들에게 더 많은 세금 부담을 지우는 것은 당연히 정당화된다. 그러나 지금 본문에서 살펴보고 있는 논점은 이러한 세금을, 어떤 단기간의 정책적 목표를 달성하는 수단으로 활용하는 일이 얼마나 정당화될 수 있는지 하는 것이다.

에 마법처럼 발생한다기보다 오랜 기간에 걸쳐 점진적으로(또 때로는 불연속적으로) 나타날 가능성이 높다. 세제는 그러한 거대한 과정의 한 구성요소로서 자신의 임무를 다할 수도 있을 터이지만, 세금의 문제가 마치 대책의 전부인 듯 포장되어서는 곤란하다는 점을 우리는 이미 여러 차례 확인하였고 또 당장에도 목도하고 있는 중이다.

이와 같은 정책적 오류와 실패를 얼마나 더 거듭해야 지금처럼 세제를 최우선순위에 놓고 소모적인 논쟁을 벌이는 일이 줄어들거나 없어지게 될지 현재로서는 사실 예측하기 어렵다. 정책에 관한 민주주의적 의사결정의 과정이 현재보다 훨씬 더 올바르고 효율적으로 작동하여야만, 이러한 정책적 세제들이 실제로 의도했던 효과들을 낳음으로써 우리 사회를 더 나은 방향으로 이끌 수 있을 것이다. 반대로 지금과 같이 조악한 수준의 민주주의가 지속되는 과정에서 주먹구구식의 조변석개(朝變夕改)가 이어진다면, 정책적 세제의 탈을 쓴 많은 세법 규정들은 세제에 대한 사회 구성원들의 신뢰를 갉아먹고 국가 시스템 전반에 관한 사람들의 (벌써 위험 수준에 달한) 회의(懷疑)를 더욱 부추기는 방향으로 나아가게 되리라. 오늘날 우리가 이 두 가지 가능성 중 어느 한쪽으로, 이미 돌아가기 힘들 정도로 멀리 나아가고 있음은 굳이 여기서 상세히 언급할 필요가 없을 것이다.

2. 기후변화 관련

우리나라의 경제 규모나 국제적 위상을 감안할 때 우리 사회의 구성원들이 기후변화의 문제에 쏟는 관심의 정도가 충분한지 의문이 들 때가 많다. 이에 대한 답이 어떻든 간에, 우리가 국제사회를 향하여 이행해야 할 의무와 달성하여야 할 목표들이 있다. 이를 위해서는 사회 구성원들의 행동 방식이 여러모로 변화하여야 할 터인데, 여기서도 사람의 행동을 바꾸기 위해 세제가 활용될 여지가 있다. 현재의 에너지세를 개편하는 작업일 수 있고, 흔히 '탄소세'라고 불리곤 하는 새로운 종류(들)의 세금을 도입하는 작업일 수도 있는데, 어떤 형태가 되었든 화석연료의 소비를 줄이기 위한 크고 작은 폭의 세제 개편은 불가피하다. 이러한 세금의 영역에서는, 화석연료의 소비 자체를 말하자면 '담세력'으로 파악하거나, 아예 담세력 아닌 다른 요소가 과세의 지도원리로 작용한다고 하여야 한다.

한편 모든 종류의 세제 개편이 그러하듯이 이러한 방향의 개편 역시 사람들에 미치는 영향의 크기가 다르기 마련이다. 그렇기 때문에 어떻게 하면 경제적으로 더 나은 상황에 처해 있는 사람들에게 더 많은 부담을 요구하고, 그보다 못한 처지에 있는 사람들에게는 더 작은 부담만을 지울 수 있는지에 관한 고민이 (또 다른 수많은 종류의 고민과 함께) 필수적이다. 가뜩이나 심각한 양극화의 상황 하에, 기후변화의 위기를 헤쳐 가는 과정에서 그로 인한 부담을 좀 더 어렵게 살고 있는 사람들에게 더 많이 지워서는 도대체 그 과정이 올바로 수행되기 어려울 것이기 때문이다.

우리의 세제가 이러한 점들을 적정하게 고려하여, 우리 사회가 국제사회를 향하여 지는 의무를 다하는 방향으로 사회 구성원들의 행동을 이끌면서 동시에 그로 인한 부담을 '공평'하게 나눌 수 있을지는 역시 두고 볼 일이다. 여기에도 현재의 위기 상황에 대한 분명하고 양심적인 인식과, 마찬가지로 잘 작동하는 민주주의의 과정이 뒤따라야 할 것이기 때문이다. 요컨대 세제를 포함하여, 일정한 목표를 달성하기 위해 최적의 사회·경제 정책을 설계하고 구체화하는 입법부와 행정부의 역량이 중요한 시험에 곧 들게 될 것이다.[14] 이 문제 역시 여기서 상세히 논의할 수 있는 성질의 것이 아니지만, 아무튼 현재의 감염병 상황이 그러하듯이, 어쩔 수 없이 사회 전체가 져야 하는 부담을, 이미 어려운 상황에 처해 있고 잘 보호 받지 못하는 사람들에게 암묵적으로 떠넘기는 상황이 계속된다면, 기후변화의 위기 역시 우리 사회의 장래를 그만큼 더 암울한 것으로 만들리라는 점은 분명하다. 더 나은 내일의 세제를 위한 모든 사람의 각성과 협력이 필요한 상황이다.

14) 본문에서 사법부를 언급하지 않은 의도적 선택이 별로 어색하지 않게 느껴지는 것이 우리나라의 현실이 아닐까 싶지만, 사실 사법부의 역할 역시 굳이 배제할 이유는 없다. 예컨대 2021년 4월 29일에 나온 독일 연방헌법재판소의 '기후변화대응법'의 일부위헌 결정은, 미래 세대의 기본권에 주목한 것으로서, 이미 우리나라에도 잘 알려져 있다.

Ⅵ. 맺 음 말

국가는 그 기능을 수행하기 위해 돈을 써야 하고 그 재원의 대부분은 세금에서 나온다. 결국 국가의 과제는 곧 세제의 과제가 되고, 만약 세제가 그 과제를 올바로 수행하지 못하면 국가의 과제는 이미 그 출발점에서 길을 잃기 마련이다. 이 짧은 글에서 무리를 무릅쓰고, 미래가 우리에게 던져 주리라고 예상하는 수많은 난제들을 새삼스레 살펴본 것도 그 때문이다.

현대 국가의 과제로서 이 글에서 살펴보지 못한 것들도 물론 많다. 가령 보편적 기본소득 같은 사고방식이 정말로 채택된다면, 이를 뒷받침하는 세제는 지금의 세제와 또 다른 모습을 띨 수밖에 없을 것이다. 특히 소득의 적정한 재분배라는 거대한 과제에서 기본소득 제도가 차지하는 비중을 감안할 때, 그 자체로 역진적인 소비세의 비중을 높이는 논의가 좀 더 편안하게 느껴지게 될지도 모른다. 적어도 재분배가 꼭 세제를 통해서만 가능하거나 달성되어야 하는 것은 아니기 때문이다.

한편 지면(紙面)의 제약으로 제대로 다룰 기회가 없었지만, 세계화의 시대에 이른바 국제조세 영역에서 어떤 일이 벌어지고 그 결과 각 나라의 세제가 어떤 영향을 받게 될지도 현재로서는 알 길이 없다. 사실 국제조세의 영역은 현재 100여년 만에 가장 큰 변화의 물결을 마주하고 있는 상황이다. 무엇보다 고도의 정보기술에 바탕을 둔 사업 활동을 통하여 막대한 소득을 올리는 다국적기업들에 대한 과세는 모든 나라들에게 똑같이 어려움을 안겨 주고 있다. 그리고 이를 위한 해결책으로서 제시된 국제적 공조의 과정에서 나라들 간의 국력과 협상력 격차는 또 다른 문제점들을 발생시킨다. 이른바 '글로벌 최저한세'에 관한 최근의 논의, 그리고 이 과정에서 미국이 주도하는 일부 선진국들이 아일랜드나 헝가리로 대표되는 저세율(低稅率) 국가들의 반대를 어르고 잠재우는 과정은, 각 나라가 갖는 최소한의 과세 주권을 존중하는 것이 기본 규범이었던 국제조세 영역이 앞으로 어떻게 바뀌어 나갈지에 대해서 다시 한 번 생각하게 하는 계기가 된다. 이러한 반(半)강제적인 국제 공조 또는 협력에 관한 회의론도 적지 않기 때문에 실제로 이러한 새로운 경향이 과연 성공적으로 정착될지 아니면 또 다른 길로 접어들게 될지 당장은 알기 어렵다.

이처럼 (다른 모든 법 분야가 그러하겠지만) 세제의 미래 역시 불투명하고 불확실한 것투성이이다. 당연히 예측하기 어렵고 사실 어찌 보면 예측에 큰 의미가 있다고 말하기도 어렵다. 다만 세제의 '더 밝은 미래'를 위해 다음의 두 가지만큼은 그 중요함을 다시 강조하면서 예측 아닌 예측을 마무리하려 한다. 우선 세금에 관한 우리의 이해가 지금보다 더 나은 것이 되어야 한다. 사회 구성원들과 구별되는 별도의 지배자가 구성원들로부터 무엇을 빼앗아가는 것이라기보다는, 국가라는 공동체가 해야 할 일들 – 정말로 많은 것이 있음을 살펴보았다 – 의 부담을 나누는 것이 세금이다. 그리고 그 이상의 정책적 기능을 세금에 부여하려 할 때에는, 정말로 세금이 그러한 목표 달성에 도움이 되는지, 또 얼마나 되는지를 비판적으로 살펴야 한다. 다음으로, 그리고 궁극적으로는, 잘 작동하는 민주주의가 필요하다. 세금에 관하여 이와 같이 더 품질 좋은 의사 결정이 이루어져야만, 우리의 세제는 우리나라가 앞으로 맞닥뜨리게 될 문제들을 해결하는 데에 충분한 재정적 기반을 순조롭게 제공하여 줄 수 있을 것이다. 그렇게 되지 못한다면, 단순히 세제가 아니라 우리 사회의 미래가 어둡다고 해야 하리라. 우리는 지금 어디로 향하고 있는 것일까?

24

행정기본법은 미래의 입법자를 구속할 수 있는가?

박재윤

한국외국어대학교 법학전문대학원 교수

변호사를 하면서 박사학위를 마치고 로스쿨 교수가 되었다. 공법실무 및 행정구제법 등을 가르치면서, 학생들에게 수험법학을 전달하는 강단 행정법학자로서의 역할을 10여 년간 수행했다. 그러다 최근 문재인 정부 시기 다양한 법적 현상을 분석하면서, 판례로 대변되는 실무와 법이론의 변화 이면에 정치사회적인 권력이 영향을 미친다는 법사회학적인 관점을 깨닫고 다양한 시각에서 연구와 사회참여를 시도하고 있다.

주요 저작으로 『행정법의 이론과 실무－행정구제법』(2016), 『독일 공법상 국가임무론과 보장국가론』(2018)이 있으며, 최근 논문으로 "방송의 공정성과 법의 포기"(2020), "미국 행정법은 슈미트적 행정법인가?"(2021) 등이 있다.

Ⅰ. 논란의 시작

대통령 선거가 다가오면 헌법개정에 관한 이슈가 논란이 된다. 여러 조항이 문제되지만, 가장 많이 언급되는 것은 제70조 대통령의 임기와 관련된 중임제한조항을 폐지하고, 단임제에서 4년 중임제로 개헌하는 것이라고 하겠다.[1] 그런데 헌법 제128조 제1항은 헌법개정안의 발의방법을 규정하면서, 동조 제2항에서 "대통령의 임기연장 또는 중임변경을 위한 헌법개정은 그 헌법개정 제안 당시의 대통령에 대하여는 효력이 없다"고 규정하고 있다. 따라서, 새로 선출되는 대통령이 4년 중임제 개헌을 추진하더라도, 자신에게는 효력이 없게 되는 것이다.

여기서 얄궂은 호기심이 생겨날 수 있다. 그럼, 개헌시에 이 제70조와 제128조 제2항을 동시에 개정하면 당시 대통령도 중임할 수 있는 것이 아닌가 하는 물음말이다. 민주화된 세상에서 그런 일이 가능하겠는가 생각하겠지만, 애초에 4년 중임제라는 것이 국회의원 선거와 임기를 맞추어야 효율성을 높일 수 있다고 본다면, 대통령이 5년의 임기 중 자신의 임기를 1년 단축시키면서 대신 중임 여부를 중간평가로 하여 선거를 치루겠다고 한다면, 여야간에 합의가 이루어질 가능성도 있을 것이다. 이렇게 되면, 애초에 헌법개정의 한계를 상정하고 마련된 위와 같은 조항이 과연 의미가 있겠는가 하는 근본적인 물음으로 이어진다. 헌법개정을 포함하여 미래의 입법에 과연 한계라는 것이 있을 수 있느냐는 의문인 것이다.

이러한 문제의식은 2021년 새로 제정된 「행정기본법」에 있어서 매우 구체적으로 제기되었다. 동법 제5조가 "행정에 관한 다른 법률을 제정하거나 개정하는 경우에는 이 법의 목적과 원칙, 기준 및 취지에 부합되도록 노력하여야 한다"고 규정하고 있으므로, 이것이 입법에 대한 행위규범 내지 방침규정이 된다는 것이다. 더 나아가 동법 제31조 본문과 단서는 이행강제금 부과의 근거법률에서 규정사항을 정하면서 그 예외를 다시 대통령령으로 정하게 함으로써 입법권이 법률뿐만 아니라 행정입법을 통하여도 구속

1) 중앙일보, 이재명 승부수… 與 "대통령 4년중임, 새정부 출범 1년내 개헌", 2022.2.24.

된다고 지적하고 있다. 이러한 논리로 새롭게 제정된 「행정기본법」은 그 핵심조항들이 입법권이 법률이나 명령에 구속된다는 이유로 위헌론이 제기되고 있는 실정이다.[2)]

이러한 위헌론은 결국 위에서 살펴본 헌법개정론과 동일한 문제의식을 담고 있다. 즉, "현재의 입법자가 입법을 하면서 장래의 입법자를 구속할 수 있는가?"라는 의문인 것이다. 이하에서는 영국에서의 논의를 살펴본 후 「행정기본법」에 관한 논란에 대한 해명을 하는 방식으로 논의를 이어가기로 한다.

Ⅱ. 영국의 논의

영국은 입헌군주제로 여전히 국왕이 존재하지만, 실질적인 주권은 웨스트민스터의 의회에 부여된 의회주권의 나라이다. 굳이 역사적 사실을 점검하지 않더라도, 과거 세계에서 가장 많은 식민지를 두고 있던 제국이었지만, 지금은 잉글랜드, 스코틀랜드, 웨일스, 북아일랜드로 구성된 연합왕국United Kingdom으로 되어 있다. 흥미로운 점은 과거 여러 왕국이 어떻게 하나의 나라가 되고, 다시 식민지였던 나라가 다시 독립국가가 되는 과정을 어떻게 법적으로 표현할 것인가 하는 것에 있다.

현대적인 헌법이론을 알고 있는 우리로서는, 이런 경우 헌법제정권력에 의하여 국가의 성립과 통일, 그리고 분열의 과정을 설명할 수 있을 것이다. 그리고 이 과정은 헌법에 기록되고 이는 의회의 법률로도 번복할 수 없는 것이 원칙인 것이다. 그러나 관습적으로 의회주권Parliamentary Sovereignty이 확립된 영국에서는 헌법과 법률이라는 별개의 규범형태의 차이를 알지 못한다는 것이 특징이다. 즉, 웨스트민스터에서 제정된 법률의 일부를 헌법적인 것으로 간주하는 것이다. 따라서, 어제까지만 해도 잉글랜드와 인도, 캐나다, 호주, 뉴질랜드는 국왕의 이름하에 하나의 영토로서 결코 둘이 될 수

2) 김현준 교수는 「행정기본법」 제5조, 제16조, 제22조, 제31조, 제38조 등이 일종의 '입법의 행위규범'으로서 위헌이 의심스러운 규정이라고 지적하고 있다. 김현준, "전환시대 행정법학의 과제－행정기본법의 혼돈 · 분절 · 위헌문제", 2021 한국공법학자대회 자료집(2021.9), 95면 이하 참조.

없다고 선언한 법률이 있다고 하더라도, 전쟁과 같은 정치적인 사건이 벌어지고 난 이후 독립하고 나면 의회가 다시 별도의 국가적 권한을 인정해주는 과정을 거치게 되는 것이다. 하지만, 법논리적으로는 이것도 여전히 법률로써 이루어진 것이므로, 의회가 그 법률을 다시 법률로 폐지시켜서 독립을 취소시킬 수도 있느냐 하는 (정치적으로 일어날 수 없는) 가상의 문제가 남게 되는 것이다. 이런 과정을 어떻게 설명할 수 있는가가 핵심이라고 하겠다.

의회주권이란, 의회가 어떠한 법이든 만들거나 폐지할 수 있는 권한을 가지고, 누구도 의회의 입법을 무효화하거나 유보할 권리가 인정되지 않는다는 것으로서,[3] 의회는 최고의 법제정 기구이므로, 이 명제의 논리적 귀결상 현재의 의회는 과거의 의회로부터 구속받지도 않고, 또 장래의 의회를 구속할 수도 없다는 규칙이 나타나게 된다고 한다. 그런데, 의회가 기존의 어떤 법률을 명시적으로 폐지하는 경우 이에 따르는 것은 당연하지만, 명시적으로 폐지하지 않더라도 과거의 법과 모순되는 법을 제정하는 경우 어떻게 될 것인지 문제가 된다. 이 경우 영국 법원은 이른바 묵시적 폐지의 법리doctrine of implied repeal로서 해결한다고 한다.

가령, 1919년 토지수용법 Section 7(1)에서 "토지를 취득하도록 위임하는 법률이나 명령의 조항은 이 법에 따라서 효과를 가지고 이 법과 불일치하는 한도에서 그 조항들은 효과가 중단되거나 효과가 없다"라고 규정하였는데, 1925년 주택법에서는 강제수용된 토지에 관하여 위 법보다 좀 덜 관대하게 보상하는 내용으로 개정되었다. 이에 원고는 자신에게 유리한 1919년 법이 적용되어야 한다고 주장하였으나 법원은 1925년 법이 1919년 법을 묵시적으로 폐지하였다고 판결하였던 것이다.[4] 즉, 일반적인 법률의 개

3) 다이시(Dicey)의 영국 의회주권에 대한 정의이다. 영국의 의회주권에 대한 설명으로는 Hilaire Barnett, Constitutional and Administrative Law, 14.Ed., 2021, p.139 이하; Alison L. Young, Turpin & Tomkins' British Government and the Constitution, 8.Ed., 2021, p.62 이하 참조.

4) Barnett, *op. cit.*, pp.143-144: *Vauxhall Estates Ltd. v. Liverpool Corporation* (1932), *Ellen Street Estates Ltd. v. Minister of Health* (1934); 영국 논의의 소개는 박재윤, "행정기본법 제정의 성과와 과제-처분관련 규정들을 중심으로", 행정법연구 제65호(2021.8), 8-9면 참조.

정에 있어서 설사 선행법률이 어떤 입법의 방식을 제한하는 형식을 취하고 있더라도, 이 경우 후속법률에 의하여 명시적이든 묵시적이든 폐지 내지 개정될 수 있다는 점은 당연하다고 할 수 있다.

이러한 논리는 우리의 경우에도 마찬가지이다. 가령 「부담금관리 기본법」 제3조는 "부담금은 별표에 규정된 법률에 따르지 아니하고는 설치할 수 없다"고 규정하고 있다. 이는 소관부처인 기획재정부가 조세국가원칙의 예외인 부담금의 새로운 창설을 엄격하게 제한하려는 의도에서 마련된 것이라고 할 수 있다. 그럼에도 불구하고, 의회가 별표에 규정된 법률이 아닌 다른 법률로써 새로운 형태의 부담금을 규정하면 어떻게 될 것인지가 문제된다. 이에 대하여 대법원은 "앞서 본 부담금관리 기본법의 제정 목적, 부담금관리 기본법 제3조의 조문 형식 및 개정 경과 등에 비추어 볼 때, 부담금관리 기본법은 법 제정 당시 시행되고 있던 부담금을 별표에 열거하여 그 정당화 근거를 마련하는 한편 시행 후 기본권 침해의 소지가 있는 부담금을 신설하는 경우 자의적인 부과를 견제하기 위하여 위 법률에 의하여 이를 규율하고자 한 것이나, 그러한 점만으로 부담금부과에 관한 명확한 법률 규정이 존재하더라도 그 법률 규정과는 별도로 반드시 부담금관리 기본법 별표에 그 부담금이 포함되어야만 그 부담금 부과가 유효하게 된다고 해석할 수는 없다"고 판결하였다.[5)]

이런 식으로 본다면, 일반법률에 있어서 그 입법의 방식을 제한하는 것은 효력에 있어서는 불가능한 시도라는 것을 알 수 있다. 현재의 입법자는 미래의 입법자를 구속할 수 없는 것이다. 그러나 여기에 예외가 있을 수 있다. 가령, 국회법 같은 입법절차를 규율하는 규칙을 생각할 수 있다. 이 경우에 국회의 내부과정에 있어서 비교적 상세한 과정과 절차를 규정하고 있고 나름대로 그 절차는 엄격하게 지켜지고 있다. 다만, 이 절차는 국회의 자율권이 존중되어야 하므로, 외부에서 함부로 판단하여 무효화시킬 수 없다는 것이 우리의 헌법이론과 실무인 것이다.[6)]

5) 대법원 2014.1.29. 선고 2013다25927,25934 판결.
6) 헌법재판소 2016.5.26. 선고 2015헌라1 결정 등 참조.

Ⅲ. 헌법적 문제

최근 영국에서는 일반법률이 아닌 헌법적인 문제가 빈번하게 발생하고 있다. 잉글랜드와 다른 지역 정부와의 관계, 영국법과 유럽인권법과의 관계, EU와의 관계, 특히 최근 브렉시트Brexit를 둘러싼 문제 등이 생겨났기 때문이다. 이는 위에서 본 단순한 묵시적 폐지의 법리로 해결할 수 있는 차원을 넘어서는 것이라고 생각되어 그 논의를 추가적으로 일부 살펴볼 필요가 있다.

EU법과 회원국 사이의 관계에 대하여, 유럽사법재판소는 각 회원국의 주권이 제한되면서 EU법 우선의 원칙the doctrine of the supremacy of EU law이 적용되는 것으로 보고 있다. 그러나, 영국에서는 국내법적으로 여전히 영국이 1972년 유럽공동체법European Communities Act 1972을 제정하여 EU법을 국내법화함으로써 그 범위 내에서 자발적으로 EU법에 응하는 것이고 언제든지 EU법을 폐지할 권한을 유보하고 있으므로 여전히 의회주권원칙이 유지되는 것으로 설명하였다.[7)]

이후 EU법의 직접적인 효력에 반하는 영국법의 적용을 배제한 *Fatortame*[8)] 등의 판결이 나타나게 되었다. 그러자 저명한 영국의 공법학자인 H,W,R, Wade는 의회주권원칙이 EU 회원가입으로 종료되었다고 평가한 바 있다.

반면, 영국 법원은 이를 일반법률과 헌법적 지위의 법률을 구분하는 방식으로 설명한 바 있다. 즉, 법원은 마그나카르타, 1689년 권리헌장, 연합법, 선거법 개정법, 1998년 인권법, 1998년 스코틀랜드법과 1998년 웨일스 정부법 등을 예시하면서 이러한 법률은 헌법적 지위를 갖는 것으로 보고, 일반적인 법률은 묵시적으로 폐지될 수 있지만, 헌법적 법률은 그럴 수 없다고 한 것이다. 이 법리에 따르면, 헌법적 지위를 갖는 인권법이나 유럽공동체법과 반하는 내용을 영국 의회가 입법하려면 명시적으로 그 법률의 폐지 의사를 표현해야 하는 것이 되는 것이다.[9)]

---

7) Barnett, *op. cit.*, p.158 참조.

8) *R v. Secretary of State for Tansport ex parte Factortame (No.2) (1991).*

한편, 영국은 2016년 EU를 탈퇴하는 국민투표를 실시하였다. 그리고 2018년 EU탈퇴법을 제정하여 2020년의 이행기간을 끝으로 1972년 유럽공동체법은 폐지되었다. 그 과정에서 스코틀랜드와의 관계에서 헌법적인 문제가 남게 되었다. 영국정부는 1998년 스코틀랜드를 비롯한 웨일스와 노던아일랜드의 지방정부에 자치권을 이양하는 법률을 제정하여, 자치사항에 대한 입법권한을 이양하였다. 스코틀랜드는 런던의 중앙정부와는 역사적, 법제적 전통이 다른 것으로 알려져 있고, 2014년 독립여부를 묻는 국민투표가 시행되기도 하였다.[10)]

권한이양과정에서 소위 수웰협약Sewel convention이 체결되어서, 법률의 주석으로 들어가게 되었다. 그에 따라, 스코틀랜드법 제28조 제7항은 "이 장은 영국의회의 스코틀랜드에 관한 법을 만드는 권한에 영향을 미치지 않는다"라고 명시되어 있으나,[11)] 이 조항은 권한이양된 사안에 관하여 스코틀랜드의 동의 없이는 영국의회가 일반적으로 입법하지 않겠다will not normally legislate는 것으로 이해되었다고 한다.[12)]

잘 알려진 것처럼, 브렉시트 과정에서 스코틀랜드 자치정부는 EU에 잔류하기를 원하면서 반대의사를 표명했다. 그럼에도 불구하고 영국의회는 EU탈퇴를 단행하였다. 이러한 상황을 어떻게 평가할 것인가. 영국 학자들은 영국정부와 스코틀랜드 지방정부 사이의 입법권한의 협약에 관한 문제는 일종의 정치적인 대가나, 정치적인 어려움의 문제이지 법적인 한계의 문제는 아니라고 설명한다. 다만, 이러한 협약상의 원리를 헌법상의 원리로 볼 수 있다면, 합헌성에 관한 문제로 파악할 수 있다고 지적하고 있다. 즉, 영국헌법체계에서 법률의 효력의 문제와 합헌성에 따른 통제장치가 분리된 것에 따른 독특한 문제로 보게 되는 것이다.[13)]

---

9) *R v. Secretary o State for the Home Department ex parte Simms (2000), Thoburn v. Sunderland City Council (2002)*; 이 판례법리에 관한 설명은 Barnett, *op. cit.*, pp.162-163 및 Mark Elliott, Parliamentary Sovereignty in a Changing Constitutional Landscape, in The Changing Constititution, 2019, pp.41-42 참조.

10) Barnett, *op. cit.*, pp.159-161 참조.

11) (7) This section does not affect the power of the Parliament of the United Kingdom to make laws for Scotland.

12) Elliott, *op. cit.*, p.34 참조.

그럼, 성문헌법이 있는 우리의 경우에는 영국과 같은 문제는 발생하지 않겠는가?

영국처럼 장래의 입법자를 구속해야 할 사항이 필요한 경우, 즉 헌법적인 사안이 필요한 경우에는, 성문헌법의 형식으로 규정하게 되면 의회도 그에 따르게 될 것이므로 문제는 간명하게 해결될 것이고, 굳이 복잡한 해석의 논란이나, 법률의 위헌성 문제는 발생하지 않게 될 것이 아닌가 하는 의문을 검토할 필요가 있다.

그런데, 성문헌법은 대부분 개정이 어려운 경성헌법의 형태를 취하고 있어서 추상적인 몇 개의 조문만을 두는 것이 보통이지 EU법이나 유럽인권법과 같은 방대한 규율체계를 담는 것은 애초부터 불가능한 시도라고 할 수 있다. 서론에서 소개한 「행정기본법」에 대한 위헌론이 지적하는 조항들도 대부분 매우 세세한 행정법규의 기본적인 내용들을 담고 있어서, 이를 헌법조문으로 담는 것은 사실상 불가능한 시도인 것이다.

만일, 입법기술상의 어려움에도 불구하고 논리적으로 이러한 내용들이 헌법에 규정된다면 입법자는 구속될 수 있는 것인지도 생각해볼 문제이다. 이는 헌법 제128조 제2항과 같은 헌법개정의 한계와 관련이 있다. 다만, 우리 헌법학계에서는 동조항이 집권의 장기화를 위한 헌법개정이 많았던 우리 헌법사에 대한 반성에서 비롯된 것으로서, 헌법개정 자체를 금지한 것이 아니라 개정은 가능하게 하되 그 효력만을 제한하고 있는 것이므로 헌법개정의 한계에 관한 조항이라기보다 헌법개정의 효력을 제한하는 규정이라고 보고 있다. 더 나아가 학설은 대부분 고전적인 법실증주의를 따르지 않는 한, 이론적으로 한국 헌법에 있어서 헌법개정의 한계를 인정하여야 한다는 입장을 취하고 있다.[14)]

하지만, 우리 헌재는 헌법규정 자체는 위헌심사의 대상이 아니라고 보고 있고,[15)] 헌법재판이나 헌법개정의 문제는 이를 강제할 수 있는 수단이 없다는 점을 주목할 필요가 있다. 즉, 만일 어떤 정치세력이 포퓰리즘적인 국

---

13) 파이낸셜뉴스, 스코틀랜드, 공식 브렉시트에 "원하지 않았던 결과, 독립 추진", 2020.2.1, Elliott, *op. cit.*, pp.37-39 참조.

14) 법제처, 헌법주석서Ⅳ, 2010, 606-612면; 한수웅, 헌법학, 2020, 37-43면 참조.

15) 헌법재판소 1995.12.28. 선고 95헌바3 결정.

민의 인기를 배경으로 헌법개정의 이론적인 한계를 넘는 개정을 시도한다면, 또는 중임제한에 관한 제128조 제2항을 폐지하고 장기집권의 길을 열려고 한다면, 이론적 조문이나 한계에도 불구하고 실제 국민에게 불행한 역사는 반복될 수밖에 없을 것이다.

바이마르 시대의 헌법학자인 칼 슈미트는 「합법성과 정당성」이라는 그의 저서에서, 의회제 입법국가의 합법성은 다수결을 쟁취할 수 있는 평등한 기회가 모든 견해들과 노선들, 운동들에 보장되어야 한다는 점을 강조한다. 이 원리가 없다면, 최초의 다수파는 그 순간부터 스스로를 지속적 권력으로 제도화할 것이기 때문에 다수결 체계 자체가 끝장나고 말 것이라는 것이다.[16] 그는, 오늘날 정치현상에서 활용되는 국민투표에 의한 결정방식이, 오히려 권위주의 국가를 향한 경향으로 설명될 수 있다고 하면서, 다원주의적 정당국가가 위기상황에서 국민투표적 정당성에 의존하게 되고 이것이 결국 전체주의 국가로 변모하는 과정을 비판적으로 보고 있다.[17] 헌법을 통한 체계적인 규범체계와 국민투표를 통한 완전한 정당성을 갖추려는 시도가 오히려 전체주의로 가는 시발점이 될 수 있다는 경고일 것이다.

결국, 헌법을 포함한 어떤 규범도 미래의 변화를 막을 힘은 없다는 것이 필자의 생각이다. 완벽한 민주적 규범을 마련하는 것이 중요한 게 아니라, 그 규범을 지키려는 민주적 시민의 의지가 중요한 것이다.

Ⅳ. 적극행정과 대응적 법

「행정기본법」 제5조, 제22조, 제31조 등은 장래의 입법을 전제로 그 지침이 되는 기준을 마련하고 있다. 더 나아가 제38조는 '행정의 입법활동'이라고 하여 법률안의 국회 제출과 조례안의 지방의회 제출을 포함하여 국가나 지방자치단체가 법령 등을 제정·개정·폐지하고자 하거나 그와 관련된 활동의 전반에서 준수해야 하는 절차와 기준 등에 대하여 규정하고 있다. 또 제39조는 정부의 행정법제 개선의무 및 그 개선조치 등에 관한 근거도

16) 칼 슈미트/김도균 역, 합법성과 정당성, 2005, 54면.
17) 칼 슈미트, 위의 책, 158면 이하 참조.

마련하였다. 이른바 입법영향분석을 실시하기 위한 근거인 것이다.

이러한 조항들은 위헌론의 우려처럼 입법자에 대한 법률적 구속을 의미하는 것은 아니다. 반면, 이 조항들이 법적으로 無를 의미하는 것은 아니며, 오히려 입법자가 복잡한 현대 행정입법의 체계 속에서 「행정기본법」을 중심으로 체계적인 합리성을 수립하려고 한 합리성의 선언으로 이해해야 할 것이다. 즉, 이러한 내용들은 입법자가 기왕에 마련한 합리성과 체계성의 기준이 되므로, 후속 입법을 시도함에 있어서 가능한 이를 지켜야 할 것이다.

만일 이러한 기준을 변경할 필요가 있다면, 「행정기본법」 자체를 변경하는 방법을 택할 수 있을 것이다. 그럼에도 의회가 이러한 기준으로부터 벗어난 입법을 시도한다면, 그 입법의 효력 자체를 부인할 수 없는 것이 입법자에 대한 구속의 한계인 것이다. 다만, 이 경우 입법자는 스스로 마련한 체계성의 기준을 벗어난 것이므로 위헌성의 판단에 있어서 그 합리성을 스스로 입증해야 할 것이다. 필자는 이러한 조항들을 「행정기본법」 제4조(행정의 적극적 추진)와 관련하여 체계적으로 이해하여야 한다고 본다.[18)]

적극행정의 이념적 기초는 헌법 제7조 제1항에서 비롯되는 공무원의 성실의무에서 찾을 수 있다. 여기에 현행 법제는 대통령령인 「적극행정 운영규정」과 감사원규칙인 「적극행정면책 등 감사소명제도의 운영에 관한 규칙」 등을 두고 있는바, 「행정기본법」 제4조는 이러한 법제도에 대한 근거를 마련하는 취지로 도입된 것이라고 할 수 있다. 또 필자는 적극행정은 사법적극주의에 대응하여 '행정적극주의'에 기반하는 개념이고, 법의 진화론적 관점에서, 억압적 법Repressive Law에서 근대적 법의 특징인 자율적 법Autonomous Law을 넘어, 법이 사회적 수요와 열망에 대응하는 촉진자로서 작용하여야 한다는 대응적 법Responsive Law[19)]의 이상에 다가갈 수 있는 개

18) 위와 같은 「행정기본법」 조항에 대한 해석론은 박재윤, "한국의 적극행정과 법적 역동성", 2021 행정법 포럼 자료집(2021.11), 181-183면 참조.

19) 대응적 법이란 미국의 법사회학자인 Philippe Nonet과 Philip Selznick이 1978년 출간한 Toward Responsive Law: Law & Society in Transition(대응적 법을 향하여: 변화하는 법과 사회)라는 책에서 소개한 개념이다. 노넷과 셀즈닉의 견해에 대한 선행연구로는 양건, 법사회학, 2004; 양천수, "새로운 법진화론의 가능성", 법철학연구 제15권 제2호(2012.8); 심우민, "인공지능과 법패러다임 변화 가능성: 입법 실무 거버넌스에 대한 영향

념적 도구가 될 수 있다고 보았다.[20)]

적극행정의 관점에서 가장 중요한 것은 행정이 사회의 변화에 대하여 적극적으로 대처하여야 한다는 점이다. 이는 기존의 법학의 특징처럼 정형화된 조문을 해석하는 것으로 한정지어질 수는 없다. 오히려 행정법규의 해석과 적용을 통하여 문제를 발견하고, 다시 이를 환원하여 법제를 개선하는 과정이 필수적이다. 「행정기본법」 제38조 내지 제40조는 이러한 현대 행정의 필수적인 입법활동과 법제개선의 과정을 있는 그대로 담아낸 것이라고 할 것이다.[21)]

Ⅴ. 입법의 미래에 대한 전망

의회주권의 나라인 영국에서도 헌법적 중요성을 담은 법률이 제정된 경우 의회권한에 대한 구속의 문제가 심각하게 논의된다. 물론, 명시적으로 의회주권 자체의 논리적인 구속을 인정하는 판결은 아직 없는 것으로 보인다. 그러나 이는 헌법과 법률에 대한 형식적인 차이를 인정하지 않고, 헌법재판이라는 방식으로 법률을 폐지하는 공식적인 절차가 없다는 영국제도의 한계에 기인하는 것에 불과한 것으로 보인다. 오히려 이미 많은 영국의 헌법학자들은 다이시Dicey가 말한 순수한 의미의 의회주권에 대하여 의문시하고 있으며, 헌법의 핵심적 가치들에 있어서 의회주권이 제한될 여지가 있다는 점에 대하여 열린 태도를 갖고 있는 것이다.

2021년 3월 23일 제정된 「행정기본법」은 「행정소송법」 제정 실패 이후 근 20년 만에 성취한 행정법 분야의 일반법률이고, 행정실체법 분야에서의 법의 일반원칙 및 일반규정을 종합적으로 담은 최초의 입법시도이다. 그만큼, 학계와 실무계의 기대를 한껏 받고 있지만, 여전히 많은 미비점을 남기고 있는 타협과 조화의 산물로 여겨지기도 한다. 또 향후 행정절차법과 통합하여 명실상부한 행정의 '기본법'으로서 입법이 추진되어야 한다는 과제

과 대응 과제를 중심으로", 법과사회 제56호(2017.12) 참조.

20) 박재윤, 적극행정, 174-180면 참조.

21) 필자는 이를 적극행정의 책임면제적 차원, 권한통합적 차원, 미래대응적 차원으로 구분하였다. 박재윤, 적극행정, 183-185면 참조.

가 제시되고 있다.[22] 즉, 미래의 입법자를 구속하기는커녕 「행정기본법」 자체가 미래에 열려있는 개방된 구조인 것이다.

지난 5년간 문재인 정부는 수많은 개혁입법을 시도하였다. 일부는 성과도 있었지만, 일부는 미완의 과제라고 평가되기도 하였다. 일부는 시행하기 전부터 부작용이 예상되기도 하였다. 「행정기본법」과 마찬가지로 이러한 모든 입법도 미래의 입법자를 구속할 수 없을 것이다. 다만, 입법자의 합리성을 희망할 따름이다.

영원한 권력은 없다.

22) 박재윤, 행정기본법 제정의 성과와 과제, 2, 26-27면 참조.

Law's Futures

형사법의 미래

25~34

Law's Futures

25

과학기술의 발전과 책임원칙의 미래

김태명

전북대학교 법학전문대학원 교수

대학원에서 형사법을 전공하고 2000년도부터 지금까지 형사법과 관련된 여러 가지 사회적 문제를 연구하고 교육해 왔다. 외국에서 수입한 관념적 이론에 경도되어 있는 우리나라 법학의 현실을 비판적으로 바라보면서, 우리나라의 실정법과 판례에 바탕을 둔 연구와 교육에 주력해 왔다. 그리고 법학뿐만 아니라 철학, 역사학, 사회학 등 인문사회과학 그리고 광범위한 분야의 자연과학에 관한 서적을 읽고 이를 형사법의 연구와 교육에 반영하기 위해 노력하고 있다.

Ⅰ. 서　　론

나는 문어를 별로 좋아하지 않지만 신혼 초에 아내와 함께 동해안의 어느 포구에서 좌판을 놓고 문어를 파시는 할머니가 그 자리에서 살아있는 문어를 연탄불에 삶아서 주신 그 맛을 아직도 잊지 못하고 있다. 인터넷에서 가끔 '문어 삶는 법'이라는 제목의 글을 볼 때면, 언젠가는 동해안 그 포구에 다시 가서 문어를 한번 더 먹어야겠다는 생각을 하곤 한다.

그런데 지난해 말 영국 등 유럽의 여러 나라가 '바닷가재나 문어를 산 채로 삶는 것'을 금지하는 법을 제정했거나 제정하고 있다는 기사를 보았다.[1] 개나 고양이처럼 인간에게 친숙하고 익숙한 동물만이 아니라, 바닷속에 살다가 사람에게 잡혀 큰 대야나 양파망 속에 갇혀 있다 사람들의 먹이가 되는 문어를 그렇게까지 대해야 하는 의문을 가진 사람들이 적지 않을 것이다.

문어는 바다의 현자(賢者)라고 불릴 만큼 지능이 뛰어나다고 한다. 과학자들의 연구 결과에 따르면 경험을 통한 학습 능력이 있으며, 단기기억과 장기기억이 있다고 한다. 또한 문어의 게놈은 인간만큼이나 크며 신경세포의 발달과 상호조절을 관장하는 유전자의 숫자는 포유류의 두 배에 달하고 단백질코팅 유전자는 사람보다 많으며 인간에 필적하는 지능을 가진 것으로 추정된다. 문어가 이러할진대 다른 동물의 지능은 오죽하겠는가?[2]

그동안 인간은 스스로를 '만물의 영장(靈長)'이라고 칭하며 지구상에 존재하는 수많은 생명체의 으뜸으로 생각해 왔다. 단순히 다른 생명체보다 뛰어난 정도에 그치는 것이 아니라, 다른 생명체와는 비교할 수 없는 지능을 가지고 있으며 신(神)은 아닐지라도 신에 필적하는 존엄한 존재로 인식되어 왔다.

이러한 인식은 법에도 그대로 반영되어 있다. 헌법은 "모든 국민은 인간

---

1) "문어·가재, 산 채로 삶는 것 금지" 주목받는 유럽의 동물복지, 아시아경제 2021.12.31. 자. https://www.asiae.co.kr/article/2021122916023481825 (최종검색 2022.3.1.)

2) 동물의 인지력과 감정에 대해서는 프란스 드 발/이충호 역, 동물의 생각에 관한 생각, 2016 및 동물의 감정에 관한 생각, 2019 참조.

으로서의 존엄과 가치를 가진다"고 선언하고 있다(제10조 제1항). 모든 국민은 단순히 '존엄과 가치'를 가지는 것이 아니라 '인간으로서의 존엄과 가치'를 가진다면 인간만의 고유한 존엄과 가치가 별도로 존재하는 것인가, 인간만이 존엄과 가치를 가지는 것이 아니라면 다른 생명체의 존엄과 가치와는 어떤 차이가 있는 것인가?

형법은 심신장애로 인하여 사물을 변별하거나 의사를 결정할 능력이 없는 자의 행위는 벌하지 아니하고, 이러한 능력이 미약한 자의 행위는 형을 감경할 수 있다고 규정하고 있다(제10조 제1항 · 제2항). 형법이 직접적으로 선언을 한 것은 아니지만 이 조항은 인간에게는 사물을 변별하고 의사를 결정할 능력, 이른바 자유의지 또는 의사의 자유가 있다는 것을 전제로 한 것이다. 이 규정은 어떠한 사람도 자기책임, 즉 자기의 죄가 없이는 형벌을 받지 아니한다는 책임원칙을 선언한 것이다. 자유의지야말로 인간의 존엄과 가치의 핵심이라는 점을 고려해 볼 때, 책임원칙은 단순히 형법상의 원칙을 넘어 헌법상의 원칙으로 간주된다.[3] 이뿐만 아니라 살인, 상해, 폭행, 협박, 성폭력, 명예훼손 등 형법이 규정하고 있는 각종 범죄는 이러한 자유의지를 기초로 한 인간의 존엄과 가치를 침해하는 행위이다. 인간의 존엄과 가치 그리고 그것에서 파생되는 자유의지를 전제로 하지 않고서는 형법은 존재할 수가 없다고 해도 과언이 아니다. 일반적으로 형법의 기본원칙으로 일컬어지고 있는 죄형법정주의도 결국은 인간의 존엄과 가치 그리고 자유의지를 본질로 하는 책임원칙을 구현하기 위한 제도적 장치라고 할 수 있다.

그런데 이러한 책임원칙이 송두리째 흔들리고 있다. 돌이켜보면 과거 롬브로조Lombroso, 페리Ferri, 가로팔로Garofalo 등 실증주의 학자들의 자연과학적 · 사회학적 결정론은 작은 파도에 불과하였다. 앞서 문어의 사례에서 볼 수 있듯이 날로 발전하는 과학기술에 의해 인지력은 인간만이 가지고 있는 고유한 능력이 아니며 통념과는 달리 다른 생명체와 인간의 인지력에는 큰

3) 책임원칙은 오늘날 헌법상의 원칙으로 간주되기도 한다. 비록 실정헌법이나 형법전에 이에 관한 명문규정은 없더라도 인간의 존엄과 가치의 보장요구와 법치국가원리에서 당연히 도출될 수 있기 때문이다(김일수 · 서보학, 새로쓴 형법총론 제11판, 2006, 82면).

차이가 없다는 것이 속속 밝혀지고 있다. 그리고 인간의 인지력·의지력도 무시할 수 없는 결함이 있다는 것도 밝혀지고 있다. 이러한 결함은 단순히 질병, 마약, 알코올 등 외부적 요인에 의해 일시적·개별적으로 발생하는 것이 아니라 지구에서 살아가는 수많은 생명체 중의 하나로서 인간이 가지고 있는 근본적인 한계라는 점이 밝혀지면서, 과연 인간은 '존엄과 가치'를 가진 존재라고 말할 수 있는지에 대한 신념이 흔들리고 있다. 그리고 최근에는 인공지능AI이라는 인간을 닮았으나 인간보다 더 뛰어난 지능을 가진 존재가 일상을 파고들면서, 이제는 최고의 자리를 인공지능에게 내주어야 하는 지경이 되었다.

과연 이러한 상황에서 인간은 존엄과 가치를 가진 존재라는 주장을 계속해 나갈 수 있을까? 그리고 인간은 존엄과 가치를 지닌 존재임을 전제로 한 책임원칙을 유지할 수 있을까? 형법학자로서 쓰나미처럼 몰려드는 과학기술의 도전 앞에서 책임원칙에 대한 근본적인 고민을 하지 않을 수 없다.

Ⅱ. 책임능력과 형사책임의 근거에 대한 이론과 과학기술의 도전

1. 책임능력과 형사책임의 근거로서의 자유의사

인류의 문화가 아직 싹트지 못하였던 고대사회에서는 광인(狂人)이라도 범죄를 범하면 화형에 처하였고, 책임을 구비하지 못한 자에 대해서도 형벌을 과하는 것이 일반적이었다. 그러나 근대국가에서는 법은 행위자가 범죄의 구성요건에 해당하는 행위를 하고 그 행위가 위법하더라도 책임이 없으면 처벌하지 않는다는 책임주의가 형법의 기본원칙으로 자리 잡았다.

그러나 형사책임이 인정되기 위해서는 행위자가 자신의 행위의 위법성을 변별할 수 있고 나아가서 위법행위를 피하고 적법행위를 할 수 있다는 것이 전제되어야 한다. 이렇듯 근대형법은 행위의 옳고 그름을 판단하고 그 판단에 따라서 자신의 행위를 통제할 수 있는 능력, 즉 자유의사(의사의 자유)를 형사책임의 근거로 삼았고, 우리나라 형법은 제10조에서 심신장애로 인하여 '사물을 변별하고 의사를 결정할 능력'이 없는 자의 행위를 벌하지 아니한다고 규정함으로써, 자유의사를 형사책임의 근거로 천명하고 있다.

이에 대하여 인간의 자유의사는 주관적 환영에 불과하다고 비판하고 형사책임의 근거를 인간의 생물학적 또는 심리적 요인에서 찾아야 한다는 견해가 주장되었다. 이러한 사고를 최초로 체계화한 사람은 체자레 롬브로조 Cesare Lombroso인데, 그는 범죄자를 (1) 하등 또는 더 원시적인 진화의 단계로의 격세유전적 퇴행이 원인인 타고난 범죄자born criminal, (2) 백치, 정박아, 편집증환자, 우울증으로 고통받거나 마비, 치매, 알코올중독, 간질, 과잉흥분 등으로 인한 고통이 원인인 정신병적 범죄자insane criminal 그리고 신체적 · 정신적 특징을 가지고 있지는 않지만 그들의 정신적 · 감정적 기질이 어떤 상황에서 범죄를 하도록 하는 범죄자criminaloids로 분류하였다.[4)]

그리고 2차 세계대전을 전후하여 형법학계에서는 양자의 입장을 절충하여, 범죄행위의 배후에는 잠재된 인격체계가 있으며 이 인격체계는 소질과 환경에 의하여 중대한 제약을 받는다고 보는 인격책임론이 주장되었는데, 인격책임론도 책임을 근거를 행위자의 생활결정에 있다고 보았다는 점에서 자유의사를 인정하는 기반에 서 있다고 할 수 있다.

형사책임의 근거에 관한 이론적 대립과는 별개로 우리나라 형법은 자유롭게 의사를 결정할 능력, 즉 책임능력을 형사책임의 전제로 하고 있다는 점에 유의할 필요가 있다. 형법 제10조는 심신장애로 인하여 사물을 변별할 능력이나 의사를 결정할 능력이 없거나 미약한 자를 심신장애인으로 규정하고 있는데, 여기서 말하는 사물을 변별할 능력 또는 의사를 결정할 능력은 바로 자유의사를 전제로 한 의사결정의 능력을 의미한다.[5)]

자유의사가 책임의 근거가 되고 있음을 확인할 수 있는 조항으로는 책임능력 이외에도 기대가능성이 있다. 형법 제16조는 "저항할 수 없는 폭력이나 자기 또는 친족의 생명, 신체에 대한 위해를 방어할 방법이 없는 협박에 의하여 강요된 행위는 벌하지 아니한다"고 규정하고 있는데, 이는 자유의사가 침해된 상태에서 행해진 행위에 대해서는 형사책임을 묻지 못함

4) Thomas J. Bernard 등/이순래 등 역, Vold의 이론범죄학, 2012, 71면.
5) 대법원 1968.4.30. 선고 68도400 판결 및 유기천, 개정 형법학(총론강의), 1980, 215면.

을 규정한 것이다. 그리고 야간 기타 불안스러운 상태 하에서 공포, 경악, 흥분, 당황으로 한 과잉방위 또는 과잉피난을 처벌하지 아니한다고 규정하고 있는 형법 제21조 제3항 및 제22조 제3항도 형사책임이 자유의사를 기초로 하고 있음을 반증하는 것이라고 하겠다.[6)]

형법에서의 자유의사는 비단 책임능력이나 형사책임의 근거에서만 활용되는 것이 아니다. 형법은 사람의 의사결정의 자유를 침해하는 기본적인 범죄로 협박의 죄(제283조부터 제286조까지)를 규정하고 위력자살결의죄(제253조), 공갈의 죄(제350조부터 제352조까지), 강요의 죄(제324조부터 제324조의5까지), 업무방해죄(제314조), 위력을 수단으로 하는 미성년자·심신미약자간음죄(제302조), 업무상간음죄(제303조) 등과 같이 사람의 의사결정의 자유를 침해하는 행위를 범죄로 규정하고 있는 사례가 많다. 이뿐만 아니라 형법상 가장 중요한 범죄유형 중의 하나로서 강간죄, 강제추행죄 등의 성폭력범죄는 그 자체가 성적 자기결정의 자유를 침해하는 범죄이다.[7)]

이렇듯 자유의사는 형법의 근간이라고 할 수 있는 범죄와 형벌(형사책임)을 구성하는 기본 중의 기본개념이다.

2. 법과 법학에서의 자유의사

형법 이외의 법 분야에 시선을 옮겨보면 우리는 도처에서 자유의사의 흔적을 발견할 수 있다.

대표적으로 자유의사는 민사책임을 판단함에 있어서도 그 기본적 토대를 이루고 있다. 민법 제104조는 당사자의 궁박, 경솔 또는 무경험으로 인하여 현저하게 공정을 잃은 법률행위는 무효로 하고 있고, 제110조는 사기나 강박에 의한 의사표시는 취소할 수 있도록 규정하고 있는데, 이에 따라 상대방 또는 제3자의 강박에 의하여 의사결정의 자유가 완전히 박탈된 상태에서 이루어진 의사표시는 효과의사에 대응하는 내심의 의사가 결여된 것이므로 무효라고 볼 수밖에 없으나, 강박이 의사결정의 자유를 완전히

6) 이 점에 대해서는 홍기원, 법에 있어서 자유의지와 책임, 2017, 93면 이하 참조.
7) 대법원 2018.2.8. 선고 2016도17733 판결.

박탈하는 정도에 이르지 아니하고 이를 제한하는 정도에 그친 경우에는 그 의사표시는 취소할 수 있다.[8] 이처럼 민법은 법률행위가 자유로운 의사결정에 의하여 이루어지지 않는 경우 그 효력을 부인하거나 당사자로 하여금 취소할 수 있도록 하여 법적 구속력을 부인하고 있다. 그리고 사망을 보험사고로 하는 보험계약에서 자살을 보험자의 면책사유로 규정하고 있는 경우에, 그 자살은 자기의 생명을 끊는다는 것을 의식하고 그것을 목적으로 의도적으로 자기의 생명을 절단하여 사망의 결과를 발생케 한 행위를 의미하므로, 피보험자가 정신질환 등으로 자유로운 의사결정을 할 수 없는 상태에서 사망의 결과를 발생케 한 경우에는 사망보험금을 청구할 수 있다.[9]

자유의사는 비단 형법이나 민법에 국한되지 않는다. 예컨대 구 지방의회의원선거법(1994.3.16. 법률 제4739호로 폐지) 제1조, 공직선거법 제1조, 공공단체 등 위탁선거에 관한 법률 제2조, 선거관리위원회 공무원 윤리강령 제5조, 전공의의 수련환경 개선 및 지위 향상을 위한 법률 제10조 제3항, 장애인복지법 제59조의9 제2의2, 발달장애인 권리보장 및 지원에 관한 법률 제3조, 난민법 제22조 제2항 제4호, 정신건강증진 및 정신질환자 복지서비스 지원에 관한 법률 제2조 제8항, 인신보호법 제2조 등에서 '자유의사' 또는 '의사의 자유'를 언급하고 있다.

그러나 무엇보다도 중요한 것은 최상위법인 헌법이 인간의 자유의사 또는 의사의 자유를 기초로 하고 있다는 점을 지적하지 않을 수 없다. 헌법 제10조 제1문은 "모든 국민은 인간으로서의 존엄과 가치를 가지며, 행복을 추구할 권리를 가진다"라고 규정하고 있는데, 이 조항이 보호하는 인간의 존엄성으로부터 개인의 일반적 인격권이 보장된다. 일반적 인격권은 인간의 존엄성과 밀접한 연관관계를 보이는 자유로운 인격발현의 기본조건을 포괄적으로 보호하는데, 개인의 자기결정권은 일반적 인격권에서 파생된다. 모든 국민은 그의 존엄한 인격권을 바탕으로 하여 자율적으로 자신의 생활영역을 형성해 나갈 수 있는 권리를 가진다.[10]

---

8) 대법원 1984.12.11. 선고 84다카1402 판결, 대법원 1997.12.12. 선고 97누13962 판결.
9) 대법원 2008.8.21. 선고 2007다76696 판결, 최병규, "정신질환에 의한 자유로운 의사결정 불가상황에 대한 연구", 기업법연구 제30권 제3호(2016), 193면 이하.
10) 헌법재판소 2019.4.11. 선고 2017헌바127 전원재판부 결정 참조.

그리고 비단 인간의 존엄과 가치에 관한 헌법 제10조뿐만 아니라 헌법에 규정된 모든 기본권은 인간의 존엄과 가치, 인격권, 개인의 자기결정권에 기반하고 있다고 해도 과언이 아니다. 그리고 헌법상 기본권은 제1차적으로 개인의 자유로운 영역을 공권력의 침해로부터 보호하기 위한 방어적 권리이지만 다른 한편으로 헌법의 기본적인 결단인 객관적인 가치질서를 구체화한 것으로 모든 법 영역에 그 영향을 미치므로 공적인 법률관계뿐만 아니라 사적인 법률관계도 헌법상의 기본권 규정에 적합하게 규율되어야 한다.[11] 앞에서 설명한 형법, 민법, 선거법, 장애인보호법, 난민보호법 등 각종 법령에 규정되어 있는 자유의사 또는 의사의 자유는 결국 헌법에 규정하고 있는 인간의 존엄과 가치에서 파생된 것이라고 할 수 있다.

이렇듯 자유의사 또는 의사의 자유는 모든 법규범의 토대이자 근간을 형성하고 있어 자유의사를 부정하고서는 법 자체를 논할 수 없다고 해도 과언이 아니다.

그렇다면 법규범의 근간이 되는 자유의사는 과연 존재하는 것인가? "법이 무엇인지를 규정하는 문제에 대해서는 법이 마땅히 갖추어야 할 도덕적 내용과는 분리되어 답해져야 한다"는 법실증주의적 태도를 취하지 않는 한[12] 우리는 이 물음에 대한 대답을 회피할 수 없고, 진정한 과학자라면 이 질문을 회피해서도 안 될 것이다.

3. 자유의지에 대한 도전

앞에서 지적하였듯이 근대법은 자유의사를 기초로 형성·발전되었으며 두 차례에 걸쳐 세계대전을 거치는 동안 인간의 존엄성이 부정되는 시련을 겪기도 하였지만, 제2차 세계대전 이후 인권의 중요성이 다시 부각되면서 자유의 이념 또한 재조명을 받았다. 그런데 특히 1970년대 이후 급속도로

---

11) 대법원 2018.9.13. 선고 2017두62549 판결.

12) 영국의 법실증주의자 존 오스틴(J. Austin)이 <법학의 영역(The Province of Jurisprudence determined)>에서 "법이 존재한다는 것과 그 법이 좋은 법인지 나쁜 법인지 판단하는 것은 별개의 문제이다. 설령 우리가 좋아하지 않더라도 현실로 존재하는 법만이 법이다"라고 하였다. John Austin, The Province of Jurisprudence determined, 1832 (1995), p.157 참조.

발전된 생물학과 유전학은 인간의 자유의지에 대한 이해를 근본적으로 재검토하게 만들었다.

칼 지머는 17세기 초까지 유럽인들의 영혼을 지배하던 심장 중심주의 세계관에서 벗어나 뇌를 인체의 중심으로 인식하게 된 사고의 전환을 다룬 과학역사서라고 할 수 있는 『영혼의 해부Soul Made Flesh』에서 다음과 같이 주장하였다. 인간의 생각, 감각, 정신이 일어나는 물리적 장소인 뇌는 몸의 다른 부위와 마찬가지로 신경세포라는 수십억 개의 세포로 이루어져 있으며, 이 신경세포는 신경충동에 반응해서 또 다른 신경세포로 신경충동을 전달하고, 이 세포들이 모여 거대하고 복잡한 네트워크를 형성한다. 이 네트워크는 환경으로부터의 자극과 연결되어 있으며, 또한 시스템으로부터 전달된 명령을 실행에 옮기는 몸의 반응과도 연결되어 있다. 강한 불빛에 눈을 깜박이게 되는 경우에는 빛이라는 자극이 신경충동을 활성화시켜 이것이 시스템을 통화한 후 신속하게 눈꺼풀의 근육에 명령을 보내어 눈을 감게 만들고, 이를 통해 시각계를 손상으로부터 보호한다. 이렇게 보면 뇌는 그저 우리가 인체라고 부르는 생존기계의 일부에 불과하다.[13)]

진화심리학자인 스티븐 핑커는 뇌는 정보를 처리하는 기관이고, 생각이란 일종의 계산이라고 보았다.[14)] 그에 따르면 생각이란 뇌의 정보처리과정에 불과하며, 과거에는 우리 종(種)이 등장한 조건 아래서 생존해 자손을 남길 수 있는지 여부가 유일하게 중요한 자연선택의 기준이었다. 우리의 뇌는 자연선택에 의해 다듬어졌고, 자연선택은 우리가 생존하고 번영하는데 도움이 되기만 한다면 우리에게 왜곡된 현실이라도 서슴없이 제시할 수 있는 능력을 완벽하게 갖추고 있다.

진화생물학도 인간의 자유의사 내지 의사의 자유가 불완전한 것일 뿐만 아니라 인간만이 향유하는 전유물이 아니라고 설명한다. 이들은 진화는 절대로 무엇인가를 처음부터 새로 만들어내는 것이 아니라 기존에 존재하는 구조와 패턴에서 시작해 여기저기 수선한 것에 불과하여 기존에 존재했던

13) 칼 지머/조성숙 역, 영혼의 해부(Soul Made Flesh), 2007 참조.
14) 스티븐 핑커/김한영 역, 마음은 어떻게 작동하는가－과학이 발견한 인간 마음의 작동 원리와 진화심리학의 관점, 2007, 21면 참조.

결함과 불완전함을 그대로 떠안고 있다고 설명한다. 이들은 원시어류의 근육, 신경, 뇌의 체계는 아직도 모든 사람의 발달에서 출발점이 되고 있으며, 인간은 휘청거리는 이 불안한 틀 위로 언어, 도덕, 예술 심지어는 과학 그 자체까지 쌓아 올렸다고 본다.[15)]

독일의 뇌과학자인 게하르트 로트Gehartd Roth는 사람의 의사결정은 대뇌의 일정부분에서 이미 진행된 생화학적 신경전달작용의 결과이며, 대뇌피질에 존재하는 생화학적 반응시스템이 의사결정의 본질이라고 설명하였다. 로트에 의하면 뇌의 어떤 지점의 변화가 인간의 의사결정에 영향을 미치는지를 확인할 수 있는 이상 자연과학인 신경생물학적 관점에서 볼 때 인간의 자유의지란 존재하지 않으며, 자유의지라는 개념을 제대로 유지할 수 없다. 즉 우리가 무엇을 할 것인지 결단을 내리기 이전에 이미 우리의 뇌는 우리가 할 행동에 대하여 결정을 하고 있으며, 우리의 뇌에 의해서 조종당하고 있어서 실제로 자유의지라는 것은 환상에 불과하다.[16)]

2003년 인간의 몸을 구성하는 31억 개의 유전자서열을 밝히는 게놈지도가 완성된 후 급속도로 발전된 유전학도 인간의 자유의지에 대한 믿음을 흔들리게 만들었다. 유전학의 연구결과에 따르면 거의 모든 타고난 특질이나 특성은 무수한 유전자의 복합적 상호작용에 따른 결과이며, 여기에 인간의 자유의지가 개입될 여지는 거의 없다.[17)]

인간의 자유의사에 대해 도전장을 내민 것은 비단 생물학과 유전학만이 아니었다. 지난 몇십년 동안 급속도로 발전한 생명공학은 인간은 생화학적 알고리즘에 의해 작동되는 유기체에 불과하다고 생각하게 만들었는데 인공지능artificial intelligence; AI, 컴퓨터 알고리즘에 의해 작동하는 로봇은 생화학적 알고리즘에 의해 작동되는 유기체(인간)와 마찬가지로 자유의지를 갖고

---

15) 제네스 밀러/김성훈 역, 인간의 본능–우리는 어떻게 자유의지를 갖도록 진화했는가?, 2018, 195면 이하 참조.

16) Gehartd Roth, Das Gehirn und seine Wirklichkeit, Kognitive Neurobiologie und ihre philosophischen Konsequenzen, 1997, SS. 324-325. 자유의지의 존부(存否)에 관한 뇌과학적 연구에 대해서는 김동현 "인지과학적 관점에서 바라본 자유의지와 형사책임론의 문제", 서울대학교 법학연구소, 법학 제51권 제4호(2010), 281면 이하 참조.

17) 인간의 자유의지에 대한 유전학의 도전에 대해서는 줄리언 바지니/서민아 역, 자유의지–자유의 가능성 탐구, 2017, 91면 이하 참조.

있다는 주장이 제기되고 있다.[18] 유발 하라리는 "유기체는 알고리즘이다. 호모 사피엔스를 포함한 모든 동물은 수백만 년의 진화를 거치며 자연선택된 유기적 알고리즘들의 집합이다. 알고리즘의 계산은 계산기를 어떤 물질로 만들든 아무런 영향을 받지 않는다. …유기적 알고리즘이 비유기적 알고리즘이 절대 하지 못하거나 그보다 뛰어난 일을 할 수 있다고 생각할 이유가 전혀 없다. 계산만 정확하다면 알고리즘이 탄소로 이루어지든 실리콘으로 이루어지든 무슨 상관인가?"라고 말하고 있다.[19]

1970년대 이후 급속도로 발전한 생명기술과 정보기술의 연구성과는 기존의 형사법체계의 철학적 기초를 이루고 있던 생각, 즉 개인의 행동은 자유로운 의지에 기반하여 이루어진다는 생각에 근본적인 회의를 갖게 만들었다.[20] 형법학자 중에는 공리주의적 형벌이론에 입각하여 사회가 범죄자를 처벌하는 것은 그에게 책임을 묻고자 하는 것이 아니라 그렇게 함으로써 사회에 해악을 끼치는 행위를 방지할 수 있기 때문이라고 설명하는 사람도 나타났다.[21]

인간의 자유의지에 대한 도전은 앞에서 설명한 근대법의 기반을 송두리째 흔들고 있다. 만약 인간의 자유의지가 과학적으로 증명되지 못하는 허상에 불과하거나 또는 인간이 유전적·생물학적 소질이나 환경에 의해 지배되는 존재에 불과하다면 자유의사를 가진 존엄한 인간을 전제로 구축된 근대법은 더 이상 유지되기 힘들기 때문이다.

---

18) 옥스퍼드대학교의 미래학자 닉 보스트롬은 독자적인 자주성을 갖고 계획을 수립할 수 있는 기계는 기계라기보다 인간이라고 보는 것이 적절하다고 한다(Nick Bostrom, 'When Machines Outsmart Humans', 35 『FUTURES』, 763 (2003)). 인공지능과 자유의지에 대한 자세한 내용은 김영두, "인공지능과 자유의지", 연세대학교 법학연구원, 법학연구 제30권 제1호(2020.3), 319면 이하 참조.

19) 유발 하라리/김명주 역, 호모데우스－미래의 역사, 2015, 437면.

20) 유발 하라리는 최근에 급속도로 발전된 생명과학은 다음과 같이 기존의 통념에 도전하고 있다고 본다. 유기체는 알고리즘이고, 인간은 분리할 수 없는 존재가 아니다. 즉 인간은 여러 알고리즘들의 집합으로 단일한 내적 목소리 또는 단일한 나는 없다. 인간을 구성하는 알고리즘들은 자유롭지 않다. 이 알고리즘들은 유전자와 환경의 영향을 받고, 자유의지가 아니라 결정론적으로 또는 무작위적으로 결정을 내린다. 유발 하라리/김명주 역, 앞의 책, 450면.

21) Matthew Jones, Overcoming the Myth of Free Will in Criminal Law: The True Impact of the Genetic Revolution, 52 Duke Law Journal (2003), p.1050.

4. 과연 인간의 자유의지는 형사책임의 근거가 될 수 없는가?

이 물음에 답하기 위하여 과연 과학자들은 앞에서 서술한 인간의 자유의지에 대한 도전을 어떻게 평가하고 있는지에 대해 언급을 하지 않을 수 없다.

진화생물학의 연구성과를 신봉하는 학자들은 "자유의지는 진화가 우리에게 가져다 준 환상"이라거나 "진정한 과학자에게는 자유의지라는 것이 있을 수 없다"고 하고 있으나, 스스로 과학자이면서 『과학의 망상』이라는 제목의 책을 통해 현대 과학이 착각하고 있는 믿음에 대하여 통렬한 비판을 하였던 루퍼트 셸드레이크Rupert Sheldrake는 유물론적 철학처럼 굳어진 과학적 세계관은 과학의 발전에 의해 끊임없이 대체되어온, 언제든 의문을 제기할 수 있는 신념체계일 뿐이며 과학이 객관적이라는 것은 환상에 지나지 않는다고 비판하고 있다.[22] 다소 과격해 보일지 모르지만 과학의 연구성과가 끊임없이 수정·변화되어 온 사실을 감안해 볼 때 루퍼트 셸드레이크의 비판은 결코 비켜 갈 수 없을 것이다.

그리고 1993년부터 세계 6개국 2천 명의 과학자들이 참여하여 10년 만에 인간의 몸을 구성하는 31억 개의 유전자서열을 밝힌 인간게놈 프로젝트를 총지휘한 프랜시스 콜린스Francis S. Collins는 그의 저서 『신의 언어』에서 이 프로젝트를 시작할 때에는 신이 창조한 생명의 비밀을 풀 수 있을 것으로 생각했지만 프로젝트를 완성하고 보니 고작 신이 우리 몸을 창조할 때 쓰였던 책의 첫 페이지만을 본 것에 불과한 것을 깨달았다고 소회(所懷)를 털어놓기도 하였다.[23]

날로 발전하는 뇌과학도 자유의지가 인간의 본성이라는 데 대한 믿음을 포기하게 만들지는 못하였다. 리처드 도킨스Richard Dawkins와 함께 대표적인 회의주의자이자 무신론자이면서 과학적 회의주의의 관점에서 사이비 과학과 종교에 대한 비판적 연구와 활동을 해 온 마이클 셔머Michael Shermer

22) 루퍼트 셸드레이크/하창수 역, 과학의 망상, 2016, 403면.
23) 프랜시스 콜린스/이창신 역, 신의 언어, 2009 참조.

는 그의 저서 『도덕의 궤적』에서 "내 뇌의 어느 영역이 선택을 내리든 그러한 선택을 하는 것은 여전히 나 －자유의지와 자기결정권을 지닌 존재－이다"고 말하고 있다.[24)]

"살인을 저지른 것은 내가 아니라 나의 뇌이다"라는 게르하르트 로트Gerhard Roth의 언명은 과학의 결정론적 세계관을 극명하게 보여주고 있다. 그에 따르면 행위의 주체는 자율적이며 독자적인 정신이 아니라 물질 그 자체인 뇌가 된다. 그리고 정신은 단순히 뇌의 작용 또는 뇌가 만들어낸 현상에 불과하게 된다. 그러나 우리는 사람이지 뇌가 아니다.[25)] 뇌가 의식에 어떻게 기여하였는지를 제대로 이해하기 위해서는 뇌 외에도 우리의 몸 전체 그리고 우리가 처한 환경과 관련하여 뇌가 하는 일을 알아야 한다.[26)] 뇌를 곧 나 자신으로 보는 것도 루퍼트 셸드레이크가 말한 과학의 환상 중의 하나라고 하지 않을 수 없다.[27)]

진화생물학의 발전이 인간의 자유의지에 대한 큰 위협이 된 것이 사실이나, 인간의 자유의지를 진화의 산물로 설명하는 학자도 있다. 다니엘 데닛Danniel Dennett은 "자유의지는 인간의 많은 인지적 특징에서 생긴다. 여기에는 자기 자신을 의식하고 타인도 그렇다고 의식하는 것, 이러한 사실을 전달할 수 있는 상징적 언어, 수많은 신경자극들로부터 많은 행동옵션을 만들어낼 수 있는 복잡한 신경회로, 타인들이 무엇을 생각하는지 이해할 수 있는 마음이론, 옳고 그른 선택을 판단하는 진화된 도덕감정 등이 포함된다"고 하였다. 그리고 이러한 인지적 특징들 덕분에 인간은 특정한 순간에 열려 있는 많은 행동경로들의 결과를 평가할 수 있고, 실제로 그렇게 하므로 이로부터 자유의지가 나온다고 보았다. 한마디로 우리 조상들은 진화를 통해 생존과 번식에 실질적으로 도움이 되는 방식의 행동을 선택했고, 이는 행동을 선택하는 신경구조의 진화로 이어졌다고 설명한다.[28)] 이렇듯 진화생물학자들 중에도 자유의지의 존재를 주장하는 사람이 있다는 것

---

24) 마이클 셔머/김명주 역, 도덕의 궤적, 2018, 495면.
25) 마이클 가자니가/박인균 역, 뇌로부터의 자유, 2011, 324면.
26) 김동현, 앞의 논문, 292면.
27) 이기홍, "J. 하버마스의 자유의지론", 대동철학 제39집(2007), 119면.
28) 다니얼 데닛/이한음 역, 자유는 진화한다, 2009 참조.

을 보면, 반드시 과학의 발전이 자유의지의 부정으로 이어지는 것만은 아니라고 할 것이다.[29)]

인공지능의 연산과정은 인간과 마찬가지로 사전적인 예측이 불가능하기 때문에 마치 자유의지가 있는 것처럼 보인다고 하더라도, 인공지능은 인간과 달리 자기 스스로 동기를 형성하거나 그 동기를 실현하기 위한 욕구를 갖지 못한다. 따라서 인공지능은 의지를 가질 수 없으며 인공지능의 행동은 의지적인 행동이라고 볼 수 없다. 인공지능에 대한 연구가 활발하게 진행되고 있고 앞으로 더 발전할 가능성이 있다고 하더라도 인공지능도 자유의지를 가질 수 있느냐는 질문에 대한 답변은 여전히 부정적이지 않을 수 없다.[30)]

그러나 우리는 무엇보다도 법규범은 '사실과학'이 아니라 '규범과학'의 영역이라는 점도 상기할 필요가 있다. 법규범은 비록 그 존재가 증명된 것은 아니라고 하더라도 인간과 사회에 대한 근본적인 믿음에 기초한 하나의 거대한 질서이다. 이것은 신에 대한 믿음에 기초한 종교규범에 비견될 수 있는데, 신의 존재가 증명되지 않았다거나 신의 존재를 의심할 만한 몇몇 사실이 밝혀졌다고 하여 종교규범을 부정할 수 없듯이, 자유의지의 존재가 증명되지 않았다거나 자유의지의 존재를 의심할 만한 몇몇 사실이 밝혀졌다고 하여 법규범을 부정할 수는 없는 노릇이다.[31)]

그렇다고 하여 법질서가 자연과학이 아니라 규범학의 영역이라고 해서 자연과학적 연구성과를 도외시해서는 안 된다. 법규범의 틀 안에 갇혀 자연과학의 연구성과를 백안시하는 것은 결코 과학적이지 않다. 그렇다면 규범학과 자연과학을 어떻게 접목할 수 있는가? 필자는 이 질문에 대한 답변을 근대 법질서의 체계와 실정법 규정에서 찾고자 한다.

우리나라의 권력구조와 국민의 기본권을 규정한 국가의 기본질서로서의

29) 진화생물학의 관점에서 자유의사를 인정하는 견해로는 한상훈, "진화론적 인지과학을 고려한 책임개념과 책임원칙의 재조명", 형사법연구 제27권 제1호(2015), 267면 이하 참조.

30) 김영두, 앞의 논문, 348면.

31) 김동현 판사는 "규범학의 영역에서는 현실에서 목격하는 자유의지의 현상이 그 자체로 경험세계에 어떤 영향력을 가지고 있다면 그 본질이 단순히 뇌의 현상이든 아니면 초월적 실체로서의 독립되어 있는 정신이든 규범적 평가가 가능하다"고 주장한다(김동현, 앞의 논문, 294면).

헌법은 제10조 이하에서 국가가 국민에게 보장해야 할 각종 기본권을 규정하고 있다. 기본권은 본질적으로 사회 구성원 모두가 공감할 수 있는 가치와 세계를 징표하는 것이어야 하는데, 우리나라 헌법은 이러한 가치세계의 핵심적인 내용으로서 '인간의 존엄과 가치'를 선언하고 있다. 즉 헌법 제10조에서 "모든 국민은 인간으로서의 존엄과 가치를 가진다"고 선언하고 있다.[32)]

우리나라 헌법은 '인간으로서의 존엄과 가치'라는 표현을 통해서 기본권 질서의 최고가치를 선언함과 동시에 우리나라의 헌법질서가 이상으로 하고 있는 인간상, 즉 윤리적 가치에 의해 징표되는 자주적 인간상을 구체적으로 부각시키고 있다. 헌법재판소는 우리나라 헌법에 의해 징표되는 인간상은 자기결정권을 지닌 창의적이고 성숙한 개체로서의 국민이라고 설명한다.[33)] 그리고 헌법은 '인간의 존엄과 가치'를 더욱 구체화하여 인신의 자유, 주거의 자유, 사생활의 비밀과 자유, 통신의 자유, 양심의 자유, 종교의 자유, 학문과 예술의 자유, 거주·이전의 자유, 직업의 자유, 언론·출판의 자유, 집회·결사의 자유 등 자유권을 비롯한 각종의 기본권을 규정하고 있다. 헌법재판소가 판시하고 있듯이 우리나라 헌법은 자기결정권을 지닌 자주적 인간을 상정하고 있으며, 모든 하위 법규범들은 우리나라의 최고규범인 헌법의 가치질서를 기초로 하여 제정·집행되어야 한다.

헌법의 하위법인 형법도 인간은 스스로 옳고 그름을 판단하고 그 판단된 바에 따라서 자신이 행위를 통제할 수 있는 능력, 즉 자유의지를 갖고 있음을 전제로 하고 있다고 설명할 수 있다. 범죄와 형벌에 관한 법규범으로 정의되는 형법은 우선 협박죄, 강요죄, 체포·감금죄, 약취·유인죄, 주거침입죄, 비밀침해죄, 공갈죄, 사기죄 등 개인의 자유로운 의사결정 그리고 그에 기초한 개인의 활동의 자유를 침해하는 행위를 기본적인 범죄유형으로 규정하고 있다.

그리고 형법은 형벌에 관한 기본원칙으로 책임주의를 채택하고 있다. 책임주의는 형벌의 부과 자체를 정당화하는 것으로 범죄에 대한 귀책사유,

32) 허영, 한국헌법론 전정6판, 2010, 331면.
33) 헌법재판소 1998.5.28. 선고 96헌가5 결정.

즉 책임이 있어야만 형벌을 부과할 수 있다는 것(책임없는 형벌 없다)과 책임의 정도를 초과하는 형벌을 과할 수 없다는 것(책임과 형벌 간의 비례의 원칙)을 내용으로 한다. 귀책사유로서의 책임이 인정되는 자에 대해서만 형벌을 부과할 수 있다는 것은 법치국가의 원리에 내재하는 원리인 동시에 인간의 존엄과 가치 및 자유로운 행동을 보장하는 헌법 제10조로부터 도출되는 것이고, 책임의 정도에 비례하는 법정형을 요구하는 것은 과잉금지원칙을 규정하고 있는 헌법 제37조 제2항으로부터 도출되는 것이다.[34)]

이처럼 우리나라의 최고법인 헌법 그리고 그 하위법인 형법은 인간을 존엄과 가치를 가진 존재, 즉 자유의지를 가진 존재로 상정한 다음 자유의지에 기초한 각종 기본권을 보장하고, 자유의지를 침해하는 행위를 범죄로 규정하고, 행위 시에 자유의지가 제약되지 않는 한 형벌을 부과하는 규범체계를 갖추고 있다. 이처럼 '자유의지'는 최고규범인 헌법을 비롯하여 모든 법규범의 존립기반이 됨과 동시에 가장 중요한 뼈대가 되고 있다.

Ⅲ. 맺 음 말

자유의지는 근대법의 존립기반이나 헌법, 형법, 민법 등 모든 법의 뼈대를 구성하고 있다. 한편으로 진화심리학, 뇌과학 등 과학기술의 발달로 자유의지에 대한 믿음은 끊임없이 도전을 받고 있고 다른 한편으로는 최근 컴퓨터기술·정보기술의 급속한 발전으로 말미암아 자유의지는 더 이상 인간의 전유물이 아니라는 주장이 거세지고 있는 것이 작금의 현실이다. 자유의지에 대한 비판이나 도전은 곧 자유의지(책임능력)를 기초로 한 형법뿐만 아니라 근대법체계 전체에 대한 도전이다.

과거 형법학은 독일, 일본 등 법률선진국으로부터 법이론을 수입하기에 급급하여 독자적인 형법학의 수립은 물론 법학 이외의 다른 학문분야에 눈을 돌릴 시간조차 없었다. 우여곡절 끝에 2009년 도입·시행된 로스쿨체제 하에서도 큰 변화가 없었다. 그러나 이러한 편협한 시각과 소극적인 자세

34) 헌법재판소 2009.10.29. 선고 2009헌가6 결정.

로는 자유의지를 기초로 한 근대법체계를 지켜내기 어렵다. 형법학뿐만 아니라 법학은 더 이상 과학을 외면해서는 안 되고, 외면할 수도 없다. 앞에서 서술한 바와 같이 과학을 외면하거나 소홀히 하는 법학 그 자체가 불합리하고 그러한 불합리는 결국 법질서와 법집행의 왜곡을 초래한다. 잘못된 수사와 재판으로 억울한 옥살이를 한 사람들의 재심사건, 해마다 수십건씩 발생하는 아동학대사망사건이 역력히 보여주듯이 법률가의 편협한 사고는 마땅히 '존엄하고 가치로운 존재'로 취급받아야 사람들이 법의 보호를 받지 못하고 희생되는 비극마저 빚어진다.

일찍이 형법학에 프로이트의 입체심리학depth psychology 이론을 도입하여 책임능력, 원인에서 자유로운 행위, 인과관계를 설명하셨던 유기천 선생님께서는 "자아에 대한 과학적 접근 없이 인간의 자유를 논하고 그에 따른 책임을 논하는 것은 넌센스에 지나지 않는다"고 하시며, 책임능력의 판단에서 심리학 등 과학의 성과를 적극적으로 수용할 것을 주장하셨다. 그리고 "인간, 사회, 자연에 대한 폭넓은 지식을 바탕으로 철학, 법학, 자연과학을 아우르는 진정한 르네상스인Renaissance man"이 될 것을 강조하셨다. 과학기술의 발전으로 초래된 환경파괴, 인간성 상실의 쓰나미가 인류의 미래를 위협하고 있는 이 시점에 과연 인간이 왜 존엄하고 가치로운지 그리고 존엄과 가치를 유지하기 위해서는 법률가들이 무엇을 어떻게 해야 하는지를 진지하게 고민해야 할 때가 아닌가 생각된다.

26

미란다 원칙의 미래

안성조

제주대학교 법학전문대학원 교수

법학전문대학원에서 형법과 형사소송법, 형사특별법과 형사증거법 등을 가르치고 있다. 주요 저서로는 『형법상 법률의 착오론』, 『현대 형법학 제1권-제3권』, 『기업범죄연구(공저)』, 『기초법연구』, 『형법개론(공저)』, 『형사특별법 판례 50선(공저)』, 『법의 딜레마(공저)』, 『형법학 2022』 등이 있으며, 최근의 논문으로는 “자유의지와 형벌의 정당성”, “인간의 존엄과 책임원칙”, “재산범죄의 객체로서 재물과 재산상 이익”, “준강간죄의 불능미수”, “합동범의 공동정범”, “임의제출물의 압수에서 ‘임의성’ 요건”, “공소사실의 동일성 판단기준과 一事不再理의 효력이 미치는 범위” 등이 있다.

Ⅰ. 미란다 판결의 증거법적 의의[1)]

"피의자의 진술거부권은 헌법이 보장하는 형사상 자기에 불리한 진술을 강요당하지 않는 자기부죄거부의 권리에 터잡은 것이므로 수사기관이 피의자를 신문함에 있어서 피의자에게 미리 진술거부권을 고지하지 않은 때에는 그 피의자의 진술은 위법하게 수집된 증거로서 진술의 임의성이 인정되는 경우라도 증거능력이 부인되어야 한다(대법원 1992. 6.23. 선고 92도682 판결)."

소위 '최초의 한국판 미란다 판결'이다. 지금은 너무나 당연한 것으로 여겨지지만 진술거부권을 고지하지 않고 획득한 진술의 증거능력은 배제되어야 한다는 취지인데, 그 근거는 과연 어디에 있을까? 이에 대해 진술거부권 고지는 진술거부권 행사의 불가결한 전제이며, 이에 의하여 수사의 공정성이 담보될 수 있고, 진술거부권의 불고지는 피고인의 기본권 행사를 저해하는 위법이 있으므로 증거능력이 배제되어야 한다는 견해, 진술거부권은 피고인의 방어권 행사를 위한 기본권이므로 이를 고지하지 않은 채 얻은 자백은 기본권을 침해하는 중대한 위법에 해당해 임의성에 의심이 있는 경우로 볼 수 있어 증거능력이 부정된다는 견해, 진술거부권을 고지하지 않은 채 자백을 얻어내는 방법은 작위의무를 위반한 묵시적 기망이기 때문에 증거능력이 부정된다는 견해 등이 제시되고 있다.

위 견해들은 진술거부권 고지가 헌법상 보장되는 진술거부권의 실질적 행사를 담보해 주는 장치로서 중요하므로 그 불고지는 중대한 위법이 된다고 보는 점에 공통점이 있다. 다만 진술거부권의 고지의무와 관련된 리딩케이스인 미란다 판결의 本義는 위 견해들에서 잘 파악되지 않고 있는 듯하다. 그렇다면 실제로 미연방대법원은 과연 무엇에 주목했었고, 미란다 고지warning가 왜 필요하며 어떠한 의의를 갖는다고 본 것일까?

---

1) 이 글은 필자의 논문 "임의제출물 압수에서 '임의성' 요건-자백배제법칙과 미란다 판결의 함의", 형사법연구 제33권 제1호(2021)의 내용 일부를 발췌하여 본고의 주제에 맞도록 재편집, 수정, 보완한 것임을 밝혀둔다.

미란다 판결에서 주목한 것은 바로 '사실상의 구금상태하의 신문[2]'은 '본래적으로 강제적인 압력inherently compelling pressures'을 지니고 있다는 점이다. '사실상 구금상태'란 체포나 구속은 물론 '일체의 중대한 방식으로 행동의 자유가 박탈'된 상황을 말한다. 미란다 판결은 강요에 의한 진술을 금지하고 있는 미국 수정헌법 제5조의 '강제' 개념을 법적, 물리적인 강제 이외의 것으로까지 확장시켰다는 점에 의의가 있다. 동 판결 이전 판례는 법적, 물리적 강제는 금지했지만 다양한 유형의 '심리적인 압력과 기법들'은 허용하고 있었다. 미란다 법원은 긴 지면을 통해 자백에 이르게 하는 수사기관의 신문기법과 매뉴얼을 논급하면서 그러한 심리적 공격은 구금상태하에서 피의자의 의지를 억압하도록 빠르게 작동할 수 있다고 지적한다.[3] 즉, 수사기관의 심리적 강제도 피신문자를 억압할 수 있다는 것이다.[4]

관련 연구에 의하면 시민들이 수사기관을 대면하게 되면 그 자체로 심리적으로 위축될 수 있다.[5] 또 알려진 바에 의하면 수사기관 관계자도 지위고하를 막론하고 임의제출을 요구받는 상황에서는 당황하여 심리적으로 상당히 위축된다. 이처럼 심리적인 위축으로 임의성이 의심되는 상황의 스펙트럼은 넓다. '비구금상태하 임의제출이나 신문에 의한 자백'에서부터 '구금상태하 임의제출이나 신문에 의한 자백'까지 다양하다. 임의성을 엄격하게 정의하면 '비구금상태 하에서의 임의제출', 즉 영장 없이 이루어지는 '동의에 의한 압수consent seizure' 시에도 임의성을 인정하기 어려울 것이다.[6]

---

2) '사실상의 구금상태(in custody)'란 체포나 구속은 물론 '일체의 중대한 방식으로 행동의 자유가 박탈(the deprivation of freedom of action in any significant way)'된 상황을 말한다. 이하 간단히 '구금상태'로 번역하기로 한다.

3) Miranda v. Arizona, 384 U.S. 436, 447-456.

4) Miranda v. Arizona, 384 U.S. 436, 469.

5) Stanley Milgram, Obedience to Authority: An Experimental View (New York: Perennial Classics, 2004); Leonard Bickman, The Social Power of a Uniform, *4 J. Applied Soc. Psychol.47* (1974); Janic Nadler, "No Need to Shout: Bus Sweeps and the Psychology of Coercion, *Sup.Ct.Rev. 153* (2002).

6) Marcy Strauss, "Reconstructing Consent", *92 J.Crim.L.&Criminology 211* (2002) at 222-253. 임의성을 엄격하게 정의하는 동 문헌은 영장 없이 수행되는 '동의수색'은 첫째, '임의성을 기준으로 삼는 심사' 기준을 따르는 한 그 내재적인 한계에 부딪칠 수밖에 없고 둘째, 대부분의 시민들은 수사기관의 수색 '요청(request)'을 '강제성이 있는 요구(demand)'나 '명령(command)'으로 받아들인다는 현실(특히 미국에서 유색인종의 경우)을 제대로 반영하지 못하고 있으며 셋째, 수사기관이 임의수색 당시에 대한 기억의 왜곡

이처럼 임의성은 바라보는 관점에 따라서[7] 그 유무가 상이하게 평가될 수 있는 개념임을 쉽게 알 수 있다. 미란다 판결은 바로 이러한 난점을 피하기 위해서 탄생한 것이다.[8] 즉, 그 이전까지 전통적인 자백의 증거능력 심사방법이던 '임의성을 기준으로 삼는 테스트voluntariness test'에 획기적인 변화를 모색한 것이다.

미란다 판결은 헌법상 보장되는 자유의 이념을 형사사법에서 확장, 구현하기 위한 노력의 일환으로 형사절차혁명criminal procedure revolution에 의해 탄생했다. '임의성을 기준으로 삼는 테스트'에 따르면 자백의 임의성은 진술자의 '자유롭고 합리적 선택'인지 여부에 따라 결정된다. 즉, 임의성은 '의사결정의 자유' 여부에 따라서 판단되는데, 이는 법관의 재량과 관점에 따라 차이가 날 수밖에 없으므로 증거능력 판단기준이 주관화·내면화된다는 비판에 직면하게 된다.[9] 이러한 난점은 국내의 경우 최근 현행범 체포현장에서의 임의제출의 '임의성'이 가능한지에 대한 상하급심 법원의 판단에서도 선명히 부각된 바 있다.[10] 체포현장에서는 심리적 위축과 강제적 압력이 형성되어 임의성을 관념하기 어렵다는 하급심 판결과 달리 대법원은 '상황의 총체성'을 고려해 임의제출의 '임의성'을 인정할 여지가 있다고

에 의해 '위증(perjury)'을 하게 됨으로써 '사법의 염결성(judicial integrity)'을 훼손시키는 결과를 초래하기 때문에 결국 폐지하는 것이 바람직하다고 주장한다. 이러한 논지는 동의에 의한 압수, 즉 임의제출에 대해서도 같은 입장이라고 볼 수 있을 것이다.

7) 특히 제3자는 당사자에 비해 상황의 강제성 수준을 낮게 예측한다는 흥미로운 실험결과의 소개로는 Roseanna Sommers&Vanessa K. Bohns, "The Voluntariness of Voluntary Consent: Consent Searches and the Psychology of Compliance" *128 Yale L.J. 1962* (2019) 참조.

8) 이 점에 대해서는 조국, "미란다 규칙의 실천적 함의에 대한 소고", 형사법연구 제10호(1997), 410면 이하 참조.

9) '상황의 총체성'이라는 기준이 법원과 소송당사자 및 수사기관에게 일관된 가이드라인을 제공하기에 얼마나 무기력한 기준인지 다양한 사례를 통해 논증하고 있는, Marcy Strauss, *Ibid.*, at 223-236.

10) 하급심(의정부지방법원 2019.8.22. 선고 2018노2757 판결; 의정부지방법원 2019.10.31. 선고 2018노3609 판결)은 현행범 체포과정에서 수사기관은 피의자에 대해 우월한 지위에 있으므로 사실상 피의자가 임의제출을 거절할 수 없기 때문에 제218조의 임의성 요건은 부정된다고 보아야 하고, 따라서 이 경우에는 제217조를 적용해 사후영장을 받아야 한다는 입장인 반면, 대법원은 현행범 체포현장이라고 하더라도 제출의 임의성이 인정된다면 제218조에 따른 임의제출물의 압수가 가능하다고 보고 있다(대법원 2019.11.14. 선고 2019도13290 판결; 대법원 2020.4.9. 선고 2019도17142 판결).

판단한 것이다. 그동안 대법원은 "구체적인 사건에 따라 당해 조서의 형식과 내용, 피고인의 학력, 경력, 직업, 사회적 지위, 지능정도 등 제반사정을 참작하여 판단한다"[11]고 설시해 왔는데, 이는 '상황의 총체성totality of the surrounding circumstances'을 고려하여 임의성 유무를 판단하는 미연방대법원의 전통적 법리[12]와 맞닿아 있다. 하지만 이러한 판단방법은 판단자의 선이해와 재량에 좌우되는 한계를 지닐 수밖에 없다.

이와 관련해 미란다 판결은 '허용되는 수준의 강압', 다시 말해 '임의성이 담보될 수 있는 수준의 강압'에 대해 주목할 만한 법리를 제시해 주고 있다. 미란다 법원은 사실상의 구금상태하 신문은 본래적으로 강제적인 압력을 지니고 있다고 판단하며 그러한 강압으로부터 획득된 자백의 증거능력을 곧바로 배제하는 대신, 강압의 수준을 완화하는 장치를 고안했는데, 그것이 미란다 고지다.[13] 그리하여 미란다 고지를 하지 않고 획득한 진술은 임의성 유무와 관계없이 그 자체로 위법한 것이 된다.[14] 미란다 고지의 주목적은 피신문자로 하여금 자신의 진술거부권을 인지하게 만드는 데 있지 않고, 그보다는 신문상황에 본래적으로 내재한 강압을 극복하는 데 있다.[15] 설령 피신문자가 진술거부권을 완벽히 인지하고 있다 하더라도, 미란다 고지는 피신문자에게 신문자가 그러한 권리를 존중할 것이며 만일 피신문자가 그 권리를 행사할 경우 이를 승인할 것임을 알려주는 기능을 한다. 그리하여 미란다 고지는 신문상황에 본래적으로 내재한 강압의 수준을 허

---

11) 대법원 1993.7.27. 선고 93도1435 판결.

12) 미국 판례에서 '상황의 총체성'은 피의자·피고인의 연령, 교육수준, 정신적·육체적 상태, 신문수사관의 수, 신문기간, 신문장소 등을 종합적으로 고려하는 것을 뜻한다. 본고에서는 대법원이 임의제출이나 진술의 임의성 판단을 위해 고려하고 있는 제요소들, 예컨대 신분, 사회적 지위, 학력, 지능정도, 제출의 의미와 효과를 고지했는지 여부 등의 고려사항들을 통칭하는 용어로 '상황의 총체성' 개념을 사용하고자 한다.

13) Miranda v. Arizona, 384 U.S. 436, 479. 이와 관련된 논평으로는 Matthew Phillips, "Effective Warnings Before Consent Searches: Practical, Necessary, and Desirable" *45 Am.Crim.L.Rev. 1185* (2008) at 1208. "Although warnings may not completely cure coercion problems, they may alleviate coercion and encourage consent for more acceptable reasons."

14) Miranda v. Arizona, 384 U.S. 436, 479.

15) Miranda v. Arizona, 384 U.S. 436, 468. 물론 미란다 고지는 자기부죄금지특권을 모르는 자에게는 그것을 알게 해주는 역할도 하지만, 더욱 중요한 것은 신문상황에 내재한 본래적 압력을 극복하는데 전제조건이 된다고 한다.

용가능한 수준으로 낮춰주는 기능을 함으로써[16] 진술의 임의성을 담보해 줄 수 있는 하나의 법적 장치가 되는 것이다.

미란단 판결의 법리적 구조를 이해하려면 미란다 고지로 인해 감경되거나 제거될 수 있는 강압이 어떤 유형의 것인지 살펴보는 것이 도움이 될 수 있다.

수사기관과 시민의 상호작용과 같은 상황에서 수사기관의 권위가 시민에게 끼칠 수 있는 영향력은 몇 가지로 유형화할 수 있으며[17] 대표적으로 다음과 같은 영향력들이 있다. 우선, 보상의 힘은 수사기관이 관대한 처벌 등을 약속함으로써 갖게 되는 권력이다. 둘째, 강제력의 힘은 처벌이나 불이익을 가하겠다는 위협에 기초해 갖게 되는 권력이다. 셋째, 정당성의 힘은 시민에게 무언가를 요구할 수 있는 합법적legitimate 자격이나 권리에 기초한 것이다. 이 영향력은 시민이 수사기관은 그 자체 권위로부터 영장 없이도 압수를 할 수 있다고 믿고 있는 경우에 작동한다.

미란다 판결이 논급한 바, 구금상태하 신문에 본래적으로 내재한 강제적인 압력의 요소 중에서 미란다 고지를 통해 분명히 완화할 수 있는 것은 바로 '정당성의 힘'을 지칭하는 것으로 볼 수 있을 것이다. 왜냐하면 미란다 고지는 수사기관에게 진술을 강제할 수 있는 자격이나 권리가 없다는 사실을 솔직하게 밝히는 성격을 갖고 있기 때문이다. 진술거부권 고지는 진술자로 하여금 자신이 자기부죄금지특권을 자유롭게 행사할 수 있다는 점을 인지할 수 있도록 보장해 주며, 이는 후술하듯이 압수·수색의 경우에도 마찬가지다. 따라서 동의에 의한 압수·수색 시에도 거부권 고지를 할 경우, 수사기관이 갖고 있지 않은 '정당성의 힘'에 기초한 강압을 완화

---

16) Miranda v. Arizona, 384 U.S. 436, 468. "진술자로 하여금 신문상황에 내재한 압력을 극복하고 자신이 자기부죄금지특권을 행사함에 있어서 자유로움(free to exercise the privilege)을 인지할 수 있도록 보장해 주는 데 있어서 필수불가결하다(indispensable)"고 한다. 요컨대 본래적 강압의 수준을 '임의성을 담보할 만한 수준으로(허용가능한 수준으로)' 낮추어 준다는 취지로 이해할 수 있다.

17) 프렌치와 라벤은 권력을 '한 사람이 다른 사람에게 어떤 일을 하도록 영향력을 행사할 수 있는 정도'고 규정하며, 그 유형을 총 6개로 분류하였다. 그중 상기 3가지 유형은 본고에서 주목하고자 하는 수사기관의 지위에 기한 시민에 대한 영향력 분석에 유용하다고 보여 원용하기로 한다. French & Raven, The Basis of Social Power, in: Studies in Social Power (Dorwin Cartwright ed., 1959), at 150-167.

할 수 있으며,[18] 더 나아가 수사기관으로 하여금 허용가능한 설득기법을 선택하도록 유도할 수 있다.[19] 이러한 의미에서 미란다 고지는 본래적인 강압의 수준을 허용가능한 수준으로 낮추는 기능을 한다고 말할 수 있다. 하지만 '강제력의 힘'은 거부권이 고지된 후에도 여전히 별개로 작동할 수 있다. 이에 대해서는 별도의 통제장치가 필요하다.[20] 다만, 그렇다 하더라도 최소한 '정당성의 힘'이 제거된다면, 미란다 판결의 취지와 같이 피신문자는 자신에게 진술을 거부할 자유가 있음을 알게 될 것이고 따라서 그 상황에 본래적으로 내재하는 강압의 수준은 임의성을 담보할 만한 수준, 즉 허용되는 수준으로 완화된다는 점에 있어서는 차이가 없다고 볼 수 있다.

허용가능한 강압의 수준을 가늠하는 지표로서 '미란다 고지'라는 증거능력 판단의 높은 기준은 수정헌법 제5조의 자기부죄금지특권으로부터 도출된다. 이 헌법상의 권리가 침해될 위험이 있는 상황에서 이를 보호하기 위한 최소한의 절차적 안전장치가 바로 미란다 고지인 것이다.[21]

Ⅱ. 동의에 의한 압수·수색과 미란다 고지

앞서 살펴본 미란다 판결은 임의제출물의 압수나 동의에 의한 수색 등

---

18) 압수나 수색의 경우에도 동의거부권(right to refuse consent)의 고지가 그 절차에 내재한 강압의 수준을 경감시키는 기능을 할 수 있다는 점에 대해서는 Marcy Strauss, *Ibid.*, at 255-256. 다만 동 문헌은 그러한 거부권의 고지가 있다 하더라도 시민과 수사기관의 대면 및 상호작용에 내재한 강압을 완전히 제거할 수는 없기 때문에, 결론적으로 동의에 의한 수색(또는 압수) 제도를 폐지해야 한다고 주장한다. 하지만 본고의 견해에 따르면, 거부권의 고지를 통해 강압을 완전히 제거하는 것이 목표가 아니라 그 수준을 '허용되는 수준으로' 낮출 수 있으면 족한 것이고, 따라서 수사기관의 위법행위가 수반되지 않는다면 거부권 고지가 있을 경우 통상적으로 임의성이 인정되는 적법한 압수나 수색으로 볼 수 있다는 것이다.

19) Ric Simmons, "Not 'Voluntary' But Still Reasonable: A New Paradigm for Understanding the Consent Searches Doctrine", *80 Ind.L.J. 773* (2005), at 819-820.

20) 그 강압의 수준과 유형이 형법상 폭행이나 협박 등의 범죄구성요건을 충족시킬 경우 우선 형사처벌이 가능하고, 획득된 증거는 위법수집증거에 해당하여 증거능력 배제를 통한 통제가 가능할 것이다. 만일 그러한 수준에 이르지 않는 유형의 강압이라도 임의성에 영향을 주어 이를 의심케 할 만한 행위라면 '상황의 총체성'을 고려하여 임의성에 의심이 있다고 보아 증거능력을 배제할 수 있을 것이다. 이로부터 미란다 고지는 강압의 수준을 임의성을 담보할 만한 수준으로 경감시켜 주지만, 그 강압의 모든 유형을 완전히 제거해 주는 것은 아니므로, 여전히 임의성에 대한 심사가 필요하다는 점을 알 수 있다.

21) 김성돈, "미란다법칙과 위법수사통제방안", 형사법연구 제14권(2000), 3면과 8면 참조.

에 있어서도 압수·수색 거부권의 고지가 필수적으로 요구되는지 논의될 필요성을 제기한다. 헌법이 보장하는 영장주의에 대한 예외를 인정하기 위해서는 미란다 원칙의 확대적용가능성에 대한 논의가 필요하다는 것이다. 그렇다면 동의에 의한 압수나 수색의 경우에도 미란다 고지가 필요한 것일까? 현재 국내의 상당수 견해들은 압수거부권[22]의 고지를 미란다 고지처럼 법률에 명문화하거나 판례를 통해 수사기관의 의무로 규정할 필요가 있다고 지적한다. 이와 다르게 미연방대법원은 동의에 의한 수색은 자백보다 수월한 요건하에 이루어져야 하기 때문에 거부권의 고지가 필요하지 않다고 지적하는데,[23] 이하에서는 이러한 법리의 문제점에 대해 검토해 보기로 한다.

1. 쉬넥로스 판결의 문제점[24]

동의압수에도 그대로 적용될 수 있는 법리를 제시하고 있는, 동의수색에 대한 리딩케이스인 쉬넥로스 판결에서는 거부권의 고지는 '상황의 총체성' 기준에 의거해 동의의 유효성을 판단하는 한 요소에 불과할 뿐 임의성을 인정하기 위한 필수적인 조건은 아니라고 명시적인 판단을 내리고 있어서 이에 대해 면밀히 살펴볼 필요가 있다.[25]

(1) 쉬넥로스 판결의 논거

쉬넥로스 판결이 그러한 결론에 이르는 논거를 차례대로 살펴보면 다음

22) '임의제출 거부권'이 더 정확한 용어겠지만, 여기에서는 간단히 '압수거부권'으로 칭하기로 한다.

23) Ric Simmons, *Ibid.*, at 795.

24) 쉬넥로스 판결에서 수색거부권의 고지는 불필요하다고 밝힌 논거들 중 법리적 측면이 아닌 수사실무 상의 현실적인 어려움(impracticality)도 논급되고 있으나, 여기서는 법리적 측면에 대한 논거만 검토하고 이에 대한 반박의 근거를 제시하고자 한다.

25) 이러한 결론에 대해 이상한 판결이 아니냐는 의문을 제기하고 있는 문헌으로는 Ronald Jay Allen, Joseph L. Hoffmann, Debra A. Livingston, & William J. Stuntz, Comprehensive Criminal Procedure (Aspen Publishers, 2005), at 674. 한편 동의수색의 임의성이 인정되기 위해서는 쉬넥로스 판결과 달리 수사기관의 거부권 고지가 요구된다거나 피수색자의 거부권에 대한 인식이 필요하다고 판시한 일부 주법원 판결에 대한 소개로는 John N. Ferdico, Criminal Procedure (Wadsworth/Thomson Learning, 2002), at 350.

과 같다. 그 논거의 핵심은 헌법상 진술거부권이 보장되는 자백진술과의 차이점에 주목한다는 점에 있다.

첫째, 무고한 자가 수색에 동의하는 것은 빨리 혐의로부터 벗어날 수 있다는 장점이 있는 반면, 진술거부권을 행사하지 않고 진술을 하여도 수사기관으로부터 자신의 결백을 인정받기 어렵다는 점에서 동의의 이익이 거의 없다.[26] 둘째, 진술거부권은 재판상의 권리'trial' right임에 비하여 수색거부권은 재판 전 권리'pretrial' right로서 양자는 중요한 차이가 있는데, 전자는 변호인 선임권처럼 공정한 재판을 받을 권리와 관련되며 따라서 '알고 이해해야만 포기waiver할 수 있는 권리'이지만 수색거부권은 그렇지 않다. 따라서 법집행기관은 구금상태하 신문 시 진술거부권을 고지해야 하는 것과 달리 동의수색 시는 이를 거절할 권리를 고지할 필요가 없다.[27] 쉬넥로스 판결은 재판상 권리와 재판 전 권리의 구별을 지지하는 논거를 다음과 같이 제시한다.

우선, 수정헌법 제4조는 불합리한 압수·수색으로부터 프라이버시와 안전을 보장받기 위한 조항으로서 형사재판에서 공정하게 실체진실을 규명하는 것과 관계없다.[28] 수정헌법 제4조의 취지는 실체진실 규명에 있지 않으며 따라서 제4조의 권리를 침해받더라도 재판의 공정성, 즉 사실확인절차의 염결성integrity은 침해되지 않는다. 자신의 프라이버시에 대한 권리를 포기한 자는 오로지 자신의 프라이버시에만 영향을 주지만 재판상 권리, 즉 자기부죄금지특권이나 변호인선임권을 포기한 자는 공정한 재판을 받을 권리를 포기하는 것이 되어 '재판제도의 정당성 그 자체'에 영향을 준다. 즉, 수정헌법 제4조는 진술거부권과는 상이한 헌법적 법익constitutional values을 보호하기 위한 조항이라는 것이다.

다음으로 수정헌법 제4조의 권리는 상대적으로 덜 보호된다. 수색에 대한 동의는, 설령 수색의 대상자가 부재해도 압수물과 이해관계가 있는 제3자도 할 수 있는데 이것은 '재판상 권리'의 경우에는 불가능한 일이다. 진

26) Schneckloth v. Bustamonte, 412 U.S. 218, 228.

27) Schneckloth v. Bustamonte, 412 U.S. 218, 236-245.

28) Schneckloth v. Bustamonte, 412 U.S. 218, 242.

술거부권은 그렇게 할 수 없다.[29] 그렇기 때문에 진술거부권과 달리 수정헌법 제4조의 권리는 피고인이 반드시 '알면서 자발적으로' 포기해야 한다고 말할 수 없다. 수정헌법 제4조의 권리침해 여부는 법집행기관의 행위의 합리성reasonableness에 초점을 맞추는 반면, 수정헌법 제5조의 권리침해 여부는 피고인의 주관적 동의 여부, 즉 피고인이 '알면서 자발적으로' 권리를 포기했는지 여부가 관건이 된다. 요컨대, '합리성'이라는 객관적인 요건에 중점을 두는 수색은 그 요건이 충족되면 허용되지만, 자백은 신문이 합리적이어도 피고인이 알면서 자발적으로 진술거부권을 포기하지 않는 이상 허용되지 않는다는 것이다.

끝으로 중요한 차이점은, 미란다 판결의 핵심은 구금상태하 신문 시에 경찰의 신문기법 및 구금환경의 본성nature of custodial surroundings으로부터 본래적으로 강압적인 상황이 형성되는 관계로, 그러한 강압을 제거하기 위한 충분한 보호장치가 없이는 어떠한 진술도 진정 임의적인 것으로 볼 수 없기 때문에 미란다 고지가 요구된다는 취지인 바, 수색은 일반적으로 피수색자에게 익숙한 장소에서, 또 비구금상태하에서 이루어지기 때문에, 전통적인 임의성 판단기준, 즉 임의성을 기준으로 하는 심사를 따르지 않을 이유가 없으며, 따라서 미란다 고지와 유사한Miranda-like 거부권을 고지할 필요가 없다.[30] 다시 말해 미란다 원칙은 비구금상태하 신문에는 적용되지 않는데, 이러한 상태는 일반적인 동의수색의 상태와 유사성이 있으므로, 동의수색의 상황을 본래적으로 강압적이라고 간주할 필요는 없다는 것이다.

(2) 쉬넥로스 판결에 대한 비판

동의수색의 경우에는 거부권 고지가 불필요하다는 쉬넥로스 판결의 논거에 대해서 차례로 검토해 보기로 한다.

먼저, 첫째 논거에 대해서는 자백보다 수색의 경우에 동의의 이익이 더 크다고[31] 하여서 동의수색의 경우 거부권 고지가 필요하지 않다는 결론은

29) Schneckloth v. Bustamonte, 412 U.S. 218, 245.
30) Schneckloth v. Bustamonte, 412 U.S. 218, 247.
31) 이 전제 자체를 부정하는 견해로는 Marcy Strauss, *Ibid.*, at 265-269.

도출되지는 않는다. 동의수색은 헌법상 보호되는 영장주의의 예외로서 그것이 인정되기 위해서는 동의의 '임의성'이 인정되어야 한다. 앞서 살펴본 바와 같이 미란다 고지는 가장 일반적으로 말하면 강압의 수준을 임의성을 담보할 수 있는 정도로 완화하려는 법적 장치라는 점을 고려하면, 이는 강압적 환경이 조성되는 모든 경우에 동일하게 요구되어야 할 것이고, 설령 동의로부터 얻는 이익이 자백보다 수색이 크다고 하더라도, 이는 수색에 동의하게 되는 하나의 동기에 대한 설명에 불과하며 동의수색 시 거부권을 고지해야 할 당위와 필요성을 배척하지 못한다. 일부 상황을 근거로 동의수색이 자백보다 쉽게 이루어져야 한다는 논지는 임의수사를 빙자한 사실상의 강제수사를 조장할 가능성을 높인다. 영장주의를 형해화시켜 사법신뢰를 잃기 쉽다는 것이다. 이러한 점은 정책적 목표의 측면에서도 정당화될 수 있다. 동의에 의한 압수나 수색 시 임의성 판단기준을 자백배제법칙의 근거로서 위법배제설의 관점에서 이해한다면 위법배제설의 취지가 위법행위를 억제하려는 목표에 있으므로 이러한 정책은 헌법상 영장주의의 예외로서 임의제출 및 동의수색에 대해서도 타당한 측면이 있고, 따라서 그 적법성이 인정되기 위해서는 적법성 판단요건을 엄격히 설정해야 한다. 요컨대, 동의로 인한 이익의 다소는 일부 특수한 사례에 대한 설명일 뿐, 이를 근거로 동의수색의 임의성 판단기준이 낮게 설정되어야 한다는 주장은 정당화될 수 없다. 그것은 미란다 원칙의 도입취지와 적법절차를 중시하는 형사소송법의 기본원리에 반한다.

둘째 논거에 대해서는, 진술거부권의 침해는 공정한 재판을 받을 권리, 다시 말해 재판시스템의 정당성 내지 염결성 훼손과 연관되어 있는 반면, 수색거부권은 개인의 프라이버시권의 침해만 관련되며, 전자가 당사자 본인이 '알면서 자발적으로' 포기할 수 있는 것과 달리 후자는 제3자에 의한 동의도 가능하다는 점에서 수색에 대한 동의거부권은 상대적으로 덜 보호받는 권리의 보호와 관련된다는 취지의 논변으로 볼 수 있는바, 이 역시 미란다 판결의 취지에서 벗어난 것으로 평가할 수 있을 것이다. 설령 법에 의해 더 보호받아야 하는 권리와 그렇지 못한 권리라는 구분법을 수용한다 하더라도 중요한 점은 진술거부권이나 동의거부권 모두 신문과 수색 시 임의성의 담보를 위한 최소한 필수적인 요건이라는 점에서 동일하고 따라서 거부권 고지는 양자에게 있어서 공통적으로 요구된다고 보는 것이 타당할 것이다. 이 점은 후술하듯이 거부권 고지로 인해 완화하고자 하는 강압의 유형이 무엇인지를 확인하면 더욱 선명해진다.

아울러 수색거부권의 포기는 헌법상 프라이버시권에만 영향을 주고 재판의 공정성과는 무관하다는 지적에 대해서는, 무엇보다도 그것이 프라이버시권만의 침해와 관련된 것은 아니라는 비판이 가능하다. 예컨대 피고인의 자백이 담겨 있는 매체에 대한 수색과 압수가 과연 프라이버시권에만 영향을 주는가? 또 변호인과 상담을 주고받은 법률자문서나 이메일은 어떠한가? 이러한 증거에 대한 압수와 수색은 피고인의 방어권행사에 큰 영향을 미친다. 다음으로 설령 그것이 비록 재판의 공정성 보호와 무관하다고 하더라도 일체의 형사소송법의 원리에 위배됨이 없이 단지 프라이버시권에만 영향을 준다고 볼 수는 없다. 수색거부권을 고지하는 등 '임의성을 담보할 만한 장치'를 제공하지 않고 사실상 암묵적 강제에 의해 이루어진 수색은 영장 없이 이루어지는 사실상 강제수사에 해당한다고 평가할 수 있고 따라서 이를 무분별하게 허용하는 것은 수정헌법 제4조의 '합리성' 요건에 반한다고 볼 수 있다. 즉 이는 우리나라 헌법의 경우 '영장주의'에 반하며 형사소송법이 천명하고 있는 '임의수사의 원칙'에도 반한다. 동일한 맥락에서 대법원은 임의동행의 적법성 요건과 관련해 다음과 같이 판시한 바 있다.[32]

> "형사소송법 제199조 제1항은 "임의수사의 원칙을 명시하고 있는바, 수사관이 수사과정에서 당사자의 동의를 받는 형식으로 피의자를 수사관서 등에 동행하는 것은, 상대방의 신체의 자유가 현실적으로 제한되어 실질적으로 체포와 유사한 상태에 놓이게 됨에도, 영장에 의하지 아니하고 그 밖에 강제성을 띤 동행을 억제할 방법도 없어서 제도적으로는 물론 현실적으로도 임의성이 보장되지 않을 뿐만 아니라, 아직 정식의 체포구속단계 이전이라는 이유로 상대방에게 헌법 및 형사소송법이 체포・구속된 피의자에게 부여하는 각종의 권리보장 장치가 제공

32) 대법원 2006.7.6. 선고 2005도6810 판결.

되지 않는 등 형사소송법의 원리에 반하는 결과를 초래할 가능성이 크므로, 수사관이 동행에 앞서 피의자에게 동행을 거부할 수 있음을 알려 주었거나 동행한 피의자가 언제든지 자유로이 동행과정에서 이탈 또는 동행장소로부터 퇴거할 수 있었음이 인정되는 등 오로지 피의자의 자발적인 의사에 의하여 수사관서 등에의 동행이 이루어졌음이 객관적인 사정에 의하여 명백하게 입증된 경우에 한하여, 그 적법성이 인정되는 것으로 봄이 상당하다."

다만 재판상 권리와 재판 전 권리의 구분(권리구분론)은 수색거부권의 고지대상을 굳이 피의자로 국한시킬 필요가 없음을 일깨워준다는 점에서 그 의의가 있을 것이다. 다시 말해 진술거부권은 재판상 권리로서 공정한 재판을 받을 권리와 밀접한 권리이기 때문에 우리나라의 경우 진술거부권의 고지대상이 형사소송법에 피의자와 피고인으로 명문화(제244조의3, 제283조의2)되어 있다. 하지만 수색거부권 내지 압수거부권의 고지는 주된 목적이 공정한 재판을 받을 권리의 보호를 위해 요구되는 것이라기보다는 '영장주의'의 예외를 허용하기 위한 엄격한 '임의성' 기준설정 필요성 및 수사기관의 위법행위를 억제할 정책적 목표에서 요구된다고 볼 것이기 때문에 굳이 피의자로 그 고지대상이 제한될 필요는 없을 것이다. 형사소송법 제218조는 "소유자, 소지자 또는 보관자가 임의로 제출한 물건은 영장 없이 압수할 수 있다"고 하여 임의제출의 주체가 반드시 피의자로 한정되지 않는다. 그렇다면 거부권의 고지대상 역시 굳이 피의자로 자격에 제한을 둘 필요는 없을 것이고, 쉬넥로스 판결의 권리구분론은 이러한 차이점이 발생하는 근거를 잘 해명해 준다는 점에서 그 의의를 찾을 수 있다.

셋째 논거는 상당히 면밀한 검토를 요한다. 미란다 판결의 취지는 구금상태하 신문 시에 본래적으로 내재하는 강압을 제거하기 위해서 미란다 고지가 요구된다는 것이기 때문에 미국 법원은 '구금상태'라는 요건이 갖추어지지 않았거나 '신문'이라는 요건이 결여된 경우는 미란다 고지가 불필요하다고 일관되게 판시해 오고 있기 때문이다.[33] 이러한 맥락이라면 동의수색

---

33) 이와 관련된 다양한 판례의 소개로는 Custodial Interrogations, *37 Geo.L.J.Ann.Rev.Crim.*

의 경우 전형적으로 비구금상태하에서 행하여지기 때문에 거부권의 고지가 불필요하다고 판단한 쉬넥로스 판결에도 분명 일리는 있을 것이다. 하지만 이러한 논변은 다음과 같은 한계를 지닌다.

우선 적어도 우리나라 형사소송법에는 부합되지 않는다. 현행 형소법은 피의자를 신문하기 전에 진술거부권 등을 고지하도록 규정되어 있기 때문에(법 제244조의3), 구금상태와 비구금상태를 불문하고 진술거부권 고지가 요구된다. 그렇다면 조문 해석상 우리나라 법은 미란다 원칙의 적용범위보다도 더욱 엄격하게 구금, 비구금 상태의 구별 없이 수사기관과 시민 간의 대면과 상호작용에서 발생하게 되는 강압을 제거하기 위한 법적 장치를 마련하려는 입법적 결단을 내리고 있는 것으로 해석할 수 있고 따라서 이러한 결단은 동의에 의한 수색 및 압수에도 일관되게 반영되어야 한다고 보는 것이 합당하고 자연스러운 해석론일 것이다.

다음으로 만일 쉬넥로스 판결처럼 구금상태와 비구금상태의 강압의 수준을 구별하는 법리를 수용한다고 하더라도 미란다 고지의 기능을 고려할 때 동의수색 시에도 수색거부권을 고지해야 할 정당성과 필요성이 사라지는 것은 아니다. 우선 비구금상태의 익숙한 환경이라고 하여 일반시민이 수사기관의 요구에 직면하여 겪게 되는 심리적 위축과 강압이 없다고 단정하는 것은 여러 심리학적 연구결과들은 물론 사회통념에 비추어 보더라도 타당하지 않다. 아울러 수색이나 압수도 현행범 체포상황에서의 임의제출처럼 구금상태에서도 충분히 발생할 수 있다. 물론 상기 논거에 대한 반론의 더욱 중요한 근거는 다른 데 있다. 쉬넥로스 법원은 미란다 판결의 本義를 놓치고 있다. 전술한 바와 같이 미란다 고지는 구금신문 시 그 본래적 강압으로부터 임의성을 담보하기 위한 장치이다. 임의성을 담보하기 위해 가장 중요한 것은 피신문자가 자신의 권리를 인식하고 그것을 행사함에 있어서 자유롭다는 사실을 일깨워 고무시켜 주는 것이다.[34] 요컨대, 강압으로부터 임의성을 담보하기 위한 요체가 되는 것은 자신의 권리를 앎과 동시에 상황에 본래적으로 내재하는 강압이 작동하는 상황에서도 그 권리행

Proc. 168 (2008) at note 522.

34) Miranda v. Arizona, 384 U.S. 436, 468.

사의 자유로움을 깨닫는 것이므로, 바꾸어 말하면 신문 시 작동하는 강압의 여러 유형 중에서 '정당성의 힘'을 제거하는 것이다. 다른 유형의 강압이 작동하더라도 정당성의 힘이 제거되면, 자백의 임의성을 담보할 수 있는 정도의 허용되는 수준으로 강압을 낮출 수 있다는 것이 미란다 판결의 요체인 것이다.

이처럼 미란다 고지로 제거하려는 강압의 유형은 바로 '정당성의 영향력'인데, 이는 구금상태와 비구금상태를 불문하고 수사기관의 권위에 기반한 기망행위 등에 의존해 행사될 수 있는 것이기 때문에[35] 동의거부권 고지는 동의수색의 경우에도 여전히 그 본래적 목적을 달성하는 데 필요하다. 아울러 부수적으로는 동의거부권 고지는 수사기관으로 하여금 피수색자의 권리를 존중하도록 만들고, 보다 적절한 수준의 허용가능한 수사기법으로 동의수색에 임하도록 유도하는 기능을 할 수 있을 것이기 때문에 이 역시 "심리적 강제의 수준을 허용가능한 수준으로 낮춘다"는 본래의 목적 달성에 기여한다. 이에 대해 비구금상태에서는 강제적 압력이 이미 허용가능한 수준이기 때문에 미란다 고지는 불필요하지 않느냐고 반문할 수도 있을 것이다. 물론 구금상태와 비교하면 비구금상태는 양적으로 볼 때 총체적인 강압의 수준이 낮다고 평가할 수 있을 것이다. 구금상태에서 분명 여러 유형의 강압이 더 크고 쉽게 작동할 것이다. 하지만 '임의성의 담보'에 반드시 요구되는 것은 '정당성의 힘'을 제거하는 것이므로 강압의 총량은 문제되지 않는다. 바꾸어 말하면 강압의 수준이 낮아도 '정당성의 힘'이 제거되지 않으면 임의성은 담보되지 않는다. 어느 경우든 '정당성의 힘'을 이용해 보려는 동기는 여전히 남아 있고, 오히려 비구금상태라면 수사기관에게는 다른 수사기법보다 바로 이 '정당성의 힘'에 호소하려는 유인력이 더 크게 작동할 수밖에 없을 것이다. 이는 명백히 경계되어야 할 기제이므로 거부권 고지를 통해 수사기관이 자신에게 동의를 강제할 수 있는 자격과

35) 예를 들어 만일 거부권 고지가 의무화되지 않는다면, 수사기관은 실제로는 없는 압수·수색의 권한이 있는 듯 주장할 것이고, 그럴 경우 압수·수색 대상자는 그러한 정당성의 힘에 굴복해 거절할 수 있다는 사실을 모르게 되며, 이러한 무지는 동의를 무효로 만드는 요소가 된다는 지적으로는 Yale Kamisar, Wayne R. LaFave, Jarold H. Israel, & Nancy J. King, Basic Criminal Procedure (Thomson/West, 2005), at 452.

권리가 없음을 밝힘으로써 피수색자에게 자신의 권리를 알고 그 거부권 행사에 자유로움을 깨닫게 해주려는 취지에서 거부권의 고지가 반드시 필요하다고 보는 것이 타당할 것이다.[36)]

2. Rethinking Miranda Warning: 쉬넥로스 판결을 넘어서

(1) 거부권 고지의무에 대한 국내논의

임의제출거부권 고지를 해야만 비로소 제출의 임의성을 인정받을 수 있는가 여부에 대해 국내의 학설은 대립되고 있다.

우선 긍정설은 증언거부권이나 진술거부권과 같은 취지에서 수사기관은 압수거부권을 반드시 사전에 고지해야만 하고 불고지 시 임의성을 부정하여 증거능력을 배제해야 한다는 입장이다.[37)] 반면에 부정설은 현행법에는 수사기관의 고지의무가 명문화되어 있지 않기 때문에 고지의무는 인정되지 않으며, 임의성은 상황의 총체성을 판단하는 한 요소일 뿐이므로 압수거부권을 고지하지 않았다고 하여도 제출자의 의사결정의 자유를 반드시 침해하게 되는 것도 아니므로 제출의 임의성이 인정될 수 있다는 입장이다.[38)]

---

36) 이러한 취지에서 보면, 구금상태와 비구금상태를 구별하여 전자의 경우에만 미란다 고지를 요구하는 미국 판례의 입장은 어쩌면 미란다 판결의 본의에서 다소 벗어나 있는 것으로 평가해야 할 것이다. 하지만 수사의 효율성 측면에서 미란다 판결에 반대하고 도전하는 입장도 여전히 상당하다는 점에서그러한 구분 법리는 일종의 절충안 내지 타협안으로 선해할 수 있을 것이다. 사견으로는 '정당성의 영향력'에 의존할 가능성은 자백보다 압수·수색의 경우가 더 크기 때문에 후자의 경우에는 구금상태와 비구금상태를 불문하고 미란다 고지를 할 필요성이 크다고 생각한다. 왜냐하면 신문을 받는 대상은, 수사기관에 진술을 강요할 수 있는 자격이나 권리가 있다고 믿어서라기보다는(그렇지 않다는 것을 일반시민도 잘 알고 있음) 구금상태로부터 오는 불안감과 공포 내지 수사기관의 다양하고 교묘한 설득기법으로 인해 신문에 협조할 동기를 가질 수 있지만, 비구금상태의 일반적인 압수·수색상황에서는 그러한 점을 관념하기 어렵고, 오히려 '정당성의 힘'을 가장한 수사기관의 영향력에 굴복하는 경우가 많을 것이기 때문이다.

37) 조국, "압수·수색의 합법성 기준 재검토", 비교형사법연구 제5권 제2호(2003), 776면; 김학신, "미국의 디지털 범죄와 헌법상 영장주의", 미국헌법연구 제20권 제1호(2009), 272면; 홍영기, "형법·형사소송법 2019년 대법원 주요판례와 평석", 안암법학 제60권(2020), 139면.

38) 강동범, "동의나 영장 없는 혈액압수의 적법성", 고시계 통권 제514호(1999), 38면; 이상돈, 사례연습 형사소송법, 법문사, 2006, 178면; 안성수, "당사자의 동의에 의한 압수·수색", 비교형사법연구 제10권 제1호(2008), 309면; 최창호, "미국법상 동의에 의한 수색에 관한 연구", 가천법학 제6권 제3호(2013), 314면; 한상훈, "임의제출물의 영치와 위법수집증거배제법칙", 법조 제65권 제8호(2016), 618면. '상황의 총체성'을 고려해 임의성을 판

또한 압수거부권의 고지를 동의의 유효요건으로 두는 것은 수사 현장의 긴박성을 충분히 고려하지 못한 비현실적인 방법이므로 무리라고 한다.

한편 제출의 임의성을 담보하기 위해서는 압수거부권 고지가 요구된다고 보면서도 아직 그러한 거부권이 진술거부권처럼 명문화되어 있지 않은 상태에서는 그 불고지로 인해 임의제출물 압수가 위법해지는 것은 아니며, 이를 절대적 요건으로 두면 자칫 실체진실발견에 소홀할 우려가 있으므로 임의성을 판단하는 자료로서 활용하는 것이 바람직하다는 견해도 있다.[39)]

(2) 임의제출물 압수에서 '임의성'이 인정되기 위한 요건

자백이든 임의제출이든, 수사기관의 협조요구에 대한 동의가 유효하기 위한 요건으로 현행법은 양자 모두에 '임의성'이란 기준을 설정하고 있다는 점에서 공통적이다. 그러므로 임의성이 부정되거나 임의성에 의심이 있는 자백이나 임의제출은 위법하며, 증거능력이 배제되어야 한다. '임의성'은 자백배제법칙과 영장주의 등의 헌법적 권리의 보호에 대한 예외를 만들어내기 때문에 엄격한 요건하에서만 인정되어야 한다.

자, 그렇다면 자백이나 임의제출물 압수에 요구되는 엄격한 요건은 어떠한 것이어야 하는가? 자백과 관련해서 미란다 판결은 물론 현행법률이 진술거부권의 고지라는 높은 기준을 설정해 두고 있음은 주지의 사실이다. 그런데 이 기준을 임의제출에도 적용할 수 있을 것인가에 대해 학설은 나뉘어 있고 쉬넥로스 판결은 부정설의 근거가 되고 있다. 하지만, 전술한 바와 같이 미란다 고지가 '구금상태하 신문상황에 본래적으로 내재하는 강제적 압력'을 제거 또는 경감하기 위해서 요구된다는 미란다 판결의 취지에 비추어 보면 임의제출물 압수 시에도 압수거부권 고지가 의무화되어야 한다.

물론 전형적인 임의제출물 압수는 비구금상태하에서 이루어진다는 점에서 미란다 원칙이 적용되는 상황과 차이점이 있지만, 현행범 체포상황과 같은 구금상태에서도 임의제출이 이루어질 수 있음에 유의할 필요가 있다.

단하는 판례의 입장도 부정설의 입장과 맞닿아 있다.

39) 김태명, "체포현장에서 피의자가 임의제출한 휴대전화기의 압수와 휴대전화기에 저장된 정보의 탐색 · 수집", 경찰법연구 제19권 제1호(2021), 45면 참조.

또한 진술거부권의 고지를 구금·비구금 불문하고 공통적으로 요구하고 있는 현행법의 태도 내지 입법적 결단, 다시 말해 형사절차에서 시민의 헌법적 권리를 두텁게 보호하려는 입법취지에 비추어 보면 구금·비구금상태를 불문하고 임의제출 시에도 압수거부권의 고지가 요구된다고 보는 것이 적법절차주의, 영장주의, 임의수사의 원칙 등 형사소송법의 제원칙에 비춰 볼 때 합당하다고 생각된다.

결론적으로 압수거부권을 고지하지 아니한 임의제출물의 압수는 위법하며 증거능력이 배제된다. 물론 압수거부권을 고지했다고 하더라도 폭행, 협박, 기망 등 수사기관의 위법행위가 개입된 경우에는 증거능력이 배제되며, 다만 압수거부권이 고지되었고 그러한 위법행위가 개입되지 않는 경우라도 그 제출의 임의성이 의심되는 경우에는 보충적으로 '상황의 총체성'을 고려하여 임의성 여부를 판단하면 될 것이다.

Ⅲ. 미란다 원칙의 미래

미란다 원칙은 국내외 형사사법체계의 미래에 앞으로 더 어떠한 영향력을 미칠까? 그것은 우선 형사법의 적용에 있어서 수범자로서의 시민이 내리는 결정의 임의성을 국가가 법적으로 얼마나 수용하고 존중하려는지 여부에 달려있을 것이며, 더 나아가 시민사회의 자유의 가치가 법적으로 고려되는 수준에 조응될 것이다. 이러한 맥락에서 필자는 진술거부권의 고지와 마찬가지로 압수거부권의 고지가 임의제출의 적법성 요건으로 요구되어야 함을 논증하였다.

혹자는 임의제출의 적법성 요건을 이렇게 엄격하게 설정하는 것이 과연 사회전체의 이익을 위해서 혹은 공리주의적 관점에서 바람직한 것인가라는 의문을 제기할 수도 있을 것이다. 그런데 이러한 이견의 제기가능성은 미란다 법원도 잘 인식하고 있었다. 자기부죄금지특권의 보호(옳음의 가치)보나 신문의 필요성(형사사법의 효율성)이 더 중요하다는 주장이 반복하여 제기되어 왔음을 언급하면서 미란다 판결은 다음과 같은 인용구를 제시한 바 있다.

> "한 국가의 문명의 질The quality of a nation's civilization은 대체로 형법의 집행에 사용되는 수단에 의해 측정될 수 있다."[40]

필자는 위 인용구를 다음과 같이 바꾸어 보면 이해에 도움이 될 것이라고 본다.

> "한 국가의 형사사법의 질은 '좋음the good'보다 '옳음the right'의 가치를 얼마나 더 존중하는가에 의해 측정될 수 있다."[41]

궁극적으로 이 문제는 우리가 현재 어떤 사회에 살아가고 있으며, 어떠한 사회에서 살아가고자 하는가를 결정짓는 문제이기도 할 것이다.

---

40) Miranda v. Arizona, 384 U.S. 436, 479-480.

41) '옳음'을 결정하는 계약론적 전통의 방법론에 대해서는 안성조, 형법학, 경인문화사, 2022, 도입글 참조.

27

정신에 대한 죄

최준혁

인하대학교 법학전문대학원 교수

인하대학교 법학전문대학원에서 형사법을 가르치고 있다.
최근 책임능력, 재산범죄, 형법이론사 등에 관심을 가지고 있다.
현재 대법원 양형위원회 전문위원, 법무부 젠더폭력법개정 자문위원회 위원, 인천광역시 인권위원회 위원 등으로 일하고 있다.

> 형법전은 주로 그 시대와 또한 그 시대에 처한
> 시민사회의 상태에 좌우된다고 하겠다.
>
> 헤겔, 법철학, § 211

Ⅰ. 들어가며

1. 의 문 점

최근의 한 대법원판결에서 A는 2020년 4월 집에서 부인 B와 식사를 하던 중 B가 전화통화를 하면서 밥을 먹는다는 이유로 욕설을 하고 B 앞에 놓인 반찬과 찌개에 침을 뱉었고, B가 "더럽게 침을 뱉냐"고 하자 A는 계속해서 침을 뱉어 먹지 못하게 하였다. 1심법원은 "음식에 타인의 침이 섞인 것을 의식한 이상 그 음식의 효용이 손상됐음도 경험칙상 분명하다"면서 "A가 경찰조사에서 '저도 먹어야 하는데 못 먹었다'고 진술"했음을 지적한다.[1)]

이 사건에서는 가족과 함께 먹는 반찬과 찌개가 손괴죄에서의 '타인의 재물'에 해당하는가와 함께 A의 행위가 손괴에 해당하는지가 쟁점이다. A 자신도 못 먹었다고 진술하고 있으니 A의 행위가 음식의 효용을 해하였음은 분명해 보인다. 물체 자체의 멸실이 없다고 하더라도 본래의 목적에 따라 사용할 수 없도록 하는 것도 손괴라고 설명하기 때문이다. 일본형법 제261조는 손괴죄의 행위유형으로 '손괴'와 '상해'를 규정하고 있는데, 이때의 손괴는 일상언어적으로 볼 때 객체의 물질적 훼손을 의미한다는 견해도 있으나 일본의 다수설과 판례는 확장해석을 통해 행위방법을 불문하고 재물의 효용을 침해하는 일체의 행위라고 설명한다.[2)] 그런데, 모든 교과서들은 식기에 방뇨하여 기분상 다시 사용할 수 없게 한 경우도 감정상의 효용을 해하였기 때문에 형법 제366조가 손괴의 행위유형으로 규정한 '기타 방법'

1) 대법원 2021.10.14. 선고 2021도6934 판결. 사실관계는 법률신문 2021.10.26. "아내가 먹는 밥에 침 뱉은 남편… 대법원 '재물손괴죄' 변호사 남편 벌금 50만원 확정."

2) 상해는 행위객체가 동물인 경우를 상정한 규정이다. 西田典之・山口厚・佐伯仁志[編], 注釈刑法 第4巻 各論(3): 235条~264条, 有斐閣, 2021, 614頁.

에 포함된다고 설명한다.[3)]

재물의 효용을 해하는 행위의 범위가 어디까지인가에서 다시 새로운 질문이 떠오른다. 손괴죄는 재산적 법익에 관한 죄이지만 손괴행위의 개념에 대한 포섭을 통해 결국 물건에 대한 감정도 보호하는 것인가? 손괴죄에서의 감정상 효용상실은 한 개인의 주관적 감정이 아니라 공동체 구성원 대부분의 감정적 판단에 근거한 것으로서 법감정상 재물의 효용상실을 말하며, 이때의 법감정이란 보편적인 미적 체험이라는 설명[4)]은 감정의 객관화 가능성과 관련하여 흥미로운 서술이다. 나아가 우리 형법에 감정 자체를 보호하는 죄도 있다. 형법 제158조 이하의 신앙에 관한 죄는 공중의 종교생활의 평온과 종교감정을 침해하는 것을 내용으로 하는데, 헌법에서 종교의 자유를 보장하고 있기 때문에 국가는 일정한 범위 내에서는 종교생활의 평온과 종교감정도 형법으로 보호할 필요가 있다고 한다.[5)]

2. 관련개념: 감정, 영혼, 정신

감정에 관한 죄를 논의할 때 영혼, 정신 등의 개념도 함께 생각할 수 있다.

사랑, 욕심, 공포, 분노, 기쁨 등 인간의 전형적인 감정은 어떤 반응의 상태를 의미하며 활동을 촉진하거나 다른 사람에게 개입할 수 있는 상태를 말한다.[6)] 개념적인 인식이 아닌 지각작용의 총체가 감정이기 때문에 철학적인 문제가 아니며 고유한 의미에서의 감정에 대한 문제는 의지의 문제라고 설명한 쇼펜하우어처럼[7)] 감정이 독자적인 현상이 될 수 없다는 관점도 있었으나, 감정을 일반적으로 정의하면 자신이 무엇에 해당하며 어떻게 반응하는지에 대한 개인의 마음의 주관적 성향이라고 할 수 있으며, 상대성

---

3) 김성돈, 형법각론 제8판, SKKUP, 2022, 535면; 오영근, 형법각론 제7판, 박영사, 2022, 465면; 이재상 · 장영민 · 강동범, 형법각론 제12판, 박영사, 2021, 474면.

4) 이상돈, 형법강론 제3판, 박영사, 2020, 739면.

5) 김성돈, 형법각론, 737면; 오영근, 형법각론, 643면; 이재상 · 장영민 · 강동범, 형법각론, 664면.

6) Blackburn, The Oxford Dictionary of Philosophy, Oxford University Press 1994.

7) Krings, Baumgartner, Wild (Hrsg.), Handbuch philosophischer Grundbegriffe, Kösel Verlag 1974, S. 521.

이 그 특징이다.[8)]

정신의 어원은 '숨', '바람', '정신'을 뜻하는 라틴어 spiritus인데 일상적으로는 인간의 동물적 부분이자 맹목적인 욕구의 잠재력인 신체의 반대말로 사용되며 비슷한 말로는 영혼, 의식, 지성, 사유, 이성 등이 있다.[9)] 영혼의 어원은 '공기', '숨'을 뜻하는 그리스어 anemos와 '숨', '생명', '생명의 원리'를 뜻하는 라틴어 anima, '정신', '생각이 생기는 장소'를 뜻하는 라틴어 animus라고 한다. 영혼에는 여러 가지 의미가 있는데 생명체의 기능 작용과 조직화를 설명하기 위한 생물학적 개념이기도 하고, 사유와 감정을 설명하기 위한 형이상학적, 심리학적 개념이기도 하며 불멸성에 대한 믿음을 뒷받침해주는 종교적 개념이기도 하다.[10)] 즉 영혼Seele이라는 단어는 보통 종교적 관점에서의 인간의 존재를 설명하는 단어인 반면 정신Geist이라는 단어는 인간의 이성적 측면을 지칭할 때 사용되었다.[11)]

전통적으로 보면 신체의 완전성은 형법의 주된 보호대상이었음에 반하여 정신의 완전성은 간과되어왔다. 이 글에서는 보호의 대상으로 영혼과 정신을 포괄하는 개념으로 '정신'을 사용하며 필요한 경우 감정에 대해서도 설명하겠다.

명예감정, 종교감정, 성적 수치심, 안전하다는 감정 등 감정을 보호하는 범죄도 형법에 있다고 생각할 수도 있는데 이는 결국 다른 사람과의 관계에서 '개인의 권리'라는 개념을 어떻게 이해할 것인가라는 질문이다. 어떠한 구성요건이 금지하는 행위를 통해 타인의 권리가 침해되었다고 보기 어려운 경우에 한하여 그 구성요건이 감정을 보호하고 있다고 판단하는 편이 좋을 것이다.[12)] 형법이 어떠한 구성요건에서 특정한 행위유형을 규정하여

8) Höffe (Hrsg.), Lexikon der Ethik, 7. Aufl., C.H.Beck 2008, S. 91; Krings, Baumgartner, Wild (Hrsg.), 앞의 책, S. 523.

9) 클레망・드몽크・한젠－뢰브・칸/이정우 역, 철학사전: 인물들과 개념들, 동녘, 1996, 260면. 어원에 관한 설명으로 Krings, Baumgartner, Wild (Hrsg.), 앞의 책, S. 537.

10) 클레망・드몽크・한젠－뢰브・칸/이정우 역, 앞의 책, 210면.

11) Knauer, Der Schutz der Psyche im Strafrecht, Mohr Siebeck 2013, S. 3.

12) Bloy, Der strafrechtliche Schutz der psychischen Intergrität, FS Eser, C.H.Beck 2005, S. 239; Hörnle, in Hefendehl, von Hirsch, Wohlers (Hrsg.), Die Rechtsgutstheorie, Nomos 2003, S. 269.

문제가 되는 법익을 실제로 보호하고 있음을 확인할 수 있다면 그러한 법익을 보호하겠다는 명목으로 새로운 구성요건을 창설할 필요는 없다는 생각[13)]은 해석에도 원용할 수 있기 때문이다.

Ⅱ. 형법의 접근

1. 현행법의 태도

형법각칙의 범죄 중 정신이나 감정을 보호하고 있다고 볼 수 있는 것들을 일반적인 형법각론 교과서의 서술순서에 따라 살펴본다.

(1) 상해죄의 상해 개념

보호법익 및 보호의 정도에서 폭행죄와 구별되어야 하기 때문에 상해죄는 신체의 건강을 보호하는 범죄이며 생리적 기능훼손이 상해라는 설명이 다수설과 판례이다. 그런데 생리적 훼손은 건강침해, 즉 육체적·정신적인 병적 상태의 야기와 증가를 의미한다고 한다.[14)] 대법원도 상해를 인정하기 위해서는 반드시 외부적인 상처가 있을 것을 요하지 않을 뿐 아니라 생리적 기능에는 육체적 기능뿐 아니라 정신적 기능도 포함된다고 본다. 그렇기 때문에 “수면제와 같은 약물을 투약하여 피해자를 일시적으로 수면 또는 의식불명 상태에 이르게 한 경우에도 약물로 인하여 피해자의 건강상태가 불량하게 변경되고 생활기능에 장애가 초래되었다면 자연적으로 의식을 회복하거나 외부적으로 드러난 상처가 없더라도 이는 강간치상죄나 강제추행치상죄에서 말하는 상해에 해당한다”는 것이다(대법원 2017.6.29. 선고 2017도3196 판결).[15)] 나아가 ‘불안, 불면, 악몽, 자책감, 우울감정, 대인관계 회피, 일상생활에 대한 무관심, 흥미상실 등의 증세는 의학적으로는 통상적인 상황에서는 겪을 수 없는 극심한 위협적 사건에서 심리적인 충격을 경험한

13) 최준혁, “형법을 통한 인간 존엄성의 보호－혐오표현에 대한 형사제재를 중심으로”, 경찰법연구 제18권 제3호(2020), 58면.

14) 오영근, 형법각론, 45면; 이재상·장영민·강동범, 형법각론, 46면.

15) 생리적 기능에 정신적 기능도 포함된다는 것은 대법원의 확립된 견해이다(헌법재판소 2019.5.30. 선고 2017헌바462 전원재판부 결정).

후 일으키는 특수한 정신과적 증상인 외상 후 스트레스 장애'로서 상해에 해당한다고 판단한다(대법원 1999.1.26. 선고 98도3732 판결).

(2) 학대죄의 보호법익과 학대의 개념

학대죄의 보호법익은 보호감독을 받는 자의 생명 또는 신체의 안전이며 인격권도 학대죄의 보호법익이라고 설명한다. 학대행위가 무엇인가에 대해서 육체적 고통을 가할 것을 요한다는 견해[16]도 있으나 다수설 및 판례는 정신적 고통을 가하는 행위만으로도 학대가 될 수 있다고 한다. 정신적 고통 개념을 학대행위에 포함시키는 이유로는, 오히려 정신적으로 고통을 주는 행위가 학대행위의 주된 내용이라는 점 또는 육체적 고통을 가하는 행위는 폭행죄나 상해죄, 유기죄 등의 다른 구성요건에 해당한다는 점 등이 근거로 제시된다.[17] 형법은 학대의 개념을 따로 정의하지 않고 해석에 맡겨두고 있는데,[18] 아동학대처벌법은 학대 개념을 따로 두지 않고 아동복지법의 개념정의를 원용하며 아동복지법은 '보호자를 포함한 성인이 아동의 건강 또는 복지를 해치거나 정상적 발달을 저해할 수 있는 신체적 · 정신적 · 성적 폭력이나 가혹행위를 하는 것과 아동의 보호자가 아동을 유기하거나 방임하는 것'이 아동학대라고 한다(제3조 제7호). 장애인복지법도 '장애인에 대하여 신체적 · 정신적 · 정서적 · 언어적 · 성적 폭력이나 가혹행위, 경제적 착취, 유기 또는 방임을 하는 것'이 장애인학대라고 한다(제3조 제3항).

정서적 학대란 정신건강과 발달에 해를 끼치는 학대행위이며 심리적, 사회적 측면의 학대이다.[19] 학대행위에 정신적 고통까지 포함된다고 해석하는 한 인격권도 학대죄의 보호법익이라고 보아야 하며, 마찬가지로 보호법익을 무엇으로 이해하는지에 따라 학대행위의 개념범위가 달라진다.[20]

---

16) 이재상 · 장영민 · 강동범, 형법각론, 113면; 이상돈, 형법강론, 474면은 인격권이 학대죄의 독자적 법익이 아니라는 것을 그 이유로 제시한다.

17) 앞의 설명은 최호진, 형법각론, 박영사, 2022, 106면. 뒤의 설명은 오영근, 형법각론, 94면.

18) 설명은 최준혁, "아동학대에 대한 대응수단으로서의 형법－2020년의 아동복지법과 아동학대범죄 처벌 등에 관한 특례법의 개정을 중심으로", 비교형사법연구 제22권 제4호(2021), 44면 이하.

19) 심희기 외, 현대 한국의 범죄와 형벌－형사사법 입문－, 박영사, 2017, 95면.

20) 적절한 지적으로 김성돈, 형법각론, 133면.

(3) 의사결정의 자유를 보호하는 구성요건

먼저 협박이 행위방법인 구성요건을 검토할 필요가 있다. 협박죄의 보호법익은 개인의 의사결정의 자유라고 한다. 협박죄가 의사결정의 자유에 그치지만 강요죄는 자유의사결정에 따른 활동의 자유까지 보호한다고 설명하면서도 물건을 손괴한 결과로 피해자에게 생긴 감정, 즉 슬픔과 고통은 강요죄의 결과로 볼 수 없다고 한다.[21] 공갈죄에서 의사의 자유가 주된 보호법익인지에 대하여는 논의[22]가 있으나 이 죄 또한 의사결정의 자유를 보호함은 분명하다.

다음으로, 체포죄 및 감금죄의 보호법익은 신체적 활동의 자유라고 하는 설명이 일반적이다. 그런데, 이 죄들도 결국 의사결정의 자유를 보호한다고 보이는데, 행동의 자유와 장소선택의 자유란 그를 내용으로 하는 의사결정의 자유를 전제하기 때문이다.

(4) 성폭력범죄의 보호법익

형법각칙 제32장에 규정한 강간과 추행의 죄 및 그에 대한 성폭력처벌법 및 청소년성보호법의 가중구성요건의 보호법익은 소극적 의미에서의 성적 자기결정권으로 성적 자유의 보호는 자유로운 인격의 발현에도 기여한다고 한다.[23]

위에서 언급한 성범죄 외에 성폭력처벌법이 성폭력범죄라고 열거하고 있는 처벌조문[24]의 보호법익에 대해 대법원은 다르게 판단한다. 가령 카메라등촬영죄는 "피해자의 성적 자기결정권 및 일반적 인격권 보호, 사회의 건전한 성풍속 확립을 그 보호법익으로 하며, 구체적으로 인격체인 피해자의 성적 자유와 함부로 촬영당하지 아니할 자유를 보호하기 위한 것인데,

---

21) 이상돈, 형법강론, 491면.

22) 의사의 자유는 부차적 보호법익이라는 설명으로 김성돈, 형법각론, 427면; 이상돈, 형법강론, 666면; 이재상 · 장영민 · 강동범, 형법각론, 380면.

23) 이상돈, 형법강론, 515면.

24) 성범죄와 성폭력범죄의 구별 및 보호법익에 관한 논의로 최준혁, "성폭력범죄에 대한 최근 법률과 판결의 변화", 인권과 정의 제500호(2021), 29면, 41면.

여기에서 '성적 자유'는 소극적으로 자기 의사에 반하여 성적 대상화가 되지 않을 자유를 의미한다(대법원 2020.12.24. 선고 2019도16258 판결)." 이 판결은 구성요건표지인 성적 수치심과 관련하여 감정에 대해 언급하고 있어 조금 더 살펴볼 필요가 있는데, "피해자가 성적 자유를 침해당했을 때 느끼는 성적 수치심은 부끄럽고 창피한 감정으로만 나타나는 것이 아니라 분노·공포·무기력·모욕감 등 다양한 형태로 나타날 수 있다. 성적 수치심의 의미를 협소하게 이해하여 부끄럽고 창피한 감정이 표출된 경우만을 보호의 대상으로 한정하는 것은 성적 피해를 당한 피해자가 느끼는 다양한 피해 감정을 소외시키고 피해자로 하여금 부끄럽고 창피한 감정을 느낄 것을 강요하는 결과가 될 수 있으므로, 피해 감정의 다양한 층위와 구체적인 범행 상황에 놓인 피해자의 처지와 관점을 고려하여 성적 수치심이 유발되었는지 여부를 신중하게 판단해야 한다"고 판시한다.

성폭력처벌법의 또 다른 성폭력범죄인 음란물유포에서의 음란에 관하여 대법원은 "사회통념상 일반 보통인의 성욕을 자극하여 성적 흥분을 유발하고 정상적인 성적 수치심을 해하여 성적 도의관념에 반하는 것으로서, 표현물을 전체적으로 관찰·평가해 볼 때 단순히 저속하다거나 문란한 느낌을 준다는 정도를 넘어서서 존중·보호되어야 할 인격을 갖춘 존재인 사람의 존엄성과 가치를 심각하게 훼손·왜곡하였다고 평가할 수 있을 정도로, 노골적인 방법에 의하여 성적 부위나 행위를 적나라하게 표현 또는 묘사한 것"이라고 정의하여 궁극적으로는 인간의 존엄성을 가치로 제시한다.[25)]

(5) 명예훼손죄와 모욕죄의 보호법익

명예훼손죄와 모욕죄의 법익은 외부적 명예라는데 한국[26)]과 일본[27)]의 설명이 일치한다. 사람의 가치에 대한 인격적 평가인 외부적 명예는 타인의 침해에 의해 훼손될 수 있으므로 형법으로 보호할 필요성이 있는 반면, 자신의 인격적 가치에 대한 주관적 평가 내지 감정인 명예감정 역시 타인

---

25) 대법원 2008.3.13. 선고 2006도3558 판결에 대해 이상돈, 형법강론, [illegible]면. 독일에서의 비슷한 상황에 대해 Hörnle, 앞의 책, S. 269.

26) 김성돈, 형법각론, 226면; 오영근, 형법각론, 167면; 이상돈, 형법강론, 547면.

27) 松宮孝明·金澤眞理[編], 新·コメンタール 刑法[第2版], 日本評論社, 2021, 423頁.

의 침해에 의해 훼손될 수 있으나 사람마다 달라서 객관적으로 보호할 수 있는 판단의 기준이 없다는 이유에서이다. 그런데 독일연방대법원은 규범적-사실적 또는 이원적 명예개념에 따라 독일형법 제185조의 보호법익은 윤리적이고 사회적인 인격가치에 상응하는 존중요구로서의 내적 명예라고 하며 제186조의 보호법익은 이러한 인격가치와 관련된 개인의 좋은 평판이라고 전통적으로 설명하고 있었는데,[28] 이렇게 보기 위해서는 내적 명예가 보호법익이 될 수 있다는 가능성이 전제되어야 한다.

(6) 재산범죄에서의 설명

공갈죄에 대해서는 이미 살펴보았고, 사기죄의 보호법익은 전체로서의 재산권이며 개인의 의사결정 및 의사활동의 자유와 거래의 진실성이 부차적 보호법익이라는 설명[29]도 있다.

2. 구분의 시도

정신의 보호에 대해 형법이 명시적인 규정을 둔 경우와 해석을 통해 어떠한 조문이 정신을 보호하고 있다고 이해할 수 있는 경우로 나누어 볼 수 있다. 위 1. (2)에서 본 학대죄와 관련된 법률인 아동복지법, 아동학대처벌법, 장애인복지법 등은 전자에 해당하는데 이러한 법률이 규정하고 있는 피해자가 특별한 보호를 필요로 하는 아동과 장애인에 한정된다는 점은 외국의 입법사에서도 동일하게 나타난다. 피해자의 속성과 무관한 법률규정으로, 국제형사재판소에 관한 로마규정을 이행하기 위해 제정된 국제형사재판소 관할 범죄의 처벌 등에 관한 법률은 인도에 관한 죄(제9조)의 유형으로 '자기의 구금 또는 통제하에 있는 사람에게 정당한 이유 없이 중대한 신체적 또는 정신적 고통을 주어 고문하는 행위'(5호)와 '제1호부터 제8호까지의 행위 외의 방법으로 사람의 신체와 정신에 중대한 고통이나 손상을 주는 행위'(9호)에서 정신적 고통을 적시한다. 하지만 이렇게 규정할 수 있

28) Dölling, Duttge, König, Rössner (Hrsg.), Gesamtes Strafrecht, 5. Aufl., Nomos 2022, §185 Rn.3; Lackner, Kühl, StGB, 28. Aufl., C.H.Beck 2018, Vor §185 Rn.1.
29) 이상돈, 형법강론, 642면.

는 이유는 인도에 관한 죄가 '국제적 관심사인 가장 중대한 범죄'(로마규정 제1조) 중 하나이기 때문이다.

해석을 통한 인정의 전형적인 예는 협박죄 등 특정한 구성요건의 보호법익이 의사결정의 자유라고 인정되는 1. (3)의 경우이다. 형법이 전통적으로 보호하는 법익과의 연결을 통해 정신을 보호하려고 시도하기도 한다. 1. (1)에서 살펴본 상해 개념에 관한 논의가 그러한데 독일형법(제223조 제1항)이나 오스트리아형법(제84조 제1항)처럼 상해를 '신체적으로 학대하거나 건강을 해'하는 행위라고 규정할 경우 상해와 신체와의 관련성이 강조되며 정신을 해하는 행위는 그에 해당하지 않는다고 해석할 가능성이 높아진다. 일본형법도 '타인의 신체를 상해한 자'(제204조)라고 규정하고 있어, 정신을 제외하는 것이 문언해석에 합치한다는 입장도 있다.[30] 그런데, 우리 형법은 상해 개념에 별다른 제한을 두고 있지 않고, 독일이나 오스트리아의 해석에서도 모든 종류의 정신적 학대와 장해는 그 자체로는 '신체적으로 학대'가 아니나 정신적인 건강과 육체적인 건강은 분리해 생각할 수 없기 때문에 정신적 요소는 항상 함께 고려된다. 건강을 넓은 의미로 이해하면 정신적 건강도 포함되며 정신에 대한 영향이 신체에도 영향을 주었다면 상해로 볼 수 있다는 것이다.

그런데 현행법의 해석을 통해 문제를 완전히 해결할 수 있는지 의문이 남는다.

Ⅲ. 해결방안의 모색

1. 법익 또는 유사한 개념의 활용

다원주의적 사회에서는 시민이 부정적인 감정을 갖지 않도록 방지하는 것이 형법의 목표가 될 수는 없다. 형법의 임무는 인간의 평화로운 공동존재의 유지이지 인간의 평화로운 공동감정의 유지가 아니다.[31] Ⅱ. 1. (4)에

30) 그에 관하여 薮中悠, 人の情神の刑法的保護, 弘文堂, 2020, 21頁.
31) Roxin, Greco, Strafrecht Allgemeiner Teil, 5. Aufl., C.H.Beck 2020, §2 Rn.26.

서 논의한 '성적 수치심'은 감정을 보호하는 것처럼 보이는데, 법률용어인 이 단어를 성중립적인 표현으로 바꿀 필요성이 있다고 해도[32] 가령 '성적 인격권' 등 보호법익이라고 보이는 새로운 용어의 도입[33]을 통해 문제를 완전히 해결할 수 있는지는 분명하지 않다.

성적 수치심이 형법에서의 음란물유포와 관련되어 있다는 점은 다른 방향에서의 접근을 가능하게 한다. 성도덕 또는 공공의 안녕은 보호법익으로 기능할 수 없는데, 이러한 논변은 금지행위 자체의 반복일 뿐이며, 처벌되어야 한다고 다수가 생각하기 때문에 처벌된다는 설명은 순환논법에 지나지 않기 때문에 정서적으로 처벌을 정당화하려는 시도는 거부되어야 한다는 법익개념의 실질적으로 가장 중요한 성과와도 상반되기 때문이다.[34] 감정의 보호를 법익보호 대신 영미의 불쾌원칙offence principle[35]으로 해결하려는 시도도 찾을 수 있다. 불쾌원칙을 해악원칙과 구별한 파인버그Feinberg에 따르면 불쾌함은 해악원칙에서 말하는 해악harm에는 미치지 못하지만 다른 사람에게 불쾌감을 유발하는데, 이러한 행위를 범죄로 평가하기 위해서는 행위자가 불쾌함을 예방하거나 약화시킬 수 있는 대체행위를 할 수 있었고 표현의 자유 등의 공익적 보호가 필요한 영역과 충돌하지 않아야 하며 정서적 피해의 심각성이 인정되어야 한다. 하지만 파인버그의 설명은 특정한 행위방법이 불쾌하다고 느껴지는 상황이 무엇인가에 한정되고 있어 지나치게 주관적으로 접근하고 있다는 비판을 받는다.[36]

형법의 임무가 시민에게 헌법적으로 보장되는 모든 기본권을 보장하면서 자유롭고 평화로운 공동생활을 보장하는 것이며 이러한 의무의 총합을 법익보호라고 부른다면, 개인의 자유로운 발현, 기본권의 실현 및 이러한

---

32) 예로 법무부 디지털성범죄 등 대응 TF 2022.3.24. "『성적 수치심? 이제는 바꿉시다』 성범죄 처벌 법령상 부적절한 용어 개정."

33) 법무부 디지털성범죄 등 대응 TF 2022.1.28. "『신종 플랫폼 공간에서의 성범죄 방지 등을 위한 성적 인격권 침해 범죄 신설 및 보호관찰 개선』 권고."

34) von Hirsch, in Hefendehl, von Hirsch, Wohlers (Hrsg.), 앞의 책, S. 22; Arzt, Weber, Heinrich, Hilgendorf, Strafrecht Besonderer Teil, 3. Aufl., Gieseking 2015, §1 Rn.9.

35) 그에 관한 설명으로 이유경, "「감정가치」 개념을 통한 형법상 법익과 헌법의 관계 고찰－정서보호원리(offense principle)의 전개과정을 중심으로", 형사법연구 제33권 제2호(2021), 1-32면.

36) 이유경, 앞의 글, 9면; von Hirsch, 앞의 책, S. 22.

목표에 기반해 구성된 국가체계가 잘 작동하기 위해 필수적인 모든 여건 또는 목적설정이 법익이라고 보아야 한다.[37] 이렇게 보면 특정한 무엇이 법익이라고 적극적으로 정의하기보다는 무엇이 법익이라고 하기 어려운 상황이 무엇인지 서술하는 방식으로 접근하게 될 것이다. 우리의 논의와 연결하면, 감정 그 자체는 법익이 되기 어려운데 감정 자체가 매우 개인적이고 주관적이기 때문에 형법이 그에 기반하여 다른 사람의 자유의 한계를 설정하기 어렵기 때문이다. 정신도 비슷한 속성이 있으나, 형법이 보호하고 있는 다른 법익을 제시할 수 없을 때에 '감정'이 등장하는 반면 – 그렇기 때문에 위 Ⅱ. 1. (5)는 감정이 보호법익이라고 설명할 필요는 없다 – 위 Ⅱ. 2.에서 보듯이 정신은 이미 존재하는 형법체계와 연결시킬 수 있다는 차이가 있으며, 결국 피해의 중대성 및 입증가능성이 중요한 쟁점이 될 것이다.

2. 법률의 개정

(1) 정신을 포괄적으로 보호하는 구성요건의 신설

독일의 형법학자 부블리츠Bublitz는 2011년에 정신의 완전성을 보호하는 일반적 구성요건을 만들자고 제안하였다. "신체상해 또는 허용되지 않은 정신적 작용을 통해 타인의 정신적 완전성을 중하게 침해한 자는…… 처벌한다."[38]

하지만 정신적 고통은 인간의 공동생활과 뗄 수 없기 때문에 타인의 정신을 침해하는 행위에 대한 일반적인 금지규정을 형법에 두는 것은 합목적적이라고 보기 어렵다. 다원주의적, 다문화적 사회에서는 다른 사람과의 의사소통의 자유와 가능성을 지속적으로 확대할 필요가 있는데, 자유로운 의사소통 과정에서 항상 다른 사람의 정신적 피해가 발생할 수 있음에도 불구하고 자신의 가치판단과 모순되는 타인의 행동방식에 대한 관용은 전제되어야 한다. 나아가 이 입법안은 고의범의 형태인데 가정이나 직장 내에

37) Roxin, Greco, 앞의 책, §2 Rn.7.
38) Knauer, 앞의 책, S. 230에서 재인용.

서는 일방 당사자의 행위가 다른 사람에게 정신적 고통을 주는 경우가 흔히 존재하며 구성요건고의를 인정하기 위해서 결과발생에 대한 인용 또는 감수가 있으면 충분하다는 설명에 따르면 행위자에게 바로 고의를 인정하게 될 것이다. 물론 가정 또는 직장에서 정신적 피해가 종종 발생함은 아동복지법이 정신적 학대를 규정하고 있고, 근로기준법이 직장에서의 지위 또는 관계 등의 우위를 이용하여 업무상 적정범위를 넘어 다른 근로자에게 신체적·정신적 고통을 주거나 근무환경을 악화시키는 행위를 직장내 괴롭힘으로 규정하고 있다(제76조의2)는 사실이 잘 보여준다. 그러나 '아동'에 대한 정신적 학대만 처벌되며, 직장내 괴롭힘도 그 자체로 처벌되는 행위는 아니다.

김희균은 '모든 강간행위로 인해서 피해자에게 심각한 정신적 상처가 생긴 것으로 의제한다'는 규정을 둔 법제가 있다면, 피해자가 2차 피해에 노출될 위험이 훨씬 더 적어질 것이라고 지적하였다.[39] '의제'라는 단어가 갖는 증거법적 의미를 사상하면 정신적 상처가 가중적 구성요건요소 또는 양형인자가 된다는 의미로 이해된다. 지금의 법체계에서 이렇게 보기 위해서는 '정신적 상처'가 곧 상해라고 해석(위 Ⅱ. 2.의 설명)하거나, 상해로 볼 수 없다면 정신적 상처에 대한 개념정의가 필요함과 함께 체계적으로 어디에 위치지을 것인지에 대한 판단도 필요하다.[40]

즉, 피해자를 보호해야 한다는 형사정책적 필요성은 인정되지만 입법을 통해 그 목표를 달성하기 위해서는 행위유형을 충분히 구체화할 필요가 있는데[41] 스토킹이나 집단적 따돌림 등은 그 예가 될 수 있다.

---

39) 김희균, "범죄피해자의 정신적 상처에 대한 형사법적 대응방안", 피해자학연구 제24권 제3호(2016), 80면.

40) 비슷한 문제가 임신을 어떻게 볼 것인가이다. 성범죄 양형기준은 임신을 특별가중인자로 적시하고 있으나, 임신 자체가 '상해'라고 보기는 어렵다(대법원 2019.4.17. 선고 2018도17410 판결). 하지만 임신이 상해가 아니라고 하더라고 임신이 성범죄 피해자에게 불이익한 결과이므로 가중구성요건요소로 규정하는 방식은 충분히 가능하며 외국의 입법례도 쉽게 찾을 수 있다. 형법의 체계적 해석이라는 관점에서 보면 이 문제는 입법으로 해결해야 하며 상해 개념의 확장으로 해결할 수는 없다고 보인다.

41) 인간의 존엄의 의미를 파악하기 위해서는 인간존엄에 관한 특정한 개념에서 출발하여 보호범위를 연역적으로 도출하는 것이 아니라 인간존엄이 침해된 경험에서 귀납적으로 그 의미를 찾는 규범적 시각이 낫다는 설명으로 최준혁, "형법을 통한 인간 존엄성의 보호-혐오표현에 대한 형사제재를 중심으로", 54면.

(2) 뇌간섭에 대한 입법

협박죄에서 보듯이 형법은 이미 의사결정 과정에 개입한 경우를 규율한다. 체포감금죄도 의사결정의 자유를 내용으로 한다. 협박죄로 처벌되기 위해서는 그 행위방법이 해악의 고지여야 하며 체포감금죄가 성립하기 위해서는 연결점으로 신체적 활동의 자유의 제약이라는 외형적 상황이 존재해야 하는데, 이러한 형법의 태도를 넘어서 타인의 의사결정 자체에 대한 개입 자체를 형법으로 금지할 수 있는가?

아이작 아시모프가 쓴 SF소설 『파운데이션』의 주인공인 해리 셀던은 역사를 수학적으로 예측하는 심리역사학이라는 학문영역을 발전시키고 은하제국의 몰락 이후의 혼란기를 줄이기 위해 파운데이션이라는 백과사전 발간기관을 설립하고, 파운데이션은 그 후 국가로 발전한다. 그는 파운데이션의 안전을 확보하기 위해 은밀하게 제2파운데이션도 설립하였는데 제2파운데이션은 심리역사학과 정신과학을 활용하여 과학기술이 발전한 파운데이션(제1파운데이션)의 발전과 의사결정과정에 비밀스럽게 개입한다. 이러한 사실이 제1파운데이션에게 알려져 50명의 제2파운데이션인은 처벌된다.[42] 의사결정에 대해 개입하였다는 사실 그 자체가 처벌의 이유가 된 것이며 이를 확인할 수 있는 계기는 뇌파그래프와 '정신정전장치'라는 기계의 발명이다.

이러한 가정은 소설에서만 존재하는 것은 아니어서, 부블리츠는 2014년에 메르켈Merkel과 함께 뇌간섭을 처벌하는 형법조문을 만들자고 제안하였다.[43]

> 제○○○조 [마음에 대한 죄] ① 약물적, 외과 수술적, 신경 자극술적, 유전공학적 혹은 다른 전자－자기적, 생리학적 혹은 화학적 수단을 이용하여 직접적으로 뇌에 작용하는 자극을 통해 타인의 마음에 직접적으로 개입하

---

42) 아시모프/최서래 · 김옥수 역, 파운데이션 5, 현대정보문화사, 1991, 297면은 "50명의 순교자! 그들은 그것이 죽음 아니면 종신금고형을 의미한다는 것을 알고 있었으면서도 " 라고 서술한다.

43) 김성룡, "직접적 뇌 간섭과 마음에 대한 범죄", 형사정책연구 제28권 제1호(2017), 150면에서 재인용.

고, 이렇게 하여 의도적으로 그 수신인의 정신적 통제능력을 우회하여, 심각한 부정적 · 정신적 결과들을 야기하는 행위는 …… 으로 처벌한다.

② 정신적 통제능력을 피하기 위해 의도적으로 고안된 자극을 통해서 간접적으로 타인의 마음에 간섭하고, 심각한 부정적 · 정신적 결과를 야기하는 행위는, 그러한 자극이 타인의 정신적 자기결정권을 존중한 상태에서의 자유로운 언어표현(언론의 자유)과 같은 허용되는 행위의 실행이 아니라면, ……으로 처벌한다.

Ⅳ. 맺 으 며

사고의 자유, 양심의 자유, 사상의 자유 등은 누구도 침해할 수 없는 절대적인 보호의 대상이라고 선언하고 있지만 이를 침해하는 경우는 없는지, 침해에 대하여 형법이 개입할 필요는 없는지 등의 문제는 지금까지 형법에서 거의 다루어지지 않았다.[44] 역사적으로 보면 인간의 다양한 측면을 어떻게 형법을 통해 보호할 것인지에 대한 접근은 로마법의 '전체적' 관점과 독일법의 '분리적' 관점으로 나누어서 생각할 수 있는데, 로마법은 injuria의 개념을 통해 인간의 존엄을 해하는 행위를 금지하는 일반적 범죄를 설정한 반면 독일법에서는 사안별로 범죄를 규정하였기 때문에 그 보호가 완전할 수 없었고[45] 신체와 비교하였을 때 정신에 대한 형법의 보호가 충분하지 않았던 이유 중 하나는 여기에 있었다고 보인다.

다른 한편으로 형법이 이 문제를 소홀히 할 수밖에 없었던 또 다른 주된 이유는 정신적 피해를 입증하기가 쉽지 않았다는 점이다. 『파운데이션』이 보여주는 예와 같이 뇌과학의 발전은 이러한 상황을 근본적으로 변화시킬 것인가? 그에 대응하는 형법의 미래는 어떻게 될 것인가? 만약 형법으로 문제를 해결하겠다고 시도한다면 피해자의 속성, 행위유형 및 피해의 중대성 이외에 규정해야 할 내용은 없을까? 아직 해결하지 못한 여러 질문이 남아있다고 보인다.

---

44) 김성룡, 앞의 글, 148면.
45) Bloy, 앞의 글, 247 f.

28

기후변화와 국제형사법의 미래*

– 국제범죄로서 생태살해(ecocide)죄? –

김재윤

건국대학교 법학전문대학원 교수

기업범죄, 환경범죄, 의료범죄를 중심으로 활발한 연구 활동을 펼치고 있는 형사법 학자이다. 특히 2015년 출간한 단행본 『기업의 형사책임』은 기업(법인)에 대한 범죄능력 인정을 위한 이론적 탐구의 결과물로 2016년도 대한민국학술원 우수학술도서로 선정된 바 있다. 그리고 2020년 출간한 『기업범죄예방과 준법지원인제도』는 기업범죄예방을 위한 컴플라이언스(Compliance) 제도를 형사법적 시각에서 중점적으로 다루어 2021년 세종도서로 선정되었다. 2021년부터는 기후위기와 기후형법의 관계에 대해 깊은 관심을 가지고 연구를 진행하고 있다. 또한 그는 2004년 9월 1일 인제대학교 법학과 조교수 임용을 시작으로 2019년 8월 말까지 12년간 근무하던 전남대학교 법학전문대학원을 떠나 현재 건국대학교 법학전문대학원에서 변호사 양성에 힘쓰고 있다.

Ⅰ. 기후변화가 초래할 '존재론적 위기'

현재 인류는 18세기 산업혁명 이후 과학기술의 끊임없는 발전을 통해 그 어느 세기보다 풍요로운 삶을 영위하고 있다. 하지만 물질적 풍요의 이면에는 화석연료의 사용에 따른 이산화탄소(CO_2), 메탄(CH_4), 아산화질소(N_2O) 등 온실가스가 지구 대기에 확산·누적되어 지구온난화에 따른 '기후변화 climate change'가 급격히 진행되고 있다. 세계기상기구WMO가 2020년 12월에 발표한 보고서에 따르면 2020년 지구 평균기온은 산업화 이전(1850~1900년) 수준보다 1.2±0.1도 높았으며, 2024년까지 일시적으로 1.5도를 초과할 가능성은 적어도 20%라고 한다.[1] 지구의 기온이 2도 증가하면 빙상(氷牀)이 붕괴되기 시작하고 4억 명 이상의 사람이 물 부족을 겪으며 적도 지방의 주요 도시가 사람이 살 수 없는 곳으로 변하고 북위도 지역조차 여름마다 폭염으로 수천 명이 목숨을 잃을 것으로 예상된다고 한다.[2]

이러한 지구온난화에 따른 기후변화는 극심한 기상이변, 자연재해 증가, 빙하 손실, 해수면 상승, 허리케인, 홍수와 범람, 극한 폭염, 가뭄과 용수 부족, 산불, 사막화, 열대 풍토병과 매개체 감염질환 급증 등을 발생시키고, 그로 인해 수백만 명의 사람들에게 영향을 미쳐 현재의 인류 생존뿐만 아니라 미래세대의 삶까지도 위협하는 '기후위기'를 초래하고 있다. 이러한 기후위기가 초래할 미래의 상황은 생각보다 훨씬 더 심각하다. 2018년도 과학저널 '자연기후변화Nature Climate Change'에 실린 한 논문에서 매우 구체적인 수치를 제시하고 있다. 즉 해당 논문에서 드루 신델Drew Shindell이 이끄는 연구진은 지구가 2도 뜨거워지는 경우 1.5도 뜨거워졌을 때보다 대기 오염으로 사망하는 사람만 약 1억 5천만 명 더 늘어난다고 한다.[3] 1억 5천

---

* 이 글은 김재윤, "국제범죄로서 '생태살해(ecocide)죄'의 도입에 대한 검토", 형사정책 제34권 제1호(2022.4), 141-165면의 내용을 요약정리한 것임.

1) WMO, WMO Provisional Report on the State of the Global Climate 2020. https://public.wmo.int/en/our-mandate/climate/wmo-statement-state-of-global-climate (최종검색 2022.3.25.)

2) Robert McSweeney, "The Impacts of Climate Change at 1.5C, 2C and Beyond", *Carbon Brief*, October. 4, 2018.

3) Drew Shindell et al., "Quantified, localized health benefits of accelerated carbon

만 명이라는 숫자는 홀로코스트 희생자의 25배에 달하는 규모이고, 가장 사망자를 많이 초래한 제2차 세계대전과 비교해도 2배 이상이다. 그리고 이미 대기오염으로 사망하는 사람만 하더라도 매년 700만 명에 달한다. 이는 아무런 명분도 없이 연례적으로 홀로코스트가 자행되고 있는 셈이다. 기후위기가 '존재론적 위기'라고 불리는 이유도 바로 이 때문이다. 이러한 기후위기에 대한 최선의 결말은 홀로코스트 25배 규모의 피해 발생을 억지하도록 최대한의 노력을 하거나, 이것이 불가능하다면 그 피해를 감당하는 것이고, 최악의 결말은 인류 멸종 직전까지 가는 것이다.

기후위기에 대한 국제형사법[4]의 대응과 관련하여 영국의 환경 변호사이자 환경운동가인 폴리 히긴스Polly Higgins[5]가 주도한 "생태살해를 멈추라!Stop Ecocide!"[6]라는 국제 캠페인을 통해 수년 동안 '생태살해(ecocide)'를 「국제형사재판소에 관한 로마규정Rome Statute of the International Criminal Court」(이하 '로마규정')[7]의 국제범죄로 도입하려는 시도에 주목할 필요가 있다. 히긴스의 제안에 따르면 '생태살해'란 "인간의 행위 또는 기타 원인에 의해 주어진 영토에서 생태계가 광범위하게 손실, 손상 또는 파괴됨으로써 해당 영토에 거주하는 거주자의 평화로운 향유가 심각하게 감소되거나 장차 감소되는 것"[8]을 의미한다. 이러한 캠페인의 지지자들은 국제형사재판소에서

---

dioxide emissions reductions", *Nature Climate Change* 8 (March 2018), pp.291-295.

4) 국제형사법은 "인간 존엄의 보호라는 궁극적 가치를 기반으로 인류 전체의 보호와 개인의 보호를 함께 지향하는 복합적 목적"을 가지고 있으며, "국내형사법이 국가 내에서의 평화로운 상호공존에 봉사하는 것이라면 국제형사법은 국가 경계를 초월하는 중대한 인권침해와 인류의 평화와 안녕에 대한 거시적 위협에 대처한다"고 한다(김기준, 국제형사법, 박영사, 2017, 17면).

5) Polly Higgins는 생태살해를 범죄로 만들기 위한 Stop Ecocide! 캠페인을 최초로 제안하고 이 국제 캠페인을 이끈 영국 변호사이다. 그녀는 2019년 4월 21일 타계하기 전까지 수많은 강연과 다큐멘터리를 제작하고 영국 정부에 조언하면서 '생태살해'라는 단어를 전 세계적으로 이해하도록 만들었다.

6) 이에 대한 상세한 소개로 https://www.stopecocide.earth/ 참고.

7) 로마규정(Rome Statute)은 국제형사재판소(ICC) 창설의 근거가 된 국제조약이다. 로마규정은 1998년 7월 17일에 채택되어 2002년 7월 1일에 발효되었다. 우리나라는 그 이행 법률로 「국제형사재판소 관할 범죄의 처벌 등에 관한 법률」을 2007년 12월 21일 법률 제8719호로 제정하여 시행하고 있다.

8) Polly Higgins, *Eradicating Ecocide: Exposing the Corporate and Political Practices Destroying the Planet and Proposing the Laws Needed to Eradicate Ecocide* (2010), p.3.

심리할 수 있도록 인류의 평화와 안전에 반하는 다섯 번째 국제범죄로서 생태살해죄를 포함시키기를 원하고 있다.

따라서 이 글에서는 기후위기에 대한 국제형사법의 대응으로 히긴스가 제안한 로마규정상 생태살해죄 도입의 구체적 내용과 이론적 한계를 검토함으로써 향후 기후위기에 대한 대응으로서 국제형사법의 미래를 전망해 보고자 한다.

Ⅱ. 생태살해ecocide의 개념정의와 유형

언어적으로 '생태살해ecocide'는 두 단어의 조합으로 이루어진 것이다. 즉 '생태eco'는 집 또는 가정을 의미하는 그리스 단어인 'oikos'에서 파생된 것이고, '살해cide'는 '파괴하다' 또는 '죽이다'를 의미하는 라틴어 동사 'caedere'에서 유래된 것이다. 따라서 생태살해를 문자 그대로 해석하면 "우리 가정의 파괴"를 의미한다. 이는 자연환경 파괴에 대한 기술로 적절하다.[9)]

'생태살해'라는 용어는 1970년 미국의 식물생리학자이자 생명윤리학자인 아서 갈스톤Arthur W. Galston 교수에 의해 처음으로 사용되기 시작했는데, 특히 베트남 전쟁에서 자주 언급되었다. 미군은 베트남 전쟁에서 유독성 화학물질인 에이전트 오렌지Agent Orange라는 고엽제를 사용하였고, 그에 따라 극단적인 환경 파괴를 초래하였다. 이러한 미군의 군사행동은 미국이 베트남 전쟁에서 '생태살해'를 자행했는지에 대한 논의를 촉발시켰다.[10)]

1970년 갈스톤 교수는 워싱턴에서 개최된 전쟁과 국가책임에 관한 회의에서 "제2차 세계대전이 끝난 후, 그리고 뉘른베르크 전범재판의 결과로 우리는 한 민족 전체와 그 문화의 고의적인 파괴를 정당하게 규탄하면서 반인륜적 범죄를 '집단살해genocide'라고 불렀다. 사람이 스스로 선택한 방식으로 삶을 영유할 수 있는 환경의 고의적이고 영구적인 파괴를 '집단살해'

9) Prisca Merz, Valérie Cabanes and Emilie Gaillard, *Ending Ecocide—the next necessary step in international law*, 18TH CONGRESS OF THE INTERNATIONAL ASSOCIATION OF DEMOCRATIC LAWYERS (2014), p.4.

10) Damien Short, *Redefining Genocide: Settler Colonialism, Social Death and Ecocide* (2016), p.40.

와 유사하게 '생태살해ecocide'라는 용어로 명명하여 사용할 수 있다"라고 언급하면서 '생태살해'를 금지하는 새로운 국제협약을 제안하였다.[11] 갈스톤 교수가 '생태살해'라는 용어를 만든 이후, 이 용어는 에이전트 오렌지 관련 뉴스 기사, 법률 관련 학술논문 및 베트남 전쟁에 관한 저서들 등에서 사용되기 시작하였다. 다만 이때 대부분의 경우 저자들은 평화 시기의 행위를 포함하는 보다 광범위한 개념을 채택하기보다는 전쟁 시 행위로 제한하여 '생태살해'를 언급하였다.

갈스톤 교수에 의해 처음 사용된 '생태살해'라는 용어는 차츰 사람들의 기억에서 잊혀져갔으나, 히긴스가 2010년 4월 유엔국제법위원회International Law Commission에 '생태살해 법ecocide law'에 대한 제안서를 제출하면서 다시 역사의 전면에 등장하였다.

그녀의 제안서는 "생태살해는 전쟁범죄와 같이 취급되어야 한다"면서 인류의 평화와 안전에 반하는 다섯 번째 국제범죄로서 '생태살해'를 포함하도록 하는 로마규정의 개정을 핵심 내용으로 하고 있다. 그녀의 제안처럼 생태살해죄가 로마규정에 다섯 번째 범죄로 새롭게 추가될 경우, 생태살해죄는 국제형사재판소에 의해 심리가 진행될 수 있다.

히긴스는 제안서에서 '생태살해'의 정의를 다음과 같이 제시하였다: "생태살해라 함은 인간의 행위에 의한 것이든, 다른 원인에 의한 것이든 주어진 영토에서 생태계가 광범위하게 손실, 손상 또는 파괴됨으로써 해당 영토에서 거주하는 거주자의 평화로운 향유가 심각하게 감소되거나 장차 감소되는 것을 말한다."

이후 히긴스는 '생태살해'의 개념을 보다 구체화하여 다음과 같이 확장하였다:

"1. 평화 또는 분쟁 시기에 국가, 기업 또는 기타 단체의 활동 과정에서 주어진 영토에서 생태계에 심각한 생태적, 기후적 또는 문화적 손실이나 손상 또는 파괴를 야기 내지 기여하거나 또는 야기 내지 기

---

11) David Zierler, *The Invention of Ecocide: Agent Orange, Vietnam, and the Scientists Who Changed the Way We Think About the Environment* (2011), p.19.

여할 것으로 예상되는 고위층에 의한 작위 또는 부작위. 이러한 행위는 거주자의 평화로운 향유를 심각하게 감소하게 하거나, 감소하게 할 것이다.

2. 피해의 중대성이 확인되기 위해서는 그 영향이 광범위하거나, 장기간에 걸쳐 있거나 심각해야 한다.

3. 위 1.에는 다음 각 호가 해당한다.

(a) '기후적 손실, 손상 또는 파괴'라 함은 국가 또는 관할권이 미치는 영역의 경계에 제한되지 않는 (i) 해수면 상승, (ii) 허리케인, 태풍 또는 사이클론, (iii) 지진, (iv) 기타 기후적 이변의 발생 중 하나 이상의 영향을 의미한다.

(b) '생태계'는 상호 의존적인 거주자와 그들의 물리적 환경으로 이루어진 생물학적 공동체를 의미한다.

(c) '영토'는 국가 또는 관할권이 미치는 영역의 경계에 제한되지 않는 (i) 육상, (ii) 담수, 해양 또는 공해, (iii) 대기, (iv) 기타 자연 서식지 중 하나 이상을 의미한다.

(d) '평화로운 향유'는 평화, 건강 및 문화적 무결성을 의미한다.

(e) '거주자'는 (i) 인간, (ii) 동물, 물고기, 새 또는 곤충, (iii) 식물 종, (iv) 기타 살아있는 유기체 중 하나 이상으로 구성된 영토의 토착 거주자 또는 정착 공동체를 의미한다."[12)]

히긴스가 제안한 '생태살해 법'에서 생태살해의 개념정의는 인간의 행위에 의한 것이든 다른 원인에 의한 것이든 생태적 피해를 포함하고 있다. 따라서 생태살해는 해수면 상승, 허리케인, 태풍 또는 사이클론, 지진, 화산폭발 등과 같은 자연재해도 포함된다. 그녀는 생태살해의 유형을 '확인 가능한 생태살해'와 '확인 불가능한 생태살해'라는 두 가지로 구분하였다. '확인 가능한 생태살해'는 인간의 행위에 의해 야기된다. 반면에 '확인 불가능한 생태살해'는 자연재해이다. 하지만 '생태살해 법'은 인간의 작위 또는 부작위로 인해 발생한 생태적 손상이나 피해를 대상으로 한다. 여기에는 특정 영토에서 거주하는 거주자의 생명 또는 인간 이외의 생명체의 생명에

12) Ecocide Crime. https://perma.cc/3V9H-XG9K (최종검색 2022.3.25.)

대한 광범위한 손실, 손상 또는 파괴를 초래하는 행위가 포함된다.[13)]

Ⅲ. 폴리 히긴스가 제안한 생태살해죄의 구체적 내용

1. 생태살해 범죄의 기소 대상

히긴스가 제안한 '생태살해 법'은 평화 또는 분쟁 시에 국가, 기업 또는 기타 단체의 활동 과정에서 생태살해 범죄를 저지른 고위층을 기소 대상으로 한다. 이러한 제안은 국가 또는 기업 그 자체가 아니라 개인에게만 적용된다. 따라서 예컨대 세계 최대 석유회사인 엑손모빌Exxon Mobil의 최고경영책임자CEO나 특정 국가의 부패한 대통령이나 수상이 기소 대상이 될 수 있을 뿐이다.[14)]

2. 주관적 요소로서 '의도'(intent)의 요구?

무엇보다 집단살해죄, 인도에 반한 죄, 전쟁범죄, 침략범죄와 같은 국제형사재판소 관할 핵심범죄와 달리 히긴스에 의해 제안된 '생태살해 법'은 '범죄 의도'criminal intent를 성립요건으로 하지 않는다. 이것은 생태살해죄가 범죄행위의 객관적 요소actus reus의 전부 또는 일부에 대해 그에 대응하는 주관적 요소mens rea로서 고의 또는 의도intent, 인식knowledge 혹은 적어도 무모함recklessness이나 과실negligence을 범죄성립 요건으로 요구하지 않는 '엄격책임 범죄crime of strict liability'임을 의미한다.[15)] 히긴스는 생태살해죄는 특정한 고의 또는 의도를 요구하지 않지만 결과범으로 이해할 수 있다고 한다. 때때로 생태살해는 특정한 고의나 의도 없이 산업재해로 인해 발생하기도 한다. 피해의 심각성은 범죄 의도가 없이도 유죄선고를 정당화한다.

역사적으로 영국 법원은 자연인이 아닌 기업(법인)은 범죄 의도를 가질 수 없으며, 주관적 요소인 멘스 레아mens rea를 요구하는 범죄에 대해 기업

13) Higgins, *supra* note 7, at 63.
14) Higgins, *supra* note 7, at 68.
15) 영미형법상 엄격책임에 대한 상세한 설명으로는 박강우, "영미형법상 엄격책임의 이해", 형사정책연구 제18권 제3호(2007.9), 247-264면 참조.

(법인) 그 자체에게 유죄판결을 할 수 없음을 인정해 왔다.[16] 하지만 처음부터 주관적 요소인 고의나 의도를 요구하지 않는 엄격책임으로서 생태살해죄는 비록 히긴스가 기소 대상을 개인으로 한정하였음에도 불구하고 기업(법인)에게도 형사책임을 질 수 있다.

마지막으로 엄격책임으로서 생태살해죄는 생태살해로 야기된 피해에 대해 비난에 초점을 두기보다 그로 인해 야기되는 손실, 손상 또는 파괴를 방지할 책임을 개인에게 부여한다.[17]

3. 생태살해죄의 보호객체

'생태살해 법'은 특정 영토에서 삶을 살아가는 거주자의 평화로운 향유를 심각하게 감소시키는 행위를 범죄화한다. 히긴스의 제안에 따르면 생태살해의 개념정의에 기술된 '거주자'에는 (i) 인간, (ii) 동물, 물고기, 새 또는 곤충, (iii) 식물종, (iv) 기타 살아있는 유기체 중 하나 이상으로 구성된 특정 영토의 토착 거주자 또는 정착 공동체가 포함된다. 따라서 생태살해죄는 인간의 생명뿐만 아니라 모든 생명체의 생명을 침해하는 범죄이다.[18]

4. 생태살해죄로 간주될 수 있는 환경 파괴의 정도

'생태살해 법'은 생태살해를 "주어진 영토에서 생태계에 심각한 생태적, 기후적 또는 문화적 손실이나 손상 또는 파괴, 그 결과 거주자의 평화로운 향유가 심각하게 감소되거나 장차 감소될 것"으로 정의하고 있다. 또한 피해의 중대성이 확인되기 위해 "그 영향이 광범위하거나, 장기간에 걸쳐 있거나 심각해야 함"을 요구한다.[19] 이러한 표현은 "광범위하거나, 장기간에 걸쳐 있거나 심각한"이라는 용어를 개념정의하고 있는 기존 유엔조약에서 차용한 것이다. 구체적으로 「환경변경기술의 군사적 또는 기타 적대적 사

16) 영국에서 기업(법인)의 형사처벌에 대한 역사적 전개과정에 대한 상세한 설명으로는 김재윤, 기업의 형사책임, 마인드탭, 2015, 143면 이하 참조.

17) Higgins, *supra* note 7, at 68.

18) Ecocide Crime. https://perma.cc/3V9H-XG9K (최종검색 2022.3.25.)

19) *Id.*

용의 금지에 관한 협약Convention on the Prohibition of Military or any other Hostile Use of Environmental Modification Techniques: ENMOD」 제1조에 따르면 '광범위한'은 "수백 킬로미터의 범위에 달하는 것"으로, '장기적'은 "수개월 또는 대략 한 계절 동안 지속적인 것"으로, '심각한'은 "인간의 생명, 자연·경제적 자원 또는 기타 자산에 대한 심각하거나 중대한 손상이나 파괴를 수반하는 것"으로 정의하고 있다.[20]

Ⅳ. 국제범죄로서 생태살해죄의 이론적 한계

1. '생태살해'에 대한 여러 상이한 개념정의

'생태살해'에 대한 여러 상이한 개념정의가 있다. 서로 다른 범죄와 행위를 기술하는 데 있어 동일한 용어의 사용은 혼동과 불확실성을 야기하고 용어의 효율성을 감소시킨다. '생태살해'에 대한 명확하고 확고한 개념정의의 부재는 환경 파괴의 범죄화에 대한 법적 논쟁 전반에 걸쳐 문제가 되고 있다.

앞서 언급했듯이 생태살해라는 용어는 1970년 갈스톤 교수에 의해 베트남 전쟁 동안 제초제인 에이전트 오렌지 사용의 부당성을 지적하기 위해 최초로 사용되었다. 그 후 학자들이 생태살해라는 용어에 대한 보다 실질적인 법적 개념정의를 만들려고 시도하였다. 예컨대 오하이오 대학의 해리 페티그루Harry W. Pettigrew 교수는 "생태학살로부터 자유로울 헌법상 권리A Constitutional Right of Freedom from Ecocide"라는 1971년 논문에서 미국 헌법은 생태살해로부터 자유로울 권리를 포함하고 있으며, 미국 법원은 기업이나 정부의 생태살해 행위로부터 이러한 개인의 권리를 보호하기 위해 행동해야 한다고 주장했다.[21] 그는 생태살해를 "특정 생태계의 필수적인 부분의 실질적인 파괴 또는 일반적으로 환경의 불합리한 악화"로 정의했다. 또한

20) Understanding Relating to Article I, Rep. of the Conference of the Comm. on Disarmament, U.N. GAOR, 31st Sess., Supp. No. 27, at 91-92, U.N. Doc. A/31/2 (1976). https://perma.cc/F53E-CA3R (최종검색 2022.3.25.)

21) Harry W. Pettigrew, "A Constitutional Right of Freedom from Ecocide", 2 ENVTL. L. (1971), p.1.

그는 "환경은 유기물과 무기물의 모든 자연 순환이 상호 밀접하게 연관되어 있는 '생태계ecosystem'로 구성되어 있으며, 이러한 자연 순환의 어느 한 고리가 고장이 나면 전체 시스템이 손상된다"라고 하였다.[22)]

그러나 이러한 시도에도 불구하고 개념정의의 모호성은 생태살해를 '범죄'라기보다 환경과 관련된 하나의 '개념'처럼 보이게 한다. 이에 생태살해라는 용어에 토착 거주자의 권리, 기업의 이익, 여성의 권리가 포괄될 수 있다. 전쟁범죄나 인도에 반한 죄와 같은 다른 로마규정상 국제범죄와 달리 생태살해는 현재까지 최종적인 형태로 '범죄'로서 개념정의가 내려지고 있지 않다. 1978년 "국제범죄로서 생태살해"에 대한 유엔국제법위원회의 평가는 "'생태살해'라는 용어나 개념이 법적으로 정의되어 있지는 않지만 본질적인 의미는 이해할 수 있다"라는 기술로 시작하고 있다.[23)] 2015년 "생태살해 – 평화에 반하는 새로운 범죄?"의 저자들은 네덜란드 헤이그 소재 국제형사재판소 앞에서 생태살해죄의 채택을 촉구했다.[24)] 저자들은 생태살해의 용어에 대해 폭넓은 개념정의를 내렸지만 각주에서 "생태살해의 정확한 개념정의와 평화로운 향유의 의미에 관한 합의가 없지만 이것이 저자가 작업한 개념정의이다"라고 적시하고 있다.[25)]

생태살해는 아직까지 법적 개념으로서 명확하지 않아 그 개념 사용자가 원하는 모든 것을 의미할 수 있다. 이처럼 생태살해 의미의 모호성은 '법률이 없으면 범죄가 없다Nullum Crimen sine Lege'라는 죄형법정주의를 채택하고 있는 국제형사법이나 국제형사재판소에서 사용하기에 부적절할 수 있다.[26)]

---

22) *Id.* at. 1.

23) Report on the Study of the Question of the Prevention and Punishment of the Crime of Genocide, UN Doc. E/CN.4/Sub.2/416 at 128 quoting John H.E. Pried, *War by ecocide: some legal observations*, BULLETIN OF PEACE PROPOSALS (1973), p.43.

24) Sailesh Mehta & Prisca Merz, "Ecocide – A New Crime Against Peace?", 17 ENVTL L. REV. (2015), p.3.

25) *Id.* at note 1.

26) 로마규정 제22조 제2항 "범죄의 정의는 엄격히 해석되어야 하며 유추에 의하여 확장되어서는 아니 된다. 범죄의 정의가 분명하지 않은 경우, 정의는 수사 · 기소 또는 유죄판결을 받는 자에게 유리하게 해석되어야 한다."

2. 고의(의도)의 요구에 따른 어려움

국제범죄로서 생태살해죄 지지자들은 이 죄가 엄격책임 범죄이어야 한다고 주장한다. 예컨대 마크 앨런 그레이Mark Allan Gray는 엄격책임의 기준이 기업으로 하여금 잘못된 관행을 우선적으로 시정하게 함으로써 예방 행동을 장려하고, "오염자부담원칙"과 "사전예방원칙"을 발전시킬 것이라고 믿는다.[27] 그러나 엄격책임은 일반적으로 형법이나 국제형사법에서 선호되지 않는다. 왜냐하면 "피고인에게 특별히 비난할만한 정신적 요소를 요구하지 않는 엄격책임은 형법에서 찾아보기 힘들고 선호되지 않기 때문"이다.[28]

지지자들은 현재까지 제안된 생태살해 법 중 어느 것도 '고의(의도)' 요건을 요구하지 않음을 지적한다.[29] 고의 또는 의도가 생태살해죄의 성립에 있어 필요불가결한 주관적 요소로 요구될 경우 이는 두 가지 측면에서 커다란 법적 허점을 야기하여 처벌의 공백을 발생시킬 수 있다. 하나는, 이러한 허점을 이용하여 가해자는 생태살해에 의한 막대한 피해를 전혀 의도한 바 없었다고 손쉽게 주장할 수 있다. 다른 하나는, 기업이 초래한 대부분의 생태살해는 의도한 것이 아니라 단순히 사고나 다른 목적을 추구하는 과정에서 부수적으로 발생한 피해로 간주될 수 있다.[30] 이에 세계 최초의 녹색형사정책 도서를 집필한 롭 화이트Rob White는 생태살해와 같은 범죄에 있어 '고의'의 문제는 피해의 규모에 의해 무시될 수 있고, 형벌은 책임과 비례해야 하는데 이는 엄격책임의 범죄에서조차 높은 수준의 형사제재를 허용하게 한다고 언급했다.[31]

그러나 엄격책임 기준 하에서조차 언제 환경오염이 범죄로 규정될 만큼

---

27) Mark Allan Gray, "The International Crime of Ecocide", 26 CAL. W. INT'L L.J. (1996), p.218.

28) Allison Marston Danner & Jenny S. Martinez, *Guilty Associations: Joint Criminal Enterprise, Command Responsibility, and the Development of International Criminal Law*, 93 CAL. L. REV. (2005), p.147.

29) Polly Higgins et al., "Protecting the Planet: A Proposal for a Law of Ecocide", 59 CRIME, LAW AND SOCIAL CHANGE (2013), pp.251-266.

30) *Id.*

31) Rob White, "Carbon criminals, ecocide and climate justice", in: CRIMINOLOGY AND THE ANTHROPOCENE (Cameron Holley & Clifford Shearing, eds. 2017), p.68.

유해한 것인지 그리고 기업의 책임자는 구체적으로 누구인지 등에 대한 일정한 기준을 설정할 필요가 있다. 예를 들어 모든 인간은 숨을 쉴 때조차 이산화탄소를 배출하는데, 언제 또는 얼마만큼의 탄소배출이 있어야 생태살해로 고려될 수 있는 것인가? 열대우림의 파괴가 얼마만큼 되어야 생태살해라고 할 수 있는가? 화이트는 생태살해죄가 범죄화되어 기소되기 위해서는 이러한 질문에 대해 정확한 답변이 있어야 함을 언급했다.[32)]

나아가 '생태살해 법' 지지자들이 요구하는 이러한 엄격책임의 기준은 이미 로마규정에서 규정하고 있는 전쟁범죄를 포함하여 네 개의 핵심범죄에서 고의 내지 인식을 요구하고 있는 것과도 배치된다. 로마규정 제30조(주관적 요소)에 따르면 "달리 규정되지 않는 한, 사람은 고의와 인식을 가지고 범죄의 객관적 요소를 범한 경우에만 국제형사재판소 관할범죄에 대하여 형사책임을 지며 처벌을 받는다"라고 규정하고 있다. 이때 고의는 행위와 결과를 바탕으로 도출된다. 즉 "행위와 관련하여 사람이 그 행위에 관여하려고 의도한 경우, 결과와 관련하여 사람이 그 결과를 야기하려고 의도하였거나 또는 사건의 통상적인 경과에 따라 그러한 결과가 발생할 것을 알고 있는 경우에 고의를 가진 것"으로 본다.[33)]

생태살해의 많은 사례는 예컨대 1986년 체르노빌 원자력 발전소 폭발사고와 2010년 멕시코 만에서 영국의 국제 석유 메이저 업체인 British Petroleum(이하 BP) 관할의 딥워터 허라이즌Deepwater Horizon호 폭발에 따른 기름유출 사고의 결과이다. 이들 사고는 책임 있는 당사자가 결코 고의나 의도적으로 발생시킨 것이 아니다. 즉 BP는 대규모 기름유출 사고를 일으키려는 의도가 없었다. 그렇지만 이러한 비정상적인 환경 재난이 "정상적인 과정에서 발생한 사고"라고 주장하기도 어렵다. 따라서 생태살해죄가 국제형사재판소 관할 국제범죄로 새롭게 추가되더라도 로마규정에서 규정하고 있는 '고의' 요건에 의해 여전히 제한적일 수밖에 없다. 히긴스가 언급한 것처럼 그러한 '고의' 요구는 생태살해죄가 의도하고자 했던 많은 환경재난에 대한 기소를 하지 못하게 하는 결과를 초래한다.

---

32) *Id.* at 69.
33) 로마규정 제30조.

3. 인과관계 증명과 책임귀속의 어려움 – 생태살해로서 기후변화?

생태살해죄가 성립하기 위해서는 피고인이 광범위하거나 장기간에 걸쳐 있거나 심각한 환경 파괴를 초래한 행위와 그 결과 사이에 인과관계가 인정되어야 한다. 그러나 피고인의 어느 한 행위가 형사책임을 목적으로 하는 환경 파괴를 야기했음을 인정하는 것은 매우 어렵다.

환경 재난은 때때로 핵폭발이나 기름유출과 같은 극적인 사고의 결과로 발생하기도 하지만 종종 여러 사람들이 수년에 걸쳐 다수의 사소하고 극단적이지 않은 행동의 결과로서 발생하기도 한다. 어느 한 개인의 일상적 행위가 산호초를 파괴하거나, 해우(매너티)를 멸종 위기에 빠뜨리거나, 기후변화를 야기하지 않는다. 생태계는 매우 방대하고 서로 다른 상호작용의 요소가 너무 많기 때문에 법정에서 인과관계를 식별하거나 형사법정에서 엄격한 증명에 의해 입증하는 것은 불가능할 수 있다.

대부분의 과학자들은 기후변화가 생태살해라고 말하지만, 그렇다면 범죄자가 없는 범죄가 될 뿐이다. 우리 모두는 가해자인 동시에 피해자이기 때문이다. 일부 지지자는 생태살해죄는 "가장 중요한 탄소배출원"에 대해 그 책임을 묻는 데 사용될 수 있다고 주장한다. 화이트는 지구온난화는 현재 자본주의 시장경제체제의 정상적인 작동의 결과로 발생한 것이라고 주장한다. 범죄학자들은 기후변화와 관련하여 딜레마에 직면하게 된다. 왜냐하면 자본주의 시장경제체제가 비난받을 만하지만 형사책임을 시장경제체제 그 자체에 물을 수 없기 때문이다. 다만 그들은 개인 소비자의 소비에 초점을 맞추는 것은 실수라고 생각한다. 대신에 그들은 개인 소비자가 아닌 국가 지도자와 기업 대표자들이 기후변화와 관련하여 책임을 져야 하는 사람이라고 주장한다. 왜냐하면 그들이 현재 시스템을 효과적으로 계획하고 통제하는 사람들이기 때문이다.[34)]

그러나 이러한 주장을 모두 수용한다고 하더라도, 누가 국제형사재판소의 심리를 통해 생태살해죄로 유죄판결을 받고 교도소에 가야 하는가, 세

34) White, *supra* note 30, at 63.

계 모든 기업의 대표자와 국가 지도자가 가야 하는가라는 문제는 여전히 남는다. 기후변화를 '생태살해'라고 부르는 데는 매우 설득력 있는 이유가 있지만, 한 명의 가해자에 대한 인과관계나 형사책임을 규명할 때 분석이 흔들리는 것 같다. 따라서 '생태살해 법'은 특별한 환경 재난을 야기한 개인에 대한 책임을 묻는 데 사용될 수 있겠지만, 인류 전체가 야기한 광범위한 환경 파괴에 대해서는 사용할 수 없다고 본다.

V. 결론: 기후변화에 대한 국제형사법의 미래

국제형사법의 경우 국제형사재판소라는 하나의 법원만이 존재한다. 로마규정의 단 하나의 조항인 제8조제2항(b)(iv)[35]만이 환경에 대해 언급하고 있다. 이것도 전쟁범죄의 문맥에서 등장할 뿐이다. 2002년 국제형사재판소가 창설된 이래로 어떤 피고인도 환경을 파괴한 혐의로 로마규정상 해당 규정에 따라 기소된 바 없다.[36] 따라서 사실상 환경 재난을 야기한 개인이나 기업에 대한 국제형사법에 따른 형사책임은 없는 것과 마찬가지이다. 이는 국제형사법에 커다란 결함이 있음을 나타내는 것이다.

히긴스는 환경 재난을 포함하여 기후위기에 대한 국제형사법의 결함을 간파하고 로마규정에 생태계에 대한 돌이킬 수 없는 파괴와 피해를 의미하는 생태살해죄를 다섯 번째 국제범죄로 도입할 것을 제안하였다. 하지만 이러한 그녀의 제안은 국제형사법의 이론적 관점에서 볼 때 생태살해의 법적 개념정의가 모호하여 죄형법정주의에 위반될 소지가 있으며, 주관적 요소로서 고의나 의도를 요구하지 않는 엄격책임으로서 생태살해죄는 일반적으로 형법이나 국제형사법에서 찾아보기 힘들고 선호되지 않고 있으며, 생태살해를 초래한 개인의 행위와 생태계 파괴의 결과 사이의 인과관계와 관

---

35) "Intentionally launching an attack in the knowledge that such attack will cause incidental loss of life or injury to civilians or damage to civilian objects or <u>widespread, long-term and severe damage to the natural environment</u> which would be clearly excessive in relation to the concrete and direct overall military advantage anticipated;" (밑줄은 인용자 강조)

36) Brownyn Lay et al., "Timely and Necessary: Ecocide Law as Urgent and Emerging", 28 J. JURIS (2015), p.431.

련하여 생태계는 복잡하고 다양한 상호작용에 의해 작동되기 때문에 형사법정에서 인과관계에 대한 엄격한 증명이 불가능에 가깝다는 어려움에 직면하다.

그렇다면 국제형사법은 기후변화가 초래할 존재론적 위기에 직면하여 이러한 이론적 한계만을 언급하며 아무런 노력을 하지 않아야 하는가? 그렇지 않다. 국제형사법은 현재와 미래, 국경에 관계없이 전체 인류 공동체를 보호하는 것을 목표로 한다. 그렇다면 생태살해 행위는 심각하고 광범위하게 그리고 장기간에 걸쳐 인간과 모든 생명체의 생명권을 침해하며, 일정한 지역의 거주자의 생계권과 건강권을 침해하며, 자기 집단의 삶의 방식, 정치적 의사, 경제·사회·문화적 발전을 자유롭게 선택할 자기결정권을 침해하며, 기후위기로 인한 가뭄, 홍수, 해충 등으로 농사를 망쳐 식량권을 침해하는 범죄가 아닐 수 없다.[37] 형법과 국제형사법의 역사를 되돌아 볼 때 우리는 우리가 가장 근본적으로 보호받아야 할 가치를 손상시키는 행위를 범죄행위로 규정하고 엄격한 형사처벌로 대응하여 왔다.

따라서 국제형사법의 미래는 과거 국제형사법의 이론적 한계를 탓하지 말고 더 늦지 않게 생태살해를 국제범죄로 채택함으로써 기후위기를 초래한 국가 지도자, 기업의 최고경영책임자 등에게 그들의 행동이나 부작위에 대해 형사책임을 지도록 하는 방향으로 나아가야 한다. 만약 그렇지 않다면 마치 출구가 없는 극장에서 화재가 발생했을 경우 탈출을 위해 아무런 행동을 하지 않음으로써 가장 저렴한 좌석부터 시작하여 극장의 많은 사람들이 화재로 부상을 입고 사망에 이르게 되는 재난을 겪게 하는 것과 다름없다. 극장에 불이 나지 않았다거나 심각하지 않다거나 불을 끌 시간이 충분하다고 큰 소리로 외치는 사람은 극장의 가장 비싼 좌석에 앉아 있는 사람들뿐이다. 국제형사법이 기후변화가 초래할 존재론적 위기에 적극적으로 대처하려고 노력하지 않는다면 국제형사법을 다룰 인간이 더 이상 지구에 남아 있지 않을 미래가 기다릴 뿐이다.

---

37) 기후위기로 침해되는 인권에 대한 상세한 설명으로는 조효제, 탄소사회의 종말, 21세기북스, 2021, 163면 이하 참조.

29

인간본성의 진화와 처벌의 미래?

김혜경

계명대학교 경찰행정학과 교수, 법학박사

한국형사정책연구원에서 부연구위원으로 형법분야 정책을 연구하다가 대학으로 와서 15년간 형사법을 강의하고 있다. 형사법 분야 중에서도 형법이론을 사회생물학 및 인간본성과 관련하여 연구하는 데 관심을 가지고 있으며, 최근에는 공동체주의 및 연대성의 원리에 비추어 본 형사법의 본질에 관하여 고민하고 있으며, 형법의 방향성과 한계는 인간성의 회복과 연대성의 원리로부터 찾아야 한다는 생각을 가지고 있다. 저서로는 『형법총론』, 『형법각론』 등이 있으며, 『법과 진화론』(공저, 2016) 및 『처벌의 원리』(2018)는 대한민국학술원 우수학술도서에 선정되었다.

Ⅰ. 인간본성이란 무엇인가?

1. 인간본성의 탐구

인간본성이 무엇인가에 대한 질문과 답은 역사적으로도 끊임없이 제기되어 왔다.

인간본성이란 사전적으로는 인간의 근본적인 성향과 특성으로서 인류의 본질에 대한 이론들은 모든 문화의 일부를 형성한다고 본다.[1] 여기에는 인간이 선천적으로 이기적이고 경쟁적인가 아니면 이타적이고 사회적인가의 문제, 인간의 성향은 본능적인 것인가 학습과 사회화의 결과인가의 의문을 담고 있다. 물론 모든 이론들은 기본적으로 상반되는 극과 극, 그리고 절충의 세 가지 논리적 전개가 가능하고 최근의 유전학, 진화생물학, 사회생물학이나 문화인류학 등은 유전적 요인과 사회 발달적 요인들 간의 복잡하고 설명하기 어려운 상호작용이 존재한다고 보아 절충적 입장을 취함이 대부분이다. 그러하다 보니 이제는 행동유전학, 뇌과학, 철학적 인류학philosophical anthropology[2] 등 다양한 학문분야의 통섭적 연구를 통해 이를 해결하고자 한다.

역사적으로 거슬러 올라가면, 인간본성에 관하여는 이미 기원전 4세기 아리스토텔레스조차도 '정치학'에서 "인간은 폴리스에서 생활하는 동물이다(ὁ α"νΘρωπος φύσ ει πολιτικὸν ζῷον)"라는 표현을 통해 공동체의 삶이 인간의 본성이자, 정치에의 직접적인 참여가 완전한 인간이 삶에의 필수과정이라고 이해하였다.[3] 그리고 그 이전에 이미 소피스트들은 인간본성(ἀνΘρωπεία φύσις, 피시스)은 관습법을 지칭하는 노모스(νόμος)[4]가 상대적인 것과

1) 브리태니커 백과사전. https://www.britannica.com/topic/human-nature

2) 랜스버그(Landsberg)에 따르면, 철학적 인류학은 인간이 자신의 존재의 결정 단계에 있다는 개념에서 시작하여 인간의 개념에 대한 개념적 설명으로 정의된다고 한다.

3) H. D. F. Kitto/김진경 역, 그리스 문화사(H. D. F. Kitto, The Greeks, Penguin Books, 1951), 탐구당, 2004, 11면.

4) 노모스의 기본적 의미는 "관습적으로 행해지는 것"으로서, 목자들 사이에서 자기 가축에게 풀을 뜯게 하거나 물을 마시게 하려고 관습적으로 정해진 규약에서 비롯되었다고 한다. 고대에는 관습이 불문법으로 자리 잡았고, 이를 보완하기 위해 성문법이 발전하였다

는 달리 변하지 않는 것으로 정의하면서, 인간본성은 '이익(ξυμφέρον)'을 탐한다고 보았다.[5] 같은 시기 에피쿠로스학파로서 원자론적 유물론을 주장하였던 루크레티우스는 인간정신, 이성은 신체의 일부로서 인간은 정신과 영혼이 서로 연결되어 스스로 하나의 본성을 이루어내고 이성과 정신은 행복을 느끼고 추구한다고 하였다.[6]

이후에도 서양철학의 중심에는 인간본성에 대한 정의 또는 논증이 있어왔고, 욕구와 감정에 지배되는 인간을 주장하는 흄이나 진리와 가치를 창조하는 인간상을 전개한 니체뿐만 아니라 최근까지도 다양한 관점에서 뜨거운 화두가 되고 있다.

동양철학에서도 인간본성을 논하는 문제를 성론(性論)이라고 하여, 전통적으로 중국철학의 주요한 축을 이루고 있다.[7] 대표적으로 맹자는 인간본성을 선(善)이라고 주장하며, 본성적으로 타인의 어려움에 동감하고, 양보와 인의 미덕을 갖추고 있으며, 이해를 초월한 이타심이 있음을 주장하였다.[8] 반면 순자는 인간본성을 악이라고 보고 본성적으로 이익을 좋아하므로 본성대로 따라가면 반드시 다툼과 빼앗음, 분수의 넘침, 이치의 어지러움과 폭력으로 귀결될 것이므로, 반드시 교육에 의한 교화와 예의에 따른 교도를 통해, 즉 후천적 학습을 통해서만 선하게 된다고 보았다.[9] 결과적으로 맹자는 선의 본성은 사덕, 사단과 상호협력하여 도덕적 인간이 된다고 보

는 점에서 노모스는 공동체 내에서 사람이 지켜야 할 것이라는 뜻의 법 전반을 의미한다고 할 수 있다. 아리스토텔레스/박문재 역, 니코마코스 윤리학, 현대지성, 2022, 각주 121 참조.

5) 오흥식, "투키디데스와 순자(荀子): 인간본성, 정의(禮), 티케(Τύχη, 天)", 서양고대사연구 제60집, 한국서양고대역사문화학회, 2021, 130-132면.

6) 루크레티우스/강대진 역, 사물의 본성에 관하여(De Rerum Natura), 아카넷, 2011, 199면 이하.

7) 신정근, "맹자와 순자 사상의 결정적 차이", 동양철학연구 제67권, 동양철학연구회, 2011, 117면 이하 참조.

8) "人皆有不忍人之心. …… 今人乍見孺子將入於井, 皆有怵惕惻隱之心. 非所以內交於孺子之父母也. 非所以要譽於鄉黨朋友也. 非惡其聲而然也. 由是觀之, 無惻隱之心, 非人也. …… 惻隱之心, 仁之端也. 羞惡之心, 義之端也. 辭讓之心, 禮之端也, 是非之心, 知之端也. 人之有是四端也, 猶其有四體也." (신정근, 앞의 논문, 122면 각주 6 재인용).

9) "人之性惡, 其善者僞也. 今人之性, 生而有好利焉, 順是, 故爭奪生而辭讓亡焉. 生而有疾惡焉, 順是, 故殘賊生而忠信亡焉. 生而有耳目之欲, 有好聲色焉, 順是, 故淫亂生而禮義文理亡焉. 然則從人之性, 順人之情, 必出於爭奪, 合於犯分亂理而歸於暴. 故必將有師法之化, 禮義之道, 然後出於辭讓, 合於文理而歸於治." (신정근, 앞의 논문, 123면 각주 8 재인용).

지만, 순자는 지려가 인간본성 밖에 놓여 있으므로 본성을 규제하여야만 도덕적 인간으로 나아간다고 보며, 따라서 맹자는 내면의 통찰로 본성이 교란되지 않도록 하여야 하지만 순자는 본성의 억제를 통해 상황을 일방적으로 주도하지 못하게 함을 강조하였다.

그러나 인간본성을 철학이 아닌 생물학적으로 접근하는 최근의 진화생물학 또는 사회생물학의 입장은 인간본성 탐구라는 철학적 논쟁에 뛰어들어 환원주의라는 비판을 극복하기 위하여 논쟁의 지평을 보다 넓혀, 이제는 어느 학문 영역인들 인간본성의 탐구를 배제하고 논하기 어렵게 되었다.

이제 학문의 역사는 인간본성 탐구의 역사라고 해도 과언이 아니다. 법학의 영역 역시 예외가 아니어서, 이제는 인간본성을 탐하지 않고 법을, 형법을, 처벌을 논할 수 없다.

2. 이타성과 폭력성, 그리고 도덕감정

인간본성에 관한 논쟁만큼이나 도덕감정의 기원에 대하여도 수많은 논쟁이 있어 왔다. 도덕감정이 인간본성의 일부인가 여부는 그것이 자연의 일부로서 생물학적 유전의 결과로 이해될 수 있는가, 아니면 인간만이 가지는 독특한 언어를 통한 고도의 사고 결과인가를 논쟁하게끔 만들었고, 자연상태의 그러하다sein는 그것이 아무리 생물학적으로 발전해도 윤리적 요청인 해야 한다sollen가 될 수 없다는 논박에 대한 생물학자들의 도전을 이끌어 내었다.

다윈의 경우, 도덕성의 기초foundation-stone of morality는 이타성, 즉 다른 사람으로부터 자신이 받고 싶은 것을 자신이 먼저 하는 것으로 보았지만 유전자의 계승보다는 인간으로서 이타적 행동을 통한 타인으로부터 받는 존경이 공동체 전체에 미치는 긍정적 영향으로 인하여 전체 공동체에게는 보다 유익한 결과를 부여하기 때문에 궁극적으로 개인을 포함한 공동체의 존속에는 보다 유리해진다는 점에서 인간의 이타성을 설명하고자 하였다. 나아가 해밀턴은 혈연선택이론theory of kin selection을 통해 인간 유전자의 유전방식이 성염색체의 접합을 통함으로 인하여 혈연간에는 일정 부분 유전적 공통성이 있다는 점에서, 혈연에 대한 이타성은 자신의 유전적 성질의 대물림에 일조하기 때문에 인간은 이타성을 본성으로 하게 되고, 그것이 도덕감정이라고 보았다. 나아가 트리버스는 호혜적 이타주의reciprocal altruism를 통해 타인에게 이익이 되는 행동을 설명하고자 하였다.

그러나 폭력성에 관한 일부 연구에서 전혀 다른 결과를 제시하였다. 이에 따르면 인간은 집단생활을 통해 생존에 이익을 추구하였지만, 다른 인간집단을 방어하기 위한 기제로서 인간진화에 폭력과 전쟁은 큰 영향을 미쳤으며, 끊임없는 전쟁을 통해 더 큰 규모의 사회형성과 잉여인간에 의한 두뇌발달이 가능한 쪽으로 자연선택을 하였다고 보았다. 그리고 확대된 사회에서 인간본성으로서 폭력성을 억제하기 위해서는 집단 내 다른 개인의 이익을 침해하는 것을 회피하기 위한 더 큰 자기규제self-restraint를 요구하게 되었고 이것이 도덕 시스템의 원동력이라고 주장하였다. 집단의 영속에 있어서, 같은 종이 생명을 위협하는 최대의 적대적 힘이 되는 경우는 자연세계에서 인간밖에 없다는 것이다.[10] 이와 유사하게 심리학적으로 인간의 역사에서 전쟁은 인간의 뿌리 깊은 호전적 본능을 증명한다고 보면서, 전쟁은 공동목표를 향하여 집단을 단결시키며 모든 시민들이 공동선을 위하여 이타적으로 행동할 수 있는 기회를 제공한다고 보기도 한다. 다만 전쟁이 가지는 긍정적인 심리적 효과에도 불구하고 전쟁이 주는 피해로 인하여 그와 동등하지만 피해를 남기지 않는 활동을 추구할 것을 제안하면서 이를 '전쟁의 도덕적 동등물the moral equivalent of war'이라고 보았다.[11]

그러나 여기에 대해서도 반박이 있다. 폭력성이 인간본성이라는 주장에 대하여는, 인간의 공격성을 본능으로 간주함으로써 억압을 수단으로 삼는 권위적 사회를 정당화한다는 비판이 꾸준히 제기되어 왔다. 우선 전쟁은 사회체제의 작동일 뿐, 인간에 본래부터 내재한 그 무언가의 작동이 아니라고 보면서, 전쟁의 필연성을 부정하는 견해도 있지만 진화론적 또는 생물학적으로 논거를 명확히 밝히지는 않았다.[12] 그러나 최근에 동 이론의

10) Richard Alexander, The Biology of Moral Systems, Aldine de Gruyter, 1987.
11) William James, The moral equivalent of war, Stanford University, 1906. https://www.uky.edu/~eushe2/Pajares/moral.html
12) 존 듀이/최용철 역, 인간본성과 행위 I－사회심리 서론(John Dewey, Human Nature and

과학적 가설이 오류임을 진화론적으로 해결하는 주장이 제기되었다.[13] 이에 따르면 인류 진화사에서 수렵과 싸움이 함께 등장하였고, 생존을 위한 수렵과 싸움의 충동이 동시대에 일어나서, 동료에 대한 폭력으로 이어졌다는 역사적 주장[14]이 오류라는 점을 지적한다.[15]

동 이론에 의하면 인류는 먹이를 둘러싼 갈등을 서열관계로 풀지 않는 유인원들의 사회성을 이어받았고, 공존관계의 확립을 위해 근친상간의 금지와 음식의 공유를 선택하였다고 본다. 근친상간의 금지는 성적 관계를 유지하는 상대를 한정해서 동성간의 성적 갈등을 억제하고, 비모계 유인원 사회에서 그와 같은 근친상간 금지규범을 통해 혈연관계에 있는 수컷들의 공존이 강화되면서 가족이 탄생되었다고 주장한다. 그리고 가족은 근친상간 금지를 매개로 다른 가족과 연결될 수 있었고, 가족 내 또는 가족 간 유대는 먹이공유로 강화되었다고 본다. 유인원의 그와 같은 행동은 다른 동물들과 달리 독자적으로 발전시켜 온 행동특성이라는 것이다. 또한 분배는 호혜적 이타성에 바탕을 두는 것이 아니라고 보는데, 만일 호혜적 이타성에 기인한다면 분배받는 자가 이에 대한 보답을 의무화하거나 습관화해야 하는데 인류는 그와 같은 방향으로 발전하지 않았다는 점을 근거로 한다.[16]

즉, 인간본성을 폭력성을 근원으로 할 때에는 도덕감정은 자신의 영속을 보장받기 위한 타인의 이익침해회피가 목적인 자기규제self-restraint로서, 도덕률의 기능이란 한 집단이 다른 인간 집단과 성공적으로 경쟁하기 위하여 필요한 결합을 제공하기 위한 기초로 보게 된다. 반면, 인간본성을 폭력성

Conduct-An Introduction to Social Psychology, Henry Holt, 1922), 도서출판 봄, 2019, 133-137면 참조.

13) 야마기와 주이치/한승동 역, 폭력은 어디서 왔나-인간성의 기원을 탐구하다, 곰출판, 2007, 44면 이하.

14) 물론 이러한 이론들도 대체로 폭력성만큼이나 질서와 문명에 대한 인간의 본능이 강하기 때문에 의식화된 문화규범 내에서 인간의 공존가능성을 낙관적으로 주장한다.

15) 야마기와 주이치/한승동 역, 앞의 책, 264면 이하는 현대인과 같은 뇌의 크기는 60만년 전에 달성되었지만, 인류의 본격적인 수렵은 극히 최근까지도 행해진 바 없다는 것이 과학적으로 입증되었기 때문에 수렵이 인간의 본성이 아니라고 본다. 또한 무기를 사용한 증거는 약 1만년 전 농경시대가 시작된 이후이기 때문에 수렵과 싸움이 동시대에 발생한 인간본성이라는 점은 그릇된 가설이라고 본다.

16) 야마기와 주이치/한승동 역, 앞의 책, 283면 이하.

이 아닌 화해와 협력으로 이해할 때에는 도덕감정은 상호 배려를 통한 공동체의 영속을 통한 구성원 자신의 보호로서 호혜적 이타성reciprocal altruism이라고 이해하게 될 것이다.

3. 프랙탈 진화론(Fractal evolution)의 헌신적 유전자

더 나아가 최근에는 호혜적 이타성을 넘어 헌신적 유전자를 거론한다.[17)]요약하면, 적자생존이란 용어 자체는 '생존할 수 있는 자의 생존'이라는 동어반복에 불과할 뿐 그것이 진화를 설명할 수 없다는 전제하에, 가장 잘 어울리는 자의 번성thrival of fittingest이 진화를 가장 설명할 수 있으며 진화의 과정이란 스스로 끊임없이 자신의 균형을 되찾아가는 과정으로 본다. 이를 프랙탈 진화론이라고 하는 바, 진화의 척도인 환경에 대한 생명체의 인식력은 생명체가 역동적 세계에서 효과적이자 효율적으로 생존할 가능성을 높여주는데, 두 세포가 합하여 하나의 세포처럼 경제적으로 살아갈 수 있었던 초기 원시생물 상태처럼, 혼자 사는 것보다 힘을 합치는 편이 진화적으로 번영에 유리하게 된다고 본다.

인간을 포함한 우주 전체는 프랙탈fractal로 연결되어 있는데, 자신을 닮은 제닮음 구조self-similar pattern의 반복으로 구성되어 복잡성의 여러 단계를 형성하는 것으로, 자연계의 모든 구조적 단계 역시 그와 같은 제닮음 구조로 설명될 수 있다고 본다. 이와 같은 구조에서는 어느 하나에게 좋은 것은 모두에게 이롭고 반대로 해악 역시 마찬가지이기 때문에 생물학적 명령은 '어울리는 자의 번성'을 요청한다고 본다. 이로부터 화해와 조화에 기여하는 헌신적 유전자를 주장할 수 있게 된다.

---

17) 부르스 립튼 · 스티브 베어맨/이균형 역, 자발적 진화(Bruce Lipton · Steve Bhearman, Spontaneous Evolution, Hay House, 2009), 233면은 헌신적 유전자라는 표현을 사용하고 있다.

Ⅱ. 인간본성에 관한 언어에 의한 해석

1. 언어와 구조주의

인간을 설명하기 위한, 보다 나아가 나, 자아가 무엇인지 그리고 그 본질을 이루는 것이 무엇인지를 설명하기 위한 접근법은 다양하다. 그중 최근에 모든 영역을 아울러 지지를 받았던 구조주의에 따르면, 구조주의는 어떤 중심이 있다는 사고를 부정한다. 전통적으로 철학은 '자아' 개념을 철학의 중심으로 하였지만, 구조주의는 자아라는 것은 명증하게 알 수 없는 것으로, 인본주의적 사고방식을 부정하고 언어의 언어적 기호와 비언어적 기호를 중요시한다. 구조주의는 타자가 형성한 언어의 체계를 통해 나라는 주체가 형성되기 때문에, 내가 생각하는 것은 타인이 자신에게 부여한 언어 그 자체에 불과하기 때문에 자아라는 것은 빈껍데기에 불과하다고 본다.

자아라는 개념이 마치 인간을 신의 대리인으로 인식하게 하고, 인간이 세계의 중심이자 창조주처럼 인간이 보이는 또는 보이지 않는 자연세계의 사물들 전체를 규정하고 그것들에게 의미를 부여한다고 보았던 사고에 대한 반격인 셈이다.

나아가 인본주의 또는 인간 중심으로 모든 사회문화를 해석해 왔던 서양 중심의 서구적 사고인 합리주의에 대하여도 비판적이다. 서양문명이 가장 발달한 형태라고 보지 않으면서, 야생사회도 현대사회에 버금가는 이성과 논리가 있으며, 그 결과 역사와 문화란 비교우위를 판단하는 우열이 아닌 차이가 존재할 뿐이라고 본다. 구조주의가 목적하는 바는 주장이나 이념적 지향점이 아니라 현실에 대한 해석과 해석을 위한 분석방법의 제공에 있다.

이와 같은 언어에 대한 관심은 역사적으로 동양도 다를 바 없다. 이미 기원전 4세기경부터 이른바 명가(名家)라고 불리는 사상가들은 이름(名)과 실체(實)에 관하여 논쟁하였고,[18] 경험론적 증명을 통하여 실체와 속성의

18) 손영식, "공손룡자, 백마론 연구－실체와 속성, 존재와 인식", 철학논집 제43권, 서강대학교 철학연구소, 2015, 167면 이하 참조.

논증을 통해 속성은 지각되지만 그를 통해 실체가 귀속되는 것은 아니며, 실체와 속성은 분리와 결합의 관계가 아님을 주장하였다.

2. 언어에 의한 인간본성의 해석과 논쟁

여기에서 언어에 의한 진화의 설명이 가져다주는 논박을 살펴보지 않을 수 없을 것이다. 일반적으로 침팬지 등의 영장류의 습성 연구는 인간의 초기 모습 또는 인간의 진화과정을 추론하기 위하여 주로 사용된다. 여기에서 동물행동학자들이 영장류의 화해, 수컷들의 짝짓기, 중재 등을 인간의 행태와 동일하게 언어적으로 묘사하는 것을 반대하는 견해들이 있다.

예컨대, 유인원의 습성을 화해라고 설명하는 사례를 보면 다음과 같다. 고릴라의 화해는 상대와 가만히 서로 얼굴을 마주보는 행동으로 이루어지는데, 다툼이 벌어질 경우 그 다툼의 약 3분의 1 정도는 서로 얼굴을 들여다보는 행동을 보인다. 다툼의 당사자뿐만 아니라 제3자와의 사이에도 얼굴들여다보기 행동이 찾아지는데, 이는 침팬지의 화해와 매우 비슷하다. 침팬지는 더 다양하게 서로 껴안거나 서로 털고르기를 하면서 스킨십을 통해 화해와 유대를 강화한다고 한다. 그리고 입술을 서로 맞추며 키스를 하면서 친화감정을 표현함으로써 공동체의 평화를 유지한다고 설명한다.[19)]

그런데 이에 관하여 키스로 마무리되는 화해는 "입과 입의 접촉이 관여하는 갈등 후의 교류"라고 기술되어야 한다고 주장하면서, 동물행동연구에는 비인간화된 언어를 사용해야 한다는 주장이 있다.[20)] 그와 같은 행동들이 인간의 감정과 같을 수 없고, 따라서 인간과 유사한 감정을 드러내는, 인간과 동등한 감정표현으로 설명해서는 안 된다는 것이다. 의인론anthropomorphism, 즉 인간적인 용어로 동물을 기술하는 태도의 부적절성은 언어를 도구로 한 설명의 부적절한 예를 나타낸다고 본다. 이에 관하여 드발은 의인론에 대한 과도한 두려움이 사회적 동물과 인간 사이에 존재하는 사회적 본능의

19) 야마기와 주이치/한승동 역, 앞의 책, 192면 이하.

20) Frans de Waal, Good-Natured, Cambridge Mass, Harvard University Press, 1996, 18면 (니콜라스 웨이드/이용주 역, 종교유전자(Nicholas Wade, The Faith Instinct: How Religion Evolved and Why It Endures, Penguin Books, 2010), 아카넷, 2015, 66면 재인용)

연속성을 인정하지 않으려는 태도라고 비판한다.

과학적 연구의 결과는 궁극적으로 언어에 의해서 설명되지만, 해당 언어가 그 결과를 오역할 경우의 문제, 언어의 다의성에 의한 해석의 자의성 문제 등은 진화와 인간본성의 탐구에서도 불필요한 논박을 초래하기도 한다.

Ⅲ. 현대사회와 처벌

20세기 뇌과학의 연구성과는 사회생물학의 발전에도 많은 힘을 실어주고 있다. 예컨대 전두전 피질prefrontal cortex의 복내측부가 손상되면 판단력이 저하되고 반사회적 행동을 초래할 수 있음을 밝힘으로써, 전두전 피질의 신경회로가 도덕적 직관과 결부되어 있음을 간접적으로 시사하였다. 도덕적 판단이 뇌의 특별 신경회로와 관련있다는 점은 피네아스 게이지Phineas Gage 사건[21)]으로도 유명하다.

이처럼 뇌의 일부가 도덕성과 혐오감에 대응한다면, 외적으로는 정상인과 같지만 선천적 또는 후천적으로 도덕직관과 결부된 뇌기능의 손상을 받은 자를 처벌할 것인가의 문제가 제기된다. 또는 쌍둥이 살해 또는 영아살해와 같이 특정 집단의 생존 또는 번성을 위한 선택이 문화적 특성으로 고착화된 경우 그와 같은 행위들이 도덕감의 결여가 아닌 오히려 도덕적 직관에 의한 결단으로 보아야 하는 문제가 제기될 수 있다. 전자는 과학적 성과로, 후자는 문화인류학적 조사를 통해 많은 연구들이 축적되어 왔다. 그런데 후자의 도덕적 직관은 해당 공동체가 보존하는 독특한 합의에 대한 교육과 도덕적 훈육을 통해 형성되는 것이지, 선천적 또는 유전적 결과라고 보기는 어렵다.

일반적으로 도덕적 직관과 도덕적 추론은 전자가 우선이고 후자가 이성적 합리화과정쯤으로 설명된다. 도덕적 직관에 의하여 인간은 순간적인 선택을 하게 되고, 이후 도덕적 추론을 통해 자신의 행위를 도덕적으로 정당

21) 1848년 철도노동자였던 게이지가 작업 중 철봉이 전두엽을 관통하는 사건을 당한 후, 인격이 완전히 변한 사례이다. 사고 후에 범죄적 행동을 하고 참을성과 인내심이 없고 폭력적인 성격으로 변하였다고 한다.

화하고자 한다. 이로부터 도덕적 직관은 언어에 의하여 가능한 도덕적 추론보다 진화적으로는 보다 먼저 갖추어진 체계라고 할 수 있을 것이다. 영장류학자인 드발은 도덕성에 대하여 "공통의 가치에 근거하여 분쟁을 처리하는 집단 전체의 시스템에서 생겨나는 옳고 그름right and wrong에 대한 감각"이라고 하면서 "도덕 시스템은 대의greater good의 실현에 봉사하기 위해, 즉 자원의 분재와 집단행동에서 도출되는 개인의 이익을 실현하기 위해, 집단 내부의 경쟁과 분쟁을 해결하는 일련의 규칙과 동기rule and incentives를 제공한다. 이렇게 정의된 도덕성은 사회적 행동과 밀접하게 연관"되어 있다고 보았다.[22)]

인류역사를 탐구해 온 많은 문화인류학자들은 인간의 역사상 정주사회가 가능하게 했던 인간의 특징으로 질병, 언어, 처벌, 그리고 종교, 문화의 형성 등을 거론한다. 정주집단에서는 갈등 후의 화해기술을 이용한 우호, 공감능력의 진화, 사회적 규칙의 학습, 호혜 등은 공동체 내의 생존을 위한 매우 중요한 요소들로 진화하였다고 본다. 공동체 규칙에 대한 불복종은 공동체로부터의 추방이나 사멸로 이어졌고 그에 대한 학습들은, 데이비드 흄이 언급한 '이다sein'로부터 '해야 한다sollen'가 도출될 수 없다는 주장이 무색하게, 구체적인 사회적 상황 속에서 생존과 직결되는 '이다'는 '해야 한다'에 거의 같을 정도로 수용되었을 것이다. 공동체 영속에 반하는 행위들은 개인의 영속에도 직결되었을 것이며, 이를 통해 도덕감정과 그에 반하는 행위에 대한 처벌이 사회 내 정착되었다고 추론할 수 있다.

사회적 뇌 가설에 의하면 역사적으로 인간의 두뇌는 자신이 속한 집단의 규모에 비례하여 발달되어 왔다. 던바의 수를 150여명으로 언급하는 것 역시, 감정교류가 가능한 집단의 규모를 의미하며 서로의 영속을 위한 호혜성이 발현되는 공동체를 의미한다. 그러나 인간의 높은 지식은 보다 큰 규모의 인위적 공동체로 나아가게 되었으며, 지적으로 진화한 인간사회가 해체되지 않기 위해서는 보다 높은 수준의 사회적 결속을 발휘하여야만 하

22) Jessica Flack · Frans de Waal, "'Any Animal Whatever'. Darwinian Building Blocks of Morality in Monkeys and Apes", in Evolutinary Origins of Morality, ed. Leonard D. Katz, Imprint Academic, 2000, p.69(니콜라스 웨이드/이용주 역, 앞의 책, 72면의 내용을 그대로 인용하였다).

였고, 그와 같은 결속은 자연적 진화의 산물이 아니므로 도덕적 강제가 아닌 인간성 밖의 외적 강제를 통해 유지될 수 있었다. 형법은 외적 강제를 실현하기 위한 도구였으며, 처벌은 결속을 저해하는 행위에 대한 강력한 경고로서 작용하였던 것이다.

현대사회에서 처벌이란 이제 도덕감정을 넘어서는 국가의 몫이며, 진화의 산물이라거나 도덕적 직관과는 거리가 먼 외적 강제일 뿐이다. 물론 형법의 기능 속에서는 사회윤리적 행위가치의 보호가 존재하고, 사회윤리는 공동체의 영속을 위해 필요로 하였던 진화적 산물로서 도덕에 가깝지만 사회윤리적 행위가치를 준수함은 이제 공동체의 영속을 위한 것이 아니라 국가의 존립을 위한 것이 되어버렸다.

Ⅳ. 미래 예측의 한계와 처벌의 미래

1. 과거의 인간과 미래의 인간

우리가 알고 싶어 하고 확증하고 싶은 모든 것들은 결국 언어에 의하여 표현된다. 미래 예측도 마찬가지이다. 용어 역시 마찬가지이다. 미래, 예측, 처벌이라는 서로 다른 영역을 접합시키려는 시도도 언어라는 도구를 사용할테고, 그 언어를 어떠한 의미로 이해하고 기호화하는가에 따라서 의미가 달라질 수 있다. 이미 기원전 5세기 투키디데스가 저술한 「역사」에도 "인간본성이 역사를 움직이는 하나의 원인이며 인간본성은 변하는 것이 아니기 때문에 미래의 역사도 비슷하게 진행되리라"고 기술되어 있다. 과거에도 미래의 인간을 예측하고 있는 것이다.

우리가 살고 있는 시대는 시간적으로는 과거와 현재와 미래가 공존한다. 윌슨은 인간본성은 현존 사회 속에 구현되어 있는 성과물들을 단순히 배열해 놓은 것이 아니라, 미래 사회의 의식적 설계를 통해서 성취될지도 모를 가능성의 배열이라고 한다.[23] 전체 자연법칙의 진화 원리에 있어서 선택가

23) 에드워드 윌슨/이한음 역, 인간 본성에 대하여(Edward O. Wilson, On Human Nature, Harvard University Press, 1978), 사이언스북스, 2000, 268면.

능성 중 인간은 하나의 작은 부분집합에 불과하다. 현대사회의 과학적 발달은 인간을 자연법칙과 본성으로부터 멀어지게 만드는 것 같지만, 진화적 연장선에서 발현되는 인간본성을 자연환경에 적응해 가던 과거의 산물쯤으로 여겨서는 안 된다. 소위 밈이라 불리는 문화적 현상 역시 인간본성의 발현에 의한 부산물이며, 우리 세계를 채우는 가치들 역시 인간본성의 구성 요소들에 의하여 작동된다.

철학적 사고들은 과학의 풍요로운 연구결과들을 바탕으로 보다 더 깊이 인간본성을 들여다 볼 수 있어야 하고, 이를 통해서 과거의 인간과 현재의 인간 간의 불연속적 연결고리를 찾아내야 할 것이다.

최근 트랜스휴머니즘transhumanism을 주장하는 견해에 따르면 과학기술의 진보를 통해 노화를 없애고, 인간의 유전이나 외부적 장애요인들을 극복하여 인간의 육체와 정신, 지적 능력을 향상시켜서 인간조건을 근본적으로 개선할 수 있는 가능성에 관한 지적·문화적 인간 강화Human Enhancement 정도로 정의된다.[24] 물론 이를 인간 강화, 인간 향상, 인간 상향, 인간 증진, 인간 발전 등 어떤 용어로 이해할 것인가 역시 언어의 표현 문제이지, 그 함의를 바꾸지는 않는다. 이에 따르면 트랜스휴머니즘은 첨단 뇌과학과 인지과학 및 유전공학 등의 과학기술의 발달을 인간 강화에 목적을 두고 수명연장과 질병을 비롯한 불필요한 고통의 제거 및 자연법칙을 초월하는 인체개조 및 이를 넘어서서 AI와 인간의 결합 또는 사이보그인간, 뇌-컴퓨터 인터페이스 등도 인간발전을 위해 긍정한다.

이러한 인간 강화는 자연적 진화를 넘어서는 인위적 개조쯤으로 이해될 수 있을 것이다. 물론 AI를 비롯한 기술계발과 과학의 인간사회에의 적용에는 언제나 윤리적 문제가 수반되기 마련이다. 트랜스휴머니즘 역시 예외가 아니어서, 근본적으로 인간의 한계를 극복하고 신에 가까운 능력과 영생을 보장하려는 기술이 가지는 인간성의 규격화, 인간평등의 위협, 수반되는 기술적 위험 등도 트랜스휴머니즘의 일부를 구성하여야 한다. 또한 인간능력의 과학적 향상이 빈익빈 부익부의 계급사회를 조장하고, 열성의 유

---

24) Nick Bostrom, "Transhumanist FAQ v2.1", 2003, p.5 이하. http://www.nickbostrom.com/

전자들을 모두 사멸시킴으로써 인류소멸을 포함한 상상 이상의 윤리적 문제를 양산할 수도 있다. 또한 인간의 행복이 반드시 질병 위협으로부터의 해방이나 노화방지를 통해 보장되는 것도 아니다.

이에 따라 인간 강화라는 트랜스휴머니즘에 대한 반론 또한 만만치 않다.[25] 반론의 출발점은 인간본성이다. "인간성이란 역사적 과정을 통해 인간의 조건에 대해 발생된 모든 명백한 변화에도 불구하고, 우리는 누구이며 우리가 어디를 향해 가고 있는지의 의미sense를 뒷받침하였던 근본적인 특질"[26]임에도 불구하고, 과학의 개입이 생태학적 다양성이나 의미 있는 인간관계의 점진적인 소멸을 초래할 것이라고 보는 것이다. 인간본성은 생물학적 속성으로부터 출발하였지만 단순히 도덕정신을 부여하는 의미를 넘어서서 인간의 도덕적 지위와 존엄성의 근간이자, 인간 본질 그 자체이기 때문이다.

따라서 과학기술에 기반한 인간 강화의 인위적 시도는 인간 스스로 신의 역할을 담당하여 창조주인 인간이 피조물인 인간의 주물틀을 개조함으로써, 인간본성을 변화시키거나 파괴시킴으로 인해 스스로 인간존엄성의 조건을 위협하는 결과를 초래할지도 모른다. 과학기술에 의한 인간규격의 향상이 인간의 자연권과 도덕의 바탕이 되는 인간본성 및 그 근저에 놓여 있는 인간존엄성의 위협인 셈이다.

2. 보편적 법의 미래는 예측되지 않고 처벌은 상상력의 산물이 아니다

과학은 상상의 실현을 목표로 나아간다. 과학은 철저하게 현실기반적이지만, 언제나 미래를 향해 눈을 돌리고 있다. 그러나 보편적 법의 미래는 예측되지 않을 뿐만 아니라 처벌은 결코 상상력의 산물이 아니다.

국가형벌권의 실현을 의미하는 처벌은 국가 인위체의 보이지 않는 뼈대

---

25) 이와 관련하여서는 프랜시스 후쿠야마/송정화 · 최준명 역, 부자의 유전자 가난한 자의 유전자(Our Posthuman Future: Consequences of the Biotechnology Revolution), 한국경제신문, 2003 참조.

26) 프랜시스 후쿠야마/송정화 · 최준명 역, 앞의 책, 160면.

이자 힘이다. 경찰권과 형벌권을 제거하면 국가의 실체는 남지 않는다. 늘 인위적인 강제와 위협을 통해 형체를 영속하고자 하는 국가에게, 처벌의 강화는 국가형벌권의 비대화를 의미할 뿐이다. 따라서 항상 형법의 최후수단성을 강조하여 왔고, 국가개입의 위험성을 경고하여 왔던 것이다.

우리가 아무리 법의 미래를 예측하고자 하더라도, 형법과 형벌의 미래는 예측될 수도 없고 예측해서도 안 된다. 형벌은 과거로 눈을 돌려야 하는 과거시제에 적응하는 영역이어야 하며, 형벌권의 개입은 언제나 가장 마지막에, 가장 보수적으로 이루어져야 한다. 인간의 진화과정에서 공동체에 의한 개인에 대한 불이익은 개인이 공동체에 불이익을 가했을 것을 조건으로 부과되어 왔다. 그러한 공동체는 개인이 속한, 개인의 존속과 운명을 함께 하는 집합체로서, 공동체의 영속을 위한 조건들이 사회윤리로 발전하여 개인의 도덕감정의 근간이 되는 것이다.

그러나 현대국가에서 처벌을 돌이켜보면, 이는 국가의 이익을 위한 것이지 개인의 이익이나 영속을 궁극적인 목적으로 하지 않는다. 인간의 본성은 공동체를 통한 개인의 영속에 있고, 도덕적 직관은 그에 합당하게 진화해 왔다. 반면 국가형벌권과 그를 이용한 처벌은 진화적 산물이 아니다. 물론 문화적 진화로서 밈을 언급할 수 있으나, 그 역시 한계가 있다.

처벌은 국가형벌권의 충족이어서는 안 된다. 권력의 만족은 국가의 것이며, 자연적인 공동체의 일원으로서의 인간의 몫이 아니다. 또한 처벌은 사회공동체 구성원들의 분노의 표출이거나, 악의 감정의 대리만족이어서는 안 된다. 처벌은 객관적이어야 하고, 처벌의 양과 질은 공동체 전체의 주관적 감정의 표현이거나 그것에 기여하여서는 안 된다. 국가에 의한 처벌이란 공동체에 의한 제재를 넘어설 수 없으며, 인간본성에 반할 수도 없어야 한다. 아무리 미래에 인간 강화를 통한 무적의 인간상을 만들어낸다 하더라도, 본질은 인간본성을 넘어설 수 없다. 결론적으로, 처벌의 한계는 인간본성이다. 그러므로 설령 법의 미래에 대하여 꽃그림을 그린다 하더라도, 처벌의 미래는 금단의 영역으로 남겨두어야 할 것이다.

30

국가형벌권의 미래

– 잃어버린 피해자의 권리를 찾아서 –

장성원

세명대학교 법학과 교수

서울대학교에서 형사법을 전공하고 독일 프라이부르크 대학교에 수학하였다. 독일 막스플랑크 형법연구소에서 방문학자로 연구하였으며, 형법 해석학을 공부하고 있다.

“내 복수를 해소하기에 한 번의 삶은 너무나 적고 빈약하구나.”

월리엄 셰익스피어『오셀로』

Ⅰ. 국가형벌권이라는 리바이어던의 탄생

‘눈에는 눈 이에는 이’,[1] 우리는 범죄와 형벌이라는 인과와 응보로 이뤄진 세상에 살고 있다. 범죄로 피해를 입은 누구든 복수할 권리가 있다는 생각은 유사 이래로 널리 인정되어 왔다. 그렇지만 현대사회에서 복수는 더 이상 나의 것이 아니다. 개인은 기껏해야 국가에 복수를 요구하고 그 처리결과를 지켜보며 기다릴 수밖에 없는 존재로 전락했다. 그렇다면 범죄피해로부터 복수할 원초적 권리는 국가의 것인가? 아니면 여전히 개인의 것이라 할 수 있는가? 인류 역사의 아주 초기에는 개개인이 범죄에 대한 복수권을 행사했을 것이다. 때로는 범죄 피해자의 가족이, 또 그가 속한 집단이 같이 행사하기도 하면서 복수의 주체는 확대돼 갔을 것으로 짐작된다. 이들이 의식하였든 못하였든, 복수에 관한 권리는 범죄피해를 당한 개인에게서 파생되는 지극히 개인적인 권리로 이해되었을 것이다. 그 행사 여부도 개인의 자유의지, 자치의 영역이었다.

동서양을 막론하고 국가라는 형태의 출현과 더불어 범죄에 대한 복수권이 다른 권리와 마찬가지로 정의실현이나 질서유지, 그리고 국민에 대한 보호를 명목으로 개인에게서 국가권력으로 옮겨갔다. 물론 근대 국가와 형법이 자리하기 불과 한두 세기 전만 해도 이 복수할 권리는 국가의 순전한 독점권한이라고 보기 어려울 정도로 사실상 상당한 범위에서 개인에게 허용되었다. 이처럼 범죄피해를 입은 개인이 행사하는 권리로서 복수, 이에 기반하여 이제는 국가가 거의 독점적으로 행사하는 강제력으로서 형벌은 얼마간 혼용되기도 하였지만, 더 이상 개인의 것이라고 말하기 어렵게 되

1) 동해보복(同害報復)을 뜻하는 탈리오법칙(lex talionis)은 기원전 1750년경 반포된 성문법인 함무라비 법전에도 보인다(제196조, 제200조 cf. 제8조). Robert Francis Harper, *The Code of Hammurabi: King of Babylon—About 2250 B.C.*, The University of Chicago Press 1904, pp.72-75.

었다. 복수에 대해 개인이 갖는 권리가 자율적인 사적자치(私的自治)에 기반한 것이라면, 국가의 그것은 어쩌면 질서유지와 정의실현이라는 공공복리(公共福利)를 위한 것이라 말할 수 있겠다. 민법에서 사적자치와 공공복리의 개념과 위상에 관한 논란[2]은 마치 자유주의와 공동체주의의 오래된 힘겨루기를 연상시킨다. 실체법인 형법과 절차법으로서 형사소송법을 아우르는 형사법 관점에서는 민법과 다르게, 사적자치는 최고의 지도원리로 상정되지도 않고 하나의 세부원칙이나 제한원리로도 자리하지 못한다. 그 이유는 무엇일까? 민법은 사법이고 형사법은 공법이어서 당연히 다른 것인지, 아니면 본질적으로 형사법에는 애초에 사적자치의 주체로서 개인이 상정될 여지가 없는 것인지는 아직까지 우리가 충분히 검토해보지 못한 문제이다.[3] 그 이유 가운데 하나는 아마도 형사법에서 사적자치의 자리를 갈음하는 원리로 '국가형벌권'(國家刑罰權)이라는 개념이 오래전부터 입지를 굳히고 있기 때문인지도 모르겠다.

법익에 대한 침해를 범죄로 규정할 때 그 침해에 상응하여 응보 또는 예방을 위해 부과하는 강제적인 수단을 형벌이라 부른다. 침해된 법익에 대해 불이익한 반대급부를 강제로 부과함으로써 일차적으로는 침해받은 법익주체를 보호하고 나아가 공동체의 법질서를 유지하며 정의를 실현한다는 점에서 형벌권의 의의를 찾는다. 범죄에 대한 법률효과로 부과하는 제재는 비록 헌법에 근거를 둔다고는 하나 대상자의 의사에 반하여 강제적으로 부과되는 까닭에, 특정 개인이나 단체가 아니라 국가가 그 행사 권한을 가지는 것이 당연시되고 있다. 즉 형벌은 공(公)형벌이자 국가형벌staatliche Strafe을 의미하는 것으로 이해된다.[4] 그에 따라 피해자나 그 가족이 행하는 사

---

2) 우리 민법의 최고 이념이자 지도원리가 사적자치인지 공공복리인지에 관하여, 둘의 관계 설정면에서 사적자치를 최고 이념으로 두고 공공복리를 제한원리로 수용하는 입장과 그 제한원리인 공공복리가 이제는 최고 이념으로 자리한다는 입장 간에 약간의 시각 차가 존재하는 것으로 알려진다. 어쨌든 개인의 자율성, 시민의 자유에 기반한 사적자치를 민사 법률행위와 법률관계의 기초로 삼겠다는 점에는 이견이 없을 것이다. 양창수, 민법연구 제10권, 박영사, 2019, 182-187면 참조.

3) 홉스가 프랜시스 고돌핀에게 쓴 헌사에는 국가 권력의 확대가 요구되는 시점에서 이를 경계하며 시민의 자유를 확대하려 고심한 흔적이 남아있다. 토마스 홉스/진석용 역, 리바이어던 1, 나남, 2008, 10면.

4) 이재상 · 장영민 · 강동범, 형법총론 제9판, 박영사, 2017, 571면.

(私)형벌은 이른바 린치Lynch로서 형법상 정당방위나 자구행위, 정당행위와 같이 위법성이 조각되는 예외적인 경우를 제외하고는 원칙적으로 금지된다. 즉 형사법의 영역에서 특히 형벌과 관련하여서는 개인의 자율성이나 사적자치라고 할 만한 지점이 극도로 축소되어 있다. 그리고 사적자치의 공백을 메우면서 그 부재를 정당화하는 논리로 제공되는 것이 범죄와 형벌에 대한 국가의 독점적 지배권한을 뜻하는 국가형벌권이다.

개인의 자유 또는 권리 측면에서 사적 보복을 허용할 때 발생하는 부작용들은 국가형벌권이라는 당위에 힘을 보탠다. 개인이 갖고 있는 복수 능력과 의지, 방법의 차이로 인해 범죄에 상응해 균일한 형벌을 확보하기 곤란하다는 점, 그 결과 범죄 책임에 비하여 과도하거나 때로는 과소한 형벌이 행사될 여지가 있다는 점은 어렵지 않게 예상할 수 있다. 무엇보다 범죄에 대한 복수로 행해지는 사적 형벌에는 다시 복수가 뒤따를 수 있다는 점에서 사형벌은 복수의 악순환을 배태하고 있다. 이 과정에서 개인은 불필요한 피해, 과도한 피해, 억울한 피해, 지속적인 피해를 입게 된다. 국가형벌권은 사형벌이 갖는 이 같은 부작용과 위험을 차단하고, 범죄 책임에 비례한 공정하고 균등한 제재를 통해 사회 정의와 질서를 유지한다는 근본적인 입장을 확보함으로써 형벌 독점에 대한 비판을 무력화시키고 그 존재 이유를 과시하게 된다.

Ⅱ. 국가형벌권은 범죄피해자를 보호하는가?

복수에 관한 개인의 권리를 국가가 가져간다는 측면에서 국가형벌권은 그 권리를 국가에 양도하고자 하는 개인의 임의성 있는 동의나 승낙 위에서 정당화된다. 범죄피해자를 포함하여 개인이 가진 권리의 양도 또는 위임은 사회계약의 일환으로 설명된다.[5] 주권자의 권리는 선거 · 투표와 같은 사회계약의 형식으로 대표자에게 위임되면서 개인의 권리가 국가 또는 대표자에게 양도되는 모양새를 띤다. 그 뒤에는 위임 · 양도받은 주권자의 권

5) 법의 효력근거로서 강제, 승인, 정의 및 그 관계에 관하여 김석, 법철학 소프트, 박영사, 2015, 42-44면.

리를 국가나 대표자가 온전히 주권자의 추정적 의사에 따라 주권자의 이익을 위해 행사했는지를 묻게 된다. 국가권력이 그 자체를 옹호하기 위해 자가발전을 한 것은 아닌가, 주권자인 본인의 이익을 위해서가 아니라 대리인에 불과한 국가권력의 이익을 위해 자기목적적인 방향으로 권한을 전용한 것은 아닌가 하는 물음은 국가형벌권에도 똑같이 제기된다.

형벌은 피해자 개인의 측면에서는 범죄에 대한 복수로서 응보와 함께 생명·신체·재산적 피해에 대한 회복을 중심으로 조망된다면, 국가 측면에서는 피해자의 응보권을 위탁받아 대행하는 외에 사회의 질서유지 및 정의실현, 범죄예방에 대한 고려에 중점을 두게 된다. 종래 형법이론이 전제로 삼고 있던 자유주의 형벌관은 응보를 중심으로 한 개인에 대한 위하(威嚇)에 관심이 쏠려있는 반면, 형벌을 통해 공동선bonum commune을 실현해야 한다고 보는 공동체주의 형벌관은 예방을 포함하여 국가의 적극적 개입 가능성을 담지하고 있다.[6] 형벌이 정의를 실현하고 범죄예방에 기여한다는 공동체적 관점은 개인이 아닌 국가가 형벌을 맡아야 하는 이유를 숨김 없이 드러낸다. 즉 형벌의 집행에는 많은 자원과 에너지가 투입되어야 하는데, 적법절차를 준수하면서 공정하고 인권친화적인 형벌 집행을 구현하기란 복수심을 떨쳐내지 못한 개인으로서는 감당하기 쉽지 않아 보인다는 것이다.

그런데 이런 이유들로 형벌권이 국가의 독점적 권한으로 자리하면서 범죄피해자는 자신이 갖던 고유한 권리를 놓쳐버리게 되었다. 형벌에 피해자 개인을 대신하여 복수해준다는 응보적 관점은 남아있지만, 국가형벌권의 실현 과정에서 공동선의 추구가 자연스레 그 이념의 중심으로 이동하게 되었다. 사회질서와 정의에 관한 공동체적 관점이 부각될수록 피해자 개인의 복수감정, 피해회복에는 관심이 멀어지게 되었다. 피해자는 범죄로 인한 형벌을 추구하는 과정에서 더 이상 당사자가 아니며 주변인으로 잊혀지게 되었다. 수사와 기소, 공판과 판결, 형집행에 이르기까지 형사사법의 전 과정

6) 니콜라 레이시/장영민 역, 국가형벌론: 정치적 원리와 공동체 가치, 한국형사정책연구원, 2013, 29면 이하는 응보와 예방을 포함한 전통적인 형벌의 정당화 논의를 살펴보면서, 공동체적 관점에서 형벌을 정당화하는 논거에 주목한다(219면 이하).

에서 당사자로서 피해자는 찾아보기 어려워졌다. 실체진실발견을 위한 사법절차의 객체이자 그 절차에서 의견진술을 할 수 있는 고소인, 참고인, 증인일 뿐이다.

국가형벌권 체계가 확고하게 자리잡은 이후에 국가의 관심은 범죄자인 가해자를 효과적으로 처벌하고 응보, 예방하는 데 집중되어 왔다. 형사사법의 체계와 정책방향도 그에 맞춰 가해자 중심으로 구조화되고 가해자의 절차적 권리와 이익을 보호하기 위한 쪽에 치중되었다. 피해자는 국가형벌권의 관심 밖으로 밀려나 스스로 홀로서기를 해야 했다. 그렇게 시간이 흘러오면서 이제는 범죄와 형벌이 범죄자를 중심으로 구조화된다는 이 공식에 전에 없던 균열이 보이기 시작한다. 범죄피해자의 피해는 온전히 개인의 몫으로 남아야 하는가 하는 점에 근원적인 물음이 제기된다. 범죄피해자가 갖는 권리, 특히 피해회복을 향한 요구는 형벌권을 실현하는 절차에서는 구제받을 수 없고 가해자에 대한 손해배상청구와 같은 민사절차를 따로 밟아야만 하는가? 국가형벌권 시스템 아래에서 피해자의 권리를 확보하고 보장하기 위한 제도적 방편은 무엇이며, 둘 사이의 불협화음은 어떻게 조율해야 하는가? 범죄로 침해받은 법익주체로서 피해자가 입은 피해를 진정으로 회복시킬 방법은 무엇인가? 범죄로 피해를 입고 회복하지 못한 피해자와 응보와 예방을 양손에 쥐고 사회적 정의를 구현하는 국가 가운데 형벌권의 진짜 주인은 누구인가? 공고한 성과 같았던 국가형벌권을 향한 물음이 꼬리를 물고 일어난다.

Ⅲ. 국가형벌권을 통한 가해자로부터 피해회복

피해자를 지원하고 권리를 보장해야 한다는 점은 세계 공통의 보편적 관심사이다.[7] 형사법에서 범죄피해자의 지위를 모색하는 것은 피해자의 정당한 권리를 되찾아주는 일에 귀착된다. 이에 따라 피해자의 권리보호를

7) Thomas Weigend, „Internationale Entwicklungen bei der Stellung des Verletzten im Strafverfahren“, in: Stephan Barton · Ralf Kölbel (Hrsg.), *Ambivalenzen der Opferzuwendung des Strafrechts: Zwischenbilanz nach einem Vierteljahrhundert opferorientierter Strafrechtspolitik in Deutschland*, Nomos 2012, S. 29 ff.

위한 절차상 보장, 소송주체로서 피해자의 지위에 대한 재인식, 그리고 이들과 필연적으로 결부된 범죄피해에 대한 복구·지원이 법적·정책적 과제로 부상하게 되었다.[8] 형사절차에서 피해자의 처분권과 통제권, 참여권과 방어권이 주요 대상이지만, 그보다 결정적인 것은 피해자가 범죄로 입은 생명·신체·재산상 손해를 전보(塡補)하는 것이다. 범죄피해를 입은 사람에게 국가에 의한 가해자의 처벌, 즉 복수와 응보를 더 원하는지 아니면 피해에 대한 손실을 복구해주는 원상회복을 원하는지 묻는다면, 매우 많은 피해자가 가해자에 대한 처벌을 포기하고라도 손해에 대한 원상회복을 희망한다고 보고된다.[9] 이 점에서 피해자의 권리보호를 실질적으로 확보하기 위한 방법으로 피해배상이나 원상회복Wiedergutmachung이 중요한 의미를 가진다. 범죄피해는 직접 가해자인 범죄자로부터 우선적으로 소구되어야 한다. 현재는 그 수단으로 국가의 형벌권 행사와 별도로 피해자가 개인적으로 민사절차를 통해 가해자로부터 직접 손해배상을 받도록 내몰린다. 이를 일부나마 타개하고자 형사절차에서 손해회복을 도와주는 제도로는 그 단계에 따라 조정과 화해, 배상명령 등이 있다.

범죄피해자 보호법은 기소전 단계에서 피해회복을 도모하기 위한 형사조정 제도를 두고 있다. 형사조정(刑事調停)은 지역사회 분쟁조정 프로그램의 하나로 검찰수사단계에서 고소사건 및 일반형사사건의 피해를 회복하도록 돕고 피의자와 공정하고 원만하게 화해할 수 있도록 지원한다.[10] 형사조정이 성립되면 그 결과를 검사가 형사사건을 수사하고 처리할 때 고려할 수 있도록 한다(법 제44조). 조정에 따라 고소가 취소되거나 합의서가 작성된 사건은 각하 처분하고, 범죄 혐의가 인정되어 수사를 진행하는 경우 감경 처분할 수 있다.[11] 다만, 조정이 성립된 경우에만 적용되므로 가해자에

8) Thomas Weigend, „„Die Strafe für das Opfer"? Zur Renaissance des Genugtuungsgedankens im Straf- und Strafverfahrensrecht", *RW* 2010, S. 39 ff.

9) Jörg-Martin Jehle/원혜욱 역, "독일 피해자학의 신경향", 피해자학연구 제9권 제2호(2001), 65면.

10) 검사는 피의자와 범죄피해자의 신청 또는 직권으로 수사 중인 형사사건을 형사조정에 회부하여 각 지검(지청)에 2명 이상으로 구성된 형사조정위원회의 조정을 받도록 할 수 있다(법 제41조). 형사조정에 회부할 수 있는 형사사건은 제한적이다(범죄피해자 보호법 시행령 제46조, 법 제41조 제2항).

11) 형사조정위원수는 전국에 약 2,800명이고, 형사조정의뢰건수는 연간 약 11만건(전체 사건

게 조정을 압박하게 되는 부작용이 없지 않고, 조정이 성립되어도 강행규정이 없어 필요적 혜택은 없고 여전히 기소편의주의에 종속된다는 지적이 가능하다.

형사조정으로 피해자에게 얼마만큼의 피해회복을 가져왔는지는 합의금액과 합의사항 이행으로 가늠해볼 수 있다. 조정 결과를 보면 합의금을 통한 피해회복이 대다수를 이루지만 일부는 합의금 없이도 합의가 성립되어 관계회복에도 유의미한 성과를 보인다. 합의가 성립된 사건은 대체로 검찰 단계에서 사건이 종결된다는 점도 유리한 지점이다. 소송 등 후속 절차를 거치지 않고 조정으로 사건이 해결되면 사건당사자로서는 시간적으로나 경제적으로 이익이며 형사사법기관도 자원을 절감할 수 있다. 형사조정의 내실화를 위하여는 조정제도를 형사소송법에 두면서 형사조정전담기구를 설치하고 합의 이행을 담보할 수 있는 장치에 더해 조정이 성립된 가해자에 조건부 기소유예와 같은 감경혜택을 명시하여 조정에 대한 유인을 높여야 할 필요가 있다.[12)]

형사소송절차상 화해(和解)는 피해자가 가해자와 합의한 경우 그 합의사실을 공판조서나 판결문에 기재하여 판결과 같은 수준에서 권리를 인정해주는 것으로 2005년 소송촉진법 개정으로 도입된 제도이다. 형사피고사건에서 피고인과 피해자 사이의 민사상 다툼에 관하여 합의한 경우에 계속 중인 1심 또는 2심 법원에 공동신청하여 합의사실을 공판조서에 기재하는 경우, 민사소송법상 화해와 마찬가지로 확정판결과 같은 강제 집행력을 가지도록 한다(법 제36조 제1항, 제5항). 화해제도를 통해 피해자는 민사소송을 거치지 않고 신속하고 편리하게 피해를 회복할 길이 열린다. 다만 피해자가 가해자와 합의한 것을 법원에서 공적으로 확인해주는 것 외에 법원이나 전문 조정가, 또는 지역사회 전문가가 합의 과정을 도와준다거나 합의 후

대비 약 5.5%)이며, 2020년 기준 조정성립률은 51.6%로 나타난다. 법무연수원, 2021 범죄백서, 2022, 211면. 2017년 기준 합의가 성립된 사건 중 합의금 있는 건은 79.1%, 합의금 없는 것은 17.8%이고, 형사조정으로 합의가 성립된 사건 중 86.6%(불성립은 32.5%)가 불기소되었다. 이동원 · 황태정, "형사조정제도에 대한 평가", 조균석 편, 회복적 사법의 실천과 과제, 박영사, 2021, 152면, 158면.

12) 조정제도의 발전방향으로 조균석, "검찰과 회복적 사법－형사조정제도", 위의 책, 133-139면.

배상을 받을 수 있는 절차적 과정에 개입하여 지원하는 내용은 없다. 화해제도는 배상명령과 더불어 현행법체계에서는 사법적으로 피해자의 손실 회복을 실질적으로 구현할 수 있는 방편이지만 이런 점에서 한계를 보인다.[13)]

피해자 보호 측면에서 피해자가 입은 재산상 손해를 변상하여 원상회복을 돕는 제도로는 민법상 불법행위에 대한 손해배상책임(제750조)과 함께 1981년 도입된 소송촉진법상 배상명령(賠償命令)이 대표적이다. 형사와 민사를 동시에 진행하면서 이른바 민형사가 패키지로 융합되어 피해자 권익을 증대시키는 제도가 배상명령이다. 배상명령절차는 법원이 피해자나 상속인의 신청이나 직권으로 피고인에게 피고사건의 범죄행위로 발생한 손해의 배상을 명하는 절차를 말한다(법 제25조). 배상명령은 유죄판결의 선고와 동시에 하고 가집행을 붙일 수 있다. 공소제기된 일정한 범죄의 피해자가 그 손해배상청구권을 당해 형사재판절차에 부대하여 행사하는 제도라는 점에서 법정된 특수한 소송형태라고 할 수 있으며,[14)] 부대소송, 부대사소(附帶私訴)라고 불린다. 이는 범죄행위로 피해자에게 손해배상청구권이 발생한 경우 형사절차에서 형벌과 통합하여 판단할 수 있다는 이점이 있다. 별도 민사소송의 번거로움과 민사소송에서 다른 결과가 나올 위험을 피하면서 신속하게 피해를 변상받을 수 있다.[15)] 즉 간편하고 신속한 피해자의 피해회복이라는 점에서 의미를 갖는다.[16)]

그러나, 형사소송이 피해자 구제를 위한 절차가 아니므로 그 이념과 절차가 민사소송과 준별되어야 한다는 점, 형사소송에서 손해배상을 명하도록 하면 법관에게 추가심리 부담을 주어 재판의 복잡화와 절차상 지연을 초래한다는 점 등을 들어 배상명령의 이념은 실현될 수 없는 무의미한 제

13) 형사절차에서 화해제도의 보완과 피해자-피고인 조정제도의 도입 모색으로 박기쁨, 형사재판에서의 회복적·치료적 사법에 관한 연구, 사법정책연구원, 2021, 229면 이하. 형사화해제도를 활용하여 회복적 사법을 시범실시한 내용은 같은 책, 209면 이하 및 임수희, "형사재판과 회복적 사법", 앞의 책(주 11), 176-186면.

14) 이주원, 형사소송법 제4판, 박영사, 2022, 753면.

15) 피해자의 이익에 도움이 될 뿐 아니라, 소송경제를 꾀하고 판결의 모순을 피할 수 있다는 점, 궁극에는 사법절차와 기관에 대한 국민의 신뢰를 높일 수 있다는 점에서 사법정책적으로도 유익하다는 지적이다. 이재상·조균석·이창온, 형사소송법 제13판, 박영사, 2021, 917면.

16) 대법원 2012.8.30. 선고 2012도7144 판결; 대법원 2013.10.11. 선고 2013도9616 판결.

도라는 비판이 제기되기도 한다.[17] 이 같은 비판은 현재와 같이 형사소송이 대중화, 고도화된 시대에는 적절하지 못하다. 이는 법관, 법원, 국가를 중심으로 사법제도를 운영하는 주체의 시각에서 내보일 수 있는 어려움이나 비정합성 문제이지, 사법제도를 이용하는 법률소비자의 입장에서 인출된 것이라 할 수 없다. 관점을 전환해서 피해자 입장에서 보자면 배상명령은 편의성이 상당한 제도이다. 여러 소송을 거쳐야 하는 시간적, 경제적 번잡함을 피하고, 국가 주도로 범죄와 형벌을 다투는 형사소송에서 범죄피해와 배상금액을 일괄 결정하여 신속하게 피해회복을 도모할 수 있다. 남소를 예방하고 모순된 판결을 막을 수 있다는 점에서는 정책 운영면에서도 손해라고 할 수 없다. 배상명령제도가 활성화되지 못한 현실은 제도의 설계방식이나 요건에 대한 단계별 제한, 사건적체로 인한 직권 배상명령의 기피 및 재량 각하의 유인과 같은 공판 여건의 부실함, 피해자나 피고인의 인식 부족 등에 기인하는 것일 뿐, 배상명령제도 자체의 이념이나 취지가 잘못된 탓이라고 할 수 없다.

현행 배상명령제도는 일정한 한계를 보이고 있다.[18] 배상명령의 대상은 일정 범죄에 한정되고, 배상명령의 범위는 직접적인 물적 피해와 치료비 손해 및 위자료 배상에 제한된다(법 제25조 제1항).[19] 이러한 제한을 뚫고 확정된 배상명령 또는 가집행선고가 있는 배상명령이 기재된 유죄판결서 정본은 집행력 있는 민사판결서 정본과 동일한 효력이 있지만(제34조 제1항),[20] 민사판결과 같은 기판력이 없으므로 피고인이 강제집행단계에서 청

17) 이재상·조균석·이창온, 형사소송법 제13판, 918면.

18) 배상명령제도의 현상과 개선에 대한 논의로 차성안, “배성명령 활성화 입법에 대한 평가와 그 시사점”, 저스티스 제182권 제1호(2021), 335면 이하.

19) 배상명령의 대상은 범죄면에서 피해의 범위와 존부를 판단하기 비교적 용이한 상해·폭행, 과실치사상, 절도·강도, 사기·공갈, 횡령·배임, 성폭력 등 일정 범죄에 유죄판결을 선고한 경우로 한정된다(소송촉진법 제25조 제1항). 다만, 그 외의 범죄에서도 피고인과 피해자 사이에 합의된 손해배상액에 대하여는 배상을 명할 수 있다(제25조 제2항). 그 밖에도 배상신청은 일정한 경우 각하될 수 있고(제32조), 배상명령을 할 수 없는 소극적 요건도 존재한다(제25조 제3항). 배상신청은 민사소송의 소 제기와 동일한 효력이 있으므로(제26조 제8항), 피해자는 피고사건의 범죄행위로 인하여 발생한 피해에 관하여 다른 절차에 따른 손해배상청구가 법원에 계속 중일 때에는 배상신청을 할 수 없다(제26조 제7항). 이들 예외규정을 적극적으로 활용함으로써 배상명령 활성화에 또 다른 제동이 걸린다.

20) 다만, 배상명령이 확정된 경우 피해자는 그 인용된 금액의 범위에서 다른 절차에 따른 손해배상을 청구할 수 없다(제34조 제2항).

구이의의 소를 제기할 경우 피해자는 다시 민사소송을 진행해야 하는 한계가 있다.[21)] 피해자의 낮은 신청률과 함께 법원의 낮은 인용률도 배상명령의 한계로 지적된다.[22)] 그에 더한 본질적인 문제는 이 모든 절차를 거쳐 배상명령이 확정되고 집행단계에 이르렀더라도, 피고인이 무자력(無資力)인 경우에는 달리 방도가 마땅하지 않다는 점이다.

Ⅳ. 국가형벌권을 통한 국가로부터 피해회복

민사적 성격의 배상명령제도에는 이처럼 일정한 한계가 따르는데, 바로 해당 가해자의 경제적 능력, 즉 손해를 배상해 줄 수 있는 자력에 종속된다는 것이다. 범죄자가 배상할 자력을 갖추지 못한 경우 이는 별도의 민사절차를 거치더라도 마찬가지 문제에 봉착할 것이므로, 이 점에서 국가를 향한 범죄피해자구조청구권과 그에 따른 범죄피해자 보상제도가 특별한 의미를 갖는다. 헌법은 타인의 범죄행위로 인하여 생명·신체에 대한 피해를 받은 국민이 국가로부터 구조를 받을 수 있는 범죄피해자구조청구권을 보장하고 있다(제30조). 이는 범죄피해에 대해 특히 경제적인 측면에서 국가가 부조해주는 것이다. 범죄피해는 일차적으로 개인이 감수해야 할 부분이라고 할 수도 있지만, 국민의 세금으로 치안을 담당하고 있는 국가가 질서유지와 범죄예방을 효과적으로 수행하지 못한 결과에 대해 일정한 보상을 통해 책임지는 것이 온당하다는 점에서도 국가형벌권에 따른 피해회복 필요성과 함께 지지를 받고 있다. 공동체주의나 공리주의적 입장에서도 국가가 사회질서와 정의분배의 관점에서 책임을 부담하는 형태는 권장되고 있다.

국가가 피해자를 구조할 책임이 있다고 보는 또 다른 이유는 범죄에 대한 투쟁과 형사소추권을 국가가 독점하고 있다는 점에서 찾을 수 있다. 즉

21) 박기쁨, 앞의 책(주 13), 150면.

22) 2020년 기준 배상명령사건 현황을 보면 변화가 엿보이기도 한다. 신청건수는 2018년 이전에 비해 2-3배가 넘는 26,754건에 이르며, 인용률은 종전 30% 내외에서 49.8%까지 높아졌다. 배상명령액은 1,021여억 원에 달한다. 그럼에도, 건당 인용액은 100만 원 이하 소액이 대부분이고 인용 사건도 인터넷 사기나 보이스피싱 같은 사기범이 90% 이상을 차지해 편재된 모습을 보인다. 법무연수원, 2021 범죄백서, 2022, 201면.

범죄에 대한 수사, 기소, 재판 및 그 결과로서 형벌을 국가가 독점하는 국가형벌권 체제로부터 범죄피해자에 대한 구조 책임도 국가가 져야 한다는 정당성이 도출된다. 범죄에 대한 예방, 억제, 제재를 국가가 실질적으로 책임지고 있는 구조에서는 범죄로 야기된 피해에 대한 구조도 국가가 맡아야 한다는 것이다. 이에 따라 범죄피해자 보호법은 생명 · 신체를 해하는 고의 범죄행위로 사망, 장해, 중상해를 입었으나 피해의 전부 또는 일부를 배상받지 못하는 경우 등에 피해자에 대한 실질적인 구조를 위하여 국가가 구조금을 지원하도록 한다. 이들 경우에 피해자 등이 범죄피해 구조금을 신청하면 범죄피해구조심의회 결정을 거쳐 유족구조금, 장해구조금, 중상해구조금을 각 일시금으로 지급한다(법 제3조, 제16조, 제17조, 제24조에서 제26조). 다만, 구조금 신청과 지급에는 일정한 제한이 뒤따른다.[23] 지급되는 구조금도 전체 범죄피해를 고려한다면 매우 한정적이라 할 수 있다.[24]

범죄피해자 보호법에 따른 범죄피해 구조금 지급과 범죄피해자 지원법인에 대한 보조금의 교부(법 제34조)[25] 등에 필요한 자금을 조성하기 위하여 2010년부터 범죄피해자보호기금법을 제정하여 범죄피해자보호기금운용심의회를 두고 법무부장관이 기금을 운영하고 있다(법 제5조, 제7조). 범죄피해자보호기금은 형사소송법에 따른 벌금 수납액, 범죄피해자 보호법에 따라 대위 취득한 구상금, 정부 외 자가 출연 또는 기부하는 현금 · 물품 · 재

23) 즉 피해의 전부 또는 일부를 배상받은 경우뿐 아니라, 구조대상 범죄피해를 이유로 국가배상법이나 다른 법령에 따른 급여 등을 받을 수 있는 경우, 손해배상을 받은 경우 등에는 구조금을 지급하지 아니한다(법 제20조, 제21조). 또, 구조피해자와 가해자 사이에 일정한 친족관계가 있는 경우, 구조피해자가 범죄와 관련된 특정한 행위를 한 때 등에는 구조금의 전부나 일부를 지급하지 아니한다(제19조 참고). 구조금은 구조대상 범죄피해 발생을 안 날로 3년, 범죄피해 발생일로부터 10년 이내에 신청해야 한다(제25조).

24) 2010년 범죄피해자 보호법이 개정되면서, 구조금 대상이 확대되고 지급요건도 완화되었다. 구조금액은 피해 당시 월급액이나 월실수입액 또는 평균임금을 기준으로 유족구조금은 24개월~48개월, 장해구조금과 중상해구조금은 2개월~48개월 범위에서 정한다(법 제22조). 범죄피해 구조금은 2020년 기준 최근 5년간 1,300여건이 처리되어 약 498억 원이 지급되었다(지급 결정률 91.2%). 법무연수원, 2021 범죄백서, 2022, 204면. 연평균 100억 원 내외가 지급되었지만 전체 범죄피해자를 상정할 때 지극히 적은 액수라 할 수 있다.

25) 범죄피해자 지원법인을 통하여 민간에 의한 범죄피해자 보호 · 지원을 활성화하기 위하여 2005년 이래 전국 검찰청(지청)별로 약 60개소의 '범죄피해자지원센터'가 설립되어 활동하고 있다. 범죄피해자에 대한 상담, 경제 · 의료지원, 신변보호 등의 활동을 하며, 최근에는 전화 및 방문상담, 자조모임 등 회복 프로그램 지원을 전개하고 있다.

산, 기금 운용 수익금으로 조성한다(법 제4조). 이에 따라 현재는 형사소송법(제477조 제1항)에 따라 집행된 벌금에 100분의 8을 곱한 금액을 정부가 기금에 납입하도록 한다(법 제4조 제2항, 시행령 제2조 제1항). 범죄피해자보호기금법이 재정적 확충을 가져와 범죄피해자구조제도에 활력을 불어넣은 것은 사실이지만, 우리의 피해자구조 수준은 여전히 부족하고 낙후되어 있다고 평가된다.

범죄피해에 관련된 각종 통계를 살펴보면, 피해자나 가족이 입은 정신적 고통과 충격에 대한 심리적 치유를 차치하고 물적 손해나 치료비, 위자료와 같은 직간접적 손해에 대하여도 원상회복은 만족할 만큼 이뤄지지 못하고 있음을 알 수 있다. 국가가 피해자로부터 형벌권을 가져가서 대행한다고는 하나, 범죄에 직접 기인한 응보적 욕구 외에 실질적인 피해에 대한 경제적 회복은 제대로 채워주지 못하고 있다. 범죄피해자에 대한 국가의 보호와 구조는 언제나 미완이지만, 특히 피해회복의 면에서는 많이 부족하다. 범죄피해자는 수사와 재판과정에서 사생활 노출과 같은 2차 피해를 겪으면서도 가해자의 재범우려나 복수위협으로부터 안전함을 느끼지 못한다. 그 와중에 피해회복을 위해 위축되고 불안한 상태에서 가해자를 찾아 다시 민사소송을 제기하며 위험에 정면으로 맞서도록 요구받는다. 국가에 의한 구조가 전면화되지 못한 채 원상회복이 요원하다보니 한편에서는 민간의 도움을 기대하기도 한다. 범죄피해자에 대한 민간차원의 구조제도는 독일의 바이써링Weisser Ring[26]과 같은 자발적이고 능동적인 구조참여와 비교적 충분한 기금을 통한 부조활동을 예상하지만, 현실은 또한 녹록치 않다.

Ⅴ. 원상회복과 회복적 사법

형사절차의 각 단계에서, 범죄 및 피해 유형별로, 피해자를 지원하는 방법에 따라 범죄피해자를 보호하고 그 권리를 보장하기 위한 다양한 시도들이 있어왔다. 범죄로 생겨난 피해는 반드시 피해자에 대한 물질적 배상으

26) 독일 Weisser Ring 웹페이지(*http://weisser-ring.de*) 참조.

로만 복구되는 것은 아니다. 피해자와 가해자의 자발적 참여를 통해 당사자 사이 진솔한 대화와 같은 접촉, 가해자의 책임인정 및 피해자와의 화해로 범죄로 인한 갈등이 해소되거나, 가해자의 사회봉사나 수강명령 참여로 지역이 입은 피해를 회복하는 경우와 같이 피해자의 물질적 손해를 가해자의 자력을 통해 만족시키지 못하는 경우라도 실질적인 피해회복이 가능할 수 있다. 국가와 공공기관뿐 아니라 민간에서, 시설내외를 막론하고 사회적 처우를 포함하여, 사법절차에 피해자를 중요한 관점으로 놓고 피해자 보호 및 피해회복을 지원하려는 이념 또는 그 프로그램을 일컬어 형벌에 기초둔 전통적 사법모델인 응보적 사법restitutive Justice에 대응하여 회복적 정의 또는 회복적 사법restorative Justice이라 지칭한다.[27)]

회복적 사법은 피해자와 가해자, 지역사회 구성원과 같은 특정 범죄사건에 직접적인 이해관계를 가진 관련자들이 범죄로 인한 문제해결에 적극 참여함으로써, 피해자와 지역사회가 입은 손실을 복구하고 범죄 이해관계 당사자간 재통합을 추구하는 일체의 과정을 의미하게 된다.[28)] 회복적 사법의 이념을 실현하기 위한 대표적 제도로 피해자–가해자 화해 프로그램VORP이 제시된다. 피해자–가해자 화해는 피해자–가해자 회합VOC을 중심으로 가족 회합family conference, 써클circle 모델 등을 통해 피해자와 가해자, 지역사회가 범죄로 발생한 손실을 복구하고 갈등을 화해한다는 회복적 사법의 제도적 표현이다. 회복적 사법의 스펙트럼은 매우 다양하기 때문에 그 안에 포섭되는 개념이나 용어, 제도나 프로그램은 원상회복 또는 피해회복에 한정되지 않는다. 회복적 사법 프로그램 가운데에는 가해자가 피해자가 입은 피해를 회복시켜준 경우에 형벌을 감면하여, 적극적으로 손해를 배상하도록 동기를 부여하고 가해자의 능동적인 참여 유인을 제공하려는 시도도

27) 하워드 제어/손진 역, 우리 시대의 회복적 정의: 범죄와 정의에 대한 새로운 접근, 대장간, 2019, 254면 이하는 이들 두 가지 관점(lense)을 대비하며 회복적 사법으로의 이행을 주장한다(피해자-가해자 화해 프로그램 소개는 189-207면). 형사절차 단계별 회복적 사법 프로그램은 UNODC/김재희 외 역, 회복적 사법 프로그램을 위한 핸드북: 유엔 형사사법 핸드북 제2판, 박영사, 2021, 41면 이하(회복적 사법의 실무 지침은 81면 이하).

28) 김혜정, “범죄피해자보호의 영역에서 ‘피해자–가해자 화해제도’의 의미에 관한 고찰: ‘피해자–가해자 화해제도’와 ‘회복적 사법’의 개념을 중심으로”, 법조 제55권 제4호(2006), 87면. 회복적 사법의 정의에 대한 서로 다른 입장은 김혜정, “피해자지원과 회복적 사법”, 앞의 책(주 11), 74-77면 참조.

존재한다.

독일은 1994년부터 형법 제46조a에서 가해자–피해자–화해Täter-Opfer-Ausgleich; TOA 및 손해 원상회복Schadenswiedergutmachung이라는 제명으로 피해자–가해자 화해 프로그램을 도입하고 있는데, 특히 피해에 대한 배상을 형벌의 감면에 연동시킨 것이 특색이다.[29] 즉 행위자가 자신의 범행으로 인한 피해를 원상회복하거나 이를 위해 노력한 경우 행위자의 형을 감경하거나 면제할 수 있도록 한다.[30] 이때 원상회복은 주로 피해보상을 의미하지만 넓은 의미에서 가해자–피해자 사이의 화해도 포함한다. 우리도 소송촉진법상의 화해와 달리, 소년법에서는 판사가 소년에게 피해 변상 등 화해를 권고하여 피해자와 화해하면 보호처분에 고려할 수 있도록 하는 제도를 두고 있다(제25조의3). 이 같은 가해자와 화해를 통해 피해자의 상처를 치유하고 손해를 회복시키는 제도는 여러 측면에서 이점이 많은 것으로 여겨지지만, 시스템의 정당성 확보와 원활한 활용을 위해서는 정교한 운용의 기술도 필요하다.

형사재판과정에 형벌과 연계한 가해자–피해자 화해제도를 도입하려면 현행 배상명령과 같은 구조를 우선 생각해볼 수 있지만, 배상명령의 한계를 극복하기 위한 제도적·실무적 보완도 병행되어야 한다. 가령 법원에 의한 직권조정이나 화해는 자칫 양형을 담보로 하여 행위자에게 경제적 배

29) 독일 형법 제46조a는, 행위자가 다음 각 호에 해당하는 경우 법원은 제49조 제1항에 따라 형을 감경할 수 있으며, 1년 이하의 자유형 또는 360일수 이하의 벌금형을 초과하지 않은 형은 면제할 수 있다고 한다. 각 호란 "1. 행위자가 피해자와 화해에 도달하기 위한 노력(가해자–피해자–화해)으로 자신의 범행 전부 또는 대부분을 원상회복했거나 원상회복을 위해 진지하게 노력한 경우, 또는 2. 손해의 원상회복이 행위자의 상당한 개인적인 급부 또는 개인적 권리의 포기를 요하는 경우에 행위자가 피해의 전부 또는 대부분을 배상한 경우"를 가리킨다. 독일 연방법원 판례 및 적용상 한계 분석은 Natalie Richter, *Täter-Opfer-Ausgleich und Schadenswiedergutmachung im Rahmen von § 46a StGB*, Duncker & Humblot 2014, S. 68 ff.

30) TOA에 대한 비판은 Bettina Noltenius, „Kritische Anmerkungen zum Täter-Opfer-Ausgleich", *GA* 2007, S. 509 ff. 형사정책적 배경에서부터 이 조항의 의미, 그 적용에 있어 실무상 문제점과 함께 원상회복에 대한 피해자의 이해관계를 어느 정도까지 고려하는 것이 형법의 임무와 조화될 수 있는지 등 TOA 시행 20년을 돌아본 평가로 Bernd-Dieter Meier, „Täter-Opfer-Ausgleich und Schadenswiedergutmachung im Strafrecht: Bestandsaufnahme zwanzig Jahre nach der Einführung von § 46a StGB", *JZ* 2015, S. 488 ff.

상을 강요한다는 인상을 줄 수 있다. 일반 국민에게는 금전으로 행위자에 유리하게 형벌을 조정할 수 있다는 잘못된 메시지를 전할 수도 있다. 법원이나 전담기구에서 형사화해 프로그램에 관여한다면 국가가 주도하여 형벌을 거래한다는 오해를 피하고자 신중하고 소극적인 접근을 할 것으로 예상된다. 화해를 다루는 형사재판에서는 소송당사자와 사건관계인이 주도가 되어야 하며, 법원은 중립적인 입장에서 제도를 안내하고 화해를 지원하며 분위기를 조성하는 역할에 방점을 둬야 한다. 이 점에서는 원상회복에 대한 피해자의 의사와 함께 형벌 감면으로 유인이 되든 안 되든 화해를 향한 가해자의 의지가 결정적인 요소가 된다.

Ⅵ. 응보적 정의와 회복적 정의의 조화

가해자−피해자 화해 제도는 피해회복을 반영한 형벌 결정의 방향을 보여주는 맹아로서 의미를 가진다. 국가형벌권의 확립으로 복수와 응보에 대한 요구는 잦아들었지만, 한편 피해회복에 대한 욕구는 충족되지 못하고 있다. 사정이 이렇다보니 국가형벌권을 통해 국가가 범죄에서 파생된 이득을 가져가는 경우 이를 지켜보는 피해자의 마음은 편치 못하다. 예를 들어 범죄사건의 실질적인 당사자인 피해자를 제쳐두고 국가가 가해자로부터 벌금을 거둬들이는 것을 보면 피해자 입장에서는 근본적인 의문이 인다. 피해자는 그 범죄로부터 아직 구제받지 못하고 피해를 안고 살아가야 하는데, 국가형벌권에 부수한 수입인 벌금은 국가가 거의 독식한다면 피해자의 피해는 어디에서 누구로부터 구제받을 수 있는가 하는 의문이다. 물론 국가형벌권을 운용하는 데에는 수사와 재판을 비롯해 각 절차별·기관별로, 또 교정시설과 같은 형집행 단계에서 막대한 비용의 투입이 요구되며, 벌금액은 이들을 포함해 범죄예방을 위한 다양한 활동에 재투자될 것이다. 응보와 정의는 형벌로, 범죄피해로부터 회복은 민사로 하도록 칸막이가 나눠져 있다지만, 가해자를 상대로 민사상 손해배상을 청구할 권리만으로는 범죄로 인한 피해회복이 온전히 담보되지 못한다. 형사와 동떨어져 형벌의 압박이 사라진 민사에서 피해회복을 받기 위해 가해자의 자력이나 협조를 이끌어낸다는 것은 피해자가 추가로 확보해야 하는 어려운 과제가 되기 때문이다.

범죄에 대응한 부산물로 형벌권을 구현하는 과정에서 민·형사의 분리 체계에 기인한 어려움을 완화하려면 일정한 수준에서 민사상 손해배상을 형사적 제재, 즉 형벌에 결부시키는 방안을 모색할 필요가 있다. 고대 형벌 체계에서도 속죄금이라 하여 가해자가 피해자에 금전으로 배상함으로써 형벌을 갈음하거나 감경하는 제도가 있었다.[31] 이 속죄금의 성격은 배상명령과 유사하게 형사에 민사를 통합한 형태를 띤다. 그렇지만 배상명령은 형벌에 직접 연계되지 못한 관계로, 또 제도의 운용상 한계로 원상회복에 이를 만큼 충분한 효과는 보이지 못하고 있다. 이에 배상명령제도를 보완하거나 개선하여, 또는 가해자-피해자 화해제도를 도입하여 형사사건에서 피해자가 원상회복을 추구할 수 있는 통합형 제도가 요구된다. 가깝게는 가해자의 배상에 따라 자유형이나 벌금형 같은 형벌을 조정해주는 방안을 생각해볼 수 있다. 이때는 피해자뿐만 아니라 소송 당사자로서 피고인과 검사의 의견을 수렴해서 동의에 준하는 합의에 이르러야 할 것이다.[32] 장기적으로 보자면, 국가형벌권 시스템을 손질해서 피해자가 범죄피해로부터 원상회복을 받을 권리를 자유형이나 벌금형과 같은 국가형벌권의 확보와 병렬적으로 보장하는 인식의 전환을 고려할 수 있다.

형벌권을 국가가 독점하는 시대에서 피해자와 균점하고 공유하는 시대로의 전환이다. 피해자에 대한 시혜적 보호조치, 그것도 한정된 예산 범위에서 제한적으로 지원되는 범죄피해자 보호법에서와 같은 분절된 파편적 방편에 만족하지 않고, 범죄피해자의 권리와 피해회복을 위한 토탈 솔루션을 제공해주는 법체계로의 동력 전환이 요구된다. 형벌권 행사에 피해자의 입장을 충실히 반영하면서 피해자의 권리를 제도적으로 보장하는 통로가 넓고 크게 마련되어야 한다. 이는 범죄의 성립과 형벌의 결정을 위한 국가

31) 윤일구, 고대법의 기원: 함무라비 법전, 한국학술정보, 2015, 32면.

32) Jutta Bader, *Legitime Verletzteninteressen im Strafverfahren: Eine kritische Untersuchung der Rechtslage und Vorschläge de lege ferenda*, Springer (2019)는 형사절차에서 공정성과 무죄추정과 같은 헌법합치적 지위를 모색하면서(SS. 72-80), 피고인의 권리와 균형을 이루는 가운데 피해자에 대한 절차적 보호가 이뤄져야 함을 강조한다(S. 143).

형벌권의 행사 전반에 걸쳐 피해자의 의견을 주요한 관점으로 고려하는 것에서부터 시작한다. 배상명령의 전면 확대나 피해자 손실보상금으로 전환, 가해자－피해자 화해제도의 도입은 피해회복과 형벌 결정이라는 국가형벌권의 유기적 관계를 재정립하는 결과를 가져온다. 특히 현재 8% 정도 수준에서 지원하는 벌금액을 원칙적으로 피해자의 손실복구와 피해구조를 위해 전면적으로 사용할 수 있도록 하는 획기적인 전환이 필요하다. 형벌에 결부하여 배상명령을 부과한다는 차원에서는 배상명령을 이행하는 조건으로 형벌을 유예하거나 감경하는 방안이 검토되어야 하고, 벌금액을 피해회복에 우선 배정한다는 차원에서는 벌금액을 배상명령이나 그 밖의 피해회복 금원으로 할당하는 절차적 방안이 모색되어야 한다.[33] 형사재판에서 유무죄·양형 판단과 동시에 내려지는 배상명령이나 벌금형을 피해회복에 소용하는 것과 같은 방식을 확대하면 형벌과 배상 사이에 중첩 현상이 생길 수 있다. 이 경우 형벌이 배상을 수반하는 모양새를 띠지만, 그렇더라도 배상이 형벌의 중심으로 여겨지지는 않을 것이다. 가해자－피해자 화해제도를 전면 도입하여 형사절차의 어느 단계에서라도 가해자로부터 피해자와 화해가 이뤄진다면, 피해회복 조건부로 각종 형의 감면 및 유예를 제도화할 수 있다. 여기에는 기소유예나 불기소처분, 자유형에 대한 선고유예와 집행유예, 벌금형에 대한 집행유예를 포함하여 형벌 전반에 걸친 연계를 상정할 수 있다.

Ⅶ. 국가형벌권의 미래

복수를 중심으로 한 응보형 형벌은 개인이 하든 국가가 하든 그 근간이 변함없이 유지되고 있다. 국가형벌권의 역사 안에서도 생명형이나 신체형과 같은 잔인하고 비인도적 형벌을 지양하는 것처럼 일부 변모된 부분도 있지만, 형벌권을 구현하는 과정에서 피해자 참여를 제한하고 형벌을 통해서는 실질적 피해회복을 도모할 수 없도록 한 지점에서는 달라진 구석이

33) 간략히는 장응혁, "범죄피해자 보호·지원 기본계획과 배상명령제도", 경찰법연구 제20권 제1호(2022), 92면.

없는 셈이다. 국가형벌권의 정립으로 범죄피해에 대한 구제 창구는 개인에서 국가를 통한 공적 구제로 옮겨갔다. 그러나 이는 형벌을 통한 복수라는 부문에 한정되었을 뿐, 원상회복과 같은 실질적 피해구제는 여전히 피해자 개인에게 맡겨져 있다. 국가가 형벌권을 독점하느니만큼 피해전보에 있어서도 상응하는 공적 구제를 보장해야 하겠지만, 현실의 여건은 그러하지 못하다.

배상명령을 위시하여 피해자구조를 위한 각종 제도를 통해 회복받는 피해의 비율이나 정도를 고려할 때 범죄피해자가 겪는 결핍감, 증거수집과 증명책임면에서 민사소송 및 손해배상절차에서 직면하는 난이함, 높은 변호사 비용과 법률서비스 이용에의 진입장벽 등은 범죄피해로 발생한 손해를 회복시킬 수 있는 만족할 만한 제도적 대안의 부재를 상징한다. 이들은 모두 국가형벌권에 부합하는 국가의 피해구조체제가 구비되어야 할 당위성을 피력하고 있다. 국가형벌권 문제에서 우리 과제는 형사법에서 국가형벌권과 피해자의 권리 가운데 어느 하나를 취사선택하거나 공고히 하는 데 그치지 않고 서로 상충되는 것처럼 보이는 양자의 입장을 존중하며 두 방향에서의 요구를 정합적으로 조율하는 길을 찾는 일이 될 것이다. 그 방향은 적어도 일부라도 국가형벌권의 순일성과 엄숙함을 낮추며 확보한 그 공간에 개인의 정당한 권리로서 피해자의 권리를 되찾아 돌려주는 쪽이어야 한다. 국가형벌권을 통해 공동선을 실현하는 것이 중요하지만 한편에서 개인의 자율과 자치에 기반한 개인권에 대한 존중과 보호도 절실하다.

범죄피해자의 복수할 권리를 국가가 가져갔다는 점에서 국가에게는 범죄피해로부터 회복받을 개인의 권리를 보장할 책무가 생긴다. 범죄로 인한 피해의 원상회복은 개인이 알아서 할 문제로 방기해두고만 있을 수 없고 국가의 책임 또는 국가의 의무로 재구성되어야 한다. 국가형벌권이 취하고 있는 응보적 정의 모델에 피해자를 실질적 당사자로 고려하는 회복적 정의 모델이 조화롭게 융화되어야 한다.[34] 국가형벌권의 전향적 미래는 국가중

34) 범죄피해의 회복과 피해자의 정의를 추구하는 회복적 정의의 영역은 형사사법의 본래의 기능과는 부합하지 않는 면이 상당하므로 형사사법절차를 통하여 회복적 정의를 적극적으로 추구하는 것은 형법의 최후수단성 원칙의 취지와는 맞지 않는다는 점에서 형사사법절차와는 별개의 차원에서 정책적으로 다뤄지는 것이 효과적일 것이라는 지적으로 이용

심의 형벌권을 마감하고 사적 복수의 시대로 돌아가자는 말이 아니다. 국가형벌시스템이라는 기조를 유지하더라도 실질에 있어 피해자라는 개인의 공간을 확보하는 노력이 필요하다. 피고인과 검사라는 형사절차에서 당사자주의를 보완하여 형벌의 실현과정에 피해자가 참여하는 기회와 형태를 늘리고, 형집행의 여부와 그 방식의 결정에 피해회복에 관한 피해자의 의사를 존중하는 방향으로 변화가 요구된다. 특히 피해자의 권리를 보장하면서 실질적인 피해회복이 이뤄질 수 있도록, 형사조정 · 형사화해 · 배상명령 등의 현행 제도들의 요건과 보장내용을 확대하고, 가해자－피해자 화해제도를 형사절차 전 단계에 정착시키며, 국고에 대부분 귀속되는 벌금형에 따른 수입을 범죄피해자에게 적정한 수준까지 우선 배분하는 정책적 결단이 기대된다. 국가형벌권에서 공동선의 추구와 더불어 피해자라는 개인을 발견하고 그 권리를 보호하기 위해 국가형벌권을 정합적으로 조정하는 방법을 찾는 일, 그 방향이 곧 국가형벌권의 미래이자 피해자로부터 형벌권을 가져간 국가가 책무를 다하는 길이라고 여겨진다.

식, “회복적 정의와 형사사법 정의: 두 정의의 절충은 가능한 것인가?”, 동아법학 제54호(2012), 440면.

31

형사절차의 현재와 미래

윤동호

국민대학교 법과대학 교수

2005년에 공소사실의 동일성 판단기준과 죄수 및 경합론의 관계로 박사학위논문을 취득한 이후 형법의 죄수 및 경합론과 형소법의 사건 개념에 지속적인 관심을 갖고 있다. 형소법의 사건 개념이 동적 개념임에도 불구하고, 그 판단기준은 형법의 죄수 및 경합론에 의존할 수밖에 없다는 생각으로, 이를 논증하는 작업을 하고 있다.

그런데 죄수 및 경합 판단이 어렵다. 그 이유는 엄벌주의 경향을 배경으로 다양한 개별법률을 통해서 범죄 목록을 증가해왔기 때문이다. 그래서 형사특별법을 체계화하는 작업을 하고 있다.

2007년부터 대학에서 학생들 앞에 서서 법적 정의를 말할 때는 법적 정의가 발견되는 것이라고 생각했다. 그러나 점점 그 생각이 바뀌어가고 있다. 법적 정의는 만들어가는 것이라고. 어떤 관점에서 설 것인지에 따라 법적 정의는 달라진다고.

Ⅰ. 형사절차의 본질

1. 신중해야 할 범죄 성부 판단

반가운 사람을 만나 격하게 껴안으면 폭행죄로 처벌될까. 안긴 사람이 반가움보다 불쾌함을 크게 느껴 고소라도 하면 그렇다. 맥락을 고려하지 않으면 그럴 수 있다. 대화 도중 흥분해서 단순히 상대방의 멱살을 잡는 정도도 폭행죄에 해당할까. 그렇다. 시민의 신체의 안전을 위해서 '사람의 신체에 대하여 폭행을 가한 자'를 처벌하는 규정을 둔 것인데, 이 규정으로 인해 멱살을 잡거나 껴안은 또 다른 시민의 인권이 제한될 수 있다. 형법을 해석하고 적용할 때 신중해야 하는 이유이다.

어떤 행위가 형법이 금지하는 범죄에 해당하는가. 사실 그 판단은 간단하지 않다. 사실관계 확정에 오류가 없어야 하고, 이를 전제로 법의 문언(文言)에서 출발하되 여기에 얽매이지 않고 행위의 맥락과 상황은 물론 입법의 취지를 고려하여 판단해야 한다.

2. 형사사법의 독립성과 중립성

형사사법절차는 어떤 행위가 형법이 금지하는 범죄에 해당하는지 판단하는 절차를 말한다. 이로써 범죄인을 단죄한다. 형사사법 또는 형사절차는 형사사법절차를 줄인 말이다.

본래 사법이란 분쟁에 대한 최종적 법적 판단을 하는 것이고, 그 본질은 기관의 독립성과 업무의 중립성에 있다. 그래서 법관으로 구성된 법원이 사법권을 행사한다. 헌법은 법관의 신분과 그 직무활동의 독립성을 보장하고 있기 때문이다.

형사사법권을 법관만 행사하는가. 그렇지 않다. 물론 현행 형사절차를 구성하는 수사, 기소, 재판을 모두 법원이 하던 때가 있었다. 그런데 법원의 업무 부담이 과도했다. 재판은 수사와 기소를 확인하는 의미에 머물렀다. 그래서 재판에서 수사와 기소가 분리되고,[1] 이어 수사와 기소도 분리되

1) 이석배, "독일의 검찰 탄생과 법무부장관의 지휘권", 형사법연구 제26권 제4호(2014.12.

어 현재에 이른 것이다.

Ⅱ. 형사절차의 현재와 전환 필요성

1. 검찰 주도의 현행 형사절차

수사, 기소, 재판 3단계로 구성되는 현행 형사절차는 검찰이 주도하고 있다. 수사는 대부분 경찰이 담당한다. 그런데 강제수사에 관해서는 검사의 통제를 받는다. 강제수사에 관해서는 법원의 영장이 필요한데, 영장청구권을 검사가 독점하고 있기 때문이다.

경찰의 종료된 수사에 대해서 검사의 기소 여부 판단을 통해서 검찰의 통제가 이루어진다. 기소 여부를 판단하는 권한은 검사에게 있다. 검찰이 기소하지 않으면 법원은 사건을 심리할 수 없다. 이를 불고불리원칙(不告不理原則)이라고 한다. 한 해 평균 200만건이 형사절차에서 처리되는데, 검찰은 이 가운데 50%인 100만건을 불기소처분으로 처리한다. 불기소처분의 30% 이상이 기소유예처분이다. 이는 형소법 제247조가 규정한 기소편의주의에 근거한다. 검사는 형법 제51조의 사항을 참작하여 공소를 제기하지 아니할 수 있다. 기소편의주의는 기소법정주의에 견줄 수 있는 개념으로서 정확히 말하면 기소재량주의이다. 검사에게 법관과 같은 사법적(司法的) 역할을 기대하고 있는 것이다.

나머지 100만건 중 약 65만건도 검찰의 판단에 의존하는 약식절차로 처리된다. 약식절차로 진행되는 재판은 서류재판이다. 약 35만건이 정식재판절차로 처리된다. 정식재판절차는 공개된 법정에서 구두(口頭)로 이루어지는 절차이다. 결국 한 해 처리되는 약 200만건의 형사사건 중 약 165만건인 약 83%가 검찰의 판단에 의존하는 셈이다. 범죄 성부판단의 어려움을 검찰이 주로 감당하고 있다고 말할 수 있다. 형사사건 10건 중 8건은 검찰이 좌우한다는 뜻이기도 하다.[2)]

---

30), 156면 이하.

2) 윤동호, “고소·고발사건 전건입건법제에서 선별입건법제로”, 비교형사법연구 제22권 제1호(2020.4), 180면.

2. 형사절차의 재편 필요성과 방향

출구전략에서 입구전략으로 형사사건처리체계의 전환과 형사절차의 재편이 필요하다.[3] 현재는 경찰이 수사를 마친 후 범죄 혐의가 있다고 판단한 사건은 모두 검사에게 송치되고 있다. 범죄 혐의가 없다고 판단하여 불송치한 사건도 검찰의 검토를 받고, 불복절차를 통해서 사건이 검찰로 넘어갈 수 있다. 그래서 고소·고발의 남발과 민사사건의 형사사건화 경향이 나타났고, 형사사건 처리에 대한 형사사법기관의 부담이 과도해졌다. 이런 부담을 줄이기 위해 검찰로 송치된 사건 중 일부는 검사단계에서 종결하거나 구약식으로 간이하게 처리하고, 정식절차로 간 사건도 간이공판절차로 진행한다. 이들 사건도 대부분 집행유예로 종결함에도 불구하고, 교도소의 과밀수용은 해결되지 않고 있다. 보호처분 내지 보안처분이 부과되는 사건들도 많아서 보호관찰관의 업무부담도 심각하다. 신속하고 간이한 다양한 형사절차를 두고, 국민참여재판을 원칙이 아니라 예외로 한 것은 이런 사정 때문이다.

형법의 비대화가 심각하다. 비범죄화 전략과 함께, 경찰이 재량권을 합리적으로 행사하도록 하여 형사사건처리의 초기단계에서 형사사건의 전체 숫자를 줄여야 한다. 입구전략이다. 형법의 보충성원칙에 충실하여 검사를 거치면서 법정으로 가는 사건을 최소화하고, 법정에 간 서민의 사건에 대해서도 공판중심주의에 충실할 필요가 있다. 현행체계에서는 사건을 무조건 형사절차 안으로 들어오게 한 후에 신속한 처리를 위해 쫓기다 모두 엉성하게 처리된다고 볼 수 있다. 현행 즉결절차, 약식절차, 간이공판절차, 국민참여재판절차 등 다양한 절차를 새롭게 재편할 필요가 있다. 형사절차 안으로 들어오는 초입 단계에서 사건을 통제하고, 이후 점차로 경찰과 검찰을 거치면서 사건을 줄여나가면서 재판절차로 가는 사건을 최소화하여 이들 사건을 엄정하고 신속하게 처리할 필요가 있다. 이것이 형법의 보충

3) 윤동호, “사법경찰관의 ‘1차적 수사종결권’의 법제화 방안”, 형사정책 제30권 제2호(2018.8), 118면 이하.

성원칙에도 부합하고 범죄예방의 관점에서 더 옳지 않을까 생각한다.

현행체계가 모든 사건을 다 받아서 어떻게 하면 빨리 내보낼까를 고민하는 신속한 출구전략이라면, 새로운 체계는 사건을 받을 때부터 엄격하게 통제하고 그 이후 절차로의 진행도 쉽지 않게 하는 엄격한 입구전략이라고 할 수 있다. 이렇게 해야 형사절차의 본질이라고 할 수 있는 엄격성이 유지되고, 고소인·고발인이 원하는 결과를 얻기가 쉽지 않게 되며, 그래야 고소·고발사건을 줄일 수 있으며 형사사건 처리에 대한 부담에서 다소 벗어날 수 있다.

3. 형사사건 처리 권한과 부담의 분산

2021년은 검찰이 주도하는 형사절차에 변화가 시작된 해다. 1954년 형사소송법이 제정된 후 67년 만이다.[4] 첫째, 검·경 상호협력적 수사체제로 전환된다. 종전에는 상명하복의 지휘관계였다. 형소법은 '검사와 사법경찰관은 수사, 공소제기 및 공소유지에 관하여 서로 협력하여야 한다'고 규정한다. 둘째, 검찰의 수사권이 제한된다. 검찰청법은 검찰의 수사권을 부패범죄, 경제범죄, 공직자범죄, 선거범죄, 방위산업범죄, 대형참사사건, 경찰공무원범죄, 이들 범죄와 경찰이 송치한 범죄의 관련범죄로 제한한다. 셋째, 경찰 수사의 독립성과 1차적 수사종결권 확보이다. 검사의 직접 수사 대상 범죄가 아닌 범죄에 대해서는 경찰이 1차적 수사권을 갖는다. 경찰은 고소·고발 사건을 포함하여 범죄를 수사하였는데, 범죄혐의가 있다고 인정하면 지체 없이 검사에게 사건을 송치해야 하지만, 범죄혐의가 없다고 인정하면 불송치할 수 있으나, 검사의 통제를 받아야 한다. 넷째, 고위공직자범죄수사처(공수처)가 신설된다. 고위공직부정부패범죄에 대한 수사권은 공수처 검사에게 있고, 고위공직부정부패범죄를 범한 사람이 사법권력자(대법원장, 대법관, 판사, 검찰총장, 검사, 경무관급 이상 경찰공무원)이면 공수처 검사에게 기소권까지 있다. 공수처의 출범으로 검사는 앞으로 검찰청 검사와 공수처 검사 두 가지 의미를 갖게 되었다. 공수처 검사의 등장으로 검찰청

4) 윤동호, "수사권 개혁의 한계", 국민대학교 법학논총 제33권 제3호(2021.2), 122면 이하.

검사의 기소독점주의가 깨진 것이다.

2021년 변화의 명분은 검찰개혁이었다. 그러나 범죄 성부 판단은 매우 어려운데, 우리 사회의 범죄 목록은 빠른 속도로 증가하고 있다. 범죄와 형벌의 과잉이다. 형사사법자원은 한계가 있다. 어려운 사건이 갈수록 늘고만 있는 것이다. 그러니 형사사건 처리의 부담은 세계 공통적인 현상이다. 그 부담을 어느 한 기관이 과도하게 감당하는 것은 사건처리의 효율성과 공정성에 문제가 된다. 2021년 시작된 형사절차의 변화 방향은 옳다. 향후 형사절차는 형사사건 처리 권한과 부담을 더 많이 나누는 방향으로 설계될 것이다.

Ⅲ. 형사절차의 미래

1. 검찰의 수사권 제한과 공소 전담 기관화

검찰의 수사권은 2022년 9월부터 그 대상이 부패범죄, 경제범죄, 경찰공무원범죄, 공수처 수사관의 범죄, 이들 범죄와 경찰이 송치한 범죄의 관련범죄 등으로 더욱 제한된다. 아울러 검찰청법은 경찰이 송치한 범죄를 제외하고 검사는 자신이 수사 개시한 범죄에 대하여는 공소를 제기할 수 없도록 한다. 수사와 기소 분리원칙을 검찰청법에 명시한 것이다.

> **검찰청법** 제4조(검사의 직무) ① 검사는 공익의 대표자로서 다음 각 호의 직무와 권한이 있다.
> 1. 범죄수사, 공소의 제기 및 그 유지에 필요한 사항. 다만, 검사가 수사를 개시할 수 있는 범죄의 범위는 다음 각 목과 같다.
> 가. 부패범죄, 경제범죄 등 대통령령으로 정하는 중요 범죄
> 나. 경찰공무원(다른 법률에 따라 사법경찰관리의 직무를 행하는 자를 포함한다) 및 고위공직자범죄수사처 소속 공무원(「고위공직자범죄수사처 설치 및 운영에 관한 법률」에 따른 파견공무원을 포함한다)이 범한 범죄
> 다. 가목·나목의 범죄 및 사법경찰관이 송치한 범죄와 관련하여 인지한 각 해당 범죄와 직접 관련성이 있는 범죄

2. – 6. 생략

② 검사는 자신이 수사개시한 범죄에 대하여는 공소를 제기할 수 없다. 다만, 사법경찰관이 송치한 범죄에 대하여는 그러하지 아니하다.

③ 검사는 그 직무를 수행할 때 국민 전체에 대한 봉사자로서 헌법과 법률에 따라 국민의 인권을 보호하고 적법절차를 준수하며, 정치적 중립을 지켜야 하고 주어진 권한을 남용하여서는 아니 된다.

그런데 향후 중대범죄수사청(중수청)이 신설되면 검찰이 이런 제한된 수사권조차 행사하지 않고, 기소권만 행사하는 기관으로 기능 변화가 예정되어있다. 이로써 수사와 기소가 완전히 분리되고, 검찰은 공소 전담기관으로서 수사기관의 판단에 대한 통제역할을 수행할 것이다.

2. 경찰의 수사재량권 강화와 경찰권 분산

경찰은 수사 후 범죄혐의가 인정되지 않는 사건만 불송치하고 있다. 그러나 앞으로는 범죄혐의가 인정되지 않는 사건은 아예 입건하지 않는 제도가 명문화될 것이다. 또한 범죄혐의가 인정되더라도 경미하거나 처벌의 필요성이 없는 사건은 송치하지 않을 수 있는 권한이 부여될 것이다. 이른바 경찰의 훈방권이 명문화될 것이다.[5] 이는 검찰이 행사하는 기소유예권한과 유사하다. 형사사건을 처리하는 초기 단계에서 처벌의 필요성이 없는 피혐의자는 신속하게 절차에서 벗어나게 하는 것이 피혐의자의 인권에 부합하고, 형사사법기관이 형사사건 처리의 부담을 더는 것이기 때문이다.

중수청이 신설되지 않고 경찰의 수사권이 확대되면, 경찰청에서 국가수사본부(국수본)의 조직과 인원 및 예산이 완전히 분리될 것으로 예상한다. 이렇게 되면 경찰이 행정경찰과 수사경찰로 기능적 분리가 확실하게 이루어지게 되는 것이다. 자치경찰이 확대·정착되고 자치경찰의 수사권이 강화되면 지방자치단체(지자체)의 특별사법경찰관(특사경)이 자치경찰에 흡수되면서 자치경찰도 경찰청에서 분리될 것이다.[6]

---

5) 윤동호, "사법경찰관의 '1차적 수사종결권'의 법제화 방안", 형사정책 제30권 제2호(2018.8), 124면 이하.

6) 검찰 개혁 이후 수사권 분산의 체계는 윤동호, "검찰개혁 이후 수사권 분산의 체계와 과

3. 공수처의 기능 변화

향후 공수처의 기능 변화도 예상된다. 수사·기소 분리원칙을 공수처도 피하기 어려울 것이기 때문이다. 이에 따라 공수처가 고위공직부정부패범죄에 대한 수사권만 행사하는 방안이나 고위공직부정부패범죄에 대한 수사도 신설되는 중수청이 담당하고 공수처는 공소권만 행사하는 방안을 생각해볼 수 있다.

그런데 공수처와 검찰이 공소권을 분담하여 행사하면서 상호 견제를 하는 것이 공소기능의 공정성과 합리성에 부합한다.

4. 형사사법에 시민참여 확대

사법적 판단의 (민주적) 정당성을 제고하기 위해서 형사사법에 시민참여 확대가 예상된다. 우선 수사권과 기소권의 변화에 따라 즉결심판절차와 약식명령절차를 통합하는 경미사건 처리절차가 마련되어 경미사건의 효율적 처리가 가능해지면, 국민참여재판절차의 확대가 가능해질 것이다. 아울러 수사기관이나 공소기관의 판단에 외부 시민위원회(예컨대 수사심의위원회, 공소심의위원회 등)의 역할이 강화될 것으로 예상한다.

형사사법에 대한 시민의 참여는 사법의 민주화 차원에서 의미가 있다. 다만 형사사법기관이 판단의 어려움이나 책임을 피하기 위한 수단으로 악용하는 것은 경계해야 한다. 사법의 민주화가 아니라 외주화로 변질될 수 있다.

5. 형사사건 처리에서 인공지능(AI)의 등장

형사사건 처리의 부담을 완화하는 차원에서 형사사법 업무를 지원하는 인공지능AI의 등장이 예상된다. 예컨대 멀지 않은 시기에 AI가 수사기관의 불입건결정서나 불송치결정서, 공소기관의 불기소처분서와 공소장, 법원의 재판서의 초안을 만들어주는 역할을 할 것으로 본다.

제−특사경과 자치경찰을 중심으로−", 형사정책 제31권 제3호(2019.10), 8면 이하 참조.

32

압수·수색의 미래

– 무인지능형 이동장치에 대한 압수·수색과 영장주의 –

류부곤

경찰대학 법학과 교수

국립한경대학교 법학과 교수를 거쳐 2017년부터 경찰대학에서 미래 경찰수사를 책임질 학생들을 대상으로 형법과 형사특별법을 강의하고 있다.

주로 형법이론에 관심을 가져서 범죄성립요건인 고의와 과실의 개념, 인과관계 및 특수한 범죄형태인 불능미수, 부작위범 등에 관한 연구를 수행해 왔으나, 최근에는 기술의 발전으로 변화하는 환경에 대처하기 위한 형사법적 연구의 필요성에 공감하여 블록체인, 가상자산, 무인자동차 및 메타버스와 관련한 연구를 다수 진행하고 있다. 저서로는 『특별형법』(공저)이 있다.

Ⅰ. 논의를 시작하며

바야흐로 인공지능의 시대이다. 고도의 학습능력과 판단력을 요구하는 바둑경기에서 당대 최고수준의 인간을 가볍게 제압하는 인공지능 프로그램을 목도한 인류[1]는 인간과 같이 사고하고 판단하는 '인간이 아닌' 존재를 상정하고 여러 법적인 논의를 시작했으며, 이러한 논의는 가장 '인간적인' 분야인 형사법의 영역까지 확장되고 있다.[2]

한편 우리 생활의 영역에서 인공지능 기술발전의 성과가 두드러지게 나타나는 영역이 교통의 영역이다. 주변의 데이터를 빠르게 처리하여 신속하게 기능적 판단을 내리는 인공지능기술은 자동차에 적용되어 '자율주행자동차'를 탄생시켰으며, 소형 비행장치에 적용되어 '지능형 드론'의 활용영역을 크게 확장시키고 있다. 이러한 '무인지능형 이동장치'의 탄생과 상용화는 인간을 운전과 조종이라는 업무영역으로부터 자유롭게 만드는 혁신적인 삶의 변화를 이끌어내는 동시에 법의 관점에서는 입법적 대처가 필요한 새로운 영역을 형성한다. 이미 자율주행자동차가 야기할 수 있는 교통사고에 대한 법적 책임의 문제와 관련된 보험정책의 문제에 대해서는 비교적 활발한 논의가 이루어지고 있다. 하지만 형사(절차)법의 차원에서는 본격적인 논의를 찾아보기 쉽지 않다. 무인지능형 이동장치가 범죄자나 범죄수단의 운송수단으로 활용되거나 테러 등 공공의 안전을 위협하는 범행의 수단이

---

1) 구글 딥마인드(DeepMind)가 개발한 인공지능 바둑 프로그램인 '알파고(AlphaGo)'가 2016년 3월 한국의 이세돌 9단과의 대국에서 승리했을 때 사람들이 받은 충격은 다소 과장된 면이 있다. 사람들은 바둑이라는 경기에서 심오한 철학적 깊이와 판단력을 떠올리지만 사실 바둑은 인간이 만들어낸 경기규칙 중 가장 수학적이고 평면적이자 정적인 경기이며, 알파고는 인간이 상상하기 어려운 수준의 경우의 수를 처리하여 확률이 높은 패턴을 빠르게 찾아내는 수학적 연산프로그램의 일종이다.

2) 형법학에서 형사책임은 '자유롭게 사고하고 행동하는 인간'을 전제한다. 인공지능의 형사책임에 대한 논의는 인공지능이 '자유롭게 사고하고 행동하는 존재'일 수 있다는 점을 전제하는 논의이다. 인공지능의 형사책임에 대한 최근의 논의로는 안성조, "인공지능 로봇의 형사책임–논의방향의 설정에 관한 몇 가지 발전적 제언", 법철학연구 제20권 제2호(2017); 김정연, "4차 산업혁명시대의 도래에 따른 형사책임과 공동체주의적 책임의 예비적 고찰–인공지능기반 자율기계의 침해결과에 대한 형사책임을 중심으로", 형사법연구 제30권 제3호(2018); 이원상, "인공지능 대응에 있어 형사법 이론의 한계", 형사법의 신동향 제59호(2018) 등 참조.

될 수 있다는 것은 쉽게 예상할 수 있지만, 이러한 위협에 대응하고 범죄수사를 수행해야 할 경찰 등의 국가공권력이 이러한 무인지능형 이동장치를 어떻게 다루어야 하는 것인지 대해서는 아직 논의가 표면화되지 못한 것으로 보인다. 가까운 미래에 상용화될 것으로 예상되는 무인지능형 이동장치에 대해 범죄수사를 위한 기본법인 형사소송법은 어떻게 적용될 수 있을 것인가? 이 글은 그중에서도 일정한 공간에 대한 '압수 · 수색'을 대상으로 하여 우리 헌법과 형사소송법이 규정하고 있는 영장주의가 어떻게 적절하게 구현될 수 있을지에 대해 생각해본다.

Ⅱ. 무인지능형 이동장치의 현황

1. 자율주행자동차의 정의와 현황

자율주행자동차는 일반적으로 운전자의 개입 없이 주변환경을 인식하고, 주행상황을 판단하여, 차량을 제어함으로써 스스로 주어진 목적지까지 주행하는 자동차를 말한다.

법적으로 "자율주행자동차"란 운전자 또는 승객의 조작 없이 자동차 스스로 운행이 가능한 자동차(「자동차관리법」 제2조 제1호의3)를 말하며, 기술적으로 자율주행자동차는 자동차에 탑재된 자율주행시스템(컴퓨터 프로그램과 알고리즘)과 기반기술(센서기술, 통신기술, 통합차량제어기술 등)을 이용하여 주행환경을 인식하고 그 판단결과에 따라 주행전략을 수립하여 차량을 제어하는 통합시스템을 의미한다. 기술적인 측면에서 자율주행자동차는 차량 내 센서만을 활용하는 Autonomous Vehicle_{AV}과 주변 차량 및 인프라와 통신을 하며 주행하는 Connected Vehicle_{CA}로 발전 중이었는데, 최근 두 가지를 혼합한 Connected & Automated Vehicle_{CAV} 형태로 진화중이다.

자율주행자동차의 운전자동화 단계[3]에 의할 때 현재는 Level 3(조건부 자동화, 특정구간 주행지원시스템) 단계의 자율주행차가 양산되고 있으며, 본격

3) 국제자동차기술자협회(SAEInternational)가 2019년에 제시한 '주행 자동화 레벨(Levels of Driving Automation).'

적인 무인자율주행이라고 할 수 있는 Level 4(고도 자동화) 단계의 자율주행차가 시험운영단계[4]에 있다. 자율주행자동차의 상용화는 1단계(상용화 초기 단계), 2단계(시장 진입 단계), 3단계(시장 확산 단계)로 나눌 수 있는데 현재는 1단계의 중간 단계에 있다고 할 수 있으며, Mckinsey&Company의 예상(2015)에 의하면 2030년 이전에 2단계에 진입할 것으로 예상된다.

2. 지능형 드론의 발전과 형사법적 위협

드론Drone은 개발 초기 단순히 무선통신기술로 수직이착륙과 일정거리의 무인비행을 통한 카메라촬영 등의 임무수행을 할 수 있는 소형비행장치의 일종이었으나, 인공지능기술과 자율주행자동차에 적용되는 센서 및 항법제어기술의 결합으로 자율주행자동차와 마찬가지로 '무인자율비행'을 할 수 있는 무인지능형 이동장치의 하나로 진화하고 있다.

드론은 현재까지는 주로 일정한 고도에서의 항공촬영과 소형물건의 운송용으로 사용되고 있지만 사람의 운송이 가능한 (마치 소형항공기와 같은) 드론의 시제품이 이미 출현하고 있어서 자율주행자동차와 같은 무인지능형 이동장치의 한 종류로 포섭해야 할 현실적인 필요성은 이미 충분하다.

형사법적 측면에서는 드론은 이미 위협적인 범죄의 수단이 되고 있다. 드론의 비행능력과 촬영능력을 이용하여 종래 발생하기 어려웠던 새로운 유형의 사생활침해나 불법촬영 사례가 발생하고 있으며, 세계 각지에서 드론은 테러의 주요 수단이 되고 있음은 주지의 사실이다.

Ⅲ. 무인지능형 이동장치에 대한 강제처분에 있어서 제기되는 문제

수사기관이 사전에 입수한 정보 등을 바탕으로 특정 자율주행자동차나 지능형 드론에 대하여 증거 등을 확보하기 위한 압수 · 수색영장을 집행하

4) 2022년 2월 10일부터 서울 상암동에서 '자율주행 택시'의 유상운행이 시작되었다. 관련기사: 쿠키뉴스 2022.2.10. 자 "'택시 반값' 자율주행 유상운송 서비스 시작." https://news.v.daum.net/v/20220210113103371

는 경우, 해당 장치나 공간에 운전자나 조종자가 존재하지 않는다는 사실은 형사소송법에 따른 적법성의 요건을 충족함에 있어 문제를 야기한다. 현행 형사소송법은 압수와 수색에 있어서 그 대상이 되는 '사람'을 전제로 하고 있으며, 특히 국가공권력의 강제처분은 사법적 통제를 받아야 한다는 헌법상의 원칙에 따라 법관이 적법하게 발부한 영장을 압수와 수색의 대상이 되는 사람에게 '제시'할 것을 적법한 압수·수색의 요건으로 부여하고 있다. 그러므로 운전자가 존재하지 않는, 운행 중인 자율주행자동차가 수색의 대상이 된 경우 영장의 제시라는 적법성의 요건은 어떻게 충족될 수 있는지가 일차적으로 문제될 수 있으며, 나아가 운전자는 없지만 승객은 존재하는 운송수단인 경우 해당 공간에 대한 강제처분의 대상자는 누가 되어야 하며, 만약 승객이 대상자가 된다면 승객에 대한 적법한 강제처분의 효력은 해당 운송수단 전체에 미칠 수 있는지 등의 세부적인 문제를 야기한다. 즉 무인지능형 이동장치에 대한 압수·수색의 적법성 요건에 대한 논의는 사람이 존재하지 않거나 사람의 영향력을 벗어나 독자적으로 존재하는 공간에 대한 강제처분의 적법성 요건에 대한 포괄적인 논의를 필요로 하게 되며, 이러한 논의는 우리 헌법이 규정하고 있는 영장주의의 본질적 취지가 무엇인지에 대한 고찰에서 시작해야 한다.

Ⅳ. 압수·수색에 있어서 영장주의의 본질적 의미와 영장제시요건

1. 헌법상 영장주의의 본질

헌법 제12조 제3항 본문은 "체포·구속·압수 또는 수색을 할 때에는 적법한 절차에 따라 검사의 신청에 의하여 법관이 발부한 영장을 제시하여야 한다. 다만, 현행범인인 경우와 장기 3년 이상의 형에 해당하는 죄를 범하고 도피 또는 증거인멸의 염려가 있을 때에는 사후에 영장을 청구할 수 있다"고 규정하여 형사절차에서 대인, 대물을 막론하고 수사기관의 강제처분은 법관이 발부한 영장에 의하여야 함을 명시하고 있으며, 마찬가지 취지로 헌법 제16조는 "모든 국민은 주거의 자유를 침해받지 아니한다. 주거에 대한 압수나 수색을 할 때에는 검사의 신청에 의하여 법관이 발부한 영장을 제시하여야 한다"고 하여 주거공간에 대한 압수·수색의 영장주의 원칙을 천명하고 있다.

위와 같이 헌법은 영장주의의 구체적 내용으로 i) 법관에 의한 영장발부, ii) 사전영장발부의 원칙, iii) 검사에 의한 영장의 신청과 iv) 영장의 제시를 규정하고 있으나, 영장주의 또는 영장제도의 정확한 개념이 무엇인지, 영장주의의 본질이 무엇인지는 헌법의 규정이나 선언만으로는 분명하지 않다.[5)]

비교법적으로 영장주의의 본질적 내용은 i) 일반영장 금지, ii) 법집행기관의 재량 제한, iii) 중립적이고 독립적인 법관에 의한 판단, iv) 영장발부의 요건으로 '상당한 이유'로 정리할 수 있다. 이러한 논의의 결론에 의하면 영장의 제시, 특히 원본의 제시라는 요건은 영장주의의 본질과는 거리가 있다.

2. '영장의 제시' 요건에 대한 형사소송법상의 해석론과 검토

형사소송법 제118조(영장의 제시와 사본교부)는 "압수·수색영장은 처분을 받는 자에게 반드시 제시하여야 하고, 처분을 받는 자가 피고인인 경우에는 그 사본을 교부하여야 한다. 다만, 처분을 받는 자가 현장에 없는 등 영장의 제시나 그 사본의 교부가 현실적으로 불가능한 경우 또는 처분을 받는 자가 영장의 제시나 사본의 교부를 거부한 때에는 예외로 한다"라고 규정한다. 이 규정은 종래 "압수·수색영장은 처분을 받는 자에게 반드시 제시하여야 한다"고 규정되어 있던 것을 2022년 2월 3일자로 개정한 것이다. 이러한 개정이 있기 전까지 피처분자가 부재중인 경우 영장제시 요건에 대해서는 다음과 같은 판례와 해석론이 전개되었다.

우선 대법원은 2017.9.21. 선고 2015도12400 판결에서 "형사소송법이 압

5) 최호진, "영장주의의 본질적 요소에 대한 법이론적 검토", 경북대 법학연구원 형사법센터 특별세미나 <형사소송법의 정상화> 발표자료(2022), 3면.

수·수색영장을 집행하는 경우에 피압수자에게 반드시 압수·수색영장을 제시하도록 규정한 것은 **법관이 발부한 영장 없이 압수·수색을 하는 것을 방지**하여 영장주의 원칙을 절차적으로 보장하고, 압수·수색영장에 기재된 물건, 장소, 신체에 대해서만 압수·수색을 하도록 하여 **개인의 사생활과 재산권의 침해를 최소화**하는 한편, 준항고 등 **피압수자의 불복신청의 기회를 실질적으로 보장**하기 위한 것이다"라고 하면서, "위와 같은 관련 규정과 영장 제시 제도의 입법 취지 등을 종합하여 보면, 압수·수색영장을 집행하는 수사기관은 피압수자로 하여금 법관이 발부한 영장에 의한 압수·수색이라는 사실을 확인함과 동시에 형사소송법이 압수·수색영장에 필요적으로 기재하도록 정한 사항이나 그와 일체를 이루는 사항을 충분히 알 수 있도록 압수·수색영장을 제시하여야 한다"고 하고, 나아가 "압수·수색영장은 현장에서 피압수자가 여러 명일 경우에는 그들 모두에게 개별적으로 영장을 제시해야 하는 것이 원칙이다. 수사기관이 압수·수색에 착수하면서 그 장소의 관리책임자에게 영장을 제시하였더라도, 물건을 소지하고 있는 다른 사람으로부터 이를 압수하고자 하는 때에는 그 사람에게 따로 영장을 제시하여야 한다[6]"고 영장제시의 의미와 구체적 적법요건에 대한 해석론을 정립하고 있다.

이러한 해석론의 취지는 현실적으로 현행 체제에서 영장을 발부받지 않은 불법적인 압수·수색이 행해질 여지는 거의 없고, 수사기관의 부당한 압수·수색 영장집행에 대한 불복절차인 준항고절차는 영장의 집행을 정지시키는 효과가 없다는 점(형사소송법 제409조, 제419조)에서 영장제시가 가지는 실질적인 의미는 피처분자로 하여금 영장집행의 대상과 범위를 정확하게 인지하도록 하여 영장의 범위를 벗어난 탈법적인 집행을 방지하도록 하는 것에 있다고 할 수 있다.

---

6) 그런데 이 판결의 취지가 수색의 경우 해당 공간에 존재하는 모든 사람에게 원칙적으로 수색영장을 제시하여야 한다는 것인지는 명확하지 않다. 이 판결은 피압수자의 경우만을 명시하고 있기 때문이다. 즉 해당 공간의 관리자에게 영장을 제시하였더라도 해당 공간에 있는 다른 사람의 물건을 '압수'하는 경우에 그 사람에게 '압수영장'을 제시해야 한다는 점을 명확히 기술한 것으로, 그 이전에 압수물의 대상자가 아니더라도 해당 공간에 존재하는 사람에게 수색영장의 제시가 필요한 것인지에 대해서는 명시적인 설명이 없다.

영장의 제시를 받아야 할 피처분자가 현장에 존재하지 않거나 참여할 수 없는 등의 사정이 있어서 영장의 집행시점에 영장의 제시가 현실적으로 불가능한 경우에는 어떻게 하여야 하는가의 문제에 대해 대법원은 **영장의 제시가 현실적으로 불가능한 경우에는 영장제시 요건을 갖추지 않아도 불법하지 않다**는 판단을 한 바 있다(대법원 2015.1.22. 선고 2014도10978 전원합의체 판결).

이러한 판례의 태도는 영장제시라는 요건의 실질적 의미, 즉 피처분자가 영장집행의 내용과 범위를 인지하도록 하여 탈법적인 영장집행을 방지하도록 한다는 취지를 강조하는 2017년의 판결태도와 부합한다고 볼 수 없고, 아울러 아무런 조건없이 영장의 제시를 의무로 규정하고 있는 형사소송법의 규정취지와도 어울리지 않는다. 일정한 의무가 조건없이 부여된 경우에는, 특히 그것이 개인의 기본권에 대한 침해를 정당화하기 위한 요건이라는 점에서 더더욱, 법적 불가능의 상태에 대한 판단은 엄격하게 이루어져야 한다. 그런 의미에서 단순히 피처분자가 현장에 부재중이라는 것을 영장제시의무가 면제될 수 있는 상황이라고 설명하는 것은 지나치게 형식적인 판단이고 영장제시의무가 가지는 중대한 법적 의미를 간과한 것이라고 할 수 있다. 영장제시의무가 가지는 법적 의미를 고려한다면 피처분자가 부재중이어서 현장에 참여하기까지 현실적으로 요구되는 시간이 당해 압수 · 수색의 수사상 목적과 효과를 현저히 저해할 정도에 이르러야 한다고 할 수 있다.

그런데 이러한 해석론은 영장의 제시라는 요건에 대해 '직접성'을 고수하는 것을 전제로 한다. 즉 영장의 원본을 압수 · 수색의 현장에서 직접 피처분자가 인지할 수 있도록 하는 것을 영장제시의 유일한 방법이라고 이해하는 것이다. 하지만 이에 대해 2017년의 판결에서 언급된 취지, 즉 영장제시 요건의 실질적 의미는 영장의 내용과 범위를 피처분자에게 인지하게 하는 것이라는 점을 방법적인 측면에서 좀 더 고려하여 영장의 제시가 영장의 내용을 인지하도록 하는 제반 방법으로 확대될 수 있고 그에 따라 영장제시가 불가능한 상황을 축소되게 하는 해석론의 확장을 생각해 볼 수 있다. 사회전반의 영역에서 전자문서의 사용이 일반화되어 있고 이러한 전자문서나 이미지의 전송과 내용확인이 개인의 보편적인 전자장치에 의하여 손쉽게 이루어질 수 있는 상황이므로 피처분자가 부재중인 상황에서 압수·수색의 적법요건을 충족하고 수사상의 목적 달성을 위하여 영장내용의 제시를 이러한 디지털 기술이나 전자문서 활용 등의 방법을 이용하여 행해지는 것이 가능하도록 해석범위를 확장하는 것이다. 물론 이는 영장제시의 방법에 대해 정본의 제시를 요구하는 현재의 대법원 입장과 배치된다.[7)]

Ⅴ. 무인지능형 이동장치에 대한 형사소송법상 압수·수색 영장집행절차

1. 무인 자율주행자동차의 경우

무인 자율주행자동차의 경우 우선 자동차 등록번호 등의 특정을 통해 압수·수색의 대상을 특정할 수 있는지 등, 특정을 위한 기술적인 검토와 이에 대한 입법적 대응방안의 모색이 필요하다. 그리고 주행 중인 자동차에 대해 집행하는 경우 현행법 하에서는 해당 자동차의 관리자(간수자[8)])에게 영장집행의 사실을 고지하고 압수·수색 현장에의 참여를 요청하는 조치가 우선되어야 할 것인데, 관리자의 참여가 근 시간 내에 이루어질 경우에는 그에게 영장을 제시하고 집행에 들어가면 될 것이고, 만약 관리자가 압수·수색을 거부하거나 참여에 현저한 시간이 소요되는 경우라면, 영장을 제시하지 않고도 압수·수색을 개시할 수 있다고 볼 수 있다. 이 과정에서 이러한 조치가 실질적으로 가능한지, 또 실질적인 어려움이 예상된다면 영장주의의 취지를 살리면서도 이 점을 반영할 수 있는 입법적인 보완방안을 모색해야 한다. 구체적으로 영장제시요건에 대한 해석론의 확장을

---

7) 하지만 이러한 시도는 이미 법적으로 이루어지고 있다. 2021년 10월에 제정된 「형사사법절차에서의 전자문서 이용 등에 관한 법률」은 제17조에서 체포, 구속, 압수·수색 영장 등을 전자문서의 제시, 전송 등의 방법으로 집행할 수 있음을 명시하고 있다. 이 법률은 2024년 10월부터 시행될 예정이다.

8) 만약 해당 자율주행차가 통신네크워크 시스템을 통해 중앙통제센터에 의해 집단적으로 관리되고 있는 것이라면 이 때의 간수자는 중앙통제센터의 운행관리책임자(혹은 이에 의해 개별적인 관리책임이 부여된 자)가 될 것이다.

받아들여 영장제시는 전자문서의 송부를 통해서도 가능하다면 관리자에 대한 영장의 전자적 송부를 통해 영장제시의 요건을 충족한 후 인근 공무원이나 공공단체 직원의 참여로 압수 · 수색을 개시하는 등의 방안을 적극적으로 고려해 볼 필요가 있다.

2. 유인 자율주행자동차의 경우

사람이 탑승하고 있는 유인 자율주행자동차의 경우, 그 사람이 해당 자동차의 관리인(간수자)인 경우에는 일반적인 자동차와 다를 바 없다. 하지만 무인택시의 경우와 같이 탑승자가 해당 자동차의 관리자가 아닌 경우에는 무인 자동차의 경우와 마찬가지로 관리자에게 영장집행 사실을 통보하고 참여하게 하는 절차가 선행되어야 하며, 승객이 탑승하고 있는 캐빈cabin이 수색의 대상이 된 경우에 수색영장을 탑승객에게 제시하여야 하는 것인지, 또 자동차의 나머지 공간(트렁크 등)에 대한 수색에 있어 탑승객이 영장제시의 대상이 되어야 하는 것인지 등의 쟁점이 검토되어야 한다. 이 점에 대해 자율주행자동차의 소유나 관리권을 우선하는 입장에서는 승객의 처분권이 제한적일 수밖에 없지만, 형사처분의 신속성이나 효율성 등을 감안하면 해당 운송수단을 이용하는 승객이 전체 공간에 대한 처분대상자가 되도록 입법적 합의를 하는 것이 필요할 것으로 생각된다.[9)]

3. 운항 중인 지능형 드론에 대한 압수 · 수색영장의 집행

자율성이 있고 공간으로서의 성격을 가진 드론에 대해서는 두 가지의 접근법을 생각해 볼 수 있다. 우선 드론을 무인 자율주행자동차와 같이 취급하는 방법이다.

일정한 크기 및 기능(화물 등의 자율운송기능)을 갖춘 경우 자율주행자동차와 마찬가지로 등록제를 시행하고, 이에 따라 등록번호 등을 이용하여 영장집행대상을 특정하고, 자율주행자동차와 같이 사법경찰관이 영장집행

9) 비교하자면 자율주행자동차를 이용하는 승객은 호텔의 객실을 이용하는 투숙객과 같은 지위에 있게 된다는 것이다.

을 실시할 수 있는 기술적 조치(경찰관의 신호에 의한 정지작용, 관리자에 대한 즉시 연락의 수단)가 행해져 있는 것을 전제로 해당 드론에 대한 영장을 집행하는 등의 방안이 검토되어야 한다.

다음으로 드론에 담겨있는 물건을 형사소송법 제107조에 의한 '우체물 등'과 같이 취급하는 방법이 있다. 형사소송법 제107조는 "법원은 필요한 때에는 피고사건과 관계가 있다고 인정할 수 있는 것에 한정하여 우체물 또는 「통신비밀보호법」 제2조 제3호에 따른 전기통신에 관한 것으로서 체신관서, 그 밖의 관련 기관 등이 소지 또는 보관하는 물건의 제출을 명하거나 압수를 할 수 있다"고 규정하여 우체물이나 전기통신에 의하여 송수신되는 대상에 대한 압수절차의 예외를 규정하고 있다.

드론에 의하여 운송되는 물건을 우체물로 간주(이에 대해서는 입법적인 보완이 필요할 것으로 보인다)하여 드론을 이용한 운송역무를 관리하는 기관 등에 대해 제출명령 등을 발하여 압수·수색이 이루어지는 것과 같은 효과를 실현할 수 있다. 이러한 방법은 드론에 대해 직접 압수·수색영장을 집행하기 위한 여러 기술적인 문제점들을 회피할 수 있는 장점이 있지만, 드론과 이를 이용한 운송행위를 우편이나 전기통신과 같은 공적 역무로 간주할 만한 사회적인 합의와 입법적 조치가 필요하다.

한편 단순한 기능적 도구로서의 드론에 대한 조치도 다음과 같이 고려해 볼 수 있다. 즉 드론이 자동차와 같이 일정한 공간성을 가진 대상이라고 할 만한 규모나 기능을 갖추지 못하고 단지 인간이 가지는 공간적 제약성을 확장하여 주는 역할만을 하는 경우(예컨대 카메라가 장착되고 일반적인 도심건물들의 높이를 넘지 않는 저고도와 단거리를 비행할 수 있는 소형 드론)에는 그 드론의 직접적인 조종자를 영장의 피처분자로 특정하고 그에 대해 영장제시와 참여 등의 요건충족을 위한 조치를 시행하고 영장을 집행할 수 있을 것이다. 만약 통신네트워크시스템에 의해 집단적인 조정과 통제를 받고 있는 드론이라면 그 중앙통제센터의 조정책임자 등이 영장집행의 대상이 될 것이다.

현실적으로는 해당 드론이 특정한 장소에서 법익침해행위(이를테면 주거침입이나 불법촬영 등의 행위)를 하는 것을 수사기관이나 피해자 등이 직접

인지하고 이에 대한 즉각적인 강제처분이 필요한 경우가 문제되는 대부분의 경우라고 할 수 있을텐데, 이 경우 해당 드론을 기술적인 수단을 이용하여 현장에서 포획하는 것이 가능한지가 문제된다.

우선 현행법 체계에서는 이것이 가능한 방법으로 현행범체포에 부수된 영장없는 압수·수색을 생각해 볼 수 있는데, 이 경우에는 드론의 조종자와 일정한 거리가 떨어진 드론의 법익침해행위가 일어나는 장소를 현행범체포제도에서의 범행장소로 볼 수 있는지 여부가 해결되어야 한다. 이에 대해 이러한 성격의 드론은 인간의 손발을 확장한 도구에 지나지 않는다는 관점으로 접근하면 조정자와 드론이 거리가 떨어져 있다고 하더라도 드론의 법익침해행위는 직접적으로 조정자의 행위로 볼 수 있고, 그렇다면 해석상 드론이 있는 장소를 조정자의 법익침해행위 범죄장소로 볼 수 있다고 할 수 있다. 그러므로 드론의 법익침해행위를 인지한 경우에는 조정자에 대한 (명목상의) 현행범체포를 시행함과 동시에 형사소송법 제216조 제3항에 의하여 드론에 대한 압수·수색을 실시하고 범행에 관련된 자료를 확보할 수 있다(물론 사후영장이 필요하다).

Ⅵ. 무인지능형 이동장치에 대한 강제처분을 위한 기술개발단계의 고려사항

1. 자율주행자동차에 대한 영장집행을 위한 공통적 전제요건

사법경찰관 등이 현실적으로 주행 중인 자동차에 대한 영장을 집행하기 위해서는 이를 정지시킬 수 있는 기술적인 조치가 선행되어야 한다. 즉 일반적인 자동차의 경우 운전자에 대한 일정한 표시나 고지행위로 자동차를 정지시킬 수 있으나, 자율주행자동차의 경우 이를 인지할 주체가 없으므로, 자율주행시스템이 즉시 정차가 필요한 경우로 인지할 수 있는 공통의 신호체계를 만들어서 탑재하거나 영장을 집행하는 사법경찰관 등이 자율주행시스템을 즉시 정지시킬 수 있는 기술적인 수단을 지닐 수 있도록 하는 조치가 필요하다.

아울러 모든 무인 방식의 자율주행자동차의 경우에는 영장을 집행하는 사법경찰관 등이 신속하게 해당 자동차의 관리자 등에 연락을 취할 수 있도록 하는 기술적인 수단도 갖추고 있어야 할 것이며, 영장의 집행을 위하여 무인지능형 이동장치의 출입문 등을 경찰관 등의 의사표시와 강제적 집행행위를 통하여 개방하고 내부에 접근할 수 있도록 하는 점에 대한 고려도 필요하다.

2. 무인지능형 이동장치의 개발과정에 반영되어야 할 사항

앞서 보았듯이 자율주행자동차나 지능형 드론의 자율주행(비행) 알고리즘에는 경찰관 등 공권력의 지시나 명령을 인지하고 이행할 수 있도록 하는 내용이 필수적으로 포함되거나 이와 동일한 효과를 기대할 수 있는 기술적 보완이 이루어져야 한다. 영장의 집행을 위한 경찰관의 정지조치나 출입문 개방조치와 관련해서는, 안전을 위해서는 경찰관이 직접 자율주행시스템을 정지시키는 것보다는 자율주행시스템이나 이를 원격으로 제어하는 시스템이 (인간 운전자와 같이) 경찰의 직무집행상황 임을 인지하고 적절한 조치를 취하도록 설계하는 것이 나을 것으로 보인다.

Ⅶ. 맺 음 말

무인지능형 이동장치에 대한 형사소송법상 강제처분의 적법성 요건을 논함에 있어서 무엇보다 중요한 것은 헌법에 의한 영장주의의 해석에 있어서 '물리적 형식성'으로부터 자유로워지는 것이라고 할 수 있다. 오래된 용어인 '유비쿼터스Ubiquitous'와 비교적 새로운 용어인 '메타버스Metaverse'가 공통으로 지향하는 바는 공간개념의 확장과 초월이며, 무인지능형 이동장치가 만들어내는 일정한 공간도 사람의 입장에서는 기술적 진보에 따라 확장된 공간이라고 할 수 있다. 따라서 헌법과 형사소송법의 이념과 취지도 인공지능기술의 진보에 맞추어 물리적 공간개념을 초월하여 구현될 필요가 있다. 인터넷과 사이버공간에 이미 익숙한 현대인은 이와 같은 '전자적 형사소송법'을 받아들일 준비가 충분히 되어 있다고 생각한다.

아울러 반드시 고려되어야 할 점은 이러한 법적 변화와 대처가 그 효과를 적기에 발휘하기 위해서는 관련 기술의 개발과정에 함께 반영되어야 한다는 점이다. 자율주행 프로그램이 완성되고 자율주행차가 도로에 등장한 이후에 비로소 전자적 형사소송법을 구현하려고 하면 자율주행차의 신속한 확산이나 법집행의 효율성이라는 두 측면에서 모두 문제를 발생시킬 수 있다. 무인지능형 이동장치를 움직이는 인공지능의 알고리즘에 전자적 형사소송법이 구현될 수 있도록 하는 요소를 반영하는 과제는 법의 미래를 위한 현재의 과제이다.

33

자율주행차의 해킹가능성과 형사법적 쟁점에 관한 시론적 고찰

이승준

연세대학교 법학전문대학원 교수

형사법 교수로 형법을 비롯해 형사소송법, 형사특별법을 강의하고 있으며, 연구분야로는 형법도그마틱과 기업범죄, 자율주행자동차에 관심이 많다. 주요 저작으로는 『기업범죄론』(2015), 『형사법 사례연습』(2022)이 있으며, 최근 논문으로는 "자율주행자동차의 도로 관련법상 운전자 개념 수정과 책임에 관한 시론", "기업집단 내 계열회사간 합병의 배임행위 소고" 등이 있다.

Ⅰ. 들어가는 말

자동차의 '미래'로 대변되는 자율주행자동차(이하 '자율주행차'로 약함)는 AI의 등장이 그러했듯 도로교통의 혁신을 가져올 것이라고 예견되었다. 90%가 넘는 교통사고가 인간의 실수에 의해 발생하는 상황에서, 자율주행차는 교통사고를 예방하는 것은 물론 교통약자의 이용편의를 증대시키고 도심의 교통체증을 사라지게 할 것이라는 장밋빛 전망을 가능하게 만들었다. 나아가 군집주행을 통한 물류혁명과 공유경제를 통한 신산업의 발전마저 예견되어 왔다.

그러나 자율주행차 업계가 목표로 삼고 있는 Level 4나 Level 5 단계에 도달하는 것은 생각보다 시간이 더 필요할 것으로 보인다. 업계의 예상과 달리 완성차업계의 일부만이 Level 3를 양산하고 있는 상황이기 때문이다. 그럼에도 불구하고 머지 않아 Level 4의 공도주행은 가능할 것으로 보인다. 2021년 연말을 앞두고 나스닥에 상장한 자율주행 트럭기업 투심플의 트럭이 운전자 없는 Level 4의 상태로 고속도로를 128㎞ 주행하는 실험에 성공하였다.

자율주행차의 공도 주행과정에서 나타날 수 있는 심각한 문제 중의 하나는 바로 해킹 위험이다. 해킹을 통해 자율주행차의 조작과 조종이 가능해진다면 재산 피해는 물론 무고한 다수의 생명도 위험에 처할 수 있기 때문이다.

이하에서는 자율주행차를 둘러싼 형사법의 여러 쟁점 중 해킹이 가능한 것인지, 가능하다면 어떠한 시나리오에 따라 해킹이 이루어질 수 있을 것인지, 실제 해킹이 발생할 경우 그 형사책임을 어떻게 구성하여야 할 것인지 '시론적으로' 살펴보고자 한다. 지금까지 큰 논의가 없던 부분이지만 반드시 논의가 필요한 부분으로, 필자의 부족한 능력으로 무모하지만 시험적인 논의를 전개해보고자 한다.

Ⅱ. 자율주행차의 해킹 가능성과 최근의 동향

1. 해킹 가능성

영화를 보면 자율주행차의 해킹으로 뒤쫓는 경찰의 차량을 공격하고 도심교통을 마비시켜 추적을 따돌리는 장면이 나오곤 한다. 이뿐 아니라 주인공이 탄 차량을 해킹하여 낭떠러지로 떨어뜨려 곤경에 빠지게 만드는 장면이 등장하기도 한다. 이러한 모습은 상상 속의 장면이 아닐 것으로 보인다. 미국 조지아대 연구팀은 도로 위의 차들이 시스템으로 연결되는 자율주행차 시대가 열리면 소수의 자율주행차 해킹만으로도 뉴욕 맨해튼의 도로가 마비될 수 있다고 경고한 바 있다.[1)]

자율주행차의 해킹이 가능할 것인가? 자율주행차의 주행기술에 대한 선행적 이해가 없더라도 답은 간단하다. "가능하다"는 것이 이미 여러 사례들에 의해 입증되었다고 볼 수 있다. 자동차의 문을 여는 '단순한' 수준에서 벗어나, 가속모드를 변경하고 브레이크 제동기능을 무력화시키고 고속도로에서 시동이 정지되는 수준에 이르렀다. 더욱이 최근 자율주행기능을 탑재한 수준의 자동차의 경우 자동차와 운전자의 휴대폰, 자동차와 위성, 자동차와 제작사의 서버 등 자동차가 운전자는 물론 주변 사물과 네트워크 통신을 통해 연결됨으로써 컴퓨터 해킹과 동일하거나 유사한 방법을 통해 해킹이 가능한 상태에 이르렀다고 볼 수 있다.

다음의 다이어그램[2)]은 자율주행차의 해킹 취약점을 보여준다.

자율주행차에 대한 해킹은 바로 이러한 보안취약요소들을 해킹함으로써 가능하다.

테슬라와 GM 등 자동차 제작사들이 보안 취약요소 신고포상제Bug Bounty를 운영하고 있는 점은 자율주행차 해킹의 위험성을 제작사가 심각한 문제

---

1) CCTV 뉴스 2021.3.19. 자 "또 터진 테슬라 자율주행 사고, 해킹되면 어떤 위험이?" 참조.
2) Thomas Roccia, "Today's Connected Cars Vulnerable to Hacking, Malware"(https://www.mcafee.com/blogs/other-blogs/mcafee-labs/todays-connected-cars-vulnerable-hacking-malware/), 2018.3.27.

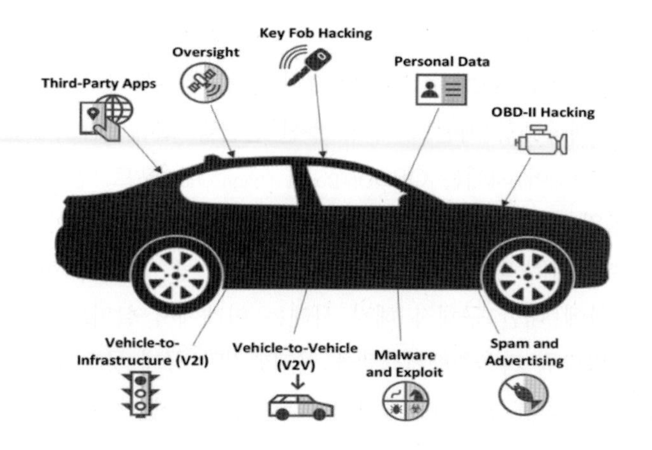

로 인식하고 있음을 방증한다.

문제는 자율주행차 제작사들이나 자율주행기술 공급사들이 보안 취약요소를 다층적으로 보완한다고 하더라도 보안 취약지점은 존재할 수밖에 없으며, 그 경우 차량의 커넥티드화는 군집공격이나 다중공격의 수단이 될 수 있으며 이로 인해 다수의 무고한 시민들에게 직접적인 사상의 결과가 발생할 수 있다는 점이다.

2. 자동차 해킹의 최근 동향

자율주행차에 대한 해킹을 별도의 통계로 작성한 통계는 쉽게 찾을 수 없다. 자동차 업계의 관행상 이러한 통계의 작성은 사실상 불가능할 수도 있다. 그러나 이스라엘의 한 자동차 사이버 보안업체에 따르면, 자동차의 보안사고가 2012년 5건이 보고된 바 있다. 이 수치는 2016년 24건으로 증가했으며, 2018년 79건, 2019년 155건으로 급격한 증가추세를 보이고 있다.[3] 그리고 60%에 이르는 보안사고는 완성차업계 등의 사업을 방해하고 재산을 갈취하는 Black Hat 해커에 의해 이뤄지고 있다고 한다. 완성차 업체들이 대규모 리콜, 소비자 신뢰 추락 등의 이유로 해킹 사례들을 공개하지 않는다는 점에서 실제 해킹 건수는 공개된 사고들을 대상으로 한 Upstream의

3) Upstream, AUTOMOTIVE CYBERSECURITY REPORT 2020, p.9.

통계보다 실제 더 많을 수 있다.

지난 10년간(2010-2020) 발생한 주요한 해킹 사건들에서 주요 침입영역을 살펴보면 제작사의 백엔드 서버, 무선 잠금장치keyless entry system, 모바일 앱 순이었다. 이 외에는 OBDOn-Board Diagnostics 포트, 인포테인먼트 시스템, IT네트워크, 센서, ECU/TCU/GW, 차량 내 네트워크, 와이파이, 블루투스 등의 순이었다.[4] 최근, 특히 2019년부터는 이 중 원격공격이 늘고 있다.

자율주행차에 대한 구체적 해킹 사례는 아래에서 살펴보고자 한다. 각 제조사들이 앞다퉈 자율주행시스템을 공개했지만 공개 못지 않게 자율주행시스템에 대한 해킹 사례들이 파장을 불러 일으켰다는 점에 우리는 주목할 필요가 있다.

자율주행차를 포함하여 자동차에 대한 보안사고는 자동차 제조회사는 당연하거니와 텔레메틱스, 애프터마켓 서비스제공업체, 차량공유서비스업체, 물류업계, 보험업계, 자동차 판매 및 렌트업계, 중고차업계에까지 영향을 미쳐 왔으며, 차량을 도난당하거나 개인정보가 유출되는 최종 소비자에게도 영향을 미친다. 나아가 자동차 커넥티드화의 가속화[5]는 공공운수영역은 물론 스마트시티를 구축하는 정부와 지방자치단체까지 영향을 미칠 것으로 예상된다. 자율주행차를 포함하여 자동차의 커넥티드화의 증가는 위험의 증가를 의미한다. 그런데 안타깝게도 자율주행차의 핵심은 V2X로 커넥티드화가 필수라는 점이다.

3. 자율주행차의 해킹 사례

오토파일럿이라는 명칭으로 일반인들에게 친숙히 다가선 자율주행시스템을 탑재한 자동차회사는 T사이다. T사의 자율주행기능을 경험하면서 사람들은 자율주행차가 쉽게 Level 5에 도달할 것이라고 예상하였다. 그러나 자율주행기술의 발달 속도는 T사 CEO의 생각과 달리 빠르지 않았으며 오히려 커넥티드카는 새로운 문제점에 노출되었다. 바로 이 회사의 T 차량에

4) Upstream, AUTOMOTIVE CYBERSECURITY REPORT 2021, p.15.
5) 예컨대 2025년까지 북미지역의 트럭의 55%, 유럽지역의 트럭의 43%가 커넥티드화가 될 것이라고 전망된다(Upstream 2020, p.5).

대한 원격해킹이 가능하다는 사실이었다.

2015년 T사의 모델 S에 대한 해킹이 이루어졌다. 보안전문기업의 연구가들은 이더넷 케이블을 연결해 인포테인먼트를 임의로 조작할 수 있었으며, 창문을 작동시킬 수 있었고, 시동을 끄고 핸드브레이크를 내려 자동차를 정지시키거나 핸들을 조작할 수 있었다. 2016년 중국의 보안연구가들에 의해서도 비슷한 실험이 이루어졌다.[6)]

T사의 모델 X의 경우도 해킹의 예외가 아니었다. 2020년 벨기에 한 대학의 보안연구가는 리모컨 키의 펌웨어 업데이트 프로세스 결함을 이용해 3분 만에 차량의 잠금장치를 풀고 시동을 거는 실험에 성공한 바 있다. 블루투스로 자신의 컴퓨터와 리모컨 키를 연결해 악성 펌웨어 업데이트를 통해 잠금해제 코드를 생성하고, 문을 열고 들어가서는 OBD에 결합하여 새로운 리모컨 키와 페어링을 시켜 시동걸기에 성공한 것이다.[7)] T는 이러한 보안 취약요소가 발견되자 보안패치를 공개하여 시정조치를 취하였다.

이 외에도 J사의 C모델도 해킹에 노출되었다. 2015년 7월 보안전문가들이 C모델의 인포테인먼트 시스템을 해킹하여 고속도로에서 주행 중이던 자동차의 시동을 꺼뜨리는 상황을 발생시켰고, 핸들조작도 운전자의 의도대로 되지 않는 모습이 시연되기도 했었다. 그런데 이러한 해킹이 현장과 16㎞ 떨어진 장소에서 노트북으로 이루어졌다는 점에서 업계를 놀라게 만들었다. 이들은 인포테인먼트 시스템UCONNECT의 취약점을 이용해 차량 내 네트워크에 침입하였고 이들 전기제어장치ECU를 연결하는 네트워크를 공격하여 자동차 조작을 한 것으로 알려졌다.[8)] 해당 제작사는 이 해킹으로 인해 140만 대의 차량을 리콜하였다.

M사의 경우에도 무선 와이파이를 통한 해킹 위험성이 알려진 바 있다. 일부 모델의 경우 스마트폰 앱을 통해 전조등과 공조장치를 조작할 수 있

6) 중앙일보 2016.9.21. 자 기사 "자동차도 해킹하는 세상… 중국 해킹 팀, 테슬라 S 해킹 성공" 참조.

7) ZDNET 기사 2020.11.23. 자 기사 "Tesla Model X hacked and stolen in minutes using new key fob hack" 참조.

8) Forbes 2016.8.2. 자 기사 "How Jeep Hackers Took Over Steering And Forced Emergency Stop At High Speed" 참조.

었는데, 와이파이 접속을 위한 PSKPre-Shared Key가 단순하여 쉽게 탈취될 수 있었다. 이 경우 무선경보장치가 작동하지 않게 만들어 문을 열 수 있고 그 이후에는 OBD를 통한 차량 시스템 접근이 가능하였다.[9] OBD에 접근할 경우 CANController Area Network 통신[10]에 접근할 수 있어 브레이크 등을 제어할 수도 있게 된다.

최근에는 과거와 달리 드론을 통한 해킹의 가능성도 나타났다. 최근 보안전문가들은 주차되어 있던 T 차량에서 인터넷 연결관리를 담당하는 ConnMan의 결함을 이용하여 와이파이에 접근하고 출입문 개폐, 좌석위치 변경, 가속모드 변경, 블랙박스 차단 등에 성공하였으며 주행모드 전환에만 실패한 것으로 드러났다.[11] 이들은 과거와 달리 드론을 차량 주변에 띄워 와이파이를 통해 인포테인먼트 시스템에 접근한 것으로 알려졌다.

자동차는 과거와 달리 소프트웨어의 집합체이며 커넥티드화될수록 소프트웨어 플랫폼으로 변모될 것이다. 따라서 이러한 진화의 최종적 목표점인 자율주행차의 경우 새로운 보안에 대한 시각이 필요하다. 예컨대 과거와 달리 최근의 자율주행차의 해킹 사례들을 보면 텔레메틱스와 인포테인먼트 시스템 등은 외부 네트워크에 연결되어 있으나 차량 구동·제어장치들은 내부 네트워크로만 연결되어 있어 원격으로 자동차를 주행, 정지 등의 조작을 하기는 어렵다. 그러나 출입문의 개폐나 시동이 가능하다면 차량 내부의 OBD 등을 통해 해킹이 가능하기 때문에 단선적·단편적 접근보다는 다중적·복합적 관점에서 사이버보안, 해킹에 대비할 필요가 있다.

---

9) MOTORTREND 2016.6.7. 자 기사 "Mitsubishi Outlander Hacked via In-Car Wi-Fi (W/Video)" 참조.

10) CAN 통신은 차량 내부의 ECU를 모듈화해서 버스형으로 통신하는 구조로 망 구성을 위한 Line 수가 적고 Line이 끊기더라도 통신에 영향을 주지 않는 장점이 있으나 프로토콜의 구조적 문제로 보안기술 적용이 현실적으로 불가능하여 도청 및 재생 공격에 취약하여 CAN 데이터베이스 파일이 탈취되기 쉽다(정원서·이재형·이창훈, "스마트카 보안 취약점 사례 분석", 한국정보처리학회 2015년도 추계학술발표대회 자료집(2015), 797-798면).

11) Forbes 2021.4.29. 자 기사 "Watch A Tesla Have Its Doors Hacked Open By A Drone" 참조.

4. 자율주행차의 해킹 시나리오

2017년에 T사 자동차의 인터넷 커뮤니티에서 유명했던 Jason Hughes는 버그 체인으로 네트워크에 접근할 수 있었다. 그는 네트워크에 있는 일종의 서버 이미지 저장소인 'Mothership'에 접근하였다. Mothership은 고객 차량과 통신하는 데 사용되는 T사의 홈서버로, 자동차에서 T사로 가는 모든 종류의 원격명령이나 진단정보가 Mothership을 거치게 되어 있었다. Hughes는 저장소에서 찾은 데이터를 다운로드한 후 자동차의 VPN 연결을 사용하여 Mothership에 침투하였고, 결국 개발자 네트워크에 접근하여 Mothership 자체에서 마치 T사 차량의 모든 차량에서 데이터가 온 것처럼 인증할 수 있는 버그를 발견했다. 그는 T사의 'tesladex' 데이터베이스를 통해 모든 정보에 액세스할 수 있었고 모든 차량에 대한 정보를 얻고 해당 차량에 명령을 보낼 수도 있었다.[12)]

자율주행기능을 갖춘 자동차에 대한 해킹은 위의 방법 외에도 매우 다양하게 이뤄질 수 있다. 그중 가능한 대표적인 유형들을 살펴보면 다음과 같다.

(1) 통신망 시스템 결함 내지 취약점을 이용한 해킹

자율주행차의 커넥티버티, 커넥티드카의 인프라는 다음과 같이 표시될 수 있다.[13)]

자동차 내부 시스템과 외부 시스템으로 크게 분류할 수 있으며 인포테인먼트 ECU는 외부 통신과 연결되며, 내부 시스템은 CAN통신 또는 Ethernet/IP로 연결된다.

여기서 자동차 내부통신 시스템은 프로토콜의 구조적 문제로 보안기술의 적용이 현실적으로 불가능하거나(예컨대 CAN의 경우), 단순 오류처리 메

---

12) Fred Lambert, "The Big Tesla Hack: A hacker gained control over the entire fleet, but fortunately he's a good guy"(https://electrek.co/2020/08/27/tesla-hack-control-over-entire-fleet/), 2020.8.27.

13) 과학기술정보통신부 · 정보통신기술진흥센터, 앞의 보고서, 1면 그림 참조.

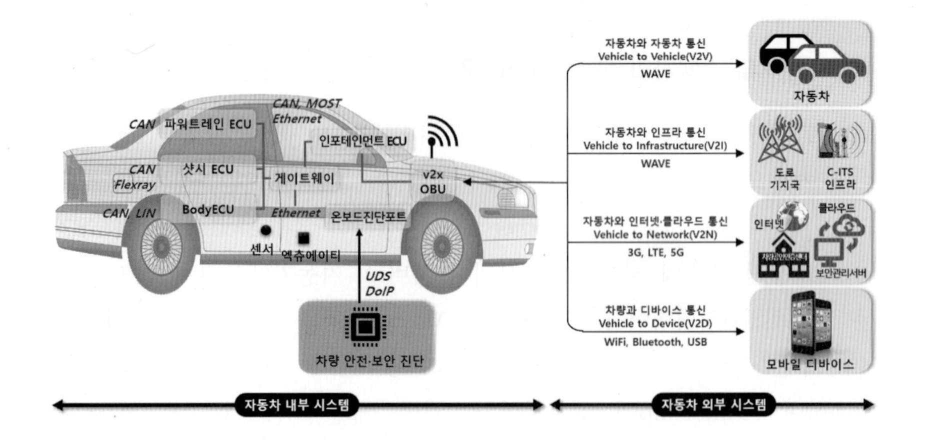

커니즘으로 인해 취약성이 존재하며(예컨대 LIN의 경우), Ethernet/IP기반 라우팅 환경에 적합한 비정상 행위 탐지, 자동차 ECU 도메인 간 상호 신뢰 채널 설정, 송신 ECU 및 메시지 인증 기술이 결여되어 있어(예컨대 Ethernet의 경우), 통신의 도청, 패킷의 변경 및 폐기, 권한 오용 공격 등이 가능한 문제점이 있다.[14] 이에 더해 외부통신 시스템도 V2V에 대한 통신방해, V2X에 대한 DoS 공격, 위장 OBUOn Board Unit · RSURoad Side Unit 공격에 취약하며, V2N의 경우 WIFI 접속포인트 암호의 단순성으로 보안 공격에 취약하여[15] 보안공격에 노출되기 쉬운 한계가 있다.

T사의 사례에서 보듯이 자율주행차는 제조회사와 무선 인터넷으로 여러 정보를 송수신하게 되는데, 제조회사는 이러한 정보들을 모아 서버에 보관하게 된다. 무선 인터넷은 특성상 보안에 취약하며 IP주소가 쉽게 노출될 수밖에 없다. 해커들은 악성코드 등으로 이 텔레메틱스 서버에 무단으로 침입하거나 공격하여 자동차에 저장된 정보(운행거리, 운행경로, 운행시간, 방문장소, 체류시간, 보안시스템 작동상태 등)와 소유자의 개인정보를 탈취할 수 있으며, 자동차에 대한 일부 제어권을 가질 수 있다.

자율주행차의 커넥티드화는 5G나 와이파이로 차량 안의 AVNAudio, Video, Navigation 시스템을 연결하여 정보수신이 가능하게 만들었으며 다른

14) 과학기술정보통신부 · 정보통신기술진흥센터, 앞의 보고서, 16면.
15) 과학기술정보통신부 · 정보통신기술진흥센터, 앞의 보고서, 19면.

차량이나 교통 및 통신기반시설과의 연결도 가능하다. 커넥티드카에는 운전자의 개인정보, 연락처, 통화내역, 신용카드정보 등은 물론 운전습관 등이 보관·기록되어 있는데, 와이파이 접속을 위한 PSKPre-Shared Key가 탈취될 경우 해킹에 노출될 수 있다. 또한 ConnMan과 같이 인터넷 연결관리를 담당하는 소프트웨어의 결함을 이용하여 와이파이를 거쳐 자동차의 기능을 제어할 수도 있을 것이다.

자율주행시스템의 핵심인 ECUElectronic Control Unit는 차량제어기로서 파워트레인(엔진, 변속기, 모터, 배터리 등), 섀시(제동, 타이어 압력, 에어백 등), 바디(원격시동, 시트, 창문 등), 인포테인먼트(오디오, 비디오, 네비게이션, 텔레메틱스 등)의 작동과 조작을 담당하는데, 인포테인먼트 ECU의 경우 외부 네트워크와 연결되므로 역시 네트워크를 통해 해킹될 수 있다. J사의 C모델이 인포테인먼트 시스템에서 제공하는 WIFI 기능의 패스워드의 취약성으로 시스템 관리자 권한이 탈취된 경우가 여기에 해당한다.

이 외에도 자동차 웹브라우저의 취약점을 이용에 APAccess Point에 접속 악성코드를 설치하도록 유도하는 해킹, 3G 서비스의 취약점을 악용하여 CAN 인터페이스 펌웨어를 변조하는 등의 해킹도 가능할 것이다.

(2) 통신도청을 통한 차량 추적 및 제어

자율주행시스템이 블루투스, 와이파이 등 무선통신으로 송수신될 경우 통신도청에 노출될 수 있다. 해커는 자율주행차에 연결된 스마트폰 블루투스 통신 데이터를 도청하여 분석하고 이를 바탕으로 통신 패킷을 위·변조하여 차량 제어를 할 수 있게 된다.[16] 이를 통해 운전자의 의사와 무관하게 가속하거나 시동을 꺼지게 할 수 있다. TPMSTire Pressure Monitoring System에서 ECU로 송신되는 통신을 도청하여 자동차의 주행상태를 추적하고 측정된 공기압 데이터를 변조하여 전송함으로써 ECU의 비정상적 작동을 초래할 수 있는 것도 이러한 시나리오에 속하는 것으로 볼 수 있다.

T사의 모델 X에 대한 해킹 사건에서 드러난 것처럼, 리모컨 키와 노트

16) 이명렬·박재표, "스마트가 정보보안 침해위협 분석 및 대응방안 연구", 한국산학기술학회 논문지 제18권 제3호(2017), 377면.

북 컴퓨터를 블루투스로 연결하여 악성 펌웨어 업데이트를 통해 잠금해제 코드를 생성하고, 문을 열고 들어가서는 OBD에 결합하여 새로운 리모컨 키와 페어링을 시켜 시동걸기에 성공한 사례도 일종의 통신도청에 기반한 사례라고 할 수 있다.

(3) 앱 침입 및 위·변조 등을 통한 차량 접근

최근 출시되는 자동차들은 스마트폰 기술의 발전에 부응하여 자동차 앱(애플리케이션)과 스마트폰 앱이 상호 연동, 통합되는 경향을 보이고 있다. 따라서 스마트폰에 설치된 앱에 악성코드를 감염시켜 차량을 제어할 수 있는 가능성이 커졌다.

해커가 문자메시지 등을 통해 자동차 소유자가 악성코드에 감염된 앱을 설치하도록 하고, 설치된 앱을 원격조정하거나 관리자 권한을 탈취하여 ECU에 접근함으로써 원격시동, 공조장치 조작, 출입문 개폐, 인포테인먼트 시스템 조작 등을 실행할 수 있을 것이다. 이러한 조작이 큰 의미가 없은 것으로 보일 수도 있으나, 자동차가 고속으로 주행 중 공조장치가 갑자기 조작되거나 창문이 열리고, 오디오가 고음으로 작동될 경우 운전자는 극도로 위험한 상황에 빠질 수도 있을 것이다.

최근 들어 자동차업계는 앱을 통해 차량위치 파악, 차량 데이터 기록 확인, 원격시동, 공조장치 조작, 출입문 개폐, 인포테인먼트 시스템 조작 등을 가능하게 하는 추세라 이러한 해킹 위험은 증대될 것이다. 예컨대 T사의 'T메이트'와 같은 서드파티앱, 즉 자동차 제조사 외의 자가 개발한 애플리케이션의 경우 계정 사용시 생성되는 토큰이 제3자에게 유출되는 경우 그 계정의 원래 소유자와 같은 제어권의 일부를 행사할 수 있게 된다. 최근 독일의 10대 소년이 T사의 자율주행시스템 차량을 해킹했다는 사례[17)]도 이러한 경우에 해당한다고 볼 수 있다. 이는 서드파티앱 관리회사의 문제이지만 최종소비자 입장에서는 토큰을 통해 소유자와 동일하게 인증된 해커가 인포테인먼트 시스템의 조작, 차량 출입문과 창문의 개폐, 원격 시동,

---

17) Bloomberg 2022.1.12. 자 기사 "Third-Party Software for Teslas Can Be Hacked, German Teen Says" 참조.

차량보안시스템 해제 등을 할 수 있는 위기상황이 발생한다.

(4) 무선 업데이트 해킹

최근 커넥티드카는 실시간 교통정보는 물론 온라인 지도 업데이트, 소프트 업데이트 등도 무선으로 가능하다. 우리나라도 자동차 관리법 시행규칙 개정을 통해 임시 실증특례로 전자제어장치 등에 대한 무선 업데이트OTA, Over The Air를 허용할 예정이라고 한다.

OTA는 와이파이 등을 이용하는데, T사의 경우 정기 무선 업데이트를 통해 차량성능, 제동, 배터리 충전, 주행보조기능, 인포테인먼트 등의 업데이트를 제공해왔으며, 리콜의 상당 부분도 무선 소프트웨어 업데이트로 해결하고 있다. OTA는 자동차 제조사의 오류에 대한 신속한 대응, 서비스 비용절감 등의 이유 때문에 더욱 활성화될 것으로 예상된다.

최근 OTA는 단순히 소프트웨어 무선 업데이트SOTA에 그치지 않고 펌웨어 무선 업데이트FOTA의 수준에 이르렀다. OTA는 자동차의 유무선통신 제어기Gateway가 서버로부터 데이터를 다운로드받아 이를 다시 유선으로 차량 내부의 제어기로 보내 해당 업데이트를 진행하는데, 무선 네트워크 해킹에 대한 일반적 논의가 적용될 수 있다. 2020년 벨기에 한 대학의 보안연구가가 리모컨 키의 펌웨어 업데이트 프로세스 결함을 이용해 T사의 모델 X를 해킹한 사례를 상기해 볼 수 있을 것이다.

(5) 물리적 장치에 대한 해킹

OBDOn-Board Diagnostics 포트는 본래 배기가스 진단 등을 위해 물리적으로 커넥터를 연결할 수 있도록 포트가 제작된 것인데, 최근에는 자동차의 고장진단은 물론 셀룰러 모뎀을 포함하고 있어 배기가스 관련 정보는 물론 주행기록, 차량 위치정보 등의 수집도 가능한 단계이다. 그런데 이러한 OBD와 결합되는 애프터마켓 장치에 악성코드를 심을 경우 OBD 장치에 결합됨으로써 자동차 내부의 정보를 탈취할 뿐만 아니라 자동차의 ECU 제어도 가능할 수 있을 것이다. 이 외에도 OBD에 변조된 펌웨어를 타깃 ECU에 주입함으로써 차량을 제어할 수도 있을 것이다.

Ⅲ. 형사책임의 시론적 고찰

최근 UN 유럽경제위원회UNECE WP.29는 글로벌 차원의 사이버보안 규제 필요성을 논의하였고, 그 결과물을 마침내 내놓았다. UN 유럽경제위원회가 제정한 자동차 사이버 보안 국제기준UNR No.155이 2022년 7월부터 적용될 예정이다.

사이버보안 국제기준은 전 세계의 자동차 제작사들이 사이버보안관리체계를 구축하고 그에 따라 자동차 보안을 관리해야 한다는 권고적 가이드라인이다. UNR No.155의 공개로 자율주행차의 보안취약성에 대한 우려는 다소 줄어들 것이며, 보안사고 발생시에도 전 세계적 차원의 체계적 대응이 용이해질 것으로 생각된다.

그럼에도 불구하고 자율주행차에 해킹이 행해진 경우 형사법적 책임의 문제는 대두될 수밖에 없으며, 이때 적용될 수 있는 구성요건들은 기본적으로 전자기록손괴죄, 비밀침해죄, 업무방해죄, 공무집행방해죄 등의 구성요건이 될 가능성이 크다. 나아가 정보통신망 이용촉진 및 정보보호 등에 관한 법률 위반의 가능성도 존재한다.

자율주행차는 시스템 해킹 외에도 레이더 재밍(전파교란), 센서에 대한 물리적 공격 등을 통해서도 기능의 정상적 작동을 방해하고 사고를 유발할 수도 있다. 지능형 교통시스템을 해킹해서 V2I 통신을 교란해 도로교통을 마비시키고 치명적인 사고를 유발할 수도 있다. 이 글에서는 이러한 부분은 제외하고 해킹에 한정하여 형사책임을 살펴보고자 한다.

1. 형법상의 구성요건

정보통신망에 대한 보호조치를 침해, 무력화하고 침입하는 경우 우선 전자기록손괴죄가 문제된다. 정보통신망에 대한 기술적 보호조치는 대부분 컴퓨터 프로그램에 의해 이뤄진다. 침입탐지, 침입차단, 인증 등의 보안시스템의 경우 프로그램에 의해 작동되고 그 결과 적합한 보안조치가 이뤄진다. 여기서 정보통신망에 대한 보호조치를 침해, 무력화하고 침입하는 경우

전자기록의 손괴를 긍정하는 견해[18]들도 있다. 자율주행차의 경우에도 V2X를 통해 외부 망과 연결되는 경우 전자기록 손괴의 문제는 동일하게 발생한다고 볼 수 있다. 생각건대 보안프로그램과 같은 컴퓨터 프로그램은 전자기록이 아니라 전자기록관리 또는 보호장치로 해석하는 것이 타당하므로[19] 보안프로그램을 침해하여 침입한 행위만으로는 전자기록손괴죄로 처벌하는 것은 어렵다고 하겠다.

다음으로 해킹을 통해 정당한 접근권한 없이 보호조치를 침해하지 않고 정보통신망에 침입하는 경우 비밀침해죄가 문제될 수 있다. 즉 우연히 알게 된 타인의 아이디와 비밀번호를 통해 승낙 없이 차량 내의 시스템에 접근하는 경우이다. 이에 대해 단순해킹행위로서 처벌할 수 있다는 견해도 있다.[20] 이와 달리 비밀침해죄는 정보통신망 자체의 안정성과 그 정보의 신뢰성을 보호하기 위한 구성요건이 아니라 개인의 사생활을 보호하기 위한 규정이므로 개인의 사생활과 관련되지 않은 영역의 본죄의 보호범위 밖이며 정보통신망법에 의해 처벌될 수 있을 뿐이라는 견해[21]도 있다. 생각건대 자율주행차의 경우에도 적법·유효한 비밀번호를 통해 침입하였다고 하더라도 이는 비밀침해죄의 보호영역 밖의 침해행위라고 할 것이다. 다만 이 경우 개인정보보호법의 검토 여지는 있으나 개인정보처리자나 정보통신서비스 제공자가 아닌 이상 제59조의 포괄적 금지규정에도 불구하고 직접적인 규율도 힘들 것으로 보인다.

업무자의 지위에 놓여 있는, 예컨대 화물운송사업자의 자율주행차를 해킹하여 업무 자체 또는 업무의 경영을 저해한 경우에는 업무방해죄가 성립할 것이다. 해킹은 착오 또는 부지를 이용하는 위계에 포함시킬 수 있기 때문이다. 이와 같은 결론은 차량공유서비스업체 등에 대해서도 동일하게 적용될 수 있을 것이다. 물론 해킹을 통해 정보처리에 장애를 발생하게 하

18) 예컨대 원혜욱, "인터넷범죄의 특징과 범죄 유형별 처벌조항", 형사정책연구 제11권 제42호(2000), 100면.

19) 최호진, 새로운 해킹기법과 관련된 형법적용의 흠결과 해결방안, 형사정책연구 제18권 제4호(2007), 228면.

20) 박희영, "단순해킹의 가벌성에 관한 비교법적 연구", 인터넷법률 통권 제34호(2006), 21면.

21) 최호진, 앞의 논문, 230면.

였다면 컴퓨터등업무방해죄의 성립 여지도 있다. 그러나 업무자가 아닌 일반 시민들의 경우에는 자동차의 운행을 방해한다고 하더라도 업무방해죄를 인정하기는 어려울 것으로 보인다. 이때의 업무는 직업 기타 사회적 지위에서 계속적으로 종사하는 사무여야 하는데 개인 용무로 자율차를 운행하는 경우[22]는 여기에 해당된다고 보기 어렵기 때문이다.

2. 정보통신망법상의 구성요건

자율주행차의 해킹의 경우 정보통신망법 제48조의 적용을 검토해 볼 수 있다. 동법 제48조는 정보통신망 침해행위 등의 금지를 규정하고 있다. 정당한 접근권한 없이 또는 허용된 접근권한을 넘어 정보통신망에 침입하거나(제1항), 정당한 사유 없이 정보통신시스템, 데이터 또는 프로그램 등을 훼손·멸실·변경·위조하거나 그 운용을 방해할 수 있는 프로그램을 전달 또는 유포하는 행위가 금지된다(제2항). 물론 정보통신망의 안정적 운영을 방해할 목적으로 대량의 신호 또는 데이터를 보내거나 부정한 명령을 처리하도록 하는 등의 방법으로 정보통신망에 장애가 발생하게 한 경우에도 처벌 가능하다(제3항). 정보통신망법이 과거와 달리 해킹이 보호조치의 침해 없이도 우회적 방법으로 정보통신망을 침해할 경우도 포함하고 있으므로 대다수의 자율주행시스템 해킹의 경우 제48조의 적용을 통해 규율될 수 있을 것이다. 다만 정보통신망과 정보통신시스템이 구별되며 정보통신망의 안정적 운영을 방해할 목적으로 입력하는 부정한 명령이 어느 범위인가에 따라 모든 해킹행위가 포섭될 수 있는 것은 아니다.

정보통신망과 연결된 자율주행시스템에 의해 처리·보관·전송되는 자동차소유주 등의 정보를 훼손하거나 타인의 비밀을 침해, 도용, 누설한 경우 제49조에 의해 처벌될 수 있을 것이다. 대법원은 정보통신망법 제49조 위반행위의 객체인 '정보통신망에 의해 처리·보관 또는 전송되는 타인의 비밀'에는 정보통신망으로 실시간 처리·전송 중인 비밀, 나아가 정보통신망으로 처리·전송이 완료되어 원격지 서버에 저장·보관된 것으로 통신기

22) 대법원 2017.11.9. 선고 2014도3270 판결 참조.

능을 이용한 처리·전송을 거쳐야만 열람·검색이 가능한 비밀은 물론 정보통신망으로 처리·전송이 완료된 다음 사용자의 개인용 컴퓨터에 저장·보관되어 있더라도, 그 처리·전송과 저장·보관이 서로 밀접하게 연계됨으로써 정보통신망과 관련된 컴퓨터 프로그램을 활용해서만 열람·검색이 가능한 경우 등 정보통신체제 내에서 저장·보관 중인 것으로 볼 수 있는 비밀도 포함된다는 입장이다.[23] 이러한 대법원의 판결의 취지에 입각한다면 앞서 살펴본 적법·유효한 비밀번호를 통해 침입한 경우에도 정보통신망법 제49조 위반행위가 성립한다고 볼 수 있다.

3. 자동차 관리법상의 구성요건

최근 우리 정부도 자율주행차의 상용화를 앞두고 해킹 위협에 적극적으로 대비하고 있다. 사이버 보안 규정 UNR No.155 시행에 맞춰 자동차 사이버 보안 법제화 및 업무 가이드라인 작성 작업을 진행하였으며, 2020년 12월 윤리·사이버 보안 가이드라인과 Level 4 제작·안전 가이드라인을 발표한 바 있다.

정부는 이 가이드라인을 바탕으로 관련 법령을 제·개정하고 사이버 보안 관리 체계를 구축할 것으로 예상된다. 향후 법제화 추진시 예상되는 주요 신설 사항[24]은 자동차관리법 시행령으로 '자동차 사이버보안 관리체계의 운영에 관한 규칙(가칭)'을 신설하여 상세 준수사항을 규정하고, 국토교통부령을 신설하여 '자동차 형식 중 사이버보안 관련사항 보고의무' 등을 규정하며, '자동차 사이버보안' 관련 사항에 대해서는 자동차관리법이 우선 적용됨을 규정하는 내용 등이다. 정부는 제도적 정합성을 위해 개인정보보호법, 위치정보법, 정보통신기반 보호법, 정보통신망법 등의 유관 법률보다는 자동차관리법으로 규율하고자 하는 것으로 추측된다. 이러한 입법 움직임에 비춰 본다면 자동차관리법에 해킹 처벌 규정이 도입될 여지도 있어 보인다.

23) 대법원 2018.12.27. 선고 2017도15226 판결.
24) 국토교통부·한국교통안전공단, 자동차 사이버보안 가이드라인, 2020.12, 32면.

그런데 자동차관리법은 자동차의 등록, 안전기준, 자기인증, 제작결함 시정, 점검, 정비, 검사 등에 관한 사항을 정하여 자동차를 효율적으로 관리하고 자동차의 성능 및 안전을 확보함으로써 공공의 복리를 증진함을 목적으로 하고 있다. 따라서 자율주행차의 운행에 있어 핵심이 사이버보안인 것은 부정할 수 없으나 자율주행'시스템'이라는 점에 초점을 맞춘다면 규제와 처벌에 대한 체계정합성 유지를 위해서는 자동차관리법은 사이버보안관련 관리체계, 부품인증 등에 대한 규정으로 그 내용이 제한되어야 할 것이다. 해킹의 경우 자율주행차에 대한 개별법률에 규정하는 것이 가장 바람직하며, 그렇지 않을 경우 정보통신망법의 적용대상임을 명확히 하고 그 보완작업에 충실하는 것이 타당하다고 하겠다.

4. 처벌의 공백과 새로운 구성요건의 신설

앞서 언급한 해킹 유형 외에도 스푸핑spoofing과 같은 형태도 있다. 스푸핑은 IP주소를 신뢰할 수 있는 호스트인 것처럼 속여 네트워크 시스템 간에 전송되는 패킷을 가로채거나 수정하는 경우인데, 이 또한 문제된다. 스푸핑은 흔히 공공 와이파이에 연결된 사용자의 패킷 가로채기에 쓰이는데, 로컬네트워크LAN에서 사용하는 ARPAddress Resolution Protocol 프로토콜의 허점을 이용해 해커가 자신의 MACMedia Access Control 주소를 다른 사람의 MAC 주소인 것처럼 속여 공유기에 연결된 사용자의 모바일 패킷을 중간에 가로챈다.[25)]

이 외에도 네트워크 중간에서 남의 패킷 정보를 도청하는 스니핑Sniffing, 다른 사람의 세션 상태를 훔치거나 도용하여 액세스하는 세션 하이재킹Session hijacking, 스크립트 인젝션, 리다이렉트 공격[26)] 등도 불가능한 것으로 보이지는 않는다.[27)]

스푸핑이나 스니핑은 아직까지 정보통신망에 '침입'하거나 '침입시도'에

---

25) 보안뉴스 2015.10.29. 자 기사, "카페서 와이파이 쓰다 스마트폰 가로채기 당한다?" 참조.
26) 리다이렉트 공격은 위조된 ARP 패킷을 보내 공격 대상의 MAC 주소 테이블을 변경해 패킷의 흐름을 변경하여 본래 호스트에서 전송되는 패킷을 모두 스니핑하는 것이다.
27) 보안뉴스, 앞의 기사 참조.

이른 것이라고 보기는 어렵다. 해커가 자신의 호스트가 신뢰받는 호스트나 클라이언트로 변장하여 중간에 전송되는 정보를 가로챈 것에 불과하기 때문이다. 정보통신망법은 제71조에서 제48조 제1항을 위반하여 정보통신망에 침입하는 행위의 미수범만을 처벌하고 있다. 자율주행차의 경우 스푸핑을 통해 차량을 절취하고 이를 통해 주행조작에 이르게 할 경우 일반적인 정보통신망의 스푸핑과는 엄청난 차이를 가져올 수 있다.

현행 정보통신망법은 제49조의2에 정보통신망을 통하여 속이는 행위로 다른 사람의 정보를 수집하거나 다른 사람이 정보를 제공하도록 유인하여서는 아니 된다고 규정하면서 위반시 벌칙을 제72조에 규정하고 있다. 스푸핑이나 스니핑이 여기에 해당될 수 있을까? 우선 스푸핑이나 스니핑에 의해 가로채지는 정보가 비밀인 경우 제49조에 해당할 여지가 있으나 그렇지 않을 경우 제49조의2의 문제가 검토되어야 한다. 그런데 애초 제49조의2가 도입된 것은 Private data Fishing을 통한 신종금융사기를 방지함에 이유가 있었다.[28] 그렇다면 피싱이 아닌 해킹은 본죄의 보호범위에 속한다고 보기는 어렵다고 하겠다. 더욱이 제49조의2는 '속이는 행위'를 전제로 하고 있는데 스푸핑이나 스니핑이 여기에 해당된다고 단정할 수도 없다. 따라서 이러한 행위를 방지하기 위해서는 정보통신망법의 개정을 통해 예비 · 음모행위도 처벌하든가 제49조의 개정을 통해 비밀을 침해하는 경우뿐만 아니라 타인의 정보를 수집하는 행위도 처벌될 수 있게 개정해야 할 것이다.

아울러 해킹을 통해 자율주행차의 조작을 제어해 사람을 사상에 이르게 한 경우 기존의 형사처벌 규정만으로는 한계가 있다. 형법상 교통방해치사상죄의 경우 형법 제185조 내지 제187조의 죄를 범하여 사람을 상해 또는 사망에 이르게 한 때에는 가중처벌하도록 규정하고 있다. 해킹의 경우 '기타의 방법'에 해당할 여지가 없는 것은 아니나 단순한 교통방해치사상죄 자체가 기본범죄의 전형적 불법이 실현된 것으로 볼 수 있는가에 대해서도 의문이 제기되고 있으므로[29] 교통방해치사상죄로 의율하기에는 한계가 있

28) 정보통신망이용촉진및정보보호등에관한법률 일부개정법률안(김정훈의원등 15인, 의안번호 제173200호) 의안원문 참조.

29) 예컨대 이재상 · 장영민 · 강동범, 형법각론 제12판, 박영사, 2021, 542면.

다. 이러한 측면에서 결과적 가중범의 결함을 보완한 면밀한 검토를 통해 새로운 구성요건의 도입이 필요할 것으로 생각된다. 이 경우 아울러 "도로교통의 안전을 위해할 목적으로 정보통신망을 이용해 자율주행차의 시스템을 변경하거나 손괴하여 자율주행차의 운행의 중단·마비 등 심각한 지장을 초래하는 행위"에 대한 가중처벌 규정의 정보통신망법 내 도입도 고려해 볼 수 있을 것이다.

Ⅳ. 나가는 말

향후 자동차는 편의성 증대와 사고방지 등을 위해 더욱 커넥티드화될 수밖에 없고 자율주행차는 필연적으로 V2X를 통해 커넥티드화의 정점에 서게 될 것이다. level 5의 자율주행차가 운행될 경우 인간의 삶은 획기적으로 변할 것이다. 문제는 네트워크 등을 통해 커넥티드화되는 자율주행차의 경우 정보통신망에 대한 기존의 해킹수법이 여전히 통한다는 것이며 그 경우 치명적인 결과를 가져올 수 있다는 점이다. 자율주행차의 해킹에 대한 처벌도 중요하지만 자율주행차의 사이버보안체계 구축과 관리에 신경을 써야 하는 이유이다.

이러한 차원의 대비가 중요하지만, 필자는 해킹이 발생했을 경우 불법에 비해 처벌의 공백이 발생하는 것을 막기 위해 형사법적 차원의 대비도 필요하다는 점에서 성글게나마 논의를 시도해 보았다. 이 점에서 이 글의 의의를 찾고자 하며, 부족한 논의이지만 이 글을 기초로 향후 좋은 후속연구가 이어지길 기대한다.

34

메타버스 시대의 '죄와 벌'

윤지영

한국형사 · 법무정책연구원 선임연구위원, 법학박사

형사법을 전공한 후 국책연구기관에서 첨단기술이나 기후위기 등과 관련된 미래사회 메가트렌드를 전망하고, 국가 형사정책 및 입법적 정비 방향을 제시하는 연구를 수행해 왔다. 2013년부터 「법과학을 적용한 형사사법의 선진화 방안」이라는 연구 시리즈를 통해 위치정보와 생체인식정보, 인공지능, 지능형 로봇, 기후위기 등이 형사법과 형사정책에 가져올 변화에 대해 논하였다. 2018년부터는 「제4차 산업혁명 시대의 형사사법적 대응 및 발전 방안」이라는 연구 시리즈를 통해 자율주행자동차와 드론, 사물인터넷과 블록체인, 가상현실과 3D 프린팅 등 첨단기술이 범죄에 미칠 영향과 형사법적 대응 및 해당 기술을 활용한 형사사법의 발전 방안을 모색하였다. 2019년부터 2020년까지는 한국일보 오피니언 칼럼필진으로 참여하여 첨단기술과 형사정책에 관한 글을 정례적으로 게재한 바 있다. 기술의 발전 현황과 동떨어진 법적 논의나 정책적 제언이 이루어지는 것을 경계하며 국내외 과학기술 분야 전문가들과 폭넓게 협업해 오고 있다.

Ⅰ. "The Metaverse is Coming"

GPUGraphics Processing Unit를 창안하여 현대적 컴퓨터 그래픽을 재정의하고, 인공지능 컴퓨팅 분야를 선도하고 있는 기업인 엔비디아NVIDIA의 공동 창업자이자 CEO인 젠슨 황Jensen Huang의 발언이 메타버스 시대의 도래를 알렸다. 2020년 10월 5일 개최된 'GTCGPU Technology Conference 2020'의 기조강연에 나선 그는 지난 20년 간 놀라운 일이 벌어졌다면, 앞으로 20년 동안에는 공상과학소설 속 이야기와 다름없는 일들이 벌어질 것이라고 예언하면서 "메타버스가 오고 있다"고 말했다.

메타버스는 '초월'을 의미하는 '메타Meta'와 '세계'를 뜻하는 '유니버스Universe'의 합성어로서, 미국의 SF 작가인 닐 스티븐슨Neal Stephenson의 1992년 작품인 <스노 크래시Snow Crash>에서 처음 등장했다. 이 소설에서 메타버스는 아바타Avatar를 매개로 하여 들어갈 수 있는 가상의 세계를 가리키는데, '아바타'라는 개념 역시 이 작품을 통해 최초로 제시되었다. 소설 속 주인공은 자신의 분신인 아바타를 통해 메타버스에 들어가서 또 다른 삶을 살아간다. 소설이 발표된 1992년 당시에는 전화망을 통한 PC통신이 이용되었고, 월드와이드웹World Wide Web, WWW 기반의 인터넷 서비스가 본격적으로 대중화되기 이전이었다. 사이버 공간이라는 개념조차 모호했던 시기에 발표된 이 소설로부터 수많은 개발자와 창작자들이 영감을 얻었다.

지난 30년 동안 메타버스를 실현하기 위한 다양한 시도가 이어졌는데, 미국의 린든랩Linden Lab은 메타버스 구현을 지향하며 2003년 6월부터 '세컨드 라이프Second Life'라는 온라인 서비스를 제공하고 있다. 세컨드 라이프의 이용자는 아바타를 매개로 접속한 가상세계에서 정치, 경제, 사회, 문화 등 다양한 분야의 활동을 할 수 있다. 특히 세컨드 라이프에서는 '린든 달러'라는 가상화폐를 수단으로 부동산 거래나 사업 등의 경제 활동을 펼칠 수 있는데, 가상세계 속의 린든 달러는 공식 환전소나 각종 경매 사이트를 통해서 현실세계의 미국 달러나 비트코인 등으로 환전될 수 있다. 서비스 제공 초기에 미국과 유럽에서 선풍적인 인기를 끌었던 세컨드 라이프는 여러 측면에서 화제가 되었다. 2005년 영국에서는 세컨드 라이프에서 만나 결혼식을 올린 후 현실의 부부가 된 여성 유저가 남편의 가상세계 속 외도를 이유로 2008년에 이혼 소송을 제기하면서 세간의 주목을 받았다. 포즈볼을 이용해서 아바타가 특정 자세를 취하도록 할 수 있는 세컨드 라이프에서는 성행위를 묘사하는 것도 가능하다. 당시 아내는 세컨드 라이프 상의 직업군 중 하나였던 탐정을 고용해서 남편이 가상세계에서 성매매 여성과 성관계를 가지는 장면을 포착했고, 이를 이유로 현실세계에서 이혼 소송을 제기한 것이다.

가상세계에서 제2의 인생을 살아갈 수 있는 가능성을 보여준 세컨드 라이프는 페이스북이나 트위터 등 소셜 네트워크 서비스Social Network Services, SNS의 등장으로 인해 그 인기가 사그라졌다. 스마트폰과 같은 모바일 기기가 대중화되는 과정에서 웹 기반의 SNS는 모바일로 빠르게 호환되어 확산된 반면, 고사양의 가상현실 서비스를 모바일로 구동하는 데에는 어려움이 따랐던 것이다. 하지만 오늘날 모바일 기기나 PC의 사양은 대폭 높아졌고, 컴퓨터 그래픽 수준도 한층 더 정교해졌다. 아울러 초고속·초연결·초저지연을 특징으로 하는 5G가 상용화되었으며, 가상현실VR·증강현실AR·혼합현실MR 등 가상과 현실을 융합하는 3차원 확장현실eXtended Reality, XR 기술도 발전하고 있다.

Ⅱ. 메타버스의 차별성은 무엇인가

2020년 3월 11일 코로나19 팬데믹이 선포된 후 감염병 확산을 막기 위해 일상의 많은 활동들이 비대면으로 전환되면서 메타버스 시대의 본격적인 도래가 10년 가량 앞당겨졌다는 주장이 제기되었다. 반면 현재의 기술 수준은 기존에 존재했던 온라인 서비스에 화상회의 시스템이 활성화된 정도에 불과한데, 마치 혁신적 변화가 있을 것처럼 메타버스라는 용어가 남용되고 있는 것에 대한 비판적인 목소리도 존재한다.

메타버스의 유형으로는 ① 개인의 일상을 디지털로 기록 및 저장하는 라이프로깅life logging, ② 온라인 게임 등으로 구현되는 가상세계virtual world,

③ '구글어스Google Earth'와 같이 현실의 세계를 그대로 반영한 거울세계 mirror world 및 ④ 증강현실 등 초실감형 확장현실 등이 제시된다. 다만 해당 서비스들은 이미 제공되고 있는바, 메타버스로 분류될 수 있는 공통된 특징이나 관계를 제시하지 않고 그 유형만을 나열할 경우 메타버스의 개념은 오히려 더 막연해질 수 있다. 이에 혹자는 기존의 온라인 서비스와 달리 메타버스는 이른바 '5C'라는 측면에서 차별화된다고 파악하는데, ① 세계관 canon과 ② 창작자creator, ③ 디지털 통화currency, ④ 일상의 연장continuity, ⑤ 연결성connectivity이 바로 메타버스의 특징이라는 것이다.

가상과 현실을 초월한 하이브리드 세계인 메타버스에 대한 확립된 정의는 존재하지 않는다. <스노 크래시>를 통해 묘사된 메타버스는 현실적인 사운드 트랙까지 완벽히 갖춘 3차원의 몰입형 가상현실이며, 아바타를 통해 활동할 수 있는 일종의 플랫폼이다. 소설 속 메타버스가 가지는 가장 두드러진 특징은 이용자가 고글과 이어폰을 장착하면 현실세계가 아닌 가상세계 속에 있다고 느낀다는 점이다. 요컨대, 종래의 온라인 게임과 달리 메타버스는 '몰입감' 내지 '현존감'의 측면에서 차별화된다. 다만 메타버스가 현실에서 어떻게 구현될지는 정형화시켜 예상할 수 없다. 세컨드 라이프를 개발한 린든랩의 설립자인 필립 로즈데일Philip Rosedale도 최근 국내 언론과의 인터뷰에서 "아바타, 가상화폐, 디지털 상품 등으로 촉발된 변화의 조합은 예측하기 불가능하다는 것을 겸손하게 인식해야 한다"는 의견을 피력한 바 있다.[1)]

현재 글로벌 게임 플랫폼인 '로블록스Roblox'는 이용자들이 직접 게임을 제작하여 수익을 올릴 수 있는 환경을 구축했는데, 해당 플랫폼의 통화로 10만 로벅스(약 119만원) 이상이 되면 페이팔과 같은 금융 서비스를 통해 실제 화폐로 환전할 수 있다. 한국의 네이버제트가 운영하는 '제페토ZEPETO'에서도 누구나 아바타 관련 아이템을 제작해서 판매할 수 있는바, 창작자들이 경제적 활동을 할 수 있다는 점이 주목된다. 한편 세계 최대 규모의

---

1) "메타버스 세계관 만든 필립 로즈데일 "통제 없는 서비스가 메타버스 주도권 쥘 것"," 조선비즈, 2021.9.23. https://biz.chosun.com/it-science/ict/2021/09/23/AUYU7IOKKNHRPBKNTPXVBQI6ZE (최종검색 2021.12.21.)

소셜 미디어 플랫폼인 '페이스북Facebook'의 운영사는 2021년에 회사 이름을 '메타Meta'로 변경하였다. 2014년에 VR 헤드셋 기기인 HMDHead mounted Display를 제조하는 '오큘러스Oculus'를 인수한 메타는 초실감형 서비스 구현에 초점을 맞추고 있다.

기술의 큰 흐름은 일정한 기간이 경과한 후에 제대로 파악될 수 있는데, 이른바 '인터넷 시대'의 서막도 그러했다. 1962년 조셉 릭라이더Joseph Carl Robnett Licklider가 전 세계의 컴퓨터를 연결하는 '은하 네트워크Galactic Network'의 개념을 제안한 후, 1969년 최초의 인터넷망인 '아르파넷Advanced Research Projects Agency Network, ARPANET'이 구축되었으나, 첫 가동 당시에는 총 4개의 호스트 컴퓨터가 연결되는 것에 그쳤다. 인터넷의 대중화를 위한 결정적 전기는 그로부터 20년이 지난 1989년에 팀 버너스 리Tim Berners-Lee가 월드와이드웹을 고안하면서 마련되었고, 뒤이어 1993년에 그래픽 기반의 웹 브라우저인 '모자이크Mosaic'가 개발되면서 인터넷은 급속도로 확산되었다.

<스노 크래시> 속의 메타버스를 구현하기 위해 '세컨드 라이프'가 개발되었으나 소설에서 묘사된 수준의 몰입감이나 현존감은 제공되지 못했다. HMD가 적용된 몰입형 가상현실 기기의 경우 1965년 이반 서덜랜드Ivan Edward Sutherland가 최초로 발표한 이래로 점차 그 해상도는 높아지고, 무게는 가벼워지며, 가격은 낮아지고 있다. 그럼에도 불구하고 PC나 스마트폰에 비해 HMD의 보급률은 미미한 형편이고, 확장현실을 직접 체험해보지 못한 사람들도 상당수이다. 다만 종래 개인용 정보 단말기Personal Digital Assistant, PDA로 대중화되지 못했던 스마트폰이 애플의 '아이폰iPhone' 출시를 계기로 이동통신 시장을 재편한 것처럼 메타버스 시대도 혁신적인 제품이나 서비스로 인해 본격화될 것으로 전망된다. 오늘날 '메타버스'의 열풍 속에 조악한 콘텐츠가 양산되고 있는 것은 비판받아야 마땅하나, 메타버스를 지향하며 제작된 온라인 게임을 비롯해 가상세계나 거울세계 및 라이프로깅 분야 등의 다양한 시도들이 기반이 되어 가상과 현실이 융합된 몰입형 하이브리드 세계가 구현될 수 있을 것이다.

Ⅲ. 형법적 논의의 필요성

메타버스 시대가 본격화되는 일련의 과정 중에 지금 우리가 어디쯤 위치해 있는지는 알 수 없다. 더욱이 메타버스가 어떻게 구현될지 정형화시켜 예상할 수 없는 상황에서 이와 관련된 형법적 논의를 전개하는 것이 적절한지 의문이 제기될 수 있다. 그러나 컴퓨터나 인터넷이 상용화되던 초기에 그 악용으로 피해가 발생했음에도 불구하고 법적 공백으로 인해 행위자를 처벌할 수 없었던 상황을 떠올린다면, 기술의 지향점과 그 발전 추이를 고려한 형법적 논의는 필요하다.

우리나라에서는 1967년 경제기획원이 처음으로 컴퓨터를 들여온 이후, 1971년 대구 미군기지에서 근무하던 한국인이 보급품을 빼돌리면서 컴퓨터 내 물품기록을 모두 삭제한 사건이 회자된 바 있다. 치외법권 지역에서 발생한 일이라 우리 형법의 적용 여부가 문제되지는 않았지만, 당시 미국 상원에서도 이 사건이 심각하게 논의된 것으로 알려졌다. 국내에서는 1973년에 미국의 국제개발법Act for International Development, AID에 근거하여 제공된 차관으로 건설한 반포AID차관아파트 부정추첨 사건이 발생하면서 컴퓨터 이용 범죄가 크게 주목받았고, 그 이후 금융기관을 중심으로 프로그램을 조작해서 고객의 예금을 불법 인출하는 일들이 벌어졌다. 이에 문서범죄나 사기죄 및 업무방해죄 등을 적용하여 컴퓨터 이용 범죄를 처벌하고자 했으나, 개별 구성요건이 충족되는 데에는 한계가 있었다. 법적 공백에 대한 비판이 이어졌으나 1995년에 이르러서야 형법 개정을 통해 전자기록위작·변작죄와 컴퓨터를 이용한 사기죄 및 업무방해죄 규정 등이 신설되었다.

오늘날 정보를 접하고 의사를 표현할 수 있는 창구가 다양해지면서 시민들과 입법자들은 이러한 법적 공백을 오랫동안 좌시하지 않는다. 새로운 과학기술은 단순히 입법을 자극하는 수준에 그치지 않고, 곧바로 입법을 유도하는가 하면, 법이 빠르게 과학기술의 특성을 반영하기도 한다. 대표적인 사례가 딥페이크deepfake와 관련된 입법이다. 최근 인공지능 기술은 방대한 양의 데이터를 학습하여 문제 해결을 위한 패턴을 찾아낼 수 있다. 이러한 딥러닝deep learning을 통해 육안으로는 진위를 구별하기 어려운 가짜영상을 제작할 수 있고, 특정인의 목소리나 말투 등도 구현할 수 있다. 2018년 미국의 온라인매체인 버즈피드BuzzFeed가 버락 오바마Barack Obama 전 대통령이 등장하는 가짜 영상을 공개하며 딥페이크의 위험성을 경고하였고, 이후 우리나라에서도 타인의 얼굴을 도용한 딥페이크 음란물이 문제되었다. 2020년 1월 15일에는 국회가 운영하는 국민동의청원 홈페이지를 통해서 디지털 성범죄의 해결을 촉구하는 청원이 접수되어 10만 명 이상의 동의를 얻기도 했는데, 이를 계기로 2020년 3월 24일 성폭력범죄의 처벌 등에 관한 특례법이 개정되면서 성적 욕망이나 수치심을 유발할 수 있는 허위영상물 등의 편집이나 반포 등을 처벌할 수 있는 규정이 마련되었다. 컴퓨터 이용 범죄에 대한 우려가 제기된 후 그 처벌을 위한 법적 정비가 이루어지기까지 20년이 훌쩍 넘게 소요된 것과 비교할 때, 오늘날 과학기술로 인한 범죄의 변화와 그 대응 입법 사이의 시간적 간극은 대폭 좁혀졌다.

국가나 사회의 평화로운 공존질서를 유지하기 위해 법률을 통해 보호되는 가치 또는 이익을 '법익'이라고 하는데, 법이 어떤 가치나 이익을 보호할 것인지는 당해 사회 구성원들의 필요와 가치관에 의해 결정된다. 특히 형법은 일정한 행위를 범죄로 규정하고, 그에 대하여 형사제재를 가하는 방식으로 법익을 보호하는바, 사람의 생명이나 신체 및 자유를 침해할 수 있는 강력한 수단이 이용되기 때문에 그 개입 여부와 범위는 신중하게 정해져야 한다. 형법이 어떤 행위를 범죄로 규정할 때에는 보호해야 할 법익이 있어야 하고, 여타의 법적 수단으로는 해당 법익을 보호할 수 없을 때에 비로소 보충적으로 활용될 수 있는 것이다. 다만 이러한 보충성의 원칙은 공동체의 가치 보호를 위한 형법의 개입 여부나 그 범위를 판단할 때 고려하는 것이지, 기술의 발전으로 인한 범죄 양상의 변화나 법적 대응에 대한 선제적 논의를 막는 것은 아니다. 요컨대 새로운 기술의 상용화로 인한 법적 공백을 최소화하기 위해서는 그 기술의 특징과 발전 추이를 주목하면서, 기술이 범죄에 미칠 영향에 대한 형법적 논의를 능동적으로 전개해 나갈 필요가 있다.

Ⅳ. '세컨드 라이프' 사례를 통해 본 법익침해 논란 및 대응

메타버스 시대의 범죄와 형벌을 논하기 전에 메타버스를 지향하며 구현된 '세컨드 라이프'의 운용 과정에서 제기되었던 법익침해 논란 및 그 대응에 대해 살펴볼 필요가 있다. 우선 서비스 제공 초기에는 세컨드 라이프 내에 카지노와 같은 도박장이 성행하였다. 가상화폐인 린든 달러가 실물화폐로 환전되는 상황에서 불법도박 문제가 대두되었고, 2017년 미국 연방수사국FBI이 세컨드 라이프 내의 카지노에 대한 수사를 진행하자 린든랩은 가상세계 내 카지노를 폐쇄하였다. 아울러 향후에도 도박과 관련된 콘텐츠를 삭제하고, 해당 사용자의 계정을 폐쇄함과 동시에 그 사실을 수사기관에 알릴 것이라는 입장을 밝혔다. 한편 세컨드 라이프에서는 소프트웨어 조작을 통해 타인의 가상화폐를 훔치는 사건이 발생했는가 하면, 아바타 간 송금 기능을 악용하여 불법 자금세탁이 이루어지기도 했다. 현실에서 마약을 구입한 대가나 테러단체 지원 자금 등이 세컨드 라이프 내의 거래를 가장하여 린든 달러로 지급된 후 실제 화폐로 환전되는 일이 벌어졌던 것이다.

다음으로 가상세계 내 테러훈련이나 폭력 등도 문제되었다. 세컨드 라이프 내에서는 무기를 구매할 수 있고, 다른 아바타에게 총을 쏠 수 있으며, 특정 건물을 폭파시킬 수 있다. 이에 테러단체들은 가상세계에서 각종 선전활동을 펼치고 조직원을 모집하는 것에 그치지 않고, 가상훈련을 실시하기도 했다. 나아가 세컨드 라이프 내에는 현실세계의 기업이나 대학 등이 신출하고, 선거캠프가 차려지기도 했는데, 그중 일부는 가상세계에서 발생한 총격이나 무장 시위대의 공격 등으로 인해 철수하는 일이 벌어졌다. 일례로 2007년 4월에 치러진 프랑스 대선에 출마했던 '국민전선Front National'의 후보인 장 마리 르펜Jean-Marie Le Pen은 세컨드 라이프 내에서 선거운동을 펼쳤는데, 극우파 정당인 국민전선의 정책에 반대하는 무장 시위대의 공격을 받고 가상세계 내의 선거캠프를 철수시켰다.

한편 세컨드 라이프를 통해 묘사되는 아바타 간 성행위도 문제되었다. 전술했던 영국의 사례, 즉 배우자의 가상세계 속 불륜을 이유로 한 이혼소송의 경우 해외토픽으로 소개된 가벼운 이야깃거리에 불과했다면, 아동 형상의 아바타를 대상으로 한 성행위 묘사는 윤리적 문제를 넘어 법적 문제를 야기하기도 했다. 2007년 5월, 독일의 공영 방송협회인 ARD는 성인 형상 아바타와 아동 형상 아바타 간의 성행위가 묘사된 사진을 입수한 후 린든랩과 수사기관에 제출했다. 우리나라와 독일은 아동성착취물의 제작이나 배포 등을 범죄로 규정하는데, 실존하는 아동은 물론이고 애니메이션과 같은 가상의 표현물이 등장하는 화상이나 영상 등도 아동성착취물에 포함된다. 린든랩의 자체 조사 결과 해당 아바타들의 이용자는 각각 54세 남성과 27세 여성인 것으로 드러났다. 이후 린든랩은 문제가 된 이용자들의 아바타를 삭제하고 서비스 접근을 금지시키는 한편 가상세계에서도 아동성착취물은 결코 용납되지 않는다는 입장을 명확히 밝혔다.

세컨드 라이프는 유저들로 하여금 현실에서는 불가능한 일을 경험하며 제2의 인생을 살 수 있도록 하는바, 가상세계 내에서 벌어지는 일들에 대해 현실의 법규범이 그대로 적용될 수는 없다. 다만 린든랩은 서비스 제공을 시작하면서 이용자들이 준수해야 할 자체 규범을 제시했는데, 이용자 수가 증가함에 따라 예상치 못했던 문제가 발생하자 이를 수정한 행동 규범을 내놓았다. 이에 의할 때, 세컨드 라이프에서는 ① 인종·민족·성별·종교·성적지향 등에 따른 차별이나 ② 불쾌한 대화나 협박 등 타인을 괴롭히는 행위, ③ 반복적인 발포나 밀치기 등과 같은 아바타에 대한 폭력, 또는 이용자를 대상으로 한 서비스 이용 방해, ④ 가상현실 내 타인의 사적 공간 침해, ⑤ 콘텐츠 관련 지침 미준수, ⑥ 동의 없는 개인정보 누설, ⑦ 스크립트 조작이나 스팸메일 발송 등 서비스 방해, ⑧ 다른 이용자나 린든랩 직원의 사칭 및 신원 도용 등이 금지된다. 아울러 그 위반 시에는 운영자가 이용자에게 경고하거나 해당 계정을 정지 및 삭제시킬 수 있다.

V. 메타버스 시대의 범죄와 형벌의 변화 가능성

세계경제포럼World Economic Forum의 회장인 클라우스 슈밥Klaus Schwab은 2025년까지 인구의 80%가 인터넷상 디지털 정체성을 갖게 될 것이라고 예측하였다. 또한 이로 인해 사생활의 침해나 감시, 신원 도용, 온라인 괴롭힘 및 스토킹이 증가하고, 허위정보의 확산 등이 문제될 것이라고 전망하였다. 가상과 현실이 융합하는 메타버스 시대가 본격화될 경우에도 이러한 우려는 지속될 것이고, 인터넷 시대에 법익침해 대응을 위해 마련된 법규정들은 여전히 유용한 수단으로 작용할 것이다. 인터넷이 상용화되었던 초기에 그 이용자들은 물리적 공간과 구분된 가상의 공간에서 별다른 제재를 받지 않고 타인과 상호작용을 할 수 있었다. 시간이 경과하면서 익명성과 높은 전파성 및 개방성을 특징으로 하는 온라인에서 발생하는 명예훼손이나 모욕, 음란물 유통 등에 대해서는 보다 강력한 처벌이 요구되었고, 이를 반영한 법적 정비가 이미 이루어졌다.

디지털 정체성을 가지는 인구의 증대는 온라인 게임이나 소셜 미디어 플랫폼 등을 이용하는 사람들이 늘어나면서 발생하는 자연스러운 현상이다. 또한 디지털 세계인 가상의 공간에서 형성되는 정체성과 물리적 세계인 현실의 공간에서 형성되는 정체성이 완전히 분리되지는 않는바, 양자가 통합될 때 비로소 특정인의 정체성이 설명될 수 있다. 다만 디지털 정체성은 아바타를 매개로 형성되는 경우가 많기 때문에 가상세계에서 아바타를 대상으로 가해진 범죄가 현실의 이용자에 대한 법익침해로 연결될 수 있는지가 문제된다.

2016년 10월, VR 게임인 '퀴버QuiVR'의 이용자가 가상현실에서 성추행을 당했다는 주장을 제기하면서 논란이 야기되었다. 활을 쏘아 적을 없애는 게임 중에 다른 유저가 자신의 아바타 상체를 더듬었는데, 이로 인해 느낀 성적 수치심은 종래에 자신이 직접 성추행을 당했을 때 느꼈던 것과 다르지 않았다는 것이다. 이를 두고 미국 사회에서는 해당 이용자의 문제 제기에 동의하며 가상현실 내의 성추행도 규제되어야 한다고 보는 입장이 있었는가 하면, 게임 속에서 벌어진 일에 대해 이용자가 과민하게 반응한 것이라는 회의적인 입장도 존재했다. 일부 이용자들의 불만이 잇따르는 가운데 논쟁이 지속되자, 게임사측은 자신의 아바타를 괴롭히는 다른 아바타를 튕겨낼 수 있는 기능을 추가하였다.

가상현실의 본질과 해당 산업을 육성해야 할 필요성 등을 고려할 때 그 이용 과정에서 발생한 문제에 대해서는 성급한 법적 규제보다는 기술적 조치나 자체 규범의 정비 등이 선행될 필요가 있다. 다만 메타버스 시대에 몰입감이나 현존감이 제고되면서 아바타를 매개로 한 새로운 법익침해의 가능성이 대두될 수 있다는 점은 염두에 두어야 한다. 이에 가상현실 내 성범죄로 인한 이용자의 피해에 주목하며 VR 상호작용을 통한 "동의 없는 가상의 성적 접촉"을 구성요건으로 하는 범죄를 신설해야 한다는 의견도 제기된다.[2)]

이메일이나 채팅방을 통해 누군가로부터 성희롱을 당한 때에도 성적 수치심을 느낄 수 있다는 인식은 공유되고 있다. 그러나 현행법상 성희롱은 업무나 고용 관계에 있는 자가 성적인 언동으로 상대방에게 성적 굴욕감 내지는 혐오감을 느끼게 했을 때 인정되고, 이 경우 행위자는 형벌 부과의 대상이 아니다. 다만 18세 미만의 아동이나 장애인을 대상으로 한 성희롱에 대해서는 10년 이하의 징역 또는 1억원 이하의 벌금에 처할 수 있다. 종래 가상세계에서는 캐릭터형 아바타가 주를 이루었으나, 오늘날 기술의 발전은 이용자의 실제 모습을 구현한 3D 아바타를 등장시켰다. 이로 인해 이용자가 아바타에 대해 느끼는 심리적 일체감은 한층 더 강화될 수 있으므로, 메타버스 속 아바타 간 성폭행으로 인해 피해 아바타의 유저가 느끼는 성적 수치심이나 정신적 피해를 경시할 수 없다. 향후 메타버스 내 몰입감과 현존감이 커질 경우 아바타에 대한 성범죄를 그 이용자에 대한 성희롱 범죄로 구성하고, 이에 대한 형벌 부과를 내용으로 하는 입법이 단행될 수 있을 것이다.

---

2) Ryan Esparza, ""The Way I Felt": Creating A Model Statute to Address Sexual Offenses Which Utilize Virtual Reality", Criminal Law Practitioner Vol.4 Iss.5, American University Washington College of Law, 2018, pp.38-39.

나아가 메타버스 속 현존감을 제고시키기 위해 햅틱 피드백haptic feedback 기술이 적용되고 있다는 점도 주목해야 한다. 이 기술로 인해 가상현실 속 다양한 정보가 촉각이나 진동, 온도, 힘, 운동감 등과 같은 촉감을 통해 실감나게 전달될 수 있다. 메타버스를 그린 대표적 영화인 '레디 플레이어 원Ready Player One'에서는 아바타를 향한 자극이 현실 속 유저에게 전달되는 특수의상이 등장하는데, 이러한 장비가 구현될 경우 아바타와 그 이용자는 단순한 감정이입을 넘어 물리적으로도 연계될 수 있다. 기술의 발전으로 인하여 가상세계 속 아바타에 대한 폭행이나 강제추행은 현실세계 속 그 이용자에 대한 법익침해로 인정될 여지가 있는 것이다. 이미 원격으로 신체 감각을 자극할 수 있는 텔레딜도닉teledildonics으로 인하여 가해자와 피해자가 직접적으로 접촉하지 않고도 촉각이 수반된 성범죄가 성립할 수 있다는 가능성이 제기된 바 있다.[3)]

한편 메타버스에서는 디지털 화폐를 수단으로 경제활동이 활성화되고, 그 결과물이 실제 화폐로 환전될 수 있다는 점이 특징적이다. 우리나라는 2006년에 벌어진 '바다이야기' 사건을 계기로 사행성 게임의 확산을 막기 위해 다양한 규제를 도입했는데, 게임 결과물의 환전업Real Money Trade, RMT을 금지하는 것도 그중 하나이다. 그러나 현행법상 게임물의 범위가 지나치게 넓고,[4)] 미국이나 독일 등 다른 국가가 RMT를 허용하는 상황에서 환전을 위한 우회로가 존재한다는 점을 고려할 필요가 있다. 현재 메타버스는 단순한 오락용 게임을 넘어서 사람들이 소통하고, 다양한 비즈니스를 통해 수익을 창출할 수 있는 플랫폼으로 변모하고 있다. 이에 가상현실이나 메타버스를 '게임'으로 치환하고, 그 결과물의 환전을 모두 '사행행위'로 연결지어 형벌을 부과하는 것은 적절하지 않으므로 관련 규정에 대한 전향적인 검토가 요구된다.

3) Mark A. Lemley, Eugene Volokh, "Law, Virtual Reality, and Augmented Reality", University of Pennsylvania Law Review Vol.166, Iss.5, University of Pennsylvania Law School, 2018, p.1094.

4) 게임물이라 함은 "컴퓨터프로그램 등 정보처리 기술이나 기계장치를 이용하여 오락을 할 수 있게 하거나 이에 부수하여 여가선용, 학습 및 운동효과 등을 높일 수 있도록 제작된 영상물 또는 그 영상물의 이용을 주된 목적으로 제작된 기기 및 장치"라고 정의된다(게임산업진흥에 관한 법률 제2조 제1호).

아울러 현실세계의 재화에 대한 지배 구조를 전제로 마련된 현행 형법은 가상세계에서 발생하는 법익침해에 적절히 대응하지 못하고 있다. 다중이 접속하여 상호작용을 하는 온라인 게임의 이용자들은 시간과 노력을 들여 게임머니나 아이템을 획득하고, 이를 현실의 화폐로 거래하기도 한다. 게임머니나 아이템은 재산상 이익으로 평가될 수 있으나 형법상 재물에는 해당되지 않기 때문에 타인의 아이디와 비밀번호를 이용해 아이템을 훔친 경우 절도죄가 성립하지 않는다. 이에 게임머니와 아이템 등 일정한 유형의 정보를 재물로 간주하여 절도죄의 객체로 포섭해야 한다는 필요성이 제기되었으나, 관련 입법 논의는 오랜 시간 답보 상태에 있다. 메타버스 시대에는 가상세계를 무대로 한 경제활동의 중요성이 커지고, 상당수 비즈니스 모델들이 가상과 현실의 경계를 넘나들 것으로 전망되는바, 법익침해에 대한 법적 공백이 방치되지 않도록 보다 기민하게 입법적 정비가 이루어져야 한다. 즉, 현행 형법 제346조에 의할 때 전기와 같이 관리할 수 있는 동력은 절도죄와 강도죄에서 재물로 간주되고 있으므로, 전자적 형태의 아이템이나 가상화폐 및 정보 등도 이에 포함될 수 있도록 법 개정을 단행해야 할 것이다.

Ⅵ. 두렵지만 매력적인

페이스북의 개발자인 마크 주커버그Mark Elliot Zuckerberg는 미국 스탠퍼드 대학의 제러미 베일렌슨Jeremy Bailenson 교수가 운영하는 '가상인간 상호작용 연구소Virtual Human Interaction Lab'를 방문해 수퍼맨처럼 하늘을 나는 체험을 한 후 오큘러스를 인수했다. 당시 소규모 VR 기기 제조사였던 오큘러스를 20억 달러(약 2조 5,552억 원)에 매수하면서 VR 기술 생태계의 지각변동이 예측되었고, 2021년에는 페이스북의 사명 자체가 '메타'로 변경되었다. 주커버그에게 강렬한 가상체험을 제공했던 베일렌슨 교수는 VR 분야의 선구자이자 최고 전문가로 손꼽히는데, 2019년 그의 저서 『Experience on Demand』를 번역하여 출간된 한국어 책의 제목은 『두렵지만 매력적인』이다.

VR, AR 등 기술의 발전은 메타버스의 몰입감과 현존감을 높이고, 인간의 경험을 확장시켜줄 것이나, 모호해진 가상과 현실의 경계로 인해 형사법 분야는 새로운 도전 과제에 직면할 것이다. 반면 몰입형 메타버스는 범죄피해자의 트라우마 치료나 범죄현장의 재현 및 회복적 사법 프로그램의 운영 등을 위해 활용될 수 있다. 또한 경찰을 비롯한 형사사법 유관기관 종사자들의 교육이나 수형자의 재사회화 및 재범방지를 위한 프로그램 운영에도 이용될 수 있다. 일례로 유럽연합에서는 가정폭력 범죄자로 하여금 VR을 통해 피해자의 입장에서 공포감이나 무력감 등을 경험하도록 하는 프로젝트가 진행되었는데, 이를 통해 범죄자의 인지능력과 공감능력이 향상된 것으로 평가되었다.[5)]

코로나19 팬데믹을 겪으면서 화상회의나 확장현실 및 메타버스 등에 대한 언론의 관심이 뜨거웠다. 그러나 이들은 갑자기 등장한 최신 기술이나 개념이 아니며, 당장에 우리의 삶을 극적으로 변화시키지도 못한다. 기술적 혁신 없이 메타버스라는 용어가 남발된 탓에 정작 메타버스가 어떤 모습으로 구현되어야 할지에 대한 본질적 논의가 전개되기도 전에 메타버스는 이미 식상한 주제로 여겨지는 측면이 있다. 코로나19 팬데믹을 지나 차츰 일상을 회복해가면서 메타버스에 대한 사회적 관심이 떨어질 수 있지만, 인류의 삶을 긍정적으로 발전시킬 수 있는 메타버스를 구현하기 위한 노력은 지속될 것이다. 다만 그 과정에서 범죄의 발생 양상이 변화되고, 형법적 개입이 요청될 수 있을 것인바, "두렵지만 매력적인" 메타버스 시대가 형법적 공백을 최소화하며 본격화되기를 기대한다.

---

5) Sofia Seinfeld, Jorge Arroyo Palacios, G. Iruretagoyena, R. Hortensius/Lenin Zapata, David Borland, B. de Gelder, M. Slater, Maria V Sanchez-Vives, "Offenders become the victim in virtual reality: impact of changing perspective in domestic violence", Scientific Reports Vol.8, Springer Nature, 2018, pp.6-8.

Law's Futures

다양한 법분야의 미래

35~42

Law's Futures

35

실존의 증명

– “내가 누구인지 말해줄 자 아무도 없느냐?”* –

오병철

연세대학교 법학전문대학원 교수

연세대학교 법학전문대학원에서 불법행위법, 친족상속법, 사이버법, 개인정보보호법을 강의하고 있다. 경상대학교(현, 경상국립대학교) 법과대학 교수로 재직하는 중에 진주산업대학교(현, 경상국립대학교로 통합) 컴퓨터공학과에서 공학사를, 충북대학교 대학원 정보통신공학과에서 공학석사, 공학박사 학위를 취득하였다. 저서로는 『전자거래법』, 『디지털정보계약법』, 『법정채권법』, 『전파법연구』(공저), 『전기통신사업법연구』(공저), 『방송법연구』(공저) 등이 있으며, 디지털 정보사회의 법적 문제에 관한 다수의 논문을 발표하였다.

Ⅰ. 죽은 아기는 누구인가?

설 연휴를 하루 앞둔 2021년 2월 10일 오후 3시, 경상북도 구미시 상모사곡동의 낡고 허름한 빌라에서 세 살 여자 아기의 사체가 미이라와 같은 모습으로 '외할머니'에 의해 발견되었다. 20대 초반의 '엄마'는 이미 6개월 전에 재혼을 하여 아이를 버려둔 채 멀리 떨어진 신혼집으로 새로운 사랑을 찾아 떠났다. 홀로 방치된 어린 여아는 전기도 끊긴 빈방에서 추위와 굶주림 그리고 어둠의 적막과 두려움에 떨다 짧은 생을 안타깝게 마감했다. 온 나라는 엄마의 극악한 비정함에 치를 떨었다.

그러나 이 참혹한 비극은 곧이어 충격적인 희대의 미스터리로 전환되었다. 죽은 여자 아기의 진정한 생물학적인 친모는 사랑을 찾아 떠난 '엄마'가 아니라 엄마라고 생각했던 여성의 어머니, 즉 죽은 아기의 '외할머니'였다고 경찰이 발표하였다. 그러니까 죽은 아기와 '엄마'라고 알려진 여성의 관계는 모녀가 아니라 자매였다는 것이다. 물론 죽은 아기의 친모로 확인된 '외할머니'는 모녀 관계를 단호히 부정함은 물론이고, 나아가 3년 이상의 근래에는 어떠한 출산도 한 적이 없다고 강변하고 있으며 그녀의 남편 역시 같은 주장을 하고 있다. 이에 국가 공권력은 여러 차례의 유전자 검사를 반복적으로 실시하지 않을 수 없었지만, 여전히 죽은 아기와 '외할머니'라고 알려진 여성 사이에 친자관계가 있다는 DNA 감정 결과에는 변함이 없었다.

결국 2021년 8월 1심에서 '외할머니'로 알려진 친모는 미성년자 약취 및 사체은닉 미수 혐의로 징역 8년을 선고받았고, 2022년 2월 26일 항소심에서도 같은 형량이 선고되었다. '외할머니'가 지금까지 '엄마'라고 알려진 친딸이 여자 아기(A)를 분만하자 그 산부인과 병원을 찾아가 자기가 낳은 여자 아기(B; 죽은 아기)와 몰래 바꿔치기 했다는 검찰의 공소사실을 법원이 그대로 인정한 결과였다. 사람들의 관심 대상은 '죽은 아기의 친모가 누구인가?'에서 출발해서 '도대체 어떻게 산부인과에서 아기를 바꿔치기할 수

---

* 윌리엄 셰익스피어/김태원 역, 리어왕, 펭귄클래식 코리아, 2013, 81면.

있었을까?' 더 나아가 '젊은 엄마가 병원에서 분만한 여자 아기(A)는 도대체 어디로 갔는가?'로 점차 확대되어 갔다.

이 시점에서 우리는 생물학적인 실존과 그 사회적 표지에 대한 근본적인 의문을 품게 된다. 모든 사람은 모체로부터 완전히 분리됨으로써 독립된 실체로 세상에 등장하게 된다. 드디어 지금까지는 세상에 없던 고유한 존재가 출현하는 것이다. 실존의 출현에는 어머니의 분만 이외의 어떠한 사회적 절차도 요구되지 않는다. 고귀한 존재인 사람은 하등 동물과는 달리 태어난 이후에 상당한 시간이 지날 때까지는 생활의 모든 영역에서 타인의 양육이 필수적이다. 그러므로 출생 즉시 자신의 존재에 대해 사회적으로 승인받는 절차를 스스로 진행하는 것은 불가능한 일이고, 주체이면서도 완전히 수동적이고 피동적인 대상에 머무를 수밖에 없다. 존재의 사회적 승인은 전적으로 타인에게 맡겨지게 된다. 그러한 역할을 누군가가 수행하지 않는다면, 생물학적으로는 존재하되 사회적으로는 존재하지 않는 상태에 머무르게 된다.

현실에서 갓 태어난 아기는 언제 무엇으로 최초의 사회적인 인식을 얻고 존재를 증명하는가? 산부인과 병원에서 신생아가 태어났다고 가정하고, 편의상 그 신생아를 '그'라고 부르기로 하자. '그'가 태어나면, 가장 먼저 '그'의 사진을 촬영하고 키와 몸무게를 재고 손과 발을 스탬프로 찍어 기록에 남긴다. 그러나 이것은 존재의 출현에 대한 사회적인 인식을 얻는 것에 불과하지, 존재의 증명으로는 불완전하다. 신생아는 다 비슷비슷한 외모를 가지므로 촬영된 얼굴이나 몸매의 사진만 통해 '그'를 다른 아기와 구분하는 것은 사실상 불가능에 가깝다. 키나 몸무게 그리고 손과 발의 스탬프 역시 '그'라는 존재의 증명으로는 식별성이 상당히 떨어진다. 존재의 증명을 위한 가장 적절한 수단으로 신생아의 손목에 어머니의 이름을 적은 비닐 띠를 쉽게 풀지 못하도록 조여서 채우는 방법이 활용되고 있다. 그러나 손목의 띠를 제거하기가 쉽지는 않더라도 불가능한 것은 아니므로, 손목의 띠가 분리되는 순간부터 '그'가 '그'라는 증명은 불가능해진다.[1)]

---

1) 앞서 언급한 사건에서도 신원확인 비닐 띠가 신생아로부터 분리되었음이 확인되었다는 점에서, 아마도 '외할머니'가 친딸이 낳은 신생아로부터 떼어낸 비닐 띠를 자신이 낳은 아

존재의 완전한 증명이 불가능하다면, 한편으로는 이중적 존재의 문제도 생기게 된다. 하나의 존재를 다른 사람으로 두 번 출생신고하더라도 이를 완전하게 식별할 방법이 마땅치 않은 경우가 있다. 예를 들어 산부인과 병원에서 태어난 '그'를 '홍길동'이라는 이름의 갑과 을 사이 친생자로 의사의 출생증명서를 첨부하여(가족관계의 등록 등에 관한 법률 제44조 제4항) 최초 출생신고를 하였으나, 두 살 무렵 어떠한 사정으로 기아가 되는 바람에 경찰관에 의해 발견되어 시·읍·면의 장이 작성하는 기아발견조서에 의해(가족관계의 등록 등에 관한 법률 제52조 제2항) '전우치'라는 이름으로 가족관계등록부에 또다시 기록을 하였다고 가정하자. '그'는 하나의 존재임에도 불구하고 사회적으로는 '홍길동'인 동시에 '전우치'라는 이중적인 표지와 인식을 얻게 된다.

사람이 태어나서 독립적인 존재가 되면, 그 즉시 실존의 유일성을 배타적으로 증명할 수단이나 방법을 확보할 방안은 없을까. 우리 사회를 혼란에 빠지게 했던 앞서 언급한 사건에서 DNA 감정을 통해 '외할머니'와 사망한 아기가 친모자 관계에 있음을 수차례에 걸쳐 확인하였지만, 이는 엄밀하게는 '관계'의 증명일 뿐 '존재'의 증명은 아니다. DNA 감정을 완전히 신뢰한다고 하더라도,[2] '외할머니'가 사망한 아기의 친어머니라는 관계만을 증명하는 것일 뿐이지 산부인과에서 낳은 신생아와 죽은 아기가 동일인인지 아닌지를 직접 증명하는 것이 아니다. 나아가 지금은 행방이 불명한 산부인과에서 낳은 신생아가 어딘가에 살아 있어 나타난다고 하더라도 그 존재의 직접적인 증명은 불가능하고, 단지 '엄마'라고 불린 '외할머니'의 친딸과 친자관계가 존재하는가의 확인만이 가능할 뿐이다. 만약 출생과 동시에 다른 사람과 구분할 수 있는 식별표지를 객관적으로 명확히 확보한다면, '그'가 바로 '그'라는 사실을 분명하게 파악할 수 있을 것이다.

기에서 채우는 방법으로 아기를 뒤바꾼 것으로 추측된다.

2) 외할머니는 이른바 '키메라 증후군(genetic chimerism)'이라는 생소한 단어를 언급하면서, 죽은 아기의 친모는 자신이 아니라 '엄마'로 알려졌던 자신의 딸이라고 여전히 강변하고 있다.

Ⅱ. 무엇이 '그'를 증명할 수 있는가?

1. 관습적 표지

특정인을 타인과 식별하는 표지는 실존의 증명 수단이 될 수 있다. 특정 존재를 다른 존재와 구분하는 가장 쉽고 보편적인 표지는 이름이다. 사람이 태어나면 '성명'을 지어주고, 그 성명을 통해 그 존재를 표시하고 또 다른 사람과 구분한다. 그러나 성명은 가장 보편적이면서도 가장 취약한 실존의 표지이다. 같은 성명을 가진 동명이인은 어느 시대 어느 사회에나 존재할 수밖에 없고, 하나의 존재에 별명이나 가명과 같은 복수의 표지가 병존하는 것도 일반적이며, 또 성명을 변경하는 것도 불가능한 것은 아니다. 그러한 점에서 '성명'이라는 관습적인 표지는 실존의 유일한 표지와는 거리가 멀며, 성명으로 존재를 증명하는 것은 매우 신뢰도가 낮은 방법이라고 할 수 있다.

이름의 대용으로서 사람의 인지적 기능을 이용한 ID와 패스워드 같은 표지도 관습적으로 활용된다. 그러나 인지적 기능은 사람이라면 누구나 갖는 특성이기 때문에, 타인에 의한 무단 도용이나 의도적인 대행의 위험성이 항상 열려있다. 또한 망각이라는 인간의 본성이 필연적 한계로 작용한다.

2. 생체적 표지

사람은 생물로서 생체적 특징을 갖는다. 생체로서의 특징도 존재의 유효한 표지로 널리 활용되고 있다. 생체적 표지는 존재의 고유한 유일성을 증명하는 절대적 표지와 이와는 관계없는 상대적 표지로 다시 구분할 수 있다. 먼저 절대적 표지의 대표적인 사례로서는 지문을 들 수 있다. 모든 사람은 다 고유한 지문을 갖고 있으므로, 지문을 통해 존재의 유일성을 절대적으로 증명할 수 있다. 우리나라의 경우에 모든 국민은 주민등록증을 신규 발급받는 시점인 만 17세에 주민등록법 시행령 제36조 제3항에 따라 반드시 지문을 찍도록 하고 있다.[3] 그러므로 만 17세 이상의 주민등록이 된 대한민국 국민은 모두 국가에 등록된 지문을 통해 존재의 인식이 가능하게 된다.

그러나 3세 미만의 아동의 경우에는 융선이 미발달하여 지문이 채취가 어렵고, 특히 신생아의 경우에는 지문을 절대적 표지로 활용하는 것이 사실상 불가능하다는 결정적인 취약점이 있다. 그 외에 홍채인식, 망막인식 등의 생체적인 표지가 있으나, 결정적으로 홍채나 망막 그 자체를 오감을 통해 인식할 수 있도록 표현하는 방법이 마땅하지 않은 한계가 존재한다. 비교적 최근인 1980년대 이후 DNA라는 생체적 표지가 등장하게 되었다. 후술하는 바와 같이 DNA 정보가 현재로서는 모든 면에서 가장 뛰어난 존재의 표지로 활용될 수 있다.

보편적으로 활용되는 상대적 표지로는 안구나 머리카락의 색깔, 키, 몸무게, 얼굴의 생김 등이 있다. 미국의 운전면허증에서는 대상자의 얼굴 사진과 성별, 키를 기재하여 생체적 표지를 활용하고 있다.[4] 그러나 상대적 표지는 유일성이 결여되고 대체로 인위적인 변경이 가능하고 항구성이 취약하다는 점에서 존재의 유일한 표지로 활용될 수는 없다. 단지 여러 생체적 표지를 결합함으로써 존재의 식별성을 강화할 수 있을 뿐이다.

3. 규범적 표지

사람은 생물학적이고 사회적인 존재를 넘어 법적 존재로서 규범적 표지를 부여받는다. 출생신고를 하게 되면 법적인 성명과 함께 주민등록번호를 부여받게 된다. 주민등록번호는 사람마다 고유하게 부여되는 숫자의 조합으로서 법적으로 특정한 사람을 규정하는 규범적 표지이다. 출생 신고할 때 법적으로 부여되는 숫자의 고유한 조합이라 유일성은 인정되지만, 존재와 표지의 결합은 관념적인 것에 그치게 된다. 따라서 이중으로 출생신고가 이루어지게 된다면, 하나의 존재에 두 개의 주민등록번호가 부여되는

3) 18세 미만의 아동의 실종 예방 등을 위해 지문 사전등록제도를 '아동 · 여성 · 장애인 경찰지원센터'에서 운영하고 있고, 온라인(https://www.safe182.go.kr/home/dic/dicaryBrowes-Wrap. do)으로도 지문 사전등록이 가능하다.

4) 우리나라 운전면허증에는 얼굴 사진의 생물학적 표지만을 활용하고 있을 뿐이다.

것을 피하기 어렵다. 즉 존재를 식별하는 절대적인 표지로 사용하는 것은 제한적이다. 또 태어났으나 국가에 출생신고가 이루어지지 못하는 경우에는 존재는 분명히 있으나, 법적으로는 아무런 인식과 표지가 발생되지 않는 문제도 생기게 된다. 주민등록번호와 유사한 규범적 표지로 자동차 운전면허증 번호도 있으나, 이는 자동차 운전의 기능을 보유하고 있음을 인정받은 경우에만 주어지는 것으로서 보편성이 결여된 제한적인 규범적 표지로서의 한계가 명확하다.

4. 물적 표지

물건의 소유를 통해서 존재의 증명을 하는 경우에 이를 물적 표지라고 할 수 있다. 소유권을 통한 물건의 배타적 지배가 법적으로 인정되면, 그 물건의 보유를 통해 특정한 존재를 증명할 수 있게 된다. 존재의 물적 표지를 활용하는 경우는 오래전의 설화 속에서도 찾아볼 수 있다. 고구려를 건국한 주몽이 부러진 칼의 한 조각을 일곱 모가 난 돌 위의 소나무 아래에 숨겨두었고, 이를 찾아낸 아들 유리가 아버지 주몽을 찾아가 두 개로 부러진 칼의 조각을 맞추어 봄으로써 부자 관계를 증명한 이야기가 바로 그것이다. 부러진 칼의 고유한 단면이라는 특성이 존재의 유일성을 나타내는 표지가 된 것이다.

이러한 물적 표지의 대표적인 예는 국가가 발행한 신분증을 들 수 있다. 주민등록증이나 여권과 같은 유형의 물건으로 된 신분증에 사진이나 성별과 같은 생체적 표지 그리고 주민등록번호나 여권번호와 같은 규범적 표지를 결합함으로써 존재의 표지로서의 식별성을 강화하고 있다. 나아가 최근 이동통신전화가 생활필수품으로 등장하게 됨에 따라, 이동통신전화에 일정한 인증번호를 발송하여 이 단말기를 보유하고 있는 자가 존재의 표지로 활용하는 방법도 널리 채택되고 있다.

물적 표지의 가장 큰 문제점은 분실의 위험이 상존하는 것이고, 이를 습득한 사람이 이를 부정하게 사용하게 되면 신뢰성에 치명적인 결함이 생기게 된다. 또 물건의 특성상 멸실의 가능성도 존재하고, 또 위조나 변조로부터 완전히 자유로울 수는 없는 것이다. 나아가 신생아의 경우에는 어떠한 물건을 소유하거나 점유하는 사실상의 의사조차 가질 수 없는 한계가 존재하며, 산부인과에서 출생과 동시에 채워지는 신생아 식별 띠라는 물적 표지는 앞서 언급한 사건에서 보았듯이 언제든지 분리되거나 훼손될 수 있는 취약점을 갖고 있다.

5. 디지털 표지

컴퓨터 네트워크 공간에서는 물리적 공간에서 사용되는 존재의 표지가 제한적으로만 의미를 갖는다. 주민등록번호와 같은 규범적 표지나 ID나 패스워드 같은 관습적 표지는 온라인에서도 존재의 간편한 표지로 활용되어 본인확인수단으로 채택되었다. 그러나 제3자라도 십여 개의 숫자나 간단한 기호를 알고 있다면 언제든지 타인의 신원을 쉽게 도용할 수 있어서 신뢰도는 매우 낮으므로, 존재의 다른 강력한 표지가 요구되었다. 그 대안이 디지털 서명을 이용한 공동인증서나 금융인증서 그리고 온라인에서 주민등록번호를 대체하는 I-PIN이며, 이를 디지털 표지라고 할 수 있을 것이다.

공동인증서는 전자서명 생성키에 해당되는 디지털 파일을 본질로 하지만, 이를 사용하여 존재를 확인하기 위해서는 추가적으로 패스워드와 같은 관습적 표지 또는 이동통신전화의 소지라는 물적 표지와 결합이 수반된다. 디지털 표지는 디지털 형태이므로 생물체인 존재에 내재될 수 없어서, 디지털 표지를 최초에 발급하는 시점에 교부받는 존재의 확인이 매우 중요하게 된다. 만약 타인에게 디지털 표지를 발급하게 되면 온라인상에서의 존재와 오프라인의 실제 존재는 서로 불일치하게 된다. 이는 존재의 표지로서는 근본적인 취약점이 아닐 수 없다.

Ⅲ. 존재의 표지는 믿을 만한가?

1. 보 편 성

존재의 표지로서 사회에서 통일적으로 활용되기 위해서는 사람이라면 누구라도 예외 없이 보유하고 있는 표지이어야 한다. 존재의 일부만 갖고 있는 성질을 표지로 채택한다면, 그러한 성질을 보유하지 못하는 존재는 자신을 증명할 방법을 갖지 못하게 된다. 보편성의 측면에서 보면 일부 물적 표지나 디지털 표지는 다소 취약하다. 특히 물적 표지 중에 금전적 비용이 요구되는 경우에는, 경제적인 환경이 존재의 표지와 결부되므로 보편성은 더욱 멀어지게 된다. 또 디지털 표지는 컴퓨터나 인터넷 환경에 익숙하지 않은 계층에서는 접근에 상당한 장애가 존재한다. 반면에 관습적 표지나 생체적 표지 그리고 일부 규범적 표지는 사람이라면 누구나 특별한 절차나 부담이 없이 보유하는 것이므로 보편성이 매우 높다.

2. 고 유 성

존재의 표지가 사회적 신뢰를 얻기 위해서는 특정 존재의 표지는 그 존재에 고유한 것이어야 한다. 만약 같은 표지가 다른 존재에게도 부여될 수 있다면, 존재의 유일한 표지로서는 실격이다. 대부분 존재의 표지로 사용되는 것들은, 정도나 강도의 차이는 있을지라도, 고유성을 갖고 있다. 그러나 신생아의 경우에 외모가 다 비슷비슷하고 아직 융선이 발달되지 않았으므로, 얼굴이나 지문과 같은 생체적 표지는 고유성이 거의 존재하지 않는다. 이름의 경우에도 동명이인이 존재하는 것이 일반적이고, 특히 흔한 이름의 경우에는 이를 통해 존재를 표시할 수는 있어도 그 신뢰도는 매우 낮아진다. 이동통신전화의 경우에는 한 존재가 수 개의 번호를 갖고 있을 수 있고, 타인의 표지로 사용되던 번호를 자신의 표지로 사용할 수도 있다는 점에서 존재의 표지로서 신뢰도가 상대적으로 낮다고 할 수 있다.

3. 항 구 성

존재의 표지는 시간의 흐름에 따른 변화로부터 자유로운 항구성을 가져야 한다. 시간의 경과로 그 표지가 변화된다면, 표지를 계속 갱신update해야 하는 절차가 필요하게 된다. 갱신이 적절히 이루어지지 못한다면 존재의 표지로서의 가치는 상실된다. 대표적으로 생체적 표지 중에 얼굴의 모습,

키나 몸무게는 항구성이라는 점에서는 매우 취약하다. 이름은 물론이고 국가가 부여하는 주민등록번호나 운전면허번호와 같은 규범적 표지도 항구성이 완전하지는 않다. 개명이나 이들 번호의 변경도 엄격한 요건과 절차를 밟는다면, 불가능한 것은 아니기 때문이다. 이동통신전화와 같은 물적 표지도 시간의 경과에 따라 물건으로서의 성능이나 수명이 다하는 내재적 한계가 있으므로 항구성에서는 제약이 있다. 또한 디지털 표지 중에서 공동인증서와 같은 전자서명 생성키는 일정한 유효기간이 존재하고 그 주기에 따라 갱신하여야 하므로 항구성은 근본적으로 결여된다. 반면에 지문이나 DNA와 같은 생체적 표지는 존재에 본질적으로 내재된 특성으로서 시간이 아무리 경과하여도 전혀 변하지 않는 강력한 항구성을 지닌다.

4. 보 안 성

존재의 표지로서 가장 중요한 점은 도용이나 부정 사용을 방지할 수 있도록 보안성이 있어야 한다. 이름, ID/PW와 같은 관습적 표지나 주민등록증이나 이동통신전화와 같은 물적 표지는 보안성에서 매우 취약하다. 타인의 이름을 대신 제시하는 것은 매우 쉬운 일이고, 물적 표지는 도난이나 분실이라는 근본적인 보안 취약점이 존재한다. 전자서명과 같은 디지털 표지는 기술적인 보안은 수준 높게 유지되지만, 이는 온라인에서만 표지로 작용할 수 있다는 한계와 더불어 임의로 타인에게 표지를 제공할 수 있는 여지가 있으므로 온라인 밖의 보안은 그리 강력하다고 보기는 어렵다. 예를 들어 자신의 전자서명 생성키와 PW를 제3자에게 자의로 제공하면, 제공받은 제3자가 타인 존재의 디지털 표지를 사용하더라도 상대방으로서는 이를 인식할 방법이 마땅치 않다. 강력한 보안성을 확보하기 위해서는 존재에 부착되어 분리될 수 없는 표지를 사용하여야 하고, 그것은 지문, DNA, 홍채, 망막 등의 생체적 표지가 대표적이다.

5. 용 이 성

끝으로 존재의 표지를 통한 식별과 다른 존재와의 구분에 편의성도 요구된다. 표지를 통해 존재를 식별하는 것이 매우 어렵다면, 현실 생활에서의 유용성은 크게 떨어지게 된다. 또한 존재의 표지를 확보하는 것도 쉬워야 한다. 아무리 항구성과 보안성 등이 높다고 하더라도 표지를 확보하는 것이 도의적으로 비난 받거나 존재로부터 심리적인 저항이 큰 방법이거나 경제적으로 큰 비용이 소요된다면 보편적인 식별 수단으로 활용하기는 어렵다.

문제는 신뢰도와 용이성은 이율배반적인 특성을 피하기 어렵다는 점이다. 관습적 표지나 규범적 표지 그리고 물적 표지는 항구성이나 보안성이 상대적으로 취약한 반면 용이성은 상당히 높지만, 생체적 표지나 디지털 표지는 반대로 항구성이나 보안성은 강한 반면 용이성에는 한계가 있을 수밖에 없다. 항구성이나 보안성을 강하게 하기 위해서는 어느 정도 과학 기술적인 지식과 수단이 필요하고, 이를 위해서는 복잡한 과정이나 경제적 부담이 필연적으로 수반될 수밖에 없기 때문이다. 따라서 용이성은 다른 요소들과의 적절한 조화가 요구된다고 할 것이다.

6. 정　　리

존재의 표지는 다양한 형식으로 존재하고, 각각마다 특성에도 다소 차이가 있다. 이를 하나의 표로 정리하면 다음과 같다.

유형	관습적 표지	생체적 표지	규범적 표지	물적 표지	디지털 표지
대표적 예	이름, ID/PW	지문, DNA	주민등록번호, 운전면허번호	주민등록증, 이동통신전화	공동인증서, I－PIN
보편성	○	○	△	△	×
고유성	△	○	○	○	○
항구성	×	○	△	×	×
보안성	×	○	×	×	△
용이성	○	×	○	○	×

존재의 식별을 위한 표지는 어느 하나만을 단일하게 사용하기보다는, 다양한 표지를 복합적으로 결합시키는 것이 일반적이다. 예를 들어 주민등록

증이라는 물적 표지에 얼굴 사진이라는 생체적 표지와 이름이라는 관습적 표지 그리고 주민등록번호라는 규범적 표지를 결합하여 존재를 다른 존재와 구별하고 있다.[5] 또 주민등록증을 발급하는 시점에 국가기관이 의무적으로 지문이라는 강한 보안성이 있는 생체적 표지를 확보하여 이를 주민등록번호 등의 규범적 표지와 결합하여 다양한 용도로 활용하고 있다. 그러나 문제는 앞서 언급한 유아 사망사건의 경우처럼 신생아에게는 산부인과의 손목띠 수준의 매우 취약한 존재의 물적 표지만이 있을 뿐이고, 융선이 어느 정도 발달되어 지문을 채취해서 등록할 때까지는 존재에 내재된 생체적 표지와는 전혀 연결되지 않는다는 것이다. 이러한 문제는 우리나라에 국한된 것은 아니다. 전 세계 어느 문명국가에서도 신생아 또는 유아의 실존을 증명할 수 있는 결정적인 표지와 관련된 법 제도는 아직 마련되어 있지 않다.

Ⅳ. 국가는 존재의 출현과 동시에 완벽한 표지를 부여하라

1. The child shall be registered immediately after birth.

우리나라가 1989년 11월 20일 채택하여 1990년 9월 2일부터 발효된 "아동의 권리에 관한 협약Convention on the Rights of the Child" 제7조 제1항은 "아동은 출생 후 즉시 등록되어야 하며, 출생시부터 성명권과 국적취득권을 가지며, 가능한 한 자신의 부모를 알고 부모에 의하여 양육받을 권리를 가진다"라고 규정하고 있다. 이를 단순히 '모든 아동이 차별 없이 출생등록이 되어야 한다'[6]는 좁은 의미로 해석해서는 곤란하다. 모든 사람은 탄생과 동시에 존재의 사회적인 인식과 더불어 자신을 나타내는 표지를 명확하게 확보하여야 한다는 넓은 의미로 이해되어야 한다. 지금 '그'라고 출생등록된 사람이 진정한 '그'라는 증명을 출생등록만으로 어떻게 확보할 수 있는가.

5) 과거의 종이 재질의 주민등록증에는 지문이라는 생체적 표지까지도 결합시켰으나, 플라스틱 재질로 변경하면서 제외시켰다.

6) 최성경, "의료기관 출생통보제 도입 및 관련 법제를 위한 입법적 제안", 한양법학 제30권 제2집(통권 제66호), 한양법학회(2019.5), 162면.

출생신고만으로는 자신의 진정한 실체를 식별할 표지를 완전하게 확보할 수 없음은 이미 살펴본 바와 같다.

인류는 그동안 실존의 유일성을 증명할 수단을 필요로 하지 않은 것이 아니라, 증명할 방법을 오랫동안 알지 못하였다. 1984년 영국 레스터 대학교의 앨릭 제프리스Alec Jeffreys는 마치 손가락 지문과 같이 사람마다 고유한 패턴의 DNA가 존재한다는 사실을 발견하고, 1985년 저명 학술지 '네이처'에 관련 논문을 발표한 바 있다. 사람의 유전자는 일란성 쌍둥이를 제외하고는 모두 서로 다르므로, 각기 다른 고유한 DNA 염기서열을 갖게 된다. 그러므로 존재에 고유한 DNA 배열순서를 'DNA 지문'이라고 하며, 이를 대조하면 동일한 존재인가 아닌가를 과학적으로 확인할 수 있는 것이다. 과학기술의 발달에 힘입어 존재의 결정적인 표지가 활용될 수 있음에도 불구하고 아직 법규범에서는 이를 적극적으로 수용하고 있지 아니하다.

만약 존재의 출현 즉시 신생아로부터 머리카락과 같은 DNA 시료를 분리하여 이를 국가기관이 보관하는 제도를 도입한다면, 사람의 신원을 정확히 확인할 수 있는 존재의 완전한 표지를 공식적으로 확보할 수 있지 않을까. 구체적으로는 신생아가 태어나면 이에 관여한 의료인[7]이 신생아로부터 DNA 시료를 즉시 확보하여 출산과 관련된 기록에 첨부하여 보관하고,[8] 출생신고 시점에 DNA 시료가 포함된 출생기록을 제출하도록 하는 방안을 고려해 볼 수 있을 것이다. 이를 통해 국가가 신생아로부터 얻을 수 있는 보편성, 고유성, 항구성, 보안성 모두를 충족하는 유일한 존재의 표지를 공적으로 확보할 수 있게 된다. 물론 향후 필요한 시점에 DNA 시료를 분석하여 DNA 지문을 파악하는 과정에서 시간과 비용이 들고 전문적인 기술이 필요하므로 용이성은 떨어지지만, 다른 모든 장점을 고려하면 우리 사회가 능히 감수할 수 있는 부담이라 생각된다.

---

7) 물론 산부인과 병원과 같은 의료기관에서 의료인의 지원을 받는 출산이 아닌 경우에는 DNA 시료 확보가 용이하지는 않겠지만, 2020년 기준 우리나라에서 272,337명의 신생아가 태어났는데 그중 99.61%에 해당하는 271,272명이 병원에서 출생하였으므로 사실상 거의 모든 신생아에게 적용할 수 있을 것으로 생각된다.

8) DNA 시료가 서로 뒤바뀌지 않게 하기 위해서는 시료 확보 후 즉시 밀봉하여 보관할 수 있는 장치가 출생기록서류의 일부분으로 구성되어 일체화되어 있는 특수한 형태를 고안하여야 할 것이다.

2. 지문은 되고, DNA는 안 된다?

지문은 신생아에게는 의미가 없지만, 융선이 발달된 3세 이후부터는 존재의 표지로서 가장 유용한 것임에 틀림없다. 더욱이 DNA와는 달리 용이성의 측면에서도 부족함이 없다. 주민등록증을 발급하는 시점에는 우리나라 모든 국민이 열 손가락의 지문을 찍어서 국가에 제출하는 제도를 시행하고 있다. 이에 대해 주민등록증 발급신청서에 지문을 날인하도록 하여 지문정보를 보관하고 전산화해서 범죄수사목적에 이용하는 행위가 인간의 존엄과 가치, 개인정보자기결정권을 침해한 것이라고 주장하면서 헌법소원심판을 청구한 바 있다. 2005년 헌법재판소는 적법성, 피해최소성의 원칙, 법익균형성의 원칙에 위배되지 않고, 과잉금지의 원칙에 위배되어 개인정보자기결정권을 침해하였다고 볼 수 없다고 하여 합헌결정을 한 바 있다.[9] 이후 2015년에도 주민등록증 발급신청서에 열 손가락 지문을 찍도록 한 주민등록법 시행령이 법률유보의 원칙에 위배되고 개인정보자기결정권을 침해한다는 헌법소원심판이 재차 청구된 바 있으나, 헌법재판소는 심판청구를 기각하여 합헌성을 다시 한 번 확인하였다.[10]

국가가 17세 이상의 전 국민의 지문을 찍어 보관하고 범죄수사목적에 이용하는 것이 헌법과 헌법정신에 위반되지 않는다고 해서, 국가가 신생아를 포함한 전 국민의 DNA 시료를 보관하는 것도 합헌적이라고 할 수 있는가의 의문도 가질 수 있다. 존재의 생체적 표지로서의 고유성, 항구성, 보안성에서는 아무런 차이가 있을 수 없고, 지문정보와 달리 DNA 지문은 육안을 통한 식별이 불가능하다는 점, DNA 지문정보를 보관하는 것이 아니라 이를 파악할 수 있는 생체 시료만을 보관한다는 점에서 지문의 확보보다 인간의 존엄과 가치 또는 개인정보자기결정권을 더 침해하는 것이라 보

9) 헌법재판소 2005.5.26. 선고 99헌마513, 2004헌마190(병합) 전원재판부 결정. 핵심 요지를 인용하면, "17세 이상 모든 국민의 열 손가락 지문정보를 수집하여 보관하도록 한 것은 신원확인기능의 효율적인 수행을 도모하고, 신원확인의 정확성 내지 완벽성을 제고하기 위한 것으로서, 그 목적의 정당성이 인정되고, 또한 이 사건 지문날인제도가 위와 같은 목적을 달성하기 위한 효과적이고 적절한 방법의 하나가 될 수 있다."

10) 헌법재판소 2015.5.28. 선고 2011헌마731 전원재판부 결정.

기 어렵다. 다만 DNA 정보는 지문정보보다 훨씬 강력한 식별능력을 이용해 신원확인기능을 수행할 뿐만 아니라, 지문이 제공하는 식별정보 이외의 건강과 같은 다른 생체정보도 파악할 수 있으므로 매우 엄격하게 다루어지도록 법률상의 근거를 마련하여야 함은 물론이다.

3. 부작용의 극복

(1) 전문국가기관의 보관

신생아의 DNA 시료는 반드시 전문적인 인적·물적 설비를 보유한 국가기관만이 보관하도록 하여야 한다. 보관 과정에서의 오염이나 바뀜 등의 문제를 방지할 수 있도록 고안된 시설을 국가기관이 신뢰성 있게 운영하는 것이 필요하다. 출생신고를 접수하는 주민센터에서는 이러한 생체 시료를 보관하기에 부적절하므로, 지방자치단체 공무원은 제출된 시료에 출생신고된 인적사항을 표시하여 즉시 전문국가기관으로 이송하여야 할 것이다.

(2) 한시적 보관

DNA 정보의 중요성을 고려하면, 국가가 이를 영구적으로 보관하는 것은 허용되어서는 곤란하다. 융선이 발달된 3세 이후에는 지문을 날인하여 지문정보를 보관하는 것이 가능하므로, 지문정보를 확보하기 전까지만 DNA 시료를 보관하도록 제한할 필요가 있다. 최근 시행 중인 사전지문등록을 하거나 17세가 되어 주민등록증을 발급받는 시점에 지문날인 현장에서 대상자로부터 채취한 DNA 시료와 출생 시점부터 국가기관이 보관하고 있는 DNA 시료가 서로 일치하는가를 비교하는 절차를 둘 필요가 있다. 만약 두 시료의 DNA 정보가 일치한다면 지문만을 보관하고 DNA 시료는 반드시 폐기하도록 해야 할 것이다. 왜냐하면 확보한 지문이라는 생체적 표지만으로 존재의 식별이나 증명이 충분히 가능하기 때문이고, 법적으로도 지문의 날인과 보관은 이미 합헌성을 반복적으로 확인받은 바 있다. 만약 자신이나 자녀의 DNA 시료가 국가기관에 장기간 보관되는 것을 원치 않는다면, 지문 확보가 가능한 가장 빠른 시점에 지문을 등록하고 DNA 시료를 폐기하면 될 것이다.

(3) DNA 시료 활용의 엄격한 제한

존재의 표지를 확보하기 위해 신생아의 머리카락과 같은 DNA 시료 그 자체를 보관하는 것이지, 그 시료로부터 DNA 정보를 확보하는 것까지 허용하는 것은 아니다. 미아의 발견과 같이 아동의 신원을 확인하는 등의 극히 제한적인 사유가 인정되는 경우에만 DNA 지문의 대조가 허용되어야 할 것이고, 법률로 정한 요건에 해당되는가를 가정법원에서 인정받는 사법적 통제도 추가적으로 부과되어야 할 것이다. DNA 시료를 지문 날인 이전에만 한시적으로 보관한다면, 그 대상자는 대체로 미성년자 중에서도 유아 수준에 머무를 것이므로 이를 범죄 수사의 목적으로 활용할 사회적인 필요는 거의 없을 것으로 생각된다. 따라서 인간으로서의 존엄이나 가치를 직접적으로 침해하는 위험은 크게 우려하지 않아도 될 것이다. 최근 미아 방지 등을 위한 사전지문등록제도에 부모가 자발적으로 호응하고 있는 경향을 고려하면, 부모의 입장에서도 엄격하게 관리되어 오남용의 우려가 없는 DNA 시료의 한시적 보관에 대해서는 강한 거부감을 갖지는 않을 것으로 생각된다.

(4) 강력한 사후 규제

DNA 시료 보관에서 예상되는 부작용에 대한 철저한 대비에도 불구하고 이를 위반하는 자에 대해서는 형사처벌을 통한 강력한 사후적 규제가 필요하다. 개인정보보호법 제70조에서는 "공공기관의 개인정보 처리업무를 방해할 목적으로 공공기관에서 처리하고 있는 개인정보를 변경하거나 말소하여 공공기관의 업무 수행의 중단·마비 등 심각한 지장을 초래한 자"에 대해서 10년 이하의 징역 또는 1억원 이하의 벌금에 처하고 있다. 이를 감안하면 DNA 시료 보관에 관한 법규를 위반한 자에 대해서는 같은 수준의 형량으로 처벌할 필요가 있을 것이다.

Ⅴ. 결 론

전대미문의 사건을 계기로 어머니로부터 갓 태어난 신생아의 신원을 확인할 수 있는 생체적 표지를 국가가 관리해야 할 필요가 있는 것은 아닌가 하는 생각을 하게 되었다. 특히 우리나라는 17세 이상의 모든 국민의 지문정보를 확보하는 법 제도를 시행하고 있다. 그러므로 출생 시점에 신생아로부터 DNA 시료를 확보하여 국가가 이를 보관하였다가 지문정보를 등록하는 시점에 지문 채취 대상자의 DNA 정보와 보관되어 있는 DNA 시료의 신원을 서로 대조함으로써, 출생에서 사망에 이르기까지 존재의 동일성 유지를 국가가 증명할 수 있게 될 것이다. 이러한 DNA 시료 보관 제도를 일찍이 시행하고 있었다면, 구미 여아 사망사건에서 사망한 아기가 산부인과에서 태어난 아기와 동일한 존재인지를 쉽게 파악할 수 있을 것이다. 그리고 법원의 판단처럼 사망한 아기가 산부인과에서 태어난 아기가 아니라면, 지금은 행방이 묘연한 산부인과에서 태어난 아기가 향후 발견되었을 때 그 존재의 증명도 매우 용이할 것이다. 다만 DNA 시료를 보관함에 있어서 예상되는 부작용을 사전에 방비할 수 있는 다양한 대책도 동시에 고려되어야 함은 물론이다. 누군가 당신이 진짜 '그'냐고 묻는다면, 가볍게 면봉으로 입안의 상피세포를 채취하여 건네주는 것만으로 '그'임을 증명할 수 있어야 하지 않을까.

36

상속법의 미래

최 준 규

서울대학교 법학전문대학원 부교수

판사를 거쳐 서울대학교에서 민법과 도산법을 연구하고 있다. 법해석방법론에 대해서도 관심을 갖고 있다. 저서로는 『계약법과 도산법』, 『주해 상속법』(공저), 『상속법의 관점에서 본 생명보험』 등이 있고, 역서로는 『독일도산법』이 있다. 논문으로는 "채권자취소권의 경제적 분석", "프랑스 민법상 생태손해의 배상" 등 50여 편이 있다.

상속법은 사람의 사망으로 인한 사법(私法)적, 재산법적 효과를 규율하는 법이다. 우리 모두에게 있어 사망은 언젠가는 겪게 될 피할 수 없는 사건이다. 평소에는 잘 느끼지 못하지만, 상속법은 우리와 매우 가까이 있는 법이다. 물려줄 재산이 많은 사람뿐만 아니라 빚밖에 물려 줄 것이 없는 사람에게도 상속법은 중요하다. 후손들에게 빚이 대물림되면 안 되기 때문이다.

우리 상속법은 장차 어떠한 모습으로 변할까? 아래에서는 이 점을 살펴본다. 다만 아래 서술은 필자의 주관적 희망이 상당히 반영된 예측에 불과하다. 따라서 이 글의 제목은 '**필자가 바라는**' 상속법의 미래라고 함이 더 정확할 것이다.

Ⅰ. 배우자의 상속법상 지위 강화

현행법에 따르면 배우자의 법정상속분은 자녀의 법정상속분의 1.5배이다. 배우자는 자녀와 같은 순위로 상속받되 자녀보다 조금 더 상속받는 것이다. 따라서 자녀의 수가 많을수록 배우자의 법정상속분은 감소한다. 자녀가 1명이면 자녀와 배우자는 2:3의 비율로, 자녀가 2명이면 자녀와 배우자는 2:2:3의 비율로, 자녀가 3명이면 자녀와 배우자는 2:2:2:3의 비율로 상속받는 것이다. 이러한 결론은 합리적이지 않다. 왜 자녀가 많아질수록 배우자가 받을 몫이 줄어들어야 하는가? 망인(亡人)이 죽기 전에 배우자와 이혼을 하여 재산분할을 하면 배우자는 대체로 상속재산의 1/2을 받을 수 있다. 그런데 이혼을 하지 않은 채 사망을 하면 배우자는 자녀들과 같은 순위로 상속재산을 나눠 갖는다. 배우자는 상속재산의 3/7(자녀가 2명인 경우), 1/3(자녀가 3명인 경우)을 상속받는다. 결과적으로 현행법은 이혼을 조장한다(다만 자녀가 1명이면 배우자는 3/5을 상속받으므로 이혼을 하는 것보다 하지 않는 것이 유리하다).

배우자의 법정상속분은 상속재산 형성과 자녀의 출산·양육에 협력한 대가, 앞으로의 자녀 양육을 위한 배려의 성격을 갖는다. 생존 배우자는 대부분 망인의 말년을 가장 가까이서 지켜보고 그 또는 그녀를 돌보아 온 '**딘한 사람**'일 것이다. 출가 후 오랜 기간 독립된 가정을 꾸려 온 성인 자녀들보다 노령인 생존 배우자를 우선하는 것이 인지상정(人之常情) 아니겠는가? 성인 자녀들이 노부모를 부양하는 것을 기대하기 어려운 오늘날 우리 현실에서, 배우자와 자녀들을 포함한 '가족'이라는 개념(민법 제779조 제1항 제1호)이 얼마나 큰 의미가 있을지 의문이다. 이러한 측면을 고려한다면, 배우자에게는 자녀의 법정상속분에 우선하여 상속재산 중 적어도 1/2을 보장해 주는 것이 바람직하다. 자녀가 1명이거나 자녀가 없고 망인의 직계존속이 배우자와 함께 상속하는 경우, 배우자의 법정상속분은 1/2보다 많아야 할 것이다(가령 2/3).

이혼 시 재산분할처럼 일방 배우자 사망 시에도 타방 배우자의 몫을 먼저 분할하고 그 나머지를 법정상속인들이 상속으로 나눠 갖는 방법도 생각해 볼 수 있다. 이렇게 하면 생존 배우자를 보호할 수 있고, 이혼과 상속 사이에 차이도 발생하지 않는다. 그러나 배우자 중 한 사람이 사망한 상태에서 공정한 재산분할이 이루어지기는 쉽지 않다. 생존 배우자에게 일방적으로 유리하게 재산분할이 이루어질 가능성을 배제하기 어려운 것이다. 재산분할 비율을 둘러싸고 자녀와 생존배우자 사이의 법적 분쟁이 발생할 가능성도 높다. 따라서 상속 시에도 생존 배우자에게 재산분할청구권을 인정하는 방법보다는 생존 배우자의 법정상속분을 올리는 방법이 더 낫다.

물론 배우자의 법정상속분을 일률적으로 강화하면, 구체적 사정에 따라서는 생존 배우자가 과보호될 수 있다. 망인과의 혼인 기간이 짧은 재혼배우자 사례가 대표적이다. 그러나 이러한 문제를 우려하여 법개정 자체를 단념하고 현재 상태에 머문다면, 우리는 여우를 피하려다 호랑이를 만나게 될지 모른다. 재혼배우자 문제는 사전(事前) 상속 포기나 유류분 포기를 허용함으로써, 즉 망인이 생전에 유연하게 상속계획을 마련할 수 있도록 함으로써 보완할 수 있다. 이를 통해 – 비록 완전하지는 않더라도 – 상당 부분 법개정의 부작용은 해소될 것이다.

그 밖에 피상속인 사망 당시 생존 배우자가 거주하고 있던 상속재산인 주택에 대하여 생존 배우자의 거주권을 일정 기간 인정하는 입법도 고려해 봄 직하다. 노령의 생존 배우자가 기존에 머물던 장소에서 일정 기간 계속 거주할 권리는, 상속인의 재산권보다 더 보호가치가 있는 '생존권'의 측면에서 접근할 필요가 있다.

Ⅱ. 유언대용신탁의 활성화 및 유언방법의 개선

8.15 광복과 한국전쟁을 겪은 후 부(富)를 축적한 세대가 퇴장하기 시작하면서, 상속을 둘러싼 분쟁이 늘어나고 있다. 이제 유언으로 재산을 물려주는 것은 교과서에서나 볼 수 있는 드문 일이 아니다. 그런데 현행 민법상 유언제도는 자기 재산을 자기가 원하는 방식으로 물려주고 싶어하는 피상속인의 수요를 충실하게 반영하지 못하는 경직된 제도이다.

이러한 결점을 보완하는 제도가 신탁법상 유언대용신탁(신탁법 제59조) 및 수익자연속신탁(신탁법 제60조)이다. 피상속인은 ① 미성년자인 상속인을 수익자로 지정하고 상속인이 성년이 되면 신탁원본을 그에게 반환하는 내용으로 신탁계약을 체결하여, 상속인이 상속재산을 일정 시점까지 처분하지 못하게 할 수 있고(유언대용신탁), ② 수익자를 순차로 지정함으로써 여러 세대에 걸친 재산의 승계를 미리 정해 놓을 수 있다(수익자연속신탁). 민법상 유언을 통해서는 위와 같은 효과를 달성하기 어렵다. 일단 특정인에게 상속재산을 물려주고 나면, 그 상속재산에 대한 처분권은 전적으로 그 특정인에게 있는 것이다. 망인이 그 특정인의 '처분권'을 유언으로 제한하기는 어렵다. 하지만 신탁으로는 이러한 제한이 가능한 것이다.

이미 사망한 사람이 현재 또는 미래의 법률관계를 지나치게 오랫동안 자기 뜻대로 붙잡아두는 것은, 노욕(老慾)일 수도 있고 사회 전체적으로 비효율을 야기할 수도 있다. 과거가 현재 또는 미래의 발목을 잡아서는 안 된다. 그러나 이러한 부정적 외부효과가 문제되지 않는 한, 망인의 자기재산 처분 관련 선호는 가급적 충실히 실현될 수 있어야 한다. 상속 관련 법제도는 이러한 실현을 뒷받침해야 한다. **상속에 있어서도 사적자치 원칙은 준수**될 필요가 있는 것이다.

앞으로 유언대용신탁 등은 점차 활성화될 것이다. 활성화될 필요가 있다. 문제는 유언대용신탁과 유류분 사이의 관계이다. 유언대용신탁이 이루어진 경우 ① 유류분 산정방법, ② 유류분 반환대상, ③ 반환청구의 상대방에 대하여 현재 명문의 규정이 없고, 학설은 분분하다. 이러한 법적 불확실성은 유언대용신탁의 활성화에 결정적 장애물로 작용하고 있다. 유류분반환을 통해 신탁의 기본구조가 와해될 수 있다면, 누구도 선뜻 유언대용신탁을 활용하려 하지 않을 것이다. 이를 해결하는 최선의 방법은 입법으로 위 쟁점들에 대하여 명확히 규정하는 것이다. 그리고 기왕에 입법을 한다면, 아래 Ⅳ.에서 보는 것처럼 유류분 제도의 강행규정으로서의 성격을 최대한 완화하는 방향으로 유류분법이 함께 개정되는 것이 바람직하다. 즉 유류분 제도의 개선과 유언대용신탁의 활성화를 입법을 통해 동시에 도모하는 것이 최선의 해결책이라고 필자는 생각한다.

진정으로 보호가 필요한 사람에 한정하여 '금전배상의 형태'로 유류분권을 보장하고, 그 외의 경우에는 유류분 제도를 이유로 망인의 상속재산 처분의 자유를 제약하는 것은 최대한 자제해야 한다. 이와 같이 유류분 제도가 개선된다면, 유류분이 문제되더라도 유언대용신탁의 기본구조를 유지하면서 – 즉 망인의 유지(遺志)를 가급적 존중하면서 – 금전배상의 형태로 유류분반환이 이루어질 수 있다. 이처럼 개선된 유류분 제도를 전제로 신탁법에서는 유류분과 유언대용신탁 간의 구체적 관계를 조문으로 명확히 정리할 필요가 있다. 망인의 유지를 가급적 존중하면서 즉 신탁의 구조를 유지하면서 유류분반환을 인정하려면, "신탁재산 원본인 상속재산"이 아니라 "신탁수익권"을 기준으로 유류분 가액을 산정하고, 반환청구의 상대방도 원칙적으로 신탁회사가 아니라 수익자로 봄이 타당할 것이다.

아울러 현행 유언제도는 장애인에게 친화적이지 않다. 의사능력은 있으나 대화능력과 필기능력이 모두 없는 장애인의 경우 현행 민법상 유언요건에 맞추어 유언을 하기가 쉽지 않다. 자필증서에 의한 유언(민법 제1066조)은 유언자의 자서(自書)를 요구하고 있고, 녹음에 의한 유언(민법 제1067조)은 유언자의 구술(口述)을 요구하고 있으므로, 대화능력과 필기능력이 없는 장애인은 위와 같은 유언을 할 수 없다. 공정증서에 의한 유언(민법 제1068조)과 구수증서에 의한 유언(민법 제1070조)은 모두 유언자의 구수(口授)를 요구하고 있으므로, 이 또한 대화능력이 없는 장애인이 활용하기 어렵다. 유언자의 구수라는 것은 유언자가 입으로 불러주어 상대방이 적게 하는 행위를 뜻하기 때문이다. 비밀증서에 의한 유언(민법 제1069조)은 활용할 여지가 전혀 없지는 않으나, 장애인 입장에서 불편하다. 대화능력과 필기능력이 모두 없는 장애인도 손쉽게 자기의 의사에 따라 유언을 할 수 있도록 시급히 법이 개정될 필요가 있다. 법무부 가족법개정특별위원회는 이미 2011년에 장애인의 유언에 관한 특별규정을 마련한 바 있다.

Ⅲ. 공동상속의 법률관계 및 선청산 · 후분할의 문제

현행법에 따르면 복수의 상속인들이 있는 경우 상속인들은 상속재산을 '공유'한다. 즉 상속재산에 대하여 상속인 각자는 독립적으로 처분가능한 '공유지분'을 취득한다. 비유적으로 표현하면 망인이 사망하는 순간 상속재산은 복수의 상속인들 몫으로 자동으로 **'쪼개진다'**. 1개의 상속재산이더라도 상속인 숫자만큼 복수의 재산으로 쪼개지는 것이다.

공동상속재산의 공유구성은 일견(一見) 간명해 보이고, 개별 상속인들의 독립된 권리를 최대한 보장하는 것처럼 보이지만, 실제로는 그렇지 않다. 상속인의 기존 고유재산과 상속재산이 **'자동으로 섞여짐으로써'** 상속재산을 둘러싼 상속채권자와 상속인의 채권자의 법률관계가 복잡해지고 불공평하게 되는 측면이 있기 때문이다. 상속재산을 둘러싼 법률관계는 상속채권자들 사이에서 먼저 청산된 뒤, 청산 후 남은 상속재산을 공동상속인들이 분할하는 것이 공평하다(선청산 · 후분할). 상속인의 채권자들은 선청산을 거친 후 남은 재산에 대하여 비로소 접근권이 인정되어야 한다.

상속은 권리능력을 가진 '**개인**'이 소멸하는 사건이다. 법인이 해산하면 청산절차를 거쳐야 하는 것처럼, 소멸한 개인이 종전에 부담하고 있던 채무는 상속을 계기로 청산되어야 한다. 상속재산을 '개인'이 갖고 있던 재산이 아니라 '가산(家産)'이라고 보면, 상속을 계기로 상속인의 기존 채무를 굳이 청산할 필요가 없다고 생각할 수 있다. 그러나 소멸한 개인에 주목하면 상속채무는 먼저 청산하는 것이 자연스럽다. 선청산 · 후분할은 단체가 아니라 개인에 주목하는 근대상속법의 기본 원리에 부합한다.[1)]

---

1) 최준규, "공동상속에 관한 입법론－프랑스법과의 비교－", 한국민법과 프랑스민법 연구

선청산·후분할 원칙을 따르지 않더라도 공동상속인들이 공동상속재산을 '합유'한다고 보면(1안), '**공동상속에 국한**'하여 선청산·후분할을 간접적으로 '**유도**'할 수 있다. 모든 상속에서 선청산·후분할이 원칙이라고 직접적으로 규정할 수도 있다(2안). 영미법은 2안을 따른다. 독일법은 1안과 같고, 프랑스법도 1안과 비슷한 점이 있다. 일본법은 종래 우리법과 비슷하였는데, 최근 상속법 개정을 통해 상속재산이 예금채권인 경우에 한정하여 1안과 비슷한 입장을 취한다. 필자는 우리 상속법의 경우에도 1안 또는 2안에 대한 진지한 고민이 필요하다고 생각한다. 1, 2안의 가장 큰 문제점은 – 비록 공평한 결과를 도모할 수는 있지만 – 선청산에 따른 법률비용(변호사 비용 등)이 많이 들고, 상속재산분할 절차가 장기화되고 무거워진다는 것이다. 그러나 IT 강국인 우리나라에서, Legal-Tech의 발전이 기대되는 현실에서, 변호사 숫자가 늘어나고 예방법학의 중요성이 강조되는 상황에서, 위와 같은 비용을 사회적으로 감당 가능한 수준으로 낮추는 것은 충분히 가능하다고 사료된다. 상속이라는 사건이 발생한 경우, 보험료와 비슷하게 일정 수준의 법률비용을 부담하는 문화가 정착되는 것이 사회 전체적으로도 득책(得策)이다. 필요하다면 저소득층에 대해서는 국가가 사회보장제도의 일환으로 위 법률비용을 부담할 수도 있을 것이다. 2안을 따른다면 미성년자가 부모의 빚을 대물림하는 문제도 원천봉쇄할 수 있다. 부모 재산을 물려받은 사람들은 물려받은 재산으로 물려받은 빚을 우선 갚고 나서 그 나머지 재산을 자신들의 뜻대로 활용해야 한다.

Ⅳ. 유류분제도의 개선[2)]

유류분은 피상속인의 유증이나 증여가 있더라도 상속재산 중 일정비율을 상속인에게 유보시키는 제도이다. 현행법은 망인의 자녀 또는 배우자이기만 하면 원칙적으로 그 또는 그녀에게 유류분권을 인정한다. 자녀 또는

(남효순 교수 정년기념 논문집), 2021, 841-842면.

2) 최준규, "유류분제도의 개선과 유산기부 활성화", 기업공익재단 법제연구, 2021, 457면 이하.

배우자의 유류분권은 법정상속분의 1/2이다(민법 제1112조 제1, 2호). 유류분권은 자녀 또는 배우자와 같은 법정상속인이기만 하면 획일적으로 인정되는 권리이다. 유류분권자에게 부양의 필요성이 없더라도, 상속재산 형성에 기여한 바가 없더라도, 유류분권자는 유류분권을 행사하여 망인의 유증이나 증여를 일정 부분 무력화시킬 수 있다. 현행 유류분제도는 한편으로는 유류분권자를 과다 보호한다는 점에서, 다른 한편으로는 망인 생전에 망인과 연대관계를 형성해 왔던 법정상속인 아닌 자(대표적으로는 사실혼 배우자)를 과소 보호한다는 점에서 문제이다.

부양필요성도 없고 망인의 상속재산 형성에 기여한 바도 없는 자녀에게, 망인의 자유의사에 기초한 유증이나 증여의 효력을 뒤집을 권한을 주는 것은 타당하지 않다. 장남이 재산을 많이 물려받았다는 이유만으로, 차남이나 딸들에게 유류분권을 부여하는 것이 정당화될 수 없다. 필자도 자식들이 가급적 공평하게 유산을 분배받는 것이 바람직하다고 생각한다. 그러나 부모가 그와 다른 선택을 했다고 해서 법으로 그러한 선택을 무위로 돌려놓는 것은 다른 차원의 문제이다. 자녀를 차별한 부모에 대한 사회적 비난과 법적 비난은 구별해야 한다. 다른 사람이 횡재하는 것이 부럽고 배 아픈 일이라고 해서, 나도 똑같이 횡재를 하도록 도와달라고 요구할 권리는 인정될 수 없다. 유류분 제도는 횡재windfall gain가 아니라 권원entitlement에 기초하여 설계되어야 한다.

현행법에 따르면, 망인이 생전에 부양의무를 부담하고 있던 사실혼 배우자는 망인의 법정상속인이 아니므로 상속재산에 대하여 어떠한 권리도 없다. 사실혼 배우자를 법정상속인으로 격상시키는 것은 무리이다. 누가 법정상속인인지는 획일적 기준에 따라 결정하는 것이 바람직하다. 그런데 사실혼 배우자인지 단순 동거인인지를 판단하는 것은 때로는 매우 미묘하고도 어려운 일이다. 사실혼 배우자를 법정상속인에 포함시키면 상속의 법률관계가 불안정해지고 복잡해질 것이다.

그러나 – 사실혼 배우자를 일률적으로 법정상속인에 포함시키는 것은 무리라 하더라도 – 망인의 사망 후에도 여전히 사실혼 배우자가 부양이 필요한 상태에 있다면, 사후(死後)부양의 차원에서 사실혼 배우자에게 상속재산에 대하여 일정 부분 권리를 부여함이 타당하다. 사실혼 배우자의 (미성년) 자녀로서 망인의 혈족이 아닌 자도 마찬가지이다. 망인 생전에 위 자녀와 생계를 같이 해왔다면, 망인은 생전에 위 자녀를 부양해 온 경우가 많았을 것이다. 그렇다면 망인 사후에도 – 비록 망인의 직계비속과 동일한 수준의 보호를 해 줄 수는 없더라도 – 일정 부분 위 자녀의 부양필요성을 고려해 상속재산에 대한 사실혼 배우자의 권리를 인정함이 공평하지 않을까?

(자녀의 유류분권과 달리) 배우자의 유류분권은 배우자가 상속재산 형성에 기여한 경우가 많다는 점을 고려할 때 앞으로도 유지되어야 한다. 그러나 자녀의 유류분권은 – 자녀가 성년인지 미성년인지를 불문하고 – 자녀의 부양필요성이 있는 경우에 국한하여 인정해야 한다. 직계존속이나 형제자매의 유류분권도 망인이 생전에 그들에 대하여 부양의무를 부담하고 있었던 경우로서 여전히 그들의 부양필요성이 인정되는 경우에 국한하여 인정되어야 한다. 부양필요성이 있는 사실혼 배우자에게도 마찬가지 권리를 인정해야 한다. 부양필요성에 기초한 유류분권은 망인의 증여나 유증이 없더라도 권리자들의 부양필요성이 있는 한 인정되어야 한다. 증여나 유증이 없더라도 상속재산으로부터 이들이 부양받을 필요성은 여전히 인정되기 때문이다. 따라서 이러한 유류분권은 종래 유류분권과는 성격을 달리하는 새로운 권리이다. 유류분 제도는 망인의 상속재산 처분자유를 지금보다 강조하는 방향으로, 또한 망인이 생전에 부담하던 **연대관계**는 지금보다 보호하는 방향으로 개정되어야 한다.

이러한 취지에서 필자는 다음과 같은 내용의 유류분법 개정안을 제안한다. 아래 개정안 중 제2항의 유류분권이 (혈족관계에 국한되지 않는) **포괄적 연대관계에 터잡은 새로운 유류분권**이다.

현행 민법	필자의 개정안
제1112조(유류분의 권리자와 유류분) 상속인의 유류분은 다음 각호에 의한다.	제1112조 (유류분권리자와 유류분비율) ① 피상속인의 배우자는 그 법정상속분의 2분의 1을 유류분으로 주장할 수 있다. ② 피상속인 사망 전 피상속인이 부양의무를 부담하던 자로서 피상속인 사망 후에도

1. 피상속인의 직계비속은 그 법정상속분의 2분의 1 2. 피상속인의 배우자는 그 법정상속분의 2분의 1 3. 피상속인의 직계존속은 그 법정상속분의 3분의 1 4. 피상속인의 형제자매는 그 법정상속분의 3분의 1	부양받을 필요가 있는 자는 유류분을 주장할 수 있다. 이 경우 유류분액수는 유류분권리자의 부양필요기간, 상속재산의 규모, 피상속인 사망 전 피상속인과 유류분권리자 사이의 관계, 피상속인 사망 후 유류분권리자에 대한 다른 부양의무자의 존재 여부, 피상속인의 유류분권리자에 대한 생전 출연(出捐), 유류분권리자의 순상속분액 등을 종합적으로 고려하여 법원이 정한다. ③ 제2항에 의한 유류분의 경우 법원은 상속인 또는 수유자에게 각자가 상속이나 유증으로 이득을 얻은 범위 내에서 유류분반환을 명할 수 있다. 유류분반환의무자의 순위와 유류분반환의무의 범위는 법원이 정한다. ④ 제2항에 의한 유류분의 경우 법원은 정기금 형식으로 유류분 지급을 명할 수 있다. ⑤ 제2항에 의한 유류분권에 대해서는 민법 제978조, 제979조, 민사집행법 제246조 제1항 제1호를 준용한다. ⑥ 피상속인의 배우자는 제1항 또는 제2항에 의한 유류분권 중 어느 하나만을 행사할 수 있다.

Ⅴ. '개인' 그리고 '개인 간 연대'에 주목하는 상속법

위 Ⅰ, Ⅱ, Ⅲ, Ⅳ의 개별쟁점을 관통하는 주제어는 **'개인'** 그리고 **'개인 간 연대'**이다. 필자는 앞으로의 상속법은 '개인' 그리고 '개인 간 연대'에 주목해야 한다고 생각한다. '가족'이라는 이름으로 '개인'과 '개인 간 연대'를 억누르는 것은 타당하지 않다고 생각한다. 진짜 가족이라는 프로토타입 prototype을 전제로 가짜 가족을 비난하고 경원(敬遠)시해서는 안 된다고 생각한다.

① 망인의 말년을 지켜온 단 한 사람은 지금보다 더 보호해야 한다.

② 개인이 소멸하면 개인을 둘러싼 법률관계가 먼저 정리되어야 한다. 망인의 가족이나 가족들의 채권자는 이러한 정리가 이루어진 후 비로소 등장해야 한다.

③ 자기재산 처분에 관한 망인의 자유의사는 – 부정적 외부효과가 없는 한 – 최대한 존중해야 한다. 망인의 선호를 유연하게 반영할 수 있는 유언대용신탁 등의 제도는 앞으로 더욱 활성화되어야 하고, 그 활성화에 걸림돌이 되는 요소들은 입법을 통해 제거되어야 한다. 또한 장애인에게 친화적이지 않은 현행 유언제도는 시급히 개선되어야 한다.

④ 망인이 생전에 맺어온 연대관계는 – 그 관계가 혈연관계인지를 불문하고 – 사후에도 가급적 존중되어야 한다. 따라서 이러한 연대관계 보호를 위해, 즉 연대관계에 있는 사람들의 부양필요성이 인정되는 경우에는, 망인의 재산처분에 관한 자유의사는 일정 부분 제한될 수 있다. 또한 연대관계에 있는 사람들의 부양을 위해 상속재산에 대한 법정상속인들의 권리도 제한될 수 있다. 생존권은 재산권보다 우선해야 한다.

이러한 필자의 생각에 대해서는 여러 반론이 제기될 수 있다. 가까운 미래에 필자의 희망처럼 상속법이 개정될 가능성은 희박하다. 법의 변화는 사회변화에 뒤처지는 경우가 대부분이다. 필자의 지금 생각도 언젠가 바뀔지 모른다. 하지만 화두(話頭)를 제시하는 것 자체만으로도 의미가 전혀 없지는 않을 것이다. '개인' 그리고 '개인 간 연대'에 대한 우리 모두의 진지한 성찰을 소망하며 짧은 글을 마친다.

37

플랫폼 시대의 법

박상철

서울대학교 법학전문대학원 조교수

김 · 장 법률사무소를 거쳐 2020년부터 서울대학교 법학전문대학원에서 조교수로 재직 중이다. 시카고대학에서 기계학습의 법학에 대한 응용을 주제로 박사학위를 받았고, 국내외 저널에 AI, 데이터 관련 논문 다수를 발표하였다.

플랫폼platform이 서로 구분되나 상호의존적인 이용자군들 간의 상호작용을 촉진하여 가치를 창출하는 매개자를 뜻한다면,[1] 하늘 아래 새로운 것이 아니다. 서로를 필요로 하는 매도인－매수인, 임대인－임차인, 위탁자－수탁자, 구인자－구직자 등을 짝짓고matchmaking 때론 흥정도 해줘 가며 대가로 수수료를 취하는 **중개업자**broker[客主/居間]는 유구한 역사를 가진 플랫폼이다. 인맥과 정보, 입소문의 힘으로 사업가들의 목을 죄는 재고의 공포로부터 해방되어 손에 때도 안 묻히고 돈을 버는 중개업은 수완 좋은 업자들이 대대로 누려온 사업모델로서, 여기서 주로 논의할 온라인플랫폼도 대개 거간꾼이다.

플랫폼은 실재를 넘어 전 산업영역을 잠식하는 **偏在化**ubiquitization의 도상에 있는데, 이에 이르기까지 몇 가지 轉機가 있었다. 첫째, 물류, 통신, 전산자원의 급격한 발달을 계기로 문호를 활짝 열어 네트워크의 크기를 극대화하는 이용자 확보전이 대세가 되었다. 물류의 발달로 우선 대형할인점들big-box stores이 출현하여 참여자 수와 선택을 극대화하는 **원스톱쇼핑**one-stop shopping 전략을 통해 비용을 절감하고 할인을 제공하여 더 많은 참여자를 끌어들였다. 땅 대신 사이버공간에 자리 잡은 온라인플랫폼들은 이용자 추가에 따른 한계비용과 혼잡비용이 그만큼 낮아진 상황에서 이용자가 늘수록 플랫폼의 가치도 상승하는 **동일면네트워크효과**same-side network effect[2]를 누리고자 이용자를 선점하고 임계치critical mass를 달성하는 전략을 추구하였다. 이들도 사이트 내에서 다양한 서비스를 제공하는 원스톱쇼핑 전략을 펼치나, 그 효과는 이용자들이 다른 사이트로 쉽게 넘어가 함께 즐기는 **다중거점**multihoming 현상으로 인해 제약된다.[3] 둘째, 플랫폼들은 나아

---

* 이 글은 拙稿, 플랫폼법, 저스티스 통권 제188호(2022.2), 348~407면(서울대학교 법학연구소의 2021학년도 학술연구비 지원으로 작성)의 내용을 토대로 이 저서의 취지에 맞게 재구성한 것으로서, 동 논문을 인용한 문장들에 일일이 각주를 달지는 않았음을 밝힙니다.

1) OECD, "An Introduction to Online Platforms and Their Role in the Digital Transformation" (March 2019), p. 21.

2) David S. Evans, "The Antitrust Economics of Multi-Sided Platform Markets," *Yale Journal on Regulation,* Vol. 20 No. 2 (2003), p. 332 [직접네트워크효과(direct network effect)라 지칭].

3) Bernard Caillaud and Bruno Jullien, "Chicken & Egg: Competition among Intermediation Service Providers," *Rand Journal of Economics,* Vol. 34 No. 2 (2003), pp. 315-320.

가 이용자군의 수요의 가격탄력성price elasticity of demand의 차이를 이용한 가격차별로 이윤을 극대화한다.[4)] 가격에 더 민감한 그룹에 수수료를 감면해 주거나 심지어 陰의 가격rebate을 미끼로 이들을 끌어들이고 자산화하여 더 간절한 그룹의 지갑을 여는 수법이다. 이를 가능케 하는 것은 일면의 선호를 타면의 규모가 좌우하는 **교차네트워크효과**cross-side network effect이다.[5)] 미디어산업에서는 1704년에 보스턴뉴스레터The Boston News-Letter에 미국 최초의 신문광고가 게재된 이래, 구독자 · 시청자들eyeballs에게 헐값 또는 공짜로 신문, 잡지, 지상파방송 콘텐트를 제공하고 대신 광고주들로부터 돈을 버는 사업모델이 확립된다. 이어 1950년 출범한 Diners Club과 1958년 출범한 American Express의 성공에 힘입어 카드소지자들에게 낮은 회비에 서비스를 제공하고 대신 가맹점으로부터 수수료를 수취하는 신용카드 네트워크가 형성되었는데[6)] 이들이 바로 "원조 온라인플랫폼"이다. 온라인 플랫폼의 경우 관객면에서는 콘텐트와 서비스를 무료로 제공하되 대신 광고주 · 이용사업자 · 앱개발자 등 수익창출면profit-making side; subsidizing side에서 돈을 버는 사업구조가 보편화된다.[7)] 유통을 디지털화한 전자상거래에 이어 스마트기기의 보편화는 온라인 호출 · 주문 · 예약 · 거래와 운수 · 배달 · 숙박 · 금융 등 오프라인 업장 간의 융합을 촉발하였다. 이 과정을 통해 플랫폼은 획기적으로 거래비용을 낮추고 정보의 생산 · 유통 · 활용을 늘린다. 이는 거래량 · 선택의 증대, 상품의 개인화 · 세분화, 생산성 향상과 비용 감소, 진입장벽의 완화, 투명성으로 이어지며 효율을 창출하고 있다.

Ⅰ. 각국의 빅테크 규제 움직임

그런데 이러한 디지털전환에 따른 시장재편의 결과 개방경제를 운용하는 주요국들의 플랫폼 시장은 미국계 **빅테크**Big Tech들이 장악한 상황으로

---

4) Jean-Charles Rochet and Jean Tirole, "Platform Competition in Two-Sided Markets," *Journal of the European Economic Association,* Vol. 1 No. 4 (2003), pp. 996-998.

5) D.S. Evans, *supra* note 2, p. 332 [간접네트워크효과(indirect network effect)라 지칭].

6) Rochet and Tirole, *supra* note 4, pp. 1013-1014.

7) *Id.* p. 1015.

서, 우리처럼 자국 플랫폼이 의미 있는 수준으로 살아남은 경우가 드물다. 특히 유럽(러시아 제외)은 역내시장 대부분을 빅테크에 넘겨준 상황이다.[8] 개방경제가 아닌 중·러 등을 제외하면 자국 플랫폼이 의미 있는 수준으로 버티는 나라는 한·일 정도인데, 일본마저도 빅테크에 잠식되는 추세다.

〈표 1〉 각국의 선도 플랫폼 (2021년 말 현재)

	폐쇄경제	개방경제				
	중국	한국	일본	영국	독일	프랑스
검색, 온라인광고	바이두	네이버	Google	Google	Google	Google
전자상거래	알리바바 (타오바오, 티몰)	네이버	Amazon	Amazon	Amazon	Amazon
앱마켓	(경합 중)	Google (Google Play)	Apple (App Store)	Google (Google Play)	Google (Google Play)	Google (Google Play)
소셜미디어	시나 (웨이보)	Meta (Instagram, Facebook)	Twitter	Meta (Facebook)	Meta (Facebook)	Meta (Facebook)
MIM	텐센트 (위챗)	카카오	LINE	Meta (WhatsApp)	Meta (WhatsApp)	Meta (WhatsApp)
비디오 스트리밍	(경합 중)	Google (YouTube)	Google (YouTube)	Google (YouTube)	Google (YouTube)	Google (YouTube)
여객운송	디디추싱	카카오 모빌리티	(경합 중)	Uber	BlaBlaCar	BlaBlaCar
음식배달	메이투언	Delivery Hero (배민)	Uber (Uber Eats)	Just Eat	Just Eat	Uber (Uber Eats)

이러한 편재화와 시장집중화로 인해 세계적으로 플랫폼 규제법령들이 부상하였는데, 다만 배경이 된 시장상황이 다르다. 먼저 미국, 중국과 같이 **자국 플랫폼이 살아 있는 경우**에는 **기존 경쟁법의 집행을 강화**하여 독점의

8) 전자상거래만 영국 Argos, 독일 Otto, 프랑스 Cdiscount 등 일부 역내 플랫폼이 남아 있으나 시장을 선도하는 Amazon, eBay와 힘겨운 경쟁을 벌이고 있다.

유지 · 강화의 저지나 시장구조의 개선에 주력하는 경향이 있다. 미국은 빅테크들로의 경제력집중을 겨냥하여 초당적으로 발의한 2021.6.11.자 하원 5대 플랫폼반독점법안[9] 및 후속 법안,[10] 그리고 후속 상원 플랫폼반독점법안들[11]을 통해 기업결합심사를 강화하고 지배력전이를 억제하며 상호운용성을 강화하여 독점을 완화하고자 하는 등 경쟁법 집행을 보완 · 강화하기 위한 움직임을 보인다(단, 2021.8. 앱마켓개방법안[12]은 앱개발자 보호법적 성격). 해외 플랫폼의 진입을 차단한 중국은 국무원이 2021.2.7. 반독점법(反垄断法) 가이드라인인 "플랫폼 경제영역에 관한 반독점 지침"[13]을 공포하고 시감총국(国家市场监督管理总局)이 2021.4.10. 알리바바에 반독점법 위반으로 사상 최고액의 과징금을 부과[14]하는 등 대형 플랫폼들을 차례로 제재하고 있으며, 2021.11.18.에는 시감총국 산하 반독점국을 국가반독점국(国家反垄断局)으로 분리 · 격상하였다.

반면 역내 플랫폼 시장을 미국계 빅테크에 넘겨준 **EU와 일본**의 경우 시장 탈환에 대한 의지를 잃고 빅테크의 독점을 현실로 받아들인 채 수세적 대응을 하는 태도를 보인다. 특히 빅테크에 공익사업utility처럼 **공법원리**(공정성 · 투명성 등)를 투영하거나 자국 이용사업자business user; merchant와의 관계P2B에서의 **수요독점**monopsony을 기정사실화하고 **이용사업자를 직접 보호**하려는 내용의 법체계를 경쟁법과 별도로 창설하려는 경향이 있다. EU는 경쟁법에 기해 Google에 2017년 비교쇼핑, 2018년 모바일OS, 2019년 검색광고 관련 제재[15]를 내렸으나 한계를 느끼고 2019.6.20. 이용사업자 보호를

---

9) American Innovation and Choice Online Act (H.R. 3816); Ending Platform Monopolies Act (H.R. 3825); Platform Competition and Opportunity Act of 2021 (H.R. 3826); Merger Filing Fee Modernization Act of 2021 (H.R. 3843); Augmenting Compatibility and Competition by Enabling Service Switching (ACCESS) Act of 2021 (H.R. 3849).

10) Digital Platform Commission Act of 2022 (H.R. 7858).

11) American Innovation and Choice Online Act (S. 2992); Platform Competition and Opportunity Act of 2021 (S.3197); Digital Platform Commission Act of 2022 (S. 4201).

12) 상원에 8.11.자 Open App Markets Act (S. 2710), 하원에 8.13.자 동명 법안 (H.R. 5017) 발의.

13) 关于平台经济领域的反垄断指南. 핵심은 필수설비이론, 차별금지강화, 가변이익법인(VIE) 기업결합심사, 구조적 조치 등이다.

14) 国市监处[2021]28号.

15) Google Search (Shopping) (Case AT.39740) (27 June 2017); Google Android (Case

위한 "온라인매개서비스 이용사업자를 위한 공정성 및 투명성 촉진법"[16] ("P2B법")을 제정하여 2020.7.12. 시행하였고, P2B법 적용대상 중에서도 특히 핵심플랫폼서비스core platform services (CPS)를 제공하는 게이트키퍼gatekeeper에 대한 이용사업자 보호와 탈중개화 등 규제를 강화한 2020.12.15.자 디지털시장법안proposal for the Digital Markets Act을 입안하여 2022.7.5. 유럽의회EP에서 가결하였고 9월경 EU 이사회Council of EU에서 채택 예정("DMA")이다. EU는 DMA와 함께 기존 전자상거래지침Directive on Electronic Commerce (Directive 2000/31/EC)[17]을 보완하며 플랫폼을 포함한 매개서비스intermediary service 전반을 규율하되 특히 게이트키퍼에 상응하는 초대형플랫폼very large online platform (VLOP)[18]에 대한 고강도 규제를 추가한 디지털서비스법안proposal for the Digital Services Act(DMA안과 통칭하여 "DSA 패키지DSA package")도 입안하여 역시 2022.7.5. 가결했고 9월 채택("DSA") 예정이다. 일본이 2020.5.27. 제정(2021.2.1. 시행)한 "특정디지털플랫폼의 투명성 및 공정성의 향상에 관한 법률"[19]("특정플랫폼법")도 P2B법을 참고했으나 규제강도와 적용범위는 완화되어 있다.

Ⅱ. 어설펐던 플랫폼법(안)들과 그 귀결

우리의 경우 자국 플랫폼이 이례적으로 생존하여 빅테크의 세계적인 압도적 독점을 완충하고 있고,[20] 거시경제적 관점에서 자국 플랫폼의 존속은

AT. 40099) (18 July 2018); Google Search (AdSense) (Case AT.40411) (20 March 2019).

16) Regulation (EU) 2019/1150 of 20 June 2019 on promoting fairness and transparency for business users of online intermediation services.

17) Directive 2000/31/EC of the European Parliament and of the Council of 8 June 2000 on certain legal aspects of information society services, in particular electronic commerce, in the Internal Market.

18) EU 역내 월평균활동이용자가 4,500만명 이상인 온라인플랫폼으로 정의된다(art 25(1)).

19) 特定デジタルプラットフォームの透明性及び公正性の向上に関する法律. 경제산업성은 2021. 4.1. 특정디지털플랫폼제공자 중 물판종합온라인몰 운영사업자로 Amazon Japan, 라쿠텐, Yahoo! Japan을, 앱스토어 운영사업자로 Apple, Google을 지정하였다.

20) 일례로 검색시장에서 2021년 한해간 평균 월간활성사용자(MAU) 기준 점유율은 네이버가 56.1%, Google이 33.7%로서(BizSpring, "Internet Trend," http://www.internettrend.co.kr/) 세계적으로 드문 수준의 경합이 이뤄졌다.

인공지능과 한국어 자연어처리NLP 등 선도기술 투자, 양질의 개발자 일자리의 창출, 자국문화의 유통, 각 산업의 효율화 등을 통해 국민경제에 미치는 효과가 클 것으로 추측된다. 그러나 이러한 현실은 간과되고 주로 자국 플랫폼을 잃은 법역들(EU와 일본)의 법안들을 모방하거나 전 세계 어디에도 없는 과도한 통제 조항들을 규정한 규제법(안)들이 속출하였다. 이들은 규제비용이 규제편익을 초과할 가능성이 높을 뿐 아니라, 규제수단이 규제목적에 전혀 부합하지 않는 양상도 보이는데, 하나씩 살펴보면 다음과 같다.

- 소위 "넷플릭스 무임승차 방지법"(2020.6.9.자 전기통신사업법 개정(제22조의7 신설)): 별칭이 시사하듯 본래의 정책목표는 플랫폼과 (OTT 등) 콘텐트제공자(통칭하여 content and application provider; CAP)가 인터넷접속서비스제공자ISP에게 망사용료를 지급하도록 하겠다는 취지였다. 이러한 취지가 타당한지 여부를 떠나, 정작 실제 입법은 페이스북(현 메타)의 방통위 상대 행정소송 1심 승소판결[21]을 계기로 CAP 중 일부를 "서비스 안정성 확보 의무 대상사업자"로 지정하여 부가통신사업자로서 서비스 안정성 확보 등 조치를 하도록 규정하는 것으로 귀결되었다. 전송에 관여하지 않는 CAP에게 본래 ISP가 담당해야 할 서비스 안정성QoS 확보 의무를 부과한 것은 책임영역 밖에 존재하는 행위를 의무화한 것이다. 물론 시행령 제30조의8에서 "자신의 권한과 책임 범위 내에서"라는 제한을 두어 부작용을 완충하고자 하였으나, 이것으로 법 자체의 본연적 문제를 감출 수는 없다. 본래 부가통신사업자란 전송(의 재판매)에 정보를 결합하여 부가가치를 창출하며 서비스하는 밴Value-Added Network (VAN)을 의미하지, 서버 기반의 CAP 등 정보서비스업과는 무관하다.[22] 그럼에도 불구하고 우리 통신 규제당국은 권한 확대를 위해 전기통신사업법상 부가통신사업자 관련 규제를 정보서비스업에 적용해 왔고, 중국도 이를 "증치전신업무(增值电信业务)" 규제로 계수하여 고강도의 인터넷 통제의 근거로 삼고 있다. 이러한 체계상 혼란이 정보서비스업자들이 통신

---

21) 서울행정법원 2019.8.22. 2018구합64528(서울고등법원 2020.9.11. 2019누57017로 인용).
22) 상세한 근거는 拙稿, 플랫폼법, 저스티스 통권 제188호(2022.2), 353-365면 참조.

사업자들처럼 전송에 실제 관여하는 것처럼 착각하는 실체적 혼란으로 이어진 것이 잘못된 입법의 계기가 된 것으로 보인다.

• 소위 "인앱결제 강요 방지법"(전기통신사업법 제50조 제1항 제9~11호 등): 별칭이 시사하듯 본래의 정책목표는 인앱결제는 앱마켓에서 이탈하여 직거래하도록 해줘야 한다는 탈중개화disintermediation론이었다. 그러나 정작 실제 입법은 (미국 애리조나 주 상원이 심의 중인 2021.2.10.자 정보기술법(ARS Title 18) 개정안(H.B. 2005)처럼) 앱마켓이 앱개발자에 "특정한 결제방식을 강제"하는 것을 금지(제9호)함으로써 앱마켓의 중개서비스로부터 결제서비스를 분리(언번들링unbundling)시키고 제3자 결제를 의무접근시키는 규제로 귀결되었다. 당시 세계 최초의 입법이라는 점만 부각되었으나, 사실 이는 회피가 너무 쉬워 실효성이 없는 규제라, 해외에서 법안이 통과되지 못한 것이 더 자연스러웠다. 언번들링은 본래 접근가격access pricing 통제가 따르지 않으면 실효성이 전혀 없다. 예컨대 기존 자체 결제 시 중개수수료가 30%인데, 법이 중개와 결제를 분리해서 제3자 결제를 허용하라고만 명하면, 모바일 플랫폼 입장에서는 제3자 결제 시 중개수수료를 [30%−통상의 카드 등 결제수수료]보다 높게 책정(가격압착price squeeze)해 버리면 그만이다. 특히 앱마켓 사업자가 기존 수수료(인앱결제 포함) 중 대부분이 결제수수료가 아닌 중개수수료였다고 주장하면서 중개수수료를 높게 유지해서 [중개수수료+통상의 카드 등 결제수수료]를 자체 결제 이용 시 중개수수료보다 높게 만들면 앱개발자들은 여전히 제3자 결제를 이용할 수 없게 된다. 그렇다고 Google이나 Apple에 접근가격 통제를 적용하려 해도 한미 자유무역협정FTA 위반이어서[23] 가능한 방법이 아니었다. "인앱결제 강요 방지법"이라는 별칭이 무색하게, 모바일 플랫폼의 인앱결제 이외의 제3자 결제를 시도하는 앱개발자들을 제재하는 것에도 속수무책이다.

23) 플랫폼이 한미FTA상 부가서비스라면 우리는 미국 플랫폼에 "서비스 요율을 비용상 정당화할 것", "서비스의 요율표를 제출할 것"을 요구할 수 없다(제14.13조 제1항 나, 다목). 제14.13조 제2항은 특정 경우에 있어 반경쟁적 관행 시정, 경쟁의 촉진, 소비자 이익 보호를 위해 필요한 경우 예외를 인정하나, 이는 특정한 경쟁법 위반 조사 건 등을 의미하는 것으로서 일률적 수수료통제를 정당화할 수 없다.

- 공정위의 "온라인 플랫폼 중개거래의 공정화에 관한 법률안"("플랫폼 공정화법안"): 이 법안의 주된 특징은 일정 조항을 포함한 계약서 작성·교부 의무를 부과한 후 이 계약서 준수를 의무화하는, 약관을 매개로 공사법적 규율을 혼합한 규제 형태인데, 이는 P2B법에서 일본 특정플랫폼법으로 이어진 방식을 참고한 것이다. 물론 직접 규제보다는 상대적으로 가벼운 규제로서의 측면이 있으나 그만큼 실효성도 떨어질 수 있고, 개별플랫폼의 특성상 필수기재사항이 입점사업자나 품목별로 달라질 경우 도리어 과도한 준수비용을 초래할 수도 있다. 특히 약관을 통해 공정성, 투명성을 확보하도록 한 것은 다분히 공익산업utility적 규제의 특질에 가깝지, 공정거래를 확보하겠다는 규제목표에 부합하는 규제수단이었는지도 의문의 여지가 있다.
- 사실상 방통위안인 "디지털 플랫폼 발전과 이용자 보호를 위한 법률안"("플랫폼이용자법안"): 이 법안은 먼저 발의된 공정위안에 가려져 주목을 받지 못했지만, 사실 공정위안과는 비교도 안 될 정도로 과도한 규제조항들을 포함하고 있었다. 특히 동 법안상 이용약관 신고제와 적정수익 배분의무는 이용약관 신고 수리심사나 보완요구,[24)] 적정수익 배분 거부·제한에 대한 조사·제재[25)] 형태의 수수료통제의 근거로 남용될 수 있었고, 이들은 우리 현실에서 "원조 플랫폼"인 신용카드 시장을 피폐화한 여신전문금융업법상 적격비용 산출제(여신전문금융업법 제18조의3 제2항)와 같은 계획경제적 가격통제 체제로 퇴행할 우려가 컸다. 실제 플랫폼 수수료에 대해 정부가 신용카드처럼 원가기반으로 적정성 여부를 점검하겠다는 것이 지난 여당의 대

24) 이용약관 신고제를 정하는 현 법안 제14조는 전기통신사업법 제28조와 달리 "요금 및 이용조건"에서 "요금"을 뺐고 신고반려제, 요금산정 근거자료 제출의무를 규정하진 않으나, 신고수리, 보완요구 절차를 통해 언제든지 수수료에 개입할 수 있는 가능성이 열려 있다.

25) 현 법안 제15조 제7호는 "정당한 사유 없이 적정한 수익배분을 거부하거나 제한하는 행위"를 금지행위로 규정하는데, 이통사가 폐쇄인터넷망을 운용하던 시절인 2010.3.22. 제정(9.23. 시행)된 전기통신사업법 제50조 제7항에서 가져온 것이다. 동조는 금지행위라는 사후규제의 형식을 취하였고, 동법 시행령 [별표 4] "금지행위의 유형 및 기준"상 직접적 수수료통제의 근거로 볼만한 조항은 없으나, 실제로는 방통위가 2009.6.19.자 "모바일 콘텐츠 정보이용료 수익 배분에 관한 가이드라인"으로 이통사의 콘텐트제공자에 대한 수익배분율을 70%에서 85%로 늘린 것에 대한 법적 근거를 확충하면서, 시행 이후에도 콘텐트제공자 수익배분율을 직접 규제하는 근거로 사용되었다[방통위, "이통사-모바일 콘텐츠 제공사업자간 정보이용료 수익배분 개선된다" (2011.5.3.)].

선공약이었다.[26] 그런데 빅테크에 원가기반 수수료통제를 적용하면 앞서 살펴보았듯이 한미 FTA 위반이므로, 국내 플랫폼만 수수료통제를 받게 되며, 해외에서 자유롭게 이윤을 축적하고 재투자하는 빅테크와의 격차만 심화할 우려가 컸다. 또한 동 법안은 통신법식의 차별금지 및 서비스제공의무 조항을 포함하였는데,[27] 헌법 제11조 제1항처럼 차별금지사유(성별, 종교, 사회적 신분 등)를 정하고 이를 기준으로 한 불합리한 차별을 금하는 것이 아니라 막연히 차별을 금지한다. 그러면 진정한 차별금지가 아니라 통신법적인 상호보조cross-subsidization 방지 규제, 더 나아가 시대착오적 일물일가법칙Law of One Price에 입각한 라빈슨-팻먼법 식의 차등가격differential pricing 규제(데이터 기반 개인화와 맞춤형 서비스의 금지, 서비스와 가격의 획일화 등)로 퇴행할 우려가 컸다.

통과된 위 두 개법은 정책목표와 괴리되어 실효성을 잃었고, 양대 플랫폼법안들은 현재 폐기 수순으로 이어지고 있다. 서비스 안정성 확보 의무는 망사용료 분쟁에 대한 아무런 가이드라인을 제시하고 있지 않으며, 관련된 분쟁들은 현재 진행형이다. Google은 "인앱결제 강요 방지법"이 시행되자 아니나 다를까 제3자 결제 시 중개수수료를 26%로 정하였는데, 앱사업자가 추가로 부담해야 할 카드결제수수료가 통상 3~4%이므로, 앱사업자 입장에서 기존 30% 수수료 대신 이것을 선택할 리 만무하여, 제3자 결제 의무화는 유명무실해졌다. 혹자는 이를 "꼼수"라 하고 규제당국은 모바일 플랫폼의 법 위반에 대한 조사에 착수한 상황이나, 이는 실은 법을 설계할 때부터 누구나 예상할 수 있는 일이었다.

---

26) 중앙일보, "이재명, 네이버 · 카카오 겨눴다... 온라인 플랫폼 수수료 정부가 점검" (2021. 11.28.).

27) 플랫폼이용자법안은 "정당한 사유 없이 서비스 이용을 거부 · 지연하거나 제한하는 행위"(제15조 제1항 제9호)와 "이용자에게 부당하게 차별적인 조건으로 서비스를 제공하는 행위"(동항 제8호)를 금지행위로 규정하여 차별적 계약 체결과 차별적 거래조건 설정을 모두 금한다. DMA안은 이용사업자의 앱스토어에 대한 공정하고 비차별적인 접근을 의무화한다(art 6(1)(k)). 미 온라인선택 · 혁신법안은 유사한 상황의 이용사업자 간 차별의 경쟁제한성에 대한 입증책임을 대상플랫폼으로 전환한다(§2(a)(3), (c)). 자기우대가 차별의 견지에서 논의되기도 하나 이에 대해서는 전이남용 관련 논의 참조.

Ⅲ. 향후 전망

플랫폼은 미래 산업구조와 공급사슬의 중요한 한 축이 될 것으로 예상되며, 국가경제 내에 플랫폼을 보유한 국가와 그렇지 않은 국가의 격차는 데이터와 훈련된 모델의 축적량의 차이로 인해 점점 벌어지게 될 것으로 보인다. 현 시점에서 빅테크에 맞선 토종 플랫폼의 힘겨운 생존을 도모하면서, 소상공인과 소비자의 후생도 동시에 고려하는 합리적 규율체계를 마련해야 한다. 그러나 플랫폼은 다른 시장과 별도로 수직규제할 만큼 별종unicorn도 아니고 단일 원리로 일괄 수평규제할 만큼 단일체monolith도 아니다.[28] 이미 시장을 빅테크에 내준 유럽과 일본의 수세적 규제를 답습하는 것은 과거 인터넷 실명제가 그러했듯 토종 플랫폼을 빅테크보다 옥죄고 대외종속만 심화시키는 역설적 결과만 초래할 수 있다. 나아가 플랫폼 시장 전체에 (신용카드 수수료 적격비용 산출제와 같은) 계획경제적 수수료통제를 가해 시장을 피폐화할 경우 우리 플랫폼의 미래는 아예 지워질 것이다.

의욕만 앞섰을 뿐 아무런 예측도, 분석도 없었던 이상의 너무 어설펐던 규제법(안)들이 우리에게 주는 교훈은, 결국 플랫폼을 사실 · 증거 · 합리에 입각한 법체계의 영역에 편입해야 한다는 점이다. 일차적으로 경쟁법의 규제법 대비 가장 큰 장점인 사실에 입각한 방법론fact-driven methodology[29]을 살린 제대로 된 경제분석에 기한 본원적 경쟁법 집행을 통해 플랫폼들이 소상공인과 소비자의 선택을 받고자 치열하게 경쟁하는 시장구조를 조성해야 한다. 다만 경쟁법의 과소집행의 문제를 보완하기 위해 정보통신 당국이 플랫폼의 포획으로 인한 지배력 전이, 네트워크효과, 데이터 축적 효과 등을 측정, 평가하는 경쟁상황의 평가를 상시적으로 수행하는 체계를 갖출 필요가 있다. 나아가 새로운 규율체계가 자칫 사상누각이 되지 않기 위해, 전송에 관여하지 않는 정보사업자들을 부가통신사업자로 간주하는 등 체계

---

28) Herbert Hovenkamp, "Antitrust and Platform Monopoly," *Yale Law Journal*, Vol. 130 (2021), p. 2003.

29) *Id*, p. 2002.

상 오류가 있는 정보통신법, 미군정의 일본 점령기 이후 큰 틀에서 그대로인 공정거래법상 불공정거래행위 조항 등 낙후된 기존 법체계의 정비도 병행해 나가야 할 것이다.

38

기술의 발전과 지식재산권의 미래

강명수

부산대학교 법학전문대학원 교수

대학에서 변리사시험을 준비하면서 법을 접하였고, 변리사시험과 사법시험을 거쳐 법조인 생활을 시작했다. 2010년 9월부터 법학전문대학원에서 특허법, 상표법, 저작권법 등 지식재산권 분야를 중심으로 연구와 강의, 저서나 논문 집필 등을 하고 있으며, 독점적 권리를 전제로 하는 지식재산권의 자유로운 활용에 관심을 가지고 있다. 또한 지식재산권법이 가진 특수성이 일반법과 어떻게 조화될 수 있는지의 관점에서 기본법에 대한 지속적인 연구도 병행해 보려고 하며, 지식재산권이 특정 소수가 아닌 모든 다수에 이익이 되는 방향을 찾아보고자 한다.

Ⅰ. 들어가며

동산이나 부동산 등 유체물은 근대시민사회 이전부터도 중요한 재산권으로 인정되어 왔고, 그런 유형자산의 중요성이 지금이라고 해서 부인되거나 낮아졌다고 할 수는 없다. 다만 눈에 보이지 않는 새로운 창작[1]에 대한 보호를 인정하는 지식재산권은 비교적 최근에 발전하기 시작하여 어느 정도 보호의 기틀이 마련되었다고 할 수 있고, 이제는 유체물보다 더 중요한 자산가치로 인정되기도 한다. 미국, EU, 중국, 일본 및 우리나라 등 대부분의 주요국들은 지식재산권 보호 체계를 마련하여 운용하고 있으며, 특히 각 국가별로 보호 대상이나 특징, 보호방법에 차이가 많이 나는 일반적인 권리들과 달리 눈에 보이지 않는 무형의 지적 창작 결과물에 대한 보호는 그 보호 국가가 어디냐에 따라 그 객관적 가치나 보호범위 등이 달라지지 않아야 한다는 생각하에 동일 지적 창작물에 대한 보호수준이나 보호방법 등이 국제적으로 통일화되고 있다는 특징도 있다. 지금의 시각에서 볼 때 새로운 결과물을 창작한 경우 그 결과물에 대해서는 창작자에게 일정 기간 독점적 권리를 인정해야 한다는 것이 당연시 받아들여지는 분위기이고 세계적인 입법 체계이지만, 이에 대해서는 두 가지 관점에서 생각해 볼 필요가 있다.[2] 첫째는 과연 언제부터 지적 창작물에 대해 그 창작자에게 권리를 인정해 왔는지의 문제이다. 즉, 지식재산권 보호의 시초가 언제부터 어떻게 시작되었는지의 문제이다. 둘째는 미래의 지식재산권 보호 방향은 어떠해야 하는지의 문제이다. 즉, 지금과 동일한 형태로 지식재산권 보호 체계가 유지되어야 하는지, 아니면 과거로 회귀하여 지식재산권 보호 체계를 약화시켜 나가야 하는지 또는 그 반대로 계속 보호를 강화해 나가야 하는지의 문제이다. 특히 인공지능AI과 빅데이터로 대표되는 4차 산업혁명의

---

1) 지식재산권의 대상 중에는 창작이 아닌 선택에 대해 보호를 인정하는 상표권도 있으나, 넓은 의미에서 창작으로 통일하여 서술하기로 한다.

2) 그러한 두 가지 방향에서의 논의 이외에 지식재산권 보호에 관한 현행 법 체계의 타당성이나 정당성 문제도 있을 수 있는데, 이 문제는 주로 법리적 검토와 정책적 판단의 문제에서 다루는 것이 맞다고 판단되어 따로 언급하지 않기로 한다.

본격화는 국가와 사회 전 분야에 걸쳐 획기적인 변화와 사고의 전환을 요구하고 있는데, 지식재산권 보호에 있어서도 많은 의문과 개혁의 필요성이 제기되고 있다. 지금의 상황에서는 지식재산권의 출발에 관한 첫 번째 문제보다 기술의 발전에 따른 지식재산권의 미래에 대한 두 번째 논의가 더 중요할 수밖에 없지만, 지식재산권의 미래를 제대로 설계하기 위해 그 시작을 되돌아보는 것도 충분히 의미가 있다고 볼 수 있다.

Ⅱ. 지식재산권 보호의 시작과 발전

1. 입법정책적 산물로서의 지식재산권[3)]

특허권 등 지식재산권의 역사가 언제부터 시작되었는지 단정하기는 어렵지만,[4)] 자연권 이론natural right theory[5)] 또는 인센티브 이론incentive theory[6)]을 중심으로 지식재산권 보호의 정당성 논의가 전개되어 왔다.[7)] 비록 자연권 이론의 타당성도 부정할 수는 없겠지만, 인공적으로 구축된 권리[8)]로서 시대적 산물의 성질이 강하다[9)]는 점에서 볼 때 당위론(자연권 이론)보다는 정책적 배려(인센티브 이론)의 차원에서 비롯된 것으로 보아도 틀리지 않을 것이다. 새로운 창작물을 만들어낸 사람에게 그에 합당한 권리를 부여한다는 것도 중요한 이유가 되겠지만, 우리나라를 비롯한 각국의 입법 체계는 새

---

3) 강명수, "지식재산권 보호의 균형과 헌법의 개정 방향", 법과정책 제27집 제3호(2021.12), 제주대학교 법과정책연구원, 4면 이하 참고.

4) 15세기 이후부터 지식재산권 보호 법제가 마련되기 시작했다는 것이 일반적인 견해이나, 저작권법 등도 다른 법과 마찬가지로 로마법에 뿌리를 두고 있다는 주장도 있다. Russ VerSteeg, "The Roman Law Roots of Copyright", 59 Md. L. Rev. 522, 552 (2000).

5) 소유권 사상에 기초한 노동이론이나 철학에 기초한 인격이론이 그 논리적 근거이다. 전자에 대해서는 남형두, "저작권의 역사와 철학", 산업재산권 제26호(2008), 한국산업재산권법학회, 272-280면, 후자에 대해서는 한지영, "헤겔의 법철학과 지적재산", 산업재산권 제23호(2007), 한국산업재산권법학회, 649면 이하 각 참고.

6) Mazer v. Stein, 347 U.S. 201, 219 (1954).

7) 박성호, "지적재산법의 비침해행위와 일반불법행위", 정보법학 제15권 제1호(2011), 한국정보법학회, 195-196면; Robert P. Merges, Peter S. Menell, Mark A. Lemley, Intellectual Property in the New Technological, Aspen Pub, 4th Edition, 2007, pp.7-9 및 pp.11-17.

8) 中山信弘, 特許法(第二版), 弘文堂, 2012, 313頁.

9) 中山信弘, 著作權法, 有斐閣, 2007, 14頁.

로운 지적 창작을 완성하였다는 이유만으로 보호를 인정하는 것이 아니라 특허법, 상표법, 저작권법 등 개별법에서 정하고 있는 요건을 갖춘 결과물에 대해서만, 그리고 그 결과물에 대해서도 각 법률이 정하는 절차적 요건(선출원주의, 1발명1출원주의 등)을 준수한 경우에만 보호를 인정하는 것도 지식재산권 보호의 정책적 측면이 강하게 반영된 것으로 이해해 볼 수 있다.

지식재산권 중 가장 핵심이라고 할 수 있는 특허권의 보호 과정을 살펴보면 먼저 현대 특허제도는 1624년 영국 의회가 국왕이 제조기업인에게 부여한 독점 특허장이란 특권을 제한하기 위해 독점법Statute of Monopolies을 제정한 것에서 그 기원을 찾을 수 있다.[10] 이와 달리 미국의 특허제도는 특허를 자연권으로서의 사적 재산권(私的財産權) 개념으로 보고 있어 특허를 사적 특권(私的特權)으로 보는 영국의 특허제도와 근본적으로 다르다.[11] 17~18세기 당시 선진국이던 영국과 프랑스는 각각 1624년, 1791년부터 특허제도를 운용하였고, 후진국이던 미국은 1787년 세계 최초로 헌법에 특허제도를 규정하였으며, 독일은 19세기 후반 당시 전기 기술을 활용한 많은 발명품으로 세계 시장에 진출하고 있던 지멘스Werner von Siemens: 1816~1892가 앞장서서 특허법 제정을 주창하여 1877년 통일 특허법이 제정되었다.[12] 한편, 1850년대부터 1860년대까지 미국에서는 특허가 번성하였음에 반해, 1869년 네덜란드는 특허법을 폐기하였으며 스위스는 특허법 제정 의안을 거부하는 등 유럽에서는 특허권 인정에 의문이 제기되기도 하였다.[13]

이와 같이 지식재산권 보호의 역사는 당위론적 입장에서 시작된 것이 아니라 다분히 시대적 배경과 당시의 기술 및 사회발전을 위한 전략적 차원에서 비롯된 것임을 알 수 있다. 비록 지금의 상황에서 지식재산권 보호를 완전히 부정하자는 논의가 설득력을 갖기는 어렵겠지만, 언제까지 지식

10) W. R. CORNISH, Intellectual Property: Patents, Copyright, Trademarks and Allied Right(3nd ed), London Sweet & Maxwell, 1996, pp.92-93.

11) Robert P. Merges, Peter S. Menell, Mark A. Lemley, op. cit., p.11; 최승재 · 이진수, "헌법 제22조와 발명자권, 특허법개정에 대한 연구", 지식재산연구 제16권 제3호(2021.9), 한국지식재산연구원, 34면.

12) 김성기, "유럽 통합 특허법원 실시 협의의 내용과 전망", 법률신문, 2015.2.10. 참고.

13) 폴 골드스타인 지음/홍승기 감수/오연희 역, 보이지 않는 힘, 지식재산, 비즈니스맵, 2009, 79면. 다만, 이러한 논쟁은 이론적 결론이 없이 불황의 도래와 함께 보호주의가 대두됨에 따라 소멸하였다(中山信弘, 工業所有權法 上(第二版 增補版), 弘文堂, 2000, 9-10頁).

재산권 보호가 정당한 것으로 인정될 것인지 단정하기 어렵다는 점 또한 부인하기는 어렵다. 지식재산권의 태동이라는 초창기를 지나 이제는 성숙의 단계에 이르렀고, 다음에는 한 단계 더 도약할 발전의 단계를 앞두고 있다. 이 발전의 단계에서는 지식재산권 보호 대상의 확대와 보호의 강화가 그 흐름이 될 것이며 이것이 바람직한 방향임에는 분명하다. 하지만 그 발전의 단계 이후에 도래할 새로운 단계(일응 '확립의 단계')에서는 어떠한 형태로 전개될 것인지 지금으로서는 단정하기 어렵지만, 지식재산권의 태동과 현재 지식재산권 보호 강화에 맞서 제기되는 지향점 등을 참고하면 조심스럽게 예측해 볼 수 있지 않을까 생각된다.

2. 지식재산권 보호의 발전

인격의 자유를 기초로 한 근대국가의 형성과 더불어 경제거래의 대상이 되는 생산수단이나 상품 등 유체재산에 대한 절대불가침의 지배권이라고 하는 근대적 소유권 개념이 확립됨과 동시에 인간정신의 발달에 따라 재산권도 다양화되어 학문·예술에 대한 창작물이나 창조적 발명정신에 터잡은 신기술 등에 대한 권리도 하나의 소유로서 보호되어야 한다는 사회경제적 욕구에 부응하여 근대적 의미에 있어서 지식재산권 개념이 탄생하게 되었는데, 현재까지도 형성도중에 있는 개념으로서 인간정신의 무한한 발전과 더불어 그 개념은 날로 확대되어 가고 그 중요성도 계속 증대되어가고 있다.[14)]

즉, 지식재산권의 태동 과정에서는 모든 사람의 공유(公有) 영역에 속해야 하는 창작 결과에 독점권을 인정함으로써 오히려 산업발전을 저해하고 사람들의 자유로운 창작활동을 저해한다는 우려가 제기되기도 하였지만, 일단 지식재산권 보호 체계가 마련된 이후에는 지식재산권 보호에 대한 우려나 견제 논의는 조금 후퇴한 채[15)] 보호대상을 확대하고 보호정도를 강화

14) 송영식·이상정·황종환·이대희·김병일·박영규·신재호, 지적소유권법 제2판, 육법사, 2013, 37-38면.

15) 물론 지식재산권 보호의 한계로서 독점규제 관련 논의나 법리들도 상당 부분 발전되어 오고 있고, 우리나라의 「독점규제 및 공정거래에 관한 법률」 제117조 등에서도 이에 대한 규정을 두고 있다.

하는 방향으로 일관되고 꾸준하게 발전해 나가고 있는 실정이다. 미국은 1980년대 자국의 경쟁력 강화를 위해 親지식재산Pro-IP 정책에 집중하기 시작하여 2008.10. 「지식재산을 위한 자원 · 조직의 우선화 법」Pro-IP 법 제정, 2010.6. 동법에 근거한 국가 차원의 종합계획인 '지식재산집행 공동전략' 수립, 2016.5. '연방영업비밀보호법DTSA' 제정 · 시행, 기망적인 상표출원에 강력하게 대응하고 미사용 상표를 신속하고 효율적으로 처리할 수 있도록 하는 상표현대화법The Trademark Modernization Act을 2020.12.27. 제정하여 2021.12.27. 시행하는 등 변화하는 환경에서의 지식재산권 지위 강화를 위해 지속적인 노력과 투자를 확대하고 있다. 일본은 1990년 이후 산업 경쟁력 약화에 대한 위기 극복을 위해 2002년에 지적재산입국(知的財産立國)을 표방하면서 같은 해에 「지적재산기본법」을 제정하고 총리를 본부장으로 하는 '지적재산전략본부'를 설치하여 '지적재산추진계획'을 수립하는 등 범정부 차원에서의 지식재산권 강화 노력에 심혈을 기울이고 있다. 한편 중국은 2005년 「국가지식재산권전략제정위원회」를 설치하고 2008년에 '국가지식재산권전략 강요'를 수립하였으며, 선진국의 법제를 반영하여 징벌적 손해배상제도를 도입하는 등 법적 · 제도적 정비를 꾸준히 강화해 나가고 있으며, EU 또한 2008년 유럽집행위원회 차원에서 '유럽 산업재산권 전략 2008'을 마련하고 통합 특허법원 설치 등 EU 차원에서의 지식재산권 제도 통합을 통한 지식재산권 보호 강화에 매진하고 있다. 비교적 최근인 2020.12.15. EU집행위원회는 OSP의 책임 · 의무에 관한 새로운 규정 '디지털 서비스 법DSA; Digital Service Act'을 제안하였는데, 전자상거래지침Directive 2000/31/EC 1(the "e-Commerce Directive") 채택 이후 변화된 상황과 코로나 바이러스 사태를 통해 확인된 경제와 사회에 대한 디지털 서비스에의 종속성 등을 반영하여 동 제안을 마련한 것이다.[16] 나아가 유럽 지식재산청EUIPO은 2021년 10월 22일 '지식재산을 침해하는 온라인 비즈니스 모델RESEARCH ON ONLINE BUSINESS MODELS INFRINGING INTELLECTUAL PROPERTY RIGHTS'

---

16) Proposal for a REGULATION OF THE EUROPEAN PARLIAMENT AND OF THE COUNCIL on a Single Market For Digital Services (Digital Services Act) and amending Directive 2000/31/EC (Text with EEA relevance) {SEC(2020) EN 432 final}{SWD(2020) 348 final}{SWD(2020) 349 final} EN.

제4차 연구 보고서를 발표하였다.[17][18]

우리나라는 2011.5.19. 「지식재산기본법」을 제정하여,[19] 대통령 소속으로 국가지식재산위원회를 설치하고(제6조), 5년마다 지식재산에 관한 중장기 정책 목표 및 기본방향을 정하는 국가지식재산 기본계획("기본계획")을 수립하며(제8조) 매년 세부적인 시행계획을 수립하고 있다(제9조). 2011년 11월 및 2016년 12월에 제1차 기본계획(2012~2016) 및 제2차 기본계획(2017~2021)이 마련되어 우리나라 지식재산권 제도 및 정책 수립·운영에 활용되었고, 최근인 2021년 12월에는 제3차 기본계획(2022~2026)이 마련되었다. 이러한 국가 차원의 종합적인 지식재산강화 전략 마련과 함께 특허법 등 개별법들의 꾸준한 개정을 통한 보호 강화[20]와 시대 변화에 맞는 법원 판례들[21]에 의해 지식재산권의 지위는 계속 강화되어 가고 있다.

---

17) RESEARCH ON ONLINE BUSINESS MODELS INFRINGING INTELLECTUAL PROPERTY RIGHTS－PHASE 4 (October 2021).

18) 그 이외에 미국, EU, 중국, 일본의 지식재산권 관련 최근 동향에 대해서는 국가지식재산위원회, 제3차 기본계획(2022~2026)(2021.12), 6-7면 참고.

19) 발명, 상표, 도서·음반, 게임물, 반도체 설계, 식물의 품종 등 여러 개별 법률에 근거를 두고 있는 지식재산에 관한 정책이 통일되고 일관된 원칙에 따라 추진될 수 있도록 하기 위하여 정부의 지식재산 관련 정책의 기본 원칙과 주요 정책 방향을 법률에서 직접 제시하는 한편, 정부 차원의 국가지식재산 기본계획을 수립하고 관련 정책을 심의·조정하기 위하여 국가지식재산위원회를 설치하는 등 추진 체계를 마련함으로써, 우리 사회에서 지식재산의 가치가 최대한 발휘될 수 있는 사회적 여건과 제도적 기반을 조성하려는 것임.

20) 특허법을 예로 들어보면, 1946.10.15. 군정법령 제91호로 공포되어 1946.10.15. 시행(발명, 고안, 디자인에 대한 사항이 혼합되어 있었음)된 이후 가장 최근인 2021.10.19. 개정까지 60여 차례 개정이 되었는데, 대부분이 특허권 보호 강화에 대한 것으로서 2021.10.19. 개정 내용은 아래와 같다.
특허출원인·특허권자의 권리구제를 확대하기 위하여 특허출원 및 특허권의 회복요건을 합리적인 기준으로 완화하고, 특허거절결정 후 출원인에게 충분한 심판의 청구기간을 제공함으로써 청구기간을 연장하거나 청구의 이유를 보정하는 등의 불필요한 행정 처리를 최소화하도록 특허거절결정 등에 대한 심판 및 재심사의 청구기간을 늘리며, 분할출원의 우선권 주장 기재를 생략할 수 있도록 함으로써 현행 제도의 운영상 나타난 일부 미비점을 개선·보완하고 출원인의 편의를 도모하려는 것임.
또한, 특허결정된 경우에 설정등록을 하지 않았다면 출원일로부터 1년 이내에 우선권 주장 출원을 할 수 있도록 그 대상을 특허결정된 특허출원으로 확대하고, 특허거절결정에 대한 심판의 청구가 기각된 후에도 일정 범위 내에서 거절결정에 포함되지 않은 청구항을 분리하여 출원을 할 수 있도록 분리출원제도를 도입하여 출원인이 특허받을 수 있는 기회를 확대하는 한편, 공유물분할청구로 공유특허권이 타인에게 이전되더라도 실시중인 타공유특허권자에게 통상실시권을 부여하여 실시사업을 계속할 수 있도록 함으로써 공유특허권자를 보호하려는 것임. https://www.law.go.kr/LSW/lsInfoP.do?lsiSeq=236259&lsId=&efYd=20220420&chrClsCd=010202&urlMode=lsEfInfoR&viewCls=lsRvsDocInfoR&ancYnChk=0#

Ⅲ. 기술발전과 지식재산권 보호의 새로운 방향

1. 4차 산업혁명과 법 제도의 변화 대응

AI(인공지능)와 빅데이터, 블록체인 기술 등을 특징으로 하는 4차 산업혁명의 본격화는 사람의 행위에 대한 책임을 중심으로 구축된 기존의 법 체계에 대한 근본적인 재검토를 요구하고 있다. 특히 사람의 영역이라고 생각되었던 학습, 분석 및 판단, 실행 등이 인공지능에 의해 대체되어 가면서 인공지능에 관한 전반적인 법 체계 정비가 중요한 화두로 제기되고 있다. 이에 2020.12.24. 과학기술정보통신부와 국무조정실은 국무총리가 주재하는 국정 현안점검 조정회의에서 인공지능 법·제도·규제 정비 로드맵을 확정·발표하였는데, 인공지능 시대를 준비해 나가기 위한 법적 기반을 마련한다는 것으로서, AI 시대를 준비하는 법·제도·규제 정비 로드맵 마련, 인공지능 활용 촉진과 부작용 최소화를 달성하기 위한 30개 과제 제시, 인공지능 법인격 및 책임체계 정립을 위한 장기 과제 추진, 알고리즘 투명성·공정성 확보, 윤리 정립으로 신뢰할 수 있는 기반 조성, 사회 환경 변화 대응을 위한 고용·노동과 포용·복지 법제 정비 추진 등을 내용으로 한다.[22)]

인공지능 시대의 실현과 정착을 위한 법과 제도 정비는 기존의 법 체계를 근본적으로 재검토해야 하는 문제여서 단기간에 해결하기 어려운데, 기술발전 속도와 경향 등에 대한 꾸준한 모니터링을 통해 적확한 보호 체계 마련에 대한 지속적인 연구가 있어야 할 것이다.

---

21) 예컨대 대법원 2012.12.20. 선고 2010후2339 전원합의체 판결, 대법원 2015.5.21. 선고 2014후768 전원합의체 판결, 대법원 2021.9.9. 선고 2017도19025 전원합의체 판결 등.

22) 2020.12.24. Chosun Biz. https://biz.chosun.com/site/data/html_dir/2020/12/24/2020122401251.html

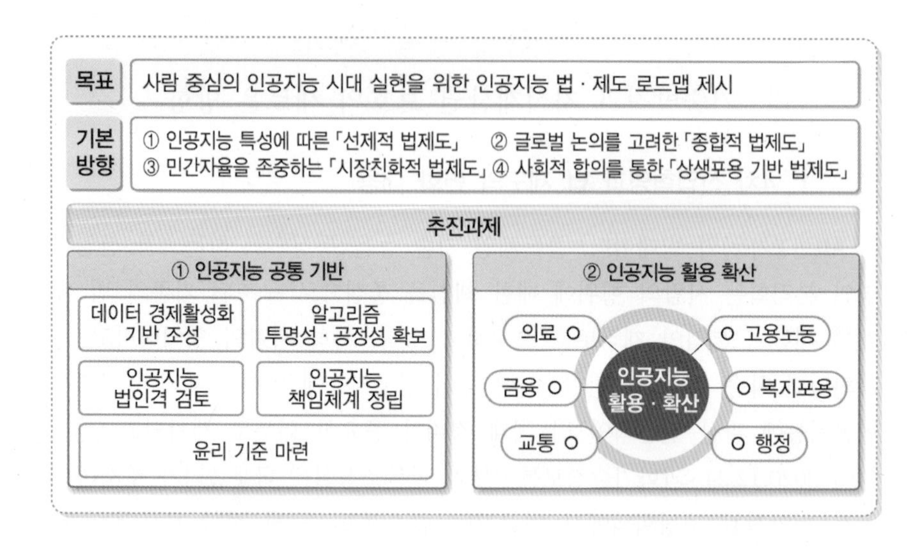

2. 신기술에 관한 지식재산권의 창출 동향 및 발전 방향

(1) 4차 산업혁명 관련 특허 출원 동향

인공지능AI, 빅데이터BD, 사물인터넷IoT, 바이오마커BM, 디지털 헬스케어DH, 지능형 로봇IR, 자율주행AV, 3D 프린팅 등 4차 산업혁명 관련 기술들의 현황에 대해서는 특허청이 발표한 출원 통계를 참고해 볼 수 있다.[23] 개별 기술별 통계[24]를 살펴보면 인공지능 분야 특허출원량은 '10~'15년에는 연평균CAGR 23.6% 증가하였으나 '15~'19년에는 연평균 55.1%로 배 이상 증가하였는데 우리나라의 인공지능 기술의 출원은 알파고 전과 후로 나뉜다는 특징이 있다. 즉, 인공지능 분야 특허출원량은 '16년 최초로 연 1천건(1,315건)을 돌파하여 전년대비 약 90%의 증가율을 기록하였는데 알파고('16.3)가 우리 사회에 미친 영향을 간접적으로 확인할 수 있다. 한편 빅데이터 분야 특허출원량은 지난 10년간 14.4% 연평균 증가율로 꾸준히 상승

---

23) 특허청, 4차 산업혁명 관련기술 특허 통계집, 2020.9, 35면 이하.

24) 통계 자료에 의하면 개별 기술별 출원 통계 이외에 AI+BD(인공지능+빅데이터), AI+IoT(인공지능+사물인터넷), AI+DH(인공지능+디지털헬스케어), BD+DH(빅데이터+디지털헬스케어), AI+IR(인공지능+지능형로봇), IR+AV(지능형로봇+자율주행), AI+AV(인공지능+자율주행) 등 융·복합 기술에 대한 출원통계로 제공하고 있는데, 2016년 이후 가파른 증가세를 확인할 수 있다(특허청 통계집, 37-38면, 53-56면 각 참고).

중이며(기업의 의사결정 시스템 향상 및 AI, 자율주행 등 4차 산업혁명의 첨단 기술 개발을 위해 대용량 데이터를 수집, 저장, 분석, 활용하여 새로운 가치를 만들어내는 빅데이터 기술에 대한 관심 고조가 특허출원량에 반영), 사물인터넷 분야 출원도 꾸준히 증가하고 있으며 지난 10년간 연평균 증가율은 7.4%로 나타났다. 바이오마커[25] 분야 기술의 출원은 최근 10년간 7.9%의 성장률로 꾸준한 증가세에 있고, 디지털헬스케어 분야에서는 ICT 기술을 이용한 생체측정 의료기기(11,894건), 의료·건강 정보처리기기(6,814건), 생체진단용 신호처리 기술(6,646건) 분야 순으로 출원이 지속적으로 증가하며 11.7%의 연평균 증가율을 나타내고 있다. 지능형로봇 분야 기술 출원은 최근 10년간 연평균 증가율이 9.51%이고, 특히 '17년 이후 급격히 증가하고 있으며, '10년~'19년 국내 자율주행 분야 출원수의 연평균 증가율은 8.15%로 지속적인 상승을 보이고 있고, 3D 프린팅 분야 출원율은 '17년까지 가파르게 상승하다가 '18년도 이후 상승세가 정체 상태이나 전체적으로 '10년 대비 연평균 증가율은 56.8%로 나타났다.

〈표 1〉 4차 산업혁명 관련기술 분야 특허출원 통계(2010~2019)

기술	2010	2011	2012	2013	2014	2015	2016	2017	2018	2019	계
인공 지능(AI)	240	281	374	430	611	693	1,315	2,216	3,054	4,011	13,225
빅데이터(BD)	259	253	298	372	427	458	619	701	757	870	5,014
사물인터넷(IoT)	725	781	757	745	811	852	925	958	1,150	1,378	9,082
바이오마커(BM)	273	297	270	235	282	425	502	566	541	540	3,931
디지털 헬스케어(DH)	1,524	1,607	1,870	2,140	2,533	2,805	3,140	3,047	3,530	4,109	26,305
지능형 로봇(IR)	874	1,011	1,183	1,100	914	966	1,320	1,115	1,485	1,980	11,948
자율주행(AV)	1,969	1,995	2,455	2,445	2,470	2,909	2,896	3,018	3,304	3,986	27,447
3D 프린팅(3DP)	10	6	9	71	187	589	768	885	683	572	3,780
합 계	5,874	6,231	7,216	7,538	8,235	9,697	11,485	12,506	14,504	17,446	100,732

25) 바이오마커는 정상적인 생물학적 과정, 질병 진행 상황, 치료에 대한 약물 반응성을 객관적으로 측정·평가할 수 있는 지표를 말한다.

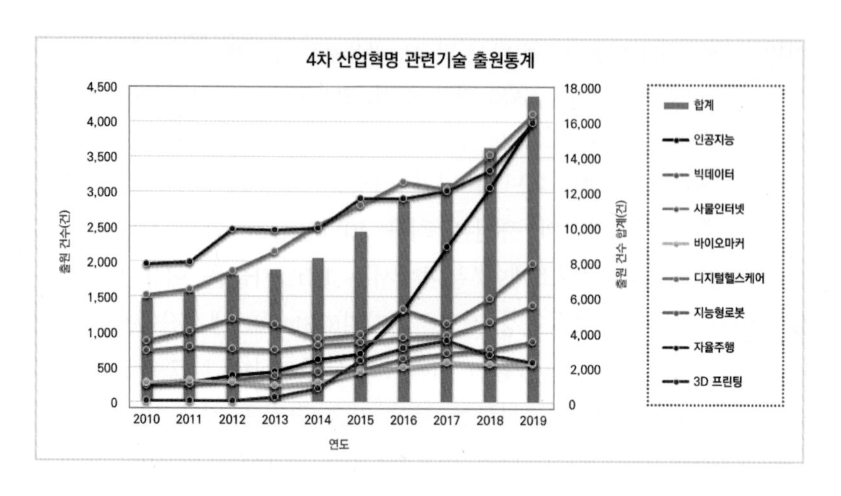

(2) 지식재산권의 발전 방향

최근의 지식재산권은 권리 간 연계와 신기술 대두에 따른 지식재산권 적용 문제의 두 가지 과제를 던지고 있다. 전자와 관련해 지식재산권의 이용 및 거래, 특허 포트폴리오 등 기존의 권리창출 중심에서 벗어나 창출된 권리를 활용하는 데 좀 더 초점이 맞춰지고 있으며, 후자와 관련해서도 인공지능AI 등 다양한 영역에서 나타나는 새로운 유형의 기술 등에 지식재산권 적용 방안이 논의되고 있다.[26] 먼저 전자와 관련하여 지식재산권의 태동기부터 정착기까지는 지식재산권을 어떻게 창출하고 보호할 것인지가 주요 관심사였는데, 성숙단계에 이른 이후에는 기술가치 평가의 고도화 및 기술거래의 활성화, 지식재산권 중심의 담보 및 금융거래 활용 등 지식재산권의 적극적 활용이 중시되고 있다.[27] 2011년 제정된 「지식재산기본법」도 제정 이유로 '우리 사회에서 지식재산의 가치가 최대한 발휘될 수 있는 사회적 여건과 제도적 기반을 조성하려는 것'임을 밝히고 있고, 국가지식재산위원회가 2011년 11월 및 2016년 12월 수립한 제1차 기본계획(2012~2016) 및 제2차 기본계획(2017~2021)에서도 지식재산 활용 확산 및 IP 사업 활성화를 핵심 과제로 제시하였으며, 최근인 2021년 12월에 마련한 제3차 기본

26) 뉴스토마토, (피플)"4차 혁명 이후 지식재산권 더 부각", 2017.1.3. https://www.newstomato.com/ReadNews.aspx?no=720827

27) 특허청, 2020 지식재산백서, 제5편 지식재산 기반 금융 및 사업 활성화 참고.

계획(2022~2026)에서도 '디지털 대전환 시대의 핵심 IP 창출·활용 촉진'을 5대 추진전략의 하나로 명시하였다.

한편 국가 산업발전을 위한 지식재산권 보호는 기술이 발전하고 이를 토대로 한 경쟁이 치열해질수록 그 보호가 점점 강화되어 왔는데, 인공지능과 빅데이터, 블록체인 기술 등으로 대표되는 4차 산업혁명의 도래로 그러한 경향은 더욱 가속화되고 있다. 2016.1. 세계경제포럼에서는 '제4차 산업혁명이 선진국들에게는 승자의 자리를 굳힐 기회이지만 후발국들에게는 위협이 될 것'으로 예고하였는데, 4차 산업은 앞서 본 바와 같이 우리 삶의 거의 모든 부분에 변화를 초래하고 있지만 그중에서도 정보와 아이디어 같은 지식재산이 4차 산업의 핵심 자산이라 할 수 있고, 이와 관련하여 4차 산업혁명 시대에 능동적으로 대응하기 위해 ① 강한 지식재산 전략, ② 글로벌 지식재산 전략, ③ 유연한 지식재산 전략, ④ 지식재산 거버넌스 전략 등을 세부내용으로 하는 강하고 유연한 지식재산 전략 수립이 제시되기도 하였다.[28] 초연결성Hyper-Connected과 초지능화Hyper-Intelligent를 특징으로 하는 4차 산업혁명의 도래는 긍정적인 측면과 함께 지식재산권 분야에 많은 고민거리를 던져주고 있는데,[29] 먼저 규모volume, 다양성variety, 속도velocity, 복합성complexity 등을 핵심요소로 하는 빅데이터는 AI 기술의 핵심요소로서 데이터 마이닝data mining에 의한 기술발전의 본질적 요소이며, 따라서 빅데이터의 자유롭고 광범위한 활용의 보장이 필요하다. 하지만 현행 법체계에 의하면 데이터의 수집(복제), 전달(전송), 처리(2차적 저작물) 과정에서 권리침해 문제가 발생하여, 입법적 정비의 필요성이 대두되고 있다.[30] 또한 인공지능의 발달에 따라 인공지능 창작물을 보호할 것인지, 어느 정도로 보호할 것인지의 근본적인 문제에 봉착해 있다.[31] 비록 이 부분의 보호문제는

28) The Science Times, "4차 산업혁명의 본질은 지식재산"－강하고 유연한 전략 필요… 지식재산처 신설 촉구, 2017.5.19. https://www.sciencetimes.co.kr/news/4%ec%b0%a8－%ec%82%b0%ec%97%85%ed%98%81%eb%aa%85%ec%9d%98－%eb%b3%b8%ec%a7%88%ec%9d%80－%ec%a7%80%ec%8b%9d%ec%9e%ac%ec%82%b0/

29) 특히 인간의 존엄성 보장과 밀접한 관련이 있는 의료분야에서 문제가 두드러지는데, 4차 산업혁명에 의한 의료기술의 특허법적 보호 문제에 관해서는 조영선, "4차 산업혁명과 의료기술의 특허법적 문제", 법조 제68권 제2호(2019.4), 282면 이하 참고.

30) 계승균, 인공지능과 지식재산권, 한국지식재산연구원, 2020, 209-211면 참고.

31) 김승래, "AI 시대의 지식재산권 보호전략과 대책", 지식재산연구 제12권 제2호(2017.6),

전통적으로 논의해 왔던 인간의 지적 창작물에 대한 보호와는 차원을 달리하는 것이라고 할 수 있지만, 지식재산권 보호의 범위가 인간의 존엄과 가치 보장의 관점에서 어떤 한계가 지어져야 할지의 근본적인 의문을 던져주는 영역이라 할 수 있다.[32] 이와 관련된 지식재산권 체계 개편 논의들도 전방위적으로 이뤄지고 있는데[33] 우리나라의 입법 체계 정비뿐만 아니라 국제적인 컨센서스consensus도 필요한 영역이어서 앞으로 광범위한 연구와 검토가 있어야 할 것으로 생각된다.

(3) 지식재산권의 발전 방향에 있어 고려할 사항[34]

지식재산의 가치가 앞으로 상당 기간 더 중요시되고 이로 인해 지식재산권의 지위가 계속 강화되어 갈 것임은 분명해 보인다. 그리고 이러한 경향이 부당하다고 볼 이유나 근거도 찾기 어렵다. 다만, 빅데이터 활용을 위한 저작권 행사의 제한 필요성과 인공지능 창작물에 대한 보호 필요성 등 새롭게 대두된 문제들은 지식재산권 보호 강화에 대한 의문점도 함께 보여주고 있음을 유의할 필요가 있다. 4차 산업혁명의 도래로 새롭고 획기적인 기술들이 더 많이 개발되어 이에 대한 적극적인 보호가 필요하다는 측면도 있지만, 과거에 비해 짧은 시간 내에 매우 광범위한 영역에서 수많은 신기술들이 개발되는데 과연 현재와 같이 모든 권리에 대해 상당한 기간 동안 독점적 실시를 인정하는 것이 타당한지는 심각하게 고민해 보아야 할 문제이다.[35] 현재의 상황에서 어느 정도까지 지식재산권 보호를 강화하고 어느 영역에서 그 한계를 설정할 것인지 단정하기는 어렵지만, 그 해결 기준의 하나를 지식재산권 보호의 태동에서 찾는 것도 생각해 볼 수 있다. 즉, 사

한국지식재산연구원, 152-154면.

32) 계승균, 인공지능과 지식재산권, 한국지식재산연구원, 2020, 217-219면 참고.

33) 앞에서 제시한 관련 연구들 이외에도 특허청, 인공지능[AI] 분야 산업재산권 이슈 발굴 및 연구, 2016.12; 특허청, 4차 산업혁명 시대의 지식재산 정책 방향-지식재산을 통한 혁신성장과 일자리 창출, 2017.11. 등 참고.

34) 강명수, "지식재산권 보호의 균형과 헌법의 개정 방향", 법과정책 제27집 제3호(2021.12), 제주대학교 법과정책연구원, 20-23면 참고.

35) 이러한 고민하에 인공지능 창작물은 저작권법상 데이터베이스 보호 규정을 참고하여 5년 정도 보호기간을 인정할 수 있다는 취지의 견해를 수긍해 볼 수 있다. 손승우, "인공지능 창작물의 저작권 보호", 정보법학 제20권 제3호(2016), 한국정보법학회, 104면.

회와 산업발전에 이바지하는 측면이 있기 때문에 그에 맞는 정도의 보호를 해 준다는 것인데, 그렇다면 4차 산업혁명 시대에 만들어진 새로운 창작에 대해서도 결국 그 범위에 대한 고민을 통해 보호의 한계를 설정해 보는 것이 타당할 수 있다.

이와 관련하여 2019년 12월경 발생하여 현재까지 전 세계를 강타하고 있는 코로나 19 사태는 그동안 과학(기술)만능주의에 빠져 자만하고 있던 우리 인간들에게 겸손의 미덕을 되돌아보게 하였고, 사소한 것으로 여겨졌던 타인과의 접촉이 얼마나 소중한지, 보건과 복지의 취약계층이 얼마나 우리 주변에 일상적인 모습으로 존재해 왔는지를 여실히 보여주고 있다.[36] 코로나 19 사태가 우리 일상에 미친 엄청난 파괴력을 지켜보면서 이번 사태가 단지 흘러가는 하나의 에피소드로 끝나지 않도록, 즉 우리 삶의 개선과 성찰에 도움이 될 수 있도록 하기 위해 다방면으로 논의가 이뤄지고 있다.[37] 그렇다면 코로나 19 사태가 지식재산권 분야에 던져준 과제는 무엇일까? 과거에 유래가 없을 정도의 신속성으로 2020년 말경 코로나 19 백신이 개발되면서 지금은 백신 접종이 상당 부분 진척되고 있는데, mRNA 방식이라는 새로운 형식의 백신개발을 그렇게 짧기 기간 내에 해냈다는 과학적 자부심도 있지만,[38] 그렇게 개발한 백신이 모든 인류에게 공평하게 배분되지 못함으로 인한 불평등의 문제 또한 거세게 제기되고 있다.[39] 그리고 이러한 문제는 백신 개발 회사들에 대한 특허권 포기 주장으로 이어졌다.[40] 현재의 상황에서 백신 개발 회사들에게 백신에 대한 특허권 포기를 요구하는 것은 윤리적으로 충분히 정당성이 있고 그렇기 때문에 그와 같은

36) 참여연대 사회복지위원회, "코로나 19의 교훈, 집이 기본이라는 것", 2021.3.1. 참고. https://www.peoplepower21.org/Welfare/1771294 (최종방문 2021.10.27.)

37) 기후변화에 대한 대비의 필요성, 복지사각지대 해소를 위한 노력, 공공의료 확충을 위한 노력 등 다각도에서 논의가 이루어지고 있다.

38) 동아사이언스, "mRNA는 어떻게 백신으로 개발되었고 무엇을 더 할 수 있는가", 2021.1.27. 참고. https://www.dongascience.com/news.php?idx=43509

39) TBS 뉴스, "전세계 코로나 사망자 400만명…변이·백신 불공정 해결해야", 2021.7.8. http://tbs.seoul.kr/news/newsView.do?typ_800=4&idx_800=3442163&seq_800=20434740

40) news 1, 英 시위대 "제약회사들 백신 특허권 포기하라", 2021.10.13. https://www.news1.kr/photos/view/?5013483; 동아일보, "글로벌 제약사, 백신 특허권 포기하라", 2021.10.14. https://www.donga.com/news/article/all/20211014/109696762/1

요구에 대한 거부감을 가지기 어렵다.[41] 하지만 지식재산권 보호는 근본적으로 독점에 따른 문제를 내포하고 있었음에도 그 폐해를 용인하면서 보호를 수용해 왔던 것인데, 이제 와서 백신 개발 회사들에게 특허권 포기를 요구하는 것은 모순되는 측면이 있다. 특허권자 측에서 특허권 포기를 거부하는 것[42]이 도덕적으로는 비난의 여지가 있을지언정 지식재산권법 체계에는 부합하는 것이고, 이와 같은 도덕적 비난을 (코로나 19의 해결 방법을 찾아준, 그래서 인류에 큰 혜택을 가져다 준) 백신 개발 회사들이 고스란히 받고 있지만 지식재산권 보호 체계를 마련하고 옹호해 온 주체들도 함께 책임져야 할 부분은 없는지 고민이 필요해 보인다.

Ⅳ. 나 가 며

지식재산이란 인간의 창조적 활동 또는 경험 등에 의하여 창출되거나 발견된 지식·정보·기술, 사상이나 감정의 표현, 영업이나 물건의 표시, 생물의 품종이나 유전자원(遺傳資源), 그 밖에 무형적인 것으로서 재산적 가치가 실현될 수 있는 것을 말하며(지식재산기본법 제3조 제1호), 경제·사회 또는 문화의 변화나 과학기술의 발전에 따라 새로운 분야에서 출현하는 지식재산을 신지식재산이라 한다(지식재산기본법 제3조 제2호). 비록 지식재산권은 법령 또는 조약 등에 따라 인정되거나 보호되는 지식재산에 관한 권리로 정의되어(지식재산기본법 제3조 제3호) 어느 정도 특정이 될 수 있겠지만, 보호의 대상이 되는 지식재산 또는 신지식재산의 범위가 광범위하다는 점에서 지식재산권의 보호범위 역시 한정짓기 어렵다는 것을 알 수 있다. AI와 빅데이터, 블록체인 기술 등을 특징으로 하는 4차 산업혁명의 본격화로 인해 기술의 발전이 더욱더 광범위하고 빠르게 전개되고 있다는 점은 그러

41) 물론 이와 관련하여 우리 특허법 제107조에 의한 강제실시권 제도 활용을 고려해 볼 수 있겠지만, 동 규정의 적용대상인지에 대한 법리적인 다툼의 여지가 있고(이 부분에 대해서는 별도의 연구가 필요할 것으로 생각된다) 나라별로 제도 차이가 있을 수 있기 때문에 그보다는 원천적인 특허권 포기 주장이 나오는 것으로 이해된다.

42) 머니투데이, 화이자 CEO "백신 특허권 포기할 이유 없다"고 한 이유는?, 2021.9.8. https://news.mt.co.kr/mtview.php?no=2021090817450593076

한 어려움을 더욱 가중시키고 있다.

최근의 기술 발전 및 변화의 속도는 그 예측의 경계마저 무너뜨리고 있고, 이러한 경향은 앞으로 더욱 심화될 것이 분명하다. 법은 스스로 사회 변화를 선도하기보다 사회 변화에 따라 그 모습이 변해가는 지연된 규범으로서의 특징이 있는데, 기술의 급격한 발전에 따른 지식재산권법 보호 체계는 그런 경향이 더욱 심할 수밖에 없다. 예측하기 어려운 기술발전의 속도와 방향을 미리 가늠하여 법체계를 선도적으로 마련하는 것이 이상적이긴 하지만 현실적으로 불가능에 가깝고, 또한 세부적이고 다양한 기술 발전의 유형과 형태를 입법에 모두 담아내는 것도 상정하기 어렵다. 그렇다고 하여 지식재산권법 체계 및 정책방향을 기술발전에 종속되는 것으로 보아 언제까지나 뒷짐지고 따라가는 느림보로 취급하는 것도 바람직한 방향은 아닐 것이다. 결국 새로운 기술발전 방향과 트렌드를 꾸준히 연구하면서 기본적이고 체계적인 프레임을 구축하여, 최소한의 예측가능성과 보호기준의 틀 속에서 지식재산권 보호가 가능하도록 노력할 필요가 있다. 이러한 점에서 지식재산기본법에 따른 지식재산기본계획 및 시행계획 마련의 중요성이 크다고 할 수 있다. 지금까지는 그러한 기본계획과 시행계획은 추상적인 기준 및 방향으로 취급되어, 개별 지식재산권법 개정이나 정책 수립에 충분히 반영되지 못한 측면이 있었다고 생각된다. 하지만 4차 산업혁명의 본격적인 도래로 인한 기술발전은 기존과는 다른 사고와 전략을 요구하고 있다. 같은 이유에서 보다 큰 차원인 헌법에 관련 규정을 보완하는 논의도 충분히 고려해 볼 가치가 있다. 다만 지식재산권 보호의 태동을 고려해 볼 때 지식재산권 보호의 강화만이 올바른 지식재산권 보호 방향인지 고민을 함께 담을 필요가 있다. 특히 갈수록 공정과 공유 가치가 강조되고 있다는 점에서 권리자를 보호하면서도 공공이 함께 지적 창작의 결과를 향유할 수 있는 방안에 대한 고민이 필요해 보인다. 지금까지는 지식재산권을 독점배타적 권리로 보아 권리자만이 행사할 수 있고 제3자는 권리자로부터 허락을 받아야만 사용할 수 있었다면, 앞으로는 다른 사람들도 자유롭게 사용할 수 있도록 하되 그 사용으로 인해 발생한 이익이 권리자에게 적절히 안분될 수 있도록 하는 시스템도 생각해 볼 수 있을 것이다.

39

정보, 데이터 및 프라이버시

최창호

법무법인 정론 변호사

25년간의 검사 생활을 거쳐 헌법적 가치가 투영되는 사회를 만들기 위하여 변호사로 활동 중에 있고, 각급 대학(원)에서 헌법, 형법, 형사소송법 강의를 하면서 후학을 양성하고 있다.

저서로는 『신형사소송법』, 『형법총론』, 『형법각론』, 『미국형사소송 실무와 절차』, 『주석 형사소송법』 등이 있고, 논문으로는 "근대적 의미의 권력분립론에 관한 연구" 등이 있다.

Ⅰ. 프라시버시

1. 감시사회의 등장

현대를 살아가는 우리는 맑은 유리 어항 속의 금붕어와 같이 사생활의 비밀과 자유를 상당부분 제약당하면서 살아가고 있다.

과학기술의 발달은 우리의 삶을 유사 이래로 가장 풍요롭고 편리하게 하는 광범위한 자유를 부여하였지만, 우리의 삶은 빅브라더에게 일거수일투족을 감시당하는 운명을 받아들이지 않을 수 없는 새로운 감시[1] 및 통제사회에 살게 되는 처지에 이르렀다.

비록 무인도에 들어가 자연인이 되더라도 감시사회의 번득이는 눈으로부터 자유로울 수 없고, 아무리 스스로의 주거에 숨어 지낸다고 하더라도 감시사회의 매서운 눈초리로부터 벗어나는 것은 쉽지 않다.

감시사회란 어떠한 사회에 속한 개인이나 집단에 대하여 정보를 광범위하게 수집, 분석한 후 이를 활용하는 사회를 의미한다고 할 수 있다. 감시사회란 개념은 한마디로 정보화시대의 어두운 한 측면이라고 보아야 한다. 국가가 개인에게 허용해 준 약간의 자유시간을 제외하고 하루 24시간 모두를 누군가에 의하여 감시를 당하여 일거수일투족이 노출되는 결과를 초래하고, 결과적으로 만인에 의한 만인의 감시가 가능해지는 사회가 될 수도 있는 것이다.

지문정보의 인식으로 인한 피해를 방지하기 위하여 함부로 손가락으로 V자를 그리면서 사진을 촬영하여 SNS에 올리지 말라는 말은 기초적인 주의사항에 불과하다.

인공지능의 등장은 새로운 도전의 서막에 불과하다. 온라인 서비스의 이용은 고스란히 개인정보의 유출을 감내해야 한다. 내밀한 프라이버시의 영역이 아무런 제약 없이 모두에 노출되는 결과를 초래하게 되기도 한다. 데이터 축적으로 인한 내재화된 사회적 편견은 무분별한 차별로 이어질 수도

1) 일반적으로 감시는 개인적 영역에 침입하지 아니하고 원거리에서 은밀하게 개인에 대한 정보를 수집하는 정부의 노력을 의미한다.

있다. 보편화된 인터넷, CCTV, 스마트폰, 블랙박스, 신용카드 등의 편리함과 사용으로 인하여 개인이나 사회에 대한 감시가 가능하게 되었고, 이는 우리에게 새로운 세상을 열어주었다.

한편 특정 국가에서는 테러와의 전쟁에 대한 대비가 필요하다는 명분으로 개인이나 사회에 대한 감시가 합법화되기도 한다.

집적된 개인정보를 가지게 되는 정보 공룡은 어느날 통제 불능의 괴물로 재탄생하여 우리의 삶을 파탄에 이르게 할 수도 있다. 조지 오웰의 1984에서 등장한 빅브라더는 이제 인공지능 빅브라더로 옷을 갈아입고 등장하였다.

국방상 목적으로 탄생한 인터넷은 이제 우리에서 필수적인 삶의 요소 및 인프라가 되었다. 주거home는 한 개인의 프라이버시를 보호하는 가장 기초적인 성채castle라 할 수 있다. 일반적으로 사람들은 다른 사람과의 격리를 통하여, 혼자 있음으로 인하여 프라이버시를 보호할 수 있다고 생각한다. 그런데 인터넷상의 홈페이지는 다른 사람과의 격리를 위한 것이 아니라 사이버세상에서 다른 사람과의 연결을 위한 매개체가 되는 것이다. 즉 현실의 주거는 차단의 토대가 되는 것이지만, 사이버상의 홈페이지는 통로가 되는 것이다. 인터넷에서 익명의 자유는 더 이상 보장해 주지 못한다.

2. 편리함과 통제의 외줄타기 선택

CCTV와 안면인식 기술의 개발 등으로 인하여 소위 Street Crime에 대한 대응은 강화되었으나, 개인정보의 유출과 프라이버시의 침해로 인한 기본권의 침해는 새로운 양상으로 변해가고 있다.

현재를 살아가는 우리는 이제 과학기술의 편리함을 포기하면서 삶을 영위하거나, 통제 내지 감시와 자유로운 삶 사이에서 아슬아슬한 외줄타기를 하여야 하는 타협의 미학을 배워야 할 지도 모른다.

그럼에도 불구하고 다른 한편에서는 프라이버시를 포기하더라도 과학기술의 혜택을 향유하고자 하는 움직임이 존재하는 것이 사실이다.

한 개인은 의식 또는 무의식적으로 스스로의 정보를 타인에게 넘기고 있다. 이러한 정보를 이용할 수 있는 존재는 새로운 부(富)를 창출하는 존재로 거듭나고 있다.

학생들의 성명, 사진 및 전화번호가 기록된 주소록에 불과하였던 페이스북은 데이터베이스에 집적되기 시작하면서 거대한 소셜미디어 대기업으로 등장하였다. 우리는 페이스북을 이용하는 편리함을 누리게 되었지만, 페이스북은 우리에게 프라이버시를 보호해야 할 과제를 함께 가져왔다. 페이스북을 통하여 우리는 실제로 만날 수 없었던 많은 사람들을 가상 공간을 통하여 만나게 된다. 그런데 페이스북에 떨어뜨린 정보의 부스러기들은 결국 정보의 통합을 통하여 새로운 디지털 존재로 재탄생할 수 있다. 모자이크 이론을 통하는 방법 등을 통하여 본인이 의도하지 않은 정보와의 결합이 이루어진다면 극단적으로는 본인을 공격하는 무기가 될 수도 있다.

3. 디지털 시대를 맞이한 우리의 과제

프라이버시는 부적절한 침입으로부터 벗어나고, 특정한 일들을 공적인 시야로부터 회피하려는 권리이다. 따라서 프라이버시는 인간의 자율성의 측면에서 중요한 요소이다.

우리를 인간으로 만드는 것은 아무도 감시하지 않는 사적영역 내에서 타인과의 상호작용으로부터 도출된다. 프라이버시는 우리가 말하는 것, 행동하는 것, 우리가 느끼는 것과 관련이 있는데, 사적 영역의 확대는 자율성을 증진한다.

우리가 우리의 생각이나 행동에서 완전히 자율적이지 않다고 느낀다면, 우리 자신의 중대한 요소에 있어서 움츠러들게 된다. 프라이버시는 한 개인이 민주시민으로서 공헌하면서 정체성을 유지하는 민주사회에서 불가결의 성격을 지니게 된다.

과도한 정보의 수집과 이용은 개인을 위협하고, 사회적 및 법적 문제를 야기할 수 있다. 인터넷 사용자들이 과도한 정보의 수집과 감시를 인식하게 된다면, 예상치 못한 결과에 대한 두려움으로 인하여 자신들의 행동을 스스로 검열하게 된다. 과도한 정보수집은 사회에 대한 심각한 위축효과를 가져오게 되고, 위협을 느낀 개인은 표현의 자유를 제한하게 된다. 디지털 시대의 프라이버시는 정보자동화로 인하여 심각하게 위협을 받게 된다.[2)]

가상공간에서의 잊힐 권리(또는 잊혀질 권리)가 논의되고 있음은 이러한 위험으로부터 벗어나려고 하는 처절한 몸부림이라고 할 수도 있는 것이다. 이에 대하여 잊힐 권리가 표현의 자유와 충돌된다는 논의가 있다. 이와 관련하여 정보통신망 이용촉진 및 정보보호 등을 위한 법률(약칭: 정보통신망법)[3)]에서는 정보의 삭제요청권을 규정하고 있기도 하다.

아무리 선한 가치를 추구한다고 하더라도 자본주의의 기업은 이윤추구를 최우선으로 하지 않을 수 없다. 향후 프라이버시의 부득이한 노출로부터 스스로를 보호하여야 할 임무는 오롯이 우리의 몫으로 귀착하게 될 수도 있다.

Ⅱ. 정　　보

1. 정보화사회

정보화사회는 '정보'가 새로운 권력으로 우리와 공존하는 새로운 차원의 세상이라 할 수 있다. 미래학자들은 향후 정보를 가진 자가 권력을 지배한다는 견해를 피력하기도 한다. 정보는 새로운 권력의 한 형태라 할 것인데, 정보의 독점은 권력의 독점을 의미할 수도 있다고 할 것이고, 향후 감시사회가 일상화된다면 정보화사회는 아직까지 우리가 경험하지 못한 새로운 형태의 감시사회의 모습으로 우리에게 다가올 수 있는 것이다.

---

2) 구글이 사용자를 속이고 위치 추적 기능을 끄더라도 시스템적으로 사용자의 위치 추적이 가능하도록 조치함으로써 위치정보를 지속적으로 수집하였다는 사유로 소송을 당하였다고 한다. 조선일보, 2022.1.25. 기사. https://www.chosun.com/economy/tech_it/2022/01/25/KZ6BED3KP5A4LGBV5PPHMSV3KE/ (최종조회 2022.1.25.)

3) 제44조의2(정보의 삭제요청 등) ① 정보통신망을 통하여 일반에게 공개를 목적으로 제공된 정보로 사생활 침해나 명예훼손 등 타인의 권리가 침해된 경우 그 침해를 받은 자는 해당 정보를 처리한 정보통신서비스 제공자에게 침해사실을 소명하여 그 정보의 삭제 또는 반박내용의 게재(이하 "삭제등"이라 한다)를 요청할 수 있다.

2. 법률에 등장하는 '정보'

특히 최근에는 '정보'라는 용어가 많이 사용되고 있는데, 각 법률마다 주체, 보유기관, 내용에 따라 정보를 다양하게 분류하고 있다.

정보가 등장하는 법률에서 규정하고 있는 정보의 의미를 중심으로 분류해 보면 주요 정보는 다음과 같다.

- 개인정보(개인정보보호법): 살아있는 개인에 관한 정보로서 성명, 주민등록번호 및 영상 등을 통하여 개인을 알아 볼 수 있는 정보
- 정보(공공기관의 정보공개에 관한 법률): 공공기관이 직무상 작성 또는 취득하여 관리하고 있는 문서(전자문서 포함) 및 전자매체를 비롯한 모든 형태의 매체 등에 기록된 사항
- 공공데이터(공공데이터의 제공 및 이용 활성화에 관한 법률): 공공기관이 직무상 작성 또는 취득하여 관리하고 있는 문서(전자문서 포함) 및 전자매체를 비롯한 모든 형태의 매체 등에 기록된 사항
- 국가지식정보(국가지식정보 연계 및 활용 촉진에 관한 법률): 국가기관, 지방자치단체 및 공공기관이 생산·보유·관리하고 있는 과학기술, 교육학술, 문화예술, 사회경제, 행정 등에 관한 정보 중 지식의 활용 및 교육을 목적으로 국가적 이용가치가 있는 디지털화된 정보나 디지털화의 필요성이 인정되는 정보
- 행정정보(전자정부법): 행정기관등이 직무상 작성하거나 취득하여 관리하고 있는 자료로서 전자적 방식으로 처리되어 부호, 문자, 음성, 음향, 영상 등으로 표현된 것
- 신용정보(신용정보의 이용 및 보호에 관한 법률): 금융거래 등 상거래에서 거래 상대방의 신용을 판단할 때 필요한 정보
- 정보(지능정보화기본법): 광(光) 또는 전자적 방식으로 처리되는 부호, 문자, 음성, 음향 및 영상 등으로 표현된 모든 종류의 자료 또는 지식

한편 최근에는 정보인권이라는 용어도 사용되고 있다. 정보인권이란 '자

유민주주의적 가치체계 하에서 진실하고, 입증가능하며, 이해가능하고, 정확하며, 신뢰성 있으며, 타당한, 적시의 그리고 실질적 접근이 가능한 정보에 대한 권리'라고 할 수 있다.[4)]

Ⅲ. 빅데이터

1. 서

빅데이터big data란 일반적으로 "기존 데이터베이스 관리도구로 데이터를 수집, 저장, 관리, 분석할 수 있는 능력을 넘어서는 대량의 정형 또는 비정형 데이터베이스 및 이러한 데이터로부터 가치를 추출하고 결과를 분석하는 기술"을 의미한다고 할 수 있다. 빅데이터는 양volume이 매우 많고, 증가 속도velocity가 빠르며, 종류variety가 매우 다양한 것을 특징으로 한다.

빅데이터의 사용은 또다른 차원에서 새로운 세상을 여는 창을 제공한다. 인터넷의 페이지를 불러오기 위하여 한번 클릭을 하는 순간 한 개인의 정보는 수천 군데로 퍼져나간다는 말이 있을 정도로 개인의 정보가 많이 노출되고 있다. 더구나 클릭과 좋아요의 숫자로 정체성이 규정되는 현대인의 모습은 디지털 제국의 감시객체로 전락할 위험성을 가지고 있다.

개인의 정보를 수집하는 기업집단은 정보주체의 가치를 평가하고 영업에 활용하게 된다. 빅데이터의 수집과 집적은 한 개인을 얼마나 가치 있는 소비자인지 여부를 판단하는 데 사용되고 있는 것이다.

정보화 진전에 따라 개인에 관한 정보는 정부 또는 거대 기업의 데이터베이스에 집적되게 된다. 네트워크를 활용한 의사의 교환 또는 정보의 상업적 거래가 이루어진다면 개인의 신상에 관한 내용뿐만 아니라 개인의 사고 내지 활동까지도 빅데이터에 축적될 수 있다.

빅데이터에 축적된 정보가 자의적으로 악용되고, 남용된다면 이는 프라이버시에 대한 치명적인 위험으로 다가올 수 있다.

---

4) 지성우, "정보헌법과 커뮤니케이션 분야의 쟁점", 국가와 헌법Ⅱ, 법문사, 2018, 455면.

2. 데 이 터

(1) 데이터의 의미

데이터라는 용어가 등장하는 법률에서 규정하고 있는 데이터의 의미를 중심으로 분류해 보면 주요 데이터는 다음과 같다.

- 데이터(데이터 산업진흥 및 이용촉진에 관한 기본법): 다양한 부가가치 창출을 위하여 관찰, 실험, 조사, 수집 등으로 취득하거나 정보시스템 및 소프트웨어 등을 통하여 생성된 것으로서 광(光) 또는 전자적 방식으로 처리될 수 있는 자료 또는 정보
- 데이터(데이터기반행정 활성화에 관한 법률): 정보처리능력을 갖춘 장치를 통하여 생성 또는 처리되어 기계에 의한 판독이 가능한 형태로 존재하는 정형 또는 비정형의 정보
- 공공데이터(공공데이터의 제공 및 이용 활성화에 관한 법률): 공공기관이 직무상 작성 또는 취득하여 관리하고 있는 문서 및 전자매체를 비롯한 모든 형태의 매체 등에 기록된 사항
- 민간데이터(데이터 산업진흥 및 이용촉진에 관한 기본법): 국가기관, 지방자치단체 또는 공공기관이 아닌 자가 생성 또는 취득하여 관리하고 있는 데이터
- 산업데이터(산업 디지털 전환 촉진법): 산업(산업발전법), 광업(광업법), 에너지 관련 산업(에너지법), 신에너지 및 재생에너지 관련 산업(신에너지 및 재생에너지 개발·이용·보급 촉진법)의 제품 또는 서비스 개발·생산·유통·소비 등 활동 과정에서 생성 또는 활용되는 것으로서 광(光) 또는 전자적 방식으로 처리될 수 있는 모든 종류의 자료 또는 정보
- 데이터베이스(저작권법): 소재를 체계적으로 배열 또는 구성한 편집물로서 개별적으로 그 소재에 접근하거나 그 소재를 검색할 수 있도록 한 것

(2) 데이터 보호 법안

적절한 데이터 보호 법안이 마련되는 경우에는 사적 기업에 의한 투기적인 데이터 수집이 감소할 수 있다. 그러나 아직까지 데이터나 정보보호를 목적으로 하는 법안이 충분하게 마련되어 있다고 보기는 어렵다.

최근에는 테러에 대한 대비를 위하여 감시권한이 국가적 수준으로 높아지는 경향이 강하고, 데이터의 이전이 국경을 넘는 경우가 빈번하다. 국가안보라는 개념은 암호화 기술을 사용하는 데 제한을 가하기도 하고, 정부 등에 의한 프라이버시 또는 데이터에 대한 침해를 용인하는 뒷문back-door을 제공하기도 한다. 전면적 감시체제blanket surveillance에 대한 우려의 목소리도 적지 않다.

특히 시민들은 수집된 데이터가 제대로 관리가 되고 있는지 여부 및 수집의 목적을 달성한 이후에 적절하게 폐기되고 있는지 여부에 대하여 상당한 의구심을 가질 수밖에 없다.

3. 우리나라의 입법 현황

(1) 법률을 제정하는 과정에서 정보, 데이터, 자료 등의 용어가 혼재되어 있고, 부처별로 법률이 제정되는 과정에서 일관성이 없어 보이는 측면이 있기도 하다.

데이터 국가정보화전략위원회에서는 빅데이터를 '대용량 데이터를 활용·분석하여 가치 있는 정보를 추출하고 생성된 지식을 바탕으로 능동적으로 대응하거나 변화를 예측하기 위한 기술'이라고 정의한 바 있다.

우리나라에서는 2021.6.10.부터 지능정보화 기본법[5]이 시행되고 있고, 2022.4.20. 데이터 산업진흥 및 이용촉진에 관한 기본법(약칭: 데이터산업법)[6]이 시행될 예정이며, 2022.7.5. 산업디지털전환촉진법[7]이 시행될 예정이다.

(2) 우리나라는 데이터산업법을 통하여 데이터산업과 관련하여 ① 생산,

---

5) 과학기술정보통신부의 정보통신정책과 소관 법률이다.
6) 과학기술정보통신부의 데이터진흥과 소관 법률이다.
7) 산업통상자원부의 산업기술시장혁신과 소관 법률이다.

분석, 결합, 활용 촉진, ② 인력양성, ③ 국제 협력 등을 총괄하는 기본법을 세계 최초로 마련한 바 있다. 동법에서는 정부에게 데이터 산업의 기반과 환경을 조성할 의무를 부과하고(동법 제4조, 제9조), 데이터 플랫폼 지원을 위하여 "정부는 데이터의 수집·가공·분석·유통 및 데이터에 기반한 서비스를 제공하는 플랫폼을 지원하는 사업을 할 수 있다"라는 내용을 규정하고 있다(동법 제19조 제1항).

(3) 산업디지털전환촉진법에서는 산업데이터라는 개념을 정의하면서 사용수익권의 개념을 최초로 도입하여 산업데이터의 활용과 보호 원칙을 제시하고 있다. 즉 인적 또는 물적으로 상당한 투자와 노력을 통하여 산업데이터를 새롭게 생성한 자에 대하여 이를 활용하여 사용, 수익할 수 있는 권리를 인정하는 제도를 도입한 것이다. 소유권의 개념이라 할 수 있는 사용, 수익, 처분의 내용 중 사용, 수익할 수 있는 권리를 따로 떼어내 새로운 권리로 인정함으로써 사용가치를 새롭게 파악하고자 하였다는 점에서 의미를 갖는다.

새로 등장한 법률에서는 플랫폼 사업에 대한 지원을 위한 내용을 담고 있는 것으로 보이는바, 하위 법령이 구체화되면 플랫폼 사업 등이 새로운 활력을 찾을 수 있을 것으로 예상된다. 다만, 개인정보 내지 영업비밀 등에 대한 보호와 충돌될지도 모르는 문제점을 해결하려는 노력이 필요하고, 새로운 플랫폼 사업을 영위하기 위한 법익주체로부터의 동의 문제 등도 갈등 없이 해결되어야 할 것이다.

Ⅳ. 헌법적 접근

1. 서

(1) 프라이버시의 개념 속에 너무 다양한 요소가 포함되어 있으므로 프라이버시를 '폭풍 속의 건초더미Haystack in a Hurricane'라고 표현하는 견해도 있다. 이러한 용어는 프라이버시권이 너무나 복잡다기하고 프라이버시권의 이론적 토대에 대한 단단한 이론적 기초에 대한 탐구가 아직까지도 진행되

고 있음을 보여주는 의미도 있다.

우리 헌법상 규정을 살펴보면, 광의의 프라이버시는 주거의 자유(제16조), 사생활의 비밀과 자유(제17조), 통신의 자유(제18조)를 포괄한다고 볼 수 있다.[8)]

(2) 주거의 자유는 전통적인 프라이버시의 보호영역이고, 통신의 자유는 그 이후에 헌법전에 규정되었고, 사생활의 비밀과 자유는 최근에 기본권으로 자리매김을 한 것이라고 보아야 한다. 주거의 자유는 주거라는 사적 영역의 공간적 보장을 통하여 불가결의 생활공간을 사생활의 일부로서 보장해 주는 것이고, 통신의 자유는 사적 영역의 개인간 의사소통을 사생활의 일부로서 보장하는 것이며, 사생활의 비밀과 자유는 포괄적으로 사회현상의 변화에 따라 발생하는 새로운 위험으로부터 대처할 수 있도록 보장내용이 변화하는 기본권이라 할 수 있다.[9)]

(3) 영미권에서 'home'으로 표현되는 주거, 가택, 집이라는 용어는 기본적으로 안전을 보장할 수 있는 장소적 토대를 의미한다고 보아야 한다. 물리적으로 한정이 가능한 주거는 사적인 가정생활의 기초를 이룬다. 그러나 주거가 단순히 물리적인 장소만을 의미하는 것이 아니라, 그곳에서 편안한 환경도 포함한다고 보아야 할 것이다. 따라서 주거침입이란 단순히 구체적이고 물리적인 침입만을 의미하는 것이 아니라,[10)] 다른 형태로의 침입(소리, 냄새, 열 등의 배출 등)도 포함하여 해석하여야 한다는 견해가 있다.

농경사회에서 다수인이 한 공간에서 거주하는 형태의 주거에서는 프라이버시권을 주장하기가 어렵다. 한 공간이 개인에게 편안함과 안온함을 부여할 수 있는 공간적 영역으로 작용할 수 있어야만 프라이버시를 논할 수 있다.

---

8) 성낙인, 헌법학, 법문사, 2021, 712면; 김하열, 헌법강의, 박영사, 2021, 520면.

9) 한수웅, 헌법학, 법문사, 2021, 707면.

10) 죄형법정주의의 원칙상 형사적으로는 주거자나 관리자의 의사 또는 추정적 의사에 반하여 타인의 주거 등에 들어가는 것을 의미한다고 해석하여야 할 것이다. 따라서 주거침입죄는 사람의 주거 또는 간수하는 장소의 평온과 안전을 침해하는 것을 내용으로 하는 범죄이고, 인간이 존엄과 가치를 향유하면서 인격을 자유롭게 발전시키고 행복을 추구하기 위하여는 인간의 사생활공간에 대한 보호가 선행되어야 하는 것이다. 최창호 외, 형법각론, 대명출판사, 2018, 493면.

개별성, 고유성, 다양성으로 표현되는 문화는 사회의 자율영역이나 자유공간이 없이는 호흡하기 어렵다. 사회의 자유공간이란 무엇보다 개인의 사생활영역으로부터의 보호가 선행되어야 하기 때문이다. 사생활의 비밀과 자유는 인간의 존엄성을 구성하는 일반적 인격권과 밀접한 관계를 가지고 있다.

주거와 관련된 하이테크 수사기법의 발전은 주거 이외의 다른 대상에 대한 감시 관련 기술보다도 훨씬 엄격한 심사를 받게 된다.[11)12)]

(4) 역사적으로 통신의 비밀은 통치목적을 위한 국가의 정보수집에 대하여 개인의 사적인 통신을 보호하기 위하여 보장된 고전적인 자유권에 해당하는 것이다. 19세기 유럽의 국가는 정보를 포괄적으로 수집하기 위하여 우편을 독점하였다. 이로써 개인은 정보의 전달을 위하여 우체국을 이용당하도록 강요받게 된 것이다. 개인의 사적인 통신이 국가를 경유해야 하기 때문에 개인이 우체국(국가)에 자신의 서신을 맡김으로써 발생하는 사적인 통신의 노출이라는 위험한 상태를 벗어나기 위하여 개인의 통신을 보호하고자 하는 기본권이 통신의 비밀과 자유라 할 수 있다.[13)] 내용이 타인에게 보이게 되어 있는 엽서와 같은 형식의 통신에서 비밀이 보장되기 어렵다. 전달자가 문맹인 경우이거나 이해할 수 없는 외국어로 작성된 경우에만 비밀이 보장될 수 있을 것이다.

2. 통신자료제공

최근에는 고위공직자범죄수사처에 의한 통신자료제공[14)]이 문제되고 있다.

---

11) 최창호 외, 미국형사소송 실무와 절차, 유원북스, 2017, 142면.

12) 미국 연방헌법 수정 제3조, 제4조가 주거의 자유와 관련이 있다고 할 수 있다.

13) 한수웅, 헌법학, 법문사, 2021, 713면.

14) **전기통신사업법** 제83조 ③ 전기통신사업자는 법원, 검사 또는 수사관서의 장(군 수사기관의 장, 국세청장 및 지방국세청장을 포함한다. 이하 같다), 정보수사기관의 장이 재판, 수사(「조세범 처벌법」 제10조제1항ㆍ제3항ㆍ제4항의 범죄 중 전화, 인터넷 등을 이용한 범칙사건의 조사를 포함한다), 형의 집행 또는 국가안전보장에 대한 위해를 방지하기 위한 정보수집을 위하여 다음 각 호의 자료의 열람이나 제출(이하 "통신자료제공"이라 한다)을 요청하면 그 요청에 따를 수 있다.
1. 이용자의 성명
2. 이용자의 주민등록번호

비록 통신비밀보호법상의 통신제한조치나 통신사실 확인자료 제공요청은 아니었다고 하더라도, 광범위하고 무차별적인 통신자료제공은 문제가 있다고 판단된다. 공수처뿐만 아니라 모든 수사기관에서 공통적으로 발생하고 있는 무분별한 개인정보의 수집은 관련 법률과 제도에 대한 새로운 접근을 요구하게 되었다. 인권침해적 성격을 가지는 통신자료제공에 대하여는 통제절차를 강화해야 한다는 견해[15]가 강하다. 영장주의에 의하거나 최소한 정보수집 대상자에 대하여 사후에라도 통지를 해주어야 한다는 것이다.[16]

전기통신사업법 제1조는 "이 법은 전기통신사업의 적절한 운영과 전기통신의 효율적 관리를 통하여 전기통신사업의 건전한 발전과 이용자의 편의를 도모함으로써 공공복리의 증진에 이바지함을 목적으로 한다"라고 목적을 설명하고 있으나, 과연 통신자료의 제공이 위 목적에 부합하는지 의문을 갖지 않을 수 없다.

통신자료제공이 법적으로 다루어진다면 ① 전기통신사업법 소정의 조항을 통하여 통신비밀보호법의 취지를 형해화한 점, ② 헌법과 형사소송법에서 규정하고 있는 영장주의의 원칙을 훼손하는 점, ③ 위임입법의 한계를 일탈한 점, ④ 전기통신사업법 제83조 제4항을 통한 통신자료제공에 대한 통지를 하지 않은 입법부작위 부분, ⑤ 수사의 필요성을 넘어선 비례성 원칙 위반 등이 쟁점이 될 것으로 보인다.[17]

---

3. 이용자의 주소
4. 이용자의 전화번호
5. 이용자의 아이디(컴퓨터시스템이나 통신망의 정당한 이용자임을 알아보기 위한 이용자 식별부호를 말한다)
6. 이용자의 가입일 또는 해지일

15) 개인정보보호법에서는 개인정보의 이용내역을 이용자에게 통지를 하도록 규정하고 있다. 제39조의8(개인정보 이용내역의 통지) ① 정보통신서비스 제공자 등으로서 대통령령으로 정하는 기준에 해당하는 자는 제23조, 제39조의3에 따라 수집한 이용자의 개인정보의 이용내역(제17조에 따른 제공을 포함한다)을 주기적으로 이용자에게 통지하여야 한다. 다만, 연락처 등 이용자에게 통지할 수 있는 개인정보를 수집하지 아니한 경우에는 그러하지 아니한다.
② 제1항에 따라 이용자에게 통지하여야 하는 정보의 종류, 통지주기 및 방법, 그 밖에 이용내역 통지에 필요한 사항은 대통령령으로 정한다.

16) 이에 대하여 수사기관에서는 가입자 정보 조회에 불과하므로 기본권 침해의 정도가 크지 아니하고, 시스템 구축과 통지에 막대한 비용과 인력이 소요되는 점에 반하여 가입자는 언제든지 직접 통신사에 열람을 요청할 수 있는 시스템이 구축되어 있으므로 그 필요성이 높지 않다는 입장을 가지고 있는 것으로 보인다.

헌법재판소는 통신자료 취득행위에 대하여 "이 사건 통신자료 취득행위의 근거가 된 이 사건 법률조항은 전기통신사업자에게 이용자에 관한 통신자료를 수사관서의 장의 요청에 응하여 합법적으로 제공할 수 있는 권한을 부여하고 있을 뿐이지 어떠한 의무도 부과하고 있지 않으므로, 전기통신사업자는 수사관서의 장의 요청이 있더라도 이에 응하지 아니할 수 있고, 이 경우 아무런 제재도 받지 아니한다. 그러므로 이 사건 통신자료 취득행위는 강제력이 개입되지 아니한 임의수사에 해당하는 것"이라는 취지로 판시[18]하기도 하였다.

3. 통신의 자유 제한과 위반의 효과

통신의 자유는 통신의 내용뿐만 아니라, 발신자 및 수신자 정보, 통신의 일시와 횟수 등 통신에 관한 정보 일체를 보호한다.[19]

통신의 자유는 헌법 제37조 제2항에 의하여 제한을 받을 수 있는데, 통신의 자유를 제한하는 대표적인 법률은 통신비밀보호법, 형의 집행 및 수용자의 처우에 관한 법률, 국가보안법, 전파법 등이 존재한다.[20]

---

17) 헌법재판소는 2022.7.21. 수사기관이 이동통신사로부터 가입자 이름과 주민등록번호 등 개인정보를 수집하는 근거가 된 전기통신사업법 제83조 제3항에 대하여, 사후 통지 절차를 두지 않아 적법 절차 원칙에 위배되고 개인정보 자기결정권을 침해한다는 사유로 헌법불합치결정을 선고하였다(헌법재판소 2022.7.21. 선고 2016헌마388, 2022헌마126(병합), 2022헌마105, 110(병합) 결정: 통신자료 취득행위 위헌확인 등, 전기통신사업법 제83조 제3항 위헌확인).

18) 헌법재판소 2012.8.23. 선고 2010헌마439 결정 [전기통신사업법 제54조 제3항 위헌확인 등]. 그러나 이러한 법정에 대하여 3인의 재판관은 "다수의견은 이 사건 통신자료 취득행위의 근거가 된 이 사건 법률조항이 전기통신사업자에게 어떠한 의무나 부담을 지우고 있지 않다는 점을 이 사건 통신자료 취득행위의 공권력 행사성을 부정하는 근거로 들고 있으나, 통신자료의 제출 여부는 전기통신사업자의 의사에 의해 통신자료의 제공요청시마다 개별적으로 결정되는 것이 아니라, 사실상 이 사건 법률조항에 의한 통신자료 제출요구가 있으면 전기통신사업자는 이에 응하는 구조로 되어 있다고 보아야 할 것이다. 피청구인은 공권력인 수사권의 행사주체이고 이 사건 통신자료 취득행위는 청구인의 의사에 상관없이 진행되며 청구인의 통신자료를 보관하고 있는 전기통신사업자가 피청구인의 요청을 거절할 가능성은 사실상 희박하고 청구인이 통신자료의 제공을 저지하기 위해 그 과정에 개입할 수도 없는바, 이 사건 통신자료 취득행위는 피청구인이 우월적 지위에서 일방적으로 청구인의 통신자료에 대하여 대물적으로 행하는 수사행위로서 권력적 사실행위에 해당한다"라는 취지로 반대의견을 피력하였다.

19) 김하열, 헌법강의, 박영사, 2021, 543면.

20) 성낙인, 헌법학, 법문사, 2021, 1387면; 김하열, 헌법강의, 박영사, 2021, 544면.

통신이란 공간적으로 떨어져 있는 상대방과 편지, 우편, 전화, 전신, 팩스, 이메일 등을 이용하여 정보 또는 의사를 전달, 교환하는 행위를 의미하는데,[21] 통신비밀보호법은 통신을 우편물 및 전기통신을 의미한다고 정의하고 있으며,[22] 최근에는 전기통신[23]의 활용도가 훨씬 높다고 볼 수 있다.

형법에서는 비밀침해죄를 처벌하고 있다.[24] 형법전 제35장의 비밀침해의 죄는 개인의 사생활에 있어서의 비밀을 침해하는 것을 내용으로 하는 범죄이다.[25]

통신 및 대화의 비밀은 보호되어야 하고, 불법검열에 의하여 취득한 우편물이나 그 내용 및 불법감청에 의하여 지득 또는 채록된 전기통신의 내용은 재판 또는 징계절차에서 증거로 사용할 수 없다(통신비밀보호법 제4조).

한편 서신의 비밀을 침해한 행위 및 우편물 등 개봉 훼손행위도 처벌되고 있다(우편법 제51조 및 제48조).

Ⅴ. 결

프라이버시, 정보, 빅데이터 등으로 표현되는 새로운 세상은 간혹 우리를 어지럽게 하기도 한다. 현대를 살아가는 우리는 인사, 노무, 학교, 병원, 여행업, 건설, 유선방송사 등 많은 영역에 있어서 개인정보의 사용에 동의하지 않으면, 문명의 혜택을 누리지 못하는 사회에서 살고 있다. 정보를 제공함으로써 문명의 혜택을 누리느냐, 그러한 혜택을 거부하고서라도 프라이버시를 지키느냐의 갈림길에 서 있다고 할 수 있는 것이다.

---

21) 김하열, 헌법강의, 박영사, 2021, 543면.

22) 통신비밀보호법 제2조 제1호.

23) 전화・전자우편・회원제정보서비스・모사전송・무선호출 등과 같이 유선・무선・광선 및 기타의 전자적 방식에 의하여 모든 종류의 음향・문언・부호 또는 영상을 송신하거나 수신하는 것을 의미한다(통신비밀보호법 제2조 제3호).

24) **형법** 제316조(비밀침해) ① 봉함 기타 비밀장치한 사람의 편지, 문서 또는 도화를 개봉한 자는 3년 이하의 징역이나 금고 또는 500만원 이하의 벌금에 처한다. <개정 1995. 12.29.>
② 봉함 기타 비밀장치한 사람의 편지, 문서, 도화 또는 전자기록등 특수매체기록을 기술적 수단을 이용하여 그 내용을 알아낸 자도 제1항의 형과 같다. <신설 1995.12.29.>

25) 최창호 외, 형법각론, 대명출판사, 2018, 487면.

감시사회와 정보통제가 빅데이터로 집적된 후 그 정보가 오남용된다면 우리는 인간의 존엄을 지키지 못할 가능성이 높다. 표면적으로는 강제력을 행사하지 않는 것으로 보이지만, 기본권이 근본적 토대로부터 흔들리는 지경에 이를 수 있는 것이다. 생사의 갈림길에서 안전이라는 개념과 프라이버시의 개념이 충돌하는 경우에 어느 추가 무거운가를 깊이 생각할 겨를을 찾을 여유를 가지지 못하게 된다.

프라이버시와 국가안보가 예각적으로 충돌하는 상황이 온다면 프라이버시는 상당부분 양보하지 않을 수 없다. 숨길 것이 없다고 하여Nothing to hide 프라이버시에 대한 양보를 계속한다면 인간의 존엄성과 관련된 프라이버시의 영역은 점차 축소될 수 있다. 국가안보 내지 행정의 효율성이 기본권의 제한을 일상화하고 압도하는 현실이 유지된다고 한다면 헌법상의 프라이버시는 형해화된 모습으로 명목만 존재하는 상황이 도래할 가능성이 높다.

프라이버시는 국민의 대표인 국회에서 제정한 법률과 새로운 기술의 발달에 의하여 지켜질 수 있다. 프라이버시를 지키려는 방패 역할을 하는 기술의 발전과 이를 무력화시키려는 기술의 발전이 인류를 어느 방향으로 이끌게 될 것인지를 예상하는 것은 쉽지 않다.[26)]

공기와 물이 없다면 인간이 생존할 수 있을 것인가를 고민해 본 일이 있다. 전기가 없다면 현대 문명은 어떠한 모습을 보이게 될 것인가를 생각해 본다. 이제 우리는 프라이버시를 존중받지 못하는 인류가 '인간의 존엄'을 지키면서 생존할 수 있는가를 고민해야 할 시기가 되었다.

---

26) 지속적, 체계적으로 고객을 감시하고, 고객의 데어터를 사용하여 이익을 창출하고자 하는 IT 기업의 문제점은 오래전부터 지적되어 온 바 있다.

40

정밀의료(Precision Medicine)와 법

이정민

단국대학교 법과대학 교수

전공은 형사법으로 단국대학교에서 형법, 형사소송법, 형사정책을 강의하고 있으며, 특히 경제형법에 관심이 많다. 새로운 경영기법과 관련된 형법적 문제에 관심이 있으며, 대표적인 논문으로 "프로젝트파이낸싱에서의 배임죄", "공정거래위원회 사건처리 절차의 합리화"가 있다. 한국형사정책연구원에서 근무한 경력을 바탕으로 사법개혁에 관심이 많으며, 日本 中央大学 訪問准教授를 계기로 일본학자들과의 교류에 힘쓰고 있다. 최근 법학도를 위해 『법학글쓰기』(2022)를 번역하였다. 의료문제와 법과 관련해서, 현재 한국의료분쟁조정중재원 비상임조정위원으로 활동 중이다.

Ⅰ. 정밀의료와 바이오 빅데이터

100세 시대에 걸리기 쉬운 병을 미리 예방하고, 건강하게 살고 싶은 것이 인간의 욕망일지 모르겠다. '나의 의학적 선택My Medical Choice'이라는 뉴욕타임즈 칼럼[1]에서 안젤리나 졸리가 유방절제술을 받았다고 밝힌 지 10년이 다 되어간다. 바이오 빅데이터와 결합한 정밀의료precision medicine[2]는 그 스케일을 넓혀가고 있다. 개인정보보호법이 개정되면서 '가명정보' 개념의 도입으로, 의료영역에서 빅데이터 수집과 활용이 더욱 자유로워졌다. 2021년 국립암센터에서 가명처리된 사망정보를 암 정보와 결합하여, 5년 이상 생존한 폐암 환자의 22.2%가 암 이외의 원인으로 사망하였다는 사실을 밝혀냈다. 그중 심뇌혈관 질환이 24.8%를 차지하는 것으로 확인되었는데, 이를 통해 폐암 환자의 만성질환 발생 및 사망과의 인과관계를 확인할 수 있었다. 이 결과를 활용해 폐암 환자의 생애주기 전반에 걸친 위험요인을 파악하고, 위험 예측 모델을 개발하려고 한다.[3] 미래의 의학은 4P의료로, 예측의료Predictive Medicine, 예방의료Preventive Medicine, 맞춤의료Personalized Medicine,[4] 참여의료Participatory Medicine를 지향한다.[5]

---

1) 안젤리나 졸리는 BRCA1 유전자 돌연변이를 가지고 있었고, 어머니가 40대에 난소암으로 사망하였으며, 어머니를 포함한 가족 중 3명의 여성이 난소암이나 유방암으로 사망했다. 안젤리나 졸리의 경우, 70세까지 생존시 유방암에 걸릴 확률이 87%, 난소암에 걸릴 확률이 50%에 달하는 사실을 알았기 때문에 의사와 상의 끝에 예방적 수술을 선택하였다. 윤정원, "안젤리나 졸리의 유방, 난소 절제를 통해 본 젠더와 현대의학", 의료와 사회 제2호(2015.11), 연구공동체 건강과 대안, 47-49면 참조.

2) 정밀의료는 2015년 오바마 대통령이 연두교서에서 정밀의료 발전계획(Precision Medicine Initiative, PMI)을 발표하면서 주목받기 시작했다. 개인의 유전 정보, 임상 정보, 생활습관 정보 등을 분석하여 질병의 진단, 치료, 예측, 예방을 하고자 하는 것이다. https://obamawhitehouse.archives.gov/precision-medicine (최종검색 2022.3.30.)

3) https://www.pipc.go.kr/np/cop/bbs/selectBoardArticle.do?bbsId=BS074&mCode=C020010000&nttId=7461#LINK (12면 참조: 최종검색 2022.4.11.)

4) 유전체 정보를 이용해서 질병을 예방, 예측, 치료하는 맞춤의료(Personalized Medicine)보다 정밀의료(Precision Medicine)가 더 큰 개념으로, 정밀의료는 유전적 정보를 포함해 단백질체(Proteomics), 전사체(Transcriptomics), 대사체(Metabolomics) 등의 각종 인체유래물에서 얻은 정보를 바탕으로 질병의 진단과 치료를 더욱 정확하게 접근하는 포괄적인 방법을 가리킨다. 김경철, 유전체, 다가온 미래 의학 개정증보판, 메디게이트뉴스, 2020, 100면 참조.

5) 자세하게 http://korgene.org/notice/?mod=document&uid=9 (최종검색 2022.4.14.)

정밀의료는 개인의 진료정보, 유전정보, 생활습관 정보 등 건강 관련 데이터를 통합·분석하여, 치료 효과를 높이고 부작용은 낮춘 최적의 개인 맞춤형 의료이다.[6] 맞춤형 의료가 가능하기 위해서 안젤리나 졸리의 사례처럼 유전자 분석이 활용되기도 하지만, 유전적 요인뿐만 아니라 생활 습관 및 다양한 환경적 요인이 함께 고려되어야 한다. 또한 적시에 필요한 치료를 제공하기 위해서는 빅데이터와 AI 기술이 결합된 의료사물인터넷 IoMTInternet of Medical Things[7]이 필요하다. 이를 위해서는 병원과 연계된 웨어러블기기를 착용하고 신체에 이상이 생기면 알람을 통해 응급출동이 가능한 시스템을 생각해 볼 수 있다. 미래에는 내가 착용한 웨어러블기기에서 활동데이터를 받은 알고리즘이 유전데이터, 수면과 기분 등의 정보를 통합하여 우울장애, 알츠하이머병, 암 등이 생길 것이라고 알려줄 수도 있다.

이러한 IoMT나 정밀의료를 위해 필요한 전제조건은 빅데이터이다. 그중에서도 정밀의료 빅데이터의 핵심은 생명현상의 유전 및 형질의 발현과 관련된 정보를 포함하는 유전체 관련 데이터이다. 2003년 인간 게놈 프로젝트Human Genome Project를 통해 인간 게놈을 구성하는 30억쌍의 염기서열과 유전자 지도를 밝혀낸 이후, 생명공학 기술과 디지털 기술의 접목으로 바이오 빅데이터 분야[8]는 급격히 발전했고,[9] 국가 주도의 빅데이터 사업이 추진되기 시작했다. 바이오 빅데이터 사업의 목적은 수집된 유전정보를 활용하여 분석한 후, 개인 특성에 따라 부작용이 적고 효과가 좋은 약을 처

6) 보건복지부, "개인맞춤의료 실현을 향한 정밀의료사업단 출범", 2017.9.5. 보도자료, 1면.

7) IoMT기술에 대해 자세하게 우성희·이효정, "IoMT기술과 의료정보 보안", 한국정보통신학회 2021년 춘계 종합학술대회 논문집, 642면 참조.

8) GWAS(Genome-Wide Association Study)는 특정 질병과 관련된 유전자 변이를 최대한 간단하게 특정화하는 것인데, 예를 들어 심장병을 가지고 있는 수백 명의 환자군과 심장병이 없는 건강한 대조군의 DNA를 얻은 후, DNA 칩(DNA Microarray)으로 측정한 수십만 개의 변이를 분석, 비교해서 통계적으로 의미있는 변이를 추려내는 방식이다. GWAS 연구를 기반으로 질병 유전체 예측 서비스가 진행되고 있으나, 이 연구도 통계학적 오류 등 문제는 있을 수 있다. 자세하게 김경철, 유전체, 다가온 미래 의학 개정증보판, 메디게이트뉴스, 2020, 67-68면 참조. https://www.genome.gov/genetics-glossary/Genome-Wide-Association-Studies

9) 차세대 염기서열 분석기술(next-generation sequencing, NGS)을 이용하면 한 사람의 전장 유전체를 분석하는 데 반나절 미만의 시간과 약 100만원 정도의 비용이면 충분하다. 표와 함께 자세하게, 박웅양·이원복, "정밀의료를 위한 유전체정보의 활용과 보호", 이화여자대학교 생명의료법연구소, 보건의료와 개인정보, 박영사, 2021, 173면 참조.

방하여, 최적의 맞춤형 치료 및 예방을 제공하려는 것이다.

과거 의사들이 체온, 피부 색깔, 식은땀 등 생리학적 소견에만 의존해 진단을 내렸다면, 지금은 과거보다 풍부한 경험과 수많은 정보를 바탕으로 질병 모델을 확립하고, 치료 결정을 한다. 더 정확한 검사를 추가하면 치료 결정 과정에서 신뢰성은 점차 높아진다. 정밀의료에서 게놈genome 데이터[10] 사용은 이러한 맥락에서, 더 많은 생체 유래 정보를 이용하여 그 환자에게 맞는 맞춤형 진료를 제공하고자 하는 것이다.

국민의 건강권 또는 보건권[11]을 위한 바이오 빅데이터 사업이지만, 국가가 바이오데이터를 수집하여 일괄 관리하기 때문에 바이오 파놉티콘bio-panopticon[12]의 우려와 함께, 국민의 개인정보보호권과 관련된 유전체 프라이버시, 유전자 차별문제가 제기되기도 한다. 이하에서는 국민의 건강권과 개인정보보호권과의 관련 속에서 바이오 빅데이터 관련 법이 해야 할 역할을 살펴보기로 한다. 특히 바이오 빅데이터 문제 중 개인정보자기결정권을 중심으로 현행 법제도의 문제점을 지적하고 정책대안을 제시하고자 한다.

Ⅱ. 바이오 빅데이터에 대한 근본 관점의 충돌

1. 건강권의 증진

바이오 빅데이터 사업을 가장 먼저 시작한 국가는 영국으로, 2006년부터 UK 바이오뱅크Bio bank[13]를 시행하고 있으며, 50만명의 정보를 수집, 질

10) 2003년 휴먼 게놈 프로젝트가 완성되면서 게놈과 관련된 정보가 풍부해졌고, 암, 당뇨, 치매 등 임상의사가 흔히 보는 주요 질환의 유전체 연구들이 소개되었다. 김경철, 유전체, 다가온 미래 의학 개정증보판, 메디게이트뉴스, 2020, 31면 참조.

11) 헌법 제36조 제3항에서 "모든 국민은 보건에 관하여 국가의 보호를 받는다"는 보건권 또는 건강권으로 해석된다. '건강'이라는 용어 대신에 '보건'이라는 용어가 사용됨으로써, 위 조항이 과연 건강권의 직접적인 근거가 될 것인지에 대하여 의문이 있지만, '보건'이라 함은 국민이 자신의 건강을 유지하며 생활하는 것으로 '건강'이라는 개념과 동일하며, '국가의 보호를 받는다'라고 규정하고 있다고 하더라도 이는 국민의 건강에 대한 국가의 보호의무를 정하고 있는 동시에 일정한 범위에서의 건강권을 보장하고 있는 것이라고 보아야 한다. 건강권에 대해 자세하게 김주경, "건강권의 헌법학적 내용과 그 실현", 법학연구 제23권 제4호(2013), 연세대학교 법학연구원, 90-92면 참조.

12) 정진화, "바이오파놉티콘과 생명감시사회", 국가와 정치 제28권 제1호(2022), 동아시아연구소, 108면 참조.

병 연구에 이용하고 있다.[14] 미국은 2015년부터 100만명 규모의 의무기록에 대한 정보를 취득[15]하여 'All of us'[16]라는 프로젝트를 시행하고 있다. 우리나라에서도 2020년부터 국가통합 바이오 빅데이터 구축사업을 시행하여 향후 100만명 이상의 임상정보와 유전정보를 데이터로 정리할 계획이다.[17]

이처럼 국가별로 빅데이터를 확충하는 이유는 국가별, 민족별 유전자와 생활패턴 등이 다르므로, 잘 걸리는 병 등을 알아내 국민의 질병을 미리 예방하고 맞춤형 치료 산업을 활성화시키기 위함이다. 우리나라 국가통합 바이오 빅데이터 구축사업 홈페이지에서도 "한국인의 유전정보를 모으고 분석해 한국인 표준 유전체를 분석해서 한국인이 취약한 질병을 사전에 예측하고 유전 질환을 진단하고 치료 기술 및 치료제 개발에 기여할 수 있게 하기 위함이다"라고 사업개요를 설명하고 있다. 자발적 참여를 통해 한국인의 건강정보와 유전정보를 모으고, 안전한 플랫폼 안에서 관리하며, 자격 있는 연구자들이 정보를 분석하는 체계이다. 기존의 바이오 연구가 부처별, 연구자별 데이터를 따로 관리하였지만, 이 연구는 환경정보, 임상정보, 유전정보까지 통합적으로 분석하여 최적화된 의료서비스, 즉 정밀의료를 실현하고자 하는 시스템이다. 이를 통해 질병예측, 조기진단, 치료기술 개발을 하고자 한다.[18] 이외에도 보건의료빅데이터 플랫폼,[19] K-MASTER사업[20]이

---

13) https://www.ukbiobank.ac.uk/ (최종검색 2022.4.11.)

14) UK바이오 뱅크 데이터를 활용한 연구로, 22,242명의 심혈관 질환 환자와 460,387명의 일반대조군에서 비교 분석을 위해 170만개 유전자 마커에서 202개의 마커를 추출하여 이를 메타GRS(metaGRS)라는 방식의 유전적 위험도를 계산하여 심혈관 질환 예측 모형을 만들었다. 여기에 기존의 흡연, 당뇨, 가족력, 체중, 혈압, 콜레스테롤 등 위험인자와 메타GRS를 같이 넣고 모형을 만들었더니 심혈관 질환 예측 모형의 정확도가 70퍼센트까지 높아졌다. 자세하게 김경철, 유전체, 다가온 미래 의학 개정증보판, 메디게이트뉴스, 2020, 74면 참조.

15) https://www.medigatenews.com/news/1151475568 (최종검색 2022.4.11.); http://digitalchosun.dizzo.com/site/data/html_dir/2021/05/12/2021051280164.html (최종검색 2022.4.20.)

16) https://allofus.nih.gov/ (최종검색 2022.3.27.)

17) https://bighug.kdca.go.kr/bigdata/ba0010.do (최종검색 2022.3.27.)

18) https://bighug.kdca.go.kr/bigdata/ (최종검색 2022.3.27.)

19) 보건의료 분야 4개 기관의 데이터를 개인 단위로 연계, 공공적 목적 연구에 활용할 수 있도록 연구자에게 개방하는 사업이다. 데이터 제공기관은 국민건강보험공단, 건강보험심사평가원, 질병관리청, 국립암센터이다. 의료의 질 향상과 보건의료정책의 개선과 보건의료데이터의 안전하고 투명한 활용을 목표로 한다. 법적 근거는 보건의료기술진흥법 제10조,

추진되고 있다.

2. 개인정보보호와 프라이버시의 위협

(1) 감시의 관점: 바이오 파놉티콘

바이오 빅데이터를 '바이오 정보를 모두pan 본다optic'는 시스템의 의미로, '바이오 파놉티콘'이라고 한다.[21] 중앙 또는 정부의 디지털 시스템 속에서 컴퓨터 모니터와 마우스 클릭만으로 전 국민의 유전적 정보를 모두 볼 수 있기 때문에 바이오 빅데이터는 실제로 바이오 파놉티콘이 될 가능성이 있다는 점에 주목해야 한다.

(2) 보관과 관리의 관점

바이오 빅데이터는 그 정보의 방대함과 보안문제로 인해 보관이나 관리에 리스크risk가 따른다. 정보를 서버에 보관할지 사기업 클라우드[22]에 보관할지, 아니면 따로 클라우드를 개설할지 여부도 문제이다. 한 사람의 바이오 데이터를 보관하는 데 250GB가 필요하다.[23] 100만명이면 어마어마한 용량이다. 이러한 대용량 데이터를 자체 서버에서 분석하는 것은 관리나 비용 측면에서 불가능에 가깝다. 따라서 바이오 분야에서 클라우드 기술이 활용되고 있는데, 이때 문제가 되는 것은 우리나라 바이오 빅데이터를 국외에 있는 클라우드에 보관해도 되는가이다.[24] 클라우드의 특성, 블록체인 기술 등을 고려해 앞으로 법적인 대책이 필요한 분야이다.

제26조이다. https://hcdl.mohw.go.kr/BD/Portal/Enterprise/DefaultPage.bzr? (최종검색 2022.3.27.)

20) 정밀의료기반 암진단 치료 사업단이다. http://k-master.org/ (최종검색 2022.3.27.)

21) 정진화, "바이오파놉티콘과 생명감시사회", 국가와 정치 제28권 제1호(2022), 동아시아연구소, 129면 참조.

22) 의료 클라우드 시스템이 필수적으로 가야만 하는 길이라고 강조하고 있다. 이미 시대적인 흐름이고 더 늦춰진다면 경쟁력이 크게 떨어질 수 있다는 우려다. https://www.medicaltimes.com/Main/News/NewsView.html?ID=1140698 (최종검색 2022.4.14.)

23) 100만 명이면 250페타바이트(PB: 1PB=1024테라바이트)의 데이터가 생산되는 셈이다. https://www.hankyung.com/it/article/2021042231401 (최종검색 2022.4.14.)

24) 해외 의료클라우드에 대해 http://www.hitnews.co.kr/news/articleView.html?idxno=36635 (최종검색 2022.4.14.)

바이오 빅데이터가 외부로 유출되거나 해킹된다면 개인의 프라이버시와 안전은 물론, 가족의 프라이버시, 생명, 안전에도 위협을 줄 수 있다. 건강권을 유지하기 위해 제공했던 정보들이 오히려 생명이나 건강을 위협하는 요소로 작용할 수 있다. 바이오 빅데이터 수집 시 이러한 리스크에 대한 공지 내지 교육이 필요하다.

3. 바이오 빅데이터가 가져올 수 있는 재앙: 유전자 차별의 위험

바이오 빅데이터는 유전자 차별을 불러일으킬 수 있다. 유전자 차별 Genetic Discrimination[25]은 헌법상 평등원칙 및 인간의 존엄과 관련되어 있다. 미국은 고용과 건강보험에 대한 유전자 차별을 금지하는 "유전자정보차별금지법Genetic Information Non-discrimination Act of 2008, GINA"을 별도로 제정하였다. 미국의 경우, 보험자는 유전정보를 근거로 보험의 인수와 보험료를 결정해서는 안 되며, 고용주는 유전정보를 근거로 채용·해고·근로조건을 결정해서는 안 된다는 것을 원칙으로 하고, 적용 예외 규정을 두고 있다.[26] 이에 비해 우리나라는 "생명윤리 및 안전에 관한 법률(이하 생명윤리법)" 제46조[27] 한 조항에서 집약적으로 유전자 차별을 금지하고 있으며, 제1항에서는 선언적 규정, 제2항에서는 검사 요구는 포함하지 않고, 검사 '강요'만을 금지하고 있다. 이를 위반하였을 경우, 동법 제67조에 의해 2년 이하의 징역 또는 3천만원 이하의 벌금형을 규정하여 형사처벌한다.

---

25) 유전자 차별에 대해서 자세하게 송인방, "유전자 정보에 의한 차별의 법적 문제: 고용과 보험을 중심으로", 법학연구 제18권(2005), 한국법학회, 689면 참조; 김상현, "생명과학기술의 또 다른 그늘: 유전자차별", 과학기술학연구 제14권 제1호(2014), 63면 이하 참조.

26) 보험의 경우 적용 예외는 이미 질병이 발현된 경우, 보험금 지급결정을 위해 최소한의 유전정보 사용을 하는 것, 연구를 목적으로 하는 경우 등이다. 자세하게 양지현·김소윤, "유전정보 차별금지의 법적 문제-외국의 규율 동향과 그 시사점을 중심으로", 의료법학 제18권 제1호(2017), 241-247면 참조.

27) 제46조(유전정보에 의한 차별 금지 등) ① 누구든지 유전정보를 이유로 교육·고용·승진·보험 등 사회활동에서 다른 사람을 차별하여서는 아니 된다.
② 다른 법률에 특별한 규정이 있는 경우를 제외하고는 누구든지 타인에게 유전자검사를 받도록 강요하거나 유전자검사의 결과를 제출하도록 강요하여서는 아니 된다.
③ 의료기관은 「의료법」 제21조 제3항에 따라 환자 외의 자에게 제공하는 의무기록 및 진료기록 등에 유전정보를 포함시켜서는 아니 된다. 다만, 해당 환자와 동일한 질병의 진단 및 치료를 목적으로 다른 의료기관의 요청이 있고 개인정보 보호에 관한 조치를 한 경우에는 그러하지 아니하다. <개정 2016.12.20.>

유전체 검사가 활성화되면, 보험가입이나 고용 시 유전자 검사가 이용되고, 이를 차별의 도구로 사용할 가능성은 농후하다.[28] 그러나 보험 가입시 이미 유전적 질병이 발현된 경우나, 고용시 작업장 독성의 생물학적 영향을 감시하기 위한 경우 등 유전자 검사가 필요한 경우도 존재하므로, 처벌보다는 시스템적으로 독일[29] 등 해외 사례와 같이 보험과 고용, 결혼정보회사 등에서 유전자 검사 및 결과 제출 요구를 금지하는 것을 원칙으로 하여 규제하는 것이 더욱 효과적인 차별 방지가 될 것이다.

다음으로 Ⅲ에서는 바이오 빅데이터에 대한 우려를 표하는 관점 중 개인정보보호 문제에 집중하여 의료영역에서 개인정보자기결정권과 바이오 빅데이터 관계를 검토한다.

Ⅲ. 의료영역에서 개인정보자기결정권 강화 필요성

1. 개인정보보호법 개정과 의료영역에서 개인정보처리

(1) 개인정보보호법의 가명정보 특례조항

2020년 개인정보보호법에 가명정보 특례조항(제3절)이 신설되면서, 개인정보처리자는 '통계작성', '과학적 연구', '공익적 기록보존' 등을 위하여 정보주체의 '동의 없이' 가명정보를 처리할 수 있게 되었다(동법 제28조의2(가명정보의 처리 등)). '가명처리'란, 개인정보의 일부를 삭제하거나 일부 또는 전부를 대체하는 등의 방법으로 추가정보 없이는 특정 개인을 알아볼 수 없도록 처리하는 것이다. 가명처리 시 ① 가명 정보 자체만으로 특정 개인을 알아볼 수 있는지, ② 추가정보 또는 다른 정보(개인정보처리자가 보유하는 정보 등)의 결합 가능성을 고려할 필요가 있다.[30] 원래 가명처리의 의미

---

28) 보험회사에서 유전자 정보 제공 강요가 아닌 서비스 차원에서 보험 가입시 유전자 검사 제공을 한 사례가 있다. https://m.lina.co.kr/landing/insrmoney/linaref6.html (최종검색 2022.4.14.)

29) 독일은 유전자검사에 관한 법에서 고용과 보험에서 유전자 검사 및 그 결과 제출 요구를 원칙적으로 금지하고 있다. 외국의 사례에 대해 자세하게 양지현 · 김소윤, "유전정보 차별금지의 법적 문제－외국의 규율 동향과 그 시사점을 중심으로", 의료법학 제18권 제1호(2017), 254-262면 참조.

는 개인을 식별하게 하는 데이터를 직접적인 식별가능성이 없는 다른 값으로 대체하는 것으로, 예를 들어 주민등록번호가 포함된 데이터세트에 대해 주민등록번호를 모두 삭제하고 그 대신 새로이 일련번호를 부여하여 직접적인 식별가능성이 없는 데이터세트를 만들어 내는 것이다.

의료영역에서는 이러한 가명정보 특례가 민감정보인 의료정보에도 적용되는지가 문제가 되었다. 개인정보보호위원회와 보건복지부가 제공한 '보건의료 데이터 활용 가이드라인'에 따르면, 개인정보보호법 제23조(민감정보의 처리 제한)에서 민감정보로 분류되는 '건강'정보도 (안전한) 가명처리[31]의 경우, 정보주체 '동의 없이' 통계작성, 과학적 연구, 공익적 기록보존 등을 위해 가명처리할 수 있고, 제3자에게 제공할 수 있다.[32] 즉 의료영역에서도 시장조사와 같은 상업적 목적의 '통계작성'을 위해서 가명정보가 정보주체의 동의 없이 이용될 수 있으며, 과학기술 개발과 실증, 기초연구, 응용연구 및 민간 투자 연구 등 과학적 방법을 적용하는 연구(동법 제2조 제8호)를 위해, 새로운 기술, 제품, 서비스 개발 등 산업적 목적을 위해서, 민간 투자 연구, 기업 등이 수행하는 연구도 정보 주체 동의없이 이용가능하다.[33] 보건의료 데이터 활용 가이드라인에서 가명정보는 법률상 개인정보에 속하지만, 동의가 면제되며, 이러한 가명정보에 대해서 개인정보보호법상 개인정보 관리 관련 각종 절차가 적용된다고 해석하고 있다.[34]

---

30) 개인정보처리자가 보유한 다른 정보 등을 통해 개인이 식별 가능한 경우 가명처리가 잘못된 경우라고 할 수 있다. 개인정보보호위원회·보건복지부, 2021년 보건의료 데이터 활용가이드라인, 2021.1, 8-12면 참조.

31) 안전한 가명처리 방법이 현재 개발되지 않은 정보의 경우, 가명처리 방법이 개발될 때까지 가명처리 가능여부를 판단할 수 없으며, 이러한 정보는 정보주체 동의하에서만 활용이 가능하다. 개인정보보호위원회·보건복지부, 2021년 보건의료 데이터 활용가이드라인, 2021.1, 11면 참조.

32) 이 때 개인정보처리자는 가명정보를 제3자에게 제공할 수 있는데, 특정 개인을 알아보기 위하여 사용될 수 있는 정보를 포함해서는 아니 된다(개인정보보호법 제28조의2 제2항). 개인정보보호위원회·보건복지부, 2021년 보건의료 데이터 활용가이드라인, 2021.1, 11면 참조.

33) https://www.pipc.go.kr/np/default/page.do?mCode=D040010000#LINK '가명정보 처리 가이드라인' (최종검색 2022.4.14.)

34) 개인정보보호위원회·보건복지부, 2021년 보건의료 데이터 활용가이드라인, 2021.1, 62면 참조.

(2) 생명윤리법에서 개인정보의 이용과 제3자 제공

연구목적으로 기존에 이미 확보된 개인정보를 새로운 연구에 이용하려는 경우, 원칙적으로 생명윤리법 제16조 제1항에 따라 새로운 연구목적을 정보주체에게 알리고 새로운 동의를 받아야 하지만, 생명윤리법 제16조 제3항에 따라 예외적으로 서면동의를 면제받을 수 있다. 그 내용은 "연구대상자의 동의를 받는 것이 연구 진행 과정에서 현실적으로 불가능하거나 연구의 타당성에 심각한 영향을 미친다고 판단되는 경우(제1호), 연구대상자의 동의 거부를 추정할 만한 사유가 없고, 동의를 면제하여도 연구대상자에게 미치는 위험이 극히 낮은 경우(제2호)", 각호의 규정을 모두 충족한 경우, 기관위원회의 승인을 받아 서면동의를 면제할 수 있다.[35)]

제3자 제공과 관련하여서 동법 제2조 제19호에 따르면, '익명화'는 개인식별정보를 영구적으로 삭제하거나, 개인식별정보의 전부 또는 일부를 해당 기관의 고유식별기호로 대체하는 것을 말하고, 보건의료 데이터 활용가이드라인에 따르면, 가명처리는 익명화에 포함되는 것으로 해석된다. 개인정보보호법 제6조에서 "개인정보보호에 관하여 다른 법률에 특별한 규정이 있는 경우를 제외하고는 이 법에서 정하는 바에 따른다"라고 규정하고 있으므로, 익명화된 정보는 생명윤리법 제18조[36)] 제2항에 따라 원칙적으로 서면동의를 받은 경우 기관위원회 심의를 거쳐 제3자에게 제공할 수 있다.[37)]

한편 생명윤리법 제15조 제1항에 따라, 인간대상연구를 하려는 자는 인간대상연구를 하기 전에 연구계획서를 작성하여 기관위원회IRB: Institutional

---

35) 그러나 민감정보인 유전정보의 경우 연구대상자의 동의거부를 추정할 만한 사유가 없다고 단정하기 어려운 문제가 있다. 박웅양 · 이원복, "정밀의료를 위한 유전체정보의 활용과 보호", 이화여자대학교 생명의료법연구소, 보건의료와 개인정보, 박영사, 2021, 177면 참조.

36) **생명윤리법** 제18조 ① 인간대상연구자는 제16조제1항에 따라 연구대상자로부터 개인정보를 제공하는 것에 대하여 서면동의를 받은 경우에는 기관위원회의 심의를 거쳐 개인정보를 제3자에게 제공할 수 있다.
② 인간대상연구자가 제1항에 따라 개인정보를 제3자에게 제공하는 경우에는 익명화하여야 한다. 다만, 연구대상자가 개인식별정보를 포함하는 것에 동의한 경우에는 그러하지 아니하다.

37) 개인식별정보를 포함하는 것에 동의한 경우, 익명화하지 않고도 제3자에게 제공할 수도 있다(생명윤리법 제18조 제2항 단서).

Review Board의 심의를 받아야 한다. 제2항에서는 제1항에도 불구하고 연구대상자 및 공공에 미치는 위험이 미미한 경우로서 국가위원회의 심의를 거쳐 보건복지부령으로 정한 기준에 맞는 연구는 기관위원회의 심의를 면제할 수 있다. 이러한 연구는 생명윤리법 시행규칙 제13조 제1항에 규정되어 있는데, 일반 대중에게 공개된 정보를 이용하는 연구 또는 개인식별정보를 수집·기록하지 않는 연구이다. 개인정보와 관련해서는 "연구대상자 등에 대한 기존의 자료나 문서를 이용하는 연구(제3호)"로서, 연구대상자에게 미치는 신체적, 심리적 피해가 통상적 수준이고, 공공에 미치는 영향이 미미한 경우 연구계획에 대한 기관위원회의 심의를 면제할 수 있다.[38] 이에 따라 의료기관에서 진료목적으로 수집된 보건의료 데이터 등을 개인정보보호법상 가명처리를 통해 연구목적 등으로 이용하는 경우, 이를 연구대상자 등에 대한 기존의 자료나 문서를 이용하는 연구로 간주하고 기관생명윤리위원회IRB 심의 및 동의를 면제할 수 있다.[39]

2. 의료영역에서 개인정보자기결정권

민감정보인 건강정보에 대해서는 특히 스스로 개인정보 관리에 대한 결정을 할 수 있어야 한다. 개인정보자기결정권은 자신에 관한 정보가 언제 누구에게 어느 범위까지 알려지고 또 이용되도록 할 것인지를 그 정보주체가 스스로 결정할 수 있는 권리로서, 헌법 제10조 제1문에서 도출되는 일반적 인격권 및 헌법 제17조의 사생활의 비밀과 자유에 의하여 보장된다. 개인정보를 대상으로 한 조사·수집·보관·처리·이용 등의 행위는 모두 원칙적으로 개인정보자기결정권에 대한 제한에 해당한다.[40]

민감정보인 의료정보가 가명처리됐다고 해도, 정보주체의 '동의 없이', 즉 나도 모르게 어딘가에 활용되고 있는 사실조차 모른다는 것은 알권리[41]

38) 개인정보보호위원회·보건복지부, 2021년 보건의료 데이터 활용가이드라인, 2021.1, 37면 참조.

39) 개인정보보호위원회·보건복지부, 2021년 보건의료데이터 활용가이드라인, 2021.1, 37면 참조.

40) 헌법재판소 2005.7.21. 선고 2003헌마282 결정; 헌법재판소 2012.12.27. 선고 2010헌마153 결정 참조.

침해이며, 개인정보자기결정권 침해이다. 게다가 서로 다른 정보처리자가 가지고 있는 가명정보가 정보주체 동의 없이 결합될 수 있으며, 가명정보와 관련하여 정보주체는 아무런 통제권을 갖지 못하고, 정보처리자의 의무도 일률적으로 배제하고 있다. 동법 제28조의7에 의해 개인정보보호법의 열람권(동법 제35조 개인정보의 열람), 정정권 및 삭제권(동법 제36조 개인정보의 정정 · 삭제)이 배제되었다. 적어도 어디서 어떻게 활용되고 있는지 알권리와 이용된 정보를 정정하거나 삭제해 달라고 결정할 권리는 존재해야 한다. 개정된 개인정보보호법은 가명정보를 개인정보라고 보면서도, 개인정보자기결정권 자체를 박탈해 버렸다. 의료영역에서 생명윤리법과 의료법과의 정합성을 위해서도 동의는 개인정보자기결정권 차원에서 필요하다.

Ⅳ. 개인정보주체의 결정권을 실현하는 방식

개인정보주체의 결정권을 실현하는 방식으로 크게 두 가지 방법이 있다. 하나는 옵트인 방식opt-in으로, 개인정보처리자가 처음부터 정보주체의 사전 동의informed consent를 받아야 그에 관한 정보를 수집 · 이용할 수 있는 방식이고, 다른 하나는 옵트아웃 방식opt-out으로, 개인정보를 목적에 필요한 범위에서 수집 · 이용할 수 있게 하되, 정보주체에게 이에 반대할 수 있는 권한을 주는 방법이다.[42] 어느 쪽이든 정보주체에게 그의 의사에 따라 개인정보의 수집 · 이용 여부를 결정할 권한을 준다는 점에서 개인정보자기결정권을 실현하는 방법이다.

1. 옵트인 방식: 개인정보보호법 개정 전 우리나라 개인정보보호

개인정보보호법 개정 전까지 적극적 동의방식인 옵트인 방식right to opt-in, 즉 사전 고지 후 동의 방식이 우리나라 개인정보보호를 이끌었다. 즉

41) 사법상 또는 공법상 금지되지 않은 정보의 원천에 대한 접근이 국가에 의해 방해받아서는 안 된다. 장영수, 헌법학, 홍문사, 2009, 672면 참조.

42) 고학수 외 4인 공저, 개인정보 비식별화 방법론－보건의료정보를 중심으로, 박영사, 2017, 19면 참조.

데이터가 어떻게 처리되는지에 대해 고지 받고 동의함으로써 개인정보결정권이 있다고 믿었다. 그러나 동의에 클릭을 해도 고지내용을 제대로 읽어보지 않고 동의하는 경우가 많아 형식적이라는 비판이 제기되었고, 개인정보 보호에 있어 의미 있는 효과를 보여주지 못하고 오히려 기업의 면책수단으로 사용되는 실정이다.[43)]

2. 옵트아웃 방식: 일본의 차세대 의료기반법

일본도 과거 개인정보보호법에서 병력 등 민감 개인정보[44)]를 제3자에게 제공하기 위해서는 학술연구 등을 제외하고 옵트인 방식을 요구하였으나, 「의료분야의 연구개발에 기여하기 위한 익명가공 의료정보에 관한 법률(医療分野の研究開発に資するための匿名加工医療情報に関する法律)」을 2017년 공포, 2018년 개인정보보호법의 특칙으로 '익명가공 의료정보'를 이용한 「차세대 의료기반법」(이하 차세대의료기반법)을 제정하였다.[45)] 익명가공 의료정보 개념을 도입하고, 익명가공 의료정보인 만큼 옵트인 방식이 아닌, 옵트아웃 방식으로, 진료시에 통지를 하고, 그 통지를 받은 개인이나 유족이 이용의 정지를 요구하지 않으면, 익명가공 의료정보를 활용할 수 있도록 하여 개인정보자기결정권은 유지하면서, 익명가공 의료정보의 활용은 활성화하였다.

3. 시 사 점

우리나라 개인정보보호법에서는 '가명정보'에 대해 동의 자체가 없는데 비해, 일본차세대의료기반법에서는 옵트아웃 방식을 채택하면서 정보주체의 개인정보자기결정권을 유지하였다. 즉, 익명가공 의료정보라도 열람권, 정정권 및 삭제권을 유지하여 개인정보자기결정권은 지키면서, 개인정보

---

43) 자세하게 김현경, "정보주체의 권리보장과 '동의'제도의 딜레마", 성균관법학 제32권 제3호(2020.9), 121면 참조.

44) 인종, 사상, 사회적 신분, 의료, 장애, 진료, 건강진단 결과, 범죄경력, 피해사실 등이 있다. http://www.miyauchi-law.com/f/170828iryobigdata.pdf 82-86면 참조. (최종검색 2021.11.11.)

45) 자세하게 이정민, "디지털 사회 전환에 따른 일본의 차세대 의료기반법", 인권이론과 실천 제30호(2021.12), 139-150면 참조.

활용을 극대화하는 방향을 취했다.

한편 우리나라 보건의료 데이터 활용가이드라인은 보건의료 데이터 활용에 대한 기준은 제시하고 있지만, 행정지도로서 법적 효력에 의문이 있는 것이 사실이다. 일본은 개인정보보호법의 특칙인 차세대의료기반법이라는 법률을 제정함으로써 혼란을 방지하고 명확한 기준을 법률로써 제시함으로써 시장의 혼란을 방지하고 있다. 앞으로 우리나라도 보건의료 데이터 활용 가이드라인이 아닌, 특별법을 제정하는 것이 바람직하다.[46]

Ⅴ. 정밀의료를 위한 바이오 빅데이터의 방향

질병을 미리 예측하고, 사전에 예방하며, 환자에 맞춤형 의료를 제공하고, 그 과정에서 환자의 역할이 커지는 4P의료는 미래의학의 방향이다. 이러한 미래의학의 전제는 의료 빅데이터, 바이오 빅데이터이다. 데이터는 질병을 더 잘 알 수 있도록 도와준다. 의사는 보다 많은 데이터의 근거 위에 진단을 하고, 치료를 한다. 환자와 일반인은 데이터에 근거하여 자신의 몸에 맞는 관리를 한다.

개인정보보호법 개정 전에는 명시적인 사전동의가 없으면 개인정보 활용이 어려워 데이터 산업 발전에 장애가 된다는 비판이 있었다. 한편 개인정보보호법 개정으로 '가명정보' 개념이 들어오자, 가명정보는 재식별 가능성이 있다고 비판한다. 그러나 가명정보 논의를 하면서 재식별이 어떤 상태에서도 전혀 불가능한 상태를 전제로 한다면, 더 이상 논의할 실익이 없다. 재식별 가능성을 일종의 리스크risk로 파악하고, 리스크[47]를 어떻게 최소화할 것인지에 관한 절차와 규범을 마련하는 것이 중요하다.[48]

바이오 빅데이터를 구축하면 개인의 프라이버시를 침해하거나 유전자

---

46) 동지의 견해로 이석배, "'보건의료 데이터 활용 가이드라인'의 현행법상 문제점", 의료법학 제22권 제4호(2021), 25-29면 참조.

47) 익명화된 유전체 정보의 정보주체를 파헤치는 것은 이론적으로도 가능하고, 실제로도 발생한 사례들이 있다. 박웅양 · 이워복, "정밀의료를 위한 유전체정보의 활용과 보호", 이화여자대학교 생명의료법연구소, 보건의료와 개인정보, 박영사, 2021, 180면 참조.

48) 고학수, "개인정보보호: 규제체계에 관한 논의의 전개와 정책적 과제", 개인정보보호의 법과 정책, 박영사, 2016, 29면 참조.

차별 등의 문제가 발생할 수 있다. 그러나 자동차가 위험하다고 사용하지 않는 것이 아니듯, 이제 리스크를 인지하게 하고, 이에 대해 결정권을 주는 것이 중요하다. 가명처리한다고 하여 처음부터 개인정보의 통제권조차 주지 않는 것은 개인정보자기결정권 침해라고 볼 수 있다.

바이오 빅데이터는 시간과 공간을 초월하는 생명 감시사회로 발전할 가능성도 있다.[49] 바이오 파놉티콘이 되지 않기 위해서, 또 대용량을 관리하는 측면에서도 분산관리가 중요하다. 바이오 빅데이터의 안전하고 안정적인 관리를 위해 향후 블록체인[50] 기술과 연계된 시스템 구축이 필요하며 이에 대한 법의 역할은 앞으로의 과제로 남겨둔다.

49) 정진화, "바이오파놉티콘과 생명감시사회", 국가와 정치 제28권 제1호(2022), 동아시아연구소, 129면 참조.

50) 동지의 견해로 정진화, "바이오파놉티콘과 생명감시사회", 국가와 정치 제28권 제1호(2022), 동아시아연구소, 132-133면 참조.

41

퍼스널 모빌리티와 법*
(Personal Mobility and Law)

박준선

제주대학교 법학전문대학원 부교수

현재 제주대학교 법학전문대학원에서 상사법 분야 과목을 강의하고 있고, 금융, 보험, 소비자보호 관련 법 분야에 관심을 가지고 연구하고 있다. 미국 인디애나대학교 로스쿨(Indiana University-Bloomington Maurer School of Law)에서 법학박사(S.J.D.) 학위를 받았으며, 미국 뉴욕(New York)주 변호사 자격을 취득하였다. 제주대학교 법학전문대학원에 재직하기 전에는 대법원 사법정책연구원에서 연구위원으로 근무하였다.

Ⅰ. 들어가며

새로운 기술이나 장치가 개발되어 한 사회의 기존 규범과 조화를 이루기까지는 다양한 조정과정을 겪는다. 신기술이 처음 개발될 당시에는 이용자가 소수이므로 규제에 대한 논의가 거의 이루어지지 않다가 점차 그 기술을 이용하는 사람이 늘어나고 그와 연관된 문제가 조금씩 발생하기 시작하면서 사회적으로 규제의 필요성이 공론화되기 시작한다. 이 과정에서 신기술에 기존 규제를 그대로 적용할 수 있는지, 아니면 신기술에 맞는 새로운 규제를 도입해야 하는지 등에 관한 논의가 진행된다. 그런데 규제는 일반적으로 신기술의 기능을 촉진하기보다는 제약하는 경우가 많을 것이기 때문에, 실제로 기존 규제가 적용되거나 새로운 규제가 도입되고 나면 그 규제로 인해 관련 산업의 발전이 저해된다는 비판에 부딪히게 된다. 사회는 결국 이러한 비판의 목소리를 수렴하여 조정에 들어간다. 이때 규제가 다시 완화되는 방향으로 조정될 가능성이 높다. 하나의 기술이 탄생하여 기존의 사회 규범 속에 정착하기까지는 이처럼 복잡한 조정과정을 겪는다. 규제가 거의 없는 상태에서 규제 강화 상태로, 규제가 강화된 상태에서 다시 규제 완화 상태로 변화한다. 단기간에 규제가 급격하게 변하기도 하는데, 이러한 현상은 현실과 법이 시행착오를 겪으면서 서로 조화를 이루어가는 자연스러운 과정이라고 볼 수 있다. 일시적으로는 혼란스러워 보일 수 있지만 새로운 수단이 한 사회에 들어와 사회적 합의에 도달하기 위해 거치는 자연스러운 과정이라고 생각된다. 최근 우리나라에서 전개된 전동킥보드 등 퍼스널 모빌리티personal mobility 또는 개인형 이동장치[1]에 관한 논의는 새로운 기술이나 장치가 한 사회의 규범과 조화를 이루어가는 과정을 잘 보여준다.

---

* 이 글은 박준선, "전동킥보드 보험에 관한 법적 고찰", 「법과정책연구」 제21권 제2호(통권 62호), 한국법정책학회(2021), 167-197면을 수정 · 보완한 것임을 밝힙니다.

1) 「도로교통법」에서 '개인형 이동장치'라는 표현을 사용하고 있으므로 글의 본문에서는 '퍼스널 모빌리티'라는 용어 대신 '개인형 이동장치'라는 용어로 표현을 통일하여 사용하고자 한다.

전동킥보드 등 개인형 이동장치는 비교적 최근에 개발된 신종 이동수단으로서 전기를 이용하기 때문에 환경 친화적이면서도 도시의 교통체증에 영향을 받지 아니하고 주행할 수 있어 많은 사람들의 주목을 받고 있다.[2] 게다가 최근에는 코로나 19 감염 우려까지 더해져 타인과 접촉하지 않고 이동할 수 있는 수단인 개인형 이동장치를 더욱 선호하게 되었다.[3] 이처럼 개인형 이동장치를 이용하는 사람의 수가 늘어나게 됨에 따라 관련 교통사고 건수도 최근 들어 빠른 속도로 증가하고 있다.[4] 전동킥보드 사고의 증가는 자연스럽게 전동킥보드 사고 방지를 위한 규제와 사고위험을 담보하기 위한 보험에 대한 관심으로 이어지고 있다. 전동킥보드는 신종 교통수단으로서 전통적인 교통수단과는 달리 법적 검토가 필요한 새로운 쟁점이 다수 존재한다. 이하에서는 이러한 쟁점을 중심으로 논의를 전개한다.

Ⅱ. 전동킥보드의 법적 지위

1. 자동차관리법상 지위

「자동차관리법」은 '자동차'에 적용되는 법이다. 이러한 자동차관리법이 전동킥보드에도 적용되는가? 이 질문에 답하려면 우선적으로 자동차관리법에서 의미하는 자동차가 무엇인지를 알아야 한다. 자동차관리법은 자동차를 "원동기에 의하여 육상에서 이동할 목적으로 제작한 용구 또는 이에 견인되어 육상을 이동할 목적으로 제작한 용구"[5]라고 정의하고, 이를 다시 승용자동차, 승합자동차, 화물자동차, 특수자동차, 이륜자동차로 구분한다.[6] 이 다섯 가지 종류의 자동차 중에서 바퀴 두 개로 다닌다는 점에서 이륜자동차가 전동킥보드와 가장 유사하다. 이륜자동차는 "총배기량 또는 정격출

2) 신희철, "미래 개인형 이동수단의 활성화 방안", 월간 교통 Vol.268, 한국교통연구원(2020), 31-32면.
3) 신희철, 위의 논문, 31면.
4) 도로교통공단, "개정 도로교통법 시행 앞으로 두 달, 개인형 이동장치(PM) 무엇이 달라지나?", 보도자료, 2021.3.14, 1면.
5) 자동차관리법 제2조 제1호.
6) 자동차관리법 제3조 제1항.

력의 크기와 관계없이 1인 또는 2인의 사람을 운송하기에 적합하게 제작된 이륜의 자동차 및 그와 유사한 구조로 되어 있는 자동차"[7]를 의미하며, 우리에게 친숙한 오토바이 등이 이륜자동차에 해당한다. 자동차관리법은 이러한 이륜자동차 중에서 최고 속도가 25㎞/h 이상인 이륜자동차를 취득하여 사용하려는 자에 대해서는 신고 의무를 부과하고 있다.[8] 다만, 이러한 최고 속도 기준은 어디까지나 신고 의무를 부과하는 기준에 불과하고, 이륜자동차의 개념을 한정하는 요소는 아니다. 따라서 최고 속도가 25㎞/h 미만인 이륜자동차도 당연히 자동차관리법상 이륜자동차에 해당한다. 다만, 신고 의무만 면제될 뿐이다. 전동킥보드는 2개 이상의 바퀴, 발을 올려놓는 발판, 붙잡고 방향을 조절할 수 있는 핸들이 장착되어 있으며, 좌석이 없고 한쪽 발을 발판에 올려놓고 다른 발로 지면을 지침으로 추진력을 얻는 이동기구 중에서 전기에너지를 동력으로 하는 장치[9]로서 사람 1인을 운송하기에 적합하게 제작된 이륜의 자동차라고 할 수 있다. 따라서 전동킥보드는 자동차관리법상 이륜자동차의 개념 범주에 들어온다.[10]

2. 전기용품 및 생활용품 안전관리법상 지위

「자동차관리법」 외에 「전기용품 및 생활용품 안전관리법」에서도 전동킥보드와 같은 개인형 이동장치에 관한 규정을 두고 있다. 이 법에서는 안전확인대상제품 제조업자나 수입업자는 제품에 대한 안전확인시험을 받은 후에 그것을 산업통상자원부장관에게 신고해야 한다고 규정하고 있는데,[11] 여기서 말하는 안전확인시험을 받아야 하는 대상 중에는 전동스케이트보드, 전동킥보드, 전동이륜평행차, 전동외륜 · 이륜보드가 포함되고,[12] 이 중에서 전동킥보드가 안전기준을 통과하려면 배터리를 포함한 제품의 최대

7) 자동차관리법 제3조 제1항 제5호.
8) 자동차관리법 제48조, 동법 시행규칙 제98조의7.
9) 안전확인대상생활용품의 안전기준 부속서 72(제2부 전동킥보드, 3.1.).
10) 최병규, "전동킥보드의 자동차해당여부에 대한 고찰", 재산법연구 제36권 제1호, 한국재산법학회(2019), 223면.
11) 전기용품 및 생활용품 안전관리법 제15조.
12) 안전확인대상생활용품의 안전기준 부속서 72.

무게가 30kg 미만이어야 하고, 최고 속도가 25km/h를 넘지 않아야 한다.[13]

3. 도로교통법상 지위

「도로교통법」은 도로 교통상의 위험과 장해를 방지·제거하기 위하여 제정된 법인데, 이 법에서도 '차'의 개념 및 유형을 규정하고 있다.[14] 전동킥보드가 도로교통법상 '차'의 유형 중 어느 것에 해당하는지가 문제된다.

종래에는 도로교통법에 개인형 이동장치에 대한 정의 규정이 없어서 전동킥보드 등 개인형 이동장치를 원동기장치자전거로 분류하였으나, 2020년 5월 도로교통법이 개정되어[15] '차'의 종류에 개인형 이동장치가 신설되었다. 그동안 원동기장치자전거로 분류하던 전동킥보드 등을 개인형 이동장치로 분류하여 보다 적합한 규제가 가능하게 되었으나, 문제는 모든 형태의 개인형 이동장치가 여기에 해당되는 것은 아니라는 점이다.[16] 원동기장치자전거 중에서 25km/h 이상으로 운행할 때 전동기가 작동을 멈추고, 차체 중량이 30kg 미만이며, 전기용품 및 생활용품 안전관리법상 안전확인 신고가 된 전동킥보드, 전동이륜평행차, 전동기의 동력만으로 움직일 수 있는 자전거만이 개정 도로교통법상 개인형 이동장치로 분류된다.[17] 따라서 최고 속도 25km/h 이상에서도 전동기가 작동 가능한 제품, 차체 중량이 30kg 이상인 제품, 전기용품 및 생활용품 안전관리법상 안전확인 신고가 되지 않은 제품, 전동스케이트보드와 전동외륜·이륜보드와 같은 제품은 도로교통법상 개인형 이동장치 유형에 해당하지 않고, 종래와 같이 원동기장치자전거로 분류되어 규제를 받게 된다.[18]

---

13) 안전확인대상생활용품의 안전기준 부속서 72(제2부 전동킥보드, 5.1.9. 및 5.3.1.).
14) 도로교통법 제1조 및 제2조; 박원규, "위험방지법으로서의 도로교통법-개인형 이동수단에 대한 법적 규율체계 개선방안", 법학논총 제36집 제4호, 한양대학교 법학연구소(2019), 112면.
15) 법률 제17371호, 2020.6.9, 일부개정.
16) 김현정, "개인형 이동수단의 입법화 및 개선과제", 이슈와 논점 제1650호, 국회입법조사처(2020), 3면; 정경옥, "개인형 이동수단 안전 문제와 개선 방안", 월간 교통 Vol.268, 한국교통연구원(2020), 15면.
17) 도로교통법 제2조 제19호의2, 동법 시행규칙 제2조의2, 전기용품 및 생활용품 안전관리법 제15조 제1항.
18) 김현정, 위의 논문, 3면.

또한, 2020년 5월 개정 도로교통법에서는 개인형 이동장치를 '자전거 등'으로 분류하여 자전거와 동일한 규제를 받도록 하였다.[19] 즉, ① 자전거 도로에서 개인형 이동장치를 이용할 수 있고, ② 원동기장치자전거 이상의 운전면허 없이도 개인형 이동장치를 운행할 수 있으며, ③ 안전모 등 인명보호 장구 착용은 의무가 아닌 권고사항으로 완화하여 미착용시 범칙금이 부과되지 않게 개정되었다.[20] 그러나 2020년 5월 개정 이후 규제 완화를 우려하는 목소리가 커지자, 2020년 12월 국회는 도로교통법을 다시 개정하여 일부 규제를 강화하였다.[21] 구체적으로는 ① 원동기장치자전거를 운전할 수 있는 면허를 보유한 사람만 개인형 이동장치를 운전할 수 있고, ② 운전자가 안전모 등 인명보호 장구를 착용하지 않은 경우 범칙금을 부과할 수 있도록 개정하였다.[22] 2020년 12월 개정으로 규제가 강화되자 이번에는 규제가 산업 발전을 저해하고 있다는 비판이 제기되었고, 이에 또다시 규제를 완화하는 내용의 도로교통법 일부법률개정안이 발의되어 국회에 계류되어 있다.[23]

4. 소　　결

전동킥보드는 개념상 자동차관리법의 이륜자동차에 해당하고, 자동차관리법상 이륜자동차는 최고 속도가 25㎞/h 이상인 경우 사용 신고를 해야 하며, 25㎞/h 미만인 경우에는 사용 신고를 하지 않아도 된다. 사용 신고 대상에서 제외된다는 것은 사용 신고를 통한 구체적 안전관리 대상으로 삼지 않는다는 것뿐이지 자동차관리법의 적용을 전혀 받지 않는다는 의미는

---

19) 도로교통법 제2조 제21의2호; 최미경 · 배재현, "전동킥보드 관련 「도로교통법」 개정 현황과 향후 과제", 이슈와 논점 제1794호, 국회입법조사처(2021), 1면.

20) 최미경 · 배재현, 앞의 논문, 2면.

21) 법률 제17891호, 2021.1.12, 일부개정.

22) 최미경 · 배재현, 앞의 논문, 2면.

23) 도로교통법 일부개정법률안(서범수의원 대표발의, 의안번호 제2113586호). 이 개정안에서는 전동킥보드 등 개인형 이동장치의 최고속도를 20㎞/h로 하향 조정하고, 바퀴의 지름을 25㎝ 이상으로 규정하고(안 제2조 제19호의2), 보도에서 개인형 이동장치 운행을 허용하며(안 제13조의2 제4항 제4호), 개인형 이동장치 면허를 신설하되 19세 미만 미성년자의 무면허 운전에 대해서만 처벌하고, 안전모 등 보호장구 미착용의 경우도 19세 미만 미성년자에 대해서만 처벌하도록 하고 있다(안 제156조).

아니다. 단지 25㎞/h 미만의 개인형 이동장치에 대해서는 전기용품 및 생활용품 안전관리법에서 신고를 받아 구체적인 안전관리를 받도록 하겠다는 정책적 판단을 반영한 것일 뿐이다.[24]

한편, 도로교통법은 최고 속도 25㎞/h 미만, 차제 중량 30㎏ 미만에 해당하는 장치를 개인형 이동장치로 규정하여 여기에 해당할 경우 '자전거 등'으로 분류하여 자전거와 유사한 규제를 받도록 하고 있다.[25] 그러나 이 개인형 이동장치의 개념에 속하지 않는 장치에 대해서는 종래와 같이 원동기장치자전거로서 '자동차 등'으로 분류하여 규제한다.[26] 결국, 전동킥보드의 도로교통법상 지위는 그 최고 속도와 차체 중량에 따라 달리한다고 정리할 수 있다.

Ⅲ. 전동킥보드 보험에 관한 법적 쟁점

1. 전동킥보드가 의무보험 가입대상인지

(1) 자동차손해배상보장법

전동킥보드 이용 중에 사고가 발생할 경우 종종 대형사고로 이어지기 때문에 전동킥보드 사고위험은 보험에 의한 인수가 필요한 영역이다. 그렇다면 전동킥보드도 일반 자동차와 같이 자동차손해배상보장법상 의무보험 가입대상인가?[27] 이와 관련하여 전동킥보드가 자동차손해배상보장법상 '자동차관리법의 적용을 받는 자동차'에 해당하는지가 문제된다. 앞에서 살펴보았듯이, 전동킥보드는 자동차관리법상 자동차의 일종인 이륜자동차의 개념 범위에 포함되고, 다만 최고 속도 25㎞/h 미만인 경우에는 사용 신고 의무가 면제된다. 따라서 '자동차관리법의 적용을 받는 자동차'를 자동차관리법상 '사용 신고 대상' 자동차가 아닌 자동차관리법에서 '정의하는' 자동

24) 황현아, "전동킥보드의 법적 성격과 규제 방향: 사고책임 및 보험의 관점을 중심으로", kiri보험법리뷰 제1호, 보험연구원(2019), 4면.

25) 도로교통법 제2조 제21호의2.

26) 도로교통법 제2조 제21호; 김현정, 앞의 논문, 3면; 정경옥, 앞의 논문, 15면.

27) 자동차손해배상보장법 제5조.

차를 의미한다고 본다면 전동킥보드도 자동차관리법상 이륜자동차에 해당한다고 해석할 수 있다.[28] 이에 따르면 전동킥보드를 운행하는 자는 의무적으로 책임보험이나 책임공제에 가입해야 한다. 반면, '자동차관리법의 적용을 받는 자동차'의 의미를 자동차관리법상 '사용 신고 대상' 자동차를 지칭하는 것으로 본다면 최고 속도 25㎞/h 미만의 전동킥보드는 자동차관리법상 사용 신고 대상 이륜자동차에 해당하지 아니하고, 그에 따라 자동차손해배상보장법상 자동차에도 해당하지 않는다고 해석할 수 있다.[29] 이렇게 보면 최고 속도 25㎞/h 미만의 전동킥보드는 의무보험 가입대상이 아니다.

이와 관련하여 전동킥보드도 자동차로 보아 의무보험의 대상이 된다고 판시한 하급심 판결이 있다.[30] 즉, 자동차손해배상보장법상 '자동차관리법의 적용을 받는 자동차'의 의미를 '사용 신고 대상' 자동차로 보지 아니하고 자동차관리법에서 '정의하는' 자동차를 의미하는 것으로 보아 25㎞/h 미만의 전동킥보드는 자동차관리법상 신고 대상은 아니지만, 자동차관리법상 자동차인 이륜자동차에 해당하므로 자동차 의무보험 가입대상이라고 본 것이다.[31]

생각건대, 전동킥보드는 1인의 사람을 운송하기에 적합하게 제작된 2개의 바퀴를 가진 자동차 또는 그와 비슷한 구조로 된 자동차에 해당하므로 자동차관리법상 이륜자동차라고 볼 수 있고, 그 결과 전동킥보드도 당연히 자동차관리법의 적용을 받는다. 이러한 점에서 전동킥보드는 그 사용 신고 대상 여부를 떠나서 자동차손해배상보장법상 의무보험 가입대상이라고 본 하급심 법원의 판결은 타당하다. 다만, 현실적인 측면을 고려하면 불필요한

28) 서울남부지방법원 2020.5.28. 선고 2019고단6197, 2020고단1789(병합) 판결; 황현아, "주요국 전동킥보드 보험제도 동향 및 시사점", kiri보험법리뷰 제8호, 보험연구원(2020), 13-14면 참조.

29) 박종준, "개인형 이동수단(Personal Mobility) 관련 법제에 대한 고찰", 법과 정책 제23권 제2호, 제주대학교 법과정책연구원(2017), 83면; 유주선, "전동킥보드와 관련된 법적 쟁점 연구-주요 판례를 중심으로", 보험법연구 제15권 제3호, 한국보험법학회(2021), 33면.

30) 서울남부지방법원 2020.5.28. 선고 2019고단6197, 2020고단1789(병합) 판결.

31) 다만, 법원은 이 사건 당시 대부분의 개인 전동킥보드 운행자들이 의무보험에 가입하지 않고 운행하고 있었다는 점, 전동킥보드가 의무보험 가입대상이라는 점에 대한 인식이 극히 미약했다는 점, 개인이 전동킥보드에 대하여 가입할 수 있는 의무보험 상품이 없었다는 점을 고려하여 자동차손해배상보장법 위반에 대해서는 무죄판결을 내렸다. 서울남부지방법원, 위의 판결.

법적 분쟁을 막기 위해 전동킥보드 관련 보험 가입의무를 보다 명확하게 규정할 필요가 있다.

(2) 그 외의 법률

자동차손해배상보장법이 아닌 다른 법률의 제정안 또는 개정안에 전동킥보드 보험가입의무를 규정한 경우가 있다. 제정법률안으로는 「개인형 이동장치 안전 및 편의 증진에 관한 법률안」[32]과 「개인형 이동수단의 관리 및 이용활성화에 관한 법률안」[33]을 들 수 있고, 개정법률안으로는 「도로교통법 일부개정법률안」[34]을 들 수 있다.

개인형 이동장치 안전 및 편의 증진에 관한 법률안은 "개인형 이동장치 대여사업자 및 제조·판매업자 등은 개인형 이동장치로 인한 타인의 생명·신체나 재산상의 손해를 배상하기 위하여 보험 등에 가입하여야 한다"[35]고 규정하고 있다. 전동킥보드와 관련하여 책임보험 가입의무를 부과하여 전동킥보드 사고 위험을 분산한 것은 적절한 조치라고 판단되나, 책임보험 가입 의무 대상을 개인형 이동장치 대여사업자 및 제조·판매업자에 한정하고, 개인 이용자는 가입 의무 대상에 포함하고 있지 않다는 한계가 있다.

개인형 이동수단의 관리 및 이용활성화에 관한 법률안도 "개인형 이동수단 대여사업자는 개인형 이동수단의 운행 중에 발생한 피해를 배상하기 위하여 … 보험에 가입하여야 한다"[36]고 규정하여 보험가입의무를 부과하고 있으나, 개인 이용자에 대해서는 보험가입의무를 부과하고 있지 않다.

도로교통법 일부개정법률안도 다른 두 개의 법률안과 같이 책임보험 가입의무를 부과하고 있으나, 이것 역시 가입의무 대상을 대여사업자에 한정하고 있다.[37]

---

32) 개인형 이동장치 안전 및 편의 증진에 관한 법률안(박성민 의원이 대표발의, 의안번호 제2105323호).
33) 개인형 이동수단의 관리 및 이용활성화에 관한 법률안(홍기원의원 대표발의, 의안번호 제2103997호).
34) 도로교통법 일부개정법률안(서범수의원 대표발의, 의안번호 제2113586호).
35) 개인형 이동장치 안전 및 편의 증진에 관한 법률안 제16조.
36) 개인형 이동수단의 관리 및 이용활성화에 관한 법률안 제25조 제1항.
37) 도로교통법 일부개정법률안(서범수의원 대표발의, 의안번호 제2113586호) 제49조의3.

생각건대, 전동킥보드는 자동차손해배상보장법상 자동차에 해당하여 의무보험가입 대상에 해당한다고 보는 것이 타당하지만, 아직까지 전동킥보드 이용자들이 전동킥보드가 의무보험 가입대상이라는 점을 인식하지 못하고 있는 경우가 많아 법문에 이 점을 명시할 필요가 있다.[38] 또한, 독일, 프랑스 등 외국의 입법례를 보더라도 전동킥보드에 대해서도 자동차보험에 의무적으로 가입하도록 규정하고 있다는 점,[39] 전동킥보드의 이용이 증가함에 따라 사고가 급증하고 있다는 점,[40] 자전거에 비하여 교통수단으로서의 활용도가 높아 그 이용량은 더욱 증가할 것으로 예상된다는 점,[41] 개정 도로교통법상 전동킥보드의 보도 주행이 금지됨에도 불구하고 실제로는 보도로 전동킥보드를 주행하는 경우가 많다는 점,[42] 전동킥보드가 자전거도로 주행이 가능하게 되었는데 이로 인해 자전거 이용자와의 충돌사고가 있을 수 있다는 점[43] 등에 비추어 볼 때 전동킥보드 이용자가 가해자이고 보행자가 피해자인 사고가 많을 것이므로 개인 이용자의 책임보험 가입의무를 명시하여 이 의무를 준수하도록 할 필요가 있다.[44]

2. 전동킥보드 운행자가 보험가입의무를 준수하는 것이 현실적으로 가능한지

전동킥보드와 관련하여 보험가입의무가 존재한다고 하더라도 현재로서는 그 의무를 준수하는 것이 현실적으로 가능하지 않을 수 있다.

현재 시중에서 판매되고 있는 전동킥보드 관련 보험상품은 특정 전동킥보드 제조업체, 특정 전동킥보드 공유서비스 업체, 특정 전동킥보드 제조업체의 제품 이용자 등을 대상으로 단체 계약 형태로만 판매하는 보험상품이

---

38) 서울남부지방법원 2020.5.28. 선고 2019고단6197, 2020고단1789(병합) 판결 참조.
39) 황현아, 앞의 논문("주요국 전동킥보드 보험제도 동향 및 시사점"), 13면.
40) 정경옥, 앞의 논문, 12면.
41) 황현아, 앞의 논문("주요국 전동킥보드 보험제도 동향 및 시사점"), 16면.
42) 최미경 · 배재현, 앞의 논문, 3면; 황현아, 앞의 논문("주요국 전동킥보드 보험제도 동향 및 시사점"), 16면.
43) 황현아, 앞의 논문("전동킥보드의 법적 성격과 규제 방향: 사고책임 및 보험의 관점을 중심으로"), 8면.
44) 이지민, "개인형 이동수단의 관리 및 이용활성화에 관한 법률안 검토보고(홍기원의원 대표발의, 의안번호 제2103997호)", 국토교통위원회(2020), 49면.

대부분이기 때문이다.[45] 이러한 보험상품들은 전동킥보드 이용자 본인의 상해 보장에 더하여 대인·대물배상책임까지 보장하고 있어 전동킥보드로 인한 사고위험 대비에 적절한 것으로 판단되나, 이 상품들은 특정 전동킥보드 공유서비스 업체나 특정 전동킥보드 제조업체 이용자 등에 한정하여 가입이 가능하다는 한계가 있다.

한편, 최근 전동킥보드 관련 사고가 급증함에 따라 운전자보험에 대한 특약 형태로 개인 이용자가 자유롭게 가입할 수 있는 보험상품이 출시되어 판매되고 있다.[46] 그러나 이러한 보험상품은 보장 범위가 제한적이다. 개인형 이동장치 운전 중 이용자 본인의 상해사망, 후유장애, 사고부상, 상해진단, 골절수술과 사고처리지원금(형사합의금)은 보장하고 있으나, 대인·대물배상책임에 대해서는 보장하고 있지 않다. 즉, 전동킥보드 이용자가 가해자이고 보행자가 피해자인 사고는 충분히 보장되지 않는다. 도로교통법 개정으로 개인형 이동장치의 보도 주행이 금지됨에도 불구하고 실제로는 보도로 주행하는 전동킥보드가 많을 뿐만 아니라,[47] 자전거도로를 이용하는 보행자와 부딪히는 사고도 빈번하게 발생할 것이다.[48] 이와 같이 전동킥보드 이용자가 가해자이고 보행자가 피해자인 사고에 대비하기 위하여 전동킥보드 이용자라면 누구라도 이용하는 제품의 종류와 관계없이 가입할 수 있으며, 배상책임까지 보장되는 보험상품의 개발이 시급하다.

3. 전동킥보드 사고 피해자가 자동차보험의 무보험자동차상해담보를 이용해 보상받을 수 있는지

전동킥보드는 자동차관리법상 자동차의 한 유형인 이륜자동차에 해당하므로 전동킥보드 운행자는 자동차손해배상보장법에 따라 책임보험이나 책임공제에 가입할 의무를 부담한다.[49] 그러나 개인 이용자가 자유롭게 가입

45) 이수일, "개인형 이동수단의 리스크와 보험", 월간 교통 Vol.268, 한국교통연구원(2020), 28-29면; 신희철·정경옥·이재용·박성용·이동윤, 개인형 이동수단 활성화 및 안전에 관한 연구, 한국교통연구원, 2019, 43-44면.
46) 예컨대, 현대해상의 무배당 뉴하이카운전자상해보험약관(Hi 2101).
47) 황현아, "주요국 전동킥보드 보험제도 동향 및 시사점", kiri보험법리뷰 제8호, 보험연구원(2020), 16면.
48) 최미경·배재현, 앞의 논문, 2-3면.

할 수 있는 전동킥보드 책임보험상품이 아직 판매되고 있지 않다. 이러한 현실로 인하여 전동킥보드는 자동차손해배상보장법상 의무보험 가입대상이지만 보험에 가입할 수 없는 자동차의 지위에 서게 되었다.[50] 이러한 지위를 근거로 금융감독원은 보험에 가입되어 있지 않은 전동킥보드에 의한 사고로 인한 피해를 무보험자동차에 의한 상해보험,[51] 즉 자동차보험의 무보험자동차상해담보를 이용해 보장이 가능하다는 해석을 내놓았다.[52] 최근 전동킥보드로 인한 사고가 급증하고 있음에도 불구하고 아직 사고 피해자를 위한 보험 환경이 제대로 갖추어지지 않는 현실을 고려해 금융감독원이 고심 끝에 찾아낸 해결방안으로 보인다.

무보험자동차에 의한 상해보험으로 보상을 받기 위해서는 가해차량이 무보험자동차, 즉 '보험에 가입하지 않은' '자동차'에 해당해야 한다. 구 자동차보험 표준약관에서는 '무보험자동차'가 자동차관리법상 자동차, 건설기계관리법상 건설기계, 군수품관리법상 차량, 도로교통법상 원동기장치자전거, 농업기계화촉진법상 농업기계를 의미한다고 규정하고 있었다.[53] 금융감독원은 전동킥보드가 도로교통법상 원동기장치자전거에 해당하므로 전동킥보드로 인하여 상해를 입었을 경우 피해자 본인이나 가족이 가입한 자동차보험의 무보험자동차상해 담보를 이용해 보상이 가능하다는 입장이다.[54]

---

49) 자동차손해배상보장법 제5조.

50) 서울남부지방법원 2020.5.28. 선고 2019고단6197, 2020고단1789(병합) 판결; 황현아, "주요국 전동킥보드 보험제도 동향 및 시사점", kiri보험법리뷰 제8호, 보험연구원(2020), 14면 참조.

51) 무보험자동차에 의한 상해보험은 무보험자동차로 인한 사고에 의하여 피보험자가 사망하거나 부상을 입었을 때 그 사고로 인한 손해에 대한 배상의무자가 존재하는 경우에 피보험자 자신이 가입한 보험자로부터 보상을 받는 보험을 말한다. 박세민, 보험법 제6판, 박영사, 2021, 866면; 한기정, 보험법 제3판, 박영사, 2021, 722면; 장덕조, 보험법 제5판, 법문사, 2020, 434면; 박세민, 자동차보험법의 이론과 실무, 세창출판사, 2007, 514면; 이기수 · 최병규 · 김인현, 보험 · 해상법[상법강의Ⅳ] 제9판, 박영사, 2015, 312면; 한창희, 보험법 개정4판, 국민대학교출판부, 2019, 507면; 박영준, "자동차보험에서 '무보험자동차에 의한 상해보험'에 관한 연구", 상사법연구 제33권 제4호, 한국상사법학회(2015), 88면; 최병규, "무보험차상해담보에서 자동차의 의미", 보험법연구 제12권 제1호, 한국보험법학회(2018), 213면.

52) 금융감독원, "보험소비자 권익보호 등을 위한 자동차보험 표준약관 개정 안내[음주운전 사고부담금, 전동킥보드 등 관련]", 보도자료, 2020.10.21, 4면.

53) 구 자동차보험 표준약관(2020.4.29) 제1조 제5호.

54) 금융감독원, 앞의 보도자료, 4면.

그런데 구 도로교통법상 '차'에는 자동차, 원동기장치자전거, 자전거가 있었으나, 도로교통법이 개정됨에 따라 개인형 이동장치가 추가되어 현재는 자동차, 원동기장치자전거, 개인형 이동장치, 자전거가 도로교통법상 '차'에 해당한다. 최고 속도가 25㎞/h 미만이고, 차체중량이 30kg 미만인 전동킥보드는 개인형 이동장치로 분류되고, 이러한 개인형 이동장치는 원동기장치자전거의 한 종류이면서도 기존 자전거와 함께 '자전거 등'으로 분류된다. 따라서 개인형 이동장치를 이용하다가 발생한 사고를 자동차보험으로 보상할 수 있는지가 해석상 논란이 될 수 있다. 개인형 이동장치는 원동기장치자전거의 하위 개념이므로 여전히 원동기장치자전거에 해당한다고 보아 자동차보험으로 보상할 수 있다는 견해와 개인형 이동장치는 '자전거 등'으로 분류되므로 일반 자전거와 같이 자동차보험으로 보상할 수 없다는 견해가 있을 수 있다.[55] 금융감독원은 이와 같은 논란의 가능성을 제거하기 위해 표준약관을 개정하여 무보험자동차의 정의에 개인형 이동장치를 추가하였다.[56] 이로써 도로교통법 개정 후에도 전동킥보드 등 개인형 이동장치 사고로 상해를 입었을 경우 자동차보험의 무보험자동차상해 담보로 보상받을 수 있다는 점이 명확해졌다.

생각건대, 전동킥보드는 자동차관리법상 자동차인 이륜자동차에 해당하고, 도로교통법상 원동기장치자전거에 해당하므로 도로교통법 및 표준약관 개정 여부와 관계없이 '무보험자동차'의 범위에 포함된다. 다만, 도로교통법에 개인형 이동장치라는 개념이 신설됨에 따라 발생할 수 있는 불필요한 오해를 제거하기 위해 표준약관상 무보험자동차의 정의에 개인형 이동장치를 추가한 것은 적절한 조치였다고 판단된다. 이와 같은 자동차보험의 무보험자동차상해 담보로 보상하는 방안에 의하면 전동킥보드도 무보험자동차상해 보상 대상인 자동차에 해당하므로 피해자는 자신이 가입한 자동차보험으로 전동킥보드 사고로 인한 피해를 보상받을 수 있다. 그러나 무보험자동차에 의한 상해보험을 통한 피해 보상은 궁극적인 해결방안이 될 수 없다. 우선 무보험자동차상해 담보는 대인배상Ⅰ, 대인배상Ⅱ, 대물배상, 자

55) 금융감독원, 앞의 보도자료, 5면.
56) 개정 자동차보험 표준약관(2020.10.16) 제1조 제5호.

기신체사고보험을 모두 가입한 경우에 한하여 가입할 수 있으므로 무보험자동차상해 담보를 가입하지 않은 경우에는 활용이 어렵다.[57] 또한, 보행자 사고 시 가해자인 전동킥보드 이용자가 부담해야 할 책임을 피해자가 가입한 자동차보험으로 처리하는 것이므로 결국 피해자가 책임을 부담하게 되는 결과가 된다.[58] 물론 보험자가 피해자에게 보험금을 지급한 뒤 사후적으로 가해자에게 구상권을 행사할 수 있으므로 가해자의 배상책임이 완전히 면제되는 것은 아니지만,[59] 추후 자동차 보험료가 상승할 수 있다는 점, 구상권 행사가 어려울 수 있다는 점[60] 등을 고려하면 결과적으로는 피해자에게 책임이 전가되는 것이나 마찬가지이다. 이러한 점에서 무보험자동차상해 담보를 이용한 보상방안은 현 상황에서 활용 가능한 임시방편일 수는 있으나, 전동킥보드 보험제도의 흠결을 메울 궁극적 해결책은 아니다.

4. 보험계약자가 보험기간 중에 전동킥보드를 계속적으로 사용하게 된 경우 그 사실을 보험회사에 알려야 하는지

자동차관리법상 전동킥보드의 법적 지위는 자동차, 그중에서도 이륜자동차에 해당한다.[61] 이륜자동차는 일반 승용자동차에 비하여 교통사고가 발생할 위험이 크기 때문에 이륜자동차를 계속적으로 사용한다는 사실은 보험사고 발생의 위험을 현저히 높이는 사정이라고 볼 수 있다.[62] 따라서 보험계약을 체결할 때 그러한 사실을 고지해야 하고, 보험계약 체결 후에도 그러한 위험변경증가 사실을 통지해야 한다. 전동킥보드도 자동차관리법상 이륜자동차에 해당하므로 이를 계속적으로 사용할 경우에는 보험회사에 알려야 한다.

개인형 이동장치의 한 종류인 전동휠과 관련하여 이와 같은 쟁점을 다

57) 박세민, 앞의 책(자동차보험법의 이론과 실무), 515면; 유주선, 앞의 논문, 35면.
58) 최미경·배재현, 앞의 논문, 3면.
59) 금융감독원, 앞의 보도자료, 7면.
60) 황현아, 앞의 논문("주요국 전동킥보드 보험제도 동향 및 시사점"), 15면 각주 24.
61) 최병규, 앞의 논문("전동킥보드의 자동차해당여부에 대한 고찰"), 223면.
62) 박수영, "상법총칙·상행위·보험편 2021년 대법원 주요 판례 회고", 상사판례연구 제35권 제1호(2022.3), 42면; 양석완, "보험계약에 있어서 위험의 변경·증가에 관한 법적 쟁점", 상사법연구 제30권 제2호(2011.8), 638면.

룬 대법원 판결이 있어 소개하고자 한다.[63] 이 판결의 사실관계는 다음과 같다. 보험계약자이자 피보험자인 A는 보험회사(피고)와 보험계약을 체결하였다. A는 보험계약을 체결할 당시에는 전동휠을 이용하지 않다가 계약 체결 이후 출퇴근 용도로 전동휠을 계속하여 사용하던 중 보험기간 중인 A가 전동휠을 타고 퇴근하던 중 뒤따르던 승용차에 치어 사망하였다. A의 유족(원고)이 보험회사에 보험금지급을 청구하였으나, 보험회사는 A가 이륜차 반복 운행 및 사용 중임에도 불구하고 이를 보험회사에 알리지 않았으므로 보험약관의 계약 후 알릴 의무 위반, 상법 제652조 제1항에 따른 통지의무 위반을 이유로 계약을 해지하고 보험금 지급을 거절하였다.

이 사건과 관련하여 우선 상법상 위험변경·증가 통지의무가 문제된다. 위험변경·증가 통지의무란 보험계약자나 피보험자는 보험기간 중에 사고 발생의 위험이 현저하게 변경되거나 증가된 사실을 안 때에는 보험자에게 지체없이 통지하여야 한다는 의무이다.[64] 여기서 '사고 발생의 위험이 현저하게 변경 또는 증가된 사실'은 "변경 또는 증가된 위험이 보험계약의 체결 당시에 존재하고 있었다면 보험자가 계약을 체결하지 않았거나 적어도 그 보험료로는 보험을 인수하지 않았을 것으로 인정되는 사실"[65]을 뜻하며, '사고발생의 위험이 현저하게 변경 또는 증가된 사실을 안 때'는 "특정한 상태의 변경이 있음을 아는 것만으로는 부족하고 그 상태의 변경이 사고발생 위험의 현저한 변경·증가에 해당된다는 것까지 안 때"[66]를 의미한다. 대법원은 이 사건에서 A가 전동휠 사용으로 인해 사고발생의 위험이 현저하게 변경 또는 증가되었고, 이 사실을 알고 있었음에도 불구하고, 이를 보험회사에 알리지 아니함으로써 상법상 통지의무를 위반하였다고 판시하였다.[67]

한편, 이 사건 보험약관은 "계약자 또는 피보험자(보험대상자)는 계약을 맺은 후 피보험자(보험대상자)가 … 이륜자동차 또는 원동기장치자전거를 직

63) 대법원 2019.6.13. 선고 2019다221154 판결.
64) 상법 제652조 제1항.
65) 대법원 2014.7.24. 선고 2012다62318 판결.
66) 대법원 2014.7.24. 선고 2012다62318 판결.
67) 대법원 2019.6.13. 선고 2019다221154 판결; 서울고등법원 2019.2.22. 선고 2018나2029885 판결.

접 사용하게 된 경우에는 지체 없이 서면으로 회사에 알리고 보험증권(보험가입증서)에 확인을 받아야 합니다"라고 계약 후 알릴 의무를 규정하고 있었다. 이 규정과 관련하여 약관의 설명의무, 즉 약관에 규정되어 있는 중요한 내용을 고객이 이해할 수 있도록 사업자가 설명해야 한다는 의무가 문제된다.[68] 여기서 중요한 내용이란 보험계약의 체결 여부 또는 그 조건에 영향을 미치는 사항을 의미한다.[69] 이 사건에서 문제가 된 약관 조항은 보험료율 체계와 보험청약서상 기재사항의 변동에 관한 내용을 포함하고 있으므로 보험계약의 체결 여부 또는 그 조건에 영향을 미치는 중요한 사항에 해당한다.[70] 보험회사가 이러한 설명의무를 위반했을 경우 보험회사는 그 약관을 계약 내용으로 주장할 수 없다.[71] 대법원은 이 사건 약관 조항이 설명의무의 대상이 되는 중요한 사항이라고 보았다. 다만, "이륜자동차 등의 의미나 종류를 일일이 설명하거나 관계법령의 해석상 이 사건 전동휠이 이륜자동차 등의 범위에 포함된다는 점까지 알려야 한다고 볼 수는 없다"[72]고 하면서, ① 이륜자동차 등의 사용이 통지의무의 대상이 된다는 점과 ② 통지의무 위반 시 보험계약이 해지될 수 있다는 점만 설명하면 된다고 판시하였다.[73]

생각건대, 약관의 설명의무는 보험계약의 체결 여부 또는 그 조건에 영향을 미치는 중요한 사항을 설명할 것을 요구하는 것이지, 이 사항에 대한 구체적인 예시까지 요구하는 것은 아니다. 따라서 이륜자동차의 계속적 사용이 계약 후 알릴 의무에 해당한다는 점만 설명하면 충분하고, 구체적인 개인형 이동장치가 이륜자동차에 해당한다는 점까지 설명할 필요는 없다고 본 법원의 판결은 타당하다. 다만, 사건이 일어난 시점에는 사회 전반적으로 개인형 이동장치에 대한 인식이 높지 않았을 것이므로, 개인형 이동장

68) 약관의 규제에 관한 법률 제3조 제3항, 상법 제638조의3 제1항.
69) 한기정, 앞의 책, 141면.
70) 박세민, 앞의 책(보험법), 185-186면.
71) 약관의 규제에 관한 법률 제3조 제4항.
72) 대법원 2019.6.13. 선고 2019다221154 판결; 서울고등법원 2019.2.22. 선고 2018나2029885 판결.
73) 대법원 2019.6.13. 선고 2019다221154 판결; 서울고등법원 2019.2.22. 선고 2018나2029885 판결.

치에 대한 인식이 일반화될 때까지는 정책적으로 이에 상응하는 소비자 보호 조치를 마련해두었더라면 좋았을 것이라는 아쉬움이 남는다.

Ⅳ. 마 치 며

이상 전동킥보드 등 개인형 이동장치의 법적 지위가 변하는 과정에서 신기술이 한 사회에 정착하는 모습을 확인하였다. 새로운 기술이나 장치가 개발되면 개발 초기에는 이용자가 소수이므로 규제에 대한 논의가 거의 이루어지지 않다가 점차 그 기술을 이용하는 사람이 늘어나 사고가 증가함에 따라 규제의 필요성이 공론화되기 시작한다. 새로운 기술이나 장치가 개발되어 한 사회에 자리 잡기까지 복잡한 조정과정을 거쳐 현실과 법이 시행착오를 겪으면서 서로 조화를 이루어가는 과정이라고 볼 수 있다. 현실과 법의 조화 과정은 관련 위험을 담보하는 보험 등 신기술의 주변 영역에서도 요구된다. 전동킥보드는 자동차관리법상 이륜자동차로서 자동차관리법의 적용을 받는 자동차이므로 자동차손해배상보장법상 의무보험 가입대상에 해당하지만, 현재 개인 이용자가 자유롭게 가입할 수 있는 책임보험 상품이 없어 보험 가입의무를 준수하는 것이 현실적으로 불가능하다. 시중에서 판매하고 있는 보험상품은 전동킥보드 이용자가 보행자 등에게 피해를 입혔을 때 적용할 수 있는 대인・대물배상책임은 보장하지 않기 때문이다. 하루가 다르게 변하는 지금 이 시대에 현실과 법이 조화를 이루는 과정에서 일시적 불일치 현상이 발생하는 것은 불가피하지만, 양자가 가능한 한 신속하게 조화될 수 있도록 노력하여 사회적 혼란과 비용을 최소화할 필요가 있다고 생각된다.

42

ESG로 인한 기업 규제 환경의 현재와 미래

윤용희

법무법인 율촌(유) 변호사

ESG, 환경에너지, 공정거래를 비롯한 규제 전문가로서 다양하고 풍부한 실무 경험을 보유하고 있을 뿐만 아니라 학문적 연구를 경주하고 있으며, 법학전문대학원 겸임교수로서 우수한 법조인 양성에도 적극적으로 기여하고 있다. "배출권거래제 도입에 따른 자본시장법의 적용상 한계와 개선방안", "The Impacts and Implications of CERCLA on the Soil Environmental Conservation Act of the Republic of Korea", "미국 독점금지법의 역외적용" 등 전문분야에 관한 여러 논문・저서를 발표함으로써, 본인의 실무 경험 및 학문적 연구결과를 사회와 지속적으로 공유하고 있다. 풍부한 실무 지식・경험과 고객의 긍정적인 평가에 힘입어 사내변호사 대상 설문조사 평가로 진행되는 2022년 대한민국 로펌 평가(법률신문)에서 ESG(Environmental, Social, and Governance) 분야 최고 변호사로 선정되었다.

서울대학교{법학사 및 법학석사(환경법)}와 Stanford Law School{LL.M.(Environmental Law and Policy)}에서 수학하였고, 2006년 사법연수원 수료에 이어 법무관으로 군복무를 마친 후, 2009년부터 율촌에서 변호사 업무를 시작하였다. 2014년 Stanford Law School 졸업 직후 미국 Sidley Austin LLP에서 파견근무를 마치고 2015년 율촌으로 복귀하였으며, 현재 한양대학교의 겸임교수로, 한국환경공단 ESG위원회 위원, 한국환경법학회의 연구이사 등으로 활동하고 있다.

Ⅰ. 들어가며

전 세계적으로 기후변화를 비롯한 환경문제가 중요한 의제가 되었고, 국내에서도 여러 환경안전 사고들에 대한 대응책으로 다양한 환경 규제를 도입·강화하는 입법이 국회에서 이루어지고 있으며, 이를 집행하기 위한 정부 정책들이 발표되고 있다. 대표적으로 화학물질 규제, 온실가스 배출권거래제도, 통합환경관리제도, 전국단위 대기총량제도 등이 있으며, 이처럼 강화된 규제는 기업의 재무 측면에 직접적인 영향을 미칠 수 있는 요소이다. 더욱이, 현재 국회에서 논의 중인 집단소송제도, 징벌적손해배상제도 및 디스커버리제도 등이 향후 전면적으로 도입된다면, 강화된 환경 규제로 인한 기업의 부담은 더욱 가중될 것이다. 이처럼 환경 규제가 계속 강화되는 가운데 기업이 지속적으로 성장하고 경쟁력을 높이기 위해서는 다양한 규제 리스크를 정확하게 인식하고 효과적인 대응방안을 마련하는 것이 중요하다.

과거에는 환경이나 사회적 책임이 주로 정부의 기업에 대한 규제Regulation의 문제로, 즉 기업의 규제 대응 및 쟁송의 문제로 논의되어 왔지만, 최근에는 투자자가 투자 대상기업을 평가하는 비재무적 요소로서 ESGEnvironmental, Social, Governance가 크게 부각되고 있다. 이제 ESG 요소는 투자자가 기업을 평가하는 중요한 기준Standard으로 자리매김하고 있는 것이다.

이런 배경에서, 필자는 ESG로 인해 기업 규제 환경에 있어서 큰 변화가 일어나고 있고 그 변화를 더 강하고 빠른 속도로 진행될 것으로 보고 있다. 특히 (i) 정부의 공적 규제의 강화와 더불어 이해관계자(투자자, 고객사 등)가 주도하는 사적/자율 규제가 강화될 것이라는 점 및 (ii) 이로 인해 기업은 전통적인 준법 리스크에 더해서, 국제규범/외국법령 및 행동강령에 따른 리스크까지 아우를 수 있는 ESG 리스크라는 개념을 상정하고 이에 대한 관리체계를 고도화해야 한다는 점을 강조하고자 한다.

Ⅱ. ESG의 개념의 등장과 발전 과정

ESG는 환경Environmental, 사회Social, 지배구조Governance의 약자로, 기업의 가치와 지속가능성에 영향을 미칠 수 있는 환경, 사회, 거버넌스에 관한 요소(비재무 요소)를 말한다. ESG 경영에 관한 다양한 정의가 있으나, ESG 요소를 기업의 경영성과로 관리/고려함으로써 지속가능한 경쟁우위를 달성하고자 하는 기업경영방식을 의미한다는 입장이 적절해 보인다.[1)]

지속가능성에 대한 논의는 1987년 UNEP(유엔환경계획)와 WCED(세계환경개발위원회)가 공동으로 채택한 '우리 공동의 미래Our Common Future'에서 제시되었다고 알려져 있다. 위 보고서에서는 인류가 빈곤과 인구 증가, 지구온난화와 기후변화, 환경 파괴 등의 위기에서 경제를 발전시키기 위해서는 지속가능발전으로 패러다임 전환이 필요하다는 의견이 제시되었다.

'ESG'라는 용어는 2004년 UNGCUN Global Compact가 발표한 'Who Cares Wins'라는 보고서에서 공식적으로 처음 사용되었다. 이후 UN 책임투자원칙PRI, Principles for Responsible Investment이 2006년 금융 투자 원칙으로 ESG를 강조하면서 오늘날 기업 경영에서 강조되는 ESG 프레임워크의 초석을 제시하였다고 평가된다.

ESG에 대한 국가 차원의 관심이 고조되면서 ESG 관련 법안을 마련하고 기업의 정보공개를 의무화하는 등의 ESG를 제도화하는 논의가 확산되고 있다. 또한, 민간 측면에서는 글로벌 투자기관들이 ESG의 관점에서 투자할 것을 선언하면서 기업들이 ESG에 적극적으로 대응하기 시작하였고, 다양한 산업에서 ESG 리스크 완화와 성과창출을 위한 민간 이니셔티브가 결성되었다. 민간 이니셔티브는 산업계의 공통 이슈에 대응하기 위해 그 이니셔티브에 참여한 개별 기업에게 ESG 성과 창출 및 리스크 관리를 요구하고 있는 실정이다.

최근 ESG는 전 세계적인 트렌드로 확산되고 있으며, 이에 따른 소비자, 투자자, 정부 등 모든 사회구성원의 관심이 고조되면서 기업의 생존과 성

1) 윤용희, ESG 개관(환경 영역을 중심으로), 대한변호사협회 의무연수(2022.6.22), 5면.

장의 핵심적인 요소로 부상하였다. ESG는 기업의 목적에 내재화되어야 하는 필수적 요소로서 기업이 장기적으로 지향해야 할 가치를 포함하며, 동시에 기업의 지속가능한 성장을 위한 리스크 관리 수단으로 기능해야 한다는 입장이 힘을 얻고 있는 실정이다. 또한, 환경, 사회, 지배구조와 같은 비재무적 사항이 투자 관련 의사결정에 고려되기 시작하면서 ESG가 투자자들의 핵심 가치로 부각되었고, 이에 따라 ESG는 기업의 자본조달 측면에서 필수적 관리 요소가 되고 있다.

ESG 개념의 등장 이후 그 간의 발전과정을 시간 순서대로 정리하면 아래 그림과 같다.

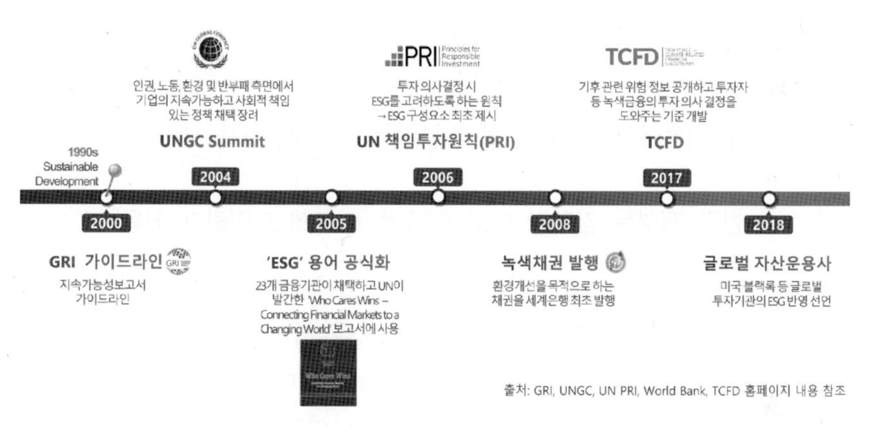

[그림 1] ESG 개념의 발전과정2)

Ⅲ. ESG로 인한 기업 경영 환경의 변화

ESG 논의가 최근 몇 년 동안 폭발적으로 이루어지는 원인을 정리하면, (i) 글로벌 시장에서 활동하는 대기업들은 시장경제 메커니즘에 기초하여 막강한 사적 영향력을 행사할 수 있는 투자자(주주), 고객사를 비롯한 이해관계자로부터 ESG 맥락에서 새로운 준수사항을 요구받고 있고, 대기업이 이와 같은 사적 규제(정부의 법령에 근거한 공식 규제와 구별하여 사적 규제라 할

2) 윤용희, 위 발표자료, 7면.

수 있음)에 대응하기 위해서는 이해관계자의 요구사항을 준수하고 자사의 ESG 리스크를 관리해야 할 뿐만 아니라 자사의 글로벌 공급망에 위치한 원료/부품 공급사들(1차 협력사, 2차 협력사 등)에 대하여 유사한 수준의 준수사항을 이행할 것을 요구하거나 적어도 해당 공급사들의 ESG 리스크에 관한 정보를 확인해야만 하는 상황에 처하게 되었다는 점 및 (ii) 유럽 등 글로벌 자본시장을 주도하는 선진국에서는 이미 ESG 정보 공시 의무화, 녹색분류체계, 공급망실사 의무화를 비롯한 ESG 관련 법령/제도가 이미 발효되었거나 곧 도입을 앞두고 있는 배경까지 고려할 때, 위와 같은 사적 규제/집행은 그 자체로도 더 강력해질 수 있고, 입법 내지 제도화의 방향에 따라 정부의 공적 규제까지 더해질 수 있다는 점 등에서 그 주요한 원인을 찾을 수 있다고 본다.

이와 같은 변화는 곧 ESG로 인해 기업이 겪는 경영 환경의 변화라고 볼 수 있다. 이하에서 각 항목 별로 간략하게 정리하고자 한다.

1. 한국 정부는 강력한 ESG 제도를 빠르게 도입하고 있음[3)]

한국 정부는 향후 ESG 경영을 확산하는 동시에 ESG 투자를 활성화한다는 목표 아래 다양한 세부 추진 방안·제도를 제시하고 있는데, 이것들은 대부분 EU(유럽연합)에서 지속가능금융(Sustainable Finance)을 위한 제도로서 추진·논의되고 있는 것들과 대응되는 것이다. 예를 들어, EU에서 지속가능금융 제도로서 주로 언급되는 것이 녹색(산업)분류체계Taxonomy Regulation, 녹색채권 기준Green Bond Standard, ESG 공시제도ESG Disclosure Regulation 등인데, 한국 정부 또한 2021 ESG 인프라 확충 방안에서 이것들을 모두 포함시키고 있다.

국제연합 환경계획 금융 이니셔티브UN Environment Programme Finance Initiative, UNEP FI는 녹색금융Green Financing을 "공공, 민간 및 비영리 부문에서 지속가능한 개발 목표를 향한(은행, 마이크로 크레딧, 보험 및 투자로부터의) 금융 흐름을 증가시키는 활동"이라고 정의하고, 녹색금융의 핵심을 "환

3) 이하의 내용은 "윤용희·이상호, ESG로 인한 지속가능금융 법제의 변화와 대응, 서울대학교 금융법센터 BFL(2021.11)"을 주로 요약, 정리하였음.

경 · 사회적 리스크를 보다 잘 관리하고 적절한 수익률과 환경적 이점을 모두 가져오는 기회를 포착하며 더 큰 책임성을 제공하는 것"이라고 설명한다. 녹색금융의 활동을 크게 2가지 방향으로 분류하면, (i) "친환경적인 상품 및 서비스의 생산에 자금을 공급함으로써 녹색 경제활동을 지원하는 금융활동"과 (ii) "환경적으로 지속가능하지 않은 경제활동(녹색이 아닌 경제활동)에 자금이 공급되는 것을 차단하기 위한 평가 및 모니터링 체계를 만드는 활동"으로 나눌 수 있다.

과거에는 다양한 환경 요소의 일부인 온실가스 감축 또는 기후변화 대응에 초점을 맞춘 탄소금융Carbon Finance, 기후금융Climate Finance 등의 용어도 사용되었으나, 최근에는 전 세계적인 ESG 관련 움직임과 더불어 금융활동의 환경적 영향뿐만 아니라 사회 · 경제적 영향까지도 고려하는 개념인 지속가능금융 개념을 중심으로 다양한 논의가 전개되고 있는 것으로 보인다. 즉, 녹색금융은 환경 전반에 걸친 지속가능성을 고려하는 금융활동으로 다양한 환경 요소 중 기후 요소에 초점을 맞춘 기후금융보다는 넓은 개념이지만, 사회 · 경제적 지속가능성까지도 고려하는 지속가능금융에 비해서는 좁은 하위개념이라 할 수 있다.

EU는 2018.3. EU 지속가능금융 이행계획Sustainable Finance Action Plan, SFAP을 발표한 이래 2018년부터 비재무정보 보고지침Non-Financial Reporting Directive, NFRD을 시행하였으며, 2020.7. 녹색분류체계규정Taxonomy Regulation(이하 "EU TR")을 시행하는 등 관련 제도를 정비하며 지속가능금융을 선도하고 있다. 최근 진행된 EU의 지속가능금융 관련 제도 추진 경과를 정리하면 아래 그림과 같다.

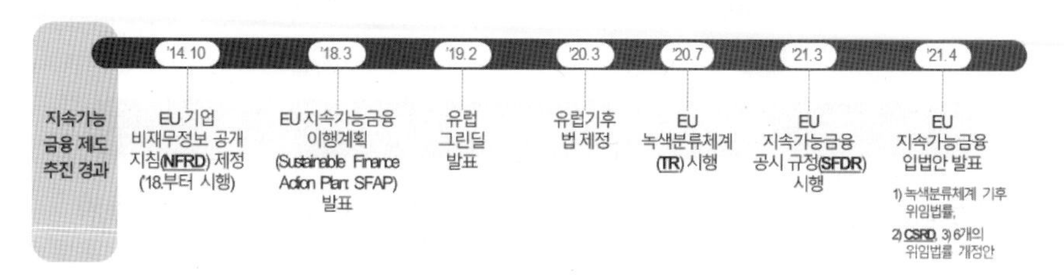

[그림 2] EU의 지속가능금융 관련 제도 추진 경과

한국 또한 최근 정부 주도 하에 한국형 녹색분류체계를 개발하고 녹색채권 가이드라인을 공개하는 등 EU의 선례를 좇아 지속가능금융 관련 제도를 정비하고 있다. 나아가 한국 정부는 ESG 논의를 선도형 경제로의 도약 기회로 활용하고자 2021년을 "ESG 경영 확산의 원년"으로 선포하고 관련 제도 정비에 착수하기 위하여 2021.8.31. 개최한 비상경제 중앙대책본부 회의에서 "친환경·포용·공정경제로의 대전환을 위한 ESG 인프라 확충 방안"(이하 "2021 ESG 인프라 확충 방안")을 발표하였다. 위 방안에서는 민간 중심의 ESG 운영체계를 조성하되 공공 부문에서는 ESG 관련 가이드라인 제공, 인프라 구축 및 인센티브 설계 등을 통해 ESG 확산을 뒷받침하도록 하여, ESG 경영 확산 및 ESG 투자 활성화의 선순환 체계를 구축하고 포스트 코로나 시대에 지속가능 성장기반을 마련하고자 한 것으로 알려져 있다.

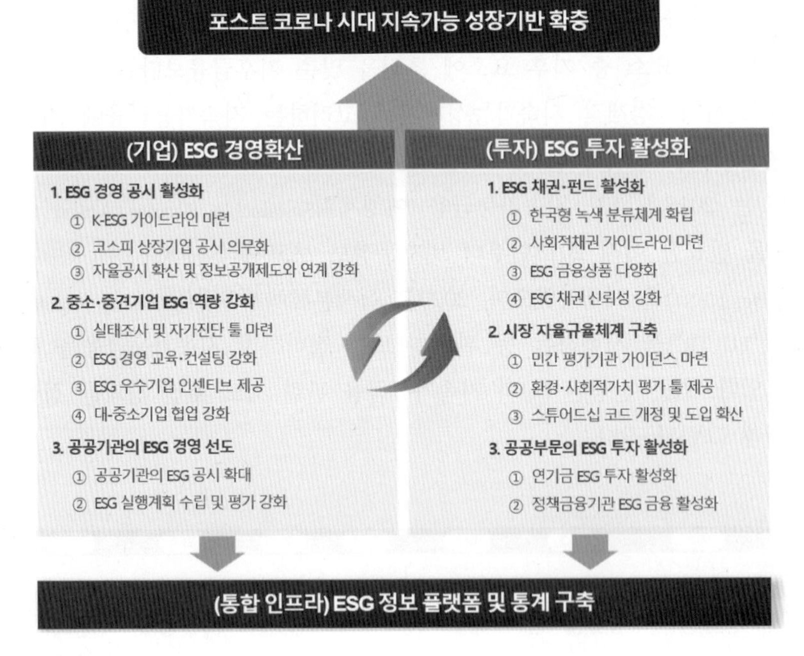

[그림 3] 2021 ESG 인프라 확충 방안 관련 한국 정부의 기본 추진방향[4)]

4) 2021.8.31.자 정부의 보도자료("친환경·포용·공정경제로의 대전환을 위한 ESG 인프라 확충 방안")에서 발췌 인용.

① ESG 경영 가이드라인 마련 및 공시 활성화

정부는 기업의 ESG 초기 진입 부담 완화와 공시 활성화를 위해 범부처 합동의 K-ESG 가이드라인을 마련할 계획이라고 밝혔다. 정부는 실제로 2021년 12월 공신력을 갖춘 국내외 주요 기관의 평가체계 등을 분석하여 60여개의 핵심·공통문항 중심으로 가이드라인 토대를 마련하여 발표하였고, 2021~2022년 규모별·업종별 특성을 반영하여 그 내용을 구체화·차별화하고, 국제 논의동향 등도 지속적으로 반영할 것으로 예상된다.

한국 정부가 2012.12. 발표한 관계부처 합동 “K-ESG 가이드라인”을 주요 내용을 정리하고자 한다. 공시 의무 등 ESG 규율 강화, 기업 평가와 투자기준, 공급망 실사 등에 있어 기업의 ESG 경영 필요성이 급증하는 상황에서, 국내외 600여개 이상의 평가지표가 존재하나 평가기관의 평가기준과 결과도출 방식에 대한 정보는 대부분 공개하지 않고 있어 ESG 경영에 관심이 많은 기업도 어떻게 ESG 경영을 준비하고 평가에 대응해야 하는지 어려움을 호소해 왔다.

이런 배경에서, 정부는 국내외 주요 13개 평가기관 등(DJSI, MSCI, EcoVadis, Sustainalytics, WEF, GRI 등)의 3,000여개 이상의 지표와 측정항목을 분석하여 61개 ESG 이행과 평가의 핵심/공통 사항을 마련하고, 관계부처와 각 분야 전문가, 이해관계자의 의견을 반영하여 글로벌 기준에 부합하면서도 우리 기업이 활용 가능한 가이드라인을 제시하고자, 2012.12. “K-ESG 가이드라인”을 발표한 것이다.

위 가이드라인의 주요 평가 지표/항목을 정리하면 아래 표와 같다. ESG 경영체계 도입을 하고자 하는 초기 단계의 기업 입장에서 실무적으로 상당히 도움이 될 만한 내용이라고 본다.

한편, 정부는 코스피 상장기업에 대하여 기업지배구조 보고서 및 지속가능경영 보고서 상 공시를 단계적으로 의무화하고, 정보공개 범위의 확대 및 공시정보의 신뢰성을 제고할 수 있는 방안도 강구할 계획이다. 코스닥 기업에 대하여는 자율공시 체계를 유지하면서도 기업 규모별·업종별 K-ESG 가이드라인을 활용하여 공시 활성화를 유도하고, ESG 관련 각종

구분	주요 항목		
정보공시 (5개)	ESG 정보공시 방식	ESG 정보공시 주기	ESG 정보공시 범위
	ESG 핵심 이슈 및 KPI		ESG 정보공시 검증
환경 (17개)	환경경영 목표 수립	환경경영 추진체계	원부자재 사용량
	재생 원부자재 비율	**온실가스 배출량 (Scope1+2)**	**온실가스 배출량 (Scope3)**
	온실가스 배출량 검증	**에너지 사용량**	**재생에너지 사용 비율**
	용수 사용량	재사용 용수 비율	폐기물 배출량
	폐기물 재활용 비율	대기오염물질 배출량	수질오염물질 배출량
	환경 법/규제 위반	친환경 인증 제품 및 서비스	
사회 (22개)	목표 수립 및 공시	신규 채용	정규직 비율
	자발적 이직률	교육훈련비	복리후생비
	결사의 자유 보장	여성 구성원 비율	여성 급여 비율 (평균급여액 대비)
	장애인 고용률	안전보건 추진체계	산업재해율
	인권정책 수립	인권 리스크 평가	협력사 ESG 경영
	협력사 ESG 지원	협력사 ESG 협약사항	전략적 사회공헌
	구성원 봉사 참여	정보보호 시스템 구축	개인정보 침해 및 구제
	사회 법/규제 위반		
지배구조 (17개)	이사회 내 ESG 안건 상정	사외이사 비율	대표이사/이사회 의장 분리
	이사회 성별 다양성	사외이사 전문성	전체 이사 출석률
	사내 이사 출석률	이사회 산하 위원회	이사회 안건 처리
	주주총회 소집 공고	주주총회 집중일 이회 개최	집중/전자/서면 투표제
	배당정책 및 이행	윤리규범 위반사항 공시	내부 감사부서 설치
	감사기구 전문성(감사기구 내 회계/재무 전문가)		지배구조 법/규제 위반
4개 영역, 총 61개 진단항목			

정보공개제도와 ESG 공시 간 공시 항목 및 시기에 대한 연계 강화를 통해 기업의 공시 부담이 완화될 수 있도록 할 예정이다.

관련하여, 금융위원회가 2021.1.25. ESG 공시제도 개선 방향 관련 발표한 내용을 요약하면 아래 그림과 같다.

(1) **기업지배구조보고서("G" 보고서)**의 공시 의무화를 단계적으로 확대 추진 예정

1단계 (2019년 ~)	2단계 (2022년 ~)	3단계 (2024년 ~)	4단계 (2026년 ~)
자산 2조원이상 코스피 상장사 공시 의무화	**자산 1조원 이상** 코스피 상장사 공시 의무화	**자산 5천억원 이상** 코스피 상장사 공시 의무화	**전체 코스피 상장사** 공시 의무화

(2) **지속가능경영보고서("E·S" 보고서)**에 대한 거래소 자율 공시 활성화 및 단계적 의무화 추진 예정

1단계 (~ 2024년)	2단계 (2025년 ~)	4단계 (2030년 ~)
거래소 가이던스를 통해 '지속가능경영보고서' 자율 공시 활성화	**자산 2조원 이상** 코스피 상장사 공시 의무화	**전체 코스피 상장사** 공시 의무화

[그림 4] 기업공시제도 종합 개선방안 요약(금융위원회, 2021.1.15)[5)]

② ESG 정보 플랫폼 및 통계 구축

정부는 시장 참여자들에게 ESG 경영 및 투자 관련 정보를 제공하는 (가칭) "K-ESG 플랫폼"을 구축하고, 각 시스템을 연계하여 이용자의 편의를 도모할 방침이다. K-ESG 플랫폼은 (1) ESG 국내외 동향·이슈, 범부처 정책 및 지원사업, 자가진단 툴을 제공하는 "ESG 경영지원 플랫폼"과 (2) 코스피 상장사의 ESG 공시 정보, 사회책임투자 채권 및 ESG 펀드 관련 정보 등을 제공하는 "ESG 투자 플랫폼"으로 구성될 예정이며, 중장기적으로는 국내기업들의 ESG 대응 현황 및 개별 기업의 상대적 수준을 파악할 수 있도록 관련 DB를 확충해 나갈 계획이다.

③ ESG 금융상품의 다양화

정부는 다양한 ESG 지수를 개발하여 ESG 관련 ETF 등 ESG 지수 연계 투자 상품 출시를 유도하고, ESG 경영-투자 선순환 확산을 위하여 ESG 채

5) 윤용희, 위 발표자료, 9면.

권(사회책임투자 채권)의 하나로 지속가능연계채권Sustainability-Linked Bond, SLB의 도입에 대하여 검토할 예정이다.

현행 사회책임투자 채권은 발행자금이 특정 친환경·사회적 이득을 창출하는 프로젝트에 사용되는 녹색·사회적·지속가능채권을 의미하는데, 이를 프로젝트 단위가 아닌 기업의 전체 ESG 성과와 연계하여 발행하는 지속가능연계채권SLB까지 포함하겠다는 취지로, 정부는 ESG 금융상품의 다양화를 통하여 ESG 투자의 활성화를 추진할 방침이라고 알려져 있다.

④ 공공부문의 ESG 투자 활성화

정부는 연기금의 ESG 투자를 활성화하기 위하여 기금 운용 및 연기금 투자풀 운영 시 ESG 투자가 이루어지는 경우 이를 기금운용평가에 반영하고, 중장기적으로는 연기금 투자풀 운용사를 선정할 때에도 ESG 평가보고서에 가점을 부여하는 등 ESG 요소에 대하여 검토할 예정이다.

정부는 정책금융 지원시에도 ESG 우수기업에 대하여 맞춤형 상품을 제공하고, 기업의 ESG 성과와 대출금리를 연계한 지속가능연계대출 상품을 도입하는 등 ESG 금융을 활성화하는 방안을 마련할 계획이다.

⑤ 중소·중견기업의 ESG 역량 강화

정부는 지속가능경영확산(산업부), 탄소중립·ESG 산업생태계 조성(중기부) 사업 확대 및 연계 강화를 통하여 중소·중견기업에 대한 ESG 교육·컨설팅을 진행하고, ESG 관련 정부 포상·인증 제도를 활용하여 ESG 우수기업에 대한 재정사업 우대 및 조달·금융상 등의 혜택을 제공할 예정이다.

대기업의 공급망 ESG 관리 강화가 중소기업의 ESG 경영을 촉진할 수 있도록 대기업 및 중소기업 사이의 협업 및 지원사업을 활성화하겠다는 방침으로, 2022년까지 협력 중소기업에 대한 ESG 경영 지원 관련 비용을 연구·인력개발 세액 공제 대상으로 추가하고, 2021년부터 협력사의 ESG 경영 지원 실적 등을 동반성장지수 평가에 반영하는 등 인센티브를 강화할 예정이다.

한편, 현정부에서는 ESG 법령/제도의 도입 관련 그 양과 속도에 있어서 이전 문재인 정부와 많은 차이가 있을 것이라고 전망하는 목소리도 있으나, 필자는 생각을 달리하고 있다. 현정부 또한 글로벌 시장에서 경쟁력을 유지해야 하는 대기업 및 그 대기업과 거래하는 중소/중견기업이 시장에서 도태되지 않고 오히려 ESG 프리미엄을 누릴 수 있도록 선제적으로 다양한 제도를 도입할 것이고, 이를 위해 법령의 제정/개정이 필요한 경우 이 또한 적극적으로 시도할 것으로 보이기 때문이다. 결론적으로, 이전 정부가 2021. 8.26. 관계부처 합동으로 발표했던 "친환경・포용・공정경제로의 대전환을 위한 ESG 인프라 확충 방안"에 포함되었던 세부과제들 중 상당수는 현정부에서도 연속성을 가지고 추진될 것으로 예상된다.

이런 배경에서, 이미 도입되었거나 도입을 목전에 두고 있는 유럽연합EU의 ESG 관련 법령/제도의 내용 및 이에 대응하여 도입/준비되고 있는 한국의 법령/제도를 일별하는 것은, 현 정부에서 강조될 수 있는 ESG 법령/제도를 가늠하는 데 도움이 될 수 있을 것으로 보인다. 해당 내용을 간략하게 비교/정리하면 아래 표와 같다.

	EU	한국
녹색(산업) 분류체계	• **EU Taxonomy Regulation** – 환경적으로 지속 가능한 경제활동에 대한 분류체계 ('22.1. 초안 발표) → 해당 경제활동만이 지속가능 금융의 대상이 될 수 있음. 기본적으로 이에 따라 녹색채권 기준, 공시 등이 이루어짐 – 원전/LNG 포함	• **환경책임투자의 지원(환경기술산업법 10조의4)** – 금융기관은 **환경책임투자**를 위해 노력할 의무 → **한국형 녹색분류체계**(K-Taxonomy: 환경적으로 지속가능한 경제활동 여부를 판단하기 위한 녹색분류체계) 공개 ('21.12. 환경부): 원전은 보류, LNG는 '35년까지 한시적 포함 – 기업의 환경 성과 평가 위한 **표준 평가체계** 구축('22.2)
녹색채권 기준	• **EU Green Bond Standard** – 그린워싱 방지를 위한 그린본드에 관한 기준	• **녹색채권 가이드라인** 공개('20.12.) – 환경부/금융위/환경산업기술원/거래소
금융회사 공시 제도	• **Sustainable Finance Disclosure Regulation (SFDR, 지속가능금융 공시규정)** – EU 역내의 연기금, 자산운영사 및 해당 금융상품 관련 ESG 정보 공시에 관한 규정('21.3. 시행)	• **ESG 정보 공개 가이던스('21.1. 거래소 가이던스)** – **지속가능경영보고서**: 25년부터 단계적 의무화 – **지배구조보고서**: 19년부터 단계적 의무화
ESG 정보 공시 제도	• **Non-Financial Reporting Directive (NFRD, '18년 시행)** → **Corporate Sustainability Reporting Directive (CSRD, 기업지속가능성 보고지침, '24년 시행 예정)**	• **환경정보공개시스템:** 22년부터 단계적 의무화 (환경기술산업법 16조의8) • **[참고] K-ESG 평가지표** 공개('21.12. 산업부)(산업발전법 18조)
기업인권경영 (BHR) – 인권실사/공급망실사	• **Directive on Corporate Sustainability Due Diligence (기업 지속가능성 실사 지침인, '22.2)** – EU 기업의 공급망 실사 의무를 강제하는 내용의 지침안 → 글로벌 공급망에 걸쳐 ESG 부정 요소에 대해 실사하고 이를 예방/완화해야 하는 법적 의무 부과	• **인권정책기본법안 입법예고**('21.12. 법무부) – **기업의 인권존중책임과 국가의 인권보호의무** **17조 1항**: (i) 기업활동을 통해 타인의 인권을 침해하거나 (ii) 제3자가 타인의 인권을 침해하는 일에 관여하는 행위가 금지됨

[그림 5] EU와 한국의 ESG 제도 도입 현황[6)]

6) 윤용희, 위 발표자료, 26면.

2. ESG 생태계는 공적 · 사적 규제 메커니즘이 긴밀하게 연동되어 있음

세계 시장에서 활동하는 기업은 ESG 생태계 내지 운동장에서 키플레이어로 활동하지 않으면 퇴출되는 시대가 이미 도래했고, ESG 생태계는 기존의 공적 규제 메커니즘에 더해서 사적 규제 메커니즘이 긴밀하게 연동되어 작동하고 있음을 깊이 인식하는 것이 중요하다. 글로벌 시장에서 활동하는 대기업들은 시장경제 메커니즘에 기초하여 막강한 사적 영향력을 행사할 수 있는 투자자(주주), 고객사를 비롯한 이해관계자로부터 ESG 맥락에서 새로운 준수사항, 즉 사적 규제의 준수를 요구받고 있다고 표현할 수 있다.

대기업이 정부의 공적 규제에 더해서 이해관계자의 사적 규제에 대응하기 위해서는 이해관계자의 요구사항을 준수하고 자사의 ESG 리스크를 관리해야 할 뿐만 아니라 자사의 글로벌 공급망에 위치한 원료/부품 공급사들에 대하여 유사한 수준의 준수사항을 이행할 것을 요구하거나 적어도 해당 공급사들의 ESG 리스크에 관한 정보를 확인해야만 하는 상황에 처하게 되었다. 예를 들어, 글로벌 공급망을 무대로 활동하는 한국 기업은 글로벌 수준으로 ESG 리스크를 관리하고 그 성과를 보여줄 수 없다면 글로벌 공급망에서 경쟁우위를 얻을 수 없게 되었고, 심지어 가격과 품질이 좋음에도 불구하고 자사 및/또는 협력사의 ESG 리스크 때문에 고객으로부터 외면당하는 상황이 발생하고 있다. 이를 달리 표현하면, 적어도 유럽 소재 고객사를 대상으로 제품/서비스를 공급하는 기업들 사이의 경쟁은 기존의 가격/품질 중심의 경쟁에 더해서, 자사 및/또는 협력사의 ESG 리스크 관리의 성과 내지 상대적 우위를 확보하기 위한 경쟁이 중요해지고 있다고 볼 수 있다. 이는 소극적으로는 글로벌 공급망에서 퇴출당하지 않기 위해서는 ESG 리스크를 잘 관리해야 하고, 적극적으로는 글로벌 시장에서 상대적 경쟁우위를 누리기 위해서는 비즈니스 전략 · 모델에 있어서 ESG 프리미엄을 달성하는 방향으로 나아가야 한다는 메시지로 해석할 수 있다.

ESG 사적 규제는 ESG 투자를 실행하고자 하는 투자자와 그 투자 대상(후보)기업과의 관계에서도 그 단면을 확인할 수 있다. ESG 투자란 전통적으로 중시되어온 재무적 수익성 위주의 투자 의사결정에 "비재무적 요소", 특히 환경, 사회적 책임, 거버넌스(투명경영) 요소를 핵심 요소로 포함하는 것을 말한다. 즉, ESG 투자는 투자자와 기업 간의 관계에서 ESG 요소까지 고려하여 투자 의사결정을 하는 방식을 의미한다. 이런 배경에서, 예를 들어, ESG 평가사가 대상 기업의 정보(지배구조보고서, 지속가능경영보고서 등)를 기초로 ESG 평가 결과를 생성하고, 투자자(글로벌 자산운영사 등)는 ESG 평가 결과를 참고하여 대상 기업에 대해 정보 공개 등 개선 요구를 하고 있다. 투자자가 ESG 정보에 기초하여 취할 수 있는 대응책을 분류해 보면, (i) 대상 기업과의 상시 대화(예: 기후변화를 경영전략에 반영하고 이사회 내 관리방안을 수립할 것을 요청), (ii) 주주제안(예: 글로벌 공시기준에 따른 ESG 정보공시 요청), (iii) 투자 철회(예: 화석연료 사용 회사에 대한 투자 철회), (iv) 소송제기(예: ESG 관련 불성실공시에 따른 소송) 등을 예로 들 수 있다.

전통적인 정부의 공적 규제와 대비하여 ESG 사적 규제의 근거와 성격, 실패 시 페널티 등을 살펴보는 것은 사적 규제 메커니즘에 대한 이해를 높이는 데 도움이 된다. (i) 정부의 공적 규제는 기본적으로 정부와 기업 간 법률적 사안을 전제로 논의되고 규제의 근거는 환경법, 공정거래법 등을 비롯한 법령 등 강성 규범인 반면, (ii) 이해관계자의 사적 규제는 투자자, 고객사 등 이해관계자와 기업 간 법률적/계약적 사안까지 포괄한 상황을 전제로 논의되고 글로벌 이니셔티브, 고객사의 행동강령Code of Conduct 등 연성 규범에 기초하고 있는 자율 규제의 모습을 보인다. 행정책임, 형사책임, 민사책임 등이 공적 규제 미준수에 따른 제재 내용이라고 한다면, ESG 사적 규제를 준수하지 못했을 경우 페널티는 기본적으로 사적 제재로서 고객사와 거래 단절, 투자/여신 기회의 제한, 매출 하락, 인적자원 이탈 등을 예로 들 수 있다.

이처럼 ESG 규제 법령/제도의 강화와 더불어 이해관계자의 사적/자율 규제가 활성화되면서, 국내 기업이 국내외 시장에서의 치열한 경쟁에서 낙오되지 않고 오히려 ESG 프리미엄을 누리기 위해서는 선제적으로 ESG 경영을 도입·강화해야 하는 상황에 처하게 되었다고 평가할 수 있다. ESG 투자 및 ESG 경영이라는 새로운 패러다임에 직면한 기업으로서는 ESG 평가 대응 전담부서를 마련하는 수준의 소극적인 대응을 넘어서, 전사적으로 ESG 경영 목표와 전략을 수립하고 이를 토대로 ESG 리스크 관리 체계 및 공시 제도를 마련할 뿐만 아니라 이에 대응하는 각 조직의 R&R을 정비하는 등의 선제적이고 종합적인 접근을 할 필요가 있고, 이러한 과정을 통해 기업 내 ESG 문화의 정착까지 도달할 것을 요구받고 있는 실정이다.

이처럼 기업이 처하고 있는 새로운 경영환경과 이에 대한 기업의 대응 방향을 그림으로 정리하면 아래와 같다.

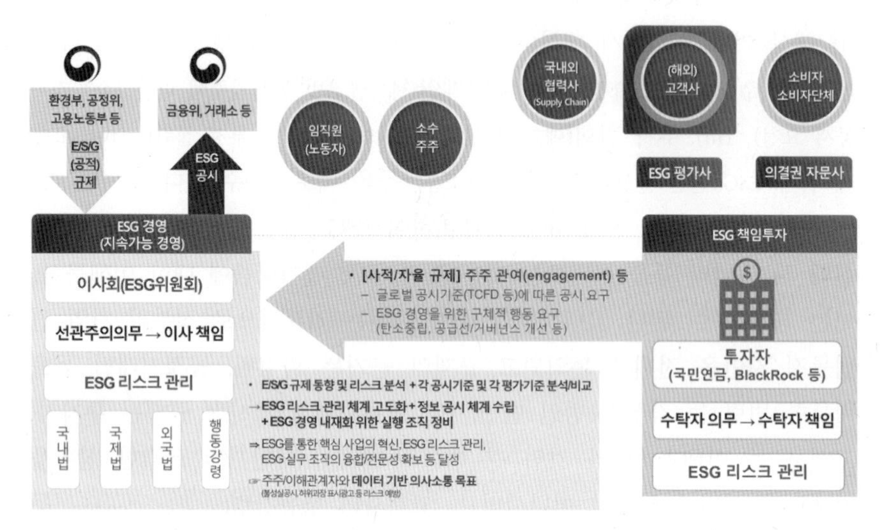

[그림 6] ESG 생태계에서 기업이 처한 규제 환경[7)]

3. 준법 리스크를 포괄하는 ESG 리스크 관리체계 구축 필요

지금까지 보았듯이, ESG로 인해 기업 규제 환경에 있어서 큰 변화가 일어나고 있고 그 변화를 더 강하고 빠른 속도로 진행될 것으로 예상된다. 특히 (i) 정부의 공적 규제의 강화와 더불어 이해관계자(투자자, 고객사 등)가 주도하는 사적/자율 규제가 강화될 것이라는 점 및 (ii) 이로 인해 기업은 전통적인 준법 리스크에 더해서, 국제규범/외국법령 및 행동강령(고객사 등

---

7) 윤용희, 위 발표자료, 8면.

이해관계자의 요청사항, 평가기준/공시기준에 따른 요청사항 등)에 따른 리스크까지 아우를 수 있는 ESG 리스크라는 개념을 상정하고 이에 대한 관리체계를 고도화해야 하는 시대가 도래했다고 볼 수 있다.

과거에는 주로 국내 법령 중심의 준법 리스크를 관리하면 충분했다면, ESG 시대에는 기업이 관리해야 할 리스크, 즉 ESG 리스크의 범위, 성격, 식별 방법, 관리 도구, 관리 체계 등에 있어 본질적인 변화가 예상된다. 전통적 준법 리스크와 ESG 리스크를 비교/분석하는 작업이 중요할 것인데, 이를 정리하면 아래 그림과 같다.

구별	전통적 준법 리스크	ESG 리스크
리스크 범위	① 공적 규제(강성 규범) : ESG 각 영역별 주요 관련 법령상 규제	① 공적 규제(강성 규범) : ESG 각 영역별 주요 관련 법령상 규제 + ESG 제도에 따른 추가 규제(의무공시, 녹색분류체계 등) ② 국제규범/외국법령 - 유럽의 인권실사법 등 ③ 행동강령(Code of Conduct) – RE100 등
리스크 성격	① 정부/기업 간 법률적 사안을 전제로 논의 → 공적 규제(강성 규범)	① 정부/기업 간 법률적 사안을 전제로 논의 → 공적 규제(강성 규범) ② 투자자, 고객사 등 이해관계자와 기업 간 법률적/계약적 사안까지 포괄한 상황을 전제로 논의 → 사적/자율 규제(연성 규범)
관리 실패 시 불이익	① 행정책임, 형사책임, 민사책임, 평판 피해 등	① 행정책임, 형사책임, 민사책임, 평판 피해 등 ② 사적 제재 : 고객사와 거래 단절, 투자/여신 기회의 제한, 매출 하락, 인적자원 이탈 등
식별 방법	① 준법 리스크 풀에 기초한 식별	① 준법 리스크 풀에 기초한 식별 ② ESG 평가 질문지, 공시 기준 등을 추가로 적용하여 식별
관리 도구	① 주요 법령별 준법 리스크 풀, 체크리스트, 사고/조사 대응메뉴얼 등	① 주요 법령별 준법 리스크 풀, 체크리스트, 사고/조사 대응메뉴얼 등 ② ESG 리스크 플랫폼 (율촌 ESG 인덱스 통한 진단/식별 포함)
관리 체계	• 법무/준법지원인 중심의 관리체계가 일반적	• ESG 위원회를 정점으로 한 리스크 관리체계가 일반적 - 준법 관리체계와의 통합/조화 이슈 - 그룹 전체의 ESG 리스크 식별/모니터링/관리 이슈

[그림 7] 전통적 준법 리스크와 ESG 리스크의 비교[8)]

지금까지 살펴본 내용을 종합적으로 반영하여, ESG 시대에 경영활동을 하는 한국 기업이 식별/관리해야 하는 ESG 리스크를 3층 주택에 비유해서 설명하고자 한다. 한국 기업이 식별/관리해야 하는 리스크 요소들로 구성된 ESG 리스크 주택ESG Risk House을 상정해 보자. (i) 1층에는 한국 국내 법령에 따른 리스크(예: 환경법, 공정거래법 등 국내 법령 상 규제와 이에 따른 리스크)가, (ii) 2층에는 국제 규범 및 외국 법령에 따른 리스크(예: 한국 기업의 유럽 소재 고객사가 준수해야 하는 국제 규범 및 외국 법령 상 규제와 이에 따른 리

8) 윤용희, 위 발표자료, 21면.

스크)가, (iii) 3층에는 (법령이 아니지만) 행동강령Code of Conduct에 따른 리스크(예: 유럽 고객사로부터 공급망에 포함되기 위해서는 RE100 가입을 요구받는 경우)가 각각 자리잡고 있다고 표현할 수 있다.

ESG 리스크 주택에 대한 이해를 돕기 위해 "기업과 인권 관련 규범"을 예시로 살펴보자.

전통적으로 기업 활동으로 인해 인권/환경에 부정적인 영향을 미치지 않게 하고 이를 예방/완화하기 위한 의무는 각 개별 국가의 환경법 등 국내 법령에서 규율하고 있었다. 그런데, 1996년 나이키 아동노동 사건(파키스탄) 및 2013년 라나 플라자Rana Plaza 붕괴 사건(방글라데시) 등으로 인해 개발도상국에서 아동노동, 강제노동, 열악한 노동환경 등 글로벌 기업의 인권침해 사례가 알려지면서, 비용 최소화를 위해서 열악한 규제 환경 및 노동환경에 머물고 있는 개발도상국 소재 사업자를 협력사로 선택하는 글로벌 기업 활동에 대한 규제가 필요하다는 주장이 힘을 얻었다. 이로 인해 글로벌 공급망에 대한 인권실사 의무화에 관한 국제 규범, 즉 UN 기업과 인권 이행원칙UN Guiding Principles on Business and Human Rights(2011) 및 OECD 다국적기업 가이드라인OECD Guidelines for Multinational Enterprises(2011)이 제정되고, 국제사회에서 의미 있는 변화를 가져왔으나, 강제성이 없는 자발적 참여 규범이라는 한계를 보였다.

이런 배경에서, EU 및 회원국 차원의 "글로벌 공급망에 대한 인권실사 의무화 법제화"가 추진되었고, 영국 현대판 노예방지법Modern Slavery Act(2015), 프랑스 인권실사법(2017), 노르웨이 투명성법(2021), 독일 공급망 실사법(2021) 등이 통과되어 이미 대부분 발효되었고 독일 법은 2023년 발표를 앞두고 있다. 한편 이와 같은 국가별 접근방법에 더해서 EU 차원에서 인권실사를 의무화하는 법제를 준비해 왔고, 그 결과 2021.3. EU의회의 "인권실사 의무화 법안 제정 결의안" 채택을 거쳐, 2022.2. "기업 지속가능성 실사 지침안Directive on corporate sustainability due diligence"이 발표되었다. EU "기업 지속가능성 실사 지침안"은 EU 기업의 공급망 실사 의무를 강제하는 내용의 지침안으로 적용 기업에 대하여 글로벌 공급망에 걸쳐 ESG 부정 요소에 대해 실사하고 이를 예방/완화해야 하는 법적 의무를 부과하는 것을 핵심으로 한다.

이에 반해, 인권실사 의무화를 핵심으로 하는 "기업과 인권 관련 규범"의 경우 아직 한국에는 국내 법령으로 도입되어 있지 않은 상황이다. 다만, 법무부가 2021.12. 입법예고한 "인권정책기본법안"은 기업의 인권존중책임과 국가의 인권보호의무를 천명하면서 (i) 기업활동을 통해 타인의 인권을 침해하거나 (ii) 제3자가 타인의 인권을 침해하는 일에 관여하는 행위를 금지하는 내용의 기업의 법적 의무를 부과하고 있다(제17조).

이와 같은 상황에서, 만약 과거처럼 공적 규제 메커니즘만을 상정하고 기업이 관리/대응해야 할 리스크를 ESG 리스크 주택의 "1층 리스크", 즉 한국 국내 법령에 따른 리스크만을 생각한다면, 당해 한국 기업은 아직 한국에 국내에 관련 법령이 도입된 것이 아니므로 이에 관해 아무런 대응을 하지 않아도 된다는 의사결정을 했을지도 모른다. 그러나, 이제는 글로벌 기업들이 EU 및/또는 각 회원국의 법령을 준수하기 위해서 또는 다양한 사적 이해관계를 위해서 글로벌 공급망에 포함된 한국 기업에게 ESG 리스크 주택의 "2층 리스크"에 더해 "3층 리스크"까지 적정하게 관리하고 대응할 수 있는 시스템을 갖추고 그 성과를 제시해 줄 것을 요구하고 있기 때문에, 이제는 한국 기업이 식별하고 관리/대응해야 할 리스크의 질과 양이 획기적으로 변화되었다고 볼 수 있다.

ESG 리스크 주택의 개념 및 각 층별 세부 리스크의 내용을 예시하면 아래 그림과 같다.

한편, ESG 문제는 법적 규제로 전환될 가능성이 높으므로, ESG 리스크 관리는 미래의 규제를 선제적으로 대비하는 성격이 있음을 인식하는 것도 중요하다. 즉, 기후 변화, 인권 보호, 양성 평등 등 여러 환경, 사회 문제들에 대한 사회적 관심이 높아짐에 따라 이러한 ESG 문제가 가까운 미래에 규제로 전환될 가능성이 높다. 이를 달리 표현하면, 시간이 지남에 따라 3층 소재 리스크가 2층의 리스크로, 2층 소재 리스크가 1층 소재 리스크로 변화 내지 발전될 수 있는 것이다. 예를 들어, 기후 변화 문제는 초기에는 상대적으로 구속력이 약한 형태로 시작하였으나, 1997년 교토의정서와 2015년 파리협정을 거치면서 규제 형태로 변화하고, 온실가스 배출권 할당 제

[그림 8] ESG 주택의 개념과 구성요소[9)]

도 등 관련 법제도가 시행되고 있고, 공급망에서의 인권 문제 등 다양한 ESG요소가 법령 상 규제로 전환되고 있다.

참고로, 아래 그림에서 보듯이, 한국 정부는 ESG를 개선하면 중장기적으로 기업가치를 제고하고 사회적 가치에도 기여한다는 입장에 서 있는 것으로 파악되는데, 이와 같은 사정 또한 한국 기업이 ESG 생태계를 이해함에 있어서 도움이 된다. 예를 들어, 한국 기업들이 ESG 경영 체계 및 리스크 관리체계를 도입하고 외부 ESG 평가사의 평가절차에 적극적으로 대응해야 하는 이유를 아래 그림에 언급된 내용에서 찾을 수 있을 것이다.

9) 윤용희, 위 발표자료, 20면.

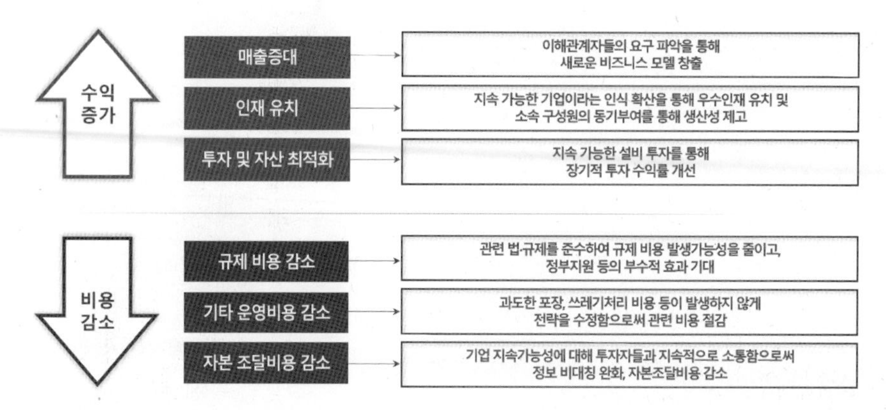

출처: KBCSD 주관 금융위원회 발표자료('21. 2. 25.)

[그림 9] 금융위원회 발표자료 발췌[10)]

10) 윤용희, 위 발표자료, 9면.

Law's Futures

팬데믹과 법의 미래

43~44

Law's Futures

43

감염병 대유행에 대한 헌법을 준수하면서도 합리적인 대응은 무엇인가?

이민열

한국방송통신대학교 법학과 조교수, 변호사, 법학박사

정치철학과 분석철학의 성과를 발전시키고 활용하여 헌법해석의 정교한 논증대화적 틀을 마련하는 데 초점을 두고 연구를 이어가고 있다. “존 롤즈의 원초적 입장의 조건과 헌법해석의 지침”, “기본권보호의무 위반 심사기준으로서 과소보호금지원칙” 등의 논문을 썼다. 저서로 『헌법논증이론』(공저, 2021), 『인생을 바꾸는 탐구 습관』, 『철인왕은 없다』, 『삶은 왜 의미 있는가』, 『정의란 무엇인가는 틀렸다』 등이 있고, 역서로 『관용의 어려움』, 『너절한 도덕』, 『자유의 법』, 『태어나지 않는 것이 낫다』, 『법복 입은 정의』 등이 있다.

Ⅰ. 들어가며

감염병 위협에 대처하기 위해 생활환경의 통상적인 규제 및 조정과 치료 정책을 넘는 특별한 조치를 필요로 하는 경우가 있다. 그런데 이 특별한 조치들은 국민의 자유와 권리를 침해하고 문제된 감염병에 대한 대처 이외의 사회적 목표들에 저해가 되어 모든 사정을 고려할 때 공공복리에 위해가 될 위험이 있다. 따라서 감염병 대유행에 대처하기 위한 국가권력 행사의 헌법적 한계를 짚어볼 필요가 있다.

이하에서는 2020년 이후 지속되어온 코로나19 감염병 대유행의 경험을 통해, 팬데믹 대처에서 문제될 수 있는 헌법규범들을 하나씩 살펴보면서, 향후 비슷한 문제에 직면할 때 그에 대처하기 위한 국가 조치의 정당성과 합리성을 확보할 수 있는 그 규범들과 관련한 지침들을 구성해보겠다.

Ⅱ. 헌법규범이 설정하는 감염병 대처 정책의 한계

1. 공정한 고지 원칙

공정한 고지 원칙이란, 법규범의 수범자에게 수범의무의 준수 또는 위반에 따르는 효과를 부과하려면 그 법규범의 내용이 수범자가 합당한 주의를 기울이면 알 수 있는 상태에 있었어야 한다는 원칙이다. 공정한 고지의 조건이 갖추어지지 않은 상태에서 법규범의 효과, 특히 불리한 효과를 부여하는 것은 정당한 수범의무를 발생시키지 않는 한낱 힘의 패턴을 관철하는 것으로 실질적 법치주의에 정면으로 위반된다.

이 원칙은 형법불소급의 원칙(헌법 제13조 제1항), 소급입법금지원칙(헌법 제13조 제2항), 죄형법정주의원칙(헌법 제12조 제1항), 법률우위 원칙과 법률유보원칙(헌법 제37조 제2항), 명확성원칙[1) 등에 구현되어 있는 원칙일 뿐만

1) 헌법재판소 1992.4.28. 선고 90헌바27 결정등은 "법률은 명확한 용어로 규정함으로써 적용대상자에게 그 규제내용을 미리 알 수 있도록 공정한 고지를 하여 장래의 행동지침을 제공하고, 동시에 법집행자에게 객관적 판단지침을 주어 차별적이거나 자의적인 법해석

아니라 그 자체가 적정절차의 중요한 내용을 이루는[2] 독자적인 헌법원칙이다. 법률에 근거한 일반 처분의 내용을 2주에 한 번씩 일부 내용만 바꾸면서 그 전체 내용은 하나의 문서로 정리하여 공지하지 않아 국민이 제대로 파악할 수 없는 상태로 두는 경우 이는 소급입법도 아니며, 죄형법정주의·법률유보원칙·명확성 원칙 위반도 아니다. 그러나 이러한 형태의 국가 행위가 헌법상 적법절차원칙을 위반했음은 분명하다.

감염병의 예방 및 관리에 관한 법률[3](이하 '감염병예방법'이라고 칭함)에서는 감염병의 예방 조치(제49조)를 할 광범위한 권한을 질병관리청장, 시·도지사 또는 시장·군수·구청장이라는 복수의 주체에게 부여하고 있다. 그런데 그 권한에 따라 발령되는 예방 조치를 준수할 수범자가 국민 일반임에도 제49조 소정의 조치의 형식은, 구체적으로 제한된 인적·상황적·공간적 대상에 대해서 규율하는 제47조의 감염병 유행에 대한 방역 조치와 전혀 차이를 두고 있지 않다. 즉 일반적 규칙의 발령으로서 누구나 쉽고 확실하게 접근할 수 있는 고지의 방식을 취해야 함에도, 공포나 이에 준하는 공식적이고 체계적인 문서의 형식으로 이루어질 것을 요하지 않고 있으며 발령의 방식도 정해져 있지 아니하다.[4] 그런데 일반성과 추상성을 지니는 법규적 효력을 갖는 조치는 법규명령Rechtsverordnung으로, 구체적인 개별적인 처분으로서 효력을 갖는 조치는 일반처분Allgemeinverfügung 형식으로 발령하는 것이 법규범 발령의 원칙이다. 설사 변화하는 여건에 맞추어 조치를 지속적으로 변경할 필요성으로 인해 일반처분 형식으로 발령하더라도 공정한 고지 원칙을 준수하기 위해서는 수범자의 입장에서 법규명령과 같은 정도의 접근성과 확실성을 갖는 법규범 고지의 형식을 취해야 한다.[5]

을 예방할 수 있다"고 하여 명확성 원칙이 공정한 고지를 구현하는 한 방식임을 시사하는 설시를 한 바 있다.

2) Lambert v. California 355 U.S. 225 (1975) at 226-230에서는 중범죄자가 로스앤젤레스시에 5일 이상 체류하거나 30일간 5회 이상 방문할 때 경찰당국에의 등록할 의무 위반을 이유로 형벌을 부과하기 위해서는 법의무를 준수할 수 있는 시기에 사전통지가 있어야 하고, 그러한 사전통지 없이 피고인에게 중한 형벌을 부과하는 것은 사전통지와 밀접히 관련된 적정절차조항 위반이라고 하였다.

3) 이 글에서는 법률 제18507호, 2021.10.19. 일부 개정된 것을 기준으로 논의하겠다.

4) 방역 상황에 따라 이루어지는 조치의 고지 형식에 관하여 법에 규정된 것은 예방접종은 공고의 형식에 의하고(제26조) 감염병의 분류는 고시에 의한다는 것(제2조)뿐이다.

실제 지난 코로나 방역 시기 동안을 살펴보면, 지방자치단체의 경우 처분을 알리는 경로가 일정하지 않고, 어떤 때에는 고시공고에 어떤 때에는 시보에 혼란스럽게 공개되고,[6] 그 명칭도 혼용되는데다가 정정고시가 무엇에 관한 정정고시인지조차 특정하지 않아 전체 방역 조치의 모습을 언제든 쉽게 파악하는 것을 거의 불가능하게 만들었다.[7] 중앙행정기관인 보건복지부[8]와 질병관리청[9] 홈페이지에서도 보도자료를 게시하는 형식으로만 그때그때의 방역조치를 국민에게 알리고 있다. 그러나 보도자료는 법규범의 공식적인 발령 형식이 아닌데다가, 다른 수많은 현황 보도자료와 섞여 있는 형태로 보도자료가 게시되었다. 그 결과 이를테면 환기・소독을 해야 한다는 것은 많은 소상공인들이 알고 있었지만 환기・소독대장을 작성해야 한다는 것은 대부분 모르고 있었기에, 환기・소독대장을 작성하지 않았다는 이유로 영업정지처분 등을 받아 불의의 타격을 입는 경우가 있었다.

공정한 고지 원칙을 위반하지 않으려면, 일반 국민을 대상으로 하는 조치는 (i) 법규명령에 의하도록 하거나 (ii) 부득이 일반처분의 형식으로 하는 경우에도 그 조치의 고지는 정해진 형태의 문서 전체를 갱신하는 방식으로 하도록 명확하게 규정하면서, 상이한 조치 권한자의 조치들을 모두 종합적으로 정리하여 그 전체 모습을 쉽게 접근할 수 있는 일관된 곳에 다른 정보와 섞이지 않도록 고지할 의무를 국가에 부과하는 규정을 감염병예방법에 명시적으로 두어야 한다.

---

5) 정문식・정호경, “코로나위기와 헌법국가−독일에서의 코로나위기 대응에 대한 헌법적 논의를 중심으로−”, 헌법재판연구 제7권 제2호, 2020, 85면은 독일에서는 “일반처분은 구체적으로 제한된 인적・상황적・공간적 대상에 대해서만 규율할 수 있으므로 일반 시민들에 대해 적용할 때는 허용되지 않는 것으로 인식되어, 초기에 일반처분으로 대응했던 주들이 대부분 법규명령으로 대응조치 형식을 변경하였다”는 점을 짚고 있다.

6) 고시공고(https://www.seoul.go.kr/news/news_notice.do#view/325860)와 서울시보(https://event.seoul.go.kr/seoulsibo/ list.do) 참조 (최종검색 2022.3.1.)

7) 예컨대 서울시의 2020년도 10월 12일 ‘코로나 19 방역강화를 위한 마스크 착용 의무화 행정명령 정정고시’는 어떤 행정명령을 정정한 것인지 그 내용이 기재되어 있지 않다.

8) http://www.mohw.go.kr/react/index.jsp (최종검색 2022.3.1.)

9) https://kdca.go.kr/index.es?sid=a2 (최종검색 2022.3.1.)

2. 집회의 자유와 종교적 집회의 자유

집회의 자유는 개인의 인격발현의 요소이자 민주주의를 구성하는 요소라는 이중적 헌법적 기능을 가지고 있다(헌법재판소 2003.10.30. 선고 2000헌바67 결정 등). 또한 대의민주주의 체제에 있어서 민주정치의 바탕이 되는 건전한 여론표현과 여론형성의 수단인 동시에 대의기능이 약화된 경우에 그에 갈음하는 직접민주주의의 수단으로서 기능하며, 현대사회에서 의사표현의 통로가 봉쇄되거나 제한된 소수 집단에게 의사표현의 수단을 제공한다는 점에서, 필수적 구성요소가 되므로(헌법재판소 2009.9.24. 선고 2008헌가25 결정; 헌법재판소 1992.1.28. 선고 89헌가8 결정) 표현의 자유로서 우월적 지위를 갖는다. 특히 감염병 대유행으로 인하여 국민의 자유와 권리, 소수의 복리가 무시당하기 쉬울 때 더욱 그 기능을 보장받아야 하며, 그 '필수성'으로 인해 제한된 형태로라도 보장이 계속 이루어져야 한다.

그럼에도 불구하고 2020년 초부터 2022년 초까지 코로나 방역이 이루어졌던 대부분의 기간 동안 지방자치단체장에 의해 옥외집회를 전면적으로 금지하는 집합제한 조치가 반복적으로 갱신되었다.[10] 실내에서 이루어지는 일정 인원 미만의 행사나, 그리고 서로 인적 유대관계는 없지만 실내에서 다수의 사람들이 음식을 먹고 마시는 활동, 그리고 교실 수업, 옥외 야구경기 관람, 밀집한 대중교통 수단을 통한 이동, 꽃구경, 등산 등은 허용되는 경우에도 집회를 전면 금지하는 조치가 계속 이루어졌던 것이다. 이는 우월적 지위를 가진 집회의 자유를 오히려 다른 자유에 비해 열등하게 취급하고 장기간 없어도 되는 것으로 치부한 것이다. 극히 제한된 단기간 이를테면 1~2주에 그치지 아니하고 장기간 동안의 집회의 전면금지는 헌법 제

---

10) 이를테면 서울행정법원 2021.10.19. 자 2021아12604 결정, 서울행정법원 2021.10.19. 자 2021아12597 결정 사건에서 문제된 서울특별시장의 집회금지조치를 살펴보면, 2021.7.12. 「감염병의 예방 및 관리에 관한 법률」(이하 '감염병예방법'이라 한다) 제49조 제1항 제2호에 따라 서울특별시 전 지역에서 개최되는 집회·시위를 금지하는 조치를 하였고, 그 금지기간을 연장해오다가 2021.10.15. 서울특별시고시 제2021-580호(이하 '이 사건 고시'라 한다)로 그 금지기간을 2021.10.31.까지로 다시 연장하였다. 코로나19가 1급 감염병으로 지정된 후 집회가 허용된 기간은 오히려 예외에 속하는 것이었다.

21조 제2항에서 사전허가제에 해당한다. 그 기간 동안 집회의 형태로 소수가 자신의 의견을 표출하는 길이 아예 막히기 때문이다. 그리고 헌법은 절대적으로 금지되는 사전허가제를 그 운용 목적이 감염병예방이라 하여 예외로 두고 있지도 아니하다. 또한 집회의 전면금지는 헌법 제37 제2항에 의해 금지되는 집회의 자유의 본질적 내용 침해이다(헌법재판소 2009.9.24. 선고 2008헌가25 결정 다수의견).

집회의 금지는 원칙적으로 공공의 안녕질서에 대한 직접적인 위협이 명백하게 존재하는 경우에 한하여 허용될 수 있으며, 집회의 자유를 보다 적게 제한하는 다른 수단, 즉 집회참가자 수의 제한, 집회 대상과의 거리 제한, 집회 방법·시기·소요 시간의 제한 등과 같은 조건을 붙여 집회를 허용하는 가능성을 모두 소진한 후에 비로소 고려될 수 있는 최종적인 수단이다(헌법재판소 2003.10.30. 선고 2000헌바67 결정 등 참조). 그런데 코로나19의 경우에 개방된 실외에서는 2미터 정도 거리를 두면 감염 위험이 거의 없다는 것이 방역 정책의 일반적 전제였다. 그렇다면 집회의 자유를 행사하는 사람들이 별도로 밀접하게 한 장소에 모이거나 같은 사람에게서 집회 도구를 나누어 받음이 없이 각자 2m 이상의 거리를 둔 정해진 장소에서 침묵하며 피케팅을 하는 방식으로 집회를 할 자유는, 전면적 봉쇄 조치나 그에 준하는 조치가 이루어지는 기간이 아닌 한, 언제나 보장되어야 한다. 이와 같은 방식으로 집회를 할 경우에는 그 인원수를 제한할 필요도 없으며 익명 집회의 자유[11]를 제한하여 참석자 명부를 작성케 할 이유도 없다.[12] 이 경우 집회참석자들의 감염위험 정도는 길거리를 걸어 다니는 사람들에 비

---

11) 집회의 자유는 집회의 시간, 장소, 방법과 목적을 스스로 결정할 권리를 보장한다(헌법재판소 2003.10.30. 선고 2000헌바67 결정 등; 헌법재판소 2016.9.29. 선고 2014헌가3 결정 등). 그리고 집회의 방법에 관한 결정 중에는 신원을 밝히고 참석할 것인가 아니면 신원을 밝히지 않고 참석할 것인가라는 익명 참여 결정도 포함된다. 익명 집회의 자유가 집회의 자유에 포함되는 것은 표현의 자유에 익명 표현의 자유가 포함된다는 법리의 당연한 귀결이다. 헌법재판소는 "이러한 '자유로운' 표명과 전파의 자유에는 자신의 신원을 누구에게도 밝히지 아니한 채 익명 또는 가명으로 자신의 사상이나 견해를 표명하고 전파할 익명표현의 자유도 그 보호영역에 포함된다고 할 것이다"(헌법재판소 2010.2.25. 선고 2008헌마324 결정 등)라고 확인한 바 있다.

12) 바로 앞의 각주에서 언급한 법원 결정들은 집회금지처분에 대하여 집행정지 결정을 내리면서 모두 집회 참석자 규모를 총 49명 이내로 제한하고, 참석자 명부를 비치하고 이 명부를 2개월 이상 보관하여야 할 의무를 부과하였다.

해 높다고 할 수도 없기 때문이다. 오히려 명부를 작성하는 것이 많은 참석자들이 필기구 등 하나의 물건을 함께 쓰게 하고 또 주최자와 공통으로 가까운 거리에서 접촉케 하므로 불필요한 위험을 창출한다. 길거리를 걸어다니는 사람에게 참석자 명부를 거리마다 작성케 하거나, 매우 넓은 야외 공간에 지나다니는 사람들의 수를 제한하는 것이 효과 없이 ―또는 명부 작성에 필요한 도구의 공통 사용으로 감염 위험을 오히려 확대하면서― 자유와 권리만 제한하는 것과 마찬가지로, 철저한 거리두기 방식의 실외 집회의 참석자 수를 제한하거나 출입자 명부를 작성케 하는 것도 필요성 없이 자유와 권리만 제한하는 것이다. 그리고 집회 참석자 규모 상한을 넘어서면 집회에 참석이 아예 불가능하게 되므로, 상한을 넘어섰다는 이유로 참석하지 못하는 사람은 집회 참석의 본질적 내용이 침해당하게 된 것이다. 집회에서는 얼마나 많은 수가 어떤 의견을 표명하면서 모였는가를 뚜렷하게 보여주는 것이 대단히 중요하다. 거리두기를 할 수 있음에도 불구하고 피해의 최소성을 충족하지 못하는 근거로 인원수를 자의적으로 제한하는 것은 집회의 본질적인 목적 자체를 좌절시키는 것이다. 그러나 법원은 인원수 제한이 필요 없는 집회 방식이 있을 수 있다는 점을 고려치 않고 만연히 인원수 제한이 꼭 필요하다는 전제 하에서 집회금지처분에 대하여 조건을 붙여 집행정지 결정을 하는 경향을 보였다.[13)]

따라서 감염병예방법을 개정하여, 집회의 자유의 전면적 금지는 야외에서 거리두기를 하여도 감염된다는 정도의 높은 위험성에 대한 객관적 증거가 있는 경우에만 가능하고, 그 이외에는 집회 도구의 개별 준비, 침묵하는 피케팅 시위, 거리두기 등의 조건을 두어 집회 자유 행사를 제한할 수 있을 뿐이고 위와 같은 방식의 제한을 받아들이지 않는 경우에만 참여자 수를 제한할 수 있다고 명시적인 규정을 두어야 한다.

---

13) 코로나19 감염병 대유행 상황에서 집회금지조치에 대해서 내려진 독일연방헌법재판소의 일부인용 결정(BVerfG, Beschl. d. 1. Kammer d. Ersten Senats v. 17.04.2020-1 BvQ 37/20-Rn.38 ff.)은 집회의 자유에 대한 제한이 헌법적으로 정당화될 수 있기 위해서는 감염위험을 감소시킬 수 있는 다른 대안을 고려해야 하며 특히 집회주최자와 함께 집회의 자유를 허용할 수 있는 협력적 해결책을 찾고자 노력해야 한다고 설시하였다. 그런데 이러한 협력적 해결책으로는, 참여자수 상한 제한과 같이 집회의 본질적 목적을 좌절시키는 것이 아닌 해결책이 우선 고려되어야 한다.

종교적 집회의 자유는 종교의 자유의 한 내용이다. 종교적 집회는 신앙의 보유와 그 신앙에 따른 종교적 행위의 일부를 구성한다. 또한 그 신앙을 공유하는 이들이 종교시설에서 종교 의례의 일환으로서 회합할 경우에는 불특정 다수에게 위력 또는 기세를 보여 그 의견에 영향을 주는 성격을 지니지 아니하므로 통상 타인의 생활방해와 같은 효과가 수반되지 아니한다. 이 두 가지 점 때문에 종교적 집회의 자유는 일반적 행동의 자유보다는 물론 일반적인 경우의 집회의 자유보다 더 강하게 보장되어야 하는 것이 원칙이다.

그런데 코로나19 방역 조치를 위하여 전면적으로 종교적 집회(대면 예배)를 장기간 금지하는 조치가 이루어졌다. 그리고 이 전면금지조치는 인적 유대가 없는 사람들이 비슷한 규모로 실내에서 식사 등을 함께 하는 것이 허용되거나 대면 실내 학교교육이 이루어지는 기간에도 유지되었다. 이는 인격의 발현과 가장 밀접한 관계에 있는 자유를 그보다 덜 밀접한 관계에 있는 자유보다 열등하게 취급한 것이며, 피해최소성 원칙을 준수하지 아니한 것이다.

실외에서 참석자 간 거리를 유지하고 주도자 이외의 사람들은 발언하지 않는 등 일정한 요건을 준수하며 종교적 의례를 수행하는 한 종교적 회합은 금지될 수 없다는 규정, 그리고 실내에서도 식당이나 카페 등의 동시간대 접객 가능한 규모 이내의 실내의 종교적 회합은, 참석자 간 상호작용 없이 의례 주도자 1인만 발언하는 등의 조건을 준수하는 한 인정되어야 한다는 규정을 법률에 두어야 할 것이다.

단순히 방역 지침을 준수하지 아니하리라는 우려 때문에 종교적 집회를 전면 금지하는 것은 피해최소성 원칙에 어긋난다. 행정편의적인 사유로 종교적 집회의 본질적 내용을 침해하는 것이기 때문이다(헌법재판소 2014.6.26. 선고 2012헌마782 결정 참조). 종교적 집회 참석자들이 그 비용을 부담하여 집회 내내 방역 지침 준수 여부를 확인하는 공무수탁사인의 관리를 수용하는 방법 등 자유를 덜 제한하는 여러 가지 조치들을 실시함으로써 우려는 불식할 수 있다.

3. 평 등 권

평등권은 보호영역을 갖지 아니하는 권리이다. 이는 불합리한 차별이 다른 기본권의 보호영역 축소라는 형태로만 나타나는 것은 아니기 때문이다. 그래서 국가재정을 사용하여 일부 국민만을 행정권이 그때그때 임의로 선정하여 우대하여 금전을 지급할 수 있도록 하는 법률도 평등권의 침해이다.

그런데 코로나19 방역 기간 동안 국민재난지원금이 일률적으로 직전 6월 건강보험료가 기준 중위소득 몇% 상당보다 낮은 국민에 대해서 지급되고 그렇지 않은 국민에 대해서는 지급되지 아니하였다. 그런데 그 명목은 '재난지원금'이지만 그 명목에 맞는 실질에 기초한 것은 아니었다. 기초생활급여, 실업급여, 산업재해보상급여 등 사회국가원리에 따라 국민 중 일부에만 지급되는 급여는 그 일부에게 그러한 급부를 받지 아니하면 보장되지 아니하는 사회권적 법익의 실질적 기초가 있다. 이와 달리 만일 실질적 필요에 기초하지 않은 소득을 기준으로 한 급부의 차별이 정당화된다면, 앞으로 어떤 명목을 붙여서건, 이를테면 '국민불황지원금', '국민스테그플레이션지원금', '국민인플레이션지원금' 등등의 명목으로 특정 기준을 임의로 설정하여 그 기준을 충족하는 국민에 대해서만 반복적으로 금전 급부를 하는 것이 헌법상 아무 문제가 없다는 결론이 나오는 바, 이는 터무니없다.

중위소득 180% 등의 임의의 소득 수준을 기준으로 하여 정액급여를 하면, 그 기준선 바로 아래에 있는 사람은 그 기준선 바로 위에 있는 사람보다 시장에서 노동 등으로 획득한 소득이 더 적음에도 불구하고 그와 같은 급여 이후에는 더 많은 소득을 갖게 된다. 이는 명백한 소득 역전을 국가가 강제하는 것이다. 그리고 그와 같은 임의적 기준에 의한 차별적 급여가 반복해서 이루어지면 역전의 규모는 더욱 더 커지게 되고, 역전이 발생하는 국민의 인적 범위도 넓어지게 된다. 그런데 소득 역전의 규모 또는 인적 범위가 어느 수준 이하일 때에는 합헌이고 어느 수준 이상 되는 때부터 헌법 위반이라고 보는 것은 자의적이다. 따라서 사회국가원리에 의해 충족해야 하는 필요의 실질적 기초 없이 소득 역전이 국가에 의해 강제된 것 자체가 불합리한 차별로서 위헌이라고 볼 수밖에 없다. 필요의 실질적 기초와 연동되지도 않는 임의의 기준에 따라 급여 여부를 달리하는 것은 자의적인 차별인 것이다. 효과적인 방역 정책이라면, 감염병 대유행으로 인해 실질적 필요가 발생한 곳에 한정된 국가 자원을 우선 투여하여야 한다. 그러한 우선 투여가 이루어지지 않으면 아래에서 살펴볼 헌법상 보상의무를 제대로 이행하지 못하거나, 사회권의 보장이 제대로 이루어지지 않을 것이기 때문이다. 헌법상 의무를 다 이행했음에도 국민경제 활성화를 위해 나서 굳이 실질적 필요의 기초와 연동되지 않은 금전급부를 시행하는 경우라면, 그 대상은 모든 국민이어야 평등권을 침해하지 않을 것이다.

4. 수형자 등의 신체의 자유

인신이 이미 국가에 의해 구속되어 있어 자력으로 방역 물품을 구매할 수 없는 미결수용자나 수형자 등에게 방역 물품을 지급하지 아니함으로써 사람이 밀집한 곳에서 현저하게 높은 감염병 위험에 처하게 하는 것은, 단순히 생명·신체의 안전을 보호하지 못한 보호의무위반에 그치는 것이 아니라 국가가 적극적으로 생명·신체의 안정성을 훼손한 것이다. 이는 수형자 등에게 물과 음식을 3일 이상 지급하지 아니하는 것이 단순히 사회권이나 보호권의 문제가 아니라 신체의 자유 자체에 대한 적극적 침해인 것과 마찬가지이다. 적극적 침해는 국민과 국가가 이미 맺고 있는 관계에 따라 부작위에 의해서도 이루어질 수 있기 때문이다.[14] 그럼에도 코로나19 대유행 초기에는 미결수용자나 수형자 등에게 마스크 등의 방역 물품을 지급하지 아니하였는데, 이는 신체의 자유에 대한 국가의 위법한 침해이다. 적어도 마스크와 같은 방역 물품의 착용이 국민 일반에게 의무화되는 시점 이후부터는 그와 같은 방역 물품을 국가의 관리 하에 신체의 자유가 이미 제한되어 있는 국민에게 보급할 행정부의 적극적인 법적 책임과 이를 요구할

14) 소극적 의무와 적극적 의무의 구분은 행위 자체의 양상(樣相)을 기준으로 한 부작위와 작위 의무와는 정확히 상응하지 않으며, 부작위를 통해서 자유를 침해하지 않을 소극적 의무를 위반할 수 있다는 점에 관한 논증으로는 이민열, “기본권보호의무의 구조와 보호권”, 헌법재판연구 제5권 제2호, 158-160면 참조.

수용자의 권리가 감염병예방법에 명시되어야 한다. 그리고 그러한 법적 책임 이행을 위해 덜 긴절한 용처에 쓰이고 있는 예산을 전용할 권한도 함께 규정되어야 한다.

다음으로 공동 격리 내지 코호트 격리로 인한 신체의 자유 침해를 살펴보자. 공동 격리란 동일한 병원체에 노출되거나 감염을 가진 일정한 공간 내에 있는 환자군(코호트)을 개별 감염 여부를 따지지 아니하고 격리하는 것이다. 그런데 이 경우 감염이 되지 아니한 사람은 국가에 의해 강제로 감염이 된 환자와 함께 거주하면서 현저히 높은 감염 위험을 부과받는다. 따라서 이것은 신체의 자유 제한이며, 비례의 원칙을 준수하여야만 정당화할 수 있다. 국가는 구금되지 아니한 국민에 대해서도 개별 격리를 실시하는 것이 불가능하게 되었다는 특별한 사정이 없는 한, 신속한 검사를 통하여 확진자를 분류해내고, 개별 격리로 이행하기 위해 꼭 필요한 과도기에 해당하는 단기간만 공동 격리를 실시할 수 있다고 보아야 한다. 그렇지 않으면 국민은 우연히 확진자와 같은 물리적 공간에 있었다는 이유로 현저히 높은 감염 위험에 강제로 노출되어 신체의 안정성이 훼손되어도 무방한 지위로 전락할 것이기 때문이다. 따라서 공동 격리를 이와 같이 한정된 목적을 위한 단기간의 임시적 조치로만 시행할 수 있다는 조항을 감염병예방법에 신설할 필요가 있다.

5. 예방접종 의무화와 신체의 자유 등

예방접종의 의무화 즉 예방접종을 받지 아니하는 것을 행정벌이나 형벌의 대상으로 삼는 것은 헌법적으로 허용되지 아니한다. 이는 헌법 제12조 제1항의 신체의 자유가 헌법 제10조에 규정된 개인의 인간의 존엄과 가치와 결합하여, 생명과 신체의 기능을 어떻게 유지할 것인지에 대해 스스로 결정하고 선택할 주권적 권리를 낳기 때문이다. 신체는 개인에게 속하는 많은 것들 중 가장 그 개인에게 밀접한 것이다. 자기 소유의 물건이 사라져도 그 개인은 개인으로 남고 일시적으로 격리 당하여도 그 개인은 개인으로 남지만, 자신의 신체가 함부로 침습되어도 되는 존재로 전락하는 경우 그 개인은 더 이상 독립적이고 존엄을 가진 고유한 인격체로서 존속하지 못하는 것이다. 나의 신체와 너의 신체가 경계가 없고 어떤 집단적 목적을 위하여 함부로 넘나들 수 있는 것이라면 애초에 나와 너의 구별을 전제로 하는 기본권 보장 체계 자체가 의미가 없다. 그렇기 때문에 개인의 신체의 경계는 설령 중대한 목적을 위한 것이라도 의사에 반하는 침습에 대항하는 강력한 방어막을 설정한다. 국가는 국민에게 실종이나 납치를 대비한다는 이유로 위치추적기 캡슐을 몸 안에 삽입할 것을 의무화할 수 없고, 설사 건강의 회복이나 생명의 연장을 위한 의료행위라 할지라도 명시적 거부에도 불구하고 이를 강제할 수 없다.

예방접종을 의무화하는 해외의 입법례가 있기는 하다. 그러나 이러한 입법례를 그러한 법적 의무화를 정당화하는 독자적이고 총체적인 논거로 사용하는 것은 자연주의의 오류이다. 해외입법례는 하나의 사실에 불과하고, 예방접종이 헌법적으로 정당화된다는 것은 규범이기 때문이다. 한낱 사실이 다른 규범적 논거와 결합하지 아니하고 규범적 결론을 독자적이고 총체적으로 도출하게 할 수는 없다. 만일 그렇게 본다면 하나의 국가에서 기본권을 침해하는 법률을 제정하면 그것이 그 자체로 규범적 논거가 되어 다른 나라의 기본권 침해를 정당화한다는 세계적 차원의 도미노 효과를 우리 헌법규범으로 편입시키는 셈이 될 것이다.

예방접종이 자신을 통하여 타인이 감염될 확률을 현저하게 줄이는 한, 예방접종을 할 중대한 도덕적 의무(㉠)는 존재한다. 그 수용이 합당하다고 생각될 수 있는 수준 이하의 부담을 적극적으로 짐으로써 자신이 타인에게 부담을 가할 확률을 낮출 수 있다면 그 부담을 질 도덕적 의무가 누구에게나 있기 때문이다. 이는 물품을 제조하는 사람이나 운전하는 사람이라면 자신에게 부담이 되는 적정한 주의를 기울여 안전을 확보할 의무가 있는 데서도 알 수 있다.

그러나 그러한 도덕적 의무가 있다 하더라도 이를 법적 의무로 강제하는 것은 별개의 문제이다. 도덕적 의무는 언제나 법적 의무로 변환되는 것이 아니다. 물품 제조나 운전의 경우에는 그 활동을 할 때 범하는 어떤 유형의 과실(전방주시의무 소홀)을 범하면 전형적으로 뚜렷하고 높은 위험(다른 차량이나 사람이 치일 수 있음)을 곧바로 다른 사람에게 부과하게 된다. 또한 필요한 주의를 기울이는 것이 자신의 신체 경계를 뚫고 들어오는 어떤 조치를 감수하는 것이 아니다. 반면에 예방접종을 하지 않는다고 하여 곧바로 전형적으로 뚜렷하고 높은 위험을 부과하게 되는 것은 아니다. 또한 예방접종은 자신의 신체 경계를 뚫고 신체 안정성을 훼손할 수도 있는 것을 받아들이는 조치를 감수하는 것이다.

만일 보다 큰 확률의 위험을 예방하기 위하여 신체에 침습적인 작은 확률의 위험을 받아들일 것을 법적으로 강제할 수 있다고 가정해보자. 그리고 어떤 조치를 취하면 구해지는 목숨의 기댓값이 100명이고 그 조치로 인해 적극적으로 상실되는 목숨의 기댓값이 10명인 경우를 생각해보자. 이러한 경우를 흔히 '의료적 이득'이라고 칭해지며, 그런 이득만 확인되면 정책시행이 합헌적인 양 이야기되곤 한다. 그러나 이를테면 1000명이 사는 공동체에서 어떤 질환에 취약한 500명의 목숨을 20%의 확률로 구하면서도(구해지는 목숨의 기댓값 100명) 1000명의 목숨을 1%의 확률로 잃게 하는(상실되는 목숨의 기댓값 10명) 예방의약품이 있다고 하자. 그러면 그 의약품을 상수도에 무차별적으로 국가가 살포하거나 아니면 제재의 위협을 통해 강제로 섭취하도록 만드는 것도 정당화될 것이다. 이러한 결과는 터무니없다.

어떤 위험을 낮추지 않는 소극적 조치와 어떤 위험을 적극적으로 부과하는 조치의 규범적 지위는 상이하다. 의무론적 규범이론이라면 어느 것이나 하기doing와 내버려두기allowing를 구별하고 해악 발생을 내버려두지 않기 위해 적극적으로 해악을 가하는 것에 제약을 부과한다.[15] 헌법 제10조(인간의 존엄과 가치, 개인이 가지는 불가침의 기본적 인권 보장)와 제37조 제2항 후단(본질적 내용 침해 금지)은 헌법이 목적론적 규범이 아니라 의무론적 규범임을 표명하고 있으므로 같은 제약이 헌법규범으로서도 성립한다.

누가 그 질환에 취약할지 누가 1%의 확률로 목숨을 잃을지 모른다는 사정 그리고 문제되는 해악의 위험이 감염병으로 인한 것이라는 사정은 이 결론을 변경하지 못한다. 제조업자가 자신이 제조하는 물품을 결코 쓰지

---

15) 하기와 내버려두기의 구별과 정당화에 관한 자세한 해명으로는 Fiona Wollard, *Doing and Allowing Harm*, Clarendon: Oxford University Press, 2015 참조.

않을 경우에 비해, 자신 또한 그 물품을 쓰게 될지도 모르는 경우에 도덕적 의무가 더 가중된다거나 의무론적 제약을 적용받는 지위를 잃는다고 할 수 없다. 감염병 대유행과 관련하여 사회 구성원이 피해자이자 동시에 가해자일 가능성을 갖게 된다는 사정은, 도덕적 의무를 법적 의무로 만드는 데 있어서 준수해야 할 의무론적 헌법규범의 제약 중 어느 하나라도 없는 것으로 만들지 못한다. 예방접종을 하지 않아 감염병으로 인해 목숨을 잃을 확률이 예방접종으로 인한 부작용으로 목숨을 잃을 확률보다 크다고 하여도, 이것은 국가가 국민들에게 예방접종을 강력하게 권고할 수 있는 자료에 불과하다. 개인은 서로 구별되는 존재이므로 사회 전체를 마치 1인칭으로 융합된 존재처럼 보고 산정된 기대이득이 양(+)의 값을 가진다는 것은 복수의 주체들이 개별적으로 상이한 부담과 의무를 지게 되는 강제적 의료행위와 같은 예방접종의 의무화를 정당화해주지 못하기 때문이다.[16]

게다가 앞서 거론한 소극적 도덕적 의무(㉠)는 예방접종을 했을 때와 하지 않았을 때 타인감염의 확률에 현격한 차이가 있어야만 발생한다. 접종시와 미접종시의 감염 확률이 시간의 흐름에 따라 몇 개월 지나지 않아 또는 감염병 병원체의 변이로 인하여 1:10 정도가 아니 1:2.5 비율 미만 정도로 차츰 줄어든다면 심지어 접종자도 돌파감염되는 것이 결국 시간문제에 불과하다면, 타인에게 감염의 높은 위험을 부과하지 않을 소극적 도덕적 의무의 실질적 기초도 거의 사라진다.[17] 그 경우에 백신 접종 행위는, 타인을 감염시키지 않도록 하는 조치를 취하는 행위가 아니라 스스로 중증환자가 되지 않도록 미리 취할 수 있는 조치를 취하는 행위로서의 성격이 주된 것이 되어 그 도덕적 의의가 변한다. 그러한 경우에 남는 도덕적 고려사항이란 합당한 노력을 기울여 국가의 희소한 의료자원을 필요로 하는 처지에 빠지지 않도록 주의해야 한다는 것(㉡)과 사회 전체가 치명률이 낮아지는 상태로 이동하여 국민의 자유와 권리에 가해진 특별한 제한을 해제하기 위한 노력에 수반되는 자기 몫의 공정한 부담을 져야 한다는 것(㉢)뿐이다.

---

16) 사회 전체를 의인화하여 하나의 존재로 보아 1인칭 관점에서 이득과 손실을 따지는 사고방식은 헌법해석의 방법으로 적합한 것이 아니라는 점에 관해서는 이민열, "의무론과 목적론 그리고 헌법해석", 법철학연구 제24권 제2호, 2021, 229-296면 참조.

17) 오미크론 변이의 대유행 이후에는 사정이 이와 같이 된 것으로 보인다.

단기간에 국가의 희소한 의료자원을 필요로 하는 사람이 의료체계가 제공할 수 있는 한도를 넘어 급증하면 의료붕괴가 일어나기 때문에, 어떤 사람이 예방접종을 하지 않는 경우에는 그 사람이 예방접종의 부담을 졌다면 충족할 수 있었던 의료적 필요를 충족하지 못하는 사람이 생길 가능성이 높아진다. 따라서 감염병 대유행의 특수한 상황에서는 (ⓒ)은 도덕적 당위이다.[18] 그러나 그 당위를 따르지 않는다고 해서 특정한 사람의 권리를 침해하게 되는 것이 아니다. 해외원조 기부금을 매달 일정 금액 내고 있는 사람이 자신의 생존에 필요한 액수를 제외한 나머지를 다 기부한다면 누군가를 더 구할 수 있다 하더라도 구해질 수 있었던 사람들의 권리를 침해하였다고는 말할 수 없다. 형편이 허락하는 데도 기부금을 더 내지 않았다는 이유로 법적 제재를 가할 수 없는 것과 마찬가지로, 스스로 중증환자가 되지 않으려는 최선의 조치를 취하지 않아 다른 사람이 쓸 수 있었던 의료자원을 쓸 개연성을 높였다는 이유로 법적 제재를 가할 수 없다.

마찬가지로 팬데믹 극복에 기여할 공정한 부담을 져야 한다는 것(ⓓ) 역시 도덕적 당위이기는 하지만 곧바로 강제적 백신 접종을 정당화하지 못한다. 첫째, 국가가 백신 접종 의무를 면제하지 아니한 범위에 속하는 사람들의 경우에도 개인의 병력과 체질에 따라 부작용으로 인한 부담은 다양할 수 있으므로 일률적인 의무화가 오히려 불공정할 수 있다. 둘째, 의료자원에 가해지는 부담을 공정하게 분담시키는 방식이 신체 침습의 강제만이 있는 것도 아니며 다른 방식을 시행할 수 있다면 신체 침습의 강제는 허용되지 않는다.

두 경우(ⓒ, ⓓ) 모두, 스스로가 피해를 입음으로써 간접적인 부담을 공동체에 지우지 아니할 적극적 당위이므로, 타인에게 적극적인 위험을 부과하지 아니할 소극적인 도덕적 의무(ⓐ)에 비해 도덕적 고려사항으로서 강도가 현저히 더 낮다. 게다가 국가가 감염병에 대처할 수 있는 의료자원의 규모나 권리와 자유의 복구 시기와 방식은 국가 정책의 우선순위 조정에

---

18) 도덕적 당위의 영역은, 권리 및 이에 상응하는 의무의 영역보다 넓으며, 또한 도덕적 당위에 관한 명제가 권리에 관한 명제로 모두 진술되는 것은 결코 아니라는 점에 대해서는 Judith Jarvis Thomson, *The Realm of Rights*, Cambridge, Massachusetts: Harvard University Press, 1990, ch.3을 보라.

따라 달라진다. 소극적인 도덕적 의무의 불이행(㉠)이 백신 접종 강제의 정당화 근거가 될 수 없다면, 그보다 강도가 더 낮은 도덕적 고려사항(㉡, ㉢)은 한층 더 강력한 이유로a fortiori 백신접종 강제의 정당화 근거가 될 수 없다. 따라서 백신 미접종은 형벌은 물론 구성원으로서 응당한 법적 의무를 위배했기 때문에 내려지는 과태료, 과징금 등 여하한 징벌의 사유가 되어서는 안 된다. 또한 그 이외의 제재적 성격의 제한을 가함으로써 예방접종을 맞지 아니하고는 기본적 생활을 영위할 수 없도록 하거나 구성원으로서 누려야 할 통상적 기회의 행사에 있어서 현저히 불리한 상태에 처하도록 해서도 안 된다.

접종증명·음성확인제도(이하 '방역패스'라고 칭함)는 다른 문제이다. 이 제도는 국가가 요구하는 기간 내에 요구하는 차수의 접종 또는 요구하는 기간 내의 음성확인을 받았음을 증명하지 못하는 사람은 일정한 시설에 출입하지 못하거나 모임 참가에 제한을 받게 하는 것이다. 이러한 제도는 일률적으로 헌법규범에 합치한다거나 위반된다고 말할 수 없고 그 내용과 실시 여건을 살펴보아야 한다. 위에서 살핀 도덕적 고려사항(㉠, ㉡, ㉢)이 있기 때문에 그 고려사항들이 현저히 강한 여건에서 그것들이 정당화해주는 비례원칙에 따른 일정한 한계 내의 방역패스는 정당화된다.

비례원칙의 적용 결과 도출되는 가장 뚜렷한 한계는 세 가지이다. 첫째, 바로 앞에서 든 기준 즉 예방접종을 맞지 아니하고는 기본적 생활을 영위할 수 없도록 하거나 통상적 기회 행사에 있어서 현저히 불리한 상태에 처하도록 해서는 안 된다는 한계이다. 미접종자라는 이유로 직업생활을 수행하지 못하게 하는 것, 공무원 시험에 응시하지 못하게 하는 것, 대중교통을 이용하지 못하게 하는 것, 음식점에서 식사조차 하지 못하게 하는 것, 다른 사람들은 대면수업을 받고 학습할 수 있는데 학교나 학원, 독서실에 아예 출입조차 하지 못하게 하는 것 등은 모두 이 한계를 벗어난다. 이러한 자유 박탈이나 불이익 부과는 사실상 행정벌이나 형사벌에 준하는 접종 강제에 해당한다. 왜냐하면 과태료나 벌금을 받는 것에 비해 기본적 권리의 행사 제한이 삶에 가하는 위협이 결코 적다고 할 수 없어 사실상 제재를 통한 후견주의적 강제에 해당하기 때문이다. 둘째, 가해지는 제한은 의료자원의 조정이 곧 이루어질 때까지 실질적 의료붕괴의 위협을 극복하기 위해 필요한 것이며 임시적인 것이어야 한다. 의료자원의 규모는 국가의 정책에 따라 상대적으로 달라진다. 어떤 유형의 위기에 대비하여 사회적 자원을 더 투여하면 그 위기에 대응할 의료자원은 늘어나고, 그렇지 않으면 의료자원은 소규모의 위기에도 심각한 정도로 고갈될 수 있다. 또한 미접종자로 인한 의료붕괴에의 (사변적 위협이 아니라) 실질적 위협 및 인과관계도 시기별로 크게 달라질 수 있다. 만일 이러한 점을 고려하지 않으면 국가가 사회적 자원을 인색하게 투여할수록 신체 자유권을 제한할 근거가 더 강화된다는 법리를 도입하게 되는 셈이어서 부당하다. 셋째, 백신접종이 이루어지기 전의 제한을 예방접종을 한 사람들에게 차등적으로 해제하는 형태를 취해야지, 백신 미접종자에게 추가적인 제한을 가하는 형태를 취하여서는 안 된다. 비례성 원칙은 접종자가 아무도 없을 때에 비해 접종자가 늘어났을 때 국민의 자유와 권리에 대한 제한이 완화될 것을 요구한다. 접종자가 늘어났음에도 제한이 더 광범위하고 강해진다면 이는 명백히 도치된 법익형량을 한 것이다. 아무도 백신을 접종하지 않았을 때 누구에게나 4인 이하의 사적 모임을 허용하고 독서실 출입을 허용했다면, 백신 접종자가 늘어났을 때 미접종자에게 2인의 사적 모임도 혼자서 독서실 출입하는 것도 금지하는 것은 비례성을 위반한 것이다. 그럴 경우 수많은 1인 가구의 구성원들은 백신 접종을 하지 않으면 모든 사적 관계로부터의 단절을 강제받는데 이것은 인격권의 본질적 내용의 침해이기도 하다. 만일 의료붕괴의 위협이 잔존한다면, 예방접종자에게 적용되는 제한의 해제 시기를 차등적으로 늦추는 방식을 택하여야지, 미접종자에게 이전에는 받지 않던 제한을 추가로 과중하게 부과해서는 안 된다. 방역패스의 방식만이 공정한 부담을 부과하는 방법은 아니다. 미접종자는 미접종자 한 명으로 인해 추가되는 의료적 평균 예상 비용을 추가적인 특별 보험료로 내게 할 수도 있다.[19)]

19) 이러한 방안은 위험에 관하여 규율하는 의무론적인 원칙으로 합당하다고 생각될 수 있는 "정부는 위험한 활동이 예상 가치가 어느 누구에게도 음이 되지 않는 방식으로만 수행되도록 규제해야만 한다"는 Christopher Morgan-Knapp, "Nonconsequentialist Precaution", *Ethical Theory and Moral Practice*, Vol.18, No.4, 2015), 785-797면에서 주창된 원칙에 부합한다. 이 원칙은 위험으로 인한 손실과 이득을 목적론적으로 산출하는 것을 피하면

그러나 그 비용 역시 접종을 사실상 강제하는 목적이나 효과를 가진 결코 징벌적인 것이어서는 안 되고 활용가능한 자료에 기반한 정확하고 합리적 계산에 의하여 산출된 것이어야 한다.

한편, 방역패스를 국가가 실시하거나 예정하는 순간, 백신접종으로 인한 부작용은 더 이상 국민의 순전한 자발적 결정의 결과가 아니라 국가가 일정한 자유와 권리에 제한을 가한 까닭에 일정 부분 부과된 위험의 현실화로 변모한다. 그러므로 백신접종으로 인한 부작용은 폭넓게 인과성이 법적으로 간주되어야 한다. 그렇지 아니하면 과학적으로 충분히 규명되지 아니한 부작용의 위험이 실제로 현실화된 사람들은 감염예방을 위해 한낱 인간 방패로 사용된 것에 불과하게 되기 때문이다. 그러므로 임상시험 기간이 짧고 특별한 허가를 얻은 백신을 접종하고서 생긴 어떤 질환에 대하여 인과관계의 입증이 없으면 인과관계가 없다고 할 것이 아니라, 인과관계가 인정될 수 있는 종류와 기간의 범위를 현저하게 벗어나는 부작용임이 명백하다는 사정이 없으면 인과관계의 성립을 간주하고 이에 완전 보상을 해야 한다. 또한 시급히 만들어진 백신의 부작용에 관한 연구가 부족하여 인과관계가 없다고 판정된 사안도, 이후에 그와 같은 부작용이 인과관계가 있는 유형에 속함이 판명된 경우에는 소급하여 보상을 해야 할 의무가 있다. 그렇지 아니하면 국가는 스스로 무지를 초래함으로써 또는 지식이 부족한 상태에서 행위함으로써 그 책임을 면제할 수 있다는 부당한 전제를 도입하는 셈이 되기 때문이다.

6. 사생활의 비밀과 자유, 개인정보자기결정권

감염병 확진자의 직장, 나이, 성별, 동선을 전 국민에게 공개하는 것은 필요성의 원칙에 어긋나게 사생활의 비밀과 자유, 개인정보자기결정권을 침해하는 것이다. 지역사회 감염이 아직 발생하지 아니하였거나 그 규모가 작아 역학조사가 빠르게 좇아 적절히 통제할 수 있는 범위 내에 있다면, 확진자와 접촉력 있는 사람들을 역학조사를 통해 찾아내어 검사하고 격리

서도 위험이 현실화되었을 때의 손실의 부담 때문에 위험을 수반하는 모든 활동이 금지되는 부당한 결과를 피하는, 계약주의에 의해 정당화되는 원칙이다.

조치를 취하면 족하다. 해당 장소에 대한 필요한 소독조치나 일시적 폐쇄 조치가 이루어진 후 더 이상 특별한 감염위험원이 되지 않아 행정청이 그 장소를 공중에게 개방하였다면, 법익의 객관적 보호와 무관한 한낱 호기심 충족이나 순전한 주관적 우려의 재확인 이외에는 접촉력이 없는 불특정 다수가 그 정보를 세세히 알아야 할 이유가 없기 때문이다. 만일 접촉력 있는 사람의 신원을 알지 못하여 자발적인 검사와 격리의 유도를 위한 공지가 필요하다면, 방문 장소와 일시만 개별적으로 공개하면 족하다. 예를 들어 15명의 사람이 확진되었다면 각 개인별로 동선(動線)을 구별하여 각각의 사람의 전체 동선이라며 공개할 필요는 전혀 없다. 개인을 식별하지 못하게 각 체류점(滯留点)과 그 체류점에서의 확진자의 체류시간을 무작위적인 순서로 공개하면, 그것과 중첩되는 시간과 장소에 있었던 사람들은 필요한 모든 정보를 얻은 것이다.[20] 중앙정부이건 지방자치단체이건 그 관할 지역(전국 또는 해당 지역)에서 10명 이하의 사람이 확진되었다면 확진자 인원수의 범위(예를 들어 10명 이하, 20명 이하)만 공개하고 확진자의 정확한 인원수는 그보다 많은 수의 확진자의 기록이 생성될 때까지 일정 기간 밝히지 않음으로써 체류점의 공개가 확진자를 개인적으로 아는 사람들에 의해 동선으로 추론되지 아니하게 할 수 있다.

따라서 동선을 공개하는 것은 전 국민 앞에서 사생활의 비밀을 폭로하고 방역지침을 위반했다는 점을 효시하는 수치형을 가함으로써 다른 국민들로 하여금 그러한 수치형을 자신도 받을지 모른다는 억지 효과를 제쳐놓고 보면 아무런 필요성이 없다. 그런데 그 억지 효과를 추구하는 것은 국민을 한낱 수단으로 대우함으로써 생기는 효과를 얻고자 하는 것이어서 목적 자체가 정당하지 않다.[21] 게다가 역학조사에 응하여 진술할 법적 의무

20) 같은 취지로 "개인을 특정하지 않고 시간별로 방문 장소만을 공개하는 방안 등을 고려"해야 한다고 한 2020.3.9. "코로나19 확진자의 과도한 사생활 공개 관련 국가인권위원장 성명"이 있었다. 그러나 그 이후에도 정부의 개인을 특정한 동선 공개는 계속되었다.

21) 위하효과를 우선시하는 국가의 태도는 소수의 특정한 확진자들에게만 국가가 공적으로 지출한 방역비용 금액을 상당인과관계도 고려하지 않은 채 큰 규모로 산출하여 구상하는 소송을 제기하는 형태로 나타나기도 하였다. 이른바 '제주 모녀 사건'으로 불린 이 사건에서 제주특별자치도는 모녀에 의해 지출된 것이라며 1억1천만원을 청구하였는데 법원은 결국 피고들이 "코로나19 감염 위험성을 인지하였거나 충분히 인지 가능한 상태에서 제주여행을 강행하였다거나 여행 도중 마스크 미착용, 미국 여행력 미고지, 선별진료소 방

를 통해 강제로 취득한 동선 정보를 개인을 추론하고 식별할 수 있는 형태로 전 국민에게 공개하는 것은 "수단이 헌법이념과 이를 구체화하고 있는 전체 법체계와 저촉"(헌법재판소 1999.12.23. 선고 98헌마363 결정)되는데다가, 수치형적 효과를 피하고자 하는 유인 때문에 오히려 거짓 진술하게 함으로써 정확한 역학조사 결과를 얻고자 하는 목적 자체에도 반하는 수단이어서 수단의 적합성도 없다. 또한 그런 억지 효과가 정보 공개를 정당화해준다면 그보다 한층 더 심각한 법규범 위반자인 형사범들의 전과를 모두 일률적으로 공개하는 것이 정당화될 것인데 그런 결론을 낳는 법익 형량 원리는 부당하므로 법익 균형성도 갖추지 못하였다.

출입명부제도는 사생활의 비밀과 자유 및 개인정보자기결정권에 대한 심각한 제한이다. 1－2주의 단기간도 아니고 얼마나 긴 기간이 될지도 모르는 기간 동안 자신이 가는 모든 곳을 국가가 지득할 수 있는 상태로 보고할 법적 의무를 지는 개인은 자신의 위치 정보와 관련하여 본질적 내용조차 향유하지 못하는 것이다. 그런 정보를 국가가 언제든 알 수 있는 상태에 두어야 할 의무를 지는 존재는 독립된 인격체로서 프라이버시를 누린다고 할 수 없기 때문이다. 만일 어떤 안전상의 유용한 목적이 달성된다는 이유로 위치 정보를 국가에 장기간 일일이 보고할 법적 의무가 정당화된다면, 국민들의 범죄를 예방하고 범죄 발생시 암호화된 정보를 해독하여 혐의자를 빠르게 적발할 수 있다는 이유로 평시에도 사람들의 위치 정보를 암호화된 형태로 보고할 것을 법적으로 강제하는 것도 정당화될 것이다.

출입명부제도가 두 기본권에 가하는 제한의 심각성을 전제할 때 그런 제도는 오로지, 그 제도를 단기간 실시하지 아니하면 곧바로 그보다 훨씬 더 긴 기간 동안 그보다 더 심각한 자유와 권리의 제한을 필요로 하는 사

문 회피 등 방역수칙을 어김으로써 원고들에 대하여 고의, 과실에 의한 불법행위를 저질렀다고 평가하기에 부족하고 달리 증거가 없다"고 하여 청구를 기각하였다(제주지방법원 2022.1.28. 선고 2020가단2082 판결). 애초에 방역지침 위반은 그에 상응하는 형사적·행정적 제재가 규정되어 있고 그러한 제재를 받는 이상, 위반자에 대하여 국가가 위기시에 통상 수행해야 하는 공적 임무의 수행비용을 구상할 수 없다고 보아야 한다. 그렇지 않다면 국가는 어떤 법규범을 위반한 자에게 그 법규 위반에 결부된 명시적 제재에 더하여 그와 연관된 국가의 공적 임무 수행비용 전부를 언제나 구상할 권한이 있을 것인데, 그런 권한은 우리 법체계의 일부라고 볼 수 없다.

태가 발생할 명백하고 현존하는 위험이 있을 때에만 정당화된다.[22] 이 위험은 다음 두 가지 사정 중 하나가 성립할 때 있는 것이다. (i) 출입명부제도를 단기간 실시하면 지역사회감염을 조기에 막고 감염병 대유행을 막을 수 있는 반면 그렇지 못하면 대유행으로 사태가 곧 전개될 것이다. (ii) 출입명부제도를 단기간 실시하지 아니하면 전면적 이동 제한 조치(봉쇄 조치)를 취하여야 하는 사태가 곧 전개될 것이다. 이동의 자유가 전면적으로 제한되는 것에 비해 출입명부를 작성하고서 이동하는 것이 훨씬 더 낫기 때문이다. 그러나 대유행 자체나 이동의 자유의 전면적 제한 필요성이 곧 발생하는 것을 방지하기 위한 것도 아닌데, 단지 감염병의 규모를 줄이기 위해 출입명부제도를 장기간 운영하는 것은 비례성 원칙에 위배된다. 감염병이 높은 감염력과 낮은 치명률을 가진 경우 감염의 전면 차단을 위한 봉쇄조치는 합리적 조치가 될 수 없고, 의료붕괴를 막기 위한 중환자 수 관리가 주된 초점이 되어야 한다. 이러한 감염병의 지역사회감염이 이미 역학조사기관이 접촉력 있는 환자 모두를 추적하여 통제할 수 없을 정도로－이미 접촉력의 계보를 역학조사기관이 가두어 추적하여 다시 지역사회감염이 없는 경우로 돌아갈 수 없을 정도로－일어나고 있다면 위 요건은 더 이상 충족되지 아니하는 것이다. 이런 경우 감염 규모 축소의 주된 수단은 일반적으로 준수되는 거리두기이지 위치 정보의 기록이 아니므로, 출입명부제도의 실시는 곧바로 중단되어야 한다.

사생활의 비밀과 자유, 개인정보자기결정권을 국민 다수가 그리 중요하지 않게 생각하여 그에 대한 제한을 쉽게 수용한다는 사정은 그 제도를 쉽게 실시하고 지속할 헌법적 정당화 근거가 되지 못한다. 규범적 명제태도는 규범명제의 참·거짓을 바꾸지 못한다. 종교의 자유를 국민 다수가 그리 중요하지 않게 생각하여 그에 대한 제한을 쉽게 수용한다고 해서 종교의 자유 침해가 침해가 아닌 것으로 바뀌지 않는 것과 마찬가지이다. 위기의 순간 기본권이 주관적 태도의 변화로 없는 것처럼 취급되지 않기 위해

22) 이는 '통상적인 여건에서는 심각한 제한이라도, 그러한 제한 조치를 하지 않으면 그보다 한층 더 심각한 제한을 곧 받게 될 수밖에 없음이 명백한 경우에는 부과가 정당화된다'는 원칙을 적용한 예라고 할 것이다. 이를테면 한 팔의 마비를 초래하는 응급조치를 취하지 않으면 팔다리 전부가 곧 마비될 사람에게, 동의를 받지 아니하고 응급조치를 하는 것은 정당화된다.

서는 출입명부제도의 실시 조건을 위와 같이 제한하는 명시적인 규정을 감염병예방법에 두어야 할 것이다.

7. 재산권, 직업의 자유, 근로권

감염병예방을 위한 방역 조치의 일환으로서 집합금지·제한 등 그 형식이 무엇이 되었건 국가에 의한 재산권 및 직업의 자유 제한(이하 '영업제한 조치'라 함)으로 인한 손실을 보상할 의무는 국가의 헌법상 의무이다.

헌법 제23조 제1항 및 제2항(재산권의 내용과 한계 형성)과 제3항(사용·수용 또는 제한)이 적용되는 국가 공권력 행사를 구분하는 기준, 양자의 관계에 관하여 경계이론과 분리이론이 대립한다. 경계이론에 따르면 영업제한 조치는 특별희생을 낳으므로 당연히 수용유사침해에 해당하여 그에 따르는 국가의 보상의 대상이 될 것이다. 그러나 이 쟁점에 관하여 헌법재판소의 입장인 분리이론을 따라서 그 둘을 정도의 차이만 있는 같은 제도가 아니라 상이한 목적과 기능을 가진 완전히 별개의 독립된 제도로 본다고 하더라도, 문제되는 영업 제한 조치 하에서 지속적인 영업이 가능하지 않다면 그것은 헌법 제23조 제3항상의 제한에 해당한다고 보아야 한다.

독일연방헌법 제14조 제3항 제1, 2문[23]이 공용수용만을 언급하고 있는데 반해, 우리 헌법 제23조 제3항[24]은 "제한"도 언급하고 있다. 이 문언의 상이는 해석된 규범내용에 반드시 차이를 가져와야 한다. 그런데 '수용'은 개인이 가진 특정 재산권의 전부 또는 일부를 박탈하여 국가 등이 종국적·강제적으로 배제하는 것이고 '사용'은 국민의 재산에 대한 사용권을 일시적·강제적으로 배제하고 국가가 그 재산을 사용하는 것이다. 그러므로 이 둘은 분리이론에 의거하여 이해되는 공용수용에 포함되는 것으로 이해할 수 있다. 그러나 공용침해의 또 하나의 유형인 '제한'은 그 개념에 포함되는 것으로 이해할 수 없다. 우리 헌법재판소는 한 번도 제23조 제3항의

23) "공용수용은 공공복리를 위해서만 허용된다. 공용수용은 오직 보상의 종류와 정도를 규정하는 법률에 의하여 또는 법률에 근거하여 행하여질 수 있다."

24) "공공필요에 의한 재산권의 수용·사용 또는 제한 및 그에 대한 보상은 법률로써 하되, 정당한 보상을 지급하여야 한다."

'제한'에 해당하기 위한 요건을 명시적으로 해명한 적이 없다. 이것은 분명히 존재하는 헌법문언을 적용에 있어서 완전히 누락하는 것이다.

분리이론의 해명에 따르면 헌법 제23조 제1항 및 제2항은 재산권에 관한 권리와 의무를 장래를 향해 일반적·추상적으로 형성하는 규율이므로, 문제된 재산권 규제 하에서 재산의 정상적 활용이 지속가능해야 한다. 영업의 전면적 금지는 수용도 사용도 아니지만, 영업의 전면적 금지를 장래를 향하여 일반화·추상적으로 적용하면, 영업재산은 재산으로서 가치를 잃는다. 이러한 제한은 접객업소에 흡연구역을 설치하거나 전면 금연구역으로 지정하라는 규제－그 규제를 계속 적용받으면서 영업재산 활용이 지속가능한 규제－와는 그 성격이 다르다. 따라서 집합금지뿐만 아니라 이미 체결된 중요한 계약상 의무의 이행과 최소한의 소득 획득을 불가능하게 하는, 그 규제 하에서 영업의 지속가능성이 없는 영업 제한은 헌법상 재산권으로 보장되는 개인의 구체적인 법적 지위를 개별적·의도적으로 일부 박탈하는 행위에 해당하여 헌법 제23조 제3항의 규율대상인 공공필요에 의한 제한, 즉 공용침해의 하나로 보아야 한다.[25] 따라서 영업제한 조치 보상은 헌법상 의무이다.

가사 헌법 제23조 제1항 및 제2항의 규율대상으로 보더라도, 보상 없는 영업제한 조치는 헌법 제37조 제2항의 비례원칙을 위반한다. 영업재산의

---

25) 헌법재판소 2015.10.21. 선고 2012헌바367 결정은 가축전염예방법상 도축장 사용정지·제한명령은 도축장 소유자들이 수인하여야 할 사회적 제약으로서 헌법 제23조 제1항의 재산권의 내용과 한계에 해당하여 그 명령으로 인한 손실보상은 시혜적 급부라고 설시한 바 있다. 그러나 그 결정에서 도축장 사용정지·제한명령 자체의 공익상 필요성을 설명한 것을 제외하면, 이러한 영업제한을 헌법 제23조 제1항의 규율대상으로 본 근거는 "도축장 운영에 있어서 영업이익의 감소는 (…) 가축전염병의 발생 등 도축환경의 변화에 의하여 일어날 수 있으므로 가축전염병으로 인한 도축장의 손해는 도축업에 내재하는 위험의 하나로 보아야 한다"는 문장 하나뿐이어서 충실한 근거제시가 이루어졌다고 볼 수 없다. 특히 이 결정에서 명시적으로 주의하고 논증했어야 하지만 그러지 않은 두 가지 사항이 있다. 첫째, 가축전염병으로 인한 손해와 가축전염병을 방지하기 위한 국가의 강제적 조치로 인한 손해는 구별되어야 한다. 둘째, 도축업에 내재하는 위험이라면 도축업자가 제공하는 서비스의 가격은 그러한 위험이 반영된 가격이라는 사정이 입증되어야 한다. 설사 도축장업의 경우에는 때때로 발병하는 가축전염병이 사업에 진입하기 전 또는 사업을 유지함에 있어 당연히 가격에 반영되는 위험이라는 사정이 실제로 입증되었다 하더라도, 코로나19로 인한 일반적인 대면접객업의 경우에 이 사정은 성립하지 않는다. 코로나19는 대면접객업에 내재하는 위험도 아니며 그 가격이 전체 대면접객업의 가격에 일반적으로 반영되지도 않았고 될 수도 없기 때문이다.

소유자는 영업활동을 통해 쌍무적 계약관계에 구속되어 있다. 대표적인 계약관계가 건물임대인과 체결한 임대차계약관계, 은행 등 대주와 체결한 금전소비대차관계이다. 그런데 국가가 법적인 강제를 통해 쌍무적 계약관계의 일방으로 하여금 계약상 의무는 그대로 전부 지게 하면서 그 계약상 당연히 활용할 수 있던 권리를 법적으로 제한함으로써 그 의무 이행을 위해 꼭 필요한 이익의 수취를 제한한다면, 이는 사적자치의 기초를 불공정하게 훼손하는 수단을 택한 것이어서 수단 적합성이 없다.[26] 임차목적물을 사용할 수 없던 시간에 대한 임료 채무는 이행하도록 하는 것, 빌린 돈을 기초로 마련한 영업재산을 활용해 그 원금과 이자를 합당한 기간 내에 갚기 위해 필요한 수익을 내는 것은 전부 또는 상당 부분 금지하면서 그 채무만 그대로 이행하도록 강제하는 것은, 사적자치의 기초가 되는 실질적 법치주의에 어긋난다. 이는 일방적 채무 증가라는 결과를 법적으로 회피불가능하게 부과한 것에 해당하기 때문이다. 그런데 이러한 결과를 피하기 위하여 만일 은행과 건물소유주의 채권을 법적으로 전부 또는 일부 당연 소각하는 조치를 국가가 취했다면 당연히 헌법 제23조 제3항에 의한 공용침해로 인정되었을 것이다. 이는 그 채권을 수용하여 채무자에게 지급하여 채무를 이행하게 하는 것, 또는 수용한 채권의 채권자로서 채무를 면제해주는 것과 정확히 같은 법적 효과를 달성하기 때문이다. 따라서 은행과 건물소유주에게 보상 없이 영업제한 조치의 비용부담을 전가하는 것은 헌법적으로 가능하지 않다. 그런데 이렇게 헌법상 금지됨이 분명한 조치의 정확히 반전된 부담을 다른 계약 당사자에게 부과하는 것이 바로 보상 없는 영업제한의 성격이다. 그렇다면 헌법적으로 허용된 적합한 수단은 영업을 제한당한 영업재산의 소유자에게 보상하는 것임이 분명하다.

보상에 소요되는 재정을 절감한다는 목적을 위해 보상하지 않는 것은 피해의 최소성을 충족하지 못한다. 방역조치로서의 영업제한이 정당한 공익 실현을 위한 것이라 하더라도 입법목적을 달성하기 위해 선택할 수 있

26) 헌법재판소는 입법자가 "반드시 가장 합리적이며 효율적인 수단을 선택하여야 하는 것은 아니라고 할지라도 적어도 현저하게 불합리하고 불공정한 수단의 선택은 피하여야"(헌법재판소 1996.4.25. 선고 92헌바47 결정) 한다고 수단적합성의 규범적 기준 중 하나를 밝힌 바 있다.

는 여러 수단 중에서 기본권을 가장 덜 제한하는 수단을 채택해야 한다. 그런데 이 경우 영업제한은 정당하다 하더라도 국가가 보상을 하지 않는 것은 필요성을 갖춘 것이 아니다. 국가가 보상을 하지 않음으로써 달성할 수 있는 재정 절감은 공익이라고 할 수 없기 때문이다. 특별한 희생이 있는 사안에서 보상을 하지 않음으로써 생기는 재정절감의 이익을 공익이라고 보는 것은 이는 그 특별희생을 부담한 사람들을 평등원칙에 어긋나게, 국가가 그 법익을 온전히 보장하는 임무를 수행하기에는 열등한 존재로 보는 전제를 도입하게 된다.[27] 즉 보상을 하지 않아 발생한 재정절감은 공익이 아니라, 방역에 필요한 사회적 비용을 일부 국민만 집중 부담하도록 법적으로 강제하는 평등원칙 위반을 통해 얻은 나머지 국민의 사실상의 이득에 불과하다.[28] 그렇다면 평등원칙을 준수하며 보상을 하는 영업제한이라는 더 완화된 기본권 제한 조치가 있으므로 보상을 하지 않는 영업제한은 필요성을 충족하지 못한다.

비례원칙을 준수하는 보상수준은 최소한 다음과 같은 요구를 충족할 수 있는 수준이어야 한다. 첫째, 상응하는 수익을 올리지 못했으면서 채무는 이행하게 되는 쌍무적 법률관계상의 부담을 해소할 수 있어야 한다. 둘째, 동시에 방역조치 기간 중 제공된 영업재산 소유자 자신의 근로에 대한 최소한 최저임금의 소득이 보장되어야 한다. 영업제한 기간 동안 이 두 요건을 충족하지 못하는 영업이익만을 얻었다면 그 두 요건을 충족하는 수준의 금액과의 차액이 최소한의 보상금액이 될 것이다. 채무만 일방적으로 늘어나고 자신의 생계조차 유지하지 못하도록 법적으로 강제되는 것은 비례원칙을 충족하지 않음이 분명하기 때문이다. 이러한 최소 보상수준의 설정은, 방역 기간 동안 각 영업재산 소유자가 각자 노력하여 난국을 타개할 책임

27) 기본권적 법익 보장을 하지 않음으로 인해 생기는 재정 절감을 공익으로 볼 수 없는 경우에 관한 상세한 논의로는 이민열, "기본권보호의무위반의 심사기준으로서 과소보호금지원칙", 헌법재판연구 제7권 제1호, 2020, 281-284면 참조.

28) 정부통계에 의하면 2020년 경제성장률은 −0.9%이고 2021년 경제성장률은 4%이다. 그러나 이 기간 동안 영업제한으로 인한 손실을 심각하게 받은 소상공인의 소득이 0.9%만 줄었다거나 4% 증가한 것은 결코 아니다. 즉 영업제한으로 인한 손실이 사회적으로 공평하게 분담되고 있지 않은 것이다. 다른 한편으로, 이 통계는 그 손실이 특별세 형태의 증세로 분담된다 하더라도 개별 국민의 부담의 크기는 그리 크지 않다는 점도 보여준다. https://www.index.go.kr/unify/idx-info. do?idxCd=4201 (최종검색 2022.3.1.)

과 그에 따른 소득 차이도 인정함과 동시에 피해와 무관하게 일률적 금액을 지급하는 시혜적 조치의 실질적 불공정성도 극복한다.

헌법 제23조에 관한 어느 견해를 취하더라도 적어도 위와 같은 최소한의 보상이 헌법상 의무이므로, 영업제한 조치가 실제로 시행된 날 이후부터의 손해를 모두 보상해야 한다.

따라서 그로부터 한참 지난 어떤 임의적 시점부터의 손해만을 보상하는 현행 법률[29)]은 헌법상 보상의무에 위배되는 불완전 입법으로서 헌법에 합치하지 아니한다. 입법자가 임의의 시점 이후에만 보상하기로 선택할 재량을 갖는다면 감염병 대유행 초기에 매우 가혹한 영업제한 조치를 취함으로써 대다수의 사업이 경영악화로 폐업하도록 한 뒤, 남은 소수의 사업에 대해서만 보상을 하는 것도 비례성원칙 위반이 아니라는 결론이 나올 것이다. 이는 더욱 가혹한 영업제한조치일수록 보상을 더욱 적게 해도 된다는 도치된 결과가 나오므로 터무니없다. 또한 부과되는 영업제한 조치 중 일부에 불과한 영업장소 사용 및 운영시간 제한을 적용받은 경우만[30)]을 보상대상으로 삼는 것 또한 위헌이다. 마찬가지 이유로 사적 모임 인원을 제한하는 것도 보상 대상이 되는 영업제한 조치에 포함된다고 보아야 한다. 업주들도 모임 인원 한도를 벗어나는 고객을 받지 않을 법적 의무를 부담했는데 이를 제한이 아니라고 보는 것은 부당하다.

더 나아가 현행 법률처럼 그 보상 및 환수의 대상과 절차, 손실보상의 기준, 금액 및 시기 등은 법률에 구체적으로 규정되어야 할, 내용 및 범위의 기본사항이므로 이에 대해 전혀 정하지 않고 대통령령 등 하위법규에 위임하고 있는 것은[31)] '행정권의 부당한 자의와 기본권 행사에 대한 무제

---

29) 개정 소상공인 보호 및 지원에 관한 법률(법률 제18292호, 2021.7.7. 개정된 것) 부칙 제2조(손실보상에 관한 적용례)는 "제12조의2의 개정규정은 이 법이 공포된 날 이후 발생한 손실부터 적용한다"고 하여 거의 2년 가까이 지난 기간 이후부터의 손실만을 보상 대상으로 규정하고 있다. 부칙 제2조의 단서는 그 이전 기간의 "집합금지, 영업제한 등 행정명령으로 인하여 발생한 심각한 피해에 대해서는 조치 수준, 피해규모 및 기존의 지원 등을 종합적으로 고려하여 피해를 회복하기에 충분한 지원을 한다"고 하여 시혜적인 지원 대상으로만 두고 있다.

30) 위 법률 제12조의2 제1항은 "**영업장소 사용 및 운영시간 제한 등** 대통령령으로 정하는 조치로 인하여"라고 하여 영업제한 조치의 형태 중 일부로 한정하고 있다.

31) 위 법률 제12조의2 제6항은 "손실보상 및 환수의 대상과 절차 등에 관하여 필요한 사항

한적 침해를 초래할 위험'(헌법재판소 1991.7.8. 선고 91헌가4 결정)이 있는 포괄위임입법금지원칙 위반이다.

직업의 자유 및 근로권의 제한에 관하여 살펴보자. 영업제한을 받은 사업장의 근로자는 국가의 그 영업제한 조치로 인해 근로의 기회를 전면적 또는 부분적으로 박탈당한다. 예를 들어 저녁 9시부터 새벽 4시까지 일하던 근로자는 저녁 9시 이후의 영업제한 조치가 실시되면 자신의 근로시간에 근로하는 것이 그때부터 법적으로 불가능하게 된다. 헌법상 손실보상 의무를 규정한 직접적인 규정은 없지만 이러한 직업의 자유 및 근로권에 대한 법적 제한으로 인해 생긴 전면 또는 부분적 실업 상태는 영업재산의 제한으로 인한 법익 제한과 그 구조에 있어서 다를 바가 없다. 따라서 국가는 이 제한에 대한 대가적 조치이자 근로권 보장의 수단으로 적어도 어떤 일자리를 제공할 이무를 이행함으로써 자신이 가한 법적 제한의 결과를 구제해야 할 헌법상 의무를 진다. 다만 그와 같은 제한의 불이익은 이미 근로하고 있었던 근로자뿐만 아니라 곧 근로를 하려고 하였던 사람도 받는 것이므로 기 취업된 근로자 집단에만 구제를 한정하는 것은 자의적이며 국가의 영업제한이 이루어지는 기간 동안에는 모든 근로자가 원하는 경우에 최저임금을 지급받을 수 있는 어떤 일자리[32]를 제공할 헌법상 의무를 국가가 져야 한다.

Ⅲ. 나 가 며

감염병 위협 대처가 추구하는 공동의 번영과 안전이 존재론적으로 또는 인식론적으로 헌법규범의 준수와 독립적으로 선행하고, 헌법규범이 그것에 제약을 부과한다는 식으로 이해해서는 안 될 것이다. 애초에 어떤 번영과 안전이 한낱 다수의 번영과 안전이 아닌 공동의 번영과 안전이려면 그것은

은 **대통령령**으로 정하며, 손실보상의 기준, 금액 및 시기 등에 관한 구체적인 사항은 심의위원회의 심의를 거쳐 **중소벤처기업부장관**이 **고시**한다"고 규정하고 있다.

32) 어떤 일자리는 그 근로장소나 근로의 종류 면 등에서 최선으로 소망하는 일자리나 기꺼이 수용하는 일자리가 아니라 말 그대로 인간다운 근로조건의 기준을 충족하는 어떤 근로의 기회이다.

헌법규범에 구현된 구성원들의 자유롭고 평등한 관계가 유지된다는 조건을 충족해야 하는 것이어야 한다. 그리고 어떤 조치가 비례의 원칙이나 신뢰보호원칙 등 법익들의 균형 있는 고려를 내포하는 원칙들을 위배하였다면 모든 것을 감안한 공공복리를 추구하였다고 할 수는 없다. 따라서 헌법규범 준수는 감염병에 대처하는 국가의 조치가 공공복리가 되기 위한 구성적 조건이라고 할 것이다. 게다가 헌법규범의 준수는 수단적으로도 합리적인 대처에 기여하는 경우가 많다. 이를테면 재산권 제한에 대한 헌법상 손실보상의무가 충실히 이행된다면, 한편으로 유행규모가 폭증하는 시기임에도 불구하고 소상공인의 심각한 피해가 우려되어 더 강한 영업제한 조치를 적시에 하지 않거나 해제하여야 한다는 압력으로 의사결정이 왜곡되지 않을 수 있다. 다른 한편으로, 영업제한으로 인한 사회적 손실 보상에 납세의 형태로도 기여하지 않는 것을 기화로 다수 국민이 방역으로 얻는 이익의 비중을 과도하게 산정하여 수인할 수 없을 정도로 영업제한을 심하게 하거나 긴 기간 실시하는 식으로 의사결정이 왜곡되지도 않는다. 예방접종에 관한 국민의 기본권이 설정하는 한계가 명확해지면, 국가는 부작용의 인과관계는 좁게 인정하면서 기본적인 생활과 기회에 심각한 부담을 가함으로써 접종 의지를 떨어뜨리고 반발심만 불러일으키지 않게 될 것이며 위험이 현실화되었을 때 보장될 자신의 권리를 배경으로 하여 도덕적 의무를 스스로의 의지로 이행하고자 하는 정신을 고취하게 될 것이다. 또한 문제가 된 전염병 감염률이나 그 병으로 인한 사망률만을 지표로 삼아 사회의 다른 정상적 기능을 장기간 정지함으로써 오히려 국민 전체의 보건 상황을 악화하는 우도 범하지 않게 될 것이다. 이 점을 교훈 삼아 향후 이 글에서 논의된 지침들이 관련 법률의 규정으로 명시적으로 반영되기를 희망한다.

44

포스트코로나와 법의 미래*

– 위기 그리고 위기의 일상화 –

김대근

한국형사·법무정책연구원 연구위원

고려대학교 법과대학을 졸업하고 같은 학교 대학원에서 기초법으로 석사와 박사 학위를 취득했다. 주요 관심분야는 정의론, 인권, 형사사법, 민주주의론, 금융범죄, 난민 등이다. 현재 국무총리실 산하 국책연구기관인 한국형사·법무정책연구원의 연구위원이면서 원내 법무정책연구실의 실장으로 근무하고 있다. 2기 법무·검찰개혁위원회에 참여했고, 현재 경찰청 인권위원회에서 활동 중이다.

주요 연구로는 "난민의 인권보장을 위한 구금관련 규정 정비 방안"(2016), "신종금융사기범죄의 실태 분석과 형사정책적 대응방안 연구"(2017), "난민심사제도의 개선방안에 관한 연구"(2018), "공공변호제도에 대한 연구"(2019), "범죄피해자의 트라우마에 대한 형사정책적 체계정립 방안"(2020) 등이 있다. 논문으로는 「법경제학의 학적 필연성과 개념화에 대한 고찰」(2011), 「Amartya Sen의 정의론」(2011), 「근대사회에서 화폐화의 딜레마와 법의 문제」(2014), 「안전 개념의 분화와 혼융에 대한 법체계의 대응방안」(2014), 「보복범죄의 범죄피해자 등 보호제도의 문제점과 개선방안」(2015), 「검사의 수사 논증과 추론의 구조 고찰: 가추와 역행추론을 중심으로」(2016), 「하트(H.L.A. Hart)의 형법학방법론」(2017), 「근로자 파견 법리의 불법구조와 분석」(2018), 「출입국항 난민지위신청 절차의 법해석적 지평과 대안」(2019), 「중(重)범죄자의 시설 내 처우 현황과 문제점–중범죄자 개념의 한계와 교정의 실천성」(2021) 등이 있다. 『차별이란 무엇인가』(2016), 『이유에 대한 실재론적 고찰』(2020), 『충분하지 않다: 불평등한 세계를 넘어서는 인권』(2022)을 번역하였고, 롤스의 『정의론』과 『롤스의 정치철학사 강의』를 번역하여 출간할 예정이다.

Ⅰ. 포스트코로나를 어떻게 규정할 것인가?

코로나19의 대유행으로 법체계는 새로운 변화에 직면하게 되었다. 갑작스러운 변화는 혼란을 초래하였고, 전 지구적인 재난에 대응하고자 수많은 입법이 마련되었다. 한국에서는 2020.1.20. 처음 코로나19 확진자가 발생한 이후 2021.10.15.까지 총 340,978명의 누적 확진자가 발생하고 총 2,644명의 사망자가 보고되었다. 막대한 파급효과를 바탕으로 코로나19 팬데믹 이후 학교, 교육을 포함한 사회생활이 전면적으로 변화되었다.[1] 이 같은 상황은 한편으로는 위기를 극복할 매뉴얼을 남기기도 하였다. 이제 코로나19의 종식을 앞두고 단기적으로는 코로나19가 확산되었을 시기의 입법을 되돌아보는 한편, 중장기적으로는 향후의 입법이 나아가야 할 방향을 고민할 시점이다. 필자는 이러한 논의에서 '위기'와 '위기의 일상화'를 구별한다.

이는 코로나19에 직면했을 때 입법이 즉각적으로 대응했던 모습과 코로나19 이후의 위기를 관리하고 구조적인 변화를 추구하는 모습을 각기 다른 시각에서 관찰하고 또 숙고하여야 함을 의미한다. 코로나19가 발발하던 당시, 감염병의 확산을 막고자 다양한 법적 제재가 도입되었으며 강력한 법적 통제가 행해졌다. 혼란이 진정된 연후, 이 같은 법적 제재가 타당했었는지를 바탕으로 국가의 위험 통제에 대한 법이론적 검토가 필요하다. 또한 감염병의 확산기에 강력한 자유제한이 초래한 피해를 구제하고자 도입된 민생 지원법과 미래에 유사한 재난이 발발할 시 활용할 수 있는 비대면 시스템의 구축 등의 적절성과 타당성을 법이론적으로 검토할 필요가 있다.

코로나19와 같은 감염병은 이전에도 발발한 바 있고 미래에도 또 다른 감염병이 발발할 것이 분명한 바, 이와 같은 위기를 일상적인 것으로 간주하고 법제 연구를 수행할 필요도 있다. 다시 말해 '위기'에 따른 법제와 '위

---

* 이하는 김대근 · 전현욱 · 김민규 · 강지현 · 김기범 · 남궁주현, 포스트코로나 시대의 형사사법체계의 변화와 대응(Ⅰ)-팬데믹에 따른 수사와 재판의 변화와 대응, 한국형사 · 법무정책연구원, 2022의 보고서에서 김대근 집필 부분을 발췌 및 재구성한 것이다.

1) 한국형사법학회, "코로나 팬데믹 시대와 형사법", 한국형사법학회 추계 학술대회 자료집, 2021.

기의 일상화' 시대의 법제를 구별하고 이를 분석하는 것이 현시기의 중요한 과제라 할 수 있다. 이하에서는 코로나19에 직면했을 때의 입법과 위기를 일상적인 것으로 받아들이고 이를 입법에 반영하는 연구를 모두 아우르는 개념으로 '포스트코로나'[2]라는 용어를 사용한다. 먼저 '포스트코로나'라는 개념과 문제의식에 대해 언급할 필요가 있다. 포스트모더니즘postmodernism 담론에서 강조되는 것처럼, 일반적으로 포스트post-라는 접두어는 '−이후'라는 시간적 의미와 '脫−'이라는 해방적 의미를 동시에 갖는다. 이 글의 표제이자 핵심 문제의식이기도 한 '포스트코로나'는 기존 용례의 계보를 따라 일응 '코로나19 이후'의 의미와 '코로나19로부터 벗어난'이라는 의미를 동시에 지닌다. 다만 코로나19라는 감염병 사태에 보다 적극적으로 천착한다면 '포스트코로나'는 다음과 같은 네 가지 층위로 설명될 필요가 있다.

첫째, 코로나19의 완전한 종식 이후라는 시간적 의미,

둘째, 코로나19가 장기화됨에 따라 코로나19가 팬데믹화되는 상황(양적 변화),

셋째, 중세 흑사병처럼 인류가 경험해보지 못한 새로운 감염병이 발발하고 확산되는 상황(질적 변화),

넷째, 감염병 확산의 주요한 원인인 '대면 접촉'을 지양하고 비대면 문화를 선호하게 되어 점차 비대면 접촉이 하나의 규범으로 성장하는 상황들

코로나19의 지금까지 추이 및 그동안의 감염병의 역사적 경험에 비추어 보면 우리의 논의는 보다 넓은 범위에서 행해져야 한다. 코로나19가 아직 완전히 종식되지 않았기 때문에 우리 논의는 좁게는 코로나19가 장기화됨에 따라 팬데믹화되는 상황(둘째)에서 시작된다. 그런데 미래에는 코로나19를 비롯하여 인류가 경험해보지 못한 새로운 감염병이 계속적으로 발발하

2) 포스트코로나는 포스트(post)와 코로나19의 합성어로 코로나19의 극복 이후 다가올 새로운 시대적 상황을 가리키는 말이다. 코로나19로 인해 일어난 변화들이 사회 전반에 큰 영향을 미칠 것을 의미한다. 이 글에서는 코로나19에 직면했을 때의 입법과 위기를 일상적인 것으로 받아들이고 향후의 형사사법과 입법에 이를 대비할 체계를 구축해야 할 필요성을 문제의식으로 갖는다.

고 확산될 가능성이 있다(셋째). 따라서 이러한 상황까지 고려하여 문제를 설정할 필요가 있다. 이에 더해 비대면이 일종의 문화양식으로 자리 잡게 되어 제도와 규범으로 자리 잡는 현상을 파악하고 새로운 방향을 선제적으로 모색할 필요도 점차 커지고 있다. 심지어 '비대면'이라는 현상은 비단 코로나19, 더 나아가 팬데믹 상황에 고유한 것은 아니다. 먼 거리의 다른 세계가 서로 조응하고 인터넷은 물론 SNS(사회관계망서비스)와 같은 방식의 비대면 의사소통이 활성화되고 있다. 빅데이터나 사물인터넷과 같은 수많은 정보가 생산되고 교환되며, 축적되고 활용되는 일들이 과거와 질적으로 다르게 폭증하면서 개개인이 모든 정보를 일일이 접하는 일 자체가 불가능한 상황이기도 하다. 엄청난 양과 질을 갖는 정보를 생산, 교환, 축적, 활용하는 방식에 대한 고민이 코로나19를 계기로 새로운 전환점을 맞이하게 된 것이다.

요컨대, 포스트코로나에서 법의 미래를 탐구하는 일은 코로나19가 장기화됨에 따른 법의 변화 양상을 탐구하는 것뿐만 아니라, 또 다른 감염병의 발발과 확산에 따른 대처이기도 하면서, 비대면의 문화가 규범과 제도로 정립되어 가는 추세에 대한 세심한 전망이자 대안을 모색하는 것이어야 한다.

Ⅱ. 포스트코로나의 입법동향

1. 입법 발의 및 가결 현황

코로나19가 본격적으로 발발한 시기인 2020년 1월부터 사회적 거리두기의 시행으로 감염병 확산 추이를 억제하고자 하였던 2020년 5월간의 입법 발의 및 가결 현황을 살펴봄으로써 코로나19의 발발이 입법 영역에 미친 영향을 분석할 수 있다. 동 기간 동안 발의된 총 법률안 477건 중 코로나19 관련 발의된 법률안은 46건으로 약 9.6%에 달한다. 46건 중에서 의료 관련 법률안은 18건(39%), 그 이외의 법률안은 28건(61%)이었다. 가결된 법률안 중에서 의료 관련 법률안은 「감염병의 예방 및 관리에 관한 법률」,

「검역법」, 「의료법」에 관한 법률안으로 3건(16%)이고, 비의료 관련 법률안은 「조세특례제한법」 2개, 「긴급재난지원금 기부금 모집 및 사용에 관한 특별법」, 「출입국관리법」으로 4건(13%)이었다.

2. 시기별 코로나19 관련 법률안 발의 추이

〈표 1〉 시기에 따른 코로나19 관련 법률안 발의 추이

	1.20.-2.22.	2.23.-3.21.	3.22.-4.19.	4.20.-5.5.	5.5.-5.20.
의료 법안	10건	7건	1건	-	-
비의료 법안	3건	11건	6건	6건	1건
기타 (결의안 등)	1건	6건	-	1건	-
총계	14건	24건	7건	7건	1건

(1) 감염병 확산 초기 [2020.1.20. - 2020.2.22.]

2020년 1월 첫 코로나19 확진자가 발생하였으나 아직 그 피해가 현실화되지 않았고 사회적 거리두기 역시 시행되지 않은 채 추이를 지켜보던 시기였다. 이 시기는 14건의 발의 중 10건이 의료 법안으로 거의 대부분의 비중을 차지했으며(약 71%) 이외의 법안은 세 건은 각각 교육(보건), 경제(고용, 중소기업) 지원에 관한 것이었다.

(2) 감염병 위기경보 '심각'으로 격상 [2020.2.23 - 2020.3.21]

신종 코로나19 바이러스의 한글 표현 '코로나19'가 2월 12일 발표되었으나, 2월 12일부터 3월 12일까지는 법안명 또는 상세한 사항에 '우한 코로나 전염병', '우한 폐렴' 등 지역 차별적인 명칭을 사용한 표현이 의안에 등장하였다.[3] 사회적 거리두기는 아직 시행되지 않았으나 코로나19 사태가 심

3) 누군가 분류를 위해 사용하는 특성이 비하를 나타낼 가능성이 있는지의 여부는 대개 그 특성이 과거에 사람들을 구분해온 방식과 오늘날 그 특성에 의해 정의된 집단의 상대적 사회적 지위에 의해 결정될 수 있다. 이를 "HSD"(History of mistreatment or current social disadvantage: 부당한 대우의 과거(역사) 또는 현재의 사회적 불이익) 특성이라고 표현하는 데버러 헬먼/김대근 역, 차별이란 무엇인가-차별은 언제 나쁘고 언제 그렇지

화되고 경제 전반에 미치는 영향력이 심각해짐에 따라 이를 완화하기 위하여 비의료적인 법안들, 즉 조세, 지방세 등에 관한 법안이 약 46%로 그 비중이 증가하였다.

또한 코로나19에 즉각적으로 대응하고자 하는 결의안으로 특별위원회 조성의 건, 종교집회 자제촉구 결의안, 확산 방지와 종결을 위한 결의안이 통과하여 보다 강력한 제한으로 확산을 방지할 것을 촉구하였다.

(3) 생활 속 거리두기의 시행 [2020.3.22 - 2020.5.5]

코로나19의 발발 초기에 비하여 의료법 발의의 비중이 줄었으며 대다수의 입법 발의가 비의료법에 치중된다. 거리두기의 시행으로 인하여 경제 전반에 미치는 부정적 영향이 심화되었으며 이를 완화하려는 노력이 계속되었다.

(4) 회기 마지막 날 [2020.5.6 - 2020.5.20]

발의된 의안이 1건으로 제출된 의안 중 「출입국관리법 일부 개정법률안」이 가결되었다.

3. 소 결

시기별 발의된 의안과 가결된 의안의 건수를 분석해보면 코로나19가 발발하였던 초기 입법은 의료 관련 법률을 중심으로 이루어졌음을 확인할 수 있다. 대다수의 입법이 의료법에 집중되었고 감염병 환자의 치료와 관리, 감염병의 확산을 막고자 하는 법안에 집중된 경향이 있다. 이후 사회적 거리두기가 시행되면서 그 여파를 고려하여 경제 등 민생 분야를 지원하는 법률이 주로 발의된 것을 보아 사회적 거리두기가 경제 영역에 막대한 영향을 미쳤음을 알 수 있다. 초기에는 의료 분야에 발의가 집중되었고 점차 비의료적인 영역으로 확대되었다는 사실은 감염병과 같은 위험을 통제하려 할 때, 의료 분야와 경제 등의 민생 분야에 법적·제도적 지원[4)]이 뒷받침

않은가, 서해문집, 2016 참조.

되어야 하고 감염병의 확산을 막기 위하여 의료분야에서의 선제적 대응이 필요함을 시사한다. 더 중요한 지점은 감염병의 확산을 막기 위해 시행한 거리두기의 파급력은 사회 전 영역에 걸쳐 장기간의, 중대한 영향력을 미치는 바, 이를 완화시켜 본래적 상태로 돌아가는 데 많은 사회적 자본이 필요할 것이라는 점이다.

발의된 의안과 가결된 의안의 입법 동향을 통해 보건대 제재적인 측면에서도 중요한 시사점을 확인해볼 수 있다. 초기에 감염병 확산을 막기 위해 규정한 제재는 직접 규제가 주를 이루었다. 강력한 제재를 시행하여 형벌과 과태료 등의 형사법적 제재를 부과하거나 거주·이전의 자유를 제한하였으나 점차 간접규제의 방식을 활용하는 방향으로 바뀌어갔다. 이는 감염병의 확산 추이와 시기에 따라 강력한 제재 일변도로 대응하기보다는 조세 감면과 경제 지원 및 정보규제의 방식으로 대응하여 감염병의 확산을 막으면서도 일상으로 복귀하기 위해 탄력적으로 대응하여야 함을 시사한다.

Ⅲ. 포스트코로나의 주요 방향성

코로나19의 확산은 사회전반에 유례없는 변화를 야기하고 있다. 기술의 발전으로 인해 서서히 이루어지던 변화는 코로나19로 인해 사회적 거리두기가 확산되면서 사회·경제 영역 전반에서 급격히 가속화되고 있으며 이에 따라 논쟁이 촉발되고 있다. 이를 몇 가지 쟁점으로 요약하여 논함으로써 위기관리 시대의 사회적 변화를 살펴보고, 현 시대의 포스트코로나에 대한 법 정책의 방향성을 논할 수 있을 것이다.

---

4) 특히 경제 분야와 관련하여 다양한 제도적 지원의 필요성을 절감하고 정부도 다각적인 종합지원을 펼쳤다. 예컨대 코로나19확산에 따라 매출감소로 경제적 어려움을 겪고 있는 소상공인에게 지급하는 현금성 지원금, 경영안정화를 위한 긴급대출지원, 여타 고용지원과 경영지원, 세제지원, 지역사랑상품권의 발행지원규모 확대 등을 통한 내수활성화를 도모하는 식의 지원이 고려되었다. 박기선, “코로나19 대응 관련 소상공인 지원제도 현황과 향후과제”, 한국법제연구원, 2021, 8면.

1. 노동의 분화

코로나19의 확산으로 대면 활동이 감소하고 비대면 활동이 증가하면서, 노동영역에서도 급격한 변화가 발생하였다. 가장 두드러지는 현상은 노동이 대면 노동과 비대면 노동으로 분화된 것을 들 수 있다. 로버트 라이시는 코로나19 팬데믹 기간 동안 노동 간의 새로운 구별기준이 탄생하였음을 주장하면서 이를 재택근무와 상대적으로 안정적인 수입이 보장되는 원격노동자The Remotes, 어쩔 수 없이 출근해 코로나19 감염 위험에 노출되는 필수 노동자들The Essentials, 코로나19 팬데믹으로 해고되거나 휴직중인 무급자들The Unpaid, 코로나19 팬데믹 대응에 대처가 불가능한 잊혀진 자들The Forgotten로 구분하였다.[5)]

2. 정보 의존성 심화

감염병의 확산을 막기 위하여 정보를 공유할 수 있도록 네트워크의 구축이 필수적이다. 지역별·날짜별 환자 발생 현황, 환자의 동선 데이터 확보, 공급마스크 및 선별진료소 안내, 피해지원 정책 안내 관련 정보를 축적하고 공유하는 시스템을 갖추고 일반인·입국자 및 여행객·자가격리자·의료기관·다중이용시설·지자체·기업 및 시장·거리두기 등으로 이용자가 각각 상황에 따라 필요로 하는 정보를 분화시켜 이를 공유함으로써 사회전반적인 통제능력이 향상되었다. 이는 정보의존성을 심화시켰고 정보의 부족이 곧 감염병에 노출로 이어지는 상황[6)]을 초래하였으며 프라이버시 등

---

5) 경향신문, 2020.4.27. 기사, "코로나 시대의 4계급…당신은 어디에 있나." https://www.khan.co.kr/world/america/article/ 202004271033001 (최종접속 2021.12.21.)

6) 디지털 디바이드(digital divide), 이른바 정보격차는 코로나 상황을 맞아 더욱 심각해지고 있다. 한국지능정보사회진흥원은 2020년 코로나 관련 인터넷·모바일 신청 정보 서비스를 이용한 경험이 정보취약계층은 26.1%, 일반국민은 57.7%로 큰 격차를 보인다는 결과를 내놓기도 하였다. 이 같은 상황은 방역패스나 백신 온라인 예약 등이 본격적으로 도입된 상황에서 더 큰 문제를 야기하고 있다. 국회입법조사처도 코로나19가 확대한 디지털 디바이드에 대한 보고서를 내고 민간과 정부가 대책을 세울 것을 요구했다. 중앙일보 2021.12.17. 기사, "강요되는 '디지털 디바이드'." https://www.joongang.co.kr/article/25033069 (최종접속 2022.5.20.)

개인정보 침해라는 문제를 낳았다.

3. 국가 통제의 강화 및 전문가 영역의 의존성 심화

감염병 위기관리는 개별적 책임에 맡기는 영역이 아니라 전적으로 국가의 관리에 의존하는 영역이다. 이에 확진자 수와 거리두기 단계, 규정 위반 시 강력한 제재부과를 국가가 담당함으로써 국가에 의한 통제가 강화되었다. 또한 위기관리를 일반대중이 주도하는 것이 아닌, 전문가영역에 의존하는 현상이 나타났다.

4. 비접촉 내지 비대면의 일상화 · 전자화

종래에 대면으로 행해지는 활동을 비대면으로 대체하면서 전자기술이 중요한 역할을 담당하게 되었다. 교육, 진료, 재판 등의 영역에서 비대면 활동이 정착되었으나, 교정 영역에서는 비대면으로의 전환이 용이하지 않은 점, 비대면 시대에 맞게 기존의 과밀화 문제를 해소하여야 하는 점 등이 문제로 제기되었다.

5. 사회적 약자의 재구조화

감염병의 확산기에 취약계층인 요양병원의 환자, 외국인, 특히 난민(신청자)과 (미등록)외국인 교정시설에 수용된 재소자 및 아동 · 청소년이 감염병으로부터 스스로를 보호하기 어렵다는 문제점, 취업률이 감소하고 실직률이 증가하여 사회적 약자계층의 고통이 더욱 심화되고 있다는 문제점 등이 제기되었다. 이러한 문제는 인류 전반의 삶이 어느 정도 풍족하게 되더라도 인권의 중요한 가치인 평등이 중요함을 다시금 되돌아보게 한다.[7)]

---

7) 신자유주의 시대 인권의 부상과 함께 평등의 의미가 퇴색하는 문제점을 조망하는 새뮤얼 모인/김대근 역, 충분하지 않다 – 불평등한 세계를 넘어서는 인권, 글항아리, 2022 참조.

Ⅳ. 포스트코로나 법제의 징후 – 비대면화, 전자화, 원격화

과학기술의 발달로 사회 각 영역에서 진행되는 비대면화 · 전자화 · 원격화 징후가 법 영역에서도 꾸준히 진행되고 있으며, 코로나19라는 특수상황의 발생으로 필요성이 더욱 높아지고 있다. 먼저 '비대면화'라는 개념은 대면에 의하지 않는 '방식'의 총체 또는 '목적'을 의미하고, '전자화'는 전자문서 등에 의한 수단의 총체를 의미하며 비대면화를 목적으로 하거나 비대면화를 촉진한다. '원격화'는 시 · 공간의 거리를 극복하기 위한 노력으로서 '대면할 수 없는 상황을 비대면의 방식으로 대면'할 수 있게 해주며, 상당부분 전자화라는 수단에 의존한다. 포스트코로나라는 관점에서 '비대면화', '전자화', '원격화' 개념은 층위를 달리하는 개념이고 상당부분 중첩적이기도 하지만, 접촉과 확산을 최소화하기 위한 제도의 변화와 방향을 설명하기에 적절한 분석틀일 것이다.[8)]

법 영역에서 비대면화 · 전자화 · 원격화는 앞으로도 지속될 것으로 보이고, 특히 코로나19 이후 뉴노멀시대의 사회변화 과정에서 그 추세는 한층 가속화될 것으로 전망한다. 대표적으로 전자소송의 경우 직전년도 전액 예산이 삭감되었으나 이후 코로나19가 발생하며 수요가 급격히 증가하고 있으며, 형사소송에서도 그동안의 논쟁을 마무리하고 2024년부터 도입이 확정되었다. 또한 사법부는 인공지능 챗봇과의 대화를 통한 소송절차 안내, 유사 사건 판결문 검색 등과 편의성이 증진된 시스템 개선 등이 포함된 차세대 전자소송을 2024년부터 제공할 예정이다.[9)]

이처럼 포스트코로나의 법제에서 그 변화와 방향은 ① 비대면화, ② 전

---

8) 포스트코로나 법영역에서 비대면화 · 전자화 · 원격화라는 방향성은 2021년 한국형사 · 법무정책연구원의 연구인 『포스트코로나 시대의 형사사법체계의 변화와 대응(Ⅰ) – 팬데믹에 따른 수사와 재판의 변화와 대응』에서 필자가 선행연구와 전문가 면담을 통해 착안하였고, 본 연구에서 주요한 분석틀로 사용하였다. 언급한 것처럼 비대면화 · 전자화 · 원격화의 방향성은 이전부터 서서히 진행되었다고 할 수 있지만, 코로나19를 통해 한층 가속화되고 구체화되고 있다.

9) 법률신문, 2021.9.6. 기사, "모바일로 송달문서 열람, 집에서 영상재판 받고…." https://www.lawtimes.co.kr/Legal-News/Legal-News-View?serial=172642 (최종접속 2021.11.15.)

자화, ③ 원격화를 추구하고 있다고 볼 수 있다. 이하에서는 입법, 사법, 집행 영역에서 시행되고 있는 주목할 만한 비대면화·전자화·원격화된 제도들을 간략히 살펴본다.

1. 입법 영역

(1) 전자입법발의시스템

전자입법발의시스템은 온라인상의 법안 발의를 가능케 하여 국회 입법 업무의 효율성을 도모하는 전자화 제도이다. 본 제도는 2005년 참여정부의 전자정부 정책에 의거하여 도입되었지만 그동안 사용 기록이 없었다. 2019년에야 검경 수사권 조정을 위한 「형사소송법」 일부 개정안을 전자 발의하며 처음 사용되었다. 그러나 코로나19로 인한 국회 기능의 중단 방지를 위하여 2020년 9월 기준 49건에 이를 정도로 그 사용이 점차 급격히 증가하고 있다.[10)]

전자입법발의시스템은 법률안 입안 의뢰, 의안 제출, 의안 공동발의 또는 찬성 온라인 서명, 기타 의안 관련 정보 제공 등의 기능을 제공한다. 의안 제출을 위하여 국회의원은 국회 전자문서시스템에 접속해 국회사무처로부터 부여받은 본인 아이디로 로그인한 뒤 입안지원시스템 메뉴를 활용한다. 이때 공동발의 의원의 서명을 삽입하는 절차도 포함된다. 발의된 의안은 전자문서시스템을 통해 결재와 공문발송 절차를 거쳐 국회사무처 의안과에 접수된다. 다만 문서를 스캔하여 올려야 하며 온라인 서명 방식 등 사용에 어려움이 따르기에, 소프트웨어상으로 미비하다는 점이 지적된다.[11)] 그동안 사용기록이 거의 없던 시스템임을 고려할 때, 포스트코로나의 비대면화·전자화·원격화에 힘입은 소프트웨어의 개선이 요청된다.

현재는 「전자정부법」과 「공공기록물 관리에 관한 법률」에 따라 제정된 「국회사무관리규정」 등에 근거하여 전자입법발의시스템이 운용되고 있으

---

10) NEWS1, 2020.9.15. 기사, "송재호, 전자입법 명시한 국회법 개정안 발의…"코로나 등 비상사태 대비"." https://www. news1.kr/articles/?4058640 (최종접속 2021.11.15.)

11) 서울신문, 2019.4.26. 기사, "'온몸 저지' 한국당, 전자입법발의에 '어리둥절'…"속았다"." https://www.seoul.co.kr/news/newsView.php?id=20190426500171 (최종접속 2021.11.15.)

며, 2020년 코로나19로 인한 국회 내 비대면 업무 증가에 발맞추어 「국회법」에 단일 법적 근거를 마련하고자 하는 일부개정안이 제출되기도 하였다.

(2) 원격영상회의

코로나19로 인하여 본회의의 정상 개의가 힘들어지고 국회 기능이 중단되는 것을 방지하기 위하여 2020년 12월 「국회법」 개정을 통해 원격영상회의 방식을 임시 도입하였다. 신설된 「국회법」 제73조의2에 따르면 의장은 「감염병의 예방 및 관리에 관한 법률」 제2조 제2호에 따른 제1급 감염병의 확산 또는 천재지변 등으로 본회의가 정상적으로 개의되기 어렵다고 판단하는 경우에는 각 교섭단체 대표의원과 합의하여 본회의를 원격영상회의 방식으로 개의할 수 있다.

표결과 관련하여서는 의장과 각 교섭단체 대표의원이 합의한 경우에만 원격영상회의에 상정된 안건을 표결할 수 있다(제73조의2 제3항). 원격영상회의에 출석한 의원은 동일한 회의장에 출석한 것으로 보며 표결은 원격영상회의시스템을 이용하여 실시하는 것을 원칙으로 하되, 의장이 필요하다고 인정하는 경우에는 거수로 표결할 수 있다(제73조의2 제4항, 제5항). 다만 본 규정은 2021년 12월 31일까지로 그 적용기간을 제한하며 코로나19라는 특수 상황과 국회 기능의 중단 방지를 위한 임시제도임을 명확히 하였다.

2021년 코로나 대유행시기에 원격영상회의 본회의 시연회가 6월 열리는 등 비대면 방식의 국회활동을 가능케 할 토대가 마련되었으나, 국회법 규정이 임시제도임을 명시한 만큼, 당장의 전망은 불투명하다. 그러나 이미 비대면으로 정치활동이 활발히 이루어지고 공청회나 토론회도 비대면 방식이 도입된 만큼,[12] 장기적으로 국회에서도 원격영상회의를 도입할 가능성을 전망해볼 수 있다.

---

12) 무등일보 2021.10.7. 기사, “메타버스 놓칠라.... 정치권 탑승 경쟁.” http://www.mdilbo.com/detail/ilgftp/655316 (최종접속 2022.5.20.)

2. 사법 영역

(1) 전자소송

1) 전자소송의 의의

우리나라는 2010년 「민사소송 등에서의 전자문서 이용 등에 관한 법률」을 제정하며 민사전자소송제도를 도입하였다. 전자소송의 경우 법적 근거뿐만 아니라 컴퓨터, 서버, 관련 소프트웨어 등 구현을 위한 환경이 뒷받침되어야 하는바, 2010년 특허소송, 2011년 민사소송, 2013년 가사 및 행정소송, 2014년 도산사건, 2015년 민사집행 및 비송사건으로 점차 그 범위를 확대하여 왔으며 현재에는 형사소송을 제외한 대부분의 재판 절차에서 전자소송이 시행되고 있다. 전자소송은 재판의 신속성과 투명성을 높여 효율화를 달성하고 국민의 사법서비스에 대한 접근권을 비롯한 권익 강화를 목표로 한다.

2) 민사전자소송의 내용

「민사소송 등에서의 전자문서 이용 등에 관한 법률」에 따르면 등록사용자로서 전산정보처리시스템을 이용한 민사소송등의 진행에 동의한 자는 법원에 제출할 서류를 전산정보처리시스템을 이용하여 전자문서로 제출하여야 한다(제8조). 전자문서를 제출하려는 자는 제출하는 문서에 전자서명을 하여야 한다(제7조).

송달은 법원사무관등이 송달할 전자문서를 전산정보처리시스템에 등재하고 그 사실을 송달받을 자에게 전자적으로 통지하는 방법으로 하며, 송달받을 자가 등재된 전자문서를 확인한 때에 송달된 것으로 본다. 다만, 그 등재사실을 통지한 날부터 1주 이내에 확인하지 아니하는 때에는 등재사실을 통지한 날부터 1주가 지난날에 송달된 것으로 본다(제11조).

또한 동법은 전자문서에 대한 증거조사 방식을 규정하고 있으며(제13조) 인지액 등 소송비용의 납부도 전자적인 방식으로 가능케 하고 있다(제15조).

3) 전자소송의 효과

민사전자소송은 기록물의 보관, 결제(서명) 방식, 송달에 있어 전자화를 이루어내며 신속하고 효율적인 사법업무 방식의 변화를 가져왔다. 더하여 접수 및 송달이 편리해지고 소송 기간 및 비용이 절감되어 소송당사자의 편의가 향상되며, 재판의 투명성이 제고되는 순기능을 발휘하고 있다.[13)]

민사전자소송의 도입 이후 전자접수 비중은 2013년 45.2%, 2014년 57.7%, 2015년 55.1% 2016년 62.5%, 2017년 67.8%, 2018년 74.1%, 2019년 82.0%로 꾸준히 증가하여 현재는 5건당 4건이 전자소송으로 이루어질 정도로 자리를 확고히 하고 있다.[14)] 특히 특허사건은 약 95%가 전자적으로 소장이 제출될 정도로 이용률이 점차 증가하고 있다.

이러한 민사전자소송의 성공적 운영에 힘입어 형사전자소송의 도입 논의가 꾸준히 전개되었으며, 앞에서 언급한 것처럼 코로나19로 인한 비대면화의 필요성이 강력하게 주장되며 2021년 10월 「형사사법절차에서의 전자문서 이용 등에 관한 법률」이 제정되어 2024년부터 시행을 준비 중에 있다.

(2) 원격영상재판

원격영상재판은 전자소송의 한 측면으로 온라인 방식으로 변론을 수행하는 것을 의미한다. 법원 소재지와 먼 거리에 있는 소송대리인 또는 당사자들은 출석에 어려움을 겪는다. 원격영상재판은 물리적·공간적 한계를 극복하고 재판에 들어가는 시간과 비용을 획기적으로 감소시킬 수 있다는 점에서 의의가 있다. 특히 코로나19와 같은 팬데믹 상황에서 사회적 접촉을 줄이는 동시에, 국민의 재판받을 권리를 보장한다는 점에서 활용도가 높다.

---

13) 오민석, “전자소송의 현황과 미래”, 한국민사소송법학회 2017년 제1회 학술대회 자료집, 한국민사소송법학회, 2017, 7면.

14) 유아람, “전자소송의 현황과 과제”, 전자소송 10년 회고와 전망 심포지엄 자료, 사법정책연구원, 2021, 85면.

1) 「원격영상재판에 관한 특례법」

1995년 원격영상재판의 실시에 필요한 사항과 이에 관한 재판 절차상의 특례를 규정하기 위해 「원격영상재판에 관한 특례법」을 제정하였다. 동법에서는 원격영상재판을 '재판관계인이 교통의 불편 등으로 법정에 직접 출석하기 어려운 경우에 동영상과 음성을 동시에 송수신하는 장치가 갖추어진 다른 원격지의 법정에 출석하여 진행하는 재판'으로 정의한다. 이를 「소액사건심판법」을 적용받는 민사사건, 화해·독촉 및 조정에 관한 사건, 20만원 이하의 벌금 또는 구류나 과료에 처할 즉결심판, 「가족관계의 등록 등에 관한 법률」 제75조에 따른 협의상 이혼의 확인, 시법원 또는 군법원의 권한에 속하는 사건 등에 적용한다.

2) 원격영상재판의 범위 확대

그러나 코로나19로 인하여 원격화된 비대면 재판의 필요성이 증가하며 법원은 원격영상재판의 적용범위를 확대하고 있다. 기존에는 2016년부터 민사사건의 증인·감정인에 대한 영상신문제도를 운영하여 왔는데, 2020년 6월 대법관회의에서 「민사소송규칙」 제70조 제6항을 신설하며 변론준비기일로 원격영상재판의 범위를 확대하였다. 이어 2021년 8월 「민사소송법」과 「형사소송법」의 개정을 통해 2021년 11월 18일부터 민사소송의 경우 변론기일에도, 형사소송의 경우 증인신문 및 공판준비기일에도 '비디오 등 중계장치에 의한 중계시설'을 통한 영상재판이 가능케 하였다.[15][16]

---

15) **민사소송법** 제287조의2(비디오 등 중계장치 등에 의한 기일) ① 재판장·수명법관 또는 수탁판사는 상당하다고 인정하는 때에는 당사자의 신청을 받거나 동의를 얻어 비디오 등 중계장치에 의한 중계시설을 통하거나 인터넷 화상장치를 이용하여 변론준비기일 또는 심문기일을 열 수 있다.
② 법원은 교통의 불편 또는 그 밖의 사정으로 당사자가 법정에 직접 출석하기 어렵다고 인정하는 때에는 당사자의 신청을 받거나 동의를 얻어 비디오 등 중계장치에 의한 중계시설을 통하거나 인터넷 화상장치를 이용하여 변론기일을 열 수 있다. 이 경우 법원은 심리의 공개에 필요한 조치를 취하여야 한다.

16) **형사소송법** 제165조의2(비디오 등 중계장치 등에 의한 증인신문) ② 법원은 증인이 멀리 떨어진 곳 또는 교통이 불편한 곳에 살고 있거나 건강상태 등 그 밖의 사정으로 말미암아 법정에 직접 출석하기 어렵다고 인정하는 때에는 검사와 피고인 또는 변호인의 의견을 들어 비디오 등 중계장치에 의한 중계시설을 통하여 신문할 수 있다.
③ 제1항과 제2항에 따른 증인신문은 증인이 법정에 출석하여 이루어진 증인신문으로

이러한 적용범위의 확대는 코로나19 확산 방지를 위한 사회적 거리두기 정책에 따라 상당수 재판이 지연되는 사태가 발생하게 되며 국민의 재판받을 권리를 보장하고 사법접근성 확대를 위한 노력의 일환으로 이루어졌다. 또한 1995년 「원격영상재판에 관한 특례법」이 도입되던 당시와 달리 전자통신·인터넷 분야 기술의 발전으로 비대면 방식의 재판절차를 진행하는 것이 가능해졌고, 이에 따라 재판관계인의 편의 증진, 재판 비용 절감, 분쟁 해결의 효율성 제고 등 다양한 장점이 부각되었다.

3) 원격영상재판의 현황

코로나19 이전에는 2017년 5건, 2018년 9건, 2019년 6건 등으로 실제 영상재판이 이뤄진 경우가 많지 않아 예산 낭비 가능성이 크다는 이유로 2019년 법원 영상재판과 지능형법관업무지원 예산 109억 원이 전액 삭감되기도 하였다.[17] 그러나 코로나19로 대두된 변화된 환경에서 국민의 재판받을 권리를 보장하기 위해서는 비대면 재판이 필수적으로 요청되면서, 「민사소송규칙」의 개정 이후 2020년 한 해 동안 총 55건의 변론준비기일이 영상재판으로 진행되었다.[18]

2021년 3월 대법원 사법행정자문회의에서 영상재판의 시행을 권고하였으며 법원행정처는 동년 4월 전국 모든 법원에 '비디오 커넥트Vidyo Connect' 프로그램을 도입한 전용 영상법정을 설치하여 물적 토대를 마련하고 영상재판의 편의성을 확대하고 있다.

영상재판에 대한 논의는 코로나19 이전부터 전개되고 있었는데, 코로나19의 발발을 계기로 본격적으로 논의되기 시작하였다. 장래에 영상재판의

본다.

형사소송법 제266조의17(비디오 등 중계장치 등에 의한 공판준비기일) ① 법원은 피고인이 출석하지 아니하는 경우 상당하다고 인정하는 때에는 검사와 변호인의 의견을 들어 비디오 등 중계장치에 의한 중계시설을 통하거나 인터넷 화상장치를 이용하여 공판준비기일을 열 수 있다.

② 제1항에 따른 기일은 검사와 변호인이 법정에 출석하여 이루어진 공판준비기일로 본다.

17) 동아일보, 2021.10.26. 기사, "코로나가 연 영상재판…사법접근성 높아질까." https://www.donga.com/news/article/all/20211026/109907079/1 (최종접속 2021.11.15.)

18) 권순형, "코로나19 사태 후 국내외 영상재판에 관한 연구—민사소송규칙 제70조 제6항의 영상재판을 중심으로", 2021년도 사법정보화(IT와 법관) 법관연수자료, 사법연수원, 2021, 58면.

편의성을 형사절차에 적극 활용할 방안을 고민해볼 만하다. 단순히 감염병 확산을 막기 위해 소극적이고 잠정적으로 대응하는 것이 아니라, 코로나 위기 종식 후에도 코로나 시대에서 경험했던 비대면 방식의 장점을 형사절차에 활용해볼 수 있을 것이다.[19]

3. 집행 영역

민사법 영역에서는 상술한 민사전자소송 제도에 따른 전자송달이 활발히 이루어지고 있다. 형사법 영역에서는 전자감독제도가 시행되고 있는바, 이하에서는 이에 관하여 간략히 개관하고자 한다.

(1) 전자감독제도의 도입 및 현황

전자감독제도란 특정 범죄자들의 재범을 방지하기 위해 추격 전자장치를 신체에 부착하는 제도로서, 2008년 9월 「특정 성폭력범죄자에 대한 위치추적 전자장치 부착에 관한 법률」의 제정을 통해 도입되었다. 동법은 부착 대상범죄를 특정 성폭력범죄에 한정하였으나, 2009년 「특정 범죄자에 대한 위치추적 전자장치 부착 등에 관한 법률」로 개정하며 미성년자 대상 유괴범죄로 그 적용범위를 확대하였으며, 2012년에는 살인범죄 및 강도범죄를 포함하는 개정이 이루어졌다. 2020년부터 「전자장치 부착 등에 관한 법률」로 개정된 이래 현재에 이르고 있다.

법무부는 실시간 위치추적이 가능한 GPS가 달린 전자발찌와 재택장치로 구성된 일체형 전자장치를 사용하고 있으며, 장치의 이상이나 이상행동 시 위치추적 관제센터에서 경보를 확인하고 이를 기초로 현장 출동 등의 대응을 한다.

전자감독제도는 2008년도 시행 당시 205건에 불과하였으나, 부착 범죄 대상이 확대되는 등에 따라 2021년 5월 기준 연 7,373건이 집행될 정도로 활발히 적용되고 있다. 전자감독 부착자의 절반 이상은 성폭력 범죄자에 해당한다.

---

19) 조기영, “코로나 시대 형사정책의 과제”, 전북대학교 동북아법연구, 2021, 254면.

〈표 2〉 전자감독 대상자 현재원(2021.5. 기준)

구분	계	형기종료	가석방	가종료	가출소	집행유예	전자보석
계	4,806	2,597 (54%)	1,796 (37.4%)	168 (3.5%)	8 (0.4%)	20 (0.4%)	207 (4.3%)
성폭력	2,574 (53.1%)	2,481	2	67	7	17	–
유괴	13 (0.3%)	11	0	1	0	1	–
살인	488 (9.9%)	86	316	84	0	2	–
강도	100 (2.1%)	19	54	16	11	0	–
기타	1,631 (34.6%)	0	1,424	0	0	0	207

출처: 법무부, 2021.6.28. 보도자료, “인공지능(AI) 기반의 전자감독서비스 구축.” https://www.moj.go.kr/bbs/moj/182/549248/artclView.do (최종접속 2021.11.15.)

(2) 「전자장치 부착 등에 관한 법률」의 내용

「전자장치 부착 등에 관한 법률」은 수사 · 재판 · 집행 등 형사사법 절차에서 전자장치를 효율적으로 활용하여 불구속재판을 확대하고, 범죄인의 사회복귀를 촉진하며, 범죄로부터 국민을 보호함을 목적한다. 동법은 특정 성폭력 범죄자, 미성년 대상 유괴 범죄자, 살인 범죄자, 강도 범죄자가 다시 동 행위를 범할 위험성이 있는 때에 검사가 법원에 전자장치를 부착하도록 하는 명령을 청구할 수 있음을 규정하고(제5조) 검사는 부착명령을 청구하기 위하여 필요하다고 인정하는 때에는 피의자의 주거지 또는 소속 검찰청 소재지를 관할하는 보호관찰소의 장에게 범죄의 동기, 피해자와의 관계, 심리상태, 재범의 위험성 등 피의자에 관하여 필요한 사항의 조사를 요청할 수 있으며, 필요한 경우에는 피의자에 대한 정신감정이나 그 밖에 전문가의 진단 등의 결과를 참고하여야 한다고 규정한다(제6조).

법원은 부착명령 청구가 이유 있다고 인정하는 때에는 최대 30년 내의 부착기간을 정하여 판결로 부착명령을 선고하여야 하며, 다만, 19세 미만의 사람에 대하여 특정범죄를 저지른 경우에는 규정된 부착기간 하한을 2배로 한다(제9조). 부착명령을 선고하는 때에는 야간, 아동·청소년의 통학시간 등 특정 시간대의 외출제한, 어린이 보호구역 등 특정지역·장소에의 출입금지 및 접근금지 및 주거지역의 제한, 피해자 등 특정인에의 접근금지, 특정범죄 치료 프로그램의 이수, 마약 등 중독성 있는 물질의 사용금지, 그 밖에 부착명령을 선고받는 사람의 재범방지와 성행교정을 위하여 필요한 사항을 부과할 수 있다(제9조의2).

부착명령은 특정범죄사건에 대한 형의 집행이 종료되거나 면제·가석방되는 날 또는 치료감호의 집행이 종료·가종료되는 날 석방 직전에 피부착명령자의 신체에 전자장치를 부착함으로써 집행한다(제13조). 보호관찰소의 장은 피부착자의 전자장치로부터 발신되는 전자파를 수신하여 그 자료를 보존하여야 하며 특정 경우 외에는 수신자료를 열람·조회·제공 또는 공개하지 못하도록 규정한다(제16조). 이를 위하여 법무부장관은 위치추적 관제센터를 설치·운영한다(제16조의3).

(3) 전자감독제도의 효과

전자감독제도의 실효성에 관하여는 그 효과성에 대한 비판이 제기되어 왔으나, 10년간 축적된 통계를 바탕으로 한 실증연구에 따르면 전자장치 부착과 재범 억제와의 상관관계가 일정 정도 인정되는 추세이다.[20)]

〈표 3〉 감독 대상 범죄군별 동종 재범률 비교

구분	전자감독제도 시행 전 (2003-2007 평균)	전자감독제도 시행 후 전자감독 대상자 (2015-2019 평균)	비고
성폭력사범	14.1%	2.1%	약 1/7
살인사범	4.9%	0.1%	약 1/49
강도사범	14.9%	0.2%	약 1/75

출처: 법무부, 2020 범죄백서, 2021.

20) 김광현, "전자장치 부착제도의 현황과 개선방안", NARS 현안분석 제212호, 국회입법조사처, 2021, 8면.

그러나 전자감독 대상자 확대에도 불구하고 전자감독 담당 인력의 증원이 상대적으로 미비한 바, 전자장치 훼손 및 준수사항 위반에 대한 적극 지도·감독이 미비하다는 비판을 받고 있다. 이에 법무부는 2021년 전자감독 대상자의 빅데이터를 분석하여 인공지능Ai 기반 전자감독서비스를 구축하여 전자감독 업무의 효율적 운영을 도모하고 있다.[21)]

〈표 4〉 전자감독 사건 및 인력증원 경과

	2016	2017	2018	2019	2020	2021.7
피부착자현재원	2,696	2,981	3,126	3,103	4,026	4,847
감독인원	141	162	162	229	211	281
1인당 담당인원	19.1	18.4	19.3	13.6	19.1	17.3

출처: 법무부, 2021.8.29. 보도자료, "전자감독대상자 훼손 및 재범 사건 관련 설명자료." https://viewer.moj.go.kr/skin/doc.html?rs=/result/bbs/183&fn=temp_1630281833106100 (최종접속 2021.11.15.)

V. 특히 형사사법체계에서 수사와 재판의 전망과 과제–법문언과 이념의 한계

코로나19 이후 법제와 사회의 변화는 수사와 재판 영역에서도 시급한 변화를 촉구하고 있다. 팬데믹 기간 수사와 재판 영역은 이를 반영하여 시대에 걸맞은 방향성을 추구할 필요가 있다. 특히 시간과 공간의 한계를 극복하고 국민의 권리를 보장할 방안을 적극적으로 모색해야 할 것이다. 마찬가지로 이러한 방향성을 수사와 재판의 비대면화, 수사와 재판의 전자화, 수사와 재판의 원격화로 개념화하는 것은 유용하다.

다만 수사와 재판 영역에서 이와 같은 개념화에 대한 문제의식은 애초 우리 형사사법체계가 당사자의 참석 및 참여를 전제로 하는 구조와 충돌할 수 있다는 점에서 한계가 있다. 특히 우리 「형사소송법」이 "법정에 직접 출석"(제165조의2 제2항), "지정한 장소에 피고인의 출석"(제79조)과 같이 "출

21) 법무부, 2021.6.28. 보도자료, "인공지능(AI) 기반의 전자감독서비스 구축." https://www.moj.go.kr/bbs/moj/182/549248/artclView.do (최종접속 2021.11.15.)

석"이라는 문언을 통해 당사자의 물리적인 참가를 전제하고 있기 때문에 더욱 그러하다. 물론 "피고인이 출석하기 어려운 특별한 사정"(제72조의2 제2항) 같은 예외 내지 단서를 둠으로써 물리적 제약에서 유연성을 확보하고자 하지만, 기본적으로는 피의자 내지 피고인의 출석을 전제로 실체적 진실발견을 추구하고 있다는 구조적인 한계를 벗어나기 어려운 것이다.

더 나아가 우리 형사소송이 "공판은 공판기일에 일반인에게 공개된 법정인 공판정에서 이루어져야 한다는 원칙"[22]으로, 법관의 심증형성은 직접주의와 구두변론주의가 지배하는 공판기일의 심리에 의하여야 한다는 공판중심주의를 취하고 있기에 또 다른 한계를 내포한다. 비대면화, 전자화, 원격화라는 포스트코로나의 방향성은 '공판'이라는 물리적, 시간적 제약 하에서 충돌이 발생하기 때문이다.

포스트코로나의 징후에서 어려움은 법치국가 이념, 특히 문언 해석을 통한 예측가능성의 보장이라는 측면에서도 발생한다. 앞서, "출석"이라는 법문언도 그러하지만, '조서'에 의한 조사와 증거제시, 원본주의를 강조하는 '영장' 제시 등은 기본 법문언 및 법해석과 충돌이 불가피하다. 때문에 앞으로 우리 형사사법절차에서는 특히 형사소송의 구조적인 전제, 공판중심주의, 법치국가 이념과의 충돌이라는 문제의식을 염두에 두면서 쟁점을 파악하고 대안을 제시할 수밖에 없는 것이다. 이러한 문제는 최근 '형사사법의 전자화'라는 쟁점에서 더욱 두드러지게 제기될 수밖에 없다.[23]

---

22) 배종대 · 이상돈, 형사소송법 제7판, 홍문사, 2006, 80/4.

23) 이에 대한 자세한 내용은 김대근 · 박경규, 형사사법절차 전자화와 관련한 최근 해외동향과 형사소송법적 쟁점, 법무부 용역보고서, 2020 참조.

Law's Futures

법의 미래에 대한 철학적 성찰

45~49

Law's Futures

45

신화적 법과 과학적 법

이상원

서울대학교 법학전문대학원 교수

서울대학교 법학전문대학원에서 형법, 형사소송법 등을, 서울대학교 융합과학기술대학원에서 디지털증거법을 강의하고 있다. 서울대학교에서 법학사, 법학석사, 법학박사를, 미국 버클리대학교에서 LL.M.을 취득하였다. 형사법 분야 및 관련 법학 분야 그리고 법과 과학 분야를 연구하고 있다.

Ⅰ. 신 화

1. 신화의 기능

> 천제(天帝) 환인(桓因)의 아들 환웅(桓雄)은 천하에 뜻을 두어 인간 세상을 구하고자 하였다. 아버지가 아들의 뜻을 알고 천부인(天符印) 3개를 주며 가서 다스리게 하였다. 환웅이 무리 3천을 이끌고 태백산(太白山) 꼭대기 신단수(神壇樹) 밑에 내려와 신시(神市)라고 하여 풍백(風伯), 우사(雨師), 운사(雲師)를 거느리고 인간세상에 살며 다스리고 교화하였다. 이때 곰 한 마리와 호랑이 한 마리가 항상 환웅에게 사람이 되기를 빌자 환웅이 신령스러운 쑥 한 타래와 마늘 20개를 주면서 이르기를 "너희들이 이것을 먹고 백일 동안 햇빛을 보지 아니하면 곧 사람이 될 것이다"라고 하였다. 곰은 삼칠일(三七日) 만에 여자의 몸이 되었으나 범은 참지 못하여 사람이 되지 못하였다. 웅녀(熊女)는 사람의 몸으로 현신한 환웅과 결혼하여 단군왕검(檀君王儉)을 낳았다. 단군왕검이 평양성(平壤城)에 도읍하고 조선(朝鮮)이라 칭하여 1,500년간 나라를 다스리다가 산신이 되었으니 수(壽)가 1,908세였다.

단군신화를 공유하는 우리는 같은 민족이라는 유대감을 가지고 유구한 역사와 문화를 만들어 왔다. 단군의 자손이라는 생각을 공유하는 사람들을 끈으로 묶어 한민족이라는 공동체를 형성하고 공동 선조인 단군이 신의 아들이라는 생각이 공동체의 자긍심을 높인다.

신화를 진실로 믿는 나는 공동체에 대한 애착과 자긍심이 샘솟을 것이다. 그러나 신화가 반드시 진실이 아닐 수도 있다고 믿는 나에게도, 아니 신화가 허구라고 믿는 나에게도 신화는 실재하는 힘이 있다. 내 옆에 함께 사는 사람들이 나와 같은 신화를 공유한다는 사실 자체가 소속감을 주고 동료 의식을 주어 문화와 가치를 함께할 수 있게 한다. 신화는 진실이 아니라도 훌륭한 기능을 한다. 그러므로 신화는 증명할 필요가 없다.

2. 신화적 이론

신화는 지배권력에 정당성을 부여한다. 황제는 천제의 아들이므로 그의 권력은 정당하다. 신화는 고대로부터 권력이 정당성의 근거를 찾은 곳이었다. 권력들은 각자의 건국신화를 제시하며 자리 잡았다. 이런 현상은 고대에만 있었던 것이 아니며 비교적 근래에 이르기까지 이어졌다.

중세 유럽에서 주장되었던 황제권신수설은 세속권력을 교황으로부터 독립하려는 무기로 제시되었다. 16－17세기 영국과 프랑스를 중심으로 등장하였던 왕권신수설은 왕권은 신에 의하여 부여된 것이어서 왕은 신의 대리로서 오직 신에게만 책임을 지므로 국민은 왕의 명령에 무조건 복종해야 하며 왕의 명령에 저항하는 것은 신에 대한 죄악이라고 하여 왕의 지배권력을 정당화하였다.[1)]

동양에서는 상고시대부터 삼라만상의 자연과 인간사는 모두 하늘(天)의 주관에 따른다는 하늘(天) 사상이 기저에 흘러왔다. 天은 인격적 존재로서 이해되기도 하고(天皇上帝), 자연으로 이해되기도 하고(自然天), 우주의 원리로 이해되기도 하였다(理法天). 이를 바탕으로 천명(天命)사상이 나타났다. 이에 따르면, 왕은 하늘의 뜻에 따라 임금이 되었고 하늘의 뜻에 따라 백성들을 다스리며, 하늘의 뜻을 따르지 않는 경우는 재이(災異)를 통해 임금에게 경고한다. 그러나 천명사상은 왕의 권력을 무제한하고 영원한 것으로 보지 않고, 민심이 천심이라는 명제를 통하여 민본사상과 연결하여, 왕이 포악한 정치를 하여 민심을 잃으면 천명을 잃고 교체된다고 하였다.[2)]

왕권신수설이나 천명사상 모두 권력의 정당성을 天이나 神처럼 초월적 존재에서 찾았다는 점에서 공통된다. 그런데 왕권신수설에서 왕의 권력은 신에게만 기초할 뿐 국민의 동의와는 전혀 무관한 데 반하여, 천명사상에서 천의는 민의와 연결되어 민의에 따라 천의도 변할 수 있다(天命靡常)는 점에서 차이가 있다.[3)] 그러나 어느 것이든 모두 신화에서 정당성을 찾는

---

1) 김춘식, "왕권신수설과 천명사상의 비교연구", 한국정치학회보 제30권 제3호(1996), 28면, 32면.

2) 위의 글, 35-38면.

신화적 이론이라는 점에서는 다르지 않다.

3. 신화와 법

사회가 체계화되면서 권력은 법의 형식을 띠고 행사되었다. 권력이 복종을 강요하듯 법도 복종을 강요한다. 신화는 법을 만든 주체를 신격화하여 신이나 하늘에서 법의 정당성 근거를 찾았다. 그런데, 신화가 권력을 정당화하고 권력의 명령에 구속력을 부여해온 역사는, 그것이 단순한 신화로 전승되는 차원이든지, 왕권신수설이나 천명사상과 같은 이론체계를 갖춘 차원이든지 간에, 과연 권력이 하늘로부터 유래하였는지에 관하여는 아무런 증명을 하지 않았다. 그저 신화가 제시하는 신념의 체계를 위로부터 강요한 것일 뿐이다.

신화는 믿음에 근거한다. 그 신념체계를 받아들이지 못하고 신수나 천명을 믿지 못하는 순간, 그에 근거한 권력의 명령은 정당성을 잃고 구속력을 잃게 된다. 신화적 권력에 근거하여 만들어진 법은 그것이 아무리 정치하고 아무리 오래되었더라도 그에 대한 믿음이 사라지는 것과 함께 국민에게 복종을 강요할 근거도 사라지게 된다. 신화를 믿지 못하는 국민에게 신화적 권력에 기반한 법은 정당한 법이 아니다.

Ⅱ. 국민의 합의(민주주의 논변)

1. 사회계약

근대를 연 3RRenaissance, Revolution, Reformation은 인간을 권위로부터 해방시키고 개인의 존재를 각성시켰다. 인간은 사회적 동물이라는 말에서 찾은 공동체 우선주의가 해체되고 인간 개인이 사회적 주체로서 인식되게 되었다. 국가권력의 정당성은 이제 인간 개인으로부터 유리되어 수립되기 어려운 상태가 되었다.

이런 상황에서 등장한 사회계약론은 개인의 각성으로 촉발된 개인과 공

---

3) 위의 글, 42-44면.

동체 사이의 딜레마 문제 – 자연상태에서 무제한의 자유를 누리던 개인이 왜 국가권력에 복종하고 이를 받아들이는가 하는 문제에 맞닥뜨려, 권력의 정당성을 개인으로부터 찾으려고 하였다. 사회계약론은 자연상태에서 인간은 평등하고 자유롭지만 만인의 만인에 대한 투쟁(홉스)이나 권리의 충돌을 조정할 권위의 부재로 인한 투쟁(로크) 또는 힘의 논리가 지배하는 사회상태(루소)에 빠지게 된다고 전제하고, 이에서 벗어나 평화를 유지하고 자신의 권리를 보존하기 위하여 자신의 자연권을 양도(홉스), 신탁(로크), 결합(루소)하는 사회계약을 체결하여 사회(공동체)를 구성하고 그 권력에 복종한다고 한다.[4] 나아가 이와 같이 형성된 권력의 정당성을 설명하는 논리로, ① 무질서와 혼란을 견디는 것보다 권력에 복종하는 것이 낫다는 안전논리(홉스, 로크, 루소), ② 자신의 기본권과 공동의 이익을 수호하기 위해 자발적으로 동의한 권력에 복종하는 것은 자신의 자유를 침해하는 것이 아니라는 자발적 동의의 논리(홉스, 로크, 루소), ③ 내가 참여하여 형성한 일반의지에 따르는 것은 나의 의지를 따르는 것이며 여전히 자유롭다는 민주적 참여의 논리(루소)를 제시하였다.[5]

요컨대, 권력 및 법의 정당성은 그에 복종하기로 하는 사회를 구성하는 개인들의 계약으로부터 나온다는 것이다. 그러나 사회계약은 가설일 뿐이며 누구도 실제로 계약을 체결하였다는 실증이 이루어진 바는 없다.[6] 정당성이 허구로부터 나올 수는 없다. 신이 물러난 자리에 신의 권위를 대체하여 사회계약이 주장되었지만, 사회계약론은 사회계약의 존재에 대한 믿음에 근거하지 않고서는 그로써 법의 정당성을 확인할 수 없는 주장으로서 법은 여전히 신화적 믿음에 기초하여서만 정당성을 확인할 수 있다.

나아가 사회계약론 자체도 계약의 전제나 조건을 제시하고 있는데, 이는 가사 실제로 사회계약이 있다고 하더라도 권력의 정당성이 단순히 계약에만 근거하지는 않음을 스스로 보여주는 것이다. 사회계약론은 인간이 자연

4) 고봉진, “사회계약론의 역사적 의의 - 홉스, 로크, 루소의 사회계약론 비교”, 법과 정책 제20집 제1호(2014.3), 59-75면.
5) 이기라, “왜 정치권력에 복종해야 하는가? – 사회계약론에 담겨 있는 근대적 정당화 논리들”, 인문논총 제50집(2019.10), 45면.
6) 고봉진, 앞의 글(주 4), 79면 참조.

상태를 넘어 사회계약에 이르는 데에는 신이 부여한 이성을 가지고 있고 이 이성에 의하여 자연법을 발견하고 파악할 수 있기 때문이라고 하여 신의 권위와 자연법에 그 정당성의 연원을 찾는 한편,[7] 사회계약으로 개인으로부터 받은 권력도 사회계약의 목적에 부합하는 것을 조건으로 정당한 것이어서, 정치권력이 집단의 안전을 보장하고 개인들의 기본권을 보호하는 한도에서(홉스, 로크, 루소), 모든 구성원이 함께 참여하여 형성한 일반의지를 따르는 한도에서(루소), 복종을 요구할 수 있다고 한다.[8] 특히 루소의 일반의지는 개인의 특수이익의 총합인 전체이익과 구별되는 공동의 이익(공동선)을 추구하는 것이므로[9] 개인의 개별의사를 뛰어넘는 무언가에서 정당성의 근거를 찾으려고 한 것이다.

2. 국민주권

사회계약론이 반드시 국민주권을 주장한 것은 아니었지만 신이나 신을 대리한 왕 대신 자연상태의 개인에서 권력의 출발점을 찾음으로써 이후 국민주권의 출현으로 자연스럽게 이어졌다. 이제 신이나 신을 대리한 왕이 권좌에서 내려오고 그 자리에 국민이 올라 주권자가 되었다. 현대국가는 대체로 국민주권의 원리에 입각하고 있다.

우리 헌법도 이를 명시하여 대한민국의 주권은 국민에게 있고 모든 권력은 국민으로부터 나온다고 규정하면서(제1조), 주권자인 국민의 의사를 구체화하여 모든 국민은 인간으로서의 존엄과 가치를 가지며 행복을 추구할 권리를 가진다고 명시한다(제10조). 헌법은 입법권을 국회에 부여하여(제40조) 대의제 민주주의를 채택하는 한편, 사법권을 법원(제100조)과 헌법재판소(제111조)에 부여하여 사법부로 하여금 헌법과 법률의 의미를 유권적으로 해석하도록 하였다. 헌법이 주권자인 국민의 의사라면, 헌법에 토대를 둔 법률과 법률해석 또한 주권자의 의사에 토대를 둔 것이다. 주권자의 의

7) 이충한, “국가권력에 대한 사회계약론적 전통에 관한 고찰”, 동서철학연구 제63호(2012. 3), 61-62면, 65-66면.
8) 이기라, 앞의 글(주 5), 46면.
9) 위의 글, 41-42면.

사는 구속력이 있다. 따라서 국회가 제정한 법률도 법원이 해석한 법률해석도 구속력이 있다.

그런데 왕이 주권자로서 만든 법에 정당한 구속력을 인정하지 못한다면, 국민이 주권자로서 만든 법 역시 마찬가지 아닌가. 왕이 신으로부터 권력을 하사받았는지에 대한 증명이 없는 것처럼, 국민이 주권자라는 증명 또한 없다. 왕이 천명을 받았다는 것이 믿음인 것처럼, 국민이 주권자라는 것 또한 믿음이다. 국민주권도 결국 신화적 권력이고 그 법도 결국 신화적 믿음에 근거한 것이다.

3. 합 의

믿음에 근거한 법이라도 그 믿음에 합의한 사람에게는 구속력을 가질 수 있다. 헌법이 국민적 합의라면 그 헌법은 국민에게 효력이 있고, 그에 기한 법률과 법해석도 국민에게 효력이 있다. 국민주권에 입각한 헌법, 즉 자신을 주권자로 인정하는 헌법에 국민이 합의하는 한, 국민주권의 헌법 및 그에 근거한 법률과 법해석은 구속력이 있다. 헌법제정에 대한 투표가 100%의 찬성으로 이루어지지는 않았다. 그러나 이는 헌법의 다른 조항에 대한 이견 때문이며 국민주권에 대한 합의는 대체로 인정될 수 있을 것이다. 신의 주권을 믿는 사람들도 현세에서의 국민주권은 대체로 합의할 것이다.

그러나 여전히 그조차 하나의 추정일 뿐이며 국민주권에 대한 합의를 거부하는 사람이 있을 수 있다. 더구나 국제적 교류가 활발한 오늘날, 내가 전혀 소속되어 있지 않고 내가 투표한 바도 없는 국가의 법에 기속을 받는 경우가 많다. 나는 그 법역에 관하여 국민주권에 대한 합의를 한 바 없다.

보다 근본적으로 나는 태어나면서 국법에 복속하여 왔을 뿐 내가 나의 의지로 국가의 법질서에 복속하기로 합의한 바 없다. 나는 내가 소속된 국가의 국민주권에 합의한 적이 없고 그저 국민주권이 나의 합의와 무관하게 주어진 것일 뿐이다.

나아가 국민주권에 대한 합의를 하였다고 헌법의 모든 조항에 합의하였다고 할 수 없고, 헌법에 합의하였다고 국가의 모든 법에 합의하였다고 할 수 없다. 합의는 법의 근거가 될 수 없다.

4. 자 율

왕의 주권을 폐한 국민주권은 치자와 피치자를 혼화한다. 치자와 피치자의 동일성은 민주주의를 탄생시키고 법은 자율적 규범이 된다. 피치자가 스스로 만든 규범이므로 피치자에게 구속력이 있다. 3R과 함께 주체적 인격을 획득한 인간은 자신의 권리와 의무에 대하여 스스로 처분할 수 있는 권한을 획득하였다. 피치자는 자율적 처분권을 가지고 자신들에게 구속력이 있는 규범을 만들 수 있는 것이다.

이에 비추어 자율성으로부터 공동체의 규범이 구속력을 갖는 몇 가지 논리를 생각할 수 있다. 첫째, 집단 자율의 논리이다. 자율에는 합의를 넘어서는 면이 있다. 합의가 규범에 대한 개별적인 편입임에 비하여 자율은 규범의 공동체적 운용이다. 인간이 자기처분권능이 있다면, 인간의 집단인 사회도 자율적 처분권능이 있고, 따라서 사회의 규범은 구성원 모두에게 구속력을 가질 수 있다. 둘째, 묵시적 동의의 논리이다. 특정 사회의 구성원 대부분은 자신의 의사와 상관없이 그 사회의 구성원이 되었다. 그렇지만 그 사회의 구성원으로서 살아간다는 사실 자체가 그 공동체에 소속된다는 것과 공동체의 의사결정에 복종하기로 한다는 것에 묵시적으로 동의하였다고 볼 수 있다. 셋째, 현상 논리이다. 특정 사회의 구성원으로 살아간다는 현상적 사실 자체가 그 사회의 일원으로서 공동체의 일부로 편입되었음을 의미한다. 따라서 구성원의 의사와 상관없이 그는 공동체의 일원으로서 치자임과 동시에 피치자이므로 공동체의 자율적 처분권능에 합류하여 규범을 설정하고 설정된 규범에 복종하여야 한다.

그러나 이러한 논리는 완전하지 않다. 집단 자율의 논리는 자율을 공동체 집단의 차원에서 이해함으로써 개별적 합의 요건을 벗어나려 한다. 공동체를 구성하는 자율규범의 제정(헌법 제정)에 합의한 사람에게는 자율규범(헌법)에 근거한 규범(법률)의 구속력을 개별 법률에 대한 합의 여부와 상관없이 인정할 수 있다. 그러나 자율규범에 합의하지 않은 사람에게 구속력이 있다고 할 수는 없다. 합의하지 않은 사람에게 그 자율규범은 타인이 만든 것이고 결국 치자·피치자 혼동은 발생하지 않기 때문이다. 묵시적 동의의 논리는 공동체의 규범에 명시적으로 거부하는 사람에게는 적용될 수 없고, 기본적으로 위와 같은 묵시적 동의의 존재 또한 증명된 바 없다. 현상 논리 역시 개별적 합의를 전제하지 않고 법의 구속력을 근거지우기 위한 논리이기는 하지만, 존재적 현상으로부터 규범적 당위가 발생하는 과정이 필연적이지는 않다.

결국 자율성은, 자율규범에 대하여 사회 구성원 모두가 명시적 또는 묵시적 합의를 하였다는 믿음이나 사회 구성원으로 살아간다는 존재적 현상이 사회규범에 대한 복종의무를 발생시킨다는 당위적 규범의 근거가 된다는 믿음을 전제로 하여서만 법의 근거가 될 수 있다.

5. 대의제와 다수결

(1) 현실 제도

규범에 대한 합의가 구성원 전원의 만장일치로 이루어지면 그 규범은 공동체 구성원 모두에게 구속력을 가질 수 있다. 그러나 이러한 합의는 현실적으로 기대하기 어렵다. 그리하여 고대로부터 공동체 의사결정의 방식으로 다수결이 선호되어 왔다.

더구나 공동체의 규모가 커지면 공동체 구성원 전원의 회의 자체가 어렵다. 현대 민주국가는 대체로 대의민주주의를 취하고 있고 우리 헌법도 마찬가지이다. 우리 헌법은 국회는 200인 이상의 국회의원으로 구성하고(제41조), '헌법 또는 법률에 특별한 규정이 없는 한 재적의원 과반수의 출석과 출석의원 과반수의 찬성으로 의결한다'라고 규정하여(제49조), 의회민주주의의 기본원리인 다수결의 원리를 선언하고 있다.[10] 또 헌법은 헌법재판소에서 법률의 위헌결정, 탄핵의 결정, 정당해산의 결정 또는 헌법소원에 관한

10) 헌법재판소 2010.12.28. 선고 2008헌라6등 결정; 헌법재판소 2016.5.26. 선고 2015헌라1 결정; 헌법재판소 2020.5.27. 선고 2019헌라3등 결정.

인용결정을 할 때에는 재판관 6인 이상의 찬성이 있어야 한다고 규정(제113조)하여 사법에서도 다수결 원리가 지배함을 선언하고, 나아가 법원조직법(제66조)과 헌법재판소법(제23조)은 합의에서의 원칙적 다수결 원리를 규정하고 있다.

이와 같이 현실의 제도에서 대의제와 다수결 원리는 법을 형성함에 있어서나 법을 해석함에 있어서 기본적인 원리로 자리 잡았다.

(2) 대의제

의회의 의사는 국민의 의사로 평가된다. 의회가 만든 법률은 국민이 만든 법률로서 효력을 갖는다. 이는 의회의 의사가 국민의 의사를 반영한다는 전제에서 인정된 것이다. 그러나 현실에서 그러한 전제는 성립되기 어려운 경우가 많다.

첫째, 다수표 당선제가 국민의 의사를 왜곡한다. 예컨대, a 정책을 주장하는 A당과 b 정책을 주장하는 B당이 소선거구제 총선에서 대결하는데, 전국에서 고르게 51%의 국민이 a 정책과 A당을 지지하고 49%의 국민이 b 정책과 B당을 지지한다고 가정한다면, A당 의원들이 모두 당선되어 의회는 100%의 찬성으로 a 정책을 의결할 것이다.

둘째, 선거와 정책의 분리가 국민의 의사를 왜곡한다. 국민이 선거에서 A당 의원에 투표하였다고 하여 그의 모든 정책에 찬성한 것은 아니며 많은 정책은 선거 당시 논의되거나 존재하지도 않았던 쟁점에 관한 것이다. 예컨대, b 정책을 선호하면서도 A당 의원에 투표하였더라도, 선거 후 발생한 k 쟁점에 관하여 A당의 ak 정책보다는 B당의 bk 정책을 선호하는 경우 등이 흔히 발생한다.

셋째, 사적 이익의 추구이다. 정책 결정자가 어느 정책을 결정함에 있어 자신의 사익과 국민의 공익이 충돌할 경우, 대체로 사익을 우선하리라는 추정을 할 수 있다. 소속 정당이나 개인의 사적 이익을 추구하는 정책을 입법하는 경우 국민은 이를 지지하지 않을 것이 추정되고, 결국 이러한 입법은 국민의 의사가 반영된 것이 아니다.

넷째, 국민의사의 왜곡이다. 전통적으로 정보와 매체에 보다 용이하게 접근할 기회가 많은 정치세력은 국민들에게 제한된 정보나 왜곡된 정보를 제공함으로써 자신에게 유리한 여론 형성을 기도하여 온 경우가 많았다. 인터넷과 각종 매체 및 SNS의 발달은 국민들에게도 정보와 매체를 제공함으로써 국민들이 직접 사안을 판단하고 자신의 정치적 의사를 표현할 가능성을 획기적으로 높였다. 그러나 정보와 매체의 폭증은 정보와 선택과 통제 또는 왜곡을 더욱 쉽게 만들어, 결국에는 오히려 국민의사를 왜곡할 가능성을 높였다. 기술의 발달이 역설적이게도 정책결정자와 국민을 더욱 유리시키는 결과를 가져왔다.

요컨대, 대의제는 의회가 국민의 의사를 대표한다는 전제에서 민주적 정당성을 갖는 것인데, 현실에 있어 실질적 대표성이 인정될지는 의문이 많고, 이러한 현상은 기술의 발달과 더불어 더욱 심화되고 있다. 대의제의 전제가 성립되지 않는 것이다.

(3) 다수결

이처럼 대의제의 전제가 무너짐에 따라 의회의 다수결이 국민의 다수의사라는 등식이 성립하기 어려운 경우가 많아지고 있다.

나아가 의회의 다수결 자체도 왜곡되는 경우가 적지 않다. 예컨대, 이른바 검찰개혁을 목표로 하는 2020년의 일련의 입법(고위공직자범죄수사처 설치 및 운영에 관한 법률 제정, 형사소송법 및 검찰청법의 개정)에는 '4+1협의체'의 합의가 결정적 기능을 하였는데, 이 합의가 법률안의 내용에 대한 의사가 합치되어 이루어진 것이라기보다는 이들과 전혀 무관한 공직선거법의 내용(연동형 비례대표제)이 당근으로 작용하였을 것이라는 추정이 설득력이 있는 바,[11] 여기서 합의의 대상이 아닌 대상에 대하여 다수의 합의가 있었다고 할 수는 있지만, 합의의 대상에 다수의 합의가 실질적으로 있었다고 말할 수는 없다. 검찰수사권의 추가 제한을 내용으로 하는 검찰청법[12]과 형사소송법[13]의 2022.5.9. 개정(이른바 검수완박 입법)도 다수결의 왜곡을 적나라하

11) 이상원, "검찰개혁이라는 이름의 기차", 법의 딜레마, 법문사, 2020, 157-158면.
12) 2022.4.30. 재석 177명 중 찬성 172명, 반대 3명, 기권 2명으로 가결되었다.
13) 2022.5.3. 재석 174명 중 찬성 164명, 반대 3명, 기권 7명으로 가결되었다.

게 보여준다. 이 개정에는 안건조정위원회(국회법 제57조의2)가 결정적 길목에 위치하고 있었다. 개정을 원하는 제1교섭단체와 이에 강력하게 반대하는 제2교섭단체 사이에 이견이 좁혀지지 않은 상태에서, 제1교섭단체에 속하는 조정위원의 수와 제1교섭단체에 속하지 아니하는 조정위원의 수를 같게 한다는 제약(동조 제4항) 속에서 조정위원 2/3 이상의 찬성으로 의결하여야 하므로(동조 제6항), 개정안을 통과시키려는 제1교섭단체로서는 난감한 상황에 봉착하게 되었다. 사보임을 통해 기대했던 무소속 의원(제1교섭단체 출신)이 예상과 달리 개정안에 반대하는 입장을 보인 후 제1교섭단체를 탈당한 다른 의원이 안건조정위원회에 참여하였다. 이로써 안건조정위 의결정족수인 2/3 요건을 맞추게 되었지만, 이 형식적 다수결이 실질적 다수결이라고 말하기는 어렵다.

또한 정당 내 의사결정에도 왜곡이 나타나고 있다. 공천 등의 압박에서 자유로울 수 없는 의원들은 당의 실권자가 정한 정책에 반하는 의견을 제시하기 쉽지 않고 그 경향은 점점 더 강해져 간다. 이른바 검찰개혁이나 검수완박의 입법과정에서 당의 방침과 다른 의견을 피력한 의원이 사실상 당을 떠나게 되었고, 평소에 다소 다른 의견을 가지는 듯한 의원들이 결국 공식적인 표결에서는 당의 방침대로 투표하는 현상이 있었다. 이견이 용납되지 않은 곳에서 형식적으로 다수결이 이루어졌더라도 언제나 실제로 다수의 사람이 지지한다고는 할 수 없다.

6. 소 결

신화적 권력이 사라져도 사회에 권력은 존재하고 권력이 만든 법은 존재한다. 권력과 법이 더 이상 신화에 의존할 수 없게 되자, 사회계약이나 국민주권에서 그 근거를 찾았다. 현대 민주국가에서는 법의 정당성을 국민으로부터 찾는다: 국민은 주권자이며 자율성을 가지기 때문에, 국민으로부터 선출된 권력이 제정한 법은 국민의 의사로 받아들여지고 국민의 의사로 제정된 법은 정당하다. 국민 개개인의 의사가 언제나 일치할 수는 없기 때문에 다수의 의사를 국민의 의사로 본다. 다수결에 의하여 헌법을 제정하고 다수결에 의하여 대표를 선출하며 대표의 다수결에 의하여 법을 만들고 그 법에 기초하여 국가권력의 담당자를 정하며 이에 기초한 기관들이 집행하고 해석한 법은 정당성을 갖는다. 아래 그림은 이러한 논리구조를 보여준다.

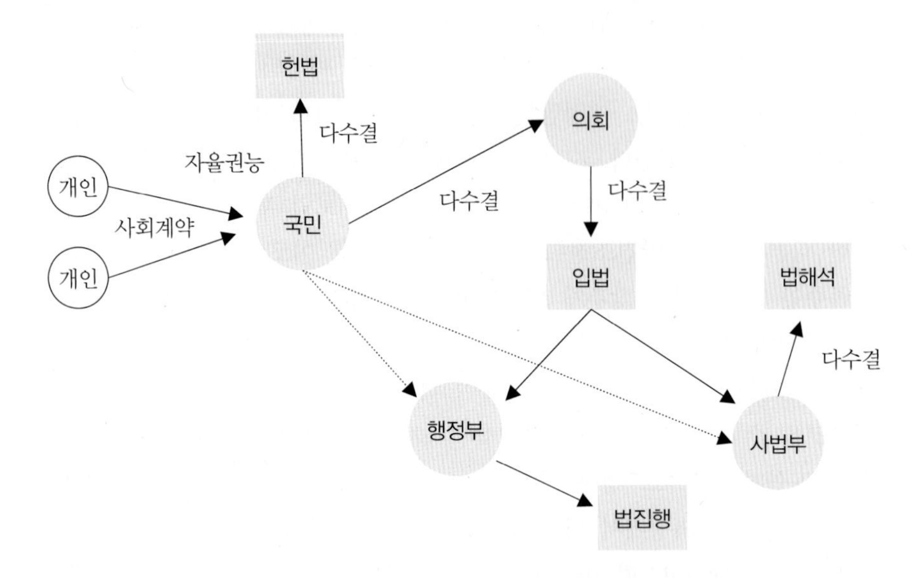

이와 같이 현대 민주국가에서 권력과 법의 정당성이 국민에 근거하고 있다면, 이 정당성은 민주적 정당성을 의미한다. 이 민주적 정당성은 ① 개인이 모여 국민을 이루며 국민이 주권자라는 것(국민주권), ② 국민이 자율적 통치를 할 수 있는 자율권능이 있다는 것(자율의 원리), ③ 국민의 합의로 헌법을 제정하고 의회를 구성하여 법을 제정한다는 것(국민의 합의), ④ 다수의사의 합치는 국민의 합의라는 것(다수결 원리), ⑤ 다수결로 선출된 의회의 의사는 국민의 의사와 합치한다는 것(대의제)이라는 조건들이 모두 갖추어질 때, 즉 위 5가지 조건이 참인 명제일 때 비로소 인정될 수 있고, 민주적 정당성을 가진 법률은 자율원리(②)에 따라 사회구성원 모두에게 구속력이 있다.

그런데 위 5가지의 조건 어느 것도 참인 명제라고 증명된 바는 없다. 단지 그러한 명제들이 바람직할 것이라는 희망과 그 희망을 토대로 한 믿음이 가능할 뿐이다. 그렇다면 어떠한 법이 의회의 다수결로 제정되었으므로 민주적 정당성이 있고 사회구성원에게 구속력이 있다는 주장은 위 믿음이 유지되는 한도에서만 타당하다. 결국 민주적 정당성을 근거로 한 법은 믿음에 근거하는 신화적 법이다.

그럼에도 불구하고 우리는 민주적 정당성이라는 믿음을 놓지 못한다. 법이 사회의 구속력 있는 규범으로서 작동하고 있는 현실을 부정하지 못하는 상황에서 그 현실을 그나마 설득력 있게 받아들일 수 있는 믿음이기 때문이다. 현대 민주국가는 이러한 믿음 위에서 구축되었다. 사실 이들 조건은 처음부터 참/거짓을 따질 수 있는 명제가 아니라 그저 현대 인간사회가 결단적으로 받아들인 구성원리인 면이 많다. 특히 ①~④는 참인지 거짓인지를 증명하는 것이 불가능한 것인지도 모른다. 그러나 구체적 사안에서 ⑤는 증명이 불가능하지 않다. 특히 특정한 법률안에 관하여 의회의 다수의사가 국민의 다수의사와 일치하지 않는 것이 명백하거나 추정되어 ⑤의 조건이 갖추어지지 않았음이 드러나는 경우, 가령 여론과 다른 법률안을 무리하게 통과시키거나 허위의 선전·선동으로 나타난 여론에 힘입어 법률안을 통과시키는 경우, 그럼에도 불구하고 의회의 다수결로 통과된 법률은 민주적 정당성이 있다고 할 수 있을까. 그리하여 그 법률이 국민을 구속하는 정당한 힘이 있다고 할 수 있을까.

Ⅲ. 인간의 지혜(법치주의 논변)

1. 민주적 정당성의 한계

국민에 대하여 정당한 구속력이 있는 법이란 무엇인가. 우리는 그러한 법을 어떻게 인식할 수 있는가. 국가는 추상적 법규범을 정립하고 이를 구체적 사안에 적용하여 법규범을 구체화한다. 그러므로 법은 법정립과 법적용의 과정 어느 곳엔가 존재할 것이다. 법의 존재에 대한 판단이 법의 인식이다. 법인식을 통하여 의회는 추상적 규범을 정립하고 법원은 구체적 규범을 확정한다. 법인식 또는 법적 판단이 도대체 참 또는 정당한 것으로 근거지어질 수 있는가. 만일 그렇다면 그 방법은 무엇인가라는 과제를 둘

러싸고 법학방법론이라는 장이 펼쳐졌다.[14)]

법의 인식이 어려운 만큼이나 법학방법론의 내용은 다양하다. 전통적으로 일반적(추상적) 법적 판단(인식)의 출처인 법률의 해석은 어떻게 가능하며 정당화되는가를 주제로 하여, 문리해석, 논리적·체계적 해석, 역사적·주관적 해석, 객관적·목적론적 해석[15)]과 같은 법률해석의 차원에서 접근하여 왔다. 그러나 법인식과 관련하여 그 밖에도 통일적 분류조차 어려운 다양한 방법론들이 제시되어 왔다. 전통적 방법론(해석법학), 정신과학적 방법론(법이념론), 사회과학적 방법론(법정책론), 학제적 방법론(분화된 전문법역 관련 학문방법론의 변증법적 종합)으로 구별하기도 하고,[16)] 개념법학, 분석법학, 해석법학의 구별이나 도덕철학적, 사학적, 사회과학적 방법론의 구별을 제시하기도 한다.[17)] 법의 존재에 대한 근본적인 고민은 자연법론, 법실증주의, 법현실주의의 논의로 이어졌다. 법실증주의는 법체계의 완결성과 독자성을 강조하면서 실정법을 중시하고, 법현실주의는 법을 사회의 현실과 긴밀하게 상호작용하는 존재로 인식하며, 자연법론 또는 법원리론은 실정법체계만이 아닌 전체 법질서 속에 내재된 도덕적 가치와 원리가 법을 법답게 만든다고 한다.[18)]

법실증주의는 민주적 정당성으로 만족할 수 있다. 의회가 제정한 실정법은 문언으로 나타난 국민의 의사로서 민주적 정당성이 있고 법원은 이를 충실히 해석(문리적, 역사적 해석)하는 역할에 머물 것을 기대하기 때문이다. 법을 해석하는 법원은 도덕이나 법의 이념과 같은 법외적 요소를 모두 배제하고 법의 문언에 충실하여야 하므로, 입법과정이 민주적이면 그것으로 법은 정당한 구속력을 가질 수 있다. 그러나 인류는 고대로부터 실정법을

14) 심헌섭, "법철학적 법학방법론 - 법철학과 합리적 법학방법", 서울대학교 법학 제24권 제1호(1983), 1면.

15) 심헌섭, 위의 글, 5면; 김대휘, 법철학과 법이론 입문, 성안당, 2021, 237면.

16) 이상돈, "형법학방법론", 법학연구 제12권 제2호(2002), 67-79면.

17) 최대권, "법사회학적 법학방법론 - 법발견에 있어서의 법사회학적 접근", 서울대학교 법학 제24권 제1호(1983), 14면.

18) 공두현, "우리 대법원 법해석론의 흐름: 법실증주의, 법현실주의, 법원리론", 법철학연구 제22권 제2호(2019), 196면; 박은정, "법관과 법철학", 서울대학교 법학 제53권 제1호(2012), 303면.

넘어서는 정의와 이념에 대한 갈망을 가져왔다. 소크라테스의 양심의 소리, 플라톤의 이데아, 아리스토텔레스의 목적론적 형이상학 등에서 이를 엿볼 수 있다.[19] 중세의 종교적 명령도, 이를 대체한 근세의 이성도 자연법을 상정한다. 칸트의 실천이성이나 루소의 일반의지에서 보여주듯, 사회계약도 단순한 현상으로서의 계약을 넘어서 자연법과 연결된다.

신으로부터 해방된 인간이 가치의 중립성과 경험적 인식에 의존하면서 법실증주의가 확대되었지만, 2차 세계대전을 겪으면서 형식적 합법성의 폐해를 경험한 인류는 자연법의 존재를 다시 소환하여 실질적 법치주의와 적법절차의 원칙을 받아들였다. 이제 법실증주의도 자연법론과 접근하고 있고, 실증주의에서 출발한 법현실주의 또한 사회적 효용을 중시한다는 점에서 같은 맥락에서 바라볼 수 있다.

그렇다면 극단적인 법실증주의를 취하지 않는 한 민주적 정당성만으로 정당한 법으로서 국민에 대한 구속력이 있다고 할 수는 없다. 법은 존재가 아니라 당위이며 당위는 정당성을 전제하고 있다. 국민의사에 기하여 제정되었다는 사실만으로 정당성을 확보하는 것은 아니다. 어느 사회의 구성원 모두가 합의하여 사회를 파괴하기로 하는 결의를 할 경우 모두가 합의하였다는 민주적 정당성만으로 그 결의가 정당하다고 할 수는 없다.

2. 법의 정당성

어떠한 법이 정당한가에 대한 대답이 정의론이라는 장에서 추구되어 왔다. 서술적narrative 정의론은 인간이 가지는 경험적 가치관념을 탐구함으로써 정의를 찾는다. 규범적normative 정의론은 당위로서 요구되는 정의를 찾는다. 규범적 정의론에는 정의를 찾아가는 절차에 주목하는 절차적 정의론과 정의의 실체를 찾아가는 실체적 정의론이 있다. 절차적 정의론에는 이상적 대화상황에서의 합의로 구속력 있는 명제를 얻을 수 있다는 진리합의이론(하버마스), 절차적 보장에 의하여 법규범이 산출되고 정당화될 수 있다는 순수 절차적 정의론(루만) 등이 있다.

19) 김대휘, 앞의 글(주 15), 42면.

법을 인식하려는 법학방법론이나 정의를 찾으려는 정의론이나 시대와 장소에 따라 헤아릴 수 없을 만큼 다양한 주장들이 제시되었다. 이들 주장은 치밀하고 논리적인 논증의 형식을 갖추고 있다. 그러나 각 주장은 주장자에게는 타당할지 몰라도 이를 지지하지 않는 사람에게는 별다른 의미가 없는 주관적인 주장들일 뿐이다. 나의 정의와 너의 정의가 다를 때 우리는 현실에서 무엇을 기준으로 정의를 확인할 것인가.

3. 인간의 능력

(1) 이성적 자율능력

자율성은 강요 없는 자기 강제이다.[20] 근세 이전에는 복종으로서의 도덕성이 지배하였다. 복종으로서의 도덕성은 신이 도덕을 창조하였고 신의 의지가 이를 인간에게 명령으로 부과하였다는 주의주의voluntarism의 이해이다. 17세기 도덕심리학은 도덕법칙은 외적으로 주어진다고 하면서도 인간은 누구나 그 도덕법칙을 알 수 있으며 그에 따라 행위를 할 심리적 동기를 지니고 있어 외적 지배 없이 스스로 행위할 수 있기 때문에 인간은 자기지배적 존재라고 이해하였다. 칸트는 나아가 인간에게는 선험적으로 자유가 귀속되고 이로부터 보편적·필연적으로 인간의 자율성이 도출된다고 하면서 이 자율성이 도덕성의 본질을 구성한다고 하였다. 칸트는 인간에게 외부에서 주어지는 도덕법칙에 복종할 것이 아니라 스스로 도덕법칙의 입법자로서 의지결정할 것을 요구하였는데, 이에 따라 도덕은 이성적 존재로서의 인간이 주체가 되어 자신의 의지를 스스로 규정하는 보편적 의지의 법칙이라고 하였다. 칸트의 자율성은 인간에게 고유한 본질적 내재적인 가치로서 모든 인격체에 귀속된다. 이에 따라 칸트의 자율성은 자율능력을 가진 모든 인격체(타인)를 존중할 의무를 포함하게 된다.[21]

칸트의 자율성은 정치철학에서 루소의 일반의지volonté générale와 연결된

20) 강철, "자율성에 대한 개념적 분석: 인공지능의 자율성을 위하여", 과학철학 제21권 제3호(2018), 218-220면.

21) 이 부분 임미원, "윤리적 개념으로서의 자율성: 칸트의 자율성 개념을 중심으로", 법학논총 제33집 제3호(2016), 3-14면 참조.

다. 루소의 일반의지는 인간의 자유의지 속에 존재하는 의지로서 합리성을 추구하는 이성적 능력이다.[22] 사적 이익을 추구하는 개별적인 의지들의 총합인 전체의지와 달리 루소의 일반의지는 언제나 공명정대하고 공익을 도모한다.[23] 루소의 사회계약에서 시민(인민)은 개인의 욕망에 굴종하지 않고 자기입법(자기통제)을 하는 자율적 존재로서 자신의 이익과 타인의 이익을 함께 추구하는 일반의지를 가지고 있다.[24]

이러한 자율성과 일반의지는 인간이 타인을 존중하고 공익을 도모하는 공정한 법을 만들 수 있는 가능성을 보여준다. 사람들이 무지와 미혹과 유혹에 의해 일반의지를 압도하는 개별의지에 종속될 수는 있어도 일반의지 자체는 파괴할 수 없다고도 한다.[25]

그러나 과연 현실의 인간이 이러한 자율성과 일반의지를 가지고 있는지는 증명된 바 없고, 오히려 그렇지 않다는 사례가 많은 편이다. 칸트의 자율성이나 루소의 일반의지는 관념의 결과로서 일종의 믿음이다. 그렇다면 인간의 이성적 자율성이 법의 정당성을 근거짓는다는 것 역시 신화적인 믿음에 다름 아니다.

(2) 생각하는 존재

인간은 생각하는 존재이다. 인간이 이성적인 존재로서 합리적인 판단을 하는지 감성적인 존재로서 직관적인 판단을 하는지는 분명하지 않으나,[26] 인간이 이성과 감성을 모두 가지고 있는 존재, 합리적 판단과 직관적 판단을 혼용하는 존재라는 점은 어느 정도 밝혀졌다고 할 수 있다. 도덕적 판단에 관하여도 전통적인 이성주의 모델에서 벗어나 이성적 추론과 직관적 판단이 모두 고려되고 있다.[27] 추론이든 직관이든 아니면 제3의 방식이든

22) 정진우, "시민사회의 입법과 통치: 루소의 일반의지와 자율", 동서철학연구 제67호(2013. 3), 492-493면.

23) 위의 글, 491면.

24) 위의 글, 492-493면.

25) 김용민, 루소의 정치철학, 인간사랑, 2004, 160면.

26) 인간의 직관적 판단과 오류에 관하여는 이상원, "휴리스틱과 검사의 인지편향", 형사정책 제29권 제3호(2017.12) 참조.

27) 정창우, "도덕 심리학 연구의 최근 동향과 도덕교육적 함의－헤이트의 뇌과학 연구를 중

어쨌든 인간은 생각하는 능력을 지니고 있으며, 이러한 생각하는 능력으로 인간은 진실을 발견하고 법칙을 찾아가며 무언가를 만든다. 규범도 이와 같이 형성된다.

생각하는 능력(사유능력)이 어디로부터 왔는지는 중요하지 않다. 신이 인간을 창조하면서 함께 불어넣어 주었을 수도 있고, 진화의 과정에서 획득된 것일 수도 있다. 중요한 것은 인간이 그러한 능력을 가지고 있다는 것이고, 바로 그 능력으로부터 무엇이 정당한지에 대한 판단을 할 가능성이 존재한다는 사실이다.

4. 다수결과 정당성

(1) 도덕적 일반의지

다수결은 공동체에서 최대한 많은 사람이 집단적 자유collective freedom를 누리게 하고 반대의사를 가진 사람의 수를 최소화하기 때문에 개인의사와 공동체의사가 최대로 일치되므로 정당하다는 논리Kelsen나 다수결은 개인의사의 합치를 최대한 보장하는 것으로서 민주적 평등성을 고양하므로 정당하다는 논리Leibholz, Hesse는[28] 다수결이 다수의 이익에 기여한다는 설명이 될 수는 있지만, 이는 사익을 염두에 둔 개별적 의지들의 총화인 전체의지에 접근하는 것으로서, 언제나 공명정대하고 공익을 도모하는 루소의 일반의지volonté générale[29]나 스스로 도덕법칙을 설정하는 칸트의 자율성과는 거리가 있다. 인간이 타인을 존중하는 도덕적 자율능력을 가지고 전체의지를 넘어 일반의지를 드러낼 때 그 다수결은 정당하다고 할 수 있다. 그러나 앞서 본 바와 같이 인간에게 그러한 능력이 있다는 것은 믿음일 뿐이다.

심으로", 초등도덕교육 제37집(2011.12), 96-99면; 김효은, "도덕적 판단의 본성: 신경윤리학적 접근", 과학철학 제12권 제2호(2009), 63-65면; 문경호, "도덕적 의사결정에서 직관과 추론의 역할", 윤리교육연구 제44권(2017), 89-110면; 양선모, "도덕적 사유와 공리주의: 헤어의 두 수준 모델과 그린의 이중과정이론", 238면 이하.

28) 김선화, "대의 민주주의와 다수결원리: 가중다수결을 중심으로", 법과 사회 제52호(2016. 8), 7면.

29) 정진우, "시민사회의 입법과 통치: 루소의 일반의지와 자율", 491면.

(2) 집단지성

그리하여 다시 인간의 사유능력에 눈을 돌릴 수밖에 없다. 인간이 사유능력을 가졌다고 하여 그 능력을 사용한 판단이 언제나 옳은 것은 아니다. 이성을 맹신하였던 근대가 기대했던 바와 달리 인간의 판단에는 오류의 위험이 늘상 존재한다. 국민의 합의로 법을 제정하였더라도 정당하지 않을 가능성이 언제나 존재한다. 인간의 능력은 불완전하다.

그러나 인간은 집단지성을 가지고 있다. 집단지성은 인류를 지구의 지배종이 되도록 하였다. 한 사람의 능력은 불완전하지만, 공동체 구성원들끼리 정보와 능력을 공유하면서 보다 정확한 지식과 보다 유익한 사회구조에 접근할 수 있었다. 의사소통의 참여자가 많아질수록, 보다 많은 사람이 동의할수록 진실과 공익에 근접할 가능성이 높아진다. 공익이 당위라면 다수결은 진실과 당위에 근접하는 방법을 제공한다. 그러나 이는 어디까지나 가능성일 뿐 정당성을 보장하지는 않는다.

(3) 이상적 대화상황

다수결이 민주주의적 결정이므로 그 자체로 정당하다는 것은 허구이다(위 Ⅱ. 5. 참조). 인간의 사유능력으로 다수결이 진실과 공익에 근접할 가능성이 있다는 것은 확률적 기대일 뿐이다(위 (2) 참조). 때문에 다수결이 정당성을 갖기 위한 조건들을 고민하게 된다. 숙의민주주의deliberative democracy 또는 심의민주주의discursive democracy의 논의[30]는 대표적인 예이다. 합리적인 토론과정의 보장, 소수의견의 존중, 자발적인 참여의식, 소수파의 협력의무 등을 제시하기도 한다.[31] 헌법재판소도 국회 내에서 의결을 할 수 있는 다수를 형성하기 위해서는 다양한 국회의원들의 의사를 몇 가지의 교집합으로 묶어내고 이에 대해 다시 토의를 거치면서 점차 하나의 공적 견해

---

30) Gabriel Bianchi, *Introducing Deliberative Democracy: A Goal, a Tool, or Just a Context?*, 18 HUMAN AFFRAIRS 100; 석인선, "입법과정의 민주적 정당성 강화에 관한 소고", 이화여자대학교 법학논집 제17권 제1호(2012.9), 5면.

31) 김영수, "민주주의에 있어서 다수결원리의 본질에 관한 연구", 숭의논총(1986.5), 95-97면. 김선화, 앞의 글(주 5), 7면에서 인용.

로 수렴해 가는 과정이 필요하다고 한다.[32)]

숙의민주주의의 이상적인 절차로 하버마스의 이상적 대화상황을 생각할 수 있다. 이상적 대화상황에서 모든 대화 참여자가 합의에 이르는 결론은 정당한 결론일 확률이 높다. 그러나 현실의 입법과정에서 모든 대화 참여자가 합의에 이르거나 이상적 대화상황이 보장된다는 것은 성취되기 어려운 조건이다.

그래서 현실에서는 다시 다수결에 눈을 돌릴 수밖에 없고, 완벽한 이상적 대화상황은 기대할 수 없지만 이상적 대화상황에 근접하고 합의에 이르는 참여자가 많아지도록 노력함으로써, 완전히 정당하지는 않지만 그래도 정당함에 한 걸음 다가가는 양적인 결론에 만족할 수밖에 없다.

(4) 공시적 다수결과 통시적 다수결

인류의 사유능력과 집단지성은 다수결을 통하여 정당한 법을 획득할 가능성을 낳았다. 어느 한 시점에 공존하는 사회 구성원에 의한 다수결(공시적 다수결)은 그 시대의 정신을 반영한 정당성을 표징한다. 공시적 다수결로 제정된 법률은 우선 민주적 정당성을 갖는다. 집단지성은 이에 내용적 정당성을 더한다. 다수결로 제정된 법은 민주적 정당성과 내용적 정당성을 동시에 가질 수 있어 정당한 규범이라는 추정을 할 수 있다. 그러나 다수결은 다수의 이익을 대변하고 소수의 이익을 경시할 확률이 높아 내용적 정당성까지 갖출 확률이 아주 높다고는 할 수 없다.

그런데 인류의 집단지성은 과거부터 현재까지의 인류의 경험과 지혜가 집적되어 형성된다. 통시적으로 집적된 지혜는 그 결론에 이른 주체가 일반화하고 추상화할 뿐만 아니라 오랜 기간 검증을 받은 것이기 때문에 그만큼 정당할 확률이 높다. 공시적 다수결에 의한 법이 통시적 지혜에 의한 추인을 받고 살아남는다면, 그 법은 정당할 확률이 더욱 높아진다. 예컨대, 인간의 존엄성과 행복추구권 그리고 기본권의 불가침성(헌법 제10조)은 오랜 인류 역사의 결과 도달한 집단지성의 다수결이다(통시적 다수결). 통시적 다

32) 헌법재판소 2020.5.27. 선고 2019헌라3등 결정.

수결은 법으로 생존한다. 법치주의의 참 의미는 여기에 있다. 민주적 정당성은 다수의사의 지배이다. 다수의사의 지배는 소수의 권리를 빼앗을 위험이 있다. 통시적 다수의사는 법치주의를 통하여 그것이 정당하지 않음을 경고한다.

5. 소 결

인간은 생각하는 존재로서 집단지성을 가지고 법을 만든다. 집단지성의 다수결로 만든 법은 정당할 가능성이 있다. 참여자의 수가 많을수록, 결론에 이르는 과정이 이상적 대화상황에 가까울수록 다수결에 의한 법이 정당할 가능성은 높아진다. 공시적 다수결은 민주적 정당성의 기초이지만 통시적 다수결은 인류 지혜의 집적이다. 공시적 다수결에 의한 법은 민주적 정당성과 형식적 법치주의의 근거가 되지만 그것만으로 정당하다고 할 수는 없고, 통시적 다수결에 의한 지지를 받을 때, 즉 인류의 지혜가 집적된 법체계에 부합할 때 정당하다고 할 수 있다. 법치주의는 통시적 다수결에 의한 지배이다.

민주적 정당성의 근거이든 법치주의의 근거이든 다수결은 결국 다수의 주관적 의사가 합치된 것으로서 주관적 정당성을 근거짓는다. 다수결이 집단지성에 근거한 것이라 하더라도, 나아가 통시적 지혜에 근거한 것이라 하더라도, 그것은 각자가 정당하다고 판단한 것에 기초를 두고 있기 때문이다. 주관적 정당성은 그 주관에 동의하지 않은 사람에게는 아무런 의미가 없다. 다수결은 결국 합의하지 않은 사람에 대하여 다른 사람의 의사를 강요한다는 본질을 벗어날 수 없다. 다수의 이익과 소수의 이익이 충돌하는 상황에서 다수결은 다수의 이익을 위해 소수의 희생을 강요하는 것과 다르지 않다. 특히 개인 간 또는 집단 간에 이해충돌이 더욱 심해지는 현대에 들어와 다수결의 원리가 사회의 통합성을 해치는 경우가 점점 늘어나고 있다.

주관적 정당성은 각자의 믿음에 근거한다. 믿음의 다수가 진리와 정의를 만들지는 않는다. 주관적 정당성에 머무르는 한 다수결에 의한 법은 신화적 법에 머무른다. 주관적 정당성을 벗어나 타인에게도 정당하다고 정당하게 주장할 수 있을 때 법은 비로소 정당성을 갖게 된다. 법치주의가 정당한 법에 의한 지배Rule of Due Law라면 법을 설정하는 다수결은 주관적 정당성을 넘어서야 한다.

간주관성Intersubjectivity은 의사주체 사이의 대화와 소통을 통하여 정당성을 객관화해보려는 노력이다. 하버마스의 합의이론은 공시적 간주관성과, 루만의 체계이론은 통시적 간주관성과 상통한다. 그러나 간주관성이 주관성을 토대로 하는 한 그 노력이 객관성을 확보하지는 못한다. 주관을 집적한다고 객관이 되는 것은 아니기 때문이다. 주관적 정당성을 토대로 하는 법은 그것이 간주관성을 확보한다고 하더라도 여전히 믿음에 근거한 신화적 법이다.

Ⅳ. 객관적 정당성(과학적 법치주의 논변)

1. 법적 판단

통상 법적 판단은 아래와 같이 법을 사안에 적용하여 결론을 내리는 구조를 기본으로 한다.

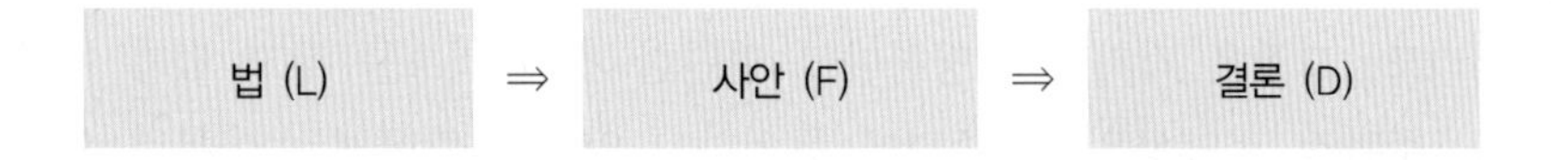

이는 “모든 사람은 죽는다. → 소크라테스는 사람이다. → 소크라테스는 죽는다”라는 연역논증과 구조가 같다.[33] 연역논증은 논증의 전제가 참이면 결론이 언제나 옳다. 논증의 전제에 이미 결론이 포함되어 있기 때문이다. 그러나 연역논증은 전제가 참이라는 증명을 하지는 못한다. 연역논증의 전제는 주어지는 것으로서 하나의 믿음일 뿐이다. 따라서 연역논증에 터잡은 법적 판단은 믿음에 기반한 것으로서 신화적 법을 선언한 것이다.

---

33) 다만, 위 예는 참/거짓의 판단임에 비하여 법적 판단은 당/부당의 판단이라는 점에서 차이가 있다. 그러나 논증구조는 같다.

형법 제269조 제1항은 “부녀가 약물 기타 방법으로 낙태한 때에는 1년 이하의 징역 또는 200만원 이하의 벌금에 처한다”고 규정하였다(L). 임신한 여성 A가 약물을 먹어 태아를 모체 안에서 사망하게 하였다면(F), 낙태죄를 범하였다는 판단을 받는다(D). 이 판단(D)은 대전제(L)가 정당하고 소전제(F)가 참일 때 비로소 정당하다. 1953년 및 1995년 우리 입법자는 의회의 다수결로 형법 제269조 제1항(L)을 입법하였다.[34] 이로써 L이 정당하다는 믿음이 다수의 믿음이라는 사실은 인정할 수 있지만, L이 정당하다는 것까지 인정하기에는 부족하다. 낙태죄는 태아의 생명권이 임신한 여성의 자기결정권보다 우선한다는 가치판단을 포함하고 있다. 헌법재판소는 2012년 낙태죄에 대한 합헌결정을 한 바 있는데, 이 결정에는 위와 같은 가치판단을 그대로 지지하는 의견(4인)과 적어도 임신초기에는 생명권보다 자기결정권이 우선할 수 있다는 반대의견(4인)이 대립하였다.[35] 그러나 헌법재판소는 2019년에 위 결정을 변경하여 헌법불합치결정을 하였는데, 여기서는 다수의견(7인)이 생명권보다 자기결정권이 우선할 수 있다는 입장을 취하였고, 소수(2인)만이 생명권이 우선한다는 입장을 취하였다.[36] ① 1953년 및 1995년 입법자 – ② 2012년 헌재 – ③ 2019년 헌재 사이에는 의사결정 주체의 구성원이 달라졌을 뿐 낙태를 둘러싼 이해관계는 동일한데, ① 생명권 우선 다수 – ② 생명권과 자기결정권 동수 – ③ 자기결정권 다수로 견해가 바뀌었다. 생명권이 중한지 자기결정권이 중한지에 대한 가치판단이 판단자의 주관적 믿음에 의하여 이루어진다면, 낙태죄를 처벌하는 법을 선언하든지, 낙태를 허용하는 법을 선언하든지, 어느 쪽이든 모두 신화적 법에 머물고 마는 것이다.

나아가 유권적 의견이 되는 다수의 의사가 각자 주관적 믿음을 가진 사람들의 의사결정 당시의 우연한 분포, 가령 의회의 다수를 차지하는 의원들이 어느 당에 소속되어 있는가, 어떠한 성향의 재판관이 다수를 차지하는가와 같은 사정에 따라 결정되고, 더구나 그러한 분포가 당해 사안에 대

34) 1995년 법정형의 개정이 있었으나 구성요건은 변경되지 않았다.
35) 헌법재판소 2012.8.23. 선고 2010헌바402 결정.
36) 헌법재판소 2019.4.11. 선고 2017헌바127 결정.

한 대화와 관계 없는 정치적인 고려로 이미 이루어진 것이라면, 그러한 다수에 의하여 선언된 법의 정당성은 매우 취약하다고 하지 않을 수 없다.

2. 과학적 정당성

주관적 정당성에 근거한 신화적 법은 신화를 믿는 신도들에게 의미가 있을 뿐이다. 신도인 여부를 떠나 사회 구성원 모두에게 정당한 구속력이 있는 법이 되려면, 믿음과 무관한 정당성, 즉 객관적 정당성을 획득할 필요가 있다.

과학은 객관적 존재로부터 법칙(진리)을 추구하는 작업이다. 진리를 찾는 과학적 연구방법을 타이머는 다음과 같이 7단계로 제시하였다: ① 문제를 인식하고 형성한다, ② 적당한 조건하에서 충분한 범위만큼 관찰·실험하고 관찰된 것을 기술한다, ③ 관찰된 사실들에 공통적인 원칙을 찾아서 이에 상응하는 가설을 세운다(귀납), ④ 이 가설로부터 연역적으로 추론될 수 있는 결과를 진술한다(결과 진술의 원칙), ⑤ 가능한 대안적 가설들을 탐색한다(대안의 원칙), ⑥ 가설의 결과예측 능력을 실험적으로 검증한다(예측의 원칙), ⑦ 충분한 검증 후에 하나의 이론 또는 하나의 법칙을 도출한다.[37] 과학은 개별적*individual* 사례(c*n*)로부터 일반적 법칙Rule을 발견하는 귀납적 작업이고(*i*2R), 법칙(R)은 가설(H)로부터 출발하여 제3자도 동일한 조건하에서 동일한 결과가 도출되는 검증(p*n*)을 통과하면서 확인된다. 이런 관점에서 과학적 방법을 단순화하면 아래와 같다.

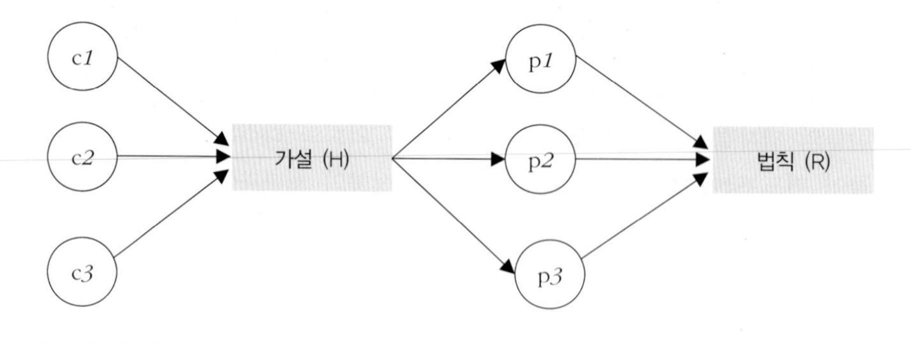

37) Walter Theimer/김삼룡 역, 과학이란 무엇인가, 홍익재, 1998, 49-50면.

과학적 방법에 의하여 확인한 법칙(R)은 언제나 반증이 가능하고 유효한 반증이 나타나지 않는 한도에서만 법칙으로 통용되는 불완전한 것이다. 그러나 이 법칙은 기존에는 몰랐던 새로운 법칙으로서 신규성이 있어, 새로운 문제에 대한 해결책을 제시할 수 있다. 귀납적 법칙(R)으로부터 장래의 개별사례(*i*)에 대한 연역적인 추론이 가능하다(R2*i*).[38] 가령, 인간 c*1*도 죽고, 인간 c*2*도 죽고… 인간 c*n*도 죽었다는 사실로부터 모든 인간은 죽는다는 가설을 세우고 이 가설이 인간 p*1*도 죽고, 인간 p*2*도 죽고… 인간 p*n*도 죽었다는 검증을 통해 법칙(R)으로 자리잡은 후, 소크라테스도 인간이므로 그도 죽는다는 개별사례의 추론이 반증이 있기 전까지 정당화된다.

과학은 존재를 탐구하고 법은 당위를 추구한다. 그러한 면에서 과학과 법은 구별된다.[39] 그러나 과학도 존재에만 머무르지는 않는다. 존재에 대한 과학적 지식을 바탕으로 휴대폰을 만들며 새로운 세계를 창조한다. 과학적 지식을 바탕으로 인류가 바라고 인류에게 유익한 당위를 실현할 수 있다. 마찬가지로 법이 요구하는 당위는 존재를 떠나서는 정당성을 가질 수 없다. 전염병의 확산을 막기 위하여 도시봉쇄를 실시하고 이에 위반하는 사람을 처벌하는 법을 시행한다고 할 때, 전염병 확산 상황임이 전제되어야 하고(가령 전염병이 종식되었는데 위 법을 시행하는 것은 정당하지 않다), 시민이 할 수 있는 요구를 하여야 한다(가령 전염병 확산을 막기 위해 1년간 완전 봉쇄한다고 한다면 그 사이 시민들은 모두 굶어 죽을 수 있다).

당위는 존재를 전제로 설정되어야 하고, 존재의 한계를 넘지 않는 한도에서 설정되어야 한다. 존재에 대한 과학적 확인이 있을 때 그를 바탕으로 한 당위는 정당하다. 이때 비로소 법은 객관적 정당성을 획득할 수 있는데, 이를 과학적 정당성이라 할 수 있다.

3. 과학적 입법

의회는 법률을 제정하여 법을 선언한다(법정립). 법률은 일정한 목적(입법

---

38) David L Faigman et al., *Group to Individual (G2i) Inference in Science Expert Testimony*, 81 U. CHI. L. REV. 417 (2014) 참조.

39) CEDRIC CHARLES GILSON, THE LAW-SCIENCE CHASM 15 (2012).

목적)을 실현하기 위하여 그 수단으로서 국민의 권리의무를 포함한 제도를 설정한다(제도). 입법은 통상 사회문제를 해결하기 위하여 이루어지므로 입법과정을 아래와 같이 단순하게 도식화할 수 있다.

성폭력범죄가 사회문제(P)가 되자 2010.4.15. 성폭력범죄의 처벌 등에 관한 특례법(성폭력처벌법, L)을 제정한 바 있다(2010.4.15. 시행). 당시 형법 개정도 함께 이루어졌는데, 2010.4.15. 형법 개정(2010.10.16. 시행)은 유기징역형의 상한을 15년에서 30년으로 상향하는 한편(제42조), 성폭력범죄를 억제할 목적(G)으로 성폭력범죄의 상습범을 가중처벌하였고(제305조의2), 2010.4.15. 성폭력처벌법 제정 역시 성폭력범죄를 억제할 목적(G)으로 처벌을 대폭 강화하면서 종래의 성폭력범죄의 처벌 및 피해자 보호 등에 관한 법률을 대체하였다.

입법자는 가중처벌(L)이 성폭력범죄를 억제(G)하리라는 판단에서 입법하였다. 이 판단이 객관적으로 옳다면 입법 이후 실제로 범죄 억제의 결과가 발생하였어야 한다. 그런데 다음 표에서 지난 20년간 성폭력범죄의 연간 발생건수를 살펴보면,[40] 위 입법으로 성폭력범죄가 감소한 징후는 보이지 아니하고 오히려 더 증가한 징후만 보인다.

단위: 천 건 (1,000미만 버림)

연도	2001	2002	2003	2004	2005	2006	2007	2008	2009	2010
건수	10	9	10	11	11	13	13	15	16	19

연도	2011	2012	2013	2014	2015	2016	2017	2018	2019	2020
건수	22	23	29	29	31	29	32	32	32	32

입법자는 입법을 통하여 입법목적을 달성할 수 있는지, 즉 입법(개정법률)과 입법목적(실현하려는 사회상태) 사이에 인과관계가 존재하는지 검증을

40) 법무연수원, 2011 범죄백서, 2012, 62면; 법무연수원, 2021 범죄백서, 2022, 77면.

하여, 적어도 그 개연성이라도 밝혀진 후 입법을 할 것이 요구된다. 당시 입법자가 입법(L)이 범죄억제의 효과(G)를 가져오리라는 아무런 객관적 검증 없이 입법을 하였다면, 그 입법은 순전히 주관적 믿음에 근거한 것으로서 신화적 법에 머문 것이다. 위 표는 그러한 입법자의 믿음이 환상이었음을 보여준다. 객관적 정당성을 가지지 않는 위 입법(가중처벌)이 입법에 찬성하지 않은 사람을 포함하여 사회 구성원 전체에 대하여 정당한 구속력을 가진다고 말하기는 어렵다.

과학적 입법은 G－L 관계에서만 요구되는 것이 아니다. 사회문제의 파악(P)이 존재적으로 정확한지와 이를 해결하려는 목적(G)이 존재적으로 가능한 것인지에 대한 과학적 검증이 필요하다. 또한 P－G 사이의 목적관계, 즉 P를 해결하기 위하여 설정된 입법목적(G)이 적절한지에 관한 검증도 필요하다.

2020년의 "검찰개혁" 입법은 수사권이 민주적이고 효율적으로 행사되도록 하고 국민의 안전과 인권을 수호한다는 목표와 취지에서 이루어졌고,[41] 2022년의 "검수완박" 입법은 국가형벌권의 공정성과 객관성을 제고함으로써 형사사법체계에 대한 국민의 신뢰를 회복하고자 하는 취지에서 개정되었다.[42] 그러나 이 입법이 과학적 입법이라고 평가하기는 매우 어렵다. 검찰수사의 문제점을 정확하게 파악하고(P), 이를 해결하기 위한 적실한 입법목적을 설정하며(G), 그 입법목적을 달성하기에 적확한 제도를 수립하여야 하는데(L), 위 입법은 그에 관한 과학적 검증이 제대로 이루어졌다고 하기 어렵고, 오히려 입법과정에서 정쟁이 난무하였을 뿐 과학적 검증과정 자체를 거의 찾아보기 어려웠기 때문이다.

위장된 입법목적(G)을 제시하는 경우도 적지 않은데, 이 경우에는 명목적인 문제상황(P)과 입법자의 실제 의도도 위장되는 경우가 많고, 그에 따라 G－L 관계도 끊어진다. 이러한 입법은 정당하다고 할 수 없다. 위 검찰 관련 입법들에도 이러한 위험이 엿보인다.

41) 이상원, "검찰개혁이라는 이름의 기차", 법의 딜레마, 법문사, 2020, 145면.

42) 박홍근 의원 등 171명이 발의한 검찰청법 일부개정법률안(의안번호 제2115284호) 및 형사소송법 일부개정법률안(의안번호 제2115286호)의 각 의안원문 4.

4. 과학적 사법

한편, 법원은 법률을 해석하여 구체적 사안에 적용하면서 법을 선언한다(법해석). 그 과정을 단순 도식화하면 아래와 같다.

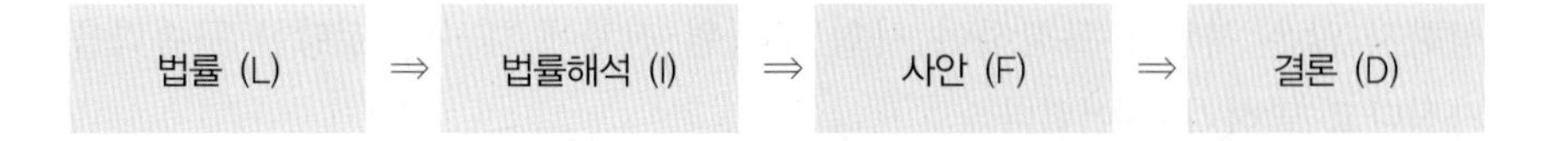

법률은 추상적 규범으로서 모든 사태에 구체적인 규범을 제시하지는 않는다. 이에 법원은 적어도 사실상 법형성 작업을 하기도 한다(법형성). 법해석과 법형성을 포괄하여 법선언이라고 한다면 위 도식은 아래와 같이 조정할 수 있다.

법률 (L) ⇒ 법선언 (R) ⇒ 사안 (F) ⇒ 결론 (D)

형법 제245조는 공연히 음란한 행위를 한 자를 처벌하는 공연음란죄를 규정하고 있다(L). 대법원은 음란한 행위란 일반 보통인의 성욕을 자극하여 성적 흥분을 유발하고 정상적인 성적 수치심을 해하여 성적 도의관념에 반하는 행위를 가리키는 것이라 하면서 음란 여부는 사회 평균인의 입장에서 사회통념에 따라 객관적이고 규범적으로 평가한다고 하는 법리를 선언하고(R), 이 법리에 기하여, 고속도로에서 행패를 부리던 자가 이를 제지하려는 경찰관에 대항하여 공중 앞에서 알몸이 되어 성기를 노출한 경우(F)[43]나 알몸의 남녀가 부조된 참전비 앞에서 성기와 엉덩이를 노출한 채 서성거린 경우(F)[44]는 음란한 행위에 해당한다고 한(D) 반면, 말다툼을 한 후 여성이 있는 상점에서 항의의 표시로 엉덩이를 노출시킨 경우(F)는 음란한 행위가 아니라 하였다(D).[45] 일견 전자와 후자에서 L과 R은 동일하지만 F가 상이

43) 대법원 2000.12.22. 선고 2000도4372 판결.
44) 대법원 2020.1.16. 선고 2019도14056 판결.
45) 대법원 2004.3.12. 선고 2003도6514 판결.

하여 반대의 D에 이르렀다고 평가할 수 있다.

그런데 대법원은 음란 여부를 판단하는 기준을 사회 평균인의 평가에 두면서도(R), 각 행위(F)에 대한 사회 평균인의 평가를 객관적으로 확인하는 대신 대법관들의 주관적 평가로 대체하여 음란 여부에 대한 판단을 하고 있다. 여기서 사회 평균인의 평가를 기준으로 한다는 법리(R) 및 이 법리를 각 사안(F)에 적용하여 내린 결론(D) 모두 대법관들의 주관적 믿음에 기한 것으로서, 위 판례들을 통하여 선언된 법이나 법적 판단은 모두 신화적 법에 머문 것이다. F가 상이하여 D에 이르렀다는 평가는 대법관들의 믿음에 근거한 희망사항에 지나지 않는다. 그렇기 때문에 위와 같은 판례에도 불구하고 이와 다른 결론에 이르는 사람들은 얼마든지 있을 수 있고 그만큼 위 판례의 설득력과 구속력은 약할 수밖에 없다.

근래 과학증거의 강조와 함께 사안의 확정(F) 단계에서 과학적 증명을 시도하는 경우가 많다. 그러나 법원의 실무에서 사념적 추측과 직관에 의하여 사실을 인정하는 경우가 적지 않다. 법률(L)로부터 법리(R)를 선언하는 과정(L−R), 이 법리에 사실을 포섭시키는 과정(R−F), 그리고 최종적인 결론을 내리는 과정(D)의 전 과정에서 과학적 검증이 요구되며, 이에 기하여 뒷받침될 때 비로소 객관적 정당성을 확보할 수 있다.

5. 과학적 이론

과학적 방법론은 법실무와 법학의 근본적인 고민 앞에도 나타난다.

근대 이후 법체계는 인간이 이성적인 존재로서 자유의지를 가지고 합리적으로 행동한다는 전제 위에서 세워졌다. 책임능력이 있는 사람이 자유의지로 행할 때 범죄가 성립하며 그러한 전제 위에서 형벌의 부과가 정당화된다는 것이 현재 우리 형법체계의 기본골격이다. 인간이 이성적 존재라는 점은 근대철학의 산물로서 주관적 사유로부터 얻어졌다. 결국 근대 이후 수립된 현재의 형법체계는 믿음의 기초 위에 지어진 신화적 법이고, 그에 기한 처벌은 주관적 정당성만을 가질 뿐이다.

더구나 인지과학의 발달은 인간이 합리적이지만은 않다는 사실을 밝혀

주고 있으며 나아가 자유의지를 가진 존재인가에 관하여 강한 의문을 던져 주고 있다. 만일 범죄가 인간의 자유의지에 의하여 범해진 것이 아니라면 우리는 그를 비난할 근거를 잃게 된다. 그럼에도 불구하고 그에게 형벌을 부과하는 것은 인간이 자유의지를 가지고 있다는 잘못된 믿음(환상)에 기한 것으로서 객관적 정당성이 없을 뿐만 아니라 부당하기까지 하다.

인간의 자유의지는 그 존재도, 부존재도 증명되지 못한 채 논쟁이 계속되고 있다.[46] 과학은 진리를 찾을 때까지 실험을 계속하면서 진리 선언을 연기할 수 있다. 그러나 법은 적시에 문제 해결을 하여야 하며 언제까지나 판단을 미룰 수 없다.[47] 그리하여 현재로서는 비록 믿음의 체계이지만 자유의지의 존재를 긍정하는 법체계를 유지할 수밖에 없다. 그러나 과학적 발견의 성과를 인정하여야 하며 그 한도에서 믿음의 체계는 수정되어야 한다. 과학적 발견의 양은 늘어날 것이고 질은 고도화될 것이다. 이에 따라 존재에 대한 파악과 그를 토대로 한 규범의 설정은 점점 더 과학에 바탕을 두게 될 것이고, 또 그래야 한다. 법의 미래는 과학적 법이다.

Ⅴ. 결　론

법은 신화로부터 출발하였다. 인간이 자신의 이성을 무기로 신을 밀어내고 사회의 주권자로 자리 잡은 후에도 법은 여전히 신화적이다. 신화적 법은 주관적 정당성만을 가진다. 신화를 믿지 않는 구성원에게도 법이 구속력을 가지려면 객관적 정당성을 가져야 한다. 객관적 정당성은 과학으로부터 도움을 받아 획득할 수 있다. 과학에 기반한 법, 과학적 법은 법이 추구해야 할 미래이다. 과학적 진리가 그러하듯이 과학적 법은 100%의 정당성을 보장하지는 않는다. 그러나 적어도 반증이 성공하기 전까지는 객관적 정당성을 가질 수 있다. 따라서 과학적 법은 사회 구성원 모두에게 구속력이 있다.

---

46) 박은정, “법적 제재와 과학의 새로운 연합?－인지신경과학으로부터의 도전”, 서울대학교 법학 제54권 제3호(2013.9), 508면 이하 참조.

47) STEVEN GOLDBERG & LAWRENCE O. GOSTIN, LAW AND SCIENCE 2-3 (2006).

법의 미래에는 과학적 법만이 존재할 것인가. 법은 가치 판단이다. 가치 판단은 존재를 벗어난 당위적 결단이다. 우리 헌법의 가치 판단인 인간의 존엄성은 인간이 존엄하다는 존재론적 인식이라기보다는 인간은 존엄하여야 한다는 당위적 결단이라 할 수 있다. 그러므로 과학이 아무리 발달하더라도 과학적 법만이 존재하지는 않는다. 그러나 구체적인 현실 사회에 구속력을 가지는 가치 판단과 당위적 결단이 허황되어서는 안 된다. 과학적 인식에 바탕을 둔 존재적 전제와 한계 내에서 당위는 설정되어야 한다. 법의 미래에 과학적 법은 더욱 강화되어야 한다. 아니, 어차피 그렇게 될 것이다.

46

인공지능 윤리와 상징투쟁

양천수

영남대학교 법학전문대학원 교수

영남대학교 법학전문대학원에서 기초법 전임교수로 학생들을 가르친다. "법철학", "법학방법론", "법사회학", "법정책세미나", "법사상사" 등을 담당한다. 현대 과학기술이 법체계와 법적 사고에 어떤 영향을 미치는지에 관심이 많다. 최근 집필한 저서로 『인공지능 혁명과 법』(2021), 『삼단논법과 법학방법』(2021), 『단체의 법이론』(2022), 『책임과 법』(2022) 등이 있다.

Ⅰ. 문제제기

바야흐로 인공지능 시대다. 인공지능이 혁신성장을 견인하는 핵심 기술로 자리매김하면서 인공지능에 대한 전 사회적 관심이 늘어난다. 동시에 인공지능을 향한 우려 역시 증대한다. 이로 인해 인공지능이 야기하는 위험을 규율하기 위한 방안이 사회 각 영역에서 논의된다.[1] 그중 인공지능 윤리가 애용된다. 강제력을 갖춘 법보다는 수범자의 자율성을 기초로 하는 윤리로 인공지능의 위험을 규율하려는 시도가 전 세계적인 차원에서 이루어진다. 이에 우리나라 역시 2020년에 '국가 인공지능 윤리'를 선포하였다.[2]

현재 인공지능이 한참 개발 중인 상황을 고려하면 윤리와 같은 연성규범을 이용하여 인공지능이 야기하는 위험을 규율하고자 하는 태도는 기본적으로 타당하다고 말할 수 있다. 그러나 인공지능 윤리가 담고 있는 규범들 중에는 인공지능에 실제로 적용될 수 있는지가 의심스러운 경우도 없지 않다. 예를 들어 상당수의 인공지능 윤리들은 인간의 존엄이나 공동선 등을 강조하는데 이러한 윤리규범들이 인공지능을 개발하고 운용하는 데 실제로 적용될 수 있는지에 의문이 없지 않다. 왜냐하면 인간의 존엄이나 공동선 등과 같은 윤리규범은 그 의미 내용이 명확하지 않아 법학이나 철학 등에서도 이에 관해 논란이 전개되기 때문이다. 따라서 인공지능 윤리를 실제로 이진법을 기반으로 하는 프로그램으로 인공지능에 입력해야 하는 개발자 등에게 이러한 인공지능 윤리규범이 실천적인 의미를 가질 수 있을까 문제된다.[3]

그런데도 최근 제정되는 대부분의 인공지능 윤리는 인간의 존엄이나 공

1) 이에 관해서는 양천수, "지능정보기술의 위험과 법적 대응 방안: 알고리즘에 대한 대응을 중심으로 하여", 법학연구(충북대) 제32권 제1호(2021.6), 351-384면 참고.

2) 이에 관한 분석으로는 양천수, "인공지능 윤리의 현황과 과제", 인권이론과 실천(영남대) 제29호(2021.6), 67-101면 참고.

3) 인공지능 윤리가 실제로 인공지능에 성공적으로 적용되려면 '이중의 구체화'가 이루어져야 한다. 첫째, 인공지능 윤리는 추상적인 언어적 규범에서 의미 내용이 명확한 언어적 규범으로 구체화되어야 한다. 둘째, 언어적으로 구체화된 인공지능 윤리는 인공지능에 프로그램으로 '코딩'될 수 있어야 한다.

동선과 같이 그 의미의 폭이 매우 넓은 규범들을 가장 근본적인 윤리규범으로 설정한다. 그 이유는 무엇 때문일까? 이에 필자는 이들 규범이 가지는 상징성에서 이유를 찾을 수 있다고 생각한다. 인간의 존엄이나 공공선과 같은 윤리규범은 그 의미 내용이 불분명하기는 하지만 우리 인간 존재들이 볼 때 상징적인 의미를 갖기에 결코 포기될 수 없다는 것이다. 달리 말해 인간의 존엄이나 공동선과 같은 인공지능 윤리규범은 현대사회에서 이루어지는 상징투쟁의 공간에서 중요한 역할을 하기에 실제로 적용하기 어려운데도 포기할 수 없는 규범적 지위를 가진다는 것이다.

Ⅱ. 상징규범으로서 국가 인공지능 윤리

인공지능 윤리는 어떤 점에서 상징적 측면을 가질까? 이를 위해 아래에서는 우리나라가 제정한 「국가 인공지능AI 윤리 기준」을 검토한다. 2020년 12월에 과학기술정보통신부가 주축이 되어 발표한 「국가 인공지능AI 윤리 기준」(이하 '국가 인공지능 윤리'로 지칭함)은 우리 정부가 공식적으로 제시한 인공지능 윤리라는 점에서 의미가 있다.

1. 구　　성

국가 인공지능 윤리는 다음과 같이 구성된다. 먼저 최상위 목표로서 '인간성'AI For Humanity이 설정된다. 다음으로 3대 기본원칙과 이를 구체화한 10대 핵심 요건이 규정된다. 3대 기본원칙으로는 인간 존엄성 원칙, 사회의 공공선 원칙, 기술의 합목적성 원칙이 제시된다. 10대 핵심 요건으로는 인권보장, 프라이버시 보호, 다양성 존중, 침해금지, 공공성, 연대성, 데이터 관리, 책임성, 안정성, 투명성을 규정한다.

2. 상징규범

여기서 알 수 있듯이 국가 인공지능 윤리는 한편으로는 의미 내용이 비교적 명확한 규범을 핵심 요건으로 설정한다. 인권보장이나 프라이버시 보호, 데이터 관리, 침해금지, 책임성, 안정성, 투명성이 그 예가 된다. 그러나 다른 한편으로 국가 인공지능 윤리는 의미 내용이 명확하지만은 않은 그래서 실천적인 적용 가능성보다는 상징적인 측면이 강한 규범도 마련한다. 인간성이라는 최상위 목표나 인간 존엄성 원칙, 사회의 공공선 원칙과 같은 기본원칙, 다양성 존중, 공공성, 연대성과 같은 핵심 요건이 여기에 해당한다. 이러한 규범들은 인공지능 개발자들이 프로그램으로 코딩하기 쉽지 않다. 왜냐하면 인공지능에 관한 구체적인 분쟁에 적용하기 위해 이들 규범을 언어적으로 구체화하는 작업 자체가 결코 쉽지 않기 때문이다. 요컨대 이들 규범은 실천적인 적용 가능성이 크지 않다. 그 때문에 상징적인 성격이 강한 규범으로 볼 수 있다.

3. 평 가

그렇지만 이를 비난하기는 어렵다. 왜냐하면 국가 인공지능 윤리는 현재까지 도달한 윤리·철학·인공지능의 성과를 집약한 것으로 전체적으로 볼 때 긍정적으로 평가될 수 있기 때문이다. 이는 크게 네 가지 측면에서 살펴볼 수 있다. 이론적 측면, 실천적 측면, 절차적 측면, 상징적 측면이 그것이다. 먼저 이론적 측면에서 보면 국가 인공지능 윤리는 당대 도달한 이론적 수준과 성과를 집약하고 있다. 다음으로 실천적 측면에서 보면 국가 인공지능 윤리는 실무 현장에서 사용할 수 있는 윤리 원칙 및 요건을 중심으로 설계되어 있다. 나아가 절차적인 측면에서 보면 국가 인공지능 윤리를 제정하는 과정 자체는 반성적 절차를 충실하게 이행한 모범적인 사례라 말할 수 있다. 마지막으로 상징적 측면에서 보면 국가 인공지능 윤리는 국가가 인공지능 위험 문제에 정면에서 관심을 보이고 있음을 상징적으로 표현한다. 인공지능 윤리를 과연 국가가 제정할 필요가 있는지에 의문이 제기되기도 하지만 인공지능의 위험이 사회 전체적으로 미치는 영향을 고려할 때, 특히 국가의 기본권 보호의무와 관련하여 이는 의미가 없지 않다.

Ⅲ. 현대사회와 상징투쟁

1. 상징투쟁의 공간으로서 현대사회

특정한 규범이 상징적인 의미를 가진다는 점은 국가 인공지능 윤리에서만 찾아볼 수 있는 현상은 아니다. 오늘날 제정되는 많은 법규범들이 상징적인 의미를 가진 규범을 담고 있기 때문이다. 이로 인해 이러한 경향을 '상징입법'이라는 이름으로, 그것도 부정적인 의미로 규정하기도 한다. 그러나 이를 긍정적이든 부정적이든 일률적으로 평가하는 것은 쉽지 않다. 이는 지면이 제한된 이 글의 목표가 아니다. 대신 이 글은 필자가 오랜 동안 관심을 기울이는 다음과 같은 주제를 다룬다. 오늘날 사회 다방면에 걸쳐 상징투쟁이 전개되고 있다는 것이다. 이는 법학자 예링Rudolf von Jhering이 말한 '권리를 위한 투쟁'(권리투쟁)Der Kampf ums Recht, 칸토로비츠Hermann Kantorowicz가 전개한 '법학을 위한 투쟁'(법학투쟁)Der Kampf um die Rechtswissenschaft 및 헤겔과 호네트Axel Honneth가 제시한 '인정투쟁'Der Kampf um Anerkennung을 변용한 것이다. 필자는 권리투쟁이나 법학투쟁, 인정투쟁을 모두 상징투쟁의 맥락에서 파악할 수 있다고 생각한다. 말하자면 현대사회는 상징투쟁이 이루어지는 공간이고 이러한 상징투쟁이 각각 구체화되어 표현된 것이 바로 권리투쟁, 법학투쟁, 인정투쟁이라는 것이다.

2. 상징의 의의

상징이란 무엇일까? '상징'symbol은 보통 언어학 또는 언어철학에서 논의된다. 상징은 특정한 기호와 그 기호가 지시하는 대상이 어떤 관계를 맺는지를 보여준다. 일반적으로 특정한 기호와 그 지시대상의 관계가 논리 필연적이지 않은 경우 이러한 기호를 상징기호로 지칭한다. 요컨대 기호와 지시대상 사이의 관계가 '자의적'일 때 이를 상징기호라고 말한다. 이러한 주장은 실용주의 철학자로 널리 알려진 퍼스Charles Sanders Peirce에서 찾아볼 수 있다. 퍼스에 따르면 기호는 그 기호가 지시하는 대상과 어떤 관계를 맺는가에 따라 세 가지로 구별할 수 있다. 도상icon, 지표index, 상징symbol이 그것이다. 기호와 지시대상의 관계에서 볼 때 도상은 '유사성'을, 지표는 '인과성'을, 상징은 '자의성'을 특징으로 한다.[4)]

이처럼 상징은 기호와 지시대상 사이의 자의성 또는 상대성을 핵심 징표로 삼기에 객관성과 명확성을 중요하게 여기는 자연과학이나 사회과학에서는 잘 사용되지 않는다. 상징은 진짜가 아닌 가짜를 지칭한다고 보기 때문이다. 그래서 상징은 평가절하되기 쉽다. 그러나 '이해'Verstehen를 강조하는 정신과학, 특히 문학에서는 상징이 비유의 방법으로 즐겨 사용된다.

법학, 그중에서도 죄형법정주의 및 명확성을 강조하는 형법학에서 상징은 피해야 할 그 무엇으로 각인된다. 형법이 사용하는 언어기호는 생활세계를 살아가는 일반인들이 쉽게 이해할 수 있도록 명확해야 한다는 것이다. 하지만 그렇다고 해서 상징이 형법학에서 완전히 도외시되는 것은 아니다. 몇몇 영역에서 상징은 때로는 부정적으로 그리고 때로는 긍정적으로 원용되어 형법학의 논의를 풍성하게 만들기도 한다. 두 가지 예를 꼽을 수 있다.

먼저 '상징형법론'symbolische Strafrechtslehre을 들 수 있다. 상징형법론은 20세기 후반 독일 연방헌법재판소 부소장을 지낸 하쎄머Winfried Hassemer가 제시한 개념이다.[5)] 이때 상징은 부정적인 의미로 사용된다. 하쎄머는 당시 무분별하게 제정되는 다수의 특별형법을 지목하며 상징형법론을 제시하였다. 다수의 특별형법이 실제로는 집행되지 않고 단지 정치적인 상징의 수단으로만 사용되고 있다면서 이를 상징형법론이라는 이름으로 비판한 것이다. 하쎄머의 상징형법론에서 크게 두 가지 특징을 발견할 수 있다. 첫째, 상징형법론은 형법언어가 아닌 형법 그 자체의 상징성, 그것도 정치적 상징성을 강조한다는 점이다. 둘째, 이때 말하는 상징성은 '부정적인 뉘앙스',

4) Klaus Oehler, *Charles Sanders Peirce* (München 1993), S. 127 ff. 다만 실제로 양자가 명확하게 구별되는지에는 의문이 없지 않다. 이를 보여주는 Ludwig Nagl, *Charles Sanders Peirce* (Frankfurt/M., 2005), S. 50. 이러한 논의를 잘 정리해서 보여주는 김기영, "법률해석의 의미론적 한계와 데이빗슨의 해석 이론", 안암법학 제60호(2020.5) 참고.

5) 빈프리트 하쎄머/원혜욱 역, "상징적인 형법과 법익보호", 배종대·이상돈 편역, 형법정책, 세창출판사, 1998, 318면 아래 참고.

즉 기만적인 이미지를 지닌다는 점이다.

다음으로 '형벌의 상징적 의미'를 언급할 수 있다. 이는 형벌이 범죄자의 기본권을 박탈하거나 제한하는 기능뿐만 아니라 상징적 기능까지 수행할 수 있음을 뜻한다. 이러한 주장은 독일의 법철학자이자 형법학자인 클라우스 귄터Klaus Günther에게서 발견할 수 있다.[6)] 기존의 독일 형법학자들과는 달리 귄터는 형벌에 '상징적 · 표현적 의미'가 있다는 점을 강조한다. 이러한 주장은 귄터의 법학 스승인 클라우스 뤼더센Klaus Lüderssen의 70세 기념 논문집에 발표한 논문에서 찾아볼 수 있다.[7)]

3. 사회 전체에서 본 상징

그러나 상징은 단순히 법학이라는 한정된 영역에서만 의미를 가지는 것은 아니다. 상징은 사회 전체의 측면에서 볼 때도 중요한, 아니 본질적인 지위를 차지하기 때문이다.

(1) 사회 형성의 기초로서 의미

우선 상징은 사회가 형성되는 데 기초가 된다. 이는 상징이 '의미'Sinn의 일종이라는 점에 착안한다. 우리가 몸담고 있는 사회는 어떻게 형성되는가? 이 질문은 다양한 차원에서 재구성이 가능한데 규범적 차원에서는 다음과 같이 바꿔 물을 수 있다. 사회의 질서는 어떻게 형성되는가? 사회학자 파슨스Talcott Parsons와 루만Niklas Luhmann이 정립한 체계이론의 출발점이었던 이 물음에 루만은 다음과 같이 답변한다. '의미 형성'Sinnbildung과 '소통'

---

6) 흥미롭게도 유기천 교수 역시 형벌을 상징의 일종으로 파악한다. 그러면서 응보이론이 주장하는 응보 개념은 "자격상실 및 피해자의 보호도 포함하는 포괄적인 개념"을 뜻한다고 본다. 이는 클라우스 귄터가 주장하는 형벌이론과 유사하다. 유기천, 형법학(총론강의) 개정 25판, 일조각, 1984, 64-65면 참고. 유기천 교수가 형법 개념 자체를 상징 개념으로 파악하는 상징주의 형법이론을 제시했다는 점을 고려하면 이는 당연해 보인다. 상징주의 형법이론에 관해서는 양천수, "상징주의 형법이론: 유기천 교수의 형법철학", 법과 사회 제64호(2020.6), 103-142면 참고.

7) Klaus Günther, "Die symbolisch-expressive Bedeutung der Strafe," in: *Festschrift für Klaus Lüderssen* (Frankfurt/M., 2002), S. 205 ff. 필자는 헤겔의 형벌이론 역시 상징적 기능을 강조한다고 해석한다. 양천수, "헤겔 법철학과 형법학: 형벌이론을 예로 하여", 법철학연구 제24권 제1호(2021.4), 117-148면 참고.

Kommunikation이 사회의 질서가 형성되는 데 기초가 된다는 것이다.[8] 루만에 따르면 의미는 사회에서 이루어지는 소통의 기초가 된다. 의미를 토대로 생성되는 정보가 통보되고 이해되는 일련의 과정을 거쳐 소통이 진행되기 때문이다. 나아가 루만에 의하면 이러한 소통을 통해 사회를 구성하는 사회적 체계 및 환경이 형성된다. 이러한 과정을 거치면서 사회는 형성되고 질서가 작동한다.

(2) 상징으로서 의미

의미는 사회가 형성되는 데, 사회의 질서가 작동하는 데 기초가 된다. 이때 주목해야 할 점은 의미는 특정한 실체Substanz를 기반으로 하여 형성되는 게 아니라는 점이다. 말을 바꾸면 의미는 진리대응이론이 주장하는 것처럼 특정한 기호가 그 지시대상과 일치함으로써 부여되는 게 아니다. 의미는 고정되어 있지 않고 가변적이다. 이는 의미가 단일한 게 아니라 다원적인 것임을 뜻한다. 루만에 따르면 의미는 현행성과 잠재성이 교차하면서 부여되는 변화 가능한 것이다.

이렇게 의미를 파악하면 의미와 상징 사이의 본질적인 차이는 퇴색된다. 급진적으로 말하면 모든 의미는 상징이다.[9] 왜냐하면 어떤 기호가 특정한 의미를 가지는 것은 필연적인 게 아니라 우연의 산물이기 때문이다. 이는 사회구조와도 무관하지 않다. 예를 들어 '사과'라는 기호가 '사과'라는 의미를 가지는 것은 필연적인 이유, 가령 '사과'라는 기호와 '사과'라는 실체 사이의 일치 때문이 아니다. 오히려 '사과'라는 의미는 언어학자 소쉬르Ferdinand de Saussure를 원용해 말하면 '배'와 차이가 나기 때문에 '사과'일 뿐이다.

상징은 의미의 일종이라는 점, 더 나아가 모든 의미는 상징이라는 주장에서 다음과 같은 결론을 도출할 수 있다. 상징이야말로 사회가 형성되는 데, 사회 질서가 가능하게 하는 데 기초가 된다는 것이다.

---

8) Niklas Luhmann, *Liebe: Eine Übung* (Frankfurt/M., 2008), S. 12.

9) 이에 대한 철학적 기초로는 Ernst Cassirer, *Philosophie der symbolischen Formen. Erster Teil: Die Sprache* (Hamburg, 2010) 참고.

(3) 소통매체로서 상징

상징은 소통을 가능하게 하는 매체가 되기도 한다. 여기서 '소통매체' Kommunikationsmedium란 사회 안에서 소통을 가능하게 하는, 달리 말해 소통이 지속적으로 연결되도록 하는 매체를 말한다.[10] 소통매체 개념은 루만이 제시한 '매체//형식' 구별을 원용한 것이다. 루만에 따르면 '매체'Medium란 "느슨하게 결합된 요소들"을, '형식'Form은 "엄격하게 결합된 요소들"을 뜻한다.[11] 루만은 소통매체로서 의미, 언어, 사랑, 권력, 자본, 진리, 믿음 등을 언급한다. 이때 의미는 생각과 소통을 가능하게 하는 기본적인 매체이다. 의미라는 매체가 없으면 우리는 생각도 소통도 할 수 없다.[12] 언어는 소통이 사회적 차원에서 확산될 수 있도록 한다. 또한 언어를 통해 의미는 더욱 복잡하게 형성 및 구별될 수 있다. 나아가 사랑, 권력, 자본, 진리, 믿음이라는 소통매체에 힘입어 가족이나 정치, 경제, 학문, 종교와 같은 사회적 체계에서 소통이 성공적으로 이루어질 수 있다.

이러한 소통매체 이론에 따를 때 상징 역시 소통매체의 일부가 된다. 왜냐하면 상징은 가장 기본적인 소통매체인 의미의 한 유형이기 때문이다. 뿐만 아니라 의미를 더욱 정교하게 만들고 사회적으로 소통을 가능하게 만드는 언어는 의미가 상징화된 기호체계라 말할 수 있다.

(4) 사회의 분화와 상징

그러나 상징은 이러한 소통매체, 더욱 정확하게 말해 '확산매체'Verbreitungsmedien로만 머물지 않는다. 이를 넘어 상징은 사회의 다원화된 영역에서 이루어지는 소통과 소통의 연결을 성공시키는 '성공매체'Erfolgsmedien로도 자리매김한다.[13] 이는 사회의 분화와 무관하지 않다.

---

10) 소통매체에 관해서는 니클라스 루만/윤재왕 역, 체계이론 입문, 새물결, 2014, 293면 아래 참고.

11) 니클라스 루만/장춘익 역, 사회의 사회, 새물결, 2014, 236면.

12) Niklas Luhmann, "Sinn als Grundbegriff der Soziologie", in: J. Habermas/N. Luhmann, *Theorie der Gesellschaft oder Sozialtechnologie: was leistet die Systemforschung?* (Frankfurt/Main, 1972), S. 25-100 참고.

13) "확산매체"와 "성공매체"에 관해서는 정성훈, "디지털 시대, 확산매체와 성공매체 사이의

사회의 복잡성이 증가하면서 전체 사회는 다양한 영역, 즉 기능영역으로 분화된다. 정치, 경제, 법, 학문, 종교, 의료와 같은 영역들이 독자적인 영역으로, 독자적인 사회의 기능체계로 독립 분화된다. 이에 따라 사회적 체계를 구성하는 소통도 분화된다. 사회의 분화에 걸맞게 소통은 정치적 소통, 경제적 소통, 법적 소통, 학문적 소통, 종교적 소통, 의료적 소통 등으로 구별된다. 덩달아 소통매체로서 기능을 수행하는 상징도 다원적으로 구별된다. 예를 들어 정치적 소통에서 상징은 권력으로, 경제적 소통에서는 화폐로, 법적 소통에서는 법이나 권리로, 학문적 소통에서는 진리로, 종교적 소통에서는 믿음으로, 의료적 소통에서는 건강으로 구체화된다. 물론 권력이나 화폐, 법 등을 실체로 파악하는 견지에 따르면 이들을 상징으로 보는 필자의 견해에 동의하기 어렵다. 그러나 구성주의의 시각에서 권력이나 화폐, 법 등 역시 구성의 산물로 보는 필자는 이들 역시 상징의 일종으로 파악한다.[14] 이들은 상징적인 매체로서 사회의 기능체계에서 각각의 소통들이 성공적으로 연결되도록 한다. 이러한 근거에서 루만은 이를 '상징적으로 일반화된 소통매체'symbolisch generalisierte Kommunikationsmedien로 규정한다.

(5) 독자적 가치로서 상징

뿐만 아니라 필자는 상징 그 자체는 독자적인 가치가 된다고 생각한다. 물론 앞에서 살펴본 것처럼 화폐 자체가 상징적으로 일반화된 소통매체라는 점을 고려하면 화폐가 표상하는 경제적 가치가 상징이 된다는 점을 도출할 수 있고 이를 통해 상징이 독자적인 가치가 된다는 주장도 이끌어낼 수 있다. 그러나 여기서 필자가 언급하고 싶은 점은 상징이 좀 더 좁은 의미에서도 독자적인 가치가 된다는 것이다. 이는 마르크스Karl Marx 이후 정립된 '사용가치//교환가치' 구별을 원용할 때 더욱 분명해진다. '사용가치//교환가치' 구별은 경제체계에서 이루어지는 가치평가valuation 현상을 유용하게 설명한다. 이는 민법이 규정하는 담보물권, 특히 저당권의 본질 또는 기

긴장", 인문학연구(조선대) 제51집(2016.2), 9-44면 참고.

14) 법을 상징 개념으로 이해하는 유기천 교수의 상징주의 형법이론은 이러한 맥락에 포함시킬 수 있다.

능을 해명할 때도 원용된다. 그러나 이 구별이 경제 영역에서 이루어지는 가치평가 현상을 완전하게 설명할 수 있는 것은 아니다. 필자는 이른바 명품luxury을 향한 열망에서 발견할 수 있듯이 사용가치나 교환가치만으로는 설명하기 어려운 가치가 있다고 생각한다. 이를 '상징가치'로 규정할 수 있다고 본다.[15] 이를 받아들이면 가치는 '사용가치//교환가치//상징가치'로 구별할 수 있을 것이다.[16]

4. 현대사회와 상징투쟁

필자는 이렇게 여러 측면에서 중요한 지위를 차지하는 상징을 향한 투쟁, 즉 상징투쟁이 현대사회의 각 영역에서 강력하게 이루어진다고 생각한다. 마치 권리투쟁, 인정투쟁처럼 상징투쟁이 사회 곳곳에서 전개되는 것이다.

(1) 다양한 차원의 투쟁

상징투쟁은 권리투쟁이나 인정투쟁 등을 원용한 것이다. 사실 앞에서 전개한 논증에 따르면 권리 역시 상징적으로 일반화된 소통매체에 해당하므로 권리투쟁 역시 상징투쟁의 한 유형으로 볼 수 있다.

서구의 19세기는 투쟁의 시대라고 부를 수 있을 만큼 다양한 차원의 투쟁이 제기 및 전개되었다. 이를테면 청년 헤겔에서 찾아볼 수 있는 인정투쟁, 마르크스에 의해 시작된 계급투쟁, 예링을 세계적인 법학자로 만든 권리투쟁, 자유법론을 촉발한 칸토로비츠의 법학투쟁 등을 그 예로 꼽을 수 있다. 그중 법학에서 친숙한 예링의 권리투쟁을 분석함으로써 상징투쟁에 대한 이론적 실마리를 찾아볼까 한다.

(2) 예링의 권리투쟁

예링의 이름을 전 세계적으로 알린 『권리를 위한 투쟁』Der Kampf ums Recht은 1872년 봄에 빈의 법률가협회 초청으로 예링이 한 강연을 책으로

---

15) 이는 별도의 제대로 된 논증을 필요로 한다. 이는 앞으로 필자가 수행하고자 한다.
16) 물론 사용가치를 넓게 확장하면 상징가치를 사용가치에 포섭할 수 있을 것이다.

출판한 것이다. 그 때문에 분량이 많지 않다. 그러나 의외로 이 소책자를 끝까지 정독한 경우는 많지 않아 보인다. 왜냐하면 예링의 이 책은 흔히 사회적 약자를 위한 인권투쟁 지침서로 이해되는 경우가 많은데 이 책을 끝까지 읽어보면 과연 그렇게만 이해할 수 있을까 의문이 들기 때문이다. 가령 예링은 소유권자의 정당방위를 제한적으로만 인정하는 당시의 형법학을 비판하면서 권리를 위한 투쟁의 일환으로 소유권자의 정당방위를 적극 옹호하기 때문이다.[17]

일단 오해해서는 안 될 부분은 예링이 역설하는 권리투쟁은 저항권이나 시민불복종처럼 초실정법적 투쟁이 아니라 법이 허용하는 수단을 이용한 투쟁이라는 점이다. 이를테면 예링은 권리투쟁의 예로 민사소송의 경우를 집중적으로 살펴본다.[18] 더불어 권리투쟁의 원어인 'Der Kampf ums Recht'에는 두 가지 의미가 있다고 한다. 더 좋은 법을 만들기 위한 입법투쟁과 침해된 권리를 회복하기 위한 권리투쟁이 그것이다. 이는 독일어 'Recht'가 객관적 법과 주관적 권리라는 두 가지 의미를 가지고 있음에 기인한다.[19]

주지하다시피 예링은 목적을 강조한다. 예링에 따르면 법은 목적 개념이다. 그런데 목적에는 두 가지 개념이 내재한다. 목적과 수단이 그것이다.[20] '목적//수단'이라는 구별로 구성되는 이른바 목적합리성 사고가 예링이 전제하는 법개념에 담겨 있는 것이다. 이러한 맥락에서 예링은 목적을 실현하기 위한 수단 역시 강조한다. 이러한 수단으로 예링은 투쟁을 강조한다. 왜냐하면 목적과 더불어 투쟁은 법개념의 본질적 요소이기 때문이다.[21] 이의 연장선상에서 예링은 권리를 위한 투쟁을 강조한다. 예링이 볼 때 우리가 권리투쟁을 해야 하는 이유는 다음과 같다. 첫째, 권리를 보장하는 것은

---

17) 루돌프 폰 예링/심재우 · 윤재왕 역, 권리를 위한 투쟁/법감정의 형성에 관하여, 새물결, 2017, 124면 아래. 특히 124면("내가 말하는 대상은 인간의 근원적 권리에 해당하는 정당방위권에 대한 치욕적인 왜곡이다"). 이러한 예링의 주장은 '정당방위의 사회적 윤리적 제한'이라는 형법 도그마틱에 대한 강력한 반박으로 볼 수 있다. 정당방위의 사회윤리적 제한에 관해서는 양천수, "법문화와 정당방위: 판례의 정당방위 해석론에 대한 비판적 접근", 서강법률논총 제8권 제2호(2019.8), 25-50면 참고.
18) 루돌프 폰 예링, 위의 책, 45면 아래.
19) 루돌프 폰 예링, 앞의 책, 35면.
20) 루돌프 폰 예링, 앞의 책, 30면.
21) 이 점에서 마르크스가 강조하는 투쟁의 흔적을 찾아볼 수 있다.

법의 목적이기에 이러한 목적을 실현하려면 투쟁이라는 수단을 사용해야 한다. 둘째, 더욱 중요한 이유로 권리를 침해하는 행위는 단순히 권리주체의 권리만을 침해하는 데 그치는 것이 아니라 권리주체의 인격 및 법감정을 침해하기 때문이다.[22] 위법한 권리침해는 권리주체의 인격 그리고 인격을 구성하는 본질적 요소인 법감정을 침해하므로 이에 단호하게 투쟁을 해야 한다는 것이다.

다만 예링은 흥미롭게도 권리를 침해하는 모든 불법이 인격침해와 연결되는 것은 아니라고 본다. 이에 관해 예링은 로마법으로 거슬러 올라가는 '주관적 불법//객관적 불법'이라는 구별을 원용한다. 이때 객관적 불법은 과책이 없는 불법을, 주관적 불법은 과책이 있는 불법을 뜻한다.[23] 예링에 의하면 고의나 과실과 같은 과책이 없이 자행되는 객관적 불법, 가령 선의 무과실로 타인의 소유권을 침해하는 경우는 소유권이라는 권리만을 침해할 뿐 소유권자의 인격까지 침해하는 것은 아니라고 한다. 이에 반해 고의나 과실을 동반한 주관적 불법, 가령 불법행위로 소유권자의 권리를 침해하는 경우는 권리 자체뿐만 아니라 소유권자의 인격까지 침해한다. 예링은 바로 이 같은 주관적 불법으로 권리침해가 자행되는 경우 권리투쟁을 적극 전개해야 한다고 역설한다. 예링에 따르면 이는 자신의 정신적 실존조건을 보장하기 위한 의무가 될 뿐만 아니라 국가 법질서를 올바르게 세우는 데 필수적인 것이기에 국가 공동체에 대한 의무가 된다. 이러한 맥락에서 예링은 절도 등과 같은 재산범죄로부터 소유권을 지키기 위해서라면 정당방위 역시 권리투쟁의 일환으로 적극 보장해야 한다고 말한다.

(3) 인정투쟁

예링은 인격 및 법감정을 보장하기 위한 수단으로 권리투쟁을 강조한다. 그러나 구체적으로 인격의 무엇을 위해, 법감정의 무엇을 위해 권리투쟁을 해야 하는지를 명확하게 밝히지는 않는다. 필자는 이에 대한 설득력 있는 해답을 독일의 사회철학자 호네트가 정립한 인정투쟁에서 찾을 수 있다고

22) 루돌프 폰 예링, 앞의 책, 51면.
23) 루돌프 폰 예링, 앞의 책, 58면.

생각한다.[24] 청년 헤겔의 구상을 미드George Herbert Mead의 이론 등으로 발전시킨 호네트의 인정투쟁 구상은 왜 우리가 권리를 위해 투쟁해야 하는지를 설득력 있게 풀어낸다. 호네트에 따르면 인정투쟁이야말로 현대사회에서 발생하는 사회적 갈등의 보편 문법이다. 호네트는 인정욕구를 우리 인격 및 법감정을 구성하는 핵심 요소로 본 것이다. 권리가 침해된다는 것은 우리의 인정욕구가 침해된다는 것이고 이는 곧 우리의 인격이 침해된다는 것이다. 따라서 우리는 인정투쟁을 해야 하는데 호네트가 볼 때 권리투쟁은 이러한 인정투쟁의 한 유형에 해당한다.

(4) 인정을 위한 상징투쟁

필자는 권리투쟁 및 인정투쟁의 연장선상에서 상징투쟁을 이해하고자 한다. 여기서 다시 '목적//수단' 구별이 사용된다. '목적//수단' 구별에 따를 때 인정은 목적에 해당한다. 타자로부터, 사회로부터, 국가로부터, 세계로부터 인정을 받고자 하는 것은 우리의 본질적 욕망이자 우리 인격의 본질을 이룬다. 왜냐하면 인격체는 고립된 존재가 아니라 관계적이면서 연고적인 존재이기 때문이다. 권리투쟁은 이러한 인정 목적을 구현하기 위한 수단이 된다. 그러나 주의해야 할 점은 인정 목적을 구현하기 위해 동원할 수 있는 수단으로 권리투쟁만 있는 것은 아니라는 점이다. 오늘날 사회 전체가 다원적으로 분화되고 이에 따라 다양한 상징매체가 출현하는 점을 고려하면, 우리 인간 존재가 각 사회 영역에서 인정받기 위해 사용하는 수단은 권리투쟁에만 한정되지 않는다. 애초에 권리 역시 상징적으로 일반화된 소통매체에 속한다는 점을 감안하면 권리투쟁을 포괄하는 개념으로 우리는 상징투쟁을 생각할 수 있다. 말하자면 우리는 오늘날 사회 각 영역에서 배제되지 않고 포함되는 인격이 되기 위해, '호모 사케르'가 되지 않기 위해 권리, 법, 권력, 화폐, 사랑, 진리, 믿음, 건강 등과 같은 상징매체이자 상징가치를 얻기 위한 투쟁을 전개하고 있는 것이다. 이는 단순히 권리주체인 개인에만 한정되지 않는다. 국가와 같은 정치체계 역시 사회적 지지와 같

24) 악셀 호네트/문성훈 · 이현재 역, 인정투쟁: 사회적 갈등의 도덕적 형식론, 사월의책, 2011.

은 공적 인정을 얻기 위해 인공지능 윤리와 같은 상징적 수단을 사용한다. 기업 역시 마찬가지다. 오늘날 화두가 되는 'ESG 경영'이야말로 소비자의 인정을 받기 위한 상징경영이라 부를 수 있다. 요컨대 현대사회는 상징투쟁이 전개되는 복잡한 공간이자 사회적 체계인 것이다.

47

차별금지사유, 어떻게 정할 것인가*

– 차별금지 법정책의 미래 –

홍성수

숙명여자대학교 법학부 교수

2009년부터 숙명여자대학교 법학부에서 법철학, 법사회학 등을 연구하고 강의하고 있다. 최근에는 인권이론, 국가인권기구, 인권구제, 인권경영, 성희롱, 학생인권, 표현의 자유, 혐오표현, 차별 등의 주제를 연구했다. 『법의 이유』, 『말이 칼이 될 때』, 『인권제도와 기구』(공저), 『서울시민 인권헌장』(공편), 『혐오표현, 자유는 어떻게 해악이 되는가』(공역) 등의 저서와 "혐오표현의 해악과 개입의 정당성", "복지국가에서 법에 의한 자유의 보장과 박탈" 등 30여 편의 논문을 발표했다.

Ⅰ. 차별의 개념과 차별금지사유

인권 문제의 중심이 점점 '차별' 문제로 이동하고 있다. 인권 진정을 처리하는 국가기구인 국가인권위원회의 진정 건수에서 '평등권 침해의 차별행위'가 차지하는 비중이 점차 늘어나고 있고, 이에 대응하여 몇몇 개별적 차별금지법이 제정되었고, 최근에는 포괄적 차별금지법 제정 논의가 한창이다. 하지만 차별에 관한 논의는 아직 초보적인 수준이다. 차별에 관한 (정치)철학적 논의나 사회과학적 논의는 물론이고, 법학적 관점에서의 논의도 기초적인 수준을 크게 벗어나 있지 못하다. 차별금지법에 한정해서 봐도, 차별의 개념, 사유, 영역, 판단기준, 구제방법, 예외 등 수많은 논점들이 있지만 아직 충분한 논의가 있는 것은 아니다. 이 글에서는 '차별금지사유'의 문제를 다뤄보고자 한다. 특히 차별금지사유가 무엇을 뜻하는 것이고, 차별금지사유를 정하는 원리는 무엇이며 더 나아가 한국 법제에서 차별금지사유를 어떻게 규정하는 것이 좋을지 제언도 해보려고 한다.

Ⅱ. 차별금지사유의 의의

1. 차별금지사유의 내용과 현황

차별금지사유는 차별 개념의 한 요소로서, 차별이 되는 이유 또는 근거를 뜻한다. 차별금지법제에서는 흔히 "~~을 이유로"[1]라고 규정되어 있다. 한국에서는 보통 '차별금지사유' 또는 '차별사유'라고 불려왔고, 해외에서는 차별이 될 수 있는 이유·근거grounds,[2] 보호를 받는 (protected) 이유 또는

* 이 글은 홍성수, "차별이란 무엇인가: 차별금지법상 차별금지사유의 의의", 법과사회 제66권(2021), 25-70면을 재구성하여 작성된 것이다.

1) 영어로는 보통 "because of ~"(미국 민권법, 영국 평등법), "based on ~"(유럽연합 평등지침)이라는 식으로 표현된다. 세계인권선언에서는 "~~와 같은 어떤 종류의 구분"(distinction of any kind such as)(2조)으로 되어 있고, 「시민적·정치적 권리에 관한 국제규약」 26조와 「경제적·사회적 및 문화적 권리에 관한 국제규약」(2조)에서는 "~~와 같은 어떤 근거에 의한 차별"(discrimination on any grounds such as)(26조)이라고 표현되어 있다.

근거, 속성, 특성grounds, characteristics, or attributes 등으로 표현되어 왔다. 한국의 법제를 보면, 헌법에는 성별, 종교, 사회적 신분 등 세 가지 차별금지사유가 나열되어 있고, 국가인권위원회법에는 성별 등 19가지 차별금지사유가 나열되어 있다. 개별적 차별금지법을 보면, 장애인차별금지법에는 '장애'가, 남녀고용평등법에는 '성별, 혼인, 가족 안에서의 지위, 임신 또는 출산 등'이, 연령차별금지법에는 '연령'이 차별금지사유로 규정되어 있다. 해외의 법제들도 대부분 차별금지사유를 나열하는 방식으로 차별의 개념을 정의하고 있다.

그런데 차별의 개념을 정의할 때 차별금지사유를 이용하는 이유가 무엇인지, 차별금지사유의 목록을 정하는 기준과 원리가 무엇인지는 불명확하다. 차별금지법에 관한 주요 선행연구나 보고서를 보면 차별금지사유의 기본 원리에 관하여 충분히 논하지 않은 채, 바로 각각의 차별금지사유를 설명하거나 각국의 차별금지사유를 비교하는 식으로 논의를 전개하는 경우가 많다. 한국의 기존 문헌들도 차별금지법상 차별의 개념에 관한 논의를 할 때 주로 직접차별, 간접차별 등 차별의 종류·범위 또는 차별금지영역을 설명하는 데 많은 비중을 두고 있으며, 차별금지사유에 대해서는 간략하게 소개하거나 개별 사유에 대한 검토에 집중하는 경우가 대부분이다.[3] 2000년대 중반 차별금지법 제정 추진 당시에도 차별금지사유에 대한 일반론에 대해서는 거의 논의되지 않았던 것으로 보이며,[4] 인권위의 제안 설명에서 "새롭게 부상하는 사유나 차별의 복합성 등을 고려하여, 현행 국가인권위원회법에서 확보한 사유로 제한(성별, 장애, 인종 등 20개 사유)"한다는 짧은 설

---

2) E. Ellis and P. Watson, *EU Anti-Discrimination Law*, 2nd ed., Oxford University Press, 2012, 22면.

3) 예컨대 이준일, 차별없는 세상과 법, 홍문사, 2012, 제2장 제4절; 송석윤, "차별의 개념과 법의 지배", 정인섭 편저, 사회적 차별과 법의 지배, 박영사, 2004; 최윤희, "차별금지법제의 현황", 저스티스 제121호, 2010; 홍관표, "차별금지법 제정 추진상 쟁점 및 과제", 저스티스 제139호, 2013; 정주백, "차별금지법안에 대한 검토: 차별금지 사유의 성격을 중심으로", 법학연구 제31권 제3호(2020), 충남대학교 법학연구소; 김종헌·이승길, "차별금지법안의 쟁점과 개선방안", 사회법연구 제42호(2020) 등에서는 차별금지사유에 대한 논의가 상세하게 담겨 있지만, 차별금지사유를 정하는 기준이나 원리에 대한 논의는 거의 없다.

4) 「차별금지법안 공청회」 자료집, 국가인권위원회 주최, 2006; 「차별금지법 제정을 위한 공청회」 자료집, 법무부 인권국 주최, 서울변호사회관, 2007 등 참조.

명을 발견할 수 있을 뿐이다.[5] 2020년 인권위 권고법안 해설자료에서는 차별금지사유를 명문화하는 이유로, 우리 사회의 차별 현실을 반영하는 것이며, "개인의 인격과 깊이 관련돼 있고, 대개 그것에 해당하는 조건을 선택하거나 포기하기 어려운 것"이라고 설명하면서, 기존의 국가인권위원회법상 차별금지사유에 더해 고용형태, 유전정보, 성별정체성을 추가한 이유로 비정규직 차별의 만연, 과학기술 발전에 따른 새로운 변화, 국제기준 등을 언급하고 있다.[6]

헌법의 경우에도 제헌헌법 때부터 차별금지사유가 명시되어 있었지만, 차별금지사유에 대한 심화된 논의는 거의 찾아보기 힘들다. 문재인 대통령 헌법 개정안(의안번호 제12670호, 제출연월일 2018.3.26.)[7]에는 차별금지사유의 목록이 추가되어야 하는 이유로 "사회통합과 정의를 실현하기 위해 평등권을 강화할 필요"라는 설명을 덧붙이고 있다. 국회헌법자문특별위원회 논의 과정에서는 "그간의 사회변화를 고려해 장애, 연령, 인종, 지역, 학력, 성적 지향성 등을 새로운 차별금지사유로 추가하자"는 의견이 있었고, 사유 중 어떤 내용을 어느 범위까지 확대할지에 대해서는 여러 의견이 있었다고 한다.[8]

2. 차별금지사유의 의의

차별금지사유가 무엇인지 좀 더 구체적으로 살펴보기 위해서는 차별금지법의 목적이 무엇인지 되돌아볼 필요가 있다. 차별금지법의 목적이 소수자 보호라는 점에 대해서는 이견의 여지가 없다.[9] 즉, 차별금지법은 여성,

---

5) 「차별금지법안 공청회」 자료집, 국가인권위원회 주최, 2006, 40면.

6) 국가인권위원회, 「평등법 제정 의견표명 및 평등법 시안 주요내용」, 2020, 48면, 88면.

7) 이 개정안은 2018년 5월 24일 국회 본회의에 상정되었으나, 의결정족수를 채우지 못해 개헌이 무산되었다.

8) 대통령직속정책기획위원회 · 국민헌법자문특별위원회, 2018 대한민국 헌법 개정추진 백서, 2018, 36면 참조. 한국헌법학회에서도 헌법 개정안을 내놓은 바가 있는데, 차별금지사유를 추가한 이유에 대해서는 일체의 설명이 없다. 한국헌법학회 헌법개정연구위원회, 헌법개정연구, 박영사, 2020, 71면.

9) 차별금지법의 목적이 한편으로 차별금지사유로 구분되는 모든 차별을 금지하는 것이지만, 상대적으로 불이익을 겪고 있는 소수자 집단을 보호하는 것이라는 점을 설득력 있게 제시하는 T. Khaitan, *A Theory of Discrimination Law*, Oxford University Press, 2015, 2장, 5장 참조. 소수자보호와 차별금지법의 취지에 대해서는 김명수, "소수자보호와 차별금지법", 홍익법학 제15권 제3호(2014) 참조.

장애인, 이주자, 소수종교신도, 성소수자 등을 보호하기 위해 발전해온 법이다. 그렇다면 이러한 목적을 달성하기 위해 '차별의 개념'은 어떻게 규정해야 하는가? 차별의 개념을 규정하는 방법은 크게 두 가지로 나뉜다.

(1) 차별 개념을 정의하는 두 가지 방법

첫째, 차별금지법의 직접적인 목적인 소수자 보호를 위하여 구체적인 소수자 집단을 특정하는 방법이다. '차별이란 여성, 이주자, 장애인, 성소수자 등에게 불리한 대우를 뜻하는 것을 말한다'라는 식으로 차별의 개념을 규정하는 것이다. 실제로 개별 국제인권조약에서 보호대상을 특정하는 경우를 찾아볼 수 있다. 예컨대, 「모든 형태의 여성차별철폐에 관한 협약」(1979)에서는 '여성'에 대한 차별을, 「아동권리협약」(1989)은 '아동'에 대한 차별을, 「모든 이주노동자와 그 가족의 권리보호를 위한 국제협약」(1990)에서는 '이주노동자'에 대한 차별을, 「장애인의 권리에 관한 협약」(2006)에서는 '장애인'에 대한 차별을 금지한다고 규정하고 있다. 한국의 장애인차별금지법에서는 법의 보호 대상으로 '장애인'을, 비정규직 차별금지법에서는 법의 보호 대상으로 '기간제근로자', '단시간근로자', '파견근로자' 등을 명시하고 있다.

두 번째, 차별금지사유를 통해 차별의 개념을 규정하는 것이다. 예컨대, 「세계인권선언」(1948)에서는 "인종, 피부색, 성, 언어, 종교, 정치적 또는 기타의 견해, 민족적 또는 사회적 출신, 재산, 출생 또는 기타의 신분"(2조)에 의한 차별을 금지한다고 되어 있고, 「시민적 · 정치적 권리에 관한 국제규약」 2조, 26조와 「경제적 · 사회적 및 문화적 권리에 관한 국제규약」 2조에도 같은 방식으로 규정되어 있다(이하 각각 "자유권규약", "사회권규약"으로 인용). 「모든 형태의 인종차별철폐에 관한 국제협약」(1966)에도 '인종을 이유로' 차별하는 것을 금지한다고 규정하고 있다. 한국 헌법 11조는 "성별 · 종교 또는 사회적 신분"에 의한 차별을 금지한다고 규정하고 있으며 「국가인권위원회법」, 「남녀고용평등법」, 「연령차별금지법」 등 차별 관련 법령에서도 성별, 연령 등의 차별금지사유를 나열하는 방식으로 차별을 금지하는 규정을 두고 있다. 세계 각국의 헌법이나 차별금지법도 차별의 대상을 언급하지 않은 채 차별금지사유를 통해 차별 개념을 규정하는 것이 일반적이다.

이처럼 차별의 개념을 규정할 때, 차별금지의 대상이 되는 사람을 특정하는 방법과 차별금지사유를 규정하는 두 가지 방식이 있다. 그런데 차별금지의 대상이 되는 사람을 특정하는 경우에도 차별금지사유는 당연히 전제된다. 예컨대 이주자에 대한 차별금지법은 그 이주자가 이주자라는 이유로 차별을 받아서는 안 된다는 점을 규정하고 있는 것이지, 이주자를 대상으로 하는 모든 차별을 금지하는 것은 아니다. 만약 그 이주자가 여성이라는 이유로 차별을 받는다면 그것은 이주자 차별금지 조항이 아니라 성차별금지 조항에 의해 금지되는 것이다. 장애인차별금지법은 "장애인을 장애를 사유로 정당한 사유 없이 제한·배제·분리·거부 등에 의하여 불리하게 대하는 경우"(제3조 제1항)라고 하여, 법의 보호대상(장애인)과 차별금지사유(장애)를 동시에 규정하고 있다.

이렇게 차별금지사유를 이유로 한다는 것이 당연히 전제된다면 법의 보호대상이 특정되었는지 여부는 중요한 문제가 아닌 것처럼 보이나, 실제 법률 적용에서는 분명한 차이가 있다. 예를 들어, 장애인차별금지법에는 '장애인'이 대상으로 특정되어 있어, 비장애인이 장애를 가지고 있지 않다는 이유로 차별을 받은 경우(물론, 이런 경우는 실제로는 매우 드물 것이다)에는 이 법의 적용을 받지 않는다. 비정규직 차별금지법에서도 기간제근로자, 단시간근로자, 파견근로자 등을 보호대상으로 특정했기 때문에, 정규직 노동자가 정규직이라는 이유로 차별을 받는 경우(물론 이 경우도 마찬가지로 매우 드물 것이다)에는 법의 적용대상이 아니다. 반면, 남녀고용평등법에서는 '성별, 혼인, 가족 안에서의 지위, 임신 또는 출산 등'을 이유로 차별을 받았다면 남성, 여성을 불문하고, 연령차별금지법에서는 '연령'을 이유로 차별을 받았다면 어떤 연령대의 사람이건 법의 보호 대상이 된다. 국가인권위원회법과 차별금지법안도 차별금지사유만으로 차별의 개념을 규정하고 있기 때문에 차별금지사유를 이유로 차별을 받았다면 그 대상과 무관하게 차별의 개념에 포섭된다. 예컨대, 국가인권위원회법과 차별금지법안에 따르면, 비장애인을 장애를 가지고 있지 않다는 이유로 차별한 경우, 정규직 노동자를 정규직이라는 이유로 차별한 경우에도 차별의 개념에서 배제되지 않는다.

(2) 차별금지법상 보호대상의 대칭성 문제

위에서 다룬 문제는 차별금지법의 보호대상의 '대칭성'symmetry 문제로 다뤄지기도 한다.[10] 차별금지사유를 통해 차별의 개념을 정의할 경우, 차별금지사유를 통해 양 집단(또는 복수의 집단)이 구분되는데, 차별금지법의 입법 목적이 이 두 집단들 '동등하게' 또는 '균형있게' 보호하는 것에 있나는 질문이다. 예컨대, 차별금지법상 차별의 개념이 '성별을 이유로 불리한 대우를 한 경우'라고 되어 있다면, 이 법의 보호대상은 여성과 남성인 것일까? 이 법의 보호목적은 성별로 인한 차별로부터 남성과 여성 모두를 '동등하게' 보호하는 것일까? 비교법적으로 보면, 차별금지사유로 구분되는 양쪽의 집단(또는 복수의 집단일 수도 있음)을 1) 완전히 동등하게 보호하는 방법, 2) 불이익을 겪고 있는 한 쪽 집단만을 보호하는 방법, 3) 형식적으로는 모든 집단을 보호하지만 실제로는 주로 한 쪽 집단이 '주로' 혜택을 보도록 하는 경우 등으로 나눌 수 있다. 이와 관련해서는 법규정과 법의 해석 · 적용 단계를 모두 고려해야 한다. 예컨대 한국의 장애인차별금지법처럼 보호대상을 장애인으로 특정한다면 2)에 해당하는 것이다.

대부분 국가의 입법은 일단 1)의 형식을 취하고 있으며, 실제 법의 해석 · 적용에서는 사실상 주로 취약한 집단이 차별금지법의 혜택을 볼 수 있도록 운용되고 있다. 예를 들어, 남성 차별과 여성 차별, 흑인 차별과 백인 차별, 이주자 차별과 내국인 차별, 장애인 차별과 비장애인 차별, 비정규직 노동자 차별과 정규직 노동자 차별 등은 법규정의 형식으로만 보면 동일한 문제지만, 법의 해석 · 적용에서는 단순히 같은 문제로 취급되지 않는다는 것이다. 실제로 차별에 해당하는지 여부를 판단할 때는 어떤 집단에 대한 차별행위인지에 따라 그 판단이 미묘하게 달라질 수 있다. 즉, 차별을 판단할 때, 어떤 집단을 배제하거나 구별했다고 해서 무조건 차별이 성립하는 것이 아니라, 합리적 이유가 있거나 특정 직무 · 사업의 본질상 불가피하거나(진정직업자격), 차별을 해소하기 위한 적극적 평등화조치의 경우에는 차

---

10) 이하는 Khaitan, 앞의 책, 61-62면; B. Gaze and B. Smith, *Equality and Discrimination Law in Australia: An Introduction*, Cambridge University Press, 2017, 76-78면 참조.

별에 해당하지 않는 것으로 판단된다. 예컨대 비장애인에게 불리한 조치가 취해졌다면 (포괄적 차별금지법에서라면) 일단 차별의 개념에 포섭되지만, 그건 대개 장애인에 대한 차별을 해소하기 위해 잠정적인 조치이거나 기타 합리적 이유가 있는 경우가 대부분일 것이다. 이주자를 위한 음식점이나 성소수자를 위한 카페가 사실상 비이주자나 비성소수자를 배제하고 있다고 하더라도 사업자는 그 합리적 이유를 입증하기 어렵지 않을 것이다. 하지만 이주자나 성소수자의 출입을 제한하는 음식점이나 카페의 경우에는 그 합리적 이유를 설명하는 것이 거의 불가능할 것이다. 적극적 평등화조치에 관한 예로, 성폭력상담소나 가정폭력 피해자 임시보호소와 같은 여성들을 위한 공공서비스, 여성 전용 문화·체육시설, 여성 전용 교육기관 등도 '성별'에 따른 차별로 문제제기 될 수는 있으나, 여성의 실질적인 평등을 증진하기 위한 조치로 인정된다면 차별에 해당하지 않을 것이다. 반면, 남성을 위한 공공서비스나 남성 전용 공간은 그러한 관점에서 정당화되기가 상대적으로 어렵다.

이것은 차별의 '해악'과 관련이 있는 문제기도 하다. 차별은 차별받는 집단의 존엄성을 손상시키고 모욕하며, 차별을 조장하고 영속화시킴으로써 차별받는 집단의 평등권을 훼손한다.[11] 차별을 특별히 별도의 범주로 규정하여 금지하는 이유는 차별이 가지고 있는 이러한 고유한 해악 때문이라고 할 수 있는데, 거꾸로 얘기하면 이러한 해악을 발생시키지 않는 행위는 차별행위의 예외로 인정될 가능성이 커진다고 할 수 있다. 그러니까 비이주자를 차별했다는 혐의를 받은 카페의 사업자는 자신의 카페 영업이 비이주자의 존엄성을 해치거나 비이주자에 대한 차별을 영속화하는 효과가 없음을 주장하여 차별에 해당하지 않는 것으로 인정받을 수 있는 여지가 크지만, 이주자를 차별한 혐의를 받은 카페의 사업자는 그런 정당성을 주장하기가 상당히 어려울 것이다.

---

11) 차별의 해악에 관한 논의로는 데버러 헬먼/김대근 역, 차별이란 무엇인가, 서해문집, 2016; K. Lippert-Rasmussen, "The Badness of Discrimination," *Ethical Theory and Moral Practice* 9, 2006; R. Arneson, "Discrimination and Harm", in K. Lippert-Rasmussen (ed.), *The Routledge Handbook of the Ethics of Discrimination*, Routledge, 2018 참조.

요컨대, 차별금지법상 차별금지사유가 형식적으로 '중립'이나 '대칭적'인 것으로 보이더라도, 차별금지법의 목적은 소수자 집단의 차별을 실질적으로 해소하기 위한 것이며, 실제로도 그런 목적을 염두에 두고 해석되고 운용된다는 것이다.[12)]

(3) 차별금지사유로 차별의 개념을 정의해야 하는 이유

그런데 차별금지사유로 차별의 개념을 정의해야 하는 이유가 단순히 특정 집단이 보호대상에서 배제되는 것을 막기 위한 것만은 아니다. 보호대상을 특정하는 것보다 차별금지사유로 차별의 개념을 정의해야 하는 당위적인 이유를 몇 가지 더 생각해볼 수 있다. 첫째, 권력관계가 역전되는 경우가 있다. 예컨대 일반적으로는 여성이 차별을 받는 경우가 많지만, 남성이 차별을 당하는 경우도 있을 수 있다. 한 사람은 다양한 속성을 가지고 있고 여러 사회적 관계에 의해 영향을 받기 때문에, 어떤 특정한 속성에 의해 취약한 지위에 있다고 해서 늘 그 이유로 차별을 받는 것은 아니다. 어떤 맥락에 놓이느냐에 따라서 또는 시간의 흐름에 따라서도 이러한 조건은 얼마든지 변할 수 있다.

둘째, 차별금지사유 중에는 법의 보호대상을 특정하는 것이 원천적으로 불가능한 사유도 있다. 예를 들어, '종교'의 경우에는 종교를 이유로 한 차별을 금지한다고 정의하는 것이 가능하지만, 특정 종교 집단을 보호대상으로 적시하는 것은 사실상 불가능하다. 소수종교라고 정의하는 방법도 있겠지만 그 경우에도 소수종교가 어떤 종교를 뜻하는지는 어차피 상대적인 문제이다. 그리고 첫째에서 언급한 것처럼, 어떤 종교가 차별에 취약한지는 어떤 맥락에 놓여 있는지에 따라서 달라질 수 있다. 종교뿐만 아니라, 사회적 신분, 출신 지역, 출신 국가, 출신 민족, 용모 등 신체조건, 가족 형태 또는 가족 상황, 인종, 피부색, 사상 또는 정치적 의견, 병력 등의 경우에도 보호대상을 특정하기 어려운 사유다.

셋째, 차별금지사유가 단순히 어떤 집단을 '양분'하는 것은 아니다. 어떤

---

12) Gaze and Smith, 앞의 책, 77-78면.

사유에 의해서 구분되는 둘 이상의 집단이 있을 수도 있다는 것이다. 앞서 언급한 종교나 인종 등의 사유뿐만 아니라, 집단을 둘로 나누는 것처럼 보이는 전형적인 사유들도 마찬가지다. 예컨대, 성별에 의한 차별에는 여성이 남성에게 남성이 여성에게 하는 차별뿐만 아니라, 동성애자에 대한 차별, 트랜스젠더에 대한 차별 등이 포섭될 수 있다.[13)]

요컨대, 차별의 현실이 복합적이고 맥락에 따라 고려해야 할 요소들이 달라지는 상황에서 차별금지법은 유연하게 다양한 차별 문제들을 포착할 필요가 있고, 그렇다면 보호대상을 특정하기보다는 차별금지사유를 활용하여 차별금지법상 차별 개념을 정의하는 것이 바람직하다고 생각된다. 사유와 영역을 포괄적으로 규정하는 포괄적 차별금지법에 보호대상을 일일이 특정하는 것은 입법기술적으로도 불가능한 일이다. 다만 '소극적인' 차별금지를 위한 차별 개념이 아니라, '적극적인' 평등 증진 정책에서는 정책의 대상이 특정되는 것이 자연스럽다. 현행 남녀고용평등법에서 "성별, 혼인, 가족 안에서의 지위, 임신 또는 출산 등의 사유"라는 차별금지사유를 이용하여 차별 개념을 정의하면서, 모집·채용 시 신체적 조건이나 미혼 조건 등에 의한 차별, 혼인·임신·출산을 이유로 한 차별 등 여성에게만 적용될 수 있는 차별 문제, 그리고 평등을 증진하기 위한 적극적인 정책(직업능력 개발 및 고용 촉진, 적극적 고용 개선 조치 등)의 경우에는 여성이 대상임을 명시하고 있는 것은 이런 측면에서 이해가 될 수 있다. 연령차별금지법 역시 차별금지의 대상집단을 특정 연령대로 한정하고 있지 않지만, 고용촉진 정책의 대상은 고령자(시행령에 의해 55세 이상) 또는 준고령자(시행령에 의해 50세-54세)로 한정하고 있다.

개별적 차별금지법의 경우에는 조금 다를 수 있다. 포괄적 차별금지법은 기본법 또는 일반법으로서 예측가능한 상황을 가능한 한 포괄적으로 규정해야 하지만, 개별적 차별금지법은 개별 소수자 집단을 특별히 보호하기 위한 특별법이기 때문에 보호집단을 특정하는 것이 필요할 수도 있을 것이

13) 실제로 미국의 고용기회평등위원회(EEOC)는 "성별(sex)을 이유로 한 차별"에 성적지향 또는 성별정체성을 이유로 한 차별을 포함하는 것으로 본다(EEOC 홈페이지 https://www.eeoc.gov/sex-based-discrimination 참조).

다. 장애인차별금지법이나 비정규직 차별금지법, 그리고 1987년 최초의 남녀 고용평등법에서 보호대상을 특정한 것은 그런 맥락에서 이해가 될 수 있다.

III. 차별금지사유를 정하는 원리와 기준

위에서는 차별금지사유를 통해 차별의 개념을 정의해야 할 당위성에 대해서 살펴봤다. 다음으로는 차별금지사유를 정하는 원리나 기준이 무엇인지 살펴보도록 하겠다. 먼저, 2009년 발표된 경제적·사회적·문화적 권리위원회 「일반논평」 제20호(이하 "일반논평 제20호"로 인용)에 단서가 될 만한 중요한 내용이 있다.[14] 이에 따르면 차별의 본질은 맥락에 따라 다르고 시간의 흐름에 따라 진화하기 때문에, 차별금지사유의 목록을 정하는 것에는 유연한 접근이 필요하다고 말하고 있다. 그래서 기존의 「사회권규약」에 규정되어 있는 차별금지사유 중 '기타 신분'other status이라는 사유를 유연하게 해석하여 다양한 차별행위를 포착해내야 한다는 것이다. 그리고 차별금지사유를 추가할 때 일반적으로 고려해야 할 점으로 "주변화marginalization로 고통받아왔고 지금도 고통받고 있는, 취약한 사회적 집단의 경험"을 제시하고 있다. 즉 차별금지사유는 그 사유로 인해 차별받아왔고 또 차별받고 있는 사회적 집단(소수자 집단)의 존재를 그 근거로 한다. 차별금지법의 본질과 목적을 다루는 문헌들은 차별금지사유를 정하는 단일하고 분명한 원리나 기준은 없다고 하면서도 대략 다음과 같은 요소들을 활용하여 정해지는 것이라고 설명하고 있다.[15]

1) 차별금지사유에 의해 정치적, 사회-문화적, 실질적으로 불이익을 겪는 집단이 구분된다.

---

14) Committee on Economic, Social and Cultural Rights, "General Comment No. 20: Non-discrimination in economic, social and cultural rights (art.2, para.2, of the International Covenant on Economic, Social and Cultural Rights)", UN Doc. E/C.12/GC/20, 2 July 2009.

15) Khaitan, 앞의 책, 49-62면; Fredman, *Discrimination Law*, 2nd ed., Oxford University Press, 2011, 130-139면; Gaze and Smith, 앞의 책, 4장; I. Solanke, *Discrimination as Stigma: A Theory of Anti-discrimination Law*, Hart Publishing, 2017, 43-60면 참조.

> 2) 차별금지사유에 의해 구분되는 집단은 불이익이나 편견으로 고통받아온 역사가 있다.
>
> 3) 차별금지사유는 변경할 수 없거나 변경하기 어려운 것이며, 그러한 사유를 가졌다는 이유로 삶의 영역에서 차별을 받아서는 안 된다.
>
> 4) 차별금지사유에 의해 불이익을 가하는 것은 그 존엄성을 파괴하거나 사회구성원으로서의 정당한 지위를 훼손하는 것이다.

한국 문헌 중에는 2008년 국가인권위원회에서 발간한 '차별판단지침'에 비슷한 취지로 차별금지사유의 공통적인 특징이 설명되어 있다.[16)]

> 1) 차별금지사유가 구분하는 비교 집단들은 사회에 기여하거나 수행할 수 있는 능력 또는 사회생활을 할 수 있는 능력과 거의 무관하다.
>
> 2) 차별금지사유로 구분되는 집단들의 한 축이 소수자 집단이다.
>
> 3) 차별금지사유로 한 사회에서 상당한 기간 동안 역사적으로 차별받아온 집단이 구분된다.
>
> 4) 차별금지사유로 사회적 맥락이나 국가 차원에서 정치적 영향력을 행사하여 자신들의 이해관계를 보호하는 능력이 취약한 집단이 구분된다.
>
> 5) 차별금지사유로 개인이 생물학적 요인, 태생적 요인, 사회적 요인 등의 비자발적 요소를 통해 특정 집단에 귀속되며, 여기에는 선택의 여지가 아예 없거나 상당한 제한을 받는다.

이를 기준으로 각 항목을 좀 더 자세히 살펴보자. 먼저 1)은 차별금지사유로 구분되는 것은 대부분 부당한 일이라는 점을 지적하고 있다. 예컨대, 성별이 남성인지 여성인지, 출신지역이 어디인지 등은 고용이나 교육을 할 때, 재화나 용역을 제공할 때 고려될 필요가 없는 경우가 대부분이고, 따라서 이러한 사유로 누군가를 구분하는 것은 차별이 된다. 다른 말로 하자면, 차별금지사유가 교육받고 일하고 사회생활을 영위하는 데 있어 부당한 영

16) 국가인권위원회 차별판단지침연구 태스크포스, 차별판단지침, 국가인권위원회, 2008, 1.4 단락; 법으로 규제되는 차별 사유의 특징에 대한 유사한 설명으로 최승철, 차별금지법의 이해, 한울아카데미, 2011, 80-81면 참조.

향을 주면 안 된다는 것이다.[17] 물론, 차별금지사유를 이유로 누군가를 구분했다고 하더라도 합리적 이유가 있거나 그 직무나 사업의 성격상 불가피한 경우라면 차별에 해당하지 않는다. 그렇다면 차별금지사유는 일종의 '경고등' 같은 기능을 한다고 할 수 있다. 차별금지사유로 누군가를 구분하려고 한다면 직무나 사업의 성격상 꼭 필요한 구분이 아닐 가능성이 높으니 일단 중단하고 검토를 해봐야 한다. 검토 결과 그 불가피성을 입증할 수 없다면 그러한 구분은 포기되어야 한다. 차별금지사유는, 특별히 정당한 사유가 없는 한, 이 사유를 근거로 구별이나 구분을 하지 말라고 경고하는 기능을 수행한다.

2), 3), 4)는 비슷한 의미인데, 차별금지사유로 구분되는 집단의 한 축이 차별받아온 취약한 소수자 집단이라는 것이다. 차별금지사유로 구분되는 소수자집단을 보호하기 위해 차별금지를 법제화하는 것이다. 예컨대, 성적지향이 차별금지사유에 포함된 것은 성적지향에 의해 구분되는 동성애자 집단이 차별받아온 역사와 관련이 있고, 장애가 차별금시자유에 포함된 것은 장애인에 대한 차별의 역사가 고려되었다. 즉, 차별금지사유에는 소수자 집단에 대한 억압과 차별의 역사와 현실이 담겨 있는 것이다.[18] 그런데 이 역사와 현실에는 보편적인 것도 있고, 개별 국가의 사정이 반영된 것도 있을 것이다. 그래서 차별금지사유를 여러 국가에 공통적인 '보편적 사유'와 개별 국가의 구체적인 상황에 따른 '특수한 사유'로 구분할 수 있다.[19] 이것은 일반논평 제20호가 차별금지사유를 추가할 때 고려해야 할 점으로 제시한 내용과 일맥상통한다. 국제인권규약이나 대부분 국가에서 일반적으로 규정하는 차별금지사유로는 성별, 장애, 나이, 인종, 임신 여부, 종교, 사상 또는 정치적 의견, 성적지향, 성별정체성, 사회적 신분 등을 들 수 있고, 이를 보편적 차별금지사유라고 할 수 있을 것이다. 반면 특정 국가의 고유한 맥락에서 논의될 수 있는 차별금지사유로는 국적, 용모 등 신체조건, 학력,

17) 이를 '규범적으로 무관함'(normative irrelevance)으로 표제화하는 Khaitan, 앞의 책, 56-60면 참조.

18) Fredman, 앞의 책, 138-139면; 한상희, "헌법의 눈으로 본 차별금지법: 혐오표현의 문제와 함께", 민주법학 제74호(2020), 167면 참조.

19) 이준일, 차별금지법, 고려대학교 출판부, 2007, 79면.

전과, 고용형태, 문화, 언어 등을 들 수 있다.[20] 시간의 흐름에 따라서도 변화할 수 있는데, 대표적으로 과학의 발달에 따라 최근에는 '유전정보'를 차별금지사유로 새롭게 추가한 사례가 늘고 있다. 유전정보에 의해 구분되는 집단이 차별받는 소수자 집단이 될 가능성이 농후해졌기 때문이다.

마지막으로 5)는 차별금지사유는 대체로 사실상 선택의 여지가 없이 귀속되는 것이므로 이를 근거로 한 차별이 부당하다는 점을 지적하고 있다. 차별금지법 관련 문헌에서는 이를 변경불가능성immutability, 본질적인 선택fundamental choice, 개인의 자율성autonomy 등으로 표제화하여 설명하고 있다.[21] 먼저 차별금지사유는 선택한 것이 아니라 '타고난 것'이기 때문에 변경이 불가능하며, 이러한 변경불가능한 속성에 의한 차별을 금지하는 것이라는 설명이 있다. 인종, 성별, 유전정보, 신체조건, 출신지역, 출신국가 등의 사유가 대표적이다. 하지만 이 변경불가능하다는 개념을 협소하게 해석하면 차별금지법의 본질적인 목적을 달성할 수 없게 된다. 절대적으로 변경불가능하지 않다고 하더라도, 그 변경이 매우 어렵다면 당사자 입장에서는 거의 동일한 부당함을 경험하게 될 것이기 때문이다. 그럼에도 불구하고 변경하지 않았다는 이유로 불이익을 감수해야 한다면, 특정한 규범을 선택하지 않았다는 이유로 사회가 벌을 주는 것과 다름없다.[22] 또한 만약 변경불가능성이라는 개념을 협소하게 해석한다면, 인종을 바꾸는 기술이 개발되는 순간 인종은 차별금지사유에서 제외되어야 한다는 불합리한 결과를 낳게 된다.[23]

변경불가능하다는 의미에는 신체적인corporeal 것뿐만 아니라 행태적behavioural 또는 사회적인 것도 포함될 수 있다. 예컨대, 종교, 언어적 정체성, 혼인 관계 등이 대표적이다. 이것들은 숨길 수도 있고 본인의 결심에 의해 바꿀 수 있다는 특징이 있다. 하지만 변경이 불가능하시 않다고 해도 그

20) 이준일 교수는 보편적 차별금지사유로 인종, 성, 장애, 연령, 종교, 양심 또는 신념, 출신국가 또는 출신민족, 성적지향, 가족관계 등을, 특수한 차별금지사유로 전과, 병력, 노조활동, 문화, 언어, 고용관계 등을 들면서, 한국에 특수한 사정이 반영된 사유로 학력, 지역, 입무 등을 언급하고 있다. 이준일, 앞의 책, 8장 참조.
21) Khaitan, 앞의 책, 56-60면; Fredman, 앞의 책, 131-134면.
22) Solanke, 앞의 책, 59면.
23) Khaitan, 앞의 책, 68면.

변경이 상당히 어렵거나 자신의 정체성을 포기하는 대가를 치러야 하는 것이라면, 그리고 그 선택이 사회적으로 가치없는 것이 아니라면, 사실상 변경불가능하다는 개념에 포섭될 수 있는 것이다. 정체성을 변경하기 위해 상당한 심리적, 경제적, 사회적 비용을 치러야 한다면 사실상 변경이 불가능한 것이나 다름없다. 이런 상황에서 변경하지 않는 대가로 차별을 감수하라고 하는 것은 부당한 일일 것이다. 또한 차별금지사유가 선택된 것이라고 해도, 본인의 자율성에 기반한 본질적인 선택이라면 그 선택이 존중되어야 하며, 그 선택을 이유로 차별을 받아서는 안 될 것이다. 이런 점을 고려하면, (선천적인 것이 아니라) 사고로 인한 장애, (가문이나 혈통이 아니라) 직업이나 본인이 선택한 종교, 임신·출산 등이 차별금지사유에 포함되는 것은 자연스러운 것이며, 더 나아가 고용형태, 노조활동과 같은 사회적 지위도 차별금지사유에 포함될 수 있다.

이러한 논의는 '차별의 해악' 문제와도 연결된다. 즉, 차별금지사유는 그 사유로 누군가가 구분될 때, 차별받는 집단의 존엄성이 손상되며, 차별을 조장하고 영속화하는 효과를 창출한다는 것이다. 예를 들어, 미국에 일하러 간 이주노동자가 영어를 못한다는 이유로 식당에서 불친절한 대접을 받았다면 일종의 굴욕감을 느끼게 된다. 인간으로서 정당한 대우를 받지 못했다고 생각할 수 있기 때문이다. 무슬림이 어떤 식당에 내걸린 '히잡 출입금지'라는 팻말을 본다면 인간으로서의 존엄성이 손상되었다고 생각할 것이다. 이것은 차별금지사유로 구분되는 집단이 차별을 받는 집단이고 쉽게 벗어날 수 없는 자신의 일부인 정체성과 관련이 있기 때문이라고 할 수 있다.

이상의 논의를 통해, 차별금지사유의 의의 또는 차별금지사유를 정하는 원리와 기준을 다시 정리해 본다면 다음과 같다.

〈차별금지사유의 의의〉

표 제	내 용
소수자 집단	차별금지사유로 구분되는 집단은 상당 기간 차별받아왔고 지금도 차별받고 있는 소수자 집단이다.
합리적 이유의 부재	차별금지사유는 고용, 교육, 재화 · 용역의 이용 · 공급 등에서 고려되어야 할 합당한 이유가 있는 유의미한 요소가 아니다.
비자발적 요인	차별금지사유는 생물학적, 태생적, 사회적 요인으로 인해 어떤 사람의 정체성을 구성하는 일부가 된 것으로서, 여기에는 사실상 선택의 여지가 없거나 상당한 제한을 받는다.
인간존엄 훼손과 차별 조장의 효과	차별금지사유로 부당하게 구분하는 것은 인간존엄을 훼손하고 차별을 조장하는 효과를 낳는다.

Ⅳ. 차별금지사유와 차별금지 법정책의 미래

지금까지 차별금지사유의 의의와 차별금지사유를 정하는 기본적인 원리에 대해서 살펴봤다. 이러한 원리는 차별금지법 입법과정에서 논란이 되고 있는 몇 가지 사유에 대한 논의를 진전시키는 데에도 도움이 될 것이다. 예를 들어, '성적지향'이나 '성별정체성'의 경우, 그러한 정체성이 선천적인지 아닌지, 다시 말해 바꿀 수 있는지 여부가 논란이 되곤 하지만, 위에서 살펴봤을 때 차별금지사유를 정할 때 선천성 여부나 변경가능성 여부는 쟁점이 아니다. 그보다는 이들 사유로 인해 차별받는 집단이 존재하고 있는지, 이들 사유가 고용 등에서 고려되어야 할 합당한 이유가 있는 요소인지, 선택의 여지가 없거나 상당한 제한을 받는지, 이를 통해 구분되는 것이 인간존엄을 훼손하고 차별이 조장되는 효과를 낳는지 등을 살펴본다면 차별금지사유로 합당하다는 결론이 자연스럽게 도출된다. 일각에서는 '학력'을 차별금지사유에서 제외할 것을 요구하고 있으나, 학력을 선택에 의해 쉽게 바꾸기 어렵고 어떤 사람의 벗어나기 힘든 신분으로서 작용되어 왔다는 점을 고려하면 차별금지사유로서 배제할 수는 없을 것이다. 더욱이 한국 사회에서 학력이 업무에 적합한 사람을 선택하기 위한 필수적 요소라기보다는, 업무역량과 무관하게 저학력자나 특정학교 출신을 원천 배제하는 식으로 부당하게 활용해 왔다는 점도 고려되어야 할 것이다.

그 외에도 이러한 원리를 통해 차별금지사유를 열거형으로 규정할 것인지, 예시형으로 규정할 것인지, 차별금지사유의 목록을 구체적으로 상세하게 제시할 것인지 대표적인 몇 가지만 제시할 것인지, 차별금지사유의 목록은 몇 개 정도가 적당한지 등에 관한 논의를 풀어가는 데 도움을 얻을 수 있을 것이다. 그리고 포괄적 차별금지법뿐만 아니라, 어떤 사유에 대해서 특별히 개별적 차별금지법의 제정이 필요한지, 헌법에서는 차별금지사유를 어떻게 규정할 것인지 등과 관련해서도 유익한 정보를 제공해줄 수 있을 것으로 기대된다.

48

위험에 대한 법체계의 반응*

고봉진

제주대학교 법학전문대학원 교수, 법학박사

고려대 법과대학(90학번)과 동대학원을 졸업하고, 2006년 독일 프랑크푸르트대학교(Goethe Universität Frankfurt am Main)에서 법학박사학위를 받았다. 독일 만하임대 부속 '독일 · 유럽 · 국제 의료법 · 보건법 및 생명윤리 연구소(IMGB)'에서 객원연구원을 지냈고, 보건복지부 지정 '생명윤리정책연구센터'에서 박사후과정 연구원을 지냈다. University of California, San Diego(UCSD)에서 방문학자(visiting scholar)로 연구년(안식년)을 보냈다. 현재 제주대학교 법학전문대학원 법철학, 법사회학 담당 교수로 재직 중이다.

이 글에서 필자는 위험 개념을 분석한 후, 법체계가 현대사회의 위험에 대해 어떻게 반응하는가를 전반적으로 다룬다. 현대사회의 '위험'에 대응하는 법모델은 법체계가 위험을 '위해'로 파악하는지 '기회'로도 파악하는지에 따라 달라진다. 위험에 대한 법체계의 반응은 대략 두 가지 형태로 나타나는데, 규제법 모델과 '절차적 법' 모델이다. 규제법 모델은 형법과 같은 강력한 규제법을 통해 위험을 직접적으로 통제하려고 하는 반면에, '절차적 법' 모델은 법 대신에 다른 수단(예컨대 생명공학 영역에서 전문위원회를 통한 통제)을 통해 간접적으로 위험을 통제하려 한다. 즉 규제법 모델은 위험을 '위해'로만 파악하는 반면에, '절차적 법' 모델은 위험을 '위해'와 '기회'를 동시에 가지는 것으로 파악하게 된다.

규제법 모델과 '절차적 법' 모델 중 어느 법규범 모델이 정당하다고 판단하기는 힘들지만, 위험과 더불어 살아가야 하는 현대사회의 특성상 '절차적 법' 모델이 위험을 일방적으로 규제하기보다는 위험을 두고 '소통'한다는 점에서 점점 더 큰 비중을 차지하고 있다. '절차적 법'은 민사소송법이나 형사소송법과 같은 '절차법'을 뜻하는 것이 아니고, 부분체계, 법체계, 정책 간에 소통의 매개 역할을 담당하는 법('법을 통한 소통'을 실현하는 법)을 말한다. 무엇보다도 이러한 '절차적 법'의 위험 구성은 "귀속구조의 변화"를 초래하는데, 이에 따르면 현대 위험사회의 위험과 관련된 직업군(郡)이나 기관은 '절차적 법'의 규칙을 준수해야 하는 역할담당자로서의 '의무'를 지게 된다.

다만 '절차적 법' 모델이 과연 위험을 적절히 통제할지는 또 다른 문제인데, 이는 위험을 관할하는 담당자나 기관의 '능력'과 이에 대한 일반의 '신뢰'의 문제와 연관되어 있기 때문이다. 위험을 관할하는 담당자나 기관의 '능력'과 이에 대한 일반의 '신뢰'가 갖추어진다면, 필자는 소통능력을 갖춘 '절차적 법' 모델이 현대사회의 여러 위험에 대한 법체계의 최적 모델이 될 수 있으리라 본다.

---

* 법과사회 제41호(2011.12)에 게재된 필자의 '위험에 대한 법체계의 반응' 논문을 토대로 작성된 글임을 밝힙니다.

Ⅰ. 현대사회의 '위험' 개념 분석

현대사회의 위험 개념은 '이득과 위해', '미래의 이득과 미래의 위해', '현재에서 바라본 미래의 이득과 미래의 위해'라는 세 가지 개념요소를 가진다. 위험 개념은 '불확실성'과 밀접하게 결합되어 있는데, 이에 따라 위험 개념은 현재 개념이 되기도 하고 미래 개념이 되기도 한다. 즉, 이득과 위해의 관점에서의 불확실성은 미래이지만, 의사결정 과정에서의 불확실성은 현재인 것이다.[1] 또한 현대사회에서 문제되는 '위험'과 이에 대한 '결정'은 '책임(귀속)'과 밀접하게 관련된다.[2] 즉, 위험은 '불확실성 하에서의 결정'과 연관되며, 불확실성 하에서의 결정은 '위험인수',[3] 곧 '책임responsibility'을 의미한다.[4]

1. '이득'과 '위해'

위험risk 개념은 '위험을 감수하다, 암초를 뚫고 나가다'라는 의미를 지니고 있다.[5] 부를 얻기 위해 당연히 감수해야 하는 난관이라는 함의에서도 알 수 있듯이, 위험 개념은 '이득benefit'과 '위해harm'라는 상반된 의미를 동시에 내포하고 있다.[6] 따라서 위험은 기회chance이기도 하다. 더 나아가 위험 개념은 '이득'과 '위해' 양자를 형량하는 것을 그 의미요소로 한다. '이득'과 '위해'를 '이익형량'하는 위험 판단은 결과를 기준으로 옳고 그름을 따지는 결과론consequentalism이 적용되는 대표적인 예라고 할 수 있다. 이처럼 위험 판단은 의무론deontology에서 결과론으로의 전환을 가져온다.[7]

---

1) Peter L. Bernstein/안진환 역, 위험, 기회, 미래가 공존하는 리스크, 한국경제신문, 2008, 331면.
2) Franz-Xaver Kaufmann, Der Ruf nach Verantwortung (Herder, 1992), 45면.
3) Niklas Luhmann, Das Recht der Gesellschaft (Suhrkamp, 1993), 141면.
4) Niklas Luhmann, Rechtssoziologie (3 Aufl., Westdeutscher Verlag, 1987), 241면.
5) Ulrich Beck/홍성태 역, 위험사회, 새물결, 1997, 역자서문, 6면.
6) '위해'는 피해가 확실한 경우나 재앙을 의미하는 반면에, '위험'은 '위해'뿐만 아니라 '이득'을 동시에 의미한다. 위험은 기회를 포함하기 때문에 위험을 포기하는 것은 오늘날의 조건하에서는 합리성을 포기하는 것이 될 수 있다. 위험과 합리성의 관계에 대해서는 Niklas Luhmann, Soziologie des Risikos (Walter de Gruyter, 1991), 22면.

어떤 행위의 옳고 그름을 판단하는 기준에는 의무론과 결과론[목적론 teleology이라고도 한다]이 있는데, 양자는 행위의 옳고 그름을 판단하는 기준에서 결정적인 차이를 보인다. 의무론에서는 행위의 옳고 그름을 판단하는 기준이 행위의 결과가 아니라, 행위 그 자체이며, 행위해야 할 의무로부터 행위의 당위성을 이끌어낸다. 반면에 결과론에서는 행위의 결과에 대한 평가로 행위의 옳고 그름을 판단한다. 결과론은 그 자체로 올바르거나 그른 특별한 종류의 행위가 있다는 입장을 거부하고, 행위의 올바름이나 그름을 행위의 결과들을 비교하고 평가함으로써 결정한다.[8] 행위의 결과를 고려해서 행위의 옳음을 결정한다는 점에서, '좋음'에 우선성을 두고 '옳음'을 규정하는 특성을 지닌다. '위험'과 관련해 결과론적 사고를 하면, 어떤 행위가 가져올 '이득'과 '위해'를 결과 차원에서 고려하여 '위험' 수위를 판단하게 된다. 이때 행위의 결과를 어떻게 고려할 것인가에 대한 방법을 찾고, 그 방법의 정당성을 근거지우는 작업이 중요하다.[9]

2. '미래의' 이득과 '미래의' 위해

위험 판단에서 비교형량되는 이득과 위해의 대부분은 '현재의' 이득과 '현재의' 위해가 아니라, '미래의' 이득과 '미래의' 위해이다. 경우에 따라서는 현재의 이득과 미래의 위해, 또는 미래의 이득과 현재의 위해가 비교되기도 한다. 그럼에도 대부분의 경우 '위험' 개념에서 이득과 위해는 과거에 이미 정해져 있거나 현재에 정해질 수 있는 값이 아니라 미래에야 비로소 확정되는 값이다. "위험의식의 중심은 현재에 있지 않으며 미래에 있다. 위험사회에서 과거는 현재에 대한 규정력을 상실한다. 그 자리는 미래가 차지하며, 존재하지 않으며 고안된 가공의 무엇이 현재의 경험과 행동의 '원인'으로서 등장한다."[10]

7) 김영환, 법철학의 근본문제 제3판, 홍문사, 2012, 219면 이하.
8) Peter Singer 엮음/김성한 · 김성호 · 소병철 · 임건태 역, 규범윤리의 전통, 철학과 현실사, 2005, 116-117면
9) 목적론과 의무론에 대한 자세한 설명은 Nancy Davis, "현대의 의무론", Peter Singer 엮음/김성한 · 김성호 · 소병철 · 임건태 역, 위의 책(주 8), 115면 이하.
10) Ulrich Beck/홍성태 역, 위의 책(주 5), 74면.

'위험' 개념을 통해 우리는 과거가 현재를 규정하는 세상이 아닌, 미래가 현재를 규정하는 세상이 도래했음을 실감할 수 있게 된다. 확실성의 세상이 아니라 불확실성의 세상이 된 것이다. 현대사회가 달라진 만큼 불확실성을 무시하는 이론은 사회현상을 설명할 수가 없으며, 이는 '위험'과 관련하여서는 "확실하다." 정보와 확실성의 원천으로서 실재존재론은 더 이상 '시간의 흐름'을 규정할 수 없게 되었고, '시간의 화살'에 따라 존재와 인식은 달라진다.[11] 시간의 화살에 따라 존재도 달라지고, 이에 대한 인식도 달라진다. 시간으로부터 자유로운 존재는 없으며, 시간으로부터 자유로운 인식도 없다.[12] '이득'과 '위해'의 존재 또한 시간으로부터 자유로울 수 없으며, 이에 대한 인식도 시간으로부터 자유로울 수 없다. 콘텍스트(시간 속에 존재하는 패턴) 안에 놓고 인식하지 않으면 아무것도 의미를 가질 수 없다.[13] 위험은 시간의 문제이며, 미래의 문제이다.[14] 위험은 '시간의 화살'에 따라 존재와 인식이 달라지는 문제이다. "시간과 리스크는 동전의 양면과 같다. 만일 내일이 없다면 리스크 또한 존재하지 않기 때문이다. 시간은 리스크를 변형시키고 리스크의 본질은 시간의 지평에 따라 모양이 갖춰진다. 다시 말해 리스크의 위력이 발휘되는 공간은 다름 아닌 미래라는 시간이다. 시간은 철회할 수 없는 결정에서 가장 큰 문제가 된다. 그럼에도 불구하고 우리는 불완전한 정보를 토대로 돌이킬 수 없는 수많은 결정을 내려야 한다."[15]

3. '현재에서 바라본' 미래의 이득과 미래의 위해(불확실성 하에서의 결정)

위험 개념은 '미래의' 이득과 '미래의' 위해를 그 개념요소로 하나, 이는 미래의 시간대에만 머무르지 않는다. 위험 판단은 미래의 시간대를 현재의 시간대로 끌어와, 미래의 이득과 미래의 위해를 현재로 "선취하여" 평가할

---

11) '시간의 화살'에 대해서는 Immanuel Wallerstein/유희석 역, 지식의 불확실성, 창비, 2007, 65면 이하.
12) Niklas Luhmann, Die Wissenschaft der Gesellschaft (Suhrkamp, 1992), 129면.
13) Gregory Bateson/박지동 역, 정신과 자연, 까치, 1998, 27면.
14) Georg Kneer, Armin Nassehi/정성훈 역, 니콜라스 루만으로의 초대, 갈무리, 2008, 216면.
15) Peter L. Bernstein/안진환 역, 위의 책(주 1), 32면.

것을 요구한다. 예컨대 최첨단 생명과학기술에서 문제되는 이득과 위해는 현재 개념이 아니라 미래 개념인 반면에, 이 이득과 위해를 이익형량한 후 결정해야 하는 단계에서는 '이득과 위해'라는 미래 개념이 '위험'이라는 현재 개념으로 새롭게 구성된다. 판단자료는 미래의 이득과 미래의 위해이나, 판단 시점은 현재인 셈이다. 이런 의미에서 니클라스 루만Niklas Luhmann은 위험을 '현재에서의 미래Zukunft in der Gegenwart'라고 정의내린다.[16] 이때 결정자는 이득과 위해가 불확실한 가운데 결정decision해야 하는 상황situation에 처한다.[17] 이때 위험은 책임Verantwortung과 자연스럽게 연결되는데, 미래를 현재로 앞당겨 판단하게 되는 위험의 불확실성은 위험인수, 즉 책임을 통해 상쇄되기 때문이다. 이때 현대사회에 있어서의 위험의 편재는 '결과지향적인 책임구조로의 변화'를 불가피하게 한다.[18]

현실이 불확실하면 선택을 피할 수 있는 길은 없다. 몇몇 경영학 이론서에서는 진정한 혁신과 창조를 위한 실패 또한 기꺼이 받아들이며, '위험'을 즐거워하는 자세가 환영받고 있다. 심지어는 혼란 속에 메시지가 있으니까 혼란 속에서 즐거워해야 한다고 설파한다.[19] 이와는 다르게, '현재에서의 미래'로서 위험은 확률이라는 과학적 언어로 종종 표현되곤 한다.[20] 위험은 부정적 결과의 확률이며, 확률의 언어로 표현되어 과학이 위험의 의미를 감싸게 된다.[21] 이에 따르면, 확률로써 위험에 대한 지배mastery of risk가 가능해지며, 위험 감수rist-taking를 통해 미래를 기회의 대상으로 만들 수 있게 된다.[22] 하지만 과학 또한 가치중립적이지 않으며(우리가 가진 가치는 과학의 필수요소이다),[23] 많은 경우 과학의 객관성은 과대포장되어 있다. 하이젠베

16) Niklas Luhmann, 위의 책(주 3), 554면.
17) Gotthard Bechmann, "Risiko als Schlüsselkategorie der Gesellschaftstheorie", kritische Vierteljahreschrift für Gesetzgebung, 1991, 214면 이하.
18) 현대사회의 위험과 관련하여 '결과지향적인 책임구조의 변화'에 대해서는 Ulfrid Neumann/김학태 역, "과학기술발달의 조건하에서의 책임구조의 변화", 법철학연구 제3권 제1호(2000), 한국법철학회, 317면 이하.
19) Tom Peters/정영목 역, 미래를 경영하라, 21세기북스, 2005, 27면.
20) 이에 대한 역사적 연구로는 Peter L. Bernstein/안진환 역, 위의 책(주 1), 69면 이하.
21) Hélène Joffe/박종연 · 박해광 역, 위험사회와 타자의 논리, 한울 아카데미, 2002, 24면.
22) Peter L. Bernstein/안진환 역, 위의 책(주 1), 8-9면.
23) Immanuel Wallerstein/유희석 역, 위의 책(주 11), 148면.

르크Werner Heisenberg의 불확정성의 원리에 따르면, 객관적이고 초연할 관찰자는 있을 수 없다. 관찰 자체가 관찰자를 관찰 대상에 직접적으로 연관시키며, 이는 관찰 결과에 영향을 미친다.[24)]

Ⅱ. 현대사회의 위험에 대한 '법모델의 변화'

법규범은 '현재에서의 미래'와 관련하여 큰 도전을 받고 있으며, 이를 어떻게 해결할지는 현대 법학이 안고 있는 큰 과제 중의 하나이다. '위험과 규범' 테마는 두 가지 중요한 질문을 제기한다. 첫째 질문은 '위험이 어떻게 규범에 영향을 미치는가?'이고, 다른 질문은 '규범이 어떻게 위험에 영향을 미치는가?'이다. 위험문제는 법이 위험을 합법이나 불법으로 판단하는 문제뿐만 아니라, 위험이 법규범의 변화를 초래한다는 문제도 낳는데, 이는 이미 여러 법 영역에서 법규범의 변화를 초래하였고, 계속 초래할 것이 확실하다.[25)]

1. '절차적 법' 모델의 등장

기능적으로 분화된 현대사회는 규제법을 통해 직접적으로 조종할 수 없는 여러 다양한 하부체계로 분화되어 있다. 규제법 모델은 강력한 규제법을 통해 사회의 하부체계를 직접적으로 조종하려고 하지만, 많은 경우 실효성이 없는 상징입법에 그치고 만다. 이처럼 규제법은 직접적이면서도 강한 법적 수단이지만, 많은 경우 실효성이 없는 법적 수단이기도 하다. 이는 위험에 대한 법적 규제에서도 동일하다. 규제법은 하부체계, 정책, 법체계를 잇는 연결고리가 되지 못하며, 3자 간의 소통을 막아 버린다. 따라서 절차적 법을 통한 간접조정의 필요성이 대두되며, 법은 스스로를 규율함으로

24) Jeremy Rifkin/이희재 역, 소유의 종말, 민음사, 2001, 281면.

25) Niklas Luhmann, 위의 책(주 3), 560면. 조홍식 교수는 리스크 문제는 새로운 사회문제에 법이 어떻게 대처할 수 있는가를 보여주는 좋은 시험장이고 따라서 리스크법은 앞으로의 발전을 가늠하는 시금석이 될 것이라고 전망하면서, 사회공동체가 각양각색의 리스크에 대처하는 최선의 방책은 공법과 사법 각각의 長處를 살릴 수 있는 적절한 조합을 찾는 것이지, 결코 한쪽을 배제하는 것이 아니라고 주장한다. 조홍식, "리스크 법-리스크관리체계로서의 환경법", 법학 제43권 제4호(2002), 서울대학교 법학연구소, 126면.

써 사회를 규율하는 방법을 취하게 된다.[26] 법은 더 이상 강력한 규제수단으로 역할을 수행하지 않으며, 체계 간의 소통을 매개하는 통로로서 역할을 수행한다. 자기규율을 통한 간접적인 조종의 가능성은 체계 간의 연결 필요성에서 나온다. 하지만 간접적인 조종의 한계 또한 고려해야 한다.

2. 규제법 모델의 한계

규제법 모델은 위험을 규제법으로 강하게 단속하고 규율한다. 그 지배이념은 "예방의 원칙Principle of Precaution"인데, 이는 위험의 성질에 관한 확신에 앞서 위험을 피하는 조치를 취할 것을 요구한다. 이는 새로운 기술이 해롭다는 증거가 있을 때까지는, 그 개발을 지속하는 것이 수용 가능하다는 관점에 도전한다. 이는 그 기술이 심각한 해를 일으키지 않을 것이라는 사실을 보여 주는 입증 책임이 그 기술의 개발자에게 있음을 의미한다.[27] 예방의 원칙을 법규범을 통해 실현하면 '규제법'을 통해 위험은 사전에 통제된다. 많은 경우 '위험'은 '위해'로 인식되어 규제된다. 규제법 모델에 따르면, 위험을 전문직 직업군(郡)의 위험인수, 즉 책임을 통해 통제할 수 있다는 주장은 실상과는 전혀 다르다. 위험통제를 위해서는 담당기관이 위험을 통제할 "능력"을 갖추어야 하는데, 담당기관에 그러한 능력이 없는 경우가 많다. 그뿐만 아니라 담당기관의 위험통제에 대한 대중의 "신뢰"가 전제가 되어야 하는데, 신뢰가 쌓여 있지 않은 경우가 많다.

물론 '규제법'으로 '위험'을 사전에 규율하려는 것은 미래의 불확실성을 애초부터 제거하는 동시에, 법적 안정성을 형성하는 장점이 있다. 이는 '위험'의 위험성이 공간적으로, 시간적으로 혹은 사회적으로 제한되지 않으며, 모든 나라와 모든 계급에 미치는 전 지구적 특징을 가진다는 점에서 더 큰 중요성을 지닌다.[28] 그뿐만 아니라 전 지구에 미치는 '위험의 현재성'이 분명하지 않다 하더라도 '위험연출의 현재성'으로 인해 '위험'은 '안전에 대한

26) Gunther Teubner, Recht als autopoietisches System (Suhrkamp, 1989), 82면 이하.
27) Nuffield Council on Bioethics/권복규 역, 이종이식의 윤리적 문제, 이화여자대학교 생명의료법연구소, 2007, 81면.
28) Ulrich Beck/홍성태 역, 위의 책(주 5), 77면; Anthony Giddens/김미숙 외 역, 현대사회학 제4판, 을유문화사, 2003, 84면.

위협'으로 현재성을 획득한다.[29] 이때 '안전'은 자기목적이 되고 규제법을 정당화하는 현대사회의 규범 개념으로 격상된다.

하지만 규제(형)법이라는 강력한 수단으로 위험을 통제하는 것이 바람직한가는 '규율의 정당성' 문제가 제기될 뿐 아니라, 규제법이 실효적으로 집행되지 않을 경우에는 '2중의 정당성의 위기'를 초래할 가능성이 농후하다. 위험에 대한 강력한 규제법은 지킬 수 없는 약속을 하게 되어 약속을 하지 아니한 것만 못한 결과를 낳기 때문이다.[30] '위험'에 대해 강력한 규제법으로만 지향된 법규범은 실효성과 정당성을 동시에 상실한다는 점에서, '법에 있어 위험지향'은 법규범의 정당성과 효율성을 더 정확하게 논증해야 하는 과제를 낳는다.

3. '절차적 법'의 소통능력

'절차적 법' 모델은 규제법 모델에 대응하여 등장하는데, '절차적 법'의 필요성은 "위험에 대한 규제법의 효율성 상실과 정당성 상실"에서 비롯된다. 규제법의 직접조종이 실패하는 이유는 규제법은 위험을 직접 규제하려고만 하여서 더 이상 체계 간에 소통이 이루지지 않기 때문이다. 위험규제를 통해 규제되는 체계의 신뢰를 상실함으로써 규제법은 소통능력을 상실한다.

규제법은 더 이상 소통을 하려 하지 않는데, 이는 효율성 상실로 이끌 뿐 아니라, 정당성 상실로 귀결된다.[31] 반면에 '절차적 법'은 소통을 보장함으로써 효율성을 증진시킬 뿐 아니라 정당성을 획득하게 된다.[32] 에더Klaus

---

29) Ulrich Beck/박미애 · 이진우 역, 글로벌 위험사회, 도서출판 길, 2010, 30면 이하.

30) '위험형법'의 문제점에 대해서는 Kurt Seelmann/김영환 역, "위험형법(Risikostrafrecht)", 법학논총 제14집(1997), 한양대학교 법학연구소, 339면 이하. 필자는 현재 한국사회의 위험형법 논의가 찬성 측이든 반대 측이든 울리히 벡의 위험사회론에 치우쳐 있지 않나 생각한다. 니클라스 루만의 위험사회론을 토대로 한다면 위험형법에 대한 논의는 많이 달라질 것이다. 이는 무엇보다도 루만이 자신의 이론인 자기생산적 사회체계이론을 토대로 위험 문제를 다루기 때문이다. 울리히 벡의 위험사회론처럼 위험의 의미를 '위해'나 '재난'으로 파악하는 입장은 위험의 개념을 너무 좁게 파악하여, 위험규범(위험에 대한 법체계의 대응)이 지니는 다른 의미를 파악할 수 없는 단점이 있다.

31) Klaus Eder, "Prozedurales Recht und Prozeduralisierung des Recht", Dieter Grimm (Hrsg.), Wachsende Staatsaufgaben-sinkende Steuerungsfähigkeit des Rechts (Nomos, 1990), 158면.

Eder는 절차적 합리성에 대해 법규범이 소통에 유연해짐으로써 합리성을 높일 수 있다고 주장한다.[33] 이에 따르면, 소통사회로 가는 길에서 법은 규제하는(개입하는) 정책의 매개체가 아니라, 참여를 이끌고 소통구조를 보증하는 제도가 되어야 한다.[34] 소통사회에서 법은 소통매체로서 의미를 지닌다.

실질적 정당성에 대한 기준이 더 이상 존재하지 않거나, 직접조종으로 지향된 규제법을 통해 더 이상 소통할 수 없는 영역에는 '절차적 법'이라는 새로운 법 개념이 요구된다. '법의 절차화'란 '절차적 법'을 통한 소통을 의미한다. '절차적 법'은 부분체계, 법체계, 정책 간에 소통의 매개 역할을 담당함으로써 효율성을 증대할 뿐만 아니라, 절차적 합리성을 확보하려는 노력을 통해 정당성 또한 획득하게 된다.

현대사회는 소통사회이며, 법은 현대 위험사회의 문제를 해결해야 하는 소통사회의 부분 시스템이 된다.[35] 법은 특정한 유(類)의 규범이 아니고, 사회에서의 행위시스템과 소통시스템이다. '절차적'이라는 용어는 법 기술적인 의미에서의 절차를 뜻하는 것이 아니라, 법이 자기조직하는 특정한 방식을 뜻한다.[36]

Ⅲ. 현대사회의 위험에 따른 '귀속구조의 변화'

현대사회의 위험은 '절차적 법' 모델을 등장시킬 뿐 아니라, 귀속구조의 변화 또한 야기한다. 현대 위험사회의 위험과 관련된 직업군(郡)이나 기관은 '절차적 법'의 규칙을 준수해야 하며, 규칙을 수행할 가능성이 있음에도 불구하고 규칙을 위반한 것에 대한 비난만으로도 귀속이 가능하다. 또한 현대사회의 위험에 대해 법규범은 위험을 다루는 직업군뿐만 아니라 위험을 판단하는 책임기관, 즉 전문위원회로 책임귀속주체를 확대하는 것으로

32) Klaus Eder, 위의 글(주 31), 157면.
33) Klaus Eder, 위의 글(주 31), 158면.
34) Klaus Eder, 위의 글(주 31), 161면, 167면, 172면.
35) Gralf Peter Caliess, Gralf-Peter Caliess, Prozedurales Recht (Nomos, 1999), 145면 이하.
36) 카리에스는 유전공학과 생명공학 영역에서 위원회를 통한 통제를 법, 정책, 학문체계 사이의 구조적 연결을 위한 '절차적 법'의 예로 들고 있다. Gralf-Peter Caliess, 위의 책(주 35), 267면.

대응한다.

1. 규범적 기대 – 의무

필자는 위험사회에서 문제되는 위험원을 다루는 전문적 직업군(郡)에 대해서는 특수한 '규범적 기대'를 부과할 수 있지 않을까 생각한다. 특수한 업무나 의무를 지지 않는 일반 시민은 법률을 위반하지 않는 한 광범위한 자유가 있는 반면에, 전문적 직업군에게는 법규범에 따른 의무를 부과하고, 이에 대한 기대를 계속 유지할 수 있다. 현대사회에서 '책임(귀속)'은 개인person이 맡는 역할role과 관련 있는데, 전문적 직업군이 맡은 역할 자체가 '위험인수'를 포함하고 있다. 필요한 능력 또는 지식의 결여는 '인수과실'의 경우를 제외하고는 채무자를 면책시킬 수 있지만,[37] 현대사회의 '특정한 위험을 다루는 전문직 직업군'은 필요한 능력 또는 지식을 갖추어야 하는 전문가로서 책임귀속의 주체가 된다.

그렇다면 이제 질문은 위험원을 다루는 전문적 직업군에 의무를 부과하는 법규범이 과연 정당하게 근거지어졌나 하는 문제로 옮겨진다. 규범에 대한 결여된 승인의 표현으로 행위자 책임을 귀속시킬 수 있는가는 규범근거지음이 정당하다는(타당하다는) 조건하에서만 가능하기 때문이다. 여기서 특별히 주의해야 할 점은 위험에 대한 소통이 가능하도록 위험원을 다루는 전문적 직업군에게 부과되는 의무 규범이 구성되어야 한다는 점이다. 즉, 전문적 직업군이 의무 규범을 정확히 준수한다는 전제하에, '절차적 법'으로서 의무 규범은 위험을 기회로 바꿀 수 있는 길을 제공해야 한다.

하지만 우리나라 '생명윤리 및 안전에 관한 법률'이 형법으로 엄격하게 규율하는 인간복제 금지(제20조)와 이종 간의 착상 등 금지(제21조)의 예와 같이, 위해가 명백한 위험에 대해서는 엄격한 규제(형)법으로 대처해야 할 것이다.[38] (앞에서 살핀 바대로) 규제법에 비해 '절차적 법'은 조종능력과 소

37) Karl Larenz/양창수 역, 정당한 법의 원리, 박영사, 2008, 101면.

38) 필자가 생각할 때 가장 문제되는 것은 규제형법을 통한 금지의 폭이다. 충분히 '절차적 법'을 통해 규율할 수 있는 범주에까지 강력한 규제형법을 투입한다면, 규제형법은 조종능력과 방향설정능력을 상실하게 된다. 위해가 명백하지 않은 위험에 대해서는 '절차적 법'을 통해 체계 간의 소통이 이루어질 수 있도록 해야 한다. 이런 점을 바이오형법과 바

통능력에서 큰 장점을 가지나, '절차적 법'의 능력에도 한계가 있다. 즉, 조종능력과 소통능력만으로는 위해인 것이 명백한 '위험'을 막기에는 역부족일 수 있다. 특히 (앞서 언급한) '절차적 법'에서 위험을 다루는 기관의 능력이 떨어지거나, 위험을 다루는 기관에 대한 신뢰가 없다면 '절차적 법'은 위험을 제대로 통제하지 못하고 양산하는 꼴이 되고 만다. 따라서 (사견에 따르면) 위해인 것이 명백한 위험에 대해서는 규제법이 적재적소에서 '절차적 법'의 한계를 보충해 주어야 한다. 이러한 조건하에서 현대 위험사회의 위험과 관련된 직업군이나 기관은 '절차적 법'의 규칙을 준수해야 할 뿐 아니라, 명백히 위해가 되는 위험에 대해서는 '규제법'의 금지를 준수해야 하는 귀속주체가 된다.

2. 책임귀속주체의 확대

그뿐만 아니라 위험사회의 위험은 책임귀속주체를 확대하는 결과를 초래한다. 최첨단 과학기술과 관련된 위험이 책임귀속주체에 미치는 영향을 예로 들어 보면, 과학기술을 규율하는 법규범은 위해harm에 이르지 않는 위험risk에 대해서는 최첨단 과학기술의 위험판단을 전문위원회의 심사를 받도록 하고, 이를 어겼을 때 처벌하는 규율 방법을 취한다. 이때 중요한 것은 책임귀속의 주체가 연구자에서 전문위원회로 확대된다는 점이다. 전문위원회의 심사와 달리 행위한 연구자에 대해서는 형법 및 행정벌(강한 위반의 경우에는 형벌, 약한 위반에 대해서는 행정벌)의 제재가 가능할 뿐만 아니라, 전문위원회의 심사가 제대로 기능하지 않았다면 이제 책임귀속의 주체는 전문위원회가 된다.

예컨대 최첨단 생명과학기술의 위험 판단을 전문위원회인 IRBInstitutional Review Board의 심사를 받도록 하고, 이를 어겼을 때 연구자를 처벌하게 된다. 이때 중요한 것은 책임귀속의 주체가 연구자에서 IRB로 확대된다는 점이다. IRB의 심사와는 달리 행위한 연구자에 대해서는 형법 및 행정벌(강한

이오 절차법에 적용하여 "절차적 바이오법을 통한 소통의 전제하에서 규제적 바이오형법은 조종능력이 향상될 것이라는 주장"으로는 고봉진, "배아줄기세포연구와 관련된 바이오형법에서 규범과 의무", 형사법연구 제19권 제2호(2007), 한국형사법학회, 238면 이하.

위반의 경우에는 형벌, 약한 위반에 대해서는 행정벌)의 제재가 가능할 뿐만 아니라, IRB의 심사가 제대로 기능하지 않았다면 이제 책임귀속의 주체는 IRB가 된다. 그뿐만 아니라 IRB는 줄기세포를 이용한 세포치료, 유전자치료 등 현대 생명과학기술연구의 연구계획서를 심사하는 과정부터 구체적인 임상시험이 실시되어 시험결과가 나올 때까지의 모든 과정을 모니터링Monitoring해야 하고, 점검Audit해야 한다. 여기서 IRB가 독립적으로 사안을 정당하게 판단하는지, 사안을 판단할 능력을 갖추고 있는지 여부가 매우 중요하다. 왜냐하면 책임귀속은 독립적으로 결정할 수 있는 능력이 있을 때에 가능하기 때문이다. 따라서 무엇보다도 급속하게 발전하는 최첨단 생명과학기술의 발전추이를 IRB는 알고 있어야 하며, 이를 배울 준비와 능력을 갖추고 있어야 한다. 생명과학기술의 발전 추이와는 상관없이 이전에 판단했던 자료에만 기초해서 결정을 하게 되면 잘못된 판단이 될 가능성이 매우 높다.

생명과학기술의 급속한 발전에 바이오법이 따라가지 못하는 현상은 이미 잘 알려져 있다. 생명과학기술의 위험에 대해 입법자는 뒤늦게 법률개정을 통해 대응할 수 있을 뿐이며, 생명과학기술의 모든 위험을 정확히 파악할 수 없다. 즉, 법규범에서 어느 정도의 규범안정성의 상실은 규범유연성 때문에 감수해야 하는 것이다. 이때 IRB와 같은 전문위원회는 토끼 '생명과학기술'의 발전에 거북이 '규범'을 대신하여 대응하는데, 현시점의 과학기술 기준에서 생명과학기술의 위험을 판단하고 결정하게 된다.

반면에 IRB와 같은 전문위원회가 제대로 작동할 때, 그리고 귀속주체로서 책임을 다할 때 규범안정성은 그만큼 보장될 수 있다. '위험'은 정확히 말하면 '현재에서의 미래'이다. '현재에서의 미래'는 미래를 현재로 앞당겨 판단하는 것을 말하며, 이는 불확실성을 위험인수, 즉 책임으로 구성하는 것을 말한다. 위험산정에 필요한 정보가 부족하면 부족할수록, 최첨단 생명과학기술을 이용한 임상시험에 대한 IRB의 결정은 더욱더 불확실성 아래에 놓이게 된다. 기술적 문제, 안전상의 문제, 윤리적 문제가 없거나 덜한 전임상시험을 통해서 가능한 한 최대로 위험산정에 필요한 정보를 수집하여야 하며, 이를 통해 임상시험에 대한 결정이 최대한 근거지어져야 한다. 그리고 이는 임상시험 결정에 대한 책임과도 연관된다. 임상시험이 가지는 위험은 이 위험을 인수하고 임상시험을 결정한 IRB의 몫이 된다. 위험한 과학기술에 대해 책임기관이 내린 결정에 대해 책임을 진다는 것은 그 결정기관에 대한 신뢰trust를 전제로 할 때에야 가능하다. '절차로서의 법'의 중심에 전문위원회와 같은 책임기관이 있으며, 현대사회의 여러 위험에 대해 개인person뿐만 아니라 기관institution 또한 책임귀속의 주체가 된다.[39]

39) 고봉진, 위의 글(주 38), 136면 이하.

49

인구구조의 변화와 인간존엄의 미래

공두현

서울대학교 법학전문대학원 교수

2011년 법관으로 임용되어 민사 · 형사 · 행정 · 파산 등 다양한 재판업무를 맡았다. 2020년부터 서울대학교 법학전문대학원에서 법철학을 담당하고 있다. 최근 법해석론과 사법제도론을 중심으로 연구를 진행하고 있다. 주요 논문으로 “우리 대법원 법해석론의 흐름: 법실증주의, 법현실주의, 법원리론”, “대법원의 조직과 상고제도의 변화: 역사적 제도주의의 관점에서” 등이 있다. 미래의 법률가들에게 철학적 영감을 불어넣는 일을 사명으로 생각하고 있다.

Ⅰ. 서 론

시대의 흐름에 따라 인간이 지향하는 이념도 변화한다. 그 이념이 하나의 동일한 개념concept으로 계속 유지되더라도, 그 개념을 이해하고 규정하는 방식인 개념관conception은 다양하게 형성될 수 있다. 시대의 요청을 반영하여 여러 개념관이 서로 경쟁하고 각축하면서 변화하는 장구한 과정이 진행되는 것이다. 법의 세계에서 추구하는 대표적인 법이념인 자유, 평등, 정의, 인간존엄 등의 개념도 이러한 흐름으로 발전해왔다.

그중에서도 인간존엄은 고대, 중세, 근대를 거치면서 다져진 철학적 기초를 가진 개념으로서, 제2차 세계대전 이후 국제연합헌장과 세계인권선언에서 더욱 선명하게 강조되었다. 우리나라도 1962년 헌법개정을 통해 인간의 존엄과 가치를 헌법에 도입하면서, 인간존엄이 실정헌법적 개념으로 자리를 잡았다. 당시 헌법 제8조에 "모든 국민은 인간으로서의 존엄과 가치를 가지며, 이를 위하여 국가는 국민의 기본적 인권을 최대한으로 보장할 의무를 진다"는 규정을 신설하였고, 이 조항은 현행 헌법 제10조의 "모든 국민은 인간으로서의 존엄과 가치를 가지며, 행복을 추구할 권리를 가진다. 국가는 개인이 가지는 불가침의 기본적 인권을 확인하고 이를 보장할 의무를 진다"는 조항으로 계승되었다.

그럼에도 인간존엄 개념은 본질적으로 논쟁적인 개념이다.[1] 역사적으로 다양한 의미를 가졌을 뿐만 아니라, 인간존엄의 근거를 무엇으로 볼 것인지와 어떠한 효력을 부여할 수 있는지에 관한 논쟁이 지금도 계속되고 있다. 존엄은 아무런 필요가 없는 개념이고 '인간' 또는 '인간의 자율성'을 존중한다는 의미에 불과하다는 회의적인 주장[2]이나, 무분별하게 모든 문제에 남용되고 있다는 비판[3]도 존재하지만, 인간의 존엄과 가치에 기초를 둔 입

1) 김도균, "고령 노인의 인간 존엄성 존중-자율성, 정체성, 취약성의 측면에서", 서울대학교 법학 제61권 제4호(2020), 서울대학교 법학연구소, 8면.

2) Ruth Macklin, "Dignity is a useless concept", British Medical Journal, Vol.327, 2003, pp.1419-1420.

3) Eric Hilgendorf/김영환 · 홍승희 역, "남용된 인간의 존엄-생명윤리논의의 예에서 본 인간의 존엄이라는 논증점의 문제점", 법철학연구 제3권 제2호(2000), 한국법철학회, 260-262면.

법과 판결은 쉴 틈 없이 이어지고 있다.

이러한 상황 속에서 우리나라는 급격한 인구구조의 변화를 마주하고 있다. 출생인구의 감소와 평균수명의 연장으로 진행되는 빠른 속도의 고령화는 사회 전반에 변화를 가져온다. 나아가 사회 현실의 변화는 법이념의 영역에도 영향을 미치고 대표적인 법이념인 인간존엄 개념에도 새로운 이해를 요청하게 된다. 이에 인구구조의 변화로 인해 나타나는 여러 쟁점들을 짚어보면서 인간존엄의 미래를 조심스럽게 예측하고자 한다.

Ⅱ. 인구구조의 변화와 고령사회의 출현

인구구조의 변화는 우리가 마주하고 있는 가장 거대한 변화일 수도 있다. 먼저 우리나라의 출생인구는 급격히 감소한다. 통계청이 운영하는 국가통계포털의 자료에 따르면, 대한민국의 출생아수는 1971년 1,024,773명이었는데, 1981년 867,409명이 되었고, 1991년 709,275명이 되었다. 이 수는 2000년 640,089명으로 완만하게 줄어드는 추세였으나, 2001년 559,934명, 2002년 496,911명으로 급격히 감소하였다. 2011년 471,265명을 거쳐 2016년까지 406,243명으로 40만 명 수준이 유지되었으나, 2017년 357,771명, 2018명 326,822명, 2019년 302,676명, 2020년 272,337명으로 더 빠르게 감소하였고, 코로나19의 영향이 본격적으로 반영된 2021년에는 출생인구가 260,500명 정도로 급락하였다.[4] 지난 50년 동안 대한민국의 연간 출생인구는 약 1/4로 줄어든 것이다.

이에 따라 자연스럽게 변화하는 지표가 중위연령이다. 중위연령은 총인구를 연령순으로 나열할 때 정중앙에 있는 사람의 해당 연령을 말한다. 즉 이 기준보다 나이가 적다면 그 집단에서 상대적으로 '젊은' 편이 되고, 이 기준보다 나이가 많다면 상대적으로 '늙은' 편이 되는 것이다. 1971년의 중위연령은 불과 18.6세였다. 19세 정도의 나이가 되면 말 그대로 어른 대접을 받을 자격이 있는 셈이었다. 그 후 중위연령은 1981년 22.2세, 1991년

4) 국가통계포털 홈페이지 > 국내통계 > 주제별 통계 > 인구 > 인구동향조사 > 출생 > 출생아수, 합계출산율, 자연증가 등. (최종접속 2022.3.10.)

27.5세, 2001년 32.3세로 서서히 상승했다. 2011년 38.5세, 2021년 44.3세가 되는데, 이는 매년 0.6세 정도가 늘어나는 놀라운 속도이다. 나아가 통계청의 장래인구추계에 따르면, 중위연령은 2031년 50.4세, 2041년 55세, 2051년 58.3세가 된다.[5] 오늘날 대략 정년에 가까운 나이가 불과 30년 뒤에는 총인구 중 딱 절반에 서는 나이가 된다. 어쩌면 이조차 희망적인 예측일 수 있겠다.

이처럼 대한민국의 인구구조는 매우 빠른 속도로 고령화되고 있다. 나아가 급격한 고령화는 우리 사회가 추구하는 이념, 특히 제도적으로 추구하는 법이념에 영향을 미치지 않을 수 없다. 중위연령이 18.6세인 사회와 58.3세인 사회가 서로 다른 가치를 지향한다는 것은 너무도 당연한 일이 아닐까? 2051년의 인간존엄 개념을 면밀히 파악하기 위해서는 먼저 역사적으로 펼쳐진 인간존엄의 다양한 의미를 살펴보아야 할 것이다.

Ⅲ. 인간존엄의 다양한 의미들

존엄이라는 개념은 시대에 따라 다양하게 변주되었다. 먼저 라틴어의 존엄dignitas은 일반적으로 지위에 관한 용어, 즉 일정한 지위를 차지한 사람이 가진 높은 사회적 신분과 이에 따르는 명예로운 위치, 그리고 그에 적합한 예우를 의미하는 개념에서 출발하였고, 이러한 용법은 로마 이후로도 오랜 기간 지속되었다.[6)7)]

한편, 기독교적 전통에서의 인간의 존엄은 신의 형상을 닮은 인간이라는 종이 다른 동물들보다 우월함을 가진다는 관념, 즉 인류의 존엄성이라는 의미였다. 이러한 인간존엄은 신이 창조한 질서 속에서 적합한 지위를 차지한 피조물로서의 존엄이기에 모든 인간에게 보편적으로 적용되는 평등주

5) 국가통계포털 홈페이지 > 국내통계 > 주제별 통계 > 인구 > 장래인구추계 > 주요 인구지표(성비, 인구성장률, 인구구조, 부양비 등)/전국. (최종접속 2022.3.10.)

6) Michael Rosen/공진성·송석주 역, 존엄성, 아포리아, 2016, 35-37면.

7) 존엄의 어원적 전통을 계승하여 인간존엄을 위상적 개념으로 이해하는 중요한 연구로는 손제연, "위상적 개념으로서의 인간존엄", 법철학연구 제21권 제1호(2018), 한국법철학회, 295-338면 참조.

의적 개념으로 확장된다. 다만 이러한 종교적 관점에서는 인간이 아닌 피조물들도 그 나름의 지위에 합당한 존엄성을 가지는 것으로 여겨졌고, 인간의 경우에도 모두 존엄성을 가지기는 했지만, 일정한 질서 속에서 각자의 지위에 따라 서로 다른 내용의 존엄성을 가진다는 시각이었다.[8)]

르네상스를 거쳐 18세기 칸트의 사색을 통해 인간의 존엄은 실천이성의 능력을 가진 개인의 자율성에 기초한 존엄성 개념으로 변화하기 시작한다. 칸트의 존엄 개념은 구체적 차원의 '가치'Wert와 대비되는 내적이고 절대적인 속성으로서의 '존엄'Würde이었다. 칸트는 '자율성이 인간의 본성이 지닌 존엄성의 토대'라고 말하면서, 인격 내부의 도덕적 의사결정능력에 바탕을 둔 인간존엄 개념을 제시하였다.[9)] 이로써 칸트는 종교를 넘어 이성의 관점에서 인간이 보유한 본유적 가치로서 존엄성을 설명하였다.[10)] 이후 칸트의 인간존엄 개념이 영어로 번역될 때 가치Worth가 아닌 존엄Dignity으로 통용되면서, 라틴어에 어원을 두고 높은 사회적 지위를 의미하던 존엄Dignity의 개념에 칸트적 의미가 융합되었다.[11)] 기독교적 전통과 철학적 전통은 두 갈래의 큰 줄기로서 인간의 존엄한 속성을 근거짓는다.

이 무렵, 예술비평과 미학의 영역에서 존엄함은 행위나 태도를 평가하는 특징으로 사용되었다. 격렬한 고통과 수난을 겪을 때에도 자신에 대한 통제를 잃지 않는 침착함, 쾌락과 고통에서 기인하는 자연적 성향과 욕망을 극복하고 더 높은 도덕과 이성의 요구에 따르는 태도에서 '존엄함'을 발견하는 것이다.[12)] 존엄은 지위로서의 개념, 속성으로서의 개념에 더하여 일정한 주체가 영위하는 행위나 태도의 특징 개념으로 범주를 확장한다.

그 후 19세기의 자유주의 혁명, 노예해방운동, 여성권운동, 계급투쟁 등을 거치며 인간존엄은 '모든 인간이 평등하게 존중받고 대우받을 가치를 지닌다'는 보편적인 정치적 결단의 의미로 확산된다. 이 시기를 통해 존엄은

---

8) Michael Rosen, 위의 책(주 6), 70-72면.
9) Immanuel Kant/백종현 역, 윤리형이상학 정초, 개정2판, 아카넷, 2020, 187면(Ak 4:436).
10) Michael Rosen, 위의 책(주 6), 55-56면.
11) Remy Debes, "Introduction", *Dignity: A History*, Remy Debes(ed), Oxford University Press, 2017, p.6.
12) Michael Rosen, 위의 책(주 6), 56-59면.

'인간이 서로를 대우하고 대우받는 방식'에 관한 평등주의적이고 정치적인 개념으로 재구성된 것이다.[13] 이제 일정한 행위자는 상대방이 어떠한 신분이나 정체성을 가지고 있다고 하더라도, 인간으로서 존엄하게 대우할 의무가 있고 반대로 그 상대방은 존엄하게 대우받을 권리를 가지게 되었다. 노예제, 전쟁, 고문, 학살 등의 잔인함에 대한 반성에서 인류 공동의 합의를 이끌어내는 모습이었다.[14]

즉 인간존엄은 ① 지위 개념, ② 속성 개념, ③ 행위와 태도의 특징 개념, ④ 대우의 방식 개념으로 다양하게 변주되었다. 제2차 세계대전과 홀로코스트 등의 비극을 거친 후, 위와 같은 종교적, 철학적, 정치적 맥락 속에서 1945년 국제연합헌장과 1948년 세계인권선언에 인간의 존엄과 가치Dignity and Worth가 규정되었다. 그리고 그 영향을 받은 여러 국가의 헌법 속에 주요한 법원리로 실정화된다. "모든 인간은, 오로지 인간이라는 이유만으로, 인간으로서의 존엄과 가치를 가진다. 그리고 국가는 이를 보호할 의무가 있다"는 원리가 세계적으로 헌법, 법률, 판례 속에 정착된 것이다.

Ⅳ. 인간의 존엄과 가치를 인정하는 근거

이렇게 '인간의 존엄과 가치'가 하나의 실정법적 가치로 존재하고 기능하는 상황에서, 인간존엄의 다양한 의미는 실질적인 효력을 발휘한다. 모든 시민들의 평등한 지위를 보장하거나, 각자의 정신적·신체적 온전성을 보장하는 기능을 하는 동시에, 자신의 존엄성을 훼손하는 행위를 하지 않을 의무, 타인의 존엄성을 침해하는 대우를 하지 않을 의무를 부과하기도 하는 것이다. 다만 인간존엄의 인정근거에 관한 논의도 그 개념이 구현되는 방향에 영향을 미치기 때문에 섬세하게 다룰 필요가 있다.

다시 인간존엄의 기초를 철학적으로 정립하려는 시도를 살펴보자. 칸트와 마찬가지로 롤즈는 인간존엄의 근거를 자율성 등 인간의 속성에서 찾고

13) Mika LaVaque-Manty, "Universalizing Dignity in the Nineteenth Century", *Dignity: A History*, Remy Debes(ed), Oxford University Press, 2017, pp.309-318.

14) 김영환, "인간의 존엄에 대한 논의의 재구성: "형이상학 없는 인간의 존엄"," 법철학연구 제23권 제1호(2020), 한국법철학회, 21-23면.

자 하였다. 즉 도덕적 인격이 될 능력, 스스로 자신의 도덕적 입장을 취하고 정의의 원칙들을 적용하여 행위하려는 능력, 나아가 그러한 능력이 개발될 수 있는 잠재력 내지 가능성을 인간존엄의 근거로 삼는다. 다만 롤즈는 이러한 속성에 현실적 차이가 있다는 사실을 극복하기 위해 '영역 속성 range property'이라는 개념을 도입한다. 즉 도덕적 인격이 될 능력은 그 정도를 평가하여 높고 낮음에 우위를 두는 '정도의 개념'이 아니고, 일정한 기준을 넘어서면 모두 있다고 평가되는 '유무의 개념'이라고 한다. 영아나 혼수상태인 환자도 미약하지만 이러한 속성을 지니고 있고, 이러한 영역의 범주 내에 들어가는 경우 '있다'고 표현되는 속성으로서 자율성을 가진다고 하기에 부족함이 없다는 것이다.[15)]

그럼에도 이 관점에서는 자율성과 독립성을 가진 성인이 보편적인 인간의 상으로서 중심에 위치하게 되고, 이제 막 태어나거나 죽음을 앞둔 인간은 일종의 경계 부근에 위치한 주변적 존재로 사유될 수밖에 없다. 따라서 이러한 관점에서는 인간의 존엄성이라는 법이념에 의해 보호받을 필요성이 큰 인생의 단계에서는 오히려 그 근거가 되는 속성이 미약하게 된다는 딜레마가 발생한다. 인간존엄의 역설이 나타나는 것이다.

반대로 인류의 존엄성을 인류 공동체의 구성원인 개인들이 오로지 그 구성원으로서의 지위를 가진다는 이유만으로, 즉 인간이라는 이유만으로 존엄성을 보유하게 된다는 이론적 구성도 가능하다. 공동체 내에서의 관계에 터잡은 이러한 존엄성은 그 인간이 개별적으로 보유한 자율성 등의 속성과는 무관하게 된다. 신의 섭리에 의한 것이든, 현대의 정치적 결단에 의한 것이든, 오로지 인간 사회의 구성원이라는 이유만으로 인간의 존엄성을 지니는 것이다. 이러한 관점에서는 갓 태어나 울고 있는 아기도, 임종을 앞두고 무겁게 눈을 감은 노인도 모두 동일한 인간존엄의 근거를 가지게 된다.

이 때 인간의 존엄의 근거는 더 이상 실질적인 속성을 요구하지 않는다. 자율성, 독립성이라는 내재적 속성들이 없어지더라도, 인간 사회의 일원이라는 관계적 속성만 인정될 수 있다면 인간의 존엄성을 긍정하게 된다. 그

15) John Rawls/황경식 역, 정의론, 이학사, 2003, 647-652면.

래서 자율성과 독립성이 쇠퇴하고 취약성과 상호의존성이라는 반전된 형태의 속성들이 발현되더라도 모든 인간이 인간의 존엄을 누린다는 점에는 아무런 변화가 없게 된다. 인구구조의 변화는 인간존엄의 근거에 관한 이러한 논변에 점차 힘을 실어주게 되리라 예상한다.

즉 "모든 인간은, 오로지 인간이라는 이유만으로, 인간의 존엄과 가치를 지닌다"는 보편화된 규범을 뒷받침하기 위해, 개별적인 인간의 능력과 속성에 인간존엄이 기인한다는 생각을 계속해야 할지 의문이다. 앞으로의 고령사회에서는 인간공동체의 구성원이라는 관계적 지위를 토대로 모든 인간이 인간의 존엄을 보유하고 있음을 정당화하는 것이 더 적합할 수도 있다.

Ⅴ. 법이 전제로 삼는 인간상의 변화와 인간존엄

그렇다면 다가오는 사회에서 인간존엄이라는 개념의 전제가 되는 인간상은 어떻게 변화할까? 법은 그 사회의 구성원들에게 적용되는 현실적인 규범이기에, 그 사회를 구성하는 일반적인 인간의 존재를 전제로 삼지 않을 수 없다. 법원도 여러 판결에서 통상인, 보통인, 일반 보통인, 평균인, 보통 평균인, 사회 평균인 등의 입장을 법적 판단의 전제 내지 기준으로 삼게 된다.[16] 그런데 이러한 개념들은 추상적인 차원에서만 규정되는 것이 아니어서 실제 구성원들이 가진 삶의 여건과 유리될 수 없다.

과반수에 가까운 인구가 60세 이상인 사회는 그 이전의 사회와 동일한 평균인을 법적 전제로 삼기 어렵다. 근대 사회의 법이 '성장하는 아동과 청소년, 노동하는 성인'을 평균인의 보편적 기준으로 삼았다면, 다가오는 고령사회에서는 이미 노동할 수 있는 기간이 지난 인구가 더욱 많아지면서 이러한 보편적 기준 자체가 해체될 것이다. 은퇴시기를 전후한 지긋한 어른이 평균인의 자리를 차지함이 자연스럽다. 노동능력이 감퇴 또는 소멸한 다수의 인구는 독립적으로 소득을 창출하고 생계를 유지하기 어렵게 되고, 사회적으로 마련한 연금 제도 등을 통해 생활하게 된다.

---

16) 대법원 2008.10.23. 선고 2005도10101 판결 등.

'부부를 중심으로 가족을 이루고 자녀를 양육하면서 부모를 봉양하는 가정'도 더 이상 평균적인 모습일 수 없다. 자녀 세대의 인구는 부모 세대의 인구보다 훨씬 적고 상당수의 고령자는 자녀가 없을 것이기 때문이다. 이러한 상황에서 고령노인들이 고립되고 단절된 생활을 하지 않도록 사회적 관계를 유지할 필요는 점점 커진다. 이처럼 통상인, 평균인, 보통인이라는 개념이 지시하는 구성원의 모습이 달라짐에 따라 법이 전제로 삼는 인간관도 점차 바뀌게 될 것이다.

이러한 흐름을 원자적 인간관과 관계적 인간관의 대비를 통해 포착해보자. 찰스 테일러는 1985년 인간이 본래 독립적으로 존재하고 사회는 그러한 개인들의 총합일 뿐이라는 입장을 '원자론Atomism'이라 규정하면서 비판한다.[17] 원자론은 인간이 공동체적 관계에 앞서 존재하고 각자 고립적으로 동기를 형성하며 정치적 행위나 경제적 거래를 통해 상호작용하여 사회를 형성한다는 입장이다. 원자론은 법적, 정치적, 경제적 관점에서 근대 사회를 조직하고 설명하기 위해 불가피한 전제이기도 했다. 인간을 합리적이고 보편적인 구성원으로 보면서 동일하고 균등하게 취급하는 것이 근대의 사회제도의 기초를 이루었기 때문이다. 더 나아가 19세 미만의 인구가 절반 이상인 사회, 대부분의 아동·청소년이 의무교육을 거쳐 성인이 되고, 그중 대다수가 노동시장에 진입하여 소득을 얻고 소비하는 주체인 사회에서는 위와 같은 원자론이 상당한 설명력을 지니기도 한다.

이러한 사회의 청년과 성인들에게는 사실 인간존엄이 다소 공허한 개념일 수 있다. 정신적, 육체적 능력이 왕성한 시기, 자신의 판단으로 자신의 일을 결정하고, 자신의 힘으로 경제적 여건을 갖추어 자신의 필요를 모두 충족할 수 있는 인간에게 인간존엄 개념이 해줄 수 있는 것은 많지 않다. 오히려 특정한 행위 방식을 제한하고 더 자유로운 판단을 억누르는 억압적인 개념, 심지어 위험한 개념으로 받아들여진다.

그러나 앞으로 다가올 고령사회에서는 어떨까. 그 사회의 평균인은 상당한 세월을 사회적 관계 속에서 살아왔고 나름의 인격과 정체성을 형성하였

---

17) Charles Taylor, "Atomism", *Philosophical Papers, Vol.2, Philosophy and the Human Sciences*, Cambridge University Press, 1985, pp.187-210.

다. 정체성을 새롭게 형성하는 것보다 이미 형성된 정체성을 유지하는 것이 더 중요한 문제가 된다. 또한 독립적으로 생활할 시간이 많이 남지 않았거나 이미 독립적으로 생활하기 어려운 경우가 많기에 타인과 상호의존적 관계를 맺을 수밖에 없다. 인간이라면 당연히 가지게 되는 정신적이고 신체적인 취약성은 노화로 인해 부각된다. 누군가의 돌봄 내지 간호를 받아야 하는 상황에 이르면, 모든 인간은 사회적 관계 속에서 형성되고 관계를 통해 살아간다는 관계적 측면에 더욱 주목하지 않을 수 없다. 의존성과 취약성이 두드러지는 시기의 인간에게는 인간존엄 개념이 더욱 긴요하고 절실하다.

즉 지금까지의 법은 자율적이고 독립적인 개인을 평균인으로 상정하는 원자적 인간을 전제로 삼더라도 적절하게 작동할 수 있었지만, 이제는 취약하고 상호의존적인 주체들을 관계적 인간으로서 면밀하게 고려하지 않을 수 없는 시대가 다가온 것이다.[18)]

Ⅵ. 고령사회와 인간존엄의 특유한 내용들

나아가 노년의 시기에는 아동기, 청년기에 강조되는 측면과는 구별되는 독자적인 측면에서 인간의 존엄과 가치가 필요해질 수 있다. 노년기에 고립, 가난, 차별, 요양, 질병, 사망 등의 문제들을 맞이하면서 요청되는 노인의 특유한 존엄 개념을 조명해보아야 하는 것이다.[19)]

먼저 인격의 관점에서 보면, 인격 형성의 가능성과 정체성의 존중이라는 두 측면 중에서 후자에 무게가 실린다. 아동과 청년의 경우 스스로 자유롭게 인격을 발현하여 무엇이 될 수 있는 기회를 가지는 것이 중요하다면, 노인에게는 평생에 걸쳐 형성한 정체성을 유지하고 존중받는 것이 더 중요할 수 있다. 육체적, 정신적 능력의 감소가 이어지고, 공동체에서의 고립과 경제적인 어려움이 가중되며, 노인에 대한 편견으로 인한 비하와 차별이

18) 관계적 자아의 관점이 법에 미치는 영향에 관하여는 Jennifer Nedelsky, *Law's Relations: A Relational Theory of Self, Autonomy, and Law*, Oxford University Press, 2011 참조.

19) Jeremy Waldron, "The Dignity of Old Age", NYU School of Law, Public Law Research Paper No.17-41, 2017, pp.7-8.

자기존중감을 낮추게 한다. 특히 요양시설 내지 의료시설에 의탁해야 하는 경우 지금까지 형성한 정체성이 흔들리게 되는데, 이러한 상황에서는 새로운 정체성을 형성하는 기회의 장이 마련되는 것보다 지금까지 만들어 온 정체성과 자존감을 마지막까지 유지할 수 있도록 조력하는 환경이 절실하다.

두 번째로 사고와 행위의 능력 측면에서는 자율성의 이상을 그대로 고수하는 것보다 능력의 쇠퇴에 대한 보완이 더욱 필요해진다. 아동과 청소년의 경우에는 자율성과 자기결정능력을 증진하고 함양하는 측면이 더욱 강조되고 장려되어야 할 것이다. 그러나 자기결정능력만이 인간존엄의 토대가 되는 것이 아니라고 본다면, 스스로 모든 것을 결정하고 규율하는 것만이 이상적인 상태라고 볼 수는 없다. 물론 최대한 오랜 기간 동안 자율성 능력을 유지하고 역량을 보완할 수 있도록 조력하는 것도 중요하다.[20] 그러나 자기결정능력이 감퇴하고 결국 비가역적으로 자율성이 풍화되는 과정 속에서도 이를 자연스러운 과정으로 받아들일 필요가 있다. 이러한 과정 속에서 인간존엄 개념의 중심은 '존엄한 대우'의 방향으로 이동할 수 있다.

세 번째, 생활의 상태도 중요하다. 인간은 육체를 가진 존재로서 쾌적함과 고통스러움을 감각적으로 느끼게 된다. 건강한 몸, 적절한 영양, 안락한 주거, 청결한 환경 등이 온전하게 갖춰진 경우 인간은 쾌적함을 느끼고, 그러한 요소들이 부족한 경우 아픔, 배고픔, 두려움, 불안함, 추위와 더위 등의 고통을 겪게 된다. 이를 취약성vulnerability의 문제로 포착할 수 있다. 육체를 가진 인간은 신체적 노화와 함께 본질적인 취약성이 드러나게 된다. 또한 정치적 · 경제적 · 사회적 · 문화적 원인으로 고통스러운 상황에 빠지면서 취약성이 부각되기도 한다.[21] 취약성 보호의 필요성은 인간존엄을 요청하는 근간에 자리잡고 있다. 이는 고통스러움의 최소화, 최선의 이익 보장이라는 관점으로 말할 수도 있겠다.

마지막으로 다른 사람과의 관계 측면에서, 독립성의 강조보다 상호의존성을 합리적으로 제도화하는 것이 중요할 것이다. 아동은 대부분 가정의

---

20) 송윤진, "인권의 철학적 기초: 누스바움의 역량 접근법에서 인간존엄", 법철학연구 제22권 제3호(2019), 한국법철학회, 347-348면.

21) 김도균, 위의 글(주 1), 26-27면.

양육과 교육을 통해 학습과 노동의 능력을 갖추고 의존도가 낮아지면서 독립적으로 생활할 수 있는 주제가 된다. 시간이 흘러 노동능력을 통해 독립적으로 생활할 수 있는 시기가 서서히 지나고 나면, 다시금 사회적 연결이 생존의 조건이 된다. 근로소득과 영업소득이 아닌 연금소득과 자산소득의 비중이 높아지기에 경제적 여건도 사회적 제도와 더욱 긴밀한 관계를 갖게 된다. 경우에 따라서는 치매 등 정신적 건강의 문제, 와병 등 신체적 건강의 문제로 모든 생존의 조건을 다른 사람에게 의존하는 관계가 형성될 수밖에 없다. 노인 역시 아동과 마찬가지로 사회적 관계 속에서 의존성을 가지게 되는 것이다. 결국 독립성만을 우월한 가치로 생각하는 것이 아니라, 상호의존성을 필연적 요소로 인정하고 합리적인 사회규범으로 형성할 필요가 있다.

이제 고령사회를 맞이하면서, 인격적 정체성의 형성과 유지, 자율성 능력의 증진과 쇠퇴, 생활상태의 온전성과 취약성, 관계의 독립성과 의존성이라는 대칭적 관점에서 각 생애주기에 따른 인간존엄의 내용을 다시 한 번 구체적으로 살펴보아야 할 것이다.

Ⅶ. 존엄사 내지 연명의료중단의 문제

마지막으로 존엄사Death with Dignity라는 예민한 쟁점에 다가간다. 존엄사라는 개념은 넓게는 환자의 고통을 없애기 위해 약물 주입 등의 의학적 조치를 취하는 적극적 안락사 내지 조력자살을 포함하기도 하나, 우리나라의 맥락에서는 생명을 인위적으로 단축시키지 않는 연명치료 중단 내지 소극적 안락사와 유사하게 이해할 수 있다. 다만 존엄사라는 개념은 행위 유형에 따른 구별이 아니라 마지막 순간까지 존엄을 유지한다는 차원에서 접근해야 할 것이다.[22)]

그런데 존엄사의 문제에는 위에서 본 정체성, 자율성, 취약성과 관계된 내용들이 모두 적용된다. 하나의 예로 이른바 '김할머니 사건'으로 알려진

---

22) 김학태, "무의미한 생명연장치료 중단에 관한 법 윤리적 고찰 - 법원의 존엄사 판결에 대한 비판적 성찰", 외법논집 제33집 제1호(2009), 한국외국어대학교 법학연구소, 327면.

연명치료장치제거에 관한 대법원 판결[23]이 있다. 이 판결은 의학적으로 환자가 의식의 회복가능성이 없고 생명과 관련된 중요한 생체기능의 상실을 회복할 수 없으며 환자의 신체상태에 비추어 짧은 시간 내에 사망에 이를 수 있음이 명백한 경우를 '회복불가능한 사망의 단계'로 규정하였다. 이러한 단계에 이른 후에는 의학적으로 무의미한 연명치료를 환자에게 강요하는 것이 오히려 인간의 존엄과 가치를 해하게 될 수 있으므로, 환자가 인간으로서의 존엄과 가치 및 행복추구권에 기초하여 자기결정권을 행사하는 것으로 인정되는 경우에는 특별한 사정이 없는 한 연명치료의 중단이 허용될 수 있다고 보았다.

나아가 대법원은 사전의료지시가 없는 경우에는 환자가 평소 일상생활을 통하여 가족, 친구 등에 대하여 한 의사표현, 타인에 대한 치료를 보고 환자가 보인 반응, 환자의 종교, 평소의 생활 태도 등을 고려하도록 하였는데, 이는 환자의 정체성과 관계된 요소들이라고 할 수 있겠다. 또한 환자의 나이, 치료의 부작용, 환자가 고통을 겪을 가능성, 회복불가능한 사망의 단계에 이르기까지의 치료 과정, 질병의 정도, 현재의 환자 상태 등 객관적인 사정을 종합하여 환자의 의사를 추정하도록 하였는데, 환자의 육체적 취약성으로 인한 상태의 측면에서 '불필요한 고통을 받게 되는지' 등을 기준으로 삼는다.

2016년 제정된 호스피스·완화의료 및 임종과정에 있는 환자의 연명의료결정에 관한 법률도 "환자의 최선의 이익을 보장하고 자기결정을 존중하여 인간으로서의 존엄과 가치를 보호하는 것을 목적으로 한다(제1조)", "호스피스와 연명의료 및 연명의료중단 등 결정에 관한 모든 행위는 환자의 인간으로서의 존엄과 가치를 침해하여서는 아니 된다(제3조 제1항)"고 규정함으로써 자기결정의 측면과 최선의 이익 측면을 모두 고려하기를 당부한다.

인간존엄의 개념을 오로지 인간의 도덕적 자기결정능력에만 기초한 것으로 보지 않는다면, 존엄사의 문제도 자기결정의 측면에서만 사고할 수는 없다. 결국 자신의 선택에 의해 사망을 결정한다는 측면만을 강조하는 경

23) 대법원 2009.5.21. 선고 2009다17417 전원합의체 판결 [무의미한연명치료장치제거등].

우 죽음의 존엄성을 매우 앙상하게 만들게 된다. 정체성과 취약성의 측면에서 존엄하게 대우받지 못하는 벼랑 끝의 상황이라면, 자기결정은 무의미하다. 오히려 존엄사는 존엄성의 다양한 맥락 속에서 이해해야 함을 제안하고 싶다. 마지막 순간에 이르기까지 존엄한 존재의 지위에서, 존엄하게 살아가며, 존엄하게 대우받아야 한다는 뜻으로 이해하는 것이 존엄사의 의미를 더 풍부하게 만들어 줄 수 있다.

Ⅷ. 결　　론

인간존엄은 속성으로서의 개념, 지위로서의 개념, 행위와 태도의 특징 개념, 대우의 방식 개념으로 다양하게 변용되어 왔다. 또한 혁명과 전쟁의 역사를 거치면서 인간의 존엄성에 반하는 부정의를 막기 위한 최소한의 기준으로 선언되기도 하였다. 이로써 인간존엄은 헌법, 법률, 판례의 실정법 체계 속에서 효력을 발휘하게 되었고, 그 내용은 실제 사회의 모습과 서로 영향을 미치지 않을 수 없다.

인구구조가 급격하게 변화하는 사회에서는 평균적 인간상도 빠르게 변화할 것이다. 그러므로 인구의 대부분이 노년기에 접어드는 고령사회에서는 새로운 시각을 통해 인간존엄 개념을 재구성할 필요가 있다. 인간의 존엄과 가치를 자율성과 합리적 행위능력에 중심을 두는 의미로 이해하는 것에 그치지 않고, 생애주기에 따른 여러 문제 상황에서 절실하게 필요한 부분을 담아내는 실질적 법이념으로 해석해야 하는 것이다.

고령사회에서는 추상적인 '존엄성'보다 사회 구성원으로서 '존엄하게' 행위하고 대우받는 방식, 마지막까지 '존엄하게' 살아간다는 의미가 더욱 중요할 수 있다. 나아가 인간의 존엄과 가치를 통해 보호받을 수 있는 구체적인 권리와 이익을 생애주기에 따라 풍부하게 형상화할 필요가 있다. 과거보다 길어진 수명을 고려하여 아동, 청소년, 청년, 중장년, 노인의 생애주기에 때로는 공통적으로, 때로는 개별적으로 적용될 수 있는 인간존엄의 보호영역을 찾아가야 하겠다.

자신이 평생에 걸쳐 형성한 정체성을 유지하고 존중받고 싶은 마음, 자신의 취약성을 공동체가 배려하고 보듬어주기를 바라는 마음, 서로가 서로에게 의존하면서도 각자를 존엄한 존재로 존중하는 마음, 이러한 마음들이 마지막까지 존엄한 삶에 필요한 최소한의 것들을 지켜낼 수 있는 근거가 되기 때문이다.

이러한 논의를 통해 재구성된 인간의 존엄과 가치는 우리 사회의 현실적 문제들에 대한 법적·제도적 해결책을 마련함에 있어서도 여전히 중요한 역할을 담당할 수 있을 것이다.

법의 미래

2022년 9월 20일 초판 인쇄
2022년 9월 25일 초판 1쇄 발행

편저자 윤 진 수 · 한 상 훈 · 안 성 조
발행인 배 효 선

발행처 도서출판 法 文 社

주 소 10881 경기도 파주시 회동길 37-29
등 록 1957년 12월 12일/제2-76호(윤)
전 화 (031)955-6500~6 FAX (031)955-6525
E-mail (영업) bms@bobmunsa.co.kr
(편집) edit66@bobmunsa.co.kr
홈페이지 http://www.bobmunsa.co.kr
조 판 법 문 사 전 산 실

정가 35,000원 ISBN 978-89-18-91343-8